Lambacher Sch

Mathematik für die Fachh

Gesamtband

erarbeitet von

Günther Reinelt

unter Mitwirkung von
Carsten Kreutz

Ernst Klett Schulbuchverlage
Stuttgart · Leipzig

Inhaltsverzeichnis

Zum Aufbau des Buches

Die Kapitel umfassen:

- mehrere Lerneinheiten,
- Vermischte Aufgaben,
- Kapitelrückblick,
- Aufgaben zum Üben und Wiederholen mit Lösungen,
- Mathematische Exkursionen

Im **Fundus** am Ende des Buches sind die grundlegenden mathematischen Vorkenntnisse zusammengestellt. Die Schülerinnen und Schüler können damit gezielt Defizite aufarbeiten, da der Fundus auch Aufgaben mit Lösungen enthält.

- Zu Beginn jeder Lerneinheit stehen **hinführende Aufgaben**. Sie bereiten den Gedankengang der Lerneinheit vor. Sie sollen die Schülerinnen und Schüler zum Nachdenken anregen. Da sie als Angebot gedacht sind, nehmen sie keine Information zum jeweiligen Lerninhalt vorweg und bieten somit den Unterrichtenden die methodische Freiheit.

  Der anschließende **Informationstext** (Lehrtext) beschreibt den mathematischen Inhalt der Lerneinheit. Vielfach werden auch ergänzende Informationen gegeben.

  Im Kasten werden die wesentlichen **Ergebnisse** festgehalten. Sie sind Merkstoff und werden im weiteren Fortgang wiederholt benötigt.

  In den anschließenden vollständig bearbeiteten **Beispielen** werden Begriffsbildungen erläutert und wichtige mathematische Verfahren bzw. grundlegende Aufgabentypen der Lerneinheit vorgestellt. Diese Beispiele bieten den Schülerinnen und Schülern besondere Hilfen für das selbstständige Lösen von Aufgaben.

  Der **Aufgabenteil** bietet ein reichhaltiges Auswahlangebot. Die Aufgaben reichen von Routineaufgaben zum Einüben von Fertigkeiten über zahlreiche Aufgaben im mittleren Schwierigkeitsbereich bis zu schwierigen Aufgaben, die besondere Leistungen verlangen. Zahlreiche Aufgaben aus den verschiedenen beruflichen Bereichen zeigen die Beziehungen zwischen der Mathematik und ihren Anwendungen auf und vermitteln den Schülerinnen und Schülern einen Einblick in die Bedeutung der Mathematik in ihrem angestrebten beruflichen Umfeld.

- In den **Vermischten Aufgaben** werden zusätzliche Übungsaufgaben angeboten. Ferner finden sich dort Aufgaben, welche die Zusammenhänge zwischen den einzelnen Lerneinheiten eines Kapitels herstellen.

- Im **Rückblick** werden die wichtigsten Lerninhalte des Kapitels in prägnanter Form zusammengefasst. Dabei werden anhand von ausgesuchten Beispielen diese Lerninhalte zusätzlich in einer gesonderten Spalte veranschaulicht.

- Die Schülerinnen und Schüler festigen ihre Basiskompetenzen anhand der **Aufgaben zum Üben und Wiederholen**, deren Lösungen zur Selbstkontrolle im Anhang beigefügt sind.

- In den **Mathematischen Exkursionen** werden Themengebiete angesprochen, die mit dem jeweiligen Kapitel in Verbindung stehen. Sie sind als Anregung für Schülerinnen und Schüler gedacht, sich mit mathematischen Fragen, interessanten Themen oder Themen aus dem Alltag auseinander zu setzen.

Zur Konzeption des Buches

Der vorliegende Band für den Mathematikunterricht in Berufskollegs, Fachoberschulen und Berufsfachschulen, die zur Fachhochschulreife führen, basiert auf dem bewährten Konzept des Lehrwerkes Lambacher Schweizer. Er orientiert sich nicht am Lehrplan eines Bundeslandes, sondern deckt die Lehrpläne aller Bundesländer nach einer eventuellen Umstellung der Lerneinheiten weitestgehend ab.

Die **Bildungsgänge, die zur Fachhochschulreife führen**, sind unter anderem dadurch gekennzeichnet, dass
- die Schülerinnen und Schüler aus den unterschiedlichsten Bildungseinrichtungen kommen und daher zu Beginn ein gemeinsames Basiswissen erarbeitet werden muss,
- eine anwendungsbezogene Ausrichtung des Mathematikunterrichts an den Profilfächern erfolgen soll,
- eine durchgängige Verfügbarkeit eines grafikfähigen Taschenrechners oder Computer-Algebra-Systems angestrebt wird, um die algorithmischen Tätigkeiten beim Umgang mit Mathematik zu reduzieren.

Die Konzeption des Buches geht hierauf besonders ein und bietet einen schülergerechten, klar strukturierten Lehrgang.

Angleichung der Vorkenntnisse mit „Fundus“ und „Elementares Rechnen“
Der **Fundus** am Ende des Buches enthält alle wünschenswerten Vorkenntnisse aus der Sekundarstufe 1 in übersichtlicher und knapper Form. Die Lehrerin oder der Lehrer können so wahlweise an der jeweiligen Stelle im Lerngang darauf zurückgreifen, einen Wiederholungsblock voranstellen oder – etwa in Planarbeit – individuell die Vorkenntnisse angleichen.
Die Beispiele und die vielen routinebildenden Übungsaufgaben sind so gestaltet, dass Schülerinnen und Schüler eigenständig Inhalte gezielt wieder auffrischen oder Defizite aufarbeiten können. Zur Selbstkontrolle befinden sich die Lösungen dieser Aufgaben im Anhang. In den Lerneinheiten wird auf den Fundus hingewiesen, wenn an notwendige Vorkenntnisse angeknüpft wird.
In Kapitel 1 „**Elementares Rechnen**“ werden einfache Grundkenntnisse über proportionale und antiproportionale Zuordnungen, Prozentrechnen und Verteilungsrechnen intensiv aufgegriffen, wiederholt und ausgeweitet. Damit werden der Umgang und das Denken in mathematischen Kategorien gefördert und die weiteren Inhalte teilweise vorbereitet. Ein wiederholter Rückgriff auf den Fundus ist hier angebracht.

Einsatz des grafikfähigen Taschenrechners (GTR)
Der GTR wird zunehmend zu einem durchgängigen Arbeits- und Lernwerkzeug in der Hand der Schülerinnen und Schüler. Damit kann ein rein ergebnisorientierter Kalkül ersetzt werden durch einen angemessenen Einsatz des GTR, insbesondere bei anwendungsorientierten Fragestellungen. Unverzichtbar jedoch bleibt das Ziel, in einfachen Fällen die Rechnungen von Hand durchführen zu können. Die Anforderungen an sprachliche Kompetenzen wie die Dokumentation der Lösungsstrategie, die Interpretation von Ergebnissen sowie die Erläuterung der Ideen werden hingegen größer.
Diese Veränderungen, die der Mathematikunterricht in den letzten Jahren erfahren hat, werden konsequent berücksichtigt bei der Einführung neuer Themen und in den Aufgaben.

Die derzeit angebotenen grafikfähigen Taschenrechner verschiedener Hersteller bzw. verschiedener Modelle einer Produktreihe unterscheiden sich in der Funktionalität und der Bedienung nicht wesentlich, aber dennoch so weit, dass eine einheitliche Funktionsbeschreibung nicht möglich und im Sinne zukünftiger Entwicklungen auch nicht sinnvoll erscheint.

Die Beispiele in diesem Buch wurden mit dem TI83 bearbeitet.
Als Anhang ab Seite 386 sind die wichtigsten GTR-Verfahren mit dem TI83 und dem Casio CFX - 9850GB zusammengestellt.

Vielfältige und realitätsorientierte Aufgaben
Die unverzichtbaren Routine bildenden Übungsaufgaben sind weiterhin in ausreichendem Maße vorhanden. Sie werden ergänzt durch eine Vielfalt betont grafischer, sprachlicher sowie offener und vernetzender Aufgabenformate. Diese „etwas anderen Aufgaben" fördern gezielt das Verständnis der eingeführten Inhalte.
Bei den in allen Kapiteln angebotenen anwendungsbezogenen Aufgaben wurde auf ein ausgewogenes Verhältnis von technischen und nichttechnischen Themen geachtet. Vor allem die exponentiellen und trigonometrischen Funktionen werden schwerpunktmäßig anwendungsbezogen behandelt.

Der Lerngang des Buches
Die Inhalte des ersten Kapitels „Elementares Rechnen" wurden bereits in der Sekundarstufe 1 in allen Schularten behandelt. Die Schülerinnen und Schüler erinnern sich an die Inhalte und können damit leichter den Zugang zur Mathematik finden. Wissenslücken können damit durch Heranziehen des „Fundus" geschlossen werden. Zu Beginn des Schuljahres kann dieses Kapitel mit handlungsorientierten Methoden das Zusammenwachsen im neuen Klassenverband fördern.
Kapitel II behandelt die „ganzrationalen Funktionen", wobei sich die ersten acht Lerneinheiten ausschließlich mit aus der Sekundarstufe 1 bekannten linearen und quadratischen Funktionen beschäftigen. Die stark realitätsbezogenen Lerneinheiten sind bestens geeignet, die Inhalte schüleraktiv zu gestalten. Die anwendungsorientierte Differenzialrechnung ist Inhalt von Kapitel III. Hier wird auch auf die betriebswirtschaftlichen Anwendungen intensiv eingegangen.
Die Integralrechnung (von der Änderungsrate zur Gesamtänderung) in Kapitel IV, Exponentialfunktionen in Kapitel V, die vornehmlich in technischen Bereichen benötigten trigonometrischen Funktionen in Kapitel VI und ein Kurzkapitel zu den gebrochenrationalen Funktionen mit Ketten- und Produktregel als Exkursion schließen die Analysis ab.

Ist es in einem Bildungsgang üblich, zunächst alle Funktionsklassen angefangen bei ganzrationalen Funktionen, Exponentialfunktionen und trigonometrischen Funktionen bis hin zu den gebrochenrationalen Funktionen ohne Differenzialrechnung zu behandeln, so ist dies ebenfalls möglich, indem zunächst nur die ersten Lerneinheiten jedes Kapitels herangezogen werden, in denen nicht differenziert wird.
Es ist die Absicht des Buches, möglichst viele Lerninhalte anzubieten, ohne durch eine bestimmte Reihenfolge den Unterrichtenden zu binden.

In Kapitel VIII wird die Stochastik so abgehandelt, dass es keinerlei Vorbildung bedarf. Die Vektorgeometrie findet man in Kapitel IX, wobei hier vornehmlich auf die räumliche Vorstellung und die Bedeutung der vektoriellen Vorgehensweise bei der Berechnung räumlicher Gebilde Wert gelegt wurde. Schließlich werden in Kapitel X Gleichungen angesprochen, insbesondere auch ihre Lösung mit dem GTR. Die Matrizenrechnung sowie Materialverflechtungen und das LEONTIEF-Modell sind vorrangig in betriebswirtschaftlichen Berufskollegs Unterrichtsstoff.

Die Idee der Modellbildung wird immer wieder angesprochen und die Grenzen der mathematischen Modellbildung wiederholt aufgezeigt.

Die Autoren wünschen den Schülerinnen und Schülern - wie auch ihren Lehrerinnen und Lehrern - viel Freude im Umgang dem Buch und hoffen, dass viele fachliche Inhalte unter der mathematischen Sicht zu neuen Erkenntnissen führen.

1 Dreisatz – proportionale und antiproportionale Zuordnungen

A: Kiste mit 5 kg zu 7,10 EURO
B: Kiste mit 4 kg zu 5,60 EURO
C: Karton mit 2,5 kg zu 3,85 EURO
D: 2 kg zu 2,90 EURO

1 Auf einem Wochenmarkt werden an verschiedenen Ständen unterschiedliche Preise für den Kauf von Orangen ausgeschrieben.
Für ein Fest werden 20 kg Orangen gekauft.

Im Folgenden wird dargestellt, wie man mithilfe des Dreisatzes einfache Alltagsprobleme lösen kann. Dabei werden die Begriffe proportionale und antiproportionale Zuordnung eingeführt.

Dreisatz

Im November 2006 erhielt man für 50 EURO (€) genau 79,24 Schweizer Franken (CHF). Will man 120,00 € in CHF umwechseln, so kann man aus den Angaben den Betrag berechnen:

1. Satz: 50 € ergeben 79,24 CHF
(:50 | :50)
2. Satz: 1 € ergibt $\frac{79{,}24}{50}$ CHF = 1,5848 CHF
(·120 | ·120)
3. Satz: 120 € ergeben 1,5848 · 120 CHF ≈ 190,18 CHF

In vielen Fällen liegt eine Proportionalität nur in engen Bereichen vor: So wird z. B. beim Kauf großer Mengen ein Preisrabatt gewährt.

Man erkennt, dass hier eine **Zuordnung** zwischen EURO und CHF auftritt. Zuordnungen dieser Art treten häufig im Alltag auf: So wird dem Gewicht einer Ware ihr Preis zugeordnet, der Fahrzeit bei konstanter Geschwindigkeit wird der zurückgelegte Weg zugeordnet, der Entfernung auf der Landkarte wird die Entfernung in der Realität zugeordnet.
Allen diesen Zuordungen ist gemeinsam, dass dem k-fachen der Ausgangsgröße die k-fache Größe zugeordnet ist. Eine solche Zuordung heißt **proportionale Zuordnung**.

Die Zuordnung wird häufig durch einen Pfeil ↦ gekennzeichnet.

Eine **proportionale Zuordnung** liegt vor, wenn für jede Zahl k gilt:
Wird dem Wert a der Wert b zugeordnet, dann wird dem Wert k · a der Wert k · b zugeordnet.

In 1 s legt der Schall ca. 0,3 km zurück
1 s ↦ 0,3 km
5 · 1 s ↦ **5** · 0,3 km
$\frac{1}{2}$ · 1 s ↦ $\frac{1}{2}$ · 0,3 km

Liegt zwischen zwei Größen eine proportionale Zuordnung vor, so kann man also aus einem Paar a ↦ b zugeordneter Größen jedes andere Paar x ↦ y, z. B. mit dem Dreisatz berechnen.

Größe A ↦ Größe B
a ↦ b
(:a | :a)
1 ↦ $\frac{b}{a}$
(·x | ·x)
x ↦ $\frac{b}{a}$ · x = y

Es gibt außer proportionalen Zuordnungen eine andere wichtige Zuordnung, die antiproportional genannt wird. Will z. B. eine Klasse mit 30 Schülern einen Ausflug mit einem Bus machen, der 540 € kostet, so beträgt der Fahrpreis je Schüler 18 €. Es können drei Schüler wegen Krankheit nicht teilnehmen. Wie hoch ist jetzt der Fahrpreis pro Schüler? Die Zuordnung lautet:

Schülerzahl ↦ Fahrpreis je Schüler
30 ↦ 18 €
(**:30** | **·30**)
1 ↦ 18 · 30 € = 540 €
(**·27** | **:27**)
27 ↦ $\frac{540}{27}$ € = 20 €

Während auf der linken Seite durch 30 dividiert wird, wird auf der rechten Seite mit 30 multipliziert. Entsprechend wird beim Schluss auf 27 Schüler rechts dividiert.

Bei Zuordungen dieser Art ist dem k-fachen der Ausgangsgröße der k-te Teil der Größe zugeordnet. Eine solche Zuordung heißt **antiproportionale Zuordnung**.

Eine **antiproportionale Zuordnung** liegt vor, wenn für jede Zahl k gilt: Wird dem Wert a der Wert b zugeordnet, dann wird dem Wert $k \cdot a$ der Wert $\frac{1}{k} \cdot b$ zugeordnet.	In einem Neubau soll eine Höhe von 3 m über 15 Stufen erreichbar sein. 1 Stufe ↦ 300 cm **15** · 1 Stufe ↦ $300\,\text{cm} \cdot \frac{1}{15} = 20\,\text{cm}$

Beispiel 1 Proportionale Zuordnung

Ein Gärtner macht einen Kostenvoranschlag über sechs Stunden zum Ausschneiden von Obstbäumen in Höhe von 208,50 €. Er benötigt dann tatsächlich nur 3,5 Stunden. Wie hoch ist jetzt die Rechnung? Um welchen Betrag ist die neue Rechnung niedriger?

Lösung:

Es liegt eine Proportionalität vor, da er für die k-fache Zeit den k-fachen Lohn verlangt.

Zahl der Stunden ↦ Lohn in €

:6 ↓	6 ↦ 208,50	↓ :6
·3,5 ↓	1 ↦ 208,50 : 6 = 34,75	↓ ·3,5
	3,5 ↦ 34,75 · 3,5 = 121,625	

Der Rechnungsbetrag liegt somit nur bei 121,63 €. Ersparnis: 208,50 € − 121,63 € = 86,87 €.

Beispiel 2 Vorteile beim Dreisatz nutzen

Auf Nahrungsmittelverpackungen finden sich Angaben über Nährstoffgehalt, Fett, Eiweiß, Kohlehydrate. Auf einer Packung H Vollmilch finden sich die nebenstehenden Angaben.

a) Das Schulkind Selma trinkt täglich eine Tasse Milch mit dem Inhalt 400 ml ≈ 400 g zum Frühstück. Berechnen Sie die zugehörigen Kilokalorien (kcal).

b) Wie viel Milch trinkt man, wenn man täglich 20 g Milcheiweiß zu sich nimmt?

Lösung:

a) Milch in g ↦ kcal

100 ↦ 64

1 ↦ 0,64

400 ↦ 0,64 · 400 = 256

einfacher: Milch in g ↦ kcal

·4 ↓	100 g ↦ 64	↓ ·4
	400 g ↦ 64 · 4 = 256	

Selma nimmt beim Frühstück mit der Milch allein 256 kcal zu sich.

b) Eiweiß in g ↦ Milch in ml

3,3 ↦ 100

1 ↦ $\frac{100}{3{,}3}$

20 ↦ $\frac{100}{3{,}3} \cdot 20 \approx 606{,}06$

Man muss täglich ca. 600 g oder 0,60 Liter Milch trinken, wenn man 20 g Milcheiweiß zu sich nehmen möchte.

Beispiel 3 Antiproportionale Zuordnung

Die Marathondistanz beträgt 42,195 km. Ein Läufer weiß, dass er mit einer Geschwindigkeit zwischen 14 $\frac{km}{h}$ und 15 $\frac{km}{h}$ laufen kann je nach Wetter, Temperatur und Trainingszustand. Berechnen Sie die Laufzeiten für die Geschwindigkeiten 14 $\frac{km}{h}$ und 15 $\frac{km}{h}$.

Lösung:

Geschwindigkeit in $\frac{km}{h}$ Zeit in h

·14 ↓	1 ↦ 42,195	↓ :14
	14 ↦ 3,014	
	15 ↦ 2,813	

Es ist 3,014 h = 3 h + 0,014 · 60 min =
= 3 h + 0,84 min = 3 h + 0,84 · 60 s ≈ 3 h 50 s
2,813 h = 2 h + 0,813 · 60 min = 2 h + 48,78 min
= 2 h 48 min + 0,78 · 60 s ≈ 2 h 48 min 47 s

Die Laufzeit liegt zwischen 2 h 49 min und 3 h 01 min.

Aufgaben

2 Untersuchen Sie, ob es sich um proportionale Zuordnungen handelt.

a) Je schwerer die Tafel Schokolade ist, umso mehr Kalorien hat sie.

b) Je größer man ist, desto mehr wiegt man.

c) Je höher das Wasser im Messbecher steht, desto mehr Wasser ist im Messbecher.

d) Je mehr Nudeln in einer Packung sind, desto schwerer ist sie.

e) Je mehr gleich starke Pumpen an der Leerung eines Schwimmbads beteiligt sind, umso schneller ist das Becken leer.

Die Größe, nach der gefragt wird, muss in der Tabelle rechts stehen!

3 Ein Tankwagen füllt an einer Tankstelle pro Minute 450 l Benzin ab.

a) Wie lange braucht er mindestens beim Abfüllen von 100 000 l?

b) Wie viele Liter füllt er in 45 Minuten ab?

4 Die Angabe 1:250 000 auf einer Landkarte bedeutet die Zuordnung
Länge einer Strecke auf der Karte ↦ Länge der entsprechenden Strecke in Wirklichkeit.
1 cm auf der Karte entspricht also 250 000 cm = 2 500 m = 2,5 km in der Wirklichkeit.
Füllen Sie die Tabelle aus.

a) Maßstab 1:50 000

Länge auf der Karte in cm	3	23	6,4	0,8				
Länge in Wirklichkeit in km					18	72	124	500

b) Maßstab 1:350 000

Länge auf der Karte in cm	2	45	16,4	5,8				
Länge in Wirklichkeit in km					680	72	424	1500

c) Maßstab 1:1500 000

Länge auf der Karte in cm	1	15	24,6	3,9				
Länge in Wirklichkeit in km					1680	72	1	5000

5 Ein Händler kauft 6000 Stück eines elektronischen Bauteils zum Preis von 1275 € ein.

a) Er verkauft sie pro Stück für 0,72 €. Hat er beim Verkauf von 2000 Stück den Einkaufspreis schon erreicht? Wenn ja, welchen Gewinn hat er damit erzielt?

b) Er verkauft einen Teil in Packungen von je 12 Stück zum Preis von 6,28 €. Wie groß ist sein Gewinn, wenn er 350 Packungen verkauft?

6 Ein Autofahrer weiß, dass er im Durchschnitt mit 90 $\frac{km}{h}$ fährt und auf 100 km 6,8 Liter Dieselkraftstoff (ein Liter kostet 1,409 €) benötigt. Er fährt von Stuttgart nach Dresden (508 km).

a) Wie lange braucht er und wie viel Diesel verbraucht er dabei?

b) Was kostet ihn der Kraftstoff?

c) Da er von Stuttgart nach Dresden ausschließlich auf der Autobahn fährt, beträgt sein Schnitt nicht 90 $\frac{km}{h}$ sondern 120 $\frac{km}{h}$. Welche Zeitersparnis hat er?

d) Er verbraucht bei 120 $\frac{km}{h}$ aber 7,9 Liter Dieselkraftstoff auf 100 km. Um wie viel teuerer kommt ihn die schnelle Fahrt gegenüber der Normalfahrt?

7 Eine Musikschule erhält pro Kind einen Elternbeitrag. Von ihr werden 134 Kinder betreut. Die Einnahmen aus den Elternbeiträgen betragen rund 10 000 €.
Am Schuljahresanfang scheiden 21 Kinder aus, 9 kleinere Kinder treten neu ein.

a) Um wie viel verringert sich damit die Gesamteinnahme?

b) Um wie viel müsste der Betrag angehoben werden, damit keine Finanzlücke entsteht?

8 Vielfach wird auch heute noch die Leistung eines Motors in Pferdestärken (PS) angegeben. Die offizielle Einheit ist das Kilowatt (kW). Es ist 1 PS = 0,7355 kW.
a) Geben Sie die Leistung eines Motors in PS an, der 66 kW hat.
b) Von einem Kranwagen wird gesagt, er habe 1000 PS. Welche Leistung in kW erbringt er?
c) Ein Radprofi bringt es auch über eine längere Distanz auf 406 W. Wie viel PS leistet er dann?

9 Ein Drucker druckt maximal 12 Seiten pro Minute.
a) Wie lange benötigt der Drucker mindestens für ein Buch mit 360 Seiten?
b) Wie viele Seiten schafft der Drucker höchstens in 1 h 20 min 30 s?
c) Nach 45 000 Seiten muss der Toner erneuert werden. Wie lange war der Drucker bis dahin in Betrieb?

10 Ein rechteckiges Grundstück hat die Länge 75 m und die Breite 40 m.
a) Das Grundstück soll durch ein gleich großes rechteckiges Grundstück ersetzt werden, dessen eine Seite 68 m lang ist.
Wie breit ist es?
b) Die Breite des Grundstücks soll um 10 m verlängert werden, ohne dass die Fläche dabei zunimmt. Welche Länge hat es dann?

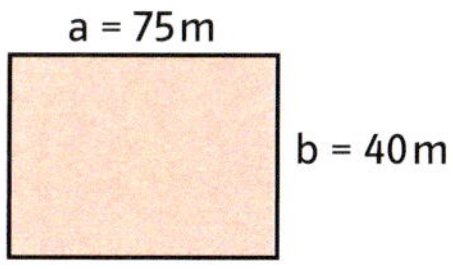

11 Für ein neu zu erschließendes Baugebiet werden Erschließungskosten in Höhe von 540 000 € fällig. Das Baugebiet wird in 18 bis 20 gleich große Bauplätze aufgeteilt. Welche Kosten kommen auf die Bauherren zu, wenn es zu einer Baugenehmigung für 18, 19 oder 20 Plätze kommt?

12 Ein Öltanker soll rasch entleert werden. Man weiß aus Erfahrung, dass acht gleich starke Pumpen das Leeren in 15 h 30 min schaffen. Um die Liegezeit im Hafen zu verringern, sollen weitere Pumpen gleicher Stärke zur Entleerung herangezogen werden. Man möchte das Öl nach 10 Stunden ausgepumpt haben. Wie viele Pumpen müssen noch aktiviert werden?

13 Die Bank liefert an einen Kunden Wechselgeld für jeweils 100 €. Wie viele 1-ct-, 2-ct-, 5-ct-, 10-ct-, 20-ct-, 50-ct-Münzen erhält der Kunde?

14 Eine große Gartenanlage soll von vier gelernten Arbeitern in 12 Wochen erstellt werden.
a) Der Auftraggeber verlangt, dass die Anlage in neun Wochen fertig sein soll. Unter welcher Voraussetzung ist dies möglich?
b) Tatsächlich wird der Garten in 16 Wochen fertig. Wie viele Bauarbeiter waren dann im Durchschnitt tätig?

Überlegen Sie, unter welchen Voraussetzungen diese Aufgabe sinnvoll ist.

15 Ein Landwirt weiß aus Erfahrung: Auf einem großen Feld können 12 Erntearbeiter bei einer Arbeitszeit von täglich 8 Stunden in 5 Tagen die Ernte einbringen.
a) Der Landwirt hat leider nur neun Saisonarbeiter anheuern können. Wegen des schlechten Wetters arbeiten diese auch noch täglich eine Stunde weniger als geplant.
b) Bei schönem Wetter konnten zu den geplanten zwölf Arbeitern noch sechs hinzugewonnen werden. Jeder Arbeiter macht zudem noch zwei Überstunden.

2 Darstellung von proportionalen Zuordnungen

1 Ein Tau ist auf einer Rolle aufgewickelt und kann in jeder Länge gekauft werden. Ein Meter kostet 3,45 €.
Suchen Sie nach Möglichkeiten, dem Verkäufer Hilfen an die Hand zu geben, um für unterschiedliche Längen wie z. B. 2 m, 3 m, 5 m, $12\frac{1}{2}$ m, 0,75 m sofort das Ergebnis zu erhalten.

Proportionalitäten lassen sich auf sehr unterschiedliche Arten darstellen. Man kann für ihre Darstellung neben Texten Tabellen, Graphen oder Gleichungen verwenden.

In Deutschland werden Wasserrohre oder Schläuche meist in Zoll gemessen. Häufig kann man den Durchmesser eines Rohres in cm messen, weiß aber die Zollzahl nicht. Man kann nachschlagen, dass 1 Zentimeter 0,3937 Zoll entspricht. Es handelt sich um die proportionale Zuordnung Zentimeter ↦ Zoll. Da 1 ↦ 0,3937 ist, gilt damit $x \mapsto 0{,}3937 \cdot x$. Vielfach ist Verkäufern eine **Tabelle** eine große Hilfe, in der zu verschiedenen häufig auftretenden Werten von x die zugeordneten Werte y aufgeführt werden. Man spricht dann von einer **Umrechnungstabelle**:

x in Zentimeter	1	0,1	0,2	0,3	0,4	0,5	2	3	4	5	10
y in Zoll	0,394	0,039	0,079	0,118	0,157	0,197	0,787	1,181	1,575	1,969	3,937

In einer solchen Tabelle kann man natürlich nicht alle Werte anführen. Deshalb ist es hilfreich, die Werte graphisch darzustellen. Dazu trägt man in einem Koordinatensystem (siehe Fundus) die zugeordneten Paare (1; 0,394), (2; 0,787), usw. als Punkte ein: Um z. B. den Punkt (2; 0,787) einzutragen, geht man auf der x-Achse 2 Einheiten nach rechts und von dort 0,787 Einheiten in y-Richtung. Die zugehörige Stelle wird als Punkt P markiert. Man schreibt P(2 | 0,787). Trägt man weitere Punkte auf, so stellt man fest, dass diese auf einer Geraden liegen. Aus dieser Darstellung im Koordinatensystem kann man für unterschiedliche x-Werte die zugehörigen y-Werte ermitteln. In Fig. 1 ist gezeigt, wie man zu 4,5 cm die zugehörige Zollzahl $1\frac{3}{4}$ ermittelt.

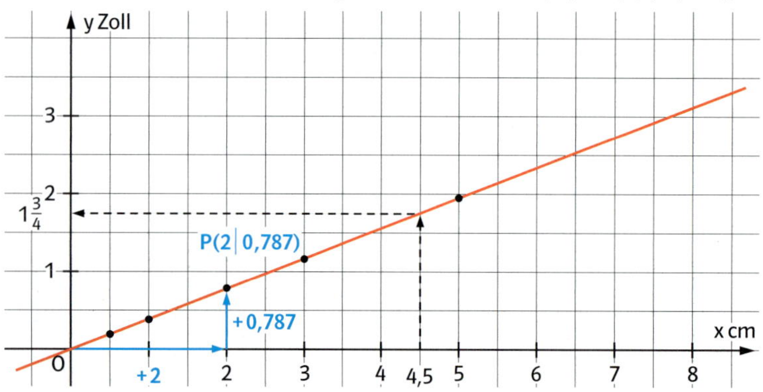

Fig. 1

Rechnerisch erhält man den zu x gehörigen y-Wert durch die Gleichung $y = 0{,}3937 \cdot x$.
Man erhält für alle Quotienten $\frac{x}{y}$ zugeordneter Paare (x; y) stets denselben Wert. Im Beispiel ist dieser Quotient 0,3937. Man kann diesen Wert, der meist mit m bezeichnet wird, direkt erhalten für x = 1; dann ist m = y = 0,3937. Im Graphen wird dies nochmals sichtbar.

Proportionale Zuordnungen lassen sich durch eine Gleichung $y = m \cdot x$ darstellen. Trägt man die zugeordneten Paare als Punkte in ein Koordinatensystem ein, so liegen diese auf einer Geraden. Dabei ist m der dem Wert x = 1 zugeordnete Wert.
m heißt auch **Proportionalitätsfaktor** oder **Steigung der Geraden**.

In 1 s legt der Schall ca. 0,3 km zurück.
Gleichung: $y = 0{,}3 \cdot x$; $m = 0{,}3$

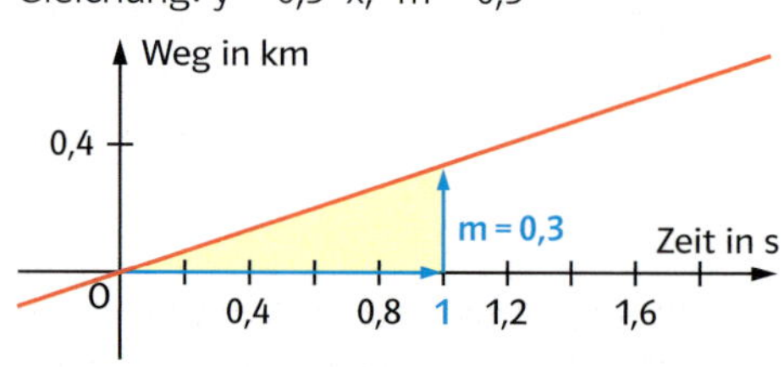

Beispiel Prüfen auf Proportionalität

Gegeben ist Zuordnung x ↦ y anhand der Tabelle. Überprüfen Sie, ob eine proportionale Zuordnung vorliegt.

x	2	3	4	9	12	15	18	20
y	2,5	3,75	5	11,3	15	18,8	22	25

Lösung:

Man bildet die Quotienten $\frac{y}{x}$. Da diese nicht gleich sind, liegt keine exakte Proportionalität vor. Die Abweichung von einer proportionalen Zuordnung ist jedoch sehr klein.

x	2	3	4	9	12	15	18	20
y	2,5	3,75	5	11,3	15	18,8	22	25
$\frac{y}{x}$	1,25	1,25	1,25	1,26	1,25	1,25	1,22	1,25

Aufgaben

2 Überprüfen Sie, ob exakt oder näherungsweise eine proportionale Zuordnung vorliegt.

a)

x	2	4	3	12	15	18	20	25
y	6	12	9	36	45	54	60	75

b)

x	6	4	9	3	7	12	8	25
y	15	10	22,5	8,5	22	30	20	62,5

3 Es soll ein zylindrischer Messbecher mit Skalen versehen werden. Man gießt 1 Liter in das Glas und misst eine Höhe von 15 cm Wasserhöhe. Wo sind die Striche für 0,375 Liter und 0,7 Liter anzubringen? Fertigen Sie eine Skala mit jeweils 100 ml Abstand.

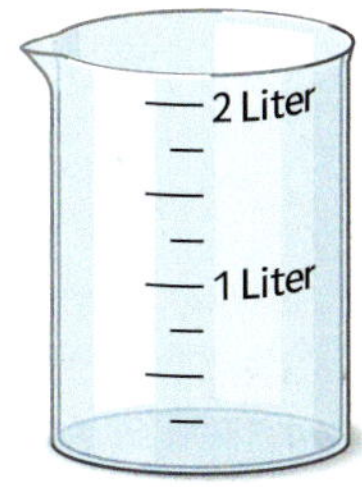

4 Im Angelsächsischen gibt es die Einheiten yard und foot (Fuß). Dabei gilt: 1 yard = 3 ft und 1 ft = 30,48 cm.

a) Stellen Sie eine Tabelle auf für die Umrechnung von yard in Meter. Welche Länge hat 1 yard in Meter?

b) Zeichnen Sie einen Graphen, aus dem von 0 bis 15 yard die zugehörigen Meterangaben abgelesen werden können. Können Sie aus diesem Graphen auch zu vorgegebenen Meterangaben die zugehörigen Werte in yard ablesen?

5 Eine frei hängende Spiralfeder ist 8 cm lang. Durch ein angehängtes Gewicht wird die Feder verlängert. Die Zuordnung angehängtes Gewicht ↦ Zunahme der Länge ist proportional.

a) Bei einem angehängten Gewicht von 12 g beträgt die Gesamtlänge der Feder 10,4 cm. Berechnen Sie den Proportionalitätsfaktor.

b) Stellen Sie das Dehnungsverhalten der Feder in einem Koordinatensystem dar.

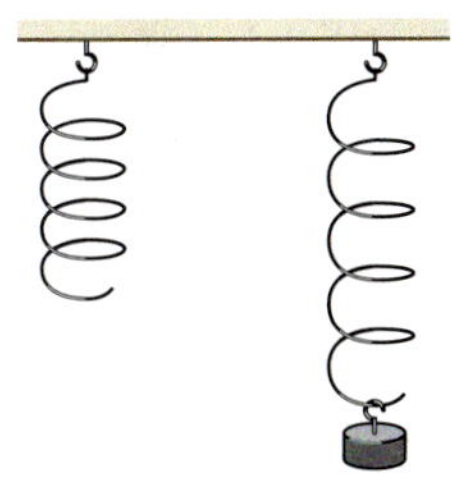

6 Lesen Sie aus der Zeichnung (Fig. 1) den Proportionalitätsfaktor ab und geben Sie die Gleichung der Proportionalität an. Erfinden Sie dazu eine Aufgabe.

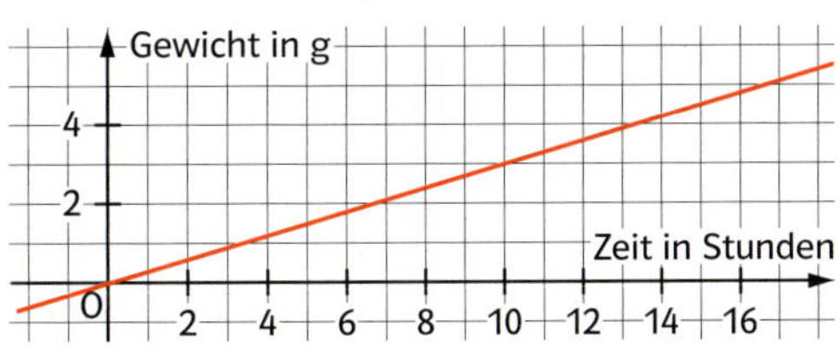

Fig. 1

7 Ein Radfahrerteam möchte eine ebene Strecke von 156 km in 4 Stunden 30 Minuten zurücklegen. Die Gruppe fährt gleichmäßig schnell. Welche Zeit benötigt sie pro km und wie sieht das zugehörige Weg-Zeit-Diagramm aus? Welche Bedeutung hat hier der Proportionalitätsfaktor?

8 Sie wollen wissen, wie viele Reiskörner 1 kg Reis enthält. Beschreiben Sie, wie Sie dabei vorgehen. Geben Sie bei Ihrem Vorgehen auch den Proportionalitätsfaktor an.

3 Prozentrechnen

1 Deutschland hat seit 2007 einen Mehrwertsteuersatz von 19%. 2006 betrug er 16%.
a) Wie viel zahlte man demnach für ein Fernsehgerät, das ohne Mehrwertsteuer 1240€ kostete, im Jahre 2006, wie viel im Jahre 2007?
b) Um wie viel EURO ist der Fernseher 2007 teurer gegenüber 2006. Um wie viel Prozent ist der Fernseher demnach im Jahre 2007 teurer geworden gegenüber 2006?

Beim Vergleichen von Anteilen wie „36 von 50" und „17 von 20" bildet man die Quotienten $36:50 = \frac{36}{50} = 0{,}72 = \frac{72}{100}$ und $17:20 = \frac{17}{20} = 0{,}85 = \frac{85}{100}$. Im Alltag sagt man statt „72 von 100" auch „72 Prozent", geschrieben 72%, statt „85 von 100" auch „85%".

Unser Prozentzeichen % hat sich aus Abkürzungen des italienischen „pro cento" entwickelt. Die Kaufleute schrieben in ihren Handschriften dafür früher kurz *pro* $\overset{\circ}{c}$ oder *p* $\overset{\circ}{c}$. Aus der Abkürzung $\overset{\circ}{c}$ für „cento" wurde dann unser Zeichen %.

Um den Anteil 595kg von 3500kg zu berechnen, bildet man also den Quotienten $\frac{595\,\text{kg}}{3500\,\text{kg}}$ und erhält $0{,}17 = \frac{17}{100} = 17\%$. Man kann aber auch mit dem Dreisatz rechnen:

$$3500\,\text{kg entsprechen } 100\%$$
$$1\,\text{kg entspricht } \frac{100}{3500}\%$$
$$595\,\text{kg entsprechen } 595 \cdot \frac{100}{3500}\% = 17\%$$

Bezeichnet man die Größe 595kg als Prozentwert W, die 3500kg als Grundwert G und die Zahl 17 als Prozentsatz p, so gilt offensichtlich $\frac{W}{G} = p$.

pro centum (lat.): von hundert
Statt Prozent könnte man auch Hundertstel sagen!

Der **Prozentsatz p** gibt den Anteil $\frac{\textbf{Prozentwert W}}{\textbf{Grundwert G}}$ an, d.h. $\frac{W}{G} = p$.
Ein Rabatt von 9€ auf einen Preis von 45€ ist ein Nachlass um $\frac{9}{45} = 0{,}2 = 20\%$.

Es gibt drei verschiedene Fragestellungen zum Prozentrechnen: Es kann nach dem Prozentsatz, dem Prozentwert oder dem Grundwert gefragt sein.
Wenn man z.B. weiß, dass 3% Skonto (Nachlass) auf eine Rechnung unbekannter Höhe 27€ ausmachen, so lässt sich daraus der Rechnungsbetrag bestimmen. Es ist W = 27€, p = 3%. Es gibt dazu zwei Möglichkeiten der Berechnung:

1. Möglichkeit
Auflösen der Gleichung $\frac{W}{G} = p$ nach G:
$\frac{27€}{G} = \frac{3}{100}$ | $\cdot 100G$, also $2700€ = 3 \cdot G$ | :3
und damit G = 900€

2. Möglichkeit
Arbeiten mit dem Dreisatz:
3% ↦ 27€
1% ↦ 27€ : 3 = 9€
100% ↦ 900€

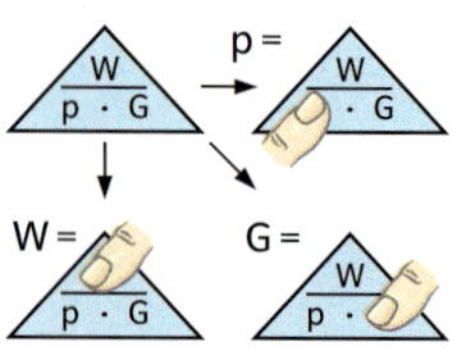

Rechnen mit Prozenten:

Gegeben: G = 50€; p = 4%
Gesucht: W

Gleichung $\frac{W}{G} = p$ nach W
auflösen: $\mathbf{W = G \cdot p}$,
also $W = 50€ \cdot \frac{4}{100} = 2€$

oder **Dreisatz**:
100% ↦ 50€
1% ↦ 0,5€
4% ↦ 0,5€ · 4 = 2€

Gegeben: W = 2€; G = 25€
Gesucht: p

Gleichung $\frac{W}{G} = p$
$\mathbf{p = \frac{W}{G}}$,
also $p = \frac{2€}{25€} = 0{,}08 = 8\%$

oder **Dreisatz**:
25€ ↦ 100%
1€ ↦ $\frac{100}{25}\% = 4\%$
2€ ↦ 4% · 2 = 8%

Gegeben: p = 3%; W = 36€
Gesucht: G

Gleichung $\frac{W}{G} = p$ nach G
auflösen: $\mathbf{G = \frac{W}{p}}$,
also $G = \frac{36€}{0{,}03} = 1200€$

oder **Dreisatz**:
3% ↦ 36€
1% ↦ 12€
100% ↦ 12€ · 100 = 1200€

Beispiel 1 Prozentwerte gesucht

Gepellte/geschälte Kartoffeln enthalten ca. 77 Prozent Wasser , ca. 15 Prozent Kohlenhydrate (Stärke), ca. 2 Prozent Eiweiß, ca. 1 Prozent Mineralstoffe und Spurenelemente wie Natrium, Kalium, Kalzium, Phosphor und Eisen; ca. 0,1 Prozent Fett.

Beim Mittagessen isst eine Person 200 g Pellkartoffeln. Berechnen Sie die entsprechenden Anteile in Gramm.

Lösung:

Wasser: $\frac{77}{100} \cdot 200\,g = 154\,g$; Kohlenhydrate (Stärke): $\frac{15}{100} \cdot 200\,g = 30\,g$; Eiweiß: $\frac{2}{100} \cdot 200\,g = 4\,g$;
Mineralstoffe und Spurenelemente: $\frac{1}{100} \cdot 200\,g = 2\,g$; Fett: $\frac{0{,}1}{100} \cdot 200\,g = 0{,}2\,g$.

Statt 0,1% sagt man auch 1 Promille und schreibt 1‰.

Beispiel 2 Grundwert gesucht

Die Toilettenspülung ist der größte Wasserfresser in privaten Haushalten. Rund 31,7% werden dafür verwendet, was etwa 40 Litern pro Tag entspricht. Wie hoch ist der tägliche Wasserverbrauch in Privathaushalten?

Lösung:

$31{,}7\,\% \mapsto 40$ Liter

$1\,\% \mapsto \frac{40 \text{ Liter}}{31{,}7}$

$100\,\% \mapsto \frac{40 \text{ Liter}}{31{,}7} \cdot 100 \approx 126$ Liter.

oder

$G = \frac{40 \text{ Liter}}{0{,}317} \approx 126$ Liter

Der Bedarf an Wasser für die Toilettenspülung pro Tag liegt bei 126 Litern.

Hier ist ein Taschenrechner sinnvoll:

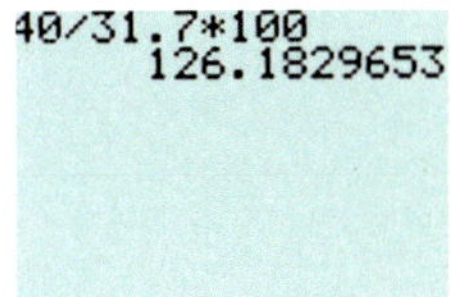

Beispiel 3 mehrere Werte gesucht

Der Preis einer Uhr von 100 € wurde im Herbst um 10 % heraufgesetzt. Dieser Verkaufspreis wurde wegen Aufgabe des Geschäfts um 30 % gesenkt.

a) Wie teuer ist die Uhr am Ende?

b) Wie viel Prozent gegenüber dem ursprünglichen Preis ist die Uhr billiger geworden?

Lösung:

a) 1. Möglichkeit:

Nach der Preiserhöhung kostet die Uhr 110 % des Originalpreises:

110 % von 100 € = $\frac{110}{100} \cdot 100\,€ = 110\,€$.

Preis nach 30 %-iger Senkung:

70 % von 110 € = $\frac{70}{100} \cdot 110\,€ = 77\,€$.

b) Das Verhältnis $\frac{\text{Endpreis}}{\text{Originalpreis}} = \frac{77\,€}{100\,€} = 0{,}77$

bedeutet 77%. Damit ist die Uhr jetzt um insgesamt 100 % − 77% = 23 % billiger.

2. Möglichkeit:

Ursprünglicher Preis 100 €.

Erhöhung um 10 %: $100\,€ \cdot 1{,}10$

Dieser Preis wird um 30 % gesenkt:

$(100\,€ \cdot 1{,}10) \cdot 0{,}70 = 100\,€ \cdot (1{,}10 \cdot 0{,}70)$

$= 100\,€ \cdot 0{,}77 = 77\,€$

b) Da für den Endpreis gilt:

$100\,€ \cdot 0{,}77 = 100\,€ \cdot 77\%$, ist der ursprüngliche Preis um 23 % gesenkt worden.

Wird der Preis einer Ware um 10 % erhöht und wird dieser Preis um 30 % gesenkt, so wird der Originalpreis nicht um 20 % gesenkt, sondern um 23 %.

Beispiel 4 Grundwert gesucht

Eine Familie kauft einen neuen Eisschrank. Die Verkäuferin gewährt 20 % Rabatt. Da bar bezahlt wird, erhält die Familie nochmals 3 % Skonto auf den ermäßigten Preis. Der Eisschrank kostet schließlich noch 582 €.

a) Wie viel € betrug der Preis vor Abzug von Skonto und Rabatt?

b) Die Familie freut sich und verkündet, sie habe 23 % gespart. Stimmt das?

Lösung:

a) Der ursprüngliche Preis G ist unbekannt. Preis G_R nach 20 % Rabatt auf G:
$G_R = G \cdot 80\,\% = 0{,}8 \cdot G$. Preis nach Skonto von 3 % auf G_R: $97\,\% \cdot G_R = 0{,}97 \cdot G_R = 0{,}97 \cdot 0{,}8 \cdot G = 0{,}776 \cdot G$. Es gilt somit $0{,}776 \cdot G = 582\,€$, also $G = \frac{582}{0{,}776}\,€ = 750\,€$.

b) Der Preisnachlass betrug insgesamt 750 € − 582 € = 168 €; also $p = \frac{168\,€}{750\,€} = 0{,}224 = 22{,}4\,\%$.
Die Familie hat also keine 23 % gespart, sondern lediglich 22,4 %.

Lösung mit Dreisatz:

$100\,\% \mapsto G$

$1\,\% \mapsto \frac{G}{100}$

$80\,\% \mapsto \frac{G}{100} \cdot 80$

$100\,\% \mapsto \frac{G}{100} \cdot 80$

$1\,\% \mapsto \frac{G \cdot 80}{10\,000}$

$97\,\% \mapsto \frac{G \cdot 80}{10\,000} \cdot 97$

also ist:

$\frac{G \cdot 80}{10\,000} \cdot 97 = 582$

Aufgaben

2 Ermitteln Sie den Prozentwert näherungsweise durch eine Überschlagsrechnung, indem Sie anstelle des Grundwertes einen geeigneten Näherungswert verwenden.
(Beispiel: 25 % von 803 kg sind ungefähr 25 % von 800 kg, also W ≈ 200 kg.)

a) 25 % von 205 kg
b) 75 % von 55 m
c) 80 % von 187 €
d) 6 % von 1,84 t
e) 30 % von 12,30 €
f) 20 % von 487 m^2
g) 60 % von 178 km
h) 15 % von 93 €

3 Überlegen Sie zuerst, um welchen Bruchteil des Grundwertes es sich bei dem angegebenen Prozentsatz handelt. (Beispiel: W = 70; p = 20 %; 20 % ist $\frac{1}{5}$, also G = 350.)

a) W = 200 €; p = 50 %
b) W = 12 kg; p = 25 %
c) W = 69 t; p = $33\frac{1}{3}$ %
d) W = 320 g; p = 40 %
e) W = 84 kg; p = 75 %
f) W = 35 g; p = 12,5 %

4 Überschlagen Sie, indem Sie anstelle des Grundwertes einen Näherungswert verwenden.

a) W = 7 kg; G = 102 kg
b) W = 10 €; G = 48 €
c) W = 6 km; G = 29 km
d) W = 11; G = 98
e) W = 25; G = 51
f) W = 30 g; G = 87 g

Bei jeder Sachaufgabe muss man sich zuerst überlegen, was der **Grundwert G ist, der 100 %,** und was der **Prozentwert W ist, der p %** entspricht!

5 Die Zehnerkarte für den Stadtbus kostet 14,50 €, ein Einzelfahrschein kostet 1,60 €. Um wie viel Prozent ist die Zehnerkarte billiger als 10 Einzelfahrscheine?

6 Bei den Gemeinderatswahlen in einer Stadt erhält eine Partei von 55 000 abgegebenen Stimmen 25 025 Stimmen. Vor vier Jahren hatte dieselbe Partei dort 44 % der Stimmen erreicht. Ist sie bei der jetzigen Wahl erfolgreicher gewesen?

7 Beim Ausverkauf eines CD-Shops werden alle CDs mit 20 % Rabatt verkauft. Beim Kauf von mehr als drei CDs erhält man zusätzlich 10 % Rabatt auf den ermäßigten Preis. Ingeborg hat sich das Geld für 3 CDs zu je 18 € zusammengespart. Kann sie dafür beim Ausverkauf sogar 4 CDs kaufen?

8 Die Körper von Säugetieren bestehen zu etwa 70 % aus Wasser.

a) Wie viel Liter Wasser sind im Körper eines Menschen (75 kg) und im Körper eines Dromedars (850 kg) enthalten?

b) Menschen können nur einen geringen Wasserverlust vertragen. Schon bei einem Verlust von 4 % des Wassers treten Störungen auf. Ein Dromedar dagegen verträgt einen Wasserverlust von bis zu 27%. Wie viel Liter Wasser darf ein Mensch (ein Dromedar) ohne Gefahr verlieren?

c) Ein Dromedar kann durch Trinken sein Gewicht um bis zu 25 % erhöhen. Wie viel Liter Wasser hat es dann getrunken?
Wie viel Wasser müsste ein Mensch trinken, um sein Gewicht entsprechend zu erhöhen?

9 Wie hoch ist der Rechnungsbetrag ohne die Mehrwertsteuer (MWSt) von 19 %, wenn als Betrag mit MWSt zu bezahlen sind:

a) 69 €
b) 139,15 €
c) 2,30 €
d) 805 €
e) 9653,10 €.

10 Eine Buchhandlung verkauft angestaubte Bücher aus dem Lager zu einem um 15 % ermäßigten Preis. Wie hoch war der Preis ursprünglich, wenn nach dem Preisnachlass

a) 12,75 € b) 54,40 € c) 102,85 € d) 48,45 € e) 14,45 €

zu bezahlen sind?

11 Meerwasser hat einen Salzgehalt von 3,5 %.

a) Der menschliche Geschmackssinn ist so empfindlich, dass Wasser mit 0,25 % Salzgehalt gerade noch als salzig wahrgenommen wird. Wie viel reines Wasser muss man zu 1 kg Meerwasser hinzufügen, um den Salzgehalt auf 0,25 % zu erniedrigen?

b) In Frankreich wird an manchen Orten aus Meerwasser durch Verdunsten Salz gewonnen. Aus wie viel kg Meerwasser erhält man 1 kg Salz?

12 Die Anzahl der Patienten in einem Klinikum ist von 2006 bis 2007 um 12,5 % auf 1890 angewachsen. Der Zuwachs von 2005 bis 2006 betrug nur 10 %. Wie viele Patienten hatte das Klinikum 2005, wie viele 2006?

Klinikum in Ludwigsburg

13 Berechnen Sie die Mehrwertsteuer von 19 % für einen Rechnungsbetrag über eine Dienstleistung von

a) 3720 € b) 2,80 € c) 316 € d) 19,80 € e) 72,40 € f) 36 000 €.

14 Bei der Inhaltsüberprüfung von Milchflaschen wurde festgestellt, dass die Firma bei den Flaschengrößen $I = 500\,\text{cm}^3$ durchschnittlich $a = 5\,\text{cm}^3$ zu wenig abgefüllt hatte. Der Anteil $5\,\text{cm}^3$ von $500\,\text{cm}^3 = \frac{5\,\text{cm}^3}{500\,\text{cm}^3}$ nennt man **prozentualen** oder **relativen Fehler**. Die Abweichung $5\,\text{cm}^3$ nennt man **absoluten Fehler**.

Wie groß ist der absolute und der relative Fehler bei folgenden Abweichungen?

a) 5 m auf 1 km b) 20 g auf 2,5 kg c) 7 mm auf 20 m d) 0,2 ct auf 1 €

15 Eine Briefwaage lässt sich auf 1 g genau, eine Küchenwaage auf 5 g genau ablesen (Fig. 1).

a) Wie groß ist der absolute Messfehler bei den beiden Waagen?

b) Wie groß ist der prozentuale Fehler beim Abwiegen eines Briefes, für den auf der Briefwaage 24 g (auf der Küchenwaage 25 g) abgelesen wird?

Fig. 1

16 Eine Lotterie wirbt: „Jedes zweite Los gewinnt, davon ist jeder fünfte Gewinn ein Hauptgewinn." Wie viel Prozent aller Lose sind

a) Nieten b) Gewinne, aber keine Hauptgewinne c) Hauptgewinne?

17 Ein Jugendclub hat 12 Mädchen und 18 Jungen als Mitglieder. Wie ändert sich der prozentuale Anteil der Mädchen, wenn zwei Mädchen (drei Mädchen und drei Jungen) neu in den Club eintreten?

4 Zinsrechnen

8	4							
9								
10	5	0634 0007	30.12.98	27.03.03	ZINS 1998	519455 401		********61,35	*******147,77
11			30.12.99	27.03.03	ZINS 1999	519455 401		*********1,61	*******149,38
12	6		29.12.00	27.03.03	ZINS 2000	519455 401		*********1,49	*******150,87
13			28.12.01	27.03.03	ZINS 2001	519455 401		*********1,51	*******152,38
14	7		31.12.01	27.03.03	ÜBERTRAG	519455 401	********152,39		*********0,00
15			01.01.02	27.03.03	EURO-UMST.	519455 401		********77,91	********77,91
16	8		30.12.02	27.03.03	ZINS 2002	519455 401		*********0,78	********78,69
17		633 26	05.04.2004	30.12.2003	ZINS 2003	519455 401		*********0,69	********79,38
18	9	633 3	30.12.2004	22.04.2005	ZINS 2004	519455 401		*********0,47	********79,85

Fig. 1

1 Fig. 1 zeigt einen Auszug aus einem Sparbuch, auf das weder ein Betrag aus- noch einbezahlt wurde. Bis zur EURO-Umstellung war die Währung DM.

a) Wie hoch war der Zinssatz im Jahr 1999, wie hoch war er 2003?

b) In welchem Jahr war der Zinssatz am niedrigsten?

Wer Geld auf ein Sparkonto bei einer Sparkasse oder Bank einzahlt, erhält dafür **Zins**. Dieser Zins entspricht einem gewissen Bruchteil des eingezahlten Geldbetrages, des so genannten **Kapitals**. Der Prozentsatz, nach dem der **nach einem Jahr** fällige Zins (Jahreszins) berechnet wird, heißt **Zinssatz**.

Leiht man sich umgekehrt Geld bei einer Sparkasse oder Bank aus, so nennt man das geliehene Kapital **Kredit**. Für einen Kredit muss man Zins bezahlen.

Hat jemand zu Jahresbeginn ein Guthaben von 1200 € und wurde sein Geld das Jahr über mit 3,5 % verzinst, so berechnet man das Kapital am Jahresende mithilfe der Prozentrechnung:

100 % ↦ 1200 €		oder		100 % ↦ 1200 €	
1 % ↦ 12 €				1 % ↦ 12 €	
3,5 % ↦ 42 €	Zins			103,5 % ↦ 1242 €	Kapital
103,5 % ↦ 1242 €	Kapital				

Am Jahresende beträgt das Kapital 1242 €.

Die Zinsrechnung ist eine Anwendung der Prozentrechnung. Dabei entspricht
das **Kapital** dem **Grundwert**,
der **Jahreszins** dem **Prozentwert**,
der **Zinssatz** dem **Prozentsatz**.

Es ist zu beachten, dass die Bank jeden Monat mit 30 Tagen rechnet; das „Bankjahr" hat daher 360 Tage.

Man kann von seinem Sparbuch auch während des Jahres Geld abheben. Auch dann zahlt die Bank dem Kunden Zins. Will man das mit 3,5 % verzinste Guthaben von 1200 € am 30.03. des Jahres abheben, so liegt das Geld 90 Tage auf der Bank.

Die Bank rechnet wie folgt:

1200 € ergeben bei einem Jahreszinssatz von 3,5 % in 360 Tagen $1200 \cdot \frac{3{,}5}{100}$ € Zinsen;

1200 € ergeben bei einem Jahreszinssatz von 3,5 % in einem Tag $1200 \cdot \frac{3{,}5}{100} \cdot \frac{1}{360}$ € Zinsen;

1200 € ergeben bei einem Jahreszinssatz von 3,5 % in 90 Tagen $1200 \cdot \frac{3{,}5}{100} \cdot \frac{90}{360}$ € Zinsen.

Man spricht von einer **unterjährigen Verzinsung**.

Ein Kapital K = 400 € bringt bei einem Zinssatz von p = 3 % in t = 51 Tagen ($0 < t \leqq 360$) einen Zins von

$$Z = K \cdot p \cdot \frac{t}{360}, \text{ also} \qquad Z = 400 \cdot 0{,}03 \cdot \frac{51}{360} € = 1{,}70 €$$

Am Jahresende werden grundsätzlich die Zinsen dem Konto hinzugerechnet und im folgenden Jahr mitverzinst. So wächst ein Kapital von 100 € bei 2 % Zinssatz nach einem Jahr auf 102 €, nach zwei Jahren auf $102 € \cdot \frac{102}{100} = 104{,}04 €$, nach 3 Jahren auf $104{,}04 € \cdot \frac{102}{100} = 106{,}12 €$. Man spricht in diesem Fall von **Zinseszinsen**.

Beispiel 1 Zinsberechnung

Frau Hummel kauft bei einer Bank Wertpapiere über 12 000 €. Die Papiere haben eine Laufzeit von vier Jahren bei einem gleichbleibenden Zinssatz von $5\frac{1}{4}$% jährlich. Die Zinsen werden jeweils nach einem Jahr ausbezahlt.

a) Welchen Geldbetrag bekommt Frau Hummel insgesamt ausbezahlt?

b) Wie viel Prozent des Kapitals sind dabei an Zinsen ausbezahlt worden?

Fig. 1. Historisches Wertpapier

Lösung:

a) Zins nach einem Jahr: $\frac{5{,}25}{100} \cdot 12\,000\,€ = 630\,€$ Zinsen nach vier Jahren: $630\,€ \cdot 4 = 2520\,€$.

b) $p = \frac{2520\,€}{12\,000\,€} = 0{,}21$. Damit sind 21 % des angelegten Kapitals ausbezahlt worden.

Mit Dreisatz:

a) 100 % ↦ 12 000 €
1 % ↦ 120 €
5,25 % ↦ 120 € · 5,25
= 630 €

b) 12 000 € ↦ 100 %
1 € ↦ $\frac{1}{120}$ %
2560 € ↦ $\frac{2520}{120}$ %
= 21 %

Beispiel 2 Unterjährige Verzinsung

Eine Kinderhilfe legt 2500 € am 4.06.2006 auf ein Festgeldkonto. Es wird ein Jahreszinssatz von 2,7 % bezahlt bei monatlicher Kündigung. Wegen der Notlage eines Kindes wird am 24.09.2006 das Geld abgehoben. Wie hoch ist der abgehobene Betrag?

Lösung:

Das Geld lag im Juni 26 Tage, im Juli und August je 30 Tage und im September noch 24 Tage auf dem Konto, also insgesamt 110 Tage.

1. Möglichkeit:

Jahreszins:

100 % ↦ 2500 €
1 % ↦ 25 €
2,7 % ↦ 25 € · 2,7 = 67,5 €

110 Tage Liegezeit:

360 Tage ↦ 67,5 €
1 Tag ↦ $\frac{67{,}5}{360}$ €
110 Tage ↦ $\frac{67{,}5}{360}$ € · 110 = 20,625 €

2. Möglichkeit:

Gegeben: K = 2500 €; p = 2,7 %; t = 110.

Gesucht: Zins Z

Einsetzen in die Formel:

$Z = 2500\,€ \cdot \frac{2{,}7}{100} \cdot \frac{110}{360} = 20{,}625\,€$.

Auszahlung: 2500 € + 20,63 € = 2520,63 €

Beispiel 3 Verzinsung über mehrere Jahre

Lisa hat zu ihrer Geburt von ihrem Paten ein Sparbuch mit einem Guthaben von 500 € erhalten. Er hat es mit einem Zinssatz von 4 % für sechs Jahre angelegt.

a) Welches Guthaben befindet sich auf dem Sparbuch zu Lisas sechstem Geburtstag?

b) Der Pate zahlt an jedem Geburtstag 200 € ein. Wie hoch ist der Betrag am sechsten Geburtstag?

Lösung: (mit einer Tabellenkalkulation oder einem GTR)

Man legt Tabellen an, in denen in der 1. Spalte der Geburtstag, in der 2. der Zins und in der 3. das verzinste Kapital steht.

a) Zinssatz: 4 %

Jahr	Zins	Betrag
0		500,00 €
1	20,00 €	520,00 €
2	20,80 €	540,80 €
3	21,63 €	562,43 €
4	22,50 €	584,93 €
5	23,40 €	608,33 €
6	24,33 €	632,66 €

b) Zinssatz: 4 %; jährliche Zuzahlung: 200 €

Jahr	Zins	Betrag
0		500,00 €
1	20,00 €	720,00 €
2	28,80 €	948,80 €
3	37,95 €	1186,75 €
4	47,47 €	1434,22 €
5	57,37 €	1691,59 €
6	67,66 €	1959,25 €

Und so geht man mit dem GTR vor:

```
500*.04
                20
Ans+500
               520
Ans*.04
              20.8
Ans+520
```

Aufgaben

2 Welchen Zins erhält man nach einem Jahr bei einem Zinssatz von 3,5 % für 12480 €?

3 Für welches Kapital erhält man bei einem Zinssatz von 3,6 % nach einem Jahr Zins in Höhe von

a) 15 € b) 2 € c) 410 € d) 85 € e) 132 €?

4 Bei welchem Zinssatz erhält man für 5000 € einen Jahreszins von

a) 150 € b) 350 € c) 100 € d) 425 € e) 49 000 €?

5 Jemand möchte ein Darlehen aufnehmen. Für den Zins kann er pro Jahr 1000 € aufbringen. Wie hoch darf das Darlehen sein, wenn der Zinssatz 8 % (10 %) beträgt?

6 Ein Sparer hatte Ende 2004 auf seinem Konto 1200 €. Der Zinssatz beträgt 3,5 %. Nach einem Jahr lässt er sich die angefallenen Zinsen nicht auszahlen, sondern lässt sie auf dem Konto gutschreiben.
Wie hoch ist der Kontostand nach einem weiteren Jahr, wenn in der Zwischenzeit weder Geld abgehoben noch einbezahlt wird?

7 Ein Kapital von 1500 € ist zu einem Zinssatz von 8 % fest angelegt. Auf welchen Betrag ist das Kapital mit Zinseszins nach zwei Jahren angewachsen?

8 Ein Bauherr nimmt für ein Bauvorhaben bei einer Bank ein Darlehen in Höhe von 80 000 € zum Zinssatz 9 % auf.
a) Wie hoch ist der Jahreszins, solange er nichts zurückgezahlt hat?
b) Der Bauherr vereinbart mit der Bank, nach jedem Jahr neben der Zinszahlung eine Rückzahlung („Tilgung") in Höhe von 10 % der ursprünglichen Darlehenssumme zu leisten. Wie lange dauert es, bis das Darlehen getilgt ist?

9 Zwei Personen legen bei verschiedenen Banken den gleichen Betrag auf ein Sparkonto. Die erste Person erhält 4 %, die zweite 4,5 %. Nach einem Jahr stellen sie fest, dass das Konto der zweiten Person 2,30 € mehr aufweist als das der ersten.
Welchen Betrag hatten sie eingezahlt?

10 Der schwedische Fabrikant Alfred Nobel (1833–1896) hat ein Guthaben als Stiftung hinterlassen, aus dem jährlich sechs „Nobelpreise" zu je etwa 1 100 000 € für hervorragende wissenschaftliche Leistungen vergeben werden. Die Verwaltungskosten betragen jedes Jahr 0,1 % des Guthabens. Wie groß ist das Guthaben, wenn die Nobelpreise und die Verwaltungskosten vollständig von den Jahreszinsen gedeckt werden, die bei einem Zinssatz von 4,5 % erbracht werden?

11 a) Berechnen Sie den Betrag, auf den 1200 € nach drei Jahren bei einem Zinssatz von 5 % mit Zinseszins angewachsen sind.
b) Um wie viel Prozent hat sich das Kapital nach drei Jahren gegenüber dem ursprünglichen Betrag vergrößert?
c) Wie viel Zins hätte man insgesamt nach drei Jahren erhalten, wenn man den Jahreszins am Ende jeden Jahres abgehoben hätte? Vergleichen Sie das Ergebnis mit a).

12 Auf welchen Betrag ist das Kapital 10 000 € beim Zinssatz 4 % nach drei Jahren (fünf Jahren) mit Zinseszins angewachsen?

Alfred Bernhard Nobel (1833–1896)

Nobelpreise 2006 für
Chemie:
Roger D. Kornberg (USA)
Frieden:
Muhammad Yunus (Bangladesch)
Grameen Bank (Bangladesch)
Literatur:
Orhan Pamuk (Türkei)
Medizin:
Andrew Z. Fire (USA)
Craig C. Mello (USA)
Physik:
John C. Mather (USA)
George F. Smoot (USA)
Wirtschaft:
Edmund S. Phelps (USA)

13 Ermitteln Sie, wie lange es dauert, bis sich ein Kapital von 1000 € (2000 €) bei einem Zinssatz von 10 % mit Zinseszins verdoppelt hat?

14 Zum Jahresbeginn eröffnet eine Frau ein Sparkonto zum Zinssatz 5 % und bezahlt 2750 € ein. Jeweils zum Jahresende hebt sie von ihrem Konto 100 € ab. Welcher Betrag ist nach vier Jahren (mit Zinseszins) auf ihrem Konto?

15 Ein Ehepaar hat bei einer Bank einen Sparvertrag abgeschlossen: Das Paar zahlt jeweils am Jahresanfang 600 € auf ein Konto ein. Der Jahreszins zum Zinssatz 5 % wird dem Guthaben zugeschlagen und bringt Zinseszins.
Über welchen Betrag kann das Paar nach fünf Jahren verfügen?

16 Ein Betrag von 1000 € wird am 1. Januar 2006 auf ein Konto bei einem Zinssatz von 4 % angelegt.
Über welchen Betrag kann man verfügen, wenn man das Konto am

a) 31. Januar 2006	b) 17. Juli 2006	c) 18. September 2006
d) 27. Februar 2007	e) 23. August 2007	f) 30. März 2009

auflöst?

17 Herr Baumann hat sein Haus renovieren lassen. Nebenstehende Rechnungen sind ihm zugegangen.
a) Wie viel Geld kann Herr Baumann sparen, wenn er die Rechnungen sofort begleicht?
b) Herr Baumann hätte die erforderliche Summe verfügbar, hat sie jedoch günstig mit 10 % angelegt. Was ist nun für ihn günstiger: Soll er das Geld abheben und die Handwerker sofort (mit Skonto) bezahlen oder soll er die Zahlungsfrist von acht Wochen verstreichen lassen und dann die volle Rechnungssumme überweisen?

Maurer: 18 456,00 €
Zahlung 2 % Skonto bei Bezahlung innerhalb 1 Woche

Fliesenleger: 12 123,00 €
Zahlung 3 % Skonto bei Bezahlung innerhalb 1 Woche

Zimmermann: 25 456,00 €
Zahlung 2 % Skonto bei Bezahlung innerhalb 1 Woche

Dachdecker: 17 789,00 €
Zahlung 2 % Skonto bei Bezahlung innerhalb 1 Woche

Maler: 9876,00 €
Zahlung 2% Skonto bei Bezahlung innerhalb 1 Woche

18 Ein Geschäftsmann besitzt ein Kapital in Höhe von 246 000 €. Er möchte das Geld gewinnbringend anlegen. Banken bieten ihm derzeit einen maximalen Zinssatz von 4,2 %. Damit ist er nicht zufrieden.
Er beschließt, mit dem Geld ein Haus zu kaufen und dieses Haus zu vermieten.
Welche Kaltmiete muss er mindestens verlangen, um eine Rendite in Höhe des maximalen Zinssatzes zu erreichen?

19 Innerhalb eines Bankjahres kommt es zu Veränderungen des Zinssatzes. Eine Schülerin hat 1200 € auf einem Festgeldkonto. Dafür erhält sie von 1. März bis 30. Juni 2,8 %, vom 1. Juli bis zum 31. Oktober 3 % und vom 1. November bis zum 28. Februar des folgenden Jahres 3,5 % Jahreszins.
Berechnen Sie, welchen Zins die Schülerin innerhalb des beobachteten Jahres insgesamt erhält.
Welchem durchschnittlichen Jahreszinssatz entspricht dies?

20 Berechnen Sie die Zinsen für ein Sparbuch, in dem die nebenstehenden Kontobewegungen erfolgt sind, wenn der Zinssatz von 3 % am 1. September um 0,5% gesenkt wurde.

1. Januar:	Kontostand	2500,00 €
20. März:	Einzahlung	500,00 €
30. Oktober:	Auszahlung	1500,00 €

5 Verteilungs- und Mischungsrechnen

1 In eine Lottogemeinschaft von drei Personen zahlen wöchentlich Hausmann 2,25 €, Baumann 3,75 € und Feldmann 6,00 € Einsatz ein. Ein Tipp im Lotto kostet 0,75 €.
Die Gemeinschaft gewinnt 36 000 €.
Wie soll der Gewinn gerechterweise aufgeteilt werden?

Es gibt häufig Fragestellungen, bei denen ein Gewinn, eine Erbschaft, Ländereien oder dergleichen in einem bestimmten Verhältnis aufzuteilen sind. Das Vorgehen wird im Folgenden aufgezeigt.
Eine Spediteur transportiert für drei Firmen Waren von Stuttgart nach Bochum. Die Frachtgewichte der Waren betragen für Firma A: 750 kg; Firma B: 1950 kg; Firma C: 2300 kg. Die Frachtkosten betragen insgesamt 1250,00 €. Werden sie entsprechend dem Gewicht auf die Firmen aufgeteilt, so kann man die anteiligen Kosten auf zwei Arten bestimmen:
Man berechnet zunächst das Gesamtgewicht G = 750 kg + 1950 kg + 2300 kg = 5000 kg.

Die Anteile sind nur dann berechenbar, wenn man ihre Summe zuvor bestimmt.

Zur Kontrolle kann man die Anteile addieren; sie müssen die Gesamtsumme ergeben.

1. Möglichkeit (Dreisatz)

5000 kg kosten 1250,00 €

$1\,\text{kg} \mapsto \frac{1250\,€}{5000}$

$750\,\text{kg} \mapsto \frac{1250\,€}{5000\,\text{kg}} \cdot 750\,\text{kg} = 187{,}50\,€$

$1950\,\text{kg} \mapsto \frac{1250\,€}{5000\,\text{kg}} \cdot 1950\,\text{kg} = 487{,}50\,€$

$2300\,\text{kg} \mapsto \frac{1250\,€}{5000\,\text{kg}} \cdot 2300\,\text{kg} = 575{,}00\,€$

2. Möglichkeit

Firma A zahlt den Anteil $\frac{750}{5000}$; Firma B den Anteil $\frac{1950}{5000}$ und Firma C den Anteil $\frac{2300}{5000}$ von den Frachtkosten über 1250,00 €:

Firma A: $\frac{750}{5000} \cdot 1250\,€ = 187{,}50\,€$.

Firma B: $\frac{1950}{5000} \cdot 1250\,€ = 487{,}50\,€$

Firma C: $\frac{2300}{5000} \cdot 1250\,€ - 575{,}00\,€$

Wird eine Gesamtmenge A (3000 €) in 3 Teile im Verhältnis u : v : w (2 : 5 : 3) aufgeteilt, so ergibt sich folgende Aufteilung:

Teil 1: $\frac{u}{u+v+w} \cdot A = \frac{2}{2+5+3} \cdot 3000\,€ = 600\,€$ Teil 2: $\frac{v}{u+v+w} \cdot A = \frac{5}{2+5+3} \cdot 3000\,€ = 1500\,€$

Teil 3: $\frac{w}{u+v+w} \cdot A = \frac{3}{2+5+3} \cdot 3000\,€ = 900\,€$

Auch bei Mischungsaufgaben kommt man grundsätzlich mit dem Dreisatz bzw. den proportionalen Zuordnungen aus: Werden z. B. 200 g Wasser mit 5 % Salzgehalt, 500 g Wasser mit 7,5 % Salzgehalt und 300 g Wasser mit 10 % Salzgehalt zusammengeschüttet, so erhält man insgesamt 1000 g Salzwasser. Man berechnet dann die Salzmengen der Wasseranteile $200\,\text{g} \cdot \frac{5}{100} = 10\,\text{g}$, $500\,\text{g} \cdot \frac{7{,}5}{100} = 37{,}5\,\text{g}$, $300\,\text{g} \cdot \frac{10}{100} = 30\,\text{g}$ und addiert diese.
Es sind 77,5 g Salz in 1000 g Wasser enthalten. Dieses hat somit einen Salzgehalt von $p = \frac{77{,}5\,\text{g}}{1000\,\text{g}} = 0{,}0775$, also 7,75 %.

Aufgaben

2 Eine Erbschaft in Höhe von 120 000 € soll auf die vier Erben im Verhältnis 2 : 2 : 3 : 5 aufgeteilt werden.

3 Ein Lottogewinn von 20 500 € soll wie folgt aufgeteilt werden: A erhält 4100 €, B und C teilen sich den Rest im Verhältnis 2 : 3.

4 Konstantan ist eine Legierung aus 45 % Nickel und 55 % Kupfer und spielt in der Elektrotechnik eine große Rolle. Wie viel Konstantan lässt sich aus 1 t Nickel herstellen?

Wegen des kleinen Temperaturkoeffizienten wird Konstantan für Präzisions- und Messwiderstände verwendet. Aber auch Schiebe- und Heizwiderstände werden aus Konstantan hergestellt.

5 Es werden zusammengeschüttet:

a) 1 Liter Wasser mit 5 % Schwebstoffgehalt und 10 Liter Wasser mit 1 % Schwebstoffgehalt.
b) 2,5 Liter Wasser mit 5 % Zuckergehalt und 5 Liter Wasser mit 15 % Zuckergehalt.
c) 1 kg Nordseewasser mit 3,5 % Salzgehalt und 9 kg reines Wasser.
d) 250 g Milch mit 5 % Fettgehalt und 750 g mit 0,5 % Fettgehalt.

Berechnen Sie die prozentualen Bestandsgehalte der Mischung.

6 Schon vor 4000 Jahren verwendete man Bronze, eine Legierung aus Kupfer und Zinn. Bei einer Bronzespange von 12 g Gewicht aus der Bronzezeit stellte man fest, dass sie aus 19 Teilen Kupfer und drei Teilen Zinn bestand.

a) Wie viel Prozent Kupfer bzw. Zinn enthält die Spange?
b) Wie viel Spangen für Replikate kann man mit 100 g Zinn höchstens herstellen?

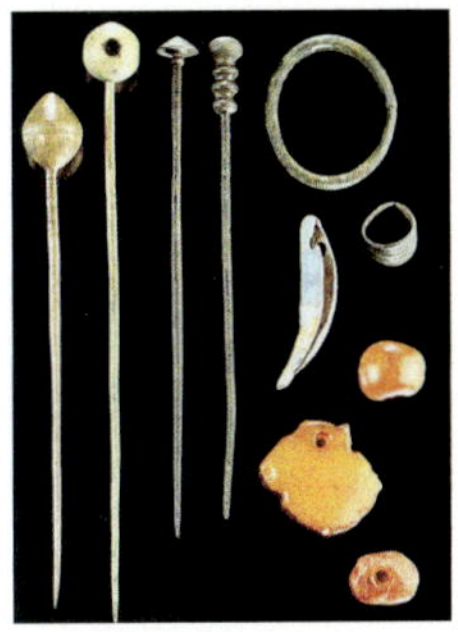

Schmuck aus der Bronzezeit

7 Rotguss ist eine Legierung aus 80 % bis 90 % Kupfer, 1,5 % bis 11 % Zinn und 1 % bis 9 % Zink. Da Rotguss sehr verschleißfest ist, verwendet man es beim Bau von hydraulischen Anlagen, Gleitlagern, Zahnrädern und dergleichen.

a) Berechnen Sie die Mengen an Kupfer, Zinn und Zink, die für 18 t Rotguss nötig werden, wenn die Mischung 88 % Kupfer und 8 % Zinn enthalten soll.
b) Wie viel Rotguss lässt sich mit 1 t Kupfer höchstens herstellen?

8 Ein Autofahrer kauft ein Frostschutzmittel, das 80 % Glykol enthält. Wie viel davon muss er in seine Scheibenwischanlage einfüllen, wenn er eine 20 %-ige Mischung mit reinem Wasser herstellen will und seine Wischanlage 2,8 Liter fasst?

Glykole finden sich oft in Frostschutz-, Kühlmitteln und Enteisern, da der Schmelzpunkt mit −10 bis −15 °C unter dem von Wasser liegt. In Verbindung mit Wasser liegt der Schmelzpunkt noch deutlich tiefer, und kann bei der richtigen Mischung bis −55 °C erreichen. Ein Glykol-Wasser-Gemisch wird zum Beispiel auch bei Nebelmaschinen in Discotheken verwendet

9 Eine Ernährungsberaterin schlägt für eine gesunde Müslimischung vor:
75 g Haferflocken, 50 g Weizenflocken, 40 g Sonnenblumenkerne, 35 g Rosinen, 30 g Haselnüsse, 15 g Kürbiskerne und 5 g Leinsamen.
Wie viel von jeder Zutat benötigt sie, wenn 5 kg Müsli bei einer Vorführung der Ernährungsberaterin benötigt werden.

10 Von zwei Wasserquellen A und B hat A einen Nitratgehalt von 34 mg/l, B einen von 66 mg/l. Es soll das Quellwasser so gemischt werden, dass Trinkwasser mit einem Nitratgehalt von 50 mg/l entsteht.
Tipp: Beziehen Sie sich auf 1 Liter Wasser. Nennen Sie die aus A bezogene Wassermenge x Liter, dann ist die aus B benötigte (1 − x) Liter.
Stellen Sie eine Gleichung auf und lösen Sie diese.

11 Ein Teehersteller mischt vier Sorten Tee zu einer Teemischung, die er „Fruchtwunder" nennt. Er nimmt von der Sorte Erdbeer 100 g, von der Sorte Hagebutte 300 g, von der Sorte Malve 150 g und schließlich 400 g Exotenfruchttee.

a) Wie viel Gramm braucht er vom Exotenfruchttee, wenn er 10 kg Tee herstellen will.
b) Was kosten 10 kg Tee der Sorte „Fruchtwunder"?
c) Wie hoch ist der Preis einer abgepackten Dose von 200 g des Tees, wenn auf die Verpackung noch 30 % aufgeschlagen werden?

Teepreise:		
Erdbeer:	100 g	2,85 €
Hagebutte:	100 g	2,44 €
Malve:	100 g	3,56 €
Exoten:	100 g	3,75 €

12 Teilen Sie die 72 Kinder eines Kindergartens in Gruppen ein. Die Kinderzahlen in den Gruppen sollen im Verhältnis 2 : 3 : 5 : 8 stehen.

6 Vermischte Aufgaben

Aufgaben aus dem sozialen Bereich

1 Der menschliche Körper besteht zu 70% aus Wasser, zu 15% aus Eiweißen, zu 10% aus Fett und zu 5% aus Mineralstoffen und anderen Stoffen. Berechnen Sie jeweils die Mengen der einzelnen Substanzen für Ihr eigenes Körpergewicht.

2 Die „Rot-Grün-Blindheit" ist eine Erbkrankheit, bei der Rot und Grün nicht oder nur schlecht unterschieden werden können. Etwa 8% aller Männer und 3,5% aller Frauen leiden darunter. Die Bundesrepublik Deutschland hatte am 31. Dezember 2005 eine Einwohnerzahl von 82 438 000 Millionen. Davon sind 46,5% männlich.
Wie viele Männer bzw. Frauen sind rot-grün-blind?

Kaiserschmarrn
5 Eier
50 g Zucker
250 g Mehl
ca. 3/8 Liter Milch
50 g zerlassene Butter
Salz
abgeriebene Zitronenschale
Backfett nach Belieben
100 g Rosinen

Fig. 1

3 Eine Großmutter hat ein Rezept für „Kaiserschmarrn" für vier Personen gefunden (Fig. 1). Da ihre Enkelkinder kommen, muss sie für sieben Personen das bei den Enkeln besonders beliebte Essen zubereiten. Wie viele Eier, wie viel Gramm Zucker, Mehl, usw. muss sie dafür verwenden?

4 Menschen mit zu hohem Blutdruck müssen bei der Ernährung darauf achten, dass sie nicht zuviel Natrium zu sich nehmen. Die empfohlene Menge pro Tag beträgt 2 g. Auf Mineralwasserflaschen wird oft der Natriumgehalt angegeben. Mit wie viel Mineralwasser, das einen Natriumgehalt von 0,8‰ hat, ist die empfohlene Tagesration abgedeckt?

5 Ein Medikament eines Pharmaunternehmens wird neu auf den Markt gebracht. Der Preis wird dabei auf 34,80 € festgelegt. Da der Absatz nicht den Erwartungen entspricht, wird der Preis des Medikamentes um 29% gesenkt. Nach einiger Zeit gehen die Verkaufswerte nach oben, so dass das Unternehmen die Preise wieder um 15% erhöht.
a) Was kostet das Medikament nach diesen Vorgängen?
b) Jemand behauptet, der Preis des Medikamentes wurde um insgesamt 14% gesenkt. Stimmt dies? Sofern dies nicht der Fall ist, wie hoch ist die Senkung dann tatsächlich?

6 Acht Personen in einer Behindertenwerkstatt der „Lebenshilfe" benötigen für den Zusammenbau von 120 elektronischen Bauteilen durchschnittlich einen Arbeitstag mit sechs Stunden.
a) Zwei Frauen fallen aus. In welcher Zeit wird jetzt die Tagesproduktion von 120 Stück gefertigt?
b) Wie viele Bauteile könnten von den acht Personen an einem Arbeitstag mit acht Stunden produziert werden?
c) Die Firma benötigt innerhalb von fünf Tagen 900 Stück des Bauteils. Wie viele Personen müssten jetzt mithelfen, um den Auftrag zu erfüllen bei einem Arbeitstag von sechs Stunden?

Gesamtabsatz
Entwicklung von Mineral- und Heilwasser[1] und Mineralbrunnen-Erfrischungsgetränken (Mio. Liter)

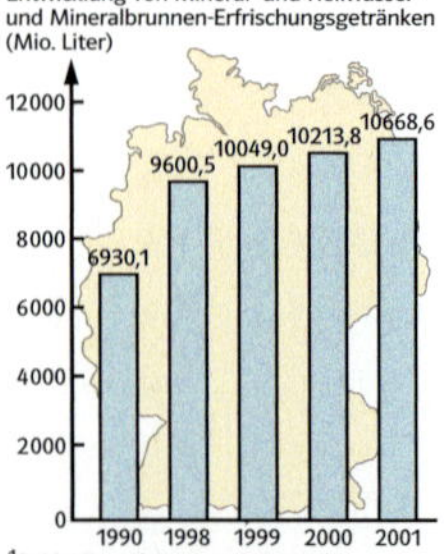

[1](inkl. Mineralwasser mit Aroma)

Formulieren Sie selbst geeignete Fragen!

7 Ein Krankenhaus hat 280 Betten, von denen im Mittel 180 belegt sind. Das Krankenhaus wird jede Woche mit Mineralwasser versorgt, das in der Regel eine Woche reicht. Es werden jede Woche 3780 Halbe-Liter-Flaschen geliefert, die im Einkauf je 10er-Kiste 1,40 € kosten.
a) Wie viele Flaschen pro Tag werden durchschnittlich einem Patienten gereicht?
b) Wie hoch sind die Kosten für eine Wochenlieferung Mineralwasser im Normalfall?
c) Wie viele 10er-Kisten werden pro Tag im Krankenhaus gebraucht und welchen Wert haben diese?
d) Wie viele Flaschen sind nach fünf Tagen noch vorhanden?
e) Wie lange reicht der obengenannte Vorrat, wenn das Haus voll belegt ist?
f) Wie viele Flaschen benötigt man, wenn man über längere Zeit 200 Patienten zu versorgen hat und der Vorrat auf jeden Fall acht Tage reichen soll?

Aufgaben aus dem kaufmännischen Bereich

8 Bei einer Versicherung wird der Höchstbetrag (Versicherungssumme) vereinbart, der bei einem Schadensfall erstattet wird. Der Jahresbeitrag, den man dafür zu bezahlen hat, wird Prämie genannt. Die Höhe der Prämie richtet sich nach der Versicherungssumme. Der Prozentsatz bzw. Promillesatz, nach dem sie berechnet wird, heißt **Prämiensatz**.
Berechnen Sie die Prämie bei einem Prämiensatz von 1,78 % für eine Versicherungssumme über
a) 120 000 € b) 100 000 € c) 150 000 € d) 1 000 000 €.

9 a) Ein Landwirt hat seine Ernte mit 50 000 € gegen Hagel versichert. Wie hoch ist die Prämie bei einem Prämiensatz von 0,75 % plus 19 % Mehrwertsteuer?
b) Eine Feuerversicherung verlangt 0,4 % der Versicherungssumme als Prämie. Wie hoch ist die Versicherungssumme, wenn die Prämie netto 120 € beträgt?
c) Bei einer Hausratversicherung über 120 000 € ist eine Jahresprämie von 238 € inklusive 19 % zu bezahlen. Berechnen Sie den Prämiensatz (in Promille).

10 Die Jahresprämie für eine Kfz-Haftpflichtversicherung war bisher von ursprünglich 726,40 € auf 40 % dieses Betrages ermäßigt. Nach einem gemeldeten Schadensfall wird im nächsten Jahr nur noch eine Ermäßigung auf 60 % statt 40 % gewährt.
Bis zu welcher Schadenshöhe lohnt es sich, die Versicherung nicht in Anspruch zu nehmen und den Schaden selbst zu bezahlen, wenn ein Jahr nach dem Unfall der Beitrag wieder jährlich um 5 % so lange fällt, bis wieder die 40 % erreicht sind?

Großhandel:	980,00 € plus 19 % MWSt
Ferro:	1160,00 € inkl. 19 % MWSt minus 5 % Skonto
Lamin:	1340,00 € minus 30 % Abschlag plus 19 % MWSt
Gramo:	1200,00 € plus 19 % MWSt abzgl. 20 %

11 Eine Familie will ein bestimmtes Fernsehgerät kaufen. Sie hat bei vier Händlern Angebote eingeholt. Diese haben sie auf einem Zettel notiert.
a) Welches Angebot sollte die Familie annehmen?
b) Um wie viel Prozent ist das teuerste Angebot höher als das niedrigste?

12 Ein Kapital von 4500 € wird mit 4 % verzinst. Der Sparer hebt das Geld vorzeitig ab und bekommt 4560 € ausbezahlt. Wie lange lag das Kapital auf dem Konto?

13 Ein Bankier erzielt während zweier Jahre für ein Kapital von 20 000 € einen Gewinn von insgesamt 12 %. Im 1. Jahr konnte er wegen Niedrigzinsen nur für 5 % Zins erwirtschaften. Welchen Zinssatz erhielt er dann im 2. Jahr der Laufzeit?

14 Vier Geschwister streiten sich um ein Erbe ihrer Eltern in Höhe von 460 000 €. Der Bruder soll den Hof im Wert von 250 000 € erhalten, das restliche Erbe soll an die drei Geschwister gleichmäßig verteilt werden.
a) Wie viel Prozent weniger als der Bruder erhält jedes der Geschwister?
b) Wie viel Prozent mehr als eines der Geschwister erhält der Bruder?

15 Ein Angestellter erhält ab 1.01. des Jahres 3,6 % mehr Lohn. Das sind inklusive einer Einmalzahlung von 300 € im Jahr 1275,75 €.
a) Wie hoch war sein Monatslohn vor der Lohnerhöhung und wie hoch ist die effektive Lohnerhöhung?
b) Berechnen Sie den effektiven Lohnzuwachs, wenn die Inflationsrate 1,8 % betrug.

Aufgaben aus dem naturwissenschaftlich-technischen Bereich

16 Der durchschnittliche Tagesverbrauch für eine Toilettenspülung beträgt 41 Liter pro Person und Tag, dies sind ca 31,6 % des Trinkwasserverbrauchs in privaten Haushalten.

a) Wie viel m^3 Wasser von Trinkwasserqualität pro Person werden jährlich durch die Toilette in die Kläranlage transportiert?

b) Wie viel m^3 werden demnach in Deutschland (82,2 Mio. Einwohner) jährlich für die Toilettenspülung benötigt?

c) Wie viel Wasser wird in Deutschland pro Jahr von privaten Haushalten benötigt?

17 Ein elekronisches Gerät kostet 80 €, nach einer Preiserhöhung kommt es auf 100 €.

a) Um wie viel Prozent ist der Preis erhöht worden?

b) Ist der alte Preis um 20 % niedriger als der neue?

18 Ein Körper, der 10 s lang frei gefallen ist, hat einen Weg von 490 m zurückgelegt. Der Fallweg ist dabei proportional zum Quadrat der Fallzeit. Wie hoch ist hiernach ein Gebäude, wenn ein von seiner Spitze fallender Stein in 3 s den Boden erreicht?

19 Einem Bier wird Cola beigemischt. Eine 0,33-l-Flasche Mixgetränk hat einen Alkoholgehalt von 2,9 %. Das ursprüngliche Bier hat 4,5 % Alkoholgehalt. Wie viel Cola und wie viel Bier sind darin gemischt?

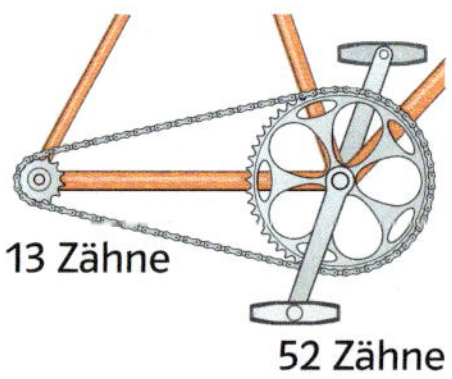

Fig. 1

20 Unter der Übersetzung beim Fahrrad versteht man den Quotienten $Ü = \frac{K}{R}$, wobei K die Anzahl der Zähne des Kettenrades und R die des Ritzels sind (Fig. 1).

a) Mit welcher Frequenz (= Umdrehungen pro Sekunde) dreht sich das Hinterrad des Rades von Fig. 1, wenn der Fahrer alle zwei Sekunden drei Pedalumdrehungen macht?

b) Das Hinterrad hat einen Durchmesser von 0,675 m. Wie viel m legt der Fahrer pro Sekunde zurück und wie groß ist seine Geschwindigkeit in $\frac{km}{h}$?

21 Die Durchmesser der Planeten Merkur (d_{Me}), Venus (d_V), Erde (d_E), Mars (D_{Ma}), Jupiter (d_J), Saturn (d_S), Uranus (d_U) und Neptun (d_N) verhalten sich wie folgt:
$d_{Me} : d_V : d_E : d_{Ma} : d_J : d_S : d_U : d_N = 0{,}37 : 0{,}97 : 1 : 0{,}54 : 11{,}14 : 9{,}4 : 4 : 4{,}3$.
Wie groß sind die anderen Durchmesser, wenn $d_E = 12740$ km ist?

Der **Luftdruck** an einem beliebigen Ort ist der Druck der Gewichtskraft der Luftsäule, die auf ihr steht. Der mittlere Luftdruck der Atmosphäre beträgt auf Meereshöhe ca. 1013 hPa. Dabei gilt 1 hPa (Hektopascal) = 100 Pa (Pascal = $1\frac{N}{m^2}$).

22 Wenn man den Druck p auf ein Gas vergrößert, so wird bei gleichbleibender Temperatur das Volumen V kleiner. Die Zuordnung: Druck ↦ Volumen eines Gases ist antiproportional.
Wie groß ist das Volumen V eines Gases von 2000 m^3, wenn der Druck von 1013 hPa auf 1033 hPa steigt. Um wie viel Prozent hat dann der Luftdruck zugenommen und um wie viel Prozent hat das Volumen abgenommen?

Tschernobyl

23 Beim Brand des Atomreaktors in Tschernobyl bei Kiew im April 1986 wurden große Mengen radioaktives „Jod 131" und „Cäsium 137" freigesetzt.

a) Innerhalb von acht Tagen halbiert sich die radioaktive Menge des „Jod 131" . Legen Sie für den Zerfall von 512 g „Jod 131" eine Tabelle an.

b) Handelt es sich um eine antiproportionale Zuordnung? Zeichnen Sie den Graphen für die Zuordnung: Tage ↦ Restmenge „Jod 131".

c) Nach wie viel Tagen ist weniger als 1% der Ausgangsmenge vorhanden?

d) Der Zerfall von „Cäsium 137" dauert erheblich länger. Nach 33 Jahren ist noch die Hälfte der Ausgangsmenge vorhanden. Wie lange dauert es, bis von 128 g „Cäsium 137" nur noch 1 g „Cäsium 137" vorhanden ist?

Schon im antiken Ägypten findet man Ansätze einer Prozentrechnung. So kommen schon Ausdrücke wie „ihr 5 von 100" vor, in der Sprache von heute also 5 %. Im Mittelalter begannen die Kaufleute erst in Italien (pro cento (ital.): für hundert), dann auch in Deutschland immer häufiger den Prozentbegriff zu benutzen. Das Zeichen % für Prozent entstand aber erst später aus der Abkürzung p c° für pro cento. Aus dem handschriftlichen $\mathcal{8}$ für c° wurde im Laufe der Jahrhunderte %.

Im Mittelalter wurden die Preise für Waren oft für einen Zentner (= 100 Pfund) der Ware angegeben. Auf 100 Pfund bezogen wurden dann z. B. Gewinne und Verluste oder der Verpackungsanteil (Tara) berechnet.
Die älteste Form der Prozentrechnung ist jedoch die „Fusti"-Rechnung. Das italienische „fusto" bedeutet so viel wie „Stängel, Stiel, Halm, Stamm". Man verstand unter „Fusti" das Unreine, Minderwertige einer Ware.

Der Text in der heutigen Sprache:

Einer kauft (Gewürz-)Nelken, je 1 Pfund reine (= lauter) Nelken für 11 Schilling und 3 Heller und je 1 Pfund Fusti für 2 Schilling minus 3 Heller.
Nun enthält je 1 Zentner 13 Pfund Fusti.
Was kosten die oben beschriebenen Nelken mitsamt den Fusti?
Mache es so: Prüfe zuerst, wie viele Fusti 2781 Pfund haben. Sprich: 100 Pfund ergeben 13 Pfund Fusti, was ergeben 2781 Pfund? Heraus kommen $361\frac{53}{100}$ Pfund.

Es folgt die Berechnung der Kosten.

Aus dem Bamberger Rechenbuch von 1483:

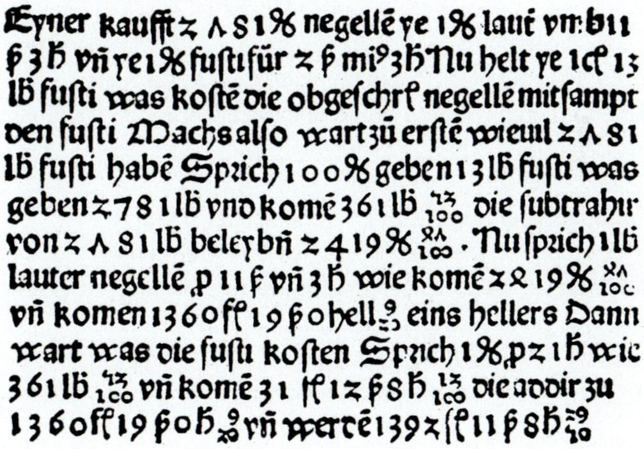
Eyner kaufft 2781 lb negellē ye 1 lb laut' vmb 11
ß 3 h vn̄ ye 1 lb fuſti für 2 ß mi⁹ 3 h Nu helt ye 1 cẽ 13
lb fuſti was koſtē die obgeſchrī negellē mitſampt
den fuſti Machs alſo wart zū erſtē wieuil 2781
lb fuſti habē Sprich 100 lb geben 13 lb fuſti was
geben 2781 lb vnd komē 361 lb $\frac{53}{100}$ die ſubtrahir
von 2781 lb beleybn̄ 2419 lb $\frac{47}{100}$ · Nu ſprich 1 lb
lauter negellē p 11 ß vn̄ 3 h wie komē 2419 lb $\frac{47}{100}$
vn̄ komen 1360 fl 19 ß 0 hell $\frac{9}{25}$ eins hellers Dann
wart was die fuſti koſten Sprich 1 lb p 21 h wie
361 lb $\frac{53}{100}$ vn̄ komē 31 fl 12 ß 8 h $\frac{13}{100}$ die addir zu
1360 fl 19 ß 0 h $\frac{9}{25}$ vn̄ werdē 1392 fl 11 ß 8 h [illegible]

Der Fusti-Anteil wird mit 13 % angegeben, nämlich je 1 Zentner 13 Pfund. Entsprechend ist 13 % von 2781 Pfund zu berechnen. Als Ergebnis wird $361\frac{53}{100}$ Pfund genannt.
Rechnen Sie nach.

Als Nächstes eine Aufgabe aus dem **Rechenbuch von Adam Ries von 1550.**

Ein Zentner Wachs, das 100 Pfund hat, kostet 15 Gulden 1 Ort. Wie (teuer) kommt 1 Pfund, so man 10 Gulden an 100 gewinnen will?

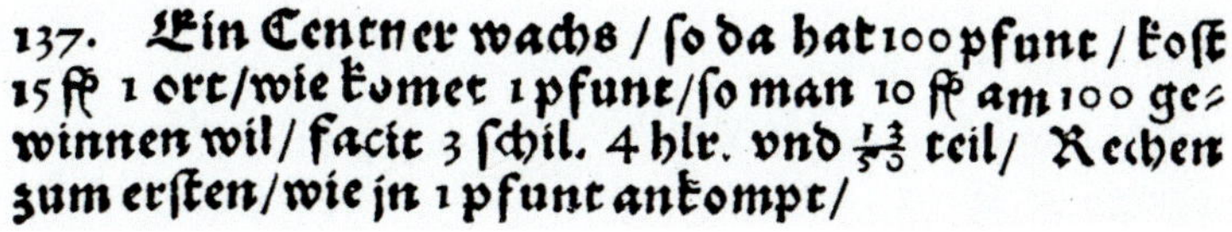
137. Ein Centner wachs / ſo da hat 100 pfunt / koſt
15 fl 1 ort / wie kumet 1 pfunt / ſo man 10 fl am 100 ge=
winnen wil / facit 3 ſchil. 4 hlr. vnd $\frac{13}{50}$ teil / Rechen
zum erſten / wie jn 1 pfunt ankompt /

Der Gewinn ist hier mit „10 Gulden an 100" angegeben, also 10 %.
Als Lösung soll dann zuerst der Einkaufspreis von 1 Pfund berechnet werden, also der hundertste Teil von 15 Gulden 1 Ort, das sind 3 Schilling $\frac{3}{5}$ Heller (bitte nachrechnen!). Der vorgesehene Gewinn soll 10 % betragen, also $3\frac{33}{50}$ Heller (bitte ebenfalls nachrechnen!). Damit ergibt sich als „facit" der Preis für ein Pfund Wachs: 3 Schilling $4\frac{13}{50}$ Heller.

1 fl = 1 Florin oder Gulden
1 Gulden = 4 Ort (Viertel) = 20 Schilling = 240 Heller

Proportionale Zuordnung

Eine proportionale Zuordnung liegt vor, wenn für jede Zahl k gilt:
Wird dem Wert a der Wert b zugeordnet, dann
wird dem Wert $k \cdot a$ der Wert $k \cdot b$ zugeordnet.

Benzinmenge ↦ Preis:
1 Liter Benzin kosten 1,16 €
5 · 1 Liter Benzin kosten 5 · 1,16 €, also 5,80 €.

Dreisatz bei einer proportionalen Zuordnung

1. Satz:		$a \mapsto b$	
2. Satz:	:a	$1 \mapsto \frac{b}{a}$	:a
3. Satz:	·x	$x \mapsto \frac{b}{a} \cdot x = y$	·x

5 Liter ↦ 5,80 €
1 Liter ↦ $\frac{5{,}80}{5}$ €
27 Liter ↦ $\frac{5{,}80}{5}$ € · 27 = 31,32 €

Darstellung einer proportionalen Zuordnung

Proportionale Zuordnungen lassen sich durch eine Gleichung $y = m \cdot x$ darstellen.
Trägt man die zugeordneten Paare als Punkte in ein Koordinatensystem ein, so liegen diese auf einer Geraden. Dabei ist m der dem Wert $x = 1$ zugeordnete Wert. m heißt auch **Proportionalitätsfaktor** oder **Steigung der Geraden**.

Gleichung:
$y = 1{,}16 \frac{€}{\text{Liter}} \cdot x$
(x in Liter, y in €)

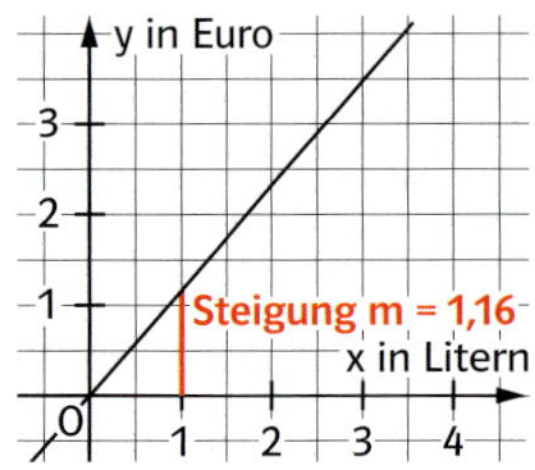

Antiproportionale Zuordung

Eine antiproportionale Zuordnung liegt vor, wenn für jede Zahl k gilt:
Wird dem Wert a der Wert b zugeordnet, dann
wird dem Wert $k \cdot a$ der Wert $\frac{1}{k} \cdot b$ zugeordnet.

Anzahl Pumpen ↦ Zeit für Leerung
1 Pumpe ↦ 8 Stunden
4 Pumpen ↦ $\frac{8}{4}$ Stunden = 2 Stunden

Dreisatz bei einer antiproportionalen Zuordnung

1. Satz:		$a \mapsto b$	
2. Satz:	:a	$1 \mapsto b \cdot a$	·a
3. Satz:	·x	$x \mapsto (b \cdot a) : x = y$	:x

4 Pumpen ↦ 2 Stunden
1 Pumpe ↦ 2 · 4 Stunden
7 Pumpen ↦ $\frac{2 \cdot 4}{7}$ Stunden = $1\frac{1}{7}$ Stunden

Prozentsatz

Der Prozentsatz p gibt den Anteil $\frac{\text{Prozentwert W}}{\text{Grundwert G}}$ bezogen auf die Zahl 100 an, d.h. $\frac{W}{G} = \frac{p}{100}$.

9 von 24 Kindern sind krank, das sind
$\frac{9}{24} = 9 : 24 = 0{,}375 = \frac{37{,}5}{100} = 37{,}5\,\%$

Rechnen mit Prozenten:

Gegeben: G, p;	gesucht: W;	Lösung: $W = \frac{G}{100} \cdot p$
Gegeben: W, G;	gesucht: p;	Lösung: $p = \frac{W}{G} \cdot 100$
Gegeben: p, W;	gesucht: G;	Lösung: $G = \frac{W}{p} \cdot 100$

Gegeben: G = 345 €, p = 119
$W = \frac{345\,€}{100} \cdot 119 = 410{,}55\,€$ oder

Dreisatz: 100 % ↦ 345 €
1 % ↦ 3,45 €
119 % ↦ 3,45 € · 119 = 410,55 €

Zinsrechnung

Die Zinsrechnung ist eine Anwendung der Prozentrechnung.
Dabei entspricht das **Kapital** dem **Grundwert**, der **Jahreszins** dem **Prozentwert** und der **Zinssatz** dem **Prozentsatz**.

Leiht man 500 € zu 8 % für ein Jahr, so sind als Zins zu bezahlen:
8 % von 500 € = $\frac{8}{100} \cdot 500\,€ = 40\,€$

Unterjährige Verzinsung

Ein Kapital K bringt bei einem Zinssatz von p % in t Tagen ($0 < t \leq 360$) einen Zins $Z = K \cdot \frac{p}{100} \cdot \frac{t}{360}$.

Leiht man insgesamt nur 120 Tage, so ist auch nur der Anteil $\frac{120}{360}$ von 40 €, also $\frac{40}{3}\,€ = 13{,}33\,€$ zu zahlen.

Aufgaben zum Üben und Wiederholen

1 Bei einer Verkehrskontrolle wurden bei 27 von 360 Pkws falsch eingestellte Scheinwerfer festgestellt. Bei wie viel Prozent der Fahrzeuge war dies der Fall?

2 Eine Waschmaschine kostete ursprünglich 1245 €. Ihr Preis wurde um 15 % gesenkt. Bei einem Messeverkauf wurde sie nochmals um 10 % billiger.
a) Wie viel EURO kostete die Maschine zuletzt?
b) Um wie viel Prozent wurde der Preis insgesamt gesenkt?

3 Ein Bankkunde hat sein Konto 24 Tage lang um 650 € überzogen. Berechnen Sie die dafür fälligen Zinsen bei einem Zinssatz von 12,5 %.

4 Ein Kapital von 5400 € wächst jährlich um 3,25 %.
a) Berechnen Sie die Zinsen im ersten Jahr.
b) Auf welchen Betrag wächst das Kapital an, wenn es sechs Jahre mit demselben Zinssatz von 3,25 % verzinst wird?

5 Die schwerste Tafel Schokolade der Welt wurde im Jahre 2000 in Turin hergestellt. Hätte man sie in lauter 50 g schwere Tafeln aufgeteilt, so hätte man 45 600 Personen eine solche Tafel schenken können. Wie schwer wäre ein Täfelchen geworden, wenn man den 900 000 Einwohnern von Turin ein solches hätte schenken wollen?

6 Eine Kabeltrommel mit 60 m Kabel wiegt 7,5 kg. Die gleiche Trommel mit einem 35 m langen Kabel wiegt 2,35 kg weniger. Bestimmen Sie durch Rechnung das Gewicht von 1 m Kabel sowie das Gewicht der Trommel ohne Kabel.

7 **Andere Zeiten – andere Probleme – gleiche Mathematik**
a) **1887:** Von einem $\frac{11}{4}$ Meter breiten Tuche braucht man $3\frac{1}{2}$ Meter zu einem Kleide. Wie viel Meter braucht man von einem Tuche, welches $\frac{11}{6}$ Meter breit ist?
b) **1920:** 24 Weber fertigen in 12 Tagen 5400 m Zeug.
Wie viel Meter können 50 Weber in derselben Zeit fertigen?
Wie viel Meter können 24 Weber in 45 Tagen fertigen?
c) **1941:** In Jena (60 000 Einwohner) wurden 1936 täglich 60 dz Küchenabfälle gesammelt, darunter 5 dz Brot. Wie viele dz Küchenabfälle und wie viele dz Brot können entsprechend in Berlin gesammelt werden? Berlin hat 4,25 Millionen Einwohner.
d) **1963:** Bauer Herbst brachte im vorigen Jahr seinen Dunghaufen mit einem Pferdegespann auf seine Felder. Es waren 38 Fuhren mit je 0,9 m^3 Mist. In diesem Jahr transportierte er einen gleich großen Dunghaufen mit einem Schlepper ab, mit dem er jedesmal 1,75 m^3 befördern konnte. Wie viele Fuhren waren diesmal notwendig?
e) **1994:** Pia geht im Nachbarort zur Schule. Wenn sie mit dem Fahrrad gleichmäßig mit 15 $\frac{km}{h}$ fährt, braucht sie für den Schulweg 20 Minuten. Wie lange wäre sie zu Fuß bei einer Geschwindigkeit von 5 $\frac{km}{h}$ unterwegs?
f) **2004:** Bei Onurs Handy-Vertrag sind pro Monat 20 SMS frei. Im Januar hat Onur 54 SMS verschickt und musste dafür 6,46 € bezahlen. Wie hoch sind seine Kosten im Februar, wenn er 44 SMS verschickt hat?

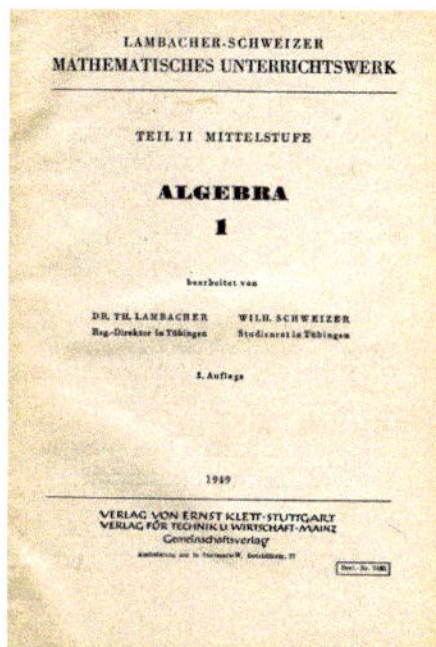
LAMBACHER-SCHWEIZER
MATHEMATISCHES UNTERRICHTSWERK
TEIL II MITTELSTUFE
ALGEBRA
1
bearbeitet von
DR. TH. LAMBACHER, Reg.-Direktor in Tübingen
WILH. SCHWEIZER, Studienrat in Tübingen
1949
VERLAG VON ERNST KLETT · STUTTGART
VERLAG FÜR TECHNIK U. WIRTSCHAFT · MAINZ
Gemeinschaftsverlag

Schulbuch aus dem Jahre 1949.

8 Ein Bauunternehmer bringt 18 t Aushub auf die Deponie und zahlt dafür 82,80 €. Im Jahr darauf hat sich der Preis pro Tonne um 5 % erhöht. Berechnen Sie die Kosten für 56 Tonnen Aushub.

II Ganzrationale Funktionen

1 Zuordnungen darstellen und interpretieren

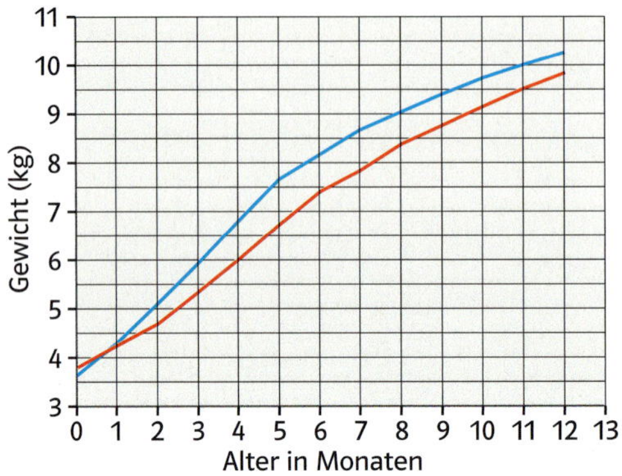

Fig. 1

1 Die Grafik zeigt das durchschnittliche Körpergewicht von Mädchen (rot) und Jungen (blau) in den ersten 12 Monaten.

a) Geben Sie die Zuordnung an, die in der Grafik auftritt.

b) Entnehmen Sie der Grafik möglichst viele Informationen.

c) Erstellen Sie zu der Grafik eine Tabelle, die die wichtigsten Informationen enthält.

d) Kann es sich um eine proportionale oder antiproportionale Zuordnung handeln?

In der proportionalen Zuordnung Gewicht ↦ Preis ist zu einem Gewicht x der abhängige Preis y berechenbar:
1 kg kostet 0,80 €,
dann haben x kg den Preis y = x · 0,8 kg.

Bisher wurden schon häufig Zuordnungen zwischen zwei Größen betrachtet. So ist beispielsweise der Preis einer Ware vom Gewicht der Ware abhängig, die Fahrzeit bei konstanter Geschwindigkeit vom zurückgelegten Weg, die Entfernung auf der Landkarte von der Entfernung in der Realität. Während die eben angeführten Abhängigkeiten als proportionale Zuordnungen durch $y = m \cdot x$ berechnet werden können, ist dies in vielen anderen Fällen nicht möglich. In solchen Fällen werden die Daten häufig tabellarisch aufbereitet oder durch einen Graphen veranschaulicht.

Zuordnungen zwischen zwei Größen werden häufig in Tabellen dokumentiert und durch Graphen veranschaulicht. In einer Grafik kann man zu jedem Wert x der ersten Größe den ihm zugeordneten Wert der zweiten Größe ablesen.
Lassen sich Abhängigkeiten durch einen Term beschreiben, so kann man sogar für jeden Ausgangswert den zugeordneten Wert berechnen.

Beispiel 1 Zuordnung durch eine Grafik
Fig. 2 gibt die Zahl der seit 1997 auf dem Bau beschäftigten Personen an.

a) Wie erklärt man die Schwankungen innerhalb eines Jahres?

b) Welche Aussage kann man langfristig zur Anzahl der Beschäftigten machen?

c) Wann gab es die geringste Zahl von Arbeitslosen auf dem Bau?

d) Was wäre noch ablesbar? Überlegen Sie.

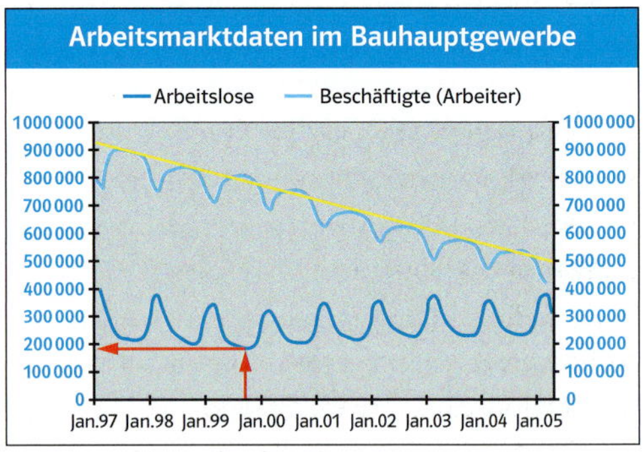

Fig. 2

Lösung:

a) Die Schwankungen sind durch die geringere Beschäftigung auf dem Bau in den Wintermonaten und die höhere in den Sommermonaten bedingt.

b) Die Anzahl der Beschäftigten sinkt langfristig.

c) Am niedrigsten war die Arbeitslosenquote im Herbst 1999 mit ca. 180 000.

d) Ablesbar wäre u.a. der Unterschied der Arbeitslosenzahl zwischen Sommer und Winter mit ca. 160 000.

Beispiel 2 Zuordnung durch einen Term

Auf einem Eimer mit Acrylfarbe findet man die Angabe, dass 5 Liter für eine Wandfläche von 12 m² ausreichen.

Zeichnen Sie eine Grafik, aus dem man für jede Wandgröße ablesen kann, wie viel Malerweiß man benötigt.

Lösung:

Es handelt sich um eine proportionale Zuordnung, da für die k-fache Fläche, die k-fache Menge an Farbe benötigt wird.

Demnach gilt für die Zuordnung:

Fläche in m² $\mapsto$ Farbmenge in Liter

$12 \mapsto 5$

$1 \mapsto \frac{5}{12}$

$x \mapsto y = \frac{5}{12} \cdot x$

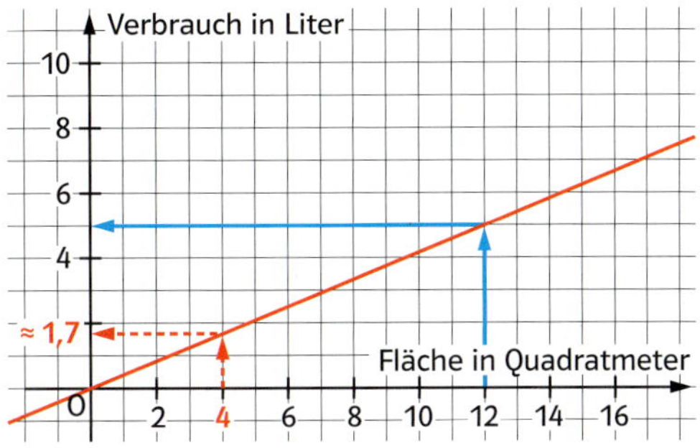

Fig. 1

Mögliche Tabelle:

Fläche m²	Menge l
12	5
6	2,5
3	1,25
4	1,66…
1	0,0833…
24	10

So liest man aus der Zeichnung ab, dass für 4 m² ca. 1,7 Liter Farbe nötig sind.

Aufgaben

2 Die Grafik zeigt, wie sich Körpertemperatur eines gesunden Menschen im Lauf eines Tages verändert. Jeder Uhrzeit ist die vorhandene Körpertemperatur zugeordnet.

a) Wann ist die Körpertemperatur am niedrigsten und welchen Wert hat sie dann?

b) Zu welchen Uhrzeiten hat der Mensch die höchste Körpertemperatur?

c) Geben Sie an, wann die Körpertemperatur am stärksten steigt.

d) Zu welchen Uhrzeiten beträgt die Temperatur 37 °C?

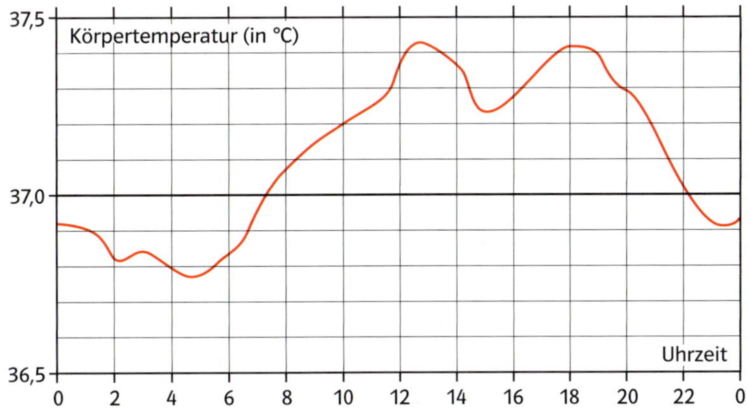

Fig. 2

3 Eine Mountainbike-Tour in dem spanischen El-Ports-Gebirge hat das abgebildete Höhenprofil (Fig. 3)

a) Wie viele Höhenmeter sind beim ersten Anstieg zu überwinden?

b) Wie groß ist die Summe aller Anstiege, die bei der Tour zu überwinden sind?

c) Wie steil ist die letzte Abfahrt ab Streckenkilometer 26? Geben Sie das Gefälle als Quotient $\frac{\text{Abnahme in m}}{\text{Strecke in m}}$ an.

d) Zur Quelle Canaleta führt nur eine Sackgasse.

Wie äußert sich dies im Graphen?

Wie lang ist vermutlich diese Sackgasse?

e) Wo kann es eine weitere Sackgasse geben?

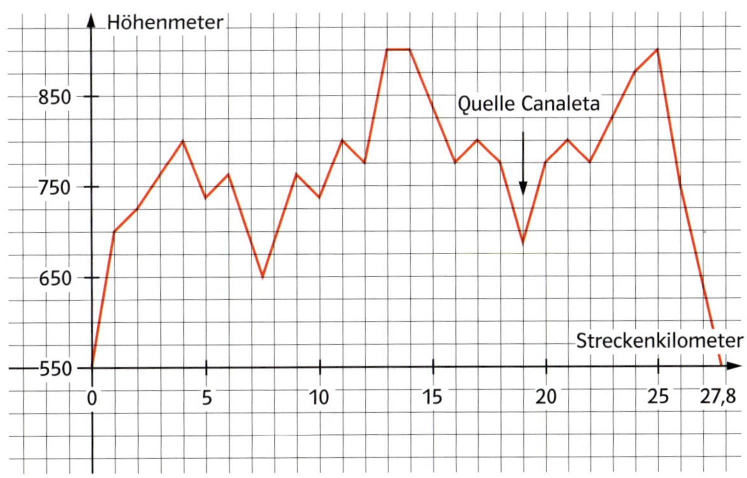

Fig. 3

4 Fig. 1 zeigt für zwei Pkw A und B, wie sich der Kraftstoffverbrauch pro 100 km mit zunehmender Geschwindigkeit ändert.

a) Lesen Sie für den Pkw A (für den Pkw B) den Verbrauch bei $40\,\frac{\text{km}}{\text{h}}$; $80\,\frac{\text{km}}{\text{h}}$ und $120\,\frac{\text{km}}{\text{h}}$ ab.

b) Bei welcher Geschwindigkeit verbrauchen beide Pkw gleich viel Kraftstoff? Welcher Pkw eignet sich eher für Stadtfahrten, welcher eher für Überlandfahrten?

c) Um wie viel nimmt der Verbrauch von A zu, wenn man bei $60\,\frac{\text{km}}{\text{h}}$ die Geschwindigkeit um $20\,\frac{\text{km}}{\text{h}}$ erhöht? Vergleichen Sie mit der Zunahme des Verbrauchs, wenn man bei $100\,\frac{\text{km}}{\text{h}}$ die Geschwindigkeit um $20\,\frac{\text{km}}{\text{h}}$ erhöht.

5 Wenn man Wasser erwärmt, dann ändert sich sein Rauminhalt. Fig. 2 zeigt, wie 1 Liter Wasser der Temperatur 0 °C bei Erwärmung seinen Rauminhalt ändert.

a) Wie ändert sich der Rauminhalt, wenn das Wasser von 0 °C allmählich auf 14 °C erwärmt wird? Bei welcher Temperatur ist der Rauminhalt am kleinsten? Wie groß ist er dann?

b) Um wie viel cm^3 nimmt der Rauminhalt von $1\,m^3$ Wasser zu, wenn dieses von 6 °C auf 14 °C erwärmt wird?

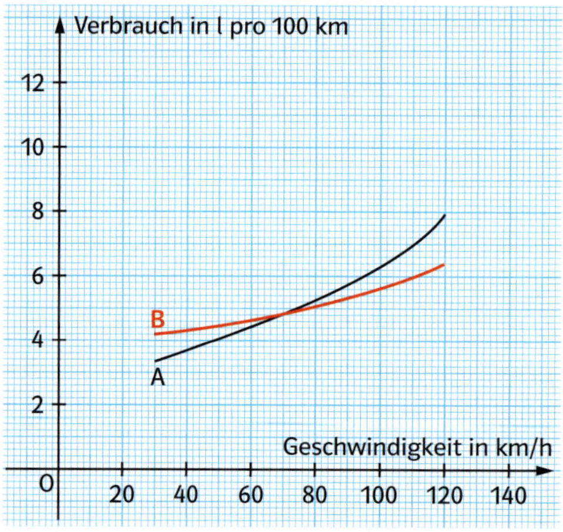

Fig. 1

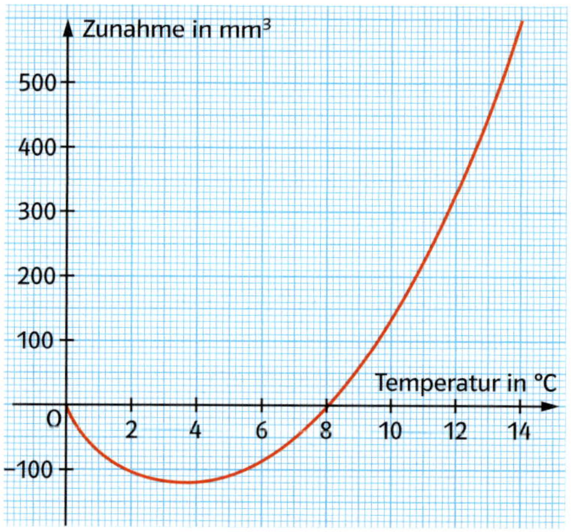

Fig. 2

Hier darf nichts gerechnet werden!

6 Ein Kind, das nicht rechnen kann, soll an einem Stand aushelfen, an dem Äpfel und Kartoffeln verkauft werden. Der Standbesitzer gibt dazu dem Kind einen Zettel in die Hand wie ihn Fig. 3 zeigt.

a) Erklären Sie, wie das Kind damit zurecht kommen kann. Schreiben Sie eine Anleitung!

b) Geben Sie an, was jeweils 1 kg kostet.

c) Ein Mann möchte für 2 € Äpfel und für 1 € Kartoffeln kaufen. Wie viel erhält er jeweils?

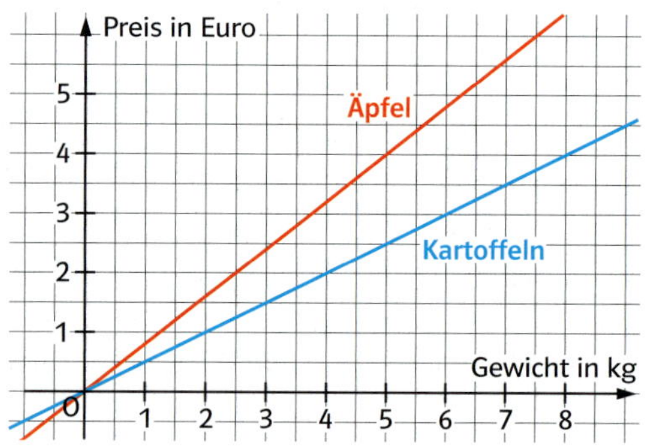

Fig. 3

7 In der Seeschifffahrt ist für Entfernungen die übliche Einheit 1 Seemeile (sm). Dabei gilt 1 sm = 1852 m. Erstellen Sie eine Grafik, aus der zu einer gegebenen Kilometerangabe die zugehörige Maßzahl für Seemeilen ablesbar ist.

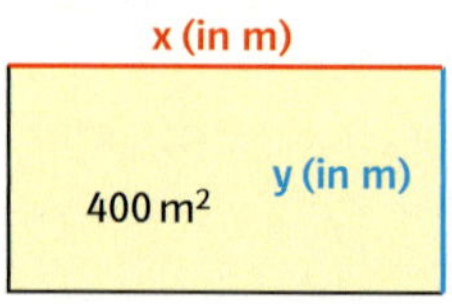

Fig. 4

8 Ein rechteckiges Baugrundstück hat die Fläche $400\,m^2$ (Fig. 4). Wenn eine Seite bekannt ist, kann die zugeordnete andere Seite berechnet werden.

a) Erstellen Sie dazu eine Tabelle. Zeigen Sie an der Tabelle, dass es sich um eine antiproportionale Zuordnung handelt und geben Sie die Zuordnungsvorschrift an.

b) Zeichnen Sie einen Graphen zu dieser Zuordnung $x \mapsto y$.

2 Der Begriff der Funktion

1 Die Temperatur der Luft ist abhängig von der Höhe über der Erdoberfläche.

a) Ergänzen Sie die Tabelle im Heft.

Höhe (in km)	0	10	20	50	100
Temperatur (in °C)					

b) In der folgenden Tabelle wird der Temperatur die Höhe zugeordnet.

Temperatur (in °C)	20	10	0	−20	−70
Höhe (in km)					

Ergänzen Sie auch diese Tabelle im Heft. Welche Probleme ergeben sich hierbei?

c) Warum wurde in der grafischen Darstellung wohl die Temperatur nach rechts abgetragen?

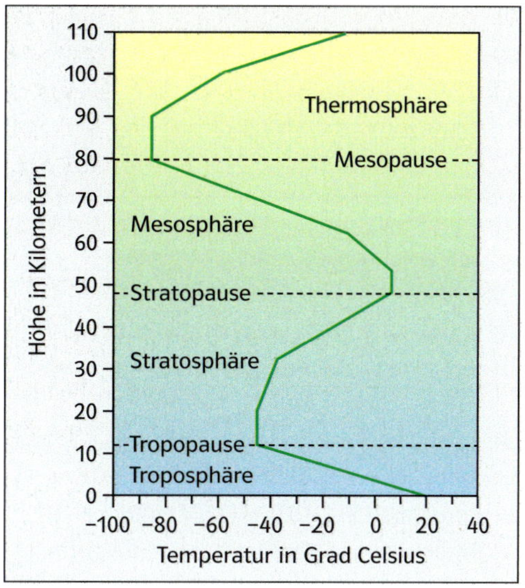

Bei der mathematischen Beschreibung („Modellierung") einer Situation erhält man oft eindeutige Zuordnungen zwischen Größen. Dies ist z.B. der Fall, wenn beim Laufen dem „zurückgelegten Weg" die „verstrichene Zeit" zugeordnet wird. Dies trifft auch zu, wenn an einem festen Messort jedem Zeitpunkt innerhalb eines Tages der Pegelstand des Rheins zugeordnet wird. Keine Eindeutigkeit liegt hingegen bei der Zuordnung von „gemessener Temperatur" zu „Tageszeit" vor. Eindeutige Zuordnungen treten oft auf und lassen sich zudem besonders gut bearbeiten.

Funktion:

Uhrzeit		Pegelstand
06:00	→	4,32 m
12:00	→	4,32 m

Jeder Uhrzeit ist genau ein Wert zugeordnet.

Eine Vorschrift, die jeder reellen Zahl x aus einer Menge D **genau eine** reelle Zahl y zuordnet, nennt man **Funktion**. So ist die Zuordnung $x \mapsto y$ mit $y = 0{,}5 \cdot x$ eine Funktion.

Keine Funktion:

Temperatur		Zeit
20°	→	11:25
21°	→	12:35
20°	→	16:50

20° sind 2 Werte zugeordnet!

Es ist wichtig, **Bezeichnungen** einzuführen, mit denen der Umgang mit Funktionen erleichtert wird. Entspricht z.B. ein englisches Pfund (lbs) 0,4536 kg, so gilt x (in lbs) ↦ y (in kg), wobei

$$y = 0{,}4536 \cdot x$$

ist. Dafür schreibt man kürzer: $f(x) = 0{,}4536 \cdot x$.

f symbolisiert dabei, dass es sich um eine Funktion handelt. Der Rechenausdruck $0{,}4536 \cdot x$ heißt **Funktionsterm**.

Setzt man für x einen Wert ein, etwa 2, so erhält man den zugeordneten Wert $y = f(x)$ durch Berechnung von $0{,}4536 \cdot x$, also $0{,}4536 \cdot 2 = 0{,}9072$. Man schreibt: $f(2) = 0{,}9072$.

f(2) heißt **Funktionswert** von 2 oder **Funktionswert an der Stelle x** = 2.

Funktion:
Nachname ↦ Vorname

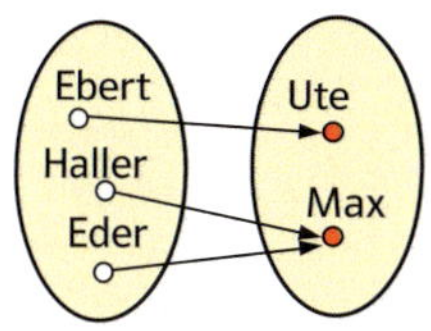

keine Funktion:
Vorname ↦ Nachname

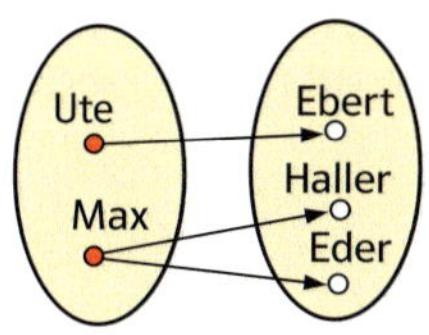

Die Zahlen, aus denen x zu wählen ist, im obigen Fall alle positiven reellen Zahlen, nennt man **Definitionsmenge**. Bezeichnung: D bzw. D_f. Entsprechend nennt man die Menge aller Funktionswerte die **Wertemenge** W oder W_f. Trägt man das Paar (x; f(x)) in einem Koordinatensystem als Punkt P(x | f(x)) ab, so erhält man den **Graphen der Funktion** f.

Graphen heißen auch **Schaubild oder Kurve von f**. Als Bezeichnungen sind K, K_f, G, G_f üblich.

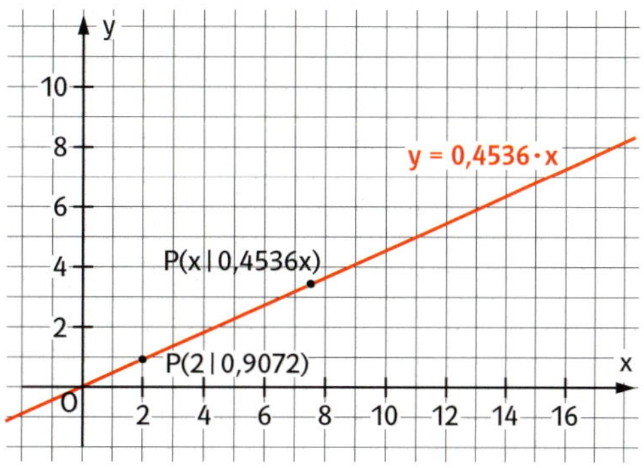

Graph der Funktion f mit $f(x) = 0{,}4536 \cdot x$

Beispiel 1 Funktion am Graph erkennen

Welches Bild ist Graph einer Funktion?

a) b) c) d)

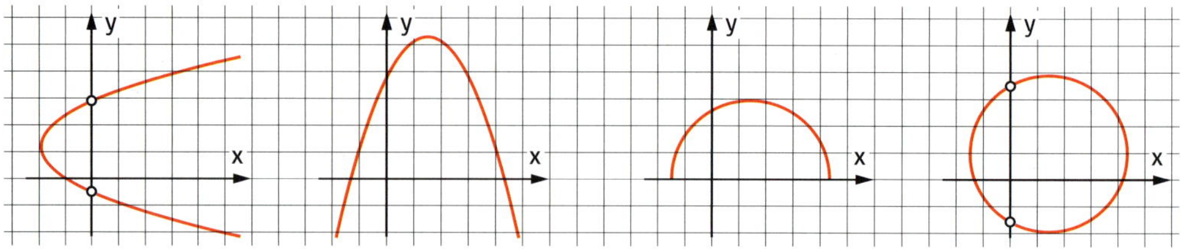

Lösung:

a) und d) sind nicht Graphen einer Funktion, da es zum x-Wert 0 zwei Funktionswerte gibt.

b) und c) sind jeweils Graphen einer Funktion, da es zu jedem x-Wert genau einen y-Wert gibt.

Beispiel 2 Bezeichnungen; einfache Rechnungen

Gegeben ist die Funktion f mit $f(x) = 0{,}6 \cdot x$.

a) Berechnen Sie $f(0)$; $f(2)$; $f(100)$; $f(-5)$.

b) Berechnen Sie die Stelle x, für die gilt $f(x) = 12$.

Lösung:

a) $f(0) = 0{,}6 \cdot 0 = 0$; $f(2) = 0{,}6 \cdot 2 = 1{,}2$; $f(100) = 0{,}6 \cdot 100 = 60$; $f(-5) = 0{,}6 \cdot (-5) = -3$

b) $f(x) = 12$ bedeutet: $0{,}6 \cdot x = 12$.

Teilt man diese Gleichung durch 0,6, so erhält man: $x = 20$.

Damit ist $f(20) = 12$.

Beispiel 3 Graph mit dem GTR

Gegeben ist die Funktion f mit $f(x) = 0{,}4 \cdot x$ mit $D_f = \mathbb{R}$.

a) Stellen Sie mit dem GTR den Graphen der Funktion dar.

b) Erstellen Sie auch eine Wertetabelle.

Lösung:

Hinweise bez. des TI 83:

Bei der Erstellung eines Graphen auf dem TI-83 ist Folgendes zu beachten:
Das Anzeigefenster hat 95 Bildpunkte in x- und 63 in y-Richtung. Das Verhältnis ist also 95 : 63 ≈ 1,508. Um eine verzerrungsfreie Darstellung des Graphen zu erhalten, muss somit der Zeichenbereich in x-Richtung rund 1,5-mal so groß sein wie in y-Richtung. Dies ist z. B. bei [ZOOM] 4:ZDecimal der Fall. Bei dieser Einstellung entspricht jedem Bildpunkt eine Dezimalstelle.

a) Eine Funktion wird im [Y=]-Fenster definiert.
Im [WINDOW]-Fenster kann man die Bereiche für x und y sowie Eigenschaften der Darstellung (Anzahl der angezeigten Teilstriche) einstellen.
Die Anzeige von Gitterpunkten z. B. lässt sich im [2nd] [ZOOM]-Menü mit GridOn aktivieren.
Mit erhält man den Graphen der Funktion.

b) Mit dem Menü [2nd][WINDOW] werden Wertetabellen eingerichtet. Startwert und Differenz zwischen zwei x-Werten können eingestellt werden.
Mit [2nd][GRAPH] erhält man dann die Tabelle.

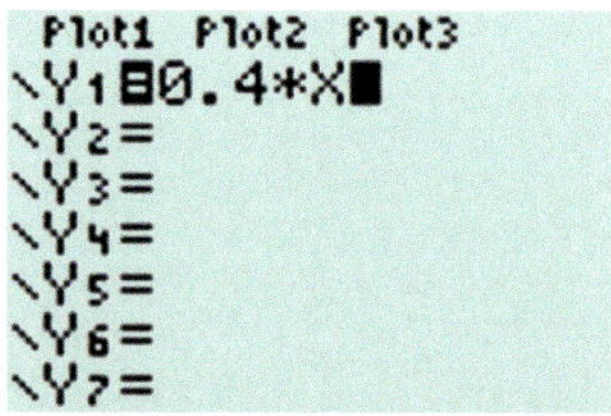

Fig. 1

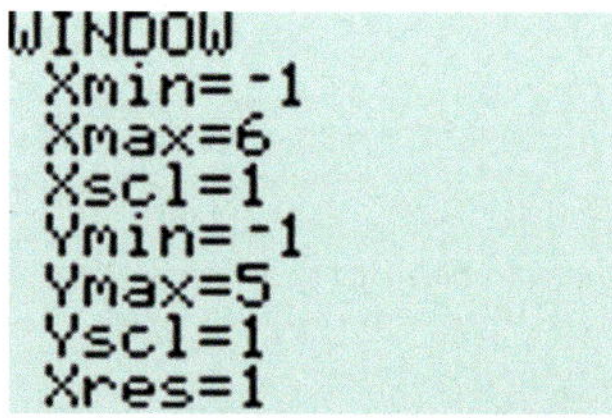

Fig. 2

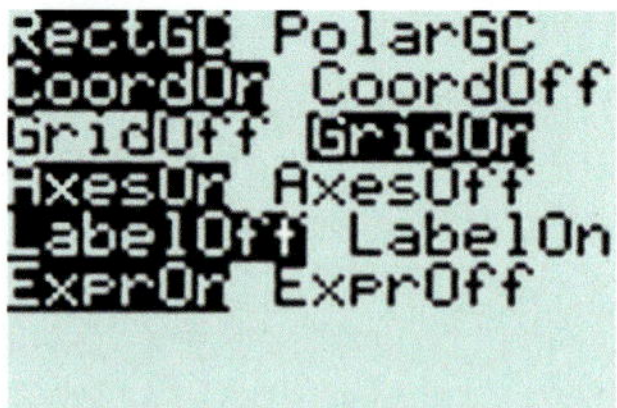

Fig. 3

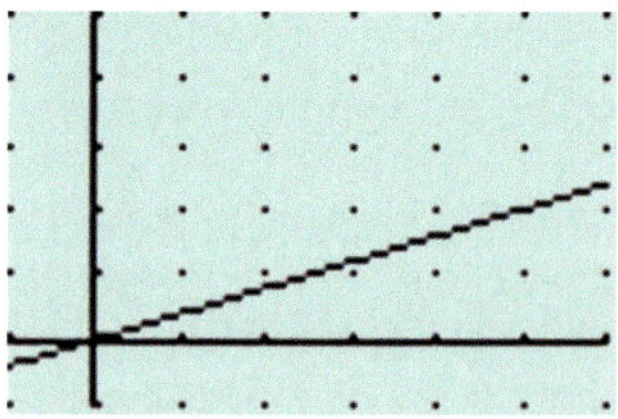

Fig. 4

Fig. 5

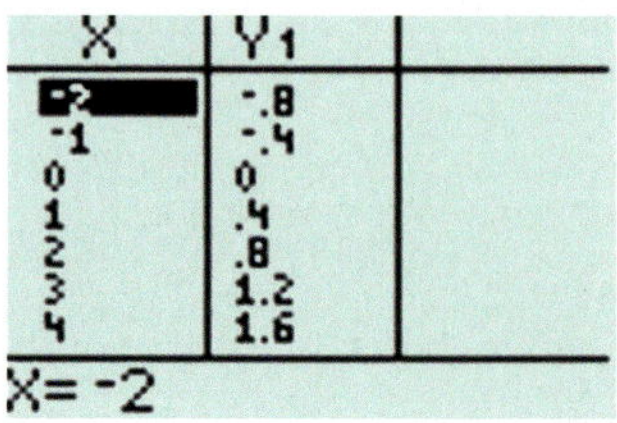

Fig. 6

Aufgaben

2 Welche Darstellung ist Graph einer Funktion? Begründen Sie.

a)

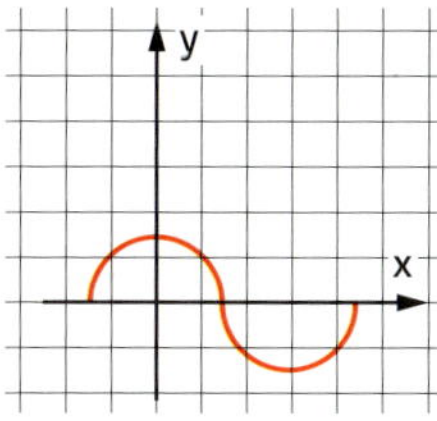

b)

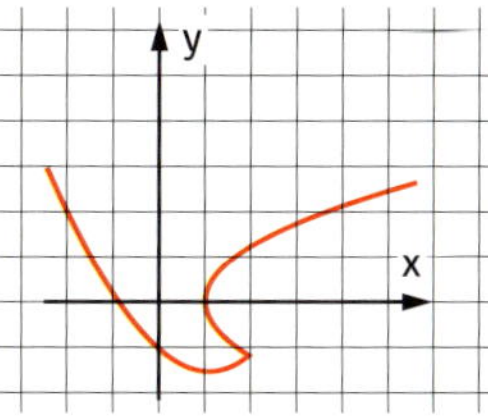

c)

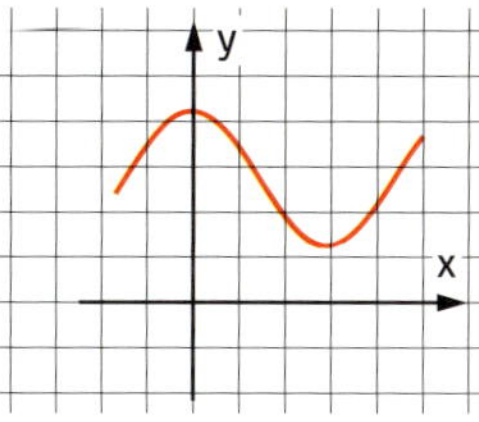

d)

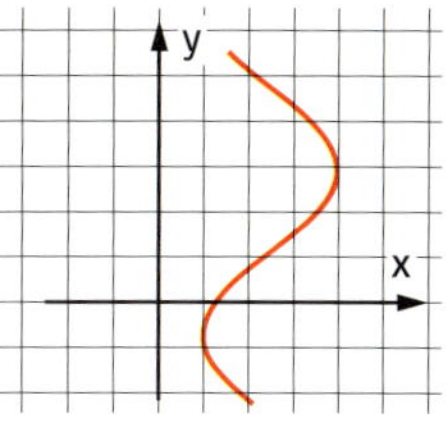

3 Drücken Sie die Aussage in mathematischer Kurzschrift aus.

a) Durch die Funktion f wird der Zahl 3 die Zahl 10 zugeordnet.

b) Die Funktion g nimmt an der Stelle 5 den Funktionswert 12 an.

c) Die Zahl 3 ist der Funktionswert an der Stelle 0.

d) Die Funktionen f und g nehmen für $x = 2$ denselben Funktionswert an.

e) Die Funktion f ordnet der Zahl 14 einen größeren Funktionswert zu als der Zahl 5.

f) Alle Funktionswerte der Funktion g sind positiv.

g) Die Funktion f hat an der Stelle 0 einen kleineren Wert als die Funktion g.

4 Beschreiben Sie mit Worten

a) $f(2) = 0$ b) $f(1) = f(10{,}5)$ c) $f(3{,}7) = 3{,}7$ d) $g(0) = 0$.

5 Fig. 1 zeigt den Graphen einer Funktion f.

a) Lesen Sie aus dem Graphen von f näherungsweise ab:
$f(0)$, $f(2)$, $f(-2{,}5)$, $f(1)$.

b) Geben Sie alle x-Werte an, für die gilt $f(x) = -1$.

c) Wie viele Stellen x kann man finden mit $f(x) = 2$?

d) Es gibt Funktionswerte $f(x)$, zu denen es fünf x-Werte gibt, so dass $f(x) = a$ ist. Geben Sie ein solches a an.

e) Geben Sie den größten und den kleinsten Funktionwert im Intervall $[-4; 5]$ an. An welcher Stelle wird er angenommen?

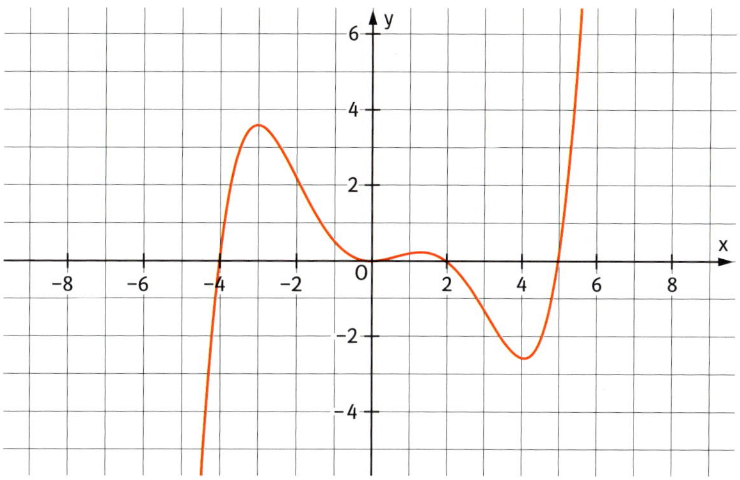

Fig. 1

6 In einer englischen Studie wurde der Einfluss der Ernährung auf den Blutdruck untersucht.

a) Ist es sinnvoll, bei den Graphen die einzelnen Messpunkte miteinander zu verbinden?

b) Geben Sie für die drei dargestellten Funktionen jeweils die Definitionsmenge und die Wertemenge an.

c) Um wie viel Prozent sank der Blutdruck bei der Diät „viel Obst, wenig Fett“ im Verlauf der Studie?

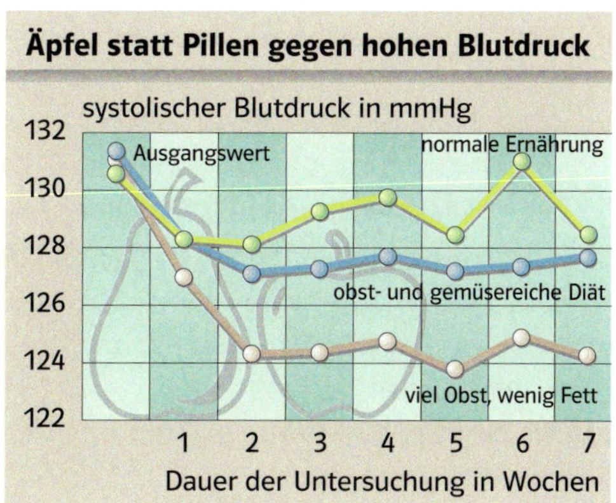

Systolischer Blutdruck: Druck beim Zusammenziehen der Hauptkammern des Herzmuskel.
Diastolischer Blutdruck: Druck beim Erschlaffen des Herzmuskels.

7 a) Vor 15 000 Jahren waren die Menschen noch Jäger und Sammler. Fig. 1 zeigt, wie viel Prozent einer solchen Bevölkerung ein bestimmtes Alter erreichten. Was bedeutet demnach f(5), f(10), f(40) und f(60)? Geben Sie die zugehörigen Punkte des Graphen mit ihren Koordinaten an (Beispiel: P(5 | 60).

b) Fig. 2 zeigt eine entsprechende Darstellung für eine moderne Industriegesellschaft. Geben Sie x an mit f(x) = 10 (20; . . . ; 90) und interpretieren Sie das Ergebnis.

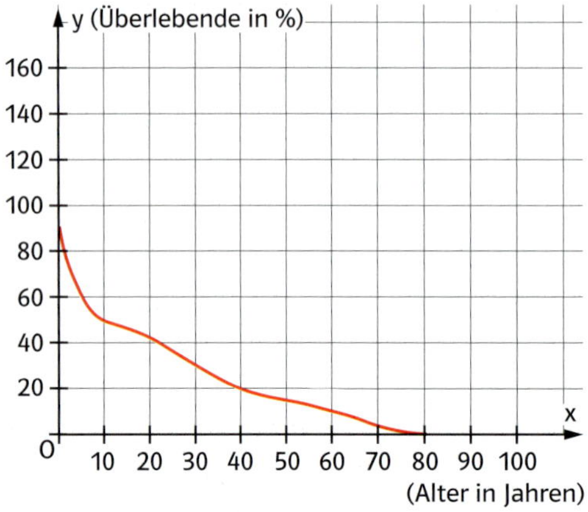

Fig. 1

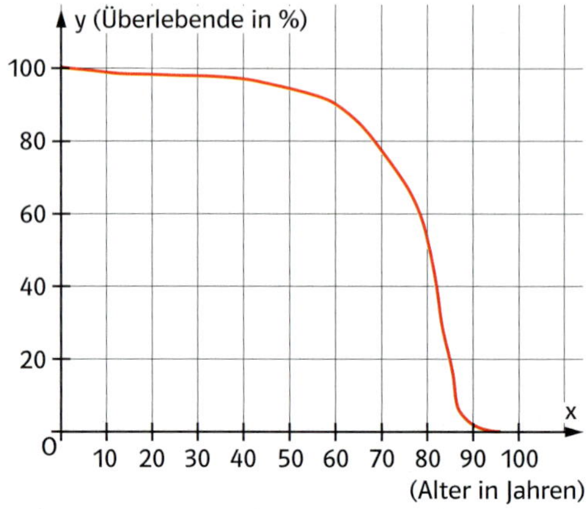

Fig. 2

8 Eine Teesorte kostet in der Herstellung 5,85 € je kg. Dann heißt die Funktion f mit $f(x) = 5{,}85 \cdot x$ Kostenfunktion. Zeichnen Sie den Graphen dieser Funktion.

a) Berechnen Sie die Kosten für 6 kg Tee und tragen Sie die zugehörigen Werte in den Graphen ein. Formulieren Sie das Ergebnis mithilfe von f.

b) Wie viel Kilogramm Tee kosten in der Herstellung 50 €?
Formulieren Sie das Ergebnis mithilfe von f.

c) Erstellen Sie einen Graphen von f, auch mit dem GTR.

d) Erstellen Sie eine Wertetabelle mit der Schrittweite 0,5 von 10 bis 20.

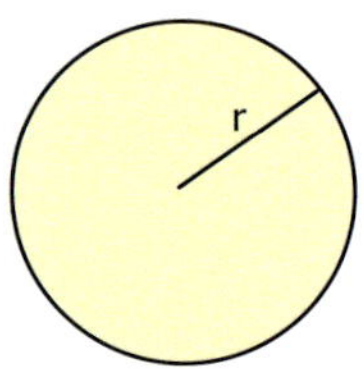

Im Fundus sind die Zuordnungen angegeben.

9 Kreisumfang u und Kreisinhalt A hängen vom Radius r eines Kreises ab.

a) Geben Sie Funktion u an, die dem Radius x den Kreisumfang u zuordnet. Berechnen Sie anschließend u(1) und u(6) und geben Sie deren Bedeutung an. Zeichnen Sie den Graphen der Funktion u.

b) Geben Sie die Funktion A an, die dem Radius x den Kreisinhalt A zuordnet. Berechnen Sie anschließend A(1) und A(6) und geben Sie deren Bedeutung an. Zeichnen Sie den Graphen der Funktion A. Welche Form hat der Graph von A?

10 Einem Würfel mit der Seitenlänge x ist sein Volumen V zugeordnet.

a) Geben Sie die zugehörige Funktion an und erstellen Sie eine Wertetabelle.

b) Zeichnen Sie den Graphen der Funktion V und kontrollieren Sie Ihre Zeichnung mit der Zeichnung, die Ihnen der GTR erzeugt.

11 Welche Aussage ist falsch? Begründen Sie.

a) Eine Parallele zur x-Achse kann nicht Graph einer Funktion sein.

b) Eine Parallele zur y-Achse kann nicht Graph einer Funktion sein.

c) Jede Parallele zur x-Achse hat mit dem Graphen einer beliebigen Funktion höchstens einen Punkt gemeinsam.

d) Jede Parallele zur y-Achse hat mit dem Graphen einer beliebigen Funktion höchstens einen Punkt gemeinsam.

3 Lineare Funktionen

Energiebilanz verschiedener Verkehrsmittel pro Reisendem:

Flugzeug: 0,41 kWh pro Kilometer + 95,2 kWh pro Start (bei mittlerer Auslastung)

Auto: 0,80 kWh pro Kilometer (bei einem Insassen)

Bahn: 0,09 kWh pro Kilometer (bei mittlerer Auslastung)

1 a) Berechnen Sie den Energieverbrauch für eine Reise von Stuttgart nach Frankfurt (Entfernung ca. 180 km) für jedes der drei Verkehrsmittel.

b) Geben Sie die Terme für die folgenden Funktionen an und zeichnen Sie jeweils den Graphen.

f: Flugkilometer $\mapsto$ Energieverbrauch

a: Autokilometer $\mapsto$ Energieverbrauch

c) Ab welcher Reisestrecke hat das Flugzeug eine günstigere Energiebilanz als das Auto? Was ändert sich, wenn man von zwei Insassen im Auto ausgeht?

Jede Proportionalität kann durch eine Funktion f mit $f(x) = m \cdot x$ mit der festen Zahl m dargestellt werden. Ihr Graph ist eine Gerade durch den Ursprung. Es gibt jedoch auch Geraden, die nicht durch den Ursprung laufen. Im Folgenden sollen beliebige Geraden und ihre Gleichungen untersucht werden.

Gegeben ist die Funktion $f(x) = 0{,}8 \cdot x$.
Der Graph der Funktion

$$g \text{ mit } g(x) = 0{,}8 \cdot x + 2$$

entsteht aus dem von f durch Verschiebung um 2 Einheiten in positive y-Richtung. Damit verläuft der zu g gehörige Graph parallel zum Graphen von f. Wegen $g(0) = 2$ schneidet die Gerade die y-Achse im Punkt $A(0|2)$.
Der y-Wert 2 wird als y-Achsenabschnitt bezeichnet. Die Zahl 0,8 heißt auch bei der Funktion g Steigung.

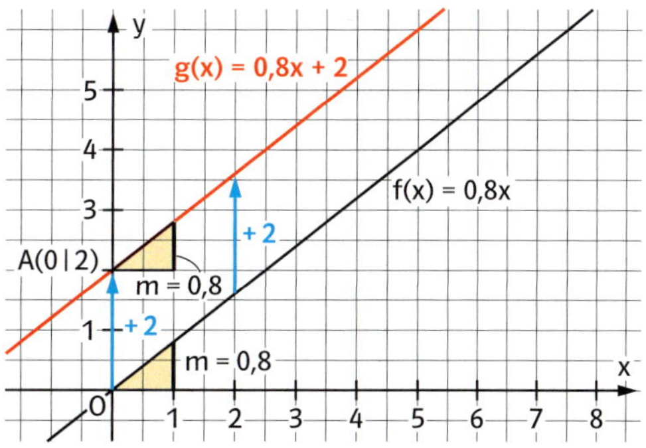

Fig. 1

In Kapitel I, S. 11, wurden proportionale Zuordnungen wie $y = 0{,}8x$ untersucht. Die Zahl 0,8 ist die **Steigung** der zugehörigen Geraden.

Eine Funktion f mit $f(x) = mx + c$ heißt **lineare Funktion**. Ihr Graph ist eine Gerade g.
Die Zahl m heißt **Steigung** der Geraden, die Zahl c heißt **y-Achsenabschnitt**.
Die Gleichung $y = mx + c$ heißt **Gleichung der Geraden g**.

Ist die Funktion f mit $f(x) = 0{,}8x + 2$ gegeben, so kann man überprüfen, ob die Punkte $P(-3|0{,}4)$ und $R(5|6)$ (Fig. 2) auf der zugehörigen Geraden liegen oder nicht. Man berechnet dazu den Funktionswert
$f(-3) = 0{,}8 \cdot (-3) + 2 = -0{,}4$.
Da dieser nicht mit dem y-Wert von P übereinstimmt, liegt P nicht auf dem Graphen.
Hingegen liegt R auf dem Graphen, da $f(5) = 0{,}8 \cdot 5 + 2 = 6$ ist.

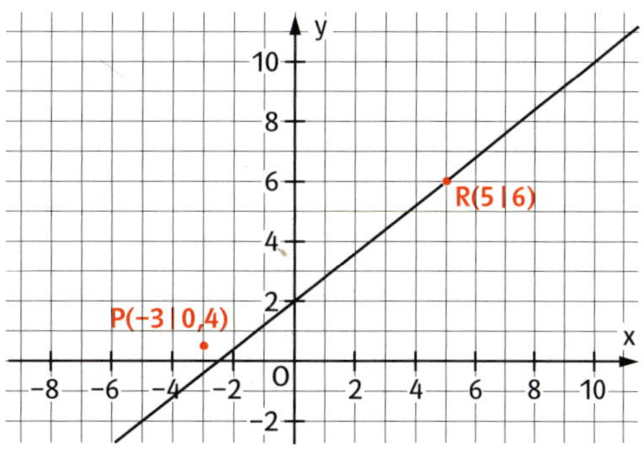

Fig. 2

Dieses Überprüfen, ob ein Punkt P auf dem Graphen einer gegebenen Funktion liegt, heißt **Punktprobe**.

Im -Fenster auf Degree umstellen und Winkel bestimmen:

Die Gerade g, die der Graph von f mit $f(x) = 0{,}8x + 2$ ist, schließt mit der x-Achse einen Winkel α ein. Dieser Winkel kann berechnet werden:
Dazu wählt man 2 beliebige Punkte auf g, z.B. Q(5 | 6) und P(2 | 3,6). Diese bilden zusammen mit R ein sogenanntes „Steigungsdreieck" PRQ (Fig. 1). In ihm tritt der Winkel α auf.

Da $\tan(\alpha) = \frac{\text{Gegenkathete}}{\text{Ankathete}}$ ist, erhält man

$\tan(\alpha) = \frac{\overline{QR}}{\overline{PR}} = \frac{6 - 3{,}6}{3} = \frac{2{,}4}{3} = 0{,}8$ und daraus:

$\alpha \approx 38{,}7°$. Damit ist $m = \tan(\alpha)$.

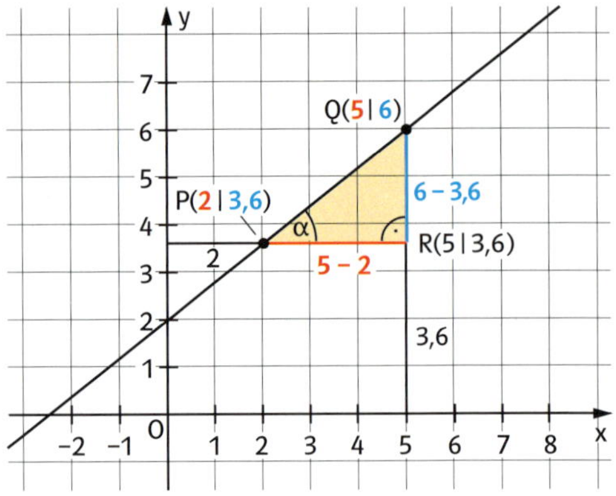

Fig. 1

Gegeben ist die Gerade g durch die Funktion f mit $f(x) = mx + c$.
(1) Ein Punkt P(a | b) **liegt genau dann auf g**, wenn gilt: $f(a) = ma + c = b$.
(2) Sind $P(x_P | y_P)$ und $Q(x_Q | y_Q)$ zwei Punkte mit $x_P \neq x_Q$ auf g, so ist $\frac{y_Q - y_P}{x_Q - x_P} = m$ und es gilt:

$\tan(\alpha) = m$.

Dabei ist α der Steigungswinkel von g, d.h., der Winkel, unter dem g die x-Achse schneidet.

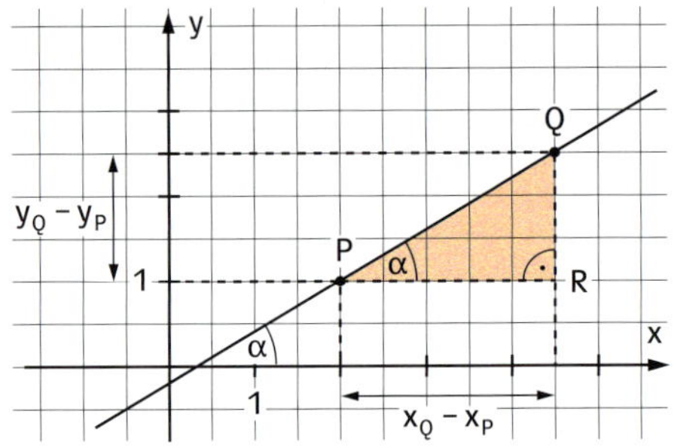

Steigung = $\frac{\text{Differenz der y-Werte}}{\text{Differenz der x-Werte}}$

Da $\frac{y_Q - y_P}{x_Q - x_P} = \frac{y_P - y_Q}{x_P - x_Q}$ ist, spielt die Reihenfolge bei den Differenzen keine Rolle.

Vergleicht man mit der Ursprungsgeraden $y = m \cdot x$, so erhält man die parallele Gerade durch P(5 | 6), indem man x durch die Differenz x − 5 und y durch die Differenz y − 6 ersetzt.

Durch die Steigung m = 0,8 und einen Punkt Q(5 | 6) ist eine Gerade festgelegt. Die Gerade durch den Ursprung hat die Gleichung $y = 0{,}8 \cdot x$. Da für jeden beliebigen Punkt P(x | y) der Geraden die Steigung 0,8 ist, muss demnach gelten:

$$\frac{y - 6}{x - 5} = 0{,}8 \quad \text{oder} \quad y - 6 = 0{,}8 \cdot (x - 5).$$

Die Gleichung der gesuchten Geraden ist also $y - 6 = 0{,}8x - 4$, also $y = 0{,}8x + 2$.

Andere Möglichkeit:
Man setzt die Gerade mit der Steigung m = 0,8 wie folgt an: $y = 0{,}8x + c$ und macht die Punktprobe, da Q(5 | 6) auf der Geraden liegen soll: $6 = 0{,}8 \cdot 5 + c$; daraus errechnet man c = 2.

Sind zwei Punkte P(2 | 3,6) und Q(5 | 6) einer Geraden gegeben, so berechnet man zuerst die Steigung: $m = \frac{6 - 3{,}6}{5 - 2} = \frac{2{,}4}{3} = 0{,}8$ und erhält dann die Gleichung der Geraden durch P und Q wie eben: $y - 6 = 0{,}8(x - 5)$, also $y = 0{,}8x + 2$.

Es gibt Punkte, z.B. Q(1 | 1) und P(1 | 2), durch die es eine Gerade gibt, die aber nicht als Funktion $y = mx + c$ darstellbar sind. In diesem Fall wäre $m = \frac{2 - 1}{1 - 1} = \frac{1}{0}$ und eine Zahl mit 0 im Nenner gibt es nicht.
Dies trifft für alle Geraden senkrecht zur x-Achse zu. Eine Gerade senkrecht zur x-Achse hat die Gleichung x = a, wobei A(a | 0) ihr Schnittpunkt mit der x-Achse ist. Es handelt sich dabei nicht um eine Funktion!

$x = 1$ ist eine abkürzende Schreibweise für $x + 0 \cdot y = 1$.
Diese Gleichung wird von allen Punkten A(1 | y) erfüllt.

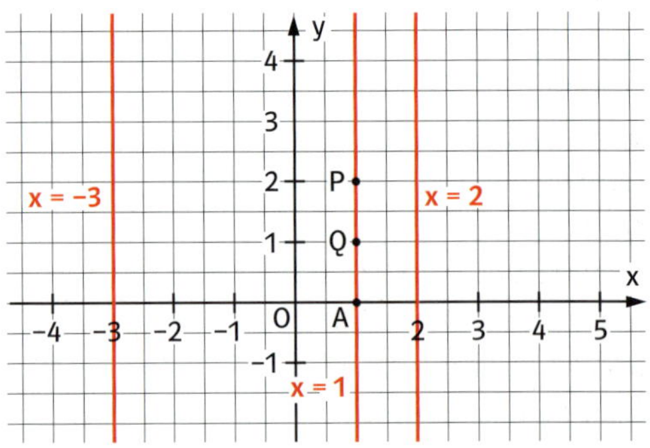

Fig. 2

Verläuft eine Gerade g durch die Punkte $P(x_P | y_P)$ und $Q(x_Q | y_Q)$, so berechnet man zunächst die Steigung $m = \frac{y_Q - y_P}{x_Q - x_P}$, wenn $x_P \neq x_Q$ ist, und erhält die Gleichung:

$$\mathbf{y - y_P = m \cdot (x - x_P).}$$

Löst man diese nach y auf, so erhält man die Gleichung $y = mx + c$ mit $c = y_P - m \cdot x_P$.
Ist $x_P = x_Q$, so lautet die Gleichung der **Geraden:** $\mathbf{x = x_P}$.

Man kann natürlich auch den anderen Punkt Q für das Aufstellen der Gleichung heranziehen:
$y - y_Q = m \cdot (x - x_Q)$.
An der Gleichung ändert sich nichts.

Dreht man eine gegebene Ursprungsgerade g um 90° um O, erhält man die zu g orthogonale Gerade h. Ist $P_1(a | b)$ ein Punkt auf g, dann liegt $P_2(-b | a)$ auf h.
Die Steigung von g ist $m_1 = \frac{b}{a}$,
die Steigung von h ist $m_2 = \frac{a - 0}{-b - 0} = -\frac{a}{b}$.
Somit gilt $m_1 \cdot m_2 = -1$ oder $m_2 = -\frac{1}{m_1}$.
Da sich die Steigungen bei Verschiebungen nicht ändern, gilt dies für beliebige orthogonale Geraden.

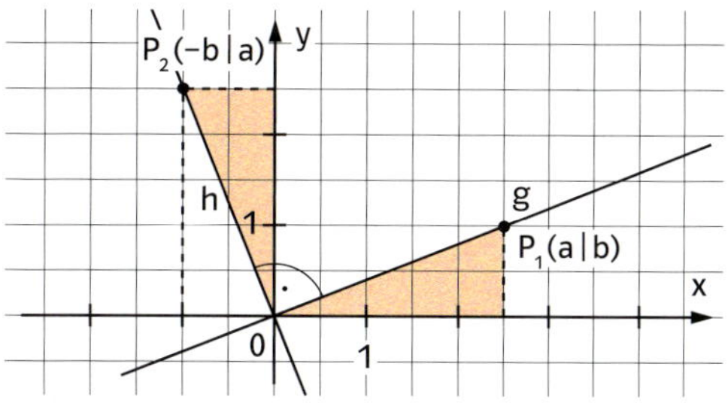

Fig. 1

orthogonal = senkrecht

Gilt für zwei Geraden mit den Steigungen m_1 und m_2: $m_1 \cdot m_2 = -1$, so sind sie **orthogonal**.

Beispiel 1 Zeichnen von Geraden
Zeichnen Sie die Graphen der linearen Funktion.
a) $f(x) = 1{,}25x + 1$ b) $y = -x + 0{,}5$ c) $y = -0{,}5x - 1{,}5$
Lösung :
a) $m = 1{,}25$; $c = 1$

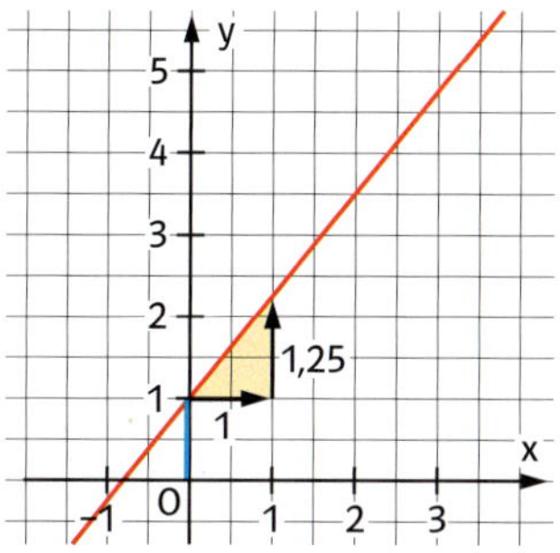

b) $m = -1$; $c = 0{,}5$

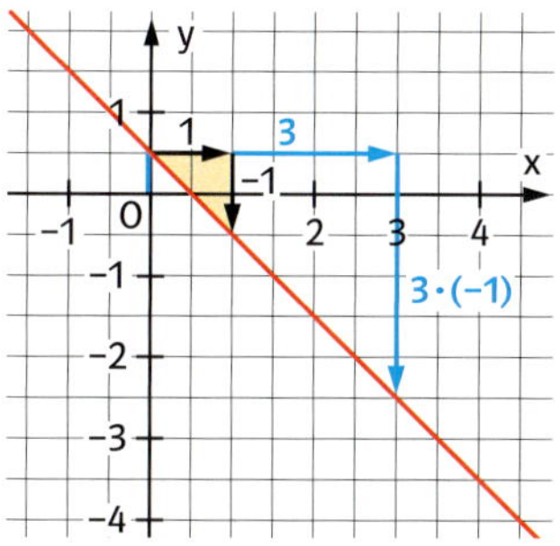

c) $m = -0{,}5$; $c = -1{,}5$

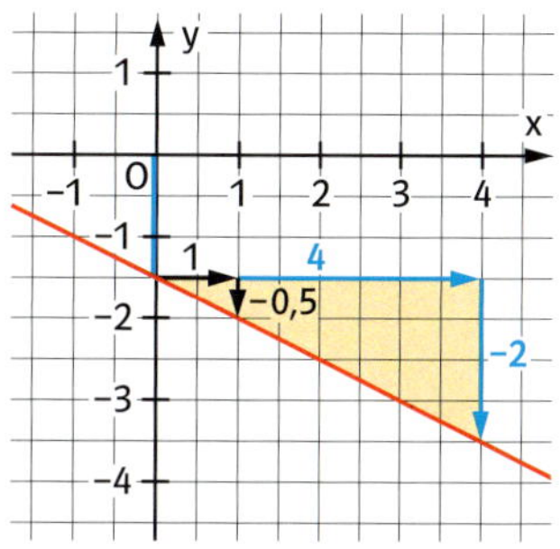

Bei kleinen Steigungen ist es zweckmäßig, nicht 1 nach rechts zu gehen, sondern z. B. 3, dann muss aber auch $3 \cdot m$ in y-Richtung gehen!

Beispiel 2 Steigungswinkel
Unter welchem Winkel schneidet der Graph der Funktion f die x-Achse? Zeichnen Sie zuerst den zugehörigen Graphen.
a) $f(x) = 2x - 1$
b) $f(x) = -1{,}15(x - 2)$
Lösung:
a) Es ist m = 2; also ist $\tan(\alpha) = 2$. Damit ergibt sich: $\alpha \approx 63{,}4°$.
b) f(x) ist auszumultiplizieren: $f(x) = -1{,}15x + 2{,}3$; also ist $m = \tan(\alpha) = -1{,}15$. Damit erhält man $\alpha \approx -49{,}0°$.

Zeichnung zu a)

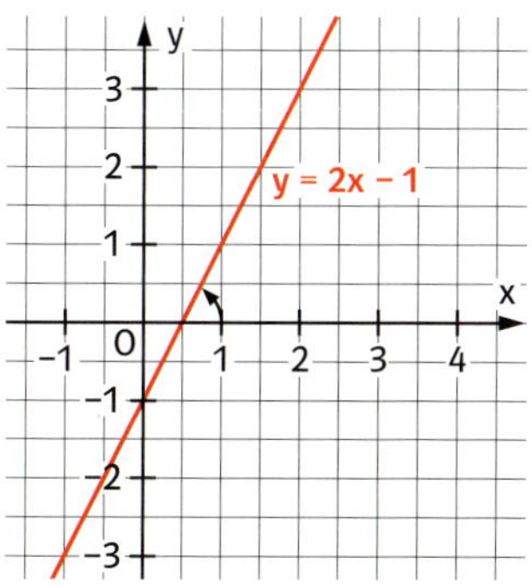

Zeichnung zu b)

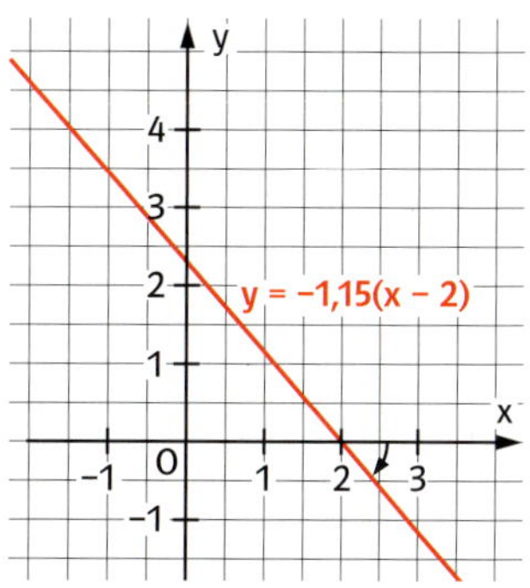

Winkel werden von der x-Achse aus gemessen; Winkel entgegen dem Uhrzeigersinn zählt man **positiv**, Winkel im Uhrzeigersinn **negativ**.

Beispiel 3 Geradengleichung

Eine Gerade g verläuft durch zwei Punkte $P(-2|3)$ und $Q(2|1)$.

a) Zeichnen Sie g.

b) Ermitteln Sie eine Gleichung von g.

c) Liegt $R(4|0{,}5)$ auf g?

Lösung:

a) Zeichnung: Siehe Fig. 1.

b) Ermittlung einer Gleichung für g:
Aus den Koordinaten von P und Q ergibt sich die Steigung: $m = \frac{1-3}{2-(-2)} = -\frac{1}{2}$. Damit ist $y - 1 = -\frac{1}{2}\cdot(x-2)$ oder $y = -\frac{1}{2}\cdot x + 2$ eine Gleichung von g.

Andere Möglichkeit:
Ansatz: $y = -\frac{1}{2}\cdot x + c$; Punktprobe für $Q(2|1)$:
$1 = -\frac{1}{2}\cdot 2 + c$ ergibt
$c = 2$ und damit $y = -\frac{1}{2}\cdot x + 2$.

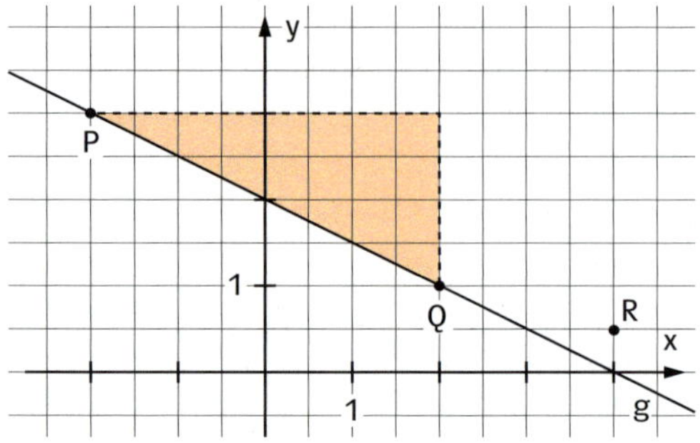

Fig. 1

c) Punktprobe für $R(4|0{,}5)$: $0{,}5 = -\frac{1}{2}\cdot 4 + 2$, also $0{,}5 = 0$, ist falsch, also liegt R nicht auf g.

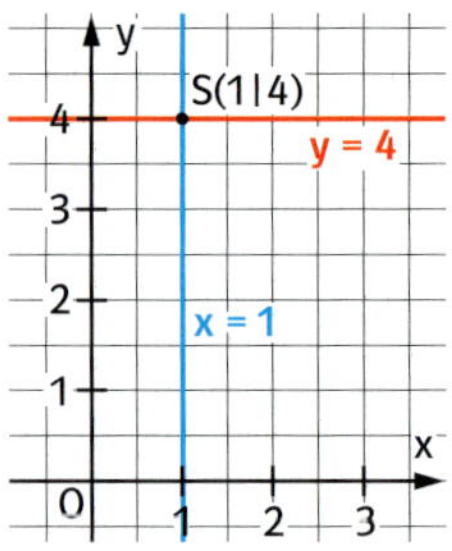

Fig. 2

Beispiel 4 Sonderfälle

Geben Sie eine Gleichung für die Gerade an, die durch den Punkt $S(1|4)$ geht und

a) parallel zur x-Achse ist

b) parallel zur y-Achse ist.

Lösung:

a) Für die x-Achse als Gerade ist $m = 0$. Damit $y - 4 = 0\cdot(x-1)$, also $y = 4$.

b) Für die Parallele zur y-Achse durch $S(1|4)$ gilt: $x = 1$ (Fig. 2).

Aufgaben

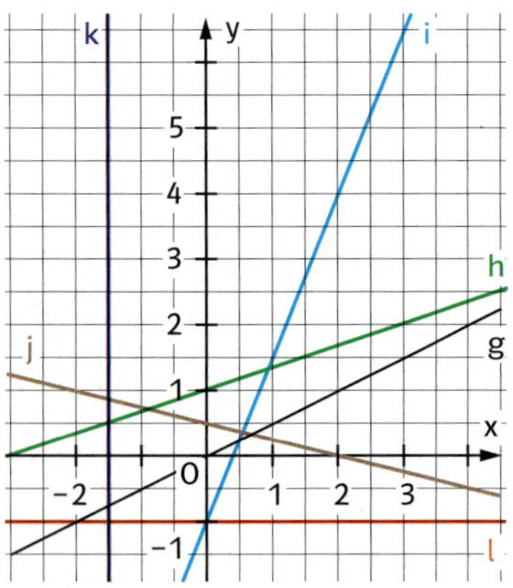

Fig. 3

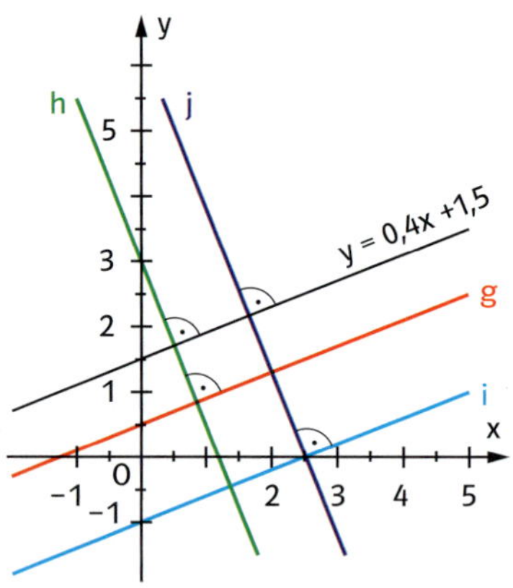

Fig. 4

2 a) Geben Sie die Gleichungen der Geraden g, h, i, j, k und l in Fig. 3 an.
b) Geben Sie die Gleichung der zu g parallelen Geraden durch $A(0|4)$ an.
c) Wie lautet die Gleichung der zu l parallelen Geraden durch $B(1|4)$?

3 a) Bestimmen Sie die Gleichungen der Geraden g und i in Fig. 4.
b) Geben Sie die Steigungen von h und j an.
c) Geben Sie die Gleichungen der Geraden h und j an.

4 Berechnen Sie die Steigung der Geraden durch die beiden Punkte A und B. Fertigen Sie dazu eine Zeichung an und kontrollieren Sie Ihr Ergebnis.

a) $A(6|3)$, $B(8|6)$ b) $A(3|-3)$, $B(-2|-2)$ c) $A(-1|3)$, $B(0|-2)$ d) $A(0|-1)$, $B(1|-1)$

5 Eine Gerade g hat die Steigung m und geht durch den Punkt P. Geben Sie die Gleichung von g an und zeichnen Sie g.

a) $m = 0{,}3$; $P(2|1)$ b) $m = 0{,}5$; $P(-2|1)$ c) $m = -2$; $P\left(-1\middle|\frac{1}{2}\right)$ d) $m = -\frac{1}{2}$; $P(0|3)$

6 Bestimmen Sie c so, dass die Gerade $y = 0{,}5x + c$ durch $R(4|3)$ geht.

7 Zeichnen Sie den Graphen der linearen Funktion und geben Sie die Funktion an, für die gilt:
a) $f(0) = -0{,}5$; $f(3) = 2$ b) $f(0) = 2{,}5$; $f(4) = -1$ c) $f(0) = 3{,}2$; $f(5{,}4) = 0$

Könnten Sie die Aufgabe anders formulieren?

8 Die Gerade g geht durch die Punkte A und B. Zeichnen Sie g und ermitteln Sie eine Gleichung für g.
Bestimmen Sie den Steigungswinkel und den Schnittpunkt mit der y-Achse.
a) $A(1|2)$; $B(5|4)$ b) $A(-2|3)$; $B(3|-2)$ c) $A(-1{,}5|3)$; $B(4|4{,}5)$ d) $A(-4|-3)$; $B(1|3)$

9 Untersuchen Sie rechnerisch und anhand einer Zeichnung, ob die Punkte A, B, C auf einer Geraden liegen.
a) $A(-1{,}5|0{,}5)$, $B(2|2)$, $C(3{,}5|2{,}5)$ b) $A(-10|1)$, $B(-2|-1)$, $C(2|-2)$
c) $A(0|11)$, $B(11|0)$, $C(5{,}4|5{,}6)$ d) $A(1|1)$, $B(7{,}5|6)$, $C(2{,}5|3)$

10 Untersuchen Sie rechnerisch.
a) Liegt $P(10|12)$ auf der Geraden durch den Ursprung $O(0|0)$ und $Q(0{,}25|0{,}2)$?
b) Hat die Gerade durch $A(-2|-3)$ und $B(2|-3)$ die Gleichung $y = -3$?
c) Ist $-x + 4y - 6 = 0$ die Parallele zu $y = -0{,}25x$ durch den Punkt $P(-6|0)$?
d) Geht die Senkrechte zu $y = 7x - 21$ durch $P(0|3)$ auch durch $Q(14|1)$?
e) Wie heißt die Gleichung der Geraden durch $A(2|3)$ und $B(2|2)$?

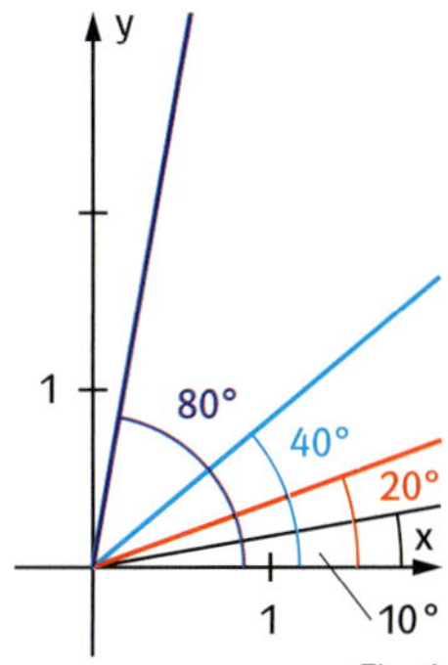

Fig. 1

11 Berechnen Sie auf zwei Dezimalen gerundet die Steigungen der in Fig. 1 abgebildeten Geraden. Ist der Steigungswinkel zur Steigung proportional?

12 Wie lautet eine Gleichung einer Geraden, die
a) zur x-Achse parallel ist und durch $A(3|-2)$ geht,
b) zur y-Achse parallel ist und durch $B(0|17)$ verläuft,
c) den Steigungswinkel 45° hat und durch $C(-1|2)$ geht?

13 Gegeben ist die Gerade durch $P(-2|2{,}5)$ und $Q(1|1)$. Bestimmen Sie die Koordinaten des Punktes der Geraden, welcher
a) den x-Wert 2 hat b) den y-Wert 2 hat
c) auf der x-Achse liegt d) auf der y-Achse liegt.

14 Untersuchen Sie, ob es sich bei dem Viereck ABCD um ein Parallelogramm, ein Trapez oder um keines von beiden handelt.
a) $A(0|0)$, $B(2|-5)$, $C(7|-3)$, $D(5|2)$ b) $A(1|0)$, $B(8|-2)$, $C(7|1)$, $D(-1|3)$
c) $A(0|-4)$, $B(3|-3)$, $C(1|3)$, $D(-2|2)$ d) $A(2|0)$, $B(8|-1)$, $C(9|0)$, $D(6|0{,}5)$

15 Sind die Geraden g und h senkrecht zueinander oder nicht?
a) g: $y = x$; h: $y = -x$ b) g: $y = 2x + 3$; h : $y = 0{,}5x + 2$

16 Ermitteln Sie die Gleichungen der Senkrechten zu der Geraden g im Punkt $P \in g$. Zeichnen und rechnen Sie.
a) g: $y = x - 1$; $P(1|?)$ b) g: $y = 0{,}1x + 3$; $P(5|?)$ c) g: $3y + x - 2 = 0$; $P(\,?|1)$

Welches Schild steht falsch?

17 Bei Straßen wird die Steigung in Prozent angegeben. Die steilsten Teilstücke der San Bernardino-Passstraße haben 15% Steigung.
Wie groß ist der Steigungswinkel?

4 Anwendungen zu linearen Funktionen

Gemeinde Dauchingen

1 Eine Gemeinde mit 4200 Einwohnern zu Beginn des Jahres 2004 wächst mit konstanter Rate von 120 Einwohnern pro Jahr. Mit wie vielen Einwohnern ist am Ende des Jahres 2010 zu rechnen?

Es gibt zahlreiche Möglichkeiten, lineare Funktionen heranzuziehen, um realitätsnahe Aufgaben zu lösen. Zunächst ist noch zu klären, wie der Schnittpunkt zweier Geraden zu berechnen ist.

Fig. 1 zeigt, dass die Geraden g: $y = 3x - 2$ und h: $y = 4 - x$ genau einen Punkt gemeinsam haben. Dieser Punkt S heißt Schnittpunkt der beiden Geraden. Fig. 2 zeigt, dass kein Schnittpunkt existiert, wenn die Geraden parallel sind. Sind beide Geraden identisch, so liegen unendlich viele Lösungen vor.

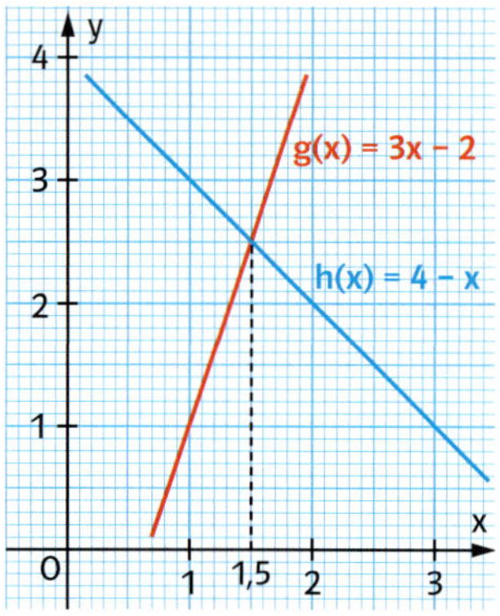

Fig. 1

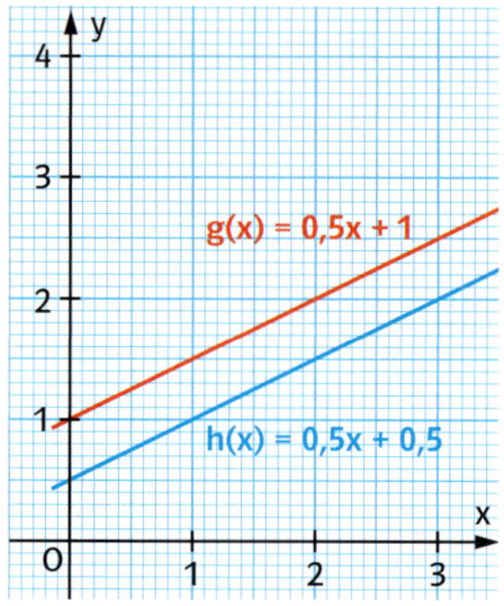

Fig. 2

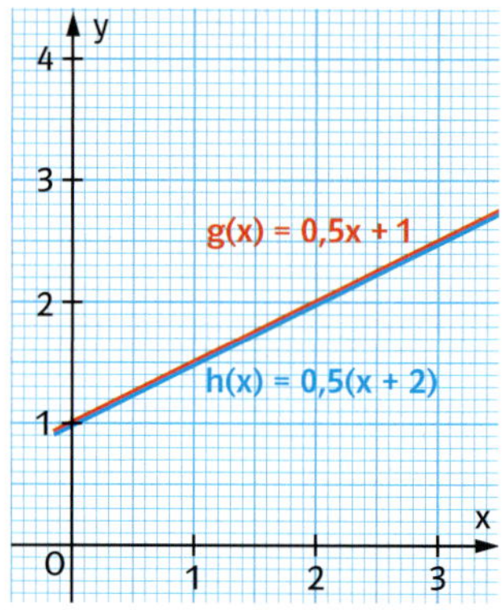

Fig. 3

Rechnungen:

$y = 3x - 2$ und $y = 4 - x$ werden gleichgesetzt:

$3x - 2 = 4 - x \quad | + x + 2$

$4x = 6 \quad | : 4$

$x = 1{,}5$

$y = 4 - 1{,}5 = 2{,}5$;

Schnittpunkt $S(1{,}5 \mid 2{,}5)$

$y = 0{,}5x + 1$ und $y = 0{,}5x + 0{,}5$ werden gleichgesetzt:

$0{,}5x + 1 = 0{,}5x + 0{,}5 \quad | -0{,}5x$

$1 = 0{,}5$

falsch !

kein Schnittpunkt!

$y = 0{,}5x + 1$ und $y = 0{,}5(x + 2)$ werden gleichgesetzt:

$0{,}5x + 1 = 0{,}5(x + 2)$

$0{,}5x + 1 = 0{,}5x + 1 \quad | -0{,}5x$

$1 = 1 \quad | -1$

richtig für alle x und y, also identische Geraden.

> Die Graphen zweier linearer Funktionen f und g, also zwei Geraden, haben
> entweder genau einen Punkt,
> keinen Punkt oder
> unendlich viele Punkte gemeinsam.

Damit lässt sich eine Vielzahl realer Probleme bearbeiten.

Beispiel 1 Sachaufgabe

Ein Kundendienst A für Haushaltsgeräte hat folgende Preise: Fahrtkosten 10 €, Kosten pro Arbeitsstunde 39,50 € . Hinzu kommen 19 % MWSt.

Stellen Sie die lineare Funktion auf, die den anfallenden Arbeitsstunden den Rechnungsbetrag zuordnet.

Lösung:

1 Std. ↦ 39,5 €, also x Std. ↦ 39,5 €·x; zuzüglich 10 € Fahrtkosten: $y = 39{,}5x + 10$.

Hinzu kommen 19 % MWSt. Damit ergibt sich folgender Rechnungsbetrag in EURO:

$R = (39{,}5x + 10) \cdot 1{,}19$ oder $R = 47{,}01 \cdot x + 11{,}9$.

Beispiel 2 Stromtarife

Ein Elektrizitätswerk bietet Verbrauchern zwei Tarife an:

a) Stellen Sie die Kosten für jeden Tarif in Abhängigkeit von der Anzahl der kWh auf, wenn noch 19 % MWSt hinzukommen.

b) Bis zu welchem Verbrauch ist welcher Tarif der günstigere? Lösen Sie die Gleichung auch mit dem GTR.

Tarif 1:
Grundpreis pro Jahr: 64,00 Euro
Preis je kWh: 16,05 ct

Tarif 2:
Grundpreis pro Jahr: 48,00 Euro
Preis je kWh: 17,25 ct

Lösung:

a) Tarif 1: 1 kWh ↦ 0,1605 €, also x kWh ↦ x · 0,1605 €; zuzüglich 64 € also $y = 0{,}1605 \cdot x + 64$;
Betrag mit MWSt.: $R_1 = (0{,}1605 \cdot x + 64) \cdot 1{,}19 = 0{,}190995 \cdot x + 76{,}16$.
Tarif 2: 1 kWh ↦ 0,1725 €, also x kWh ↦ x · 0,1725 €; zuzüglich 48 € also $y = 0{,}1725 \cdot x + 48$;
Betrag mit MWSt.: $R_2 = (0{,}1725 \cdot x + 48) \cdot 1{,}19 = 0{,}205275 \cdot x + 57{,}12$.

Da 76,16 > 57,12 ist, verläuft die zu R_1 gehörige Gerade für kleine x oberhalb von R_2, d.h. Tarif 2 ist anfangs günstiger.

b) Beide Tarife R_1 und R_2 sind gleich, wenn $0{,}190995 \cdot x + 76{,}16 = 0{,}205275 \cdot x + 57{,}12$, also $0{,}01428 \cdot x = 19{,}04$; also $x = 1333{,}33$.

Lösung mit GTR:

Funktionen eingeben:

Geeignetes Fenster suchen:

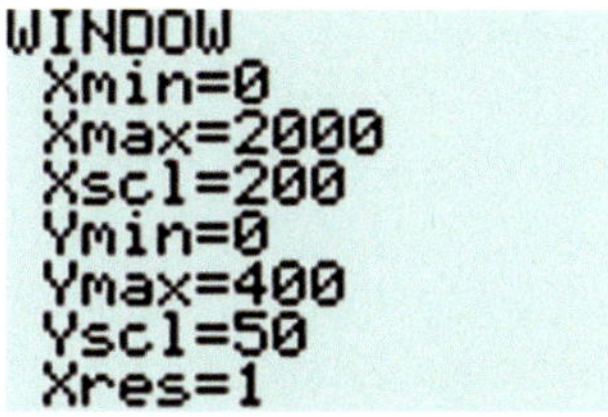

Graph zeichnen:

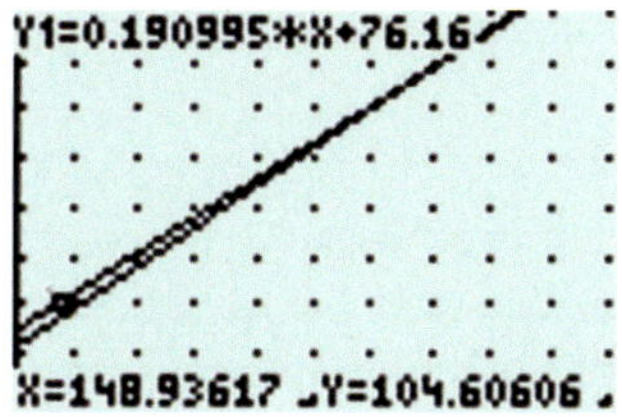

Mit CALC-Taste:

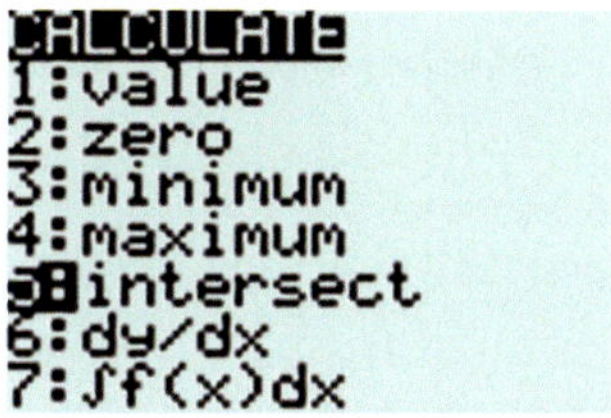

Kurven bestätigen ENTER:

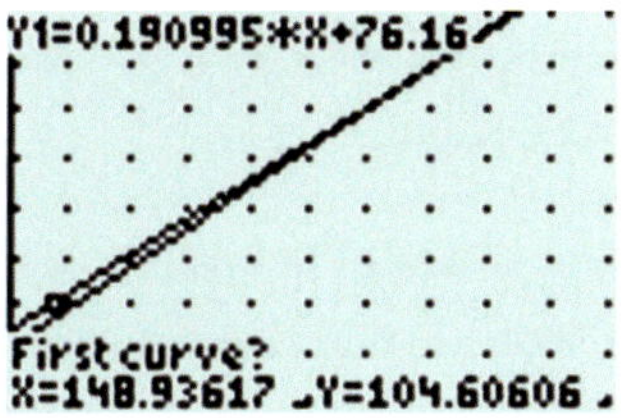

Ergebnis:

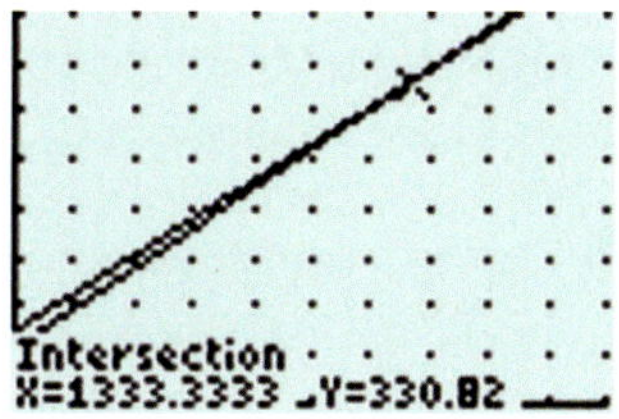

Damit ist ab 1334 kWh der Tarif 1 günstiger als Tarif 2.

Aufgaben

Aufgaben aus dem sozialen Bereich

2 Ein Waldkindergarten mit 80 Kindern wächst kontinuierlich um jährlich 12 Kinder. Der Stadtkindergarten mit 240 Kindern verliert jährlich 15 Kinder. Wann hat der Waldkindergarten voraussichtlich mehr Kinder als der Kindergarten in der Stadt?

3 Für einen Test wurde das Gewicht G von Männern in Abhängigkeit von ihrer Größe x in cm bestimmt. Es ergab sich folgender Zusammenhang: $G = 0{,}88 \cdot x - 78$ für $x \geqq 160$.

a) Welches Gewicht hat demnach ein Mann der Größe 1,78 m?
b) Mit welcher Gewichtszunahme pro Zentimeter Körpergröße ist bei Männern zu rechnen?
c) Wie groß müsste demnach ein Mann mit 90 kg Gewicht sein?

4 Bei einem städtischen Verkehrsbetrieb kostet der Einzelfahrschein 2,10 €, eine Zehnerkarte 17,50 €. Bei wie viel Fahrten lohnt sich eine Zehnerkarte?

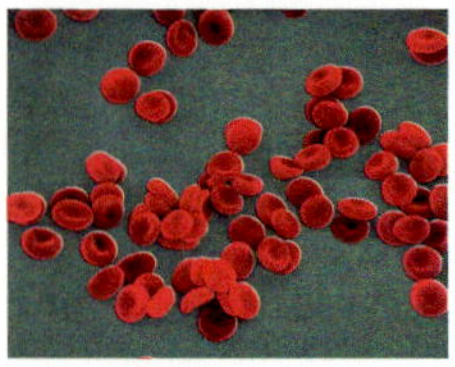
rote Blutkörperchen

5 Unser Blut besteht zu einem Teil aus roten Blutkörperchen (Erythrozyten). Sie bestehen zu 90 % (der Trockenmasse) aus dem Sauerstoff bindenden Protein Hämoglobin. Männer besitzen 140 – 180 g/Liter Hämoglobin, Frauen 120 – 160 g/Liter. Der Hämoglobingehalt im Blut einer Frau ist auf 90 g/Liter gesunken.

a) Mithilfe einer Therapie steigt der Hämoglobingehalt der Frau täglich um 0,24 g/Liter. Geben Sie die lineare Funktion an, die die Zunahme beschreibt.

b) Wann hat der Hämoglobingehalt der Frau das Minimum von 120 g/Liter erreicht?

6 In einer Klinik wird ein Patient um 9.10 Uhr an den „Tropf" gelegt, d.h., ihm wird aus einer Infusionsflasche (Inhalt 0,5 Liter) Kochsalzlösung sehr langsam und gleichmäßig in die Blutbahn eingeträufelt. Um 9.25 Uhr stellt die Krankenschwester fest, dass noch 0,35 Liter in der Flasche sind.

a) Welche Funktion beschreibt (modelliert) den Vorgang der Infusion?

b) Wie viel Kochsalzlösung ist nach 30 Minuten ins Blut gelangt?

c) Wie lange dauert es, bis die Flasche leer ist?

d) Nach welcher Zeit sind noch 75 % der Lösung in der Flasche?

Aufgaben aus dem kaufmännischen Bereich

7 Am 21.7.2004 erhielt man bei einer Bank beim Rücktausch von 50 US-Dollar einen Betrag von 39,50 Euro.

a) Wie groß war der Umtauschfaktor von US-Dollar in Euro?

b) Welchen Eurobetrag erhielt man für 180 US-Dollar?

8 Das Taxiunternehmen Alpha verlangt eine Pauschale von 3,00 € und 1,05 € pro gefahrenen Kilometer. Das Unternehmen Beta will keine Pauschale, verlangt aber 1,35 € pro Kilometer. Geben Sie eine Empfehlung für mögliche Kunden.

9 Jemand hat ein Kapital von 200 € angelegt mit einem Jahreszinssatz x.

a) Geben Sie die Funktion f an, die x den Zins in € zuordnet.

b) Bei welchem Jahreszinssatz würde sich das Kapital am Jahresende auf 300 € erhöhen, bei welchem Zinssatz verdoppeln?

Fixkosten sind Kosten für die Erhaltung der Produktionshalle, die Miete, die Beschaffung der Maschinen, etc.
Variable Kosten sind Kosten für Material, Arbeit, etc und ändern sich proportional zur Stückzahl x.

10 Ein Kapital von 5000 € wird mit 4 % angelegt.

a) Die Zuordnung x (in Tagen) $\mapsto$ Zins (in €) ist eine lineare Funktion f für $0 \leq x \leq 360$. Wie lautet sie?

b) Die Zuordnung x (in Tagen) $\mapsto$ Kapital (in €) ist eine lineare Funktion g für $0 \leq x \leq 360$. Wie lautet sie?

c) Nach welcher Zeit beträgt der Zins jeweils 10 €?

Was ist bei Aufgabe 11 in der Realität zu berücksichtigen?

11 Bei der Fertigung eines Bauteils sind Fixkosten in Höhe von 12 000 € angefallen. Die variablen Kosten, d.h., die reinen Produktionskosten pro Stück, belaufen sich auf 45 €. Ein Bauteil wird zu einem Preis von 105 € verkauft.

a) Stellen Sie die Funktion auf für die Gesamtkosten bei der Produktion von x Stück.

b) Stellen Sie die Funktion auf für den Erlös bei der Produktion von x Stück.

c) Zeichnen Sie die Graphen von der Funktionen aus a) und b) mit geeigneten Einheiten. Verwenden Sie nach Möglichkeit den GTR.

d) Bei welcher Stückzahl macht die Firma einen Gewinn (Erlös – Gesamtkosten)? Geben Sie den Verlustbereich, die Nutzenschwelle (Erlös = Gewinn) und den Gewinnbereich an.

12 Bearbeiten Sie die Aufgabe 11 für eine Stuhlfabrik, wenn die Fixkosten 25 000 €, die variablen Kosten je Stuhl 32,80 € und der Verkaufspreis 68,70 € beträgt.
Berechnen Sie die beim Erreichen der Nutzenschwelle für die Stühle zu zahlende MWSt. von 19% des Verkaufspreises.

13 Ein Autoverleih A verlangt 0,45 € für den gefahreren Kilometer und eine Tagespauschale von 75 €.
Autoverleih B will 50 ct pro Kilometer bei einer Tagespauschale von 50 €.
a) Herr Lehmann will ca. 250 km an einem Tag fahren. Soll er Autoverleih A oder B wählen?
b) Ab welcher Kilometerzahl ist A günstiger als B, wenn das Auto nur einen Tag geliehen wird?

Aufgaben aus dem naturwissenschaftlich-technischen Bereich

14 In Herberge A sind für Wasser 2,05 € und das Abwasser 2,84 € pro verbrauchten Kubikmeter zu bezahlen. Als Grundpreis verlangt der Leiter 12 €. In Herberge B sind nur 1,86 € für Wasser, dafür aber 3,68 € für das Abwasser zu bezahlen. Ein Grundpreis wird nicht verlangt.
a) Stellen Sie für die Herbergen A und B je eine lineare Funktion auf, mit der der Preis für x Kubikmeter direkt berechnet werden kann.
b) Bei welchem Wasserverbrauch ist Herberge A günstiger als Herberge B?
c) Wie viel Kubikmeter Wasser erhält man in Herberge A für 100 €?

15 Bei Autoreifen nimmt die Profiltiefe im Laufe der Zeit gleichmäßig ab. Deshalb überprüft sie ein Autofahrer von Zeit zu Zeit. Nach 20 000 km betrug sie noch 4 mm; nach 32 000 km waren es nur noch 3 mm.
a) Wie viel km kann der Autofahrer mit diesen Reifen noch fahren, wenn mindestens 1 mm Profiltiefe vorgeschrieben ist?
b) Um wie viel mm nimmt die Profiltiefe alle 10 000 km ab?
c) Welche Profiltiefe hatten die Reifen beim Kauf?

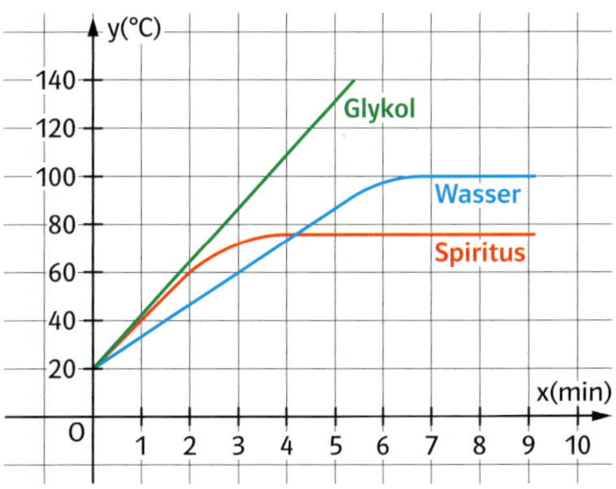

Fig. 1

16 Fig. 1 zeigt für drei verschiedene Flüssigkeiten, wie rasch sich ihre Temperatur bei Erwärmung ändert.
a) Warum steigt die Temperatur bei Spiritus und Wasser nach einer gewissen Zeit nicht weiter an?
Ist das bei Glykol wohl auch so?
b) Entnehmen Sie den Graphen möglichst genau die Zuordnungsvorschrift, solange die Temperatur linear zunimmt. Fügen Sie jeweils hinzu, für welchen Zeitraum diese Vorschrift gilt.

17 Bei der Celsius-Skala ist 0 °C (Grad Celsius) der Schmelzpunkt von Eis und 100 °C der Siedepunkt von Wasser. Die entsprechenden Werte bei der Fahrenheit-Skala sind 32 °F (Grad Fahrenheit) bzw. 212 °F.
a) Um wie viel Grad Fahrenheit steigt die Temperatur, wenn sie um 1 Grad Celsius zunimmt?
b) Durch welche Gleichung wird die Abhängigkeit der Temperatur in °F von der in °C beschrieben?
c) Eine Person hat Fieber von 41 °C. Welchem Fahrenheit-Wert entspricht dies?

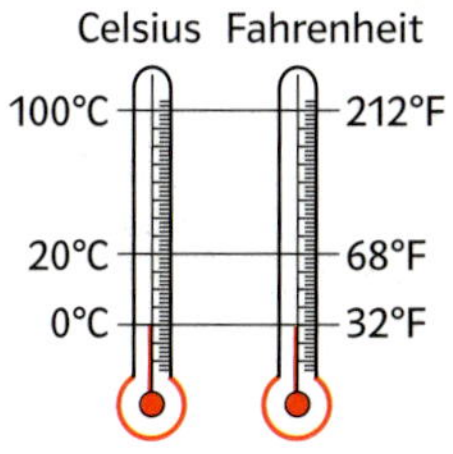

5 Einfache quadratische Funktionen und Gleichungen

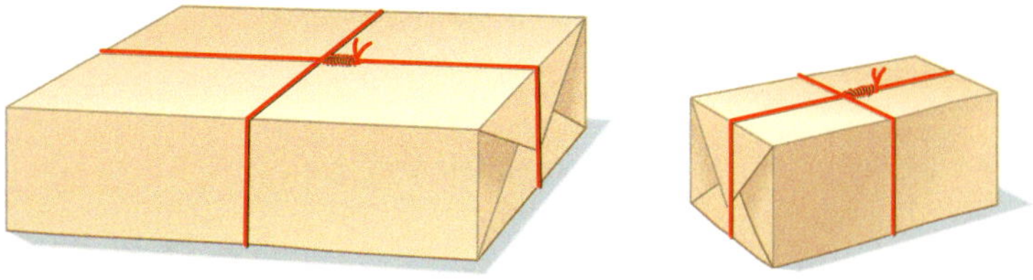

1 Zum Verpacken und Verschnüren eines 20 cm langen, 12 cm breiten und 7 cm hohen Päckchens braucht man etwa $0{,}1\,m^2$ Packpapier und 1 m Schnur. Reichen $0{,}2\,m^2$ Packpapier und 2 m Schnur, um ein Päckchen mit doppelt so langen Kanten zu verpacken?

x	x^2
−1,4	1,96
−1,2	1,44
−1	1
−0,8	0,64
−0,6	0,36
−0,4	0,16
−0,2	0,04
0	0
0,2	0,04
0,4	0,16
0,6	0,36
0,8	0,64
1	1
1,2	1,44
1,4	1,96

Fig. 1

Parabeln dieser Form sind immer achsensymmetrisch zur y-Achse.

Der Scheitel einer Parabel ist
- der tiefste Punkt bei nach oben offenen
- der höchste Punkt bei nach unten offenen

Parabeln.

Im Folgenden sollen einfache quadratische Funktionen untersucht werden. Bei diesen tritt im Gegensatz zu den linearen Funktionen die Variable x mit der 2. Potenz, auch Quadrat genannt, auf. Ein Beispiel für eine quadratische Funktion ist die Funktion A, die der Seitenlänge x eines Quadrats ihren Flächeninhalt $A = x^2$ zuordnet.

Fig. 1 zeigt einen Ausschnitt einer Wertetabelle der quadratischen Funktion f mit $f(x) = x^2$. Trägt man die Punkte $P(x\,|\,f(x))$ in ein Koordinatensystem ein, so erhält man den Graphen der quadratischer Funktion; man bezeichnet ihn als **Normalparabel** (Fig. 2). Der tiefste Punkt der Parabel heißt **Scheitel**. Er liegt bei der Normalparabel im Ursprung.

Auch die Funktionen $f(x) = 2x^2$ oder $f(x) = \frac{1}{4}x^2$ sind Parabeln mit Scheitel im Ursprung. Da sich die y-Werte gegenüber x^2 vergrößern, entsteht bei $f(x) = 2x^2$ eine in y-Richtung „gestreckte" Parabel (Fig. 3). Entsprechend verkleinern sich die y-Werte gegenüber x^2, wenn der positive Faktor vor x^2 kleiner als 1 ist. Parabeln wie $y = -2x^2$ sind zudem an der x-Achse gespiegelt.

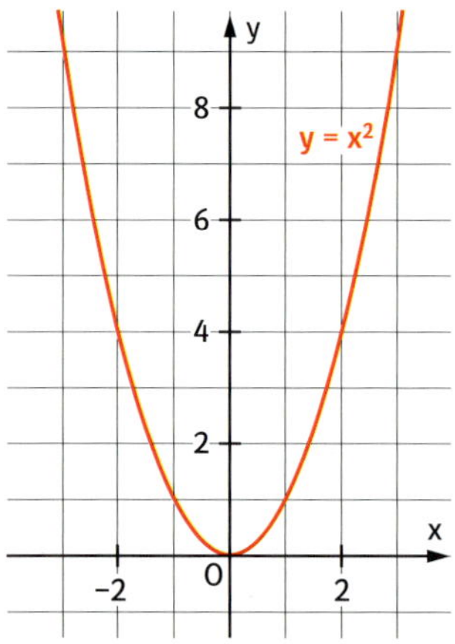

Fig. 2

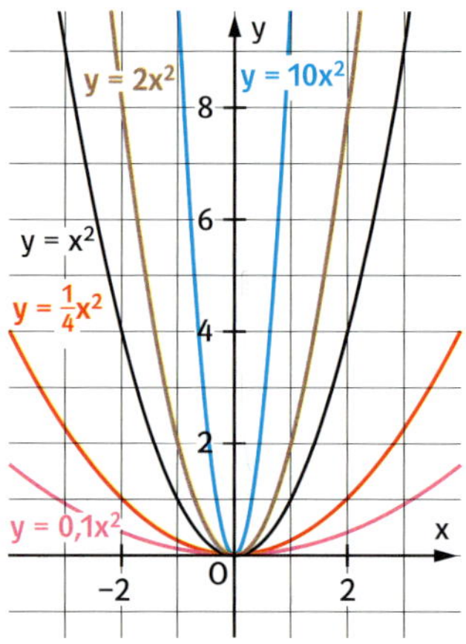

Fig. 3

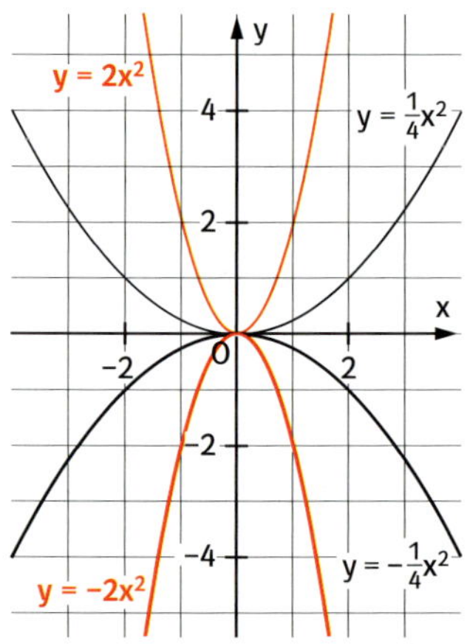

Fig. 4

Für die Zuordnung f mit $f(x) = 0{,}25x^2 + 2$ schreibt man häufig auch kurz die Gleichung: $y = 0{,}25x^2 + 2$.

Verschiebt man die Parabel $y = \frac{1}{4}x^2$ um 2 Einheiten nach oben, so ist der neue Scheitel $S^*(0\,|\,2)$ und aus dem Punkt $P\left(x\,\middle|\,\frac{1}{4}x^2\right)$ wird der Punkt $P^*\left(x\,\middle|\,\frac{1}{4}x^2 + 2\right)$. Die Gleichung der verschobenen Parabel ist also $y = \frac{1}{4}x^2 + 2$. Entsprechendes gilt bei Verschiebung nach unten. Bei Verschiebung der Parabel $y = \frac{1}{4}x^2$ um 3 Einheiten nach unten erhält man entsprechend die Gleichung $y = \frac{1}{4}x^2 - 3$.
Bei der Parabel $y = x^2 + 3{,}5$ handelt es sich um eine um 3,5 Einheiten nach oben verschobene Normalparabel.

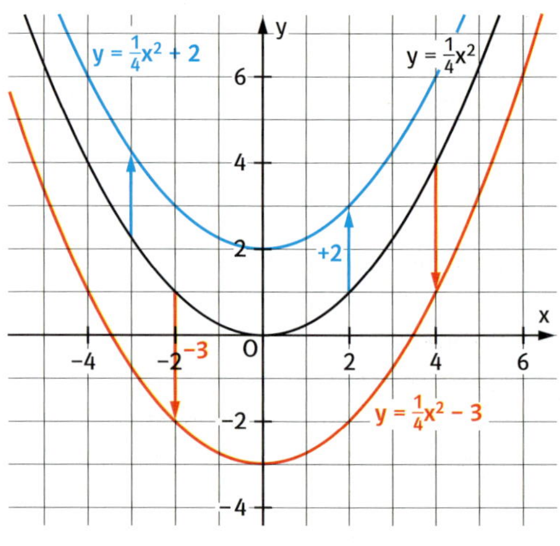

Der Graph der Funktion f mit $f(x) = x^2$ heißt **Normalparabel**. Ihr **Scheitel** ist $S(0|0)$.
Der Graph der Funktion g mit $g(x) = ax^2$ entsteht aus der Normalparabel durch Stauchen oder Strecken in y-Richtung.
Die Parabel ist nach **oben offen für a > 0**, nach **unten offen für a < 0**.
Der Graph der Funktion h mit $h(x) = ax^2 + c$ entsteht aus dem von g mit $g(x) = ax^2$ durch Verschiebung in y-Richtung um den **Wert c**; der Scheitel der Parabel ist $S(0|c)$.

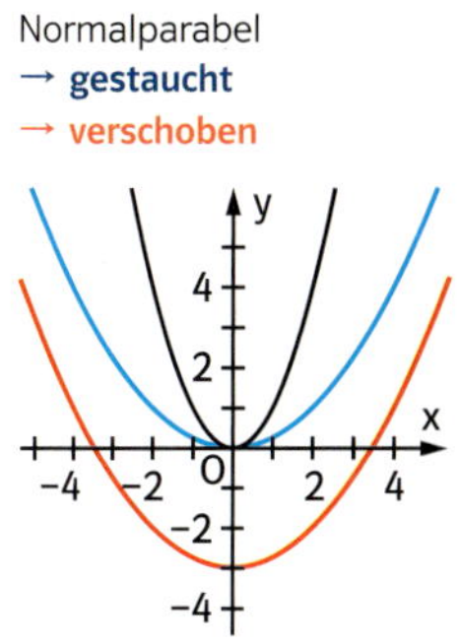

Fig. 1

Ist eine Funktion f, z.B. $f(x) = 2x^2 - 2$ vorgegeben (Fig. 2), so stellen sich häufig zwei Fragen:
(1) Liegt ein gegebener Punkt, z.B. P(1,5 | 2) auf dem Graphen, also auf der Parabel?
(2) Wo schneidet der Graph die x-Achse, d.h., wo liegen die Punkte $P(x|f(x))$ mit $f(x) = 0$?

Antwort auf Frage (1):
Man macht die Punktprobe, d.h., man setzt für x den gegebenen Wert, hier 1,5, ein und rechnet den zugehörigen Funktionswert aus: $f(1{,}5) = 2 \cdot 1{,}5^2 - 2 = 2{,}5$. $f(1{,}5)$ stimmt nicht mit dem y-Wert des Punktes P überein. Damit liegt P nicht auf der Parabel (Fig. 2).

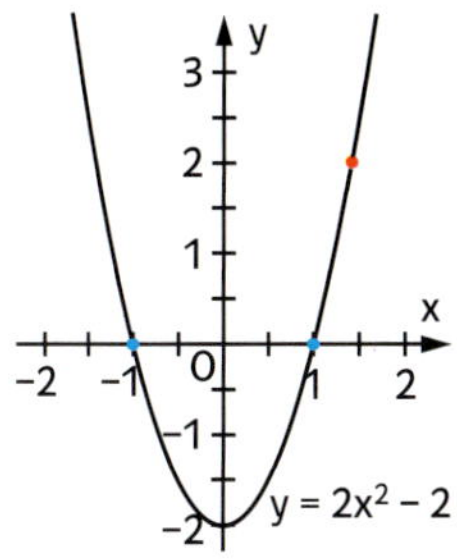

Fig. 2

Antwort auf Frage (2):
Es gibt offensichtlich zwei x-Werte oder Stellen mit $f(x) = 0$; dies sind die Stellen $x_1 = -1$ und $x_2 = 1$. Man kann dies bestätigen: $f(-1) = 2 \cdot (-1)^2 - 2 = 0$ und $f(1) = 2 \cdot 1^2 - 2 = 0$.
Man kann diese Stellen auch berechnen:

$$\begin{aligned} 2x^2 - 2 &= 0 \qquad &&|+2 \\ 2x^2 &= 2 &&|:2 \\ x^2 &= 1. \end{aligned}$$

Jetzt kennt man die Lösungen: $x_1 = -1$; $x_2 = 1$.

Die Parabel mit der Gleichung $f(x) = ax^2 + c$ kann auch keinen Schnittpunkt mit der x-Achse haben. Dies ist z. B. bei $f(x) = 2x^2 + 2$ der Fall: Die Parabel ist nach oben offen; der Scheitel liegt oberhalb der x-Achse; also liegt kein Schnittpunkt mit der x-Achse vor. Die Parabel kann auch nur einen Schnittpunkt mit der x-Achse haben, wie z.B. bei $f(x) = 2x^2$ (Fig. 3).
Die eventuell vorhandenen Schnittstellen der Parabel $f(x) = ax^2 + c$ mit der x-Achse bestimmt man wie folgt:

$$\begin{aligned} ax^2 + c &= 0 \qquad &&|-c \\ ax^2 &= -c &&|:a \\ x^2 &= -\tfrac{c}{a}. \end{aligned}$$

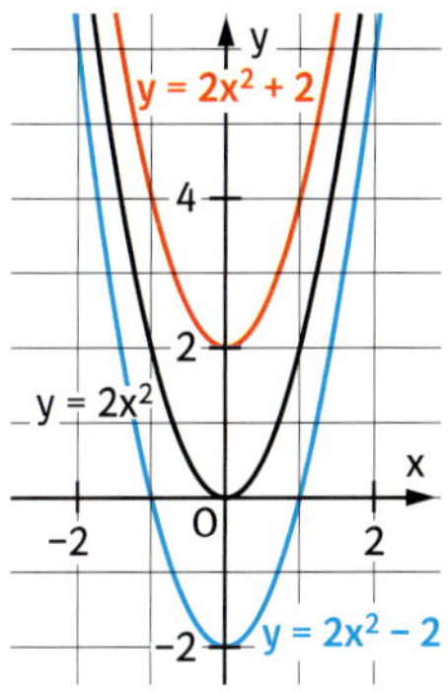

Fig. 3

- Ist $-\frac{c}{a} < 0$, gibt es keine Schnittstelle.
- Ist $-\frac{c}{a} = 0$, also $c = 0$, so geht die Parabel durch den Ursprung. $x^2 = 0$ ergibt dann die Schnittstelle $x_1 = 0$; $S(0|0)$ ist ein besonderer Schnittpunkt, nämlich ein Berührpunkt.
- Ist $-\frac{c}{a} > 0$, so gibt es zwei Schnittstellen: $x_1 = -\sqrt{-\frac{c}{a}}$ und $x_2 = \sqrt{-\frac{c}{a}}$
  $S_1\left(-\sqrt{-\frac{c}{a}}\,\middle|\,0\right)$; $S_2\left(\sqrt{-\frac{c}{a}}\,\middle|\,0\right)$ sind Schnittpunkte.

Der Graph der Funktion f mit $f(x) = ax^2 + c$ ist eine Parabel.
Diese hat mit der x-Achse
- **keine** Schnittstelle, wenn a und c gleiches Vorzeichen haben,
- **eine** Schnittstelle, wenn c = 0 ist,
- **zwei** Schnittstellen, wenn a und c verschiedenes Vorzeichen haben.

$f(x) = -3x^2 - 2$ oder $f(x) = (+)x^2 + 1$
$f(x) = -3x^2$ oder $f(x) = x^2$: $x_1 = 0$
$f(x) = -3x^2 + 12$ oder $f(x) = -x^2 + 1$
$x_1 = -2$; $x_2 = 2$ $\qquad$ $x_1 = -1$; $x_2 = 1$

Liegt nur ein Schnittpunkt vor, so handelt es sich um einen Berührpunkt.

Schnittstellen mit der x-Achse nennt man auch **Nullstellen**, weil dort der Funktionswert 0 ist.

Beispiel 1 Entstehung einer Parabel aus $y = x^2$

a) Beschreiben Sie, wie die Parabel $y = -0{,}75x^2 + 1{,}5$ aus der Normalparabel entsteht.

b) Vollziehen Sie den Ablauf auch am GTR.

Lösung:

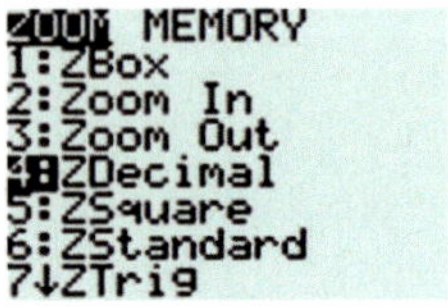

a) Zunächst werden sämtliche y-Werte der Normalparabel auf das 0,75-fache verkleinert: $y = 0{,}75 \cdot x^2$. Die neue Parabel wird dann an der x-Achse gespiegelt: $y = -0{,}75x^2$. Sie wird um 1,5 Einheiten in positive y-Richtung verschoben.

b) Fig. 1 zeigt der Reihe nach die vier Parabeln. Die fett gezeichnete Parabel ist dann die Parabel mit $y = -0{,}75x^2 + 1{,}5$. Die Parabeln sind nicht verzerrt, da im [ZOOM]-Fenster 4:ZDecimal eingestellt wurde.

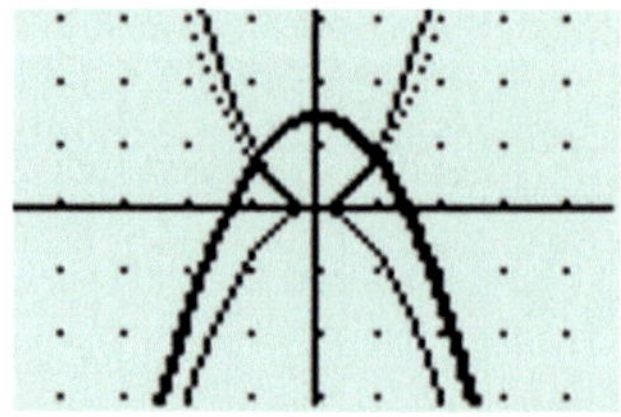

Fig. 1

Die Kontrolle, ob ein Punkt auf dem Graphen liegt, erfolgt mit der Taste [TRACE] und Eingabe von 4:

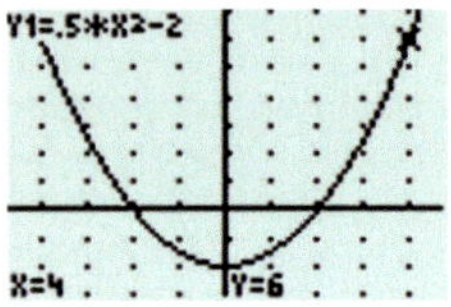

Beispiel 2 Parabel durch einen Punkt; Punktprobe

Eine Parabel mit dem Scheitel $S(0\,|-2)$ soll durch den Punkt $P(4\,|\,6)$ verlaufen.
Geben Sie die zugehörige Funktion an und wählen Sie z so, dass der Punkt $A(-2\,|\,z)$ auf der Parabel liegt.

Lösung:

Für die Funktion muss gelten $f(x) = ax^2 - 2$, da der Scheitel $S(0\,|-2)$ ist.

Es muss dann gelten:

$f(4) = 6$, d.h. $\quad a \cdot 4^2 - 2 = 6 \quad | +2;$

$16a = 8 \quad | :16;$

$a = 0{,}5.$

Die gesuchte Funktion hat die Funktionsgleichung $f(x) = 0{,}5x^2 - 2$.

Es ist $z = f(-2) = 0{,}5 \cdot (-2)^2 - 2 = 0$.

Damit liegt der Punkt $A(-2\,|\,0)$ auf der Parabel.

Beispiel 3 Schnittpunkt mit der x-Achse

a) An wie vielen Stellen schneidet der Graph der Funktion f die x-Achse? Geben Sie diese an.

(1) $f(x) = -0{,}1x^2 + 3$ (2) $f(x) = 0{,}1x^2 + 3$ (3) $f(x) = -0{,}1x^2$

b) Bestimmen Sie die Lösungen auch mit dem GTR.

Lösung:

a) (1) $-0{,}1x^2 + 3 = 0 \quad | -3$

$-0{,}1x^2 = -3 \quad | :(-0{,}1)$

$x^2 = 30$

$x_1 = -\sqrt{30} \approx -5{,}477;$

$x_2 = \sqrt{30} \approx 5{,}477$

(2) $0{,}1x^2 + 3 = 0 \quad | -3$

$0{,}1x^2 = -3 \quad | :0{,}1$

$x^2 = -30$

keine Lösung, da das Quadrat jeder reellen Zahl nicht negativ sein kann.

(3) $-0{,}1x^2 = 0 \quad | :(-0{,}1)$

$x^2 = 0$

$x_1 = 0$ ist die einzige Lösung.

b) Man zeichnet den Graphen der Funktion f, so dass eventuelle Schnittstellen sichtbar sind. Mit der Taste [CALC] erhält man Fig. 2. Dort geht man auf 2:zero. Man erhält dann Fig. 3 und muss den Cursor mit den Pfeiltasten auf die linke Seite der Nullstelle bewegen und diese mit [ENTER] bestätigen. Sodann erfolgt die gleiche Prozedur für die rechte Seite. Mit Druck auf [ENTER] wird dann die gesuchte Nullstelle angegeben (Fig. 4).

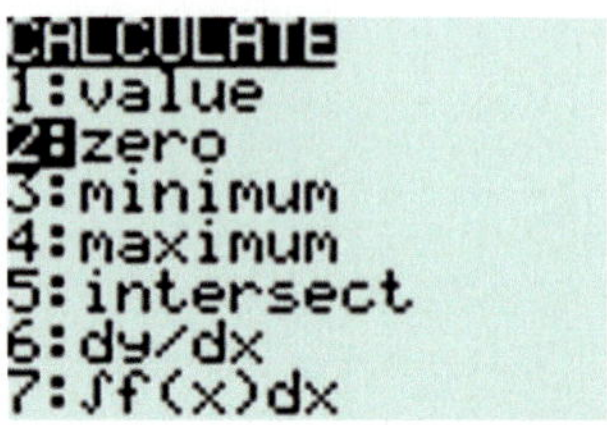

Fig. 2

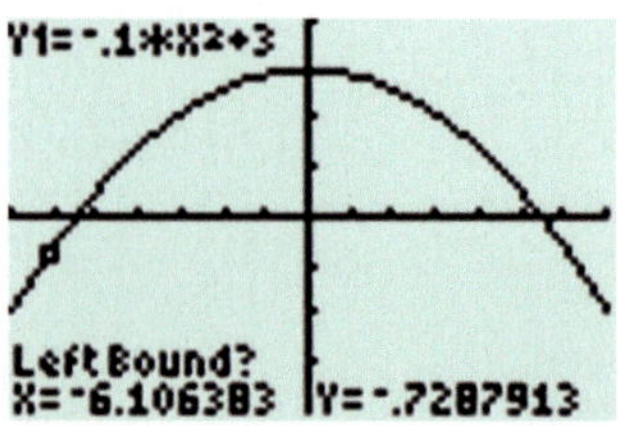

Fig. 3

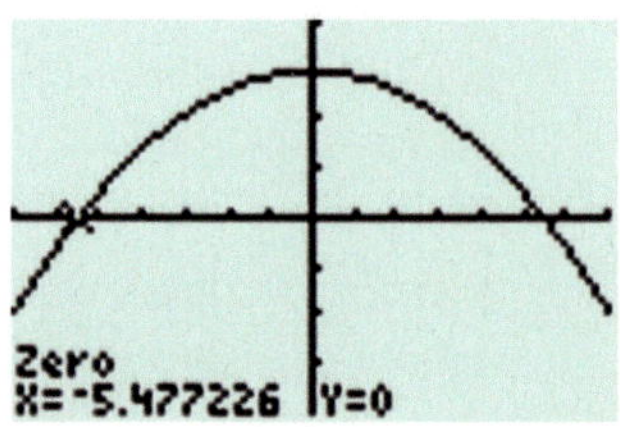

Fig. 4

Aufgaben

2 Wie entstehen die Graphen der folgenden Funktionen aus der Normalparabel? Geben Sie die Öffnungsrichtung an.

a) $y = 3x^2$ b) $y = \frac{1}{5}x^2$ c) $y = -\frac{1}{2}x^2$ d) $y = 2x^2 + 2$ e) $y = 1{,}5x^2 - 3$

3 Zeichnen Sie einen möglichst genauen Graphen zu $f(x) = 0{,}2x^2 + 1$ und lesen Sie aus der Zeichnung die fehlenden Koordinaten ab. Rechnen Sie anschließend.

a) $P(2|\square)$ b) $P(-4|\square)$ c) $P(3|\square)$ d) $P(\square|4)$ e) $P(\square|-5)$

4 Der angegebene Punkt P liegt auf einer Parabel mit der Funktionsgleichung $y = ax^2$. Bestimmen Sie a. Zeichnen Sie die Parabel zur Kontrolle mit dem GTR.

a) $P(2|6)$ b) $P(1|5)$ c) $P(5|50)$ d) $P(-3|18)$ e) $P(-4|20)$

5 Untersuchen Sie, ob die angegebenen Punkte auf einer Parabel mit $S(0|0)$ liegen. Falls ja: Wie heißt die Parabelgleichung? Geben Sie die Öffnungsrichtung dieser Parabel an.

a) $P(-3|2)$; $Q(6|8)$ b) $P(4|3)$; $Q(8|14)$ c) $P(1|-3)$; $Q(-5|-75)$

6 Bestimmen Sie die Schnittpunkte des Graphen der Funktion f mit der x-Achse.

a) $f(x) = 2x^2 - 72$ b) $f(x) = -0{,}5x^2 - 3$ c) $f(x) = -0{,}5x^2 + 3$
d) $f(x) = x^2 + \sqrt{5}$ e) $f(x) = 1 - x^2$ f) $f(x) = 4000x^2 - 10$

7 a) Bestimmen Sie a so, dass die Parabel $f(x) = ax^2 - 4$ mit der x-Achse keinen, einen bzw. zwei Schnittpunkte mit der x-Achse hat.
b) Beantworten Sie Aufgabenteil a) für die Parabel mit der Gleichung $d(x) = 4x^2 - b$.

8 Nach einer Faustregel gilt für den Bremsweg eines Autos auf trockener Straße die nebenstehende Tabelle.
a) Weisen Sie nach, dass die zugeordneten Werte auf dem Graphen einer Funktion s mit $s(v) = a \cdot v^2$ liegen.
b) Wie schnell darf ein Auto höchstens fahren, wenn es innerhalb von 30 m zum Stehen kommen soll?
c) Berechnen Sie für die Höchstgeschwindigkeiten von $40\,\frac{km}{h}$ und $200\,\frac{km}{h}$ die Bremswege. Kontrolle mit dem GTR.

Geschw. v in $\frac{km}{h}$	Bremsweg s in m
30	9
50	25
70	49
110	121
130	169

9 Geben Sie zu jedem Graphen die zugehörige Funktion an.

a)

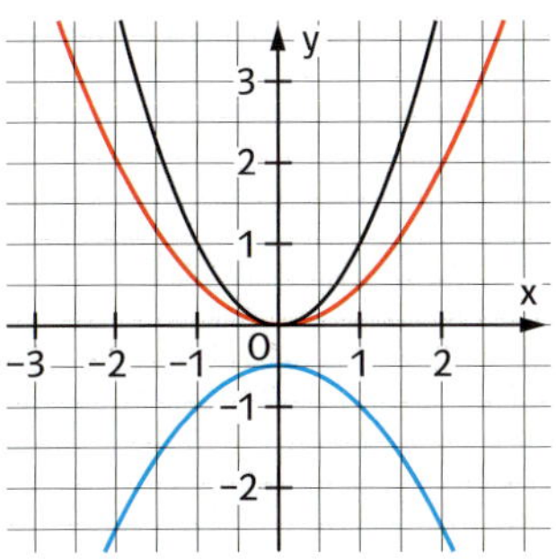

b)

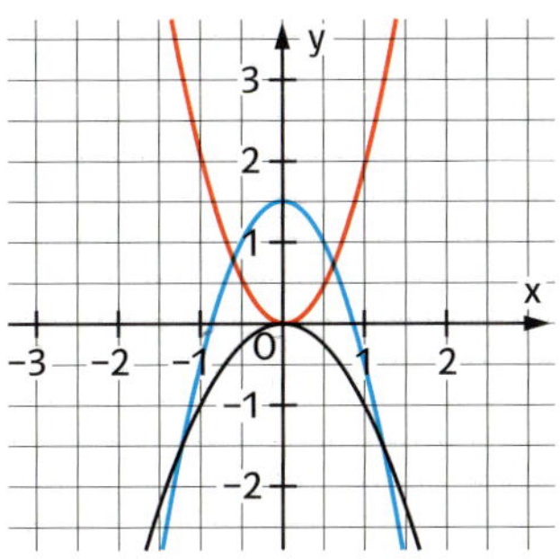

c)

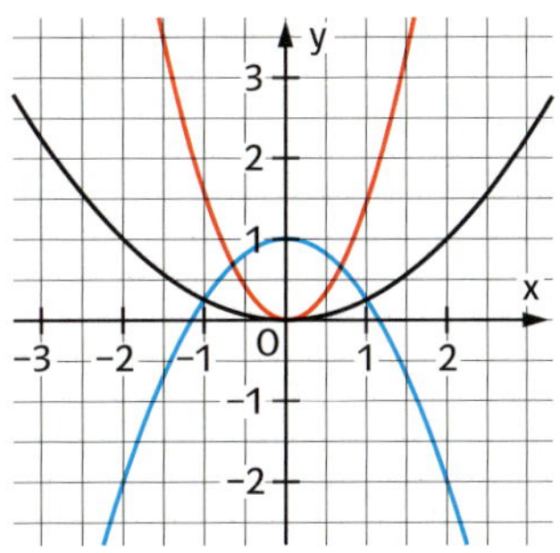

6 Die allgemeine quadratische Funktion

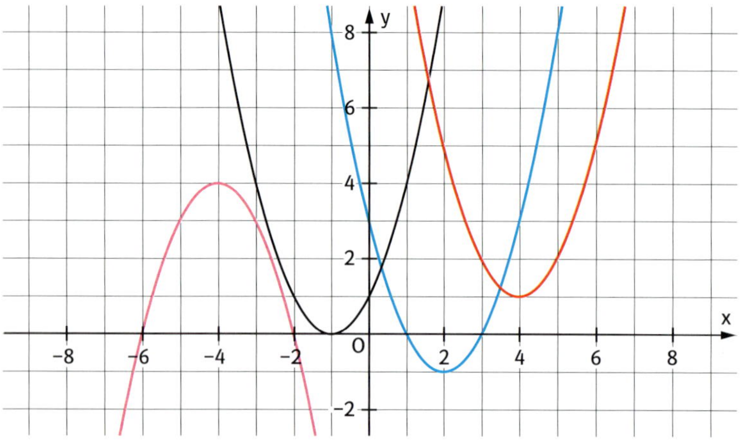

1 Die nebenstehende Figur zeigt mehrere Normalparabeln. Sie sind Graphen der Funktionen f_1, f_2, f_3, f_4 mit

(1) $f_1(x) = (x + 1)^2$ (2) $f_2(x) = (x - 2)^2 - 1$

(3) $f_3(x) = (x - 4)^2 + 1$ (4) $f_4(x) = -(x + 4)^2 + 4$

a) Ordnen Sie jeder der Funktionen (1) bis (4) den richtigen Graphen zu. Begründen Sie Ihre Entscheidung.

b) Geben Sie die Scheitel der einzelnen Parabeln an.

c) Können Sie einen Zusammenhang zwischen dem Scheitel und der Funktionsgleichung erkennen?

Wird die Normalparabel $y = x^2$ um 5 Einheiten nach links verschoben, so wird von jedem x-Wert 5 subtrahiert

$x_V = x - 5.$

Da die y-Werte gleich sind, muss gelten:

$x^2 = (x_V + 5)^2$

Gleichung der verschobenen Parabel:

$y_V = (x_V + 5)^2.$

Scheitel in $S(-5 \mid 0)$.

Parabeln kann man nicht nur in y-Richtung sondern auch in x-Richtung verschieben. Wird beispielsweise die Normalparabel $y = x^2$ um 5 Einheiten nach rechts verschoben, so wird zu jedem x-Wert 5 addiert. Für die so verschobenen x-Werte gilt:

$$x_V = 5 + x.$$

Da die y-Werte gleich sind, muss gelten:

$$x^2 = (x_V - 5)^2.$$

Damit ist die Gleichung $y_V = (x_V - 5)^2$ die Gleichung der verschobenen Parabel. Sie hat den Scheitel in $S(5 \mid 0)$. Allgemein gilt für eine in x-Richtung verschobene Normalparabel mit dem Scheitel in $S(x_0 \mid 0)$: $y = (x - x_0)^2$.

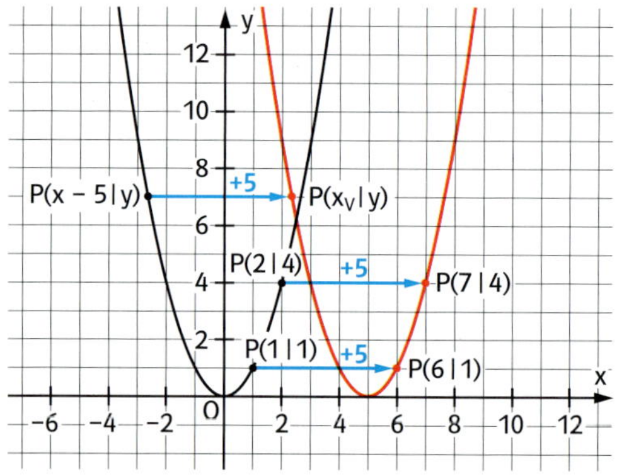

Verschiebt man die Parabel um 3 Einheiten in negative x-Richtung, so erhält man:

$y = \frac{1}{2}(x + 3)^2.$

Verschiebt man diese nochmals um 2 Einheiten in negative y-Richtung, so gilt:

$y = \frac{1}{2}(x + 3)^2 - 2.$

Will man die Gleichung einer beliebigen Parabel erhalten, geht man wie folgt vor (Fig. 1):

Man geht aus von der Normalparabel

$$\mathbf{y = x^2}$$

streckt oder staucht sie z.B. um $\frac{1}{2}$:

$$y = \frac{1}{2}x^2$$

verschiebt sie z.B. in positive x-Richtung um 3 Einheiten:

$$\mathbf{y = \frac{1}{2}(x - 3)^2}$$

und verschiebt diese nochmals in positive y-Richtung um 2 Einheiten:

$$\mathbf{y = \frac{1}{2}(x - 3)^2 + 2.}$$

Allgemein gilt:

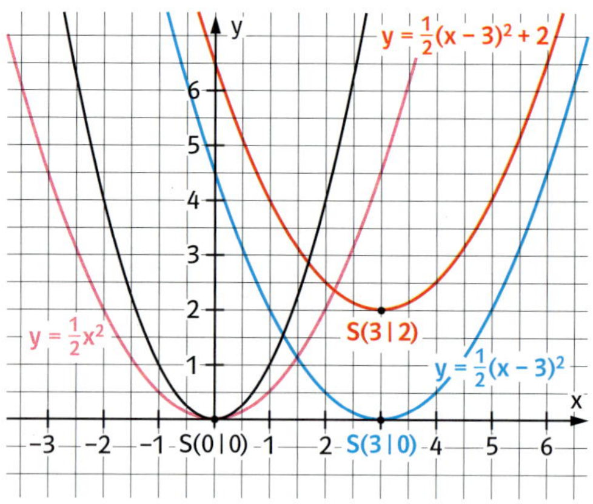

Fig. 1

> Der Graph der Funktion f mit $f(x) = a \cdot (x - x_0)^2 + y_0$ entsteht aus dem Graphen der Funktion g mit $g(x) = ax^2$ durch Verschieben in x-Richtung und in y-Richtung. Die zu f gehörige Parabel hat den Scheitel $S(x_0 \mid y_0)$.
> So hat der Graph von $f(x) = 2(x + 6)^2 + 5$ den Scheitel $S(-6 \mid 5)$ und die Form der Parabel mit der Gleichung $g(x) = 2x^2$.

Die zu $f(x) = (x-3)^2 + 2$ gehörige Parabel hat den Scheitel $S(3|2)$. Multipliziert man den Term $(x-3)^2 + 2$ aus, so erhält man $(x-3)^2 + 2 = x^2 - 6x + 9 + 2 = x^2 - 6x + 11$. Jetzt ist der Scheitel nicht mehr erkennbar. Man muss versuchen, „rückwärts zu rechnen“:

+ 3² kommt hinzu …

…und muss wieder weg!

Ausgangsterm:	$x^2 - 6x + 11$
Ausklammern der Summanden mit x:	$(x^2 - 6x) + 11$
Zu binomischer Formel ergänzen:	$(x^2 - 2\cdot x\cdot 3 + 3^2) - 3^2 + 11$
Als Quadrat schreiben, addieren:	$(x-3)^2 + 2$

Jetzt hat der Term wieder die Scheitelform $f(x) = (x-3)^2 + 2$.
Man nennt dieses Verfahren **„quadratische Ergänzung“**.

Binomische Formeln:
$x^2 + 2a\cdot x + a^2 = (x+a)^2$
$x^2 - 2a\cdot x + a^2 = (x-a)^2$

Beispiel:	**Kommentar:**	**allgemein:**
$y = 3x^2 - 12x + 6$	Division durch Vorfaktor a	$y = a\cdot x^2 + b\cdot x + c$
$\frac{y}{3} = x^2 - 4\cdot x + 2$	von x^2:	$\frac{y}{a} = x^2 + p\cdot x + q$ mit $p = \frac{b}{a}$; $q = \frac{c}{a}$
$\frac{y}{3} = (x^2 - 4x) + 2$	Ausklammern der „x-Glieder“	$\frac{y}{a} = (x^2 + px) + q$
$\frac{y}{3} = (x^2 - 2x\cdot 2 + 2^2) - 2^2 + 2$	quadratisches Ergänzen:	$\frac{y}{a} = \left(x^2 + 2x\cdot\frac{p}{2} + \left(\frac{p}{2}\right)^2\right) - \left(\frac{p}{2}\right)^2 + q$
$\frac{y}{3} = (x-2)^2 - 2$	als Quadrat schreiben:	$\frac{y}{a} = \left(x + \frac{p}{2}\right)^2 - \frac{p^2}{4} + q$
$y = 3\cdot(x-2)^2 - 6$	Multiplikation mit a:	$y = a\cdot\left(x + \frac{p}{2}\right)^2 + a\cdot\left(q - \frac{p^2}{4}\right)$
Scheitel $S(2|-6)$.	$\frac{p}{2} = \frac{b}{2a}$; $a\cdot\left(q - \frac{p^2}{4}\right) = c - \frac{b^2}{4a}$	Scheitel $S\left(-\frac{b}{2a}\middle|c - \frac{b^2}{4a}\right)$

Ist eine quadratische Funktion f in Scheitelform gegeben, etwa f mit $f(x) = -0{,}25\cdot(x-2)^2 + 6$, so hat ihr Scheitel $S(2|6)$ eine besondere Eigenschaft, die bei praktischen Problemen Bedeutung hat (Fig. 1). Da die Parabel nach unten geöffnet ist, ist der Scheitelpunkt der „höchste Punkt“ der Parabel; man nennt ihn auch den **Hochpunkt** der Parabel; die zugehörige quadratische Funktion hat an dieser Stelle ihren größten Funktionswert, ihr Maximum. Bei nach oben geöffneten Parabeln spricht man entsprechend vom **Tiefpunkt**; die Funktion hat an dieser Stelle ihr **Minimum**. Minimum oder Maximum einer Funktion nennt man auch allgemeiner **Extremum**.
Für eine quadratische Funktion wird die Lage und die Größe des Extremums durch den Scheitelpunkt des Graphen beschrieben.
Im Folgenden werden Beispiele und Aufgaben dazu vorgestellt.

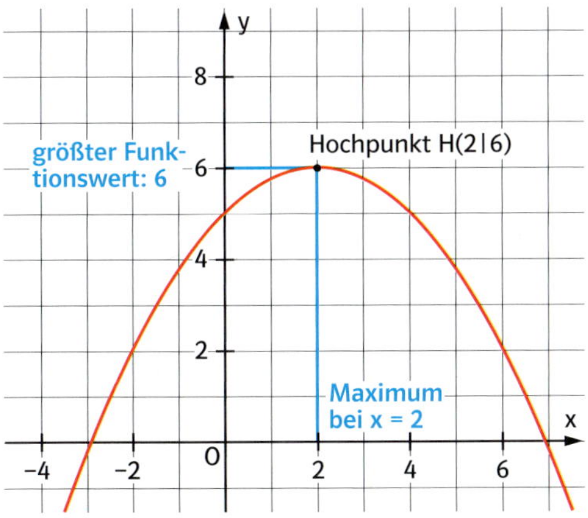

Fig. 1

Die Flugkurve des Körperschwerpunktes eines Hochspringers wird angenähert beschrieben durch eine nach unten geöffnete Parabel.

Beispiel 1 Scheitelform
Bestimmen Sie die Scheitelform der quadratischen Funktion f mit
a) $f(x) = x^2 - 10x$ b) $f(x) = 4x^2 + 8x - 1$

Lösung:
a) $f(x) = x^2 - 2x\cdot 5 + 5^2 - 5^2$
$f(x) = (x-5)^2 - 25$
Scheitel ist $S(5|-25)$.

b) $f(x) = 4\cdot(x^2 + 2x - 0{,}25)$ $\quad | :4$
$\frac{1}{4}\cdot f(x) = x^2 + 2x\cdot 1 + 1^2 - 1^2 - 0{,}25$
$\frac{1}{4}\cdot f(x) = (x+1)^2 - 1{,}25$ $\quad |\cdot 4$
$f(x) = 4(x+1)^2 - 5$
Scheitel $S(-1|-5)$.

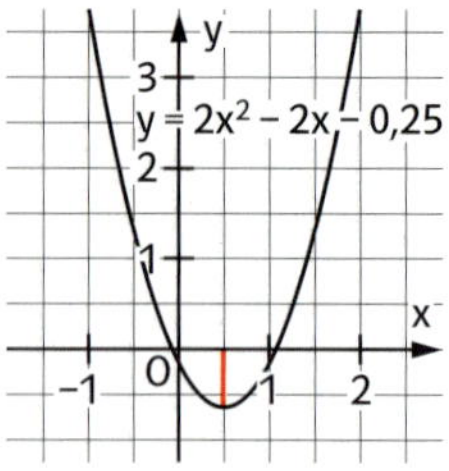

Fig. 1

Beispiel 2 Extremwert berechnen

Von welcher Art ist das Extremum der Funktion f mit $f(x) = 2x^2 - 2x - 0{,}25$? Für welchen x-Wert wird es angenommen und wie groß ist es?

Lösung:

Da die Parabel nach oben geöffnet ist, ist der Scheitel der tiefste Punkt; damit liegt ein Minimum vor. Berechnung des Scheitels:

$\frac{f(x)}{2} = x^2 - x - 0{,}125$; $\quad \frac{f(x)}{2} = x^2 - 2x \cdot 0{,}5 + 0{,}5^2 - 0{,}5^2 - 0{,}125$; $\quad \frac{f(x)}{2} = (x - 0{,}5)^2 - 0{,}375$;

$f(x) = 2(x - 0{,}5)^2 - 0{,}75$. Scheitel ist $S(0{,}5 \mid -0{,}75)$.

Damit nimmt die Funktion f ihren kleinsten Wert für $x = 0{,}5$ an. Der kleinste Wert, also das Minimum, ist $f(0{,}5) = -0{,}75$ (Fig. 1).

Beispiel 3 Graph durch einen gegebenen Punkt

Geben Sie die Funktion an, deren Graph die folgenden Bedingungen erfüllt. Der Graph ist eine Parabel mit dem Scheitel $S(2 \mid -4)$ und verläuft durch den Punkt $P(-2 \mid 4)$.

Kontrolle mit dem GTR:

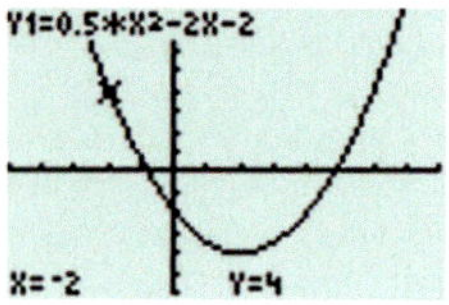

Lösung:

Ansatz: $f(x) = a \cdot (x - 2)^2 - 4$, da Scheitel bekannt, Öffnungsweite unbekannt.

Punktprobe für $P(-2 \mid 4)$: $f(-2) = 4$, d.h. $a \cdot (-2 - 2)^2 - 4 = 4$. Daraus folgt $a \cdot (-4)^2 - 4 = 4$ oder $16a = 8$, also $a = 0{,}5$.

Gesuchte Funktion: f mit $f(x) = 0{,}5 \cdot (x - 2)^2 - 4$ oder ausmultipliziert: $f(x) = 0{,}5x^2 - 2x - 2$.

Für das folgende Beispiel wird das Lösen linearer Gleichungssysteme benötigt. Sie finden alles darüber in Kap. X, S. 304 ff., insbesondere das Lösen mit dem GTR.

Beispiel 4 Parabel durch 3 gegebene Punkte

Bestimmen Sie die quadratische Funktion f, deren Graph G durch die Punkte $P(0 \mid 1)$, $Q(1 \mid 2)$ und $R(-2 \mid 3)$ verläuft.

Lösung:

Die Funktion f muss lauten $f(x) = ax^2 + bx + c$, wobei a, b und c unbekannt sind. Sie sind so zu bestimmen, dass gilt (Punktproben!):

Zur Kontrolle mit dem GTR gibt man mit [Y=] den Funktionsterm ein und bestimmt mit [TABLE] die Wertetabelle:

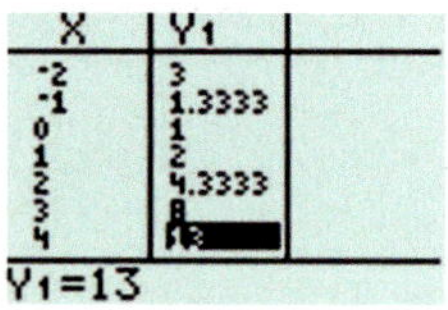

I $P(0 \mid 1) \in G$, also $f(0) = 1$, d.h. $a \cdot 0^2 + b \cdot 0 + c = 1$, also $\quad c = 1$

II $Q(1 \mid 2) \in G$, also $f(1) = 2$, d.h. $a \cdot 1^2 + b \cdot 1 + c = 2$, also $\quad a + b + c = 2$

III $R(-2 \mid 3) \in G$, also $f(-2) = 3$, d.h. $a \cdot (-2)^2 + b \cdot (-2) + c = 3$, also $\quad 4a - 2b + c = 3$.

Man setzt $c = 1$ in II und III ein: $a + b + 1 = 2$, also $a + b = 1$

$4a - 2b + 1 = 3$, also $4a - 2b = 2 \quad | :2$.

Das Gleichungssystem $\begin{matrix} a + b = 1 \\ 2a - b = 1 \end{matrix}$ löst man durch Addition der beiden Gleichungen:

$3a = 2$; also ist $a = \frac{2}{3}$. Setzt man dies in $a + b = 1$ ein, so erhält man $\frac{2}{3} + b = 1$, also $b = \frac{1}{3}$.

Die gesuchte Funktion ist f mit $f(x) = \frac{2}{3}x^2 + \frac{1}{3}x + 1$.

Aufgaben

2 Ergänzen Sie so, dass sich der neue Term als binomischer Term schreiben lässt.

a) $x^2 - 4x + \square$ b) $x^2 + 3x + \square$ c) $x^2 - 3{,}5x + \square$ d) $x^2 + 0{,}8x + \square$

e) $x^2 + \frac{1}{2}x + \square$ f) $x^2 + \frac{2}{3}x + \square$ g) $x^2 - 10{,}02x + \square$ h) $x^2 + \frac{3}{4}x + \square$

3 Wie entsteht der Graph der Funktion f aus der der Normalparabel mit der Gleichung $y = x^2$? Geben Sie auch den Scheitel und die Öffnungsrichtung an.

a) $f(x) = 4(x + 1)^2$ b) $f(x) = 4(x - 1)^2$ c) $f(x) = 4(x - 1)^2 + 1$

d) $f(x) = 0{,}5\left(x - \frac{1}{3}\right)^2 + 0{,}1$ e) $f(x) = 0{,}125x^2 - 6$ f) $f(x) = 5 - (x + 2)^2$

4 Bestimmen Sie den Scheitel der zu f gehörigen Parabel und die Öffnungsrichtung.

a) $f(x) = x^2 + 4x$ b) $f(x) = x^2 + 4x + 4$ c) $f(x) = x^2 - 10x + 31$

d) $f(x) = 2x^2 + 12x + 3$ e) $f(x) = 4x^2 + 8x - 1$ f) $f(x) = -0{,}2x^2 + 2x - 6{,}5$

g) $f(x) = -x^2 - \frac{2}{3}x$ h) $f(x) = -0{,}5x^2 + 5x - 20{,}5$ i) $f(x) = x^2 - 2\sqrt{2}\cdot x + 2$

5 Der Punkt P liegt auf dem Graphen der Funktion f mit $f(x) = 0{,}5x^2 - 2x + 3$.

a) P(0| ?) b) P(2| ?) c) P(10| ?) d) P(−8| ?)

6 Erstellen Sie den Graphen der Funktion f mit dem GTR in einem geeigneten Bereich, lesen Sie den Scheitel möglichst genau ab und bestätigen Sie Ihre Aussagen durch eine Rechnung.

a) $f(x) = 0{,}25x^2 - x + 2$ b) $f(x) = 0{,}5x^2 - 9x + 30{,}5$ c) $f(x) = \frac{1}{3}x^2 + 3x + 3{,}25$

7 An welcher Stelle hat die Funktion f ihren Extremwert? Wie groß ist er?

a) $f(x) = x^2 - x + 1$ b) $f(x) = -2x^2 + 4x$ c) $f(x) = 0{,}75 - 3x - x^2$

8 Zeichnen Sie die Graphen der Funktionen $f_1, f_2, f_3, f_4, f_5, f_6$ mit dem GTR und ermitteln Sie jeweils die Scheitel.

$f_1(x) = x(x-1)$; $f_2(x) = x(x+1)$; $f_3(x) = x(x-2)$; $f_4(x) = x(x+2)$; $f_5(x) = x(x-3)$; $f_6(x) = x(x+3)$

9 Wie heißt die Gleichung der Parabel, wenn S der Scheitel und P ein Punkt auf der Parabel ist?

a) S(0|2); P(3|6) b) S(2|0); P(4|1) c) S(1|−2); P(2|6) d) S(3|7); P(5|9)

10 Bestimmen Sie in f mit $f(x) = ax^2 + b$ die unbekannten Koeffizienten a und b so, dass die angegebenen Punkte auf dem Graphen der Funktion liegen.

a) P(0|2); Q(−1|3) b) P(−3|2); Q(1|−6) c) P(2|−1); Q(6|−17)

11 Berechnen Sie für die Funktion f mit $f(x) = ax^2 + bx + c$ die Koeffizienten a, b, c so, dass die angegebenen Punkte auf dem zugehörigen Graphen liegen. Ermitteln Sie dann den Scheitel der Parabel und geben Sie die Öffnungsrichtung an.

a) P(0|0); Q(3|−3); R(1|5) b) P(1|0); Q(−1|0); R(2|1) c) P(0|−2); Q(−1|1); R(2|6)

12 Ermitteln Sie die Funktionsgleichung.

a)

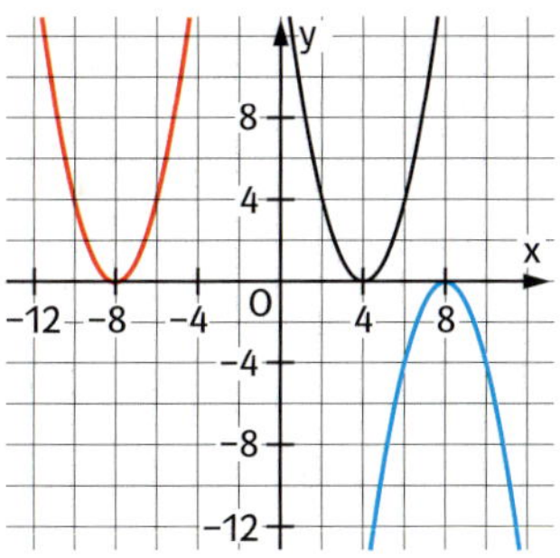

b)

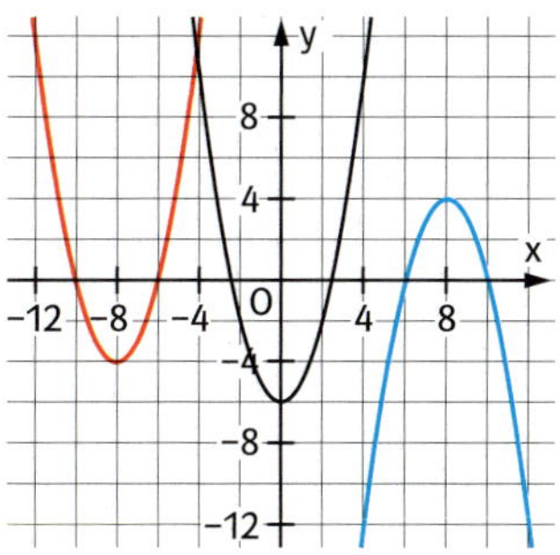

c)

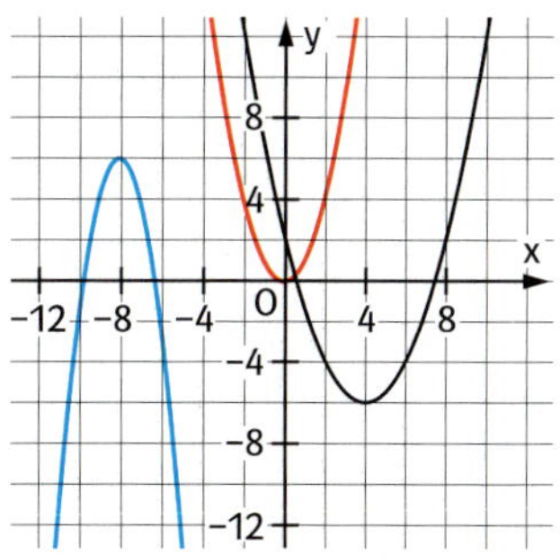

Während es sich bei a) und b) um Parabeln mit dem Vorfaktor 1 handelt, ist dieser bei c) noch zu bestimmen.

13 Bei welcher Einsetzung von x haben die Terme den maximalen bzw. minimalen Wert?

a) $x^2 + 6x + 3$ b) $x(4 - x)$ c) $x(x + 8) + 6(x + 5)$ d) $(x - 7)(x - 5)$

14 Für welche Zahl x ergibt sich ein Minimum? Wie groß ist es?

a) Produkt aus einer Zahl x und der um 1 größeren Zahl.

b) Summe aus dem Quadrat einer Zahl x und dem Quadrat der um 3 größeren Zahl.

7 Nullstellen von quadratischen Funktionen

1 Beim Kugelstoßen ist die Flugbahn der Kugel angenähert eine Parabel. Bei einem Kontrollversuch haben Physiker die Gleichung der zugehörigen Funktion f bestimmt:
$f(x) = -0{,}05x^2 + x + 1{,}8$.

a) Geben Sie die Stelle x an, ab der die Weite gemessen wird.

b) Welche Eigenschaft hat der Punkt W, in dem die Kugel auftrifft?

c) Bestimmen Sie den Punkt W näherungsweise unter Verwendung einer Zeichnung.

Die Verwendung des GTR ist hier sehr vorteilhaft!

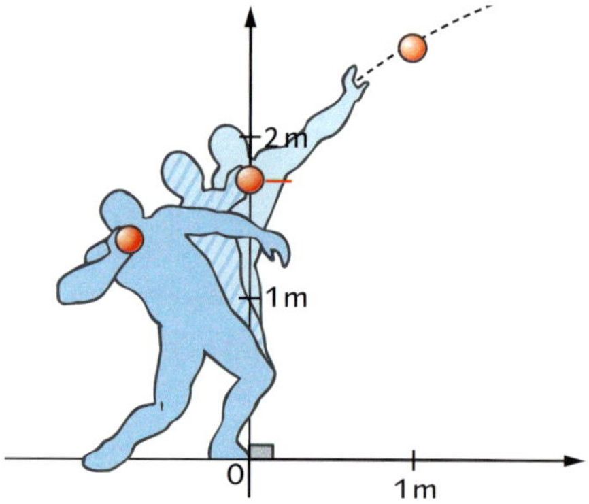

Häufig tritt bei einer Funktion f die Frage auf, für welche x-Werte die Funktion f den Wert 0 annimmt. Eine Zahl x_0 mit $f(x_0) = 0$ heißt **Nullstelle**. Im Folgenden sollen die Nullstellen quadratischer Funktionen berechnet werden, d.h., die Gleichung $ax^2 + bx + c = 0$ ist zu lösen.

Zeichnet man mit dem GTR die Funktionen f mit $f(x) = 2x^2 + 2x - 12$, g mit $g(x) = 3x^2 - 6x + 3$, h mit $h(x) = 1{,}5x^2 + 6x + 7{,}5$, so kann man die Ergebnisse sogar ablesen:

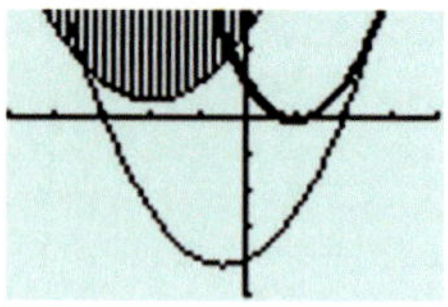

Es werden drei Beispiele vorgestellt:

$2x^2 + 2x - 12 = 0 \quad | :2$
$x^2 + x - 6 = 0$
$x^2 + 2x\cdot\mathbf{\tfrac{1}{2}} + \mathbf{\left(\tfrac{1}{2}\right)^2} - \left(\tfrac{1}{2}\right)^2 - 6 = 0$
$\left(x + \tfrac{1}{2}\right)^2 - \tfrac{1}{4} - 6 = 0$
$\left(x + \tfrac{1}{2}\right)^2 = \tfrac{25}{4}$
Es gibt zwei Zahlen a, deren Quadrat $\frac{25}{4}$ ist, nämlich $\pm\frac{5}{2}$:
$x + \tfrac{1}{2} = \pm\tfrac{5}{2}$
$x_1 = -\tfrac{1}{2} + \tfrac{5}{2};\ x_2 = -\tfrac{1}{2} - \tfrac{5}{2}$.
Nullstellen sind 2 und −3.

$3x^2 - 6x + 3 = 0 \quad | :3$
$x^2 - 2x + 1 = 0$
$x^2 - 2x\cdot\mathbf{1} + \mathbf{1^2} - 1^2 + 1 = 0$
$(x - 1)^2 = 0$
Ist das Quadrat einer Zahl 0, so ist die Zahl selbst 0:
$x - 1 = 0$
$x = 1$ ist also einzige Nullstelle.

$1{,}5x^2 + 6x + 7{,}5 = 0 \quad | :1{,}5$
$x^2 + 4x + 5 = 0$
$x^2 + 2x\cdot\mathbf{2} + \mathbf{2^2} - 2^2 + 5 = 0$
$(x + 2)^2 + 1 = 0$
$(x + 2)^2 = -1$
Es gibt keine reelle Zahl a, deren Quadrat −1 ist; also gibt es keine Nullstelle.

Und so geht man vor, um allgemein die Gleichung $ax^2 + bx + c = 0$ zu lösen:
Man dividiert zunächst durch a: $x^2 + \frac{b}{a}x + \frac{c}{a} = 0$. Setzt man $p = \frac{b}{a}$ und $q = \frac{c}{a}$, so entsteht die Gleichung $x^2 + px + q = 0$. Man ergänzt „quadratisch": $x^2 + 2x\cdot\mathbf{\frac{p}{2}} + \mathbf{\left(\frac{p}{2}\right)^2} - \left(\frac{p}{2}\right)^2 + q = 0$ und erhält $\left(x + \frac{p}{2}\right)^2 = \left(\frac{p}{2}\right)^2 - q$. Der Term $D = \left(\frac{p}{2}\right)^2 - q$ entscheidet über die Anzahl der Lösungen, denn für $D < 0$ gibt es keine Lösung, da das Quadrat einer Zahl nicht negativ sein kann. D heißt **Diskriminante der quadratischen Gleichung**.
Mit $p = \frac{b}{a}$ und $q = \frac{c}{a}$ ist $D = \left(\frac{p}{2}\right)^2 - q = \left(\frac{b}{2a}\right)^2 - \frac{c}{a} = \frac{b^2}{4a^2} - \frac{c}{a} = \frac{b^2 - 4ac}{4a^2}$. Die Anzahl der Lösungen hängt bei der Gleichung $ax^2 + bx + c = 0$ von $D = b^2 - 4ac$ ab, da der Nenner $4a^2 > 0$ ist.

Mitternachtsformel:
Diese Formel sollte man im Schlaf beherrschen!

Die quadratische Gleichung	$x^2 + px + q = 0$	$ax^2 + bx + c = 0$
hat nur Lösungen für $D \geqq 0$:	$D = \left(\frac{p}{2}\right)^2 - q \geqq 0$	$D = b^2 - 4ac \geqq 0$
zwei Lösungen für $D > 0$:	$x_{1/2} = -\frac{p}{2} \pm \sqrt{\left(\frac{p}{2}\right)^2 - q}$	$x_{1/2} = \frac{-b \pm \sqrt{b^2 - 4ac}}{2a}$
eine Lösung für $D = 0$:	$x_1 = -\frac{p}{2}$	$x_1 = -\frac{b}{2a}$

Die Formel zum Lösen einer quadratischen Gleichung sollte man nur verwenden, wenn in der Gleichung x^2, x und die Konstante auftreten. Sonst ist die Lösung einfacher zu finden.

Natürlich lassen sich diese Gleichungen auch mit der Formel lösen!

Es tritt x nicht auf:

$x^2 - 5 = 0 \quad | + 5$

$x^2 = 5$

$x_1 = -\sqrt{5};\ x_2 = \sqrt{5}$

Es tritt keine Konstante auf:

$2x^2 - 5x = 0;$ x wird ausgeklammert:

$x(2x - 5) = 0;$ Nullprodukt:

$x_1 = 0;\ 2x_2 - 5 = 0$ also

$x_1 = 0;\ x_2 = 2{,}5$

Die quadratische Gleichung $x^2 + x - 6 = 0$ hat die Lösungen $x_1 = 2$ und $x_2 = -3$. Die Produktgleichung $(x - 2)(x + 3) = 0$ hat ebenfalls die Lösungen (Aussage über das Nullprodukt, Fundus Seite 355). Multipliziert man die Produktgleichung aus, so erhält man die obige Gleichung: $(x - 2)(x + 3) = x^2 - 2x + 3x - 6 = x^2 + x - 6$. Der Ausdruck $(x - 2)(x + 3)$ heißt **Linearfaktorzerlegung** von $x^2 + x - 6$, die Terme $x - 2$ und $x + 3$ **Linearfaktoren**.
Es gilt allgemein:

Der Term $x^2 + px + q$ lässt sich genau dann als Produkt $(x - x_1)(x - x_2)$ schreiben, wenn x_1 und x_2 Lösungen der Gleichung $x^2 + px + q = 0$ sind. Dabei kann auch $x_1 = x_2$ sein.

Damit kann man eine Gleichung mit den Lösungen 1,4 und −2,5 finden: $(x - 1{,}4)(x - (-2{,}5)) = 0$, also $x^2 + 1{,}1x - 3{,}5 = 0$.

Beispiel 1 Lösung einer quadratischen Gleichung
Geben Sie die Nullstellen der quadratischen Funktion f mit $f(x) = 0{,}1x^2 - 1{,}5x + 5{,}6$ an.
Lösung:

Quadratische Ergänzung:

$0{,}1x^2 - 1{,}5x + 5{,}6 = 0 \quad | : 0{,}1$

$x^2 - 15x + 56 = 0$

$(x - 7{,}5)^2 - 7{,}5^2 + 56 = 0$

$(x - 7{,}5)^2 = 0{,}25$

$x - 7{,}5 = 0{,}5;\ x - 7{,}5 = -0{,}5$

$x_1 = 8;\ x_2 = 7$

Lösung mit (p, q)-Formel:

$0{,}1x^2 - 1{,}5x + 5{,}6 = 0 \quad | : 0{,}1$

$x^2 - 15x + 56 = 0$

$p = -15;\ q = 56$

$x_{1/2} = 7{,}5 \pm \sqrt{7{,}5^2 - 56}$

$x_{1/2} = 7{,}5 \pm 0{,}5$

$x_1 = 8;\ x_2 = 7$

Lösung mit (a, b, c)-Formel:

$a = 0{,}1;\ b = -1{,}5;\ c = 5{,}6$

$x_{1/2} = \frac{1{,}5 \pm \sqrt{1{,}5^2 - 4 \cdot 0{,}1 \cdot 5{,}6}}{2 \cdot 0{,}1}$

$x_{1/2} = \frac{1{,}5 \pm \sqrt{2{,}25 - 2{,}24}}{2 \cdot 0{,}1}$

$x_{1/2} = \frac{1{,}5 \pm 0{,}1}{0{,}2}$

$x_1 = 8;\ x_2 = 7$

Tipp:
Man sollte sich ein Verfahren einprägen. Die größte Gefahr, sich zu verrechnen, besteht bei der (a, b, c)-Formel!

Beispiel 2 Anzahl der Lösungen bestimmen
Für welches t hat die Gleichung $x^2 + 6x + t = 0$ keine, eine oder zwei Lösungen?
Lösung:
Es gibt zwei Lösungen $x_{1/2} = -3 \pm \sqrt{9 - t}$ für $9 - t > 0$, also für $t < 9$. Für $t = 9$ hat die Gleichung eine Lösung $x_1 = 3$. Ist $9 - t < 0$, also $t > 9$, so hat die Gleichung keine Lösung.

Beispiel 3 Nullstellen des Graphen mit dem GTR
Gegeben ist die Funktion f mit $f(x) = 0{,}7x^2 - 6x + 2$. Bestimmen Sie die Nullstellen näherungsweise mit dem GRAPH-Menue des GTR.
Lösung:
Man zeichnet den Graphen in einem Intervall mit den Nullstellen, geht in das CALC-Fenster und dort auf 2:zero (Fig. 1). Man bewegt den Cursor auf eine Stelle links von der Nullstelle und bestätigt dies mit ENTER. Sodann wird nach einer Stelle rechts davon gefragt. Die Frage nach GUESS? muss nicht beantwortet werden. Ergebnis: $x_1 \approx 0{,}3474$; $x_2 \approx 8{,}2240$

Man kann auch mit dem SOLVER arbeiten. Dabei erhält man aber nur eine Nullstelle. Will man die andere auch haben, muss man einen Wert in ihrer Nähe eingeben.

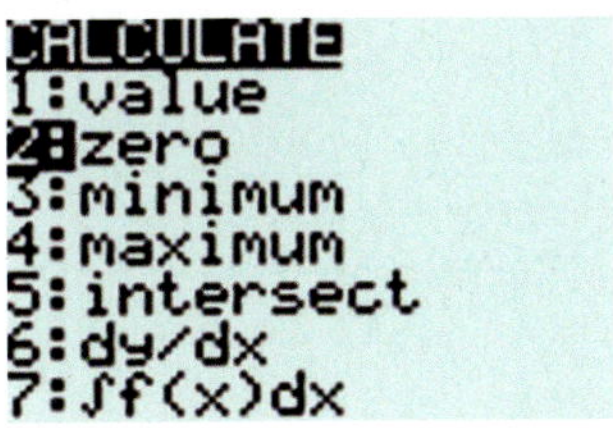

Fig. 1

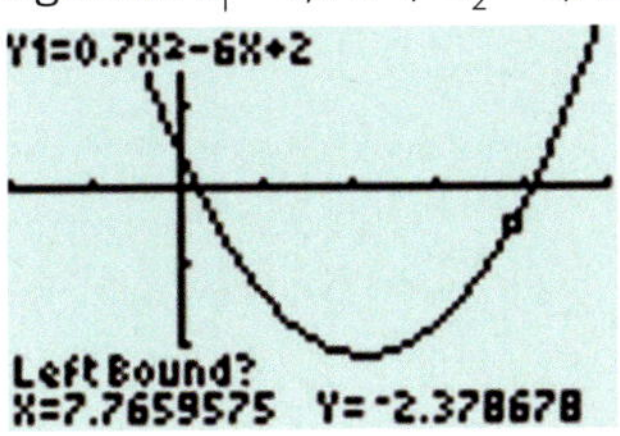

Fig. 2

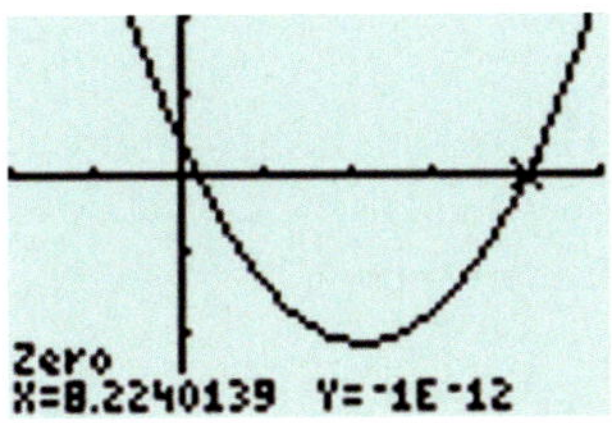

Fig. 3

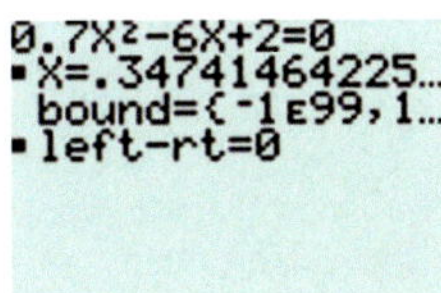

Fig. 4

Aufgaben

2 Geben Sie die Nullstellen des Graphen der Funktion an und stellen Sie einen Zusammenhang zwischen diesen und dem x-Wert des Scheitels her.

a)

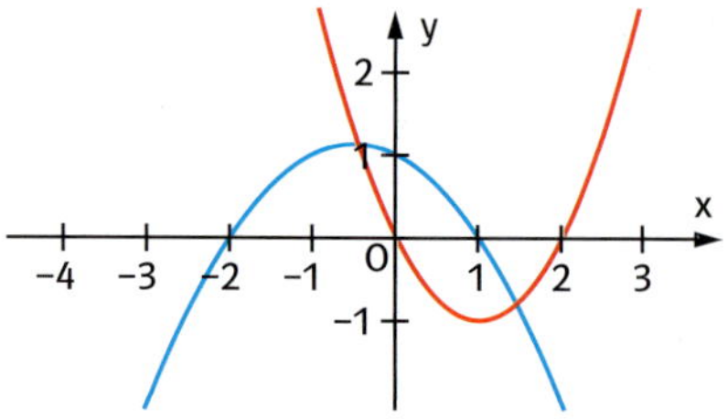

b)

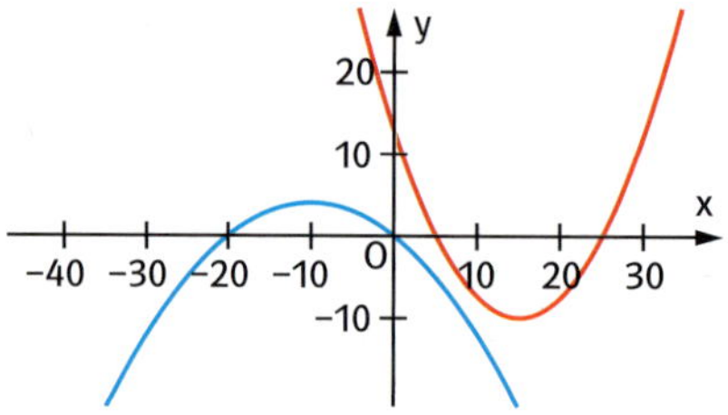

c)

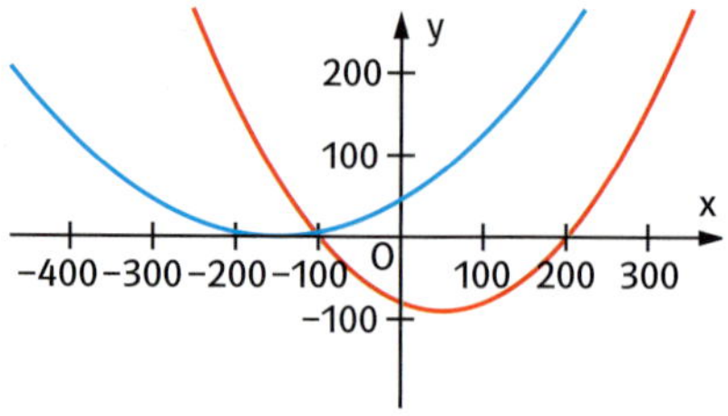

3 Untersuchen Sie, ob die angegebenen Zahlen x_1 und x_2 Nullstellen der Funktion f sind.

a) $f(x) = x^2 - 6x + 8;\ x_1 = 2;\ x_2 = 4$
b) $f(x) = 3x^2 + 2{,}7x - 9{,}66;\ x_1 = -2{,}3;\ x_2 = 1{,}4$
c) $f(x) = (x + 1)(x - 5);\ x_1 = 1;\ x_2 = -5$
d) $f(x) = 0{,}45x^2 + 1{,}305x - 1{,}98;\ x_1 = 1;\ x_2 = 4$

4 Lösen Sie die Gleichungen.

a) $x^2 + 8x - 9 = 0$
b) $x^2 - x - 20 = 0$
c) $z^2 - 13z - 48 = 0$
d) $z^2 - 0{,}6z + 0{,}05 = 0$
e) $1{,}5x^2 - 1{,}2x + 0{,}24 = 0$
f) $0{,}4x^2 - 0{,}8x + 0{,}2 = 0$
g) $\frac{1}{5}x^2 + \frac{2}{5}x + \frac{1}{5} = 0$
h) $x^2 + \frac{2}{5}x - \frac{3}{5} = 0$
i) $-\frac{1}{6}t^2 + \frac{t}{2} + \frac{20}{3} = 0$

5 Bestimmen Sie die Nullstellen der Funktion f.

a) $f(x) = x^2 - 4x - 21$
b) $f(x) = 3x^2 - 10x + 6$
c) $f(x) = 0{,}2x^2 + x + 1{,}5$

6 Lösen Sie die Gleichungen möglichst geschickt.

a) $x^2 + 4x = 0$
b) $2x^2 - 10x = 0$
c) $7x^2 = 8x$
d) $x^2 - 16 = 0$
e) $0{,}5x^2 + 5 = 0$
f) $\frac{1}{2}x^2 = 0$
g) $(x + 1) - (x^2 + 1) = 0$
h) $(x + 1) - (x^2 - 1) = 0$

Zerlegung von $x^2 + 2x + 1$ in Linearfaktoren: Einzige Lösung von $x^2 + 2x + 1 = 0$ ist $x = -1$. Damit ist $x^2 + 2x + 1 = (x + 1)^2$ die zugehörige Zerlegung.

7 Bei welchen Werten von t hat die Gleichung genau zwei Lösungen, eine Lösung, keine Lösung? Geben Sie die Lösungen – wenn vorhanden – jeweils an.

a) $x^2 - x - t = 0$
b) $tx^2 + 6x + 1 = 0$
c) $x^2 + tx - 2t^2 = 0$

8 Zerlegen Sie, sofern dies möglich ist, den Term in Linearfaktoren.

a) $x^2 - x - 2$
b) $x^2 - 6{,}5x + 3$
c) $x^2 + \frac{1}{3}x + \frac{2}{3}$
d) $z^2 - 10z + 25$
e) $3x^2 - 6x - 72$
f) $4x^2 + 44x + 120$

9 Bestimmen Sie die Nullstellen der Funktion f mit dem GTR näherungsweise mithilfe des Graphen der Funktion.

a) $f(x) = x^2 + 7x - 5$
b) $f(x) = -6{,}7x^2 - 14x - 3{,}1$
c) $f(x) = 0{,}023x^2 - 0{,}05x + 0{,}8$

10 Die Gleichung $(x + 25)^2 = 111x - 75$ muss man erst umformen, ehe man sie lösen kann:
$x^2 + 50x + 625 = 111x - 75 \mid -111x + 75$, also $x^2 - 61x + 700 = 0$.

a) $(8x + 3)^2 = (3x + 8)^2$
b) $(x + 6)^2 + 2x = 12(x^2 + 3)$
c) $2(x - 1)(x + 3) = (x - 2)(x + 6)$

Man spricht vom Lösen durch **Substitution**. (substituieren = ersetzen)

11 Die Gleichung $x^4 + 5x^2 - 36 = 0$ kann man lösen, indem man $u = x^2$ setzt.. Daraus entsteht die quadratische Gleichung $u^2 + 5u - 36 = 0$ mit den Lösungen $u = -9$ und $u = 4$. Damit ist $x^2 = -9$ (keine Lösung); $x^2 = 4$, also $x_1 = -2$; $x_2 = 2$ sind die Lösungen. Rechnen Sie ebenso.

a) $x^4 - 9x^2 = 0$
b) $x^4 - 5x^2 + 4 = 0$
c) $x^4 - 29x^2 + 240 = 12x^2 - 160$
d) $x^4 - \frac{1}{16}x^2 = 0$
e) $4x^4 + 8x^2 + 4 = 0$
f) $(x^2 + 7)^2 = 3x^2 + 73$

8 Anwendungen zur quadratischen Funktion

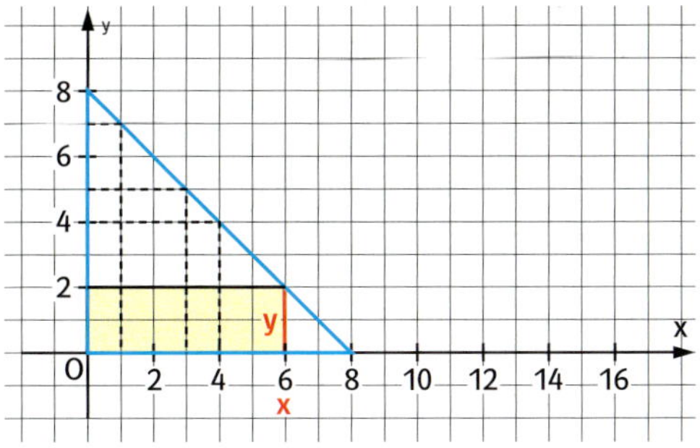

Fig. 1

1 Aus einem Stück Stoff von der Form eines Dreiecks soll ein rechteckiges Stück herausgeschnitten werden, wie es Fig. 1 zeigt.
a) Geben Sie zu den Rechtecken die Inhalte an. Gibt es ein größtes Rechteck?
b) Welche Breite hat ein solches Rechteck, dessen eine Seite x ist? Geben Sie seinen Flächeninhalt in Abhängigkeit von x an.
c) Gibt es Möglichkeiten, x so zu bestimmen, dass der Inhalt maximal ist?

Denken Sie auch an den GTR.

Zu den quadratischen Funktionen und Gleichungen gibt es viele anwendungsbezogene Extremwertprobleme, die mit der Berechnung des Scheitels gelöst werden können.

Beispiel 1 Aus dem kaufmännischen Bereich
Ein Freizeitpark hat bei einem Eintrittspreis von 28 EURO im Durchschnitt täglich 1500 Besucher. Ein Marktforschungsinstitut hat ermittelt: Würde man den Eintrittspreis um 0,50 €; 1,00 €; 1,50 €; 2,00 € usw. senken, so ginge die tägliche Besucherzahl um 40; 80; 120; 160 Besucher usw. nach oben. Bei welchem Eintrittspreis sind die höchsten Einnahmen zu erwarten?

Lösung:

	Eintritt in EURO	Besucherzahl	Einnahmen in EURO
Nach 1. Preissenkung	$28 - 0{,}5$	$1500 + 40$	$(28 - 0{,}5)(1500 + 40)$
Nach 2. Preissenkung	$28 - 2\cdot 0{,}5$	$1500 + 2\cdot 40$	$(28 - 2\cdot 0{,}5)(1500 + 2\cdot 40)$
Nach x. Preissenkung	$28 - x\cdot 0{,}5$	$1500 + x\cdot 40$	$(28 - 0{,}5x)(1500 + 40x)$

Einnahmen nach der x-ten Preissenkung:
$E(x) = (28 - 0{,}5x)(1500 + 40x) = -20x^2 + 370x + 42\,000$ ist eine quadratische Funktion.
$E(x) = -20\cdot(x^2 - 18{,}5x - 2100)$.
$\frac{E(x)}{-20} = x^2 - 2x\cdot 9{,}25 + 9{,}25^2 - 9{,}25^2 - 2100 = (x - 9{,}25)^2 - 2185{,}5625$
$E(x) = -20(x - 9{,}25)^2 + 43\,711{,}25$.
Man erkennt: Da die Parabel nach unten offen ist, liegt ein Maximum bei $x = 9{,}25 \approx 9$, d.h. nach der 9-ten Preissenkung. Der Eintrittspreis läge dann bei $28 - 9\cdot 0{,}5 = 23{,}50$ €, die Besucherzahl wäre $1500 + 9\cdot 40 = 1860$ täglich. Die täglichen Einnahmen würden dann ca. 43 710 € betragen.

Beispiel 2 Aus dem naturwissenschaftlich-technischen Bereich
Für eine 2000 m lange Strecke auf einem Fluss mit der Strömungsgeschwindigkeit $1{,}5\,\frac{m}{s}$ benötigt ein Doppelzweier 10 min länger gegen die Flussströmung als mit ihr. Wie groß ist die Eigengeschwindigkeit x der zwei Ruderer?

Lösung:
Eigengeschwindigkeit in $\frac{m}{s}$: x; Geschwindigkeit mit Strömung: $x + 1{,}5$; Geschwindigkeit gegen Strömung: $x - 1{,}5$.
Zeit für 2000 m mit Strömung: $t_1 = \frac{2000}{x + 1{,}5}$; Zeit für 2000 m gegen Strömung: $t_2 = \frac{2000}{x - 1{,}5}$.
Die Zeitdifferenz ist 10 min = 600 s, d.h. $t_1 + 600 = t_2$. Gleichung:
$\frac{2000}{x + 1{,}5} + 600 = \frac{2000}{x - 1{,}5} \quad | \,(x + 1{,}5)\cdot(x - 1{,}5)$
$2000(x - 1{,}5) + 600(x^2 - 2{,}25) = 2000(x + 1{,}5)$
$2000x - 3000 + 600x^2 - 1350 = 2000x + 3000 \quad | -2000x + 4350$
$600x^2 = 7350$; $x^2 = 12{,}25$; also $x_1 = 3{,}5$ ($x_2 = -3{,}5$ nicht sinnvoll).
Die Eigengeschwindigkeit ist also $3{,}5\,\frac{m}{s}$.

Beispiel 3 Praktische Anwendung

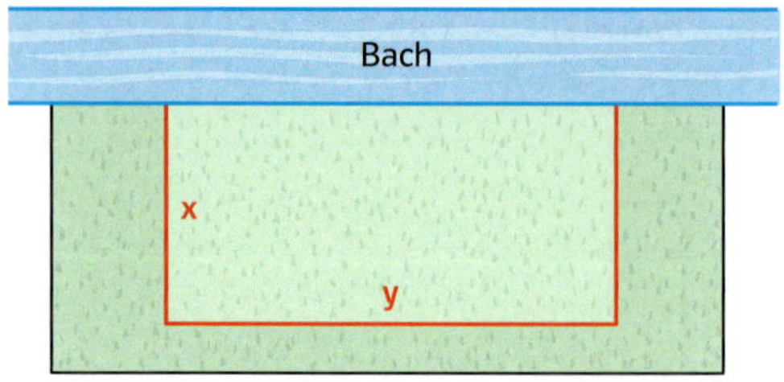

Ein Landwirt hat einen Maschendraht von 150 m Länge zur Verfügung, mit dem er einen Teil seiner Weide in Form eines Rechtecks einzäunen möchte. Für eine Seite kann er einen Bach nutzen. Wie muss er die Abmessungen wählen, wenn der umzäunte Teil möglichst groß sein soll.

Lösung:

Diese Aufgabenstellung wird im Laufe des Kurses zur Analysis später wiederholt auftreten.

Länge der einen Seite des Rechtecks: x; Länge der anderen Seite: y

Ziel: Der Flächeninhalt A des Rechtecks $A = x \cdot y$ soll maximal werden.

Zusammenhang zwischen x und y durch die Zaunlänge von 150 m: $2x + y = 150$.

Damit ergibt sich für y: $y = 150 - 2x$; eingesetzt in A erhält man eine Funktion von x:

$A(x) = x \cdot (150 - 2x) = -2x^2 + 150x$.

Veranschaulichung am Graphen:

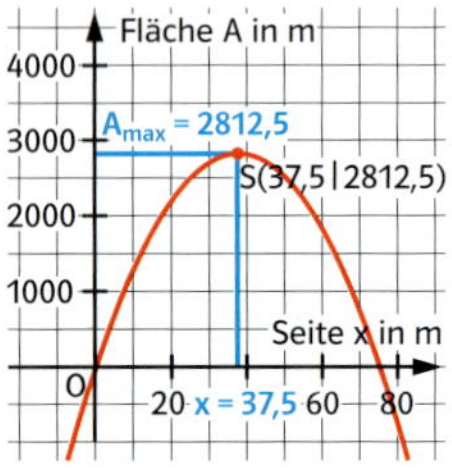

Das Maximum von A(x) ist mithilfe des Scheitels zu bestimmen:

$\frac{A}{-2} = x^2 - 75x$

$\frac{A}{-2} = x^2 - 2x \cdot \mathbf{37{,}5} + \mathbf{37{,}5^2} - 37{,}5^2$

$\frac{A}{-2} = (x - 37{,}5)^2 - 37{,}5^2 \quad | \cdot(-2)$

$A = -2(x - 37{,}5)^2 + 2812{,}5$

Damit ist S(37,5| 2812,5);

die Parabel ist nach unten geöffnet.

Für die Seitenlänge 37,5 m liegt also ein Maximum des Rechteckinhalts vor mit 2812,5 m².

Die andere Seite $y = 150 - 2x = 150 - 75 = 75$ misst 75 m.

Aufgaben

2 a) Bei welchen zwei aufeinanderfolgenden natürlichen oder ganzen Zahlen ist das Produkt um 55 größer als ihre Summe?

b) Die Summe zweier natürlichen Zahlen ist 22, ihr Produkt ist 117. Wie heißen sie?

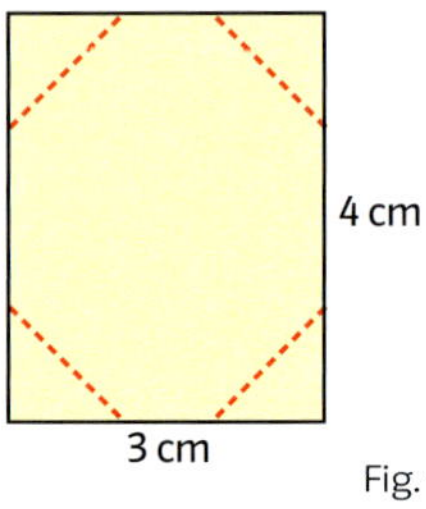

Fig. 1

3 Vom Rechteck (Fig. 1) wurden 4 gleich große gleichschenklige Dreiecke abgeschnitten. Wie muss man schneiden, wenn sich die Gesamtfläche des Rechtecks um ein Viertel verkleinern soll?

4 a) Ein Rechteck hat den Flächeninhalt 209 cm². Eine Seite ist um 8 cm länger als die andere. Berechnen Sie die Seitenlängen.

b) Bei einem Rechteck ist U = 56 cm und A = 195 cm². Berechnen Sie die Seitenlängen.

c) Gibt es Rechtecke mit einem Umfang von 30 cm und einem Inhalt von 14 cm²?

5 Ein Tisch vom Format 2 m × 2 m soll entsprechend der Skizze mit einer Einlegearbeit verziert werden. Aus Kostengründen soll dieser Flächeninhalt möglichst klein werden. Wie groß ist er mindestens?

6 Der Bogen einer Brücke hat die Form einer Parabel.

a) Bestimmen Sie für das eingezeichnete Koordinatensystem die entsprechende quadratische Funktion.

b) Welche Höhe H hat der Parabelbogen der Brücke?

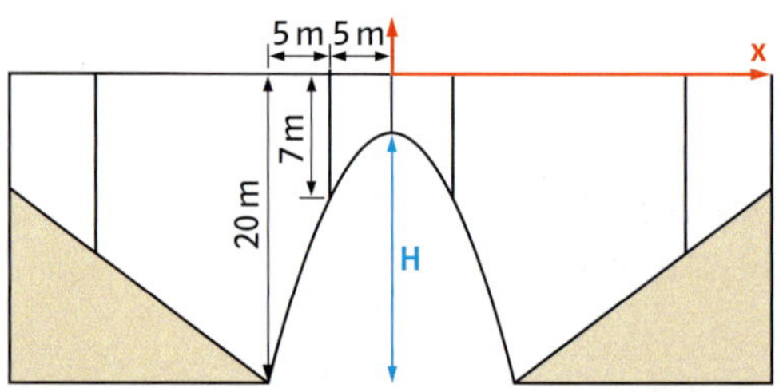

Aufgaben aus dem kaufmännischen Bereich

7 Eine Zeitschrift mit dem Verkaufspreis 3,50 € wirft pro verkauftem Exemplar einen Gewinn von 5 % ab. Wöchentlich werden 240 000 Exemplare verkauft. Eine Marktuntersuchung hat ergeben, dass pro 2 ct Preissenkung jeweils 1500 Exemplare mehr abgesetzt werden können.
a) Berechnen Sie jeweils den Gewinn bei einer Preissenkung um 2 ct, 4 ct, $x \cdot 2$ ct.
b) Bei welcher Preissenkung wird der Gewinn maximal und wie groß ist er dann?

8 Ein Buchhändler kaufte zum Jahreswechsel für 315 € Kalender derselben Sorte ein. In den ersten Tagen des Jahres fällt der Preis um 1,50 € pro Kalender, wodurch er 24 Kalender mehr für 315 € erhalten hätte. Zu welchem Preis kaufte der Händler den Kalender im alten Jahr?

Hinweis zu Aufgabe 8:
Preis beim Kauf: x;
Anzahl der gekauften Exemplare: y
Man erhält 2 Gleichungen, aus denen y eliminiert wird.

9 Ein Sparkonto enthält zu Jahresbeginn 2500 €. Es wird zwei Jahre mit dem gleichen Zinssatz x verzinst, so dass das Kapital nach zwei Jahren auf 2714,41 € gewachsen ist. Wie hoch war der Zinssatz?

10 Auf einem Sparkonto liegen zu Jahresbeginn 2000 € zwei Jahre fest. Nach genau einem Jahr wird der Zinssatz p des ersten Jahres um 0,4 % erhöht, wodurch der Zins im 2. Jahr 138,04 € beträgt. Wie hoch war der Zinssatz im ersten Jahr?

11 Ein Fernsehgeräte-Hersteller hat ein neues Gerät entwickelt; die Entwicklungskosten betrugen 8 000 000 €. Die Produktionskosten pro Gerät belaufen sich zusätzlich auf 500 €. Der Verkaufspreis V in € wird u. a. auch bestimmt durch die Anzahl x der Geräte, die pro Monat verkauft werden sollen; eine Marktuntersuchung hat ergeben, dass sich dies für Stückzahlen zwischen 100 und 900 angenähert durch die Gleichung $V = 3300 - 2x$, V in €, beschreiben lässt.
a) Ermitteln Sie eine Gleichung, welche die Herstellungskosten H für x Geräte im Monat beschreibt. Dabei sollen pro Monat 10 % der Entwicklungskosten berücksichtigt werden.
b) Bestimmen Sie eine Gleichung für den Erlös der Firma, wenn sie x Rechner im Monat verkauft.
c) Bei welchen Stückzahlen macht die Firma Gewinn?
d) Bei welcher Stückzahl macht sie den größtmöglichen Gewinn? Wie groß ist dieser?

Aufgaben aus dem naturwissenschaftlich-technischen Bereich

12 Von Schiffen aus wird die Meerestiefe mithilfe des Echolots gemessen. Vom Sender S wird Schall ausgesendet und am Meeresboden reflektiert. Berechnen Sie die Wassertiefe, wenn die Schallaufzeit 0,2 s beträgt und Sender S und Empfänger E am Schiffsboden 25 m entfernt sind. Die Schallgeschwindigkeit im Wasser beträgt $1500\,\frac{m}{s}$.

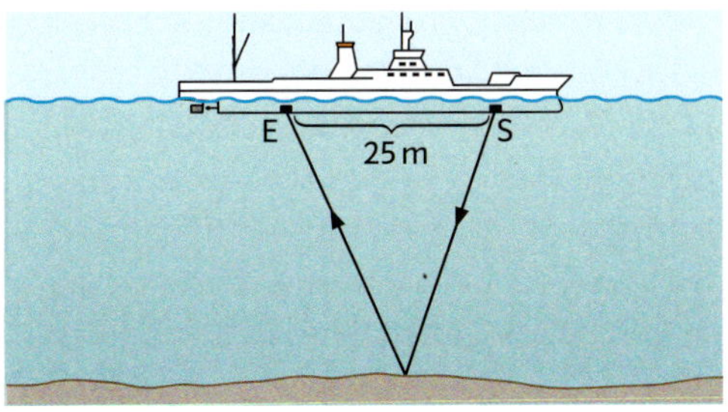

13 Ein Flugzeug fliegt von Hamburg nach München (625 km) und zurück. Während beider Flüge bläst der Wind mit $60\,\frac{km}{h}$ aus NNW (also genau in der Richtung von Hamburg nach München), so dass der Rückflug 27 min länger dauert als der Hinflug. Berechnen Sie (auf ganze $\frac{km}{h}$ gerundet) die Eigengeschwindigkeit des Flugzeugs.

14 Der Warmwasserhahn braucht zum Füllen eines Beckens 6 min länger als der Kaltwasserhahn. Beide zusammen benötigen $13\frac{1}{3}$ min. Wie lange braucht jeder Hahn allein?

Anleitung zu Aufg. 14:
Benötigt der Kaltwasserhahn x min, so füllt er pro min $\frac{1}{x}$ der Badewanne, in $13\frac{1}{3}$ min daher $13\frac{1}{3} \cdot \frac{1}{x}$ der Wanne.

9 Potenzfunktionen

Dazu könnte man auch sagen: Geben Sie das Volumen eines Würfels an, wenn die Kantenlänge x bekannt ist.

1 Geben Sie eine Funktion an, die der Seitenlänge eines Würfels sein Volumen zuordnet.
a) Wie ändert sich das Volumen, wenn man die Kantenlänge verdoppelt bzw. halbiert?
b) Wie wirken sich diese Änderungen auf den Oberflächeninhalt des Würfels aus?

Bei linearen Funktionen tritt die Variable x im Funktionsterm mit der 1. Potenz auf, bei quadratischen Funktionen in der 2. Potenz. Eine weitere Klasse von Funktionen erhält man, wenn der Term höhere Potenzen von x enthält.

Bei den Funktionen f mit $f(x) = a \cdot x^n$ nennt man den Exponenten n auch den Grad der Potenzfunktion.

> Für jedes $n \in \mathbb{N} \setminus \{0\}$ und $a \in \mathbb{R} \setminus \{0\}$ heißt die Funktion f mit $f(x) = a \cdot x^n$ **Potenzfunktion**.
> Beispiele: $f(x) = 3x^4$, $f(x) = -0{,}7x^{11}$. $f(x) = x^0$, d.h., $f(x) = 1$ ist keine Potenzfunktion.
> Den Graphen einer Potenzfunktion nennt man auch Parabel n-ter Ordnung (für $n > 1$).

Potenzfunktionen und ihre Graphen weisen besondere Eigenschaften auf. Sie werden hier zusammengestellt. Zudem werden Potenzgleichungen einfacher Art gelöst.

Je höher der Grad der Potenzfunktion ist, umso „flacher" ist sie im Intervall [−1; 1].
Graph von f mit $f(x) = x^{20}$:

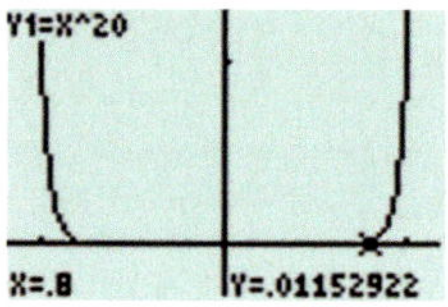

Gerade Hochzahlen: $f(x) = x^n$

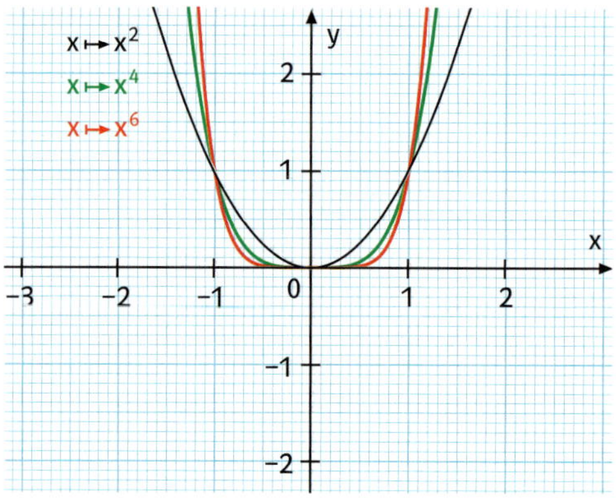

- Für alle x ist $f(x) \geqq 0$; es ist $f(1) = 1$.
  Der Graph verläuft oberhalb der x-Achse und durch P(−1 | 1) und Q(1 | 1)
- Für jede Zahl x gilt $f(-x) = f(x)$.
  Der Graph ist symmetrisch zur y-Achse.
- Der kleinste Funktionswert ist 0.
  Der „tiefste" Punkt S(0 | 0) heißt Scheitel.

Ungerade Hochzahlen: $f(x) = x^n$

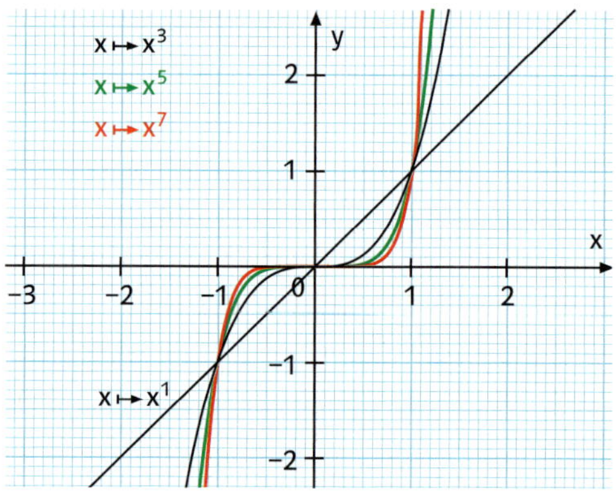

- Für alle $x \geqq 0$ ist $f(x) \geqq 0$ und für alle $x < 0$ ist $f(x) < 0$, es ist $f(1) = 1$.
  Der Graph verläuft von „links unten" nach „rechts oben" durch P(−1 | −1) und Q(1 | 1)
- Für jede Zahl x gilt $f(-x) = -f(x)$.
  Der Graph ist punktsymmetrisch zu O(0 | 0).
- Es gibt keinen kleinsten oder größten Wert.

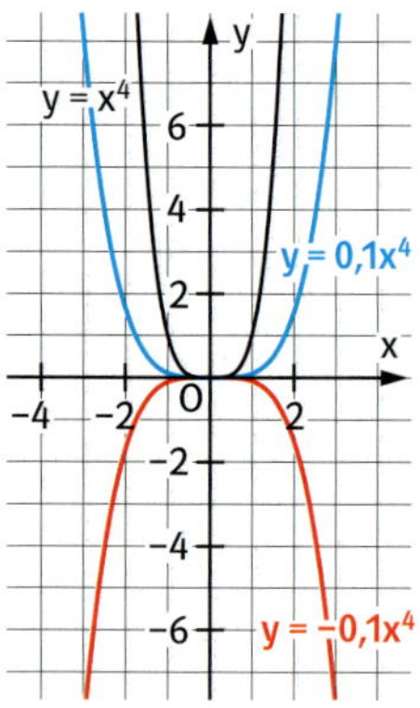

Fig. 1

Der Graph der Funktion $f(x) = 0{,}1x^4$ entsteht aus dem von $f(x) = x^4$ (schwarz in Fig. 1) durch Stauchung in y-Richtung um den Faktor 0,1 (blau in Fig. 1), der Graph von $g(x) = -0{,}1x^4$ entsteht durch zusätzliche Spiegelung an der x-Achse (rot in Fig. 1). Allgemein gilt:

> Der Graph der Potenzfunktion f mit $f(x) = a \cdot x^n$ verläuft
> **(1) für a > 0 und n gerade von links oben nach rechts oben.**
> **(2) für a > 0 und n ungerade von links unten nach rechts oben.**
> **(3) für a < 0 und n gerade von links unten nach rechts unten.**
> **(4) für a < 0 und n ungerade von links oben nach rechts unten.**

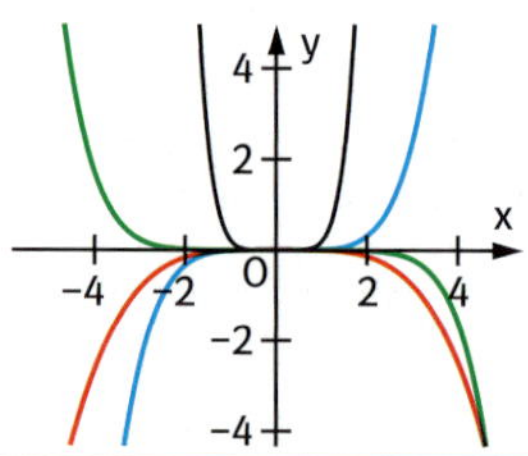

Vielfach ist bei einer Potenzfunktion f mit $f(x) = a \cdot x^n$ ein Funktionswert gegeben und der (die) zugehörige(n) x-Wert(e) gesucht. Als Beispiel wird $f(x) = x^4$ betrachtet; die zu y = 9 gehörigen x-Werte sollen bestimmt werden.

Am Graphen kann man dies so deuten, dass die x-Werte der Schnittpunkte des Graphen von f mit der Geraden y = 9 gesucht werden (Fig. 1). Es ist also die Gleichung $x^4 = 9$ zu lösen. Man erkennt am Graphen, dass es zwei Lösungen gibt, nämlich $x_1 = 9^{\frac{1}{4}} = (3^2)^{\frac{1}{4}} = 3^{\frac{1}{2}} \approx 1{,}732$ und $x_2 = -9^{\frac{1}{4}} \approx -1{,}732$. Probe: $x^4 = \left(\pm 9^{\frac{1}{4}}\right)^4 = 9$. Hingegen hat die Gleichung $x^4 = -1$ keine Lösung (Fig. 1).

Da die Potenz in $x^4 = 9$ gerade ist, ist neben der Lösung x_1 auch immer $-x_1$ eine Lösung.
Statt $a^{\frac{1}{4}}$ schreibt man auch $\sqrt[4]{a}$.

Anders ist es bei ungeraden Hochzahlen:
Am Beispiel der Funktion f mit $f(x) = 0{,}4x^3$ wird ersichtlich, dass jede Gerade y = c, z.B. y = 3,2 oder auch y = −1,35 den Graphen schneidet (Fig. 2), d.h. es gibt eine Lösung der Gleichungen $0{,}4x^3 = 3{,}2$ und $0{,}4x^3 = -1{,}35$. So folgt aus $0{,}4x^3 = 3{,}2$ der Reihe nach: $x^3 = 8$ und daraus $x = 8^{\frac{1}{3}} = 2$.
Aus $0{,}4x^3 = -1{,}35$ folgt die Gleichung $x^3 = -3{,}375$ und $x = -3{,}375^{\frac{1}{3}} = -1{,}5$.
Probe: $0{,}4 \cdot (-1{,}5)^3 = -1{,}35$.

Ohne Taschenrechner geht es hier nicht!

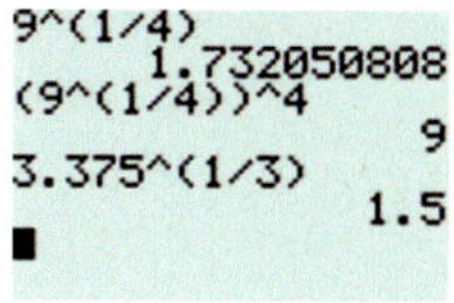

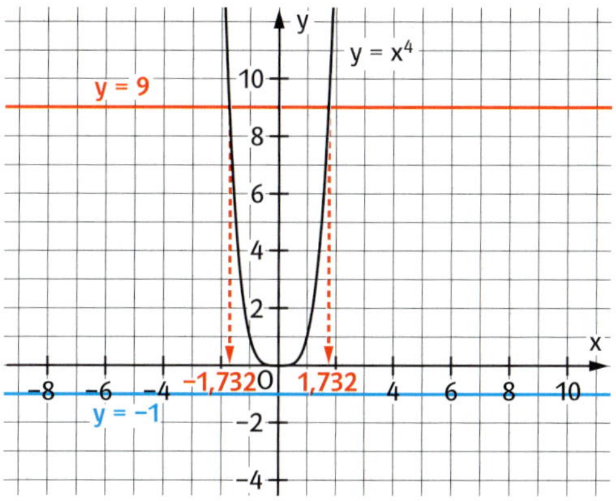

Fig. 1

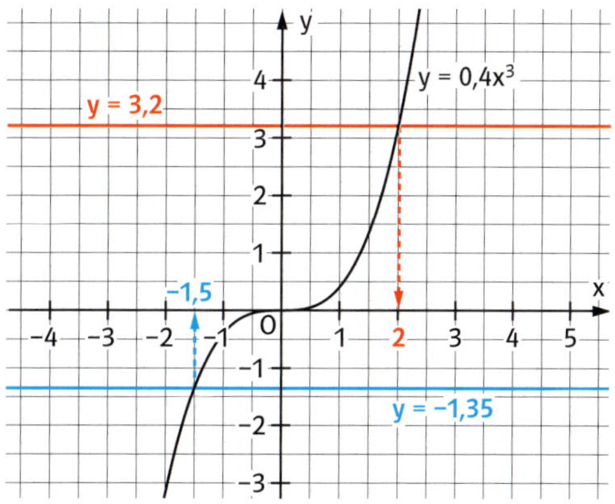

Fig. 2

Die Gleichung $x^n = c$ hat für

(1) **ungerades** n stets eine Lösung		$x^5 = -32$ ergibt $x_1 = -2$
(2) **gerades** n	**zwei** Lösungen, wenn **c > 0** ist,	$x^6 = 64$ ergibt $x_1 = -2$, $x_2 = 2$
	eine Lösung, wenn **c = 0** ist,	$x^6 = 0$ ergibt $x_1 = 0$
	keine Lösung, wenn **c < 0** ist.	$x^6 = -1$ hat keine Lösung.

Im naturwissenschaftlich-technischen Bereich werden auch Potenzfunktionen mit negativen Hochzahlen wie etwa f mit $f(x) = x^{-1} = \frac{1}{x}$ oder $g(x) = 4x^{-2} = \frac{4}{x^2}$ benötigt. Sie sind für x = 0 nicht definiert, haben aber sonst vielfach die gleichen Eigenschaften wie die mit positiven Hochzahlen.

f mit $f(x) = x^{-1} = \frac{1}{x}$; $x \neq 0$

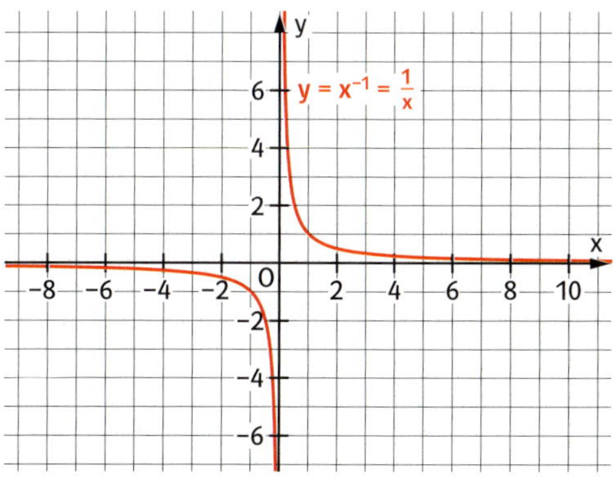

g mit $g(x) = 4x^{-2} = \frac{4}{x^2}$; $x \neq 0$

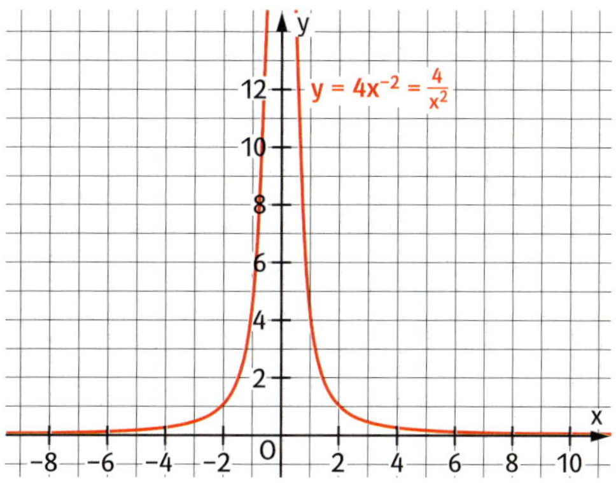

Nennen Sie Eigenschaften der gezeichneten Graphen.
Beispiel: Für gerade Hochzahlen verlaufen die Graphen oberhalb der x-Achse.

Beispiel 1 Lösen von Gleichungen

Lösen Sie die Gleichung.

a) $3x^4 = 12$ b) $0{,}5x^5 = -1$ c) $2x^8 = -5$

Die Hochzahl muss in Klammern stehen!

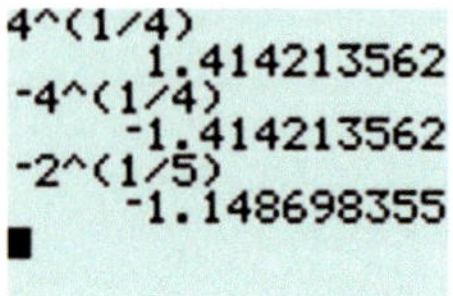

Lösung:

a) $3x^4 = 12$, also $x^4 = 4$. Da die Hochzahl gerade ist, liegen 2 Lösungen vor: $x_1 = 4^{\frac{1}{4}}$ und $x_2 = -4^{\frac{1}{4}}$.
$x_1 = 4^{\frac{1}{4}} = (2^2)^{\frac{1}{4}} = 2^{\frac{1}{2}} = \sqrt{2} \approx 1{,}414$, also $L = \{-\sqrt{2}; \sqrt{2}\}$.

b) $0{,}5x^5 = -1$ ergibt $x^5 = -2$. Hochzahl ungerade, eine Lösung $x_1 = -2^{\frac{1}{5}} \approx -1{,}149$; $L = \{-1{,}149\}$

c) $2x^8 = -5$ ergibt $x^8 = -2{,}5$; keine Lösung, da Hochzahl gerade, deshalb nicht negativ. $L = \{\,\}$.

Beispiel 2 Lösen mit dem GTR

Lösen Sie die Gleichung $0{,}02x^8 = 2$ mit dem GTR.

Lösung:

Man drückt die [MATH]-Taste und geht im Menue auf 0:Solver (Fig. 1).

Man gibt die Gleichung so ein, dass auf einer Seite 0 steht (Fig. 2) und bestätigt die Eingabe mit [ENTER].

Will man die positive Lösung haben, so gibt man bei X eine geschätzte Zahl z. B. 1 ein, drückt [ALPHA] [SOLVE] und erhält die Lösung $x_1 \approx 1{,}778$ (Fig. 2).

Bei Eingabe von −1 erhält man $x_2 \approx -1{,}778$.

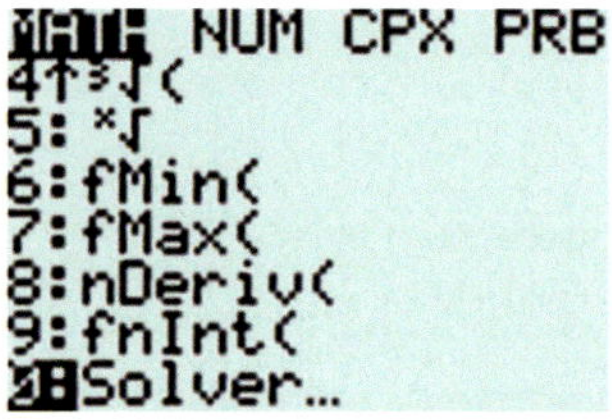

Fig. 1

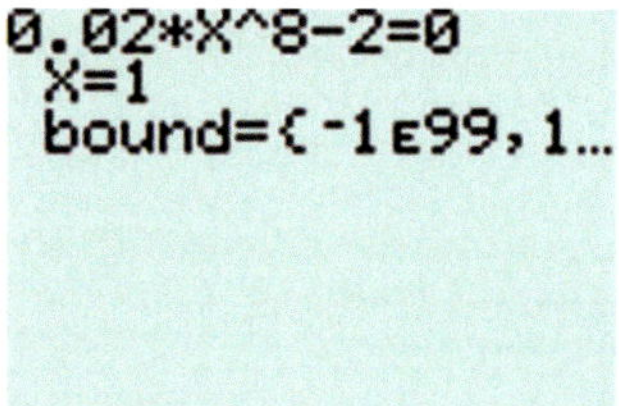

Fig. 2

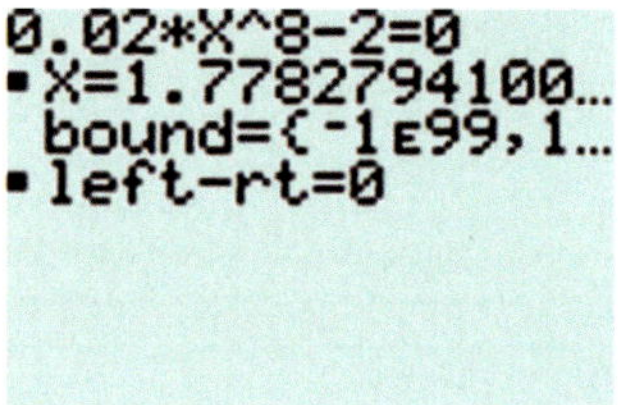

Fig. 3

Aufgaben

2 Skizzieren Sie den Graphen der Potenzfunktion f mit

a) $f(x) = x^5$ b) $f(x) = x^6$ c) $f(x) = -x^4$ d) $f(x) = -x^3$ e) $f(x) = 0{,}5x^4$

Lösungen von Aufgabe 4:
3 6 4
n beliebig 3

3 Geben Sie je drei Potenzfunktionen an, deren Graphen folgendermaßen verlaufen.

a) von links oben nach rechts oben b) von links unten nach rechts oben

c) von links oben nach rechts unten d) von links unten nach rechts unten

4 Bestimmen Sie n so, dass der Graph der Funktion f mit $f(x) = x^n$ durch P geht.

a) $P(2\,|\,8)$ b) $P\left(-\frac{1}{2}\,\middle|\,-\frac{1}{8}\right)$ c) $P(2\,|\,64)$ d) $P(1\,|\,1)$ e) $P(-1{,}5\,|\,5{,}0625)$

5 Lösen Sie die Gleichungen ohne GTR und machen Sie die Probe.

a) $3x^4 = 48$ b) $0{,}5x^7 = -1$ c) $2x^8 = -5$ d) $2x^8 = 5$ e) $-x^7 = 13$

f) $0{,}33x^{12} = 48$ g) $0{,}05x^7 = 0$ h) $x^{100} = \frac{100}{3}$ i) $4x^2 = 4$ j) $-x^1 = 0{,}34$

6 Lösen Sie mit dem GTR. Kontrollieren Sie am Graphen, ob Sie alle Lösungen haben.

a) $x^5 - 3 = 0$ b) $2x^6 = 4{,}05$ c) $-3 = 7x^{13}$ d) $23x^{23} = 0{,}23$ e) $x^{-1} = 4$

f) $0{,}3x^2 - 8 = 1$ g) $0{,}05x^{10} = 0$ h) $x^{100} = 1000$ i) $4x^{-2} = 16$ j) $-x^2 = 0{,}34$

7 Zeichnen Sie die Graphen der Funktionen f und g mit dem GTR. Lösen Sie $f(x) = g(x)$.

a) $f(x) = 0{,}5 \cdot x^{-1}$; $g(x) = 3$ b) $f(x) = -4x^{-1}$; $g(x) = 2$ c) $f(x) = 3x^{-2}$; $g(x) = 6{,}25$

10 Einführung ganzrationaler Funktionen – Symmetrie

1 Gegeben sind die Funktionen f und g mit $f(x) = x^3$ und $g(x) = x$.
a) Wie entstehen aus f und g die Funktionen $s(x) = x^3 + x$, $d(x) = x^3 - x$ und $p(x) = x^4$?
b) Berechnen Sie s(2,4), d(2,4) und p(2,4) direkt und anschließend aus f(2,4) und g(2,4).
c) Um wie viel Prozent weicht f(1) von s(1) ab, um wie viel f(10) von s(10), um wie viel f(100) von s(100)?

Aus einfachen Funktionen wie den linearen Funktionen, quadratischen Funktionen oder Potenzfunktionen wie zum Beispiel $f: x \mapsto x$, $g: x \mapsto x^2$; $h: x \mapsto x^3$; $i: x \mapsto 2$ kann man durch Addition, Subtraktion, Multiplikation und Division neue Funktionen bilden wie z. B. $m: x \mapsto x + x^2$ oder $n: x \mapsto x^5 + 2x^3$.

Terme der Form $a_n x^n + a_{n-1} x^{n-1} + a_{n-2} x^{n-2} + \ldots + a_2 x^2 + a_1 x + a_0$ mit $n \in \mathbb{N}$ nennt man **Polynome**, die reellen Zahlen $a_n, a_{n-1}, a_{n-2}, \ldots, a_2, a_1, a_0$ **Koeffizienten**.
Der Exponent n heißt **Grad** des Polynoms.
Eine Funktion f, deren Funktionsterm f(x) als Polynom geschrieben werden kann, also $f(x) = a_n x^n + a_{n-1} x^{n-1} + \ldots + a_2 x^2 + a_1 x + a_0$ nennt man eine **ganzrationale Funktion** oder **Polynomfunktion**.
Der Grad n des Polynoms heißt auch Grad der ganzrationalen Funktion.

Funktionen wie $f(x) = 1$; $f(x) = -0{,}5$, allgemein $f(x) = a_0$ haben den Grad 0.

Alle linearen Funktionen f mit $f(x) = mx + c$, alle quadratischen Funktionen g mit $g(x) = ax^2 + bx + c$ sowie alle Potenzfunktionen $f(x) = ax^n$ mit $n \in \mathbb{N}$ sind somit auch ganzrationale Funktionen.

Im Folgenden werden Eigenschaften dieser ganzrationalen Funktionen untersucht. Diese gelten dann für Geraden ebenso wie für Parabeln. Zunächst wird das Verhalten für sehr große und sehr kleine negative Werte untersucht.
Die Funktion f mit $f(x) = 3x^3 - 5x^2 + 2$ ist eine ganzrationale Funktion. Um eine Aussage über das Verhalten dieser Funktion für immer größer bzw. kleiner werdende x-Werte zu erhalten, formt man den Term um. Für $x \neq 0$ gilt: $f(x) = 3x^3 - 5x^2 + 2 = x^3 \cdot \left(3 - \frac{5}{x} + \frac{2}{x^3}\right)$. Für sehr große und sehr kleine x-Werte wird das Verhalten von f durch die Funktion g mit $g(x) = 3x^3$ bestimmt, denn $\frac{5}{x}$ und $\frac{2}{x^3}$ werden in diesem Falle laufend kleiner. Die Tabelle von Fig. 1 zeigt die prozentuale Abweichung des Funktionswertes f(x) von g(x) in Abhängigkeit von x. Diese Überlegung lässt sich auf alle ganzrationalen Funktionen übertragen.
Für unbeschränkt immer größer werdende x- Werte schreibt man auch $\mathbf{x \to \infty}$,
für unbeschränkt immer kleiner werdende x-Werte schreibt man auch $\mathbf{x \to -\infty}$.

x	Abweichung
2	300,00%
3	113,16%
4	68,42%
5	48,81%
10	19,90%
20	9,08%
30	5,88%
40	4,35%
50	3,45%
100	1,69%
200	0,84%
300	0,56%
400	0,42%
500	0,33%
1000	0,17%
2000	0,08%
3000	0,06%
4000	0,04%
5000	0,03%
10000	0,02%

Fig. 1

Das Verhalten einer ganzrationalen Funktion vom Grad n, $n \geqq 1$, wird für $x \to \infty$ bzw. $x \to -\infty$ vom Summanden $a_n x^n$ bestimmt.

Soll der Graph einer ganzrationalen Funktion erstellt werden, so gibt es zwei Möglichkeiten:
- Man erstellt eine Wertetabelle für den Bereich, in dem man den Graphen zeichnen will und trägt die berechneten und zusammengehörigen Paare (x | f(x)) in einem Koordinatensystem als Punkte ein. Man verbindet sie, jedoch nicht geradlinig. Dabei wird die Zeichnung umso genauer, je mehr Werte man berechnet hat.
- Man arbeitet mit einem grafikfähigen Taschenrechner (GTR). Hierbei ist es wichtig, sich um ein geeignetes Fenster zu bemühen.

Das Vorgehen wird an den folgenden Beispielen verdeutlicht.

Ohne GTR lassen sich eine Wertetabelle und der Graph einer Funktion einfacher erstellen, wenn man schon am Funktionsterm überprüfen kann, ob der Graph zu einer Geraden oder zu einem Punkt symmetrisch ist.

Fig. 1 und Fig. 2 zeigen solche „Prüfbedingungen" für Achsensymmetrie zur y-Achse bzw. für die Punktsymmetrie zum Ursprung O(0|0).

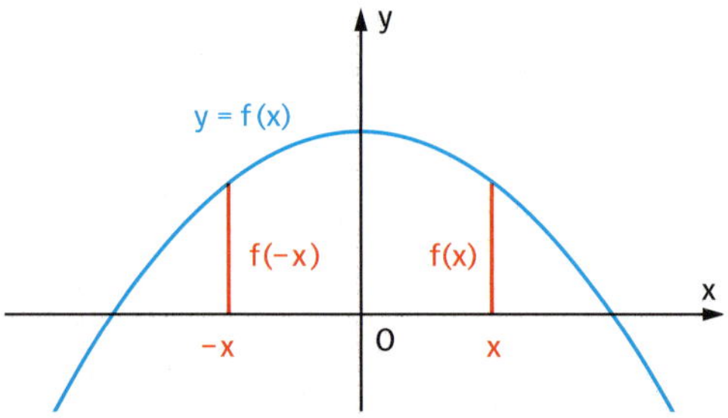

Fig. 1

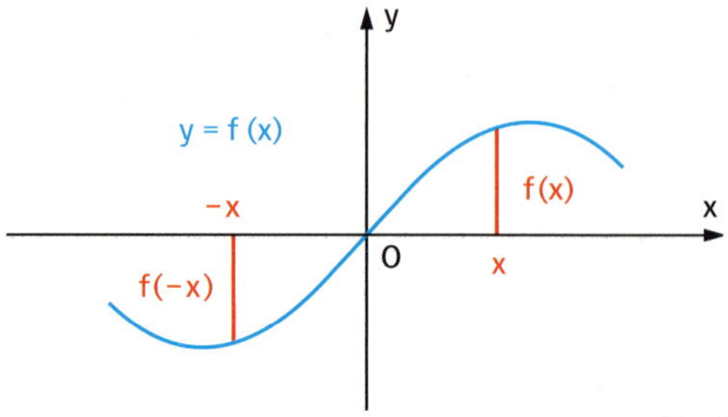

Fig. 2

Eine Funktion f mit der Eigenschaft $f(-x) = f(x)$ nennt man eine gerade Funktion; gilt dagegen $f(-x) = -f(x)$, so nennt man f eine ungerade Funktion. Bei ganzrationalen Funktionen erkennt man eine vorhandene Symmetrie relativ einfach. So ist f mit $f(x) = x^6 - 3x^4$ eine gerade Funktion, da $f(-x) = (-x)^6 - 3(-x)^4 = x^6 - 3x^4 = f(x)$ ist. $g(x) = x^7 + 4x^3 + x$ ist eine ungerade Funktion, da $g(-x) = (-x)^7 + 4(-x)^3 + (-x) = -x^7 - 4x^3 - x = -g(x)$ ist.

Wegen $a_0 = a_0x^0$ gilt a_0 als Summand mit gerader Hochzahl.

Gegeben ist eine Funktion f mit der Definitionsmenge D.

Gilt $f(-x) = f(x)$ für alle $x \in D$, so ist der Graph von f **achsensymmetrisch** zur y-Achse.	Gilt $f(-x) = -f(x)$ für alle $x \in D$, so ist der Graph von f **punktsymmetrisch** zum Ursprung O(0|0).
Eine ganzrationale Funktion ist **gerade,** wenn nur gerade x-Potenzen auftreten.	Eine ganzrationale Funktion ist **ungerade,** wenn nur ungerade x-Potenzen auftreten.

Beispiel 1 Ganzrationale Funktion und ihr Graph

Gegeben ist die ganzrationale Funktion f mit $f(x) = x^3 - 2x + 1$.

a) Geben Sie den Grad und die Koeffizienten a_3 bis a_0 an.

b) Erstellen Sie eine Wertetafel und zeichnen Sie einen Graphen für $-1{,}5 \leq x \leq 1{,}5$.

c) Wie verläuft der Graph der Funktion für $x \to \infty$ und $x \to -\infty$?

Lösung:

a) Der Grad von f ist 3;

$a_3 = 1,\ a_2 = 0,\ a_1 = -2,\ a_0 = 1.$

b) Man berechnet der Reihe nach

$f(-1{,}5) = (-1{,}5)^3 - 2 \cdot (-1{,}5) + 1 = 0{,}625;$

$f(-1) = (-1)^3 - 2 \cdot (-1) + 1 = 2;$ usw.

x	−1,5	−1	−0,5	0	0,5	1	1,5
f(x)	0,625	2	1,875	1	0,125	0	1,375

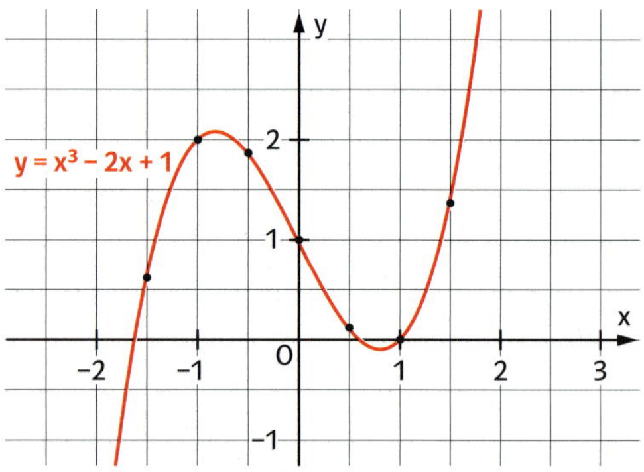

c) Der Graph verläuft wie $f(x) = x^3$, also von links unten nach rechts oben.

Beispiel 2 Gerade und ungerade Funktionen

Ist f mit $f(x) = 6 + 3x + 0{,}5x^3$ eine gerade oder eine ungerade Funktion?

Lösung:

f(x) ist weder gerade noch ungerade, da $f(x) = 6x^0 + 3x^1 + 0{,}5x^3$ sowohl gerade als auch ungerade Hochzahlen von x besitzt.

Beispiel 3 Ganzrationale Funktion mit dem GTR
Erstellen Sie mit dem GTR eine Wertetabelle und den Graphen der Funktion f mit
$f(x) = -0{,}5x^5 + 3x^3 - 4x$.
Lösung:
Man gibt mit [Y=] die Funktion ein, wählt mit [2nd] [TBLSET] z. B. die Schrittweite 0,5 und beginnt bei −1,5. Man erhält dann die Wertetabelle von Fig. 1.
Wählt man ein geeignetes Fenster, z. B. wie in Fig. 2, so erhält man den (verzerrten) Graphen der Funktion f (Fig. 3).

X	Y1
-1.5	-.3281
-1	1.5
-.5	1.6406
0	0
.5	-1.641
1	-1.5
1.5	.32813

X=1.5

Fig. 1

```
WINDOW
 Xmin=-3
 Xmax=3
 Xscl=1
 Ymin=-10
 Ymax=10
 Yscl=5
 Xres=1
```

Fig. 2

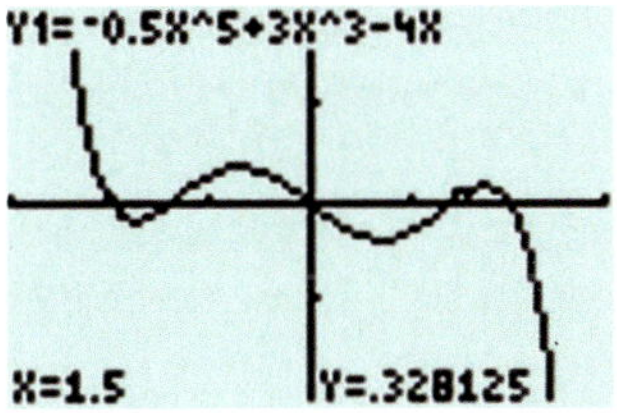

Fig. 3

Der Graph verläuft wie der Graph der Funktion g mit $g(x) = -0{,}5x^5$ von links oben nach rechts unten!

Aufgaben

2 Aus welchen Funktionen kann man sich die Funktion f zusammengesetzt denken und wie lauten die Koeffizienten des zugehörigen Polynoms?
a) $f(x) = x + 3x^4$ b) $f(x) = 10x^{10} + 9x^9 - 2x^2$ c) $f(x) = 0{,}5x^0 + 4x - 0{,}07x^5$

3 Erstellen Sie eine Wertetabelle für das Intervall [−2; 2] mit geeigneter Schrittweite, um den Graphen von f zu skizzieren.
Tun Sie dies aber nur, wenn es nicht einfacher geht.
a) $f(x) = x^3 - x$ b) $f(x) = x^2 + 2x$ c) $f(x) = x^4 - 2x + 1$
d) $f(x) = 0{,}5x + 1$ e) $f(x) = 0{,}5x^3 + 3$ f) $f(x) = x^2 - 2x + 1$

4 Entscheiden Sie, ob f ganzrational ist. Wenn ja, geben Sie den Grad, die Koeffizienten und das Verhalten für $x \to \infty$ bzw. $x \to -\infty$ an.
a) $f(x) = 4 - 3x^3 + x^2 - x^5$ b) $f(x) = 2(1 - x)(x^2 - 1)$ c) $f(x) = x^2 + \frac{3}{x}$
d) $f(x) = (x^2 + 1)(2x^3 - 1)$ e) $f(x) = 1$ f) $f(x) = -5x + 1$

5 Welche ganzrationale Funktion ist gerade, welche ist ungerade? Wie verhält sich der Graph von f für $x \to \infty$ bzw. $x \to -\infty$?
a) $f(x) = -2x^6 + 3x^2$ b) $f(x) = x^3 - x + 1$ c) $f(x) = x(2x^2 - 0{,}3x^4)$
d) $f(x) = (x - 1)(x - 2)$ e) $f(x) = (1 - 3x^2)^2$ f) $f(x) = (x - x^2)^2$

6 Erstellen Sie auf dem GTR den Graphen der Funktion.
a) $f(x) = 0{,}1x^3 - x^2 + 2x - 2$ b) $g(x) = 0{,}2x^4 - x^2 - 1$ c) $h(x) = 0{,}6x^5 - x^3 + x$

7 a) Zeigen Sie: Wenn der Funktionsterm einer ganzrationalen Funktion einen konstanten Summanden enthält, dann kann die Funktion nicht ungerade sein.
Kann eine solche Funktion gerade sein?
b) Gibt es eine Funktion, die sowohl gerade als auch ungerade ist?

8 Wahr oder falsch? Nennen Sie gegebenenfalls eine zugehörige Funktion.
a) Es gibt punktsymmetrische Geraden. b) Es gibt achsensymmetrische Geraden.
c) Es gibt punktsymmetrische Parabeln. d) Es gibt achsensymmetrische Parabeln

Die Symmtrieen beziehen sich auf den Urprung bzw. die y-Achse.

11 Nullstellen ganzrationaler Funktionen

1 a) Es ist $(x-2)(x+1)(x-5) = x^3 - 6x^2 + 3x + 10$. Rechnen Sie nach!
Für welche x-Werte nimmt der Term $x^3 - 6x^2 + 3x + 10$ den Wert 0 an?
b) Bestimmen Sie alle x-Werte, für die der Term $(x-3)(4x^2 - 8x - 5)$ den Wert 0 annimmt.

Bisher wurde meist zu gegebenen x-Werten die zugehörigen Funktionswerte f(x) berechnet (Fig. 1; roter Pfeil). Das umgekehrte Problem wurde auch schon bei Quadrat- und Potenzfunktionen angesprochen: Gegeben ist ein Funktionswert a einer Funktion f; gesucht sind alle x-Werte, für die $f(x) = a$ ist (Fig. 1; blaue Pfeile).

Wird z.B. der Pegel eines Flusses während einer Trockenperiode durch die Funktion $f(t) = -0{,}001(t-10)^3 + 7$, t in Tagen, f(t) in m, beschrieben, so ist unter Umständen die Frage zu beantworten, zu welchem Zeitpunkt t ein Pegelstand von 6 m erreicht wird. Damit ist die Gleichung $f(t) = 6$ oder $-0{,}001(t-10)^3 + 7 = 6$ zu lösen. Statt diese Gleichung zu lösen, wird die Gleichung $f(t) - 6 = 0$ oder $-0{,}001(t-10)^3 + 7 - 6 = 0$, also die Gleichung $0{,}001(t-10)^3 - 1 = 0$ betrachtet und gelöst.

Können Sie die Gleichung $0{,}001(t-10)^3 - 1 = 0$ lösen?

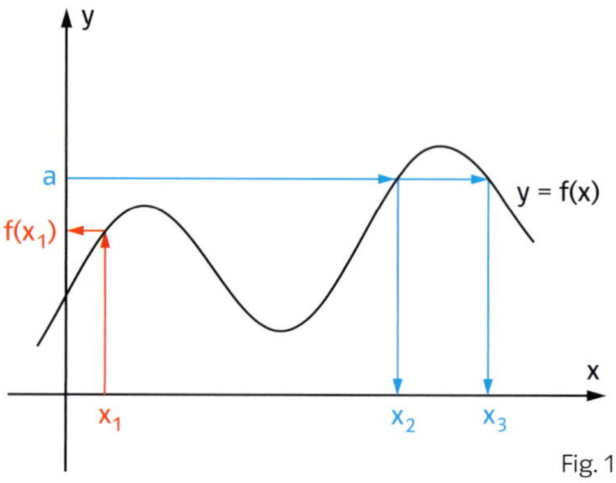

Fig. 1

Statt also $f(x) = a$ zu betrachten, sucht man die Stellen x der Funktion g mit $g(x) = f(x) - a$, an denen g(x) den Wert 0 annimmt. Man kann sich daher auf das Aufsuchen von Stellen x mit $f(x) = 0$ beschränken. Es wird sich später zeigen, dass viele Fragestellungen auf die Berechnung der Stellen x mit $f(x) = 0$ hinauslaufen.

Eine Zahl x_1, für die $f(x_1) = 0$ ist, heißt **Nullstelle** der Funktion f.
Der Punkt $(x_1 | 0)$ ist der Schnittpunkt des Graphen von f mit der x-Achse.

Nullstelle von $f(x) = x^3 - 4x$ ist $x_1 = 2$, da $f(2) = 8 - 4 \cdot 2 = 0$ gilt.

Auch die „Berührpunkte" A und B sind „Schnittpunkte" mit der x-Achse, da auch dort $f(x_A) = f(x_B) = 0$ ist.

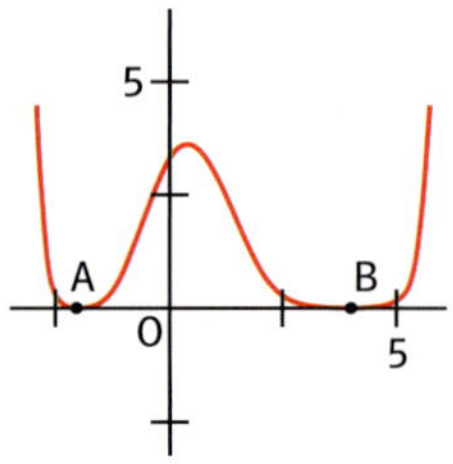

Um die Nullstellen einer Funktion f zu bestimmen, ist die Gleichung $f(x) = 0$ zu lösen. Bei ganzrationalen Funktionen ersten Grades erhält man Gleichungen der Form $a_1x + a_0 = 0$, also lineare Gleichungen.
Ist z.B. $f(x) = 2x - 4$, so erhält man aus $2x - 4 = 0$ die Nullstelle $x_1 = 2$.

Bei ganzrationalen Funktionen zweiten Grades erhält man $a_2x^2 + a_1x + a_0 = 0$, also quadratische Gleichungen.
Ist z.B. die quadratische Funktion f mit $f(x) = x^2 + 2x - 3$ gegeben, so hat die quadratische Gleichung $x^2 + 2x - 3 = 0$ die Lösungen $x_{1/2} = -\frac{2}{2} \pm \sqrt{1-(-3)} = -1 \pm 2$, also $x_1 = 1$; $x_2 = -3$.

Eine Gleichung höheren Grades lässt sich lösen, wenn sie eine günstige Form hat. So ist zum Beispiel $(x-2)(x^2 - 4x + 3) = 0$ eine Gleichung dritten Grades. Ihre Lösungen 2; 1 und 3 erhält man, da es sich um ein Nullprodukt handelt, aus $x - 2 = 0$ bzw. $x^2 - 4x + 3 = 0$.
Multipliziert man die linke Seite der Gleichung aus, so ergibt sich $x^3 - 6x^2 + 11x - 6 = 0$.
In dieser Form sind die Lösungen nicht mehr erkennbar. Weiß man jedoch, dass der Term $x^3 - 6x^2 + 11x - 6$ den Faktor $x - 2$ enthält, so lässt sich mithilfe der **Polynomdivision** der zweite Faktor bestimmen.

Man geht dabei analog zur schriftlichen Division von Zahlen vor.

$$
\begin{array}{l}
(x^3 - 6x^2 + 11x - 6):(x - 2) = x^2 - 4x + 3 \\
\underline{-(x^3 - 2x^2)} \\
\quad -4x^2 + 11x - 6 \\
\quad \underline{-(-4x^2 + 8x)} \\
\qquad 3x - 6 \\
\qquad \underline{-(3x - 6)} \\
\qquad\qquad 0
\end{array}
\qquad
\begin{array}{l}
3x:x = 3 \\
-4x^2:x = -4x \\
x^3:x = x^2
\end{array}
$$

Es wird immer nur durch x geteilt, aber mit der ganzen Klammer zurückmultipliziert!

Mit diesem Verfahren kann man die Gleichung $x^3 - 6x^2 + 11x - 6 = 0$ in die günstige Form $(x - 2)(x^2 - 4x + 3) = 0$ verwandeln. Dies gilt allgemein.

> Ist x_1 eine Nullstelle einer ganzrationalen Funktion f vom Grad n, dann lässt sich f(x) in der Form $f(x) = (x - x_1) \cdot g(x)$ schreiben. Dabei ist g(x) ein Polynom vom Grad n − 1.
> Da $x_1 = 2$ Nullstelle von $f(x) = x^3 - 4x$ ist, gilt $(x^3 - 4x):(x - 2) = x^2 + 2x$.
>
> $$
> \begin{array}{l}
> \underline{-(x^3 - 2x^2)} \\
> \quad 2x^2 - 4x \\
> \quad \underline{-(2x^2 - 4x)} \\
> \qquad 0
> \end{array}
> \qquad
> \begin{array}{l}
> 2x^2:x = 2x \\
> x^3:x = x^2
> \end{array}
> $$
>
> Damit ist
> $f(x) = x^3 - 4x = (x - 2)(x^2 + 2x)$

Ist x_2 eine Nullstelle der Funktion g, so gilt $g(x) = (x - x_2) \cdot h(x)$ wobei h(x) eine ganzrationale Funktion vom Grad n − 2 ist. Wegen $f(x) = (x - x_1) \cdot g(x) = (x - x_1) \cdot (x - x_2) \cdot h(x)$ ist x_2 auch eine Nullstelle von f. Mit jeder weiteren Nullstelle von f lässt sich so ein weiterer „Linearfaktor" abspalten. Bei diesem Vorgehen erniedrigt sich der Grad des verbleibenden Polynoms jeweils um eins. Es kann deshalb höchstens n **Linearfaktoren** geben. Dies zeigt:

> Eine ganzrationale Funktion vom Grad n ($n \in \mathbb{N}$) hat höchstens n Nullstellen.
> So hat die Funktion f vom Grad 3 mit $f(x) = x^3 - 4x = (x - 2)(x^2 + 2x) = (x - 2) \cdot x \cdot (x + 2)$ drei Nullstellen, die Funktion f mit $f(x) = (x - 1)(x^2 + 1)$ aber nur eine Nullstelle.

Das ist bereits bekannt: Eine quadratische Funktion kann keine, eine oder zwei Nullstellen haben.
Eine ganzrationale Funktion vom Grad 1 hat immer eine Nullstelle!

Gilt bei einer Zerlegung eines Polynoms in Linearfaktoren z.B. $f(x) = (x - 3{,}5)^2 \cdot (x^3 + 1)$ so heißt 3,5 zweifache Nullstelle. In $f(x) = (x + 10)^5 \cdot 4x$ heißt −10 fünffache Nullstelle, entsprechend ist in $f(x) = (x - a)^n \cdot g(x)$ a eine n-fache Nullstelle.

Beispiel 1 Nullstellenbestimmung mithilfe der Polynomdivision
Ermitteln Sie alle Nullstellen der Funktion f mit $f(x) = x^3 - 5x^2 + 5x - 1$.
Lösung:
Durch Probieren findet man die Nullstelle 1.
Polynomdivision von f(x) durch (x − 1):

$$
\begin{array}{l}
(x^3 - 5x^2 + 5x - 1):(x - 1) = x^2 - 4x + 1 \\
\underline{-(x^3 - \;\; x^2)} \\
\quad -4x^2 + 5x - 1 \\
\quad \underline{-(-4x^2 + 4x)} \\
\qquad x - 1 \\
\qquad \underline{-(x - 1)} \\
\qquad\quad 0
\end{array}
$$

Wichtiger Hinweis:
Ganzzahlige Nullstellen lassen sich am GTR aus dem TABLE-Menue ablesen, wenn der Bereich geeignet gewählt wird.

Es ist also $f(x) = (x - 1)(x^2 - 4x + 1)$. Die weiteren Nullstellen von f erhält man aus der Gleichung $x^2 - 4x + 1 = 0$. f hat somit die drei Nullstellen $1;\ 2 + \sqrt{3};\ 2 - \sqrt{3}$.

Es werden häufig Polynomfunktionen betrachtet, bei denen die Nullstellenberechnung ohne großen Aufwand möglich ist.

Tritt in einer Gleichung kein konstanter Summand auf wie in Beispiel 2a), so kann man stets eine Potenz von x ausklammern.

Beispiel 2 Zwei wichtige Sonderfälle zur Nullstellenbestimmung

Bestimmen Sie die Nullstellen der Funktion f mit

a) $f(x) = x^5 + 1{,}8x^4 - 0{,}63x^3$

b) $f(x) = x^4 - 29x^2 + 100$.

Lösung:

a) durch Ausklammern:

$x^5 + 1{,}8x^4 - 0{,}63x^3 = 0$

$x^3(x^2 + 1{,}8x - 0{,}63) = 0$

$x = 0$ oder $x^2 + 1{,}8x - 0{,}63 = 0$

$x = 0$ oder $x_{1/2} = -0{,}9 \pm \sqrt{0{,}81 + 0{,}63}$

Nullstellen von f: 0; 0,3; −2,1

b) durch Substituieren:

$x^4 - 29x^2 + 100 = 0$

Substitution: $z = x^2$: $z^2 - 29z + 100 = 0$

$z_{1;2} = 14{,}5 \pm \sqrt{210{,}25 - 100} = 14{,}5 \pm 10{,}5$

$z_1 = 4$ oder $z_2 = 25$, also $x^2 = 4$ oder $x^2 = 25$

Nullstellen von f: −2; 2; −5; 5

Beispiel 3 Nullstellenbestimmung mit dem GTR

Ermitteln Sie mit dem GTR Näherungswerte für die Nullstellen der Funktion f mit

$f(x) = 3x^3 - 2x^2 - 5x - 1$.

1. Lösung: (CALC-Menü)

Zunächst stellt man den Graphen von f in einem geeigneten Intervall dar. Die Nullstellen von f werden nun als x-Werte der Schnittpunkte des Graphen mit der x-Achse ermittelt.

Mit CALC erreicht man das CALCULATE-Menü und wählt 2:Zero.

Für das zu untersuchende Intervall müssen Unter- und Obergrenze sowie ein Schätzwert eingegeben werden. Dies kann man mit den Pfeiltasten oder durch direkte Eingabe bewerkstelligen. Die Koordinaten des Schnittpunktes werden angezeigt. Für die weiteren Schnittpunkte wiederholt man das Verfahren mit neuen Intervallgrenzen.

Ergebnisse (auf vier Stellen gerundet): $x_1 \approx -0{,}8423$; $x_2 \approx -0{,}2279$; $x_3 \approx 1{,}7368$.

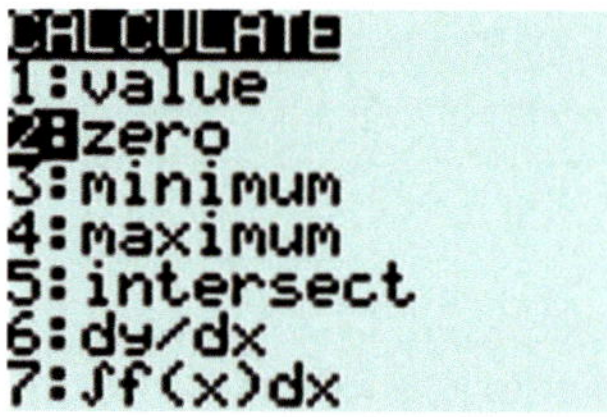

Fig. 1

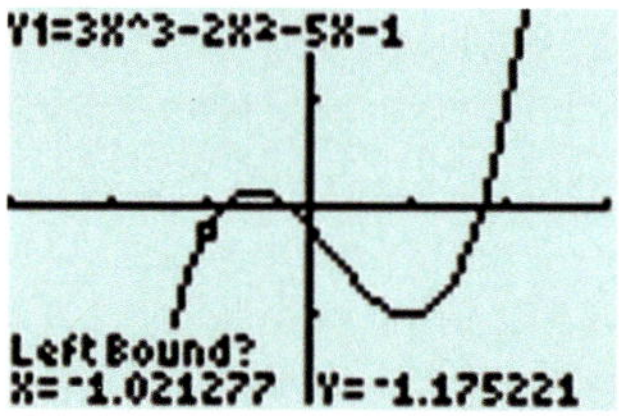

Fig. 2

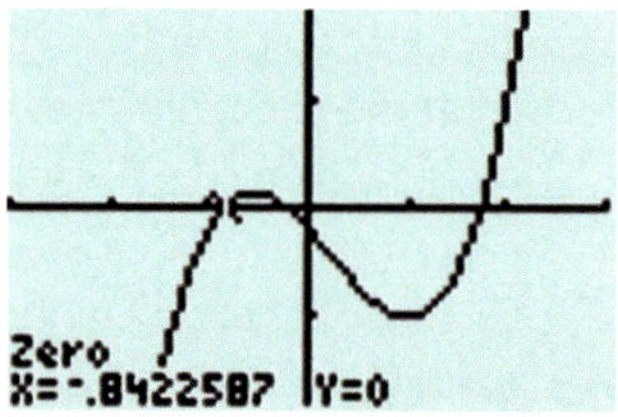

Fig. 3

2. Lösung: (MATH-Menü)

Man gibt den Term von f in das Y=-Menü ein, erstellt einen Graphen von f in einem geeigneten Intervall und liest die Lage der Nullstellen näherungsweise ab.

Die hier dargestellten Verfahren gelten nicht nur für ganzrationale Funktionen.

Aus dem MATH-Menü wählt man 0:SOLVER aus und gibt den Term von f oder über das VARS-Menü Y1 ein. Als Startwert wählt man einen der abgelesenen Werte (z. B. −0,8).

Mit ALPHA ENTER erhält man einen Näherungswert für die Nullstelle. Die anderen Nullstellen erhält man auf entsprechende Weise mit veränderten Startwerten.

Ergebnisse (auf vier Stellen gerundet): $x_1 \approx -0{,}8423$; $x_2 \approx -0{,}2279$; $x_3 \approx 1{,}7368$.

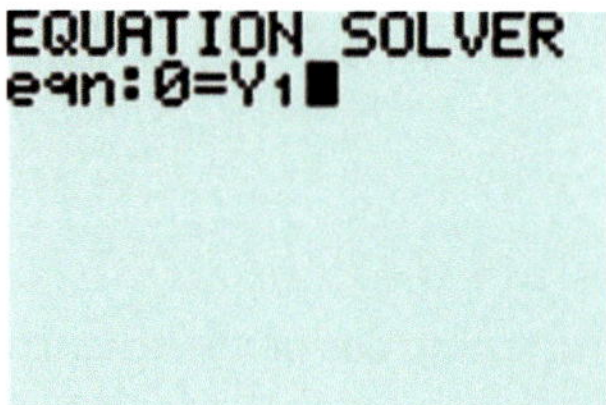

Fig. 4

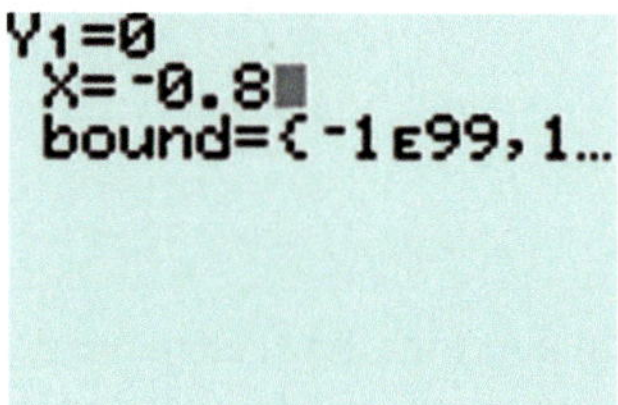

Fig. 5

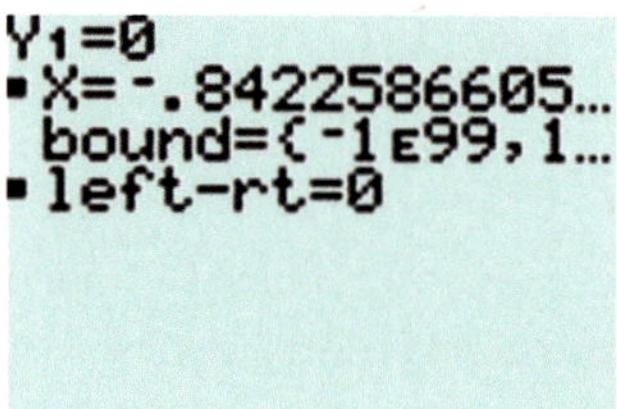

Fig. 6

Aufgaben

2 Ermitteln Sie die Nullstellen der Funktion.

a) $f(x) = (1 - 2x)(x - 2)$ b) $f(t) = (2t + 1)(6 - 4t)$ c) $g(x) = (0{,}4x - 1{,}2)(x^2 + 4)$
d) $g(x) = 0{,}5x + x^2$ e) $k(t) = 2t^2 - \sqrt{3}\,t$ f) $h(u) = 3u^2 - \frac{1}{3}u^4$

3 a) $f(x) = x^4 - 13x^2 + 36$ b) $g(x) = 16x^4 - 40x^2 + 9$ c) $f(t) = -9 - 2t^2 + 32t^4$
d) $h(v) = 4v^2 - v^4$ e) $g(r) = r^6 - 19r^3 - 216$ f) $f(x) = (x + 1)^3 + (x + 1)^2 - 6(x + 1)$

Man kann nicht nur x^2 substituieren!

4 Führen Sie jeweils die Polynomdivision aus.

a) $(x^3 + 2x^2 - 17x + 6) : (x - 3)$ b) $(2x^3 + 2x^2 - 21x + 12) : (x + 4)$
c) $(2x^3 - 7x^2 - x + 2) : (2x - 1)$ d) $(x^4 + 2x^3 - 4x^2 - 9x - 2) : (x + 2)$

Der Norweger Niels Henrik Abel (1802–1829) konnte im Alter von 22 Jahren nachweisen, dass für die allgemeine Gleichung 5. Grades keine Lösungsformel exitiert. Als 24-Jähriger gelang ihm dieser Nachweis für alle Gleichungen höheren als 5. Grades.

Abel war ein schüchterner junger Mann, der in sehr beschränkten materiellen Verhältnissen lebte. Er starb im Alter von 26 Jahren an Tuberkulose.

5 Bestimmen Sie durch Probieren oder aus einer Zeichnung eine Nullstelle und berechnen Sie danach die weiteren Nullstellen.

a) $f(x) = x^3 - 6x^2 + 11x - 6$ b) $f(x) = x^3 + x^2 - 4x - 4$ c) $f(x) = 4x^3 - 13x + 6$
d) $f(x) = 4x^3 - 8x^2 - 11x - 3$ e) $f(x) = 4x^3 - 3x - 1$ f) $f(x) = 25x^3 + 15x^2 - 9x + 1$

6 Geben Sie eine ganzrationale Funktion mit den folgenden Nullstellen an.

a) 1; 2 b) −9; −7; 9 c) 1; 2; 3; 4 d) −2 ; 2; −3; 3 e) −1; −2; 3; 4

7 Ermitteln Sie mit dem GTR die Nullstellen der Funktion.

a) $f(x) = x^3 - x^2 + 5x + 9$ b) $f(x) = x^4 - 2x - 17$ c) $f(x) = 0{,}5x^5 - 3x^3 + x^2 + 3$

8 An welchen Stellen nimmt die Funktion f den angegebenen Wert a an? Eine Stelle x_1 ist angegeben, die anderen müssen Sie berechnen.

a) $f(x) = x^3 - 3x^2 - 6x + 9$; $a = 1$; $x_1 = 1$ b) $f(x) = x^3 - 3{,}9x^2 + 2{,}6x$; $a = -2{,}4$; $x_1 = 2$

9 Bestimmen Sie mit dem GTR alle x-Werte der Funktion f mit $f(x) = 3{,}2$.

a) $f(x) = x^3 - 3{,}694x^2 - 0{,}88036x + 1{,}632344$ b) $f(x) = x^4 + x^3 - 6x + 5{,}2$

10 Die Tankanzeige eines gleichmäßig schnell fahrenden voll getankten Autos kann durch die Funktion $b(x) = 50 - 0{,}06 \cdot x$, x in km, b in Liter, modelliert werden.

a) Wie viel Liter zeigt die Anzeige zu Beginn der Fahrt an und wann sind noch 25 l im Tank?
b) Wann ist der Tank leer? In welchem Bereich ist die obige Funktion nur brauchbar?

11 Die Funktion f mit $f(t) = 0{,}1t^3 - 2{,}5t + 100$, t in Monaten, f(t) in kg, beschreibt für $t \in [0; 6]$ das Gewicht eines Mannes, der zu Beginn der Aufzeichnungen eine 3-monatige Diätkur macht und dann wieder „normal lebt“.

a) Welches Gewicht hat der Mann bei Beginn und nach Beendigung der Kur?
b) Nach welcher Zeit hat er wieder 100 kg Gewicht erreicht?

12 Die Funktion f mit $f(t) = -0{,}1t^3 + 0{,}7t^2 - 1{,}9t + 40$; t in Tagen; f(t) in °C; modelliert die Fieberkurve eines in ein Krankenhaus zum Zeitpunkt $t = 0$ eingelieferten Patienten in den ersten zwei Tagen.

a) Zu welchem Zeitpunkt hatte der Patient 40 °C Fieber?
b) Wie hoch war das Fieber 24 Stunden nach der Einlieferung ins Krankenhaus?
c) Zeigen Sie, dass der Patient nach zwei Tagen noch 38,2 °C Körpertemperatur hatte.
d) Beantworten Sie unter Zuhilfenahme des GTR die Frage, nach wie viel Stunden nach Einlieferung ins Krankenhaus das Fieber um 1 Grad gefallen war.

12 Schnittpunkte von Graphen

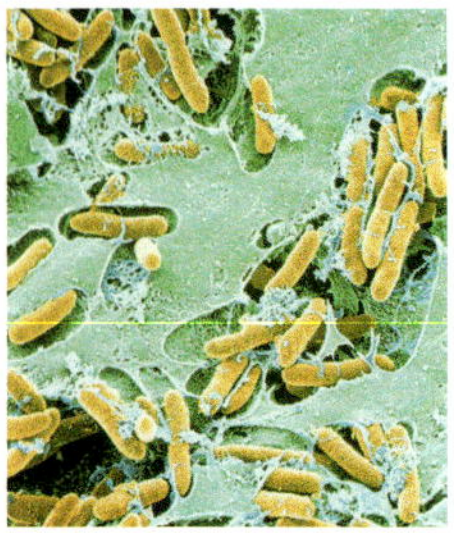

1 Die Vermehrung eines Bakteriums wird unter verschiedenen Bedingungen getestet. Unter Normalbedingungen modelliert die Funktion $f(x) = 1{,}2x + 1$, x in Tagen, f(x) in Millionen, die Vermehrung. Unter besonderen Laborbedingungen verläuft die Vermehrung gemäß $g(x) = 0{,}2x^2 + 1$; x in Tagen; f(x) in Millionen.

a) Nach wie viel Tagen sind gleich viel Bakterien vorhanden? Wie viele sind dies dann?

b) Bestimmen Sie den Zeitpunkt x, zu dem g(x) doppelt so groß ist wie f(x).

Das Berechnen von Schnittpunkten der Graphen zweier Funktionen f und g lässt sich auf das Bestimmen von Nullstellen einer Funktion zurückführen.

Fig. 1 zeigt die Graphen der Funktionen f und g mit $f(x) = x^3 - x$ und $g(x) = \frac{1}{2}x^2 - \frac{1}{2}$.
In einem Schnittpunkt beider Graphen, z.B. S(−1 | 0) müssen die Funktionswerte von f und g übereinstimmen, d.h. $f(-1) = g(-1)$.
Es sind beim Ermitteln der Schnittpunkte somit alle x-Werte zu bestimmen, für die gilt:
$f(x) = g(x)$, also $x^3 - x = \frac{1}{2}x^2 - \frac{1}{2}$.
Dies kann man auch als $f(x) - g(x) = 0$, also als $x^3 - x - \frac{1}{2}x^2 + \frac{1}{2} = 0$ schreiben. Damit genügt es, die Nullstellen der Funktion h mit $h(x) = f(x) - g(x)$, also von $h(x) = x^3 - \frac{1}{2}x^2 - x + \frac{1}{2}$ zu bestimmen. Da $h(1) = 1 - \frac{1}{2} - 1 + \frac{1}{2} = 0$, $h(-1) = (-1)^3 - \frac{1}{2} - (-1) + \frac{1}{2} = 0$ und $h\left(\frac{1}{2}\right) = \left(\frac{1}{2}\right)^3 - \frac{1}{2} \cdot \left(\frac{1}{2}\right)^2 - \frac{1}{2} + \frac{1}{2} = 0$ ist, sind −1; $\frac{1}{2}$ und 1 die x-Werte der Schnittpunkte. Die zugehörigen y-Werte berechnet man durch Einsetzen in f oder g.
$f(-1) = (-1)^3 - (-1) = 0$; $f\left(\frac{1}{2}\right) = \frac{1}{8} - \frac{1}{2} = -\frac{3}{8}$; $f(1) = 0$.
Schnittpunkte sind demnach $S_1(-1 | 0)$; $S_2(0{,}5 | -0{,}375)$; $S_3(1 | 0)$.

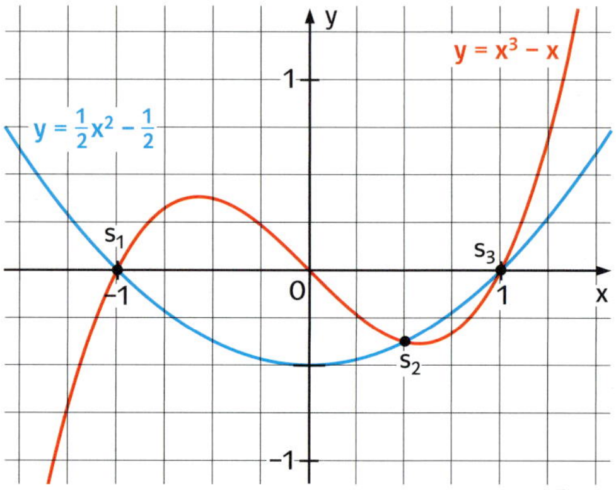

Fig. 1

Die Nullstellen von h(x) sind die Schnittstellen von f(x) und g(x). Sie wurden der Zeichnung entnommen und anschließend rechnerisch bestätigt.

Die Schnittpunkte der Graphen zweier Funktionen f und g werden durch die Gleichung $f(x) = g(x)$ bestimmt.
Die x-Werte der Schnittpunkte sind demnach die Nullstellen der Funktion h mit $h(x) = f(x) - g(x)$. Die y-Werte der Schnittpunkte erhält man durch Einsetzen der x-Werte in die Funktion f oder in die Funktion g.

Sollen umgekehrt die Nullstellen einer Funktion h, z.B. $h(x) = x^4 - x - 5$ bestimmt werden, so kann man die Gleichung $x^4 - x - 5 = 0$ auch folgendermaßen lösen: Man schreibt die Gleichung in der Form $x^4 = x + 5$ und bestimmt die Schnittstellen der Graphen der Funktionen f mit $f(x) = x^4$ und g mit $g(x) = x + 5$ (siehe Beispiel 3).

Auch diese Graphen **schneiden** sich in S(0 | 1). Man sagt, sie **berühren** sich in S.

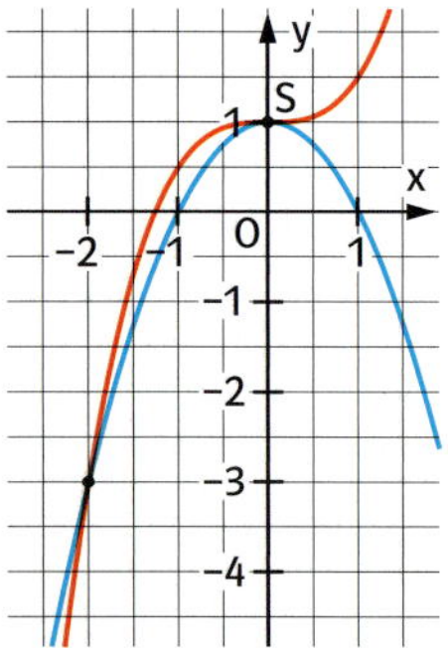

Beispiel 1 Rechnerische Bestimmung von Schnittpunkten
Berechnen Sie die Schnittpunkte der Graphen von f mit $f(x) = \frac{x^3}{10} + 2$ und g mit $g(x) = -x^2 + 2$.
Lösung:
Es ist $\frac{x^3}{10} + 2 = -x^2 + 2$, also $\frac{x^3}{10} + x^2 = 0$. Ausklammern ergibt: $x^2 \cdot \left(\frac{1}{10}x + 1\right) = 0$, also $x^2 = 0$; $\frac{1}{10}x + 1 = 0$. Damit erhält man die „doppelte" Nullstelle $x_1 = 0$ und die „einfache" Nullstelle $x_2 = -10$. Da $g(0) = 2$ und $g(-10) = -98$ ist, schneiden sich die Graphen in $S_1(0 | 2)$ und $S_2(-10 | -98)$.

Beispiel 2 Schnittpunkte mit dem GTR

Ermitteln Sie mit dem GTR den Schnittpunkt der Graphen der Funktionen f mit $f(x) = -0{,}2x^2 + 2$ und g mit $g(x) = 0{,}15x^3$

Lösung:

Man erstellt die Graphen von f und g und ruft mit [2nd] [CALC] im Menü 5:intersect auf. Die auftretenden Fragen first curve? und second curve? beantwortet man mit □, ignoriert in der Regel die Frage guess? und erhält den Schnittpunkt S(2|1,2) (Fig. 1 bis Fig. 3).

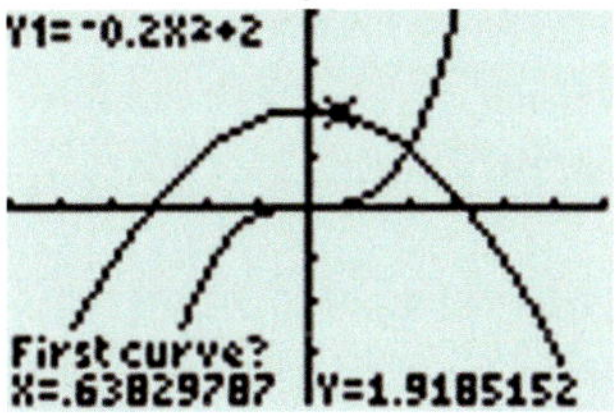

Fig. 1

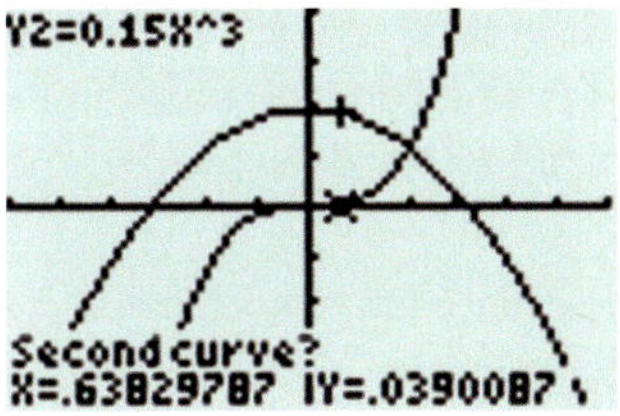

Fig. 2

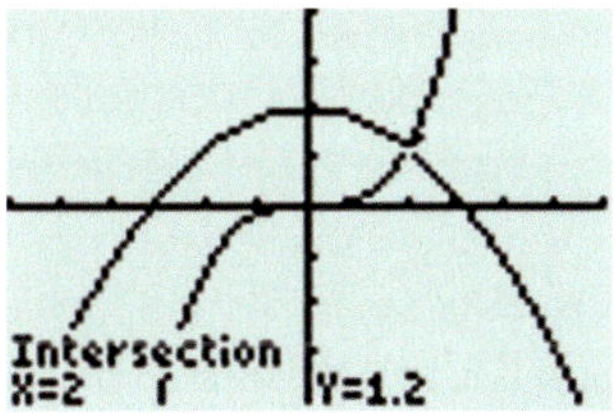

Fig. 3

Beispiel 3 Graphisches Lösen von Gleichungen

Lösen Sie die Gleichung $0{,}2x^3 - 0{,}6x + 0{,}4 = 0$ graphisch.

Lösung:

Die Gleichung kann man umschreiben:
$0{,}2x^3 = 0{,}6x - 0{,}4$. Es sind somit die x-Werte der Schnittpunkte der Graphen von f und g mit $f(x) = 0{,}2x^3$ und $g(x) = 0{,}6x - 0{,}4$ zu ermitteln. Man zeichnet die Graphen von f und von g und liest die Schnittstellen ab:
Es ist $x_1 = -2$ und $x_2 = 1$. Damit ist die Lösungsmenge der Gleichung $L = \{-2; 1\}$.

Probe für 1: $0{,}2 - 0{,}6 + 0{,}4 = 0$.

Probe für −2: $0{,}2 \cdot (-2)^3 - 0{,}6 \cdot (-2) + 0{,}4 = 0$.

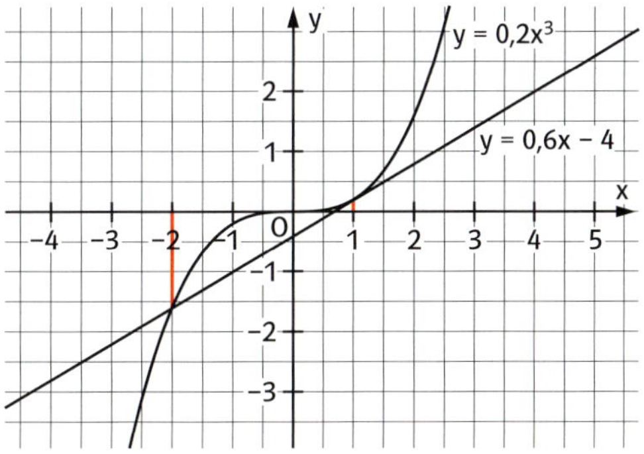

Aufgaben

2 Bestimmen Sie die Schnittpunkte der Graphen von f und g. Machen Sie die Probe.

a) $f(x) = x^2$; $g(x) = 3x - 2$
b) $f(x) = 2x^3$; $g(x) = 7x^2 - x - 10$
c) $f(x) = 2x^3 - 3x$; $g(x) = 3x^2 - 2$
d) $f(x) = 20x^2 - 2x$; $g(x) = 47$

Eine Schnittstelle bei a) und b) ist 1 oder −1!

3 Bestimmen Sie die Schnittpunkte mit dem GTR.

a) $f(x) = 0{,}2x^3$; $g(x) = 0{,}864x - 0{,}6912$
b) $f(x) = 3x^4$; $g(x) = 2x^2 + x + 3$
c) $f(x) = x^5 - 2x^4$; $g(x) = x^3 - x - 2$
d) $f(x) = x^{100} - x^{99}$; $g(x) = 2$

4 Lösen Sie die Gleichung grafisch, indem Sie die Schnittstellen zweier Graphen bestimmen. Kontrollieren Sie Ihre Ergebnisse anschließend (wenn möglich) mit dem GTR.

a) $x^2 - x - 1 = 0$
b) $x^2 - x + 1 = 0$
c) $x^2 - 2x + 1 = 0$
d) $x^3 - x - 1 = 0$
e) $x^3 - 2x + 0{,}5 = 0$
f) $x^4 - 2x + 1 = 0$
g) $x^4 + x + 1 = 0$
h) $x^5 - 3 = 0$

5 Der Benzinverbrauch der Autos zweier Hersteller kann in Abhängigkeit vom Tempo zwischen $40\,\frac{km}{h}$ und $200\,\frac{km}{h}$ im 4. Gang durch die Funktionen f und g modelliert werden:
$f(x) = 0{,}0005x^2 - 0{,}06x + 8$; $g(x) = 0{,}0012x^2 - 0{,}18x + 12$; x in $\frac{km}{h}$; f(x) und g(x) in $\frac{l}{100\,km}$.

a) Bei welchem Tempo verbrauchen beide Autos die gleiche Menge Kraftstoff?

b) Bei welchem Tempo verbraucht das zu g gehörige Auto 1 Liter mehr als das zu f gehörige?

13 Bestimmung von Funktionstermen

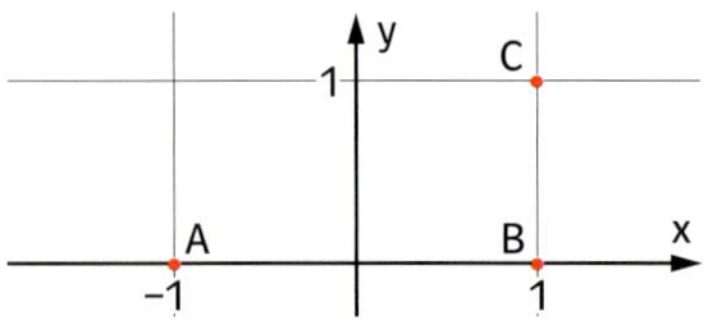

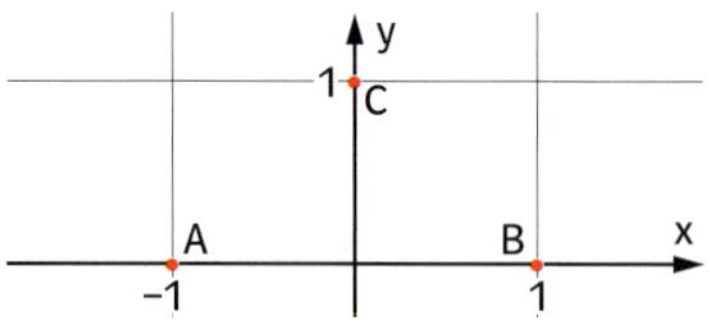

1 Zu welchen der beiden nebenstehenden Fälle lässt sich eine ganzrationale Funktion vom Grad 3 finden, deren Graph durch die Punkte A, B und C verläuft? Begründen Sie.

In Anwendungen kommt es vor, dass eine Funktion bestimmt werden soll, deren Graph durch vorgegebene Punkte verlaufen soll. Dieses Problem wird im Folgenden behandelt.

Der Graph einer ganzrationalen Funktion 2-ten Grades soll z.B. durch die Punkte A(0 | 3), B(1 | 0) und C(2 | −1) verlaufen (Fig. 1). Man macht den Ansatz einer allgemeinen quadratischen Funktion, also $f(x) = ax^2 + bx + c$ und gibt die Bedingungen an:

A(0 | 3) liegt auf dem Graphen: $f(0) = 3$: $a \cdot 0^2 + b \cdot 0 + c = 3$; also $c = 3$ (1)
B(1 | 0) liegt auf dem Graphen: $f(1) = 0$: $a \cdot 1^2 + b \cdot 1 + c = 0$; also $a + b + c = 0$ (2)
C(2 | −1) liegt auf dem Graphen: $f(2) = -1$: $a \cdot 2^2 + b \cdot 2 + c = -1$; also $4a + 2b + c = -1$ (3)

Die Gleichungen (1), (2) und (3) bilden ein lineares Gleichungssystem mit den 3 Unbekannten a, b und c. Wie man Gleichungssysteme löst, auch mit dem GTR, wird in Kapitel X, Seite 304 ff, behandelt.

Gleichungssysteme löst man am schnellsten mit dem GTR (vgl. Seite 306):

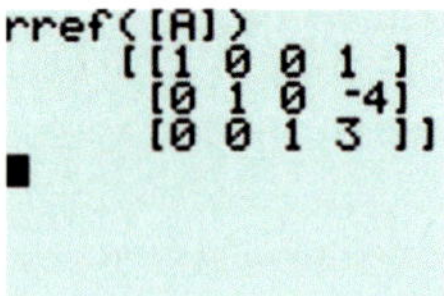

Hier wird das rechnerische Lösen erläutert:
Man setzt $c = 3$ in (2) ein und erhält:
$a + b + 3 = 0$, aufgelöst nach b: $b = -3 - a$.
Dies setzt man zusammen mit $c = 3$ in (3) ein:
$4a + 2(-3 - a) + 3 = -1$ oder
$4a - 6 - 2a + 3 = -1$, also $2a - 3 = -1$ und
damit $2a = 2$, also $a = 1$.
Da $b = -3 - a$ ist, folgt $b = -4$.
Damit lautet die gesuchte Funktion
$f(x) = x^2 - 4x + 3$.

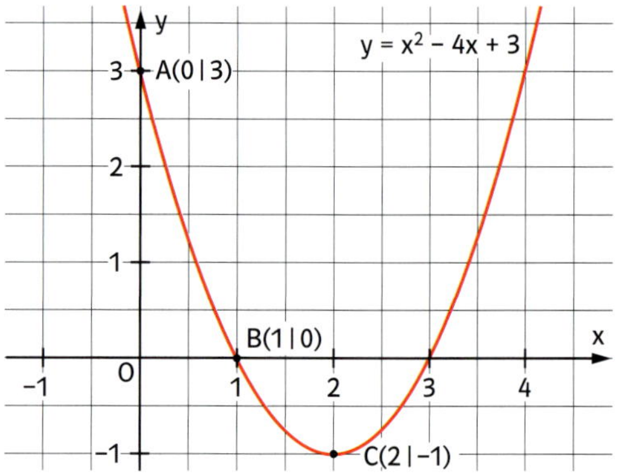

Fig. 1

Vorgehen bei der Bestimmung einer ganzrationalen Funktion:
1. Ansatz einer ganzrationalen Funktion mit unbekannten Koeffizienten.
   Ist der Graph achsensymmetrisch oder punktsymmetrisch, so ist dies im Ansatz zu berücksichtigen.
2. Umformulieren Punkt „P(a | b) liegt auf dem Graphen von f" in eine Gleichung: $f(a) = b$.
3. Lösen des Gleichungssystems und Angabe der gefundenen Funktion.

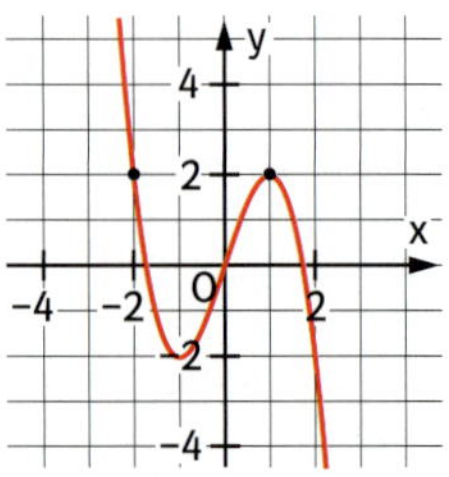

Beispiel 1 Ganzrationale Funktion vom Grad 3
Der Graph einer ganzrationalen Funktion f vom Grad 3 ist punktsymmetrisch zum Ursprung und geht durch A(1 | 2) und B(−2 | 2).
Lösung:
1. Ansatz: $f(x) = ax^3 + bx$, da der Graph punktsymmetrisch zu O ist.
2. $f(1) = 2$: $a + b = 2$ (1)
   $f(-2) = 2$: $-8a - 2b = 2 \mid :(-2)$, also $4a + b = -1$ (2)
3. $b = 2 - a$ in (2): $4a + 2 - a = -1$; $3a = -3$; also $a = -1$; $b = 3$
   Damit lautet die gesuchte Funktion $f(x) = -x^3 + 3x$.

Beispiel 2 Bestimmung mit dem GTR

Geben Sie eine ganzrationale Funktion f vom Grad 3 an, die durch die Punkte A(0 | 48), B(4 | 400), C(8 | 960) und D(12 | 1200) verläuft.

Stellen Sie eine ganzrationale Funktion auf, die das Verhalten im Bereich $0 \leqq x \leqq 12$ modelliert und geben Sie f(6) an.

Lösung:

Man geht mit der Taste [STAT] in das Menü von Fig. 1, bestätigt Edit und gibt in L1 die x-Werte, in L2 die zugehörigen y-Werte ein (Fig. 2). Man geht dann mit [STAT] in das [CALC]-Menü und wegen des Grades 3 auf die Regression 3. Grades (CubicReg) (Fig. 3). Man gibt L1, L2, Y1 (Y1 unbedingt über die [VARS]-Taste eingeben!) ein (Fig. 4) und erhält nach Drücken der [ENTER]-Taste die gesuchte Funktion f (Fig. 5). Ihr Graph lässt sich ebenfalls anzeigen (Fig. 6). Der gesuchte Funktionswert ist f(6) = 687.

Hier eine Interpretation der Aufgabe links:

Jungtiere nehmen in den ersten Wochen oft sehr stark zu. Bei einer bestimmten Art wiegen sie nach der Geburt durchschnittlich 48 g, nach 4 Wochen 400 g, nach 8 Wochen 960 g und nach 12 Wochen 1200 g.

Das Tier wiegt also nach 6 Wochen 687 g.

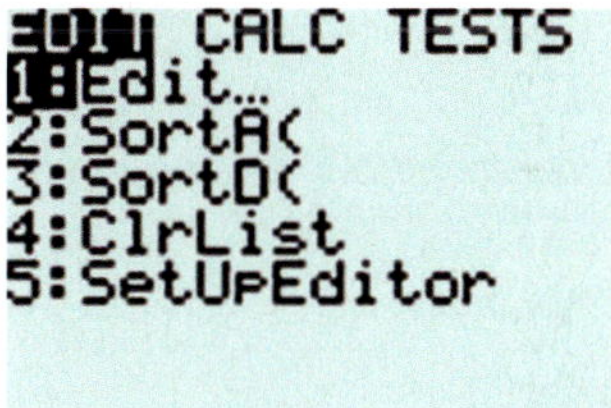

Fig. 1

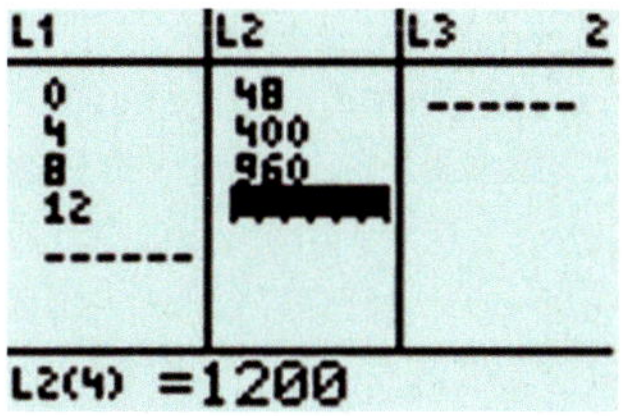

Fig. 2

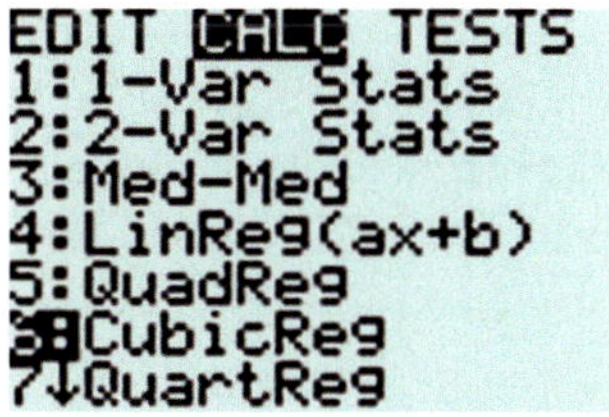

Fig. 3

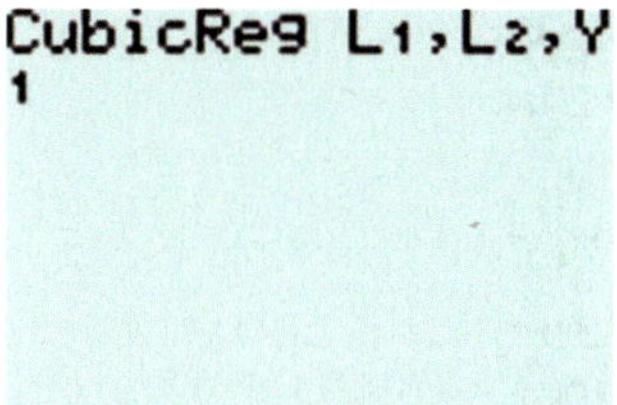

Fig. 4

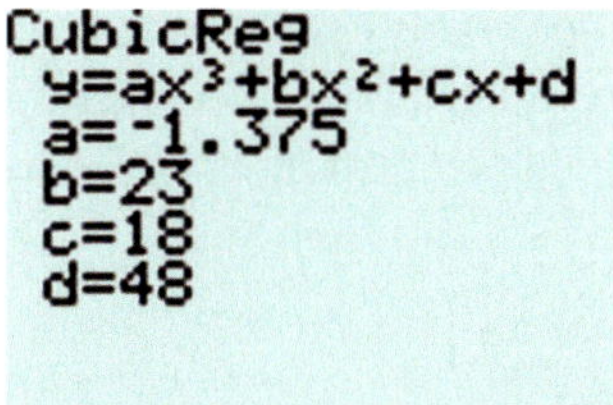

Fig. 5

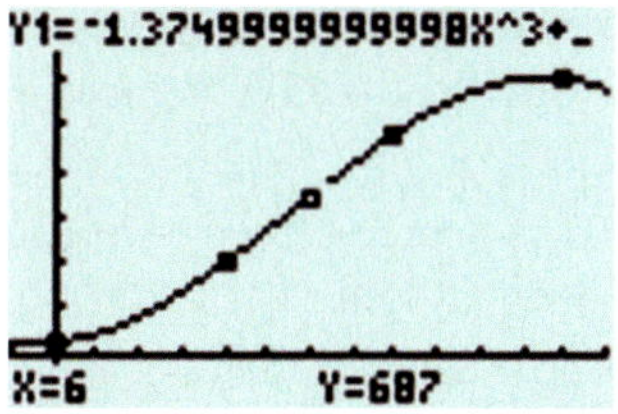

Fig. 6

Aufgaben

2 Bestimmen Sie eine ganzrationale Funktion f von Grad n, die durch die gegebenen Punkte geht. Es sollte das schnellste Verfahren verwendet werden.

a) A(−2 | 3), B(−1 | 2); Grad 1
b) A(1 | 100), B(100 | 34); Grad 1
c) A(−2 | 3), B(−1 | 2), C(0 | 0); Grad 2
d) A(1 | 3), B(2 | 2), C(3 | 4); Grad 2
e) A(0 | 1), B(1 | 0), C(−1 | 4), D(2 | −5); Grad 3
f) A(0 | −1), B(1 | 1), C(−1 | −7), D(2 | 17); Grad 3

Anwendungsaufgaben aus der Wirtschaft folgen in Lerneinheit 14.

3 Bestimmen Sie eine ganzrationale Funktion vom Grad 3, die die angegebene Nullstelle x_0 hat und durch die Punkte A, B und C verläuft.

a) $x_0 = 3$; A(0 | 2); B(2 | 2); C(−1 | 2)
b) $x_0 = 2$; A(0 | −4); B(−1 | −2); C(−3 | −4)

Hinweis: Arbeiten Sie mit dem Ansatz $f(x) = (x - x_0)(ax^2 + bx + c)$!

4 Wenn ein Radprofi x Stunden intensiv bei Hitze trainiert, benötigt er y Liter Flüssigkeit. Er weiß folgende Daten aus Erfahrung:

x in Stunden	0,5	1	1,5	2
y in Liter	1	1,8	2	3

Hinweis: Rechnen Sie die x-Werte in der Einheit „halbe Stunde“.

a) Stellen Sie eine ganzrationale Funktion auf, die den „Wasserbedarf“ beschreibt und erstellen Sie einen Graphen.

b) Berechnen Sie seinen „Wasserbedarf“ bei 75 Minuten und bei 2,5 Stunden Training. Interpretieren Sie das Ergebnis.

14 Funktionen aus der Betriebswirtschaft

1 Die Funktion f mit $f(x) = 1{,}50 \cdot x$; x in kg; f(x) in €; beschreibt den Preis von Äpfeln in Abhängigkeit von der verkauften Menge.
a) Die Äpfel werden um 10 % teurer. Geben Sie die neue Funktion g an und zeichnen Sie ihren Graphen und den Graphen von f.
b) Die Erzeugung der Äpfel kostet ca. 0,50 € pro Kilogramm. Geben Sie die Funktion h an, die den Gewinn in Abhängigkeit von der Menge x der verkauften Äpfel beschreibt. Zeichnen Sie auch den Graphen von h.

Im Folgenden werden Anwendungen zu den ganzrationalen Funktionen aus der Wirtschaft behandelt. Dabei handelt es sich um Modelle und Modellrechnungen. Es ist nämlich nicht möglich, alle beeinflussenden Bedingungen über einen längeren Zeitraum zu überschauen.

Ein Betrieb stellt von einem Gut in einem bestimmten Zeitraum die Menge x her, z. B. Apfelsaft, Radiergummis, Mehl, Schlafanzüge. Man definiert dann als **Produktionsmenge** die in der Zeiteinheit produzierte Menge x dieses Gutes, z. B. könnten dies 500 Liter Apfelsaft je Stunde, 2000 Radiergummis pro Tag, 50 t Mehl pro Tag oder 67 500 Schlafanzüge pro Monat sein.

Stellt ein Unternehmer ein Gut her, so kostet ihn die Herstellung Geld: Wir sprechen von den **Kosten** des Gutes. Da jeder Produktionsmenge x eindeutig Kosten zugeordnet sind, heißt die Zuordnung $x \mapsto K(x)$ **Kostenfunktion**. Als Definitionsmenge betrachtet man das Intervall $[0; x_{max}]$, wobei x_{max} die maximal vom Unternehmen zu fertigende Produktionsmenge ist.
Diese Kosten setzen sich zusammen aus den fixen Kosten (Fixkosten) K_f und den variablen Kosten $K_v(x)$: $K(x) = K_f + K_v(x)$.
Dabei versteht man unter den Fixkosten die Kosten, die dem Betrieb auch dann entstehen, wenn er das Gut nicht produziert (Wartung der Maschinen, Zinsen für aufgenommenes Fremdkapital, Mieten, Pacht, etc.). K_f ist also von x unabhängig. Offensichtlich gilt: $K_f = K(0)$. Manchmal schreibt man auch $K_f(x)$. Die variablen Kosten K_v sind von der produzierten Menge x abhängig (Kosten für Rohmaterial, Löhne, Vertrieb, Transport, usw.). Es gilt also $K_v(x) = K(x) - K(0)$.

Fig. 1

Eine Firma produziere von einer Ware x Tonnen mit Kosten, die durch die Funktion K beschrieben werden:
$K(x) = 0{,}083x^3 - 0{,}58x^2 + 1{,}416x + 2$,
x in t, K(x) in 1000 €.
Fig. 2 zeigt den zugehörigen Graphen.
K(0) = 2, also betragen die fixen Kosten $K_f = 2000$ €. Die variablen Kosten werden durch die Funktion $K(x) - K(0)$ erfasst:
$K_v(x) = 0{,}083x^3 - 0{,}58x^2 + 1{,}416x$.
Da K(5) = 5 ist, belaufen sich die Kosten für 5 Tonnen der Ware auf 5000 €.

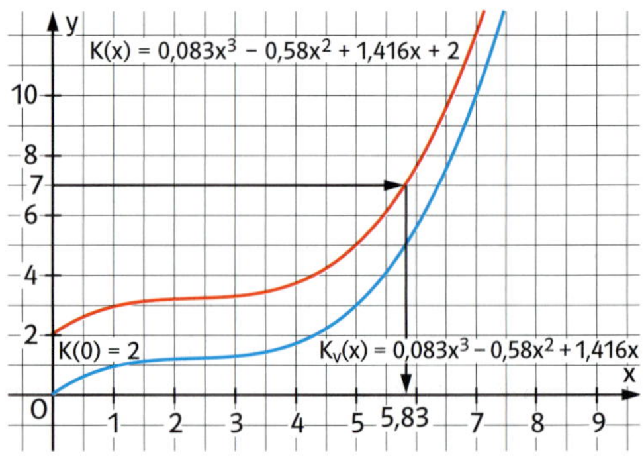

Fig. 2

Für 7000 €, also für K(x) = 7, kann die Firma ca. 5,85 t der Ware herstellen. Es folgt nämlich aus K(x) = 7: $x \approx 5{,}85$ (Fig. 2).

Dieser Verlauf ist für die meisten Kostenfunktionen typisch:
Der steile Anstieg der Kosten für kleine Produktionsmengen ist durch die hohen Anfangskosten für die Beschaffung des Rohmaterials, für den Transport und Vertrieb, usw. zu erklären. Für wachsende Mengen x ist der Kostenzuwachs dann zunächst geringer als am Anfang, steigt aber schließlich wieder überproportional an, und zwar dann, wenn man sich der Kapazitätsgrenze des Betriebs nähert. Dann treten erhöhte Einzelkosten durch teuere Zusatzleistungen, wie Überstundenzuschläge, Beschäftigung nicht eingelernter Arbeitskräfte, Erhöhung des Ausschusses, usw. auf.

Natürlich will jede Firma ihr Produkt verkaufen. Die beim Verkauf des Gutes erzielten Gesamteinnahmen heißen Erlös E oder Umsatz U. Entsprechend der Kostenfunktion heißt die Zuordnung $x \mapsto E(x)$ **Erlösfunktion** oder **Umsatzfunktion**. Sie hat offensichtlich die Eigenschaft, dass $E(0) = 0$ ist, d.h., sie verläuft durch den Ursprung.

Wird kein Rabatt gewährt, so ist die Umsatzfunktion eine lineare Funktion.

Nimmt man an, dass je Produktionseinheit der Preis p erzielt wird, so ist $E(x) = p \cdot x$. E(x) ist in der Regel eine lineare Funktion.
Greift man obiges Beispiel wieder auf und wird eine Tonne der Ware für 1200 € verkauft, so erhält man die Erlösfunktion $E(x) = 1{,}2x$.
Sie ist in Fig. 1 schwarz gezeichnet.
Aus Fig. 1 wird ersichtlich, dass bis zum 1. Schnittpunkt beider Graphen, also etwa bis $x = 2{,}7$ die Kosten höher liegen als die Einnahmen. Die Firma macht also einen Verlust für $0 \leqq x < 2{,}7$.

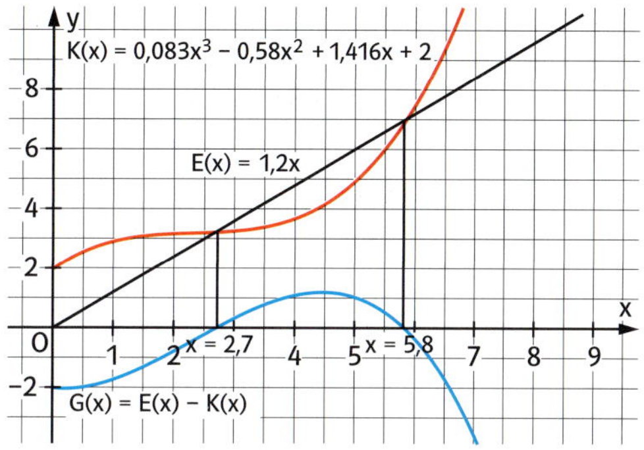

Fig. 1

Der x-Wert des 1. Schnittpunktes heißt **Nutzenschwelle**. Von diesem Punkt bis zum 2. Schnittpunkt mit dem x-Wert 5,8 wird ein Gewinn erzielt, da der Erlös höher liegt als die Produktionskosten betragen. Der Wert 5,8 heißt **Nutzengrenze**. Ab hier macht die Firma wieder Verlust.
Die Differenzfunktion aus Erlös- und Kostenfunktion nennt man **Gewinnfunktion** G:
$G(x) = E(x) - K(x)$. Im Beispiel (Fig. 1) ist
$G(x) = 1{,}2x - (0{,}083x^3 - 0{,}58x^2 + 1{,}416x + 2)$,
also $G(x) = -0{,}083x^3 + 0{,}58x^2 - 0{,}216x - 2$.
Durch Bilden des Quotienten $\frac{K(x)}{x}$ erhält man die Kosten je Produktionseinheit, die so genannten **Stückkosten**. Die Stückkostenfunktion zu dem Beispiel ist also
$S(x) = \frac{K(x)}{x} = 0{,}083x^2 - 0{,}58x + 1{,}416 + \frac{2}{x}$.

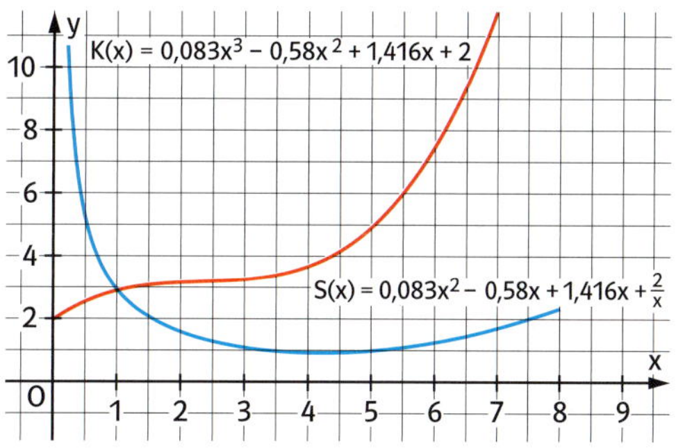

Im kaufmännisch-betrieblichen Bereich gibt die **Kostenfunktion** $K: x \mapsto K(x)$ die Kosten des Betriebs für x Produktionseinheiten an.
Dabei gibt K(0) die **Fixkosten** K_f an. Die **variablen** Kosten betragen $K_v(x) = K(x) - K(0)$.
Die **Erlösfunktion** oder **Umsatzfunktion** $E: x \mapsto E(x)$ gibt den Erlös beim Verkauf von x Produktionseinheiten an. Sie ist in der Regel eine lineare Funktion.
Die Differenzfunktion G mit $G(x) = E(x) - K(x)$ heißt **Gewinnfunktion**. Die Nullstellen der Gewinnfunktion nennt man **Nutzenschwelle** bzw. **Nutzengrenze**.
Die **Stückkostenfunktion** $S(x) = \frac{K(x)}{x}$ gibt die Kosten je Produktionseinheit bei Produktion der Menge x an.

Statt von Stückkosten spricht man manchmal auch von Durchschnittskosten.

Beispiel 1 Kosten-, Erlös- und Gewinnfunktion

Die Fixkosten einer Firma bei der Herstellung eines Produkts betragen 3 GE (Geldeinheiten). Die variablen Kosten für die Herstellung von x ME (Mengeneinheiten) beschreibt die Funktion $K_v(x) = 0{,}3x^2 + 0{,}6x$. Pro Mengeneinheit wird ein Erlös von 3,9 GE gemacht.

a) Geben Sie die Kostenfunktion an und zeichnen Sie ihren Graphen.

b) Geben Sie die Erlösfunktion an und zeichnen Sie ihren Graphen.

c) Geben Sie die Gewinnfunktion an, zeichnen Sie diese und bestimmen Sie die Nutzenschwelle und die Nutzengrenze.

d) Entnehmen Sie aus der Zeichnung, bei welcher Produktionszahl der Gewinn maximal ist. Berechnen Sie auch den maximalen Gewinn.

$y = 0{,}3x^2 + 0{,}6x + 3;$
$\frac{y}{0{,}3} = x^2 + 2x + 10$
$= (x+1)^2 - 1 + 10$
$= (x+1)^2 - 9;$ also
$y = 0{,}3(x+1)^2 + 2{,}7.$

$y = -0{,}3x^2 + 3{,}3x - 3;$
$\frac{y}{-0{,}3} = x^2 - 11x + 10$
$= (x - 5{,}5)^2 - 30{,}25 + 10$
$= (x - 5{,}5)^2 - 20{,}25$
also
$y = -0{,}3(x - 5{,}5)^2 + 6{,}075$

Lösung:

a) $K(x) = K_v(x) + K_f = 0{,}3x^2 + 0{,}6x + 3$

$K(x) = 0{,}3(x+1)^2 + 2{,}7$ (Fig. 1 (schwarz)).

b) $E(x) = 3{,}9 \cdot x$. Graph von E in Fig. 1 (blau).

c) $G(x) = E(x) - K(x) = 3{,}9x - (0{,}3x^2 + 0{,}6x + 3)$

$G(x) = -0{,}3x^2 + 3{,}3x - 3$ (Fig. 1 (rot)).

Berechnung der Nullstellen von G:

$-0{,}3x^2 + 3{,}3x - 3 = 0 \quad | :(-0{,}3)$

ergibt $x^2 - 11x + 10 = 0;$

$x_{1,2} = \frac{11}{2} \pm \sqrt{\frac{121}{4} - 10} = \frac{11}{2} \pm \frac{9}{2}$

Nutzenschwelle: x = 1 (ME);

Nutzengrenze: x = 10 (ME)

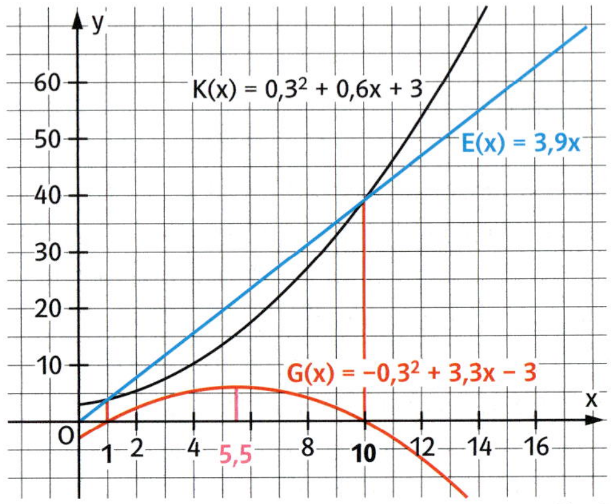

Fig. 1

d) Der Graph von G ist eine nach unten geöffnete Parabel. Ihr Scheitel liegt bei $x_0 = 5{,}5$. Der zugehörige Funktionswert $G(5{,}5) = 6{,}075 \approx 6{,}1$, d.h., der Gewinn ist maximal bei 5,5 ME und beträgt dann ca. 6,1 GE.

Beispiel 2 Auffinden einer Kostenfunktion

Eine kleine Firma stellt Ablaugemittel her. Die Kosten in € für die Herstellung von x Litern zeigt die folgende Kostentabelle:

x in Liter	0	100	300	500
Kosten in €	100	240	400	1200

a) Bestimmen Sie eine ganzrationale Funktion f vom Grad 3, die die Kosten beschreibt, 1 ME entspricht 100 Litern, 1 GE entspricht 100 €, und zeichnen Sie diese.

b) 1 Liter wird zu 4,85 € verkauft. Zeichnen Sie die Erlösfunktion in das gleiche Koordinatensystem ein und lesen Sie aus der Zeichnung die Gewinngrenze ab.

Man löst ein solches System am einfachsten mit dem GTR:

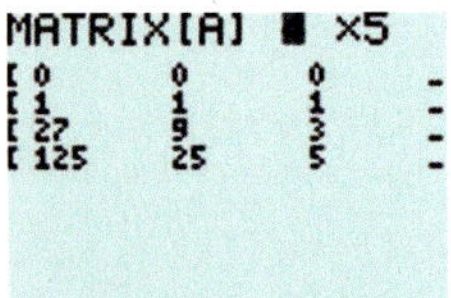

Lösung:

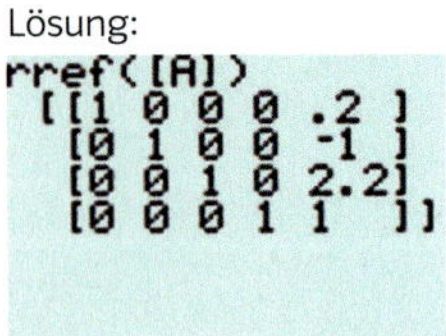

a = 0,2; b = −1; c = 2,2; d = 1.

Lösung:

Die ganzrationale Funktion f vom Grad 3 ist $f(x) = ax^3 + bx^2 + cx + d$. Sie verläuft durch

1. (0|1): **0**·a + **0**·b + **0**·c + **1**·d = **1**; also (1) d = 1
2. (1|2,4): **1**·a + **1**·b + **1**·c + **1**·d = **2,4**; also (2) a + b + c + d = 2,4
3. (3|4): **27**·a + **9**·b + **3**·c + **1**·d = **4**; also (3) 27a + 9b + 3c + d = 4
4. (5|12): **125**·a + **25**·b + **5**·c + **1**·d = **12**; also (4) 125a + 25b + 5c + d = 12.

Das Gleichungssystem ist zu lösen. Dazu wird d in (2) bis (4) durch 1 ersetzt:

(1a) a + b + c + 1 = 2,4 oder (1b) a + b + c = 1,4 | ·(−1)

(2a) 27a + 9b + 3c + 1 = 4 (2b) 27a + 9b + 3c = 3 | :3

(3a) 125a + 25b + 5c + 1 = 12 (3b) 125a + 25b + 5c = 11 | :5

Die Unbekannte c wird eliminiert durch geeignete Umformungen:

(1c) −a − b − c = −1,4 (1d) a + b + c = 1,4

(2c) 9a + 3b + c = 1 (+) (2d) 8a + 2b = −0,4 | :(−2)

(3c) 25a + 5b + c = 2,2 (+) (3d) 24a + 4b = 0,8 | :4

Aus den letzten Gleichungen (2d) und (3d) wird noch b eliminiert:

(2d) $-4a - b = 0{,}2$ ⟶ +
(3d) $\;\;6a + b = 0{,}2$

$2a \qquad = 0{,}4$; also $a = 0{,}2$.

in (2d): $-0{,}8 - b = 0{,}2$; $b = -1$

in (1d): $0{,}2 - 1 + c = 1{,}4$; $c = 2{,}2$

Damit ist $K(x) = 0{,}2x^3 - x^2 + 2{,}2x + 1$.

b) Erlösfunktion $E(x) = 4{,}85 \cdot x$. Die Gewinngrenze ist 6,8, d.h., sie liegt bei ca. 6800 Litern. (Fig. 1)

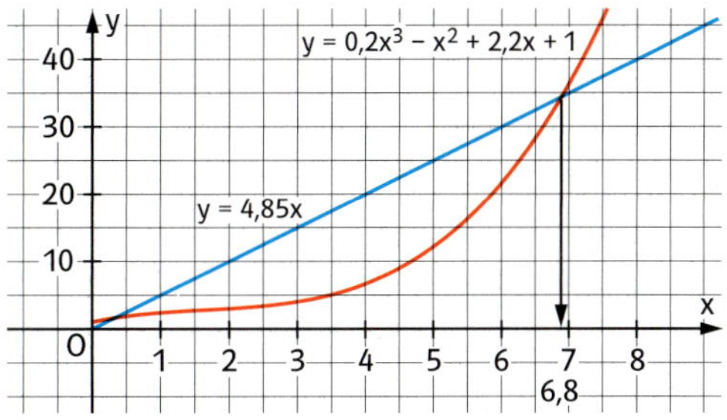

Fig. 1

Mit dem GTR kann man die Gewinngrenze genauer bestimmen:

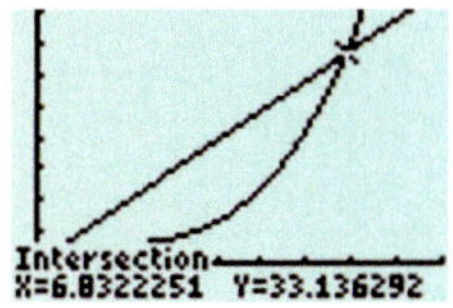

Aufgaben

2 Fig. 2 zeigt den Graphen einer Kostenfunktion für die Herstellung von Knöpfen. x ist in der Mengeneinheit 1000 Stück, K(x) in der Einheit 100 € angegeben.

a) Lesen Sie aus der Zeichnung die Kosten für 10 000 Stück (24 000 Stück, 4000 Stück) ab.

b) Wie viel Knöpfe können für 1000 € (2000 €, 2750 €) hergestellt werden?

c) Geben Sie die Höhe der Fixkosten an.

d) Wie hoch ist der Erlös für einen Knopf?

e) Wo liegt die Gewinnschwelle?

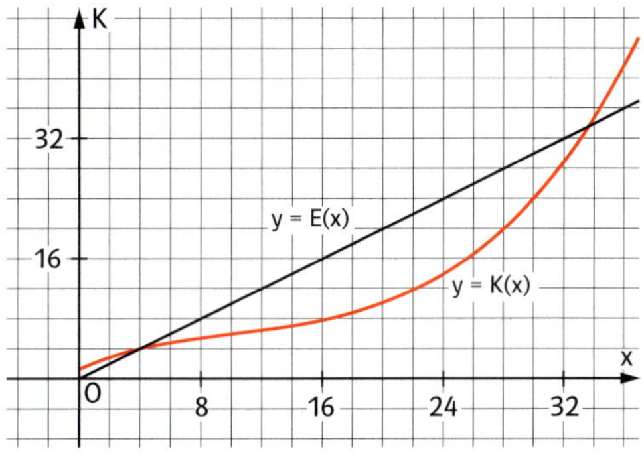

Fig. 2

3 Gegeben ist eine lineare Kostenfunktion K und eine lineare Erlösfunktion E in [0; 20] mit $K(x) = 0{,}4 \cdot x + 1{,}5$ und $E(x) = 0{,}7 \cdot x$

a) Zeichnen Sie die zugehörigen Graphen in ein Achsenkreuz.

b) Bis zu welcher Produktionsmenge x_0 ist $E(x) \leqq K(x)$?

4 Gegeben sind die Kostenfunktion K und die Umsatzfunktion E im Intervall [0; 8]:
$K(x) = \frac{1}{8}x^2 + \frac{1}{2}x + 2$; $E(x) = 1{,}75x$

a) Zeichnen Sie die zu K und E gehörigen Graphen und geben Sie die Fixkosten an.

b) Lesen Sie aus der Zeichnung den Bereich der Produktionsmenge ab, in dem der Erlös größer ist als die Kosten. Man nennt diesen Bereich **Gewinnzone**.
Bestätigen das Ergebnis durch Rechnung.

5 Gegeben ist die Kostenfunktion K im Intervall [0; 8]: $K(x) = \frac{1}{64}x^3 + \frac{7}{32}x^2 + \frac{1}{8}x + 1$

a) Erstellen Sie eine Wertetafel für die ganzzahligen x-Werte des Definitionsintervalls [0; 8] und fertigen Sie einen Graphen an. Wie hoch sind die variablen Kosten?

b) Je Produktionseinheit wird ein Erlös von 3 Geldeinheiten erzielt. Zeichnen Sie die zugehörige Erlösfunktion in das Koordinatensystem mit dem Graphen der Kostenfunktion ein.

c) Zeichnen sie die Gewinnfunktion in ein neues Koordinatensystem, so dass Sie den maximalen Gewinn gut ablesen können. Wie groß ist er?

d) Wie lautet die zugehörige Stückkostenfunktion? Zeichnen Sie ihren Graphen.

6 Die Fixkosten in einem Betrieb für die Produktion einer Ware belaufen sich auf 6 GE, bei 1 ME fallen 7 GE an, bei 5 ME sind es 15 GE. Die Kostenfunktion kann durch eine quadratische Funktion beschrieben werden. Geben Sie diese Kostenfunktion an.

15 Vermischte Aufgaben

Allgemeine Aufgaben

1 Lesen Sie aus dem Graphen ab
a) die Nullstellen,
b) den Schnittpunkt mit der y-Achse,
c) den Wertebereich der Funktion in $[-1; 4]$,
d) den Funktionswert $f(2)$,
e) alle x-Werte mit $f(x) = -1$,
f) alle Lösungen der Gleichung $f(x) = -0{,}5$,
g) den kleinsten Funktionswert.

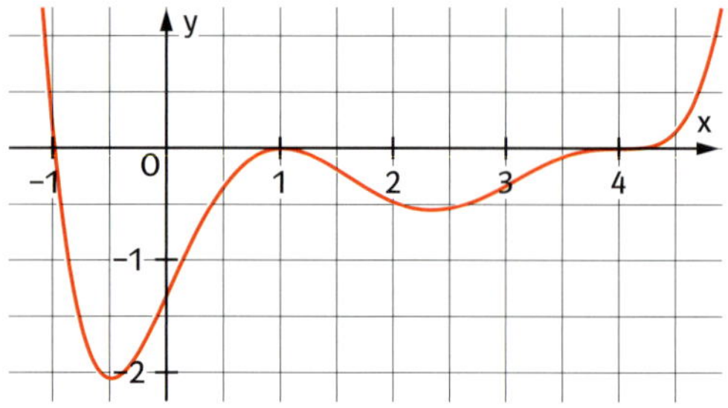

2 Liegen eindeutige Zuordnungen (Funktionen) vor?
a) Jedem Menschen ist ein Name zugeordnet.
b) Jedem Namen ist ein Mensch zugeordnet.
c) Jedem Menschen ist sein Gewicht zugeordnet.

3 Ermitteln Sie zu den Graphen die zugehörige Funktion.

a)

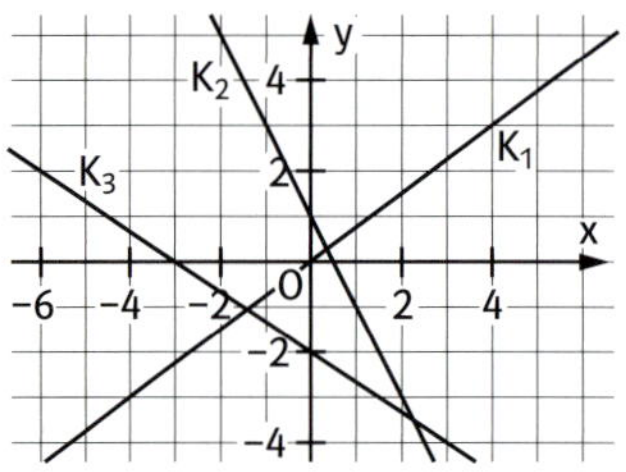

b)

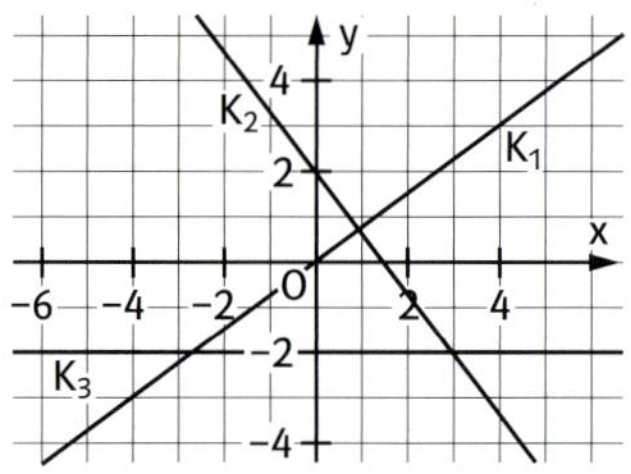

c)

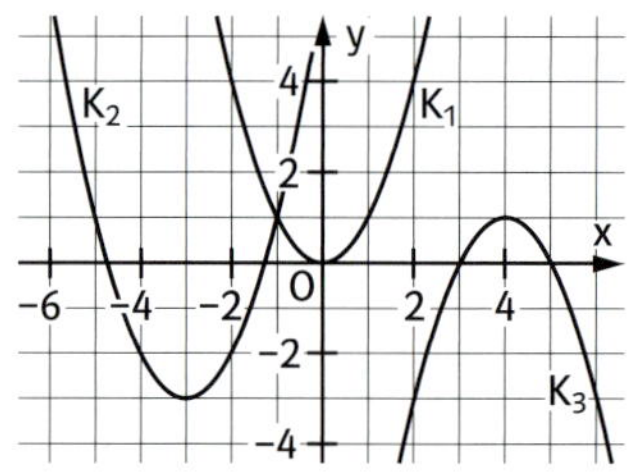

Auch das sind Geraden: Ihre Gleichungen sind $y = m \cdot x + \frac{1}{2}m^2$ mit $m = -5; -4{,}5; -4; \ldots; 4; 4{,}5; 5$

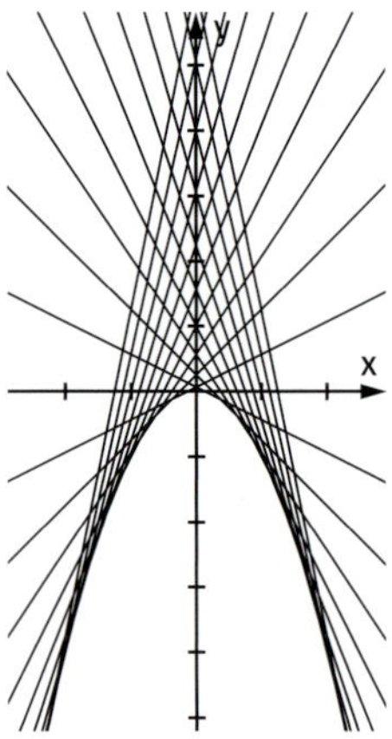

4 Bestimmen Sie jeweils eine Gleichung der Geraden g, die
a) durch die Punkte $A(1|3)$ und $B(2|-4)$ geht,
b) durch den Punkt $A(-1|-7)$ geht und die Steigung $m = -3$ hat,
c) senkrecht ist zu einer Geraden h mit der Steigung $m = 0{,}5$ und durch den Ursprung geht,
d) parallel ist zu einer Geraden h mit der Steigung $m = -0{,}6$ und durch $A(-9|-2)$ geht,
e) senkrecht zur y-Achse ist und durch den Punkt $A(1|-7)$ geht,
f) senkrecht zur x-Achse ist und durch den Punkt $A(1|-7)$ geht,
g) parallel zur x-Achse ist und durch den Punkt $A(-4|9)$ geht,
h) parallel zur y-Achse ist und durch den Punkt $A(-7|-8)$ geht.

5 a) Zeigen Sie, dass die vier Punkte $P(1|1)$, $Q(3|-2)$, $R|(0|-4)$, $S(-2|-1)$ ein Rechteck bilden. Zeichnen Sie die Punkte auch in ein Koordinatensystem ein.
b) Berechnen Sie den Schnittpunkt und den Schnittwinkel der Diagonalen.

6 Eine Gerade geht durch die Punkte $P(1|1)$ und $Q(3|-2)$.
a) Fertigen Sie eine Zeichnung an und bestimmen Sie die Gleichung der Geraden PQ.
b) Welchen Abstand hat die Gerade vom Ursprung O?

7 Bestimmen Sie den Scheitel der Parabel, die durch f gegeben ist.
a) $f(x) = x^2 - 2x$
b) $f(x) = 2x^2 + 3x - 2$
c) $f(x) = 0{,}25x^2 - 8x - 1$

8 Geben Sie die Nullstellen der folgenden Funktionen an.
a) $f(x) = -x^2 + 9$
b) $g(t) = t^2 - 99t - 100$
c) $f(x) = 2x^2 + 6x$

9 Skizzieren Sie den Graphen der Funktion.

a) $f(x) = x^3$ b) $g(x) = x^4$ c) $h(x) = x^5$ d) $k(x) = x^6$ e) $l(x) = -x^3$

10 Ist der Graph von f punktsymmetrisch zu O oder achsensymmetrisch zur y-Achse?

a) $f(x) = x^7 + 6x$ b) $f(x) = x^7 + 6$ c) $f(x) = x^8 - 8x^2 + 6$

11 Eine der Zahlen 4; −3; 0,5; −5 ist Nullstelle der angegebenen Funktion. Bestimmen Sie damit die Nullstellen der folgenden Funktion.

a) $f(x) = 2x^3 + 11x^2 - 20x + 7$ b) $f(x) = 2x^3 + 7x^2 + 2x - 3$ c) $f(x) = 5 + x - x^5 - 5x^4$

Die Kurve ist der Graph einer ganzrationalen Funktion f mit 11 Nullstellen −5; −4; −3; −2; −1; 0; 1; 2; 3; 4; 5. Können Sie eine mögliche Funktion f angeben?

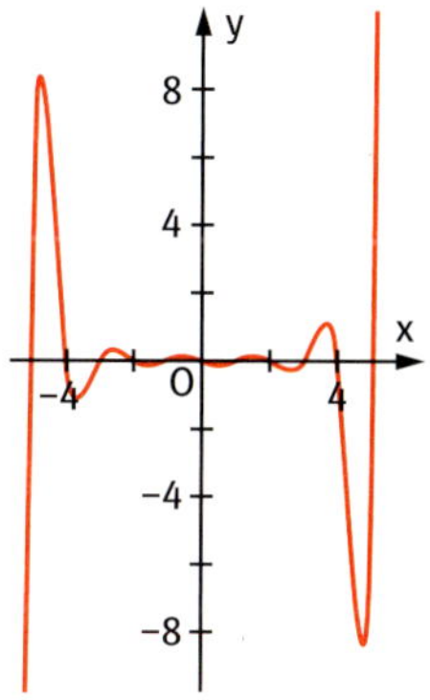

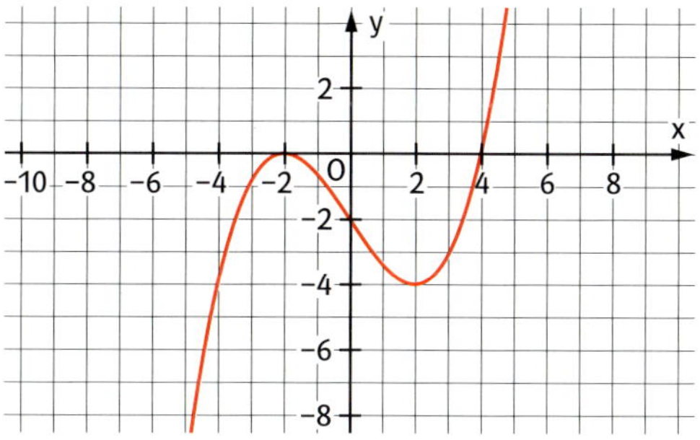

12 Die Zeichnung ist der Graph einer Funktion f mit $f(x) = a(x - x_1)^2(x - x_2)$.

a) Bestimmen Sie anhand des Graphen die Werte für x_1, x_2 und a.

b) Zeigen Sie, dass die unter a) bestimmte Funktion mit $g(x) = 0{,}125x^3 - 1{,}5x - 2$ übereinstimmt.

c) Wie viele Nullstellen hat der um 1 in y-Richtung verschobene Graph? Wo liegt dann der Schnittpunkt mit der y-Achse?

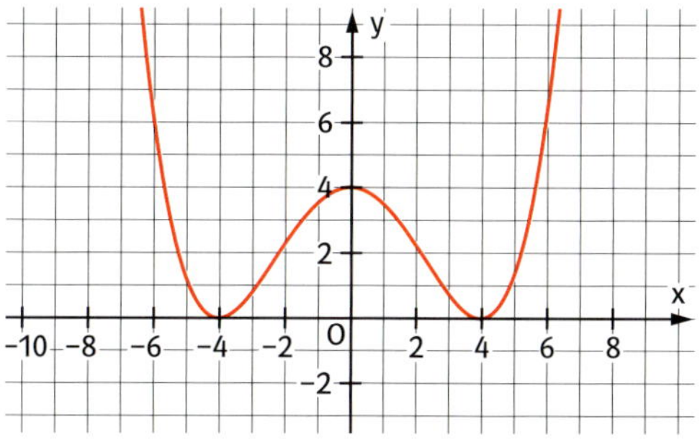

13 Die Kurve ist der Graph einer ganzrationalen Funktion f vom Grad 4.

a) Zählen Sie Eigenschaften von f auf.

b) Die Funktion f kann man in der Form $f(x) = k(x^2 - a)^2$ schreiben. Bestimmen Sie a und k.

c) Der Graph der Funktion wird in y-Richtung verschoben. Wann hat der verschobene Graph vier Nullstellen?

14 Jeder der abgebildeten Graphen ist der Graph einer ganzrationalen Funktion f. Beantworten Sie folgende Fragen: (1) Was ist der kleinstmögliche Grad? (2) Ist der zur höchsten Potenz gehörende Koeffizient positiv oder negativ?

a)

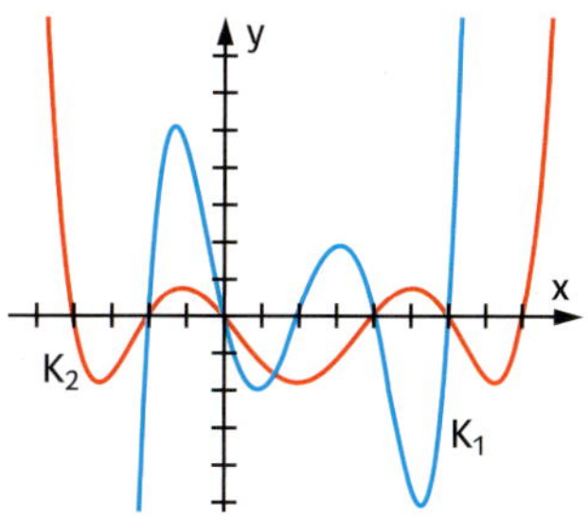

b)

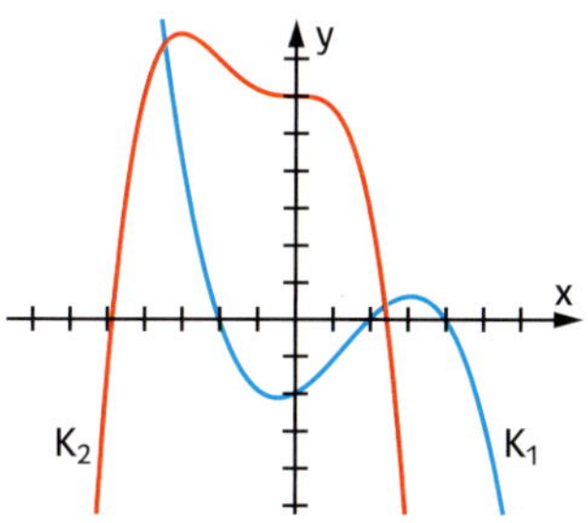

c)

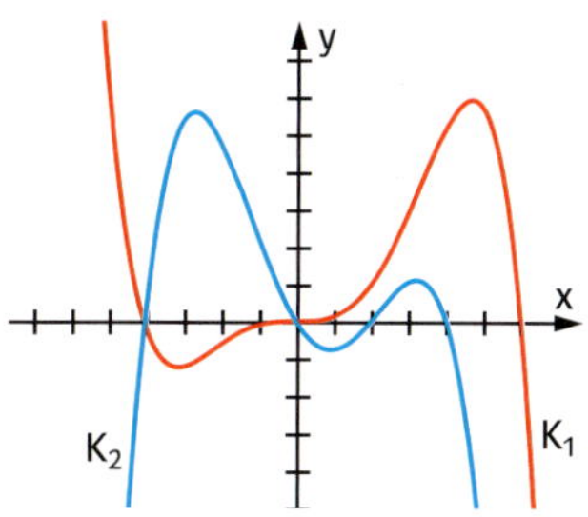

15 Gegeben ist die Funktion f mit $f(x) = 0{,}125x^4 - x^2 - 1{,}125$.

a) Weist der Graph von f eine spezielle Symmetrie auf?

b) Bestimmen Sie die Schnittpunkte des Graphen mit der x-Achse sowie den Schnittpunkt mit der y-Achse.

c) Wie verhält sich der Graph von f für $x \to \pm\infty$?

d) Skizzieren Sie mithilfe der Ergebnisse aus a) bis c) den Graphen von f.

16 Berechnen Sie die Schnittpunkte der Graphen von f und g.

a) $f(x) = x^3 - 0{,}5x^2$; $g(x) = x - 0{,}5$

b) $f(x) = x^3 + 1{,}5x^2 + 4$; $g(x) = 9x$

c) $f(x) = 0{,}2x^3 + 0{,}4x^2 - 3x$; $g(x) = \frac{4}{15}x^2 + \frac{4}{3}x$

d) $f(x) = x^4 + 24x^2$; $g(x) = 9x^3 + 16x$

Aufgaben mit dem GTR

17 Gegeben ist die Funktion f mit $f(x) = x^3 - 2x + 0{,}75$.

a) Erstellen Sie mit dem GTR eine Wertetafel und dann einen aussagekräftigen Graphen.

b) Bestimmen Sie die Nullstellen des Graphen auf vier Stellen nach dem Komma gerundet.

c) Geben Sie $f(-0{,}56)$ und $f(0{,}56)$ auf vier Stellen nach dem Komma gerundet an.

18 Bestimmen Sie alle Schnittpunkte der Graphen der Funktionen.

a) $f(x) = 1$; $g(x) = x^6 - 2{,}5x^3 + 2x$

b) $f(x) = x^3 - x^5 + 0{,}3x$; $g(x) = x^4 - x^2 + 1$

Hier stehen die Lösungsterme zu Aufgabe 19:

$\frac{1}{3}x^3 - \frac{1}{3}x^2 - 3x + 4$

$\frac{1}{4}x^2 + \frac{1}{4}x + \frac{3}{2}$

$2x^3 - \frac{7}{2}x^2 - \frac{5}{2}x + 4$

$-\frac{1}{3}x^2 + \frac{1}{3}x + 4$

19 Bestimmen Sie eine ganzrationale Funktion f, die durch die angegebenen Punkte mit dem angegebenen Grad verläuft.

a) A(0|4); B(4|0); C(−3|0); Grad 2

b) A(1|2); B(2|3); C(−2|2); Grad 2

c) A(0|4); B(3|1); C(−3|1); D(1|1); Grad 3

d) A(0|4); B(1|0); C(−1|1); D(2|1); Grad 3

Anwendungen

20 Ein Kunde behauptet: „Bei Limonaden ist die Verpackung teurer als der Inhalt." Er macht dazu folgende Annahmen:

Die Dose ist ein Zylinder, dessen Höhe doppelt so groß ist wie sein Durchmesser.

Für den Hersteller kostet 1 Liter Limo 15 Cent. Die Kosten für $1\,dm^2$ Blech betragen 3 Cent.

a) Überprüfen Sie die Behauptung für den Dosenradius 3 cm.

b) Ab welchem Dosenradius ist der Inhalt teurer als die Dose?

21 Zwei zylinderförmige Gefäße werden mit Wasser bei konstantem Zufluss gefüllt (Fig. 1). Jedes Gefäß hat einen Grundflächeninhalt von $1\,dm^2$ und ist 85 cm hoch.

a) Geben Sie für jedes Gefäß die Höhe des Wasserspiegels als Funktion der Zeit an.

b) Zeichnen Sie die Graphen der beiden Funktionen von a) in ein Koordinatensystem ein.

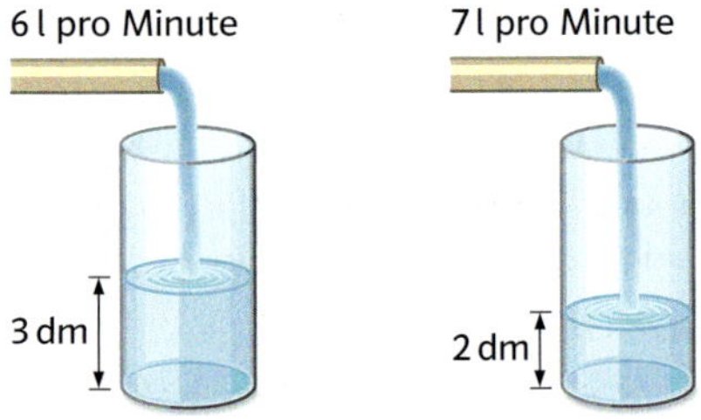

Fig. 1

c) Erreicht der Wasserspiegel des zweiten Gefäßes die Höhe des Wasserspiegels vom ersten Gefäß, bevor das Wasser überläuft?

22 Das Flüssigkeitsvolumen, das pro Zeiteinheit durch den Rohrquerschnitt fließt, heißt Stromstärke i.

Überträgt man die Überlegungen zur Berechnung von i im Modell auf eine 1 m lange Vene, ergibt sich für die Blutstromstärke näherungsweise $i = \text{const} \cdot (p_1 - p_2) \cdot r^4$, wobei r der Venenradius, p_1 und p_2 der Druck an den Venenenden ist.

a) Die Ader eines Patienten verengt sich auf 25 % des ursprünglichen Radius. Wie wirkt sich dies auf die Blutstromstärke aus, wenn die Druckdifferenz unverändert bleibt?

b) Welche Reaktionsmöglichkeit hat der Körper, um die Blutstromstärke wieder zu erhöhen? Nennen Sie Gründe, die zu einer Venenverengung führen können.

c) Um wie viel Prozent muss eine Ader erweitert werden, wenn die Blutstromstärke um 10 % bei gleicher Druckdifferenz erhöht werden soll?

23 Ein anfahrendes Auto bewegt sich nach der Weg-Zeit-Funktion s mit $s(t) = -\frac{1}{18}t^3 + \frac{1}{2}t^2$ mit $t \in [0; 6]$; t in min, s in km.

a) Zeichnen Sie den Graphen der Funktion s.

b) Welchen Weg hat das Auto nach 6 min (3 min) zurückgelegt?

c) Nach welcher Zeit hat der Wagen 5 km zurückgelegt? Lesen Sie das Ergebnis aus dem Graphen ab oder arbeiten Sie mit dem GTR.

d) Welche reale Bedeutung hat das Abflachen des Graphen vor dem Punkt $P(6 \mid s(6))$?

e) Wo ist der Graph am steilsten und welche reale Bedeutung hat das?

Aufgaben aus dem wirtschaftlichen Bereich

24 Die Firma Surprise KG stellt einen Scherzartikel her. Rolf erzählt nach einem Betriebspraktikum: „Die Kosten für die Herstellung von x dieser Scherzartikel beträgt K(x) Euro. Dabei ist $K(x) = 0{,}02(x - 10)^3 + 20$."

a) Erstellen Sie eine Wertetabelle mit x-Werten zwischen 0 und 22 und skizzieren Sie den Graphen für die Gesamtkosten in Abhängigkeit von der Stückzahl.

b) Der Artikel wird für 2 Euro pro Stück verkauft. Wie groß sind die Einnahmen, wenn x Stück verkauft werden? Zeichnen Sie in das vorhandene Koordinatensystem den Graphen für die Gesamteinnahmen ein.

c) Lesen Sie ab: Bei welchen Stückzahlen wird ein Gewinn erzielt? Bei welcher Stückzahl ist der Gewinn am größten?

25 Die Gesamtkosten für ein Produkt einer Firma können durch die Funktion f mit $f(x) = 1{,}25x^3 - 7{,}5x^2 + 20x + 20$, f(x) in Geldeinheiten (GE), im Bereich zwischen 0 und 6 Mengeneinheiten (ME) beschrieben werden. Die Erlösfunktion ist $E(x) = 20x$ mit $0 \leqq x \leqq 6$.

a) Zeichnen Sie den Graphen der Kostenfunktion und den Graphen der Erlösfunktion in ein Koordinatensystem. Wählen Sie dazu geeigneten Einheiten.

Ein GTR ist ein ganz wertvoller Helfer!

b) Berechnen Sie die Nutzengrenze und die Nutzenschwelle. Wie hoch sind dort die Einnahmen?

c) Die Firma möchte 75 GE Erlös erzielen. Wie hoch sind dann die Produktionskosten und der Gewinn?

d) Zeichnen Sie die Gewinnfunktion in das vorhandene Koordinatensystem ein und lesen Sie aus der Zeichnung näherungsweise den maximalen Gewinn ab.

e) Geben Sie die Stückkostenfunktion an. Zeichnen Sie auch die Stückkostenfunktion in das Koordinatensystem ein.

f) Lesen Sie aus der Zeichnung ab: Bei welcher Produktionsmenge sind die Stückkosten am geringsten?

26 Die Herstellungskosten eines AIRBUS-Seitenleitwerks aus Metall werden angenähert durch $K(x) = \frac{20x + 5000}{x + 50}$ (x: Anzahl der hergestellten Leitwerke; K(x) in Geldeinheiten). Nachdem 300 Leitwerke hergestellt sind, wird erwogen, die Produktion auf Kunststoffleitwerke umzustellen. Die Kosten betragen dann näherungsweise $K^*(x) = \frac{15x - 2500}{x - 250}$ $(x > 300)$.

Ohne GTR geht's (fast) nicht!

a) Zeichnen Sie mit Verwendung des GTR die Graphen der beiden Funktionen.

b) Ab welcher Stückzahl ist das Kunststoffleitwerk billiger?

Lineare Regression

Asafa Powell aus Jamaika

Fig. 1 zeigt die Weltrekorde im 100-m-Lauf der Männer ab dem Jahre 1960. Es ist eine interessante Frage zu untersuchen, wie es mit der Weltrekordentwicklung im 100-m-Lauf weitergeht. Dazu trägt man die Weltrekordzeiten in Abhängigkeit von dem Jahr, in dem der Rekord gelaufen wurde, graphisch in einem Punktdiagramm dar (Fig. 2). Trotz der Abweichungen von einer Geraden liegt es nahe, eine passende Gerade zu suchen, die den Trend widerspiegelt. Eine solche Gerade wurde in Fig. 2 nach Augenmaß eingezeichnet. Wird das Jahr 1960 als 0 gezählt, 1968 als 8, 1983 als 23, usw. so kann man ihre Gleichung aufstellen. Man wählt dazu zwei Punkte der Geraden, etwa P(0 | 10,00) und Q(41 | 9,8), so ist

$m = \frac{9{,}80 - 10}{41} = -\frac{0{,}2}{41} \approx -0{,}0049.$ Damit erhält man als „Vorhersagegerade“:

$y = -0{,}0049 \cdot x + 10.$

Man erkennt, dass pro Jahr mit einer Verbesserung um ca. 0,0049 Sekunden zu rechnen ist. Man erhält damit beispielsweise für das Jahr 2015 = 1960 + 55 die 100-m-Zeit in s:

$-0{,}0049 \cdot 55 + 10 = 9{,}7305$, also etwa 9,73 s.

Weiterhin erkennt man, dass das mathematische Modell nur eingeschränkt gültig ist. Der Weltrekord läge sonst in ca. 1000 Jahren bei 5 Sekunden, in gut 2000 Jahren sogar bei 0 Sekunden.

Jahr	Läufer	Sekunden
1960	Armin Hary	10,00
1968	Jin Hines	9,95
1983	Calvin Smith	9,93
1991	Carl Lewis	9,86
1994	Leroy Burell	9,85
1996	Donovan Bailey	9,84
1999	Maurice Greene	9,79
2005	Asafa Powell	9,77
2007	Asafa Powell	9,74

Fig. 1

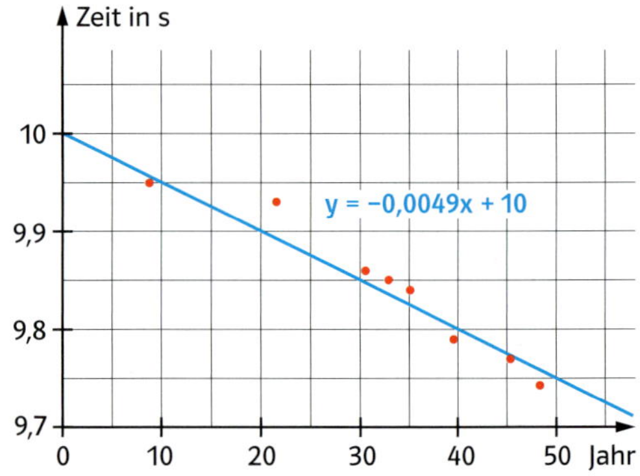

Fig. 2

Carl Friedrich Gauss (1777–1855) war vor der EURO-Einführung auf dem 10-DM-Schein abgebildet. Er war einer der größten deutschen Mathematiker.

Die „gut passende“ Gerade heißt **Ausgleichsgerade** oder **Regressionsgerade**. Sie kann mit dem GTR ermittelt werden. Die mathematische Methode zur Bestimmung der Regressionsgeraden stammt von C. F. Gauss. Diese Methode wird verwendet, wenn man mit dem GTR die Regressionsgerade bestimmt.

Es soll nun das obige Beispiel der Entwicklung der Zeiten im 100-m-Lauf der Männer mit dem GTR bearbeitet werden. Dazu gibt man zunächst nach Betätigen der [STAT]-Taste und EDIT die gegebenen Werte in die Listen L1 und L2 ein (Fig. 3). Man verlässt dann das [STAT]-Menue, geht wieder dorthin, jetzt aber auf [CALC] und dort auf 4:LinReg(ax+b). Nach Bestätigung gibt man L1, L2 ein (mit Tasten) und mit Komma getrennt Y1, allerdings über [VARS], Y-VARS, 1: Function, 1:Y1, [ENTER]. Man erhält dann das Ergebnis wie in Fig. 4. Man betätigt sodann die Taste [STAT PLOT] und bestätigt die Diagrammart, die Listen L1 und L2, sowie die Punktmarkierung. Schließlich erhält man das Diagramm von Fig. 5, wenn man noch ein geeignetes Fenster wählt. Voraussage für 2015 ist jetzt 9,72 Sekunden.

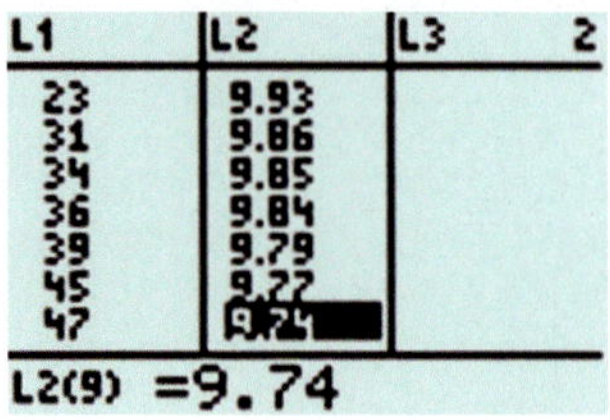

Fig. 3

Fig. 4

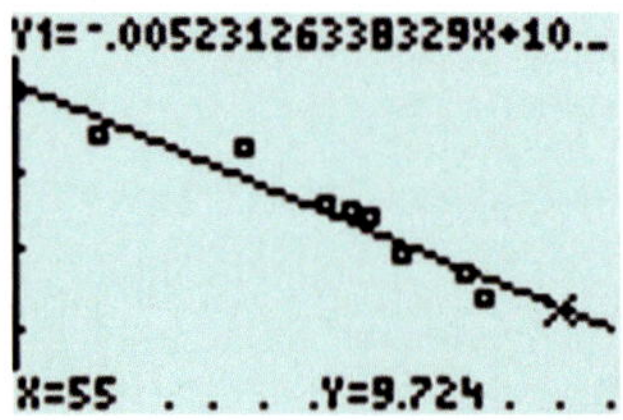

Fig. 5

Die Nützlichkeit soll an einem weiteren Beispiel verdeutlicht werden.

Beispiel Nordic Walking

Um beim Nordic Walking eine Aussage über die zu verwendende Stocklänge zu gewinnen, wurde bei 12 Personen die Körpergröße und die Stocklänge bei richtiger Anwendung gemessen.

Größe (in cm)	162	181	175	172	185	167	173	182	185	178	183	192
Stocklänge (in cm)	110	123	118	117	126	114	117	123	126	121	125	130

a) Welche Stocklänge ist für ein Person der Größe 200 cm sinnvoll?

b) Formulieren Sie eine Faustformel für die Stocklänge beim Nordic Walking.

Lösung:

Die Vorgehensweise wird an den Fig. 1 bis 6 deutlich.

a) Eine Person der Größe 200 cm benötigt eine Stocklänge von ca. 136 cm.

b) Da die Gerade etwa die Gleichung y = 0,68 x + 0,30 hat, ist die Steigung $m = 0{,}68\ \frac{\text{cm Stocklänge}}{\text{cm Körpergröße}}$, d.h., pro cm Körpergröße sollte die Stocklänge um ca. 0,68 cm zunehmen.

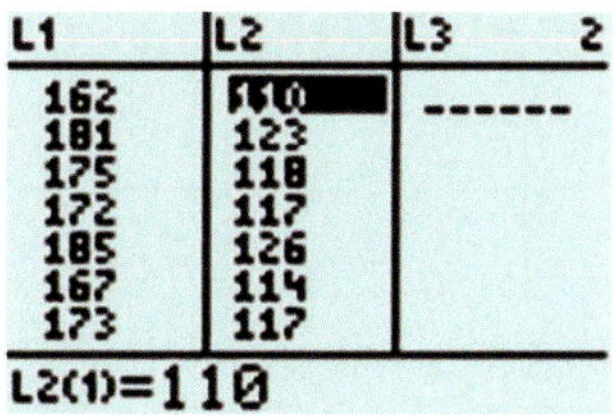

Fig. 1

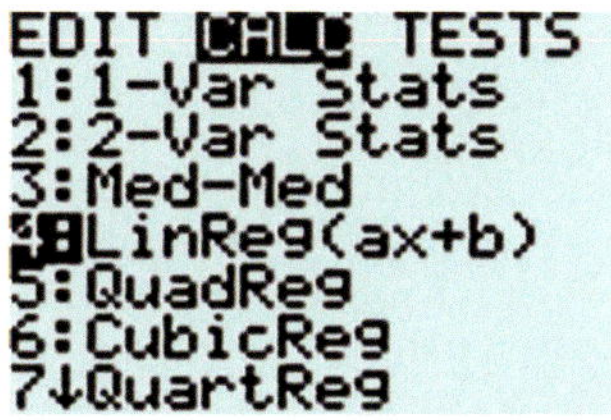

Fig. 2

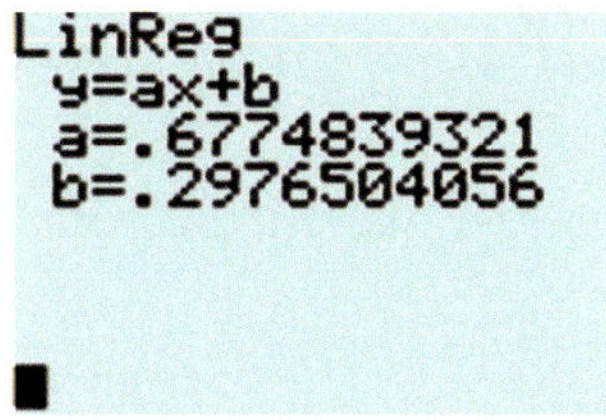

Fig. 3

Fig. 4

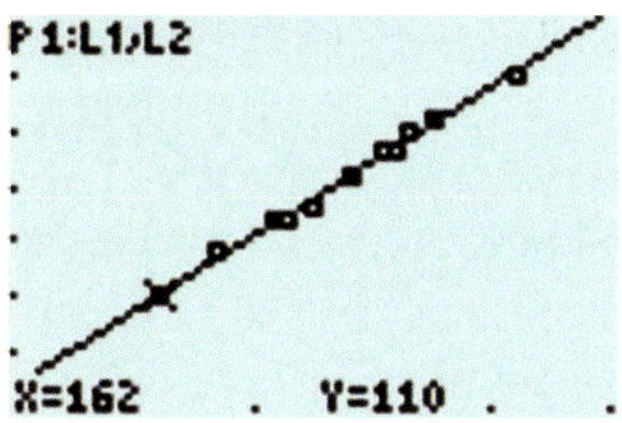

Fig. 5

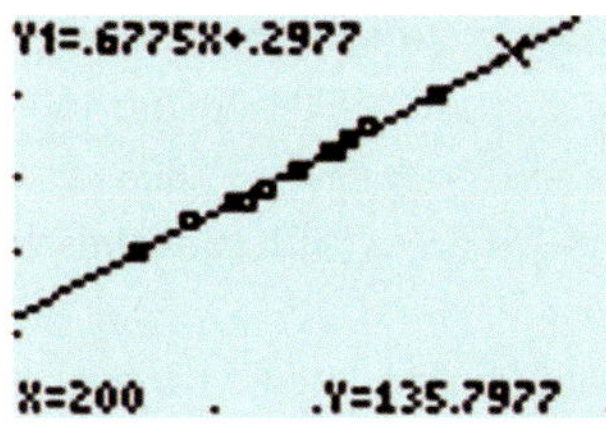

Fig. 6

Aufgabe 1 Zusammenhang zwischen Länge einer Erdbeere und Gewicht

Von 10 Erdbeeren einer bestimmten Sorte wurde die Fruchtlänge (in cm) und das Gewicht (in g) gemessen. Die Tabelle zeigt das Ergebnis.

Fruchtlänge in cm	5,4	5,3	3,9	3,1	4,0	4,1	3,6	4,7	3,6	4,0
Gewicht in g	39	27	22	12	18	18	9	30	17	18

a) Erstellen Sie auf dem GTR ein Punktediagramm. Ermitteln Sie die Gleichung der Regressionsgeraden. Zeichnen Sie die Gerade in das Diagramm ein. Interpretieren Sie das Ergebnis.

b) Wie nimmt das Gewicht dieser Erdbeersorte durchschnittlich pro Zentimeter Länge zu?

Aufgabe 2 Zusammenhang zwischen Verkaufsfläche und Jahresumsatz

Es soll ein Zusammenhang zwischen der Verkaufsfläche (in m^2) und dem Jahresumsatz (in Tausend Euro) eines Unternehmens betrachtet werden. Für 11 Filialen erhielt man das folgende Ergebnis:

Fläche (in m^2)	42	53	79	90	102	110	123	140	155	162	183
Umsatz (in Tsd. €)	150	165	270	251	308	267	310	347	359	405	421

a) Wie groß ist etwa der Jahresumsatz pro Quadratmeter Verkaufsfläche?

b) Bei welcher Verkaufsfläche wird ein Umsatz von ca. 500 000 € erzielt?

Rückblick

Begriff der Funktion

Eine Vorschrift f, die jeder reellen Zahl x aus einer Menge D genau eine reelle Zahl y zuordnet, nennt man Funktion f.
So ist die Zuordnung f: $x \mapsto y$ mit $y = 0{,}5 \cdot x$ eine Funktion.
Trägt man die zugeordneten Paare $(x \mid f(x))$ in einem Koordinatensystem als Punkte ein, so erhält man den **Graphen** der Funktion f.
$P(a \mid b)$ liegt auf dem Graphen von f, wenn $f(a) = b$ ist.

f mit $f(x) = x^2 + 3$ ist eine Funktion.
Funktionswert an der Stelle 2:
$f(2) = 2^2 + 3 = 7$.

$P(1 \mid 5)$ liegt nicht auf dem Graphen von f, da $f(1) = 4 \neq 5$ ist.

Lineare Funktionen

Eine Funktion f mit $f(x) = mx + c$ heißt lineare Funktion. Ihr Graph ist eine **Gerade g**. Die Zahl m heißt **Steigung** der Geraden, die Zahl c heißt **y-Achsenabschnitt**.

Sind $P(x_P \mid y_P)$ und $Q(x_Q \mid y_Q)$ zwei Punkte mit $x_P \neq x_Q$ auf g, so ist $\frac{y_Q - y_P}{x_Q - x_P} = m$ und es gilt: $\tan(\alpha) = m$.
Dabei ist α der Steigungswinkel von g, d.h., der Winkel, unter dem g die x-Achse schneidet.
Die **Gleichung** der Geraden durch P und Q lautet dann
$y - y_P = m \cdot (x - x_P)$.
Ist $x_P = x_Q$, so ist die Gleichung der Geraden: $x = x_P$.

Gilt für zwei Geraden mit den Steigungen m_1 und m_2:
$m_1 \cdot m_2 = -1$, so sind sie senkrecht aufeinander (orthogonal).

$f(x) = 0{,}4 \cdot x + 2$ ist eine lineare Funktion.
y-Achsenabschnitt: 2; Steigung: 0,4

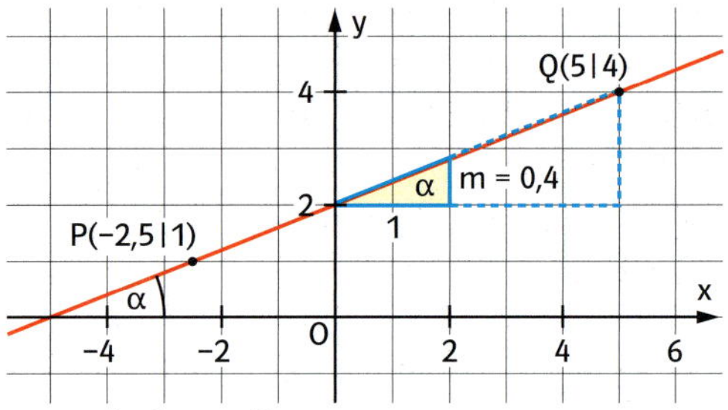

$m = \frac{4-1}{5-(-2{,}5)} = \frac{3}{7{,}5} = 0{,}4$

Schnittwinkel mit der x-Achse:
$\tan(\alpha) = 0{,}4$ also $\alpha \approx 21{,}8°$
Gleichung: $y - 4 = 0{,}4 \cdot (x - 5)$; $y = 0{,}4x + 2$

Quadratische Funktionen

Die Funktion f mit $f(x) = ax^2 + bx + c$ heißt **quadratische Funktion**.
Sie kann auf die Scheitelform $f(x) = a \cdot (x - x_0)^2 + y_0$ gebracht werden.
Der Graph einer quadratische Funktion heißt **Parabel**. Ihr **Scheitel** ist $S(x_0 \mid y_0)$.
Die Schnittstellen mit der x-Achse, Nullstellen genannt, erhält man aus der quadratischen Gleichung:
$ax^2 + bx + c = 0$ oder mit $p = \frac{b}{a}$; $q = \frac{c}{a}$ aus $x^2 + px + q = 0$.
Sie hat nur Lösungen für $D = b^2 - 4ac \geqq 0$ bzw. $D = \left(\frac{p}{2}\right)^2 - q \geqq 0$.
Sie hat zwei Lösungen für $D > 0$:

$$x_{1/2} = -\frac{p}{2} \pm \sqrt{\left(\frac{p}{2}\right)^2 - q} \quad \text{bzw.} \quad x_{1/2} = -\frac{b \pm \sqrt{b^2 - 4ac}}{2a},$$

eine Lösung für $D = 0$:

$$x_1 = -\frac{p}{2} \quad \text{bzw.} \quad x_1 = -\frac{b}{2a}$$

$f(x) = x^2 - 10x + 24$
$f(x) = (x - 5)^2 - 25 + 24 = (x - 5)^2 - 1$

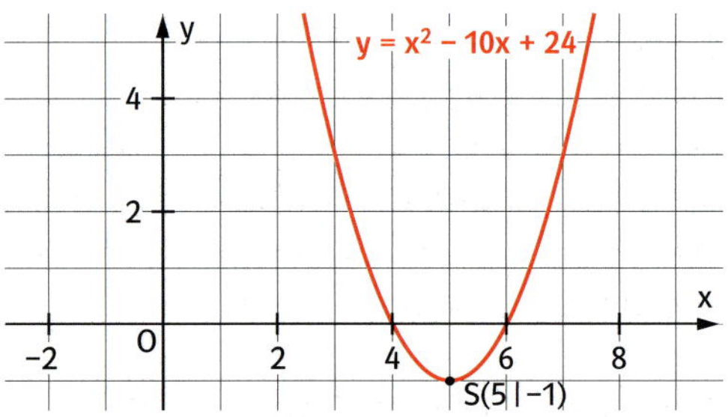

Nullstellen: $x^2 - 10x + 24 = 0$
$D = 5^2 - 24 = 1 > 0$, also 2 Lösungen:
$x_1 = 5 - 1 = 4$; $x_2 = 5 + 1 = 6$

Potenzfunktionen

Eine Funktion f mit $f(x) = a \cdot x^n$ heißt **Potenzfunktion**.
Der Graph der Potenzfunktion f mit $f(x) = a \cdot x^n$ verläuft
(1) für $a > 0$ und n gerade von links oben nach rechts oben.
(2) für a > 0 und n ungerade von links unten nach rechts oben.
(3) für a < 0 und n gerade von links unten nach rechts unten.
(4) für a < 0 und n ungerade von links oben nach rechts unten.
Alle Graphen verlaufen durch den Ursprung.

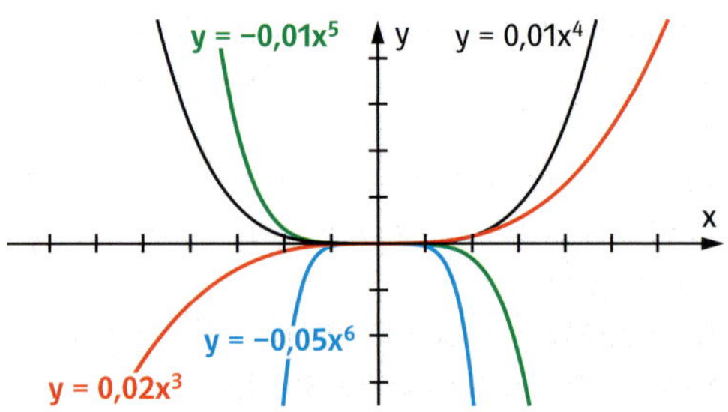

Rückblick

Ganzrationale Funktionen

Eine Funktion f mit $f(x) = a_n x^n + a_{n-1} x^{n-1} + \ldots + a_2 x^2 + a_1 x + a_0$ nennt man eine **ganzrationale Funktion** oder **Polynomfunktion**. Der höchste Exponent heißt **Grad** der ganzrationalen Funktion.

Lineare Funktionen, Quadratfunktionen, Potenzfunktionen sind ganzrationale Funktionen, aber auch die Funktion f mit $f(x) = 0{,}1x^4 - 0{,}5x^2 - 2$.

Eigenschaften ganzrationaler Funktionen

Das Verhalten einer ganzrationalen Funktion vom Grad n wird für $x \to \infty$ bzw. $x \to -\infty$ vom Summanden $a_n x^n$ bestimmt.

$f(x) = 0{,}1x^4 - 0{,}5x^2 - 2$;
Näherungsfunktion: $g(x) = 0{,}1x^4$;
Graph ist symmetrisch zur y-Achse, da
$f(-x) = 0{,}1(-x)^4 - 0{,}5(-x)^2 - 2 = 0{,}1x^4 - 0{,}5x^2 - 2 = f(x)$ ist.

Symmetrie des Graphen

Gilt $f(-x) = f(x)$ für alle $x \in D$, so ist der Graph von f **achsensymmetrisch** zur y-Achse. f heißt dann **gerade**. Eine ganzrationale Funktion ist **gerade**, wenn nur gerade x-Potenzen auftreten.

Gilt $f(-x) = -f(x)$ für alle $x \in D$, so ist der Graph von f **punktsymmetrisch** zum O(0 | 0). f heißt dann **ungerade**. Eine ganzrationale Funktion ist **ungerade**, wenn nur ungerade x-Potenzen auftreten.

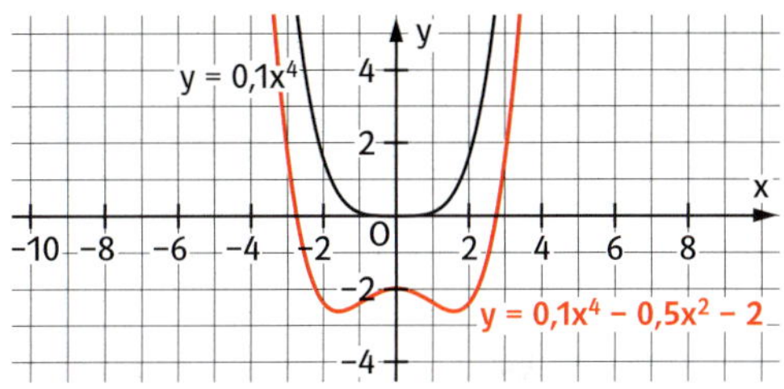

Nullstellen

Eine Zahl x_1, für die $f(x_1) = 0$ ist, heißt **Nullstelle** der Funktion f. Der Punkt $(x_1 | 0)$ ist der Schnittpunkt des Graphen von f mit der x-Achse.
Ist x_1 eine Nullstelle einer ganzrationalen Funktion f vom Grad n, dann lässt sich f(x) in der Form $f(x) = (x - x_1) \cdot g(x)$ schreiben. g(x) erhält man durch Polynomdivision.
Der Grad von g(x) ist um 1 niedriger als der Grad von f(x).

$f(x) = x^3 - 4x$ hat die Nullstelle $x_1 = 2$, da $f(2) = 2^3 - 4 \cdot 2 = 8 - 8 = 0$ ist.
Polynomdivision:

$$\begin{array}{l} (x^3 - 4x) : (x - 2) = x^2 + 2x \\ \underline{-(x^3 - 2x^2)} \\ \quad 2x^2 - 4x \\ \quad \underline{-(2x^2 - 4x)} \\ \qquad 0 \end{array}$$

Schnittpunkte zweier Graphen

Die Schnittpunkte der Graphen zweier Funktionen f und g werden durch die Gleichung $f(x) = g(x)$ bestimmt. Die x-Werte der Schnittpunkte sind demnach die Nullstellen der Funktion h mit $h(x) = f(x) - g(x)$.
Die y-Werte der Schnittpunkte erhält man durch Einsetzen der x-Werte in die Funktion f oder in die Funktion g.

$f(x) = x^3 - 4x$; $g(x) = -3x$
$x^3 - 4x = -3x \quad | + 3x$
$x^3 - x = 0$; $x \cdot (x - 1) \cdot (x + 1) = 0$
$x_1 = 0$; $x_2 = -1$; $x_3 = 1$
$g(0) = 0$; $g(-1) = 3$; $g(1) = -3$, also
$S_1(0 | 0)$; $S_2(-1 | 3)$; $S_3(1 | -3)$.

Funktionen aus der Betriebswirtschaft

Im kaufmännisch-betrieblichen Bereich gibt die **Kostenfunktion** $K: x \mapsto K(x)$ die Kosten des Betriebs für x Produktionseinheiten an. Dabei gibt K(0) die **Fixkosten** an. Die **variablen Kosten** betragen $K_v = K(x) - K(0)$.
Die **Erlösfunktion** oder **Umsatzfunktion** $E: x \mapsto E(x)$ gibt den Erlös beim Verkauf von x Produktionseinheiten an. Sie ist in der Regel eine lineare Funktion.
Die Differenzfunktion G mit $G(x) = E(x) - K(x)$ heißt **Gewinnfunktion**.
Die Nullstellen der Gewinnfunktion nennt man **Nutzenschwelle** bzw. **Nutzengrenze**.
Die Stückkostenfunktion $S(x) = \frac{K(x)}{x}$ gibt die Kosten je Produktionseinheit bei Produktion von x Stück an.

Kosten $K(x) = 0{,}1x^2 + 1{,}6$ mit $x \in [0; 8]$.
Erlösfunktion $E(x) = x$.
Gewinnfunktion $G(x) = x - 0{,}1x^2 - 1{,}6$

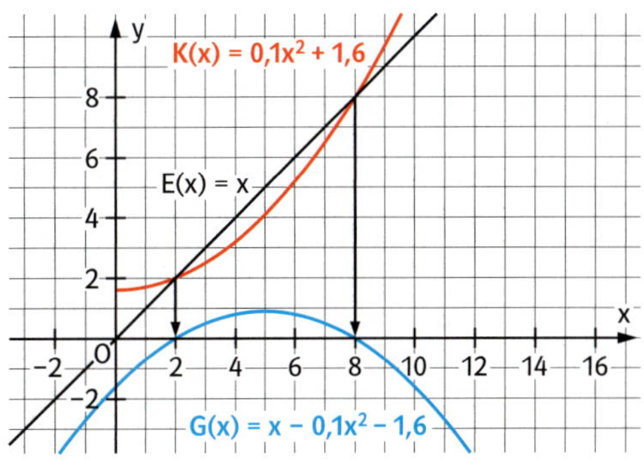

Aufgaben zum Üben und Wiederholen

1 Stellen Sie die Gleichung der Geraden g auf.

a) $P(1|2)$ und $Q(3|-1)$ liegen auf g b) g geht durch $P(0|1)$ und $Q(2|7)$

c) g hat die Steigung 0,4 und den y-Achsenabschnitt 2,5

2 Geht die Gerade g mit der Gleichung $y = x - \frac{1}{2}x - \frac{7}{4}$ durch den Punkt P?

a) $P\left(-\frac{1}{2}\middle|-2\right)$ b) $P(50|103{,}5)$ c) $P(64|30{,}15)$ d) $P\left(\frac{7}{4}\middle|-\frac{7}{8}\right)$

3 Liegt der Punkt P auf dem Graphen der Funktion f mit $f(x) = 0{,}5x^2 - 3x + 4$?

a) $P(0|1{,}5)$ b) $P(2|0)$ c) $P(10|24)$ d) $P(-8|61)$

4 Geben Sie die Gleichungen der Senkrechten zu der Geraden g im Punkt P an. P soll auf g liegen. Zeichnen und rechnen Sie.

a) $y = -2x + 3$; $P(0|?)$ b) $y = -0{,}5x + 1$; $P(-2|?)$ c) $y = 0{,}45x - 1{,}2$; $P\left(\frac{8}{3}\middle|\ ?\right)$

5 Drücken Sie in mathematischer Kurzschrift aus:

a) Die Zahl 7 ist der Funktionswert an der Stelle 4.

b) Die Funktion g nimmt an der Stelle 3 den Wert 10 an.

c) Die Funktionen f und g nehmen an der Stelle −3 den gleichen Funktionswert an.

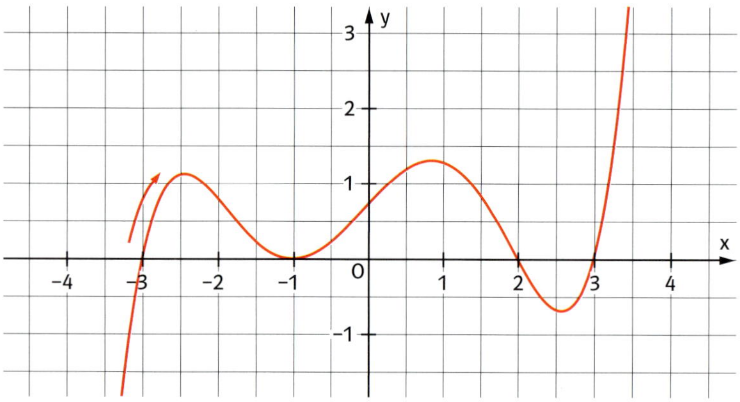

Fig. 1

6 Fig. 1 zeigt den Graphen einer Funktion f.

a) Geben Sie die Nullstellen von f an.

b) Geben Sie alle Stellen an, in denen der Funktionswert von f den Wert 1 hat.

c) Bestimmen Sie einen Wert c, für den es nur einen einzigen x-Wert x_0 mit $f(x_0) = c$ gibt.

d) Geben Sie den größten und den kleinsten Funktionswert im Intervall [−3; 3] an. An welcher Stelle wird er jeweils angenommen?

e) Der Graph von f sei eine Straße, die in Pfeilrichtung durchfahren wird. Wie viele Rechts- bzw. Linkskurven weist sie aus?

7 Bestimmen Sie den Scheitel der zu f gehörigen Parabel und die Öffnungsrichtung.

a) $f(x) = x^2 + 6x$ b) $f(x) = x^2 + 6x + 9$ c) $f(x) = -x^2 + 8x - 31$

8 Eine zur y-Achse symmetrische Parabel geht durch die Punkte P und Q. Stellen Sie ihre Funktionsgleichung auf.

a) $P(1|4)$; $Q(-2|1)$ b) $P(3|-2)$; $Q(-2|3)$ c) $P(100|100)$; $Q(10|1)$

9 Berechnen Sie die Nullstellen der Funktion f auf möglichst geschickte Weise.

a) $f(x) = 3x^2 - 12x$ b) $f(x) = x^2 - 16$ c) $f(x) = 0{,}5x^2 + 5$ d) $f(x) = \frac{1}{2}x^2$

10 Für welches t hat die Funktion f keine, eine bzw. zwei Nullstellen?

a) $f(x) = x^2 - 6x + t$ b) $f(x) = x^2 + 2x - t$ c) $f(x) = tx^2 + 2x + 1$

11 Geben Sie zwei Potenzfunktionen mit der Funktionsgleichung $y = ax^n$ an, deren Graphen

a) von links oben nach rechts unten b) von links unten nach rechts unten verlaufen.

Aufgaben zum Üben und Wiederholen

12 Ist die ganzrationale Funktion f gerade oder ungerade oder keines von beiden? Wie verhält sich f(x) für $x \to \infty$ bzw. $x \to -\infty$? Bestimmen Sie die Nullstellen von f.
a) $f(x) = x^4 - 4x^2$ b) $f(x) = x^3 - 1{,}5x^2$ c) $f(x) = -0{,}5x^5 - 1$ d) $f(x) = 2(x-2)^2$

Motivation entsteht durch Bestätigung der eigenen Leistung! Deshalb Kontrolle mit dem GTR!

13 Bestimmen Sie die exakten Nullstellen der Funktion f. Erstellen Sie anschließend den Graphen von f in einem geeigneten Intervall und kontrollieren Sie so Ihr Ergebnis.
a) $f(x) = 2(x+1)(x+2)^2$ b) $f(x) = 2x^4 - x^3 - 6x^2$ c) $f(x) = x^6 - 7x^3 - 8$

14 Berechnen Sie den Schnittpunkt der Graphen von f und g exakt. Dabei ist der x-Wert a eines Schnittpunktes gegeben; berechnen Sie die weiteren durch Polynomdivision.
a) $f(x) = x^3 - 8x + 4$; $g(x) = x^2 - 8$; $a = 2$
b) $f(x) = 0{,}5x^3 - 3x^2 - 22x + 20$; $g(x) = -0{,}5x^3 - 4$; $a = 1$

15 Bestimmen Sie eine ganzrationale Funktion f von Grad n, die durch die Punkte geht.
a) $A(-1|-3)$, $B(7|3)$; Grad 1 b) $A(1|1)$, $B(-1|3)$, $C(2|3)$; Grad 2
c) $A(1|-2)$, $B(2|0)$, $C(3|6)$; Grad 2 d) $A(1|3)$, $B(2|8)$, $C(0|2)$, $D(-2|-12)$; Grad 3

16 Wie viele Nullstellen kann die Funktion f höchstens haben? Geben Sie diese auf drei Stellen gerundet an.
a) $f(x) = x^3 - x + 4$ b) $f(x) = x^4 - x^3 + 4x - 1$ c) $f(x) = x^6 + 9x^5 + 25x^4 + 15x^3 - 26x^2 - 24x$

17 Die Funktion w mit $w(x) = -0{,}046x^2 + 2{,}55x + 50{,}8$ mit $0 \leq x \leq 24$, x in Monaten, w(x) in cm, beschreibt ungefähr das Längenwachstum eines Babys in den ersten 24 Monaten.
a) Welche Körpergröße hat ein Baby bei der Geburt?
b) Welche Größe hat ein Baby nach einem Jahr? Um wie viel Prozent ist es dann gegenüber der Größe bei der Geburt gewachsen?
c) Wie viele Monate nach der Geburt ist das Baby 10 cm gewachsen?

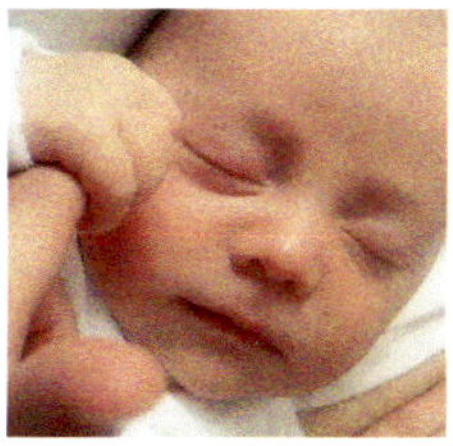

18 Die Funktion T mit $T(x) = -0{,}013x^3 + 0{,}39x^2 - 2{,}7x + 1{,}85$ mit $x \in [0; 20]$, x in Stunden, T(x) in °C, beschreibt den Temperaturverlauf an einem Ort in Deutschland.
a) Welche Temperatur wurde um 15 Uhr beobachtet?
b) Wurde am Tag eine Temperatur von 6 °C erreicht?
c) Wie lange herrschte an diesem Tag Frost?

19 Gegeben sind die Kostenfunktion K mit $K(x) = x^3 - 5x^2 + 11x + 5$ in [0; 6], x in ME, K(x) in GE, und die Erlösfunktion E mit $E(x) = 10x$.
a) Skizzieren Sie die zugehörigen Graphen in ein Koordinatensystem.
b) Lesen Sie aus der Zeichnung Nutzenschwelle und Nutzengrenze ab und berechnen Sie diese anschließend mit dem GTR.
c) Skizzieren Sie den Graphen der Gewinnfunktion und entnehmen Sie der Zeichnung, ab welcher Produktionsmenge x keine Gewinnzunahme mehr erfolgt.

20 Von einer Kostenfunktion K ist bekannt: Die Fixkosten betragen 10 GE, bei der Produktionsmenge 10 ME fallen 16 GE Kosten an, bei 20 ME 30 GE. Die Erlösfunktion ist E mit $E(x) = 2x$.
a) Zeigen Sie, dass $K(x) = 0{,}04x^2 + 0{,}2x + 10$ die Bedingungen erfüllt.
b) Bestimmen Sie die Gewinnzone.
c) Geben Sie die Stückkostenfunktion an und skizzieren Sie deren Graphen.

III Einführung in die Differenzialrechnung

1 Änderungsrate und Steigung

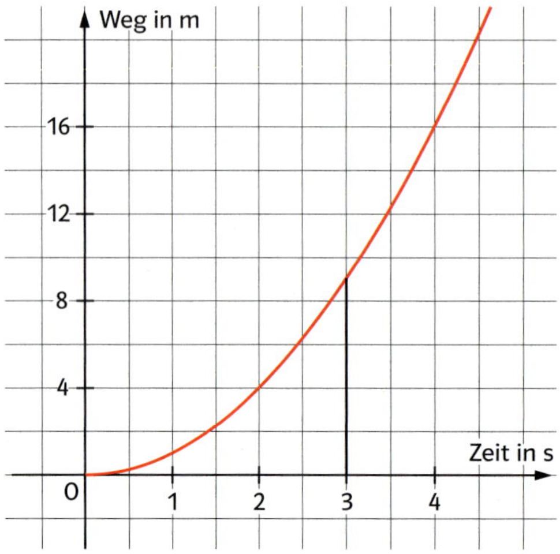

Fig. 1

1 Jeder Tachometer zeigt die momentan gefahrene Geschwindigkeit immer zeitlich leicht verzögert an. Versuchen Sie, dafür eine Erklärung zu finden.

2 Fig. 1 zeigt ein Weg-Zeit-Diagramm einer Anfahrbewegung eines Skifahrers.
a) Was können Sie über die Durchschnittsgeschwindigkeit zwischen der 1. und der 2. Sekunde nach dem Start aussagen?
b) Ermitteln Sie die Durchschnittsgeschwindigkeit zwischen der 1. und der 3. Sekunde nach dem Start.
c) Bestimmen Sie näherungsweise die Geschwindigkeit in der 2. Sekunde.

Der Quotient $\frac{\text{Wegstück}}{\text{Zeitspanne}}$ heißt bei gleichförmiger Bewegung Geschwindigkeit, bei nicht gleichförmiger Bewegung Durchschnittsgeschwindigkeit.

Zeit	Geschw.
1	0,7
2	0,9
2,4	0,98
2,49	0,998
2,499	0,9998
...	...
2,501	1,0002
2,51	1,002
2,6	1,02
3	1,1
4	1,3

Fig. 2

Im Folgenden wird gezeigt, wie man von der Durchschnittsgeschwindigkeit zur Momentangeschwindigkeit gelangt. Der dabei entwickelte Weg wird dann auf andere Größen übertragen.

Eine Kugel, die eine schiefe Ebene hinunterrollt, wird laufend schneller. In einem Experiment gilt für den nach der Zeit x zurückgelegten Weg: $f(x) = 0{,}2 \cdot x^2$, x in Sekunden, f(x) in Meter. Es soll die Geschwindigkeit zum Zeitpunkt $x_0 = 2{,}5$, also nach 2,5 Sekunden bestimmt werden.
Dazu berechnet man die Durchschnittsgeschwindigkeiten für Wegstrecken zwischen dem Zeitpunkt $x_0 = 2{,}5$ und einem Zeitpunkt x, der möglichst nahe bei 2,5 gelegen ist.
Durchschnittsgeschwindigkeit in $\frac{m}{s}$ zwischen der 2,4-ten und der 2,5-ten Sekunde:

$$\frac{\text{Weg in m nach 2,5 s} - \text{Weg in m nach 2,4 s}}{2{,}5\,s - 2{,}4\,s} = \frac{f(2{,}5) - f(2{,}4)}{2{,}5 - 2{,}4} = \frac{0{,}2 \cdot 2{,}5^2 - 0{,}2 \cdot 2{,}4^2}{2{,}5 - 2{,}4} = \frac{0{,}098}{0{,}1} = 0{,}98,$$

Durchschnittsgeschwindigkeit in $\frac{m}{s}$ zwischen der 2,5-ten und der 2,6-ten Sekunde:

$$\frac{\text{Weg in m nach 2,6 s} - \text{Weg in m nach 2,5 s}}{2{,}6\,s - 2{,}5\,s} = \frac{f(2{,}6) - f(2{,}5)}{2{,}6 - 2{,}5} = \frac{0{,}2 \cdot 2{,}6^2 - 0{,}2 \cdot 2{,}5^2}{2{,}6 - 2{,}5} = \frac{0{,}102}{0{,}1} = 1{,}02.$$

Allgemein ergibt sich für $x_0 = 2{,}5$ und einen beliebigen Zeitpunkt x die **Durchschnittsgeschwindigkeit** der rollenden Kugel zu: $\frac{f(x) - f(2{,}5)}{x - 2{,}5} = \frac{0{,}2x^2 - 1{,}25}{x - 2{,}5}$.
Fig. 2 zeigt, dass sich bei Annäherung an $x_0 = 2{,}5$ die Durchschnittsgeschwindigkeit dem Wert 1 nähert. Man nennt deshalb $1\frac{m}{s}$ die **Momentangeschwindigkeit zum Zeitpunkt** 2,5 s.
Für das Verhalten des Quotienten $\frac{f(x) - f(2{,}5)}{x - 2{,}5}$ für Zeitpunkte x nahe $x_0 = 2{,}5$ ist folgende Schreibweise üblich:

limes (lat.): Grenze

Für $x \to 2{,}5$ gilt: $\frac{f(x) - f(2{,}5)}{x - 2{,}5} \to 1$; kurz: $\lim\limits_{x \to 2{,}5} \frac{f(x) - f(2{,}5)}{x - 2{,}5} = 1$.

Diesen Sachverhalt kann man verallgemeinern, wenn man für 2,5 einen x-Wert x_0 einsetzt:

Ist eine Größe abhängig von der Zeit, so spricht man von der **momentanen Änderungsrate**, andernfalls meist von der **lokalen Änderungsrate**.

> Für eine von x abhängige Größe g heißt der Quotient $\frac{g(x) - g(x_0)}{x - x_0}$ **Änderungsrate**. Strebt die Änderungsrate für $x \to x_0$ gegen einen Wert $m(x_0)$, so heißt $m(x_0)$ die **momentane** oder **lokale Änderungsrate** von g an der Stelle x_0.

Man kann die Änderungsrate auch geometrisch deuten. Dazu wird nochmals das Beispiel der rollenden Kugel betrachtet. Die dort benutzte Funktion $f(x) = 0{,}2x^2$ hat als Graph die Parabel von Fig. 1.
Die Durchschnittsgeschwindigkeit oder Änderungsrate in $[x; 2{,}5]$ kann als Steigung der Geraden durch $Q(x \mid 0{,}2x^2)$ und $P(2{,}5 \mid 1{,}25)$ gedeutet werden.
Man erkennt: Je näher der Punkt Q an den Punkt P heranrückt, umso mehr entsteht der Eindruck, dass die Gerade in P den Graphen von f berührt (Fig. 2).

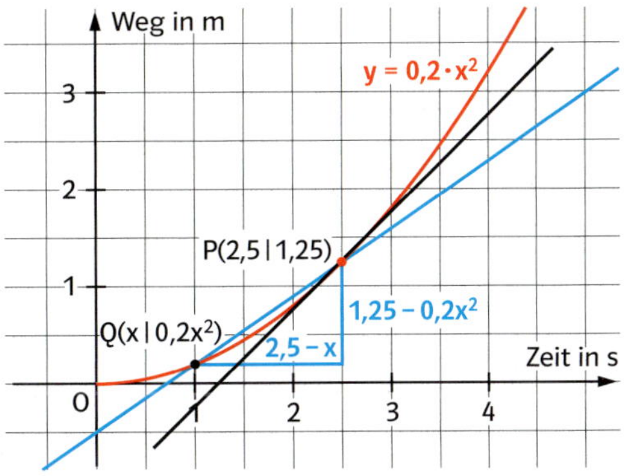

Fig. 1

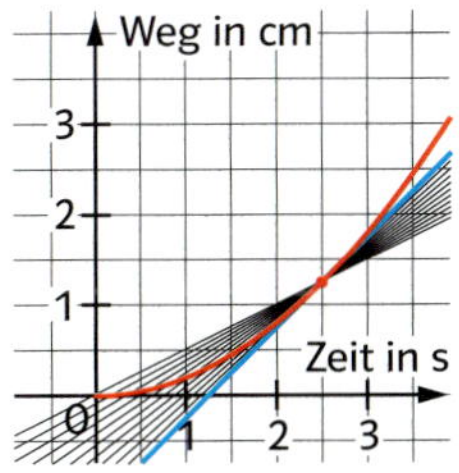

Fig. 2

Die Momentangeschwindigkeit oder auch momentane Änderungsrate kann also als Steigung der Berührgeraden oder Tangente in P gedeutet werden.

Die Änderungsrate $\frac{f(x) - f(x_0)}{x - x_0}$ kann geometrisch als Steigung einer Geraden durch die Punkte $P(x_0 \mid f(x_0))$ und $Q(x \mid f(x))$ des Graphen von f gedeutet werden. Die momentane Änderungsrate $m(x_0) = \lim\limits_{x \to x_0} \frac{f(x) - f(x_0)}{x - x_0}$ kann als Steigung der Tangente im Punkte P des Graphen gedeutet werden.

$m(x_0)$ heißt **Steigung** des Graphen von f im Punkt $\mathbf{P(x_0 \mid f(x_0))}$.

Es ergibt sich die gleiche Änderungsrate für $x > x_0$, da gilt:
$\frac{f(x_0) - f(x)}{x_0 - x} = \frac{-(f(x_0) - f(x))}{-(x_0 - x)} = \frac{f(x) - f(x_0)}{x - x_0}$

Die Tabelle zeigt einige Beispiele von Änderungsraten:

Größe	Momentane Änderungsrate der Größe
(1) Geschwindigkeit v in $[t_1; t_2]$	Beschleunigung zum Zeitpunkt t_0
(2) Höhe H in $[t_1; t_2]$ eines Baumes	Wachstumsgeschwindigkeit w zu einem Zeitpunkt t_0
(3) Wassermenge V einer Quelle in $[t_1; t_2]$	Schüttung S der Quelle zum Zeitpunkt t_0
(4) Höhe h auf dem Streckenabschnitt $[x_1; x_2]$	Lokale Höhenzu- oder Höhenabnahme an der Stelle x_0, auch Steigung oder Gefälle an der Stelle x_0
(5) Anzahl a von Atomen bei radioaktivem Zerfall im Zeitraum $[t_1; t_2]$	Momentaner Zerfall zum Zeitpunkt t_0
(6) Kraftstoffinhalt des Tanks eines Pkw auf der Strecke $[s_1; s_2]$	Lokaler Kraftstoffverbrauch an der Stelle s_0

Es ist noch zu untersuchen, welche **Einheit** die momentane oder lokale Änderungsrate besitzt. In Beispiel (3) ist das Volumen V abhängig von der Zeit t. Wird demnach V in m^3 und t in h (Stunden) gemessen, so hat die Änderungsrate $\frac{V(t) - V(t_0)}{t - t_0}$ die Einheit $\frac{m^3}{h}$. Diese bleibt auch beim Übergang $t \to t_0$ erhalten. Damit hat die Schüttung S die Einheit $\frac{m^3}{h}$.

Wird in Beispiel (4) die Höhe h in m und der Weg x in km gemessen, so hat das Gefälle die Einheit $\frac{m}{km}$. Werden beide in m gemessen, so ist die Einheit 1 und somit dimensionslos.

Sind allgemein x und f(x) Größen mit den Einheiten e_1 und e_2, so ist die momentane Änderungsrate ebenfalls eine Größe mit der Einheit $\frac{e_1}{e_2}$.

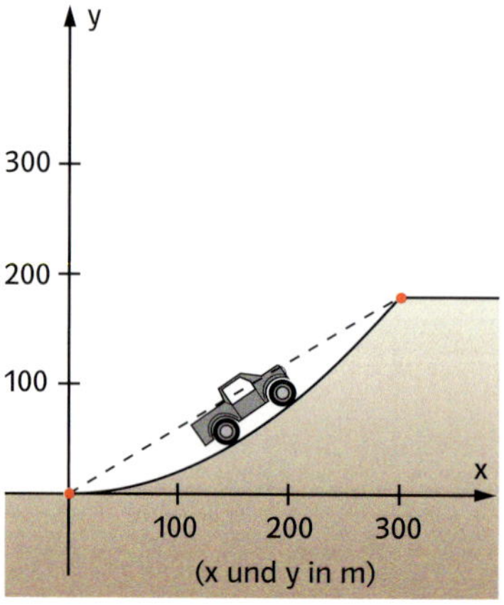

Fig. 1

Beispiel 1 Berechnung der Steigung
Ein direkter Weg von der Kratersohle bis zum Rand des abgebildeten Kraters wird näherungsweise beschrieben durch die Funktion f mit

$$f(x) = 0{,}002x^2 \text{ und } 0 \leqq x \leqq 300.$$

a) Welche durchschnittliche Steigung in Prozent hat der Krater vom tiefsten Punkt bis zum Kraterrand?
b) Berechnen Sie näherungsweise die Steigung am Kraterrand mithilfe einer Tabelle und fertigen Sie dazu eine Zeichnung an.
c) Welche Höhe erreicht das Fahrzeug, wenn es Steigungen bis 45° überwinden kann? Lesen Sie den Punkt aus der Zeichnung ab.

Lösung:
a) Wegen $f(0) = 0$ und $f(300) = 0{,}002 \cdot 300^2 = 180$ ist $T(0\,|\,0)$ der tiefste und $H(300\,|\,180)$ der höchste Punkt. Durchschnittliche Steigung: $m = \frac{180 - 0}{300 - 0} = \frac{180}{300} = 0{,}6 = 60\,\%$.
b) Die Tabelle enthält die Werte von x, f(x) und $m(x;\,300) = \frac{f(x) - 180}{x - 300}$. Am Kraterrand ist die Steigung demnach $m(300) = 1{,}2 = 120\,\%$

x	250,00	275,00	290,00	295,00	299,00	299,90	299,99
f(x)	125,000	151,250	168,200	174,050	178,802	179,880	179,988
m(x; 300)	1,10000	1,15000	1,18000	1,19000	1,19800	1,19980	1,19998

Man zeichnet in $P(300\,|\,180)$ eine Gerade mit der Steigung $m = 1{,}2$ ein (punktierte Gerade in Fig. 2) und erkennt, dass diese Gerade den Graphen in P berührt.
c) Um den Punkt zu ermitteln, zeichnet man eine Gerade g mit der Steigung 1 (schwarz in Fig. 2) und verschiebt sie so lange, bis sie den Graphen in einem Punkt Q berührt (blaue Gerade in Fig. 2). Der gesuchte Punkt ist dann etwa $Q(250\,|\,125)$.

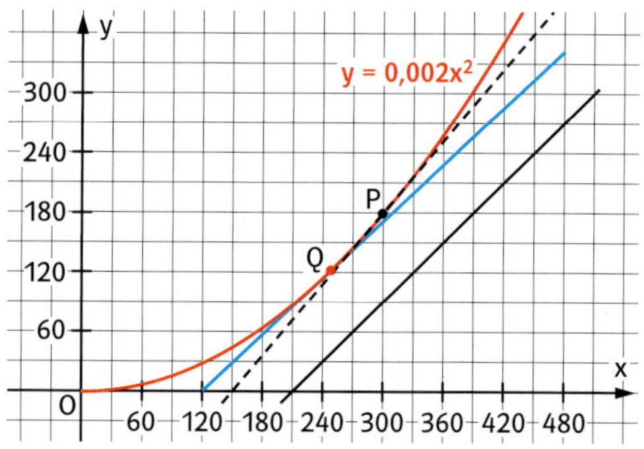

Fig. 2

Aufgaben

3 Ein Körper bewegt sich so, dass er in der Zeit t den Weg $s(t) = 4t^2$ (s in m, t in s) zurücklegt. Bestimmen Sie seine momentane Geschwindigkeit zu den Zeiten $t_0 = 1;\ 2;\ 3$ mithilfe einer Tabelle.

4 Ein Fahrzeug wird abgebremst. Für den in der Zeit t zurückgelegten Weg s(t) gilt $s(t) = 20t - t^2$ für $0 \leqq t \leqq 10$ (s in Meter, t in Sekunden). Bestimmen Sie die momentane Geschwindigkeit des Fahrzeugs (in $\frac{m}{s}$ und in $\frac{km}{h}$) zur Zeit
a) $t_0 = 3$
b) $t_0 = 5$
c) $t_0 = 8$
d) $t_0 = 10$.

5 Die Funktion w mit $w(t) = 10 + \frac{5}{t+1}$ (t in Stunden, w(t) in m^3) gibt näherungsweise die Wassermenge eines Wasserauffangbeckens im Zeitintervall $0 \leqq t \leqq 24$ an. Bestimmen Sie die momentane Änderungsrate zu den Zeitpunkten t = 1 und t = 8 und interpretieren Sie diese.

2 Ableiten, Ableitungsfunktion

1 a) Zeichnen Sie den Graphen von f mit $f(x) = 0{,}8x + 1$.

b) Berechnen Sie die Änderungsraten $\frac{f(1) - f(2)}{1 - 2}$, $\frac{f(4) - f(2)}{4 - 2}$, $\frac{f(2{,}1) - f(2)}{2{,}1 - 2}$ und $\frac{f(2{,}01) - f(2)}{2{,}01 - 2}$.

c) Was stellen Sie fest? Wie groß ist die lokale Änderungsrate für den x-Wert 2?

„Miss alles, was sich messen lässt, und mach alles messbar, was sich nicht messen lässt."
Das Zitat stammt von GALILEO GALILEI (1564 bis 1642)

Das Auffinden von Steigungen in einem gegebenen Punkt $P(x_0 \mid f(x_0))$ des Graphen von f ist mit der lokalen Änderungsrate der Funktion f für den x-Wert x_0 identisch. Daher soll im Folgenden eine allgemeine Ausdrucksweise dafür eingeführt werden. Da der Aufwand, die Steigung in einem Punkt zu ermitteln, sehr groß ist, werden „Formeln" für das Ableiten von Funktionen vorgestellt.

Als Beispiel wird die Funktion f mit $f(x) = x^2$ betrachtet. Es soll die Steigung für den x-Wert 1 (= die momentane Änderungsrate in $x_0 = 1$) berechnet werden. Fig. 1 zeigt den Graphen der Funktion f und die Punkte $P(1 \mid f(1)) = P(1 \mid 1)$ und $Q(x \mid f(x)) = Q(x \mid x^2)$. In P soll die Steigung bestimmt werden.

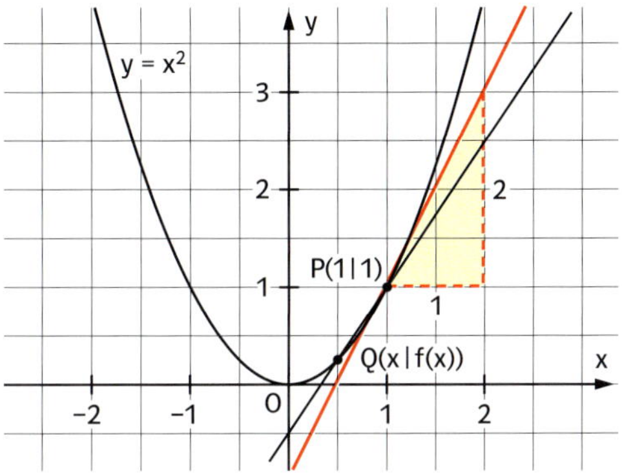

Fig. 1

Q ist dabei ein beliebiger Punkt in der Nähe von P

Steigung in $x_0 = 1$:
Man bildet die Steigung der Geraden PQ:
$\frac{f(x) - f(1)}{x - 1} = \frac{x^2 - 1}{x - 1} = \frac{(x-1)(x+1)}{x - 1} = x + 1.$
Bei Annäherung von x an die Stelle 1, also für $x \to 1$, wird der Quotient 2. Man sagt der Grenzwert ist 2. Damit besitzt der Graph im Punkt $P(1 \mid 1)$ die Steigung 2.

Beachten Sie:
Es gibt Funktionen, denen man in einem Punkt keine Steigung eindeutig zuordnen kann, z. B. der Funktion $f(x) = |x|$ an der Stelle $x_0 = 0$:

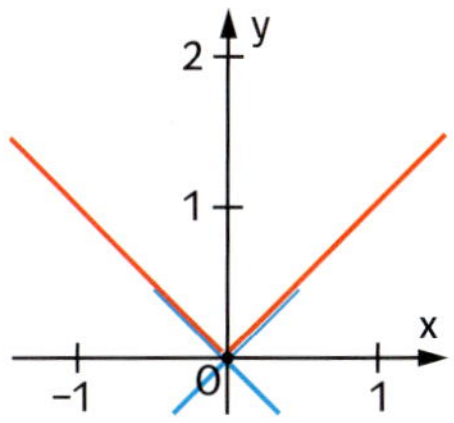

Steigung allgemein in x_0:
Man bildet den Quotienten $\frac{f(x) - f(x_0)}{x - x_0} = \frac{x^2 - x_0^2}{x - x_0} = \frac{(x - x_0)(x + x_0)}{x - x_0} = x + x_0$.
Der Grenzwert für $x \to x_0$ ergibt den Term $2x_0$, d.h., in einem Punkt $P(x_0 \mid x_0^2)$ hat der Graph die Steigung $2x_0$. Man schreibt dafür kurz: $\lim\limits_{x \to x_0} \frac{x^2 - x_0^2}{x - x_0} = 2x_0$. Die Steigungen von $f(x) = x^2$ an allen Stellen x_0 sind eindeutig bestimmt und bilden daher eine Funktion.

Wenn der Quotient $\frac{f(x) - f(x_0)}{x - x_0}$ für $x \to x_0$ einen Grenzwert besitzt, so heißt f an der Stelle x_0 **differenzierbar** (oder ableitbar).
Man nennt den Grenzwert die **Ableitung von f an der Stelle x_0** und schreibt dafür $f'(x_0)$.
Man liest „f Strich an der Stelle x_0".

Kurz zusammengefasst: $f'(x_0) = \lim\limits_{x \to x_0} \frac{f(x) - f(x_0)}{x - x_0}$.

Die Zuordnung $x \mapsto f'(x)$ heißt **Ableitungsfunktion**.

Am Graphen ist die Ableitung von f an der Stelle x_0 die Steigung des Graphen im Punkt $P(x_0 \mid f(x_0))$.

Für einige Funktionen sollen die Ableitungen bestimmt werden:
(1) $f(x) = x$ hat an der Stelle x_0 die Ableitung $f'(x_0) = 1$, da $\frac{f(x) - f(x_0)}{x - x_0} = \frac{x - x_0}{x - x_0} = 1$ für alle x. Dieser Wert ist von x und x_0 unabhängig. Daher ist $f'(x_0) = 1$. $f(x) = x$ hat also die Ableitung $f'(x) = 1$.
(2) $f(x) = x^2$ hat an der Stelle x_0 die Ableitung $f'(x_0) = 2x_0$; man sagt kurz: $f(x) = x^2$ hat die Ableitung $f'(x) = 2x$. Damit kann man für spezielle x-Werte, z. B. für $x = -1{,}5$, d.h. im Punkt $P(-1{,}5 \mid 2{,}25)$ die Steigung berechnen: $f'(-1{,}5) = 2 \cdot (-1{,}5) = -3$.

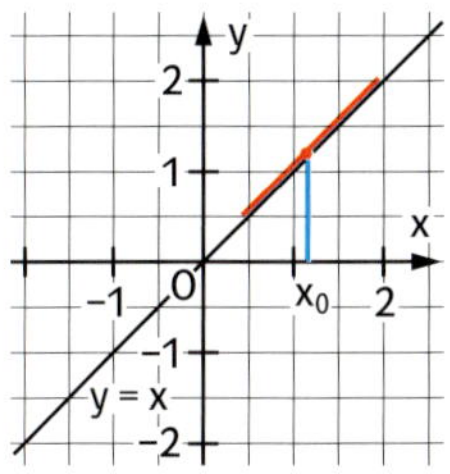

$f(x) = x$ hat die Ableitung $f'(x) = 1$.
Damit ist $f'(1{,}25) = 1$.

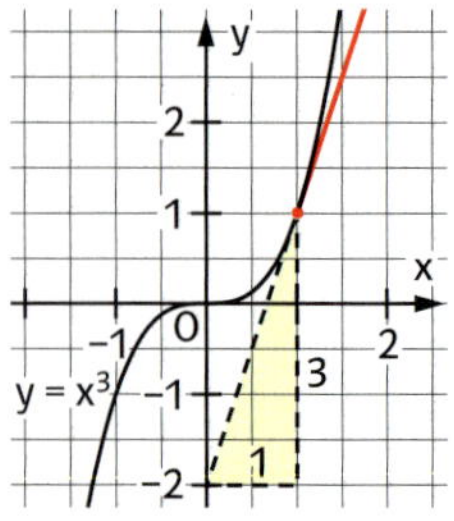

Für $f(x) = x^3$ ist $f'(x) = 3x^2$, also ist $f'(1) = 3 \cdot 1^2 = 3$.

(3) $f(x) = x^3$ hat an der Stelle x_0 die Ableitung $f'(x_0) = 3x_0^2$. Es ist

$$\frac{f(x) - f(x_0)}{x - x_0} = \frac{x^3 - x_0^3}{x - x_0} = x^2 + x_0 x + x_0^2.$$

Damit ergibt sich für $x \to x_0$ der Term $3 \cdot x_0^2$.

(4) $f(x) = x^4$ hat an der Stelle x_0 die Ableitung $f'(x_0) = 4x_0^3$. Man kann dies ähnlich wie (3) zeigen.

$$\begin{array}{l}
(x^3 - x_0^3) : (x - x_0) = x^2 + x_0 x + x_0^2 \\
\underline{-(x^3 - x_0 x^2)} \\
\quad x_0 x^2 - x_0^3 \\
\quad \underline{-(x_0 x^2 - x_0^2 x)} \\
\qquad x_0^2 x - x_0^3 \\
\qquad \underline{-(x_0^2 x - x_0^3)} \\
\qquad\qquad 0
\end{array}$$

Diese Art des Ableitens lässt sich auch auf höhere Potenzen, auf negative und sogar auf reelle Exponenten übertragen.

Exponent wird Faktor und Hochzahl wird um 1 kleiner!

Potenzregel:
Die Funktion $\mathbf{f(x) = x^n}$ hat die Ableitung $\mathbf{f'(x) = n \cdot x^{n-1}}$.

Dies gilt für alle reellen Hochzahlen n.

$f(x) = x^6;\ f'(x) = 6x^{6-1} = 6x^5$
$f(x) = 1 = x^0;\ f'(x) = 0 \cdot x^{0-1} = 0$
$f(x) = \frac{1}{x};\ f'(x) = -1 \cdot x^{-1-1} = -x^{-2} = -\frac{1}{x^2}$

Auswendig lernen:
$f(x) = x^3;\ f'(x) = 3x^2$
$f(x) = x^2;\ f'(x) = 2x$
$f(x) = x^1;\ f'(x) = 1 \cdot x^0 = 1$
$f(x) = x^0;\ f'(x) = 0 \cdot x^{-1} = 0$

Es werden noch zwei Regeln benötigt, ehe man beliebige ganzrationale Funktionen ableiten kann.

(1) Gegeben ist die Funktion $f(x) = 3{,}5x^2$. Dann gilt für eine Stelle x_0 für den Quotienten

$$\frac{f(x) - f(x_0)}{x - x_0} = \frac{3{,}5x^2 - 3{,}5x_0^2}{x - x_0} = \frac{3{,}5(x^2 - x_0^2)}{x - x_0} = 3{,}5(x + x_0).$$

Für $x \to x_0$ erhält man $f'(x_0) = 3{,}5 \cdot 2x_0$,
d.h. $f(x) = 3{,}5x^2$ wird wie $g(x) = x^2$ abgeleitet und der Faktor 3,5 bleibt erhalten.

(2) Gegeben ist die Funktion $f(x) = x + x^2$. Dann gilt für eine Stelle x_0 für den Quotienten

$$\frac{f(x) - f(x_0)}{x - x_0} = \frac{(x + x^2) - (x_0 + x_0^2)}{x - x_0} = \frac{(x - x_0) + (x^2 - x_0^2)}{x - x_0} = \frac{x - x_0}{x - x_0} + \frac{x^2 - x_0^2}{x - x_0} = 1 + (x + x_0).$$

Für $x \to x_0$ erhält man $f'(x_0) = 1 + 2x_0$,
d.h., bei einer Summe von Funktionen wird jede Funktion getrennt abgeleitet und beide Ableitungen werden anschließend addiert.

Kurz und knapp:
- Ein konstanter Faktor bleibt beim Ableiten erhalten.
- Summen werden gliedweise abgeleitet.

Faktor- und Summenregel:
a) Für $f(x) = c \cdot g(x)$ gilt $f'(x) = c \cdot g'(x)$.

$f(x) = 5x^3;\ f'(x) = 5 \cdot 3x^2 = 15x^2$

b) Für $f(x) = g(x) + h(x)$ gilt
$f'(x) = g'(x) + h'(x)$

$f(x) = 2x^3 + 3x^4;\ f'(x) = 2 \cdot 3x^2 + 3 \cdot 4x^3 = 6x^2 + 12x^3$

Daraus ergibt sich, dass nunmehr alle Funktionen, die aus Potenzfunktionen $f(x) = x^n$ mit $n \in \mathbb{N}$ durch Multiplikation mit einer Konstanten und anschließender Addition erhalten werden, abgeleitet werden können.
Ableitung von $f(x) = 2x^5 - 4x^3 + x + 4$: $f'(x) = 2 \cdot 5x^4 - 4 \cdot 3x^2 + 1 + 0 = 10x^4 - 12x^2 + 1$.

Satz: Jede ganzrationale Funktion f vom Grad $n \geqq 1$ ist differenzierbar. Ihre Ableitung f′ ist eine ganzrationale Funktion vom Grad $n - 1$.

$f(x) = -x^4 + 3x^3 + 4x - 1$
$f'(x) = -4x^{4-1} + 3 \cdot 3x^{3-1} + 4 \cdot 1 - 0 = -4x^3 + 9x^2 + 4$

Damit kann man nun für ganzrationale Funktionen auf ganz einfache Weise lokale Änderungsraten bzw. Steigungen von Funktionsgraphen in einzelnen Punkten berechnen.

Beispiel 1 Ableitungen bestimmen

Bestimmen Sie die Ableitung der Funktion f und geben Sie $f'(x_0)$ an.

a) $f(x) = x^2 - x;\ x_0 = 2$ b) $f(x) = 0{,}2x^5 + x^3 - 3x^2 + 1;\ \ x_0 = 1$

Lösung:

a) $f'(x) = 2x - 1;\ \ f'(2) = 2 \cdot 2 - 1 = 3$

b) $f'(x) = 0{,}2 \cdot 5x^4 + 3x^2 - 3 \cdot 2x + 0 = x^4 + 3x^2 - 6x;\ \ f'(1) = 1 + 3 - 6 = -2$

Beispiel 2 Fallgeschwindigkeit als momentane Änderungsrate

Für das Fallen eines Körpers im luftleeren Raum gilt das Fallgesetz $s(t) = 4{,}9t^2$, t in s, s(t) in m.

a) Welche Geschwindigkeit hat der Körper nach genau einer Sekunde?

b) Wann erreicht der Körper $30\frac{m}{s}$?

Lösung:

a) Da s(t) in m, t in s gemessen wird, hat s'(t) die Einheit $\frac{m}{s}$. Die Ableitung ist $s'(t) = 4{,}9 \cdot 2t = 9{,}8 \cdot t$. Damit ist $s(1) = 9{,}8$, d.h., die Fallgeschwindigkeit beträgt nach 1s rund $10\frac{m}{s}$.

b) Da s'(t) die Geschwindigkeit zum Zeitpunkt t ist, muss gelten $9{,}8 \cdot t = 30$; also $t \approx 3$.
Damit beträgt die Fallgeschwindigkeit nach 3s ca. $30\frac{m}{s}$.

Zur Erinnerung:
s'(t) ist Grenzwert des Quotienten $\frac{s(t) - s(t_0)}{t - t_0}$ für $t \to t_0$. Deshalb hat s'(t) die Einheit $\frac{m}{s}$.

Beispiel 3 Steigung im Punkt eines Graphen berechnen

Gegeben ist die Funktion f mit $f(x) = \frac{1}{4}x^3 - x$.

a) Bestimmen Sie die Steigungen des Graphen in den Schnittpunkten mit der x-Achse.

b) Erstellen Sie eine Zeichnung, in der Sie auch die Steigungen in den entsprechenden Punkten eintragen.

Lösung:

a) Schnittpunkte mit der x-Achse: $f(x) = 0$,

also $\frac{1}{4}x^3 - x = 0 \quad | \cdot 4$

$x(x^2 - 4) = 0$, also $x = 0$ oder $x^2 - 4 = 0$.

$x = 0$ oder $x^2 = 4$, also $x_1 = -2;\ x_2 = 2;\ x_3 = 0$.

Ableitung: $f'(x) = \frac{1}{4} \cdot 3x^2 - 1 = \frac{3}{4}x^2 - 1$

Steigung in $S_1(-2\,|\,0)$: $m = f'(-2) = \frac{3}{4} \cdot 4 - 1 = 2$

Steigung in $S_2(2\,|\,0)$: $m = f'(2) = \frac{3}{4} \cdot 4 - 1 = 2$

Steigung in $S_3(0\,|\,0)$: $m = f'(0) = \frac{3}{4} \cdot 0 - 1 = -1$.

b) Graph in Fig. 1

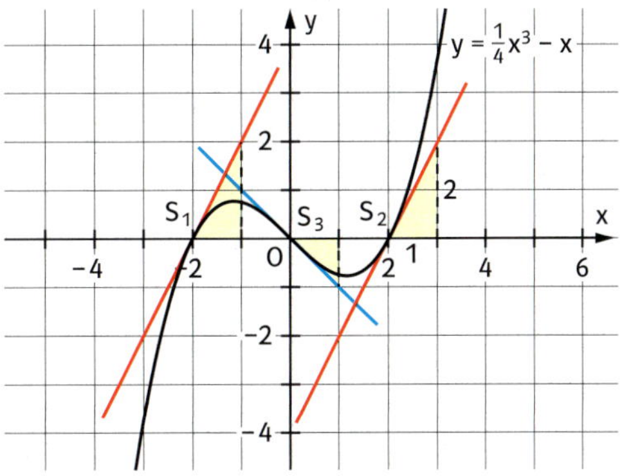

Fig. 1

Zur Erinnerung:
Ein Produkt ist null, wenn die einzelnen Faktoren null sind (**Satz vom Nullprodukt**).

Beispiel 4 Ableitungsfunktion mit dem GTR

Gegeben ist die Funktion f mit $f(x) = \frac{1}{3}x^3 - 2x$. Erstellen Sie auf dem GTR den Graphen der Ableitungsfunktion f' und bestimmen Sie f'(1).

Lösung:

Man gibt den Funktionsterm von f wie üblich ein. Die zweite Funktion wird nDeriv(Y1,X,X) (im [MATH]-Menue) (Fig. 2). Dabei steht Y1 für die Funktion f. Es ist zu beachten, dass Y1 als Funktionsvariable über die Tastenfolge [VARS]; Y-VARS; Function; Y1 einzugeben ist. In Deriv(Y1,X,X) bedeutet das erste X, dass nach x abzuleiten ist, das zweite X gibt die Stelle für die Ableitung an. Mit [TRACE] können an verschiedenen Stellen x_0 die Werte $f'(x_0)$ näherungsweise abgelesen werden (Fig. 3). Es ist $f'(1) \approx -1$.

Fig. 2

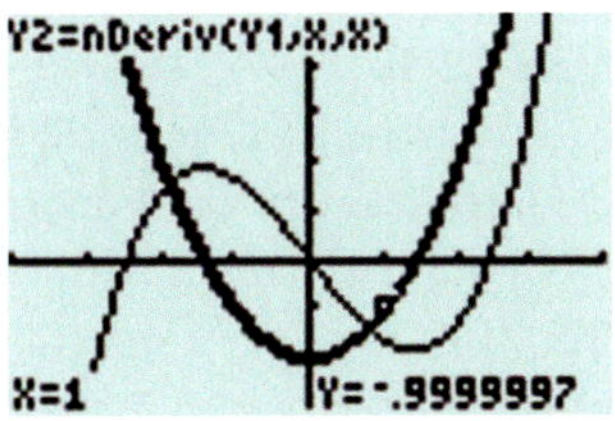

Fig. 3

Anmerkung:
Mit dem GTR kann man den Funktionsterm der Ableitung nicht direkt erhalten! Es lässt sich aber der Funktionsterm der Ableitung im [TABLE]-Menue oder im [GRAPH]-Menue überprüfen, indem der berechnete Term in Y3 eingegeben und kontrolliert wird, ob die Werte bzw. die Graphen von Y2 und Y3 übereinstimmen.

Aufgaben

2 Berechnen Sie für f mit $f(x) = 2x^2 - 3x$ $(f(x) = 2x^3 + 4x)$ die Ableitung und damit

a) $f(0); f'(0)$ b) $f(1); f'(1)$ c) $f(-1); f'(-1)$ d) $f(2); f'(-2)$ e) $f(a); f'(a)$.

3 a) Ergänzen Sie die Tabelle im Heft.

b) Berechnen Sie die entsprechenden Ableitungen für die Funktionen $g: x \mapsto x^3$, $h: x \mapsto \frac{1}{x}$ und $k: x \mapsto x$.

$f(x) = x^2$					
x_0	$\frac{1}{4}$	1	2,25	3	25
$f'(x_0)$					

4 Gegeben ist die Funktion f mit $f(x) = \frac{1}{4}x^2 - 2$.

a) Bestimmen Sie die Steigung des Graphen für den x-Wert −2.

b) An welcher Stelle x_0 gilt $f'(x_0) = -8$?

c) Gibt es einen Punkt $P(x \mid f(x))$ des Graphen, in dem die Steigung 0 ist?

d) In welchem Punkt Q des Graphen ist $f'(x) = 1\,000\,000$?

5 Geben Sie die x-Werte an, für die $f'(x)$ null, positiv oder negativ ist.

a)

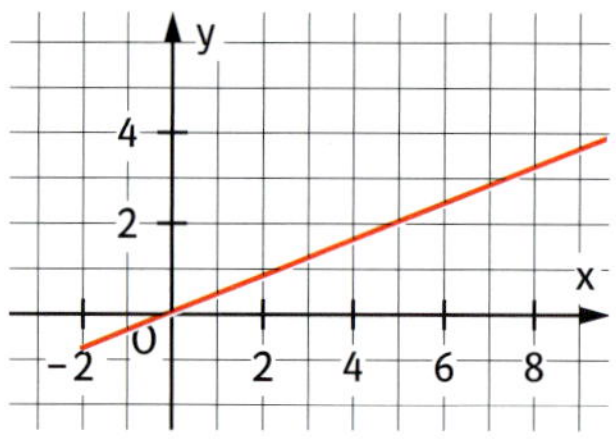

b)

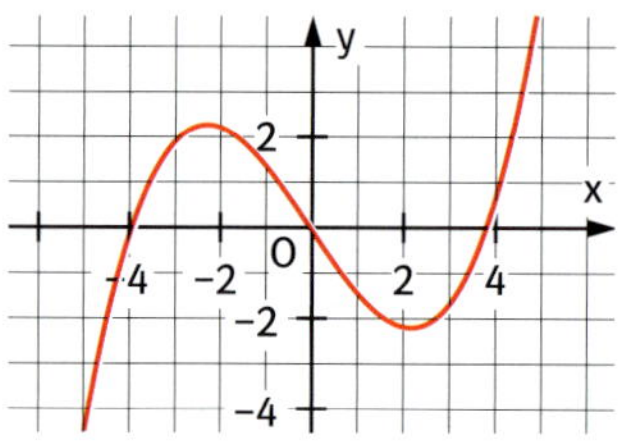

c)

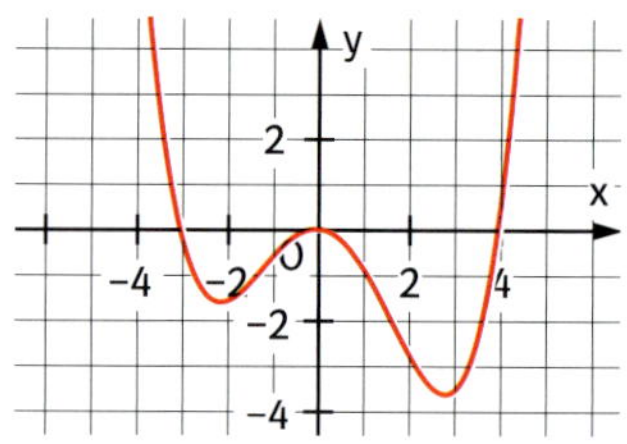

Bei Potenzen mit negativen ganzen Exponenten ist folgendes Verfahren empfehlenswert:

Gegeben: $f(x) = \frac{1}{x^3}$

Umformen: $f(x) = x^{-3}$

Ableiten: $f'(x) = -3 \cdot x^{-4}$

Umformen: $f'(x) = \frac{-3}{x^4}$

6 Bestimmen Sie $f'(x)$ für f mit

a) $f(x) = x^4$ b) $f(x) = x^6$ c) $f(x) = x^9$ d) $f(x) = x^{12}$

e) $f(x) = 2x^{35}$ f) $f(x) = 0{,}2x^{-5}$ g) $f(x) = \frac{1}{14}x^{-7}$ h) $f(x) = 0{,}01x^{-10}$

i) $f(x) = \frac{1}{x^8}$ j) $f(x) = \frac{1}{x^{-9}}$ k) $f(x) = \frac{1}{x^{39}}$ l) $f(x) = \frac{1}{x^{-100}}$.

7 In welchen Punkten P hat der Graph der Funktion die Steigung m?

a) $f(x) = x^4$; $m = 4$ b) $f(x) = x^3$; $m = 12$ c) $f(x) = x^{100}$; $m = \frac{100}{2^{99}}$

d) $f(x) = x^0$; $m = 1$ e) $f(x) = x^6$; $m = 18\,750$ f) $f(x) = x^7$; $m = 448$

8 Bestimmen Sie die Punkte des Graphen von f mit $f(x) = 0{,}5x^2 - 2x$, in denen der Graph

a) die Steigung 3 hat

b) die Steigung 0 hat

c) eine Steigung hat, die mit der Steigung der Geraden $y = x - 2$ übereinstimmt.

$f'(x) = m = \tan(\alpha) = 2{,}5\,\% = \frac{2{,}5}{100}$

9 Eine Straße hat im Bereich $0 \leqq x \leqq 11$ (x in km) einen Höhenquerschnitt, der dem Verlauf des Graphen von f mit $f(x) = 0{,}01x^2 - 0{,}1x + 1$ (f(x) in km) entspricht.

a) Bestimmen Sie die Funktion f′ und ermitteln Sie daraus, an welcher Stelle die Steigung der Straße 0 ist.

b) An welchem Punkt der Straße beträgt die Steigung 2,5 %? Was bedeutet das?

c) Gibt es Punkte auf der Straße, in denen die Steigung (bzw. das Gefälle) 10 % beträgt?

10 Zeichnen Sie mit dem GTR die Funktionen f und f′ und stellen Sie Zusammenhänge her.

a) $f(x) = 0{,}5 \cdot x^2 + x$ b) $f(x) = x^3 - x + 1$ c) $f(x) = 0{,}25x^4 - 3x^3 + x - 2$

3 Tangente und Normale

1 Gegeben ist die Funktion f mit $f(x) = x^2$.
a) Bestimmen Sie $f'(-2)$ und zeichnen Sie den Graphen von f sowie die Gerade g mit der Steigung $f'(-2)$ durch den Punkt $P_0(-2|4)$.
b) Prüfen Sie rechnerisch, ob P_0 der einzige Punkt ist, den die Gerade und der Graph von f gemeinsam haben.

Reflexionsgesetz

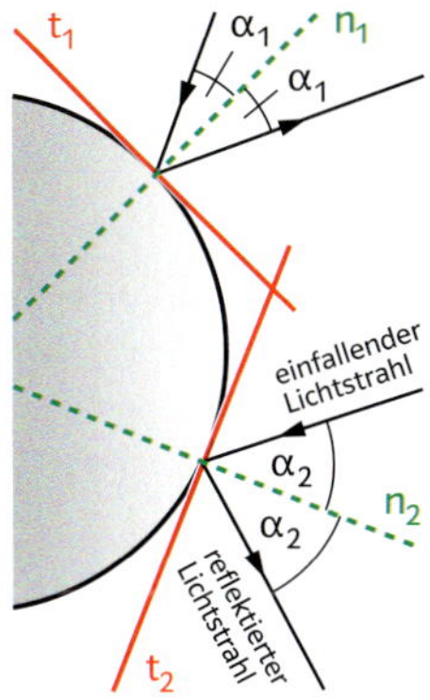

Fig. 1

Gegeben ist der Graph K einer Funktion f. Durch die Punkte $P_0(x_0|f(x_0))$ und $P(x|f(x))$ ist die Sekante gezeichnet (Fig. 2). Für $x \to x_0$ wandert P auf dem Graphen K gegen P_0. Die Gerade t durch P_0 mit der Steigung $f'(x_0)$ hat „nahe bei P_0" mit K keinen weiteren gemeinsamen Punkt, sie **berührt** K in P_0. Für den Steigungswinkel α der Geraden t gilt: $\tan(\alpha) = f'(x_0)$. Dies führt zu folgender Festlegung:

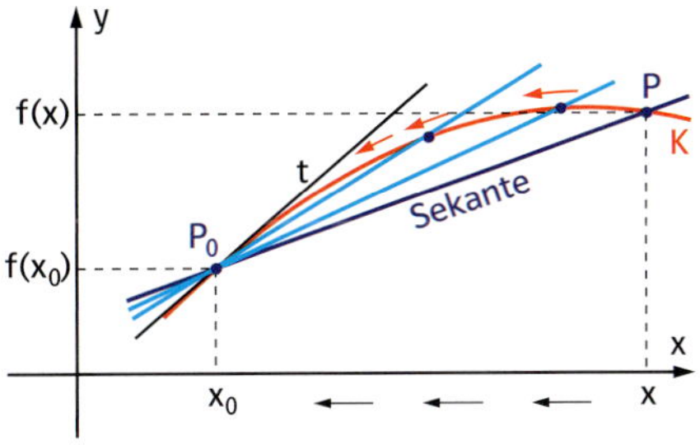

Fig. 2

$P_0(x_0|f(x_0))$ ist ein Punkt des Graphen K der Funktion f. Dann heißt die Gerade t durch P_0 **Tangente an K in P_0**, wenn t die Steigung $f'(x_0)$ hat.
Die Gerade n durch P_0 heißt **Normale von K in P_0**, wenn n senkrecht zur Tangente in P_0 an K verläuft.

tangere (lat.): berühren

Es gibt drei Fälle, die häufig bei Tangenten von Graphen auftreten.
a) Gegeben ist ein Punkt P des Graphen G_f von f. Gesucht wird die Gleichung der Tangente an den Graphen von f im Punkt P (Fig. 3).
b) Gegeben ist die Steigung m einer Geraden g oder g selbst. Gesucht wird ein Punkt P, in dem die Tangente an den Graphen von f zur Geraden g parallel ist (Fig. 4).
c) Gegeben ist ein Punkt P, der nicht auf dem Graphen G_f der Funktion f liegt. Gesucht sind die Tangenten von P an den Graphen von f und ihre Berührpunkte (Fig. 5).

a)

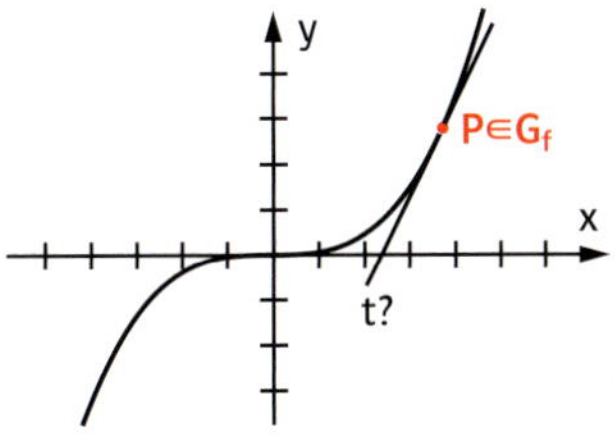

Fig. 3

b)

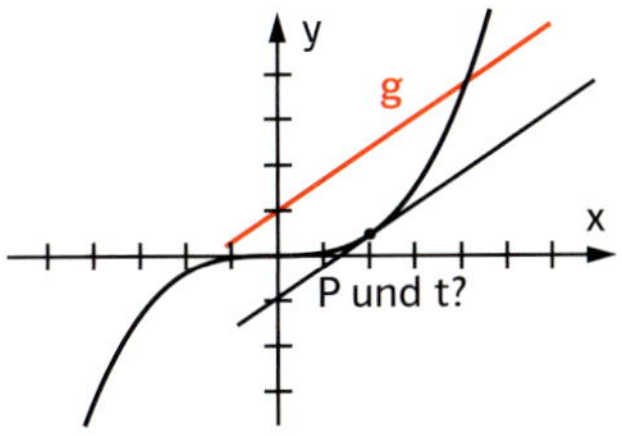

Fig. 4

c)

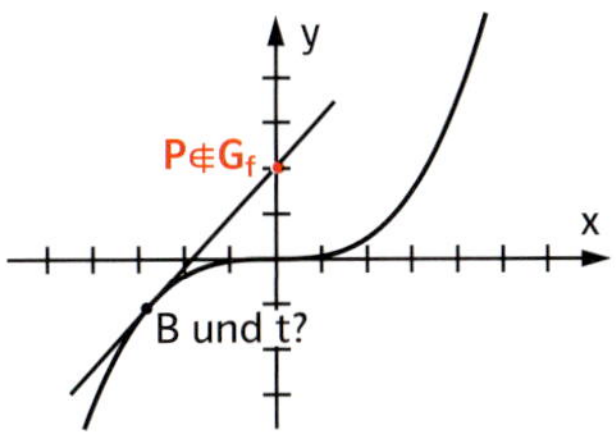

Fig. 5

a) **Tangente in einem gegebenen Punkt P** an den Graphen G_f einer Funktion f.
Gegeben: $f(x) = \frac{1}{4}x^2$; P(2 | ?).
Gesucht ist die Tangentengleichung.
(1) Ableitung von f: $f'(x) = \frac{1}{2}x$
(2) Ableitung in $x_0 = 2$: $f'(x) = \frac{1}{2} \cdot 2 = 1$.
(3) y-Wert von P: $f(2) = \frac{1}{4} \cdot 2^2 = \frac{1}{4} \cdot 4 = 1$.
(4) Gerade durch P(2 | 1) ist die Gleichung der Tangente: $y - 1 = 1 \cdot (x - 2)$,
also $y = x - 1$.

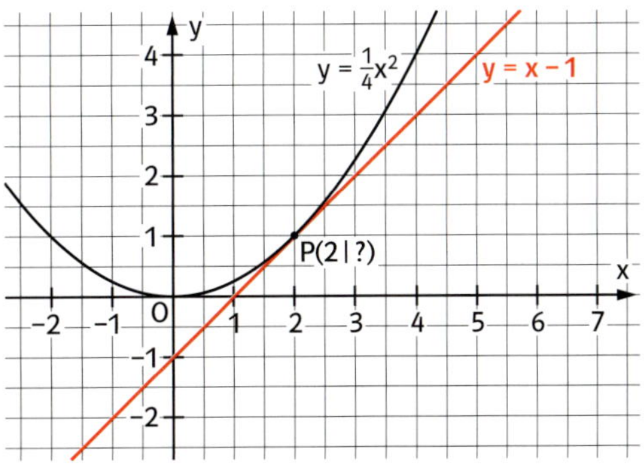

Fig. 6

Zur Erinnerung:
Gleichung einer Geraden mit der Steigung m durch P(**a** | **b**):
$y - \mathbf{b} = m \cdot (x - \mathbf{a})$

b) **Tangente parallel zu einer** gegebenen **Geraden** an den Graphen einer Funktion.

Gegeben: $f(x) = \frac{1}{4}x^2$; g: $y = 1{,}5x + 1$.

Gesucht: Berührpunkt und Tangente.

(1) Ableitung von f: $f'(x) = \frac{1}{2}x$

(2) Gleichsetzen der beiden Steigungen: $g'(x) = 1{,}5$; also $0{,}5x = 1{,}5$; $x_0 = 3$ ist damit der x-Wert des Berührpunktes B.

(3) y-Wert von B: $f(3) = \frac{1}{4} \cdot 3^2 = \frac{1}{4} \cdot 9 = \frac{9}{4}$.

(4) Gerade durch $B\left(3 \,\middle|\, \frac{9}{4}\right)$ ist die Gleichung der Tangente: $y - 2{,}25 = 1{,}5 \cdot (x - 3)$, also $y = 1{,}5x - 2{,}25$.

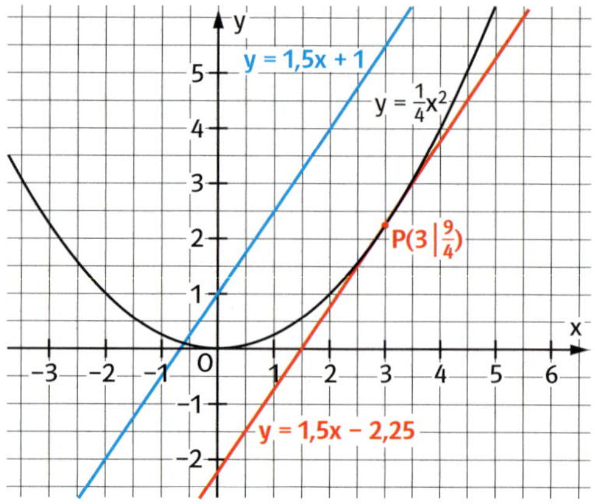

Fig. 1

c) **Tangente von einem Punkt P an den Graphen** einer Funktion.

Gegeben: $f(x) = \frac{1}{4}x^2$; $P\left(1 \,\middle|\, -\frac{3}{4}\right)$

Gesucht: Berührpunkt B und Tangente.

(1) Man gibt dem unbekannten Berührpunkt B die Koordinaten $B(u \,|\, f(u)) = B\left(u \,\middle|\, \frac{1}{4}u^2\right)$ und berechnet die Steigung der Geraden BP:

$$m = \frac{\frac{1}{4}u^2 - \left(-\frac{3}{4}\right)}{u - 1}$$

(2) Ableitung von f: $f'(x) = \frac{1}{2}x$ an der Stelle u: $f'(u) = \frac{1}{2}u$ ist Steigung der Tangente in B.

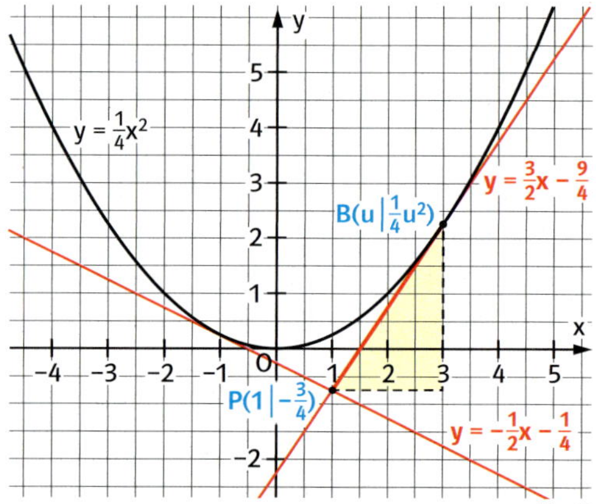

Fig. 2

(3) Gleichsetzen der Steigungen:

$\frac{\frac{1}{4}u^2 - \left(-\frac{3}{4}\right)}{u - 1} = \frac{1}{2}u$ ergibt eine Gleichung, die nach u aufzulösen ist: $\frac{1}{4}u^2 + \frac{3}{4} = \frac{1}{2}u\,(u - 1)$.

Lösung von
$u^2 - 2u - 3 = 0$
$u_{1/2} = 1 \pm \sqrt{1 + 3}$
$u_{1/2} = 1 \pm 2$
$u_1 = -1$; $u_2 = 3$

Die Gleichung wird mit 4 multipliziert: $u^2 + 3 = 2u^2 - 2u$; $u^2 - 2u - 3 = 0$. $u_1 = -1$; $u_2 = 3$.

(4) Um die Berührpunkte zu erhalten, berechnet man noch die y-Werte: $f(-1) = \frac{1}{4} \cdot (-1)^2 = \frac{1}{4}$; $f(3) = \frac{1}{4} \cdot 3^2 = \frac{9}{4}$. Berührpunkte sind also $B_1\left(-1 \,\middle|\, \frac{1}{4}\right)$ und $B_2\left(3 \,\middle|\, \frac{9}{4}\right)$.

Gleichungen der Tangenten:

Steigung in $B_1\left(-1 \,\middle|\, \frac{1}{4}\right)$ ist $f'(-1) = -\frac{1}{2}$; t_1: $y - \frac{1}{4} = -\frac{1}{2}(x - (-1))$, also $y = -\frac{1}{2}x - \frac{1}{4}$.

Steigung in $B_2\left(3 \,\middle|\, \frac{9}{4}\right)$ ist $f'(3) = \frac{3}{2}$; t_2: $y - \frac{9}{4} = \frac{3}{2}(x - 3)$, also $y = \frac{3}{2}x - \frac{9}{4}$.

Beispiel 1 Gleichung der Normalen in einem Punkt

Gegeben ist die Funktion f mit $f(x) = 0{,}1x^4 - x^2$. Bestimmen Sie im Punkt $P(2 \,|\, f(2))$ des Graphen von f die Gleichung der Tangente und der Normalen.

Lösung:

(1) Ableitung: $f'(x) = 0{,}4x^3 - 2x$.

(2) Steigung der Tangente für $x_0 = 2$:
$m = f'(2) = 0{,}4 \cdot 2^3 - 2 \cdot 2 = -0{,}8$.

(3) Berechnung der y-Koordinate in $x_0 = 2$:
$f(2) = 0{,}1 \cdot 2^4 - 2^2 = -2{,}4$.

(4) Gleichung der Normalen:
Steigung der Normalen: $m_n = -\frac{1}{-0{,}8} = 1{,}25$;
Gleichung: $y - (-2{,}4) = 1{,}25\,(x - 2)$, also
$y = 1{,}25x - 4{,}9$.

Zur Erinnerung:
Zwei Geraden mit den Steigungen m_1 und m_2 sind senkrecht zueinander, wenn $m_1 \cdot m_2 = -1$ ist oder wenn $m_2 = -\frac{1}{m_1}$ ist.

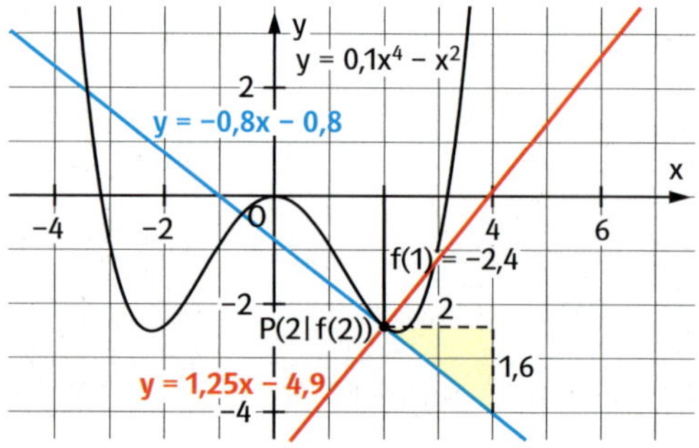

Fig. 3

Beispiel 2 Tangente parallel zu einer Geraden

Gegeben sind die Funktion f mit $f(x) = \frac{1}{3}x^3 - x$ und die Gerade g mit der Gleichung $y = 3x$. Berechnen Sie die Gleichung(en) der Tangente(n) an den Graphen G_f von f, die parallel zu g sind, sowie die Berührpunkte.

Lösung:

(1) Ableitung: $f'(x) = x^2 - 1$

(2) Gerade g hat Steigung 3. Gleichsetzen der Steigungen: $f'(x) = 3$, also $x^2 - 1 = 3$; $x^2 = 4$, also $x_1 = -2$; $x_2 = 2$.

(3) y-Wert von B_1: $f(2) = \frac{1}{3}\cdot 2^3 - 2 = \frac{8}{3} - 2 = \frac{2}{3}$.
$B_1\left(2\,\middle|\,\frac{2}{3}\right)$ ist ein Berührpunkt.
Wegen der Punktsymmetrie von G_f ist $B_2\left(-2\,\middle|\,-\frac{2}{3}\right)$ der zweite Berührpunkt.

(4) Tangente in $B_1\left(2\,\middle|\,\frac{2}{3}\right)$: $y - \frac{2}{3} = 3\cdot(x - 2)$, also $y = 3x - \frac{16}{3}$.
Tangente in $B_2\left(-2\,\middle|\,-\frac{2}{3}\right)$: $y = 3x + \frac{16}{3}$.

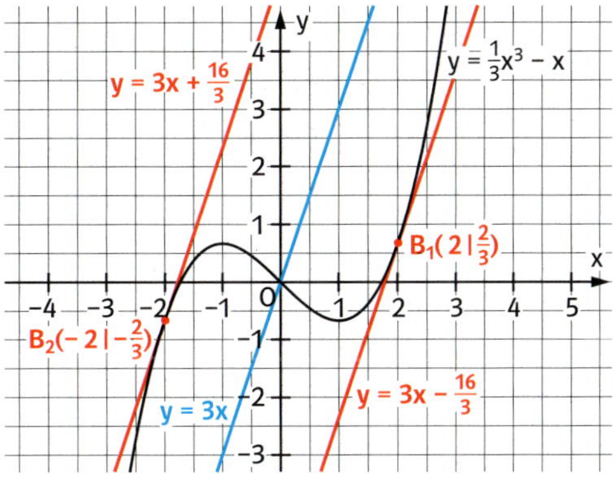

Fig. 1

Beispiel 3 Tangente von einem Punkt an einen Graphen mit dem GTR

Gegeben ist die Funktion f mit $f(x) = x^3 - 3x$. Vom Punkt P(1|0) sollen Tangenten an den Graphen G_f der Funktion f gelegt werden. Bestimmen Sie mit dem GTR ihre Gleichung(en) sowie den (die) Berührpunkt(e).

Skizze:

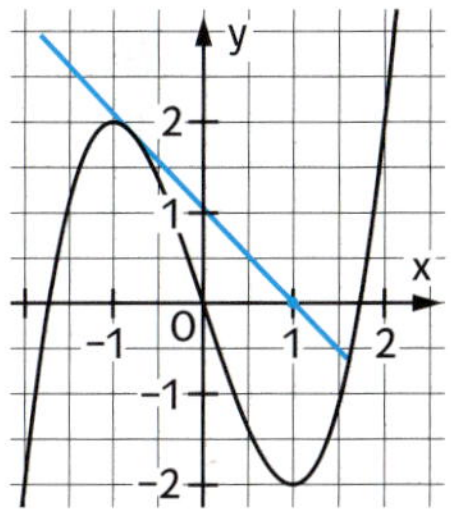

Fig. 2

Lösung:

(1) Berührpunkt ist $B(u\,|\,u^3 - 3u)$; Steigung von BP ist $m = \frac{u^3 - 3u - 0}{u - 1} = \frac{u^3 - 3u}{u - 1}$.

(2) $f'(x) = 3x^2 - 3$; Stelle u: $f'(u) = 3u^2 - 3$ ist Steigung der Tangente in B.
Gleichsetzen der Steigungen: $\frac{u^3 - 3u}{u - 1} = 3u^2 - 3 \quad | \cdot(u - 1)$ ergibt: $u^3 - 3u = (3u^2 - 3)\cdot(u - 1)$ oder $u^3 - 3u - (3u^2 - 3)\cdot(u - 1) = 0$.
Es sind somit die Nullstellen der Funktion h mit $h(x) = x^3 - 3x - (3x^2 - 3)\cdot(x - 1)$ mit dem GTR zu bestimmen.
Man gibt in Y1 die Funktion h ein (Fig. 3), zeichnet sie in einem geeigneten Fenster (Fig. 4), bestimmt die Nullstelle(n) (Fig. 5). Einzige Nullstelle, also einziger Berührpunkt ist $u \approx -0{,}8064439$.

(3) Man zeichnet nun den Graphen der Funktion f und ermittelt den Funktionswert in u und erhält B(−0,8064 | 1,8949) (Fig. 6)

(4) Die Tangente erhält man über [2nd][DRAW] (Fig. 7); Gleichung: $y = -1{,}0489x + 1{,}0489$.

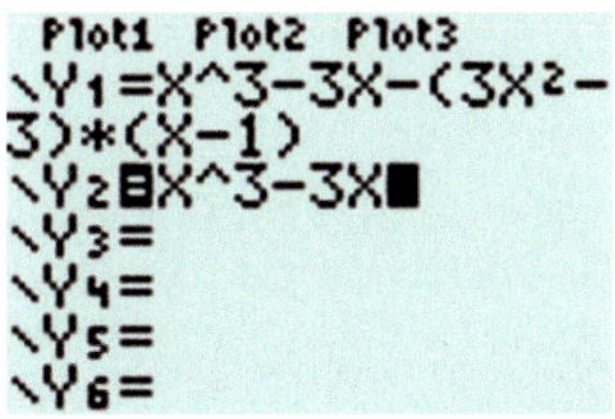

Fig. 3

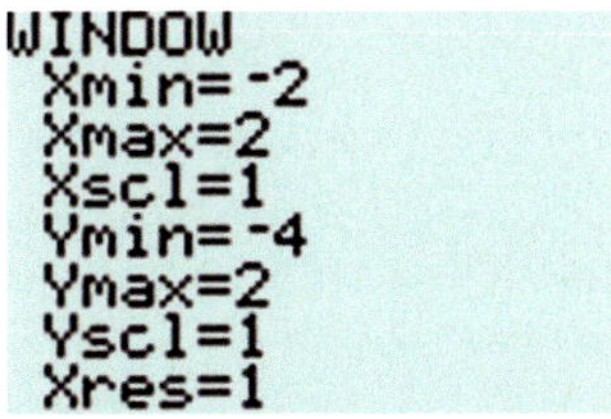

Fig. 4

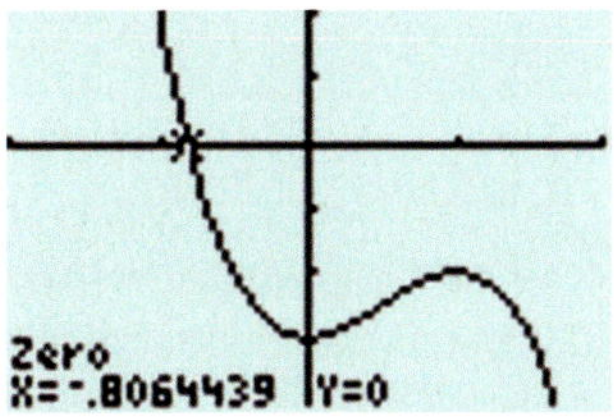

Fig. 5

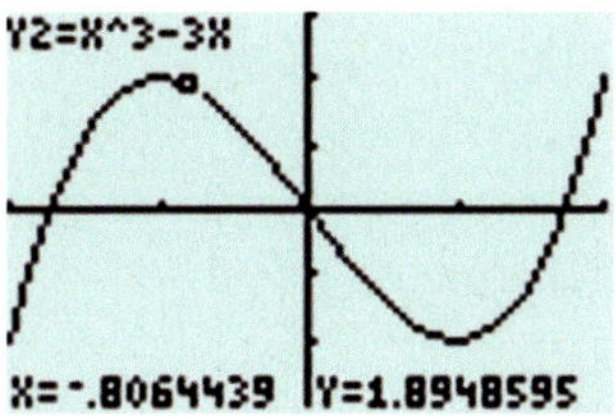

Fig. 6

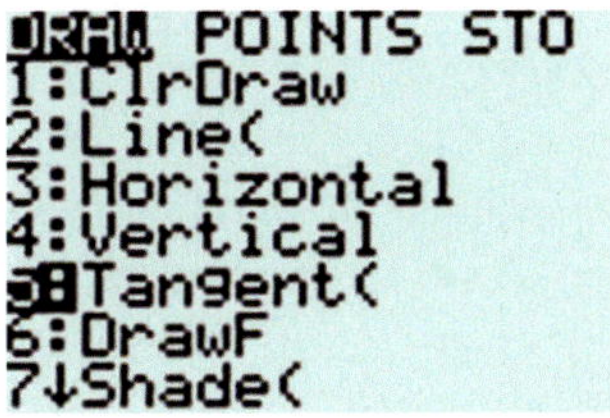

Fig. 7

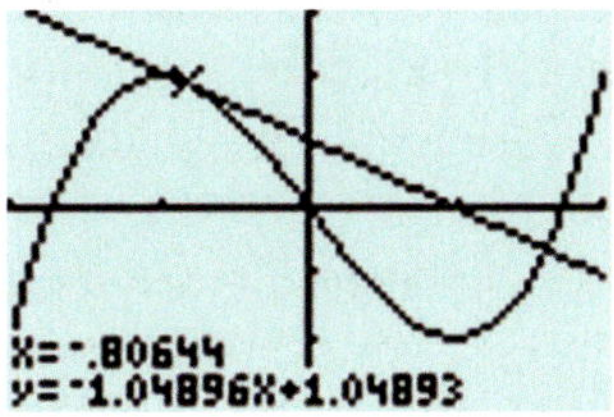

Fig. 8

Aufgaben

2 Beantworten Sie folgende Fragen anhand der Graphen (1) bzw. (2).

a) Welcher Funktionswert ergibt sich für $x = 0$? Welchen Wert hat an dieser Stelle die Ableitung?

b) Geben Sie die Stellen an, an denen die Ableitung den Wert 0 hat.

c) Lesen Sie näherungsweise die Schnittpunkte mit der x-Achse ab und geben Sie in diesen Punkten den ungefähren Wert der Ableitung an.

d) Geben Sie näherungsweise die Gleichung der Tangente an den Graphen von f im Punkt $P(-1 \mid f(-1))$ an.

e) Geben Sie die Bereiche an, in denen $f'(x)$ positiv ist.

(1)

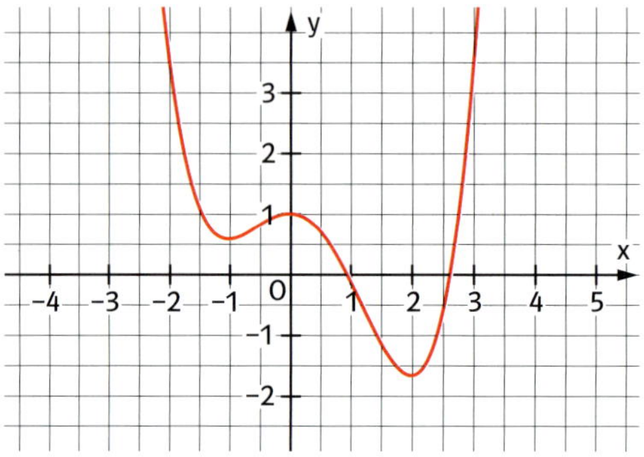

(2)

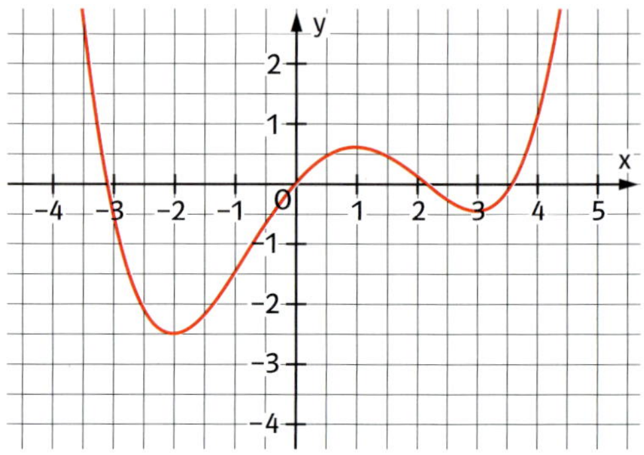

Kontrollieren Sie, wenn möglich, Ihr Ergebnis mit dem GTR! Wenigstens ein Graph ist zur Kontrolle immer sinnvoll!

3 Bestimmen Sie die Steigung der Tangente t an den Graphen der Funktion f im Punkt B. Geben Sie die Gleichung von t an sowie die Gleichung der Normale in B.

a) $f(x) = \frac{1}{2}x^2$; $B(2 \mid 2)$ b) $f(x) = x^2 - x$; $B(-2 \mid 6)$ c) $f(x) = 2x - \frac{1}{4}x^2$; $B(2 \mid 3)$

4 Gegeben ist f mit $f(x) = \frac{1}{16}(-x^4 + 6x^2 + 27)$.

a) Stellen Sie die Gleichungen von Tangente und Normale in $x_0 = -1$ auf.

b) Geben Sie die Gleichungen von Tangente und Normale in $x_1 = 1$ an.

5 K ist der Graph der Funktion f mit $f(x) = x^2$.

a) Bestimmen Sie die Normale von K in $B(-2 \mid 4)$ und zeichnen Sie K und n.

b) Die Normale n schneidet K in einem weiteren Punkt S. Bestimmen Sie S.

6 Zeichnen Sie mit dem GTR den Graphen der Funktion f, bestimmen Sie die Ableitung an der Stelle x_0 und geben Sie die Gleichung der Tangente an dem zu x_0 gehörigen Punkt an.

a) $f(x) = \frac{1}{x} - x + 1$; $x_0 = 1$ b) $f(x) = 0{,}0001(x^7 - 7x^6)$; $x_0 = 7$

c) $f(x) = x^2(x + 2)(x - 1{,}2)$; $x_0 = 1{,}5$ d) $f(x) = x(x + 2)^2(x - 1)^2$; $x_0 = -1$

Können Sie Aufgabe 7 so umformulieren, dass eine Aufgabe wie in Beispiel 2 entsteht?

7 Eine Parallele zur Geraden mit der Gleichung $y = x$ berührt den Graphen von f mit $f(x) = x^2$. Bestimmen Sie die Koordinaten des Berührpunkts.

8 In welchen Punkten P hat der Graph der Funktion die Steigung m?

a) $f(x) = x^4$; $m = \frac{1}{2}$ b) $f(x) = x^8$; $m = -\frac{1}{16}$ c) $f(x) = x^3$; $m = 12$

9 Vom Punkt $P(2 \mid 5)$ werden die Tangenten an den Graphen von f mit $f(x) = -\frac{1}{2}x^3 + \frac{3}{2}x + 2$ gelegt. Bestimmen Sie die Gleichungen dieser Tangenten und die Berührpunkte.

10 Bestimmen Sie die Gleichungen der beiden Tangenten an den Graphen von f mit $f(x) = \frac{1}{8}x^3 \cdot (x + 4)$, die durch $P(2 \mid 6)$ gehen.

4 Monotonie – höhere Ableitungen

1 Welcher Graph wäre für einen Geldanleger der beste? Was unterscheidet die Graphen? Versuchen Sie die Unterschiede zwischen den Graphen zunächst mithilfe der Ableitung und anschließend ohne Verwendung der Ableitung zu charakterisieren.

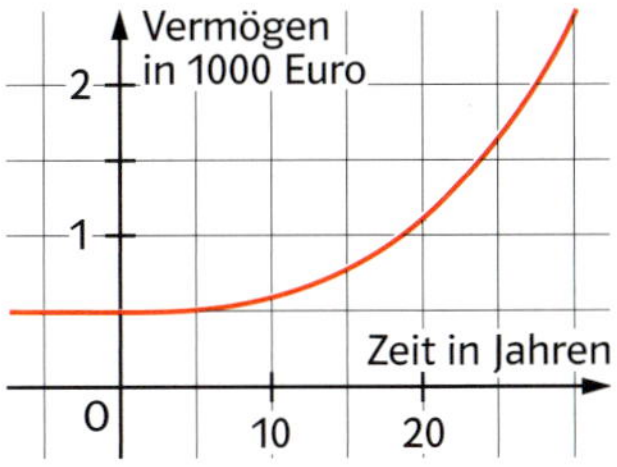

Fig. 1

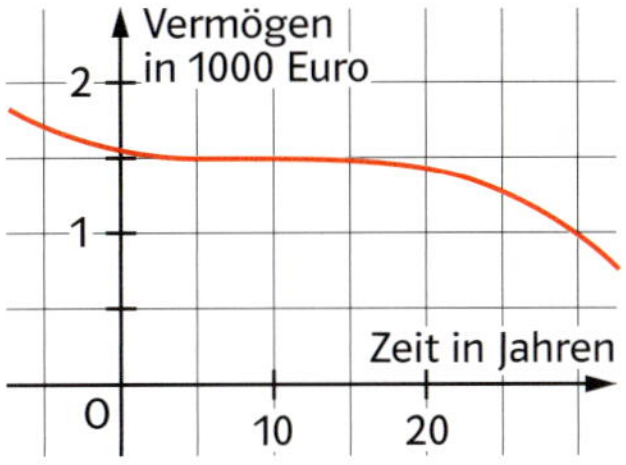

Fig. 2

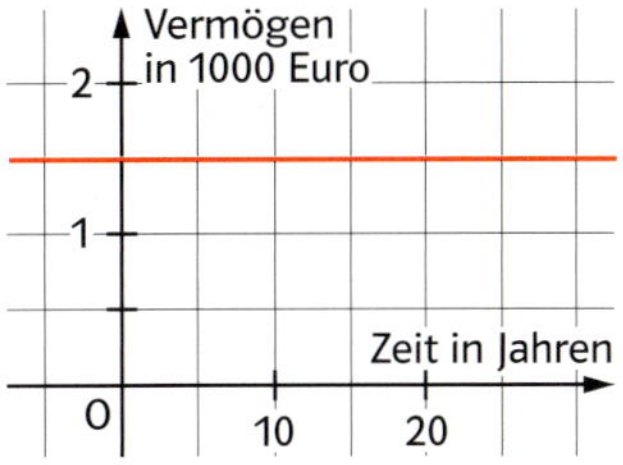

Fig. 3

Es gibt viele reale Situationen, in denen es sehr wichtig ist zu wissen, ob es „bergauf" oder „bergab" geht. Entsprechende Überlegungen für Funktionen werden jetzt durchgeführt.

Der Graph der Funktion f mit $f(x) = x^2$ zeigt, dass für $x > 0$ die Funktionswerte $f(x)$ zunehmen, wenn die x-Werte größer werden. Dafür schreibt man kurz: Für $0 < x_1 < x_2$ gilt $f(x_1) < f(x_2)$. Dagegen nehmen für $x < 0$ die Funktionswerte mit wachsenden x-Werten ab. Man nennt die Funktion f für $x > 0$ **monoton steigend** und für $x < 0$ **monoton fallend**. Fig. 4 zeigt den Zusammenhang zwischen der Monotonie von f und den Tangentensteigungen.

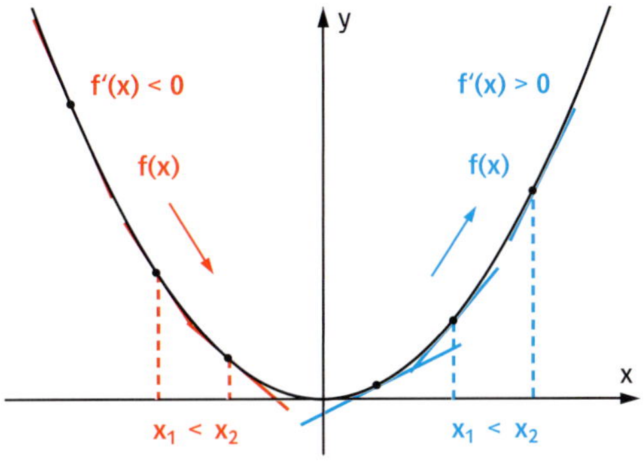

Fig. 4

Wenn für alle x in einem Intervall [a; b] gilt:

$\mathbf{f'(x) \geqq 0}$,	$\mathbf{f'(x) \leqq 0}$,
dann ist f monoton steigend in [a; b].	dann ist f monoton fallend in [a; b].

An Stellen mit $f'(x) = 0$ hat der Graph von f eine **waagerechte Tangente**.

Man spricht von **strenger Monotonie**, wenn das Gleichheitszeichen ausgeschlossen wird!

Man kann sehr leicht die Monotonie einer Funktion f feststellen, wenn man den Graphen von f' zeichnet. In den Bereichen, in denen der Graph von f' oberhalb der x-Achse verläuft, ist die Funktion f monoton steigend, dort wo er unterhalb der x-Achse verläuft, ist f monoton fallend. Dieser Sachverhalt wird verdeutlicht an den Graphen der Funktionen f und f' in Fig. 5 und Fig. 6.

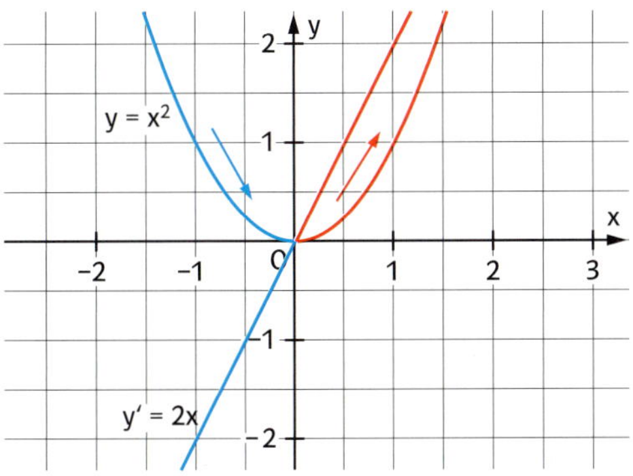

Fig. 5

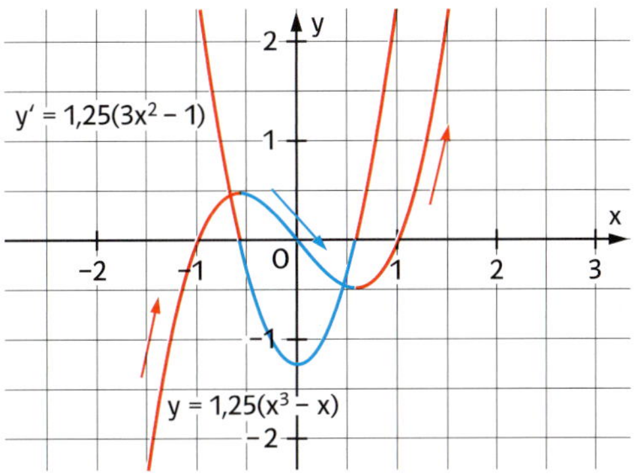

Fig. 6

Für die 4. Ableitung von f schreibt man $f^{(4)}(x)$.

Da die Ableitungsfunktion f′ einer Funktion f wieder eine Funktion ist, kann man auch f′ nochmals ableiten. So ist z. B. zu $f(x) = x^5 + 3x$ die Ableitungsfunktion $f'(x) = 5x^4 + 3$. Leitet man diese wieder ab, so erhält man $(f')'(x) = 20x^3$. Für $(f')'(x)$ schreibt man einfacher $f''(x)$. Man nennt $f''(x)$ die **2. Ableitung** von f(x). Leitet man $f''(x) = 20x^3$ wieder ab, erhält man entsprechend die **3. Ableitung** $f'''(x) = 60x^2$, usw.

Beispiel 1 Untersuchung auf Monotonie
Zeigen Sie, dass die Funktion f mit $f(x) = 0{,}2x^5$ für alle $x \in \mathbb{R}$ monoton steigt.
Lösung:
Es ist $f'(x) = x^4 \geqq 0$, damit ist f in ganz $\mathbb{R}$ monoton steigend.

Beispiel 2 Höhere Ableitungen
Leiten Sie die Funktion f mit $f(x) = x^5 - 0{,}25x^4 + x^3 - 2x + 3$ so lange ab, bis Sie die Nullfunktion erhalten.
Lösung:

Der Grad einer ganzrationalen Funktion wird bei jeder Ableitung um 1 niedriger.

$f'(x) = 5x^4 - x^3 + 3x^2 - 2$; $f''(x) = 20x^3 - 3x^2 + 6x$; $f'''(x) = 60x^2 - 6x + 6$; $f^{(4)}(x) = 120x - 6$; $f^{(5)}(x) = 120$; $f^{(6)}(x) = 0$.

Aufgaben

2 Die angegebenen Vorgänge lassen sich durch die Abhängigkeit von Größen beschreiben. Stellen Sie diese Abhängigkeiten näherungsweise grafisch dar. Zeigt sich dabei Monotonie?
a) Kosten eines Telefongesprächs in Abhängigkeit von der Zeit.
b) Geldwert in Abhängigkeit von der Zeit.
c) Temperatur im Erdboden in Abhängigkeit von der Tiefe.

3 Geben Sie Intervalle an, in denen die Funktion monoton steigt bzw. monoton fällt. Geben Sie auch die Stellen an, an denen $f'(x) = 0$ ist.

a)

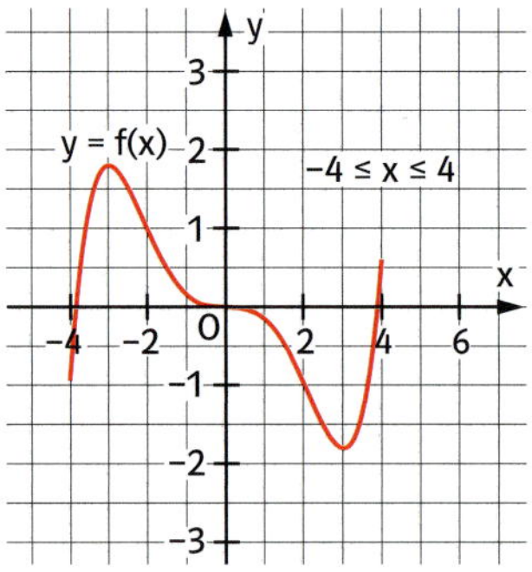

b)

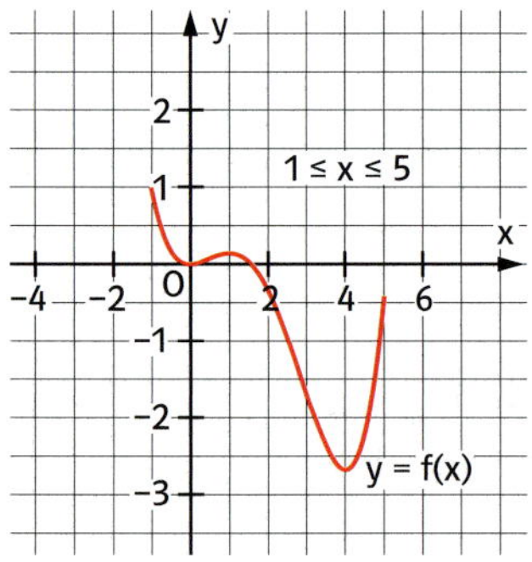

c)

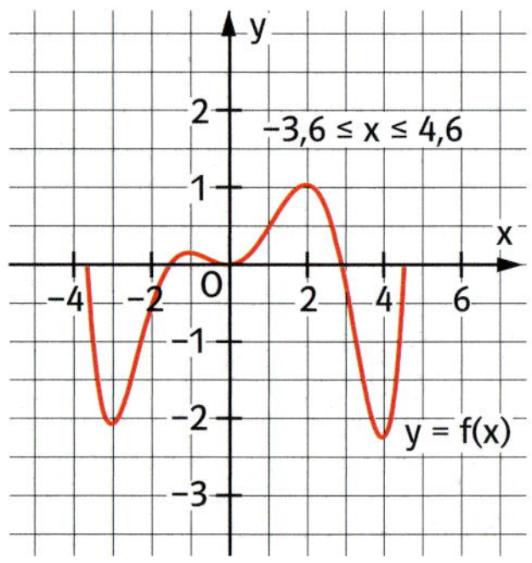

4 Geben Sie die Intervalle an, in denen die Funktion f monoton steigt bzw. monoton fällt.
a) $f(x) = x^2$ b) $f(x) = x^4$ c) $f(x) = x^5$ d) $f(x) = x$ e) $f(x) = -x^3$

5 Zeichnen Sie die Ableitungsfunktion der Funktion f und ermitteln Sie aus ihrem Verlauf die Intervalle, in denen f monoton steigt bzw. monoton fällt.
a) $f(x) = x^2 - 2x$; $-2 \leqq x \leqq 4$ b) $f(x) = x^3 - 3x$; $-2 \leqq x \leqq 2$ c) $f(x) = \frac{1}{4}x^4 - x$; $-2 \leqq x \leqq 2$

6 Leiten Sie so lange ab, bis sich die Nullfunktion ergibt.
a) $f(x) = x^4$ b) $f(x) = x^5 + x^3 + x + 1$ c) $f(x) = \frac{1}{120}x^5 + \frac{1}{24}x^4 + \frac{1}{6}x^3 + \frac{1}{2}x^2 + x$

5 Extremwerte

1 Fig. 1 zeigt das Höhenprofil eines schwierigen Teilabschnitts einer Radstrecke im Schwarzwald in der Umgebung von Bad Dürrheim.

a) Nach wie vielen Kilometern sind besondere Punkte erreicht? Beschreiben Sie diese.

b) Wie kann man diese höchsten Punkte charakterisieren? Wie unterscheiden sich diese von den tiefsten Punkten?

c) Versuchen Sie, die absolut tiefsten bzw. höchsten Werte über NN zu finden.

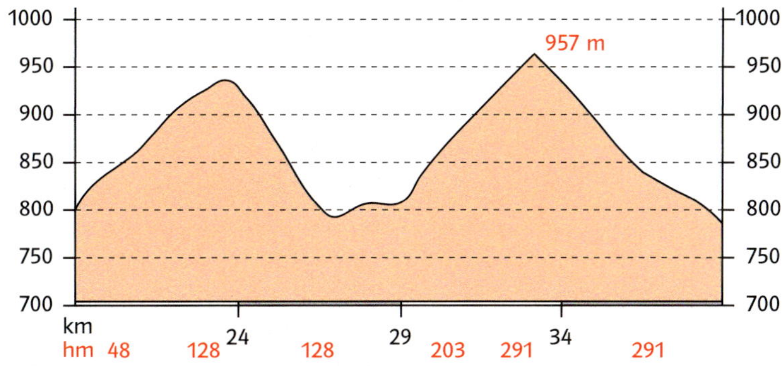

Fig. 1

Extremwerte sind in der Realität in der Regel sehr bedeutsam. Die Frage nach Spitzenresultaten im Sport sind genau so interessant wie ein Gewinnmaximum bei Aktionären oder der beste Durchschnitt eines Schülers in einer Klasse. Es werden jetzt Extremwerte von Funktionen untersucht.

Zur Bestimmung größter oder kleinster Funktionswerte einer Funktion in einem Intervall I muss ein fester Wert $f(x_0)$ mit den Werten $f(x)$ aus einer Umgebung von x_0 verglichen werden.

Die Funktion f sei auf einem Intervall I definiert.
Der Funktionswert $f(x_0)$ heißt

lokales Maximum von f,	**lokales Minimum von** f,
wenn für alle $x \in I$ in **der Nähe von** $\mathbf{x_0}$ gilt:	
$\mathbf{f(x) \leqq f(x_0)}$.	$\mathbf{f(x) \geqq f(x_0)}$.
Der Punkt $P_0(x_0 \mid f(x_0))$ des Graphen von f heißt	
Hochpunkt.	**Tiefpunkt.**

Statt von einem lokalen Minimum oder Maximum spricht man häufig auch von einem **relativen Maximum** bzw. **Minimum**.

Ist der Funktionswert $f(x_0)$ ein Maximum oder ein Minimum, nennt man ihn auch **Extremwert** und x_0 eine **Extremstelle** (Maximum- bzw. Minimumstelle). Der Punkt $P_0(x_0 \mid f(x_0))$ des zu f gehörenden Graphen heißt **Extrempunkt**.

Gilt die Bedingung $f(x) \leqq f(x_0)$ bzw. $f(x) \geqq f(x_0)$ für alle Werte $x \in I$, dann heißt $f(x_0)$ auch **globales Maximum** von f bzw. **globales Minimum von** f in I.

Statt von globalen spricht man auch von **absoluten Extremwerten**.

Liegt ein Extremwert am Rand, etwa an der Stelle a, so heißt f(a) **Randextremwert** (Fig. 2). f(b) ist ebenfalls ein Randextremum.

In Fig. 2 liegt in x_1 das globale Minimum $f(x_1)$, in b das globale Maximum f(b) der Funktion f.

Liegt ein Extrempunkt von f nicht am Rand von [a; b], so muss der Graph von f dort eine waagerechte Tangente haben (Fig. 2), d.h., es muss an einer Stelle x_0, an der ein Extrempunkt vorliegt, gelten: $f'(x_0) = 0$.

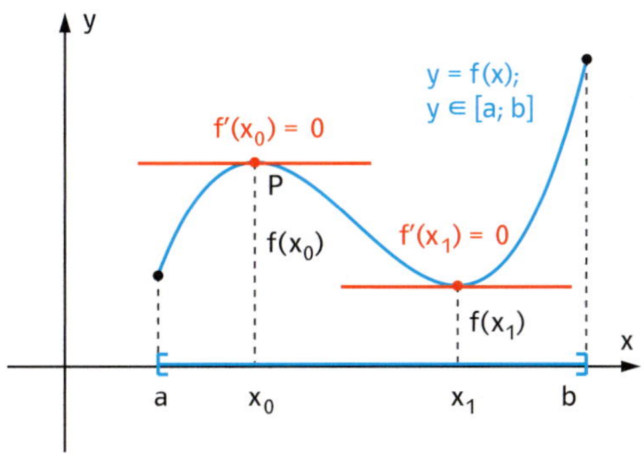

Fig. 2

Graph 1: Lokales Maximum

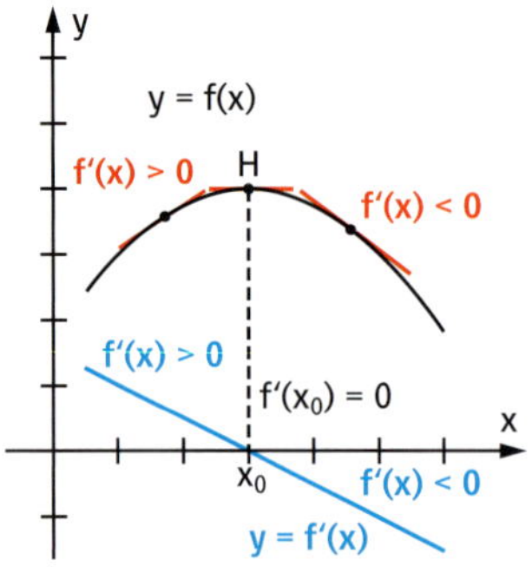

Graph 2: Lokales Minimum

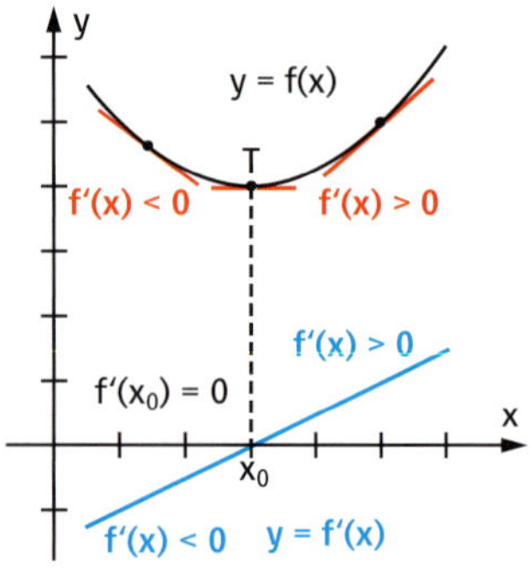

Graph 3: Kein Extremum

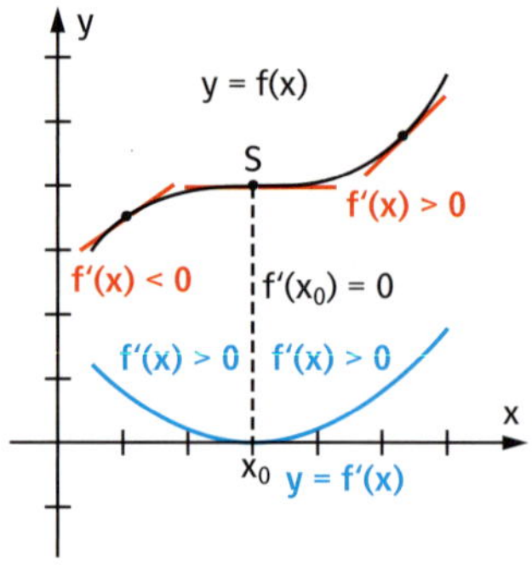

Steigt f für $x < x_0$ und fällt f für $x > x_0$ monoton, dann ist **x_0 Maximumstelle**.
$f'(x)$ ist also in der Nähe von x_0 monoton fallend, d.h. $(f')'(x_0) = f''(x_0) < 0$.
$H(x_0 | f(x_0))$ ist **Hochpunkt** des Graphen von f.

Fällt f für $x < x_0$ und steigt f für $x > x_0$ monoton, dann ist **x_0 Minimumstelle**.
$f'(x)$ ist also in der Nähe von x_0 monoton steigend: $(f')'(x_0) = f''(x_0) > 0$.
$T(x_0 | f(x_0))$ ist **Tiefpunkt** des Graphen von f.

Steigt f in der Nähe von x_0, dann ist x_0 **keine** Extremstelle.
$f'(x)$ ist also in der Nähe von x_0 nicht monoton.

$S(x_0 | f(x_0))$ ist **kein** Extrempunkt des Graphen von f.

Man spricht hierbei von einem **Vorzeichenwechsel** (VZW) der Ableitung von + nach − oder von − nach +.

Die Funktion f habe für alle x mit $a < x < b$ die Ableitung $f'(x)$. Dann gilt:
Wenn $\mathbf{f'(x_0) = 0}$ ist und $f'(x)$ für zunehmende Werte von x bei x_0 von

positiven zu negativen Werten wechselt, dann besitzt f ein **lokales Maximum** an der Stelle x_0.

negativen zu positiven Werten wechselt, dann besitzt f ein **lokales Minimum** an der Stelle x_0.

Die ist auch der Fall, wenn gilt:

$\mathbf{f'(x_0) = 0}$ und $\mathbf{f''(x_0) < 0}$

$\mathbf{f'(x_0) = 0}$ und $\mathbf{f''(x_0) > 0}$

Beispiel 1 Bezeichnungen
Betrachten Sie Fig. 1.
a) An welchen Stellen befinden sich lokale Extremwerte?
b) Geben Sie die Bedeutung der Werte $f(x_1)$, $f(x_2)$, $f(x_3)$, $f(x_4)$, $f(x_5)$ an.
c) Geben Sie die globalen Extremwerte der Funktion im Intervall $[x_1; x_5]$ an.
d) Welche globalen Extremwerte hat die Funktion im Intervall $[x_3; x_5]$?

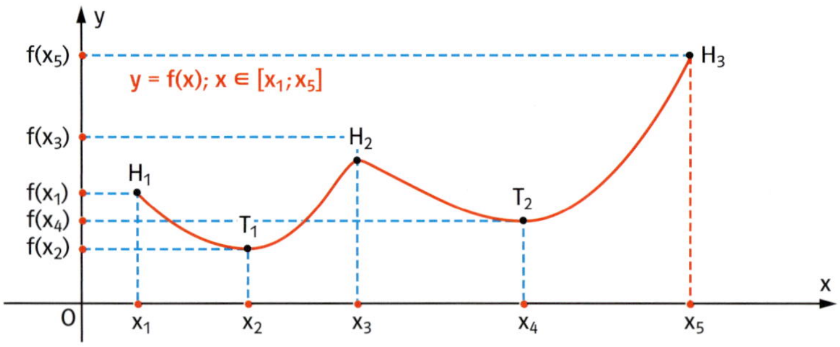

Fig. 1

Lösung:
a) Lokale Minima in x_2 und x_4, lokale Maxima in x_1, x_3 und x_5.
b) $f(x_1)$, $f(x_3)$ und $f(x_5)$ sind lokale Maxima, $f(x_1)$ und $f(x_5)$ gleichzeitig Randmaxima; $f(x_2)$ und $f(x_4)$ sind lokale Minima.
c) Globales Maximum in $[x_1; x_5]$ ist $f(x_5)$, globales Minimum ist $f(x_2)$.
d) Im Intervall $[x_3; x_5]$ ist $f(x_4)$ globales Minimum, $f(x_5)$ globales Maximum.

Beispiel 2 Extrempunkt einer Parabel

Jetzt kann man den Scheitelpunkt als Extrempunkt bestimmen.

Zeigen Sie, dass $T(1 | 3)$ Tiefpunkt des Graphen von f mit $f(x) = x^2 - 2x + 4$ ist.
Lösung:
$f'(x) = 2x - 2$; $f''(x) = 2$. $f'(x) = 0$ ergibt $2x - 2 = 0$, also $2x = 2$; $x_0 = 1$.
Wegen $f''(x) = 2 > 0$ liegt ein Tiefpunkt vor. Da $f(1) = 3$ ist, ist $T(1 | 3)$ Tiefpunkt.

Beispiel 3 Extremwerte einer ganzrationalen Funktion

Gegeben ist die Funktion f mit $f(x) = 2x^3 - 3x^2 + 1{,}5$ mit $x \in \mathbb{R}$.

a) An welchen Stellen liegen mögliche Extremwerte von f?

b) Untersuchen Sie, ob an den in a) gefundenen Stellen ein Maximum oder ein Minimum vorliegt und berechnen Sie dieses.

c) Erstellen Sie den Graphen von f zur Kontrolle.

Lösung:

a) $f'(x) = 6x^2 - 6x$. Es können nur dort lokale Extremwerte auftreten, wo $f'(x) = 0$ ist. Aus $6x^2 - 6x = 0$ ergibt sich $6x(x - 1) = 0$, d.h. $x_1 = 0$ und $x_2 = 1$.

b) Es ist $f''(x) = 12x - 6$. Es ist zu prüfen, welches Vorzeichen $f''(x)$ an den gefundenen Stellen x_1 bzw. x_2 hat:

- $f''(0) = -6 < 0$, also liegt in $x_0 = 0$ ein lokales Maximum. Maximum ist
  $f(0) = 2 \cdot 0^3 - 3 \cdot 0^2 + 1{,}5 = 1{,}5$.
- $f''(1) = 6 > 0$, also liegt in $x_0 = 1$ ein lokales Minimum. Minimum ist
  $f(1) = 2 \cdot 1^3 - 3 \cdot 1^2 + 1{,}5 = 0{,}5$.

c) Graph in Fig. 1.

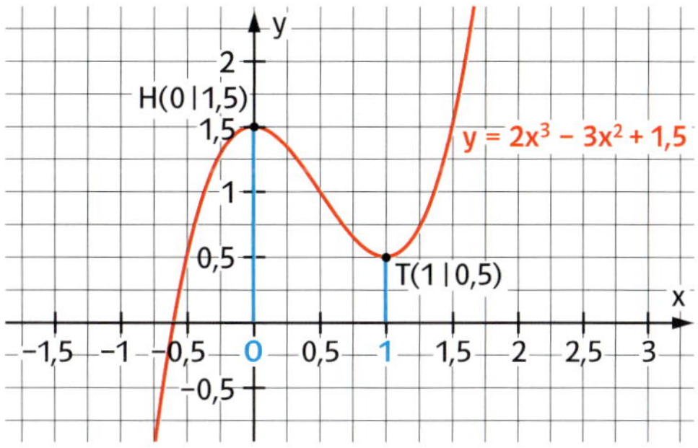

Fig. 1

Vorgehen bei der Extremwertberechnung:

(1) Setze
$f'(x) = 0$
und berechne die „Kandidaten“ $x_1, x_2, \ldots$ für mögliche Extremstellen.

(2) **Vorzeichen** von $f''(x_1), f''(x_2), \ldots$ bestimmen,
wenn **positiv**, dann **Minimum**,
wenn **negativ**, dann **Maximum**.

(3) Funktionswerte
$f(x_1), f(x_2), \ldots$
sind die Extremwerte.

Beispiel 4 Bestimmung der Extrempunkte in einem Intervall

Zeichnen Sie den Graphen von f mit $f(x) = 0{,}125x^4 - x^2$ im Intervall $[-1; 3]$. Berechnen Sie die absoluten Extremwerte von f.

Lösung:

Fig. 2 zeigt den Graphen von f. An Fig. 2 erkennt man, dass $f(2) = -2$ das absolute Minimum, $f(3) \approx 1{,}2$ das absolute Maximum in $[-1; 3]$ ist. Zugehörige Rechnung:

$f'(x) = 0{,}5x^3 - 2x$; $f''(x) = 1{,}5x^2 - 2$.

(1) $f'(x) = 0$: $0{,}5x^3 - 2x = 0$; $x^3 - 4x = 0$;
$x(x^2 - 4) = 0$ ergibt $x = 0$ und $x^2 = 4$, also
$x_1 = 0$; $x_2 = 2$; ($x_3 = -2$ liegt nicht in $[0; 3]$).

(2) $f''(0) = -2 < 0$: lokales Maximum;
$f''(2) = 4 > 0$: lokales Minimum.

(3) $f(0) = 0$; $f(2) = 0{,}125 \cdot 2^4 - 2^2 = -2$.

Wegen $f(3) = 1{,}125$ und $f(-1) = -0{,}85$ sind $f(2)$ und $f(3)$ die absoluten Extremwerte.

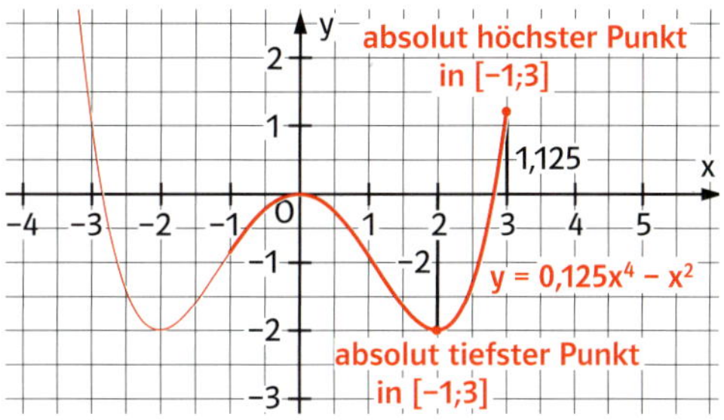

Fig. 2

Beispiel 5 Extremwerte mit dem GTR

Bestimmen Sie mit dem GTR die Extrempunkte des Graphen von f mit $f(x) = x^4 + x + 1$.

Lösung.

Graph zeichnen und im CALCULATE-Menue 3:minimum aufrufen:

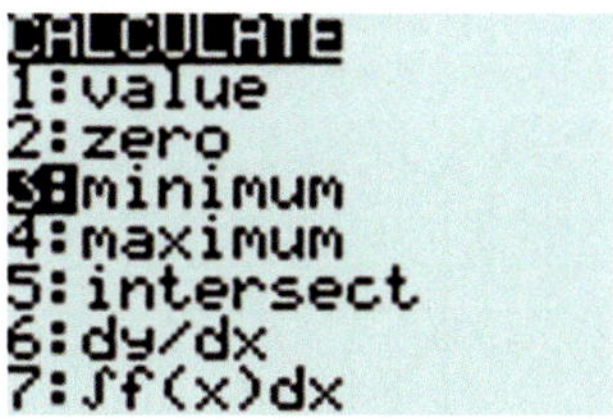

Stellen links (Left Bound?) und rechts (Right Bound?) von Minimalstelle eingeben:

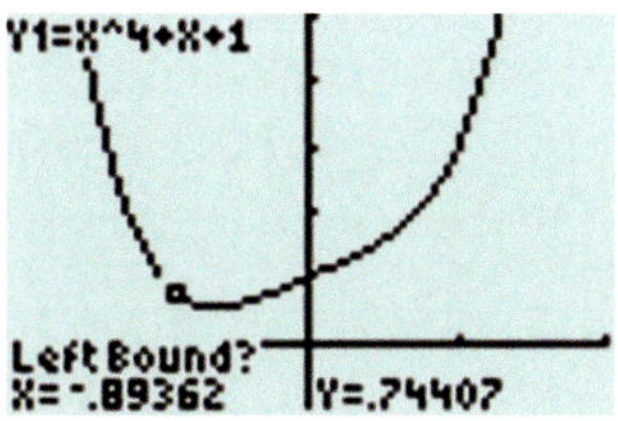

Man kann dann (optional) einen Tipp (Guess?) abgeben und erhält das Minimum:

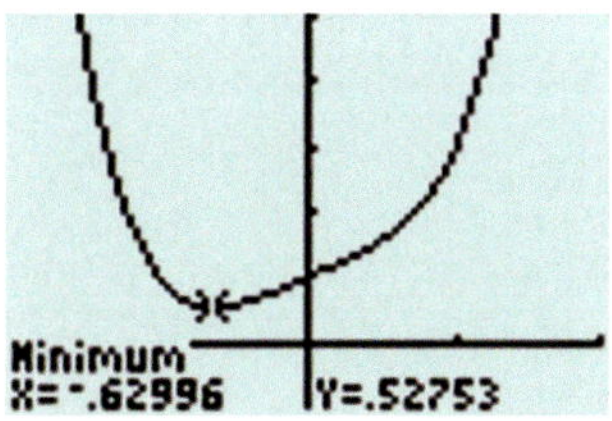

Tiefpunkt ist näherungsweise T(0,6300 | 0,5275).

Man muss beim Bestimmen aller Extrempunkte mit dem GTR darauf achten, dass man sie auch alle in der Zeichnung erfasst hat.

Aufgaben

Extremwerte gibt es überall! Viele werden im **Guinessbuch der Rekorde** jährlich neu zusammengestellt und veröffentlicht. So wurde das größte Fahrrad von Didi Senft aus Kolpin (Deutschland) gebaut. Es ist 7,8 m lang und 3,7 m hoch.

2 Lesen Sie am vorliegenden Graphen der Funktion f die Extremstellen ab. Geben Sie die Koordinaten der Hoch- und Tiefpunkte des Graphen an. Nennen Sie lokale und globale Maxima und Minima von f.

a)

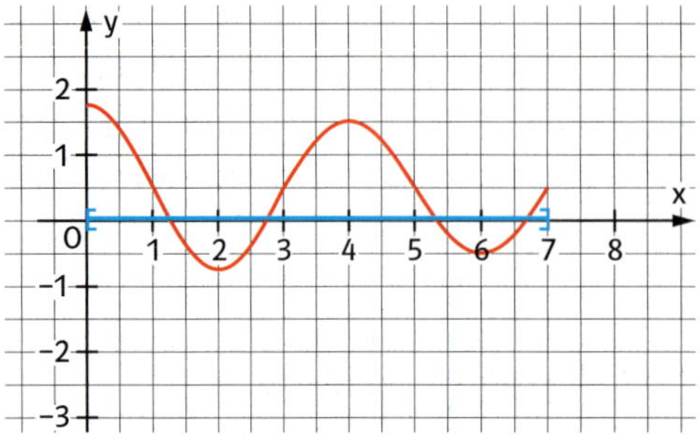

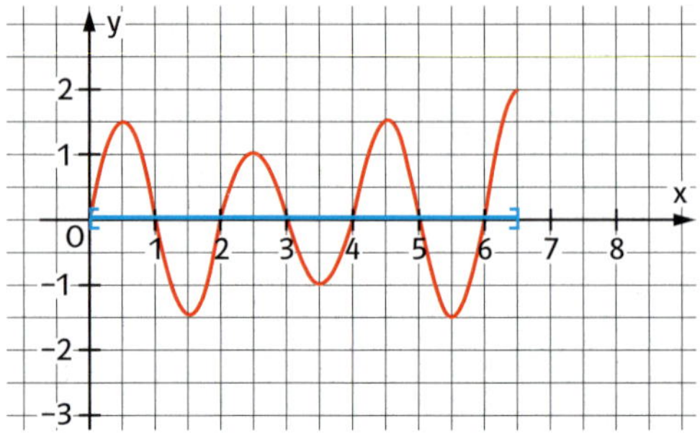

3 Skizzieren Sie jeweils den Graphen einer Funktion f in einem Intervall [a; b], so dass f in diesem Intervall die angeführten Voraussetzungen erfüllt.

a) f besitzt genau ein lokales Maximum, das gleichzeitig absolutes Maximum ist.

b) f besitzt (mindestens) ein lokales Maximum, das aber kein absolutes Maximum ist.

c) f besitzt genau ein lokales Maximum und Minimum, die beide nicht absolut sind.

4 Bestimmen Sie den Scheitelpunkt des Graphen der quadratischen Funktion f.

a) $f(x) = 5x^2 - 4x - 3$ b) $f(x) = -4x^2 - 9x + 7$ c) $f(x) = -0{,}125x^2 + 12x - 3$

d) $f(x) = 0{,}1x^2 - 2x + 45$ e) $f(x) = 100x^2 + 10x + 100$ f) $f(x) = 0{,}001x^2$

T(1|−2); H(−1|2)
H(2|16); T(−2|−16)
H(−1|5); T(3|−27)
H(2|8); T(0|0)
H(−2|7); T(0|3)
keine Extremwerte

5 Ermitteln Sie die Extrempunkte des Graphen der Funktion f. Zeichnen Sie auch den Graphen (möglichst zur Kontrolle mit dem GTR).

a) $f(x) = x^3 - 3x$ b) $f(x) = 12x - x^3$ c) $f(x) = x^3 - 3x^2 - 9x$

d) $f(x) = -2x^3 + 6x^2$ e) $f(x) = x^3 + 3x^2 + 3$ f) $f(x) = x^3 - 3$

Die Lösungen finden Sie auf dem Rand.

6 Berechnen Sie die Extrempunkte des Graphen von f.

a) $f(x) = \frac{1}{8}x^4 - x^2 + 2$ b) $f(x) = 2x^5 - 10x^4 + 4$ c) $f(x) = -\frac{1}{2}x^4 + \frac{2}{3}x^3 + 2x^2 - 4$

Lösungen zu 7:
P(1|2,25)
Q(0|−0,75)

7 Gegeben ist die Funktion f. Welcher Punkt des zugehörigen Graphen kommt der x-Achse am nächsten?

a) $f(x) = 0{,}25x^4 - x + 3$ b) $f(x) = -\frac{1}{3}x^4 + \frac{2}{3}x^3 - 12x - \frac{3}{4}$

8 Bestimmen Sie die Extrempunkte des Graphen von f mit dem GTR.

a) $f(x) = 0{,}4x^3 - 3x^2 + 6{,}2x - 1$ b) $f(x) = 3x^4 - 4x^3 - 35x^2 + 100$

9 Die drei Kurven stellen die Graphen einer Funktion f und ihrer beiden Ableitungen dar. Ordnen Sie entsprechend zu.

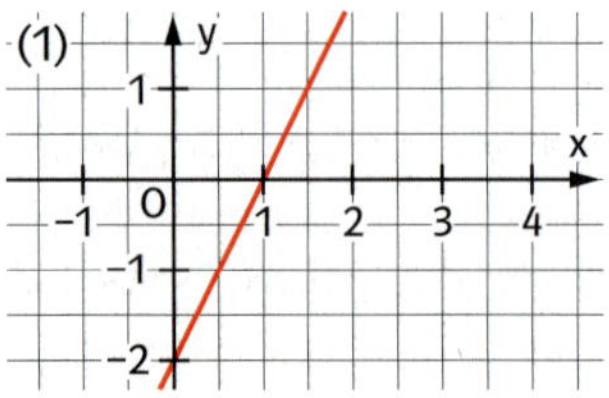

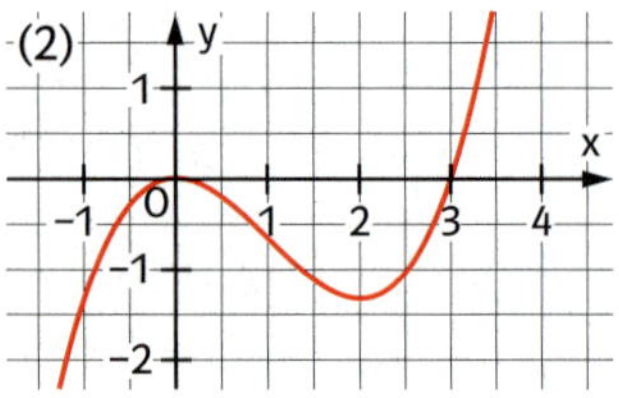

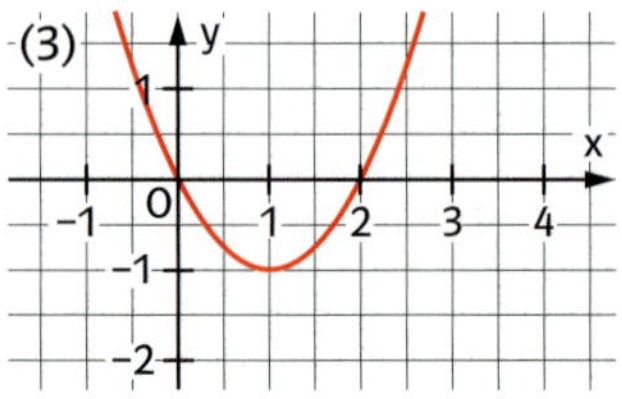

6 Wendepunkte von Graphen

1 Ein Skifahrer, der einen Slalomhang hinunter fährt, muss laufend seine Neigung von links nach rechts und umgekehrt von rechts nach links ändern.

a) Nennen Sie die Art der Kurven, die die Skifahrer bei den beiden letzten Stangen nehmen müssen.

b) Gibt es Punkte beim Slalom, in denen der Fahrer keine Neigung hat?

c) Skizzieren Sie die Bahn, die durch die drei letzten Stangen vorgegeben wird in ein Koordinatensystem und markieren Sie die Punkte, in denen der Fahrer aufrecht steht.

Der Graph von Fig. 1 einer differenzierbaren Funktion ist in Richtung zunehmender x-Werte für $x < x_0$ „nach links gekrümmt" und für $x > x_0$ „nach rechts gekrümmt".
Die Steigungen der Tangenten im links gekrümmten Teil nehmen zu, im rechts gekrümmten Teil nehmen sie ab.

Statt „linksgekrümmt", sagt man auch **konvex**, statt „rechtsgekrümmt" **konkav**.

f sei im Intervall [a; b] vorgegeben. Der Graph von f heißt in [a; b] **linksgekrümmt** (**rechtsgekrümmt**), wenn die Ableitungsfunktion f' in [a; b] **monoton steigt** (**monoton fällt**).

Eine innere Stelle x_0 heißt **Wendestelle** des Graphen von f, wenn beim Durchlaufen dieser Stelle der Graph von einer Linkskrümmung in eine Rechtskrümmung übergeht oder umgekehrt. Der zugehörige Punkt heißt **Wendepunkt**.

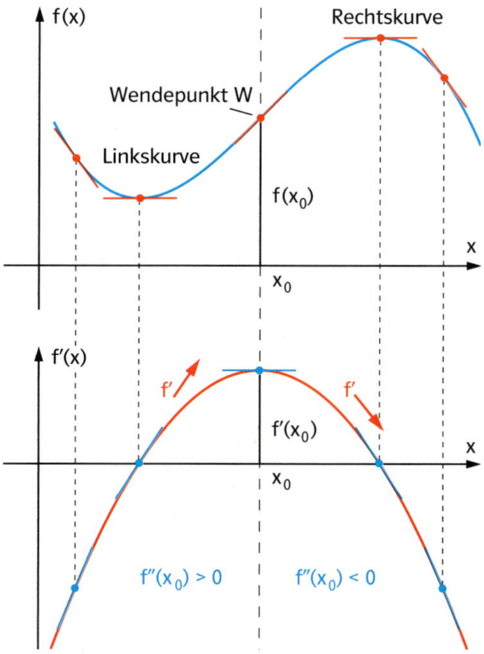

Fig. 1

Nach den Aussagen über die Monotonie lässt sich das Krümmungsverhalten mit der Ableitung f'' von f' bestimmen:
Gilt $f''(x) > 0$ in einem Intervall I, so ist f' streng monoton steigend; es liegt eine Linkskurve vor. Entsprechend ergibt sich aus $f''(x) < 0$ in I eine Rechtskurve.
Beim Übergang an einer Stelle x_0 von einer Linkskurve (f' steigt links von x_0) in eine Rechtskurve (f' fällt rechts von x_0) muss notwendigerweise f' ein lokales Maximum haben (Fig. 1), d.h., es muss an einer Wendestelle x_0 gelten:

$$(f')'(x_0) = f''(x_0) = 0.$$

Dies gilt entsprechend auch an einer Stelle x_0, bei der eine Rechtskurve (f' fällt links von x_0) in eine Linkskurve (f' steigt rechts von x_0) übergeht. f' hat dann an der Stelle x_0 ein Minimum.
Dies zeigt, dass die Wendestellen einer Funktion lokale Extremstellen der Ableitungsfunktion f' sind.

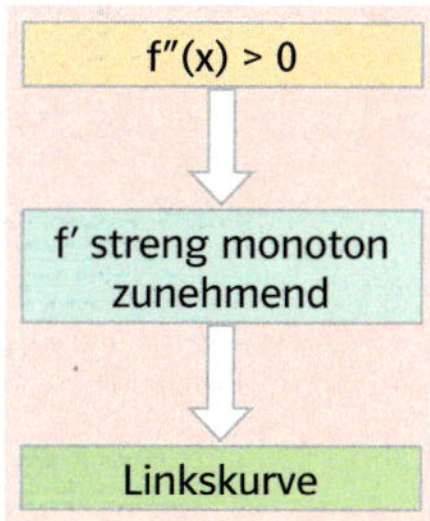

Ein Wendepunkt mit waagerechter Tangente heißt auch **Sattelpunkt**.

Nichts Neues!

Wendestelle ist **Extremstelle** von f′

Eine innere Stelle x_0 von I ist eine Wendestelle des Graphen von f, wenn
(1) $f''(x_0) = 0$ ist und $f''(x_0)$ bei x_0 einen Vorzeichenwechsel hat
oder
(2) f dreimal differenzierbar ist und es gilt:
$f''(x_0) = 0$ und $f'''(x_0) \neq 0$.

Beispiel 1 Wendepunktbestimmung

a) Untersuchen Sie die Funktion f mit $f(x) = \frac{1}{3}x^3 - x^2 - \frac{1}{3}$ auf Wendepunkte.
b) Bestimmen Sie die Gleichung der Tangente im Wendepunkt und skizzieren Sie den Graphen.

Lösung:

a) $f'(x) = x^2 - 2x$; $f''(x) = 2x - 2$; $f'''(x) = 2$.
(1) Wendestellen nur für x mit $f''(x) = 0$, d.h. $2x - 2 = 0$, $2x = 2$, also $x_1 = 1$.
(2) Prüfen, ob in $x_1 = 1$ tatsächlich eine Wendestelle vorliegt: $f'''(1) = 2 \neq 0$, damit eine Wendestelle.
(3) y-Koordinate des Wendepunktes ist
$f(1) = \frac{1}{3} - 1 - \frac{1}{3} = -1$.
Wendepunkt ist W(1|−1).
b) Steigung des Graphen im Wendepunkt ist
$f'(1) = 1^2 - 2 \cdot 1 = -1$.
Gleichung der Wendetangente:
$y - (-1) = -1 \cdot (x - 1)$, also $y = -x$.

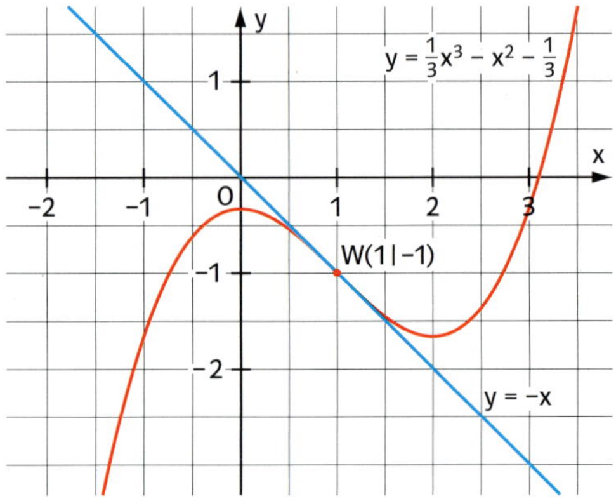

Fig. 1

Hier ist mit Absicht die gleiche Funktion wie in Beispiel 1 gewählt.

Beispiel 2 Bestimmung von Wendepunkten mit dem GTR

Untersuchen Sie mit dem GTR den Graphen von f mit $f(x) = \frac{1}{3}x^3 - x^2 - \frac{1}{3}$ auf Wendepunkte.

Lösung:

Um mit dem GTR Wendepunkte von Graphen zu bestimmen, verwendet man die Tatsache, dass ein Wendepunkt ein Extrempunkt der 1. Ableitung ist. Dazu ist es notwendig, die Ableitungsfunktion einer Funktion grafisch darzustellen. Man gibt den Funktionsterm von f wie üblich ein.
Als zweite Funktion gibt man ein: nDeriv(Y1,X,X) (Fig. 2). Dabei bedeutet das erste X nach Y1, dass nach X abgeleitet wird, das zweite X die Stelle, an der die Ableitung gebildet wird.
Man findet den Befehl nDeriv nach Drücken der [MATH]-Taste unter 8:nDeriv(. Dabei steht Y1 für die Funktion f. Es ist zu beachten, dass Y1 als Funktionsvariable über die Tastenfolge [VARS]; Y-VARS; 1:Function; 1:Y1 einzugeben ist.

Für TI-83Plus-Benutzer: Mit dem GTR kann man auch noch den Graphen der 2. Ableitung einer Funktion f erstellen. Wie könnte man damit die Wendepunkte des Graphen von f ermitteln?

Vorgehensweise:

Eingabe von f und Bestimmung des Graphen von f′.

Fig. 2

Der fett gezeichnete Graph ist der Graph von f′. Das Minimum wird bestimmt.

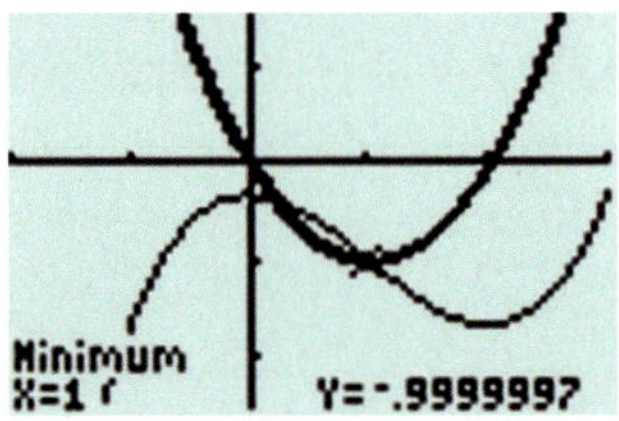

Fig. 3

Mit [2nd] [DRAW] bekommt man noch die Wendetangente und ihre Gleichung.

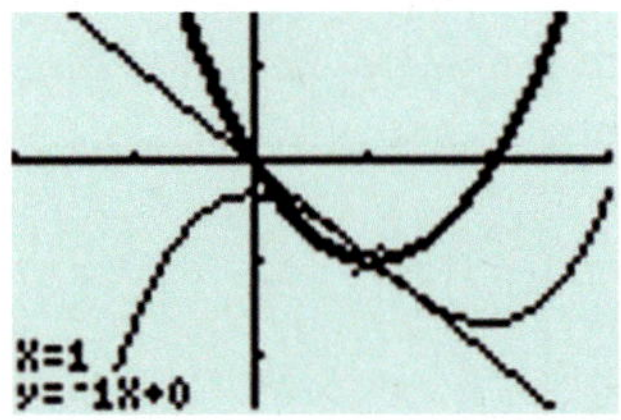

Fig. 4

Ergebnis: Es gibt einen Wendepunkt; er liegt an der Stelle 1. Wegen $f(1) = -1$ ist dies W(1|−1).
Wendetangente: $y = -x$.

Aufgaben

2 Bestimmen Sie die Intervalle, in der der Graph der Funktion f linksgekrümmt bzw. rechtsgekrümmt ist. Geben Sie die Wendepunkte an

a)

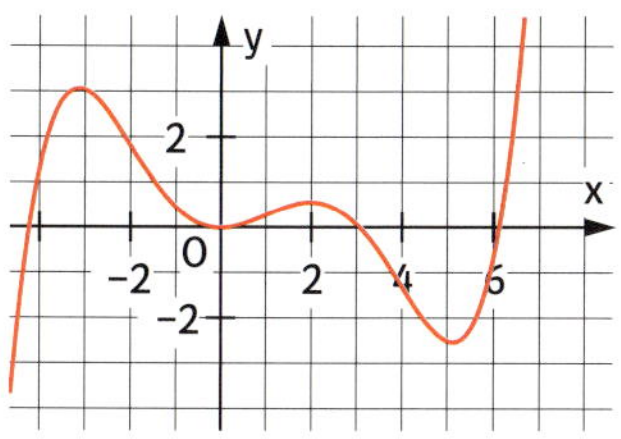

b)

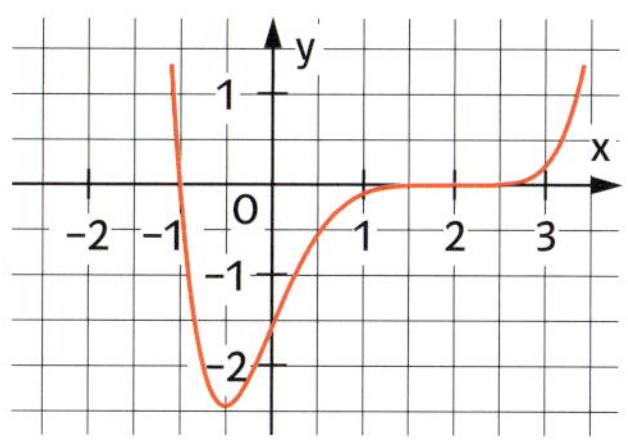

c)

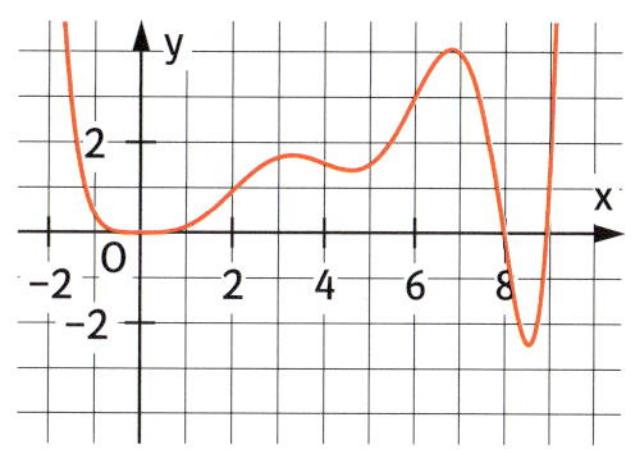

d)

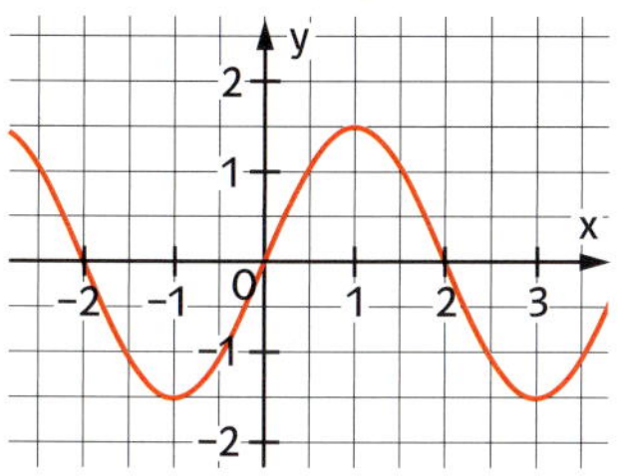

e)

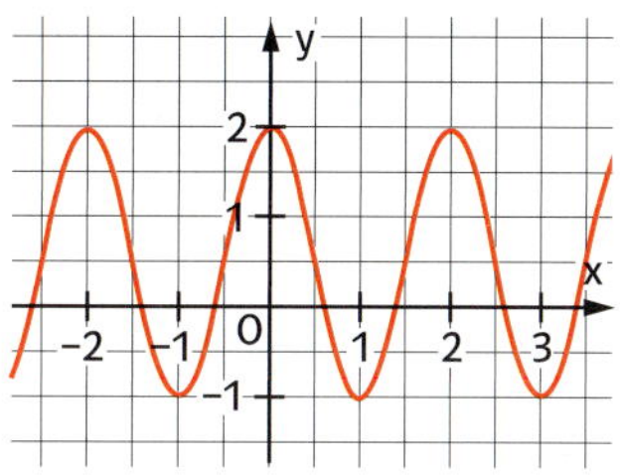

f)

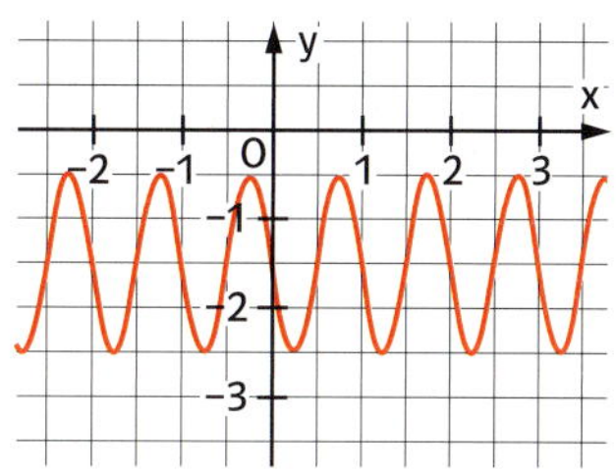

Wo ist die Straße linksgekrümmt, wo ist sie rechtsgekrümmt? Worauf kommt es dabei an?

3 Ermitteln Sie die Wendepunkte und geben Sie die Intervalle an, in denen der Graph von f eine Linkskurve bzw. eine Rechtskurve ist. Kontrollieren Sie das Ergebnis nach Möglichkeit mit dem GTR.

a) $f(x) = 4 + 2x - x^2$ b) $f(x) = x^3 - x$ c) $f(x) = x^3 + 6x$

d) $f(x) = x^4 + x^2$ e) $f(x) = x^4 - 6x^2$ f) $f(x) = \frac{1}{3}x^6 - 20x^2$

g) $f(x) = x^5 - x^4 + x^3$ h) $f(x) = x^3\left(\frac{1}{20}x^2 + \frac{1}{4}x + \frac{1}{3}\right)$ i) $f(x) = \frac{3}{10}x^5 - 4x^3 + 10$

Erstaunliches Ergebnis:
Die Berechnung von Wendestellen einer Funktion f führt zur Berechnung von Nullstellen der Funktion f″.

4 Bestimmen Sie die Gleichung der Tangente für jeden Wendepunkt.

a) $f(x) = x^3 - 6x^2 + 20$ b) $f(x) = x^3(2 + x)$ c) $f(x) = \frac{1}{2}x^4 - x^3 + \frac{1}{2}$

5 Zeigen Sie, dass der Graph der quadratischen Funktion f mit $f(x) = ax^2 + bx + c$ linksgekrümmt ist für $a > 0$ und rechtsgekrümmt ist für $a < 0$.

6 Untersuchen Sie die Funktion f mithilfe des GTR auf Wendestellen.
Eine Möglichkeit wurde in Beispiel 2 aufgezeigt. Man kann aber auch mit der 2. Ableitung von f die Wendepunkte bestimmen. Versuchen Sie die Wendepunkte auf beide Arten zu bestimmen.

a) $f(x) = \frac{1}{5}x^6 - \frac{1}{2}x^4 - 1$ b) $f(x) = \frac{1}{20}x^5 + \frac{23}{75}x^4 - \frac{7}{2}x^3 + x + 1$

7 Skizzieren Sie den Graphen einer ganzrationalen Funktion, der die angegebene Bedingung erfüllt. Geben Sie möglichst einen passenden Funktionsterm an.

a) Der Graph besitzt keinen Wendepunkt und ist rechtsgekrümmt.

b) Der Graph hat genau einen Wendepunkt auf der x-Achse, links davon ist der Graph rechtsgekrümmt, rechts davon linksgekrümmt.

c) Der Graph hat einen Wendepunkt im Ursprung und genau einen Hoch- und Tiefpunkt.

8 Alle Potenzfunktionen $f(x) = x^n$, n ungerade und $n \geqq 3$, haben einen Wendepunkt mit waagerechter Tangente (Sattelpunkt) in $O(0\,|\,0)$. Weisen Sie nach, dass die 2. Ableitung beim Durchgang durch O einen Vorzeichenwechsel erfährt.

7 Extremwertaufgaben

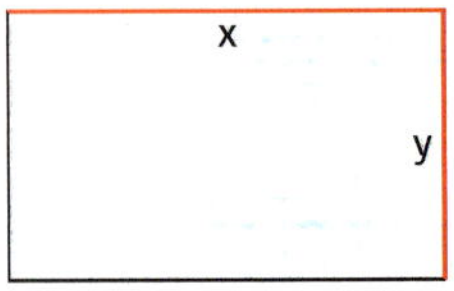

$U = 2x + 2y$
$A = x \cdot y$

1 Stellen Sie den Umfang eines Rechtecks als Funktion einer einzigen Variablen dar, wenn
a) die Rechteckseiten gleich lang sind
b) die Rechteckseiten im Verhältnis 2 : 3 stehen
c) das Rechteck den Flächeninhalt $20\,cm^2$ hat.

Bisher wurden wiederholt Extremwerte bei vorgegebenen Funktionen bestimmt. Ist der Funktionsterm zunächst unbekannt, so muss er aus der Problemstellung ermittelt werden.

Aus einem dreieckigen Stück einer Glasscheibe (Fig. 1) soll ein rechteckiges Stück mit einem möglichst großen Flächeninhalt herausgeschnitten werden. Dazu muss derjenige Punkt $P(u\,|\,v)$ auf der Strecke $\overline{QR}$ bestimmt werden, für den der Flächeninhalt des eingezeichneten Rechtecks am größten wird.
Für den Flächeninhalt des Rechtecks gilt:
(1) $A = u \cdot v$.
A hängt von den beiden Variablen u und v ab. Die Variablen u und v sind nicht unabhängig voneinander. Da P auf der Geraden liegen soll, gilt die so genannte **Nebenbedingung**.
(2) $v = -1{,}5u + 3$ für $0 \leqq u \leqq 2$.

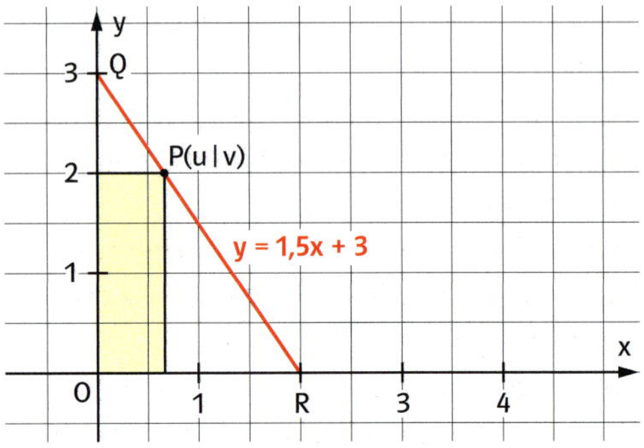

Fig. 1

Setzt man die Nebenbedingung (2) in (1) ein, so erhält man: $A(u) = u \cdot (-1{,}5u + 3)$ mit $0 \leqq u \leqq 2$.
Die Funktion A mit $A(u) = -1{,}5u^2 + 3u$, $0 \leqq u \leqq 2$ heißt **Zielfunktion**.
Diese Funktion wird wie bisher in ihrer Definitionsmenge auf Extremwerte untersucht:
$A'(u) = -3u + 3$; $A''(u) = -3$.
$A'(u) = 0$: $-3u + 3 = 0$; $-3u = -3$; $u = 1$. Da $A''(1) = -3 < 0$ ist, liegt bei $u = 1$ ein lokales Maximum vor.
Da an den Rändern des Intervalls $0 \leqq u \leqq 2$ gilt: $A(0) = A(2) = 0$, liegt in $u = 1$ ein absolutes Maximum von $A(u)$ vor. Da für $u = 1$ gilt $v = -1{,}5 \cdot 1 + 3 = 1{,}5$, sind die Maße des Rechtecks $u = 1$, $v = 1{,}5$.
Maximaler Inhalt ist damit $A = 1 \cdot 1{,}5 = 1{,}5$.

An dem folgenden Beispiel soll die Strategie für das Lösen nochmals verdeutlicht werden.

Aus einem quadratischen Stück Pappe der Kantenlänge 24 cm werden an den Ecken Quadrate der Kantenlänge v cm ausgestanzt, so dass aus der restlichen Pappe eine nach oben offene Schachtel gebogen werden kann. Wie muss v gewählt werden, damit eine Schachtel mit maximalem Volumen entsteht?
Lösung:

Allgemeine Strategie

1. Schritt:
Welche Größe soll einen absoluten Extremwert annehmen und wie lautet der zugehörige Term?
Der Term enthält zwei Variable. Fertigen Sie eine Skizze an!

Beispiel

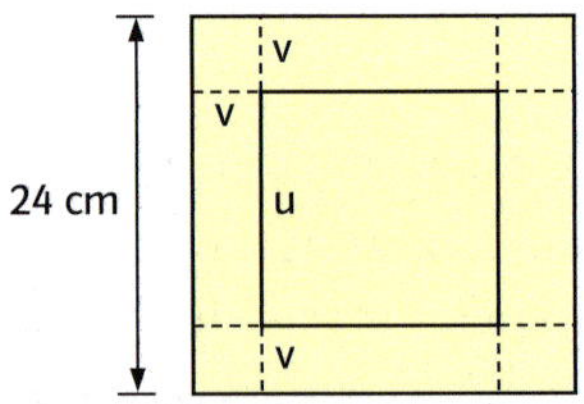

Das Volumen V soll maximal werden:
$V = u^2 \cdot v$.

2. Schritt:
Aufsuchen der Nebenbedingung und des Definitionsbereiches
Die Nebenbedingung muss eine Beziehung zwischen beiden Variablen herstellen. Die Gleichung löst man nach einer Variablen auf.

$2v + u = 24$; aufgelöst nach v:
$v = 12 - \frac{1}{2}u$
Der Skizze entnimmt man, dass $u \leqq 24$ und positiv sein muss. Damit gilt $0 \leqq u \leqq 24$.

Man könnte auch nach u auflösen: $u = 24 - 2v$

3. Schritt:
Angeben der Zielfunktion
Man ersetzt eine Variable im Ausgangsterm durch die Nebenbedingung. Dabei sind nur Extremstellen innerhalb des Definitionsbereichs zulässig.

$V = u^2 \cdot v$;
Man ersetzt v durch u und erhält eine Funktion V(u):
$V(u) = u^2 \cdot \left(12 - \frac{1}{2}u\right) = 12u^2 - \frac{1}{2}u^3$ mit
$0 \leqq u \leqq 24$.

Die Rechnung wird dann etwas schwieriger:
$V = u^2 \cdot v$;
Man ersetzt u und erhält eine Funktion V(v):
$V(v) = (24 - 2v)^2 \cdot v$
$= (576 - 96v + 4v^2) \cdot v$;
$= 576v - 96v^2 + 4v^3$
mit $0 \leqq v \leqq 12$.

4. Schritt:
Bestimmen der absoluten Extremstellen der Zielfunktion
Dazu werden zuerst die lokalen Extremwerte bestimmt. Sie werden mit den Randextremwerten verglichen.
Neben dem absoluten Extremwert der Zielfunktion sollen auch die Werte der Variablen an der Extremstelle berechnet werden.

$V'(u) = 24u - \frac{3}{2}u^2$; $V''(u) = 24 - 3u$.
Notwendig für Extremwerte ist $V'(u) = 0$:
$24u - \frac{3}{2}u^2 = 0$; $3u \cdot \left(8 - \frac{1}{2}u\right) = 0$; also
$u = 0$ oder $8 - \frac{1}{2}u = 0$; also $u_1 = 0$; $u_2 = 16$.
Art der Extremwerte:
$u_1 = 0$: $V''(0) = 24 > 0$; also lok. Minimum.
$u_2 = 16$: $V''(16) = -24 < 0$; lok. Maximum.
$V(0) = 0$; $V(16) = 1024$
Randwerte: $V(0) = 0$; $V(24) = 0$
Damit ist für $u_2 = 16$ das Volumen maximal; es ist dann $v = 12 - \frac{16}{2} = 4$.

$V'(x) = 576 - 192v + 12v^2$
$V''(x) = -192 + 24v$
$V'(x) = 0$ ergibt
$576 - 192v + 12v^2 = 0$.
Man erhält
$v_1 = 12$; $v_2 = 4$.
Wegen $V''(12) = 96 > 0$ liegt in $v_1 = 12$ ein Min.
Wegen $V''(4) = -96 < 0$ liegt in $v_2 = 4$ ein Max.
$V(4) = 1024$.

Am Ende ist der Antwortsatz zu formulieren.

Schneidet man Quadrate mit der Seitenlänge 4 cm ab, so wird das Schachtelvolumen maximal, nämlich $1024\,cm^3 \approx 1$ Liter.

Strategie für das Lösen von Extremwertproblemen:
1. Beschreiben der Größe, die extrem werden soll, durch einen Term. Dieser kann mehrere Variablen enthalten.
2. Aufsuchen von Nebenbedingungen und Bestimmung des Definitionsbereiches.
3. Bestimmung der Zielfunktion mit nur einer Variablen.
4. Untersuchung der Zielfunktion auf Extremwerte und Formulierung des Ergebnisses. Hier sind auch die Randwerte zu untersuchen.

Bei den meisten Extremwertaufgaben mit geometrischem Bezug sind Planskizzen unerlässlich.

Beispiel 1 praxisnaher Extremwert
Ein Sportstadion mit einer Laufbahn der Länge 400 m soll so angelegt werden, dass die Fläche A des eingeschlossenen Rechtecks als Fußballfeld möglichst groß ist (Fig. 1).

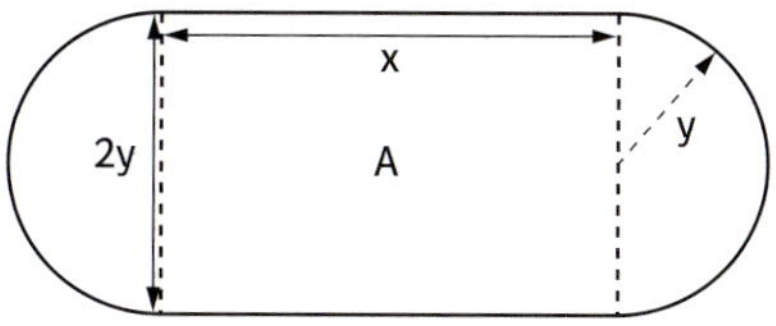

Fig. 1

Lösung:
1. Der Flächeninhalt des Rechtecks in Fig. 1 soll maximal werden: $A = x \cdot 2y$; x, y in m.
2. Der Umfang des Stadions soll 400 m betragen, d.h. $400 = 2x + 2\pi \cdot y$. Daraus ergibt sich durch Auflösen nach y: $y = \frac{200}{\pi} - \frac{x}{\pi}$. x muss positiv sein und darf 200 nicht überschreiten. Damit gilt für den Definitionsbereich $0 \leqq x \leqq 200$.
3. Einsetzen in A: $A(x) = x \cdot 2 \cdot \left(\frac{200}{\pi} - \frac{x}{\pi}\right)$ oder $A(x) = \frac{400}{\pi} \cdot x - \frac{2}{\pi}x^2$ mit $x \in [0; 200]$.

Anmerkung:
Maße eines Fußballfeldes:
Länge: 90 m – 120 m
Breite: 45 m – 90 m;
üblich sind die Maße:
105 m und 70 m.

4. Es ist $A'(x) = \frac{400}{\pi} - \frac{4}{\pi}x$ und $A''(x) = -\frac{4}{\pi}$.
Extremwerte nur möglich für $A'(x) = 0$, d.h. $\frac{400}{\pi} - \frac{4}{\pi}x = 0$; $400 - 4x = 0$; $4x = 400$; also für $x_0 = 100$. Da $A''(100) = -\frac{4}{\pi} < 0$ ist, liegt bei $x_0 = 100$ ein lokales Maximum von A vor.
$A(100) = \frac{400}{\pi} \cdot 100 - \frac{2}{\pi} \cdot 100^2 = \frac{20\,000}{\pi} \approx 6366.$
Dies ist auch gleichzeitig das absolute Maximum, da an den Rändern von [0; 200] gilt:
$A(0) = A(200) = 0$. Die Breite erhält man aus $y = \frac{200}{\pi} - \frac{100}{\pi} = \frac{100}{\pi} \approx 31{,}83$. Ergebnis: Der Platz innerhalb der 400-m-Bahn ist maximal für x = 100 m und 2y = 63,7 m.

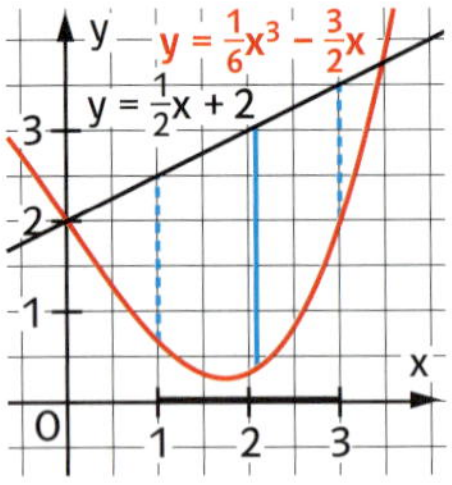

Fig. 1

Beispiel 2 Extremwertaufgabe mit dem GTR
Fig. 1 zeigt die Graphen der Funktionen f mit $f(x) = \frac{1}{6}x^3 - \frac{3}{2}x + 2$ und g mit $g(x) = \frac{1}{2}x + 2$. Bestimmen Sie die Stelle $x \in [1; 3]$, für die die Differenz $g(x) - f(x)$ am größten ist.
Lösung:
Die Zielfunktion ist $d(x) = g(x) - f(x)$. Da sie nur eine Variable enthält, kann sie direkt eingegeben werden (Fig. 2). Ihren Graph zeigt Fig. 3. Jetzt bestimmt man mit [2nd] [CALC] das Maximum in [1; 3] durch Eingabe der Grenzen 1 und 3. Fig. 3 zeigt das Ergebnis: Maximaler Abstand in [1; 3] ist 2,666 an der Stelle 2.

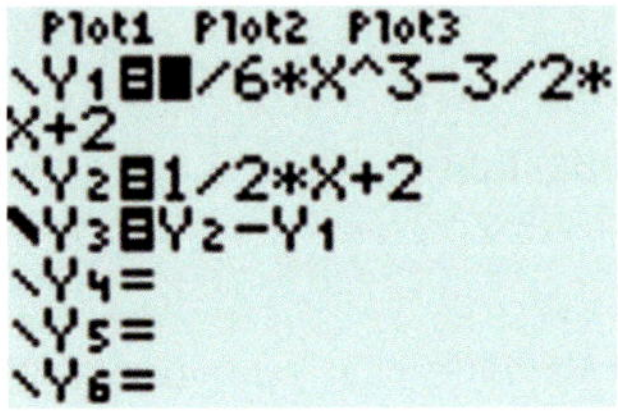

Fig. 2

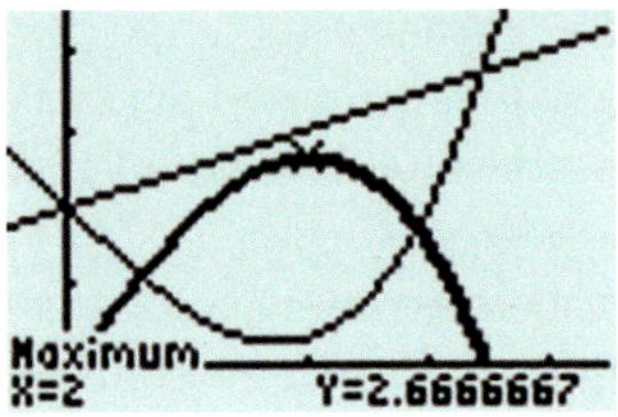

Fig. 3

Aufgaben

2 a) Aus einem quadratischen Stück Blech der Seitenlänge 16 cm werden an den Ecken Quadrate der Seitenlänge x ausgestanzt, so dass aus dem restlichen Blech eine nach oben offene Blechschachtel gebogen werden kann. Wie muss x gewählt werden, damit eine Schachtel mit maximalem Volumen entsteht?
b) Lösen Sie den Aufgabenteil a) für ein quadratisches Stück Blech mit der Seitenlänge s.

3 a) Aus einem rechteckigen Stück Pappe mit den Kantenlängen a = 16 cm und b = 10 cm werden an den Ecken Quadrate der Kantenlänge x ausgestanzt, so dass aus der restlichen Pappe eine nach oben offene Schachtel hergestellt werden kann. Wie muss x gewählt werden, damit eine Schachtel mit maximalem Volumen entsteht?
b) Lösen Sie Teilaufgabe a) für die Kantenlängen s und 2s.

Zur Erinnerung:

Summe:	a + b
Differenz:	a – b
Produkt:	a·b
Quotient:	a:b

4 a) Zerlegen Sie die Zahl 12 so in zwei Summanden, dass ihr Produkt möglichst groß (die Summe ihrer Quadrate möglichst klein) wird.
b) Welche beiden reellen Zahlen mit der Differenz 1 (2; d) haben das kleinste Produkt?
c) Wie klein kann die Summe aus einer positiven Zahl und ihrem Kehrwert werden?

5 Schon die Römer bauten Abwasserkanäle. Der Querschnitt eines Abwasserkanals ist im Normalfall ein Rechteck mit aufgesetztem Halbkreis.
Wie muss ein Abwasserkanal gebaut werden, wenn bei gegebener Querschnittsfläche $A = 3\,m^2$ der Umfang minimal wird?

6 Ein Eisenbahntunnel hat eine Querschnittsfläche von $32\,m^2$. Er hat die Form eines Rechtecks mit aufgesetztem Halbkreis. Welche Maße hat der Tunnel, wenn nur daran gedacht wird, dass der Umfang und damit der Materialverbrauch minimal ist.

Ergebnis:
Höhe = Kreisradius
$\approx 3\,m$

7 Für eine Wasserrinne soll ein Blech der Breite $s = 40\,cm$ und beliebiger Länge verwendet werden. Der Querschnitt der Rinne soll ein Halbkreis mit aufgesetztem Rechteck sein. Es ist sinnvoll, die Rinne so zu formen, dass sie möglichst viel Wasser aufnehmen kann. Dazu muss der Querschnitt maximal werden. Berechnen Sie, wie die Rinne dazu geformt werden muss.

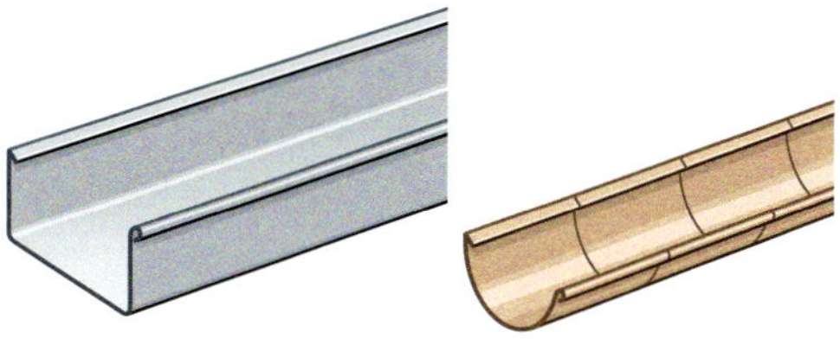

Das sind die Extreme: Eckige Dachrinne und runde Dachrinne.

8 Gegeben sind f und g durch $f(x) = 0{,}5x^2 + 2$ und $g(x) = x^2 - 2x + 2$.

a) Für welche Werte $x \in [0;\, 4]$ wird die Summe der Funktionswerte extrem?

b) Für welche Werte $x \in [0;\, 4]$ wird die Differenz der Funktionswerte extrem?

c) Bearbeiten Sie diese Aufgabe mit dem GTR: Für welche Werte $x \in [0;\, 4]$ wird das Produkt der Funktionswerte extrem?

Um welche Art von Extremum handelt es sich jeweils? Geben Sie die Extrema an.

9 Es war einmal ein König, der aus Freude über die Vermählung seiner Tochter einigen Untertanen ein Geschenk machen wollte. Jeder Untertan sollte ein rechteckiges Stück ebenes Ackerland zur Versorgung seiner Familie erhalten.

Als Bedingung stellte der König: Das Landstück muss innerhalb einer Stunde (gemessen mit einer Sanduhr) zu Fuß umlaufen werden.

Wie soll ein Untertan seinen Weg wählen, damit sein Stück Ackerland möglichst groß wird, wenn er als einziges Hilfsmittel eine (Sand-)Uhr gestellt bekommt und er 6 km in einer Stunde zurücklegen kann? Wie groß wird sein Grundstück maximal?

10 Die Punkte $A(-u\,|\,0)$, $B(u\,|\,0)$, $C(u\,|\,f(u))$ und $D(-u\,|\,f(u))$, $0 < u < 3$, des Graphen von f mit $f(x) = -x^2 + 9$ bilden ein Rechteck (Fig. 1).

a) Für welches u wird der Flächeninhalt des Rechtecks ABCD maximal? Wie groß ist der maximale Inhalt?

b) Für welches u wird der Umfang des Rechtecks ABCD maximal? Wie groß ist der maximale Umfang?

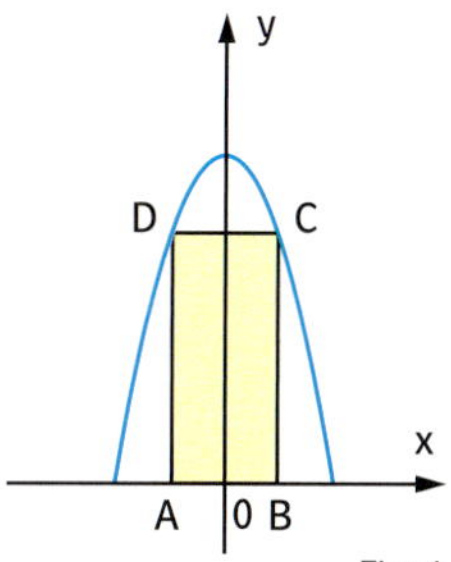

Fig. 1

11 Es sollen zylinderförmige Töpfe einfachster Bauart mit dem Rauminhalt 2 Liter hergestellt werden (Fig. 2). Wie sind Durchmesser und Höhe der Töpfe zu wählen, damit

a) die gesamte Schweißnaht, die am Bodenrand und längs einer Mantellinie angebracht werden soll, minimal wird?

b) der Blechverbrauch möglichst klein wird?

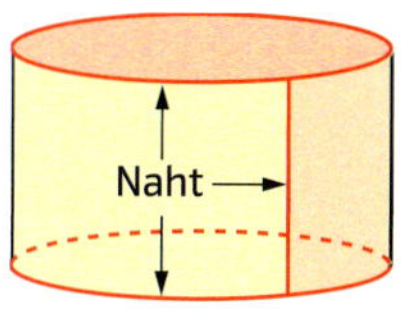

Fig. 2

12 Bei der Herstellung von zylindrischen 1-Liter-Dosen soll möglichst wenig Weißblech verbraucht werden. Wie müssen Grundkreisradius x und die Höhe h in diesem Falle gewählt werden?

13 Bestimmen Sie den Punkt $A(u\,|\,v)$ des Graphen der Funktion f, der vom Punkt P den kleinsten Abstand hat.

a) $f(x) = x^2$; $P(1\,|\,2)$

b) $f(x) = -2x^2 + 4$; $P(0\,|\,0)$

8 Extremwerte in der Betriebswirtschaft

1 Die Gewinnfunktion ist die Differenz aus Erlösfunktion und Kostenfunktion. Berechnen Sie die Gewinnfunktion für Produktion einer Ware mit der Kostenfunktion $K(x) = 0{,}1x^2 + 1$ und eine Erlösfunktion $E(x) = x$; x in Mengeneinheiten (ME), y in Geldeinheiten (GE) mit $0 \leqq x \leqq 10$.
a) Erstellen Sie die Graphen der Kosten-, der Erlös- und der Gewinnfunktion. Lesen Sie aus der Grafik ab, in welchem Bereich ein Gewinn erzielt wird. Berechnen Sie die Gewinnzone.
b) Wie viele Einheiten müssen produziert werden, damit der Gewinn maximal wird? Wie hoch ist der Gewinn dann?

Mithilfe der Differenzialrechnung lassen sich eine Reihe interessanter Fragestellungen aus dem betriebswirtschaftlichen Bereich behandeln. So werden die Grenzkostenfunktion, Betriebsoptimum oder maximaler Gewinn untersucht.

Gegeben ist eine Kostenfunktion K. Bildet man die Änderungsrate der Kostenfunktion K, also $\frac{K(x) - K(x_0)}{x - x_0}$, so gibt die Zahl an, wie stark sich die Kosten ändern, wenn ein Gut statt mit x_0 ME mit x ME produziert wird. Bildet man den Grenzwert für $x \to x_0$, so erhält man die Ableitung $K'(x_0) = \lim\limits_{x \to x_0} \frac{K(x) - K(x_0)}{x - x_0}$. Die Ableitungsfunktion gibt damit an, um wie viel sich die Kosten ändern, wenn die Produktion eines Gutes um eine Einheit erhöht wird. K′ wird als **Grenzkostenfunktion** bezeichnet.

Zur Erinnerung:
Der Wendepunkt des Graphen einer Funktion f ist ein Extrempunkt des Graphen der Ableitungsfunktion.

Ist z.B. $K(x) = x^3 - 42x^2 + 720x + 1000$ eine Kostenfunktion, so ist $K'(x) = 3x^2 - 84x + 720$ die zugehörige Grenzkostenfunktion.
Berechnung des Wendepunktes von K:
$K''(x) = 6x - 84$; $K'''(x) = 6$.
$K''(x) = 0$ für $x = 14$. Wegen $K'''(x) = 6 \neq 0$ liegt bei $x = 14$ ein Wendepunkt vor.
Wegen $K'''(x) = 6 > 0$ liegt bei $x = 14$ ein Minimum der 1. Ableitung vor, also ein Minimum der Grenzkostenfunktion (Fig. 1).
Es ist $K(14) = 5592$ und $K'(14) = 132$.

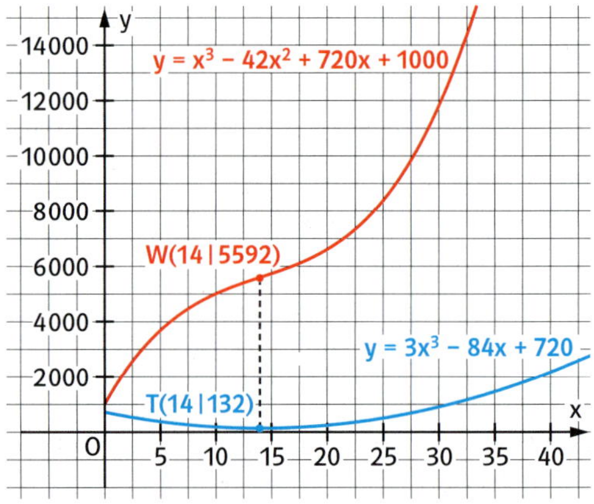

Fig. 1

Man kann diesen Sachverhalt wie folgt interpretieren:
Bis zu einer Produktionsmenge von 14 ME nehmen die Grenzkosten laufend ab, d.h., die Zunahme der Kosten wird geringer bei Erhöhung der Produktion. Ab 14 ME steigen sie wieder.

> Die Ableitungsfunktion einer Kostenfunktion K heißt **Grenzkostenfunktion**. Sie gibt die lokale Kostenerhöhung an, wenn die Produktionsmenge um eine Mengeneinheit erhöht wird. Hat der Graph der Kostenfunktion K eine Wendestelle, so ist diese Extremstelle der Grenzkostenfunktion.

K_f Fixkosten
$K_v(x)$ variable Kosten

Die **durchschnittlichen Gesamtkosten** werden durch die **Stückkostenfunktion** $k(x) = \frac{K(x)}{x}$ definiert. Da $K(x) = K_f + K_v(x)$ ist, werden manchmal auch die **durchschnittlichen Fixkosten** $k_f(x) = \frac{K_f}{x}$ und die **durchschnittlichen variablen Kosten** $k_v(x) = \frac{K_v(x)}{x}$ untersucht. Im obigen Beispiel ist $K_v(x) = x^3 - 42x^2 + 720x$ und $K_f = 1000$.

Greift man die Kostenfunktion des obigen Beispiels auf, so erhält man die Durchschnittskosten oder Stückkosten $k(x) = \frac{K(x)}{x} = x^2 - 42x + 720 + \frac{1000}{x}$ (Fig. 2). Die Frage nach dem Minimum, also dem minimalen Preis pro Produktionsmenge ist für Firmen bedeutsam.

$h(x) = \frac{1000}{x} = 1000 \cdot x^{-1}$;
$h'(x) = -1000 \cdot x^{-2} = -\frac{1000}{x^2}$
$h''(x) = -1000 \cdot (-2) \cdot x^{-3}$
$= \frac{2000}{x^3}$

Berechnung des Minimums:

Es ist $k'(x) = 2x - 42 - \frac{1000}{x^2}$; $k''(x) = 2 + \frac{2000}{x^3}$.

$k'(x) = 0$: $2x - 42 - \frac{1000}{x^2} = 0 \quad | \cdot x^2$

$2x^3 - 42x^2 - 1000 = 0 \quad (*)$

Die Lösung wird mit dem GTR möglich: $x \approx 22{,}03$ (Fig. 1).

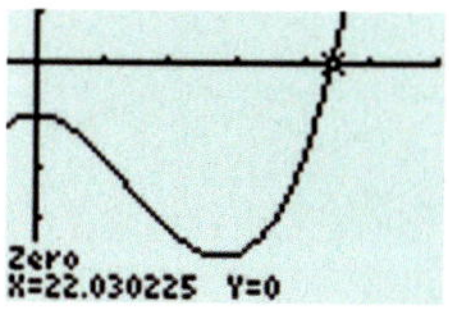

Fig. 1

Da $k''(22{,}03) = 2 + \frac{2000}{22{,}03^3} > 0$ ist, liegt ein Minimum vor. Es beträgt $K(22{,}03) \approx 325{,}45$, d.h., die minimalen Stückkosten liegen bei ca. 22 ME und betragen dann ca. 325 GE.

Zeichnet man die Grenzkostenfunktion K′ von K in Fig. 2 ein, so stellt man fest, dass sich die Stückkostenfunktion k und die Grenzkostenfunktion K′ in T(22,03 | 325,45) schneiden.

Nachweis am Beispiel: $k(x) = K'(x)$

$x^2 - 42x + 720 + \frac{1000}{x} = 3x^2 - 84x + 720 \quad | \cdot x$

$x^3 - 42x^2 + 720x + 1000 = 3x^3 - 84x^2 + 720x$

$2x^3 - 42x^2 - 1000 = 0.$

Diese Gleichung ist identisch mit der obigen Gleichung (*) und hat daher die gleiche Lösung.

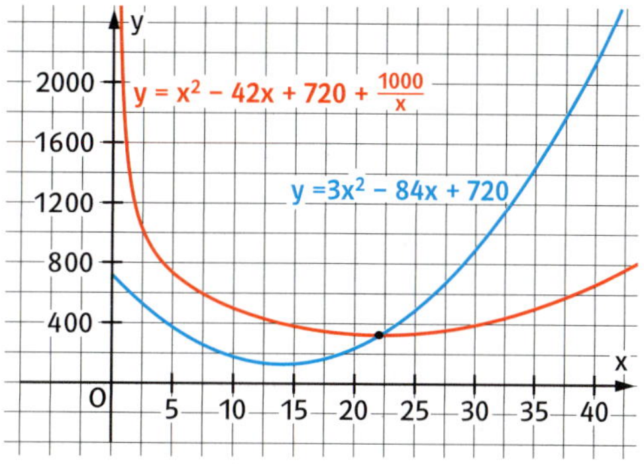

Fig. 2

Geometrische Begründung (Fig. 3):
Die Ursprungsgerade durch einen beliebigen Punkt A(x | K(x)) der Kostenkurve hat die Steigung $m_A = \frac{K(x)}{x}$. Im Berührpunkt $B(x_0 | K(x_0))$ der Tangente, die man von O aus an die Kostenfunktion zeichnen kann, gilt dann $K'(x_0) = \frac{K(x_0)}{x_0}$. Das bedeutet aber, dass die Durchschnittskosten in diesem Punkt genauso hoch sind wie die Grenzkosten.

Man sagt, dass an der Stelle x_0, also im Tiefpunkt der durchschnittlichen Kosten, ein Betriebsoptimum vorliegt. Im Beispiel liegt demnach das **Betriebsoptimum** bei einer Produktion von ca. 22 ME.

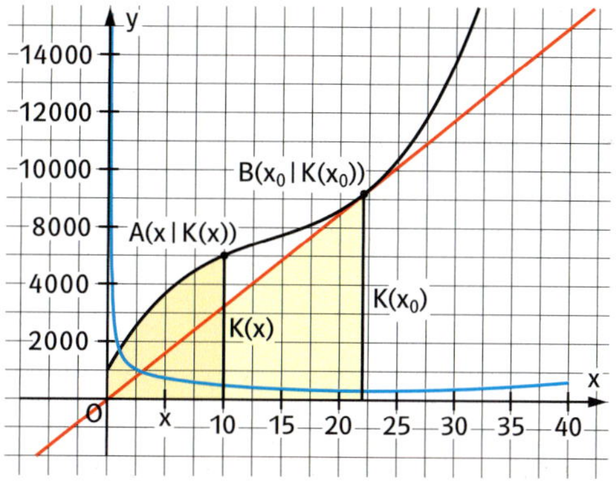

Fig. 3

Die **durchschnittliche Kostenfunktion** oder **Stückkostenfunktion** k ist der Quotient aus Kostenfunktion K und Produktionsmenge x: $k(x) = \frac{K(x)}{x}$. Ihr **Minimum** x_0 ermittelt man

(1) über die mathematische Bedingung $k'(x) = 0$; $k''(x) > 0$ oder
(2) als Schnittpunkt von Grenzkostenkurve und Stückkostenkurve oder
(3) durch Bestimmung des Berührpunkts der Tangente an den Graphen der Kostenfunktion, die man vom Ursprung O an die Kostenkurve legen kann.

Man nennt die zur Produktionsmenge x_0 gehörigen Kosten **Betriebsoptimum** oder auch langfristige Preisuntergrenze.

Bestimmt man das Minimum x_1 der **durchschnittlichen variablen Kosten** $k_v(x) = \frac{K_v(x)}{x}$, so nennt man die zu x_1 gehörigen Kosten **Betriebsminimum** oder kurzfristige Preisuntergrenze.

Beispiel 1 Gewinnmaximum; Betriebsoptimum

Eine Gesamtkostenfunktion K ist durch $K(x) = x^3 - 10x^2 + 37x + 102$; $0 \leqq x \leqq 11$, gegeben, die Erlösfunktion E durch $E(x) = 50x$, $0 \leqq x \leqq 11$.

a) Skizzieren Sie die Graphen von K und E.

b) Berechnen Sie die Produktionsmenge für das Gewinnmaximum und geben Sie den maximalen Gewinn an.

c) Ermitteln Sie aus der Zeichnung einen Näherungswert für das Betriebsoptimum x_0 und bestimmen Sie diesen anschließend genauer mit dem GTR.

d) Berechnen Sie das Betriebsminimum (= kurzfristige Preisuntergrenze).

Lösung:

a) Fig. 1

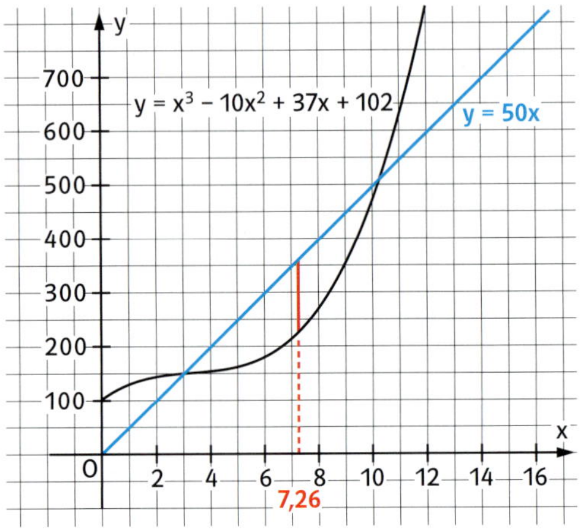

Fig. 1

b) Gewinnfunktion $G(x) = E(x) - K(x)$:

$G(x) = 50x - (x^3 - 10x^2 + 37x + 102)$

$G(x) = -x^3 + 10x^2 + 13x - 102.$

Bestimmung des Maximums:

$G'(x) = -3x^2 + 20x + 13;\ G''(x) = -6x + 20.$

$G'(x) = 0$: $-3x^2 + 20x + 13 = 0$ ergibt

$x_1 \approx 7{,}26.$

$x^2 - \frac{20}{3} \cdot x - \frac{13}{3} = 0$

$x_{1/2} = \frac{10}{3} \pm \sqrt{\frac{100}{9} + \frac{13}{3}}$

$= \frac{10}{3} \pm \sqrt{\frac{139}{9}}$

$x_1 = \frac{10 + \sqrt{139}}{3} \approx 7{,}2633$

$x_2 = \frac{10 - \sqrt{139}}{3} < 0$ entfällt, da es nicht in $[0; 11]$ liegt.

Da $G''(7{,}26) \approx -23{,}6 < 0$ ist, liegt in x_1 ein lokales Maximum vor: $G(7{,}26) \approx 136{,}80$.

Funktionswerte an den Rändern:

$G(0) = -102$ und $G(11) = -80$.

Da $G(7{,}26) > G(11) > G(0)$ ist, liegt bei der Produktionsmenge $x_1 = 7{,}26$ ein Gewinnmaximum vor. Es beträgt 136,80 GE.

c) Man legt vom Nullpunkt aus die Tangente an die Kostenkurve. Der Berührpunkt liegt bei $x_0 \approx 6{,}3$ (Fig. 2).

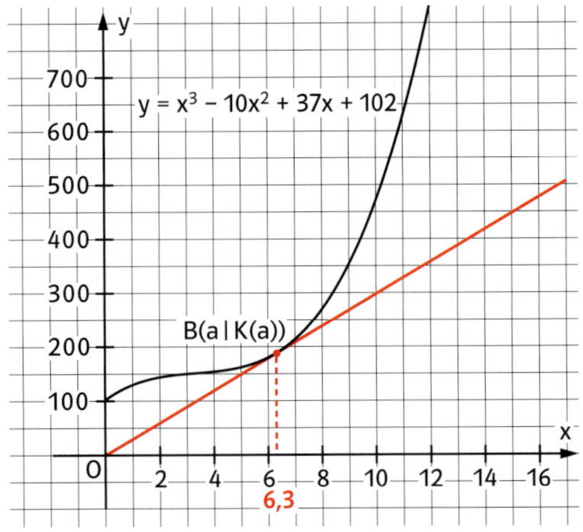

Fig. 2

Berechnung (vgl. Tangente S. 96):

Ist $B(a \mid K(a))$ der Berührpunkt, muss gelten:

Steigung von OB = Kurvensteigung in B

$\frac{K(a) - 0}{a - 0} = K'(a)$, also

$\frac{a^3 - 10a^2 + 37a + 102}{a} = 3a^2 - 20a + 37 \quad | \cdot a$

$a^3 - 10a^2 + 37a + 102 = 3a^3 - 20a^2 + 37a;$

$2a^3 - 10a^2 - 102 = 0$

oder $a^3 - 5a^2 - 51 = 0.$

Lösung der Gleichung mit dem GTR (Fig. 4):

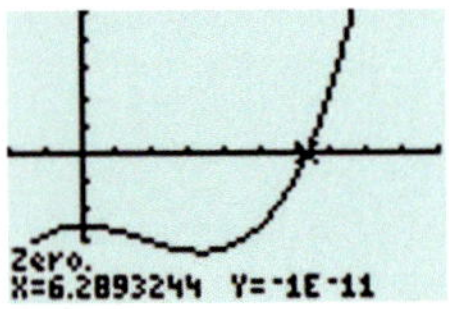

Fig. 4

Man gibt die Funktion $h(x) = x^3 - 5x^2 - 51$ ein, zeichnet ihren Graphen (etwa in den Bereichen $-1 \leqq x \leqq 10$; $-100 \leqq y \leqq 100$) und erhält als Lösung $a \approx 6{,}29$ ME.

Das Betriebsoptimum liegt bei

$k(6{,}29) \approx 187{,}95$ GE bzw. $K(6{,}29) \approx 29{,}88$ GE.

d) Das Betriebsminimum ist das Minimum von $k_v(x) = \frac{K_v(x)}{x} = x^2 - 10x + 37$ (Fig. 3).

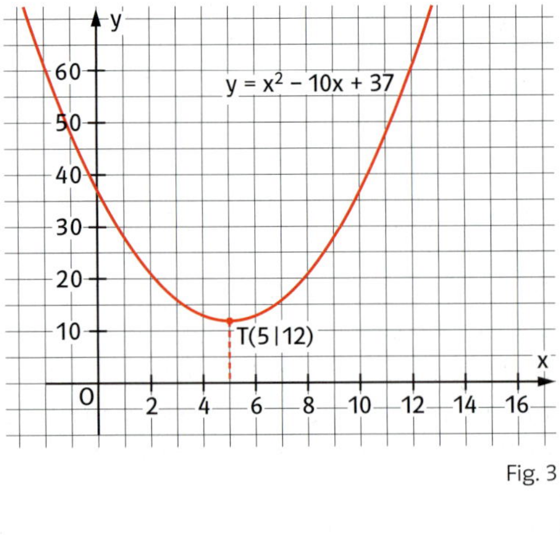

Fig. 3

$k_v'(x) = 2x - 10;\ k_v''(x) = 2.$

$k_v'(x) = 0$, also $2x - 10 = 0$ ergibt $x_1 = 5$.

$k_v''(x) = 2 > 0$, also lokales Minimum.

Da $k_v(5) = 12$ kleiner als die Randwerte $k_v(0) = 37$ und $k_v(11) = 48$ ist, liegt die kurzfristige Preisuntergrenze bei 12 GE.

Beispiel 2 Gewinn; Betriebsminimum mit GTR

Gegeben sind die Gesamtkostenfunktion K und die Erlösfunktion E für die Herstellung eines Produktes durch $K(x) = x^3 - 6{,}125x^2 + 12{,}5x + 10{,}25$ und $E(x) = 9{,}375x$; x in ME, K(x) und E(x) in GE. Die Kapazitätsgrenze wird bei einer Produktionsmenge von 6 ME erreicht.

a) Skizzieren Sie die Graphen von K und E.

b) Berechnen Sie die Nutzengrenze und die Nutzenschwelle.

c) Berechnen Sie den maximalen Gewinn.

d) Berechnen Sie das Betriebsminimum und die kurzfristige Preisuntergrenze.

e) Wie weit müssten die Fixkosten gesenkt werden, um bei einem Verkaufspreis von 8,125 GE je ME die Nutzenschwelle weiter bei 2 ME halten zu können?

Wie hoch sind die Fixkosten in der vorgelegten Kostenfunktion, wie hoch die variablen Kosten?

Lösung:

a) Fig. 1 zeigt die Graphen von K und E in $0 \leqq x \leqq 6$; $-10 \leqq y \leqq 90$.

b) Die Nutzenschwelle und die Nutzengrenze berechnet man nach Eingabe von [2nd] [CALC] mit 5:intersect. Man erhält die Nutzenschwelle 2 ME und die Nutzengrenze 5,125 ME. Die anfallenden Gesamtkosten betragen 18,75 GE bzw. 48,05 GE (Fig. 2, Fig. 3)

c) Gewinnfunktion $G(x) = E(x) - K(x) = -x^3 + 6{,}125x^2 - 3{,}125x - 10{,}25$; Fig. 4 zeigt die Gewinnfunktion für $0 \leqq x \leqq 6$; $-10 \leqq y \leqq 30$. Das Maximum wurde nach Eingabe von [2nd] [CALC] mit 4:maximum bestimmt. Es liegt bei 3,81 ME und beträgt 11,45 GE (Fig. 4).

d) Es ist das Minimum der variablen Stückkosten $k_v(x) = \frac{K_v(x)}{x}$ mit $K_v(x) = x^3 - 6{,}125x^2 + 12{,}5x$ zu bestimmen: $k_v(x) = x^2 - 6{,}125x + 12{,}5$. Fig. 5 zeigt den Graphen in $0 \leqq x \leqq 6$; $-10 \leqq y \leqq 20$. Minimum bei $x_1 \approx 3{,}06$ ME. Die kurzfristige Preisuntergrenze liegt bei 3,12 GE (Fig. 5).

e) Werden die Fixkosten $K_f(x) = 10{,}25$ um den Wert c gesenkt, so erhält man die neue Gesamtkostenfunktion $K_c(x) = x^3 - 6{,}125x^2 + 12{,}5x + 10{,}25 - c$. Der Wert c soll so bestimmt werden, dass der Schnittpunkt von $E(x) = 8{,}125x$ wie vorher bei $x_0 = 2$ liegt, d.h., es muss sein: $K_c(2) = E(2)$ oder $2^3 - 6{,}125 \cdot 2^2 + 12{,}5 \cdot 2 + 10{,}25 - c = 8{,}125 \cdot 2$, d.h. $18{,}75 - c = 16{,}25$, also $c = 2{,}5$. Die Fixkosten müssten damit um 2,5 GE auf 7,75 GE gesenkt werden.

Die Senkung der Fixkosten bedeutet eine Verschiebung des Graphen der Kostenfunktion nach „unten".

Fig. 6 zeigt zur Kontrolle die neue Kosten- und Erlösfunktion in $0 \leqq x \leqq 6$; $-10 \leqq y \leqq 90$.

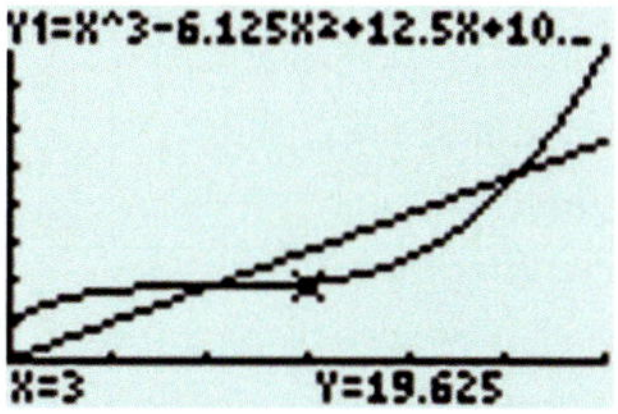

Fig. 1

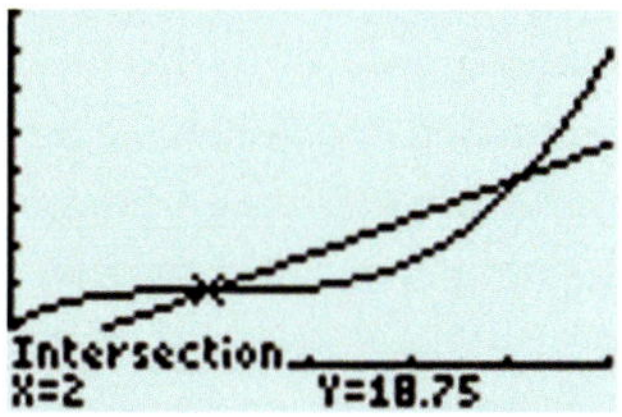

Fig. 2

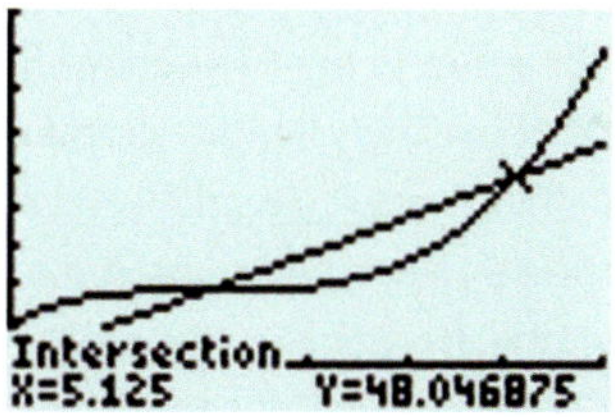

Fig. 3

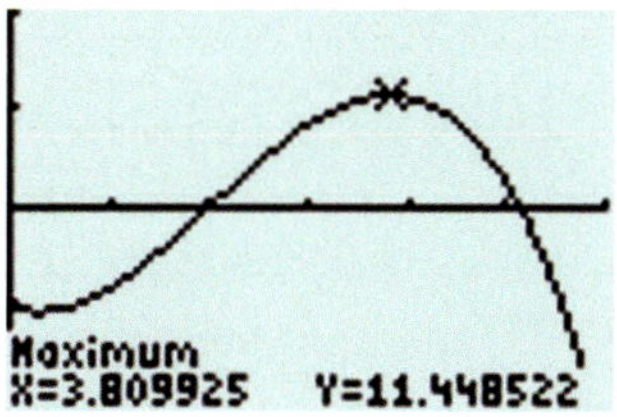

Fig. 4

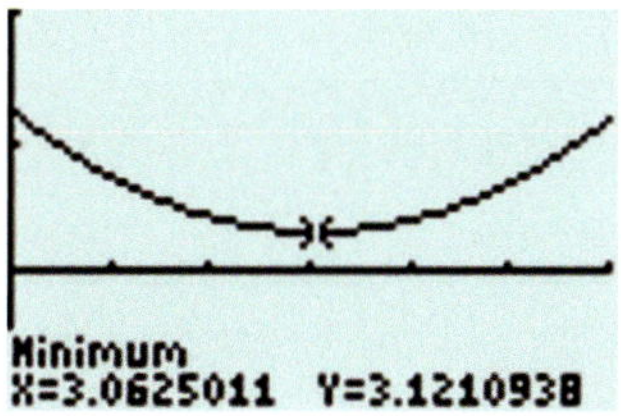

Fig. 5

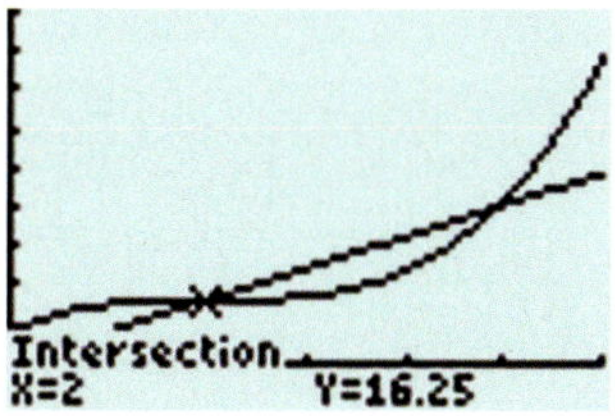

Fig. 6

Aufgaben

2 Eine Firma produziert ein Produkt mit Gesamtkosten, die durch $K(x) = 0{,}05x^2 + 1$ modelliert werden können. Die Erlösfunktion ist E mit $E(x) = 0{,}6 \cdot x$.

a) Zeichnen Sie die Graphen von K und E für eine Produktionsgrenze von $x_g = 11$.

b) Berechnen Sie Nutzenschwelle und Nutzengrenze.

c) Berechnen Sie die Produktionsmenge für den maximalen Gewinn. Wie hoch ist dieser?

Produktionsgrenze = obere Grenze des Intervalls, in dem die Überlegungen erfolgen.

3 In einem Betrieb zur Herstellung einer bestimmten Sorte Hundefutter werden die Gesamtkosten durch die Kostenfunktion K mit $K(x) = 0{,}05x^2 + 0{,}03x + 1{,}1$ beschrieben.
Die Erlösfunktion ist E mit $E(x) = -0{,}4x^2 + 4x - 4$. Die Kapazitätsgrenze liegt bei 9 ME.
a) Zeichnen Sie die Graphen der Kosten- und der Erlösfunktion.
b) Geben Sie die Grenzkostenfunktion an und zeichnen Sie diese.
c) Geben Sie die Fixkosten und die variablen Kosten an und zeichnen Sie diese ebenfalls in das Koordinatensystem.
d) Ermitteln Sie die Stückkostenfunktion und die variable Stückkostenfunktion, zeichnen Sie diese und lesen Sie das Minimum der Stückkostenfunktion ab. Wie könnten Sie das Minimum relativ genau ablesen?

4 Gegeben ist die Gesamtkostenfunktion eines Produkts durch $K(x) = 0{,}09x^2 + 0{,}09x + 2$.
Es ist der Erlös durch keine Konkurrenz beeinflusst und wird modelliert durch E mit
$E(x) = -0{,}3x^2 + 4{,}8x - 7{,}2$.
a) Zeichnen Sie die Graphen beider Funktionen.
b) Berechnen Sie die Gewinnschwelle und die Gewinngrenze und kennzeichnen Sie die Gewinnzone am Graphen.
c) Ermitteln Sie die Höhe des maximalen Gewinns und geben Sie die zugehörige Produktionsmenge an.
d) Zeichnen Sie die Grenzkostenfunktion ein und ermitteln Sie geometrisch das Betriebsoptimum.
Berechnen Sie dieses anschließend exakt.
e) Gibt es bei Herstellung dieses Produkts ein Betriebsminimum?

5 Eine Firma stellt fest, dass sie beim Produkt PRO Fixkosten in Höhe von 3 GE und variable Kosten $K_v(x) = 0{,}0125x^3 - 0{,}0875x^2 + 0{,}525x$ in GE hat. Sie verkauft PRO für 1,25 GE pro Mengeneinheit ME.
a) Berechnen Sie das Minimum der variablen Stückkosten exakt. Welchen Namen hat dieses Minimum in der Betriebswirtschaft noch?
b) Berechnen Sie die variablen Grenzkosten und geben Sie deren Bedeutung an.
c) Bestimmen Sie die Gewinnzone und den maximalen Gewinn mit dem GTR.
d) Die Fixkosten konnten durch Neuerungen auf 2 GE gesenkt werden. Wird dadurch die Gewinnzone kleiner oder größer? Argumentieren Sie zuerst, bevor Sie dies rechnerisch bestätigen.
e) Wie groß ist der maximale Gewinn nach Senkung der Fixkosten? Können Sie ihn angeben, ohne zu rechnen?

6 Die Produktion von Bauteilen wird durch $K(x) = x^3 - 10x^2 + 56x + 100$, $0 \leqq x \leqq 10$, für die Gesamtkosten modelliert.

Es leuchtet ein, dass der Erlös beim Verkauf keines Bauteils 0 ist.

a) Das Unternehmen ist Monopolist, d.h., es bietet dieses Bauteil als einzige Firma am Markt an. Der Preis hängt deshalb von der Stückzahl ab. Die Erlösfunktion ist eine Quadratfunktion mit der Nullstelle $x = 12$. Der maximale Erlös beträgt 432 GE. Berechnen Sie die Erlösfunktion.
b) Zeichnen Sie die Graphen von K und von E mit $E(x) = -12x^2 + 144x$.
c) Bestimmen Sie die Grenzkostenfunktion. Welche Bedeutung hat sie?
d) Wie lautet die Stückkostenfunktion? Geben Sie ihr Minimum an.
e) Berechnen Sie das Gewinnmaximum. Welchen Preis muss der Monopolist festlegen, wenn er einen maximalen Gewinn machen will?
f) Da ein ähnliches Produkt auf dem Markt erscheint, muss die Erlösfunktion ersetzt werden durch $E(x) = 60x$.
Gleichzeitig werden die Fixkosten um 50 % gesenkt. Kann der Produzent weiterhin seinen maximalen Gewinn halten?

9 Bestimmung einer ganzrationalen Funktion

1 Beim Kugelstoßen beschreibt die Kugel angenähert eine Bahn wie in Fig. 1 dargestellt.
a) Welcher Graph einer ganzrationalen Funktion beschreibt den Verlauf der Wurfbahn näherungsweise?
b) Beschreiben Sie, wie man vorgehen kann, um den höchsten Punkt der Flugbahn rechnerisch zu bestimmen.

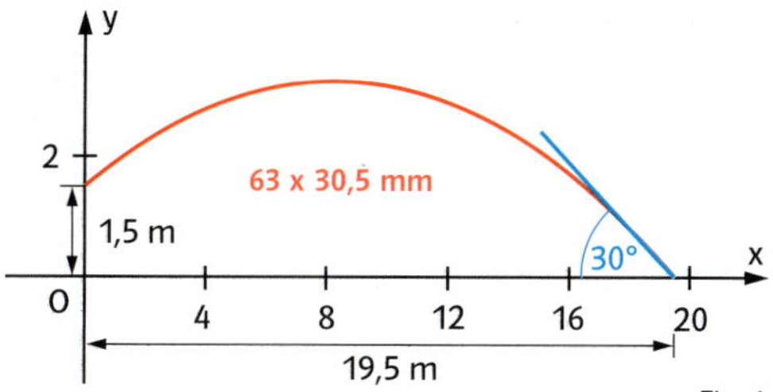

Fig. 1

Ist eine Funktion f gegeben, kann man die Koordinaten von Punkten des Graphen ermitteln. Sind umgekehrt Punkte vorgegeben, kann man versuchen, eine ganzrationale Funktion zu bestimmen, deren Graph durch diese Punkte geht.

Der Graph K einer ganzrationalen Funktion f vom Grad 3 soll die y-Achse in A(0 | −2) schneiden, in A eine waagerechte Tangente und an der Stelle 1 eine Nullstelle besitzen und schließlich durch den Punkt P(−1 | −6) gehen (Fig. 2).
Um die zugehörige Funktion zu erhalten, macht man den Ansatz $f(x) = ax^3 + bx^2 + cx + d$.
Da die Ableitung benötigt wird, leitet man nach x ab: $f'(x) = 3ax^2 + 2bx + c$.

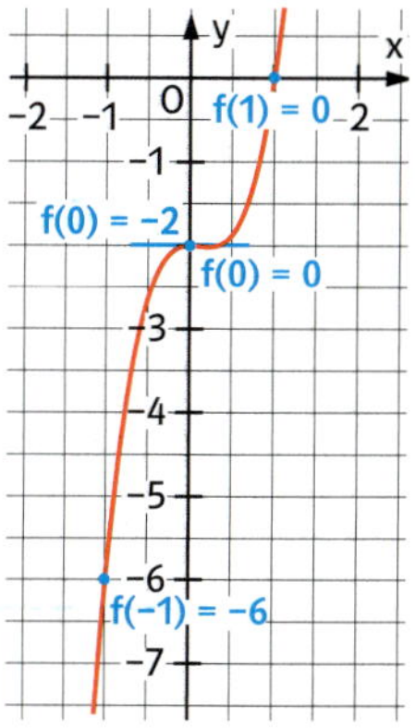

Fig. 2

Man formuliert zuerst die Bedingungen mithilfe von f und f′:

(1) $A(0|-2) \in K$ bedeutet $f(0) = -2$: $a \cdot 0^3 + b \cdot 0^2 + c \cdot 0 + d = -2$
(2) In A waagerechte Tangente, d.h. $f'(0) = 0$: $3a \cdot 0^2 + 2b \cdot 0 + c = 0$
(3) Für x = 1 Nullstelle heißt $f(1) = 0$: $a \cdot 1^3 + b \cdot 1^2 + c \cdot 1 + d = 0$
(4) $P(-1|-6) \in K$ bedeutet $f(-1) = -6$: $a \cdot (-1)^3 + b \cdot (-1)^2 + c \cdot (-1) + d = -6$

Daraus erhält man das Gleichungssystem:

(1) $d = -2$
(2) $c = 0$
(3) $a + b + c + d = 0$
(4) $-a + b - c + d = -6$

d = −2 und c = 0 eingesetzt in (3) und (4):

(3′) $a + b - 2 = 0$
(4′) $-a + b - 2 = -6$

Daraus folgt schließlich (3″) $a + b = 2$
(4″) $-a + b = -4$

Addiert man (3″) und (4″), so erhält man $2b = -2$, also $b = -1$; in (3″) eingesetzt: $a = 3$.
Somit ist $f(x) = 3x^3 - x^2 - 2$ die gesuchte Funktion.
Das Ergebnis sollte (nach Möglichkeit) mit dem GTR kontrolliert werden (Fig. 3).

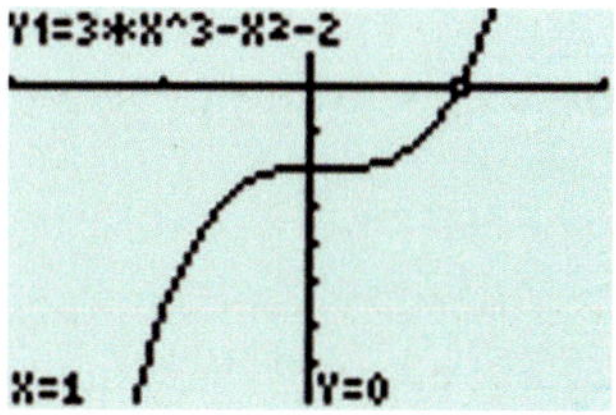

Fig. 3

Das Gleichungssystem kann man auch einfach mit dem GTR lösen. (Siehe Kap. X, S. 305 ff)

Strategie zur Bestimmung einer ganzrationalen Funktion:
(1) Ansetzen einer Funktion f vom Grad n und Berechnung der Ableitungen f′, f″.
(2) Formulieren der gegebenen Bedingungen mit Hilfe von f, f′, f″.
(3) Aufstellen des Gleichungssystems aus den n + 1 Bedingungen.
(4) Lösen des Gleichungssystems; Angeben der gefundenen Funktion.
(5) Kontrollieren des Ergebnisses.

Die Kontrolle ist nötig, da nur notwendige Bedingungen verwendet werden.

Ist der Graph der gesuchten Funktion achsensymmetrisch zur y-Achse oder punktsymmetrisch zum Ursprung, kann dies bereits beim Ansatz berücksichtigt werden. Hierdurch vereinfacht sich das Gleichungssystem.

Beispiel 1 Grad der gesuchten Funktion ist gegeben

Der Graph einer ganzrationalen Funktion f vom Grad 3 ist punktsymmetrisch zum Ursprung, geht durch A(1|2) und hat für x = 1 eine waagerechte Tangente. Bestimmen Sie die Funktion.

Lösung:

(1) Ansatz (n = 3 und Punktsymmetrie): $f(x) = ax^3 + bx$; $f'(x) = 3ax^2 + b$

(2) $A(1|2) \in K$: $f(1) = 2$; in x = 1 waagerechte Tangente: $f'(1) = 0$.

(3) $f(1) = 2$: $\quad a + b = 2$ (1)

$f'(1) = 0$: $\quad 3a + b = 0$ (2)

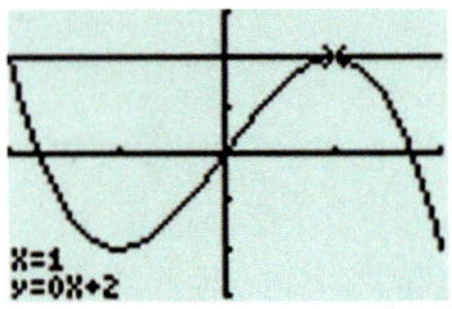

Fig. 1

(4) Man subtrahiert (2) − (1) und erhält: $2a = -2$, also $a = -1$. Setzt man diesen Wert in (1) ein, also $-1 + b = 2$, erhält man $b = 3$. Es ist also $f(x) = -x^3 + 3x$.

(5) Die Funktion f ist ungerade und erfüllt die geforderten Bedingungen:

$f'(x) = -3x^2 + 3$. Damit ist: $f(1) = -1 + 3 = 2$ und $f'(1) = -3 + 3 = 0$. Kontrolle in Fig. 1.

Anmerkung:
Ab Beispiel 2 bezieht sich die Nummerierung (1), (2), … auf die Bedingungen für die Funktion f.

Beispiel 2 Funktion aus Graph ermitteln

Die nebenstehende Kurve ist der Graph einer ganzrationalen Funktion f vom Grad 4. Ermitteln Sie die Funktionsgleichung.

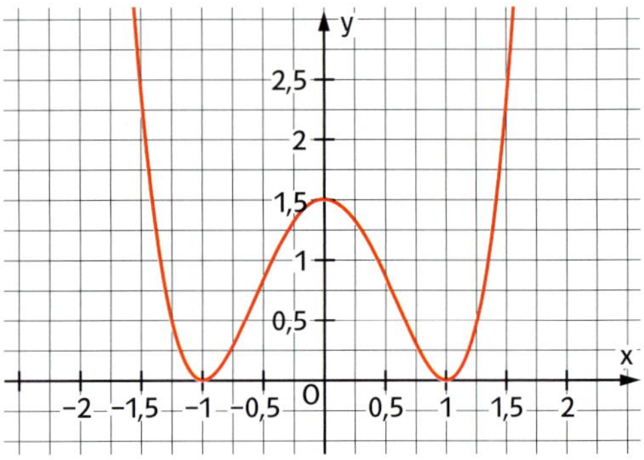

Fig. 2

Lösung:

Da der Graph achsensymmetrisch zur y-Achse ist, macht man den Ansatz:

$f(x) = ax^4 + bx^2 + c$; $f'(x) = 4ax^3 + 2bx$

(1) $A(0|1{,}5) \in K$, d.h. $f(0) = 1{,}5$: $\quad c = 1{,}5$

(2) 1 ist Nullstelle, d.h. $f(1) = 0$: $a + b + c = 0$;

also $a + b + 1{,}5 = 0$ oder $a + b = -1{,}5$

(3) Waagerechte Tangente in x = 1: $f'(1) = 0$:

$4a + 2b = 0$; also $2a + b = 0$ oder $b = -2a$.

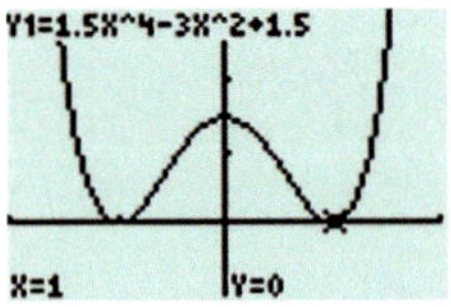

Fig. 3

Setzt man $b = -2a$ in $a + b = -1{,}5$ ein, so erhält man $a + (-2a) = -1{,}5$, also $a = 1{,}5$. Setzt man dies in (3) ein, so erhält man $b = -2 \cdot 1{,}5 = -3$.

Gesuchte Funktion ist $f(x) = 1{,}5x^4 - 3x^2 + 1{,}5$. Kontrolle mit dem GTR in Fig. 3.

Beispiel 3 Extremwerte als Bedingung

Gesucht wird eine ganzrationale Funktion f vom Grad 3 mit den folgenden Eigenschaften:

Der Graph K von f hat in T(0|−2) einen Tiefpunkt, bei x = −2 einen Hochpunkt und im Punkt Q(−1|?) die Steigung −3.

Ist ein Extrempunkt E(a|b) gegeben, so hat man stets 2 Bedingungen:
I. $f(a) = b$
II. $f'(a) = 0$
Ähnliches gilt für einen Wendepunkt.

Lösung:

$f(x) = ax^3 + bx^2 + cx + d$; $f'(x) = 3ax^2 + 2bx + c$; $f''(x) = 6ax + 2b$

Bedingungen für K:

(1) $T(0|-2) \in K$, d.h.

$f(0) = -2$: $\quad a \cdot 0^3 + b \cdot 0^2 + c \cdot 0 + d = -2$; $\quad d = -2$

(2) K hat an der Stelle x = 0 einen Tiefpunkt. Daher muss gelten:

$f'(0) = 0$: $\quad 3a \cdot 0^2 + 2b \cdot 0 + c = 0$; $\quad c = 0$

(3) K hat in x = −2 einen Hochpunkt. Daher ist

$f'(-2) = 0$: $\quad 3a \cdot (-2)^2 + 2b \cdot (-2) + c = 0$; $\quad 12a - 4b = 0$ oder $b = 3a$

(4) K hat an der Stelle x = −1 die Steigung −3, d.h.

$f'(-1) = -3$: $\quad 3a \cdot (-1)^2 + 2b \cdot (-1) + c = -3$; $\quad 3a - 2b + c = -3$.

Damit ist wegen $c = 0$ und $d = -2$: $\quad$ (3) $b = 3a$ $\quad$ (4) $3a - 2b = -3$.

(3) in (4): $3a - 6a = -3$, also $a = 1$; $b = 3$.

Gesuchte Funktion: $f(x) = x^3 + 3x^2 - 2$.

Man erstellt zur Kontrolle mit dem GTR den Graphen (Fig. 4).

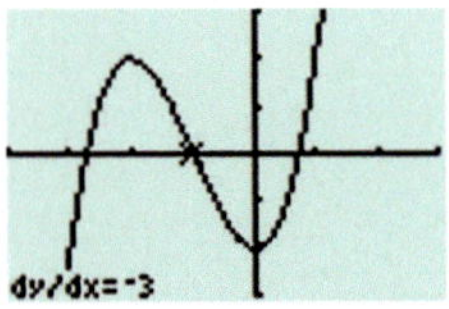

Fig. 4

Daran erkennt man, dass die Bedingungen für Hoch- und Tiefpunkt erfüllt sind.

Aufgaben

2 Gegeben ist die Funktion f mit $f(x) = ax^3 + bx^2 + cx + d$; ihr Graph sei K. Formulieren Sie die gegebenen Bedingungen mithilfe von f, f′, f″.

a) A(1|2) und B(0|1) liegen auf K.

b) K hat an der Stelle $x = 1$ die Steigung 3.

c) In H(0|?) liegt ein Hochpunkt des Graphen K.

d) In H(0|2) liegt ein Hochpunkt von K.

e) Im Punkt P(1|2) des Graphen von f hat K die Steigung 4.

f) Der Punkt W(0|2) ist Wendepunkt des Graphen. Die Wendetangente hat die Steigung 1.

g) W(1|−1) ist ein Sattelpunkt von K.

3 Bestimmen Sie den Funktionsterm einer ganzrationalen Funktion 2. Grades so, dass gilt: O(0|0) und P(2|−3) sind Punkte des Graphen; die Steigung im Punkt P beträgt −4.

4 Der Graph einer quadratischen Funktion hat die Schnittpunkte mit der x-Achse in P(4|0) und Q(−4|0); der Graph schneidet die x-Achse in P unter dem Winkel 45°. Bestimmen Sie den zugehörigen Funktionsterm.

5 Der Graph einer ganzrationalen Funktion 3. Grades schneidet die x-Achse bei −1. Die Tangente in diesem Schnittpunkt ist die x-Achse. Der Graph hat zusätzlich den Tiefpunkt T(0|−1). Wie lautet der Funktionsterm?

Lösungsterme der Aufgaben 3 bis 9:

$-1{,}25x^2 + x$
$\frac{8}{27}x^3 - 2x$
$0{,}5x^4 - 3x^2 + 3$
$-x^3 + 3x^2 - 4$
$0{,}125x^2 - 2$
$0{,}125x^4 - x^2 + 2$
$x^3 - 6x^2 + 12x - 5$
$x^3 + 3x^2 + 3x + 1$
$2x^3 + 3x^2 - 1$

6 Der Graph einer ganzrationalen Funktion 3. Grades hat den Wendepunkt W(−1|0) mit einer zur x-Achse parallelen Tangente. Die Steigung an der Stelle $x = 1$ beträgt 12. Geben Sie die zugehörige Funktion an.

7 a) Der Graph einer ganzrationalen Funktion 3. Grades besitzt Schnittpunkte mit den Koordinatenachsen in P(−1|0) und Q(0|−4) und in W(1|−2) einen Wendepunkt.
b) Eine ganzrationale Funktion f der Form $f(x) = x^3 - ax^2 + bx + c$ hat den Wendepunkt W(2|3) mit einer zur x-Achse parallelen Tangente.

8 Von einer ganzrationalen Funktion g sind die folgenden Eigenschaften bekannt: Der Graph ist symmetrisch zur y-Achse und schneidet diese bei 3. Weiterhin hat der Graph für $x = 1$ eine Wendestelle und es gilt $g^{(4)}(x) = 12$.
Bestimmen Sie den Funktionsterm von g.

9 Bestimmen Sie zu den gezeichneten Graphen die zugehörige Funktion f.

a)

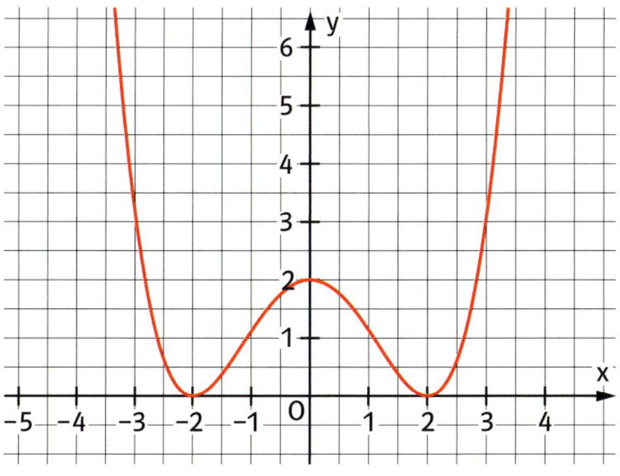

b)

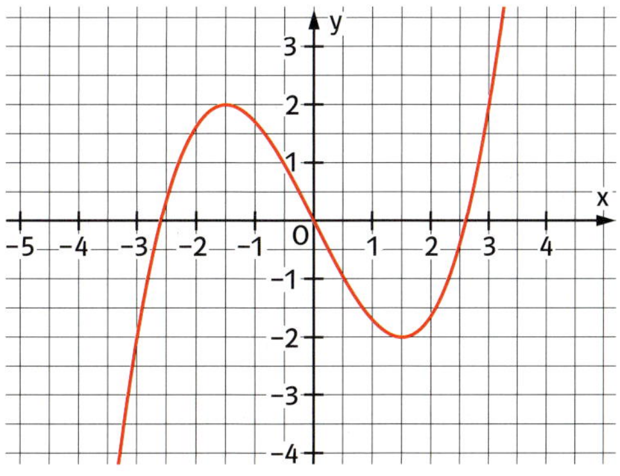

10 Das Newton-Verfahren zur Berechnung von Nullstellen

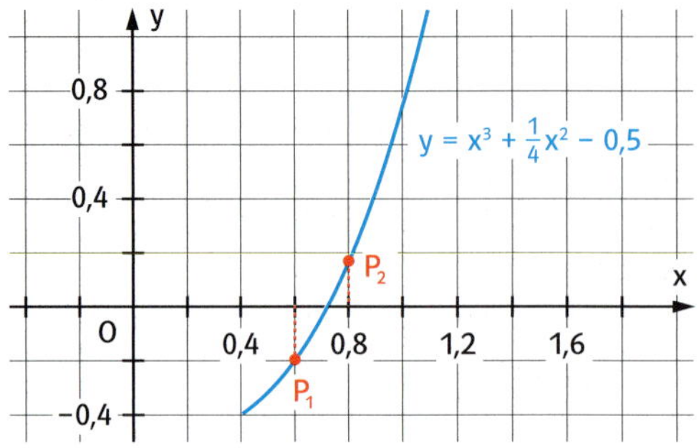

Fig. 1

1 Gegeben ist die Funktion f mit $f(x) = x^3 + 0{,}25x^2 - 0{,}5$.

a) Die Punkte $P_1(0{,}6\,|\,-0{,}194)$ und $P_2(0{,}8\,|\,0{,}172)$ liegen auf dem Graphen von f. Wie kann man mithilfe der angegebenen Koordinaten einen Näherungswert für die Nullstelle von f ermitteln (Fig. 1)?

b) Welche andere Möglichkeit sehen Sie, einen Näherungswert für die Nullstelle der Funktion f zu bestimmen?

Es hat sich herausgestellt, dass das Auffinden von Nullstellen bei der Berechnung von Schnittpunkten von Graphen und für Extrem- und Wendepunktberechnungen gleichermaßen Bedeutung hat. Zwar können heute mithilfe des GTR Nullstellen mühelos näherungsweise bestimmt werden, was früher mit einem großen Aufwand verbunden war. Deshalb haben Mathematiker wie Isaac Newton (1643–1727) Verfahren entwickelt, die heute noch große Bedeutung haben. Ein Verfahren von Newton wird im Folgenden vorgestellt.

Weiß man von einer Funktion f nur, dass sie in einem Intervall [a; b] definiert ist und dass $f(a) < 0$ und $f(b) > 0$ ist, so kann man daraus schließen, dass es eine Stelle x_0 gibt, an der der Graph von f die x-Achse schneidet. Dort gilt dann $f(x_0) = 0$. Es muss allerdings eine wichtige Eigenschaft erfüllt sein: Der Graph darf keinen Sprung über die x-Achse machen (Fig. 2). Für Funktionen, die bisher und im Folgenden betrachtet werden, ist dies stets der Fall.

Funktionen, die man „mit einem Stift zeichnen kann, ohne abzusetzen", nennt man in der Mathematik **stetig**.

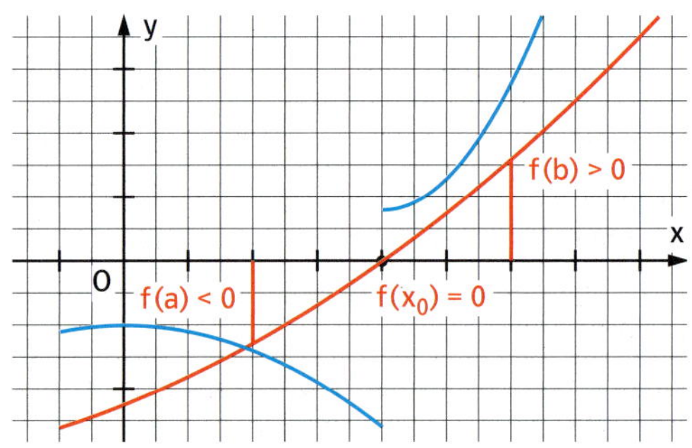

Fig. 2

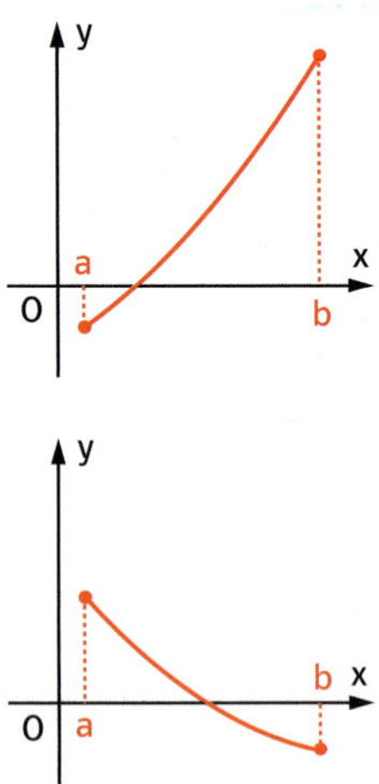

Fig. 3

Hat eine Funktion f in einem Intervall eine Nullstelle, erhält man mit dem GTR für diese einen Näherungswert (z. B. mit dem Zero-Befehl). Für die Funktion f mit $f(x) = x^5 - 2x^3 - 2$ ergibt sich $x \approx 1{,}583$. Bei Funktionen f kann man relativ einfach feststellen, ob die Gleichung $f(x) = 0$ überhaupt eine Lösung hat und in welchem Intervall die Lösung liegt. Hierzu versucht man zwei Stellen a und b aus der Definitionsmenge zu ermitteln, für die f(a) und f(b) verschiedene Vorzeichen haben (Fig. 3). In diesem Fall hat f in [a; b] mindestens eine Nullstelle.

Es sei $x_0 \in [a; b]$ ein Näherungswert für die gesuchte Nullstelle x^* (Fig. 4). Bei dem **Newton-Verfahren** bestimmt man die Tangente an den Graphen von f durch den Punkt $P_0(x_0\,|\,f(x_0))$ und berechnet die Stelle x_1, an der die Tangente die x-Achse schneidet. In vielen Fällen ist x_1 ein besserer Näherungswert für x^* als x_0. Wiederholt man dieses Verfahren, erhält man (unter gewissen Voraussetzungen) eine Folge x_0, x_1, x_2, … von immer besseren Näherungswerten für x^*.

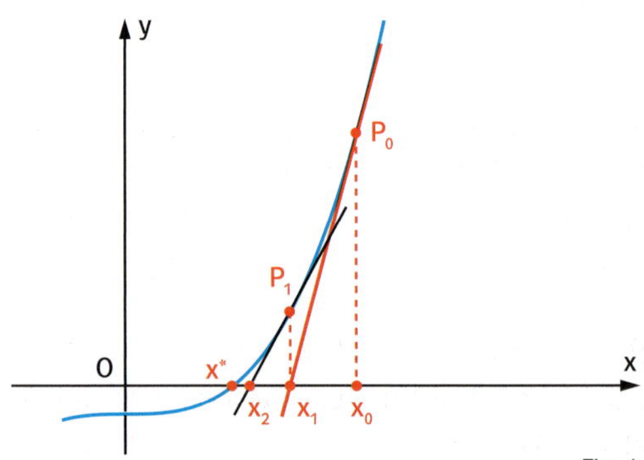

Fig. 4

Diese Überlegungen werden jetzt am Beispiel und allgemein durchgeführt:

Beispiel
$f(x) = x^5 - 2x^3 - 2$; $f'(x) = 5x^4 - 6x^2$
Es ist $f(1) = -3 < 0$ und $f(2) = 14 > 0$; damit liegt in [1,5; 2] eine Nullstelle (Fig. 1).
Man wählt $x_0 = 1{,}6$ und stellt in $P_0(1{,}6 \mid f(1{,}6))$ die Tangente auf: $f(1{,}6) = 0{,}29376$.
Steigung $m = f'(1{,}6) = 17{,}408$
(1) Tangente in $P(1{,}6 \mid f(1{,}6))$:
t: $y - 0{,}29376 = 17{,}408 \cdot (x - 1{,}6)$
(2) Schnittpunkt mit der x-Achse: $y = 0$:
$-0{,}29376 = 17{,}408 \cdot (x - 1{,}6)$;
$-0{,}016875 = x - 1{,}6$; also $x_1 = 1{,}1583125$

Allgemein
Von der Funktion f die Ableitung f' bilden.
Intervall [a; b] mithilfe des Graphen suchen, in dem eine Nullstelle liegt.
Geeigneten x-Wert x_0 suchen.
$f(x_0)$ berechnen (y-Wert des Punktes P_0)
$f'(x_0)$ berechnen (Steigung in Punkt P_0).
(1) Tangente in $P_0(x_0 \mid f(x_0))$:
t: $y - f(x_0) = f'(x_0) \cdot (x - x_0)$
(2) Schnittpunkt mit der x-Achse: $y = 0$:
$-f(x_0) = f'(x_0) \cdot (x - x_0)$; $f'(x_0) \neq 0$:
$-\frac{f(x_0)}{f'(x_0)} = x - x_0$; also $x_1 = x_0 - \frac{f(x_0)}{f'(x_0)}$

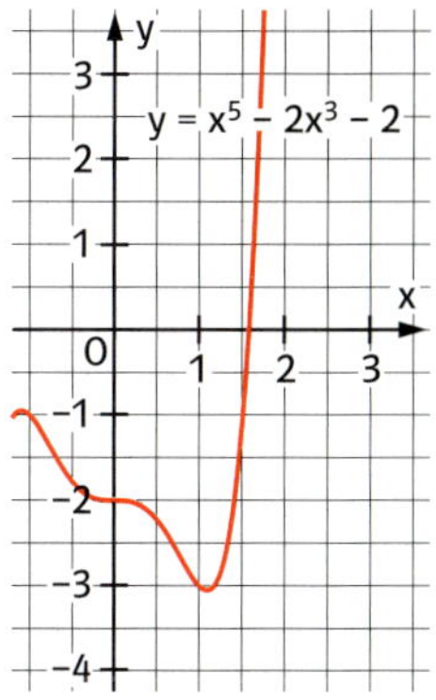

Fig. 1

Mit x_1 als neuem Startwert werden die Schritte (1) und (2) wiederholt.

> Hat die Funktion f eine Nullstelle, so kann man diese näherungsweise mit dem **Newton-Verfahren** ermitteln. Die Iterationsvorschrift mit dem Startwert x_0 lautet:
>
> $$x_1 = x_0 - \frac{f(x_0)}{f'(x_0)}$$

iterare (lat.): wiederholen

Beispiel Durchführung des Newton-Verfahrens
Die Funktion f mit $f(x) = x^5 - 2x^3 - 2$ hat genau eine Nullstelle x^*.
Berechnen Sie x^* mit dem GTR nach dem Newton-Verfahren auf vier Dezimalen gerundet; überprüfen Sie das Ergebnis mit dem GTR.
Lösung:
Man zeichnet den Graphen von f; Fig. 2 entnimmt man z. B. $x_0 = 1{,}6$ als möglichen Startwert.
Auf vier Dezimalen gerundet ergibt sich: $x^* \approx 1{,}5826$ (vgl. Fig. 3).
Die direkte Berechnung z. B. mit dem Zero-Befehl ergibt ebenfalls $x^* \approx 1{,}5826$.

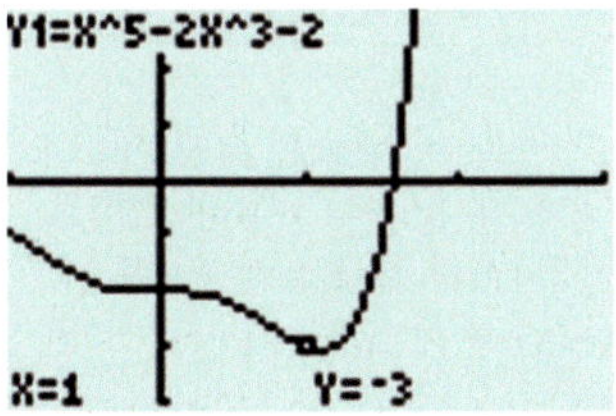

Fig. 2

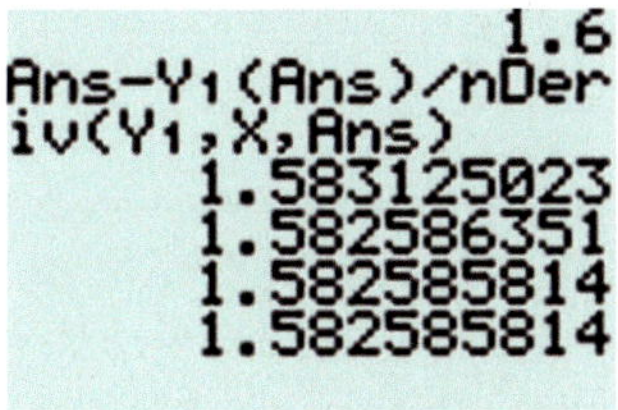

Fig. 3

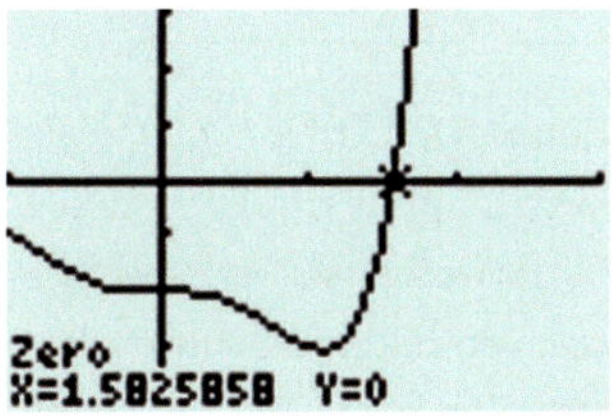

Fig. 4

Man sieht, dass das Verfahren sehr gut ist. So tritt in Fig. 3 ab der 2. Iteration keine Veränderung der ersten vier Nachkommastellen mehr auf (bei 9 Stellen nach dem Komma).

Aufgaben

2 Die folgende Gleichung hat genau eine Lösung x^*. Ermitteln Sie x^* mit dem GTR nach dem Newton-Verfahren auf fünf Dezimalen gerundet.

a) $x^3 + 2x - 1 = 0$ b) $x^5 - x + 3 = 0$ c) $x^5 - x^3 + 1 = 0$
d) $\sqrt{x} + x^2 - x - 2 = 0$ e) $\frac{1}{x} + x^2 + 2 = 0$ f) $0{,}5 + x^4 + x^2 - 2 = 0$

3 Die folgende Gleichung hat mehrere Lösungen. Ermitteln Sie diese mit dem GTR nach dem Newton-Verfahren auf fünf Dezimalen gerundet.

a) $x^3 - 3x - 1 = 0$ b) $x^3 + 3x^2 - 3 = 0$ c) $x^4 - 2x^3 - 5x^2 + 1 = 0$

11 Anwendungen aus Alltag und Technik

1 Der Kraftstoffverbrauch eines Pkw (in Liter je 100 km) lässt sich in Abhängigkeit von der Geschwindigkeit x (in $\frac{km}{h}$) im 4-ten Gang näherungsweise durch die Funktion f mit $f(x) = 0{,}0017x^2 - 0{,}18x + 10{,}2$; $x \geqq 30$ beschreiben.
Bei welcher Geschwindigkeit ist der Verbrauch am geringsten?
Wie groß ist dieser?

Es gibt in den naturwissenschaftlichen und technischen, in den wirtschaftlichen und sozialen Bereichen und auch im Alltag sehr viele Fragestellungen, in denen die Überlegungen der vorangegangenen Lerneinheiten herangezogen werden können, um Antworten zu erhalten.

Bei einem Vulkanausbruch werden Gesteinsbrocken mit einer Anfangsgeschwindigkeit von $v_0 = 120\,\frac{m}{s}$ senkrecht nach oben geschleudert. Welche Höhe erreichen sie, wenn der Luftwiderstand unberücksichtigt bleibt?

Wird ein Körper mit der Anfangsgeschwindigkeit v_0 (in $\frac{m}{s}$) senkrecht nach oben geworfen, gilt für die Höhe zur Zeit t (h in Meter; t in Sekunden): $h(t) = v_0 \cdot t - \frac{1}{2}gt^2$.
Hieraus folgt: $h'(t) = v(t) = v_0 - gt$.
Im höchsten Punkt ist $v(t) = 0$. Mit $g \approx 10$ folgt $0 = 120 - 10t$ und hieraus $t = 12$.
Die Steigzeit beträgt somit 12 Sekunden.
Weiterhin ist

$$h(12) = 120 \cdot 12 - \frac{1}{2} \cdot 10 \cdot 12^2 = 720.$$

Die Gesteinsbrocken erreichen also eine Höhe von 720 Metern über dem Vulkanrand.

Nachdem alle Größen in geeignete Einheiten umgeformt sind, wird nur mit den Maßzahlen gerechnet.

Wenn eine reale Situation durch eine Funktion modelliert werden kann, so ist es häufig möglich, reale Problemstellungen durch Untersuchung dieser Funktion zu beantworten.

Beispiel 1 Entwicklungspolitik
Die Zunahme der Weltbevölkerung hängt entscheidend von der Anzahl der Kinder ab, die im Mittel von einer Frau geboren werden – kurz Fruchtbarkeit genannt. Diese Fruchtbarkeit wird u.a. von den wirtschaftlichen Verhältnissen, z.B. dem monatlichen Pro-Kopf-Einkommen, bestimmt. Untersuchungen der Weltbank ergaben einen funktionalen Zusammenhang zwischen der Fruchtbarkeit f und dem monatlichen Pro-Kopf-Einkommen x in 10 Dollar mit dem Funktionsterm $f(x) = 0{,}075x^3 - x^2 + 3x + 4$ mit $x \in [0{,}5;\ 6{,}5]$.
a) Skizzieren Sie den Graphen von f.
b) Bei welchem Pro-Kopf-Einkommen ist die Fruchtbarkeit am höchsten?
c) Bei welchem Pro-Kopf-Einkommen fällt die Fruchtbarkeit am stärksten ab?
Lösung:
a) Man erstellt zuerst eine Wertetafel der Funktion f. Sodann trägt man einzelne Punkte in ein Koordinatensystem ein. Beim Verbinden der Punkte orientiert man sich am Graphen des GTR.

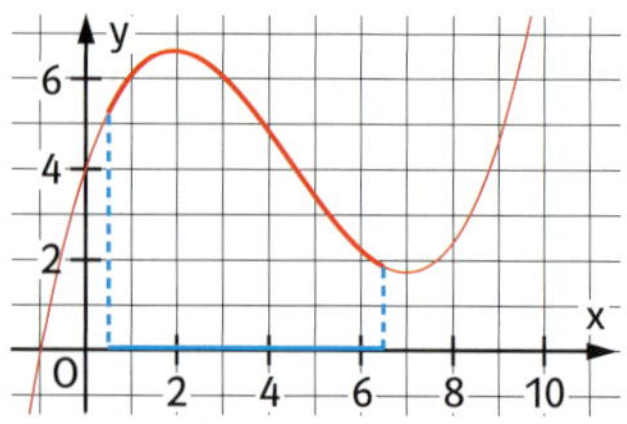

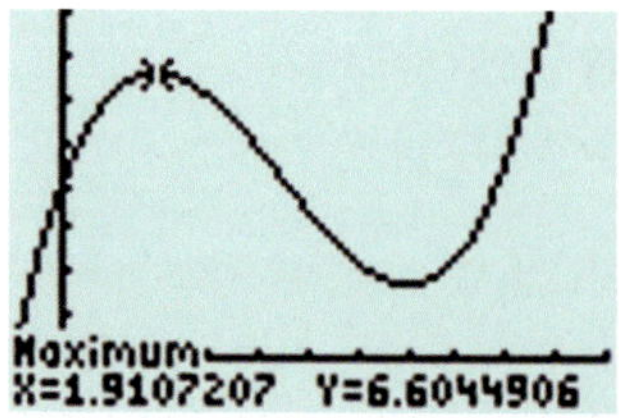

b) $f'(x) = 0{,}225x^2 - 2x + 3$; $f''(x) = 0{,}450x - 2$; $f'''(x) = 0{,}450$

Berechnung des Maximums:

$f'(x) = 0{,}225x^2 - 2x + 3 = 0$ ergibt $x^2 - \frac{80}{9}x + \frac{40}{3}$. Lösungen sind $x_1 \approx 1{,}91$; $x_2 \approx 6{,}98$.

x_2 scheidet aus, da es nicht im betrachteten Bereich $[0{,}5; 6{,}5]$ liegt.

$f''(1{,}91) \approx 0{,}45 \cdot 1{,}91 - 2 \approx -1{,}14 < 0$. Die Randwerte $f(0{,}5) \approx 5{,}26$ und $f(6{,}5) \approx 1{,}85$ sind kleiner als $f(1{,}91) \approx 6{,}60$.

Bei einem Pro-Kopf-Einkommen von ca. 19 Dollar ist die Fruchtbarkeit mit 6,6 Kindern pro Frau am höchsten.

Man kann mit dem GTR das Maximum sehr einfach nach Zeichnung des Graphen mit [2nd][CALC] bestimmen.

c) Es ist das Minimum der Ableitungsfunktion, also der Wendepunkt des Graphen zu bestimmen $f''(x) = 0{,}450x - 2 = 0$ ergibt $x = \frac{2}{0{,}45} \approx 4{,}4$. Da $f'''(x) = 0{,}450 > 0$ ist, liegt bei $x = 4{,}4$ ein Minimum von f' vor. Die Fruchtbarkeit nimmt also am stärksten ab bei einem monatlichen Pro-Kopf-Einkommen von 44,5 Dollar.

Beispiel 2 Wahl des Koordinatensystems

Ein Brückenbogen überspannt einen 50 m breiten Geländeeinschnitt.

In A und B setzt der Bogen senkrecht an den Böschungen auf (Fig. 1).

a) Beschreiben Sie die Form des Brückenbogens durch eine ganzrationale Funktion zweiten Grades.

b) Wie hoch wird der Brückenbogen?

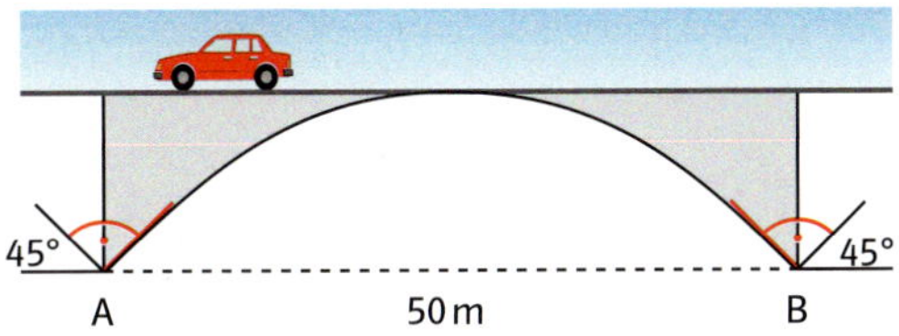

Fig. 1

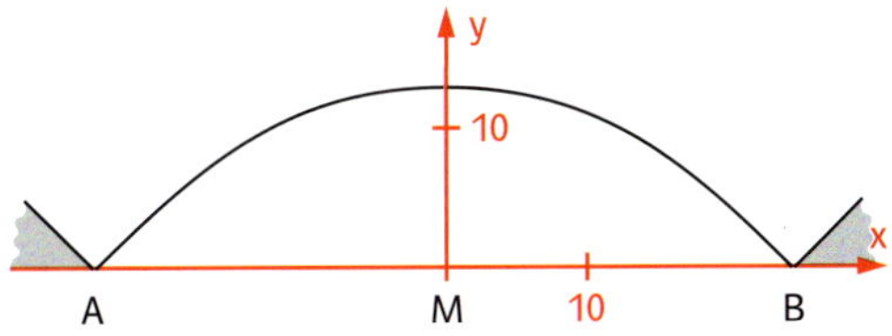

Fig. 2

Lösung:

a) Koordinatensystem: Siehe Fig. 2;

Ursprung in der Mitte M der Strecke $\overline{AB}$.

Ansatz: $f(x) = ax^2 + b$ (Symmetrie)

Bedingungen: $f(25) = 0$: $625a + b = 0$ (1)

$f'(25) = -1$: $2 \cdot 25a = -1$ (2)

Hieraus folgt: $a = -0{,}02$; $b = 12{,}5$.

Ergebnis: $f(x) = -0{,}02x^2 + 12{,}5$.

b) Höhe des Brückenbogens:

Da $f(0) = 12{,}5$ ist, beträgt die Höhe 12,5 m.

Aufgaben

2 Ein Patient wird mit einer Infektion in ein Krankenhaus eingeliefert und behandelt. In den folgenden Tagen wird jeweils zu einem festen Zeitpunkt seine Temperatur gemessen. Die Temperatur wird durch die Funktion F modelliert:

$F(t) = -\frac{1}{16}t^4 + \frac{7}{12}t^3 - \frac{15}{8}t^2 + \frac{9}{4}t + 39$, $t \in [0; 5]$ in Tagen, F in °C.

Sie sollten jeweils selbst entscheiden, wann der GTR ein sinnvolles Hilfsmittel ist.

a) Welche Temperatur hatte der Patient bei der Einlieferung ins Krankenhaus?

b) Wann wurde die höchste Temperatur gemessen? Wie hoch ist sie?

c) Ab welchem Zeitpunkt fällt die Temperatur geringfügig, ab welchem sehr stark?

d) Welcher Wert ergibt sich am 5. Tag? Interpretieren Sie den Verlauf der Fieberkurve.

3 An einem Tag im Frühherbst wird die Oberflächentemperatur T eines Sees gemessen. Der Temperaturverlauf wird durch die Funktion T modelliert:

$T(t) = -\frac{1}{300}(t^3 - 36t^2 + 324t - 5700)$, $t \in]0; 24[$ in Stunden, T in °C.

a) Berechnen Sie den Wendepunkt des Graphen von T und die Steigung der Wendetangente und deuten Sie diese für den See.

b) Wie hoch ist die Temperaturdifferenz an dem Beobachtungstag?

c) Wann betrug die Oberflächentemperatur genau 18 °C?

Denken Sie sich zu Aufgabe 3 noch weitere Fragen aus, die Sie beantworten können.

4 Die Temperatur an der Oberfläche eines Biotops wird im Verlauf eines Tages gemessen. Um 0.00 Uhr beträgt die Temperatur an der Oberfläche 19 Grad Celsius. Die niedrigste Tagestemperatur wird um 6.00 Uhr mit 17,8 °C gemessen, die höchste um 17.00 Uhr.

a) Bestimmen Sie eine ganzrationale Funktion f dritten Grades, die den Verlauf der Oberflächentemperatur im Verlaufe des Tages modelliert.

b) Zu welchem Zeitpunkt stieg die Temperatur am stärksten?

c) Wie groß ist die momentane Änderungsrate um 22 Uhr? Welche Bedeutung hat sie?

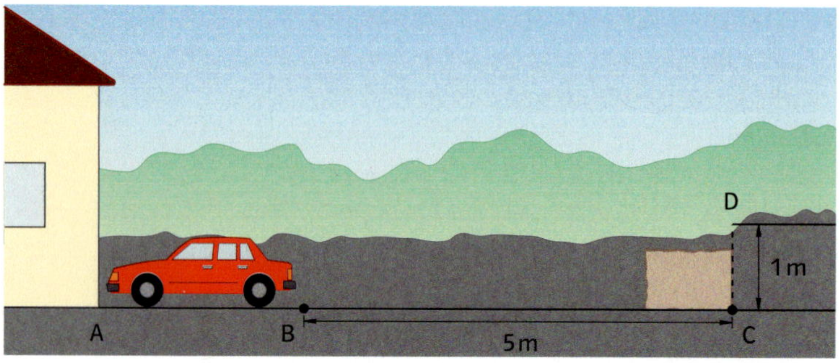

Fig. 1

5 Von einer Garage aus soll eine Auffahrt zur Straße angelegt werden (Fig. 1). Die Auffahrt soll in B waagerecht beginnen und in D waagerecht einmünden.

a) Modellieren Sie die Auffahrt durch eine ganzrationale Funktion vom Grad 3.

b) Zwischen B und C liegt genau 1 m vor C eine 70 cm hohe Felsplatte, die nur unter hohen Kosten beseitigt werden kann. Kann sie von der Auffahrt überdeckt werden?

6 In einem Weingut soll ein parabelförmiger Kellereingang gemauert werden (Fig. 1).

a) Geben Sie die Gleichung der Parabel an.

b) Wie hoch muss der Keller mindestens sein, damit man einen Eingang dieser Form mauern kann?

c) Unter welchem Winkel trifft der Parabelbogen auf den Boden des Eingangs?

d) Kann man ein rechteckiges Gestell mit 4 m x 3,5 m x 1 m durch den Eingang transportieren?

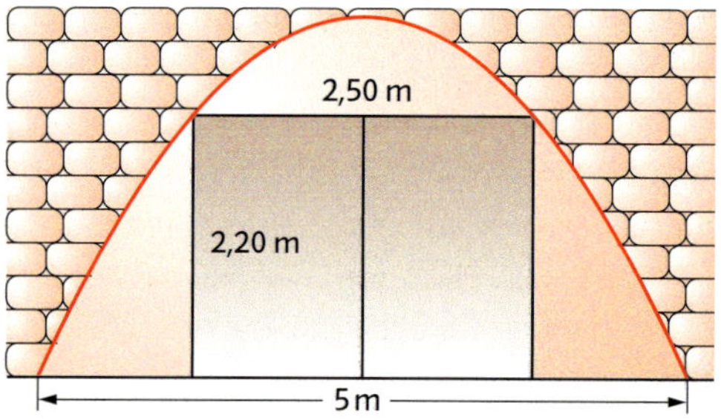

Fig. 2

7 Aus einem 40 cm langen und 20 cm breiten Karton soll durch Herausschneiden von 6 Quadraten eine Schachtel hergestellt werden, deren Deckel auf 3 Seiten übergreift (Fig. 3). Wie groß sind die Quadrate zu wählen, damit das Volumen der Schachtel möglichst groß wird? Welches Volumen und welche Maße hat diese Schachtel?

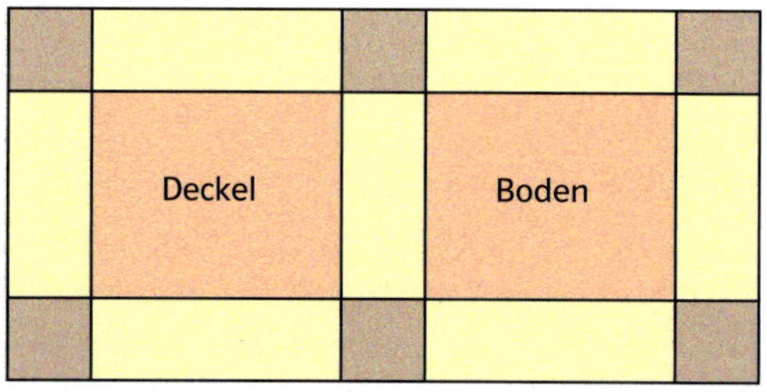

Fig. 3

8 Ein Ferkel hat im Durchschnitt ein Geburtsgewicht von 1,5 kg. Seine Gewichtszunahme kann man der Tabelle entnehmen.

t (in Monaten)	0	2	4	5	6
G (in kg)	1,5	30	67	80	88

a) Berechnen Sie die gesamte Änderungsrate des Gewichts in den ersten sechs Monaten. Welche Bedeutung hat sie?

b) Modellieren Sie das Wachstum mit einer ganzrationalen Funktion vom Grad 4.

c) Welches Gewicht hat das Ferkel nach einem Monat, wie viel seit seiner Geburt zugenommen?

d) Vergleichen Sie die Gewichtszunahme zwischen dem 3. und 4. Monat mit der zwischen dem 4. und 5. Monat.

e) Nach wie viel Tagen ist die momentane Änderungsrate maximal? Deuten Sie diese!

f) Überlegen Sie sich weitere Fragestellungen.

12 Bestimmung von Kostenfunktionen

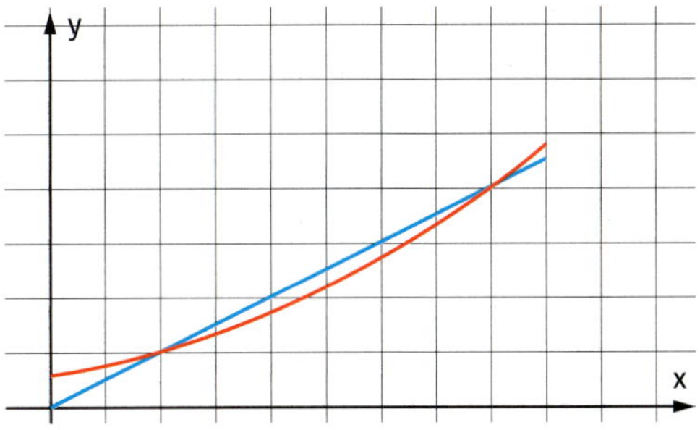

Fig. 1

1 Ermitteln Sie aus den folgenden Angaben die Gesamtkosten- und die Erlösfunktion für die Herstellung eines Bauelements. Dabei ist die Kostenfunktion eine quadratische Funktion, die Erlösfunktion eine lineare Funktion.
(1) Die Fixkosten betragen 3 GE.
(2) Die Nutzenschwelle liegt bei x = 2 ME und beträgt 5 GE,
(3) die Nutzengrenze bei 8 ME.

Eine Orientierung an Fig. 1 ist hilfreich!

Im Normalfall ist in einem Betrieb die Kostenfunktion für die Herstellung eines Gutes unbekannt. Es gibt aber in der Firma konkrete Vorgaben, Rahmenbedingungen und Vorstellungen für die Produktion des Gutes. Es ist nun Aufgabe der für die Rentabilität zuständigen Abteilung, dafür zu sorgen, dass aus diesen Bedingungen eine Kostenfunktion erstellt wird. Mithilfe der Mathematik wird dieser Schritt möglich.

Beispiel 1 Aufstellen einer Gesamtkostenfunktion
Bei der Firma ATOLE werden die Gesamtkosten für das Produkt ELOTA mithilfe einer ganzrationalen Funktion vom Grad 3 berechnet. Bei einem Verkaufspreis von 40 Geldeinheiten (GE) je Mengeneinheit (ME) liegt die Nutzenschwelle bei 2 ME. Bei 4 ME wird der maximale Gewinn erzielt. Die Grenzkosten für die Produktionsmenge 2 ME betragen $10\frac{\text{GE}}{\text{ME}}$. Die Fixkosten schließlich belaufen sich auf 40 GE.
a) Bestimmen Sie K und zeichnen Sie die Graphen der Kosten- und der Erlösfunktion.
b) Bestimmen Sie das Betriebsoptimum.
Lösung:
a) Ansatz: $K(x) = ax^3 + bx^2 + cx + d$; $K'(x) = 3ax^2 + 2bx + c$; Erlösfunktion $E(x) = 40x$;
Stückkostenfunktion: $k(x) = ax^2 + bx + c + \frac{d}{x}$.
(1) Fixkosten 40 GE: $K(0) = 40$:
$a \cdot 0^3 + b \cdot 0^2 + c \cdot 0 + d = 40$ $\qquad d = 40$
(2) Nutzenschwelle 2 ME: $K(2) = E(2)$:
$a \cdot 2^3 + b \cdot 2^2 + c \cdot 2 + 40 = 40 \cdot 2$ $\qquad 8a + 4b + 2c = 40$
(3) Gewinnmaximum bei x = 4 ME: $G'(4) = 0$:
$G(x) = E(x) - K(x) = 40x - (ax^3 + bx^2 + cx + d) = -ax^3 - bx^2 + (40 - c)x - d$
$G'(x) = -3ax^2 - 2bx + (40 - c)$
$-3a \cdot 4^2 - 2b \cdot 4 + (40 - c) = 0$ $\qquad -48a - 8b - c = -40$
(4) Grenzkosten bei 2 ME betragen $10\frac{\text{GE}}{\text{ME}}$: $K'(2) = 10$:
$3a \cdot 2^2 + 2b \cdot 2 + c = 10$ $\qquad 12a + 4b + c = 10$
Lösen des Gleichungssystems mit dem GTR oder von Hand:

(2) $4a + 2b + c = 20$	(2) + (3):	$-44a - 6b = -20 \quad \vert \cdot(-2)$	$88a + 12b = 40$
(3) $-48a - 8b - c = -40$	(4) + (3):	$-36a - 4b = -30 \quad \vert \cdot 3$	$-108a - 12b = -90$
(4) $12a + 4b + c = 10$			

Addiert man beide Gleichungen, so erhält man $-20a = -50$, also $a = \frac{5}{2}$; eingesetzt in die vorletzte Gleichung:
$88 \cdot \frac{5}{2} + 12b = 40$; $220 + 12b = 40$; $12b = -180$; $b = -15$.
a und b in (4): $12 \cdot \frac{5}{2} + 4 \cdot (-15) + c = 10$; $c = 40$.
Damit ist $K(x) = 2{,}5x^3 - 15x^2 + 40x + 40$.
b) Stückkostenfunktion $K(x) = 2{,}5x^2 - 15x + 40 + \frac{40}{x}$.
Das Betriebsoptimum liegt bei 3,6 ME und beträgt ca. 29,5 GE.

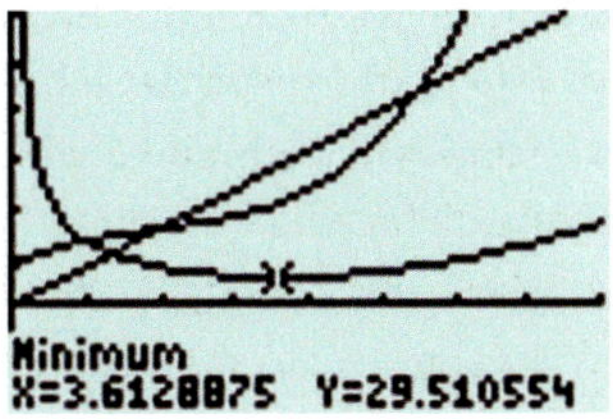

Kontrolle mit dem GTR:

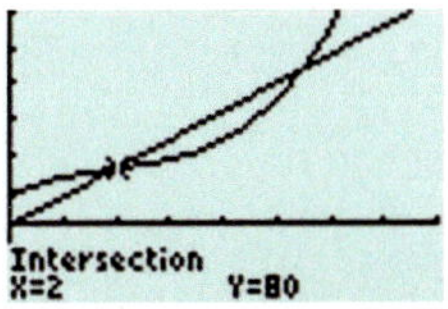

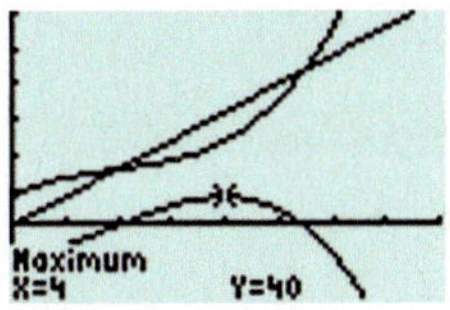

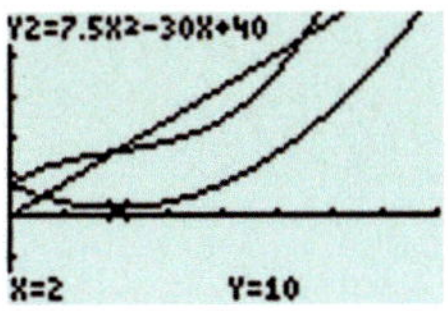

Aufgaben

2 Eine quadratische Funktion ist Kostenfunktion für die Produktion eines Kosmetikartikels. Die Fixkosten sind 5 GE, die Grenz- oder Differenzialkosten bei 15 Mengeneinheiten (ME) betragen 0,3 GE pro ME. Bei 10 ME belaufen sich die Gesamtkosten auf 6 GE. Da der Hersteller Monopolist ist, verkauft er die Ware abhängig von der Menge. Bei 10 ME ist der Erlös 20 GE, bei $x = 15$ nimmt der Erlös ein Maximum an. Bestimmen Sie die Gesamtkosten- und die Erlösfunktion.
(Ergebnis: $K(x) = 0{,}01x^2 + 5$; $E(x) = -0{,}1x^2 + 3x$)

Überlegen Sie sich selbst einige Fragestellungen und versuchen Sie diese zu beantworten!

3 a) Bei der Fabrikation einer Turbine hat eine kleinere Firma folgende Werte erfasst:
- Die Kosten für eine Turbine betragen 90 Geldeinheiten (GE).
- Die variablen Kosten für zwei Turbinen belaufen sich auf 56 GE.
- Die Grenz- oder Differenzialkosten betragen bei einer Maschine 27 GE pro Turbine.
- Das Minimum der Grenzkosten liegt bei $\frac{8}{3}$ Turbinen.

Bestimmen Sie daraus die Kostenfunktion als ganzrationale Funktion vom Grad 3 und zeichnen Sie ihren Graphen.
(Ergebnis: $K(x) = x^3 - 8x^2 + 40x + 57$)
b) Der Hersteller hat am Markt vollständige Konkurrenz und verkauft daher jede Turbine für 90 GE. Zeichnen Sie die zugehörige Erlösfunktion und bestimmen Sie Nutzenschwelle und Nutzengrenze.
c) Bestimmen Sie die Zahl der Turbinen, bei deren Produktion ein maximaler Gewinn erzielt wird. Wie hoch ist dieser?
d) Stellen Sie eine Tabelle für die Stückkosten k, die Grenzkosten K′ und die variablen Stückkosten k_v auf. Bis zu welcher Anzahl liegen die Grenzkosten unter den Stückkosten?
e) Bestimmen Sie das Betriebsoptimum näherungsweise geometrisch oder mit dem NEWTON-Verfahren, sofern Sie keinen GTR verwenden.
f) Berechnen Sie das Betriebsminimum.

4 a) In einem Industriebetrieb betragen die Fixkosten für ein Produkt 16 Geldeinheiten (GE), die Kosten bei der Produktion von 4 ME betragen 48 GE. Die Grenzkosten oder Differenzialkosten bei 2 ME belaufen sich auf $4\,\frac{GE}{ME}$. Ferner hat man festgestellt, dass bei 3 ME die Stückkosten bei $12\frac{1}{3}\,\frac{GE}{ME}$ liegen. Stellen Sie die Kostenfunktion auf unter der Voraussetzung, dass es sich um eine ganzrationale Funktion vom Grad 3 handelt.
(Ergebnis: $K(x) = x^3 - 6x^2 + 16x + 16$)
b) Stellen Sie die zugehörige Stückkostenfunktion auf, zeichnen Sie die Graphen von Kosten- und Stückkostenfunktion und ermitteln Sie geometrisch das Betriebsoptimum.
c) Bestimmen Sie das Betriebsoptimum näherungsweise mit dem NEWTON-Verfahren auf vier Stellen gerundet.

5 Eine Firma produziert Mehl. Es ergeben sich erfahrungsgemäß folgende Kosten bei der Produktion von Mehl.

x	0	6	20	30
K(x)	5	10	14	18

Dabei hat x die Einheit 1 Tonne (pro Tag) und K(x) die Einheit 50 €.
a) Ermitteln Sie aus der Tabelle die variablen Kosten für 30 Tonnen Mehl.
b) Ermitteln Sie mit dem GTR die zugehörige Kostenfunktion im Intervall [0; 50], wobei die Kostenfunktion als ganzrationale Funktion vom Grad 3 angesetzt wird.
(Lösung: $K(x) = \frac{3}{2800}x^3 - \frac{29}{525}x^2 + \frac{473}{420}x + 5$)
c) Welche Kosten ergeben sich näherungsweise für 25 t und für 40 t Mehl?

13 Vermischte Aufgaben

1 Bestimmen Sie die ersten drei Ableitungen und ihre Werte an der Stelle −2.

a) $f(x) = 0{,}5x^3 + 3x^2 - 4$ b) $g(x) = 5x - 4x^4 + 7$ c) $f(x) = (2x + 3)^2$

d) $f(x) = x^3 - \frac{4}{x}$ e) $g(x) = 5x + 5 + 5x^5 + x^{-5}$ f) $f(x) = (x^2 + 1)(x - 3)$

2 Bestimmen Sie die Gleichungen der Tangente und der Normalen an den Graphen von f im Punkt $P(x_0 | f(x_0))$.

a) $f(x) = x^3 - \frac{1}{2}x^2;\ x_0 = -1$ b) $f(x) = x^2 + 2x;\ x_0 = 2$ c) $f(x) = x^2 \cdot (x + 2);\ x_0 = -2$

3 Betrachten Sie den Graphen von Fig. 1 und beantworten Sie folgende Fragen:

a) In welchen der markierten Punkte ist die Steigung positiv, in welchen ist sie negativ?

b) In welchem der Punkte hat der Graph die größte Steigung, in welchem Punkt hat er die kleinste Steigung?

c) Geben Sie näherungsweise die Intervalle an, in denen der Graph positive bzw. negative Steigung hat.

d) In welchem der Punkte ist die Steigung null?

e) Welcher der Punkte könnte ein Wendepunkt sein?

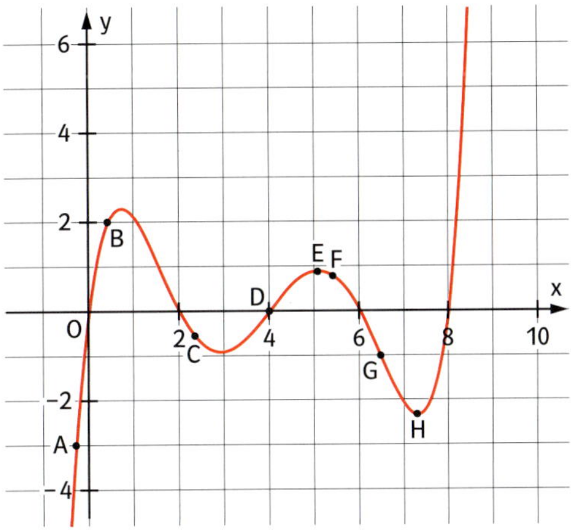

Fig. 1

4 Betrachten Sie den Graphen von Fig. 2 und beantworten Sie die folgenden Fragen:

a) In welchen der markierten Punkte ist die Steigung −1?

b) Sind die Steigungen in D und E gleich? Wie groß ist die Steigung jeweils?

c) In zwei Punkten ist die Steigung −3. Nennen Sie diese.

d) Es gibt zwei Punkte mit der Steigung 0. Welche sind das?

e) Was zeichnet Punkte mit der Steigung 0 im Graphen von Fig. 1 und Fig. 2 aus? Kann man dies verallgemeinern?

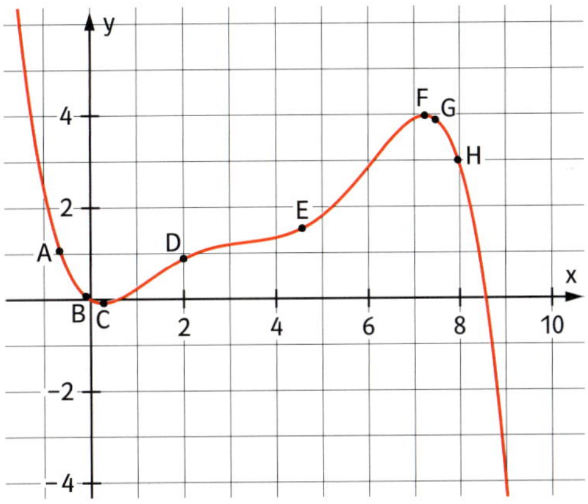

Fig. 2

5 Die Funktion h: $x \mapsto h(x)$, x in km, h in m, gebe die Höhenlage des Neckars in Abhängigkeit von der Entfernung von der Quelle an. Was sind die Einheiten von $h'(x)$?

a) Kann man eine Aussage über das Vorzeichen von h′ machen?

b) Nennen Sie Flüsse mit extremem $h'(x)$-Wert an einer Stelle x_0.

6 G sei das Gewicht des Papiers in einem offenen Papiercontainer. Ein brennendes Zündholz wird zur Zeit t = 0 hineingeworfen.

a) Welches Vorzeichen hat $G'(t)$ während der Zeit, in der das Papier brennt?

b) Welches Verhalten von $G'(t)$ gibt an, dass das Papier verbrannt ist?

c) Normalerweise brennt das Feuer anfangs schwach, nimmt dann zu und verlischt langsam. Welches Verhalten zeigt $G'(t)$ bei diesem Vorgang? Skizzieren Sie den Graphen von G.

7 Gegeben ist die Funktion f mit $f(x) = \frac{1}{4}x^4$. Bestimmen Sie die Punkte P des Graphen von f, deren Tangente durch den Punkt $P(1|0)$ verläuft.

8 Bestimmen Sie für die Funktion f die Extremstellen und die zugehörigen Extremwerte.

a) $f(x) = \frac{2}{3}x^3 - 8x - 1$ b) $f(x) = \frac{1}{6}x^6 - 8x^2 - 3$ c) $f(x) = \frac{1}{8}x^4 - \frac{9}{4}x^2 + 4$

9 a) Zeigen Sie, dass der Graph der Funktion f mit $f(x) = x^4 - 4x^3$ im Ursprung einen Wendepunkt mit waagrechter Tangente besitzt.

b) Gegeben sei die Funktion g mit $g(x) = x^4 - 4x^3 + 2x$. Begründen Sie, dass der Graph den Wendepunkt $W(0|0)$ hat. Welche Steigung hat die Wendetangente im Ursprung?

10 Berechnen Sie die Wendepunkte des Graphen der Funktion f.

a) $f(x) = x^3 - 7{,}5x^2 + 5x$ b) $f(x) = \frac{1}{12}x^3 - \frac{7}{12}x^2 + 2$ c) $f(x) = \frac{1}{20}x^5 - \frac{1}{6}x^3 - 2x + 3$

Wie ist der Graph links vom Wendepunkt, wie ist er rechts vom Wendepunkt gekrümmt?

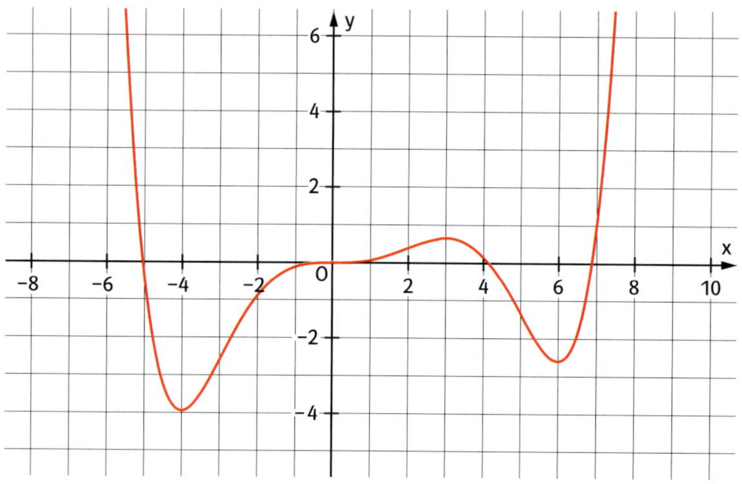

11 Links ist der Graph einer ganzrationalen Funktion f vom Grad 6 gezeichnet. Welche der folgenden Aussagen sind richtig, welche falsch? Begründen Sie Ihre Antwort.

a) $f'(6) = 0$ und $f''(6) < 0$

b) $f'(4) > 0$

c) $f(0) = 0$ und $f'(0) = 0$ und $f''(0) \neq 0$

d) Es gibt drei Intervalle, in denen der Graph eine Linkskrümmung aufweist.

e) f besitzt vier lokale Extrempunkte.

f) $f''(-2) < 0$

g) $f(6) > f(-4)$

h) Der Graph besitzt vier Wendepunkte.

i) Der Graph steigt in $[-4; 3]$ monoton.

12 Eine Parallele zur Geraden $y = x$, die nicht durch den Ursprung geht, berührt den Graphen von f mit $f(x) = -\frac{1}{16}x^4 + \frac{5}{16}x^3 + x$. Bestimmen Sie die Koordinaten der Berührpunkte.

13 Gegeben ist die Funktion f mit $f(x) = -\frac{1}{2}x^2 + 2x - 2$. Ihr Graph sei G.

a) Bestimmen Sie die Ableitungsfunktion f′ der Funktion f.

b) Bestimmen Sie den Punkt auf dem Graphen G, in dem die Tangente parallel zur Geraden $y = 2x$ verläuft.

c) Bestimmen Sie die Punkte $P \in G$, deren Tangenten durch den Ursprung verlaufen.

d) Welche Tangenten gehen durch den Punkt $A(0|16)$? Geben Sie ihre Gleichungen sowie die zugehörigen Berührpunkte an.

14 Gegeben ist die Funktion f mit dem Graphen G durch $f(x) = x^3 - 4x$.

a) Bestimmen Sie Gleichungen der Tangenten und der Normalen von G in $O(0|0)$.

b) Die Normale von K in $O(0|0)$ schneidet K in zwei weiteren Punkten S und T. Berechnen Sie die Koordinaten dieser Punkte.

15 Begründen Sie, dass die Funktion f keine lokalen Extremwerte besitzt.

a) $f(x) = 7x - 9$ b) $f(x) = x^3 + 1$ c) $f(x) = \frac{2}{x} - 3x$

16 Zur Markierung des Kurses beim Segeln einer Regatta sind in einer Seekarte die Bojen als rote Punkte angegeben (Fig. 1 bis 3). Der Segler skizziert in der Karte einen möglichen Kurs als blaue Linie. Geben Sie den Funktionsterm einer ganzrationalen Funktion 3. Grades an, deren Graph den Kurs des Seglers beschreibt. Überprüfen Sie Ihr Ergebnis mit dem GTR.

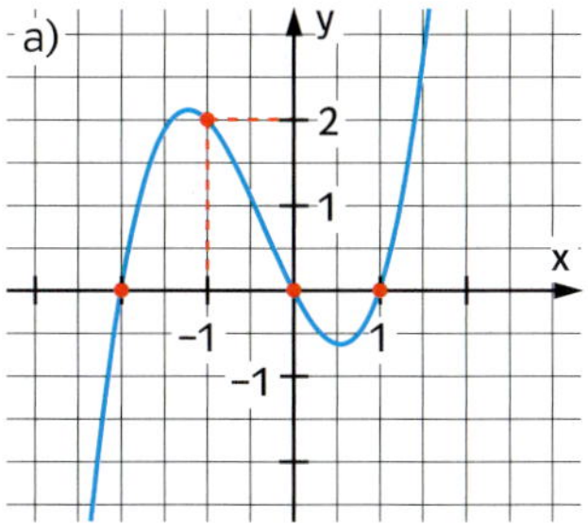

Fig. 1

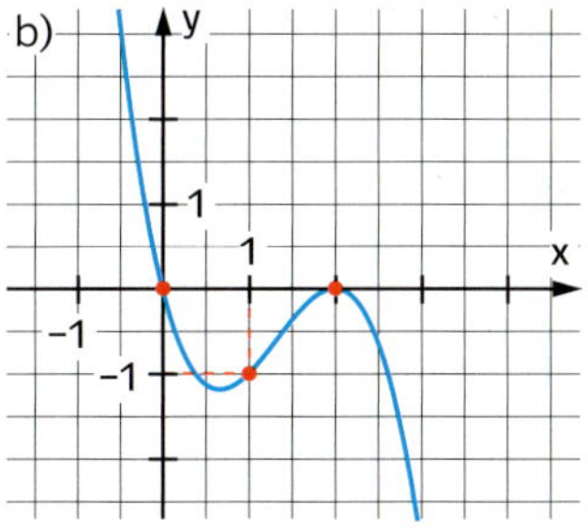

Fig. 2

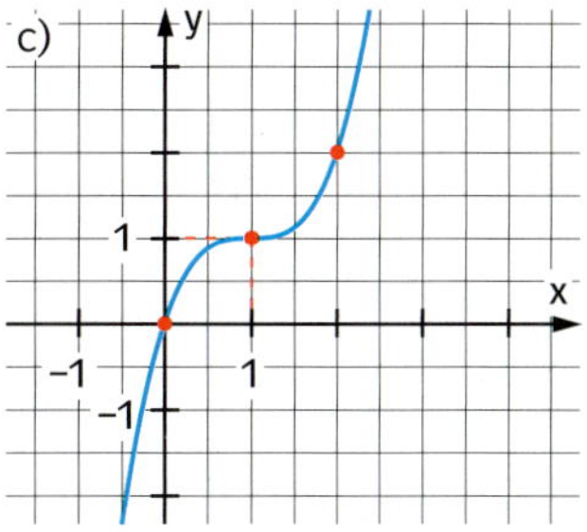

Fig. 3

17 Gegeben ist die Funktion f mit $f(x) = \frac{1}{8}x^3 - \frac{3}{2}x + \frac{9}{2}$. Vom Punkt $P\left(\frac{4}{3}\middle|6\right)$ werden die Tangenten an den Graphen von f gelegt. Bestimmen Sie deren Gleichungen und die Berührpunkte.

18 Bestimmen Sie eine ganzrationale Funktion vom Grad 5, deren Graph symmetrisch zum Ursprung ist und in $P(-1|1)$ eine Wendetangente mit der Steigung 3 hat.

19 Entlang einer Hausecke (Fig. 4) soll ein rechteckiger Hundezwinger so abgesteckt werden, dass zum Einzäunen der zwei offenen Seiten eine Rolle Maschendraht mit 25 m Länge ausreicht. Welche Abmessungen muss der Zwinger bekommen, wenn der Hund möglichst großen Auslauf haben soll?

Fig. 4

20 a) Für welche beiden positiven Zahlen, deren Produkt 8 ist, wird die Summe am kleinsten?
b) Für welche beiden Zahlen mit der Summe 10 ist das Produkt am größten?

21 Ein Tunnel hat die Form eines Rechtecks mit Halbkreis (Fig. 5). Die Querschnittsfläche sollte möglichst groß werden. Wegen der relativ teuren Auskleidung soll der Umfang nur U = 50 m betragen. Können LKWs mit einer Höhe von 4 m diesen Tunnel passieren?

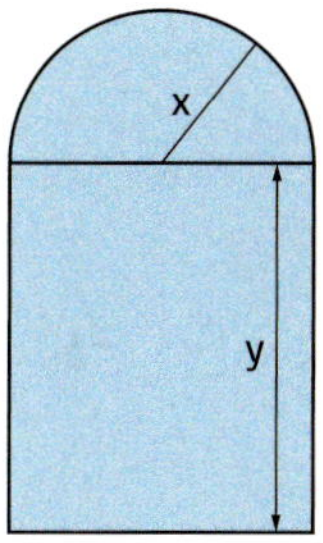

Fig. 5

22 Untersuchen Sie den Graphen der Funktion f auf Symmetrie, Nullstellen, Extrem- und Wendepunkte.
a) $f(x) = x^3 - 3x^2 + 4$ b) $f(x) = \frac{1}{9}x^4 - \frac{4}{9}x^3 + 3$ c) $f(x) = 0{,}5x^3 + 1{,}5x^2$

23 Fig. 6 zeigt das Weg-Zeit-Diagramm eines Radfahrers R.
a) Mit welcher Geschwindigkeit fuhr R zwischen der 6ten und 15ten Minute?
b) In welchen Zeitabschnitten fuhr er mit konstanter Geschwindigkeit?
c) Wann stieg er vom Rad?
d) Versuchen Sie, seine höchste Geschwindigkeit abzulesen.
e) Mit welcher Durchschnittsgeschwindigkeit durchfuhr er die gesamte Strecke?
f) Erzählen Sie anhand des Diagramms eine Geschichte über den Verlauf der Radtour.

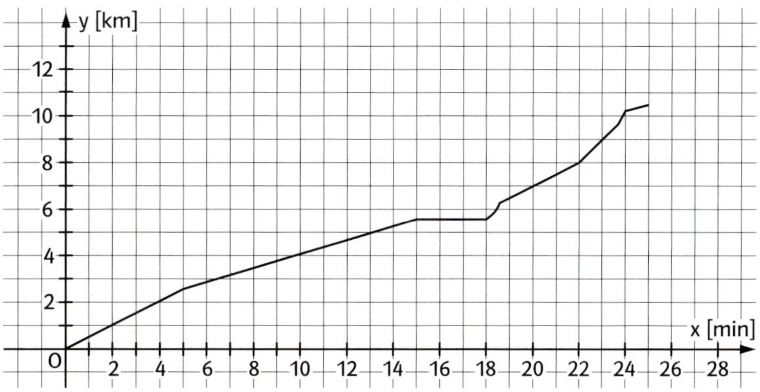

Fig. 6

Aus der Betriebswirtschaft

Der Einsatz des GTR ist hier sehr sinnvoll!

24 In einer Fabrik werden Radiogeräte hergestellt. Bei einer Wochenproduktion von x Radiogeräten entstehen fixe Kosten von 2000 € und variable Kosten, die durch $60x + 0{,}8x^2$ (in €) näherungsweise beschrieben werden können.

a) Bestimmen Sie die Gesamtkostenfunktion K. Erstellen Sie den Graphen möglichst mit dem GTR für die Kapazitätsgrenze von 140 Geräten.

b) Die Firma verkauft alle wöchentlich produzierten Geräte zu einem Preis von 180 € je Stück. Geben Sie den wöchentlichen Gewinn an. Zeichnen Sie den Graphen der Gewinnfunktion in das vorhandene Achsenkreuz ein.

c) Bei welchen Produktionszahlen macht die Firma Gewinn? Bei welcher Produktionszahl ist der Gewinn am größten?

d) Wegen eines Überangebotes auf dem Markt muss die Firma den Preis senken. Ab welchem Preis macht die Firma keinen Gewinn mehr?

25 Gegeben ist die Kostenfunktion K mit $K(x) = 0{,}0002x^3 - 0{,}18x^2 + 54x + 5000$ und die Umsatzfunktion U mit $U(x) = 41{,}5x$.

a) Erstellen Sie eine Wertetafel für die Kostenfunktion K im [0; 800] (Schrittweite 50). Zeichnen Sie die Graphen von K und der Umsatzfunktion in ein gemeinsames Koordinatensystem.

b) Zeigen Sie rechnerisch, dass K weder ein Kostenminimum noch ein Kostenmaximum hat.

c) Berechnen Sie den Wendepunkt von K und interpretieren Sie ihn betriebswirtschaftlich.

d) Zeigen Sie, dass das Minimum der Stückkostenfunktion an der Stelle x = 500 angenommen wird. Berechnen Sie das Betriebsoptimum.

e) Bestätigen Sie, dass die Gewinnzone bei x = 250 beginnt (Nutzenschwelle). Bei welcher Produktionszahl endet die Gewinnzone (Nutzengrenze)?

f) Geben Sie das Gewinnmaximum und die zugehörige Produktionsmenge an.

Handelt es sich bei den Aufgaben 26 und 27 um realistische Aufgaben? Begründen Sie Ihre Antwort.

26 Ein Unternehmen röstet Kaffee. Bei der Produktion von x Mengeneinheiten (ME) ergeben sich die Kosten K(x) in Geldeinheiten (GE). Die Erlösfunktion ist E mit $E(x) = 5x$.

x	0	2	5	8
K(x)	$21\frac{1}{3}$	31	24,25	40

a) Die Kostenfunktion K ist eine ganzrationale Funktion 3. Grades. Bestimmen Sie ihre Koeffizienten. $\left(\text{Lösung: } K(x) = \frac{1}{3}x^3 - \frac{15}{4}x^2 + 11x + \frac{64}{3}\right)$

b) Geben Sie die Grenzkostenfunktion und die Erlösfunktion an, wenn die Gewinnfunktion $G(x) = -\frac{1}{3}x^3 + \frac{15}{4}x^2 - 6x - \frac{64}{3}$ beträgt.

c) Berechnen Sie das Kostenminimum und das Kostenmaximum. Skizzieren Sie den Graphen der Kostenfunktion und der Erlösfunktion in dasselbe Koordinatensystem.

d) Die Nutzengrenze liegt bei x = 8 ME. Bestimmen Sie die Nutzenschwelle und geben Sie die Gewinnzone an.

e) Für welche Produktionsmenge wird der maximale Gewinn erzielt?

27 Aufgrund genauer Analysen ergeben sich für ein Unternehmen die folgenden Produktionskosten: Fixkosten $K_f = 21600$ (GE), variable Kosten $K_v(x) = 0{,}0008x^3 - 0{,}9x^2 + 264x$. Erlösfunktion ist $E(x) = 73x$.

a) Berechnen Sie den Kostenanstieg bei einer Produktionserhöhung von 100 auf 101 ME und vergleichen Sie diesen Wert mit K'(100).

b) Zeichnen Sie die Graphen von K und E. Ermitteln Sie die Gewinnzone.

c) Bestimmen Sie die zum Betriebsoptimum gehörige Produktionsmenge.

Bei vielen in der Realität auftretenden Problemen hängt eine zu untersuchende Größe nicht nur von einer Variablen x sondern oft von weiteren Variablen a, b usw. ab.

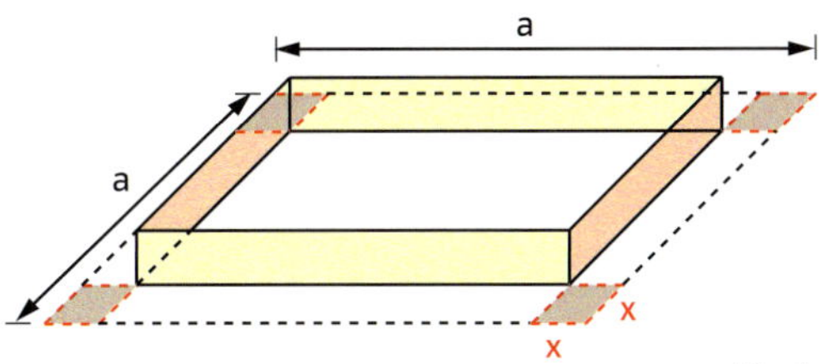

Fig. 1

Aus einem quadratischen Stück Pappe mit der Seitenlänge a (in cm) soll eine oben offene Schachtel hergestellt werden (vgl. Fig. 1). Haben die Einschnitte die Länge x (in cm), so erhält man für das Volumen V (in cm³):
$V = x\cdot(a - 2x)^2 = 4x^3 - 4ax^2 + a^2x.$
Dabei hängt das Volumen V von x und a ab.

Geht man von einem quadratischen Stück Pappe der festen Länge a aus, so ist das Volumen V nur noch eine Funktion der Variablen x, d.h. $V_a(x) = x\cdot(a - 2x)^2$ mit $D = \left\{x\in\mathbb{R} \mid 0 < x < \frac{a}{2}\right\}$; V_a ist eine Schar von Funktionen, a wird als Parameter bezeichnet.

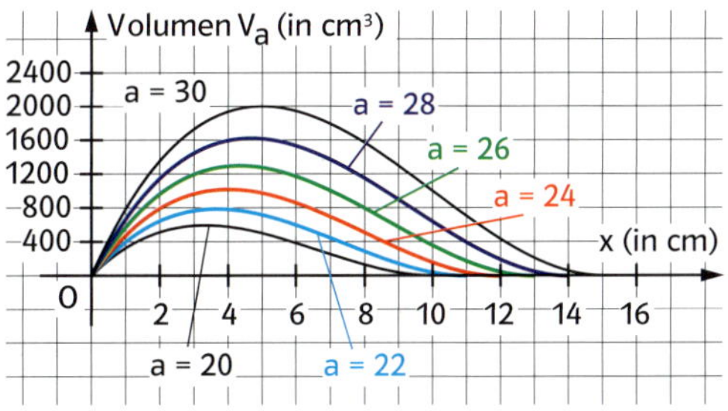

Fig. 2

Fig. 2 zeigt die Graphen von V_a für verschiedene Werte von a. An dem Graphen erkennt man, dass es für jedes a eine Schachtel mit maximalem Volumen gibt.
Aus $V_a'(x) = 12x^2 - 8ax + a^2 = 0$ erhält man $x_1 = \frac{a}{6}$ und $x_2 = \frac{a}{2}$ mit $x_2 \notin D$.
Mit $V_a''(x) = 24x - 8a$ ist $V_a''(x_1) = -4a < 0$.
Damit hat das Volumen an der Stelle $x_1 = \frac{a}{6}$ ein absolutes Maximum mit $V_a\left(\frac{a}{6}\right) = \frac{2a^3}{27}$.

Für ein Blatt der Seitenlänge a = 21 cm erhält man bei einem Einschnitt von 3,5 cm das maximale Volumen V = 686 cm³.

Die Bedeutung von Funktionenscharen soll an einem weiteren Beispiel aus der Technik vorgestellt werden:
Bei einer Zentralheizung wird die Temperatur im Heizkessel in Abhängigkeit von der Außentemperatur gesteuert. Der Zusammenhang zwischen der Außentemperatur x (in °C) und der Temperatur im Heizkessel wird durch eine Heizkurve beschrieben. Diese Heizkurve kann durch einen Regler in ihrer Steilheit s verändert werden. Für die Temperatur H_s (in °C) im Heizkessel gilt:
$H_s(x) = s\cdot(-0{,}001x^2 - 0{,}09x + 2{,}2) + 25$ mit $0 \leqq s \leqq 20$ und $-30 \leqq x \leqq 20$.

Wovon hängt bei der Beheizung eines Hauses die Wahl des Parameters s ab?

a) Skizzieren Sie mithilfe des GTR für s = 9, 14 und 18 die Heizkurven in ein gemeinsames Koordinatensystem.
b) Die Werkseinstellung ist s = 14. Wie hoch ist dann die Kesseltemperatur bei einer Außentemperatur von 0 °C bzw. −15 °C? Was können Sie tun, wenn es Ihnen im Zimmer zu kalt ist?
c) Bei welcher Außentemperatur beträgt in der Werkseinstellung die Kesseltemperatur 80°?

Lösung:
a) Die Graphen zeigt Fig. 3.

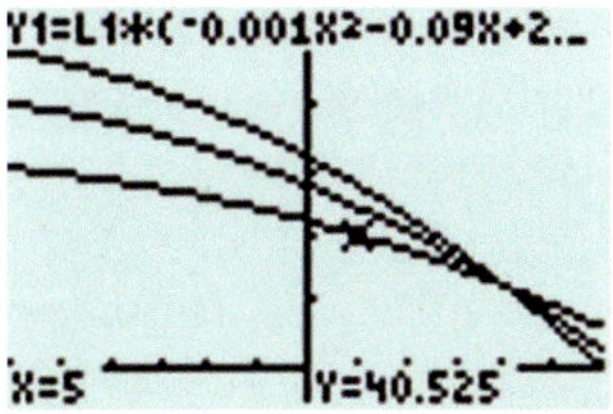

Fig. 3

b) Aus $H_{14} = 14\cdot(-0{,}001x^2 - 0{,}09x + 2{,}2) + 25$
$= -0{,}014x^2 - 1{,}26x + 55{,}8$ folgt
$H_{14}(0) = 55{,}8$ (in °C) und $H_{14}(-15) = 71{,}55$ (in °C)
Vergrößert man den Wert von s, so ist bei gleicher Außentemperatur die Kesseltemperatur höher; damit steigt die Zimmertemperatur.
c) Aus $H_{14}(x) = 80$ ergibt sich $-0{,}014x^2 - 1{,}26x + 55{,}8 = 80$ mit den Lösungen $x_1 \approx -27{,}78$ ($x_2 \approx -62{,}22$). Bei einer Außentemperatur von −27,8 °C hat der Kessel 80 °C.

Rückblick

Änderungsrate; Ableitung

Die Änderungsrate einer Funktion f im Intervall $[x_0;\, x]$ ist der Quotient $\frac{f(x) - f(x_0)}{x - x_0}$. Am Graphen von f ist dies die Steigung der Geraden durch $P_0(x_0 \,|\, f(x_0))$ und $P(x \,|\, f(x))$.

Nähert sich $\frac{f(x) - f(x_0)}{x - x_0}$ einem festen Wert, wenn x gegen x_0 strebt, so schreibt man $f'(x_0) = \lim\limits_{x \to x_0} \frac{f(x) - f(x_0)}{x - x_0}$ und nennt $f'(x_0)$ die Ableitung von f an der Stelle x_0:

$f': x \mapsto f'(x)$ ist die Ableitungsfunktion der Funktion f.

Man spricht statt vom Ableiten auch vom Differenzieren.

Beispiel: $f: x \mapsto \frac{1}{2}x^2;\ x_0 = 1$

Änderungsrate: $\frac{f(x) - f(1)}{x - 1} = \frac{\frac{1}{2}x^2 - \frac{1}{2}}{x - 1} = \frac{x^2 - 1}{2(x - 1)} = \frac{x + 1}{2}$

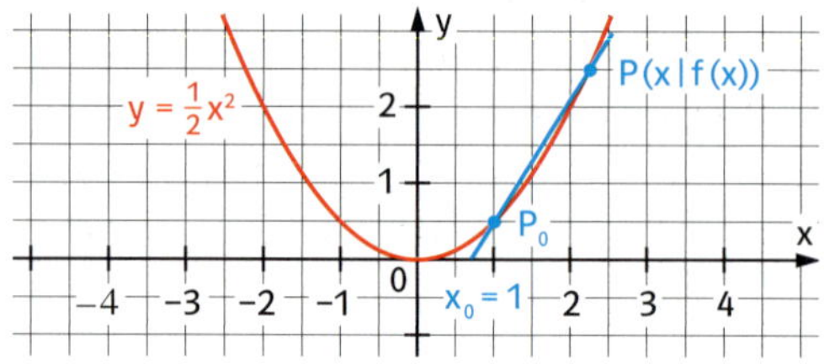

Ableitung: $\lim\limits_{x \to 1} \frac{x + 1}{2}$, also $f'(1) = 1$.

Ableitungsfunktion: $f'(x) = x$

Ableitungsregeln

Potenzregel:	$f(x) = x^n$;	$f'(x) = n \cdot x^{n-1},\ n \in \mathbb{Z}$ bzw. $n \in \mathbb{R}$
Summenregel:	$f(x) = g(x) + h(x)$;	$f'(x) = g'(x) + h'(x)$
Faktorregel:	$f(x) = c \cdot g(x)$;	$f'(x) = c \cdot g'(x)$

$f(x) = x^5$;	$f'(x) = 5x^4$
$f(x) = \frac{1}{x} = x^{-1}$;	$f'(x) = -x^{-2} = -\frac{1}{x^2}$
$f(x) = 4x^3$;	$f'(x) = 12x^2$
$f(x) = 3x^4 - 5x^3$;	$f'(x) = 12x^3 - 15x^2$

Tangente und Normale

Die Tangente t an den Graphen von f in $P_0(x_0 \,|\, f(x_0))$ ist die Gerade durch P_0 mit der Steigung $f'(x_0)$.

Die Normale n des Graphen von f in $P_0(x_0 \,|\, f(x_0))$ ist orthogonal (senkrecht) zur Tangente.

Die Steigung der Normalen in $P_0(x_0 \,|\, f(x_0))$ ist $m_n = -\frac{1}{f'(x_0)}$.

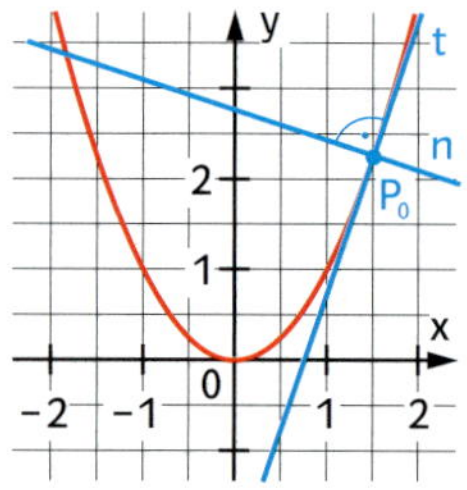

$f: x \mapsto x^2$

$f': x \mapsto 2x$

$P_0(1{,}5 \,|\, 2{,}25)$

$f'(1{,}5) = 2 \cdot 1{,}5 = 3$

$t: y = 3x - 2{,}25$

$n: y = -\frac{1}{3}x + 2{,}75$

Monotonie von Funktionen

Wenn für alle x in einem Intervall [a; b] gilt:

$\mathbf{f'(x) \geqq 0}$,	$\mathbf{f'(x) \leqq 0}$,

dann ist

f monoton steigend in [a; b].	f monoton fallend in [a; b].

Strenge Monotonie liegt vor, wenn das „=“ ausgeschlossen ist.

An Stellen mit $f'(x) = 0$ hat der Graph von f eine waagerechte Tangente.

$f(x) = \frac{1}{3}x^3 - x;\ x \in \mathbb{R}$

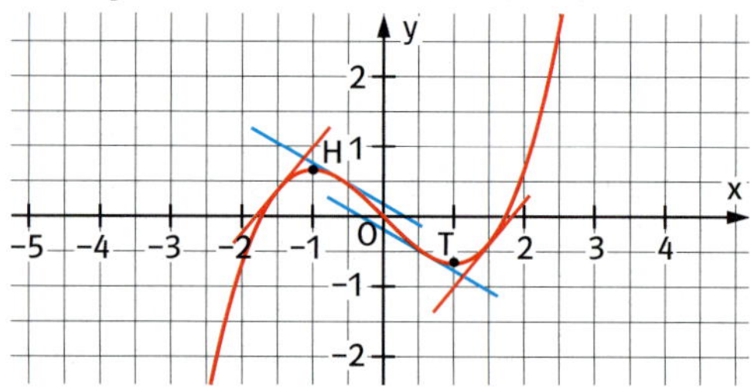

Lokale Extremstellen

An einer Stelle x_0 liegt ein **Maximum** vor, wenn $f'(x_0) = 0$ und $f''(x_0) < 0$ oder $f'(x_0) = 0$ und Vorzeichenwechsel von $f'(x)$ von + nach –.

Für den Graphen ist $H(x_0 \,|\, f(x_0))$ ein **Hochpunkt**.

An einer Stelle x_0 liegt ein **Minimum** vor, wenn $f'(x_0) = 0$ und $f''(x_0) > 0$ oder $f'(x_0) = 0$ und Vorzeichenwechsel von $f'(x)$ von – nach +.

Für den Graphen ist $T(x_0 \,|\, f(x_0))$ ein **Tiefpunkt**.

$f'(x) = x^2 - 1;\ \ f''(x) = 2x;\ \ f'''(x) = 2$

$f'(x) = x^2 - 1 = 0$ ergibt $x_1 = 1;\ x_2 = -1$

In $x_1 = 1$ gilt: $f''(1) = 2 > 0$, also Minimum.

$f(1) = \frac{1}{3} \cdot 1^3 - 1 = -\frac{2}{3}$, Tiefpunkt: $T\left(1 \,\middle|\, -\frac{2}{3}\right)$ oder $f'(0{,}99) \approx -0{,}02 < 0$; $f'(1{,}01) \approx 0{,}02 > 0$; also Vorzeichenwechsel von – nach +, damit Minimum.

Globale Extremwerte

Die globalen Extremwerte erhält man durch Vergleich aller Extremwerte. Falls die Definitionsmenge unbeschränkt ist, muss das Verhalten von f(x) für $x \to -\infty$ untersucht werden.

Da Graph von f punktsymmetrisch zu O ist, ist $H\left(1 \,\middle|\, \frac{2}{3}\right)$ Hochpunkt.

Für $x \to +\infty$ gilt: $f(x) \to +\infty$;

für $x \to -\infty$ gilt: $f(x) \to -\infty$.

Es gibt keine globalen Extremwerte.

Rückblick

Links- und Rechtskrümmung; Wendestellen

Der Graph von f heißt in [a; b] linksgekrümmt (rechtsgekrümmt), wenn die Ableitungsfunktion f′ in [a; b] monoton steigt (monoton fällt).
Es liegt also eine Linkskrümmung (Rechtskrümmung) vor, wenn in [a; b] gilt: $f''(x) > 0$ ($f''(x) < 0$).
Eine innere Stelle $x_0 \in I$, heißt **Wendestelle** des Graphen von f, wenn beim Durchlaufen dieser Stelle der Graph von einer Linkskrümmung in eine Rechtskrümmung übergeht oder umgekehrt. Der zugehörige Punkt heißt **Wendepunkt**.

Eine Wendestelle ist eine Extremstelle von f′!
Daher gilt als Bedingung für Wendestellen:
$f''(x_0) = 0$ und $f'''(x_0) \neq 0$ oder
$f''(x_0) = 0$ und Vorzeichenwechsel von $f''(x)$.
Für den Graphen ist $W(x_0 \mid f(x_0))$ ein Wendepunkt.

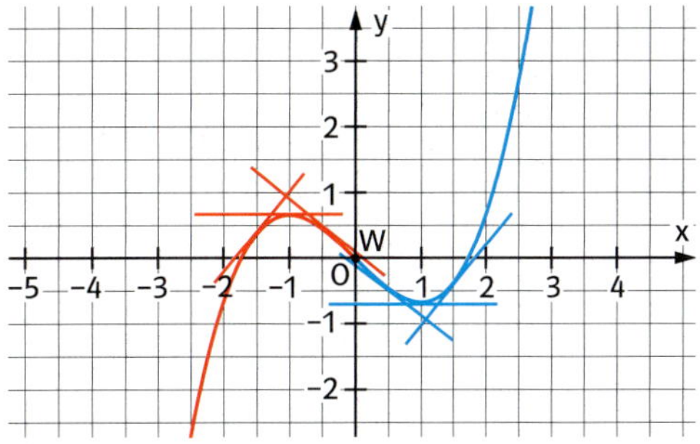

Da $f''(x) = 2x < 0$ für $x < 0$, ist der Graph von f für $x < 0$ rechtsgekrümmt, für $x > 0$ linksgekrümmt.
$f''(x) = 2x = 0$, also $x_3 = 0$
Da $f'''(x) = 2 \neq 0$ ist, liegt bei $x_3 = 0$ ein Wendepunkt vor.

Bestimmung einer ganzrationalen Funktion

(1) Formulieren der gegebenen Bedingungen mit Hilfe von f, f′, f″ usw.
(2) Bei n + 1 Bedingungen Ansetzen einer Funktion vom Grad n; Aufstellen des Gleichungssystems.
(3) Lösen des Gleichungssystems; Angabe der gefundenen Funktion.
(4) Kontrollieren des Ergebnisses.

Gesucht: Parabel 3. Ordnung mit Hochpunkt $H(0 \mid 12)$ und Wendepunkt $W(2 \mid -4)$.
1) $f(0) = 12$; $f(2) = -4$; $f'(0) = 0$; $f''(2) = 0$
2) $f(x) = ax^3 + bx^2 + cx + d$
3) $d = 12$; $8a + 4b + 12c + d = -4$;
$c = 0$; $12a + 2b = 0$
4) $f(x) = x^3 - 6x^2 + 12$ erfüllt die Bedingung.

Funktionen aus der Betriebswirtschaft

Die Ableitungsfunktion einer Kostenfunktion K heißt **Grenzkosten-** oder **Differenzialkostenfunktion**. Sie gibt die lokale Kostenerhöhung an, wenn die Produktionsmenge um eine Mengeneinheit erhöht wird.

Die **durchschnittliche Kostenfunktion** oder **Stückkostenfunktion k** ist der Quotient aus Kostenfunktion K und Produktionsmenge x:
$k(x) = \frac{K(x)}{x}$. Ihr **Minimum** x_0 ermittelt man
(1) über die mathematische Bedingung $k'(x) = 0$; $k''(x) > 0$ oder
(2) als Schnittpunkt von Grenzkosten- und Stückkostenkurve oder
(3) durch Bestimmung des Berührpunkts der Tangente an den Graphen der Kostenfunktion, die man vom Ursprung O an K legen kann.
Man nennt die zugehörige Produktionsmenge x_0 **Betriebsoptimum** oder auch langfristige Preisuntergrenze.

Bestimmt man das Minimum x_1 der **durchschnittlichen variablen Kosten** $k_v(x) = \frac{K_v(x)}{x}$, so nennt man die zugehörige Produktionsmenge x_1 **Betriebsminimum** oder kurzfristige Preisuntergrenze.
x_1 ist Schnittstelle von k_v und K′.

Das **Gewinnmaximum** ermittelt man als Maximum der Gewinnfunktion $G(x) = E(x) - K(x)$, wobei E(x) die Erlösfunktion ist. Diese ist linear bei vollständiger Konkurrenz, bei einem Monopolisten von der Form $E(x) = ax^2 + bx$.

$K(x) = x^3 - 8x^2 + 30x + 50$;
Grenzkostenfunktion:
$K'(x) = 3x^2 - 16x + 30$
Stückkostenfunktion:
$k(x) = x^2 - 8x + 30 + \frac{50}{x}$
Durchschnittliche variable Kosten:
$k_v(x) = x^2 - 8x + 30$

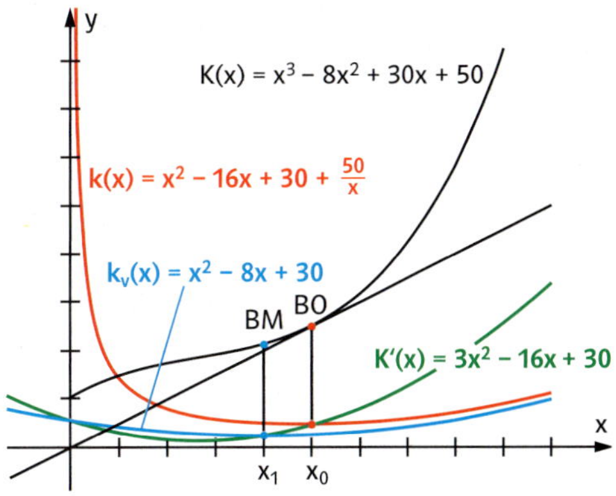

In x_0 wird das Betriebsoptimum (BO), in x_1 das Betriebsminimum (BM) angenommen.

Aufgaben zum Üben und Wiederholen

1 Gegeben ist die Funktion f mit $f(x) = \frac{1}{4}x^4 - 2{,}25x^2$.

a) Bestimmen Sie die Schnittpunkte mit der x-Achse.

b) Berechnen Sie die Steigungen des Graphen in den Schnittpunkten mit der x-Achse.

c) Erstellen Sie eine Zeichnung, in der Sie auch die Steigungen in den entsprechenden Punkten eintragen.

2 Zeichnen Sie die Graphen von f mit $f(x) = 0{,}5x^3$, g mit $g(x) = 0{,}5x^3 + 2$ und h mit $h(x) = 0{,}5x^3 - 1$. Bilden Sie die Ableitungen und zeichnen Sie die Graphen der jeweiligen Ableitungsfunktion. Was stellen Sie fest? Begründen Sie.

3 Bestimmen Sie alle Punkte des Graphen von f mit $f(x) = x^3 - 9x$, in denen die Tangentensteigung −6 bzw. 39 ist.

4 Gegeben ist f mit $f(x) = \frac{1}{16}(-x^4 + 6x^2 + 27)$. Stellen Sie die Gleichungen der Tangente und der Normale in $x = -1$ auf.

5 Gegeben ist die Funktion f mit $f(x) = -\frac{1}{16}x^4 + \frac{5}{16}x^3 + x$. Eine Parallele zur Geraden mit der Gleichung $y = x$, die nicht durch den Ursprung geht, berührt den Graphen von f. Bestimmen Sie die Koordinaten des Berührpunkts.

6 Gegeben ist die Funktion f mit $f(x) = -\frac{1}{2}x^3 + \frac{3}{2}x + 2$. Vom Punkt P(2|5) werden die Tangenten an den Graphen von f gelegt. Bestimmen Sie die Gleichungen dieser Tangenten und die Berührpunkte.

7 Bestimmen Sie die Gleichungen der beiden Tangenten an den Graphen von f mit $f(x) = \frac{1}{8}x^3 \cdot (x + 4)$, die durch P(2|6) gehen.

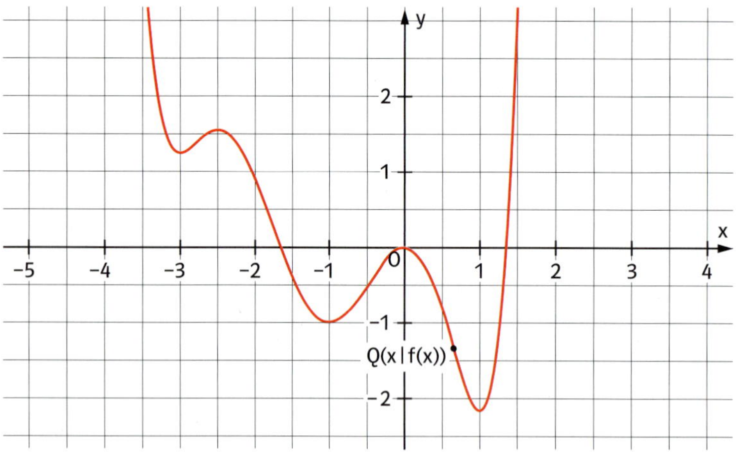

Fig. 1

8 Fig. 1 zeigt den Graphen einer Funktion f.

a) Geben Sie die Intervalle an, in denen die Funktion monoton steigt.

b) Geben Sie die Intervalle an, in denen $f'(x) < 0$ ist.

c) Geben Sie alle Stellen an, in denen der Graph von f die Steigung 0 hat.

d) Ist die Aussage wahr, dass $f''(-1) < 0$ ist?

e) Wie viele Wendepunkte hat der Graph von f?

f) Wie groß ist das absolute Minimum von f im Intervall [−3; 1,4]?

g) Ist $f'(0) = 0$ und $f''(0) > 0$?

h) Gilt für den markierten Punkt $P(x_0|f(x_0))$: $f'(x_0) < 0$, $f''(x_0) = 0$ und $f'''(x_0) \neq 0$?

9 Berechnen Sie die Extrempunkte des Graphen der Funktion f, sofern es solche gibt, und skizzieren Sie den Graphen. Entscheiden Sie selbst, ob Sie nur mit dem GTR weiter kommen.

a) $f(x) = -0{,}1x^3 + 0{,}3x^2 + 1$

b) $f(x) = x^4 - 4x^3 + 4x$

c) $f(x) = \frac{1}{4}x^2 \cdot (x^2 - 8)$

d) $f(x) = 0{,}1x^5 - 0{,}2x^4 + 0{,}3x^3 - 0{,}4x^2 + 0{,}5x$

Aufgaben zum Üben und Wiederholen

10 Berechnen Sie die Wendepunkte des Graphen der Funktion f und skizzieren Sie den Graphen. Entscheiden Sie selbst, ob Sie nur mit dem GTR weiter kommen.
a) $f(x) = \frac{1}{8}x^3 \cdot (x + 4)$ b) $f(x) = x^2 + 2x - 4$ c) $f(x) = 0{,}6x^6 - x^4 - x^3 + x$

11 Skizzieren Sie jeweils den Graphen einer ganzrationalen Funktion, der die angegebenen Bedingungen erfüllt. Geben Sie möglichst einen passenden Funktionsterm an.
a) Der Graph besitzt genau einen Tiefpunkt und ist linksgekrümmt.
b) Der Graph hat genau einen Hoch- und einen Tiefpunkt und ist punktsymmetrisch zum Ursprung.
c) Der Graph hat genau einen Wendepunkt im Ursprung, ist links davon rechtsgekrümmt und rechts davon linksgekrümmt und hat keine Extrempunkte.

12 Gegeben ist die Funktion f mit $f(x) = -x^2 + 3$. Fig. 1 zeigt ihren Graphen und einen Eckpunkt P des gefärbten Rechtecks.
a) Geben Sie die Koordinaten der anderen Eckpunkte des Rechtecks an, wenn $P(u \mid 0)$ gegeben ist. Welche Werte kann u annehmen?
b) Wie lang sind die Seiten des Rechtecks? Geben Sie den Inhalt des Rechtecks in Abhängigkeit von u an. Geben Sie den Inhalt für $u = 1{,}5$ und $u = 0{,}5$ an.
c) Berechnen Sie den Wert von u, für den der Inhalt des Rechtecks maximal ist. Wie groß ist der maximale Inhalt?
d) Geben Sie den Umfang U des Rechtecks in Abhängigkeit von u an. Für welchen Wert von u wird U maximal?

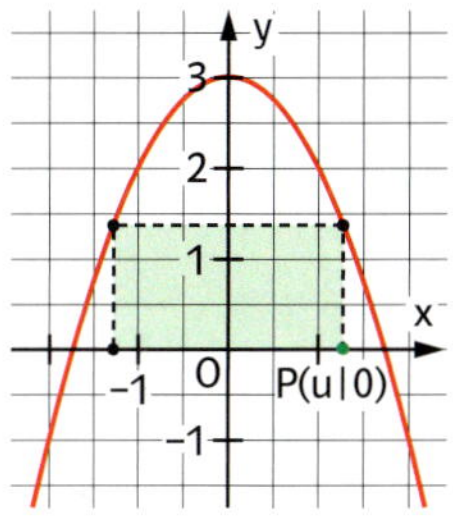

13 Gegeben sind die beiden Funktionen f mit $f(x) = x^3 - 3x + 1$ und g mit $g(x) = -x^2 + 4$.
a) Zeichnen Sie die Graphen von f und g in ein Koordinatensystem. Zeigen Sie, dass sich beide Graphen an den Stellen $-\sqrt{3}$, -1 und $\sqrt{3}$ schneiden.
b) Berechnen Sie für die Stellen $x = 0$ und $x = 1{,}5$ die Differenz $d(x) = g(x) - f(x)$ beider Funktionen. Für welchen Wert von x ist diese Differenz im Intervall $[-1; \sqrt{3}]$ maximal? Wie groß ist sie?

14 Der Graph einer Polynomfunktion dritten Grades hat den Wendepunkt $W(0 \mid 1)$ und an den Stellen -1 und 3 jeweils den Funktionswert 3.
a) Bestimmen Sie die Funktion f.
b) Berechnen Sie die Extrempunkte des Graphen.
c) Geben Sie die Intervalle an, in denen der Graph eine Linkskrümmung aufweist. Zeigen Sie, dass dort $f''(x) > 0$ ist.

15 Für welche reelle Zahl x aus dem Intervall $[0; 2]$ ist das Produkt $p(x) = x \cdot (x - 1) \cdot (x - 2)$ maximal bzw. minimal? Wie groß ist das Produkt in diesen Fällen?

16 Gegeben sind die Kostenfunktion K mit $K(x) = x^3 - 5x^2 + 11x + 5$ in $[0; 6]$, x in ME, K(x) in GE, und die Erlösfunktion E mit $E(x) = 10x$ in GE.
a) Skizzieren Sie die zugehörigen Graphen in ein Koordinatensystem.
b) Berechnen Sie das Gewinnmaximum.
c) Bestimmen Sie zeichnerisch und rechnerisch das Betriebsoptimum.
d) Geben Sie die variable Stückkostenfunktion k_v und die Grenzkostenfunktion K' an.
e) Bei welcher Produktionsmenge liegt das Minimum der variablen Kosten k_v? Welche Bezeichnung ist dafür üblich?

IV Integralrechnung

1 Deutung von Flächeninhalten und Berechnungen

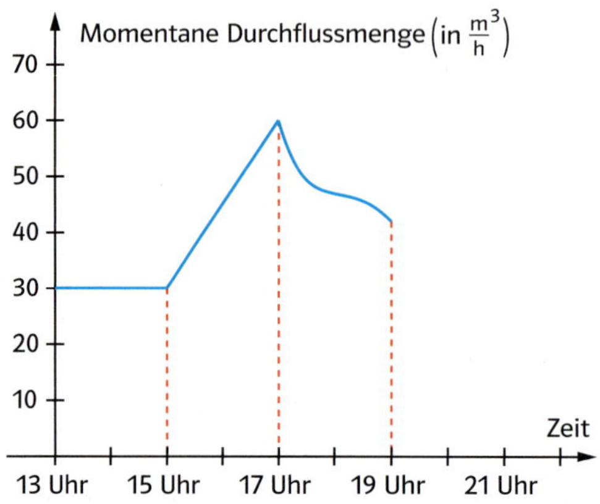

Fig. 1

1 Die Messstelle einer Ölpipeline zeigt zu jedem Zeitpunkt die momentane Durchflussmenge an (Fig. 1). Sie wird mithilfe eines im Rohr befestigten Propellers bestimmt.
a) Wie viel Erdöl floss zwischen 13 Uhr und 15 Uhr durch die Pipeline? Wie lässt sich dieses Ergebnis in Fig. 1 veranschaulichen?
b) Bearbeiten Sie die Fragen aus a) für die Zeitspanne von 15 Uhr bis 17 Uhr.
c) Auch für den Zeitraum von 17 Uhr bis 19 Uhr soll die geförderte Ölmenge veranschaulicht werden. Stellen Sie eine Vermutung auf.

Im bisherigen Gang der Analysis war die Ableitung ein zentraler Begriff, mit deren Hilfe man die momentane Änderungsrate einer Größe bestimmen konnte. Im Folgenden wird umgekehrt von der momentanen Änderungsrate einer Größe auf die Gesamtänderung der Größe geschlossen, d.h. von der Ableitung f′ auf die Funktion f.

Im Kamin eines Kraftwerks wird ständig die in der Abluft enthaltene Menge eines Schadstoffs gemessen. Fig. 2 zeigt ein dazugehöriges Messdiagramm. Aus einem solchen Diagramm kann man die Gesamtmenge des ausgetretenen Schadstoffs bestimmen.

Momentane Änderungsrate ist ein Oberbegriff für z.B.
momentane Durchflussmenge,
momentaner Schadstoffausstoß,
Momentangeschwindigkeit,
momentane Wachstumsrate,
momentane Abflussmenge

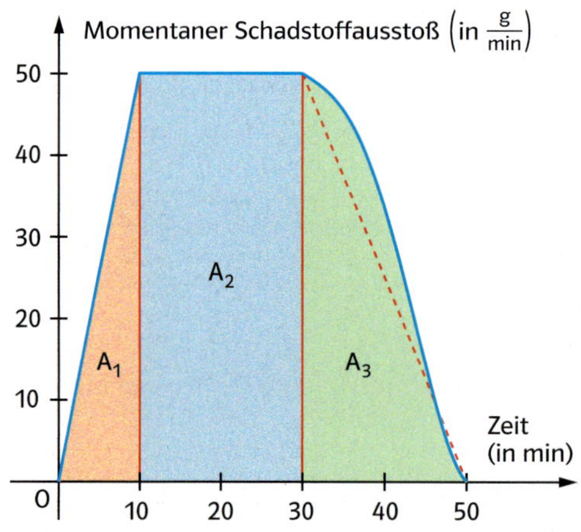

Fig. 2

Am einfachsten erhält man die im Zeitraum von 10 min bis 30 min entwichene Schadstoffmenge M_2 (in g):

$$M_2 = 20 \cdot 50 = 1000.$$

Dies entspricht dem Flächeninhalt A_2.
Die im Zeitraum von 0 min bis 10 min ausgetretene Menge M_1 ist die gleiche, die bei einem zehnminütigen konstanten Schadstoffausstoß von $25\,\frac{g}{min}$ zusammengekommen wäre.
Für M_1 (in g) gilt: $M_1 = 10 \cdot 25 = 250$.
Dies entspricht dem Flächeninhalt A_1.
Es liegt die Vermutung nahe, dass die gesuchte Schadstoffmenge dem Inhalt der unter der Kurve liegenden Fläche entspricht.
Somit kann man die zwischen 30 min und 50 min ausgetretene Schadstoffmenge bestimmen, indem man A_3 berechnet. Nähert man den Graphen durch ein Geradenstück an, ergibt sich für M_3 (in g) näherungsweise: $M_3 \approx 20 \cdot 25 = 500$.

Kennt man die momentane Änderungsrate einer Größe, so kann man die Gesamtänderung der Größe (Wirkung) als Flächeninhalt unter einer Kurve deuten. Deshalb sucht man nach Methoden zur Bestimmung solcher Flächeninhalte.

Es gibt Funktionen, bei denen die Berechnung des Flächeninhalts zwischen der Kurve und der x-Achse über [a; b] kein Problem darstellt, nämlich bei Parallelen zur x-Achse und bei Geraden.

(1) $f(x) = 2$ (Fig. 1)
Der Inhalt zwischen dem Graphen und der x-Achse über [0; 3] ist Inhalt eines Rechtecks:
$A_0(3) = 3 \cdot 2 = 6$.
Der Inhalt der Fläche über [0; x] ist entsprechend $A_0(x) = 2x$.
Demnach ist Inhalt der Fläche über [1; 3]:
$A_1(3) = A_0(3) - A_0(1) = 2 \cdot 3 - 2 \cdot 1 = 4$.
Allgemein ist der Inhalt über [a; b]:
$A_a(b) = A_0(b) - A_0(a) = 2b - 2a$.

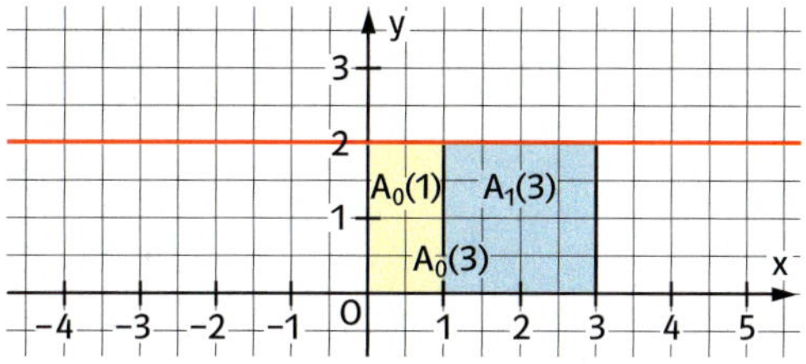

Fig. 1

(2) $f(x) = x$ (Fig. 2)
Der Inhalt zwischen dem Graphen und der x-Achse über [0; 3] ist Inhalt eines Dreiecks:
$A_0(3) = \frac{1}{2} \cdot (3 \cdot 3) = \frac{9}{2}$.
Der Inhalt der Fläche über [0; x] ist entsprechend $A_0(x) = \frac{1}{2} \cdot (x \cdot x) = \frac{1}{2}x^2$.
Demnach ist der Inhalt der Fläche über [1; 3]:
$A_1(3) = A_0(3) - A_0(1) = \frac{1}{2} \cdot 3^2 - \frac{1}{2} \cdot 1^2 = 4$.
Allgemein ist der Inhalt über [a; b]:
$A_a(b) = A_0(b) - A_0(a) = \frac{1}{2}b^2 - \frac{1}{2}a^2$.

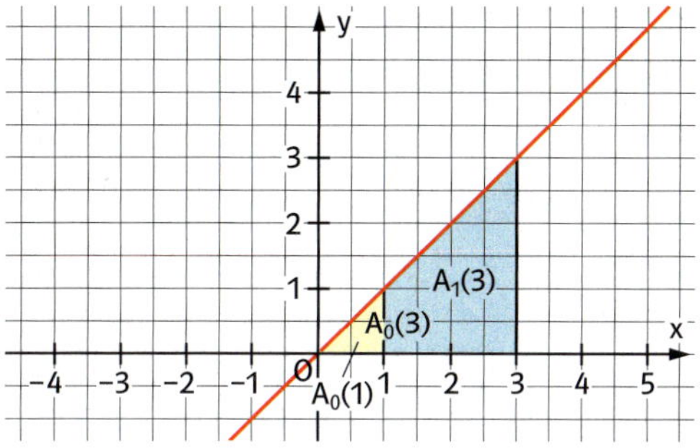

Fig. 2

Betrachtet man die Funktion $f(x) = x^2$ (Fig. 3), so ist die Berechnung des Flächeninhalts über dem Intervall [0; 2] nicht so einfach möglich. Würde man jedoch den Inhalt $A_0(x)$ kennen, so könnte man andere Inhalte wie $A_a(b)$ daraus berechnen: $A_a(b) = A_0(b) - A_0(a)$.

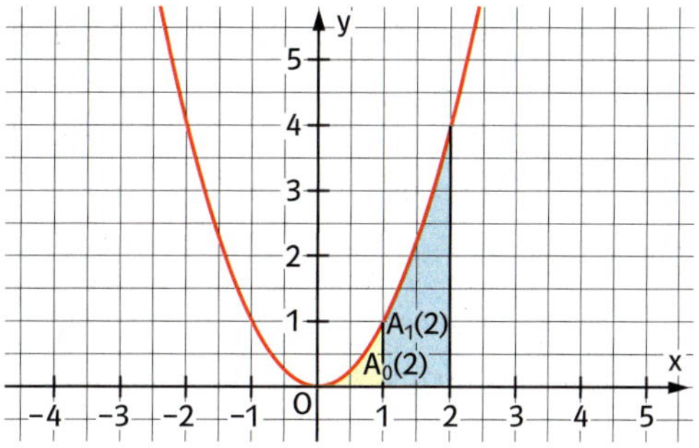

Fig. 3

Man kann also aus dem Inhalt $A_0(x)$ offensichtlich alle anderen Inhalte berechnen!

Die Berechnung des Inhalts über [0; 1] zeigen Fig. 4 bis 6: Dabei ist [0; 1] in 5 gleich lange Intervalle aufgeteilt. Über jedem Teilintervall wird ein Rechteck errichtet, dessen Höhe mit dem Funktionswert am linken Intervallrand übereinstimmt und das unterhalb der Kurve liegt. Der Flächeninhalt all dieser Rechtecke bildet die „Untersumme". Analog wird die „Obersumme" bestimmt.

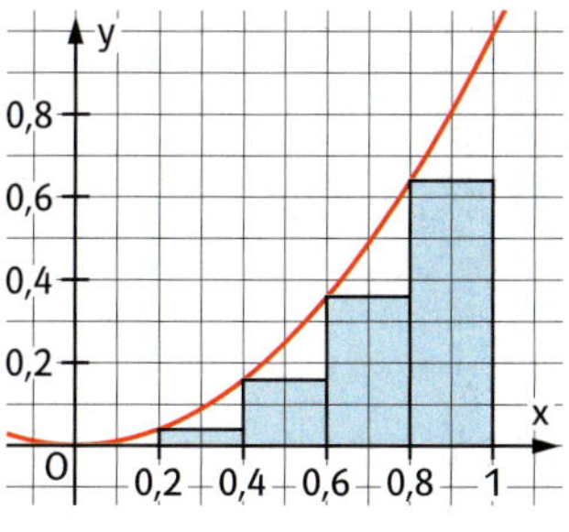
Fig. 4

Untersumme zu klein:
$U_5 = \frac{1}{5} \cdot f\left(\frac{1}{5}\right) + \frac{1}{5} \cdot f\left(\frac{2}{5}\right) + \ldots + \frac{1}{5} \cdot f\left(\frac{4}{5}\right) = \frac{6}{25}$

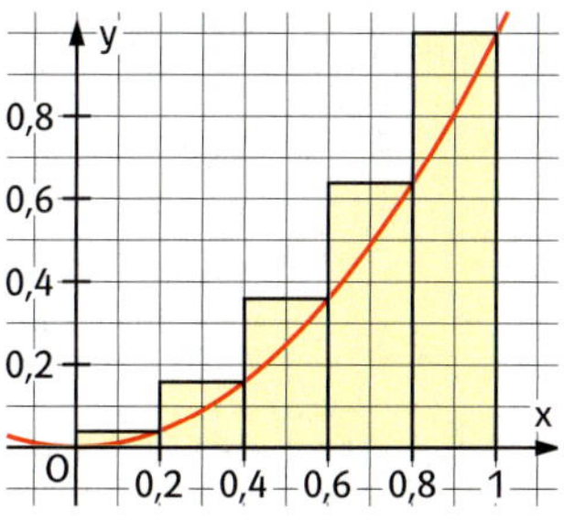
Fig. 5

Obersumme zu groß:
$O_5 = \frac{1}{5} \cdot f\left(\frac{1}{5}\right) + \frac{1}{5} \cdot f\left(\frac{2}{5}\right) + \ldots + \frac{1}{5} \cdot f\left(\frac{5}{5}\right) = \frac{11}{25}$

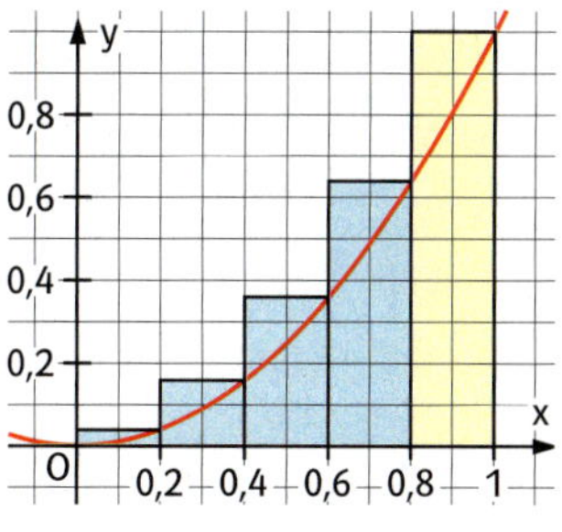
Fig. 6

Es gilt: $U_5 \leqq A_0(1) \leqq O_5$
mit $O_5 - U_5 = \frac{5}{25}$

Beachten Sie, dass gilt:
$f\left(\frac{1}{5}\right) = \left(\frac{1}{5}\right)^2 = \frac{1}{25}$,
$f\left(\frac{2}{5}\right) = \left(\frac{2}{5}\right)^2 = \frac{4}{25}$,
$f\left(\frac{3}{5}\right) = \left(\frac{3}{5}\right)^2 = \frac{9}{25}$,
$f\left(\frac{4}{5}\right) = \left(\frac{4}{5}\right)^2 = \frac{16}{25}$,
$f\left(\frac{5}{5}\right) = \left(\frac{5}{5}\right)^2 = \frac{25}{25} = 1$.

$f\left(\frac{1}{10}\right) = \left(\frac{1}{10}\right)^2 = \frac{1}{100}$,
$f\left(\frac{2}{10}\right) = \left(\frac{2}{10}\right)^2 = \frac{4}{100}$,
$f\left(\frac{3}{10}\right) = \left(\frac{3}{10}\right)^2 = \frac{9}{100}$,
...
$f\left(\frac{9}{10}\right) = \left(\frac{9}{10}\right)^2 = \frac{81}{100}$,
$f\left(\frac{10}{10}\right) = 1^2 = 1$.

Nimmt man eine Aufteilung von [0;1] in 10 Teilintervalle vor, so erkennt man aus Fig. 1 bis Fig 3, dass eine deutliche Verbesserung auftritt. Bei der so genannten Untersumme kommen die dunkelblauen Rechtecke hinzu, bei der Obersumme kommen die dunkelgelben Rechtecke weg.

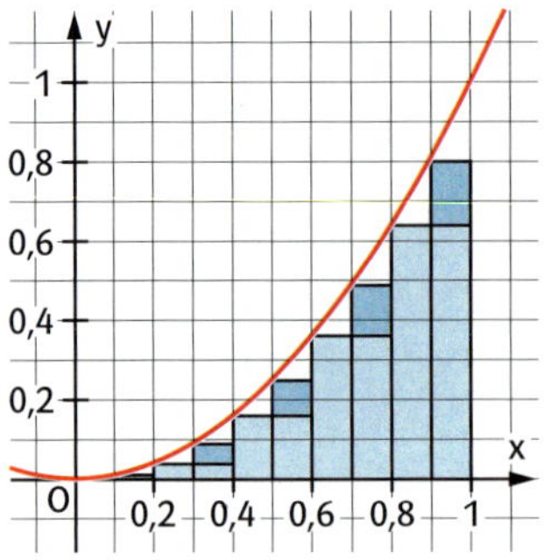
Fig. 1

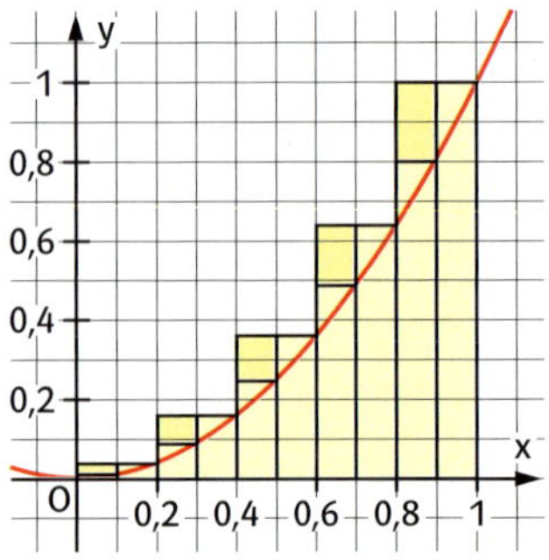
Fig. 2

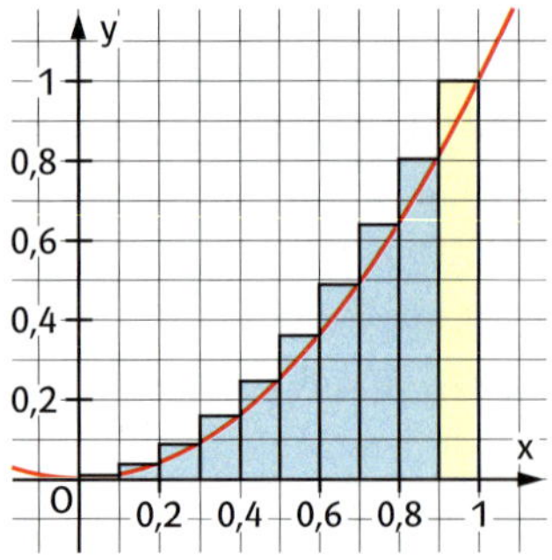
Fig. 3

Untersumme (zu klein):
$U_{10} = \frac{1}{10} \cdot f\left(\frac{1}{10}\right) + \frac{1}{10} \cdot f\left(\frac{2}{10}\right) + \ldots + \frac{1}{10} \cdot f\left(\frac{9}{10}\right) = \frac{57}{200}$

Obersumme (zu groß):
$O_{10} = \frac{1}{10} \cdot f\left(\frac{1}{10}\right) + \frac{1}{10} \cdot f\left(\frac{2}{10}\right) + \ldots + \frac{1}{10} \cdot f\left(\frac{10}{10}\right) = \frac{77}{200}$

Es gilt: $U_{10} \leqq A_0(1) \leqq O_{10}$
mit $O_{10} - U_{10} = \frac{20}{200} = 0{,}1$

Die Tabelle zeigt, wie bei stets größer werdendem n die Inhalte aussehen:

Eine derartige Tabelle kann man mithilfe einer Tabellenkalkulation selbst erstellen.

n	100	1000	10 000	100 000	1 000 000	10^9
U_n	0,32835	0,3328335	0,333283335	0,333328333	0,333332833	0,333333333
O_n	0,33835	0,3338335	0,333383335	0,333338333	0,333333833	0,333333333
$O_n - U_n$	0,01	0,001	0,0001	0,00001	0,000001	0,000000001

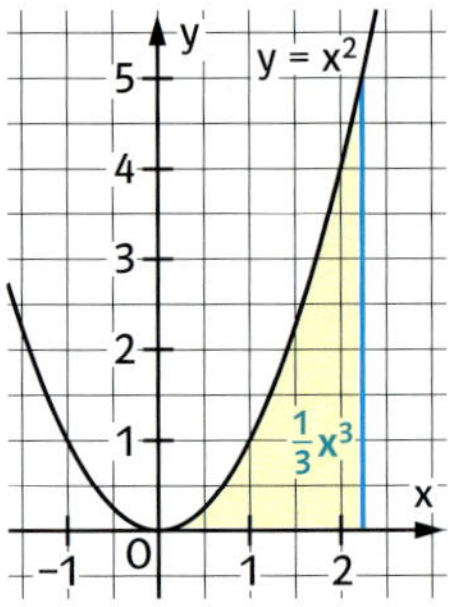

Man erkennt, dass der „Inhalt" unter der Parabel zwischen 0 und 1 den Wert $\frac{1}{3}$ annehmen wird, sofern die Anzahl der Teilintervalle gegen unendlich geht. Damit ist $A_0(1) = \frac{1}{3}$.
Man kann entsprechend zeigen, dass $A_0(x) = \frac{1}{3}x^3$ ist.
Demnach ist $A_1(2) = A_0(2) - A_0(1) = \frac{1}{3} \cdot 2^3 - \frac{1}{3} \cdot 1^3 = \frac{8}{3} - \frac{1}{3} = \frac{7}{3}$.
Allgemein ist dann $A_a(b) = A_0(b) - A_0(a) = \frac{1}{3} \cdot b^3 - \frac{1}{3} \cdot a^3$.

Da sowohl Untersumme wie Obersumme gegen den gesuchten Inhalt streben, kann man sich auf eine der beiden Summen beschränken. Man kann damit festhalten:

Zur Ermittlung des Inhaltes A der Fläche zwischen dem Graphen von f und der x-Achse über dem Intervall [a; b] geht man so vor:

1. Man unterteilt das Intervall [a; b] in n Teilintervalle der Breite $h = \frac{b-a}{n}$.
2. Aus jedem Teilintervall wählt man eine Stelle x_i für $i = 1, 2, \ldots, n$ und berechnet den zugehörigen Funktionswert $f(x_i)$.
3. Man berechnet die **Zerlegungssumme** $S_n = h \cdot f(x_1) + h \cdot f(x_2) + \ldots + h \cdot f(x_n)$ in Abhängigkeit von n. Damit erhält man einen Näherungswert für den Inhalt der Fläche.
4. Man ermittelt den Grenzwert der Zerlegungssumme S_n für $n \to \infty$.

Für den Inhalt $A_0(x)$ der Fläche zwischen dem Graphen von f und der x-Achse über [0; x] mit x > 0 gilt:

(1) $f(x) = 2$: $A_0(x) = 2x$
(2) $f(x) = x$: $A_0(x) = \frac{1}{2}x^2$
(3) $f(x) = x^2$: $A_0(x) = \frac{1}{3}x^3$.

Beispiel Näherungsweise Berechnung eines Flächeninhalts

Gegeben ist die Funktion f mit $f(x) = -0{,}1x^2 + 4$. Berechnen Sie näherungsweise den Inhalt A der Fläche zwischen dem Graphen von f und der x-Achse über [0; 4].

Es soll dazu das Intervall [0; 4] in acht gleich lange Teilintervalle zerlegt werden.

Lösung:

Durch die Aufteilung von [0; 4] in acht Intervalle ist die Breite eines Rechtecks $h = \frac{4-0}{8} = 0{,}5$.

Wählt man aus jedem Intervall den Funktionswert in der Mitte als Höhe des Rechtecks, so erhält man folgende Tabelle:

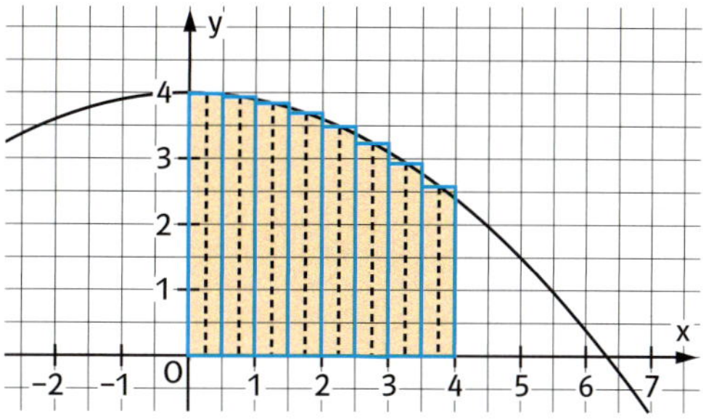

Fig. 1

x_i	0,25	0,75	1,25	1,75	2,25	2,75	3,25	3,75
$f(x_i)$	3,99375	3,94375	3,84375	3,69375	3,49375	3,24375	2,94375	2,59375

Der Wert liegt sehr nahe am exakten Wert von 13,8666666…

Für die Zerlegungssumme ergibt sich:

$S_8 = 0{,}5 \cdot (3{,}99375 + 3{,}94375 + 3{,}84375 + 3{,}69375 + 3{,}49375 + 3{,}24375 + 2{,}94375 + 2{,}59375)$

$= 0{,}5 \cdot 27{,}75 = 13{,}875.$

Aufgaben

2 a) Berechnen Sie in Fig. 2 die von 16 Uhr bis 18 Uhr zurückgelegte Strecke s.

b) Bestimmen Sie in Fig. 3 näherungsweise die von 7 Uhr bis 9 Uhr zurückgelegte Strecke s.

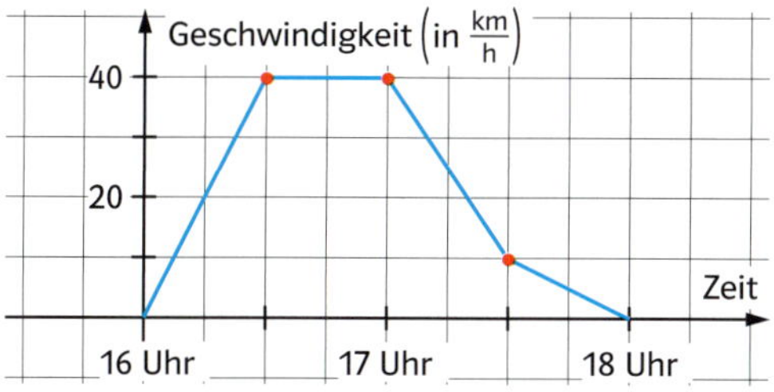

Fig. 2

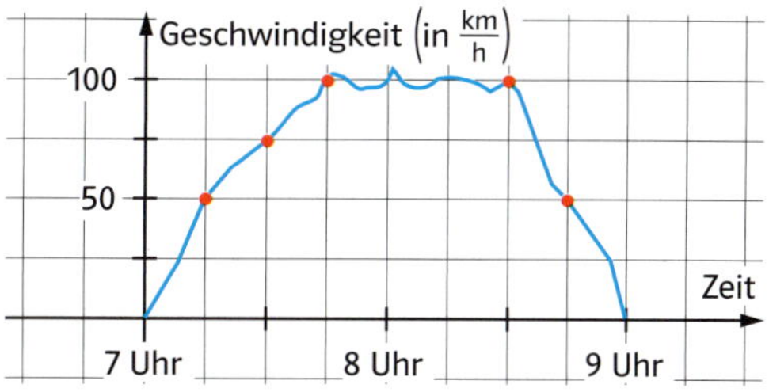

Fig. 3

3 Schätzen Sie den Inhalt der Fläche zwischen dem Graphen von f und der x-Achse über [0; 4] mithilfe einer Zerlegung des Intervalls [0; 4] in acht gleich große Teilintervalle ab, über denen jeweils ein Rechteck errichtet wird. Verwenden Sie als Rechteckshöhe jeweils den Funktionswert am linken Rand jedes Teilintervalls.

a) $f(x) = 0{,}25x^2 + 2$

b) $f(x) = -0{,}2x^2 + 4$

4 Berechnen Sie den Inhalt der gefärbten Fläche mithilfe von $A_0(x) = \frac{1}{3}x^3$.

a)

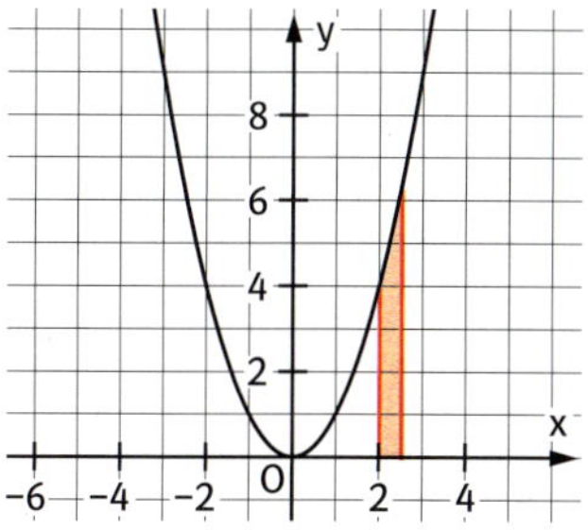

b)

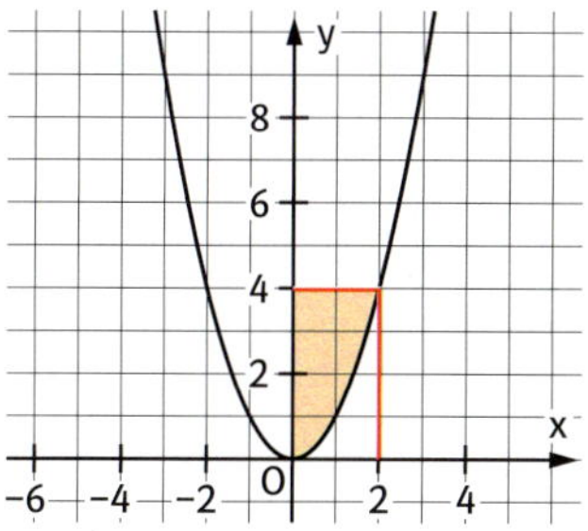

c)

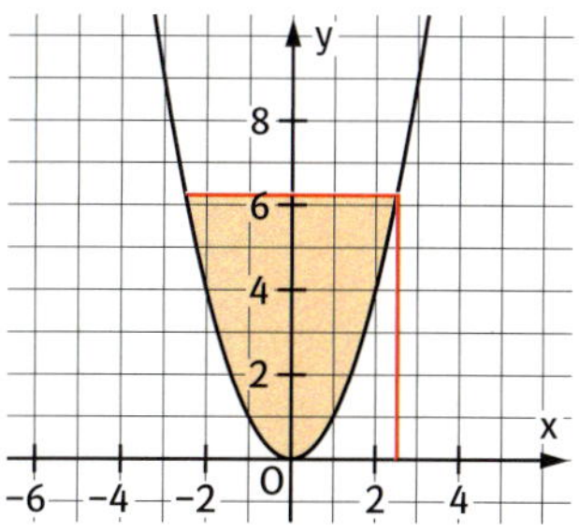

2 Integral und Integralfunktion

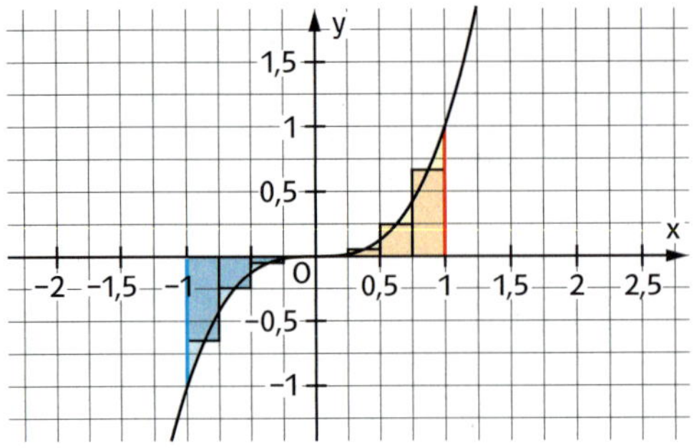

Fig. 1

1 Fig. 1 zeigt den Graphen der Funktion f mit $f(x) = x^3$.

a) Teilen Sie das Intervall [0; 1] in vier gleiche Teile und bilden Sie die Summe der vier Rechtecke:

$S_4 = 0{,}25 \cdot \left(f\left(\frac{1}{8}\right) + f\left(\frac{3}{8}\right) + f\left(\frac{5}{8}\right) + f\left(\frac{7}{8}\right)\right)$

b) Bilden Sie entsprechend die Summe über den blauen Teil, also über das Intervall [−1; 0]:

$S_4^* = 0{,}25 \cdot \left(f\left(-\frac{1}{8}\right) + f\left(-\frac{3}{8}\right) + f\left(-\frac{5}{8}\right) + f\left(-\frac{7}{8}\right)\right)$

Erklären Sie den Unterschied.

Für die Bestimmung des Flächeninhalts unter dem Graphen einer Funktion f über dem Intervall [a; b] wurde bisher $f(x) \geqq 0$ vorausgesetzt. Im Folgenden wird auch $f(x) < 0$ zugelassen.

Bei der Bildung von Zerlegungssummen $S_n = h \cdot f(x_1) + h \cdot f(x_2) + \ldots + h \cdot f(x_n)$, $h = \frac{b-a}{n}$, haben die Summanden $h \cdot f(x)$ positives Vorzeichen für $f(x) > 0$ und negatives Vorzeichen für $f(x) < 0$.
In Fig. 2 ist damit
$h \cdot f(x_1) + h \cdot f(x_2) + h \cdot f(x_3)$ positiv,
$h \cdot f(x_4) + h \cdot f(x_5)$ negativ.
Damit ist im Grenzfall $\lim\limits_{n \to \infty} S_n = A_1 - A_2$, wobei A_1 der Inhalt zwischen dem Graphen von f über [1,5; 3] und A_2 der Inhalt zwischen dem Graphen von f und der x-Achse über [3; 4] ist.

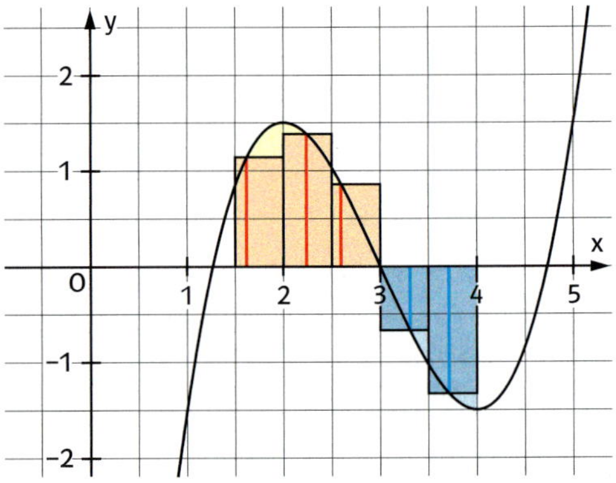

Fig. 2

Die Integralschreibweise wurde von Gottfried Wilhelm Leibniz (1646 – 1716) eingeführt.
Das Zeichen ∫ ist aus einem S (von summa) entstanden; dx steht für die immer kleiner werdenden Intervalle.

Ist f eine Funktion auf dem Intervall [a; b]. Dann heißt der Grenzwert über S_n für n gegen unendlich:
$S_n = h \cdot f(x_1) + h \cdot f(x_2) + \ldots + h \cdot f(x_n)$ mit $h = \frac{b-a}{n}$,
das **Integral der Funktion f** zwischen den Grenzen a und b.
Man schreibt dafür: $\lim\limits_{n \to \infty} S_n = \int_a^b f(x)\,dx$

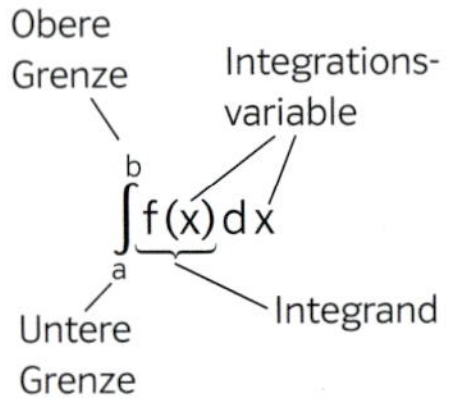

Im Ausdruck $\int_a^b f(x)\,dx$ wird für f(x) auch die Bezeichnung „**Integrand**" und für x die Bezeichnung „**Integrationsvariable**" verwendet. Die Grenzen a und b heißen **untere** und **obere Integrationsgrenze**. Da z. B. f mit $f(x) = x^2$ bzw. $f(t) = t^2$ dieselbe Funktion bezeichnet, gilt $\int_a^b f(x)\,dx = \int_a^b f(t)\,dt$.

Integrale mit fester unterer Grenze, wie z. B. $\int_0^2 x^2\,dx$ und $\int_0^3 x^2\,dx$, kann man als Funktion auffassen, wenn die obere Grenze variabel ist.

Um deutlich zu machen, dass bei der Funktion $b \mapsto \int_0^b x^2\,dx$ die obere Grenze die Variable ist, schreibt man statt $\int_0^b x^2\,dx$ auch $\int_0^x t^2\,dt$.

Die Funktion f sei in einem Intervall I gegeben. Dann heißt die Funktion $J_a(x) = \int_a^x f(t)\,dt$ **Integralfunktion** von f zur unteren Grenze a.
Es gilt für f mit

a) $f(x) = x$: $J_0(x) = \int_0^x t\,dt = \frac{1}{2}x^2$ b) $f(x) = x^2$: $J_0(x) = \int_0^x t^2\,dt = \frac{1}{3}x^3$

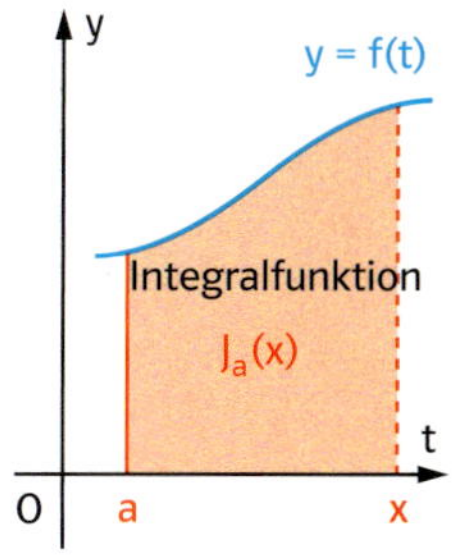

Beispiel Deutung und Berechnung eines Integrals
Deuten Sie das Integral als Flächeninhalt. Berechnen Sie das Integral.

a) $\int_0^2 x^2\,dx$ b) $\int_{-1}^0 -2\,dx$ c) $\int_{-2}^1 0{,}5x\,dx$

Lösung:

a)

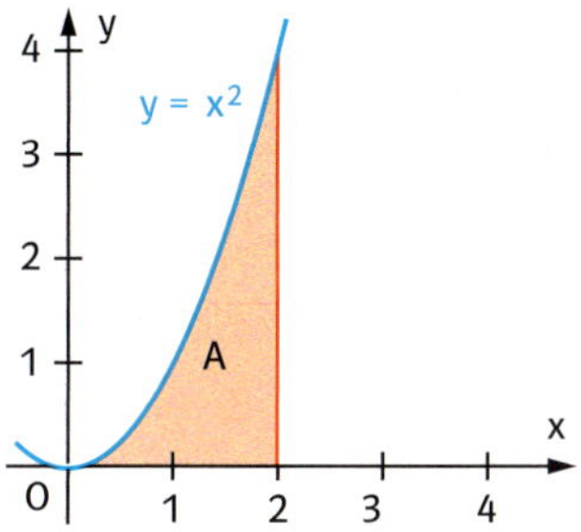

$\int_0^2 x^2\,dx = A = \frac{1}{3} \cdot 2^3 = \frac{8}{3}$

b)

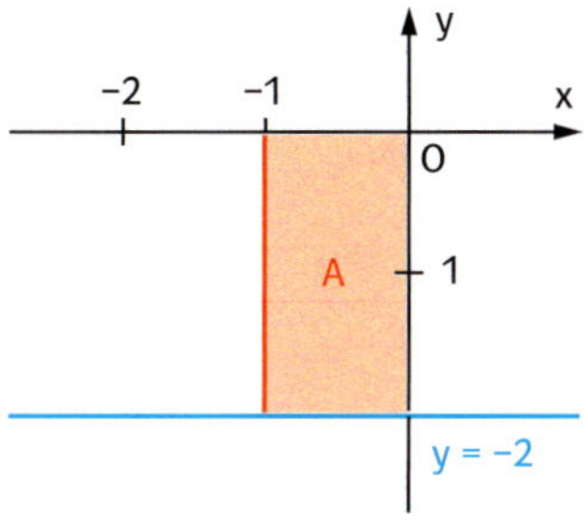

$\int_{-1}^0 -2\,dx = -A = -2$

c)

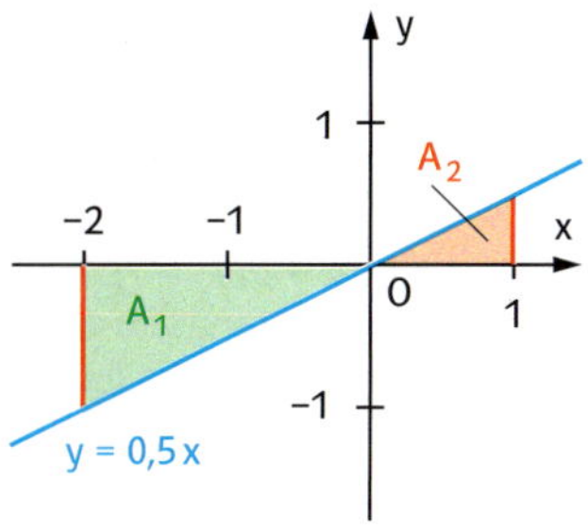

$\int_{-2}^1 0{,}5x\,dx = -A_1 + A_2$
$= -\left(\frac{1}{2} \cdot 2 \cdot 1\right) + \frac{1}{2} \cdot 1 \cdot \frac{1}{2} = -0{,}75$

Aufgaben

2 Schreiben Sie den gefärbten Teil als Integral und berechnen Sie den Wert des Integrals.

a)

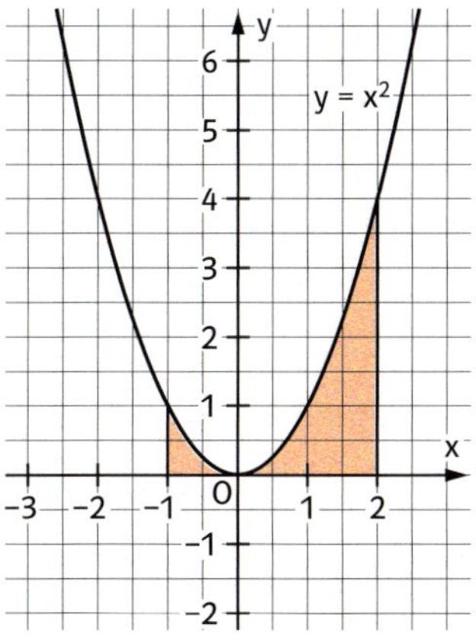

b)

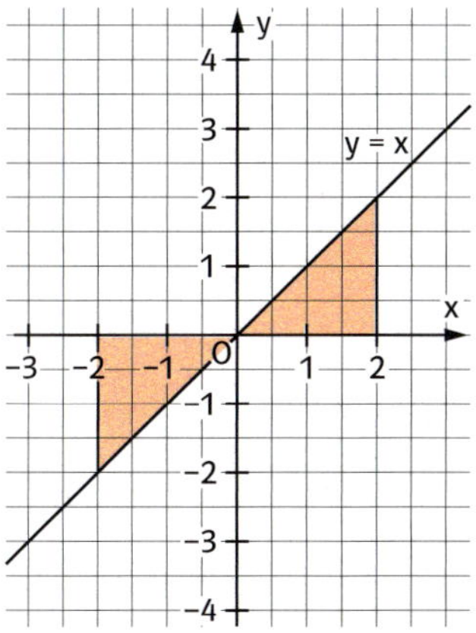

c)

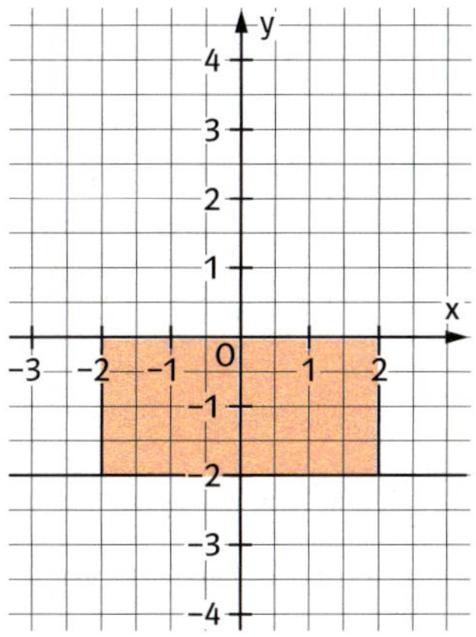

3 Zeichnen Sie den Graphen der Funktion f und bestimmen Sie den Funktionsterm der Integralfunktion J_a von f zur unteren Grenze a. Berechnen Sie dazu die Inhalte geeigneter Dreiecke, Rechtecke, usw.

a) $f(x) = 1$; $a = 1$ b) $f(x) = 3x$; $a = 0$ c) $f(x) = 2x - 2$; $a = 4$
d) $f(x) = -x$; $a = 0$ e) $f(x) = 4$; $a = 0$ f) $f(x) = 0{,}5x + 1$; $a = -2$

3 Integral- und Stammfunktion – Hauptsatz

1 Geben Sie eine Funktion F an, so dass gilt
a) $F'(x) = x$ b) $F'(x) = 2x$ c) $F'(x) = x^2$ d) $F'(x) = x^2 + x + 1$.

2 a) Geben Sie zur Funktion f mit $f(x) = x$ die Integralfunktionen J_0, J_1 und J_2 an.
b) Welcher Zusammenhang besteht zwischen jeder dieser Integralfunktionen und der Funktion f?

f(x)	2	x	x^2	x + 1
$J_0(x)$	2x	$\frac{1}{2}x^2$	$\frac{1}{3}x^3$	$\frac{1}{2}x^2 + x$
$J_1(x)$	2x − 2	$\frac{1}{2}x^2 - \frac{1}{2}$	$\frac{1}{3}x^3 - \frac{1}{3}$	$\frac{1}{2}x^2 + x - \frac{3}{2}$

Fig. 1

Die Tabelle enthält für einige Funktionen die Integralfunktionen J_0 und J_1 von f.
Vergleicht man f mit J_0 bzw. J_1, so gilt für die aufgeführten Beispiele: f ist die Ableitungsfunktion der Integralfunktion J_0 bzw. J_1 von f.

Dieser Sachverhalt führt auf die Vermutung, dass man eine Integralfunktion J_a von f erhalten kann, indem man eine Funktion F mit $F'(x) = f(x)$ sucht.

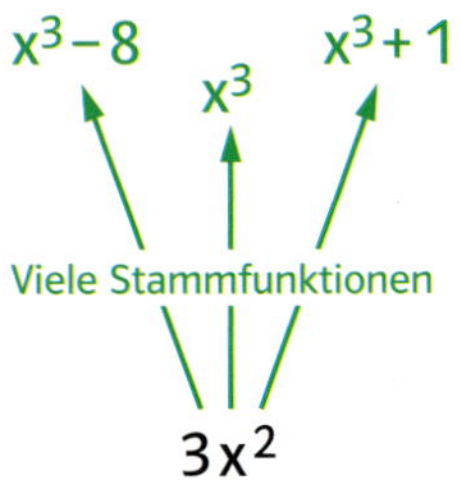

Gegeben sei eine auf einem Intervall I definierte Funktion f. Eine Funktion F heißt **Stammfunktion** von f im Intervall I, wenn für alle $x \in I$ gilt:

$$\mathbf{F'(x) = f(x).}$$

Hat man eine Stammfunktion von $f(x) = x^2$ gefunden, z.B. $F(x) = \frac{1}{3}x^3$, so erhält man daraus durch Addition einer Zahl eine weitere Stammfunktion $F(x) = \frac{1}{3}x^3 + 3$, da auch in diesem Fall $F'(x) = x^2$ ist.

So findet man zu einer Potenzfunktion eine Stammfunktion:
1. Hochzahl plus 1
2. Mit dem Kehrwert der neuen Hochzahl multiplizieren.

So ist $F(x) = \frac{1}{3}x^3$ eine Stammfunktion von $f(x) = x^2$, da $F'(x) = \frac{1}{3} \cdot 3x^2 = x^2$ ist. Entsprechend ist $F(x) = \frac{1}{4}x^4$ eine Stammfunktion von $f(x) = x^3$, da $F'(x) = \frac{1}{4} \cdot 4x^3 = x^3$ ist.
$F(x) = \frac{1}{n+1}x^{n+1}$ ist eine Stammfunktion von $f(x) = x^n$, da $F'(x) = \frac{1}{n+1} \cdot (n+1)x^{(n+1)-1} = x^n$ gilt.

Entsprechend ist $F(x) = x^2 + x$ eine Stammfunktion von $f(x) = 2x + 1$, da $F'(x) = 2x + 1$ ist, und eine Stammfunktion zu $f(x) = 8x^3$ ist die Funktion $F(x) = 2x^4$, da $F'(x) = 2 \cdot 4x^3 = 8x^3$ ist.

Eine Stammfunktion der Potenzfunktionen $f(x) = x^n$ ist $F(x) = \frac{1}{n+1}x^{n+1}$ für n = 0; 1; 2; …;
insbesondere hat $f(x) = 0$ die Stammfunktion $F(x) = c$; c ist eine Konstante.

Es wird $f(x) > 0$ vorausgesetzt.

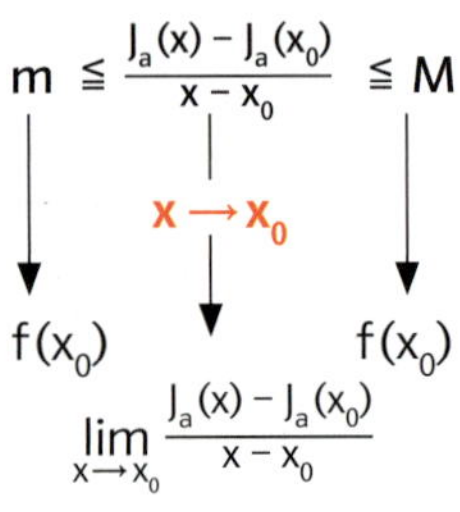

Es soll nun plausibel gemacht werden, dass gilt $J_a'(x) = f(x)$, d.h., die Integralfunktion ist eine Stammfunktion von f.
Für den Inhalt der gelben Fläche gilt, wenn m das Minimum, M das Maximum von f(x) in $[x; x_0]$ ist:
$m \cdot (x - x_0) \leq J_a(x) - J_a(x_0) \leq M \cdot (x - x_0)$,
Dividiert man durch $x - x_0 > 0$, so erhält man

$$m \leq \frac{J_a(x) - J_a(x_0)}{x - x_0} \leq M.$$

Strebt nun $x \to x_0$, so gilt also

$$J_a'(x_0) = \lim_{x \to x_0} \frac{J_a(x) - J_a(x_0)}{x - x_0} = f(x_0).$$

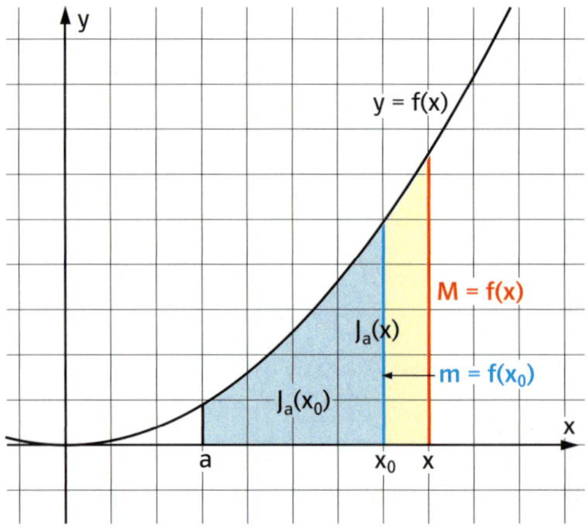

Damit ist nachgewiesen, dass eine Integralfunktion $J_a(x)$ von f eine Stammfunktion von f ist, d.h. $J_a(x) = F(x) + c$. Da $J_a(a) = \int_a^a f(t)\,dt = 0$ ist, bedeutet dies $J_a(a) = F(a) + c = 0$, also ist $c = -F(a)$.
Damit gilt $J_a(x) = F(x) - F(a)$.

Hauptsatz der Differenzial- und Integralrechnung:
Die Funktion f sei auf dem Intervall I definiert. Ist F eine beliebige Stammfunktion von f in I, dann gilt für $a \in I$ und $b \in I$:

$$\int_a^b f(x)\,dx = F(b) - F(a).$$

Der Zusammenhang von Differenzial- und Integralrechnung ist im Hauptsatz niedergelegt. Der Hauptsatz ist eine der bedeutenden geistigen Leistungen des 17. Jahrhunderts und gehört zu den großen mathematischen Entdeckungen.

Statt $F(b) - F(a)$ schreibt man auch $[F(x)]_a^b$; es ist dann $\int_a^b f(x)\,dx = [F(x)]_a^b$

Ist m eine momentane Änderungsrate einer Größe G, dann kann man mithilfe des Hauptsatzes die Gesamtänderung der Größe G berechnen.
Ist z.B. die Momentangeschwindigkeit v eines Autos im Zeitraum zwischen 10 s und 30 s nach Fahrtbeginn bekannt, so erhält man mit dem Integral die in diesem Zeitraum zurückgelegte Streckenlänge $s(30) - s(10) = \int_{10}^{30} v(t)\,dt$. Um die gesamte Fahrstrecke $s(30)$ zu erhalten, muss die nach 10 s bereits zurückgelegte Strecke $s(10)$ addiert werden. Es gilt damit
$s(30) = s(10) + \int_{10}^{30} v(t)\,dt$.

Beispiel 1 Bestimmung einer Stammfunktion
Geben Sie eine Stammfunktion von f an.
a) $f(x) = x^3$ b) $f(x) = x^{10} + x$ c) $f(x) = 5x^5 + 2x + 1$ d) $f(x) = \frac{1}{2}x^6 + 4$
Lösung:
a) $F(x) = \frac{1}{4}x^4$ b) $F(x) = \frac{1}{11}x^{11} + \frac{1}{2}x^2$ c) $F(x) = \frac{5}{6}x^6 + x^2 + x$ d) $F(x) = \frac{1}{14}x^7 + 4x$

Beispiel 2 Bestimmung einer Stammfunktion mit einer gegebenen Eigenschaft
Geben Sie eine Stammfunktion von f an, die durch den Punkt $P(a\,|\,b)$ verläuft.
a) $f(x) = x^2 + 4x$; $P(2\,|\,0)$
b) $f(x) = 2x^3 + 2x + 1$; $P(1\,|\,1)$
Lösung:
a) $F(x) = \frac{1}{3}x^3 + 2x^2 + c$ ist eine allgemeine Stammfunktion von f.
Bedingung: $F(2) = 0$, also $\frac{1}{3}\cdot 2^3 + 2\cdot 2^2 + c = 0$, d.h. $\frac{8}{3} + 8 + c = 0$, also $c = -\frac{32}{3}$.
Gesuchte Stammfunktion: $F(x) = \frac{1}{3}x^3 + 2x^2 - \frac{32}{3}$.
b) $F(x) = \frac{1}{2}x^4 + x^2 + x + c$ ist eine allgemeine Stammfunktion von f.
Bedingung: $F(1) = 1$, also $\frac{1}{2}\cdot 1^4 + 1^2 + 1 + c = 1$, d.h. $\frac{5}{2} + c = 1$, also $c = -\frac{3}{2}$.
Gesuchte Stammfunktion: $F(x) = \frac{1}{2}x^4 + x^2 + x - \frac{3}{2}$.

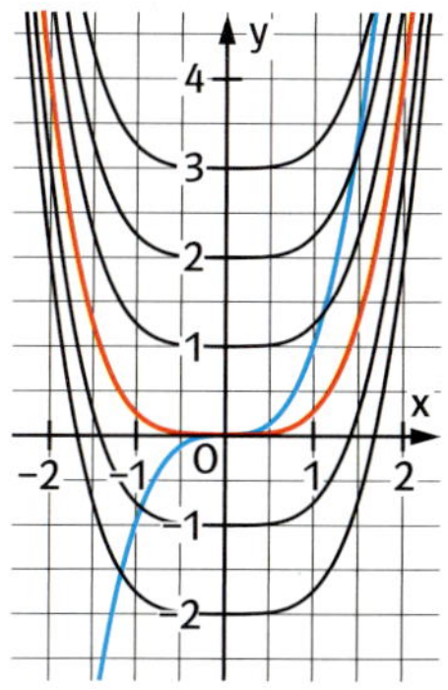

Fig. 1

Fig. 1 zeigt die Graphen von Stammfunktionen der Funktion f mit $f(x) = x^3$.
Alle Graphen der Funktionen F mit $F(x) = \frac{1}{4}x^4 + c$ entstehen aus $F(x) = \frac{1}{4}x^4$ durch Verschieben in y-Richtung um c.

Beispiel 3 Bestimmung eines Integrals
Berechnen Sie $\int_0^1 (2 + 5x^4)\,dx$.
Lösung:
$\int_0^1 (2 + 5x^4)\,dx = [2x + x^5]_0^1 = (2\cdot 1 + 1^5) - (2\cdot 0 + 0^5) = 3$.

Beispiel 4 Berechnung einer Größe aus ihrer momentanen Änderungsrate

Für eine Modellrechnung wird die Wachstumsgeschwindigkeit w(t) (in $\frac{\text{cm}}{\text{Tag}}$) einer zu Beginn 20 cm langen Wildrebe während der ersten 100 Tage in Abhängigkeit von ihrem Alter t (in Tagen) durch $w(t) = 0{,}001 \cdot t^2$ beschrieben. Berechnen Sie die Länge der Pflanze nach 100 Tagen.

Lösung:

Die Gesamtänderung (den Längenzuwachs) L(100) − L(0) erhält man mit dem Integral:

$$\int_0^{100} (0{,}001 \cdot t^2)\,dt = \left[\frac{0{,}001}{3} \cdot t^3\right]_0^{100} = \frac{1000}{3} - 0 \approx 333.$$

Die Länge nach 100 Tagen beträgt 333 cm + 20 cm = 353 cm.

Beispiel 5 Berechnung eines Integrals mit dem GTR

Gegeben ist die Funktion f mit $f(x) = 0{,}5x^4 + 0{,}4x^3 - 0{,}7x + 0{,}4$.

Bestimmen Sie mit dem GTR das Integral $\int_{-1}^{1} f(x)\,dx$.

Lösung:

Man gibt den Funktionsterm ein und zeichnet den Graphen in einem geeigneten Fenster (Fig. 1). Mit der [CALC]-Taste geht man zum Befehl 7:∫f(x)dx (Fig. 2), gibt die Grenzen −1 und 1 auf Anfrage ein und erhält einen Näherungswert für das gesuchte Integral (Fig. 3).

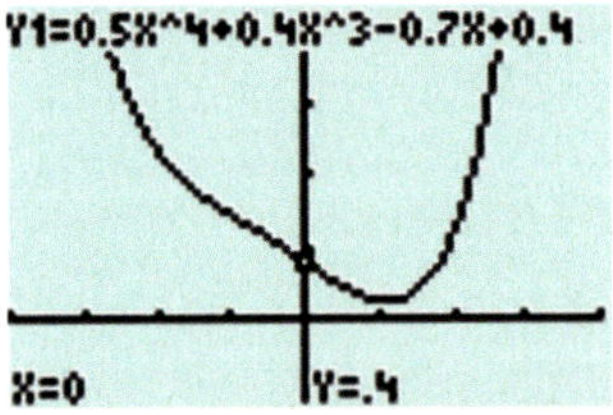

Fig. 1

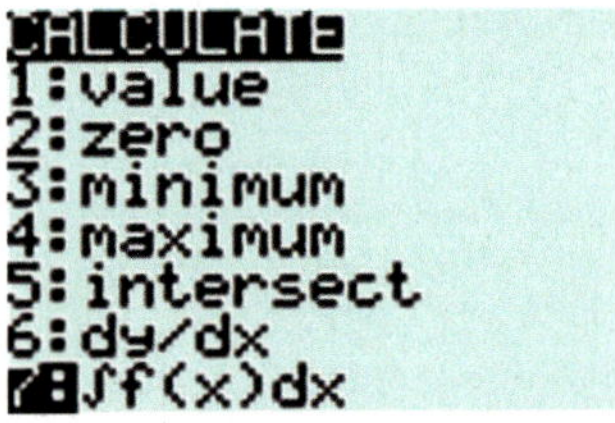

Fig. 2

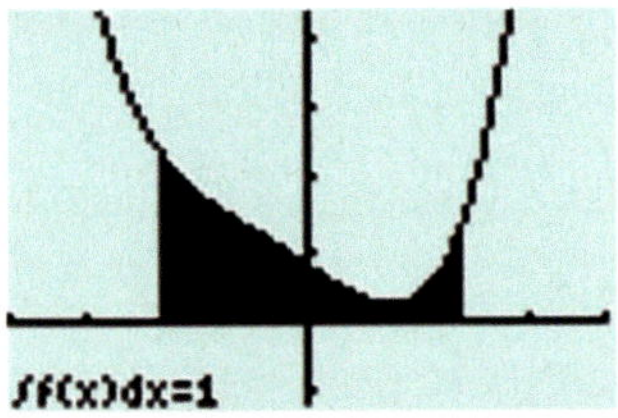

Fig. 3

Aufgaben

3 Geben Sie jeweils eine Stammfunktion an.

a) $f(x) = 3x$ b) $f(x) = \frac{1}{2}x$ c) $f(x) = \sqrt{2}x$ d) $f(x) = 4$ e) $f(x) = 0$

f) $f(x) = 2x - 1$ g) $f(x) = 2(x - 4)$ h) $f(x) = (1 - 3x)2$ i) $f(x) = \frac{1 + 2x}{2}$ j) $f(x) = \frac{x - 2}{4}$

4 a) $f(x) = x^3$ b) $f(x) = 3x^4$ c) $f(x) = \frac{1}{2}x^2$ d) $f(x) = \sqrt{3}x^5$ e) $f(x) = 4x^7$

f) $f(x) = \frac{2}{3}x^6$ g) $f(t) = t^2$ h) $u(r) = 2\pi r$ i) $A(a) = a^2$ j) $f(u) = 2u^9$

5 a) $f(x) = \frac{1}{2} - 3x + 4x^3$ b) $f(x) = \frac{3}{4}x^3 + 2x^2 + 5x + 1$

c) $f(x) = 2x^8 + 8x^6 - 4x^4 + 2x^2$ d) $f(x) = 4 + x + x^2 + x^3 + x^4$

e) $f(x) = 10x^9 + 7x^6 + 3x^2 + 2$ f) $f(x) = 2x(1 + x + x^2)$

6 Welche Stammfunktion der Funktion f mit $f(x) = 1 - 2x^2 + x^3$ nimmt an der Stelle 2 den Funktionswert 1 an?

7 Gegeben ist die Funktion f mit $f(x) = x^2 - x$.

a) Welche Stammfunktion F von f nimmt an der Stelle 2 den Funktionswert 1 an? Welche Steigung hat F an der Stelle 2?

b) Welche Stammfunktion von f hat einen Graphen, dessen Wendepunkt auf der Geraden mit der Gleichung y = 2 liegt?

8 Berechnen Sie das Integral ohne GTR.

a) $\int_1^4 x\,dx$ b) $\int_1^3 x^2\,dx$ c) $\int_0^4 x^3\,dx$ d) $\int_{0,5}^2 x^4\,dx$

9 a) $\int_1^5 \left(\frac{1}{2}x + 2\right)dx$ b) $\int_{-1}^1 \left(\frac{1}{4}x^2 + 1\right)dx$ c) $\int_1^0 (2x^3 + x^2)\,dx$ d) $\int_0^1 (2x^2 - x^4)\,dx$

10 Formen Sie zuerst geeignet um. Kontrollieren Sie das Ergebnis mit dem GTR.

a) $\int_{-2}^0 (2 + x)^2\,dx$ b) $\int_1^2 (1 - 2x)^2\,dx$ c) $\int_2^5 (1 + 2x)x^2\,dx$ d) $\int_1^5 (1 + x)(1 - x)\,dx$

11 Schreiben Sie als Integral und berechnen Sie dann den Inhalt der gefärbten Fläche.

a)

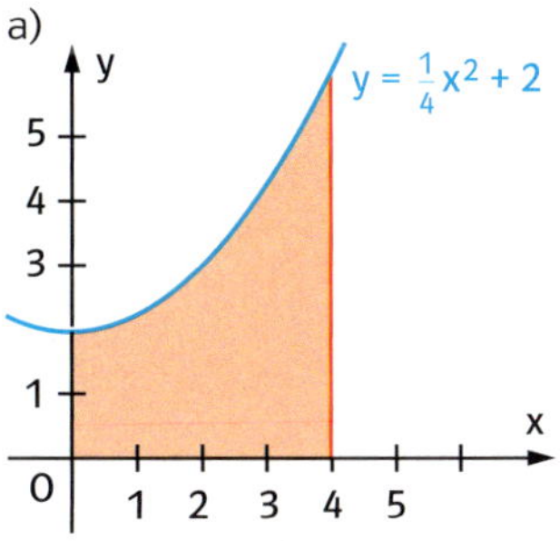

b)

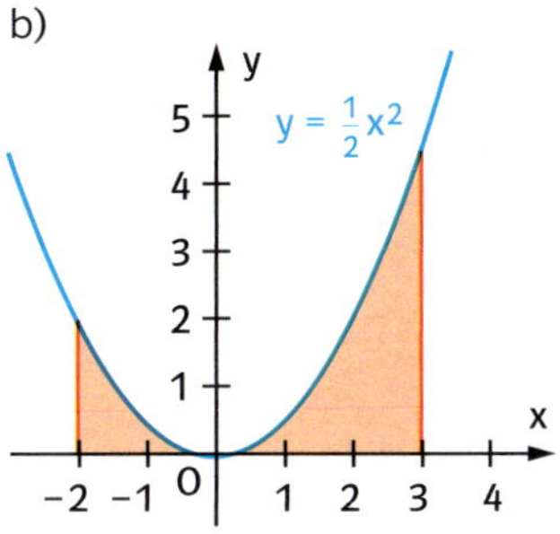

c)

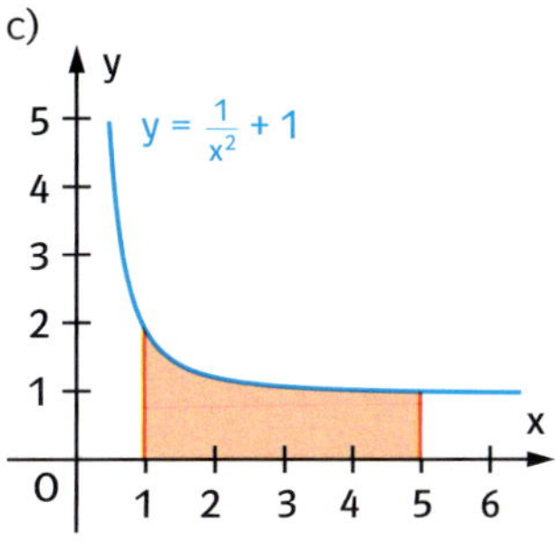

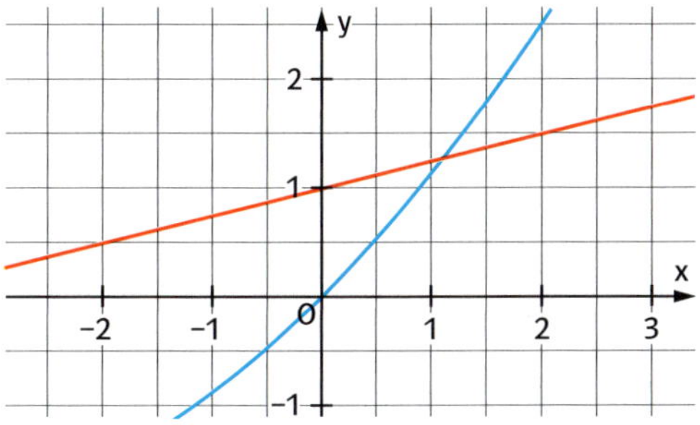

Fig. 1

12 Fig. 1 zeigt den Graphen der Funktion f mit $f(x) = \frac{1}{4}x + 1$ und den Graphen der Integralfunktion $J_0(x) = \int_0^x \left(\frac{1}{4}t + 1\right)dt$.

a) Lesen Sie aus der Zeichnung näherungsweise ab: $J_0(1)$; $J_0(2)$; $J_0(1{,}5)$; $J_0(0)$.

b) Lesen Sie aus der Zeichnung ab: $J_0(-1)$; $J_0(-2)$ und deuten Sie das Ergebnis. Rechnen Sie auch nach!

13 Für das Wachstum einer Hopfenpflanze wird folgende Modellannahme getroffen: die Wachstumsgeschwindigkeit w(t) (in $\frac{\text{cm}}{\text{Tag}}$) steigt innerhalb von 40 Tagen linear von 0 auf 25. Anschließend nimmt die Wachstumsgeschwindigkeit linear innerhalb von 30 Tagen wieder auf 0 ab. Um wie viel wächst die Pflanze insgesamt?

14 Pflanzen wandeln Kohlendioxid in Sauerstoff um. Die dabei pro Quadratmeter Blattfläche verbrauchte Kohlendioxidmenge K(t) (in $\frac{\text{ml}}{\text{h}}$) hängt vom Lichteinfall und damit von der Tageszeit ab. Der Kohlendioxidverbrauch von $1\,\text{m}^2$ Buchenblätter während eines Tages kann beschrieben werden durch $k(t) = 600 - 16{,}7t^2$ mit $t \in [-6; 6]$.

a) Zeichnen Sie den Graphen von k.

b) Eine Buche hat etwa 200 000 Blätter, ein mittelgroßes Blatt hat eine Oberfläche von etwa $25\,\text{cm}^2$.
Bestimmen Sie den Kohlendioxidverbrauch der Buche während eines Tages.

INFO

Gottfried Wilhelm Leibniz (1646 – 1716)

Isaac Newton (1643 – 1727)

Gottfried Wilhelm Leibniz und Isaac Newton erkannten als Erste, dass sich eine große Vielfalt von Problemen auf die zwei Grundaufgaben zurückführen lassen, die Ableitung bzw. das Integral zu ermitteln. Zudem entdeckten sie unabhängig voneinander den Zusammenhang zwischen Ableitung und Integral.

4 Flächen zwischen Graph und x-Achse

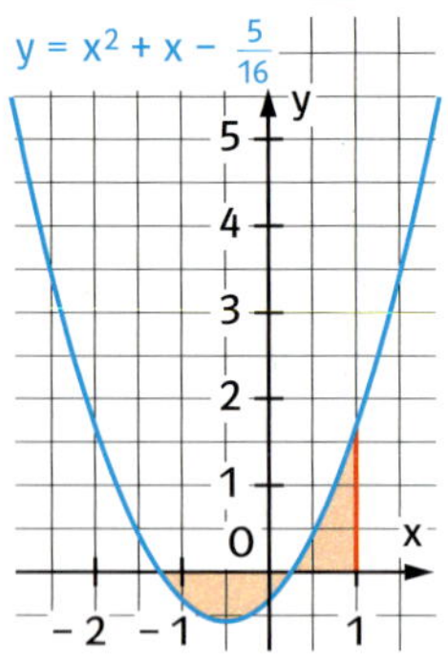

Fig. 1

1 Drücken Sie den Inhalt der gefärbten Fläche in Fig. 1 mithilfe von Integralen aus. Beschreiben Sie die Schritte Ihres Vorgehens.

Den Flächeninhalt $A = A_1 + A_2 + A_3$ zwischen dem Graphen von f und der x-Achse über [a; b] in Fig. 2 erhält man nicht durch das Integral $\int_a^b f(x)\,dx$, da das Integral Flächen oberhalb der x-Achse positiv und Flächen unterhalb der x-Achse negativ zählt.

Nimmt f in [a; b] sowohl positive als auch negative Werte an, muss man die Inhalte der Teilflächen getrennt berechnen. Es gilt in Fig. 2:

$$A = A_1 + A_2 + A_3$$

$$A = \int_a^{x_1} f(x)\,dx + \left|-\int_{x_1}^{x_2} f(x)\,dx\right| + \int_{x_2}^{b} f(x)\,dx.$$

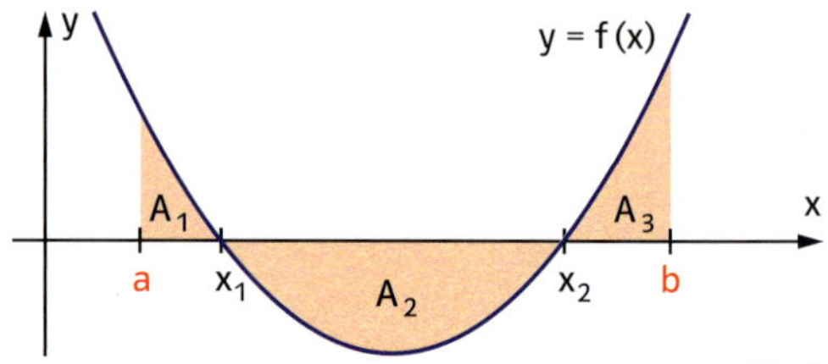

Fig. 2

Zur Berechnung des Flächeninhalts zwischen dem Graphen von f und der x-Achse über dem Intervall [a; b] geht man so vor:
1. Man bestimmt die Nullstellen von f auf [a; b].
2. Man untersucht, welches Vorzeichen f(x) in den Teilintervallen hat.
3. Man bestimmt die Inhalte der Teilflächen und addiert sie.

Den Flächeninhalt in Fig. 2 kann man noch auf eine andere Art berechnen. Dazu spiegelt man den unterhalb der x-Achse verlaufenden Teil des Graphen von f an der x-Achse (Fig. 3).

Für A_2 gilt dann: $A_2 = \int_{x_1}^{x_2} -f(x)\,dx$.

Der Vergleich von Fig. 2 mit Fig. 3 ergibt:

$$-\int_{x_1}^{x_2} f(x)\,dx = \int_{x_1}^{x_2} -f(x)\,dx.$$

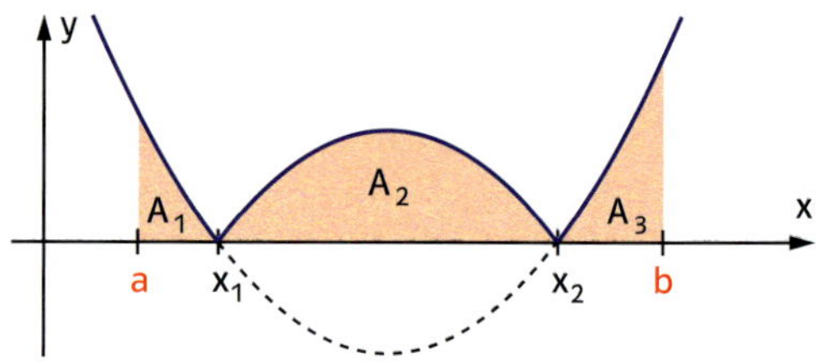

Fig. 3

Allgemein gilt:

a) $r \cdot \int_a^b f(x)\,dx = \int_a^b r \cdot f(x)\,dx$; insbesondere ist $-\int_a^b f(x)\,dx = \int_a^b -f(x)\,dx$

b) $\int_a^b (f(x) + g(x))\,dx = \int_a^b f(x)\,dx + \int_a^b g(x)\,dx$

c) $\int_b^a f(x)\,dx = -\int_a^b f(x)\,dx.$

Bestätigung an Beispielen:

a) $4\int_0^1 x^3\,dx = 4 \cdot \left[\frac{1}{4}x^4\right]_0^1 = 4 \cdot \left(\frac{1}{4} - \frac{0}{4}\right) = 1$; $\int_0^1 4x^3\,dx = \left[\frac{4}{4}x^4\right]_0^1 = 1 - 0 = 1$

b) $\int_0^4 (2x^3 + 1)\,dx - \int_0^4 2x^3\,dx = \left[\frac{1}{2}x^4 + x\right]_0^4 - \left[\frac{1}{2}x^4\right]_0^4 = 4$; $\int_0^4 (2x^3 + 1 - 2x^3)\,dx = \int_0^4 1\,dx = [x]_0^4 = 4$

c) $\int_{-2}^1 x^2\,dx = \left[\frac{1}{3}x^3\right]_{-2}^1 = \frac{1}{3} - \left(-\frac{8}{3}\right) = 3$; $-\int_1^{-2} x^2\,dx = -\left[\frac{1}{3}x^3\right]_1^{-2} = -\left(-\frac{8}{3} - \frac{1}{3}\right) = 3$

Beispiel Flächen teilweise unterhalb, teilweise oberhalb der x-Achse

Gegeben ist die Funktion f mit $f(x) = x^2 - 2x$.

Berechnen Sie den Inhalt der Fläche, die der Graph von f und die x-Achse über dem Intervall $[-1; 3]$ einschließen.

a) ohne GTR b) mit GTR.

Die Beschreibung „über dem Intervall $[-1; 3]$" bedeutet:
Es sind alle Flächen im Bereich des Intervalls gemeint, die vom Graphen von f, der x-Achse und den Geraden mit den Gleichungen $x = -1$ und $x = 3$ begrenzt werden.

Lösung:

a) Nullstellen bestimmen:

$x^2 - 2x = x \cdot (x - 2) = 0$;

$x_1 = 0$; $x_2 = 2$.

Vorzeichen von f in den Teilintervallen:

$f(x) \geqq 0$ für $-1 \leqq x \leqq 0$,

$f(x) \leqq 0$ für $0 \leqq x \leqq 2$,

$f(x) \geqq 0$ für $2 \leqq x \leqq 3$.

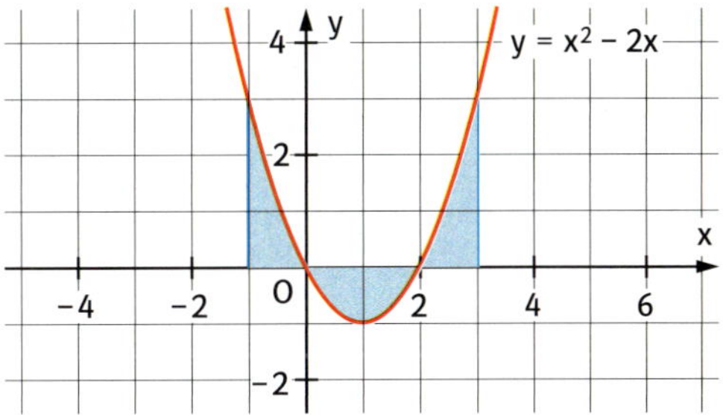

Fig. 1

Inhalte der Teilflächen:

$$A = \int_{-1}^{0} (x^2 - 2x)\,dx - \int_{0}^{2} (x^2 - 2x)\,dx + \int_{2}^{3} (x^2 - 2x)\,dx$$

$$= \left[\tfrac{1}{3}x^3 - x^2\right]_{-1}^{0} - \left[\tfrac{1}{3}x^3 - x^2\right]_{0}^{2} + \left[\tfrac{1}{3}x^3 - x^2\right]_{2}^{3} = F(0) - F(-1) - [F(2) - F(0)] + F(3) - F(2) =$$

$$= \tfrac{4}{3} - \left(-\tfrac{4}{3} - 0\right) + 0 - \left(-\tfrac{4}{3}\right) = \tfrac{12}{3} = 4$$

Es ist $F(x) = \frac{1}{3}x^3 - x^2$;
also $F(0) = 0$;
$F(-1) = -\frac{1}{3} - 1 = -\frac{4}{3}$;
$F(2) = \frac{8}{3} - 4 = -\frac{4}{3}$
$F(3) = \frac{27}{3} - 9 = 0$

b) Möglichkeit 1:

Man zeichnet den Graphen der Funktion f mit $f(x) = x^2 - 2x$, bestimmt die Nullstellen und verfährt wie unter a). Fig. 2 bis Fig. 7 zeigen das Vorgehen. Am Grafikschirm findet man den Integrationsbefehl mit [2nd] [CALC] unter 7:∫f(x)dx.

Fig. 2

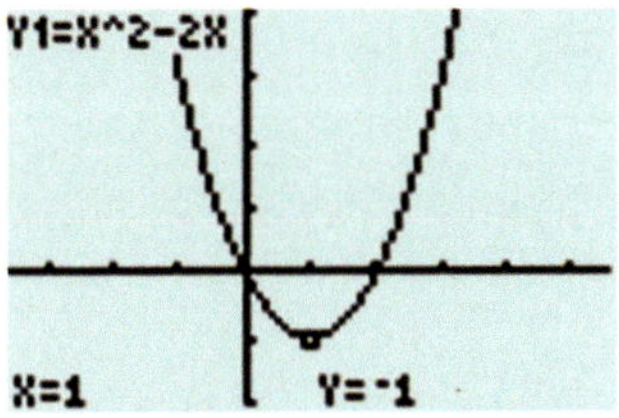

Fig. 3

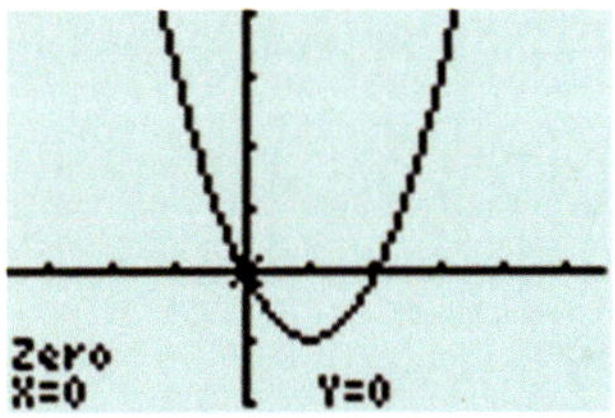

Fig. 4

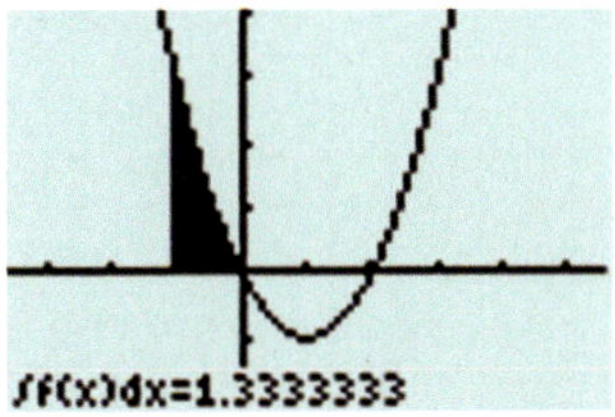

Fig. 5

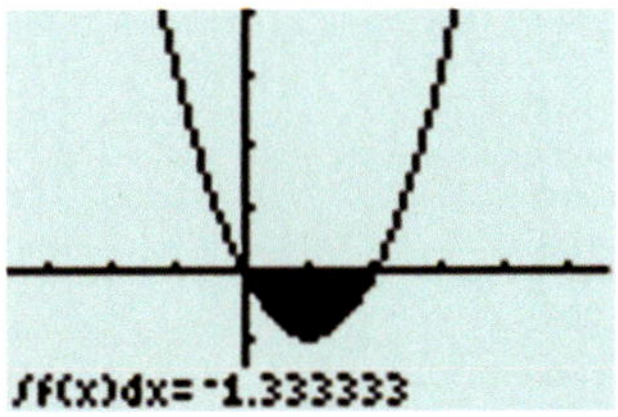

Fig. 6

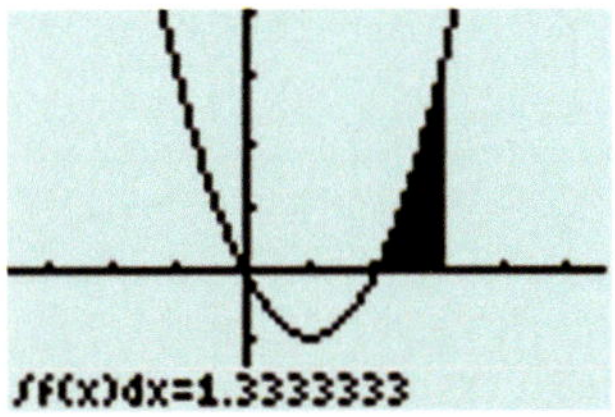

Fig. 7

b) Möglichkeit 2:

Statt der Funktion f mit $f(x) = x^2 - 2x$ betrachtet man die Funktion $g(x) = \text{abs}(f(x)) = |x^2 - 2x|$. Da g keine negativen Funktionswerte hat, werden alle Teilflächen positiv gezählt.

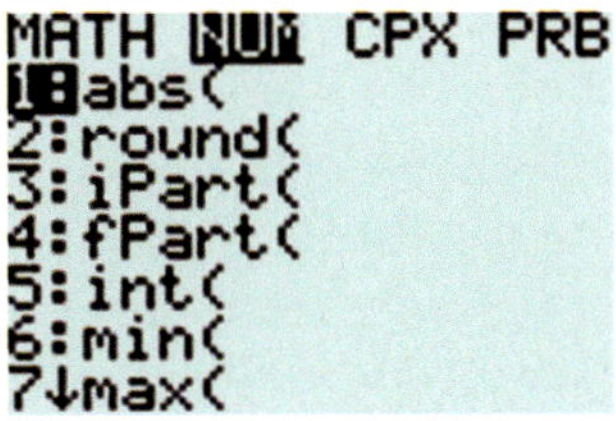

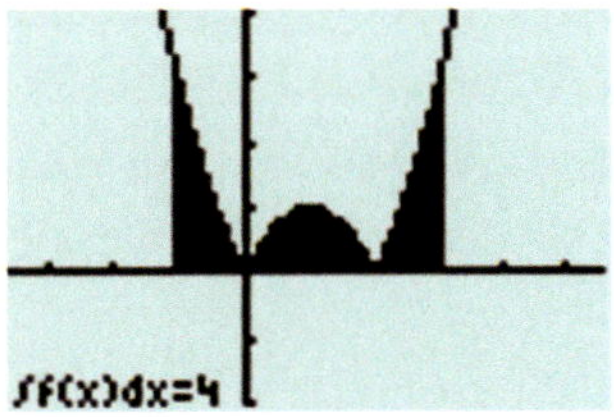

Aufgaben

2 Skizzieren Sie den Graphen der Funktion f mit $f(x) = x^2 + 4x$ und berechnen Sie den Inhalt der Fläche, den der Graph mit der x-Achse einschließt.

3 Skizzieren Sie den Graphen der Funktion f, berechnen Sie die Nullstellen und berechnen Sie anschließend den Inhalt der Fläche, den der Graph mit der x-Achse einschließt.

a) $f(x) = \frac{1}{2}x^2 - 3x$ b) $f(x) = \frac{1}{2}x^2 - \frac{1}{2}x - 3$ c) $f(x) = x^4 - 4x^2$

d) $f(x) = \frac{1}{2}x^4 + x^3$ e) $f(x) = 6x + 4x^2 + \frac{2}{3}x^3$ f) $f(x) = -\frac{1}{5}x^3 + 2x^2 - 5x$

g) $f(x) = -x^4 + 6x^3 - 9x^2$ h) $f(x) = \frac{1}{4}x^4 - \frac{5}{2}x^2 - 6$ i) $f(x) = \frac{1}{4}x^4 + 3x^2 - 9$

4 Berechnen Sie den Inhalt der Fläche, den der Graph der Funktion f mit der x-Achse einschließt. Bestimmen Sie die Flächeninhalte auch mit dem GTR.

a)

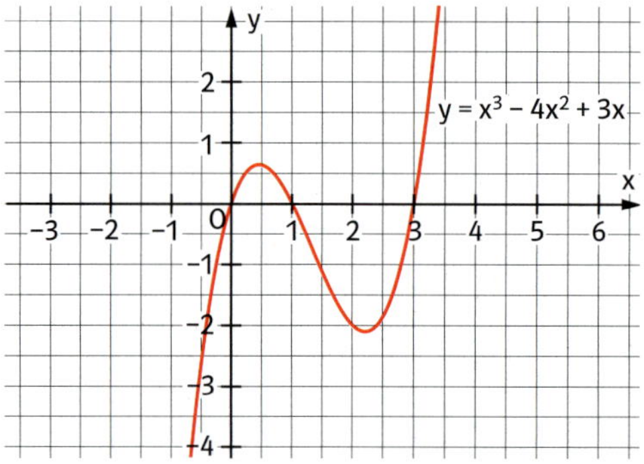

b)

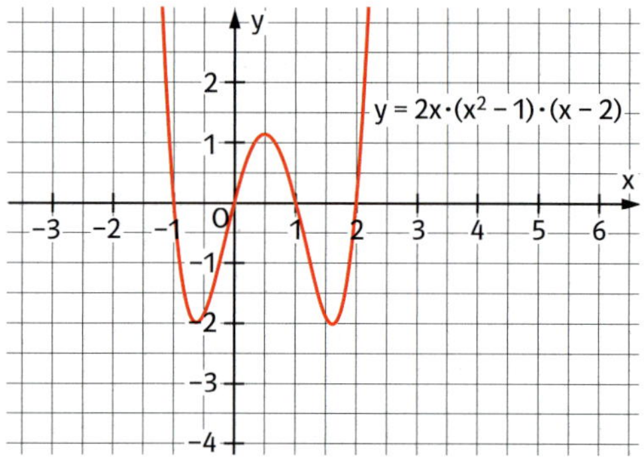

5 Zeigen Sie, dass der Inhalt der blau schraffierten Fläche genau so groß ist wie der Inhalt der schwarz schraffierten Fläche. Können Sie den Nachweis erbringen, ohne die Nullstelle zu berechnen?

a)

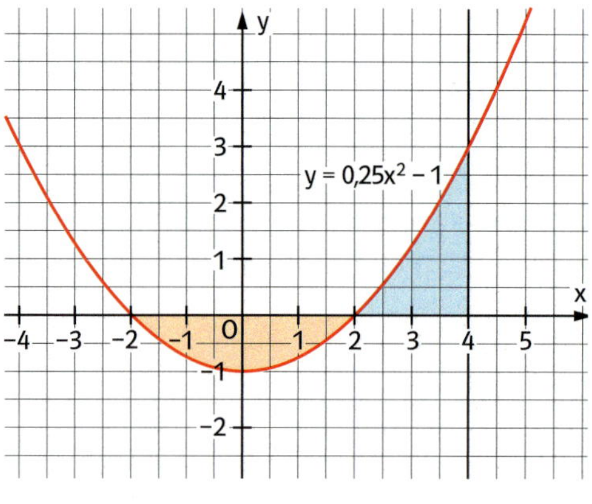

b)

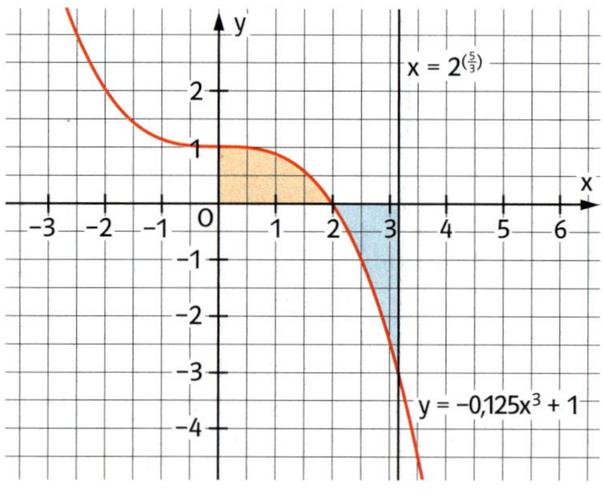

6 Bestimmen Sie den Wert $a > 0$ so, dass die Flächen oberhalb und unterhalb der x-Achse über dem Intervall $[0; a]$ gleich groß sind. Berechnen Sie dazu nicht die Nullstelle.

a) $f(x) = x^2 - 2$ b) $f(x) = x^3 - x^2 - 2$ c) $f(x) = x^3 - 1$

7 Berechnen Sie mit dem GTR.

a) $\int_{-1}^{0} (x^6 + x^3 + x + 2)\,dx$ b) $\int_{-1}^{0} (x^{10} + x^9 + x^8 + x^7)\,dx$ c) $\int_{-1}^{0} (x^{100} - x^{99})\,dx$

5 Flächen zwischen zwei Graphen

1 a) Schreiben Sie den Inhalt der orangefarbenen Flächen in Fig. 1 als Differenz bzw. als Summe von Integralen.
b) Drücken Sie diese Integrale mithilfe von Stammfunktionen aus. Formulieren Sie für beide Fälle eine gemeinsame Regel zur Bestimmung des Flächeninhalts.

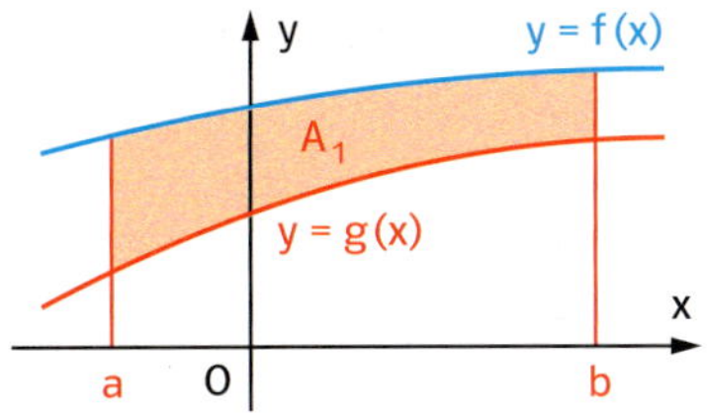

Fig. 1

Es soll der Inhalt einer Fläche bestimmt werden, die wie die gefärbte Fläche in Fig. 2 von den Graphen zweier Funktionen und den Geraden mit den Gleichungen x = a und x = b begrenzt wird.
Dabei wird $f(x) \geqq g(x)$ für $x \in [a;\, b]$ vorausgesetzt, und F und G seien Stammfunktionen von f bzw. g.

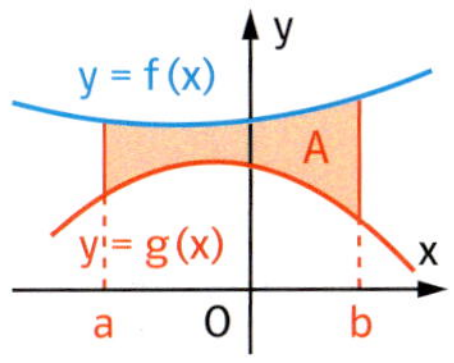

Fig. 2

Für den Inhalt A in Fig. 2 gilt:

$$A = \int_a^b f(x)\,dx - \int_a^b g(x)\,dx = F(b) - F(a) - (G(b) - G(a)) = F(b) - G(b) - (F(a) - G(a))$$

$$= [F(x) - G(x)]_a^b = \int_a^b (f(x) - g(x))\,dx.$$

Auch für den Fall, dass die Funktion g eine Nullstelle hat, gilt $A = \int_a^b (f(x) - g(x))\,dx$. In Fig. 3 werden die Graphen von f und g in y-Richtung um 2 Einheiten verschoben, so dass sie oberhalb der x-Achse liegen:

$f^*(x) = \frac{1}{16}x^2 + 3$ und $g^*(x) = (x - 2) + 2 = x$.

Dann liegt der eben behandelte Fall vor und es gilt:

$$A = \int_a^b (f^*(x) - g^*(x))\,dx =$$

$$\int_a^b ((f(x) + 2) - (g(x) + 2))\,dx =$$

$$\int_a^b (f(x) - g(x))\,dx.$$

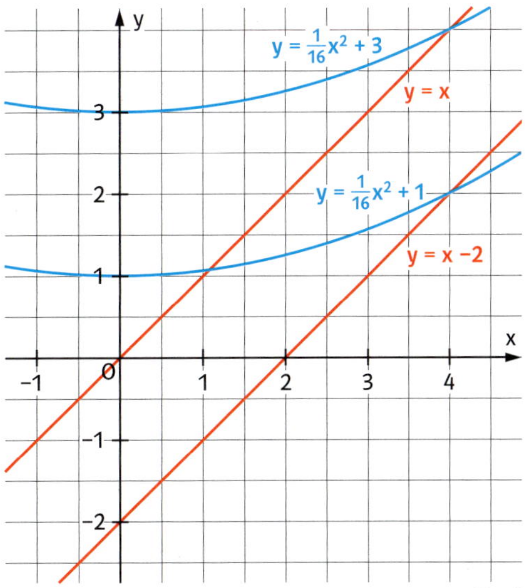

Fig. 3

Im vorliegenden Fall gilt also:

$$A = \int_0^4 \left(\frac{1}{16}x^2 + 1 - (x - 2)\right)dx = \int_0^4 \left(\frac{1}{16}x^2 - x + 3\right)dx = F(4) - F(0) \text{ mit } F(x) = \frac{1}{48}x^3 - \frac{1}{2}x^2 + 3x.$$

Da $F(4) = \frac{16}{3}$ und $F(0) = 0$ ist, gilt $A = \frac{16}{3}$.

Die angeführten Beispiele zeigen, dass es bei der Berechnung des Inhalts einer Fläche zwischen zwei Graphen, die sich nicht schneiden, nur auf die Differenzfunktion ankommt.

f und g seien Funktionen mit $f(x) \geqq g(x)$ für $x \in [a;\, b]$. Dann gilt für den Inhalt A der Fläche zwischen den Graphen von f und g über dem Intervall [a; b]:

$$\mathbf{A = \int_a^b (f(x) - g(x))\,dx}$$

Faustregel:
Falls sich die Gaphen von f und g nicht schneiden, gilt für einen Flächeninhalt A zwischen den Graphen:
A = ∫(obere Fu. − untere Fu.)

Falls sich die Graphen von f und g im Intervall [a; b] schneiden, gilt teilweise $f(x) \geqq g(x)$ und teilweise $g(x) \leqq f(x)$. Zur Bestimmung von A geht man deshalb so vor (Fig. 1):

1. Schritt: Berechnung der Schnittstellen von f und g
2. Schritt: Bestimmung, in welchen Teilintervallen $f(x) \geqq g(x)$ bzw. $g(x) \leqq f(x)$ gilt
3. Schritt: Berechnung des Flächeninhaltes.

$$A = \int_a^z (f(x) - g(x))\,dx + \int_z^b (g(x) - f(x))\,dx$$

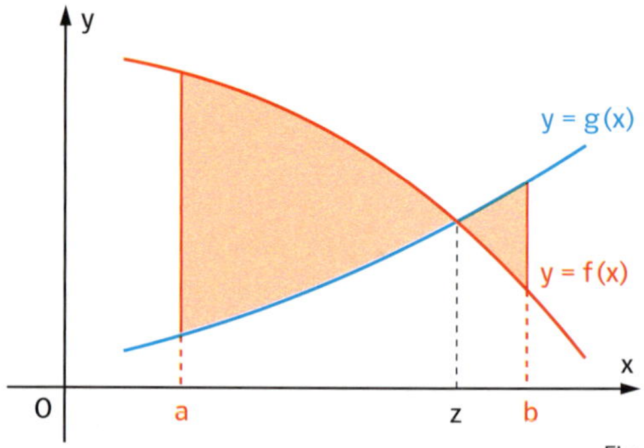

Fig. 1

Beispiel 1 Die Graphen schneiden sich nicht

Gegeben ist die Funktion f mit

$f(x) = \frac{1}{8}x^2 + 1$

und die Funktion g mit

$g(x) = -\frac{1}{2}x^2 + 3x - 4$.

Berechnen Sie den Inhalt A der Fläche, die von den Graphen der Funktionen f und g über [1; 3] eingeschlossen wird (Fig. 2).

Lösung:

Im Intervall [1; 3] gilt: $f(x) \geqq g(x)$.

Also gilt:

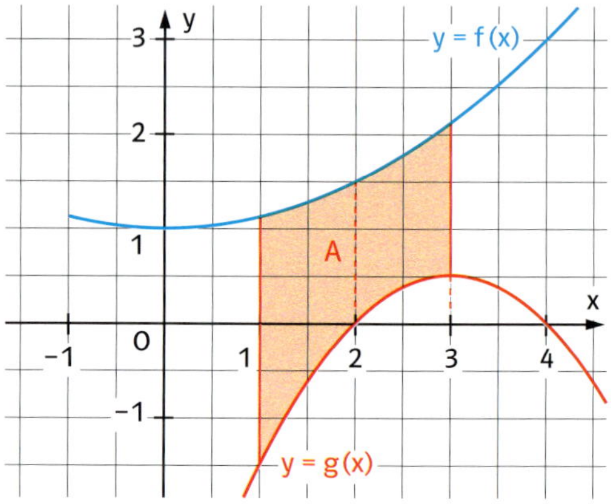

Fig. 2

$$A = \int_1^3 \left(\left(\tfrac{1}{8}x^2 + 1\right) - \left(-\tfrac{1}{2}x^2 + 3x - 4\right)\right)dx = \int_1^3 \left(\tfrac{5}{8}x^2 - 3x + 5\right)dx = F(3) - F(1) \text{ mit}$$

$F(x) = \frac{5}{24}x^3 - \frac{3}{2}x^2 + 5x$. Da $F(3) = \frac{57}{3}$ und $F(1) = \frac{89}{24}$ ist, gilt $A = \frac{57}{8} - \frac{89}{24} = \frac{41}{12}$.

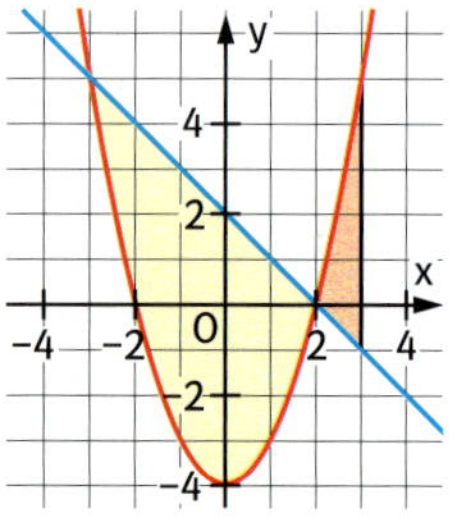

Fig. 3

Beispiel 2 Graphen schneiden sich

Gegeben sind die Funktionen f mit $f(x) = x^2 - 4$ und g mit $g(x) = -x + 2$. Berechnen Sie den Inhalt der Fläche, den die Graphen von f und g über dem Intervall [−3; 3] einschließen

a) ohne GTR, b) mit GTR.

Lösung:

a) 1. Schnittstellen: $x^2 - 4 = -x + 2$; $x^2 + x - 6 = 0$ ergibt $x_{1/2} = -\frac{1}{2} \pm \sqrt{\frac{1}{4} - (-6)}$; also

$x_1 = -\frac{1}{2} + \frac{5}{2} = 2$; $x_2 = -\frac{1}{2} - \frac{5}{2} = -3$

2. $g(x) \geqq f(x)$ in [−3; 2] und $f(x) \geqq g(x)$ in [2; 3] (Fig. 3)

3. $A = \int_{-3}^{2} ((-x + 2) - (x^2 - 4))\,dx + \int_2^3 ((x^2 - 4) - (-x + 2))\,dx = \int_{-3}^{2} (-x^2 - x + 6)\,dx + \int_2^3 (x^2 + x - 6)\,dx$

$= \left[-\frac{1}{3}x^3 - \frac{1}{2}x^2 + 6x\right]_{-3}^{2} + \left[\frac{1}{3}x^3 + \frac{1}{2}x^2 - 6x\right]_2^3 = \frac{125}{6} + \frac{17}{6} = \frac{142}{6} = \frac{71}{3} \approx 23{,}666$

b) Man zeichnet mit dem GTR den Graphen der Funktion $h(x) = f(x) - g(x)$, bestimmt die Nullstellen von h und versieht die Integrale mit negativem Vorzeichen, wenn $h(x) < 0$ ist.

Ergebnis: $A \approx 20{,}8333 + 2{,}8333 \approx 23{,}666$.

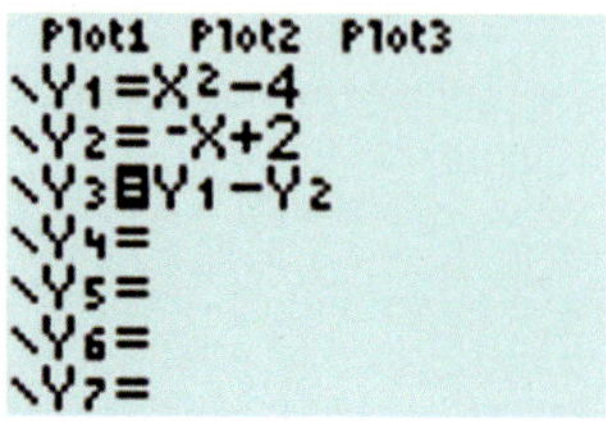

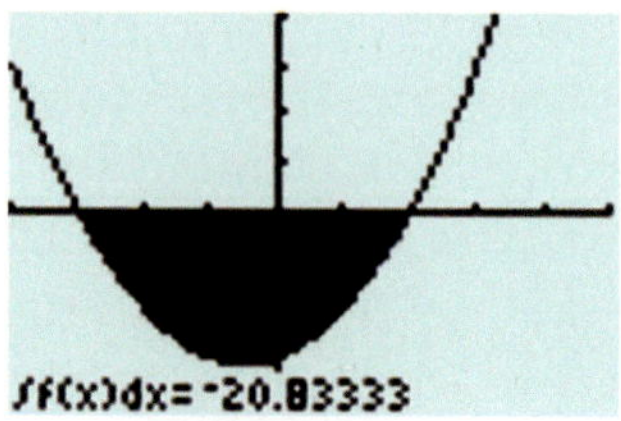

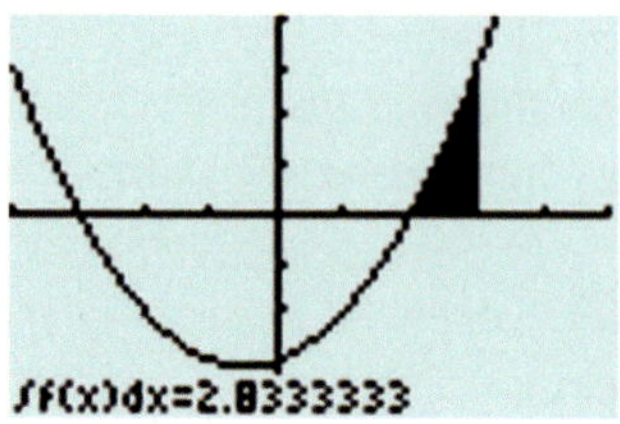

Aufgaben

2 Berechnen Sie den Inhalt der gefärbten Fläche.

a)

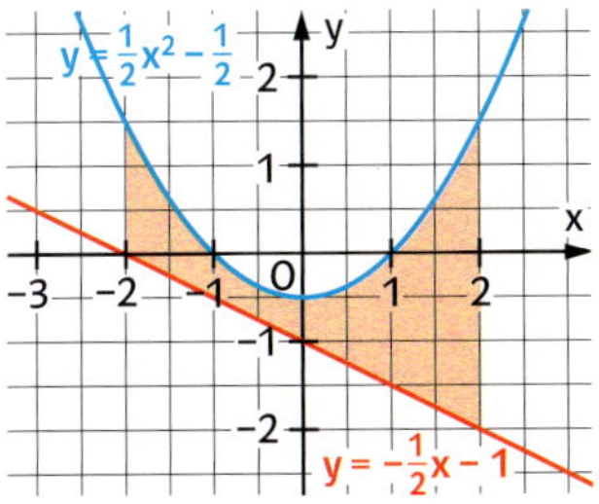

b)

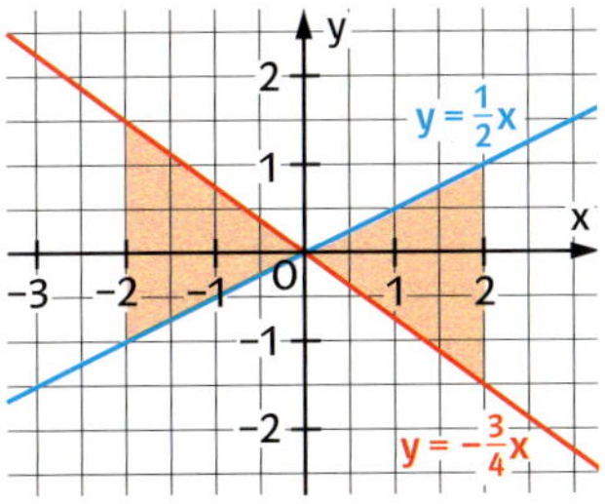

c)

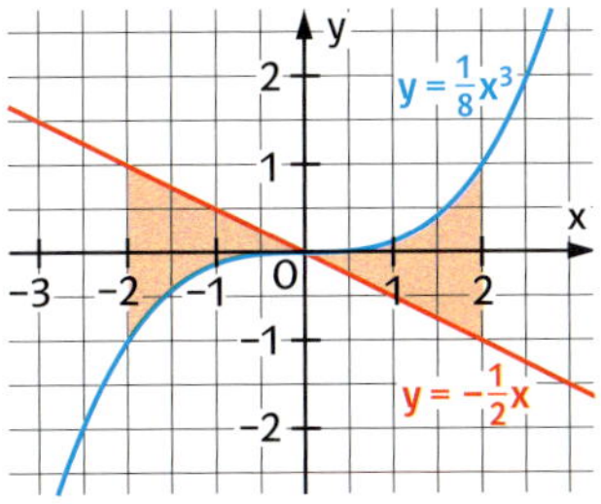

3 Berechnen Sie den Inhalt der gefärbten Fläche. Der rote Graph gehört zu der Funktion f mit $f(x) = -\frac{1}{8}x^4 + x^2$.

a)

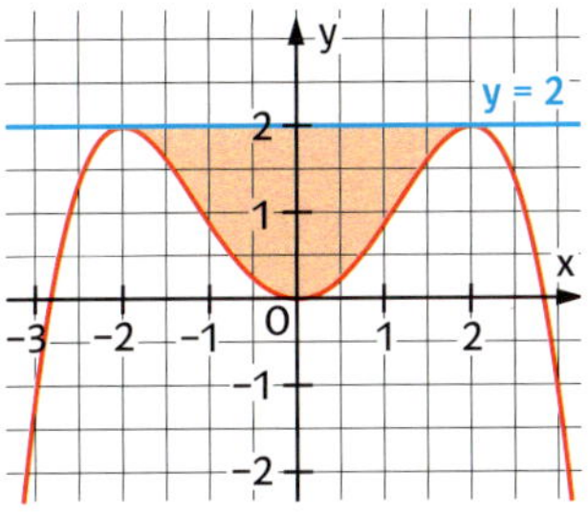

b)

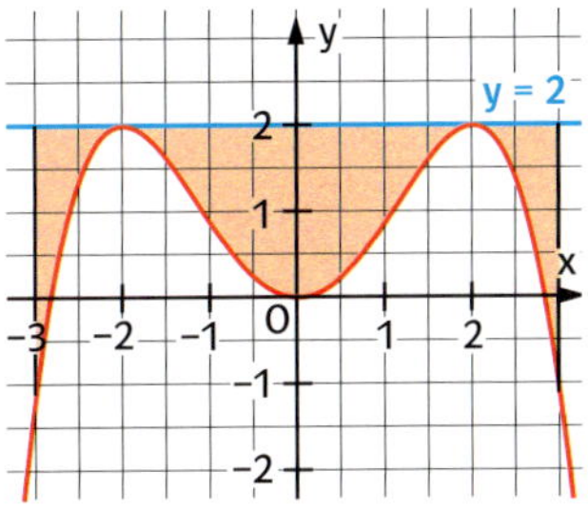

c)

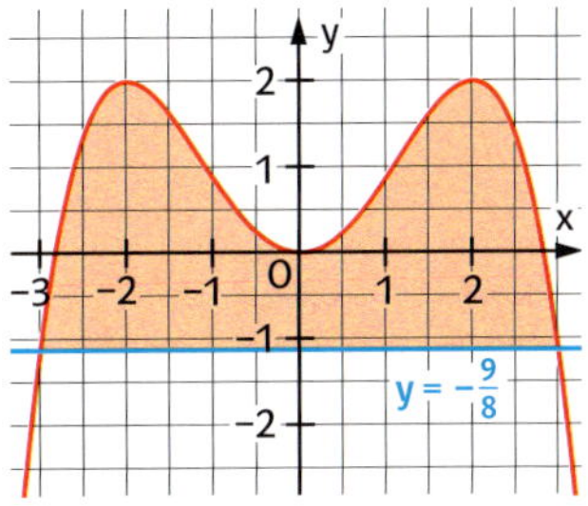

4 Berechnen Sie den Inhalt der Fläche, die von den Graphen von f und g sowie den Geraden mit den Gleichungen x = a und x = b begrenzt wird.

a) $f(x) = 0{,}5x$; $g(x) = -x^2 + 4$; $a = -1$; $b = 1$

b) $f(x) = x^3$; $g(x) = x$; $a = 0$; $b = 1$

5 Wie groß ist die Fläche, die von den Graphen von f und g begrenzt wird?

a) $f(x) = x^2$; $g(x) = -x^2 + 4x$

b) $f(x) = x^2$; $g(x) = -x^3 + 3x^2$

c) $f(x) = x^3 - x$; $g(x) = -x^3 + x^2$

d) $f(x) = x^{10} - 1$; $g(x) = -x^{10} + 1$

6 Berechnen Sie den Inhalt der Fläche, die vom Graphen von f, der Tangente in P und der x-Achse begrenzt wird. Dabei ist $f(x) = \frac{1}{2}x^2$; P(3 | 4,5).

Zu Aufgabe 6:

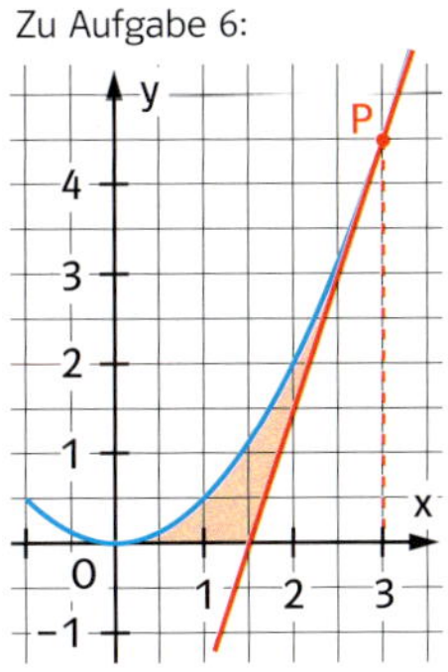

7 Berechnen Sie den Inhalt der Fläche, die vom Graphen von f, der Normalen in P und der x-Achse begrenzt wird.

a) $f(x) = -x^2$; P(1 | −1)

b) $f(x) = x^3$; P(1 | 1)

8 Berechnen Sie den Inhalt der Fläche zwischen dem Graphen von f und der Normalen im Wendepunkt von f.

a) $f(x) = -x^3 + x$

b) $f(x) = -\frac{1}{3}x^3 + 2x$

9 Bestimmen Sie mit dem GTR den Inhalt der Fläche, den die Graphen von f und g miteinander einschließen.

a) $f(x) = x^3 - 2x^2 + 3$; $g(x) = 2x$

b) $f(x) = x^8 - 8$; $g(x) = -x^{10} + 10$

10 Zeigen Sie, dass die Graphen von f mit $f(x) = x^{1000} - 1$ und g mit $g(x) = -x^{1000} + 1$ eine Fläche einschließen, deren Inhalt näherungsweise 4 ist.

6 Weitere Anwendungen der Integration

1 Aus dem betriebswirtschaftlichen Bereich: Wie hängen die Gesamtkosten- und die Grenzkostenfunktion (auch Differenzialkostenfunktion genannt) zusammen?
Geben Sie zu der Gesamtkostenfunktion $K(x) = 2x^3 - 18x^2 + 72x + 200$ die Differenzialkostenfunktion $K'(x)$ an. Können Sie umgekehrt aus K′ die Gesamtkostenfunktion K eindeutig ermitteln?

Abkürzungen:	
Zeit	**t**
Weg	**s**
Geschwindigkeit	**v**
Kraft	**F**
Arbeit	**W**

Es gibt einen Vielzahl von Anwendungen der Integralrechnung. Neben Flächeninhalten sind auch viele andere Größen Grenzwerte von Zerlegungssummen und lassen sich daher mithilfe von Integralen berechnen. Besonders wichtige Fälle aus der Physik sind die Berechnung des zurückgelegten Weges aus der Geschwindigkeits-Zeit-Funktion und die Berechnung der Arbeit aus der Kraft-Weg-Funktion. Es gilt:

$$s = \int_{t_1}^{t_2} v(t)\,dt \quad \text{und} \quad W = \int_{s_1}^{s_2} F(s)\,ds.$$

Liegen die Funktionen v bzw. F vor, so kann man die Größen s bzw. W durch Integration bestimmen.

Es werden im Folgenden eine Anwendung aus der Betriebswirtschaft und eine aus der Naturwissenschaft vorgestellt.

Beachten Sie, dass die Stammfunktion nicht eindeutig ist.

Beispiel 1 Gesamtkostenfunktion aus Differenzialkostenfunktion
Bei der Produktion einer Ware lautet die Differenzialkostenfunktion $K'(x) = 3x^2 - 20x + 40$.
Die Gesamtkosten bei einer Produktion von vier Mengeneinheiten (ME) betragen 200 Geldeinheiten (GE).
a) Bestimmen Sie die Gesamtkostenfunktion K.
b) Zeichnen Sie die Graphen von K und K′.
Lösung:
a) Man erkennt, dass die Gesamtkostenfunktion eine Stammfunktion von K′ ist. Damit gilt
$K(x) = x^3 - 10x^2 + 40x + c$.
Um das c zu berechnen, nutzt man die Bedingung $K(4) = 200$ aus, d.h.
$4^3 - 10\cdot 4^2 + 40\cdot 4 + c = 200$, also
$64 + c = 200$; $c = 136$.
Damit lautet die gesuchte Gesamtkostenfunktion $K(x) = x^3 - 10x^2 + 40x + 136$.
b) Graphen von K und K′ in Fig. 1.

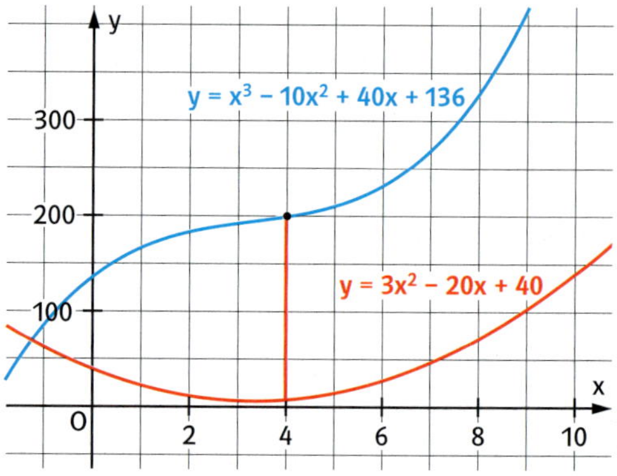

Fig. 1

Beispiel 2 Berechnung des zurückgelegten Weges bei bekannter Geschwindigkeit v
Ein im luftleeren Raum aus der Ruhelage frei fallender Körper hat nach t Sekunden eine Geschwindigkeit von $v(t) = 9{,}81\cdot t$ (v in $\frac{m}{s}$).
a) Welchen Weg legt der Körper in 5 Sekunden zurück?
b) Wie lange ist die Fallzeit bei einer Höhe von 100 m ?
Lösung:
a) Weg in m in 5 Sekunden: $s = \int_0^5 (9{,}81\cdot t)\,dt = \left[\frac{1}{2}\cdot 9{,}81\cdot t^2\right]_0^5 = 4{,}905\cdot 25 = 122{,}625 \approx 123$

b) Bei einer Fallzeit T gilt für die Fallhöhe s: $s = \int_0^T (9{,}81\cdot t)\,dt = \left[\frac{1}{2}\cdot 9{,}81\cdot t^2\right]_0^T = 4{,}905\cdot T^2$.

Für s = 100 erhält man $100 = 4{,}905\cdot T^2$; also $T = \sqrt{\frac{100}{4{,}905}} \approx 4{,}52$.
Die Fallzeit beträgt damit ungefähr 4,5 s.

Aufgaben

Aus dem naturwissenschaftlichen Bereich

2 Wie lange braucht ein von einem 300 m hohen Turm fallender Stein, bis er am Boden aufschlägt (ohne Luftwiderstand)?

3 Beim senkrechten Wurf nach oben mit der positiven Anfangsgeschwindigkeit $v(0) = v_0$ gilt für die Geschwindigkeit eines Körpers nach t Sekunden $v(t) = v_0 - 9{,}81 \cdot t$ (v in $\frac{m}{s}$).

a) Bestimmen Sie für $v_0 = 20$ (in $\frac{m}{s}$) die Höhe, in der sich ein Körper nach 3 s befindet.

b) Ein nach oben geworfener Stein kommt nach 4 s wieder an der Abwurfstelle an. Wie groß ist die Anfangsgeschwindigkeit und welche Höhe erreicht der Stein?

4 Beim Dehnen einer Schraubenfeder nimmt die Kraft F mit wachsender Verlängerung x der Feder zu (Fig. 1). Dabei gilt $F(x) = D \cdot x$ mit D als Federkonstante.

a) Eine Schraubenfeder hat die Federkonstante $D = 100$ (in $\frac{N}{m}$). Die Feder wird aus dem entspannten Zustand um 0,05 m gedehnt. Berechnen Sie die verrichtete Arbeit.

b) Die Feder ist schon um 10 cm gedehnt und wird um weitere 5 cm verlängert. Welche Arbeit ist für diese Verlängerung erforderlich?

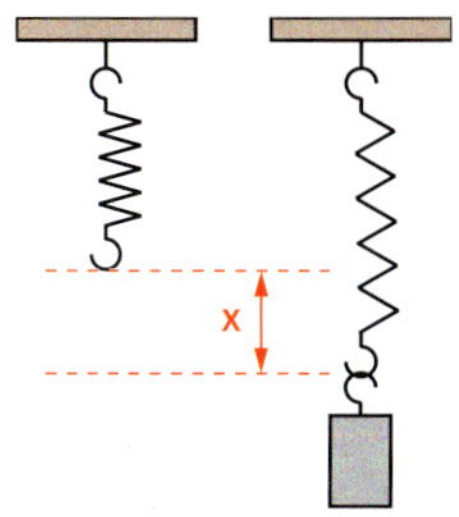

Fig. 1

5 Für die Zuwachsrate z einer Pflanzenpopulation für die nächsten 20 Jahre wird folgende Modellannahme zugrunde gelegt: $z(t) = 0{,}01 \cdot t \cdot (t - 10) \cdot (t - 20)$ (t in Jahren; z(t) in $\frac{\text{Pflanzen}}{\text{Jahr}}$).

a) Skizzieren Sie mithilfe des GTR den Graphen von z. Bestimmen Sie anhand dieses Graphen, in welchen Zeiträumen der Bestand zu- bzw. abnimmt. Wann ist der Bestand maximal?

b) Zur Zeit $t = 0$ sind 100 Pflanzen vorhanden. Bestimmen Sie mithilfe des GTR den Minimal- und den Maximalbestand in den nächsten 20 Jahren.

Aus dem betriebswirtschaftlichen Bereich

6 Die Differenzialkosten einer Firma werden bei der Produktion einer Ware durch die Funktion $K'(x) = x^2 - 8x + 40$ beschrieben. Die Fixkosten belaufen sich auf 200 GE.

a) Geben Sie die Gesamtkostenfunktion und die variable Stückkostenfunktion an.

b) Bestimmen Sie das Minimum der Stückkostenfunktion.

7 Die Differenzialkosten $K'(x) = x^2 - 7x + 13$ für die Herstellung einer Ware sind bekannt. Ferner kennt man die Erlösfunktion $E(x) = 7x$. Die Nutzenschwelle liegt bei 3,5 ME.

Hier empfiehlt sich die Arbeit mit dem GTR.

a) Bestimmen Sie die Gesamtkostenfunktion K.

b) Zeichnen Sie die Graphen von K und K' und der Stückkostenfunktion k.

8 Die Differenzialkosten K' für die Herstellung eines Bauteils belaufen sich auf $K'(x) = 0{,}06x^2 - 4x + c$.

a) Bestimmen Sie die Kostenfunktion, wenn bekannt ist, dass bei der Herstellung von 60 Bauteilen Gesamtkosten von 2120 Geldeinheiten (GE) entstehen. Zudem weiß man, dass bei 40 Bauteilen die Stückkosten bei 42 GE liegen.
(Ergebnis: $K(x) = 0{,}02x^3 - 2x^2 + 70x + 800$)

b) Bestimmen Sie die Erlösfunktion E, wenn der Preis konstant ist und die Nutzenschwelle bei $x = 25$ Stück liegt. Bestimmen Sie die Nutzengrenze.

c) Berechnen Sie das Betriebsoptimum mit dem GTR.

7 Vermischte Aufgaben

Die Gleichung der blauen Geraden können Sie aufstellen. Es geht aber auch ohne Geradengleichung!

1 Bestimmen Sie den Inhalt der gefärbten Fläche auf möglichst einfache Weise.

(1)

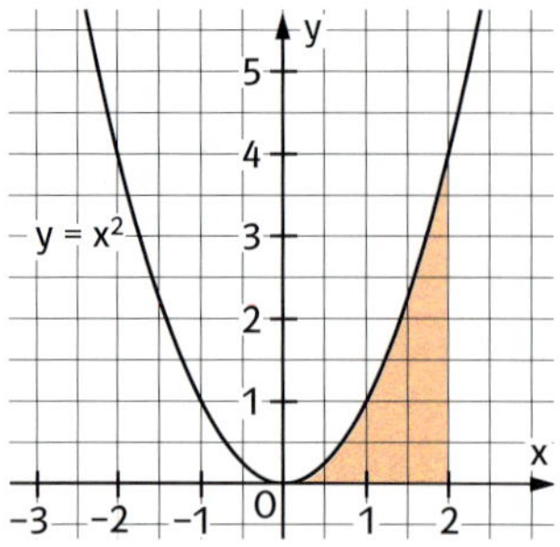

(2)

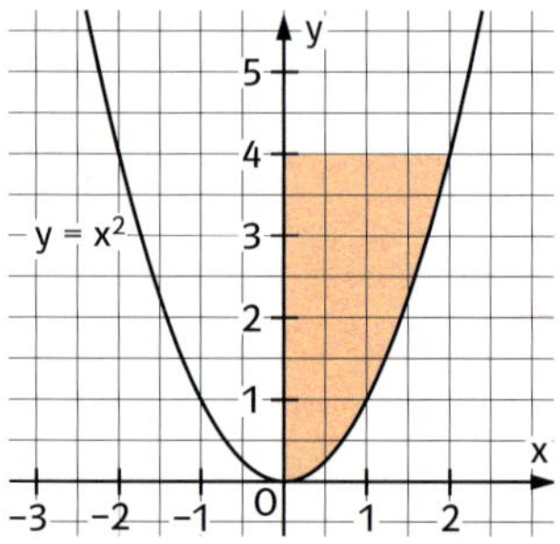

(3)

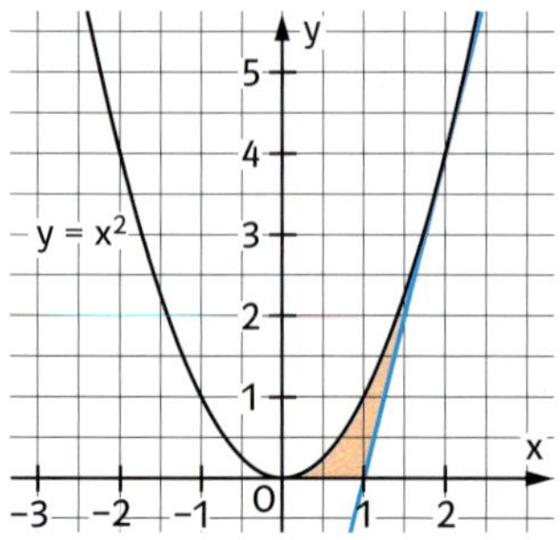

(4)

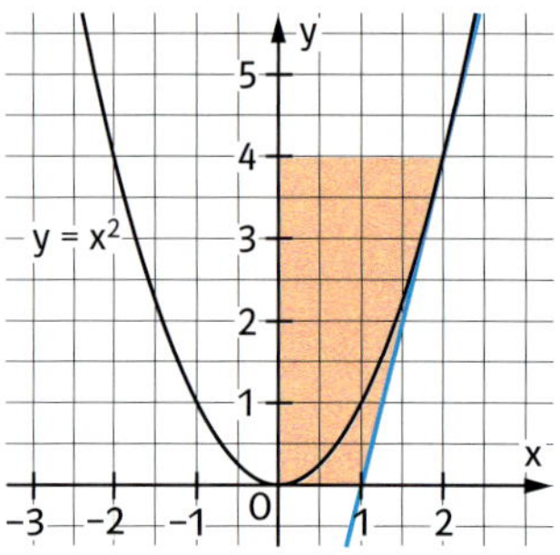

(5)

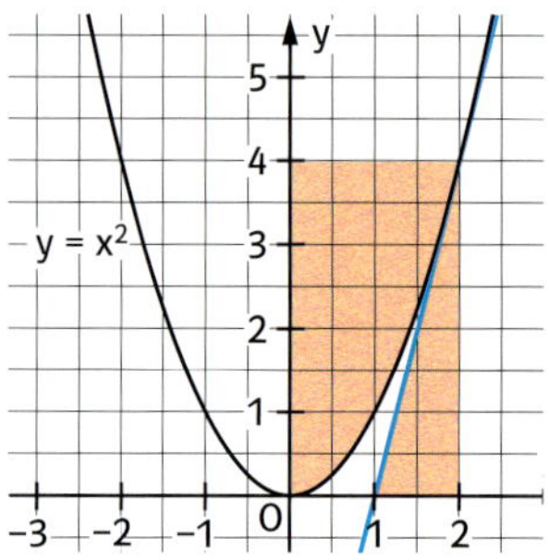

(6)

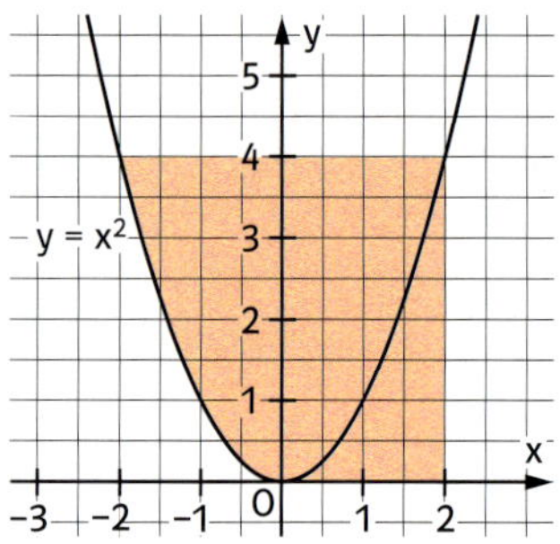

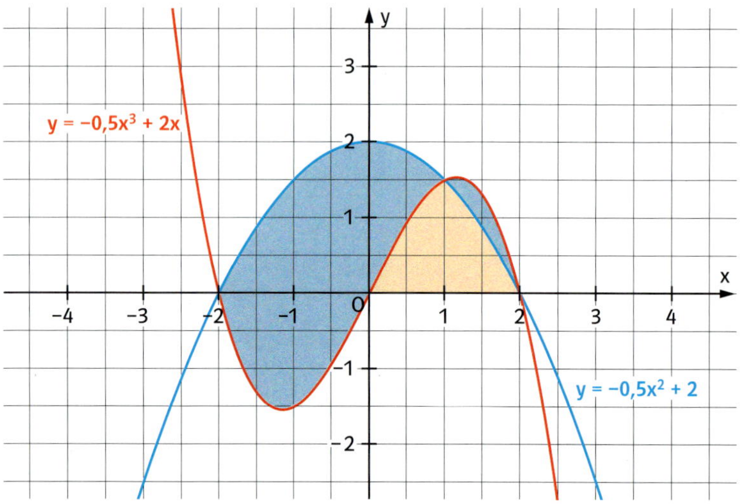

Fig. 1

2 Gegeben sind die Graphen der Funktionen f mit $f(x) = -0{,}5x^3 + 2x$ und g mit $g(x) = -0{,}5x^2 + 2$ (Fig. 1).

a) Berechnen Sie die Schnittpunkte der beiden Graphen.

b) Berechnen Sie den Inhalt A_1 der Fläche zwischen den beiden Graphen über dem Intervall $[-2; 1]$.

c) A_2 sei der Inhalt der Fläche zwischen den beiden Graphen über dem Intervall $[1; 2]$. Berechnen Sie das Verhältnis $\frac{A_1}{A_2}$.

d) Die Fläche des Graphen von g über dem Intervall $[0; 2]$ wird durch den Graphen von f in zwei Teilflächen geteilt. Berechnen Sie deren Größe und ihr Verhältnis.

3 a) Zeichnen Sie den Graphen K der Funktion f mit $f(x) = 6x - x^2$. Berechnen Sie den Inhalt der Fläche, welche K und die x-Achse einschließen.

b) Die Kurve K schneidet die x-Achse in A und B. Die Tangenten in A und B an die Kurve K begrenzen mit K eine Fläche.
Berechnen Sie ihren Inhalt.

4 a) Zeichnen Sie das Dreieck mit den Ecken O(0|0), A(1|0), B(1|1). Zeigen Sie, dass der Graph von f mit $f(x) = x^3$ die Fläche des Dreiecks OAB halbiert.

b) Zeichnen Sie das Quadrat mit den Ecken A(−1|0), B(1|0), C(1|2), D(−1|2). Zeigen Sie, dass der Graph der Funktion f mit $f(x) = -1{,}5x^2 + 1{,}5$ den Flächeninhalt des Quadrates halbiert.

5 Gegeben ist die Funktion f mit $f(x) = \frac{1}{3}x^3 + 2x^2 + 3x$ (Fig. 1). Berechnen Sie den Inhalt der Fläche

a) die der Graph von f mit der x-Achse einschließt

b) zwischen dem Graphen von f und der x-Achse über dem Intervall $[-4; 0]$

c) die der Graph von f und die Gerade mit der Gleichung $y = \frac{1}{3}x$ einschließt

d) die vom Graphen von f, der Normalen in $P\left(-2 \mid -\frac{2}{3}\right)$ und der Normalen im Ursprung begrenzt wird.

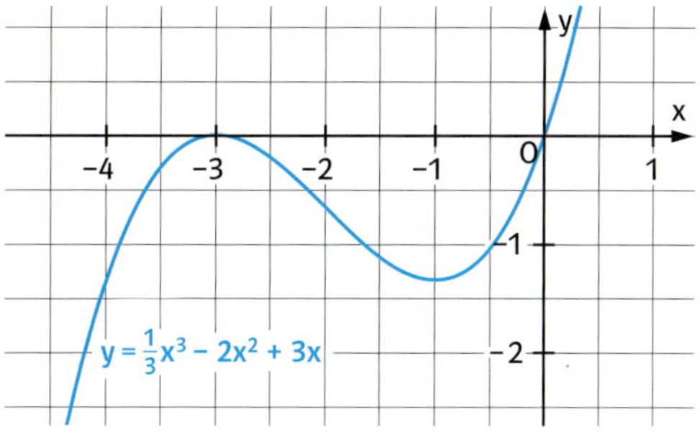

Fig. 1

6 Bestimmen Sie die untere Grenze a bzw. die obere Grenze b.

a) $\int_0^b x^2\,dx = 9$ b) $\int_a^5 x^2\,dx = 63$ c) $\int_1^b 2x^3\,dx = 40$ d) $\int_a^{10} 5x^4\,dx = 96875$

7 Der Boden eines 2 km langen Kanals hat die Form einer Parabel (siehe Fig. 2). Dabei entspricht einer Längeneinheit 1 m in der Wirklichkeit.

a) Berechnen Sie den Inhalt der Querschnittsfläche des Kanals.

b) Wie viel Wasser befindet sich im Kanal, wenn er ganz gefüllt ist?

c) Wie viel Prozent der maximalen Wassermenge befindet sich im Kanal, wenn er nur bis zur halben Höhe gefüllt ist?

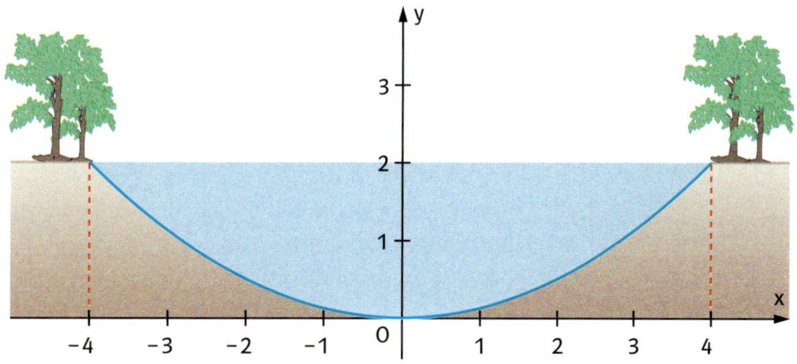

Fig. 2

Aus dem naturwissenschaftlich-technischen Bereich

8 Bei der Funktion f von Fig. 3 bedeutet x die Zeit (in s), f(x) die Geschwindigkeit (in $\frac{m}{s}$) eines sich geradlinig bewegenden Körpers. Beschreiben Sie den Bewegungsablauf. Wie viel Meter legt der Körper zwischen den Zeitpunkten $x_1 = 2$ und $x_2 = 7$ zurück?

9 Bei einem Pkw erhöht sich die Geschwindigkeit während des Startvorgangs gemäß $v(t) = 3t$ (t in s; v in $\frac{m}{s}$). Welchen Weg legt der Pkw in den ersten 10 Sekunden zurück?

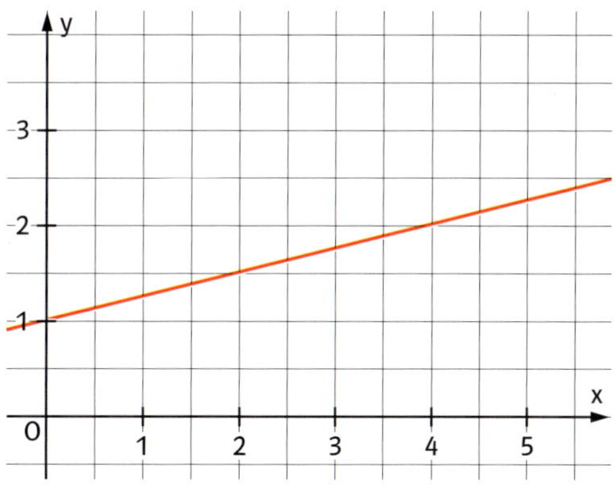

Fig. 3

10 Beim senkrechten Wurf nach oben mit der Abwurfgeschwindigkeit v_0 hat der Körper t Sekunden nach dem Abwurf die Geschwindigkeit $v(t) = v_0 - g \cdot t$ ($g \approx 9{,}81\,\frac{m}{s^2}$).

Die Höhe des Körpers über der Abwurfstelle ist dann nach t Sekunden: $h(t) = \int_0^t v(u)\,du$.

Welche Höhe erreicht ein Geschoss, das mit $150\,\frac{km}{h}$ senkrecht nach oben geschleudert wird?

Rauminhalte von Rotationskörpern

Welche gemeinsamen Eigenschaften haben Körper, die ein Drechsler herstellt?

Man kann zeigen, dass man mit der Integralrechnung auch Rauminhalte von Körpern berechnen kann.

Auf dem Intervall [a; b] ist eine Funktion f gegeben. Der Graph von f schließt mit der x-Achse und den Geraden mit den Gleichungen x = a und x = b eine Fläche ein. Rotiert diese Fläche um die x-Achse (Fig. 1), entsteht ein **Dreh-** oder **Rotationskörper**.

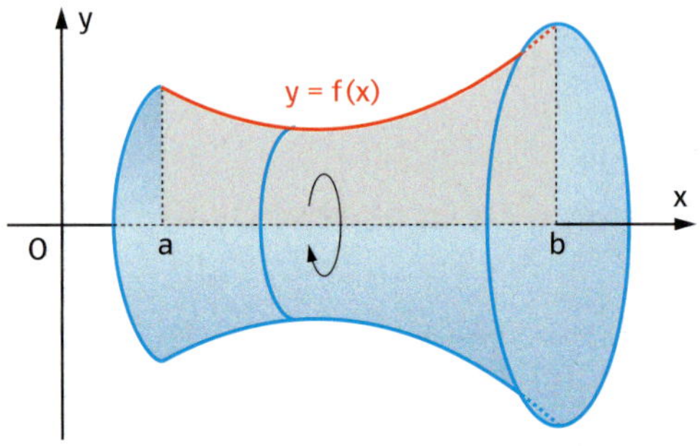

Fig. 1

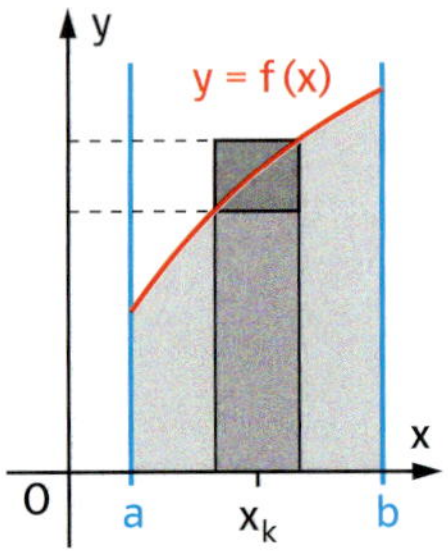

Die Berechnung des Volumens V dieses Rotationskörpers K schließt sich eng an das Verfahren zur Bestimmung von „Flächeninhalten unter Graphen" an (Fig. 2). Dabei wird [a; b] wieder in n Teilintervalle gleicher Länge h eingeteilt. Zu jedem Teilintervall gibt es einen Zylinder, der K von außen, und einen Zylinder, der K von innen berührt (Fig. 3). Man wählt nun einen Wert x_k im k-ten Teilintervall so, dass $f(x_k)$ zwischen den Radien des inneren und des äußeren Zylinders liegt. Damit erhält man für das Volumen von K die Zerlegungssumme

$V_n = \pi(f(x_1))^2 \cdot h + \pi(f(x_2))^2 \cdot h + \ldots + \pi(f(x_n))^2 \cdot h$

Für $n \to \infty$ strebt diese Summe V_n gegen das Integral $\pi\int_a^b (f(x))^2\,dx$.

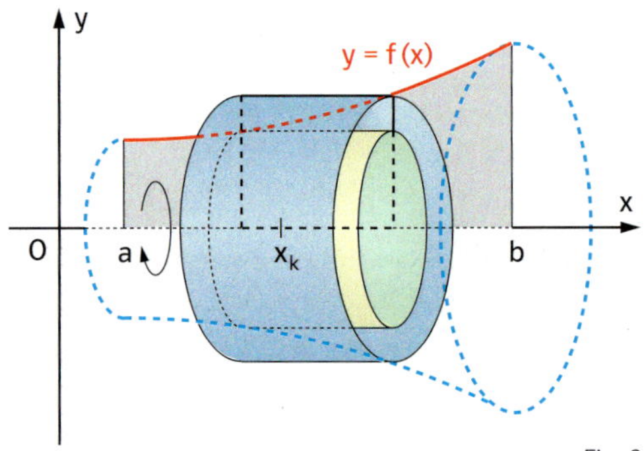

Fig. 2

Ist die Funktion f auf dem Intervall [a; b] gegeben, so entsteht bei Rotation der Fläche zwischen dem Graphen von f und der x-Achse über [a; b] ein Körper mit dem Volumen

$$V = \pi\int_a^b (f(x))^2\,dx.$$

Damit eröffnet sich ein völlig neuer Zugang für die Berechnung von Rauminhalten bereits bekannter Rotationskörper:

Zylinder:

Ist f(x) = 2, so entsteht durch Rotation des Graphen von f um die x-Achse über [0; 10] ein Zylinder mit Radius 2 und Höhe 10:

$V = \pi\int_0^{10} (2)^2\,dx = \pi[4x]_0^{10} = 40\pi \approx 125{,}7.$

Formel: $V = \pi \cdot r^2 \cdot h$; also $V = \pi \cdot 2^2 \cdot 10 = 40\pi$.

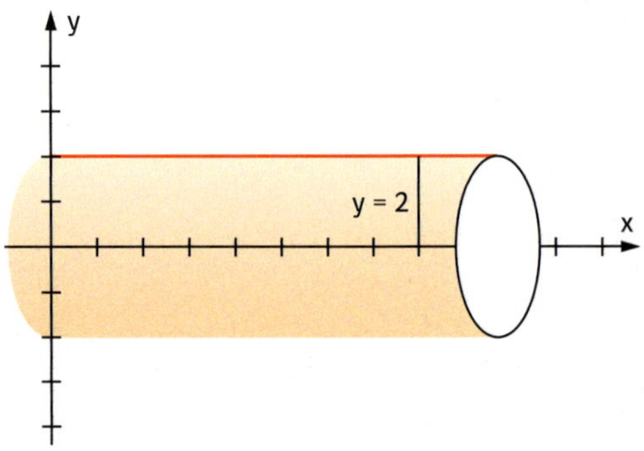

Kegel:
Ist $f(x) = 0{,}3 \cdot x$, so entsteht durch Rotation des Graphen von f um die x-Achse über [0; 10] ein Kegel mit Radius 3 und Höhe 10:

$V = \pi\int_0^{10} (0{,}3\,x)^2\,dx = \pi\left[0{,}03\,x^3\right]_0^{10} = 30\,\pi \approx 94{,}2$.

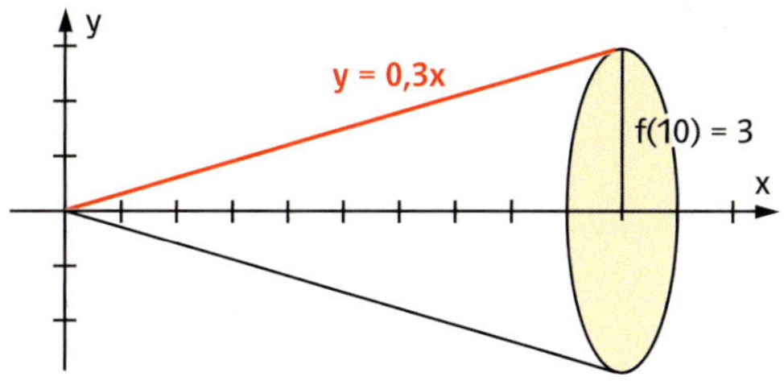

Formel: $V = \frac{\pi}{3} \cdot r^2 \cdot h$; also $V = \frac{\pi}{3} \cdot 3^2 \cdot 10 = 30\,\pi$.

Kugel:
Hat ein Kreis den Radius r = 4, so gilt für einen Punkt P(x | y) auf dem Kreis nach dem Satz des Pythagoras: $x^2 + y^2 = 4^2$. Damit ist die zum oberhalb der x-Achse gelegenen Graphen zugehörige Funktion
$f(x) = \sqrt{4^2 - x^2} = \sqrt{16 - x^2}$ mit $x \in [-4;\, 4]$.
Für das Volumen der Kugel mit Radius 4 gilt damit: $V = \pi\int_{-4}^{4} (16 - x^2)\,dx = \pi\left[16\,x - \frac{1}{3}x^3\right]_{-4}^{4}$

$= \frac{128}{3}\pi - \left(-\frac{128}{3}\pi\right) = \frac{256}{3}\pi \approx 268{,}1$.

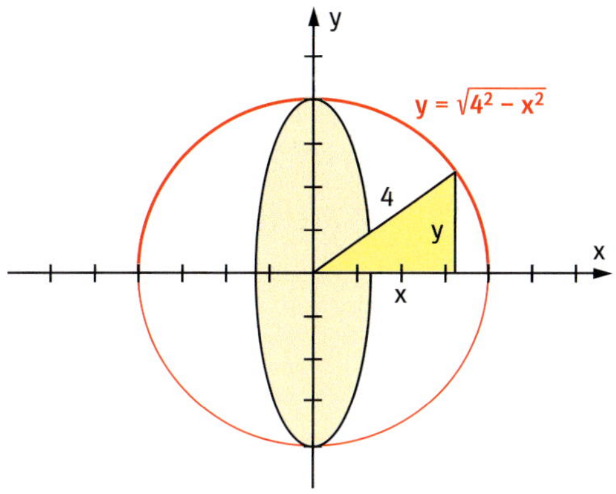

Formel: $V = \frac{4\pi}{3} \cdot r^3$; also $V = \frac{4\pi}{3} \cdot 4^3 = \frac{256}{3}\pi$.

Aufgaben

1 Durch Rotation der Flächen um die x-Achse entstehen Drehkörper. Bestimmen Sie jeweils das Volumen des Drehkörpers durch Integration.

a)

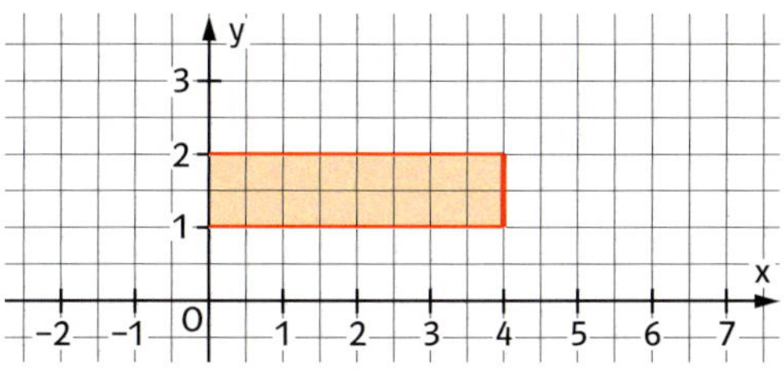

b)

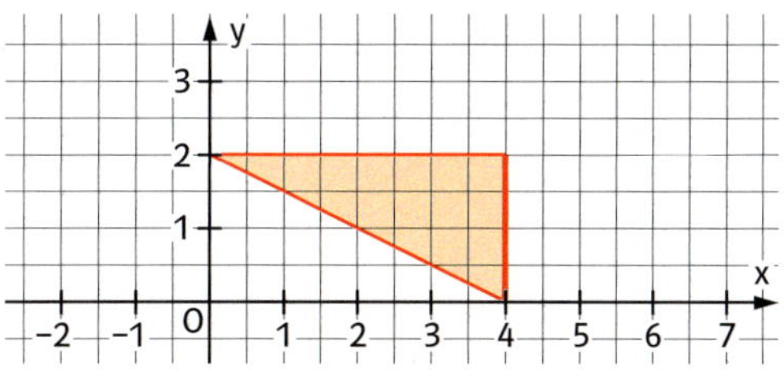

c)

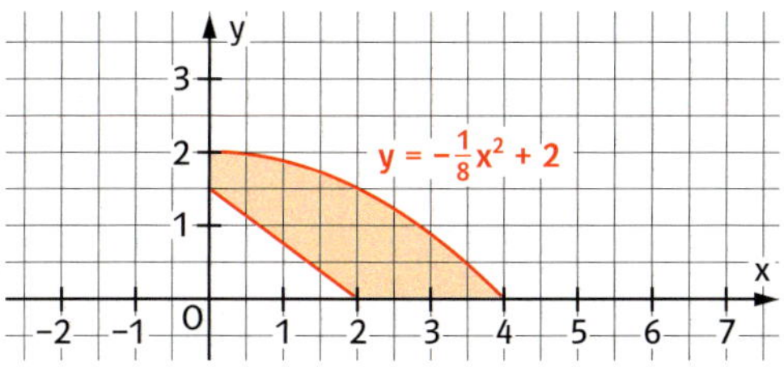

d)

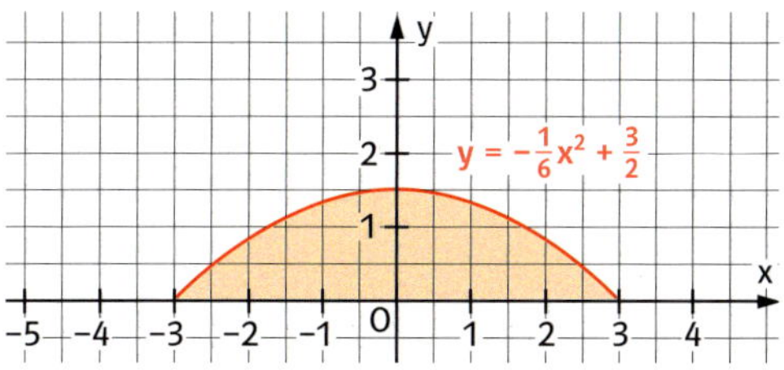

2 Die nebenstehende Tabelle zeigt Formeln über Kugelteile. Beweisen Sie die Formeln. Beachten Sie dabei: Durch Rotation des Graphen von f mit $f(x) = \sqrt{r^2 - x^2}$ um die x-Achse entsteht eine Kugel mit dem Ursprung als Mittelpunkt und dem Radius r.

Kugel	$V = \frac{4\pi}{3}r^2$
Kugelabschnitt	$V = \frac{\pi}{3}a^2(3\,r - a)$
	$= \frac{\pi}{6}a\,(3\,r_1^2 + a^2)$

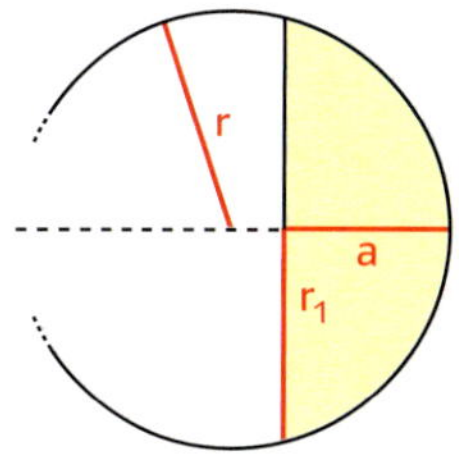

Hinweis: $r^2 = r_1^2 + (r - a)^2$

Rückblick

Definition des Integrals
Bei einer Funktion f ist das Integral der Grenzwert einer Zerlegungssumme.

$$\int_a^b f(x)\,dx = \lim_{n\to\infty} \frac{b-a}{n}[f(x_1) + f(x_2) + \ldots + f(x_n)]$$

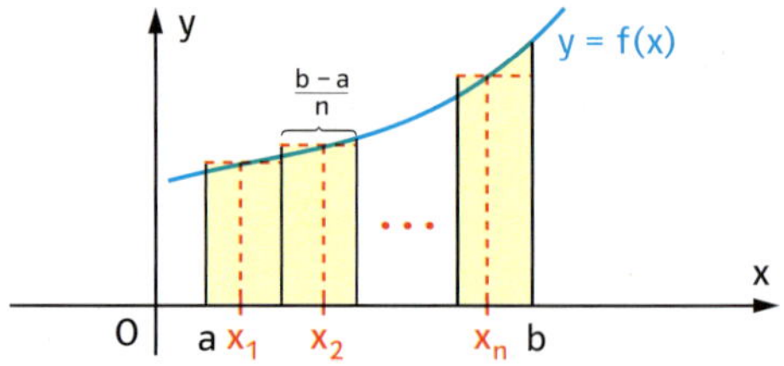

Stammfunktionen
F heißt Stammfunktion von f, falls $F'(x) = f(x)$ ist. Ist F eine Stammfunktion von f, dann auch G mit $G(x) = F(x) + c$.

Zu f mit $f(x) = 3x^2 - 1$ sind F mit $F(x) = x^3 - x$ und G mit $G(x) = x^3 - x + 1$ Stammfunktionen.

Berechnung von Integralen
Integrale kann man mit Hilfe von Stammfunktionen berechnen.
Ist F eine beliebige Stammfunktion von f, so gilt:

$$\int_a^b f(x)\,dx = F(b) - F(a)$$

Gegeben: f mit $f(x) = 6x^2$ hat als Stammfunktion F mit $F(x) = 2x^3$.

$$\int_1^2 6x^2\,dx = [2x^3]_1^2 = 16 - 2 = 14$$

Integral und momentane Änderungsrate
Ist die momentane Änderungsrate m einer Größe G in einem Zeitintervall $[t_1; t_2]$ gegeben, dann kann man die Gesamtänderung der Größe $G(t_2) - G(t_1)$ in diesem Intervall mit einem Integral bestimmen:

$$G(t_2) - G(t_1) = \int_{t_1}^{t_2} m(t)\,dt$$

Während der ersten 10 Minuten nach dem Starten eines kalten Motors wird der momentane Schadstoffausstoß m (in $\frac{mg}{s}$) gemessen:

$$m(t) = \frac{8}{0{,}0001 \cdot t^2 + 1} \quad (t \text{ in s}).$$

Gesamter Schadstoffausstoß:

$$\int_0^{600} \left(\frac{8}{0{,}0001 \cdot t^2 + 1} + 1\right) dt \approx 1725\,\text{mg (mit GTR)}$$

Berechnung von Flächeninhalten
a) Flächen zwischen einem Graphen und der x-Achse
Bei der Berechnung des Flächeninhalts ist zu unterscheiden, ob die Fläche oberhalb oder unterhalb der x-Achse liegt.

$$A_1 = \int_a^b f(x)\,dx$$

$$A_2 = -\int_b^c f(x)\,dx$$

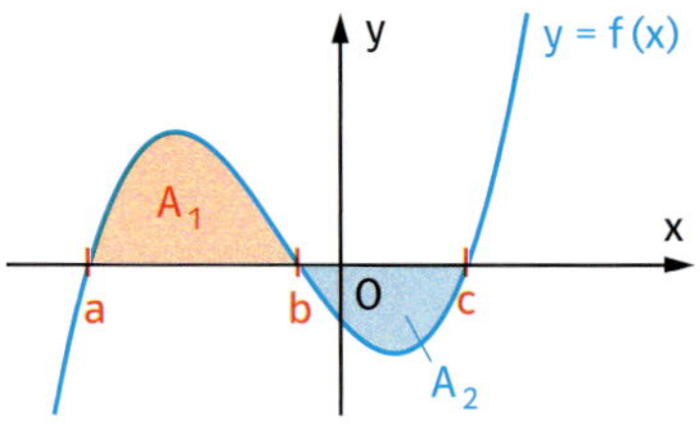

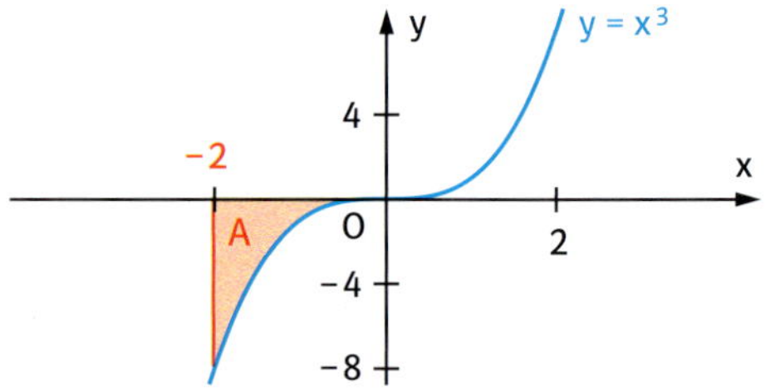

$$A = -\int_{-2}^{0} x^3\,dx = [-0{,}25x^4]_{-2}^{0} = 0 - (-4) = 4$$

b) Flächen zwischen zwei Kurven
Zur Berechnung des Flächeninhalts ist zu klären, welche Kurve in welchen Bereichen oberhalb der anderen Kurve liegt.
Dazu müssen die Schnittstellen der Graphen berechnet werden.

$$A_1 = \int_a^b (f(x) - g(x))\,dx$$

$$A_2 = \int_b^c (g(x) - f(x))\,dx$$

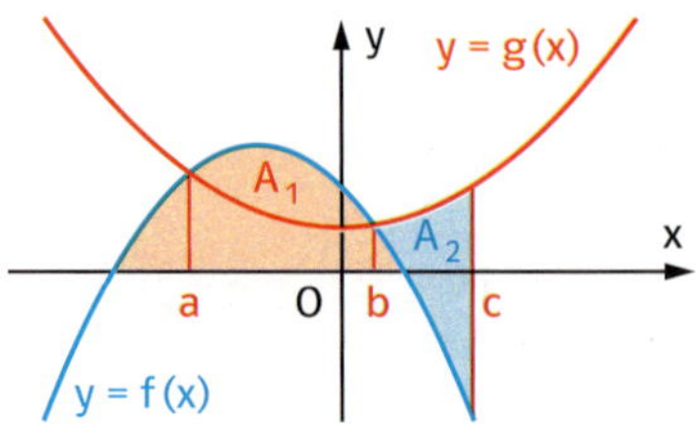

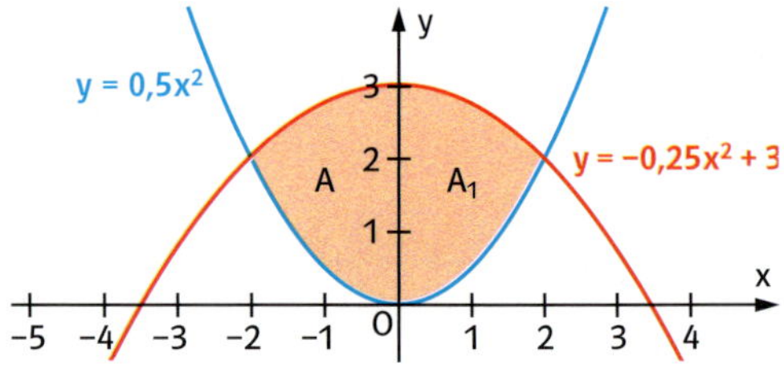

Man nutzt die Symmetrie zur y-Achse:

$$A = 2 \cdot A_1 = 2 \cdot \int_0^2 \left(\left(-\tfrac{1}{4}x^2 + 3\right) - \tfrac{1}{2}x^2\right) dx$$

$$2 \cdot \int_0^2 \left(-\tfrac{3}{4}x^2 + 3\right) dx = 2 \cdot \left[-\tfrac{1}{4}x^3 + 3x\right]_0^2 = 8$$

Aufgaben zum Üben und Wiederholen

1 Geben Sie die Bedeutung des Integrals anhand einer Skizze des Graphen an und bestimmen Sie exakt die folgenden Integrale.

a) $\int_{-2}^{2}(-x^2 + 4)\,dx$ b) $\int_{0}^{3}(x^3 - 3x^2)\,dx$ c) $\int_{-3}^{3}x\,dx$ d) $\int_{-2}^{2}(x^4 - 4x^2)\,dx$

2 Gegeben ist die Funktion f mit $f(x) = x^3 - x^2 - 2x$ in $[-3; 3]$.

a) Skizzieren Sie den Graphen und berechnen Sie die Nullstellen exakt.

b) Bestimmen Sie mit dem GTR die Extrempunkte des Graphen.

c) Zeigen Sie, dass $W\left(\frac{1}{3}\middle|-\frac{20}{27}\right)$ der einzige Wendepunkt ist und die Wendetangente die Steigung $-\frac{7}{3}$ hat.

d) Der Graph schließt mit der x-Achse über $[-1; 2]$ zwei Flächen ein. In welchem Verhältnis steht der Inhalt der oberhalb der x-Achse gelegenen Fläche zu dem der unterhalb gelegenen?

3 Gegeben ist die Funktion f mit $f(x) = x^3 + 3x^2$.

a) Skizzieren Sie den Graphen und berechnen Sie die Nullstellen exakt.

b) Berechnen Sie den Wendepunkt und die Steigung der Tangente im Wendepunkt exakt.

c) Stellen Sie die Gleichung der Normalen im Wendepunkt W auf und ermitteln Sie die weiteren Schnittpunkte mit dem Graphen von f.

d) Zeigen Sie, dass die Flächen, die von der Normalen und dem Graphen im 1. und im 2. Quadranten eingeschlossen werden, gleich groß sind.

Denken Sie daran, wie Flächeninhalt und Integral zusammenhängen!

4 Berechnen Sie die Inhalte der gefärbten Fläche. Überlegen Sie, ob Sie den GTR benötigen oder nicht.

a) $f(x) = x^2;\ g(x) = -x^2 + 2$

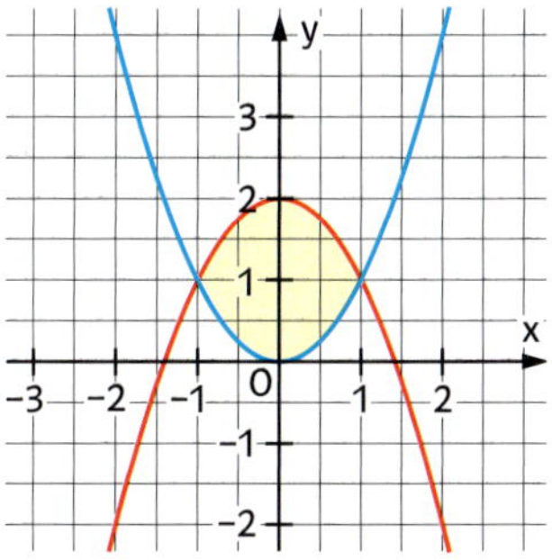

b) $f(x) = x^6;\ g(x) = -x^4 + 3$

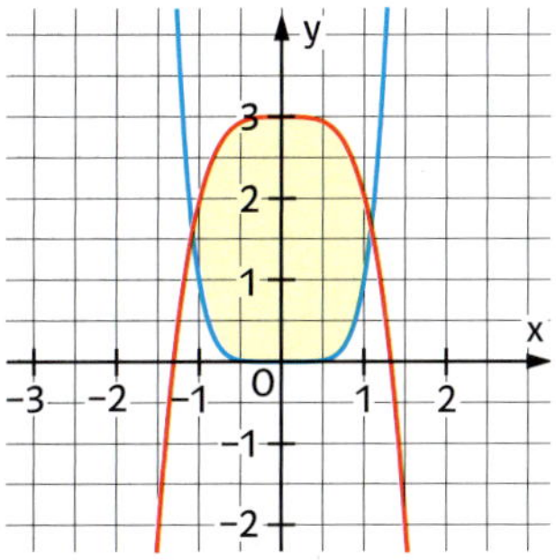

c) $f(x) = x^4 - 3;\ g(x) = -\frac{1}{2}x^3$

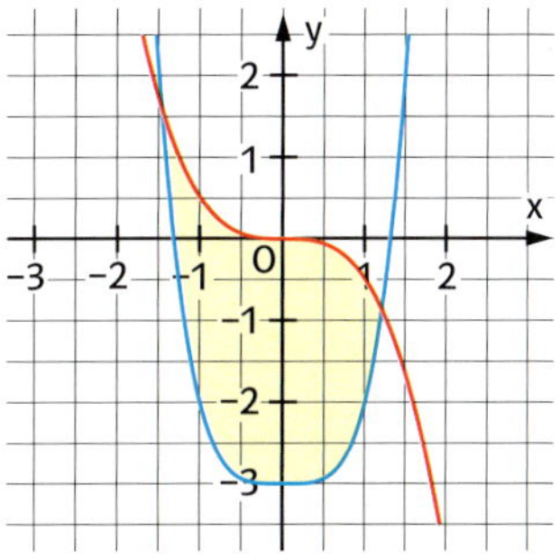

5 Gegeben ist die Funktion f mit $f(x) = x^3 + 2x + 1$. Bestimmen Sie eine Stammfunktion F von f so, dass der Graph der Stammfunktion durch den Punkt $P(1\,|\,0{,}25)$ verläuft.

6 Der Graph der Funktion f mit $f(x) = x^4 - 2x^3 - x$ hat im 4. Quadranten einen Wendepunkt W. Die Tangente in W schließt mit dem Graphen eine Fläche ein. Zeigen Sie, dass der Inhalt dieser Fläche den Wert 1,6 hat.

7 Die Grenzkosten für die Herstellung eines Bauteils betragen in Abhängigkeit von der Produktionsmenge x: $K'(x) = 1{,}2x^2 - 8{,}4x + 20$.

a) Geben Sie die Gesamtkostenfunktion K an, wenn bei der Herstellung von 2 ME die Kosten bei 48 ME liegen. Wie hoch sind die Fixkosten?

b) Bestimmen Sie das Betriebsminimum.

V Exponentialfunktionen

1 Die Funktion f mit $f(x) = k \cdot a^x$

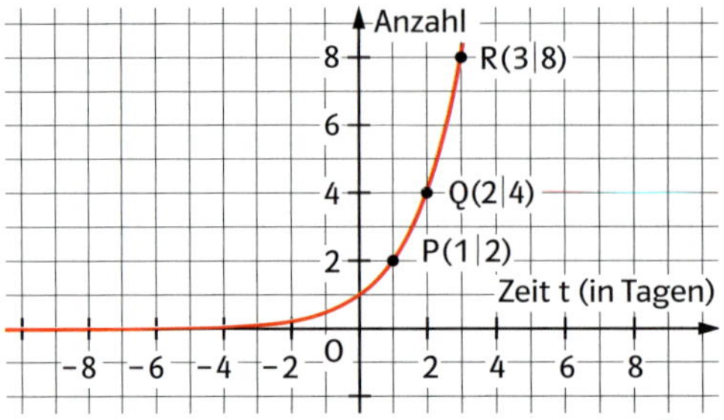

Fig. 1

1 Ein Gerücht verbreitet sich durch Gespräche von Person zu Person. Jeden Tag informiert jede Person, die dieses Gerücht kennt, genau eine andere, die es nicht kennt.

a) Deuten Sie diese Situation am nebenstehenden Graphen.

b) Geben Sie an, wie viele Personen nach 1 (2, 3, 4, 10) Tagen das Gerücht kennen.

c) Geben Sie die zugehörige Funktion an.

Vermehrt sich ein Kapital von $K_0 = 1000\,€$ jährlich um 4 % Jahreszins über mehrere Jahre, so berechnet sich in den folgenden Jahren das Kapital wie folgt:

Zur Erinnerung:

$a^n = \underbrace{a \cdot a \cdot \ldots \cdot a}_{n \text{ Faktoren}}$

a heißt **Basis**,
n **Exponent**,
a^n **Potenz**.
Es ist $a^0 = 1$
$a^1 = a$

$K_1 = 1000\,€ \cdot \left(1 + \frac{4}{100}\right) = 1040\,€$

$K_2 = 1040\,€ \cdot \left(1 + \frac{4}{100}\right) = 1000\,€ \cdot \left(1 + \frac{4}{100}\right) \cdot \left(1 + \frac{4}{100}\right) = 1000\,€ \cdot \left(1 + \frac{4}{100}\right)^2 = 1081{,}60\,€$

$K_3 = 1081{,}60\,€ \cdot \left(1 + \frac{4}{100}\right) = 1000\,€ \cdot \left(1 + \frac{4}{100}\right)^2 \cdot \left(1 + \frac{4}{100}\right) = 1000\,€ \cdot \left(1 + \frac{4}{100}\right)^3 = 1124{,}864\,€$

Nach n Jahren liegt also das Kapital bei $K_n = 1000\,€ \cdot \left(1 + \frac{4}{100}\right)^n$.

Allgemein berechnet sich bei einem Anfangskapital K_0 und einem Zinssatz p % das Kapital nach n Jahren wie folgt $K_n = K_0 \cdot \left(1 + \frac{p}{100}\right)^n$. Sind K_0 und p vorgegeben und setzt man noch $q = 1 + \frac{p}{100}$, so ist das Kapital K_n nur noch von n abhängig. Die zugehörige Funktion $f(n) = f(0) \cdot q^n$ heißt dann Exponentialfunktion, da der Exponent variabel ist.

Für a = 1 erhält man die konstanten Funktionen f mit $f(x) = 1^x = 1$ bzw. $g(x) = c \cdot 1^x = c$

a heißt auch **Wachstumsfaktor**.

Funktionen f mit $f(x) = a^x$ oder auch g mit $g(x) = c \cdot a^x$ mit $a > 0$ und $x \in \mathbb{R}$ (z.B. c = 3; a = 2) nennt man **Exponentialfunktionen mit der Basis a**. Ein Vorgang, der durch eine Exponentialfunktion beschrieben werden kann, wird **exponentielles Wachstum** genannt.

Es gilt $\frac{g(x+1)}{g(x)} = \frac{c \cdot a^{x+1}}{c \cdot a^x} = a$ oder $g(x+1) = a \cdot g(x)$, d.h. bei Erhöhung von x um 1 wird der Funktionswert g(x) mit a multipliziert.

Beispiel:
$g(x) = 3 \cdot 2^x$; $g(x+1) = 3 \cdot 2^{x+1}$, also
$\frac{g(x+1)}{g(x)} = \frac{3 \cdot 2^{x+1}}{3 \cdot 2^x} = \frac{2 \cdot 2^x}{2^x} = 2$; $g(x+1) = 2 \cdot g(x)$

Eigenschaften von Exponentialfunktionen:

a) Die Graphen von Funktionen f mit $f(x) = a^x$ verlaufen immer oberhalb der x-Achse. Da $a^0 = 1$ ist für alle $a > 0$, gehen alle Graphen durch A(0|1).

b) Die Graphen von $f(x) = a^x$ und $g(x) = a^{-x}$ gehen durch Spiegelung an der y-Achse auseinander hervor.

c) Für $a > 1$ ist f streng monoton wachsend, für $0 < a < 1$ streng monoton fallend.

d) Für $a > 1$ gilt: $a^x \to 0$ für $x \to -\infty$; die x-Achse ist waagerechte Asymptote. Für $0 < a < 1$ und $x \to \infty$ ist die x-Achse ebenfalls Asymptote.

Zeichnen Sie mithilfe des GTR die Graphen verschiedener Exponentialfunktionen. Welche Gemeinsamkeiten bzw. Unterschiede ergeben sich zu den Graphen ganzrationaler Funktionen?

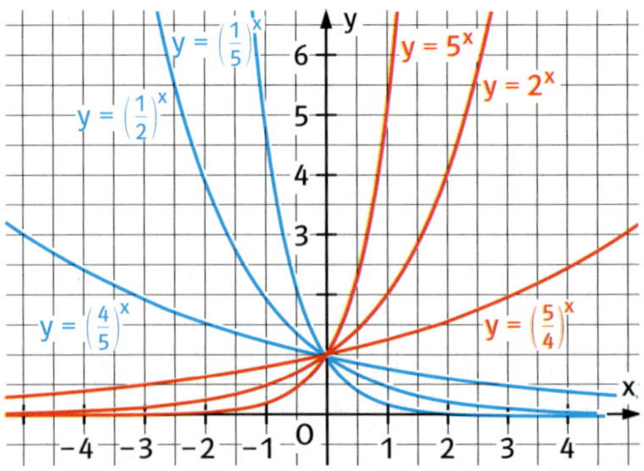

Beispiel 1 Exponentialfunktion und Berechnungen

In einem Gebiet vermehrt sich ein Heuschreckenschwarm wöchentlich um 40 %. Man geht von einem Anfangsbestand von 10 000 Tieren aus.

a) Wie lautet die Wachstumsfunktion?

b) Wie viele Tiere sind nach 10 Wochen vorhanden?

Lösung:

a) Anfangsbestand $f(0) = 10\,000$. Es ist $p = 40\,\%$, damit ist $q = 1 + \frac{40}{100} = 1{,}4$. $f(x) = 10000 \cdot 1{,}4^x$.

b) $f(10) = 10\,000 \cdot 1{,}4^{10} \approx 289\,254{,}65 \approx 290\,000$; also rund 300 000 Tiere.

Beispiel 2 Funktion bestimmen

Auf einem See breiten sich Algen exponentiell aus. Dabei wird x in Tagen und y in Quadratmetern gemessen. Zu Beginn der Beobachtung ($x = 0$) bedecken die Algen eine Fläche von $20\,m^2$, nach 2 Tagen sind es $22{,}05\,m^2$. Wie groß ist die von den Algen überdeckte Fläche nach 6 Tagen, wie groß nach 6 Stunden?

Lösung:

Ansatz: $f(x) = c \cdot a^x$ mit x in Tagen; $f(x)$ in m^2.

Es ist $f(0) = c = 20$; also $f(x) = 20 \cdot a^x$. Ferner ist $f(2) = 22{,}05$, d.h. $20 \cdot a^2 = 22{,}05$ oder $a^2 = 22{,}05 : 20 = 1{,}1025$. Damit ist $a = \sqrt{1{,}1025} = 1{,}05$. Wachstumsgleichung: $f(x) = 20 \cdot 1{,}05^x$.

Fläche in m^2 nach 6 Tagen: $f(6) = 20 \cdot 1{,}05^6 \approx 26{,}80$

Fläche in m^2 nach 6 Stunden $= \frac{1}{4}$ Tag: $f\left(\frac{1}{4}\right) = 20 \cdot 1{,}05^{\frac{1}{4}} \approx 20{,}25$

Achtung: Beim GTR ist bei $2^{\frac{1}{5}}$ die Hochzahl $\frac{1}{5}$ in Klammern zu setzen! Tastenfolge: [2] [^] [(] [1] [÷] [5] [)] [ENTER]

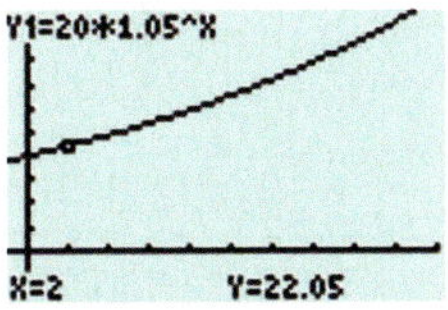

Die Kontrolle (mit dem GTR) ist wichtig!

Aufgaben

2 Zeichnen Sie den Graphen K von f mit $f(x) = 3^x$. Wie erhält man den Graphen G der Funktion g aus dem Graphen von K?

a) $g(x) = 3^x + 1$ b) $g(x) = -3^x$ c) $g(x) = 3^{-x}$ d) $g(x) = \left(\frac{1}{3}\right)^x$

3 Der Graph der Exponentialfunktion f mit $f(x) = a^x$ geht durch den Punkt P. Bestimmen Sie den zugehörigen Funktionsterm und skizzieren Sie den Graphen.

a) $P(1\,|\,3)$ b) $P(1\,|\,0{,}25)$ c) $P(-1\,|\,3)$ d) $P(0{,}5\,|\,0{,}0625)$

4 Der Graph der Exponentialfunktion f mit $f(x) = c \cdot a^x$ geht durch die Punkte P und Q. Berechnen Sie c und a.

a) $P(1\,|\,1)$, $Q(2\,|\,2)$ b) $P(-1\,|\,5)$, $Q(0\,|\,7)$ c) $P(4\,|\,5)$, $Q(5\,|\,6)$

5 Am 1. Januar 1950 wurde ein Betrag von umgerechnet 100,00 € auf ein Bankkonto eingezahlt. Dabei wurde ein langjähriger Festzinssatz von 5 % pro Jahr vereinbart.
Welchen Betrag weist das Konto am 1.01.2010 auf, wenn der Zins jährlich auf dem Konto gutgeschrieben wird und keine weiteren Ein- oder Auszahlungen erfolgt sind bzw. erfolgen?

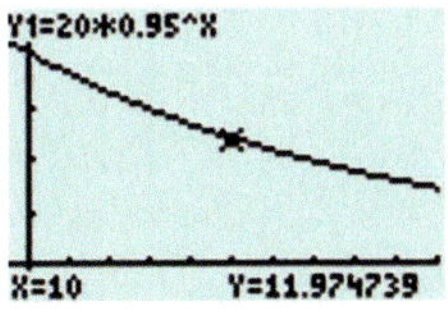

Graph zur Funktion von Aufgabe 6

6 Ein Bestand kann durch $f(x) = 20 \cdot 0{,}95^x$ (x in Tagen) beschrieben werden.

a) Wie hoch ist der Bestand nach 3 Tagen? Wie viel Prozent beträgt dann die Bestandsabnahme?

b) Berechnen Sie die wöchentliche Abnahme in Prozent.

2 Die eulersche Zahl e und die e-Funktion

1 Welche der drei Banken macht das günstigste Angebot?

Eine Bank führt eine neue Verzinsung ein. Dieses sind die Möglichkeiten:

– Ein Kapital $K_0 = 1$ Geldeinheit (GE) wird pro Jahr mit 100% verzinst; Kapital nach 1 Jahr:

$$K_1 = K_0 \cdot \left(1 + \frac{100}{100}\right) = 1 \cdot 2 = 2$$

– Ein Kapital $K_0 = 1$ wird halbjährlich mit je $\frac{100}{2}\,\% = 50\,\% = \frac{1}{2}$ verzinst: Kapital nach 1 Jahr:

$$K_2 = K_0 \cdot \left(1 + \frac{50}{100}\right)^2 = 1 \cdot \left(1 + \frac{1}{2}\right)^2 = 1{,}5^2 = 2{,}25$$

– Ein Kapital $K_0 = 1$ wird vierteljährlich mit je $\frac{100}{4}\,\% = 25\,\% = \frac{1}{4}$ verzinst: Kapital nach 1 Jahr:

$$K_4 = K_0 \cdot \left(1 + \frac{25}{100}\right)^4 = 1 \cdot \left(1 + \frac{1}{4}\right)^4 = 1{,}25^4 = 2{,}44140625$$

Die Berechnung ist mit dem GTR kein Problem:

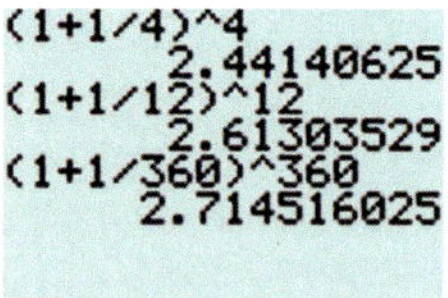

– Ein Kapital $K_0 = 1$ wird täglich mit je $\frac{100}{360}\,\% = \frac{1}{360}$ verzinst: Kapital nach 1 Jahr:

$$K_{360} = K_0 \cdot \left(1 + \frac{1}{360}\right)^{360} = 1 \cdot \left(1 + \frac{1}{360}\right)^{360} \approx 2{,}714516024$$

– Wird das Jahr in m gleich lange Zeitintervalle eingeteilt und der Zinssatz von $\frac{100}{m}\,\%$ nach jedem Zeitschritt dem Kapital zugefügt, so erhält man für $K_0 = 1$ das Endkapital (nach 1 Jahr):

$$K_m = \left(1 + \frac{1}{m}\right)^m$$

Die Tabelle zeigt den Kontostand eines Anfangskapitals von $K_0 = 1$ nach einem Jahr:

Zuschlag	jährl.	halbj.	viertelj.	monatl.	tägl.	stündl.	pro Min.	pro Sek.
m	1	2	4	12	360	8640	518 400	31 104 000
Kapital K_m	2,00000	2,25000	2,44141	2,61304	2,71452	2,71812	2,71828	2,71828

Wie die Tabelle vermuten lässt, steigt bei fortgesetzter Erhöhung der Zahl der Verzinsungszeiträume das Endkapital laufend, jedoch nicht unbegrenzt. Im Grenzfall ($m \to \infty$) spricht man von stetiger Verzinsung.

Leonhard Euler (1707–1783)

Der Grenzwert von $\left(1 + \frac{1}{m}\right)^m$ für $m \to \infty$ wurde von Leonhard Euler (1707–1783) entdeckt. Er veröffentlichte über diese Folge 1743 eine Abhandlung. Von Euler stammt die Abkürzung e für diesen Grenzwert.

Der Grenzwert $\lim\limits_{m \to \infty} \left(1 + \frac{1}{m}\right)^m$ ist eine irrationale Zahl. Er heißt **eulersche Zahl** und wird mit **e** bezeichnet:

$$e \approx 2{,}71828\ \ldots$$

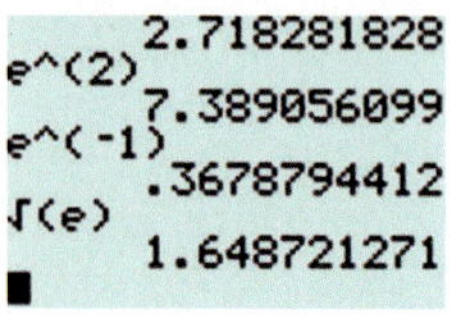

Fig. 1

Auf dem GTR ist es sehr einfach, mit e näherungsweise zu rechnen (Fig. 1).

Es wird sich zeigen, dass die Funktion f mit $f(x) = e^x$ eine besondere Exponentialfunktion ist. Man bezeichnet sie als **natürliche Exponentialfunktion**. Ihren Graph zeigt Fig. 1.
Der Graph der natürlichen Exponentialfunktion hat dieselben Eigenschaften wie die jeder anderen Exponentialfunktion.
Die Funktion f wird noch etwas eingehender untersucht, bevor in der nächsten Lerneinheit ihre Ableitung bestimmt wird.

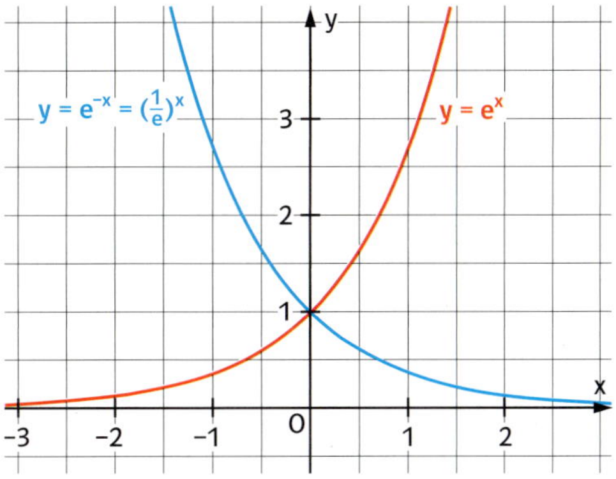

Fig. 1

Welche Eigenschaften hat die natürliche Exponentialfunktion?

Beispiel Bestimmung von Änderungsraten der natürlichen Exponentialfunktion
Die Änderungsrate von f mit $f(x) = e^x$ soll für [0,5; 1], [0,99; 1] und [0,999; 1] berechnet werden.
Lösung:

Es ist $m_{PQ_1} = \frac{e^1 - e^{0,5}}{1 - 0,5} \approx \frac{2,71828 - 1,64872}{0,5} \approx 2,13912$

$m_{PQ_2} = \frac{e^1 - e^{0,99}}{1 - 0,99} \approx \frac{2,71828 - 2,69123}{0,01} \approx 2,70474$

$m_{PQ_3} = \frac{e^1 - e^{0,999}}{1 - 0,999} \approx \frac{2,71828 - 2,71556}{0,001} \approx 2,71692$

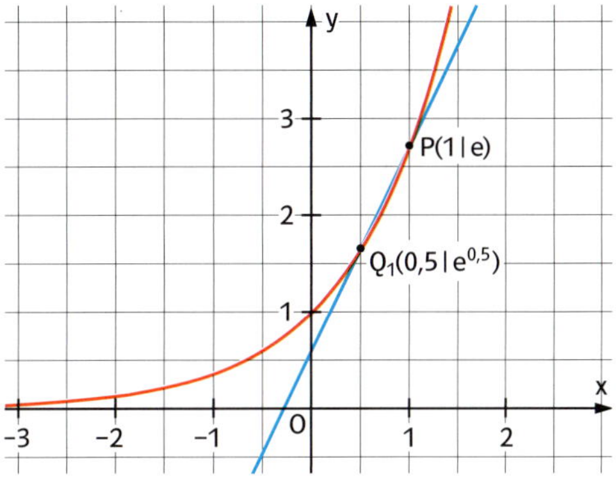

Fig. 2

Zur Erinnerung:
Die Änderungsrate für P und Q_1 ist geometrisch die Steigung der Gerade durch P und Q_1.

Aufgaben

2 Geben Sie auf vier Dezimalen genau an.
a) e^4 b) $e^{\frac{1}{4}}$ c) $e^{\sqrt{5}}$ d) $e^{2,67}$ e) $2 \cdot e^{-1,2}$ f) $0,25 \cdot e^3$ g) e^e
h) $3 \cdot e^3 - 12$ i) $3e^3 - e$ j) $\frac{1}{e} - e$ k) $\sqrt{e} + e$ l) $4 \cdot e^{\frac{1}{4}}$ m) $e^2 + e^3 - 1$ n) e^{2e}

3 Vereinfachen Sie mithilfe der Potenzgesetze.
a) $e^5 \cdot e^3$ b) $\frac{e^5}{e^3}$ c) $(e^5)^3$ d) $(2e)^2$ e) $2e^2 \cdot e^{-3}$ f) $(2e^2 \cdot e)^2$ g) $e^{-e} \cdot e^e$
h) $e^3 \cdot 2^3$ i) $2^3 \cdot 3^3 \cdot e^3$ j) $\frac{e^2}{2^2 \cdot 2e^2}$ k) $\frac{9e^4}{3e^{-4}}$ l) $e^5 \cdot (0,5e)^5$ m) $e^5 \cdot (0,5e)^{-5}$ n) $e^{0,5} \cdot e^{-0,25}$

Die Potenzgesetze:

$a^m \cdot a^n = a^{m+n}$
$\frac{a^m}{a^n} = a^{m-n}$
$a^m \cdot b^m = (a \cdot b)^m$
$\frac{a^m}{b^m} = \left(\frac{a}{b}\right)^m$
$(a^m)^n = a^{m \cdot n}$

4 a) Berechnen Sie die Änderungsraten von f mit $f(x) = e^x$ für [0; 0,5], [0; 0,1], [0; 0,01], [0; 0,001] und [0; 0,0001].
b) Welche Vermutung ergibt sich für die lokale Änderungsrate im Punkt P(0 | 1)? Interpretieren Sie das Ergebnis am Graphen der Funktion f. Bestätigen Sie diese Vermutung mit dem GTR.

Sonderfälle:

$a^0 = 1$
$a^1 = a$
$a^{-1} = \frac{1}{a}$
$a^{-n} = \frac{1}{a^n}$

5 Lösen Sie die Gleichung.
Beispiel: $e^{2x+3} = 1$ bedeutet $e^{2x+3} = e^0$, also $2x + 3 = 0$; $2x = -3$; damit $x = -1,5$.
a) $e^x = 1$ b) $e^x = e$ c) $e^x = \frac{1}{e}$ d) $e^{-x} = e^3$
e) $e^{2x} = e^{-5}$ f) $e^{2x+1} = e$ g) $e^{2x+3} = e^4$ h) $e^{-2x} = e^{x-1}$
i) $e^{0,5x} = e^{0,5x+1}$ j) $e^{3x} = \frac{1}{e}$ k) $\sqrt{e^x} = 1$ l) $\sqrt{e^x} = e$

Beachten Sie:
Zwei Potenzen mit gleichen Basen sind gleich, wenn ihre Exponenten gleich sind!

6 Jemand möchte sein Kapital in 12 Jahren verdoppeln.
Die Bank A bietet an: 1,45 % Zins je Vierteljahr, Bank B: 3,0 % Zins je Halbjahr. Verdoppelt sich in beiden Fällen das Kapital nach 12 Jahren? Welche Verzinsung ist günstiger?

3 Ableiten und Integrieren der Exponentialfunktion

Eingabe der Ableitung:

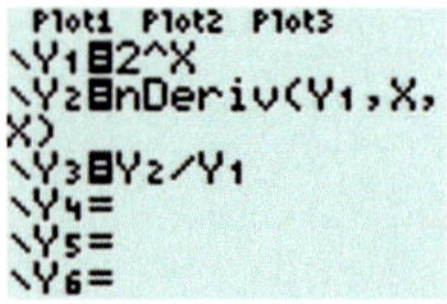

Fig. 1

1 a) Gegeben ist die Funktion f mit $f(x) = 2^x$. Bilden Sie mit dem GTR die Ableitung von f sowie den Quotienten aus Ableitung f′ und Funktion f (Fig. 1). Betrachten Sie die Wertetabelle. Wie hängen demnach die Funktion $f(x) = 2^x$ und ihre Ableitung $f'(x)$ zusammen?
b) Wiederholen Sie Aufgabenteil a) für die Funktion f mit $f(x) = 3^x$ (und andere Exponentialfunktionen).

Es werden die Ableitungen von f mit $f(x) = e^x$ und g mit $g(x) = e^{k \cdot x}$ bestimmt, wobei k irgend eine Zahl sein kann.

Die Steigung der Strecke durch die Punkte $P(x_0 \mid e^{x_0})$ und $Q(x \mid e^x)$ ist gleich der Änderungsrate der Funktion f über $[x_0; x]$

Um die Ableitung von f mit $f(x) = e^x$ an einer Stelle x_0 zu bestimmen, wird zunächst die Steigung der Strecke durch die Punkte $P(x_0 \mid e^{x_0})$ und $Q(x \mid e^x)$ berechnet: $m = \frac{e^x - e^{x_0}}{x - x_0}$.

Setzt man $x = x_0 + h$, so erhält man

$m = \frac{e^{x_0 + h} - e^{x_0}}{h} = \frac{e^{x_0} \cdot e^h - e^{x_0}}{h} = e^{x_0} \cdot \frac{e^h - 1}{h}$.

Grenzwert für $h \to 0$:

$f'(x_0) = \lim\limits_{h \to 0} e^{x_0} \cdot \frac{e^h - 1}{h} = e^{x_0} \cdot \lim\limits_{h \to 0} \frac{e^h - 1}{h} =$

$= e^{x_0} \cdot \lim\limits_{h \to 0} \frac{e^h - e^0}{h - 0} = e^{x_0} \cdot f'(0)$.

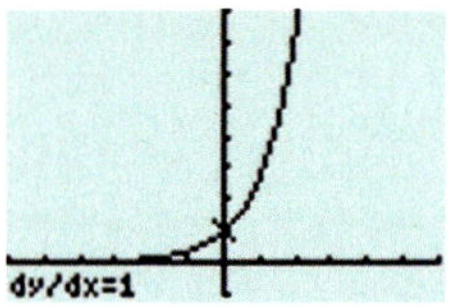

Fig. 2

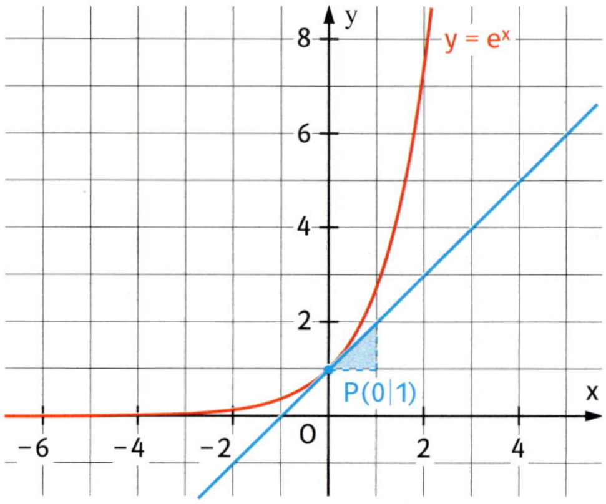

Fig. 3

Mit dem GTR (Fig. 2) oder anhand einer genauen Zeichnung (Fig. 3) erhält man $f'(0) = 1$.
Damit ist $f'(x_0) = e^{x_0}$, d.h., die Funktion $f(x) = e^x$ stimmt mit ihrer Ableitung überein. Daraus folgt, dass $f''(x) = e^x$, $f'''(x) = e^x$, … und F mit $F(x) = e^x$ eine Stammfunktion von f ist.

Die Ableitung von $g(x) = e^{4x}$ an der Stelle 0 ist $g'(0) = 4$:

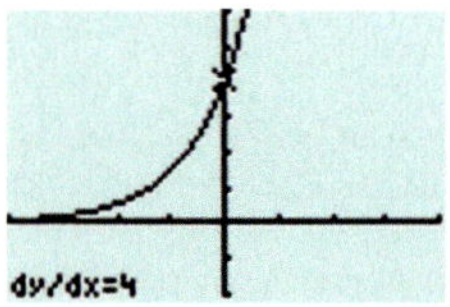

Fig. 4

Um die Funktion g mit $g(x) = e^{kx}$ abzuleiten, bildet man ebenfalls den Quotienten $m = \frac{e^{kx} - e^{kx_0}}{x - x_0}$.
Mit $x = x_0 + h$ erhält man $m = \frac{e^{k(x_0 + h)} - e^{kx_0}}{h} = \frac{e^{kx_0 + kh} - e^{kx_0}}{h} = e^{kx_0} \frac{e^{kh} - 1}{h} = e^{kx_0} \frac{e^{kh} - e^0}{h - 0} = e^{kx_0} \cdot g'(0)$.
Mit dem GTR erhält man beim Einsetzen konkreter Werte für k, dass $g'(0) = k$ ist. In Fig. 4 wurde die Ableitung von $g(x) = e^{4x}$ an der Stelle $x = 0$ bestimmt: $g'(0) = 4$.
Damit gilt: $g(x) = e^{kx}$ hat die Ableitung $g'(x) = k \cdot e^{kx}$, $g''(x) = k^2 \cdot e^{kx}$, …
Eine Stammfunktion ist $G(x) = \frac{1}{k} e^{kx}$, da $G'(x) = \frac{1}{k} \cdot k \cdot e^{kx} = e^{kx}$ ist.
Die Funktion h mit $h(x) = e^{mx + c} = e^{mx} \cdot e^c$ (z. B. $h(x) = e^{2x + 5} = e^{2x} \cdot e^5$) hat die Ableitung $h'(x) = m \cdot e^{mx} \cdot e^c = m \cdot e^{mx + c}$ ($h'(x) = 2e^{2x} \cdot e^5 = 2e^{2x + 5}$). Damit gilt:

$f(x) = f'(x) = f''(x) = f'''(x) = f^{(4)}(x) = \ldots = e^x$

Die **natürliche Exponentialfunktion** f mit $f(x) = e^x$ hat die Ableitungsfunktion f′ mit $f'(x) = e^x$. Eine Stammfunktion ist F mit $F(x) = e^x$.

Die **Exponentialfunktion** g mit $g(x) = e^{mx + c}$ hat die Ableitungsfunktion g′ mit $g'(x) = m e^{mx + c}$. Eine Stammfunktion ist G mit $G(x) = \frac{1}{m} e^{mx + c}$.

Beispiel 1 Ableiten
Bilden Sie die Ableitung f′(2) und eine Stammfunktion von f mit $f(x) = e^{0{,}5x - 1}$.
Lösung:
$f'(x) = 0{,}5 \cdot e^{0{,}5x - 1}$; damit $f'(2) = 0{,}5 \cdot e^{0{,}5 \cdot 2 - 1} = 0{,}5 \cdot 1 = 0{,}5$.
$F(x) = \frac{1}{0{,}5} \cdot e^{0{,}5x - 1} = 2e^{0{,}5x - 1}$

Kontrolle mit dem GTR:

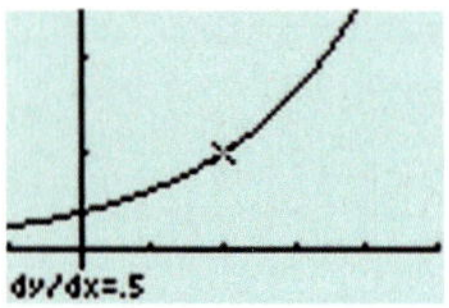

Beispiel 2 Tangente und Fläche

Gegeben ist die Funktion f mit $f(x) = 2e^x$.

a) Ermitteln Sie die Gleichung der Tangente im Punkt $A(1 \mid f(1))$ an den Graphen von f.

b) Wie groß ist der Inhalt der Fläche zwischen dem Graphen von f und der x-Achse über dem Intervall [0; 1]?

c) Welchen Inhalt hat die Fläche zwischen dem Graphen von f und der Tangente über [0; 1]?

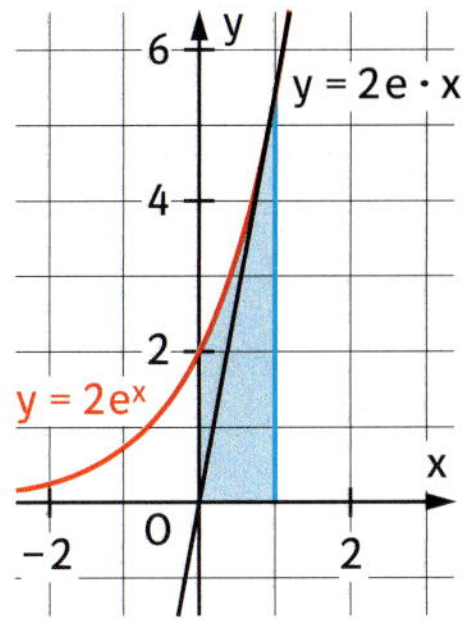

Lösung:

a) Aus $f'(x) = 2e^x$ ergibt sich die Steigung $m = f'(1) = 2e$. Wegen $f(1) = 2e$ ist $A(1 \mid 2e)$.
Gleichung der Tangente: $y - 2e = 2e(x - 1)$ oder $y = 2e \cdot x$.

b) $A = \int_0^1 2e^x \, dx = 2 \cdot [e^x]_0^1 = 2 \cdot (e - 1) \approx 3{,}4366$

c) $A^* = A - \frac{1}{2} \cdot 2e = 2(e - 1) - e = e - 2 \approx 0{,}7183$

Aufgaben

2 Gegeben ist der Graph K der natürlichen Exponentialfunktion.

a) Bestimmen Sie die Gleichungen der Tangenten an K in den Punkten $A(1 \mid e)$ und $B\left(-1 \,\middle|\, \frac{1}{e}\right)$.

b) Berechnen Sie den Schnittpunkt der Tangente an K im Punkt A mit der x-Achse.

c) Geben Sie die Steigungen der Normalen an K in den Punkten A und B an.

3 Berechnen Sie den Inhalt der Fläche zwischen der x-Achse, dem Graphen der natürlichen Exponentialfunktion und den Geraden mit den Gleichungen x = a und x = b für

a) a = 0, b = 2   b) a = −1, b = 1   c) a = 2, b = 4   d) a = −10, b = 2.

4 Berechnen Sie den Inhalt der gefärbten Fläche.

a)

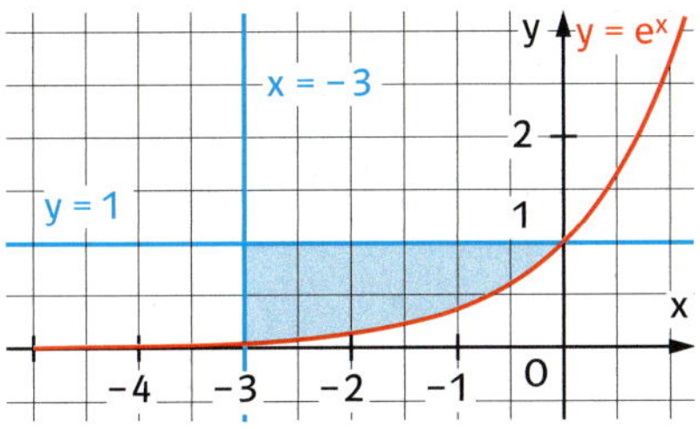

b)

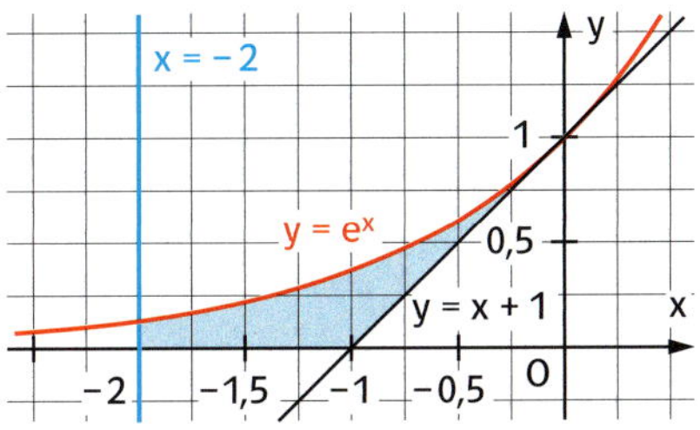

c)

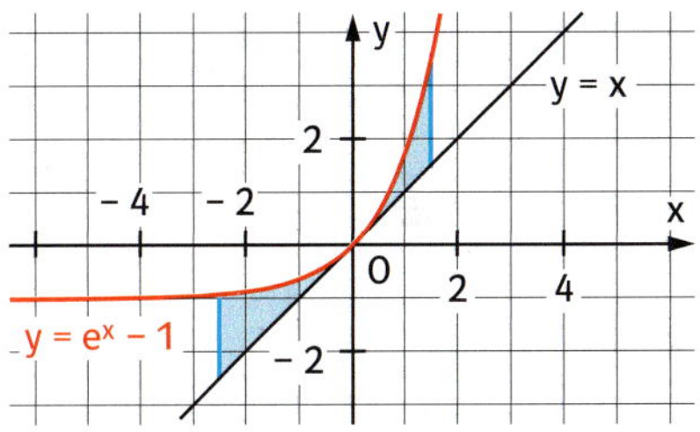

5 Leiten Sie ab und geben Sie eine Stammfunktion von f an.

a) $f(x) = x - e^x$ b) $f(x) = \frac{1}{3}x^3 - 3e^x$ c) $f(x) = e^x + e^{2x}$ d) $f(x) = e^{-2x}$

e) $f(x) = e^{3x+4}$ f) $f(x) = 4e^{2x+5} + e$ g) $f(x) = \frac{2}{5}e^{\frac{1}{2}x+3}$ h) $f(x) = e^2 - e^{x+1}$

6 Berechnen Sie das Integral und geben Sie einen Näherungswert an.

a) $\int_0^{\frac{1}{2}} 2e^{2x}$ b) $\int_0^{\frac{1}{2}} 2e^{2x+1} dx$ c) $\int_0^1 (x + e^{-x+1})$ d) $\int_{0{,}25}^{0{,}75} \left(\frac{1}{2}e^{4t-1} + 1\right) dt$

Denken Sie daran:
Im [2nd] [CALC]-Fenster finden Sie, was Sie für Aufgabe 7 brauchen!

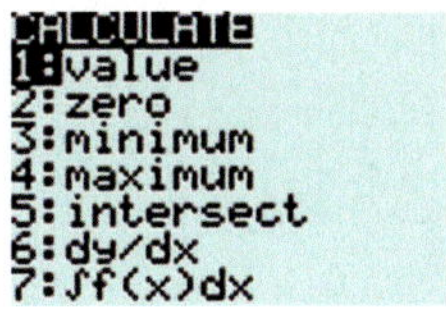

7 Bestimmen Sie mit dem GTR für die Funktion f mit $f(x) = x - e^{0{,}5x-2}$

a) den Graphen von f und die Nullstellen im Intervall [−2; 10],

b) die Steigung des Graphen von f im Punkt $P(5 \mid f(5))$,

c) das Maximum von f im Intervall [−2; 10],

d) den Inhalt der Fläche, den der Graph von f mit der x-Achse im 1. Quadranten einschließt.

4 Natürlicher Logarithmus – Exponentialgleichungen

1 Die Funktion f mit $f(t) = 929 \cdot e^{0{,}0192 \cdot t}$, $t \geqq 0$ (t in Jahren, f(t) in Millionen), beschreibt näherungsweise die Bevölkerungsentwicklung Indiens. Dabei entspricht t = 0 dem Jahre 1995.
Es wird vorausgesetzt, dass sich an diesem Wachstum in den nächsten Jahrzehnten nichts ändert. Berechnen Sie, wann Indien 1,2 Milliarden Einwohner (doppelt so viele wie 1995) haben wird. Kontrollieren Sie Ihr Ergebnis mit dem GTR.

Ist bei der Exponentialfunktion f mit $f(x) = e^x$ ein Funktionswert y gegeben und ist der zugehörige x-Wert gesucht, so ist die Exponentialgleichung $e^x = y$ zu lösen (Fig. 1). Man erkennt, dass $e^x = 3$ die Lösung $x \approx 1{,}1$ hat. Entsprechend hat $e^x = 0{,}5$ die Lösung $x \approx -0{,}7$.

Allgemein nennt man in der Gleichung $a^x = y$ den Exponenten x **Logarithmus von y zur Basis a**.
Man schreibt $x = \log_a(y)$.
In der Gleichung $e^x = y$ nennt man die Hochzahl x den natürlichen Logarithmus von y.
Statt $x = \log_e(y)$ schreibt man einfacher $x = \ln(y)$.
So kann man zum Beispiel $e^x = 3$ nach x auflösen: $x = \ln(3)$. Mit dem GTR erhält man $x \approx 1{,}0986$ (Fig. 2).

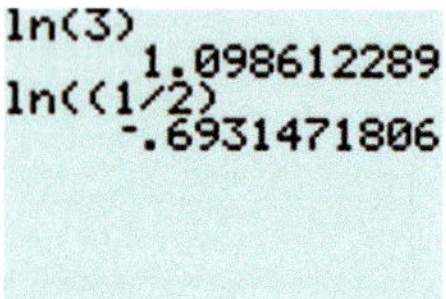

Fig. 2

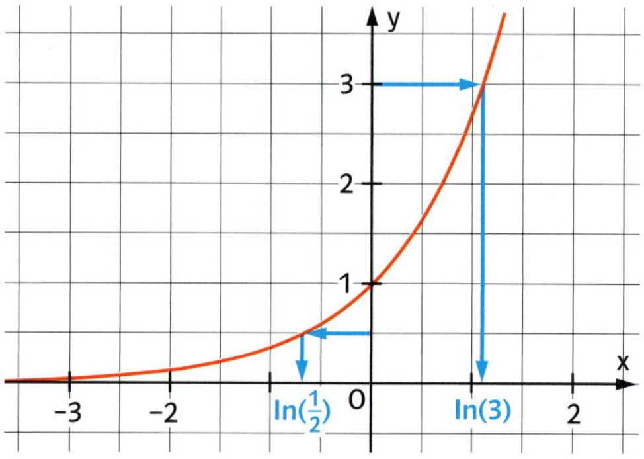

Fig. 1

In der Gleichung $e^x = y$ heißt die Hochzahl x **natürlicher Logarithmus von y**: $x = \ln(y)$.
Daraus ergibt sich durch Einsetzen: (1) $e^{\ln(y)} = y$
(2) $\ln(e^x) = x$

Wichtige Logarithmen:
- $\ln(1) = 0$, da $e^0 = 1$
- $\ln(e) = 1$, da $e^1 = e$
- $\ln\left(\frac{1}{e}\right) = -1$, da $e^{-1} = \frac{1}{e}$ ist.

Für das Rechnen mit Logarithmen gelten die **Logarithmengesetze**:
Ist $e^x = u$ und $e^y = v$, so ist $e^x \cdot e^y = e^{x+y} = u \cdot v$. Mit Logarithmen geschrieben:
$x = \ln(u)$ und $y = \ln(v)$, also $x + y = \ln(u \cdot v)$; d.h. $\ln(u \cdot v) = \ln(u) + \ln(v)$.

Ist $e^x = u$ und $e^y = v$, so ist $\frac{e^x}{e^y} = e^{x-y} = \frac{u}{v}$. Mit Logarithmen geschrieben:
$x = \ln(u)$ und $y = \ln(v)$, also $x - y = \ln\left(\frac{u}{v}\right)$; d.h. $\ln\left(\frac{u}{v}\right) = \ln(u) - \ln(v)$.

Ist $e^x = u$, so ist $(e^x)^k = u^k$, also $e^{kx} = u^k$. Mit Logarithmen geschrieben:
$x = \ln(u)$, also $kx = \ln(u^k)$, d.h. $\ln(u^k) = k \cdot \ln(u)$.

Der GTR bestätigt die Rechnungen:

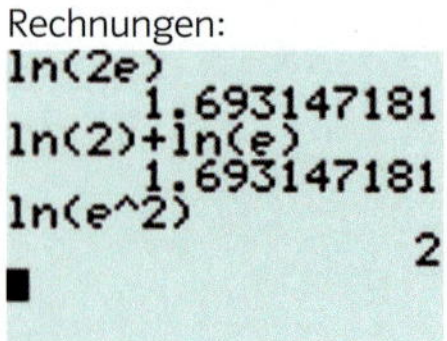

Es gelten für den natürlichen Logarithmus die **Logarithmengesetze**:

	Beispiele:
(1) $\ln(u \cdot v) = \ln(u) + \ln(v)$	(1) $\ln(2 \cdot e) = \ln(2) + \ln(e) = \ln(2) + 1$
(2) $\ln\left(\frac{u}{v}\right) = \ln(u) - \ln(v)$	(2) $\ln\left(\frac{e}{2}\right) = \ln(e) - \ln(2) = 1 - \ln(2)$
(3) $\ln(u^k) = k \cdot \ln(u)$	(3) $\ln(e^2) = 2 \cdot \ln(e) = 2 \cdot 1 = 2$

Es ist nunmehr möglich, jede Exponentialfunktion als natürliche Exponentialfunktion darzustellen: Da $2 = e^{\ln(2)}$ ist, gilt entsprechend $2^x = (e^{\ln(2)})^x = e^{\ln(2)\cdot x}$. Ferner lassen sich jetzt Exponentialgleichungen lösen.

Beispiel 1 Vereinfachungen

Vereinfachen Sie.

a) $e^{\ln(4x)}$ b) $e^{2\cdot\ln(3x)}$ c) $\ln\left(\frac{1}{2}e^{3x}\right)$

Lösung:

a) $e^{\ln(4x)} = 4x$ b) $e^{2\cdot\ln(3x)} = e^{\ln((3x)^2)} = (3x)^2 = 9x^2$

c) $\ln\left(\frac{1}{2}e^{3x}\right) = \ln\left(\frac{1}{2}\right) + \ln(e^{3x}) = \ln(1) - \ln(2) + 3x = 0 - \ln(2) + 3x = 3x - \ln(2)$

Beispiel 2 Exponentialgleichung

Bestimmen Sie die Lösung der Gleichung $2\cdot e^{2x-3} = e^{-x}$

a) ohne GTR b) mit GTR

Lösung:

a) $2\cdot e^{2x-3} = e^{-x}$.

Diese Gleichung wird „logarithmiert":

$\ln(2\cdot e^{2x-3}) = \ln(e^{-x})$;

$\ln(2) + \ln(e^{2x-3}) = -x$

$\ln(2) + (2x-3) = -x$

$3x = 3 - \ln(2)$

$x = 1 - \frac{1}{3}\ln(2)$

$x \approx 0{,}7690$

b) Man gibt die Gleichung $2\cdot e^{2x-3} - e^{-x} = 0$ in den Solver ein (MATH-Taste; 10:Solver) und löst die Gleichung über ALPHA SOLVE:

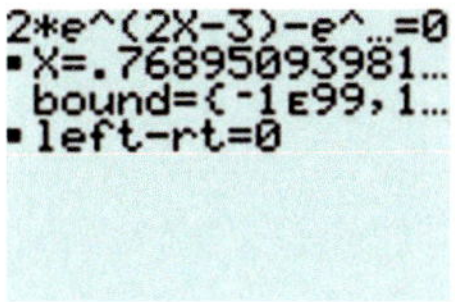

Ergebnis: $x \approx 0{,}76895$

Beispiel 3 Beliebige Basen

Gegeben ist die Funktion $f(x) = 1{,}05^x$. Leiten Sie f ab und geben Sie eine Stammfunktion an.

Lösung:

Da $1{,}05 = e^{\ln(1{,}05)}$ ist, gilt $f(x) = 1{,}05^x = e^{\ln(1{,}05)\cdot x}$; $f'(x) = \ln(1{,}05)\cdot e^{\ln(1{,}05)\cdot x} = \ln(1{,}05)\cdot 1{,}05^x$;

$F(x) = \frac{1}{\ln(1{,}05)}\cdot e^{\ln(1{,}05)\cdot x} = \frac{1}{\ln(1{,}05)}\cdot 1{,}05^x$.

Da $\ln(1{,}05) \approx 0{,}04879$ ist, gilt also $f'(x) \approx 0{,}04879\cdot 1{,}05^x$ und $F(x) \approx 20{,}4959\cdot 1{,}05^x$.

Aufgaben

2 Vereinfachen Sie.

a) $e^{\ln(4)}$ b) $e^{-\ln(2)}$ c) $e^{3\cdot\ln(2)}$ d) $\ln(e^{1,5})$ e) $\ln\left(\frac{1}{3}\sqrt{e}\right)$ f) $\ln\left(\frac{1}{2}\cdot e^3\right)$

3 Lösen Sie die Gleichung und geben Sie die Lösung auf 4 Dezimalen gerundet an.

a) $e^x = \frac{1}{2}$ b) $e^{2x}\cdot(e^x - e) = 0$ c) $3\cdot e^{5x} = e^{2x+1}$ d) $2^x = 3$ e) $2^{x-1} - 3^x = 0$

Lösen Sie diese Aufgaben zur Kontrolle auch mit dem GTR.

4 Bestimmen Sie z.

a) Der Flächeninhalt zwischen dem Graphen von f mit $f(x) = e^{0,5x}$ und der x-Achse über dem Intervall [0; z] ist 1.

b) Die Graphen von f mit $f(x) = e^{3x}$ und g mit $g(x) = 2^x$ schneiden sich an der Stelle z.

c) Die Steigung des Graphen der Funktion g mit $g(x) = e^{3x+1}$ an der Stelle z ist e.

5 Bilden Sie die erste Ableitung der Funktion und geben Sie eine Stammfunktion an.

a) $f(x) = 4^x$ b) $f(x) = 1{,}07^x$ c) $f(x) = 20{,}2^x$ d) $f(x) = 0{,}5^{2x}$

5 Berühren – Untersuchungen mit Exponentialfunktionen

1 Skizzieren Sie den Graphen der Funktion f mit $f(x) = e^x - 2$.

a) Bestimmen Sie exakt die Nullstelle der Funktion f.

b) Leiten Sie f ab und zeigen Sie, dass der Graph von f keine Extrempunkte besitzt.

Die Erkenntnisse über ganzrationale Funktionen lassen sich auf Exponentialfunktionen übertragen. Bevor an Beispielen die Möglichkeiten aufgezeigt werden, wird zuerst das Berühren von Graphen von Funktionen behandelt.

Schneiden und berühren:

Häufig tritt der Fall auf, dass sich die Graphen zweier Funktionen f und g berühren.
Sind zwei Funktionen f mit $f(x) = e^{-x} + 1$ und g mit $g(x) = -x^2 - x + 2$ gegeben, so erkennt man an den Graphen (Fig. 1), dass sich diese im Punkt $S(0|2)$ **berühren**.

Dies ist der Fall, da

(1) beide Graphen durch $S(0|2)$ verlaufen:
$f(0) = e^{-0} + 1 = 1 + 1 = 2$
$g(0) = -0^2 - 0 + 2 = 2$ und

(2) beide Graphen in S dieselbe Steigung besitzen:
$f'(x) = -e^{-x}$; damit $f'(0) = -e^{-0} = -1$
$g'(x) = -2x - 1$; damit $g'(0) = -2 \cdot 0 - 1 = -1$

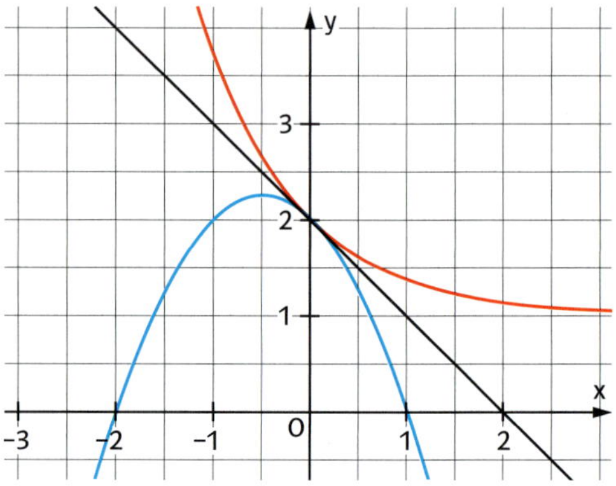

Fig. 1

> Die Graphen zweier Funktionen f und g berühren sich in einem Punkt $S(a|b)$, wenn gilt:
> (1) $b = f(a) = g(a)$, d.h., sie schneiden sich in S.
> (2) $f'(a) = g'(a)$, d.h., sie haben in S dieselbe Steigung (oder dieselbe Tangente).

Mit den bisher erworbenen Kenntnissen ist es möglich, genaue Aussagen über die Funktion und über den Verlauf ihres Graphen zu erhalten. Wichtig ist hier noch, das Verhalten von Exponentialfunktionen für $x \to \infty$ und für $x \to -\infty$ zu untersuchen:

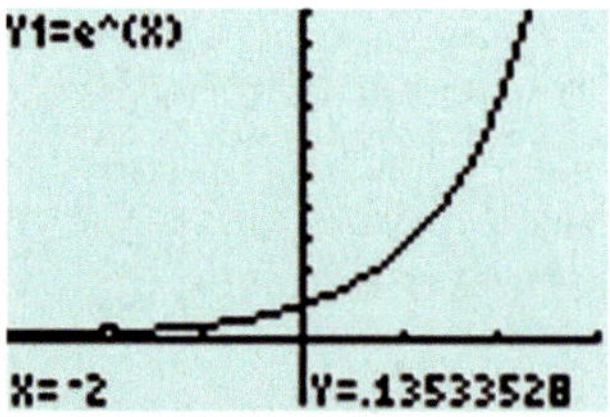

Der Graph der Funktion f mit $f(x) = e^x$ verläuft für alle $x \in \mathbb{R}$ oberhalb der x-Achse und nähert sich für $x \to -\infty$ der x-Achse immer mehr an.
Die Gerade mit der Gleichung $y = 0$ ist eine waagerechte Asymptote für $x \to -\infty$.

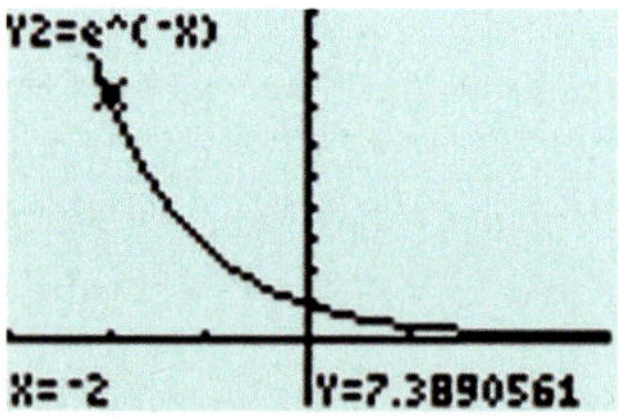

Die Funktion g mit $g(x) = e^{-x}$ ist für alle $x \in \mathbb{R}$ positiv. Ihr Graph nähert sich für $x \to \infty$ der x-Achse immer mehr an.

Die Gerade mit der Gleichung $y = 0$ ist eine waagerechte Asymptote für $x \to \infty$.

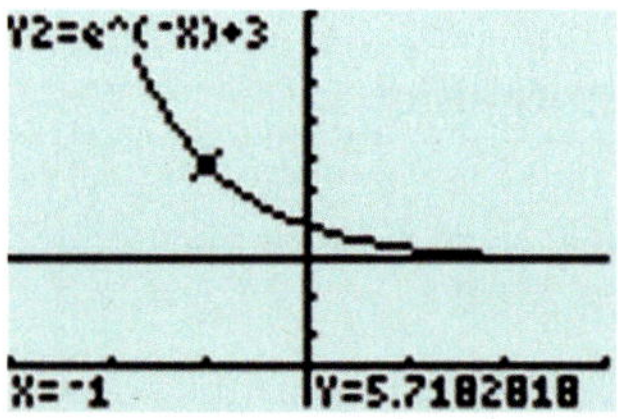

Der Graph der Funktion h mit $h(x) = e^{-x} + 3$ verläuft wegen $e^{-x} > 0$ für alle $x \in \mathbb{R}$ oberhalb der Geraden mit der Gleichung $y = 3$ und nähert sich für $x \to \infty$ der Geraden mit der Gleichung $y = 3$ immer mehr an.
Die Gerade mit der Gleichung $y = 3$ ist eine waagerechte Asymptote für $x \to \infty$.

Beispiel 1 Untersuchung eines Graphen

Gegeben ist die Funktion f mit $f(x) = e^{\frac{1}{2}x} - 3$. Ihr Graph sei K.

a) Berechnen Sie die Schnittpunkte mit den Koordinatenachsen exakt. Erstellen Sie einen Graphen in $[-2; 3]$.

b) Zeigen Sie, dass der Graph K keine Extrem- und Wendepunkte hat und K ausschließlich links gekrümmt ist.

Lösung:

a) $f(0) = e^0 - 3 = 1 - 3 = -2$; Schnittpunkt mit der y-Achse $S(0\,|\,-2)$.

Aus $f(x) = 0$ folgt der Reihe nach:
$e^{\frac{1}{2}x} - 3 = 0$; $e^{0,5x} = 3$, $\ln(e^{0,5x}) = \ln(3)$;
$0,5x = \ln(3)$, $x = 2\cdot\ln(3) \approx 2,1972$;
Schnittpunkt mit der x-Achse $A(2\cdot\ln(3)\,|\,0)$.
Graph rechts.

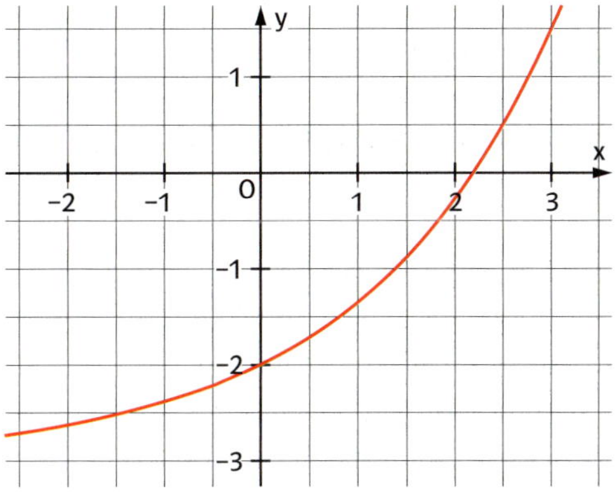

b) $f'(x) = \frac{1}{2}e^{\frac{1}{2}x}$; $f''(x) = \frac{1}{4}e^{\frac{1}{2}x}$. Da sowohl $\frac{1}{2}e^{\frac{1}{2}x}$ als auch $\frac{1}{4}e^{\frac{1}{2}x}$ positiv sind für alle $x \in \mathbb{R}$, gibt es weder Extrem- noch Wendepunkte. Da $f''(x) = \frac{1}{4}e^{\frac{1}{2}x} > 0$ ist, ist K überall linksgekrümmt.

Beispiel 2 Berühren und Flächeninhalt

Gegeben ist die Funktion f mit $f(x) = 4\cdot e^{-x}$; ihr Graph heißt K. Ferner ist die Gerade g mit der Gleichung $y = -\frac{4}{e^2}\cdot x + \frac{12}{e^2}$ gegeben.

a) Zeigen Sie rechnerisch, dass die Gerade g den Graphen von f an der Stelle $x_0 = 2$ berührt. Geben Sie die exakten Koordinaten des Berührpunkts an. Skizzieren Sie K und die Gerade g mithilfe des GTR im Intervall $[-1; 5]$.

b) Bestimmen Sie den Inhalt der Fläche zwischen K und g über dem Intervall $[0; 2]$.

c) Bestimmen Sie die Gleichung der Tangente, die man vom Punkt $T(1\,|\,0)$ an K legen kann. Bestimmen Sie auch den Berührpunkt B mit K.

Lösung:

a) Da die Schnittstelle $x_0 = 2$ gegeben ist, ist zu prüfen:

$f(2) = g(2)$: $\quad f(2) = 4\cdot e^{-2} = \frac{4}{e^2}$; $g(2) = -\frac{4}{e^2}\cdot 2 + \frac{12}{e^2} = -\frac{8}{e^2} + \frac{12}{e^2} = \frac{4}{e^2}$ und

$f'(2) = g'(2)$: $\quad f'(x) = -4e^{-x}$ und $g'(x) = -\frac{4}{e^2}$; damit $f'(2) = -4e^{-2} = -\frac{4}{e^2} = g'(2)$.

Berührpunkt ist $B\left(2\,\middle|\,\frac{4}{e^2}\right)$. Graphen siehe in Fig. 1

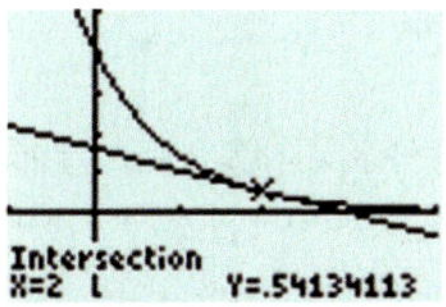

Fig. 1

b) $A = \int_0^2 \left(4\cdot e^{-x} - \left(-\frac{4}{e^2}\cdot x + \frac{12}{e^2}\right)\right)dx = F(2) - F(0)$ mit $F(x) = -4\cdot e^{-x} + \frac{2}{e^2}\cdot x^2 - \frac{12}{e^2}\cdot x$.

Da $F(2) = -4\cdot e^{-2} + \frac{2}{e^2}\cdot 2^2 - \frac{12}{e^2}\cdot 2 = -\frac{4}{e^2} + \frac{8}{e^2} - \frac{24}{e^2} = -\frac{20}{e^2}$; $F(0) = -4\cdot e^{-0} = -4$ ist, erhält man

$A = -\frac{20}{e^2} - (-4) = 4 - \frac{20}{e^2} \approx 1,2933$.

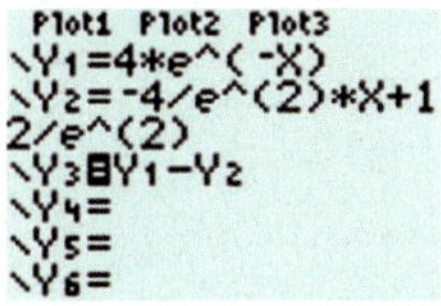

Fig. 2

Bei Berechnung mit dem GTR bildet man in Y3 die Funktion Y1 – Y2 (Fig. 2) und integriert über diese von 0 bis 2 (Fig. 3).

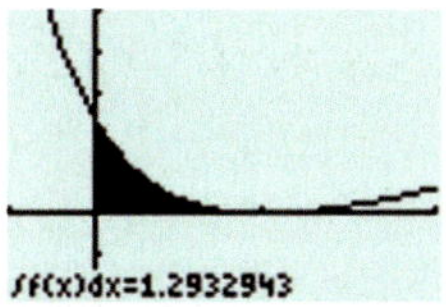

Fig. 3

c) Ist $B(x\,|\,4\cdot e^{-x})$ der Berührpunkt und $T(1\,|\,0)$, so müssen die Steigung der Strecke $\overline{TB}$, nämlich $m = \frac{4e^{-x} - 0}{x - 1}$ und die Steigung des Graphen in B, also $f'(x) = -4e^{-x}$ übereinstimmen,

d.h. es muss gelten: $\frac{4e^{-x} - 0}{x - 1} = -4e^{-x}$ oder $\frac{4e^{-x}}{x - 1} + 4e^{-x} = 0$, d.h. $4e^{-x}\cdot\left(\frac{1}{x-1} + 1\right) = 0$.

Da $4e^{-x} > 0$ für alle x gilt, ergibt sich, da ein Nullprodukt vorliegt: $\frac{1}{x-1} + 1 = 0$, also $\frac{1}{x-1} = -1$.

Nach Multiplikation der Gleichung mit $(x - 1)$ ergibt sich $1 = -x + 1$; also $x = 0$. Damit ist $B(0\,|\,4)$.

Tangentengleichung wegen $f'(0) = -4$: $y = -4x + 4$ (Fig. 4).

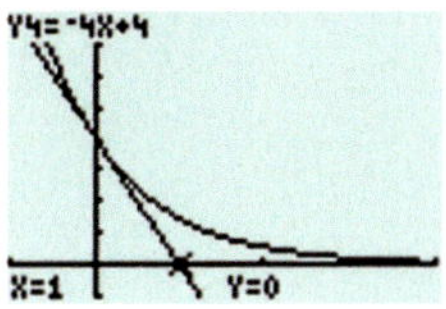

Fig. 4

Aufgaben

2 Berechnen Sie exakt die Schnittpunkte des Graphen von f mit den Koordinatenachsen und das Verhalten der Funktion für $x \to \infty$ und $x \to -\infty$.

a) $f(x) = -e^x + 4$ b) $f(x) = e^{-2x} - 2$ c) $f(x) = 6 - 2e^{-6x}$ d) $f(x) = 9 - e^{-x}$

3 Untersuchen Sie den Graphen von f auf Extrem- und Wendepunkte. Berechnen Sie gegebenenfalls die Koordinaten dieser Punkte.

a) $f(x) = x + e^{-x}$ b) $f(x) = 0{,}5x - 0{,}5e^x$ c) $f(x) = 2x - e^x$ d) $f(x) = e^x + e^{-x}$

4 Zeichnen Sie den Graphen von g mit $g(x) = e^{\frac{1}{2}x} - e$ für $-3 \leq x \leq 4$.

a) Berechnen Sie die genauen Schnittpunkte des Graphen K_g mit den Koordinatenachsen.

b) Zeigen Sie, dass keine Extrem- und keine Wendepunkte existieren.

c) Berechnen Sie den exakten Inhalt der Fläche zwischen K_g und der x-Achse im 4. Quadranten.

5 Welche der Funktionen $f(x) = e^{-\frac{1}{2}x} + x + 1$; $g(x) = -e^{-\frac{1}{2}x} + 3$; $h(x) = e^{-\frac{1}{2}x} - x + 1$ gehört zu welchem Graphen? Begründen Sie Ihre Antwort.

a)

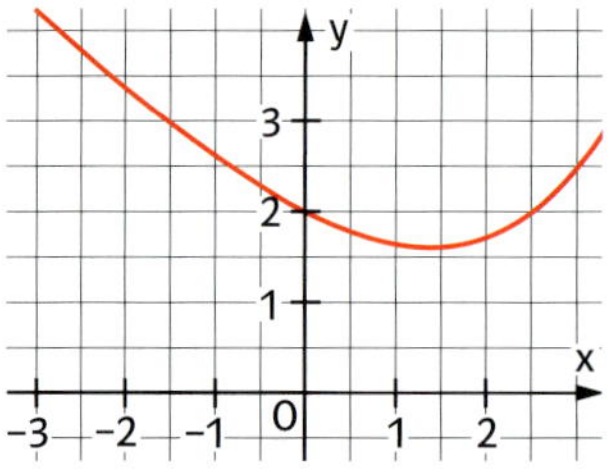

b)

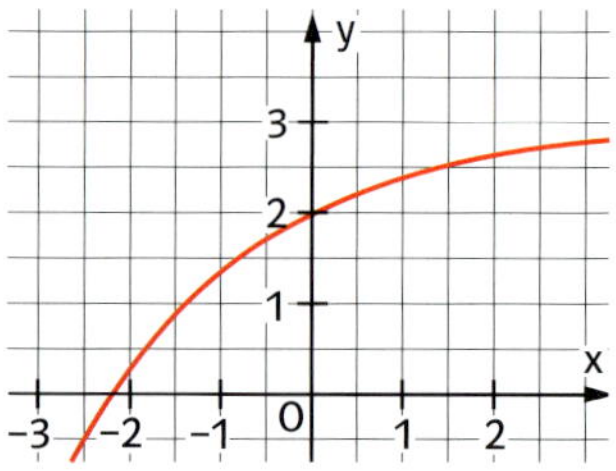

c)

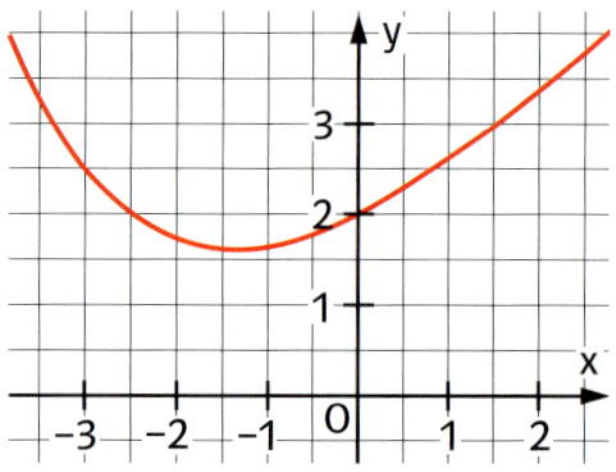

Rechtwinklig schneiden heißt: Produkt der Steigungen ist −1 oder $m_2 = -\frac{1}{m_1}$

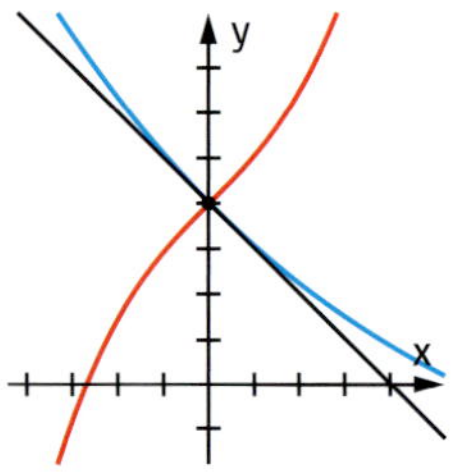

Denken Sie daran, dass $2 = e^{\ln(2)}$ ist.

6 Gegeben ist die Funktion f mit $f(x) = -1 + 2 \cdot e^{-\frac{1}{2}x}$. Ihr Graph sei K.

a) Berechnen Sie die Schnittpunkte mit den Koordinatenachsen exakt.

b) Zeigen Sie, dass f keine Wendepunkte besitzt. Welche Art von Krümmung weist K auf?

c) Zeigen Sie, dass die Gerade h mit der Gleichung $y = -x + 1$ den Graphen K im Schnittpunkt mit der y-Achse berührt. Kann es weitere Schnittpunkte geben?

d) Berechnen Sie den Inhalt des Flächenstücks, das von K, der Geraden h und der x-Achse eingeschlossen wird.

e) Weisen Sie nach, dass sich der Graph von g mit $g(x) = x^3 + x + 1$ und K im Punkt $P(0|1)$ rechtwinklig schneiden.

7 a) Der Graph der Funktion f mit $f(x) = c \cdot e^{k \cdot x}$; $x \in \mathbb{R}$ geht durch die Punkte $P(-1|1)$ und $Q(0|2)$. Bestimmen Sie c und k. Zeigen Sie, dass f mit der Funktion g mit $g(x) = 2 \cdot 2^x$ identisch ist. Zeichnen Sie den Graphen.

b) Stellen Sie die Gleichung der Tangente im Punkt $P(-1|1)$ auf und berechnen Sie ihren Schnittpunkt mit der x-Achse.

8 a) Der Graph der Funktion f mit $f(x) = e^{-0{,}5x} + b \cdot x + 2$ geht durch den Punkt $P(2|2)$. Bestimmen Sie b.

b) Bestimmen Sie mit dem GTR den Inhalt A_1 der Fläche, den der Graph von f mit $f(x) = e^{-0{,}5x} - \frac{1}{2e} \cdot x + 2$ mit der x-Achse einschließt.

c) Die Tangente an $P(2|2)$ schließt mit der x-Achse eine Fläche ein. Berechnen Sie deren Inhalt A_2. Berechnen Sie, um wie viel Prozent A_1 größer ist als A_2.

d) Zeigen Sie, dass jede Tangente an den Graphen von f außer dem Berührpunkt keinen weiteren Punkt mit dem Graphen gemeinsam haben kann.

6 Exponentielle Wachstums- und Zerfallsprozesse

1 In einem Waldstück wird der derzeitige Holzbestand auf 4000 fm (Festmeter) geschätzt. Der Holzzuwachs beträgt momentan 2% jährlich.
Stellen Sie die zeitliche Entwicklung des Holzbestandes H in der Form $H(t) = c \cdot a^t$ (t in Jahren) dar. Wie lautet die Funktion H in der Form $H(t) = c \cdot e^{kt}$?

Bei einer Kultur von Coli-Bakterien wird in stündlichen Abständen die Bakterienzahl pro ml Nährlösung bestimmt (Fig. 1). Da in der Tabelle $\frac{f(t+1)}{f(t)} \approx 1{,}82 = 1 + 82\%$ ist, wächst die Zahl f(t) der Bakterien bei einem Zeitschritt von einer Stunde jeweils näherungsweise um den konstanten Faktor a = 1,82. In jeder Stunde nimmt die Bakterienzahl also um 82% zu. Damit ist f eine Wachstumsfunktion mit $f(t) = c \cdot a^t$ mit $c = f(0) = 80$ Mio. und $a = 1{,}82$: $f(t) = 80 \cdot 1{,}82^x$.
Da $1{,}82 = e^{\ln(1{,}82)}$ ist, ist f(t) auch als natürliche Exponentialfunktion darstellbar:
$f(t) = 80 \cdot 1{,}82^t = 80 \cdot e^{\ln(1{,}82) \cdot t} \approx 80 \cdot e^{0{,}5988 \cdot t}$
(vgl. S. 167, Beispiel 3).

Zeit t (in h)	Bakterienzahl f(t) (in Mio)	$\frac{f(t+1)}{f(t)}$
0	80,0	1,824
1	145,9	1,826
2	266,4	1,811
3	482,4	1,815
4	875,7	1,825
5	1597,8	

Fig. 1

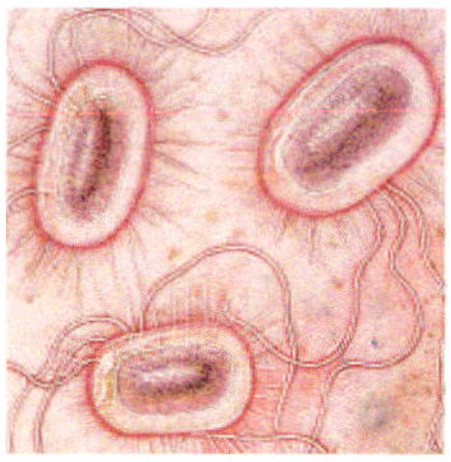

Escherichia coli, normaler Darmbewohner, Erreger von Harnwegsinfekten, Blutvergiftung, Durchfall und Nierenversagen.

> Wächst ein Bestand mit dem Anfangswert c (= 2) in der Zeiteinheit fortlaufend um einen Prozentsatz p (= 12%), so lautet die zugehörige, den Prozess beschreibende Wachstumsfunktion f:
>
> $\mathbf{f(t) = c \cdot \left(1 + \frac{p}{100}\right)^t}$. $\qquad f(t) = 2 \cdot \left(1 + \frac{12}{100}\right)^t$
>
> Darstellung mit a: $a = 1 + \frac{p}{100}$: $\quad f(t) = c \cdot a^t \quad = 2 \cdot 1{,}12^t$, da $1{,}12 = 1 + 12\%$
>
> Darstellung mit e: $a^t = e^{\ln(a) \cdot t}$: $\quad f(t) = c \cdot e^{\ln(a) \cdot t} \quad = 2 \cdot e^{\ln(1{,}12) \cdot t} \approx 2 \cdot e^{0{,}1133 \cdot t}$

Beispiel 1 Bestimmung einer Zerfallsfunktion
Zur Untersuchung der Langzeitwirkung eines Medikamentes wurde einer Versuchsperson eine Dosis von 70 mg verabreicht und im täglichen Abstand die Konzentration des Medikamentes im Blut gemessen.

Zeit t (in Tagen)	0	1	2	3	4	5
Konzentration (in $\frac{mg}{l}$)	10	7,20	5,18	3,72	2,68	1,93

a) Weisen Sie nach, dass es sich im angegebenen Zeitraum um ein exponentielles Fallen handelt.
Bestimmen Sie die Zerfallskonstante und die Zerfallsfunktion.
b) Nach wie vielen Tagen sinkt die Konzentration erstmals unter $0{,}5 \frac{mg}{l}$?
Lösung:
a) Der Quotient aufeinander folgender Konzentrationen des Medikamentes ergibt gemittelt den Wachstumsfaktor a = 0,72. Daher kann in guter Näherung von einem exponentiellen Zerfall ausgegangen werden.
Mit der Anfangskonzentration 10 erhält man die Zerfallsfunktion f mit
$f(t) = 10 \cdot 0{,}72^t = 10 \cdot e^{\ln(0{,}72) \cdot t} \approx 10 \cdot e^{-0{,}3285 \cdot t}$.
b) Aus $10 \cdot e^{-0{,}3285 \cdot t} = 0{,}5$ erhält man $e^{-0{,}3285 \cdot t} = 0{,}05$ und hieraus $-0{,}3285 \cdot t = \ln(0{,}05)$, also
$t = \frac{\ln(0{,}05)}{-0{,}3285} \approx 9{,}12$.
Am zehnten Tag sinkt die Konzentration erstmals unter $0{,}5 \frac{mg}{l}$.

Konzentration f (in $\frac{mg}{l}$)	$\frac{f(t+1)}{f(t)}$
10	0,720
7,20	0,7194
5,18	0,7181
3,72	0,7204
2,68	0,7201
1,93	

gemittelt: a = 0,72

Beispiel 2 Prozentuale Abnahme pro Zeiteinheit

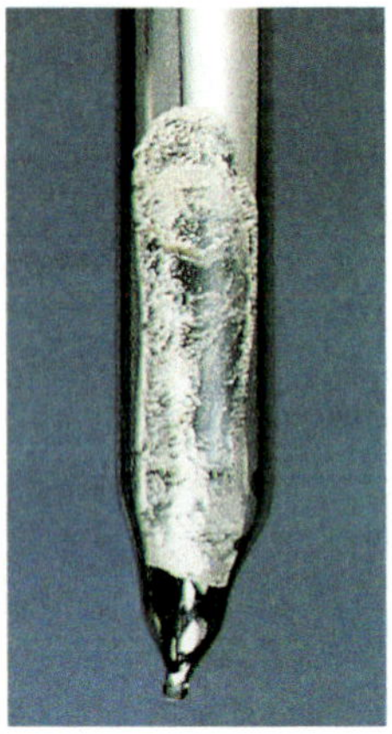

Von dem radioaktiven Element Cäsium 137 zerfallen innerhalb eines Jahres etwa 2,3% seiner Masse.

a) Bestimmen Sie die zugehörige Zerfallsfunktion.

b) Wie viel Cäsium ist im Jahr 2010 nach dem Unglück in Tschernobyl 1986 noch vorhanden?

c) Bestimmen Sie den Zeitraum bis zu dem die Hälfte des Cäsiums zerfallen ist (Halbwertszeit) mit und ohne GTR.

Lösung:

a) Nach einem Jahr ist 2,3% = 0,023 der vorhandenen Menge 1 ME zerfallen, d.h., es sind noch 97,7% = 0,977 ME vorhanden.

Damit gilt $f(1) = f(0) \cdot 0{,}977$. Wegen $f(0) = 1$ gilt $f(1) = 0{,}977$.

Da $f(2) = f(1) \cdot 0{,}977 = 0{,}977^2$ ist, $f(3) = f(2) \cdot 0{,}977 = 0{,}977^3$ usw., erhält man die Zerfallsfunktion $f(t) = 0{,}977^t$; t in Jahren.

Da $0{,}977 = e^{\ln(0{,}977)}$ ist, kann man auch schreiben: $f(t) = e^{\ln(0{,}977) \cdot t}$ oder $f(t) = e^{-0.02327 \cdot t}$

b) Ohne GTR:

Im Jahre 2010 sind 24 Jahre seit dem Unglück vergangen. Es ist: $f(24) = 0{,}977^{24} \approx 0{,}5721$.

Damit sind 24 Jahre nach dem Unglück noch ca. 57% strahlendes Cäsium 137 von der ursprünglich niedergegangenen Menge vorhanden.

Mit GTR:

Man zeichnet den Graphen der Zerfallsfunktion $f(x) = 0{,}977^x$ $(-1 \leqq x \leqq 120;\ -0{,}3 \leqq y \leqq 1{,}2)$ (Fig. 1) und bestimmt den Funktionswert an der Stelle x = 24 (Fig. 2).

c) Ohne GTR:

Es ist die Hälfte zerfallen, wenn $f(t) = 0{,}5$ ist. Man erhält demnach die Gleichung:

$e^{\ln(0{,}977) \cdot t} = 0{,}5$, also $\ln(0{,}977) \cdot t = \ln(0{,}5)$. Damit ist $t = \frac{\ln(0{,}5)}{\ln(0{,}977)} \approx 29{,}79$.

Nach 30 Jahren ist das ursprünglich vorhandere Cäsium zur Hälfte zerfallen oder anders ausgedrückt: Die Halbwertszeit von Cäsium beträgt knapp 30 Jahre.

Mit GTR:

Man zeichnet den Graphen der Zerfallsfunktion $f(x) = 0{,}977^x$ $(-1 \leqq x \leqq 120;\ -0{,}3 \leqq y \leqq 1{,}2)$ (Fig. 1) und schneidet diesen mit der Funktion $g(x) = 0{,}5$; Ergebnis $x \approx 29{,}79$ (Fig. 3).

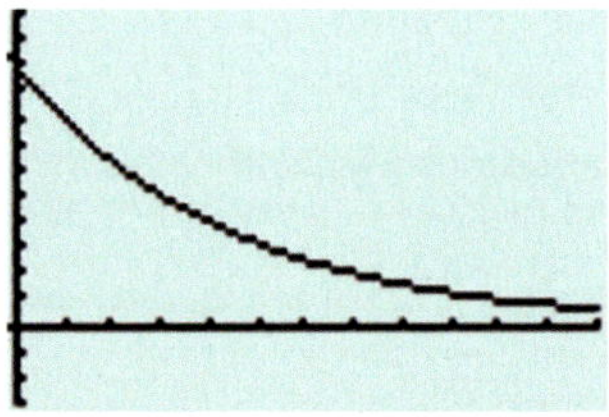

Fig. 1

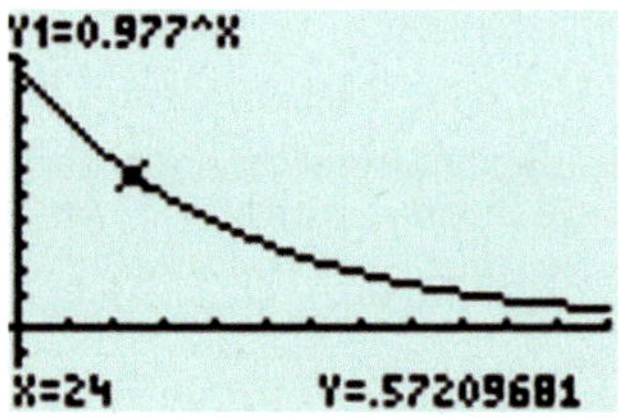

Fig. 2

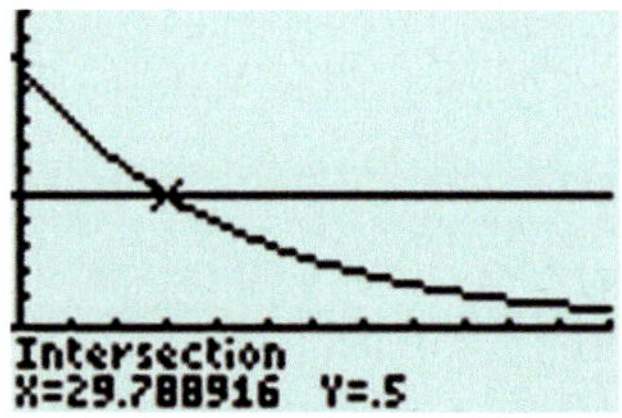

Fig. 3

Aufgaben

Aufgaben aus dem sozialen und gesundheitlichen Bereich

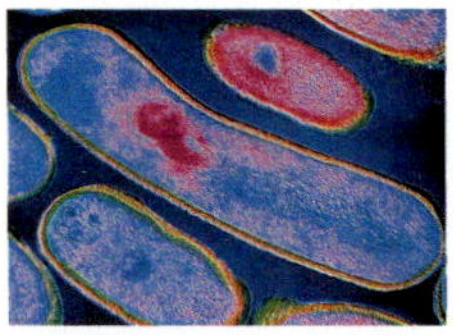

2 Bei einer Bakterienkultur wird die Anzahl der Bakterien stündlich bestimmt.

Zeit t (in h)	0	1	2	3	4	5	6
Bakterienzahl (in Mio.)	7,1	7,7	8,3	9,0	9,7	10,5	11,3

a) Begründen Sie, dass im angegebenen Zeitraum von einem exponentiellen Wachstum der Bakterienzahl ausgegangen werden kann.

b) Bestimmen Sie die Wachstumsfunktion f.

c) Wie viele Baktieren sind es nach 2,5h, wie viele eine Stunde vor Beobachtungsbeginn?

3 Cholera wird durch den Bazillus Vibrio cholerae hervorgerufen. Zu Beginn eines Experimentes wird eine Kolonie von 400 Bazillen in eine Nährlösung gebracht. Eine Stunde später zählt man bereits 3 600. Es wird von einer exponentiellen Vermehrung ausgegangen.
a) Bestimmen Sie die zugehörige Wachstumsfunktion.
b) Wie viele Bakterien sind nach 10 Stunden vorhanden?
c) Wann hat sich die Bakterienzahl verdoppelt?

4 Das relative Risiko von Rauchern, die mindestens 20 Zigaretten pro Tag rauchen, an Lungenkrebs zu erkranken, wurde in einer medizinischen Studie untersucht.

Jahre seit Beenden des Rauchens	0	2	4	6	8	10	12
Relatives Risiko in Prozent	38	30	22	17	13	10	7,7

a) Welches Risiko, an Lungenkrebs zu erkranken, lässt sich für einen Raucher aus der Tabelle ablesen (zum Vergleich: Nichtraucher etwa 1 %)?
b) Begründen Sie, dass das Lungenkrebsrisiko exponentiell mit den Jahren nach Beenden des Rauchens abnimmt. Zeigen Sie, dass die Zerfallsfunktion $f(t) = 38 \cdot e^{-0{,}13303 \cdot t}$ ist.
c) Nach welchem Zeitraum ist das Risiko, an Krebs zu erkranken, bezogen auf das ursprüngliche Risiko auf 10 % gesunken?

5 In einem Bienenvolk grassiert eine Seuche. Dadurch nimmt die Anzahl der Bienen exponentiell ab. Zu Beginn der Beobachtung hatte das Volk 50 000 Bienen, nach einer Woche nur noch 40 000.
a) Geben Sie die Zerfallsfunktion an.
b) Nach welchem Zeitraum hat sich die Zahl der Bienen auf die Hälfte reduziert?
c) Wie lange würde es dauern, bis die letzte Biene stirbt?

Aufgaben aus dem kaufmännischen Bereich

6 a) Ein PkW verliert pro Jahr etwa 15 % an Wert. In welchem Zeitraum sinkt der derzeitige Wert eines Autos auf die Hälfte?
b) Ein Kapital verdoppelt sich in 12 Jahren. Welcher jährliche Zinssatz liegt zugrunde?

7 Ein Kapital von 20 000 € wird mit einem Zinssatz von 5 % jährlich verzinst.
a) Geben Sie die Funktion an, die die zeitliche Entwicklung des Kapitals beschreibt.
b) Bestimmen Sie das Kapital nach 2, 5, 10 und 20 Jahren.
c) Vor wie vielen Jahren betrug das Kapital bei gleichem Zinssatz 15 000 €?
d) In welchem Jahr nimmt das Kapital erstmals um 2 000 € zu?

8 Eine Internetbank hatte im Jahr 2007 eine jährliche Bilanzsumme von 300 Millionen €. Für das Jahr 2008 werden bereits 375 Millionen € erwartet.
a) Um wie viel Prozent stieg die Bilanzsumme innerhalb eines Jahres?
b) Welche Bilanzsumme erwartet die Bank bei gleich bleibendem prozentualem Wachstum in den nächsten 3 Jahren?
c) Wann übersteigt die Bilanzsumme voraussichtlich 650 Mio. €?

Logos von Internetbanken:

Internet Banking

網上銀行

JAネットバンク
ご利用方法について

9 Ein glücklicher Erbe erhält aus dem Nachlass seiner Tante von einer Bank 23 965,58 € überwiesen. Die Tante hatte das Geld vor 15 Jahren angelegt mit 6 % als festbleibendem Jahreszins.
a) Welchen Betrag hatte die Tante damals angelegt?
b) Wie lange muss der Erbe das Geld noch auf der Bank lassen, bis er 30 000 € für den Kauf eines Autos angespart hat?

Verdoppeln im Zeitraum T bedeutet:
Bestand · a^T = 2 · Bestand

10 a) Der Umsatz eines Betriebes verdoppelte sich innerhalb von 5 Jahren auf 4 Millionen €. Wie groß ist die durchschnittliche jährliche Wachstumsrate?

b) Der Umsatz eines Betriebs wuchs von 60 Millionen € bei einer jährlichen Wachstumsrate von 9,5 % kontinuierlich auf 200 Millionen €. Wie viel Jahre dauerte das?

c) Der Umsatz eines Betriebs verdoppelte sich innerhalb von 8 Jahren. Wie hoch war die jährlichen Wachstumsrate der Firma?

11 In einem Land beträgt die durchschnittliche jährliche Inflationsrate 4,0 %. Der Wert der Währungseinheit sinkt damit innerhalb eines Jahres auf das $\frac{100}{104}$-fache.

a) Geben Sie den Wert der Währungseinheit nach 5 (10, 20, 40) Jahren an. Wie lautet die zugehörige Funktion? Zeichnen Sie ihren Graphen.

b) Nach welcher Zeit hat sich der Geldwert gegenüber dem Beobachtungsbeginn halbiert?

Aufgaben aus dem naturwissenschaftlich-technischen Bereich

12 Dringt Licht in Wasser ein, so verliert es mit zunehmender Wassertiefe durch Absorption an Intensität. In reinem Meerwasser nimmt die Lichtintensität pro Meter auf etwa $\frac{1}{4}$ des bis dahin verbliebenen Wertes ab.

a) Wie viel Prozent der ursprünglichen Intensität sind in 1 m, 2 m bzw. 3 m Wassertiefe noch vorhanden?

b) In welcher Wassertiefe beträgt die Lichtintensität weniger als 1% der ursprünglichen Intensität?

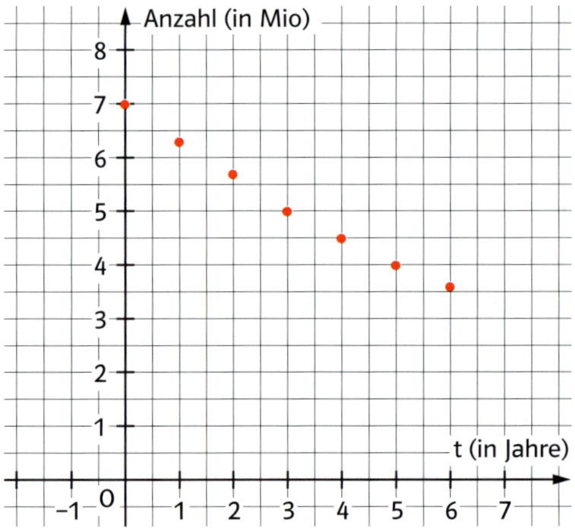

13 Eine Population von Insekten wurde in den letzten Jahren jeweils am 1. Januar gezählt (nebenstehende Figur).

a) Untersuchen Sie, ob man in diesem Zeitraum von einer exponentiellen Abnahme ausgehen kann.

b) Wann werden nur noch 10 % der heutigen Population vorhanden sein?

Radiocarbonmethode:
In der Atmosphäre und in Tieren und Pflanzen ist seit Jahrtausenden das Verhältnis zwischen dem stabilen ^{12}C und dem radioaktiven ^{14}C nahezu konstant (vorhandenes ^{14}C zerfällt zwar laufend, gleichzeitig entsteht in der Atmosphäre aufgrund der Strahlung aus dem Weltall dauernd neues ^{14}C). Stirbt ein Organismus ab, so wird kein ^{14}C mehr aufgenommen, während das vorhandene weiterhin zerfällt. Dadurch ändert sich das Verhältnis beider Kohlenstoffarten in dem untersuchten Organismus fortwährend und kann so zur Altersbestimmung desselben benutzt werden.

14 Bei einem radioaktiven Zerfall gilt für die Masse m der zerfallenden Substanz $m(t) = c \cdot e^{kt}$ (m(t) in g, t in Tagen nach Beobachtungsbeginn).

a) Bestimmen Sie k und c, wenn zu Beginn der Beobachtung 20 g und nach 21 Tagen nur noch 2,5 g dieser Substanz vorhanden sind.

b) Nach wie vielen Tagen sind nur noch 1 % bzw. 1 ‰ der ursprünglichen Masse vorhanden?

c) Weisen Sie nach, dass nach 14 Tagen 75 % zerfallen ist.

15 Radiocarbonmethode (^{14}C-Methode):

a) Bei der Untersuchung des Turiner Grabtuches, welches von vielen Gläubigen als das Grabtuch Jesu angesehen wird, stellte man eine Aktivität von 13,84 Zerfällen pro Gramm Kohlenstoff pro Minute fest. Wie alt ist das Tuch vermutlich, wenn noch lebendes organisches Material eine Aktivität von 15,3 Zerfällen pro Gramm und Minute aufweist und die Zerfallsfunktion für ^{14}C lautet: $f(t) = k \cdot e^{-1{,}2097 \cdot 10^{-4} \cdot t}$ (t in Jahren, f(t) Anzahl der Zerfälle).

b) Im Jahr 1991 wurde in den Ötztaler Alpen die Gletschermumie „Ötzi" gefunden. Untersuchungen ergaben, dass die Mumie noch 53,3 % des Kohlenstoffs ^{14}C enthält, der in lebendem Gewebe vorhanden ist. Vor wie vielen Jahren starb „Ötzi"?

7 Vermischte Aufgaben

1 Vereinfachen Sie ohne GTR.

a) $\sqrt{e} - e^{\frac{1}{2}}$ b) $\left(e + \frac{1}{e}\right) \cdot e^2 - e^1$ c) $\frac{e^2}{e} + \frac{e^4}{e^3} - \sqrt{e^2}$ d) $(e + e^{-1})^2$

2 Lösen Sie die Gleichung.

a) $e^{3x-2} = e$ b) $200 \cdot e^{2x} = 2000$ c) $2 \cdot e^x = 3$ d) $2 \cdot e^x = 3 \cdot e^{0,5x-1}$
e) $e^x \cdot (e^x - 1) = 0$ f) $e^{2x} \cdot (e^{0,5x} + 1) = 0$ g) $e^{2x} - e^x = 0$ h) $(e^{0,2x} - e)(e^{0,2x} - 2) = 0$

3 Leiten Sie zweimal ab.

a) $f(x) = 2x - e^x$ b) $f(x) = x^2 + e^{2x} + 4$ c) $f(x) = x + 4 \cdot e^{0,4x}$ d) $f(x) = 2 + e \cdot e^{3x-6}$

4 Geben Sie eine Stammfunktion von f an, die durch den Punkt P geht.

a) $f(x) = 2 + e^x$; $P(0|2)$ b) $f(x) = e - 2e^{-2x}$; $P\left(1\,\middle|\,\frac{1}{e^2}\right)$ c) $f(x) = e^{\frac{1}{4}x+1}$; $P(-4|5)$

5 Untersuchen Sie ohne GTR den Graphen von f auf Extrem- und Wendepunkte. Kontrollieren Sie Ihr Ergebnis jedoch mit dem GTR.

a) $f(x) = x - e^{2x+1}$ b) $f(x) = e^{-\frac{1}{2}x+1} + \frac{1}{2}x + 1$ c) $f(x) = 4e^x - e^{2x} - 2$

Für den Nachweis von Extremwerten der Funktion muss gelten:
$f'(x) = 0$ und
$f''(x) > 0$ | $f''(x) < 0$
Minimum **Maximum**

6 Welche Art von Krümmung weist der Graph der Funktion f in ganz $\mathbb{R}$ auf?

a) $f(x) = 2 + e^{-0,1x+2}$ b) $f(x) = 5x + 5 + e^{5x}$ c) $f(x) = 3x - \frac{1}{2} - 2e^{-3x}$

7 Arbeiten Sie ausschließlich mit dem GTR.
Gegeben ist die Funktion f mit $f(x) = -25 \cdot e^{-0,123 \cdot x} - 2x + 30$.
a) Geben Sie die Nullstellen von f in $]-4; 14[$ an und den Schnittpunkt mit der y-Achse.
b) Bestimmen Sie die Steigung des Graphen an der positiven Nullstelle und bestimmen Sie in dem zugehörigen Punkt die Gleichung der Tangente.
c) Bestimmen Sie die Extrempunkte in $]-4; 14[$.
d) In welchem Verhältnis teilt die y-Achse die Fläche, die der Graph von f mit der x-Achse einschließt?

8 Bearbeiten Sie die Fragestellungen von Aufgabe 7 für die Funktion f mit
$f(x) = 10 \cdot e^{-0,414x} + 1,2x - 15$.

Mit dem GTR ist das Entdecken von Fehlern durch Abgleich erheblich leichter geworden!

9 Gegeben sind die Funktionen f und g mit $f(x) = 2e^{2x} - 1$ und $g(x) = -x^4 + 4x + 1$.
a) Zeigen Sie, dass sich beide Funktionen auf der y-Achse schneiden.
b) Zeigen Sie, dass sich beide Funktionen im Schnittpunkt mit der y-Achse berühren und stellen Sie die Gleichung der gemeinsamen Tangente auf.

10 Gegeben ist die Funktion f mit $f(x) = e^{-0,5x} + 1$ und der Punkt $P(4|0)$.
a) Zeigen Sie, dass $f(x) \to 1$ strebt für $x \to \infty$.
b) Vom Punkt P kann man eine Tangente an den Graphen von f legen. Geben Sie den Berührpunkt und die Gleichung dieser Tangente an.

11 Die Funktion f mit $f(x) = e^{-\frac{1}{2}x - \frac{3}{2}} + 2$ und der Punkt $Q(3|0)$ sind gegeben.
a) Bestimmen Sie die Gleichung der Tangente, die man von Q an den Graphen von f legen kann. Geben Sie die Koordinaten des Berührpunktes an.
b) Zeigen Sie, dass es keine weitere Tangente von Q an den Graphen von f gibt.

12 In einer Stadt verbreitet sich ein Gerücht. Die Zahl der Personen, die davon gehört haben, nimmt im Laufe einer Woche um 20 % zu. Wie lange dauert es, bis die ganze Stadt mit 80 000 Einwohnern das Gerücht kennt, wenn anfangs nur zwei Personen es kennen?

Zur Erinnerung:
$a^t = e^{\ln(a^t)}$
$= e^{\ln(a) \cdot t}$

13 In einer Bakterienkultur vermehren sich die Bakterien pro Stunde um ca. 50 %. Zu Beginn der Beobachtung sind 1000 Bakterien vorhanden.

a) Geben Sie die Wachstumsfunktion f an. (Ergebnis: $f(t) = 1000 \cdot e^{0{,}4055 \cdot t}$)

b) Nach welcher Zeit hat die Anzahl der Bakterien 1 Million erreicht?

Beachten Sie:
Die mittlere Änderungsrate ist gleich dem durchschnittlichen Wirkstoffabbau in den ersten 10 Stunden.

14 Der Wirkstoff einer Schmerztablette wird im menschlichen Körper näherungsweise exponentiell abgebaut. Nimmt ein Patient eine Tablette, die 0,5 g des Wirkstoffes enthält, so befinden sich nach 10 Stunden noch ca. 0,09 g im Körper.

a) Wie groß ist die mittlere Änderungsrate innerhalb der ersten 10 Stunden?

b) Nach welcher Zeit ist der Wirkstoff zur Hälfte abgebaut?

c) Jemand nimmt um 9.00 Uhr eine Tablette und um 15.00 Uhr zwei weitere mit jeweils 0,5 g des Wirkstoffes.
Wie viel g sind davon um 20.00 Uhr desselben Tages noch im Körper vorhanden?

15 Heißer Kaffee in einer Tasse kühlt sich allmählich auf Raumtemperatur ab. Bei einer genauen Messung wurde Kaffee mit 50 °C bei einer Raumtemperatur von 20 °C näher untersucht. Der Temperaturabfall ließ sich dabei durch die Funktion f mit $f(x) = 50 \cdot e^{-0{,}027x}$ (x in min) beschreiben.

a) Wann hat der Kaffee die Temperatur 40 °C erreicht?

b) Um wie viel Grad fiel die Kaffeetemperatur in den ersten 10 Minuten nach Beobachtungsbeginn, um wie viel in den zweiten 10 Minuten?

c) Berechnen Sie die momentane Änderungsrate f′(5) und geben Sie deren Bedeutung an.

Das Süßwasser der Erde kommt vor im
- **Polar- und Gletschereis** (ca. 28 Mio. km³)
- **Grundwasser** (ca. 8,6 Mio. km³)
- **Oberflächenwasser** (Flüsse, Seen) (ca. 0,228 Mio. km³)
- **Wolken** (11 000 km³)

16 Der jährliche Wasserverbrauch für Bewässerung in Industrie und Privathaushalten der Erdbevölkerung ist in der Tabelle dargestellt.

Jahr	1900	1920	1940	1950	1960	1970	1980	1990	2000
Globaler jährlicher Wasserverbrauch in $\frac{km^3}{a}$	550	950	1100	1250	2100	2500	3250	4100	5100

a) Die Zunahme kann durch eine Exponentialfunktion $f(t) = c \cdot a^t$ beschrieben werden. Dabei entspricht t dem Jahr 1900 + t, d.h. 0 entspricht dem Jahr 1900, 20 dem Jahr 1920, 40 dem Jahr 1940, usw. Bestimmen Sie c und a durch Heranziehen der Werte für die Jahre 1900 mit 550 $\frac{km^3}{a}$ und 2000 mit 5100 $\frac{km^3}{a}$. (Ergebnis: $f(t) = 550 \cdot 1{,}02252^t = 550 \cdot e^{\ln(1{,}02252) \cdot t}$).

b) Wie viel Prozent beträgt die jährliche Zunahme?

c) Berechnen Sie die durchschnittliche Änderungsrate von 1900 bis 2000 und interpretieren Sie das Ergebnis.

17 Bei einem Wachstumsprozess kann der momentane Bestand durch die Funktion f mit $f(x) = 8 - 3e^{-0{,}02x}$ (x in min) beschrieben werden.

a) Wie groß ist der Anfangsbestand?

b) Gegen welchen Wert strebt der Bestand mit zunehmender Zeitdauer?

Die Frage nach der größtmöglichen Bevölkerung, die die Erde noch ernähren kann, hat eine lange Geschichte. So beobachtete der englische Wirtschaftswissenschaftler THOMAS MALTHUS Ende des 18. Jahrhunderts, dass die Bevölkerung rascher wächst als die landwirtschaftliche Produktion. MALTHUS nahm an, dass die Bevölkerung exponentiell, die Nahrungserzeugung jedoch nur linear wächst.

Es gibt optimistische Schätzungen, die davon ausgehen, dass die Erde mehr als 100 Milliarden Menschen ernähren kann. Die meisten Schätzungen gehen aber davon aus, dass die Obergrenze zwischen 8 und 12 Milliarden liegt.
2007 betrug die Erdbevölkerung 6,7 Mrd. Bewohner. Pro Tag nimmt die Bevölkerung derzeit um 222 650 Menschen zu.

THOMAS MALTHUS (1766–1834), englischer Ökonom

Exponentielles Wachstum

Fig. 2 zeigt die relative Entwicklung der Bevölkerung einzelner Länder bezogen auf die 2005 gültigen Wachstumsraten (Fig. 1). Die Bevölkerungszahl im Jahre 1990 ist jeweils auf 100 % gesetzt.

Länder mit der höchsten jährlichen Bevölkerungszunahme in Prozent

1.	Afghanistan	4,77
2.	Gaza-Streifen	3,77
3.	Jemen	3,45
4.	Somalia	3,38
5.	Oman	3,32
6.	Uganda	3,31
7.	Madagaskar	3,03
8.	Kongo	2,98
9.	Tschad	2,95
10.	Gambia	2,93

Länder mit der niedrigsten jährlichen Bevölkerungszunahme in Prozent

1.	Bulgarien	−0,89
2.	Trinidad/Tobago	−0,74
3.	Lettland	−0,69
4.	Estland	−0,65
5.	Ukraine	−0,63
6.	Russland	−0,37
7.	Georgien	−0,35
8.	Südafrika	−0,31
9.	Litauen	−0,30
10.	Ungarn	−0,26

Fig. 1

1 a) Geht man von einem exponentiellen Wachstum aus, kann man mithilfe der Daten von Fig. 1 die Verdopplungszeit der Bevölkerung von Afghanistan und anderen Ländern berechnen.
Vergleichen Sie mit Fig. 2.
b) Wann hat sich die Bevölkerung Bulgariens halbiert? Wann ist die Bevölkerungszahl Bulgariens auf 10 % gegenüber dem heutigen Stand geschrumpft? Was setzen Sie dazu voraus?
c) Berechnen Sie die Bevölkerungszahl von Deutschland für die Jahre 2010, 2030 und 2050. Machen Sie die derzeitige Bevölkerungszahl und die Wachstumsrate ausfindig. Wie gut ist die Übereinstimmung mit einem angenommenen exponentiellen Wachstum?

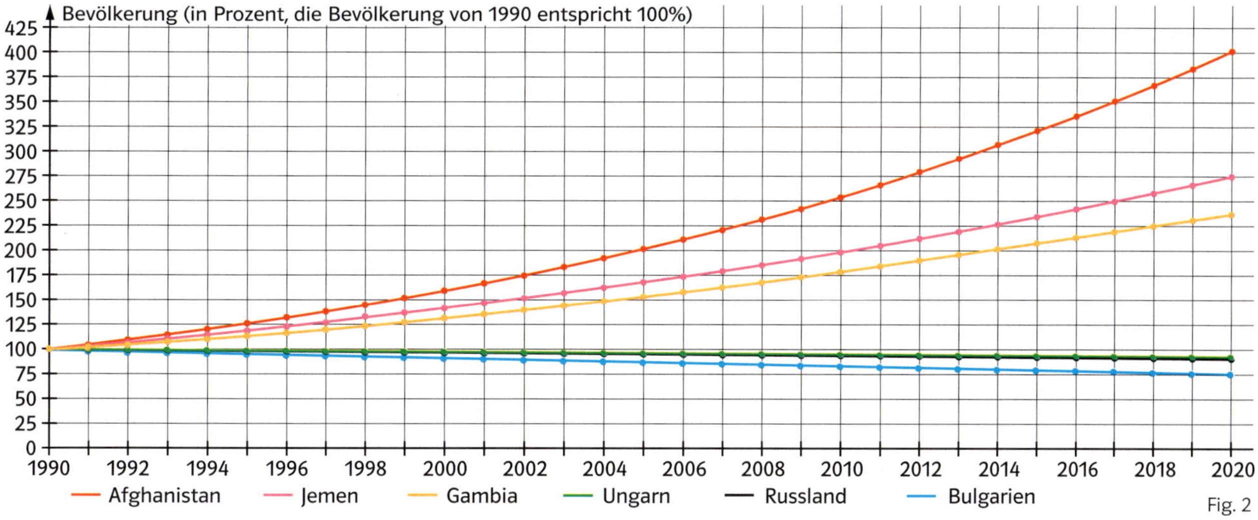

Fig. 2

Überprüfung in der Realität

Die Tabelle zeigt das Bevölkerungswachstum von 1700 bis ca. 2000.

t (in a)	1700	1750	1800	1850	1900	1925	1950	1960	1970	1980	1990	1995	1998
y (in Mrd.)	0,594	0,707	0,841	1,000	1,542	1,915	2,555	3,039	3,771	4,454	5,278	5,687	5,925

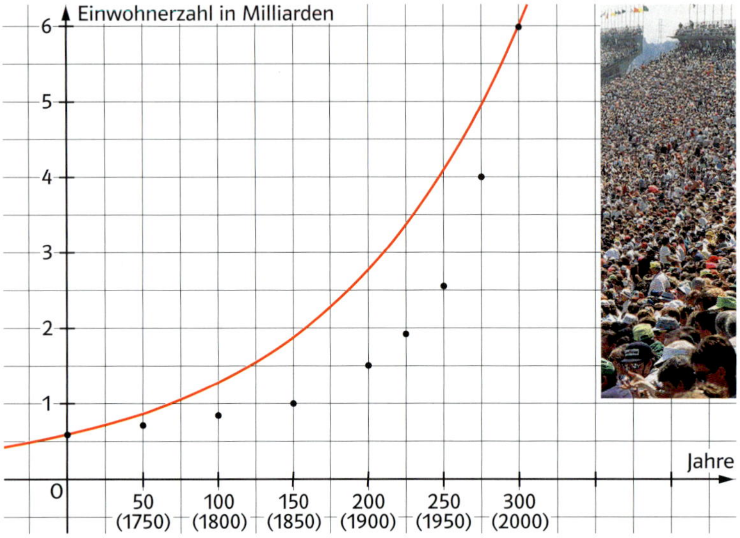

Fig. 1

Man trägt die Bevölkerungszahlen in Abhängigkeit von den Jahreszahlen in ein Koordinatensystem ein und erhält die schwarzen Punkte. Man nummeriert so um, dass das Jahr 1700 der Zahl 0 entspricht, 1750 der Zahl 50, 1800 der Zahl 100, usw. Man wählt anschließend die Punkte $P(0\,|\,0{,}594)$ und $Q(298\,|\,5{,}925)$ und ermittelt die Exponentialfunktion $f(x) = c \cdot e^{k \cdot x}$, die durch diese beiden Punkte verläuft:

$f(0) = c \cdot e^{k \cdot 0}$, also $c = 0{,}594$;

$f(298) = 0{,}594 \cdot e^{k \cdot 298}$, also

$5{,}925 = 0{,}594 \cdot e^{k \cdot 298}$.

Dies ergibt $k \approx 0{,}007718$.

Funktion f: $f(x) = 0{,}594 \cdot e^{0{,}007718 \cdot t}$

Den Graphen dieser Funktion zeigt Fig. 1.

Es wird deutlich, dass kein exponentielles Wachstum über die 300 Jahre vorliegt.

Prognosen anhand verschiedener Modelle

Sehr wichtig und auch interessant sind Überlegungen zur Bevölkerungszunahme in den nächsten 100 Jahren. Fig. 2 zeigt verschiedene Projektionen.

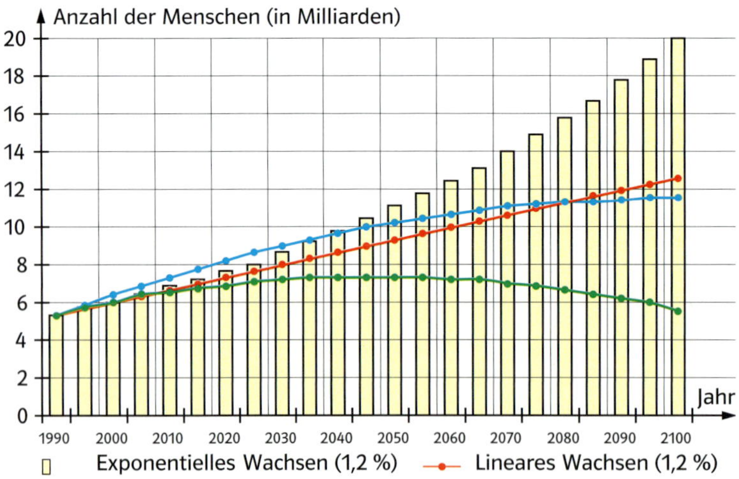

Fig. 2

2 a) Berechnen Sie die Bevölkerungszahl für das Jahr 2100 bei exponentiellem Wachstum von 1,2 % jährlich. Die Wachstumsrate lag 1998 sogar bei etwa 1,5 %.

b) Die niedrigste Schätzung geht davon aus, dass das Wachstum gebremst werden kann. Lesen Sie aus Fig. 2 die maximale Bevölkerungszahl ab. Wann wird der Höchststand erreicht?

c) Von welchem Maximum geht man bei der mittleren Schätzung aus? Um welche Art von Wachstum handelt es sich dabei?

d) Diskutieren Sie die verschiedenen Schätzungen. Welche der vier Schätzungen halten Sie für unrealistisch? Argumentieren Sie unter Zuhilfenahme der neuesten Daten und Prognosen.

Die Überlegungen zeigen, dass es im Modell zwar sehr einfach ist, Prognosen für die Bevölkerungsentwicklung zu machen. Ob sie allerdings in der Realität eintreten, hängt ab von politischen Entscheidungen, religiösen Vorstellungen, von Energiemangel und Nahrungsmittelproduktion und nicht zuletzt von übertragbaren Krankheiten.

Während bisher Ableitungen von f mit $f(x) = x + e^x$ gebildet werden konnten, indem gliedweise differenziert wurde ($f'(x) = 1 + e^x$), gilt dies nicht für Funktionen, die sich als Produkte darstellen lassen, z. B. g mit $g(x) = x \cdot e^x$. Dass $g'(x) \neq 1 \cdot e^x$ ist, erkennt man mithilfe des GTR. Man gibt die Funktion $y = x \cdot e^x$ ein, bildet in Y2 ihre Ableitung und gibt in Y3 die Funktion $h(x) = 1 \cdot e^x$ ein (Fig. 1). Man zeichnet anschließend die Graphen von Y2 und Y3 und stellt fest, dass sie nicht übereinstimmen.

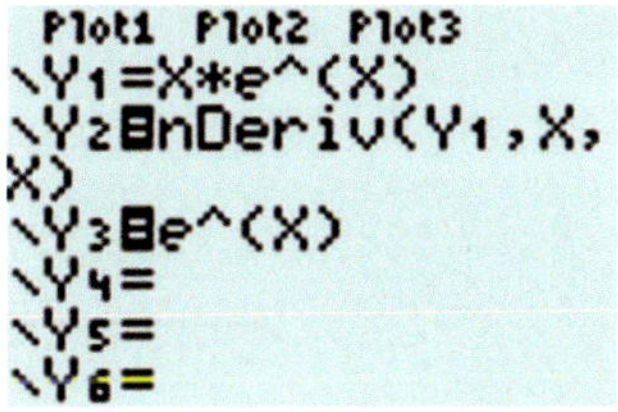

Fig. 1

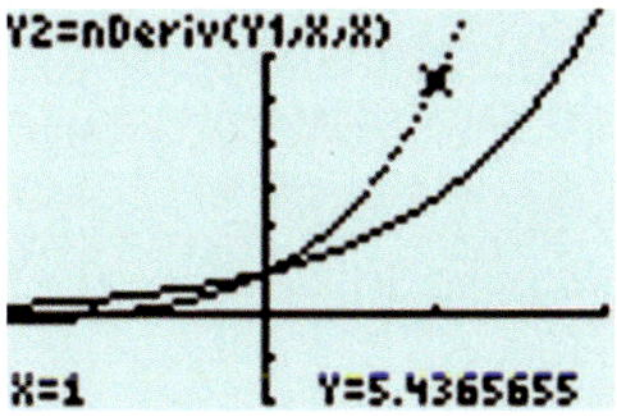

Fig. 2

Man erkennt dies auch an dem folgenden Beispiel:
$f(x) = x^3 = x \cdot x^2$
$f'(x) = 3x^2$.
Bei gliedweisem Ableiten erhielte man:
$f'(x) = 1 \cdot 2x = 2x$

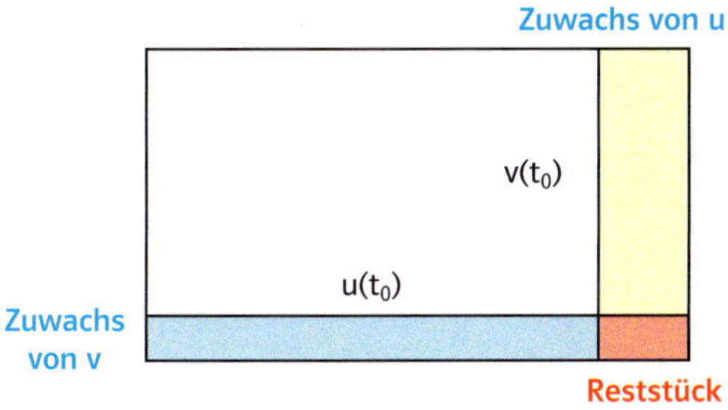

Fig. 3

Um eine Vermutung über die Ableitung eines Produkts zweier Funktionen zu erhalten, kann man den Flächeninhalt eines Rechtecks betrachten, dessen Seitenlängen u und v im Laufe der Zeit zunehmen. Für den Flächeninhalt zum Zeitpunkt t_0 gilt:
$A(t_0) = u(t_0) \cdot v(t_0)$.
Betrachtet man das Rechteck zu einem etwas späteren Zeitpunkt t, so erhält man:
Zuwachs von A = (Zuwachs von u)$\cdot v(t_0) + u(t_0) \cdot$(Zuwachs von v) + Rest.
Dividiert man durch $t - t_0$, so erhält man bei Vernachlässigung des kleinen Restes:
Änderungsrate von $A \approx$ (Änderungsrate von u)$\cdot v(t_0) + u(t_0) \cdot$(Änderungsrate von v).
Der Grenzübergang $t \to t_0$ liefert $A'(t_0) = u'(t_0) \cdot v(t_0) + u(t_0) \cdot v'(t_0)$.

Ein Zahlenbeispiel:
$u(t_0) = 5$, $u(t) = 5{,}2$
$v(t_0) = 3$, $v(t) = 3{,}1$

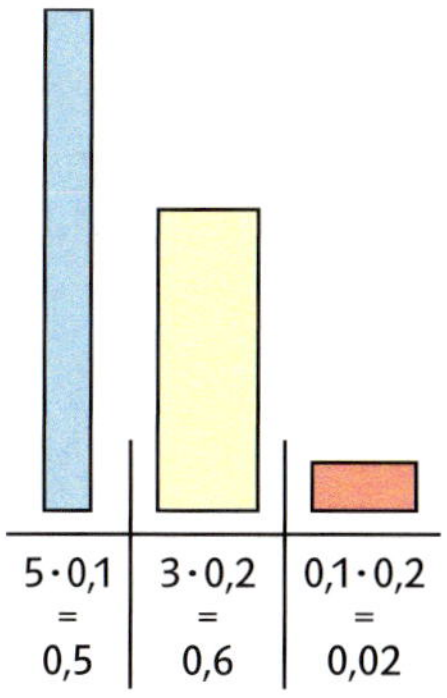

Produktregel: Ist f ein Produkt $u \cdot v$ von Funktionen u und v, so gilt

$$\mathbf{f'(x) = u'(x) \cdot v(x) + u(x) \cdot v'(x)}$$

Beispiel: $f(x) = x \cdot e^x$ ergibt mit $u(x) = x$, $v(x) = e^x$ wegen $u'(x) = 1$ und $v'(x) = e^x$:

$$f'(x) = 1 \cdot e^x + x \cdot e^x = (x + 1) \cdot e^x$$

Merkregel:
$(uv)' = u'v + uv'$

Jetzt kann man $f(x) = x^3 = x \cdot x^2$ auch nach der Produktregel richtig ableiten. Mit $u(x) = x$ und $v(x) = x^2$ ergibt sich aus $u'(x) = 1$ und $v'(x) = 2x$:
$f'(x) = u'(x) \cdot v(x) + u(x) \cdot v'(x) = 1 \cdot x^2 + x \cdot 2x = x^2 + 2x^2 = 3x^2$.

Damit eröffnet sich ein neues Feld von Funktionen, die untersucht werden können.

Der GTR bestätigt die Rechnung!

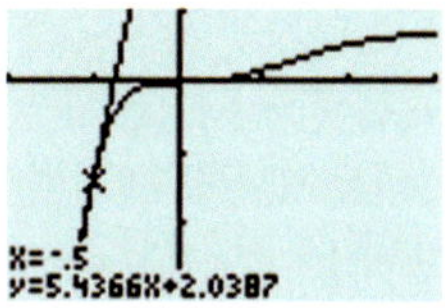

Beispiel
Stellen Sie im Punkt $P(-0{,}5 \mid f(0{,}5))$ die Gleichung der Tangente an den Graphen von f mit $f(x) = 2x^3 \cdot e^{-2x}$ auf.
Lösung:
Man schreibt: $g(x) = 2x^3 \cdot e^{-2x}$. Mit $u(x) = 2x^3$ und $v(x) = e^{-2x}$; $u'(x) = 6x^2$; $v'(x) = -2e^{-2x}$ ergibt sich: $g'(x) = u'(x) \cdot v(x) + u(x) \cdot v'(x) = 6x^2 \cdot e^{-2x} + 2x^3 \cdot (-2e^{-2x}) = (6x^2 - 4x^3)e^{-2x}$.
Man erhält dann $g'(-0{,}5) = (6 \cdot (-0{,}5)^2 - 4 \cdot (-0{,}5)^3) \cdot e^{-2 \cdot (-0{,}5)} = (1{,}5 + 0{,}5) \cdot e^1 = 2e$.
Da $g(-0{,}5) = 2 \cdot (-0{,}5)^3 \cdot e^{-2 \cdot (-0{,}5)} = -\frac{e}{4}$ ist, gilt $P\left(-0{,}5 \,\middle|\, -\frac{e}{4}\right)$.
Gleichung der Tangente: $y = 2e \cdot (x + 0{,}5) - \frac{e}{4}$ also $y = 2e \cdot x + \frac{3}{4}e$; $y = 5{,}4366x + 2{,}0387$.

Rückblick

Exponentialfunktionen zur Basis a

Funktionen f mit $f(x) = a^x$ oder auch g mit $g(x) = c \cdot a^x$ mit $a > 0$ und $x \in \mathbb{R}$, nennt man Exponentialfunktionen zur Basis a. Ein Vorgang, der durch eine Exponentialfunktion beschrieben werden kann, wird exponentielles Wachstum genannt.

Wichtige Eigenschaft:

Es gilt $\frac{f(x+1)}{f(x)} = \frac{c \cdot a^{x+1}}{c \cdot a^x}$ oder $f(x+1) = a \cdot f(x)$,

d.h. bei Erhöhung von x um 1 wird der Funktionswert f(x) mit a multipliziert.

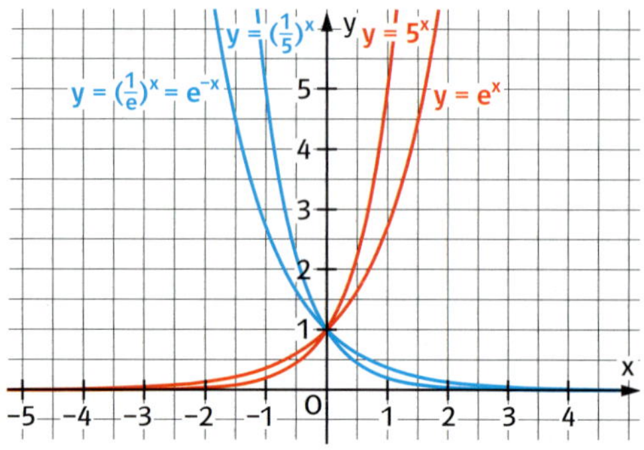

Eigenschaften:

Alle Graphen verlaufen durch Q(0 | 1).

Die Graphen von $y = a^x$ und $y = a^{-x}$ liegen spiegelsymmetrisch zur y-Achse.

Eulersche Zahl e

Eine besondere Basis bei Exponentialfunktionen ist die Eulersche Zahl e.

e ist eine irrationale Zahl: $e \approx 1{,}71828$.

Ableitungen

Die natürliche Exponentialfunktion f mit $f(x) = e^x$ hat die Ableitungsfunktion f′ mit $f'(x) = e^x$.

Eine Stammfunktion ist F mit $F(x) = e^x$.

Die Exponentialfunktion g mit $g(x) = e^{mx+c}$ hat die Ableitungsfunktion g′ mit $g'(x) = m\,e^{mx+c}$.

Eine Stammfunktion ist G mit $G(x) = \frac{1}{m}e^{mx+c}$.

$f(x) = e^{4x+3}$

$f'(x) = 4 \cdot e^{4x+3}$

$f''(x) = 4 \cdot 4 \cdot e^{4x+3} = 16 \cdot e^{4x+3}$

$F(x) = \frac{1}{4}e^{4x+3}$ oder

$F(x) = \frac{1}{4}e^{4x+3} + 4$

Natürlicher Logarithmus

In der Gleichung $e^x = y$ nennt man den Exponenten x den **natürlichen Logarithmus** von y.

Man schreibt $x = \ln(y)$.

Es gilt: $e^{\ln(y)} = y$ und $\ln(e^x) = x$

Wichtige Werte:

$\ln(1) = 0$, da $e^0 = 1$; $\ln(e) = 1$, da $e^1 = e$

$\ln\left(\frac{1}{e}\right) = -1$, da $e^{-1} = \frac{1}{e}$

$e^{\ln(7)} = 7$ (da $\ln(7) = \ln(7)$)

$\ln(e^4) = 4$ (da $e^4 = e^4$)

Lösen von Exponentialgleichungen

Man löst Exponentialgleichungen im Normalfall durch „Logarithmieren", indem man vor die linke und die rechte Seite den Logarithmus setzt.

$e^{2x+3} = 2$ ergibt $\ln(e^{2x+3}) = \ln(2)$;

$2x + 3 = \ln(2)$;

$2x = \ln(2) - 3$

$x = \frac{1}{2}(\ln(2) - 3) \approx -1{,}15343$

Anwendungen

Vermehrt sich ein Bestand, der zu Beginn der Beobachtung (x = 0) den Bestand c aufweist, in der Zeiteinheit um den Prozentsatz p, so wächst der Bestand in x Zeiteinheiten auf

$f(x) = c \cdot \left(1 + \frac{p}{100}\right)^x$

Setzt man $a = 1 + \frac{p}{100}$, so lautet die Wachstumsfunktion $f(x) = c \cdot a^x$.

Wegen $a = e^{\ln(a)}$ kann man f mit der natürlichen Exponentialfunktion schreiben: $f(x) = c \cdot e^{\ln(a) \cdot x}$.

Eine Kolonie von 100 Vögeln vermehrt sich jährlich um $4\,\% = \frac{4}{100}$.

Wachstumsfunktion:

$f(x) = 100 \cdot \left(1 + \frac{4}{100}\right)^x$; x in Jahren.

Da $1{,}04 = 1 + \frac{4}{100}$ ist, gilt:

$f(t) = 100 \cdot 1{,}04^x$.

Da $1{,}04 = e^{\ln(1{,}04)}$ ist, kann man schreiben:

$f(x) = e^{\ln(1{,}04) \cdot t} \approx e^{0{,}03922 \cdot t}$

Ist umgekehrt $g(x) = c \cdot e^{k \cdot x}$ gegeben, so kann man schreiben $g(x) = c \cdot (e^k)^x$.

Schreibt man $e^k = 1 + q$, so ist $p = q \cdot 100$ die prozentuale Zunahme in der Zeiteinheit.

Gegeben ist $g(x) = e^{0{,}14 \cdot x}$, x in Tagen.

$g(x) = (e^{0{,}14})^x = 1{,}1503^x$.

Da $1{,}1503 = 1 + 0{,}1503 = 1 + \frac{15{,}03}{100}$ ist, beträgt die prozentuale Zunahme pro Tag ca. 15 %.

Aufgaben zum Üben und Wiederholen

1 Der Graph der Exponentialfunktion f mit $f(x) = c \cdot e^{kx}$ geht durch die Punkte $P(0|1)$ und $Q(2|4)$. Berechnen Sie c und k und schreiben Sie die Funktion in der Form $f(x) = c \cdot a^x$. Zeichnen Sie den Graphen der Funktion.

2 Der Wert der Geldeinheit GE verliert jährlich 2 % an Kaufkraft.
a) Welchen Wert hat ein Betrag von 5000 GE nach 10 Jahren, wenn er nicht verzinst wird?
b) Nach welcher Zeit ist 1 GE nur noch die Hälfte wert?
c) Welchen Wert haben 5000 GE nach 10 Jahren, wenn er mit 3 % jährlich verzinst wird?

3 Lösen Sie die Gleichung.
a) $e^{2x} = 2{,}5$ b) $2 \cdot e^{3x+1} = 4$ c) $2e \cdot e^{0{,}2x-1} = 4e^2$ d) $2 \cdot e \cdot x = e^2$

4 Leiten f Sie zweimal ab und geben Sie eine Stammfunktion von f an.
a) $f(x) = e^{10x}$ b) $g(x) = 2e^{10x} + e^x$ c) $h(x) = e^{-0{,}5x} - x$ d) $f(t) = \frac{1}{4}e^{0{,}8t} + 3t^2$

5 Bestimmen Sie k.
a) $\int_0^1 k e^x \, dx$ b) $\int_0^k e^x \, dx = 3$ c) $\int_0^1 e^{x-k} \, dx = e - 1$ d) $\int_0^1 e^{kx} \, dx = \frac{4}{k}$

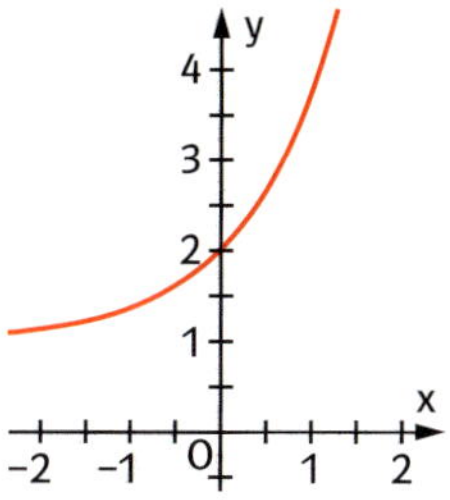

Fig. 1

6 Gegeben ist die Funktion f mit $f(x) = e^{\ln(2) \cdot x}$ mit $x \in \mathbb{R}$.
a) Skizzieren Sie mithilfe des GTR den Graphen von f.
b) Bestimmen Sie die exakte Ableitung von f an der Stelle $x_0 = 2$.
c) Berechnen Sie im Punkt $P(2|f(2))$ die exakte Gleichung der Tangente an den Graphen von f und ihren Schnittpunkt mit der x-Achse. Überprüfen Sie das Ergebnis mit dem GTR.
d) Bestimmen Sie mit dem GTR den Inhalt der Fläche, den der Graph von f mit der Tangente über dem Intervall [0; 2] einschließt.

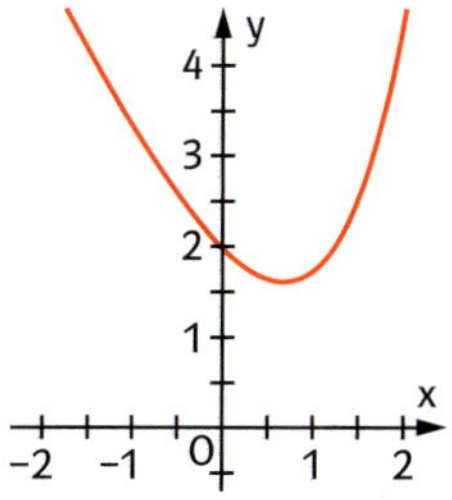

Fig. 2

7 Welcher Graph von Fig. 1 bis Fig. 3 gehört zu der Funktion f mit $f(x) = e^x - 2x + 1$? Begründen Sie Ihre Vermutung zunächst durch Rechnung und prüfen Sie Ihr Ergebnis anschließend mit dem GTR nach.

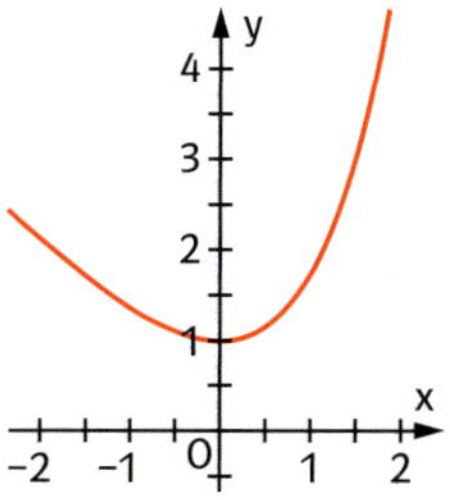

Fig. 3

8 Eine Nährlösung enthält zu Beginn der Beobachtung 5000 Bakterien. Täglich vermehrt sich die Anzahl der Bakterien um 15 %.
a) Geben Sie die zugehörige Wachstumsfunktion f an. Schreiben Sie f auch mit der Basis e.
b) Wie viele Bakterien weist die Nährlösung nach 6 Stunden und nach 36 Stunden auf?

9 Eine Firma zur Herstellung von Antiviren-Software behauptet, dass sich der Virus exponentiell nach der Formel $f(t) = 4498 \cdot e^{0{,}2391 \cdot t}$ (t in Stunden) vermehrt.
a) Stimmt es, dass nach 24 Stunden fast 1,4 Millionen Computer infiziert waren?
b) Vor wie vielen Stunden wurde der fünfte Computer infiziert?
c) Wie viel Prozent werden stündlich neu infiziert?

10 Mexiko hatte zu Beginn des Jahres 1990 84,4 Millionen Einwohner. Im Jahr 2000 waren es 100,4 Millionen. Es wird von einer exponentiellen Vermehrung der Bevölkerung ausgegangen.
a) Bestimmen Sie die Wachstumsfunktion f(t). Setzen Sie t = 0 für das Jahr 1990.
b) Mit wie vielen Einwohnern ist im Jahre 2012 zu rechnen?
c) Wann wird voraussichtlich die 150-Millionen-Grenze überschritten?

VI Trigonometrische Funktionen

1 Die Funktionen sin und cos

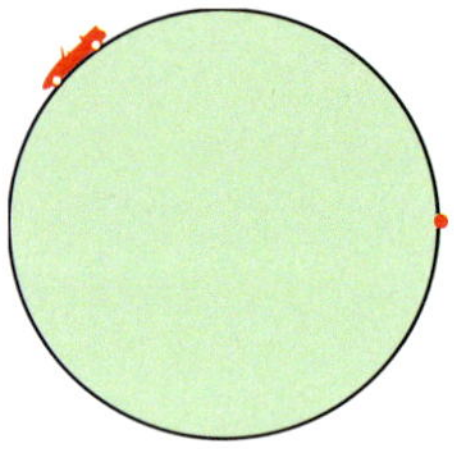

1 Ein Auto fährt auf einer kreisförmigen Rennstrecke mit dem Radius 1 km.
a) Beschreiben Sie seine Position relativ zum Startpunkt, wenn es 3 km zurückgelegt hat. Wo befindet es sich nach 3 km, wenn die Rennstrecke einen Radius von 2 km hat?
b) Wo befindet sich das Auto, wenn es eine halbe Runde $\left(1\frac{1}{2};\ 5\frac{1}{2};\ 6\frac{1}{4};\ 1\frac{3}{4}\text{ Runden}\right)$ zurückgelegt hat?

Die Position eines Punktes, der sich auf einer Kreisbahn bewegt, ist durch den zurückgelegten Weg eindeutig bestimmt. Dieser Weg, also die Länge des Kreisbogens b, hängt mit dem überstrichenen Winkel α zusammen:
$b = 2r\pi \cdot \frac{\alpha}{360°} = r \cdot \frac{\alpha\pi}{180°}$.

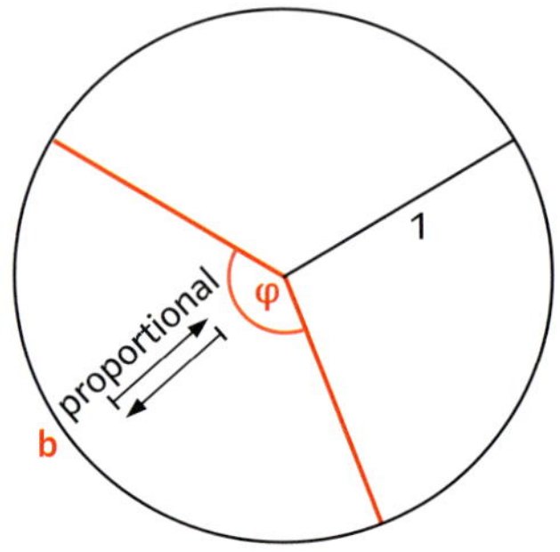

Fig. 1

Gradmaß	Bogenmaß
0	0
30°	$\frac{\pi}{6} \approx 0{,}52$
45°	$\frac{\pi}{4} \approx 0{,}79$
60°	$\frac{\pi}{3} \approx 1{,}05$
90°	$\frac{\pi}{2} \approx 1{,}57$
180°	$\pi \approx 3{,}14$
270°	$\frac{3\pi}{2} \approx 4{,}71$
360°	$2\pi \approx 6{,}28$

Am Einheitskreis, also einem Kreis mit Radius 1, ist die Zuordnung des Winkels α zur zugehörigen Bogenlänge b ebenfalls eindeutig. Dann gilt nämlich: $b = \pi \cdot \frac{\alpha}{180°}$. Umgekehrt kann man aus der Bogenlänge b den Winkel berechnen:
$\alpha = \frac{180°}{\pi} \cdot b$. So gilt z. B. für b = 3:
$\alpha = \frac{180°}{\pi} \cdot 3 \approx 171{,}89°$.

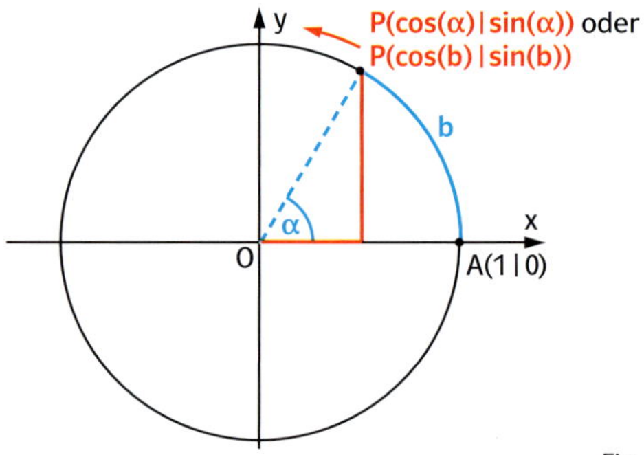

Fig. 2

Startet ein Punkt P in A(1 | 0) und umläuft dieser den Ursprung auf einem Einheitskreis, so kann man seine Koordinaten berechnen, wenn er einen Weg b zurückgelegt hat.
Auf diese Weise wird jeder Zahl b mit $0 \leqq b \leqq 2\pi$ ein Sinus- und ein Kosinuswert zugeordnet und damit der Punkt P(x | y) festgelegt: $\sin(b) = \frac{y}{1}$; also $y = \sin(b)$; $\cos(b) = \frac{x}{1}$; also $x = \cos(b)$

positiver Umlaufsinn

negativer Umlaufsinn = Uhrzeigersinn

Der Punkt P(cos(b) | sin(b)) kann den Kreis auch mehrmals durchlaufen. Nach jedem weiteren vollen Umlauf hat er einen Weg von $b + 2\pi$ zurückgelegt und befindet sich wieder in derselben Position. Setzt man bei negativem Umlaufsinn den zurückgelegten Weg negativ an, dann befindet sich der umlaufende Punkt auch nach einem Weg von $b - 2\pi$ wieder in P(cos(b) | sin(b)).

Trägt man in einem Koordinatensystem auf der Rechtsachse das Bogenmaß, jetzt x genannt, und auf der y-Achse den zugehörigen Sinus- bzw. Kosinuswert ab, so erhält man die Graphen der Sinus- und der Kosinusfunktion.

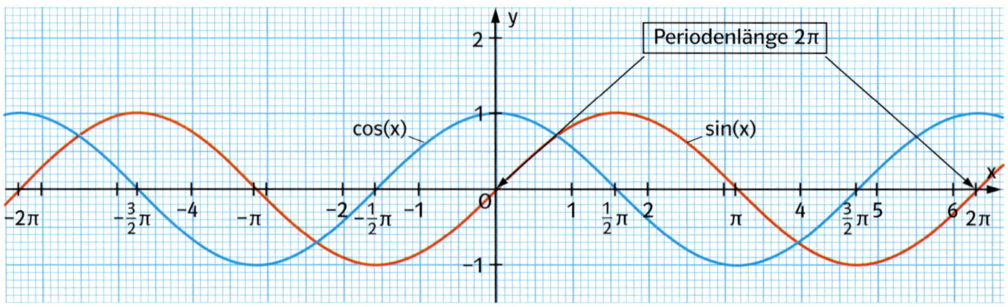

Da sich der Sinus- und der Kosinuswert nicht ändern, wenn man zu x ein ganzzahliges Vielfaches von 2π addiert oder subtrahiert, nennt man die Sinus- und die Kosinusfunktion **periodisch** mit der **Periode 2π**.

(1) Sinus- und Kosinusfunktion sind **periodisch** mit der Periode $p = 2\pi$, d.h.
$$\sin(x + 2\pi) = \sin(x) \quad \text{und} \quad \cos(x + 2\pi) = \cos(x).$$

(2) Beide Funktionen haben die Definitionsmenge $\mathbb{R}$, Wertemenge ist jeweils $[-1; 1]$.

(3) Der Graph der Sinusfunktion ist punktsymmetrisch zum Ursprung: $\sin(-x) = -\sin(x)$.
Der Graph der Kosinusfunktion ist achsensymmetrisch zur y-Achse: $\cos(-x) = \cos(x)$.

Da die Periode 2π ist, genügt es meist, Untersuchungen auf das Periodenintervall $[0; 2\pi]$ zu beschränken.

Beispiel 1 Wertebestimmung mit dem GTR

Bestimmen Sie mit dem GTR

a) die Werte $\sin(2{,}24)$; $\cos(1)$; $\cos(-2{,}1)$

b) die Winkel zu $\cos(x) = 0{,}5$; $\sin(x) = 0{,}25$ im Intervall $[0; 2\pi]$.

Lösung:

a) Man stellt den GTR mit der [MODE]-Taste auf Radian (Bogenmaß) um und erhält Fig. 1.

b) Mit [2nd] [SIN⁻¹] bzw. [2nd] [COS⁻¹] erhält man einen Wert aus $[0; 2\pi]$ (Fig. 2).

Den zweiten Wert muss man berechnen, indem man sich den Verlauf der Sinus- bzw. Kosinusfunktion vorstellt (Fig. 2).

Meist ist es günstiger, die Gleichung $\cos(x) = 0{,}5$ zu lösen, indem man die Graphen von $f(x) = \cos(x)$ und $g(x) = 0{,}5$ in $[0; 2\pi]$ schneidet (Fig. 3).

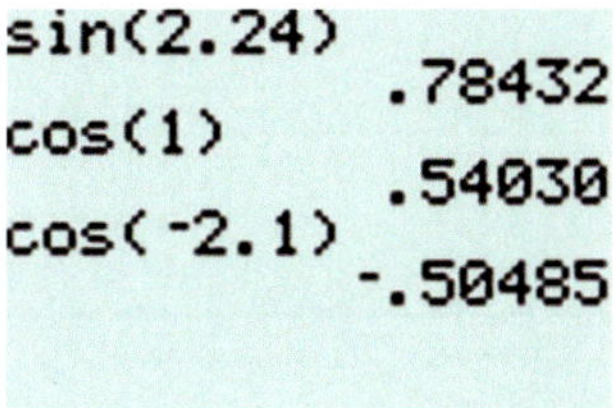

Fig. 1

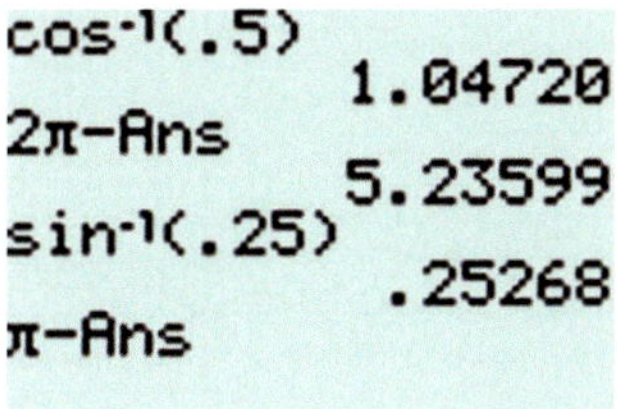

Fig. 2

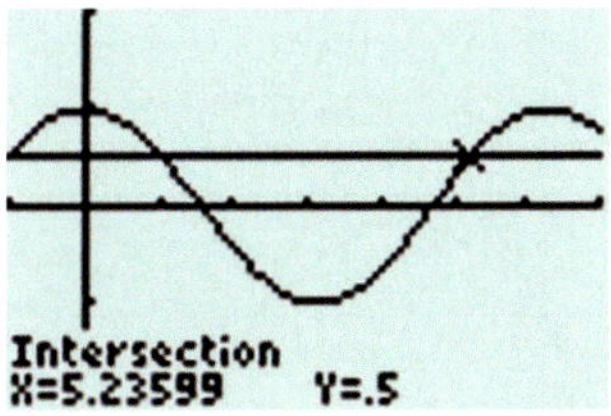

Fig. 3

Aufgaben

2 Bestimmen Sie mit dem GTR auf vier Dezimalen genau.

a) $\sin(0{,}5236)$ b) $\cos(\sqrt{2})$ c) $\cos(0{,}1 \cdot \pi + 1)$ d) $\sin(5\pi + 1)$

3 Geben Sie ohne Verwendung des GTR den Funktionswert an.

a) $\sin(3\pi)$ b) $\sin\left(\frac{1}{2}\pi\right)$ c) $\sin(2{,}5\pi)$

d) $\cos(-\pi)$ e) $\cos(8\pi)$ f) $\cos\left(\frac{9}{2}\pi\right)$

Diese Werte sollte man im „Kopf" haben, geschrieben als „Eselsbrücke":

α	0°	30°	45°	60°	90°
x	0	$\frac{\pi}{6}$	$\frac{\pi}{4}$	$\frac{\pi}{3}$	$\frac{\pi}{2}$
sin(x)	$\frac{\sqrt{0}}{2}$	$\frac{\sqrt{1}}{2}$	$\frac{\sqrt{2}}{2}$	$\frac{\sqrt{3}}{2}$	$\frac{\sqrt{4}}{2}$
cos(x)	$\frac{\sqrt{4}}{2}$	$\frac{\sqrt{3}}{2}$	$\frac{\sqrt{2}}{2}$	$\frac{\sqrt{1}}{2}$	$\frac{\sqrt{0}}{2}$

4 Bestimmen Sie, sofern es möglich ist, die beiden x-Werte in $0 \leq x < 2\pi$, für die gilt:

a) $\sin(x) = -0{,}5$ b) $\cos(x) = 0$ c) $\sin(x) = 0{,}9453$ d) $\cos(x) = 0{,}6321$

e) $2\sin(x) = -1{,}23$ f) $\cos(x) = 4$ g) $4\sin(x) = -4$ h) $4{,}2 \cdot \cos(x) = 2{,}34$

5 Bestimmen Sie ohne GTR die Lösungen der Gleichung in $0 \leq x < 2\pi$.

a) $\sin(x) = \frac{1}{2}$ b) $\cos(x) = -\frac{1}{2}$ c) $\cos(x) = \frac{1}{2}\sqrt{3}$ d) $\sin(x) = -\frac{1}{2}\sqrt{2}$

2 Amplituden und Perioden von Sinusfunktionen

1 a) Zeichnen Sie mit dem GTR für verschiedene Werte von a und b die Funktionen f mit $f(x) = a \cdot \sin(x)$ und g mit $g(x) = \sin(b \cdot x)$ und beschreiben Sie die durch a und b bewirkten Änderungen gegenüber der normalen Sinuskurve.
b) Ordnen Sie den Funktionen f mit $f(x) = 1{,}5\sin(x)$, g mit $g(x) = \sin(2x)$ und h mit $h(x) = \frac{1}{2}\sin\left(\frac{\pi}{2}x\right)$ den richtigen Graphen zu. Lesen Sie die Periode ab und kontrollieren Sie mit dem GTR.

Elektro-Kardiogramm eines Menschen:

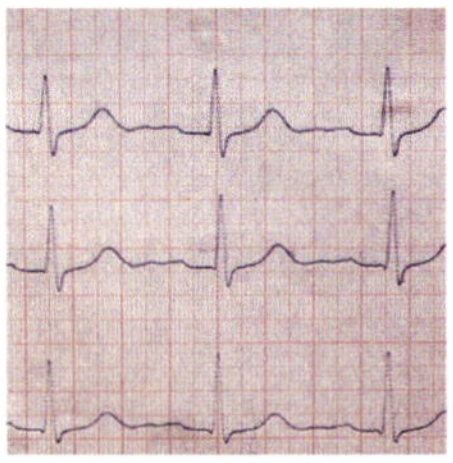

(1)

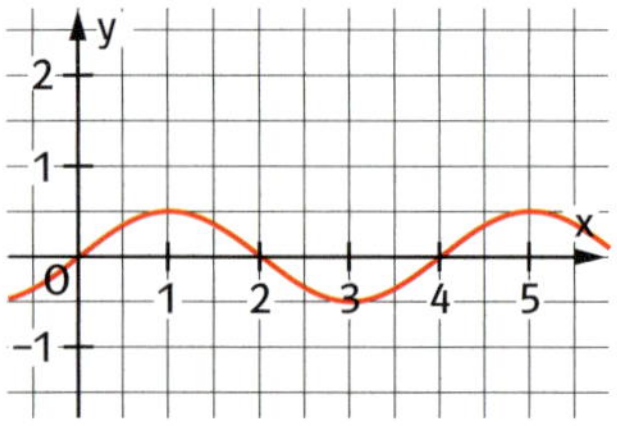

(2)

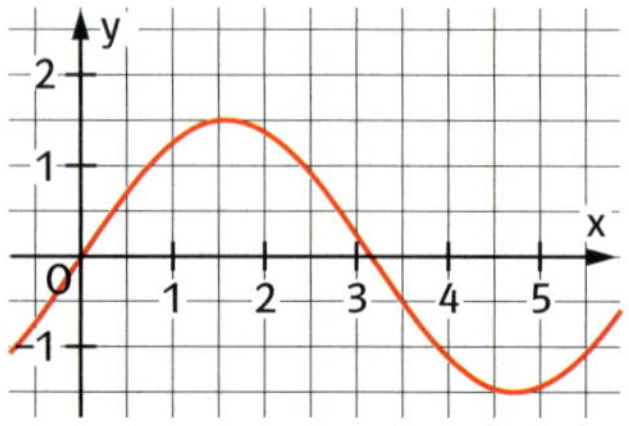

(3)

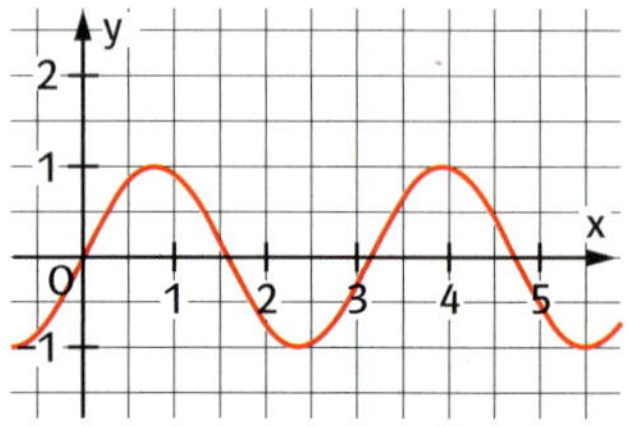

In Natur und Technik spielen Schwingungen (Musik, Funk) und stetig sich wiederholende Vorgänge (Jahr, Ebbe und Flut) eine herausragende Rolle. Deshalb ist es notwendig, Sinuskurven auf solche Vorgänge anzupassen. Man spricht dann von allgemeinen Sinusfunktionen.

Hinweis:
Für $0 < |a| < 1$ spricht man wie bei Parabeln von einer **Stauchung** des Graphen.
Im Folgenden steht **Streckung** auch für den Fall der Stauchung, wenn also wie in Fig. 2 die Funktion „zusammengedrückt" wird.

(1) $f(x) = a \cdot \sin(x)$

Werden die Funktionswerte der Sinusfunktion verdoppelt, so erhält man den Graphen von Fig. 1. Für die zugehörige Funktion f gilt dann $f(x) = 2\sin(x)$. Der Graph entsteht also aus dem der Sinusfunktion durch Streckung in y-Richtung um den Faktor 2.
In Fig. 2 ist der blaue Graph $y = \frac{1}{2}\sin(x)$. Der rote Graph entsteht aus dem blauen durch Spiegelung an der x-Achse. Die zugehörige Funktion ist demnach g mit $g(x) = -\frac{1}{2}\sin(x)$.

2 bzw. $\frac{1}{2}$ bestimmen den „Ausschlag" der Kurve. Der positive Wert von a, also $|a|$ wird **Amplitude** genannt.

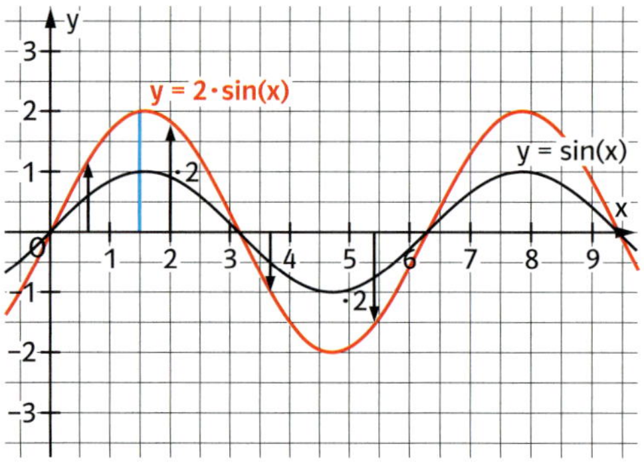

Fig. 1

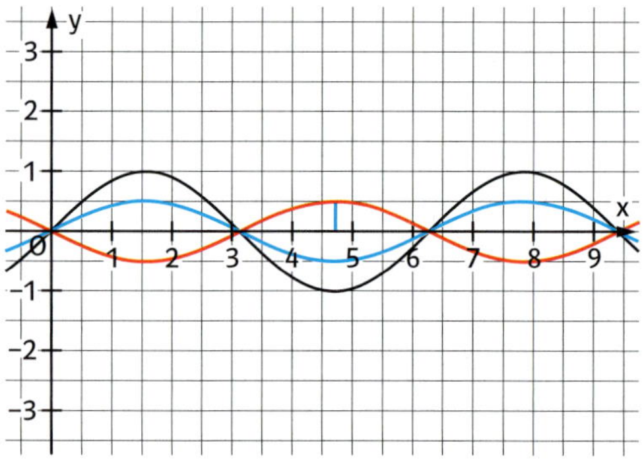

Fig. 2

Allgemein entsteht der Graph der Funktion f mit $f(x) = a \cdot \sin(x)$ mit $a > 0$ aus der normalen Sinusfunktion durch Streckung in y-Richtung um den Faktor a. Ist a negativ, so wird die gestreckte Funktion noch an der x-Achse gespiegelt.
So entsteht der Graph von f mit $f(x) = -2{,}5 \cdot \sin(x)$ aus dem der Sinusfunktion durch Streckung um den Faktor 2,5 und anschließende Spiegelung an der x-Achse:

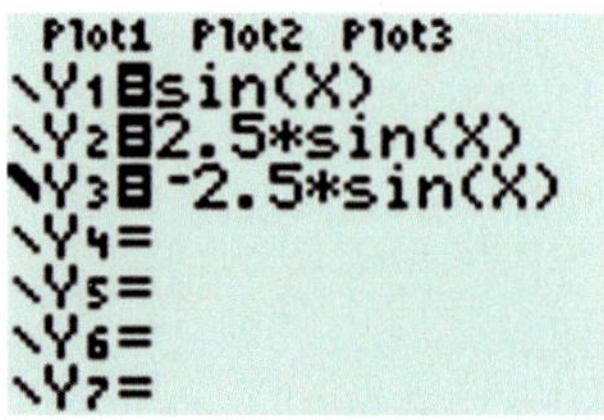

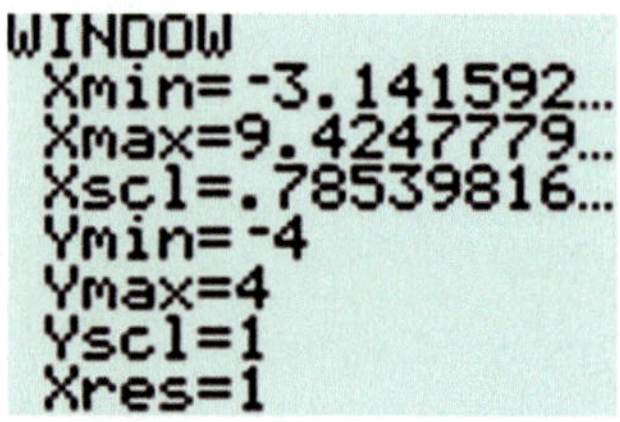

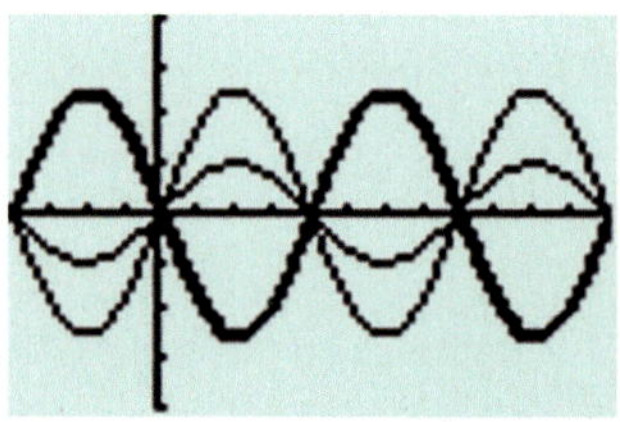

(2) $f(x) = \sin(b \cdot x)$

Werden bei gleichen y-Werten die x-Werte halbiert, so erfolgt eine „Streckung" in x-Richtung mit dem Faktor $\frac{1}{2}$ (Fig. 1). Der Tabelle entnimmt man, dass der rote Graph zu $f(x) = \sin(2 \cdot x)$ gehören muss.

x	0	$\frac{\pi}{6}$	$\frac{\pi}{4}$	$\frac{\pi}{3}$	$\frac{\pi}{2}$	π
sin(x)	0	$\frac{1}{2}$	$\frac{1}{2}\sqrt{2}$	$\frac{1}{2}\sqrt{3}$	1	0
sin(2·x)	0	$\frac{1}{2}\sqrt{3}$	1	$\frac{1}{2}\sqrt{3}$	0	0

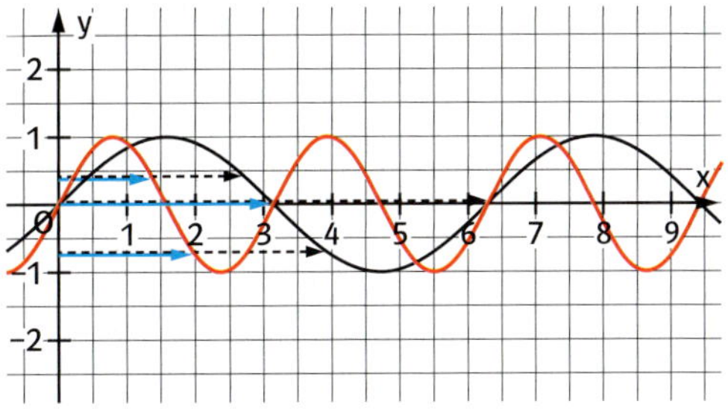

Fig. 1

Das Wort „Streckung" wird hier auch für „Stauchung" verwendet.

Die Periode ist somit $\frac{2\pi}{2} = \pi$.

Der Graph von $g(x) = \sin\left(\frac{\pi}{4}x\right)$ ensteht aus dem Graphen der normalen Sinusfunktion durch Streckung von der y-Achse aus in x-Richtung um den Faktor $\frac{1}{\frac{\pi}{4}} = \frac{4}{\pi} \approx 1{,}27$.

Die Periode ist damit $\frac{2\pi}{\frac{\pi}{4}} = \frac{2\pi \cdot 4}{\pi} = 8$ (Fig. 2).

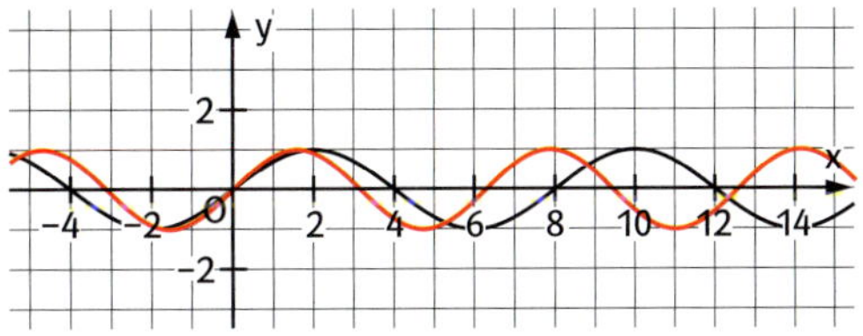

Fig. 2

Die Sinusfunktion f mit $f(x) = a \cdot \sin(b \cdot x)$ mit $a \neq 0$ und $b > 0$ hat die **Amplitude** $|a|$ und die **Periode** $p = \frac{2\pi}{b}$.
Ihr Graph entsteht aus dem von sin(x)
(1) durch Streckung in y-Richtung um den Faktor $|a|$ und anschließender Spiegelung an der x-Achse, wenn $a < 0$ ist, und
(2) Streckung in x-Richtung um den Faktor $\frac{1}{b}$.

Da $\sin\left(x + \frac{\pi}{2}\right) = \cos(x)$ ist, gelten die Überlegungen auch für die Kosinusfunktion.

Beispiel Auffinden einer Funktion
Wie heißt die zum roten Graphen von Fig. 3 gehörige Kosinusfunktion?
Lösung:
Die Amplitude des roten Graphen ist $a = \frac{3}{4}$.
Damit lautet die Funktion: $f(x) = \frac{3}{4} \cdot \cos(bx)$.
Da die Periode $p = 4$ ist, ist wegen $p = \frac{2\pi}{b}$:
$4 = \frac{2\pi}{b}$, also $4b = 2\pi$, d.h. $b = \frac{\pi}{2}$. Gesuchte Funktion: $f(x) = \frac{3}{4} \cdot \cos\left(\frac{\pi}{2}x\right)$.

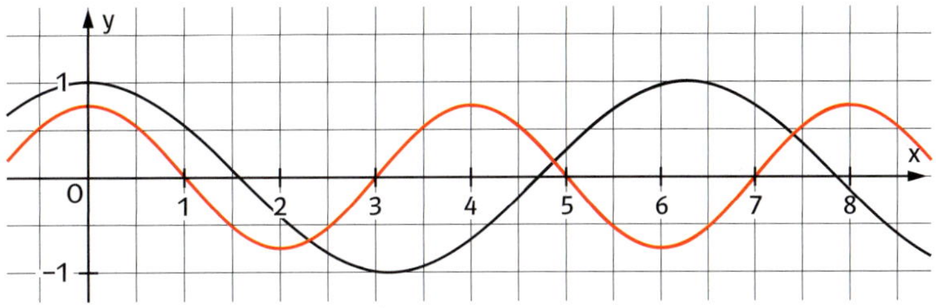

Fig. 3

Aufgaben

2 Geben sie zu jedem Graphen die Periode, die Amplitude und die zugehörige Funktion an.

a)

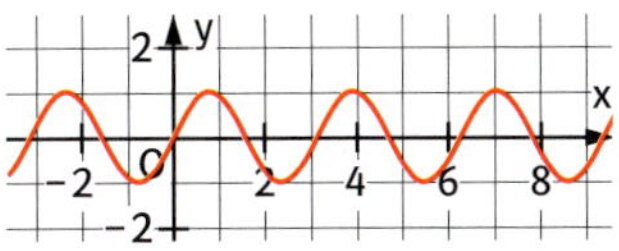

b)

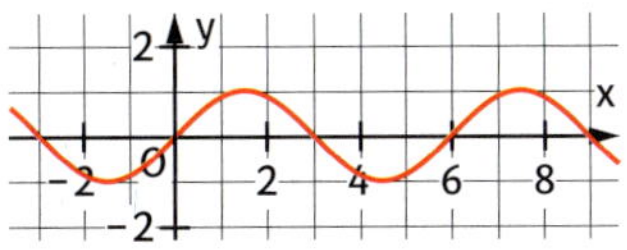

c)

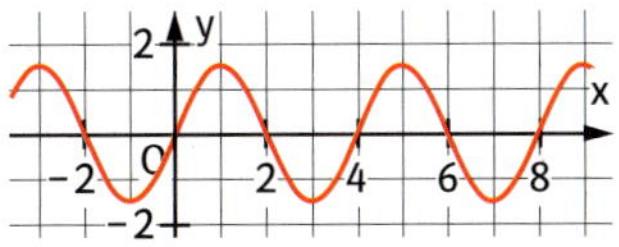

3 Geben Sie eine Sinusfunktion an mit der Amplitude a und der Periode p.

a) $a = 1$; $p = \pi$
b) $a = 4$; $p = \frac{\pi}{2}$
c) $a = 100$; $p = \frac{\pi}{100}$
d) $a = 0{,}5$; $p = 5\pi$
e) $a = 1$; $p = 1$
f) $a = 2$; $p = 4$
g) $a = 100$; $p = 0{,}1$
h) $a = 5$; $p = 24$

3 Verschieben von Graphen von Funktionen

Das sollte Ihnen bekannt vorkommen! Vergleichen Sie Seite 50.

1 Gegeben ist die Funktion f mit $f(x) = x^2$. Wie muss man den Graphen von f abbilden, um den von g zu erhalten? Dabei sind für c und d konkrete reelle Zahlen einzusetzen. Nehmen Sie Ihren GTR zu Hilfe.
(1) $g(x) = x^2 + d$ (2) $g(x) = (x - c)^2$ (3) $g(x) = (x - c)^2 + d$

2 Gegeben ist die Funktion f mit $f(x) = \sin(x)$. Wie muss man den Graphen von f abbilden, um den von g zu erhalten? Dabei sind für c und d konkrete reelle Zahlen einzusetzen. Nehmen Sie Ihren GTR zu Hilfe.
(1) $g(x) = \sin(x) + d$ (2) $g(x) = \sin(x - c)$ (3) $g(x) = \sin(x - c) + d$

Die Graphen von zwei Funktionen unterscheiden sich häufig nur durch ihre Lage im Koordinatensystem. Wie die Funktionsgleichungen der beiden zugehörigen Funktionen lauten, wird im Folgenden untersucht.

Wird die Normalparabel $p(x) = x^2$ so verschoben, dass der Scheitel in S(2|3) liegt, so lautet ihre Gleichung $q(x) = (x - 2)^2 + 3$ (Fig. 1). Wird der Graph der Funktion s mit $s(x) = \sin(x)$ um zwei Einheiten nach rechts und um 3 Einheiten nach oben verschoben, so lautet die zum verschobenen Graphen gehörige Funktion g analog: $g(x) = \sin(x - 2) + 3$.

Hier ist der GTR sehr hilfreich!

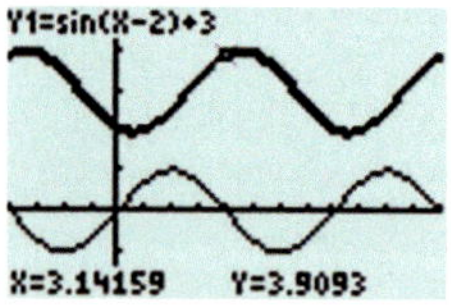

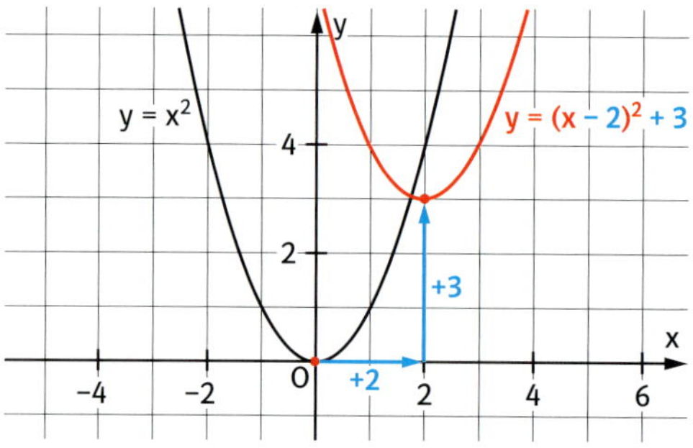

Fig. 1

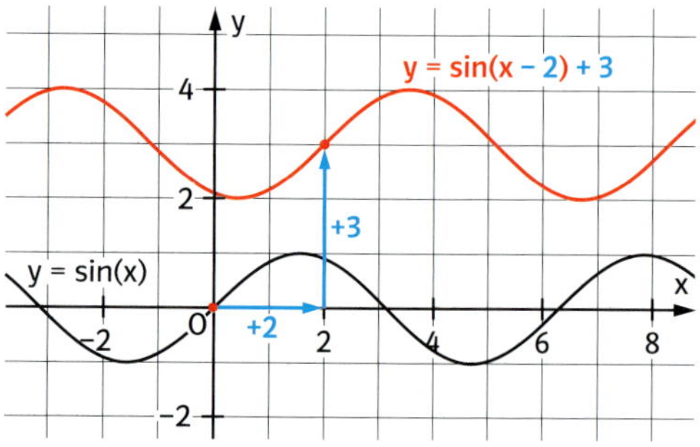

Fig. 2

Die Verschiebung des Graphen von c mit $c(x) = \cos(x)$ um 2 nach links ($d(x) = \cos(x + 2)$) und um 3 nach unten ($e(x) = \cos(x + 2) - 3$) zeigen Fig. 3 bis Fig. 5.

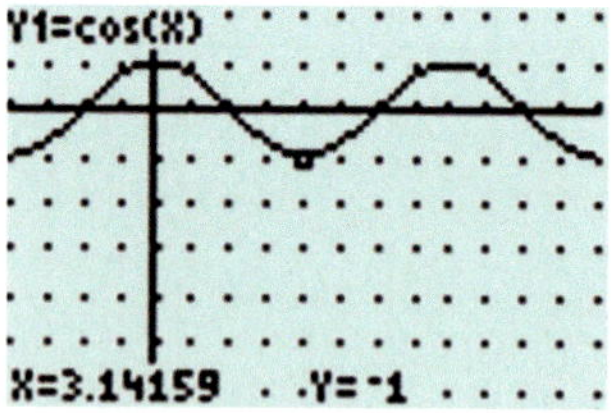

Fig. 3

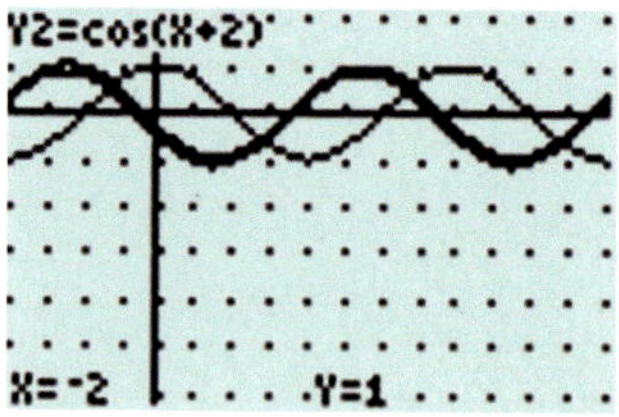

Fig. 4

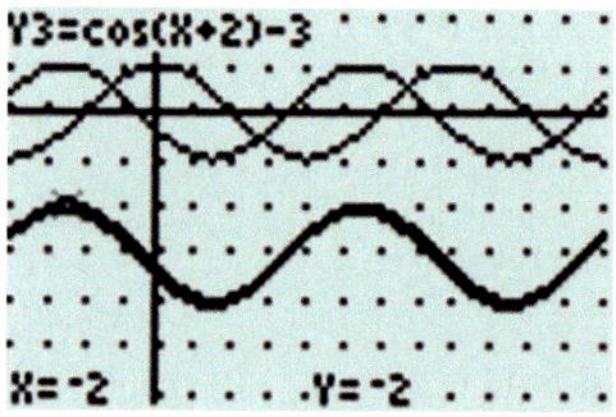

Fig. 5

Wird allgemein der Graph der Funktion f um c in x-Richtung und um d in y-Richtung verschoben, so gehört der neue Graph zu der Funktion g mit $g(x) = f(x - c) + d$.

Beachten Sie:
$f(x - 2)$ ergibt für den Graphen $y = f(x)$ eine Verschiebung um 2 Einheiten nach **rechts**, $f(x + 2)$ eine Verschiebung um 2 Einheiten nach **links**.

Wird der Graph der Funktion f verschoben

um d in y-Richtung	**um c in x-Richtung**	**um c in x- und um d in y-Richtung**
so lautet die zugehörige Funktion		
$g(x) = f(x) + d$	$h(x) = f(x - c)$	$k(x) = f(x - c) + d$

Beispiel 1 Skizzieren eines Graphen

Skizzieren Sie den Graphen der Funktion g mit

a) $g(x) = 2 \cdot \sin(x - 2) - 1$ mithilfe von f mit $f(x) = 2\sin(x)$

b) $g(x) = e^{x-2} - 1$ mithilfe von f mit $f(x) = e^x$.

Lösung:

In beiden Fällen erfolgt eine Verschiebung des Ausgangsgraphen um 2 Einheiten nach rechts und um 1 Einheit nach unten.

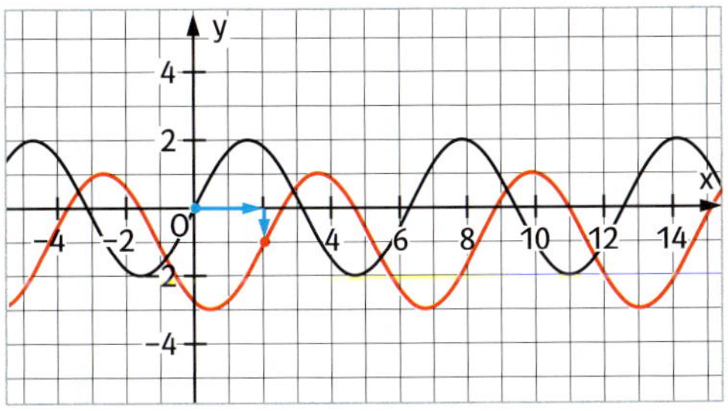

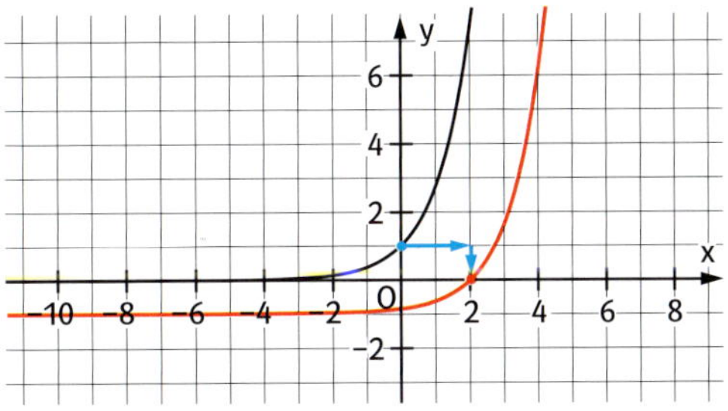

Beispiel 2 Funktion gesucht

Geben Sie die Funktion an, die zu dem rot gezeichneten Graphen von Fig. 1 gehört.

Lösung:

Man wählt einen Punkt mit möglichst ganzzahligen Koordinaten und sucht den entsprechenden Punkt des verschobenen Graphen:

$O(0\,|\,0)$ geht über in $P(-2\,|\,3)$; damit gilt:

$g(x) = \sin(x + 2) + 3$

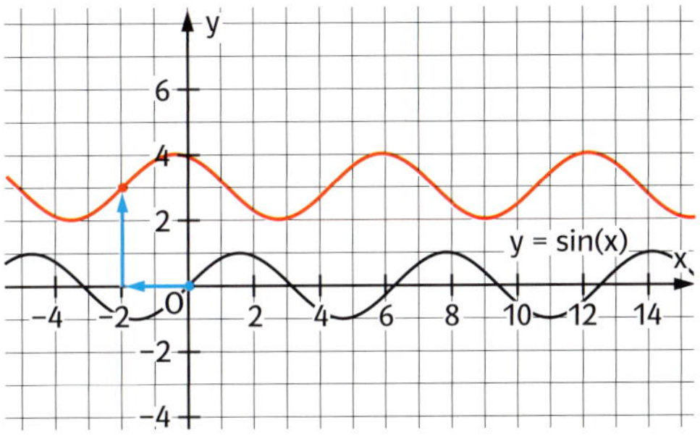

Fig. 1

Aufgaben

3 Geben Sie die Funktionen an, die zu den farbig gezeichneten Graphen gehören.
Die zum schwarz gezeichneten Graphen gehörige Funktion ist angegeben.

a) $f(x) = \sin(x)$

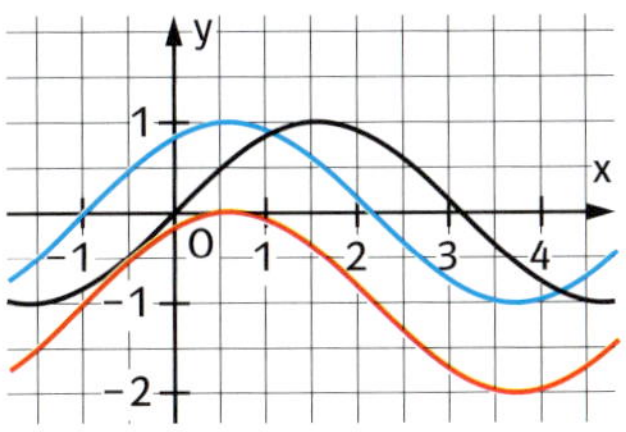

b) $f(x) = 2\cos(x)$

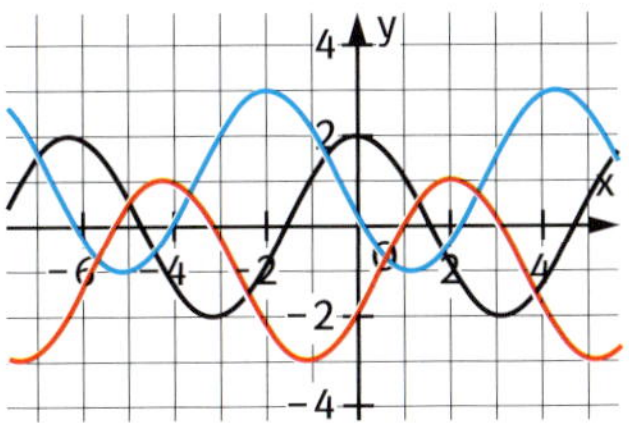

c) $f(x) = e^x$

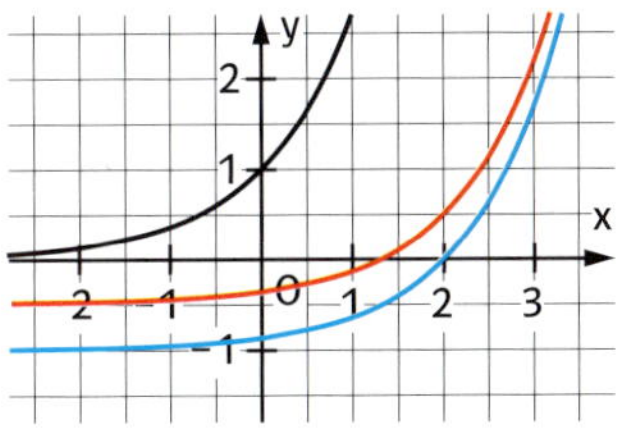

4 Der Graph der Funktion f soll um c Einheiten in x-Richtung und um d Einheiten in y-Richtung verschoben werden.
Geben Sie die zum Bildgraphen gehörige Funktion g an.

Die Kontrolle mit dem GTR ist ganz wichtig!

a) $f(x) = x^2$; $c = 4$, $d = 1$ b) $f(x) = 2\sin(x)$; $c = -1$, $d = 6$ c) $f(x) = e^{2x}$; $c = d = -1$

d) $f(x) = \sin(2x)$; $c = d = 2$ e) $f(x) = x$; $c = 1$, $d = 3$ f) $f(x) = 2^x$; $c = -3$, $d = 2$

5 Skizzieren Sie den Graphen einer einfachen Funktion g, der gegenüber dem Graphen von f verschoben ist.
Geben Sie zu der Funktion f die Nullstellen und Extrempunkte im Intervall $[0;\, 2\pi[$ an.

a) $f(x) = \sin(x - 2) - 1$ b) $f(x) = \sin\left(x - \frac{\pi}{2}\right) - 2$ c) $f(x) = -\sin(x + 1) + 2$

d) $f(x) = 2\cos(x) + 2$ e) $f(x) = \cos(2(x + 1)) - 3$ f) $f(x) = \cos(x - 5) - 2$

4 Trigonometrische Gleichungen

1 Welche Möglichkeiten haben Sie, trigonometrische Gleichungen wie z. B. $2 \cdot \cos(3x) - 1 = 0$ zu lösen?

a) Lösen Sie die Gleichung $2\sin(x) = 1$ für x aus dem Intervall $[0;\ 2\pi]$ exakt.

b) Lösen Sie die Gleichung $2\cos(x) = 1$ für x aus dem Intervall $[0;\ 2\pi]$ näherungsweise mit dem GTR.

Das Lösen trigonometrischer Gleichungen ist bei Untersuchungen von Funktionen von zentraler Bedeutung. Im Allgemeinen ist das Lösen nur näherungsweise mit dem GTR möglich. Es gibt aber auch Ausnahmen. Es wird gezeigt, wie man dabei vorgehen kann.

Sind z. B. die Lösungen von $2 \cdot \cos(2x) = 1$ gesucht, so kann man sich auf die Lösungen aus dem Intervall $[0;\ \pi]$ beschränken, da die Periode $p = \frac{2\pi}{2} = \pi$ ist.

Man hat folgende Lösungsmöglichkeiten:

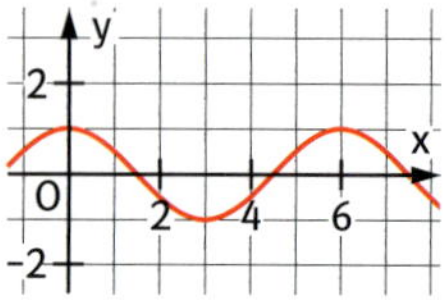

Fig. 1

(1) Man dividiert die Gleichung durch 2 und erhält $\cos(2x) = \frac{1}{2}$.
Man setzt $z = 2x$ und erhält $\cos(z) = \frac{1}{2}$. Man orientiert sich am Graphen der Kosinusfunktion (Fig. 1) und erkennt, dass dies der Fall ist für $z = \frac{\pi}{3}$ und $z = 2\pi - \frac{\pi}{3} = \frac{5\pi}{3}$.
Daraus erhält man $2x = \frac{\pi}{3}$, also $x_1 = \frac{\pi}{6}$. Aus $2x = \frac{5\pi}{3}$ folgt $x_2 = \frac{5\pi}{6}$.
Lösungsmenge $L = \left\{\frac{\pi}{6};\ \frac{5\pi}{6}\right\}$.

(2) Man zeichnet mit dem GTR den Graphen der Funktion h mit $h(x) = 2\cos(2x) - 1$ und bestimmt die zugehörigen Nullstellen.
Dabei ist folgendes Vorgehen sinnvoll, wenn die Periode ein Vielfaches von π ist und man eventuell die exakten Werte haben will: Man wählt ein Fenster, in dem Xscl entweder $\pi/6$ oder $\pi/4$ gewählt wird (Fig. 2) und zeichnet den Graphen (Fig. 3). Es sieht so aus, als ob die Nullstellen bei $\frac{\pi}{6}$ und $\frac{5\pi}{6}$ liegen würden. Um dies zu bestätigen, gibt man bei der Frage Guess? den Wert $\pi/6$ ein (Fig. 3) und erhält die Bestätigung als Näherung (Fig. 4). Analog erhält man die zweite Lösung $\frac{5\pi}{6}$.

Man kann auch mit der [TRACE]-Taste die Werte für x_1 und x_2 eingeben und erhält auch damit die Bestätigung.

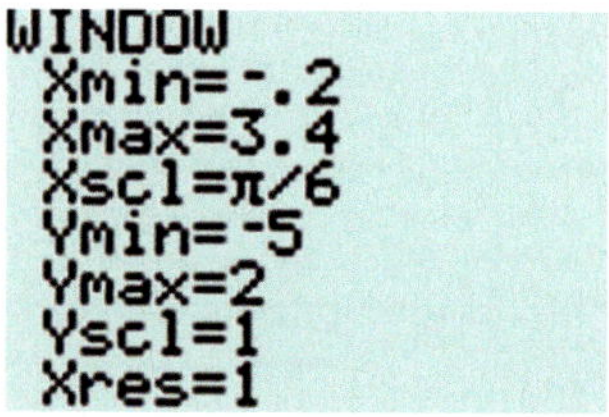

Fig. 2

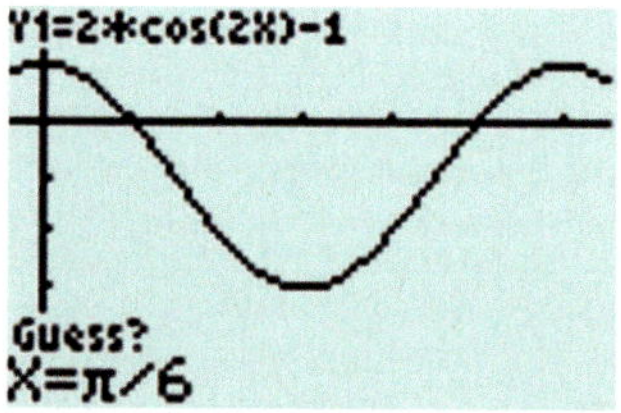

Fig. 3

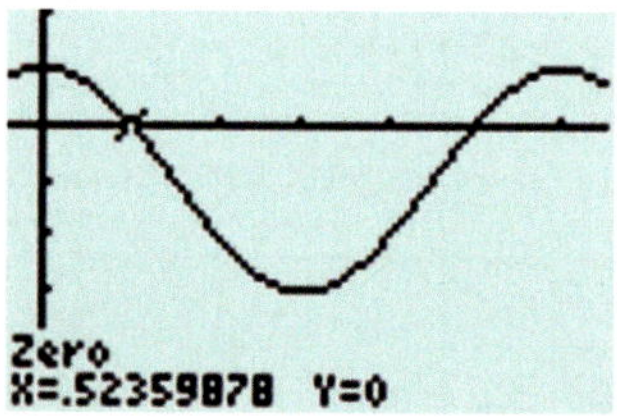

Fig. 4

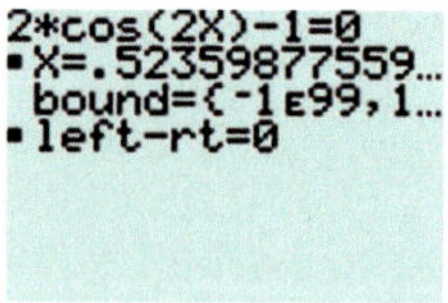

Fig. 5

(3) Man kann die Gleichung auch mit dem Solver lösen. Dazu muss man aber schon wissen, wo in etwa die möglichen Lösungen liegen werden (Fig. 5).

> Das Lösen einer trigonometrischen Gleichung kann rechnerisch oft dadurch erfolgen, dass die Gleichung z. B. auf $\sin(3x) = 1$ zurückgeführt wird.
> Durch Substitution $z = 3x$ ergibt sich dann die Gleichung $\sin(z) = 1$.
> Ihre Lösung in $[0;\ 2\pi]$ ist $z = \frac{\pi}{2}$.
> Die Rücksubstitution liefert dann $3x = \frac{\pi}{2}$, also $x = \frac{\pi}{6}$.
> Das Bestimmen von **Näherungslösungen** gelingt am einfachsten mit dem GTR.

Beispiel 1 Lösungsmenge einer trigonometrischen Gleichung

Bestimmen Sie die exakten Lösungen der Gleichung $3\sin\left(\frac{1}{3}x\right) = \frac{3}{2}\sqrt{2}$ mit dem GTR im Intervall [0; 10].

Lösung:

Aus $3\sin\left(\frac{1}{3}x\right) = \frac{3}{2}\sqrt{2}$ erhält man die Funktion h mit $h(x) = 3\sin\left(\frac{1}{3}x\right) - \frac{3}{2}\sqrt{2}$.

Ihre exakten Nullstellen sind zu bestimmen.

Man zeichnet den Graphen von h in [0; 10] mit der Skaleneinteilung $\frac{\pi}{2}$ und erkennt, dass der Graph nicht durch einen Skalenpunkt verläuft (Fig. 1). Deshalb wählt man auf der x-Achse die Skaleneinteilung $\frac{\pi}{4}$. Es sieht so aus, als ob $x_1 = \frac{3\pi}{4}$ und $x_2 = \frac{9\pi}{4}$ die Lösungen sind (Fig. 2). Man gibt nach Drücken der Taste TRACE den Wert von x_1 ein (Fig. 2) und erhält die Bestätigung (Fig. 3). Analog weist man nach, dass $x_2 = \frac{9\pi}{4}$ ebenfalls eine Lösung ist.

Diese Werte findet man auch in der **Formelsammlung**!

Hinweis:
Eine exakte Berechnung ist auch ohne GTR möglich:
$\sin\left(\frac{1}{3}x\right) = \frac{1}{2}\sqrt{2}$;
$\frac{1}{3}x_1 = \frac{\pi}{4}$, d.h. $x_1 = \frac{3}{4}\pi$
oder
$\frac{1}{3}x_2 = \pi - \frac{1}{4}\pi = \frac{3}{4}\pi$, d.h.
$x_2 = \frac{9}{4}\pi$.

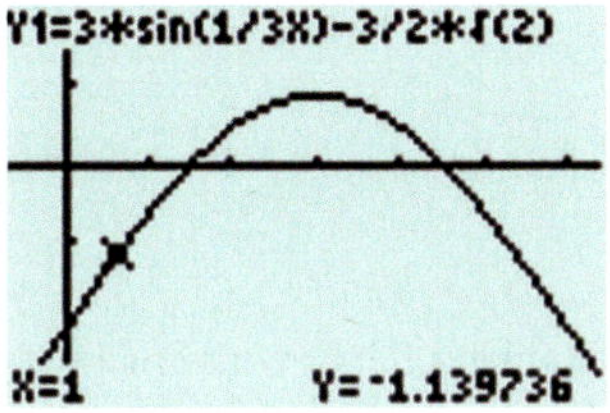

Fig. 1

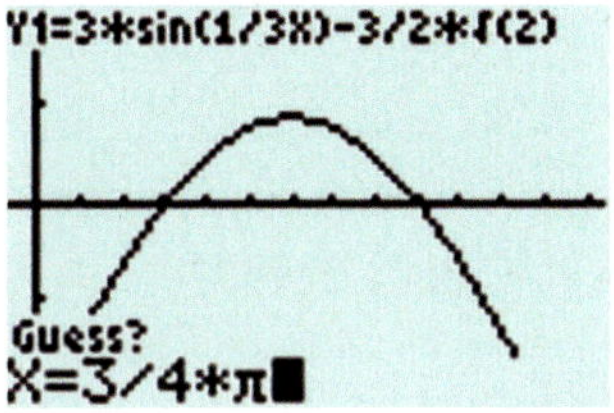

Fig. 2

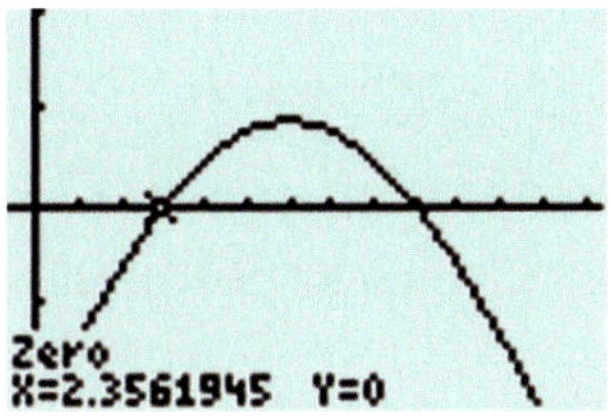

Fig. 3

Beispiel 2 Nullstellen einer Funktion

Bestimmen Sie die Nullstellen der Funktion f mit $f(x) = x - 2\sin(x)$ im Intervall [−3; 3].

Lösung:

Man erhält die Lösungen mit dem GTR:

$x_1 \approx -1{,}8955$; $x_2 = 0$; $x_3 \approx 1{,}8955$.

Hier ist ein Auflösen nach sin(x) nicht sinnvoll, da sich $\sin(x) = \frac{1}{2}x$ ergäbe.

Hier besteht keine Möglichkeit, exakte Werte anzugeben!

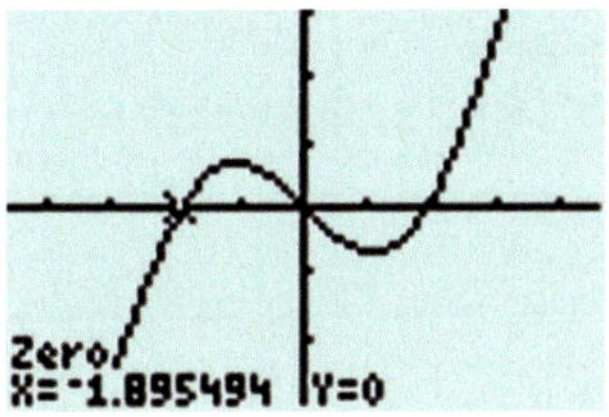

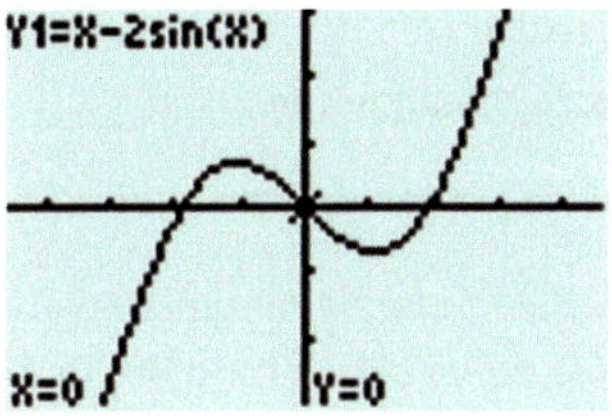

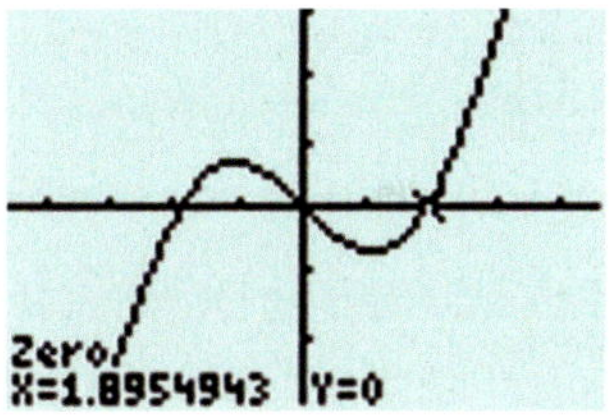

Aufgaben

2 Bestimmen Sie die exakten Lösungen im angebenen Intervall.

a) $\sin(2x) = 0$; $[0; \pi]$
b) $\cos(0{,}5x) = 1$; $[0; 4\pi]$
c) $2\sin(x) = -1$; $[0; 2\pi]$
d) $0{,}5\sin(0{,}5x) = 0{,}5$; $[0; 4\pi]$
e) $\sin(\pi x) = \frac{1}{2}\sqrt{2}$; $[0; 2]$
f) $\sin(0{,}2x) = 0$; $[0; 10\pi]$
g) $\cos(5x) = 1$; $[0; 0{,}4\pi]$
h) $3\cos(10x) - 3 = 0$; $[0; 0{,}2\pi]$
i) $\sin(2{,}5x) = 5$; $[0; 0{,}8\pi]$

3 Bestimmen Sie näherungsweise die Lösungen.

a) $\sin(2x) = 0{,}4$; $[0; \pi]$
b) $2\cos(0{,}5x) = 3$; $[0; 4\pi]$
c) $8\sin(x) = -1{,}8$; $[0; 2\pi]$
d) $5\sin(0{,}5x) = 3$; $[0; 4\pi]$
e) $\sin(\pi x) = \frac{1}{10}\sqrt{2}$; $[0; 2]$
f) $-\sin\left(\frac{\pi}{12}x\right) = -\frac{1}{8}$; $[0; 10\pi]$
g) $\cos(0{,}55x) = 9$; $[0; 0{,}4\pi]$
h) $7\cos(10x) - 4 = 0$; $[0; 0{,}2\pi]$
i) $\sin(25x) = \frac{1}{5}$; $[0; 0{,}08\pi]$

4 Lösen Sie mit dem GTR.

a) $x + \cos(2x) = 4$; $[0; 5]$
b) $2x + \cos(3x) = -1$; $[-2; 2]$
c) $\sin(x) + \cos(x) = 1$; $[-2; 2]$

5 Ableiten trigonometrischer Funktionen

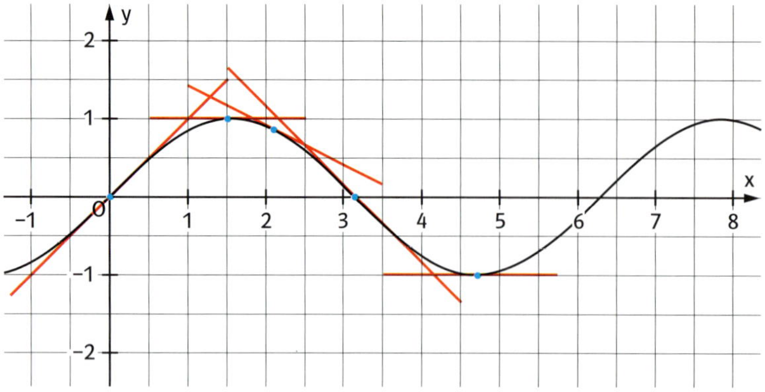

Fig. 1

1 In Fig. 1 sind die Tangenten an den Graphen von s mit s (x) = sin (x) in den fünf Punkten gezeichnet.

a) Lesen Sie aus der Zeichnung in den gegebenen Punkten P (x | sin (x)) näherungsweise die Steigungen m (x) ab.

b) Tragen Sie die Punkte S (x | m(x)) in ein Koordinatensystem ein.

c) Wie könnte die Ableitungsfunktion m lauten? Stellen Sie eine Behauptung auf.

d) Wie könnten Sie die in c) aufgestellte Behauptung erhärten?

Im Folgenden werden die Ableitungen der normalen Sinusfunktion f (x) = sin (x) und der allgemeinen Sinusfunktion g mit g (x) = a · sin (b · x) bestimmt.

In Y1 wird die Sinusfunktion sin (x) eingegeben, in Y2 ihre Ableitung an der Stelle x (Fig. 2). Fig. 3 zeigt ihre Graphen. Es liegt die Vermutung nahe, dass die Ableitungsfunktion die Kosinusfunktion cos (x) ist. Dies wird bestätigt, wenn man in Y3 die Funktion cos (x) eingibt (Fig. 4). Es bleibt nach wie vor bei zwei Graphen (Fig. 3).

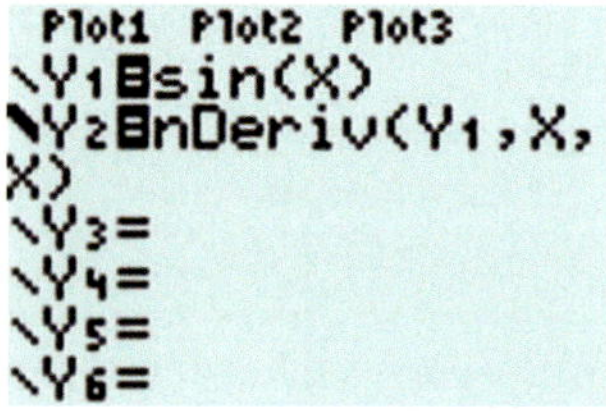

Fig. 2

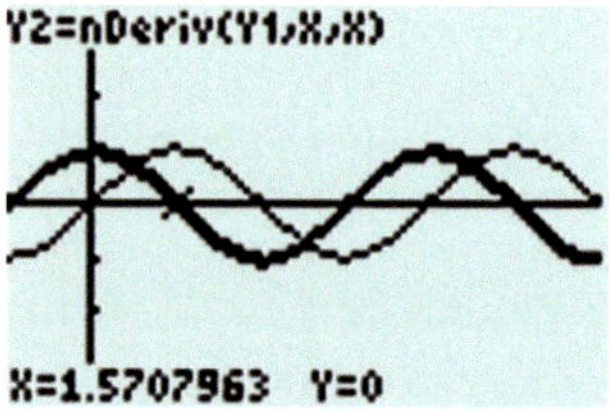

Fig. 3

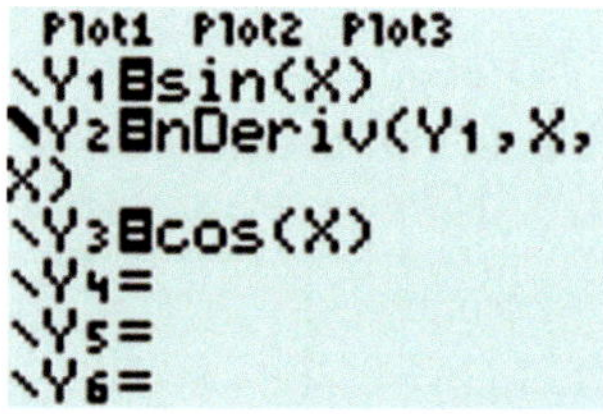

Fig. 4

Entsprechend ist die Ableitung der Kosinusfunktion die Sinusfunktion, wie Fig. 5 bis Fig. 7 zeigen. Das Vorgehen ist dabei dasselbe wie bei der Ableitung der Sinusfunktion.

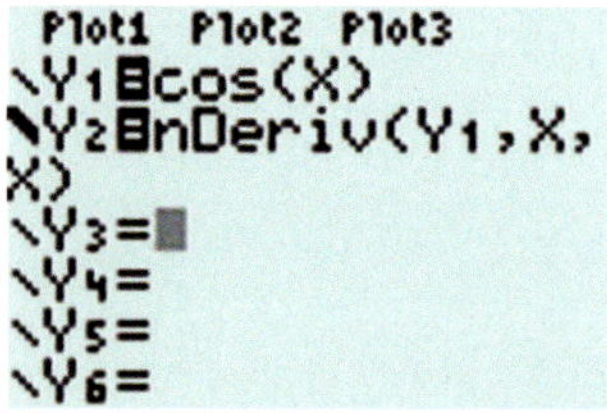

Fig. 5

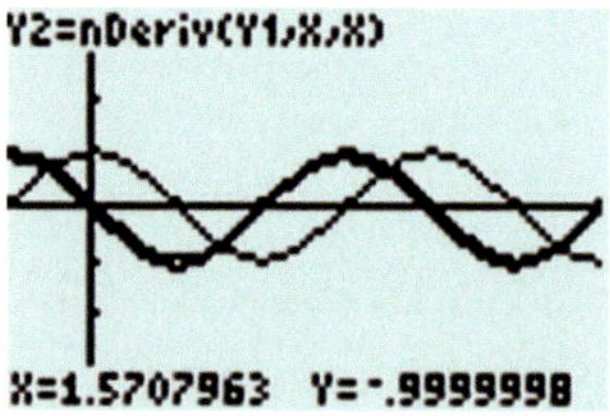

Fig. 6

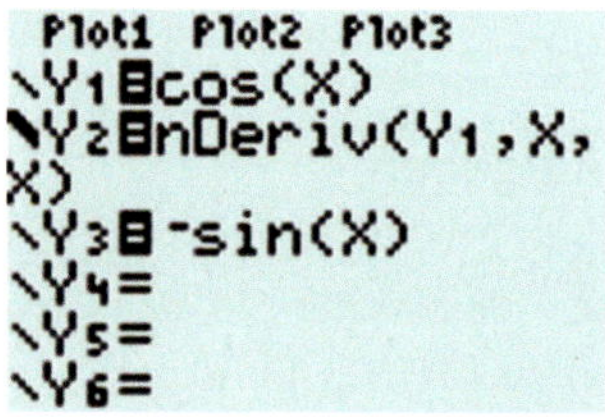

Fig. 7

$(\sin(x))' = \cos(x)$
$(\sin(x))'' = -\sin(x)$
$(\sin(x))''' = -\cos(x)$
$(\sin(x))^{(IV)} = \sin(x)$
… und jetzt geht es wieder von vorne los!

Für die Funktion f mit **f (x) = sin (x)** gilt **f′ (x) = cos (x)**.
Für die Funktion g mit **g (x) = cos (x)** gilt **g′ (x) = −sin (x)**.

Damit ist **F (x) = −cos (x)** eine Stammfunktion von **f (x) = sin (x)**.
G (x) = sin (x) ist eine Stammfunktion von **g (x) = cos (x)**.

Beim Ableiten der allgemeinen Sinusfunktion f mit f (x) = 3 · sin (2x − 4) + 5 kann man sich auf g (x) = sin (2x − 4) beschränken, da der konstante Faktor 3 beim Ableiten erhalten bleibt und die additive Konstante 5 wegfällt: f′ (x) = 3 · g′ (x).

In der Ableitung von g mit $g(x) = \sin(2x - 4)$ tritt vermutlich der Term $\cos(2x - 4)$ auf, da $\sin'(x) = \cos(x)$ gilt. Mithilfe des GTR wird dies wie folgt bestätigt:
Man gibt in Y1 die Funktion g ein und bildet in Y2 ihre Ableitung. In Y3 bildet man den Quotienten der Ableitung von Y2 und dem Term $\cos(2x - 4)$ (Fig. 1). Man wählt für eine Wertetafel etwa den Anfangswert 0 und die Schrittweite $\frac{\pi}{20}$ (Fig. 2). In der Wertetafel erweist sich der Wert von Y3 als konstant 2 (Fig. 3): $\frac{g'(x)}{\cos(2x-4)} = 2$.
Damit gilt jedoch: $g'(x) = 2 \cdot \cos(2x - 4)$.

Bei der Funktion f mit $f(x) = e^{3x+2}$ gilt Ähnliches: $f'(x) = 3 \cdot e^{3x+2}$.

Fig. 1

Fig. 2

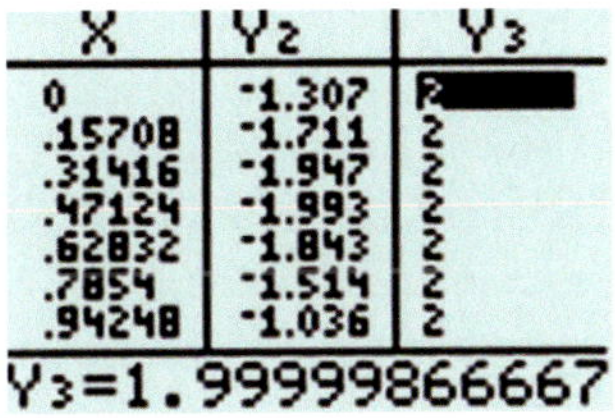

Fig. 3

In gleicher Weise kann man den Nachweis führen, dass $f(x) = \cos(4x + 3)$ die Ableitung $f'(x) = -4 \cdot \sin(4x + 3)$ besitzt.

Die Funktion f mit $\mathbf{f(x) = \sin(bx + c)}$ hat die Ableitung $\mathbf{f'(x) = b \cdot \cos(bx + c)}$,
die Funktion g mit $\mathbf{g(x) = \cos(bx + c)}$ hat die Ableitung $\mathbf{g'(x) = -b \cdot \sin(bx + c)}$.

Stammfunktionen sind $\mathbf{F(x) = -\frac{1}{b} \cdot \cos(bx + c)}$ und $\mathbf{G(x) = \frac{1}{b} \cdot \sin(bx + c)}$.

Beim Ableiten muss b als Faktor, beim Integrieren muss $\frac{1}{b}$ „als Faktor" nach vorne, sonst bleibt alles beim Alten.

Beispiel Ableitung und Integral
Berechnen Sie
a) die Ableitung von $f(x) = 2 \cdot \sin(0{,}5x)$
b) $\int_0^{\pi} \sin(0{,}5x)\,dx$

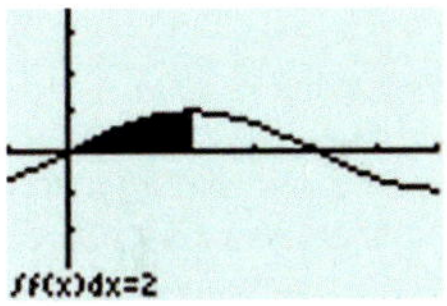

Lösung:
a) $f'(x) = 2 \cdot 0{,}5 \cdot \cos(0{,}5x) = \cos(0{,}5x)$
b) $\int_0^{\pi} \sin(0{,}5x)\,dx = \left[-\frac{1}{0{,}5}\cos(0{,}5x)\right]_0^{\pi} = -2\cos\left(\frac{\pi}{2}\right) - (-2\cos(0)) = 0 + 2 = 2$

Aufgaben

2 Bestimmen Sie $f'(x)$, $f''(x)$ und $F(x)$ sowie $f'(\pi)$, $f''(\pi)$ und $F(\pi)$.
a) $f(x) = -6 \cdot \sin(x)$
b) $f(x) = 5 + \cos(x)$
c) $f(x) = 5x - \cos(x)$
d) $f(x) = \cos(x) - \sin(x)$
e) $f(x) = \sin(2x)$
f) $f(x) = 3\cos\left(\frac{1}{2}x\right)$
g) $f(x) = 0{,}2\sin(0{,}2x)$
h) $f(x) = \cos(3x) + 3\cos(x)$
i) $f(x) = x^2 + e^x + \cos(2x)$

3 Bestimmen Sie die Periode p und den Inhalt der Fläche, die der Graph von f mit der x-Achse über $\left[0; \frac{1}{2}p\right]$ einschließt.
a) $f(x) = \sin(2x)$
b) $f(x) = 5 \cdot \sin(2x)$
c) $f(x) = 3\sin(\pi x)$

4 Geben Sie eine Sinusfunktion mit der Amplitude a und der Periode p an. Leiten Sie diese ab und geben Sie eine Stammfunktion an.
a) $a = 4;\ p = 4$
b) $a = 2;\ p = 24$
c) $a = 100;\ p = 1000$

6 Untersuchungen an Sinusfunktionen

1 Gegeben sind die Funktionen f mit $f(x) = \sin(x)$ und g mit $g(x) = \sin(2x)$.

a) Geben Sie die Extrem- und Wendepunkte des Graphen von f in $\mathbb{R}$ an.

b) Können Sie, ohne zu rechnen die Extrem- und Wendepunkte des Graphen von g angeben?

Kontrolle mit dem GTR:
$\frac{\pi}{2} \approx 1{,}5708$
$\frac{\pi}{4} \approx 0{,}7854$

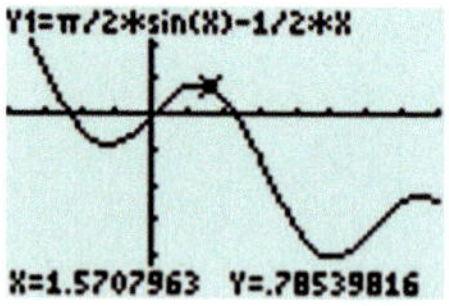

Alle Untersuchungen, die bisher für ganzrationale Funktionen oder Exponentialfunktionen durchgeführt wurden, können nunmehr auf Sinusfunktionen übertragen werden. In den folgenden Beispielen werden typische Problemstellungen vorgestellt und gelöst.

Beispiel 1 Aufstellen einer Funktionsgleichung

Der Graph K der Funktion f mit $f(x) = a \cdot \sin(x) + bx$ soll im Punkt $A\left(\frac{\pi}{2} \middle| \frac{\pi}{4}\right)$ die Steigung $-\frac{1}{2}$ haben. Bestimmen Sie a und b.

Lösung:

(1) A liegt auf K: $f\left(\frac{\pi}{2}\right) = \frac{\pi}{4}$ $\qquad a \cdot \sin\left(\frac{\pi}{2}\right) + b \cdot \frac{\pi}{2} = \frac{\pi}{4}$

(2) In A hat der Graph die Steigung $-\frac{1}{2}$: $f'\left(\frac{\pi}{2}\right) = -\frac{1}{2}$; $\qquad a \cdot \cos\left(\frac{\pi}{2}\right) + b = -\frac{1}{2}$

Damit folgt aus (2): $a \cdot 0 + b = -\frac{1}{2}$; also $b = -\frac{1}{2}$.

In (1) eingesetzt: $a \cdot 1 + \left(-\frac{1}{2}\right) \cdot \frac{\pi}{2} = \frac{\pi}{4}$, also $a - \frac{\pi}{4} = \frac{\pi}{4}$; $\qquad$ damit $a = \frac{\pi}{2}$.

Gesuchte Funktion: $f(x) = \frac{\pi}{2}\sin(x) - \frac{1}{2}x$.

Beispiel 2 Extrem- und Wendepunkte

Gegeben ist die Funktion f mit $f(x) = 2\cos\left(\frac{\pi}{2}x\right)$ mit $x \in \mathbb{R}$.

a) Bestimmen Sie die exakte Periode der Funktion f.

b) Bestimmen Sie die Extrempunkte des Graphen von f im Intervall $]-1{,}5;\ 2{,}5[$ exakt.

Lösung:

Man verschafft sich mit dem GTR zuerst einen Überblick über den Graphen (Fig. 1), bevor man zu rechnen beginnt.

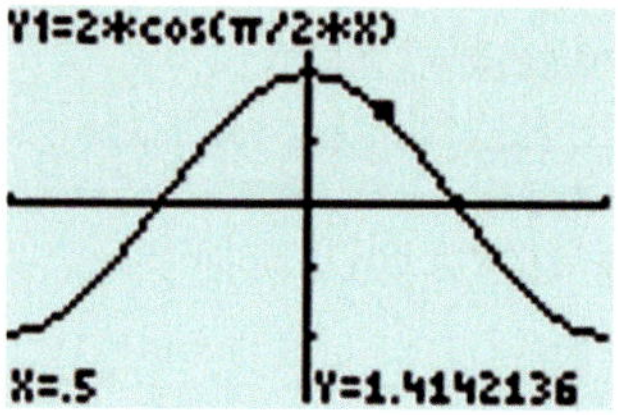

Fig. 1

a) Es gilt für die Periode der Funktion $g(x) = \cos(bx)$:

$p = \frac{2\pi}{b}$. Damit gilt für die Funktion f: $p = \frac{2\pi}{\frac{\pi}{2}} = \frac{4\pi}{\pi} = 4$.

Man sollte wissen:
$\sin(x) = 0$ ergibt $x = 0$.
Um den zweiten Wert zu erhalten, orientiert man sich am Graphen der normalen Sinusfunktion.

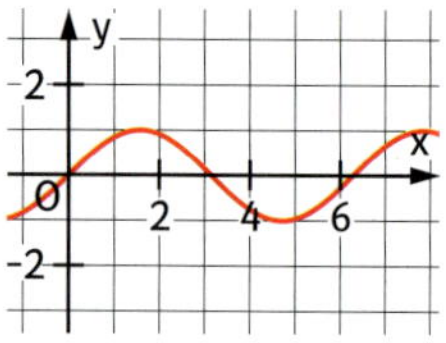

b) $f'(x) = -2 \cdot \frac{\pi}{2} \cdot \sin\left(\frac{\pi}{2}x\right) = -\pi \cdot \sin\left(\frac{\pi}{2}x\right)$;

$f''(x) = -\pi \cdot \frac{\pi}{2} \cdot \cos\left(\frac{\pi}{2}x\right) = -\frac{1}{2}\pi^2 \cdot \cos\left(\frac{\pi}{2}x\right)$;

$f'''(x) = -\frac{1}{2}\pi^2 \cdot \left(-\frac{\pi}{2}\right) \cdot \sin\left(\frac{\pi}{2}x\right) = \frac{1}{4}\pi^3 \cdot \sin\left(\frac{\pi}{2}x\right)$.

Für die Existenz eines Extrempunktes muss gelten: $f'(x) = 0$, also $-\pi \cdot \sin\left(\frac{\pi}{2}x\right) = 0$;

$\sin\left(\frac{\pi}{2}x\right) = 0$ für $\frac{\pi}{2}x = 0$; damit ist $x_1 = 0$.

Da $\sin\left(\frac{\pi}{2}x\right) = 0$ auch für $\frac{\pi}{2}x = \pi$ gilt (siehe Randbemerkung), ist somit $x_2 = 2$ ein zweiter „Kandidat" für einen Extrempunkt.

Um festzustellen, dass wirklich Extrempunkte vorliegen, setzt man die erhaltenen x-Werte in die 2. Ableitung ein:

(1) Untersuchung für $x_1 = 0$:

$f''(0) = -\frac{1}{2}\pi^2 \cdot \cos\left(\frac{\pi}{2} \cdot 0\right) = -\frac{1}{2}\pi^2 < 0$. Damit liegt bei $x_1 = 0$ ein Hochpunkt vor.

Es wird noch der y-Wert des Hochpunktes benötigt: $f(0) = 2\cos\left(\frac{\pi}{2} \cdot 0\right) = 2$;

Hochpunkt ist somit $H(0|2)$.

(2) Untersuchung für $x_1 = 2$:

$f''(\pi) = -\frac{1}{2}\pi^2 \cdot \cos\left(\frac{\pi}{2} \cdot 2\right) = -\frac{1}{2}\pi^2 \cdot \cos(\pi) = \frac{1}{2}\pi^2 > 0$. Damit ist bei $x_1 = 2$ ein Tiefpunkt.

y-Wert des Tiefpunktes: $f(2) = 2\cos\left(\frac{\pi}{2} \cdot 2\right) = 2\cos(\pi) = -2$;

Tiefpunkt ist somit $T(2|-2)$.

Beispiel 3 Nullstellen, Extrem- und Wendepunkte mit dem GTR

Bestimmen Sie im Intervall [0; 12] die Nullstellen, Extrem- und Wendepunkte der Funktion f mit $f(x) = 3\sin\left(\frac{\pi}{6}x\right) + x$ mit dem GTR.

Lösung:

Man erstellt einen Graphen der Funktion f mit $-2 \leqq x \leqq 12$ und $-2 \leqq y \leqq 9$ (Fig. 1). Daran erkennt man, dass es nur eine Nullstelle in [0; 12] gibt, nämlich $x_0 = 0$.

Hoch- und Tiefpunkt bestimmt man mit [2nd] [CALC]. Man erhält den Hochpunkt H(4,318 | 6,632) (Fig. 2) und den Tiefpunkt T(7,682 | 5,368) (Fig. 3).

Die Wendepunkte können mit dem GTR nur über die 1. Ableitung und deren Extrempunkte bestimmt werden, die wie in Fig. 4 eingegeben werden kann. Ihren Graphen zeigt Fig. 5. Dieser weist zwei Extrempunkte auf. Der 1. Extrempunkt der Ableitung hat den x-Wert 0 (Fig. 6), der 2. Extrempunkt den x-Wert 6 (Fig. 7).

Nun sind noch die zugehörigen Funktionswerte zu bestimmen.

Dies geschieht mit [2nd] [CALC] mit dem Befehl 1:value. Es ergibt sich f(0) = 0 (Fig. 8) und f(6) = 6 (Fig. 9).

Damit sind $W_1(0 | 0)$ und $W_2(6 | 6)$ die Wendepunkte des Graphen von f.

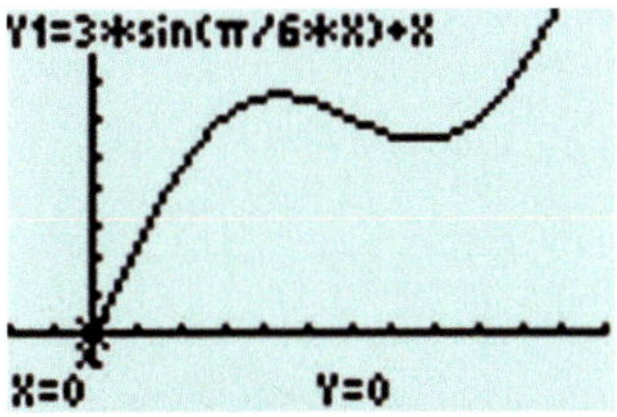

Fig. 1

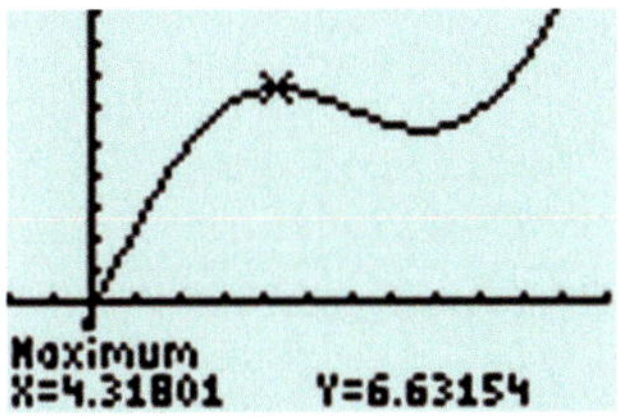

Fig. 2

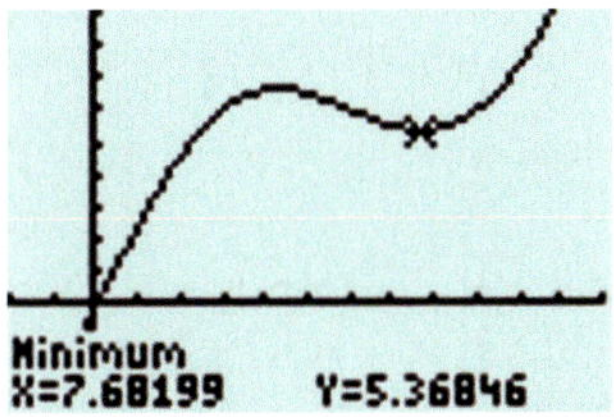

Fig. 3

Fig. 4

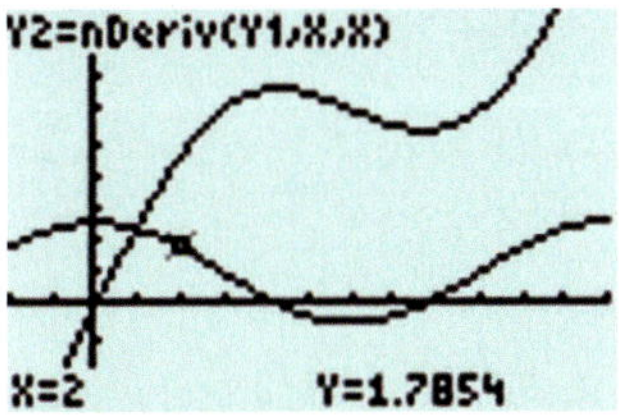

Fig. 5

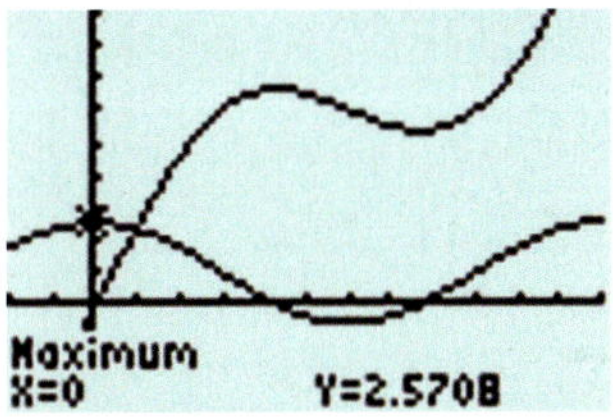

Fig. 6

Beachten Sie, dass in Fig. 6 der Wert Y = 2,5708 nicht der Funktionswert an der Stelle x = 0, sondern f′(0) ist, also die Steigung an der Stelle 0.

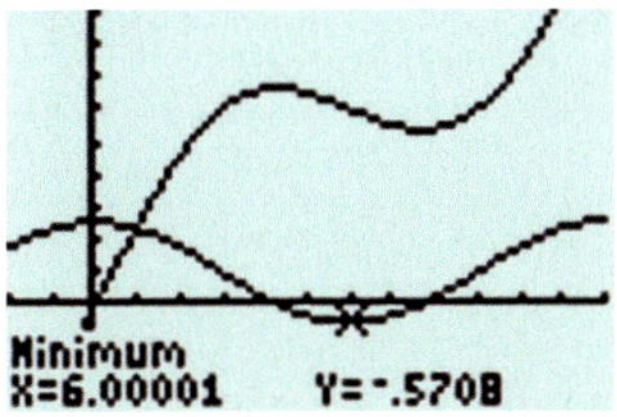

Fig. 7

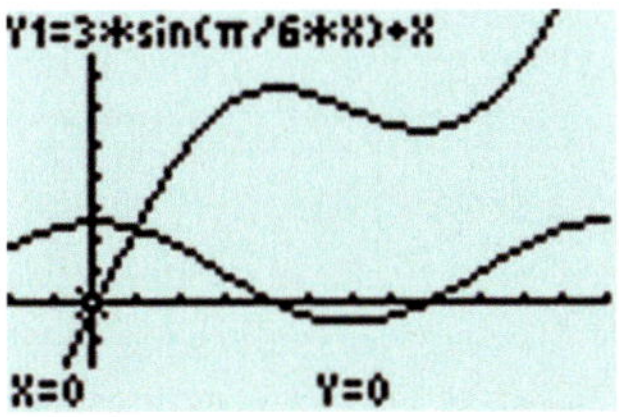

Fig. 8

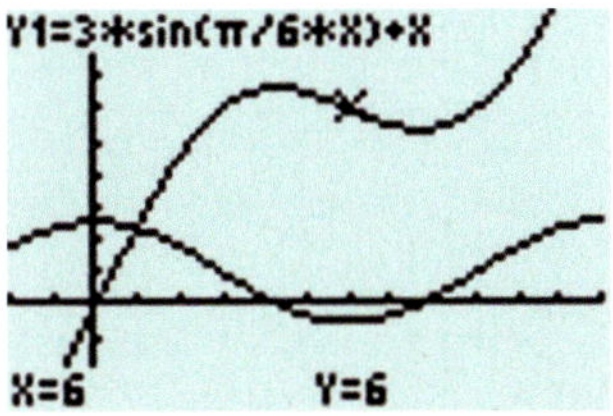

Fig. 9

Beispiel 4 Tangente und Inhalt

Begründen Sie, dass die Gerade g mit der Gleichung $g(x) = 0{,}5x + 1$ Tangente an den Graphen K der Funktion f mit $f(x) = \frac{1}{2}x + \cos(\pi x)$ ist.

K und g schließen über [0; 2] eine Fläche vom Inhalt A ein. Berechnen Sie A exakt.

Lösung:

$g'(x) = \frac{1}{2}$; $f'(x) = \frac{1}{2} - \pi \cdot \sin(\pi x)$. Da $f(0) = \cos(0) = 1$ und $g(0) = 1$, $g'(0) = f'(0) = \frac{1}{2}$ gilt, berühren sich die Graphen in $B_1(0 | 1)$. Da $f(2) = 1 + \cos(2\pi) = 2$ und $g(2) = 2$, $f'(2) = \frac{1}{2} - \pi \cdot \sin(2\pi) = \frac{1}{2}$ und $g'(2) = \frac{1}{2}$ ist, berühren sie sich auch in $B_2(2 | 2)$.

$$A = \int_0^2 \left[\frac{1}{2}x + 1 - \left(\frac{1}{2}x + \cos(\pi x)\right)\right] dx = \int_0^2 [1 - \cos(\pi x)\, dx = F(2) - F(0) \text{ mit } F(x) = x - \frac{1}{\pi}\sin(\pi x)$$

Da $F(2) = 2 - 0 = 2$ und $F(0) = 0$ ist, ergibt sich A = 2.

Übersicht über den Graphen:

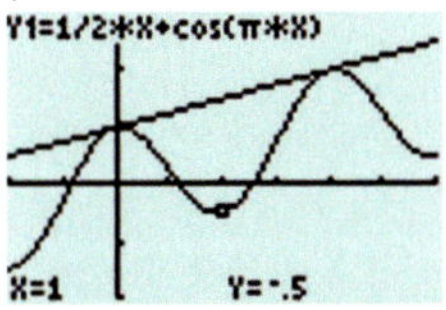

Kontrolle im [MATH]-Menü:

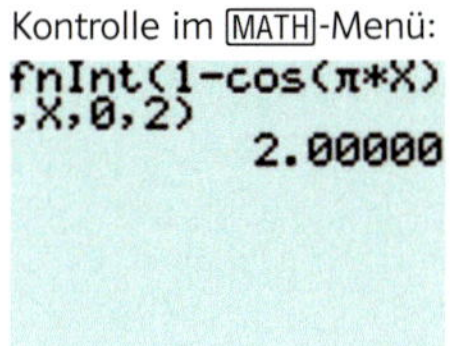

Beispiel 5 Extremwertaufgabe

Gegeben sind die Funktionen f mit $f(x) = \sin(x)$ und g mit $g(x) = -\frac{1}{2}x + \frac{\pi}{2}$. Ihre Graphen schließen im ersten Quadranten eine Fläche ein, bei der der Graph von f oberhalb des Graphen von g verläuft.

a) Zeichnen Sie die Graphen und bestimmen Sie den Inhalt dieser Fläche.

b) Berechnen Sie exakt die Stelle u innerhalb dieser Fläche, für die die Differenz d mit $d(u) = f(u) - g(u)$ maximal wird. Wie groß ist diese Differenz?

Lösung:

a) Mit dem GTR werden die Graphen von f und g in einem geeigneten Fenster gezeichnet und der Schnittpunkt S beider Graphen bestimmt (Fig. 1). Es wird die Differenzfunktion d mit $d(x) = f(x) - g(x)$ (Fig. 2) grafisch dargestellt und das Integral über $[1{,}2461;\ \pi]$ bestimmt (Fig. 3): Inhalt der eingeschlossenen Fläche A = 0,4208.

Zu b): Kontrolle mit dem GTR:

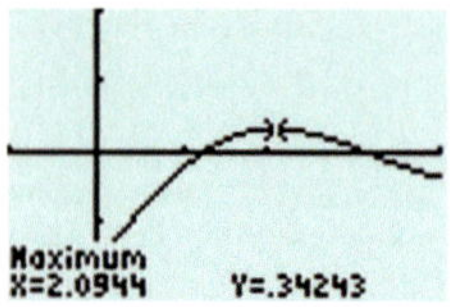

b) Es ist $d(x) = f(x) - g(x)$, also $d(x) = \sin(x) + \frac{1}{2}x - \frac{\pi}{2}$; $d'(x) = \cos(x) + \frac{1}{2}$; $d''(x) = -\sin(x)$.

Maximum nur für x mit $d'(x) = 0$, d.h. $\cos(x) + \frac{1}{2} = 0$; $\cos(x) = -\frac{1}{2}$, also $x_0 = \frac{2\pi}{3} \approx 2{,}0944$.

Da $d''\left(\frac{2\pi}{3}\right) = -\sin\left(\frac{2\pi}{3}\right) = -\frac{\sqrt{3}}{2} < 0$ ist, liegt in $x_0 = \frac{2\pi}{3}$ ein relatives Maximum vor.

Es liegt ein absolutes Maximum in $[1{,}2461;\ \pi]$ vor, da $d(1{,}2461) \approx 0$ und $d(\pi) = 0$ ist.

Maximale Differenz: $d\left(\frac{2\pi}{3}\right) = \frac{\sqrt{3}}{2} - \frac{\pi}{6} \approx 0{,}3424$.

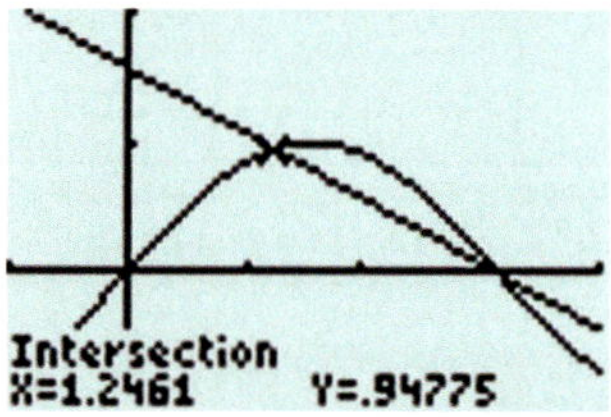

Fig. 1

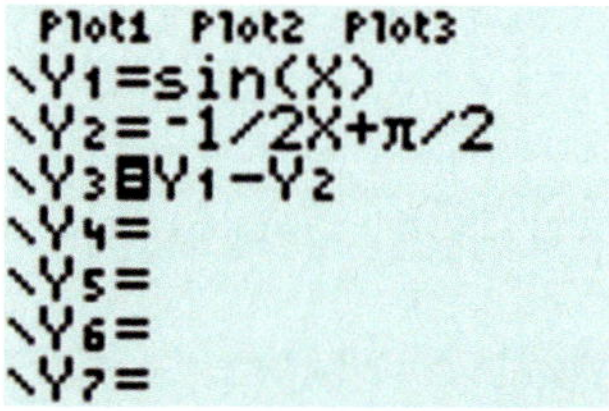

Fig. 2

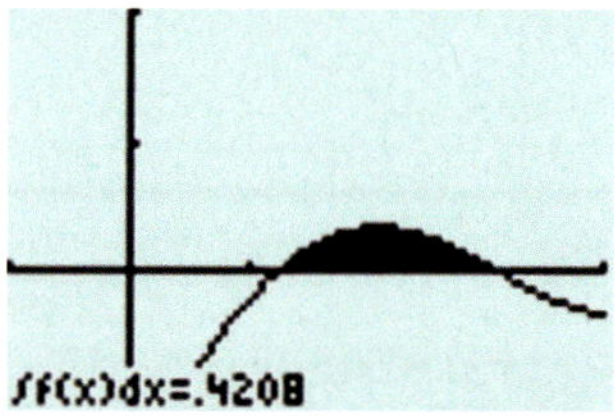

Fig. 3

Beispiel 6 Anwendung

Der Temperaturverlauf an einem warmen Sommertag kann näherungsweise durch die Funktion T mit $T(x) = 8 \cdot \sin\left(\frac{\pi}{12}(x - 10)\right) + 18$, x in h, T in °C, beschrieben werden. Dabei entspricht x = 0 der Tageszeit 0.00 Uhr.

a) Welche Temperaturen zeigte das Thermometer um 10.00 Uhr und um 16.00 Uhr an?

b) Wurde an diesem Tag eine Temperatur von 28 °C erreicht?

c) Wie groß war der Temperaturunterschied zwischen Tag und Nacht?

d) Wann begann die Temperatur zu fallen und wie lange geschah dies?

e) Erstellen Sie den Graphen von T und die „verschobene Achse".

Lösung:

a) $T(10) = 8 \cdot \sin\left(\frac{\pi}{12}(10 - 10)\right) + 18 = 8 \cdot \sin(0) + 18 = 18$;

$T(16) = 8 \cdot \sin\left(\frac{\pi}{12}(16 - 10)\right) + 18 = 8 \cdot \sin\left(\frac{\pi}{2}\right) + 18 = 8 + 18 = 26$.

Temperatur um 10.00 Uhr: 18 °C, um 16.00 Uhr 26 °C.

b) 28 °C wurden nicht erreicht, da die Amplitude 8 ist und die Achse bei y = 18 liegt. Die maximale Temperatur liegt damit bei 26 °C.

c) Da die Amplitude 8 ist, ist die maximale Temperaturdifferenz 16°.

In der Physik werden Temperaturdifferenzen in Kelvin angegeben.

d) Die Temperatur begann nach dem Maximum um 16.00 Uhr zu fallen. Da die Periode $\frac{2\pi}{\frac{\pi}{12}} = \frac{2 \cdot 12 \cdot \pi}{\pi} = 24$ ist, geschah dies 12 Stunden lang, also bis 4.00 Uhr.

e) Graph (Fig. 4)

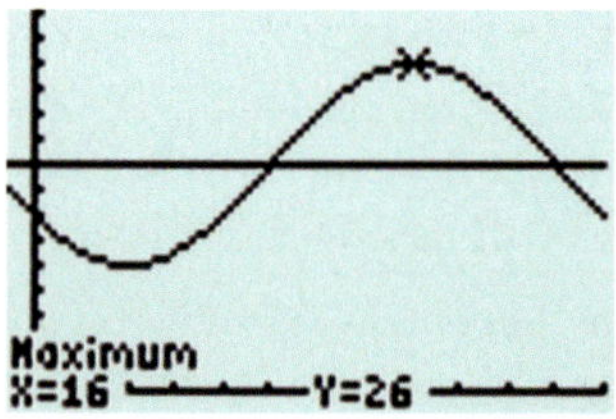

Fig. 4

Aufgaben

2 Welche Funktion gehört zu welchem Graphen? Begründen Sie Ihre Antwort.

(1) $f(x) = 2\sin(2x)$ (2) $f(x) = -1{,}5\sin(2x)$ (3) $f(x) = 2\sin\left(\frac{2\pi}{3}x\right)$

(a)

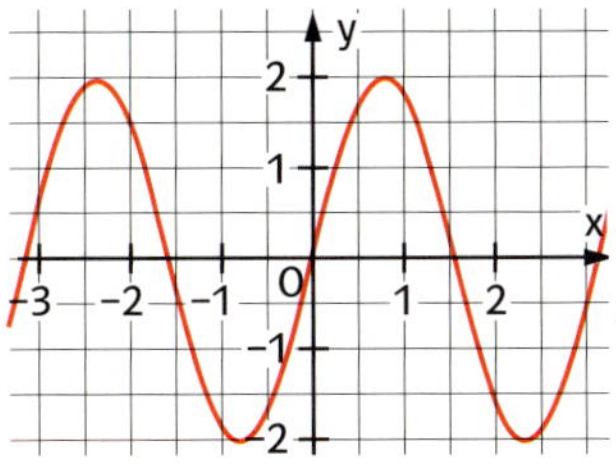

(b)

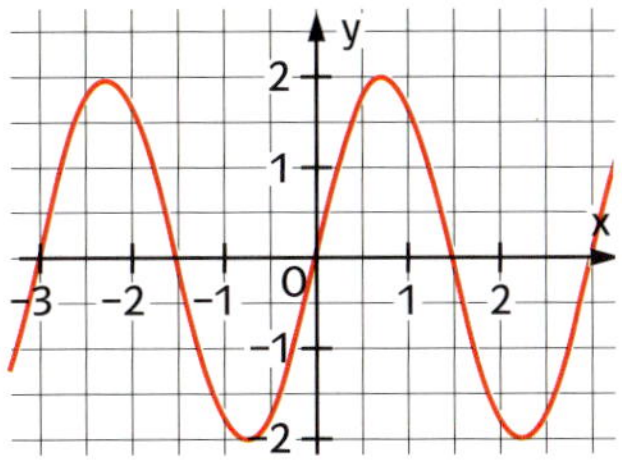

(c)

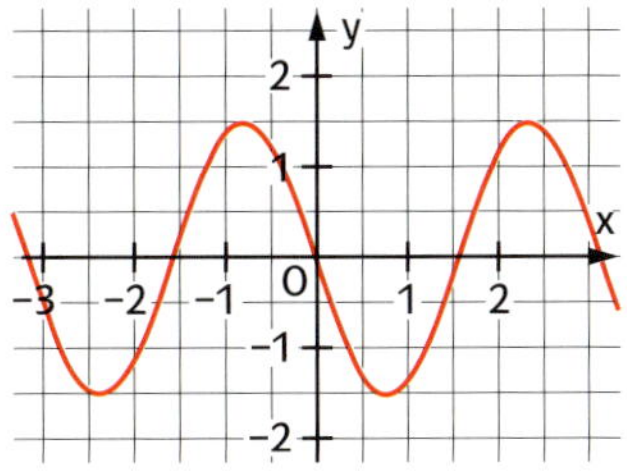

3 Von den drei Graphen gehört nur einer zu der Funktion f mit $f(x) = 2\cos(2x) - 1$. Geben Sie den zugehörigen Graphen an und begründen Sie an einer Eigenschaft, dass die anderen Graphen nicht zum Graphen von f gehören.

(1)

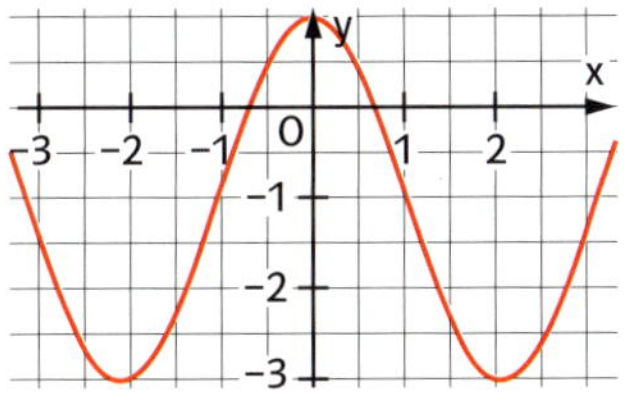

(2)

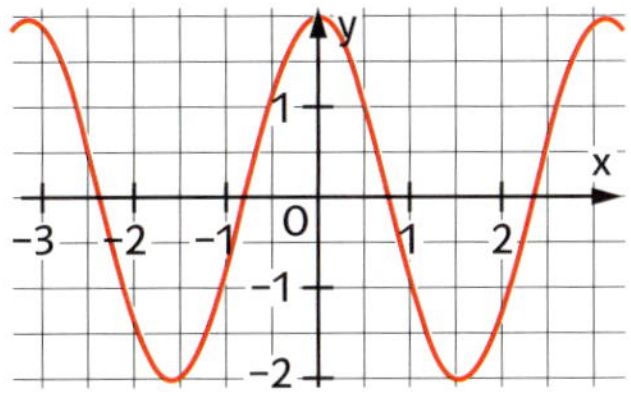

(3)

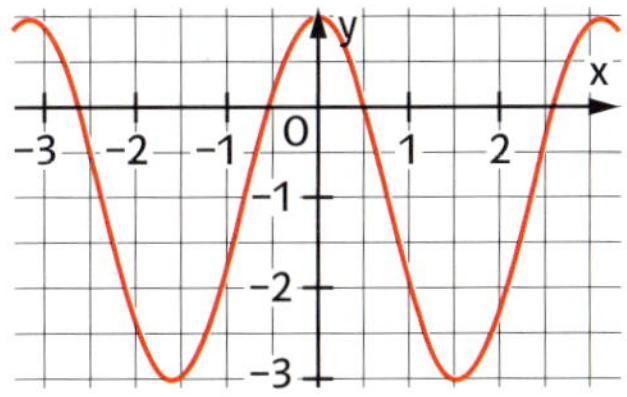

4 In der Funktion f mit $f(x) = b\cdot\sin(cx)$ sollen b und c so bestimmt werden, dass

Kontrolle mit dem GTR muss sein!

a) die Amplitude 2 und die Periode π ist.

b) die Periode 4π ist und $H(\pi\,|\,3)$ ein Hochpunkt ist.

c) die Periode 1 ist und ein Tiefpunkt bei $T\left(\frac{3}{4}\,\middle|\,-2\right)$ liegt.

d) innerhalb des Periodenintervalls [0; p] der Hochpunkt $H(1\,|\,5)$ und der Tiefpunkt $T(3\,|\,-5)$ liegt.

5 Die gezeichnete Kurve ist Graph der Funktion f mit $f(x) = b + a\cdot\cos(x)$. Bestimmen Sie a und b und kontrollieren Sie Ihr Ergebnis.

a)

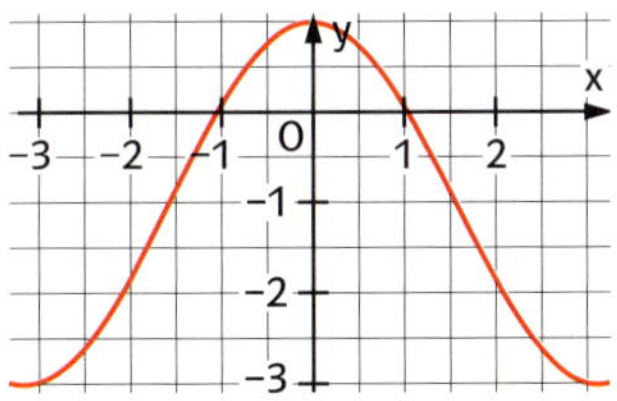

b)

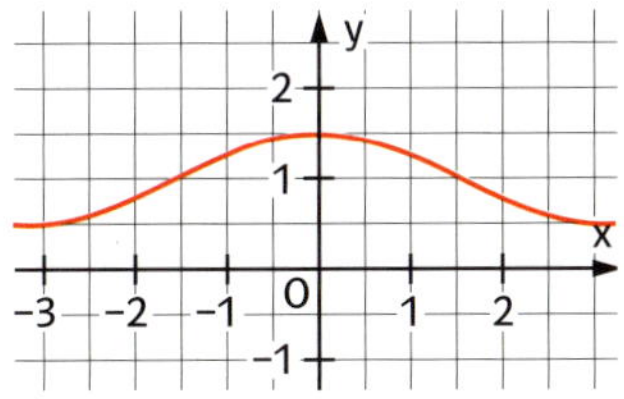

c)

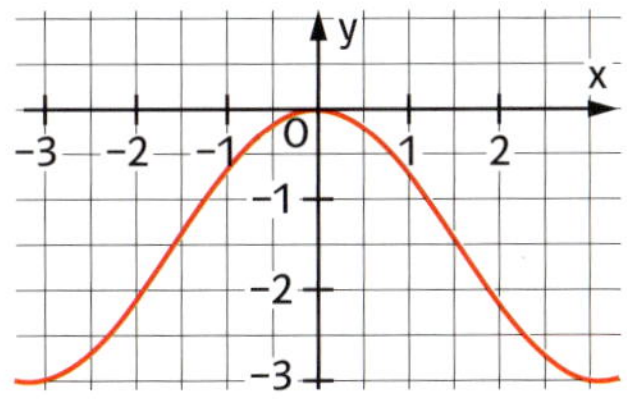

6 Gegeben ist die Funktion f mit $f(x) = x - 2\sin(x)$ mit $x \in [-2;\,4]$.

a) Skizzieren Sie den Graphen von f im Intervall [−3; 3] und bestimmen Sie näherungsweise die Schnittpunkte mit der x-Achse.

b) Berechnen Sie die exakten Werte von Hoch-, Tief- und Wendepunkt.

c) Bestimmen Sie den Flächeninhalt des Graphen von f mit der x-Achse im 4. Quadranten.

7 Gegeben ist die Funktion f mit $f(x) = 2\cdot\sin\left(\frac{\pi}{2}x\right) + 2$. Ihr Graph sei K.

a) Geben Sie die Periode von f an und zeichnen Sie den Graphen von f.

b) Wie groß ist die Fläche, die K mit der x-Achse im Intervall [−1; 3] einschließt?

8 Gegeben sind die Funktionen f mit $f(x) = -\frac{1}{2}x - 2\sin(x)$ und g mit $g(x) = -\frac{1}{2}x + \sin(x)$ im Intervall $[-0{,}5;\ 4]$.

a) Bestimmen Sie die Schnittpunkte des Graphen von f mit der x-Achse und die Extrempunkte. Zeichnen Sie den Graphen.

b) Berechnen Sie die exakten Schnittpunkte der Graphen von f und g.

Berühren der Graphen zweier Funktionen f und g an einer Stelle x_0 bedeutet:
(1) $f(x_0) = g(x_0)$
(2) $f'(x_0) = g'(x_0)$

c) Berechnen Sie den exakten Inhalt der Fläche, den die beiden Graphen über $[0;\ \pi]$ miteinander einschließen.

d) Zeigen Sie, dass sich die Gerade $y = -\frac{3}{2}x + \pi$ und der Graph von g berühren.

e) An welcher Stelle x ist die Differenz $g(x) - f(x)$ maximal. Geben Sie diese Stelle x und die maximale Differenz exakt an.

9 Gegeben sind die Funktionen f mit $f(x) = 2\sin(x)$ und g mit $g(x) = -\cos(2x)$; $x \in [-1;\ 4]$. Ihre Graphen seien K_f und K_g (Fig. 1).

a) Berechnen Sie die exakten Schnittpunkte von K_f und K_g mit der x-Achse.

b) Zeigen Sie, dass die Tangenten in $P(0\,|\,f(0))$ an K_f und in $Q\left(\frac{\pi}{4}\,\middle|\,g\left(\frac{\pi}{4}\right)\right)$ an K_g parallel sind.

c) Berechnen Sie den exakten Schnittpunkt S der Tangente in $P(0\,|\,f(0))$ an K_f mit der Tangente in $R(\pi\,|\,f(\pi))$ an K_f.

d) Berechnen Sie den Inhalt des Dreiecks PRS.

e) Durch K_f wird der Inhalt des Dreiecks PRS in zwei Teilflächen zerlegt. In welchem Verhältnis stehen ihre Inhalte?

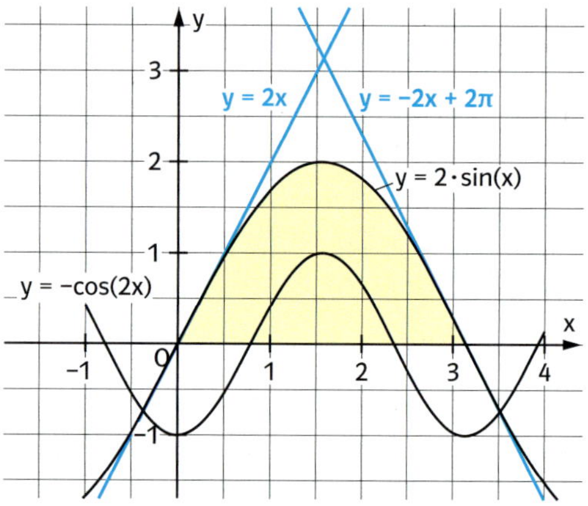

Fig. 1

10 Gegeben sind die Funktionen f mit $f(x) = 3\cos\left(\frac{\pi}{2}x\right)$ und g mit $g(x) = -3x + 3\sin\left(\frac{\pi}{2}x\right)$ im Intervall $[-2;\ 2]$. Ihre Graphen seien K_f und K_g.

a) Skizzieren Sie K_f und K_g und ermitteln Sie die Schnittpunkte beider Graphen.

b) Ermitteln Sie den Inhalt der Fläche, den die beiden Graphen über $[-1;\ 1]$ einschließen.

c) Ermitteln Sie den Schnittpunkt der Tangente mit der y-Achse im Punkt $P(-1\,|\,g(-1))$.

Aufgaben aus dem naturwissenschaftlich-technischen Bereich

Mit GTR geht's leichter!

Schwingungsdauer = Periode

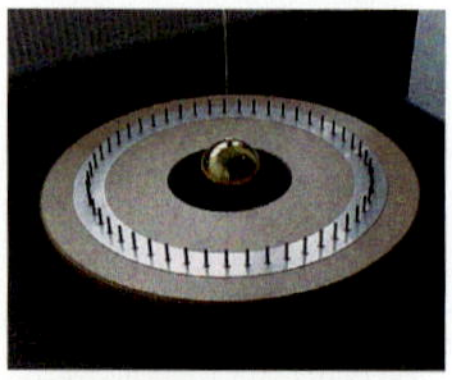

FOUCAULTsches Pendel an der Universiät Münster. Mit ihm wies der Franzose FOUCAULT 1851 die Erdrotation nach.

11 Ein Körper hängt an einem Faden mit der Fadenlänge l (in m). Er führt eine ungedämpfte Schwingung aus. Bei kleinen Auslenkungen wird diese Schwingung beschrieben durch $s(t) = 0{,}15 \cdot \sin\left(\frac{\pi}{\sqrt{l}} \cdot t\right)$, wobei s(t) die Länge des Kreisbogens in Meter in Abhängigkeit von der Zeit t in Sekunden ist.

a) Skizzieren Sie für die Fadenlänge l = 1 m den Graphen der zugehörigen Funktion f.

b) Die Schwingungsdauer T ist die Zeit, die das Pendel benötigt, um eine vollständige Hin- und Herbewegung auszuführen. Wie groß muss die Fadenlänge sein für T = 3?

c) Berechnen Sie die Ableitung s′(t) und geben Sie ihre Bedeutung an. Skizzieren Sie auch den Graphen von s′ für l = 1 m. Berechnen Sie s′(0) und interpretieren Sie diesen Wert.

d) Bestimmen Sie die extremen Geschwindigkeiten des Pendels. An welchen Stellen werden diese erreicht?

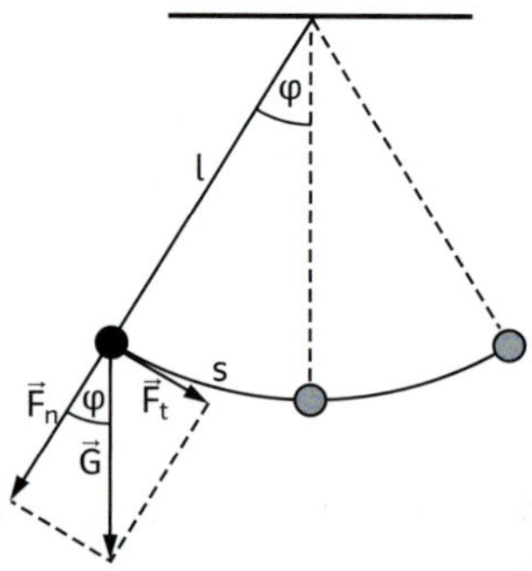

7 Vermischte Aufgaben

1 Berechnen Sie f′, f″ sowie eine Stammfunktion von f.

a) $f(x) = 5 \cdot \sin(x)$ b) $f(x) = \sin(3x) + 3\cos(x)$

c) $f(x) = \frac{1}{2}\cos\left(\frac{1}{2}x\right)$ d) $f(x) = \sin(\pi x) - \pi$

2 Wahr oder falsch?

a) Für $f(x) = \sin(x)$ gilt: $f''(x) = -\cos(x)$. b) Für $f(x) = \sin(x)$ gilt: $f^{(4)}(x) = \sin(x)$.

c) Für $f(x) = \cos(x)$ gilt: $f^{(5)}(x) = -\sin(x)$. d) Für $f(x) = -\cos(x)$ gilt: $f''(x) = \cos(x)$.

3 In welchen Punkten hat der Graph von $f: x \mapsto \sin(x)$ im Intervall $[0;\ 2\pi]$ dieselbe Steigung wie

a) die 1. Winkelhalbierende, b) die x-Achse,

c) die Gerade mit der Gleichung $y = \frac{1}{2}x$? d) die 2. Winkelhalbierende.

1. Winkelhalbierende: $y = x$
2. Winkelhalbierende: $y = -x$

4 Gegeben ist die Funktion f mit $f(x) = \sin(x) - 2$ für $x \in [0;\ 2\pi]$.

a) An welchen Stellen x_0 gilt $f'(x_0) = 0$?

b) Gibt es Stellen mit $f'(x_0) > 1$?

5 Bestimmen Sie die Gleichungen der Tangente und der Normale an den Graphen von f im Punkt P sowohl rechnerisch als auch mit dem GTR.

a) $f(x) = \cos(2x);\ P\left(\frac{\pi}{4} \middle| f\left(\frac{\pi}{4}\right)\right)$ b) $f(x) = \sin\left(\frac{\pi}{2}x\right) + 1;\ P(2 \mid f(2))$

6 Zeigen Sie, dass der Graph von f mit $f(x) = x + \sin(x)$ in keinem Punkt P eine negative Steigung aufweist. Zeichnen Sie den Graphen.

7 Bestimmen Sie zunächst die Periode der zugehörigen Funktion f mit $f(x) = a \cdot \sin(bx) + c$, anschließend die Amplitude a und zuletzt den Verschiebungswert c.

a)

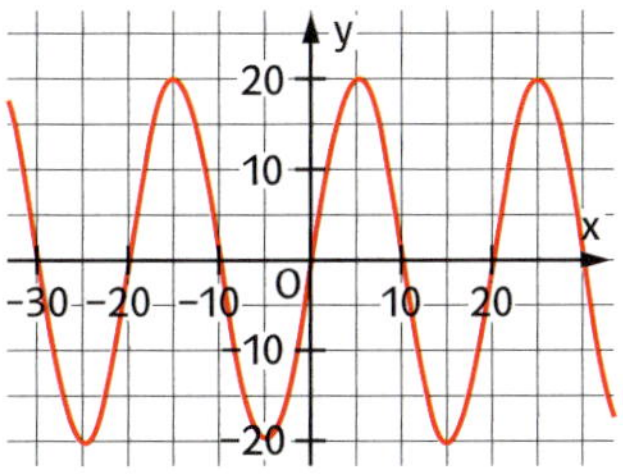

b)

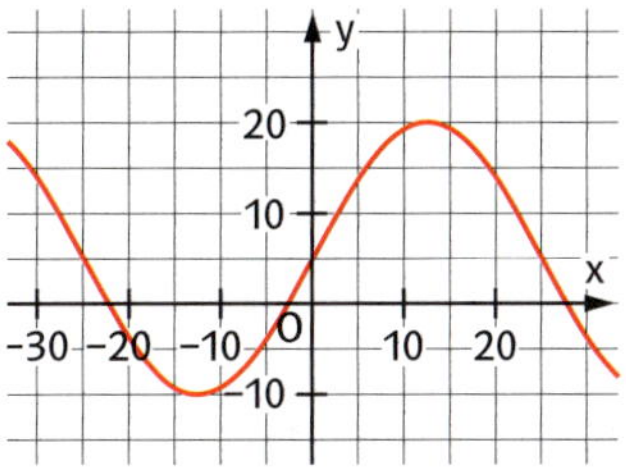

c)

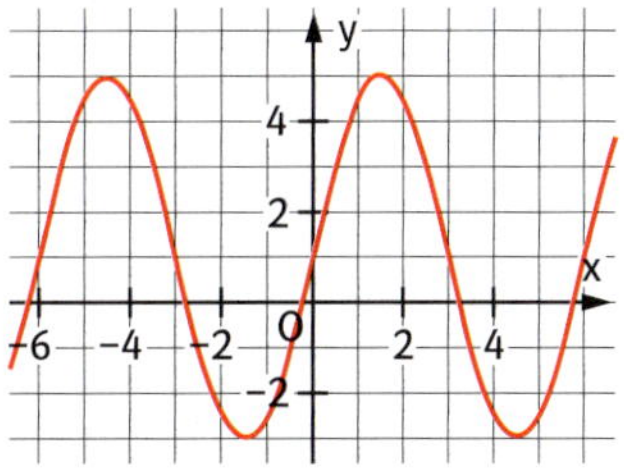

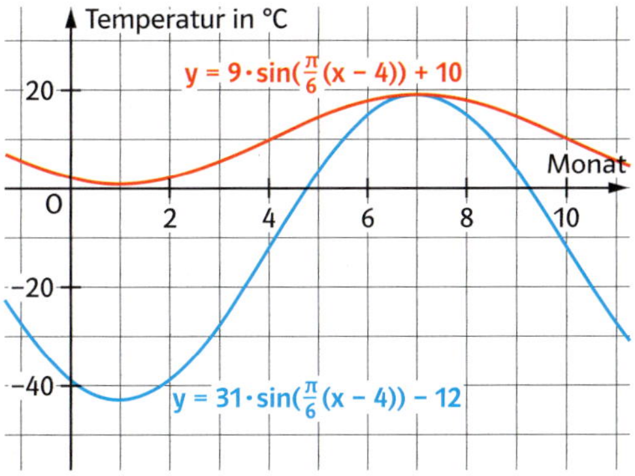

Fig. 1

8 Fig. 1 zeigt die durchschnittliche Lufttemperatur von Stuttgart (rot) und Jakutsk (blau) in Abhängigkeit vom Monat.

Es ist $f(x) = 9 \cdot \sin\left(\frac{\pi}{6}(x-4)\right) + 10$ (rot)

und $g(x) = 31 \cdot \sin\left(\frac{\pi}{6}(x-4)\right) - 12$ (blau)

a) Geben Sie den Zeitraum an, in dem in Jakutsk mit positiven Temperaturen zu rechnen ist.

b) Bestimmen Sie den Zeitpunkt, zu dem die Temperaturdifferenz zwischen Stuttgart und Jakutsk maximal ist. Wie groß ist sie?

Jakutsk liegt in Sibirien und gilt im Winter als die kälteste Großstadt der Welt.

9 Geben Sie eine Sinusfunktion an mit der Eigenschaft

a) Periode $p = 1$; Amplitude $a = 4$ b) Periode $p = 100\pi$; Amplitude $a = 0{,}8$.

10 Gegeben ist die Funktion f mit $f(x) = 3 \cdot \sin\left(\frac{\pi}{3}x\right)$.

a) Skizzieren Sie den Graphen und geben Sie die Periode p an.

b) Geben Sie im Intervall [0; p[die Extrem- und Wendepunkte an.

c) Wie groß ist die Fläche, die der Graph mit der x-Achse über $\left[0; \frac{1}{2}p\right]$ einschließt?

11 Gegeben sind die Funktionen f mit $f(x) = \cos(x)$ und g mit $g(x) = 3\cos(x) - 2$ in $[-1; 7]$. Ihre Graphen seien K_f und K_g.

a) Erstellen Sie die Graphen von K_f und K_g.

b) Zeigen Sie, dass sich die Graphen in ihren Hochpunkten berühren.

c) Wie groß ist der Inhalt der Fläche, den die beiden Graphen zwischen ihren beiden Hochpunkten miteinander einschließen?

d) Zeigen Sie, dass die Wendetangente an den Graphen von K_G an der Stelle $\frac{\pi}{2}$ die Steigung 3 besitzt.
Geben Sie ihre Gleichung an.

12 Der Graph der Funktion f mit $f(x) = 3 \cdot \cos\left(\frac{\pi}{4}x\right)$ mit $x \in [-3; 3]$ sei K_f.

a) Bestimmen Sie die Schnittpunkte von K_f mit den Koordinatenachsen und erstellen Sie einen Graphen von K_f.

b) Die Funktion f soll durch eine Polynomfunktion p vom Grad 2 angenähert werden, die durch den Hochpunkt und die beiden Schnittpunkte von K_f mit den Koordinatenachsen verläuft. Bestimmen Sie die Gleichung der Näherungsfunktion und skizzieren Sie den Graphen K in das Koordinatensystem, in das Sie K_f gezeichnet haben.

Eine Polynomfunktion vom Grad 2 ist p mit $P(x) = ax^2 + bx + c$.

c) Die Funktionswerte von f(x) und p(x) sind außer an den Stellen −2, 0 und 2 voneinander verschieden.
Bestimmen Sie die maximale Differenz.

d) Zeigen Sie, dass der Inhalt der Fläche, die die Parabel über dem Intervall [−2; 2] mit der x-Achse einschließt, um knapp 5 % größer ist als der Inhalt, den der Graph K_f über dem Intervall [−2; 2] mit der x-Achse einschließt.

13 Zeigen Sie rechnerisch, dass sich der Graph von f mit $f(x) = 0{,}5 \cdot \sin(2x)$ und

a) der Graph von g mit $g(x) = \cos(x)$ in $P\left(\frac{\pi}{2} \middle| ?\right)$ berühren,

b) der Graph von h mit $h(x) = -\cos(x)$ in $P\left(\frac{\pi}{2} \middle| ?\right)$ senkrecht schneiden.

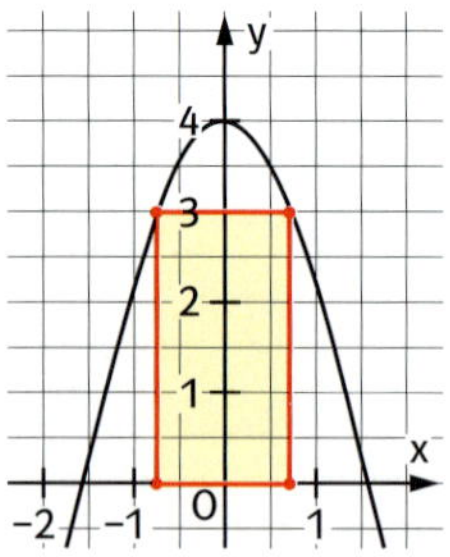

Fig. 1

14 Fig. 1 zeigt einen Ausschnitt des Graphen der Funktion f mit $f(x) = 4 \cdot \cos(x)$ im Intervall $\left[-\frac{\pi}{2}; \frac{\pi}{2}\right]$.

a) Geben Sie die Koordinaten der vier markierten Punkte an, wenn der Punkt rechts unten die Koordinaten P(t | 0) hat mit $-\frac{\pi}{2} \leqq t \leqq \frac{\pi}{2}$.

b) Die vier Punkte in Fig. 1 bilden ein Rechteck. Geben Sie den Umfang U des Rechtecks in Abhängigkeit von t an.

c) Bestimmen Sie näherungsweise U(0), $U\left(\frac{\pi}{4}\right)$ und $U\left(\frac{\pi}{2}\right)$.

d) Für welchen Wert t wird der Umfang des Rechtecks maximal?

Ohne GTR wäre es sehr zeitaufwändig, diese Aufgabe zu lösen!

15 $s(t) = 92{,}1 \cdot \sin\left(\frac{\pi}{6} \cdot (t - 3)\right) + 129{,}5$ beschreibt näherungsweise die mittlere Sonnenscheindauer je Monat (t = 1: Januar; t = 2: Februar; …) in Stunden in Berlin-Dahlem.

a) Wann scheint die Sonne am längsten und wie lange ist das?

b) Berechnen Sie das Integral $\int_0^{12} s(t)\,dt$ und interpretieren Sie das Ergebnis.

Es gibt in Natur und der Technik viele periodische Vorgänge.
Ein Kühlschrank ist auf 6 °C eingestellt. Er hat sich nach 1 Stunde auf 8 °C aufgewärmt. Jetzt wird automatisch das Kühlaggregat eingeschaltet, das den Kühlschrank in 6 Minuten auf 6 °C abkühlt. Dann schaltet es ab. Der Kühlschrank erwärmt sich nun allmählich wieder. Die Periode für diesen Vorgang beträgt 66 Minuten. Den zugehörigen Graphen zeigt Fig. 1.

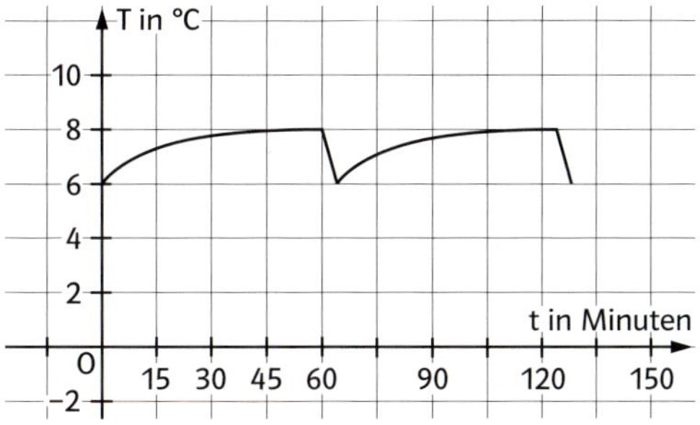

Fig. 1

Mit dem GTR kann man zu Messungen, die einen periodischen Vorgang in Form einer Sinusfunktion $f(x) = a \cdot \sin(b(x + c)) + d$ vermuten lassen, die zugehörige Funktion ermitteln.
Fig. 2 zeigt die Monatsmittelwerte der Temperatur in der Stadtmitte von Stuttgart.

Jan	Feb	Mär	Apr	Mai	Jun	Jul	Aug	Sep	Okt	Nov	Dez
1,2	2,4	5,9	9,5	13,7	17,1	18,8	18,1	15,0	10,2	5,5	2,2

Man gibt die Werte der Tabelle in eine Liste ein (Fig. 2), aktiviert das Plotten der Punkte (Fig. 3); man erhält Fig. 4. Um die vermutete Sinuskurve zu erhalten, aktiviert man die Funktionsanpassung mit der [STAT]-Taste (Fig. 5). Anschließend gibt man ein, welche Werte verwendet werden (L1 und L2) und gibt an, dass die Funktion unter Y1 abgelegt werden soll (Fig. 6).
Fig. 8 zeigt den Graphen.

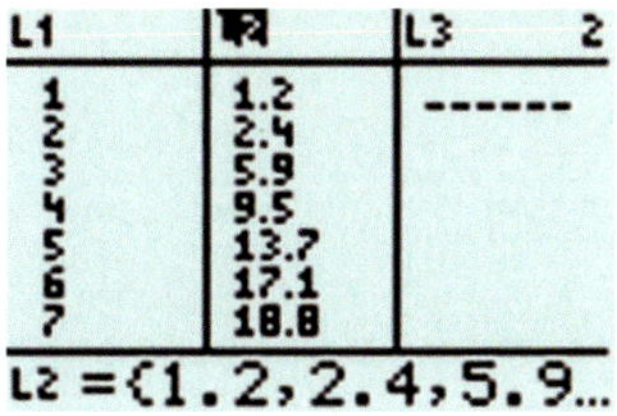

Fig. 2

Fig. 3

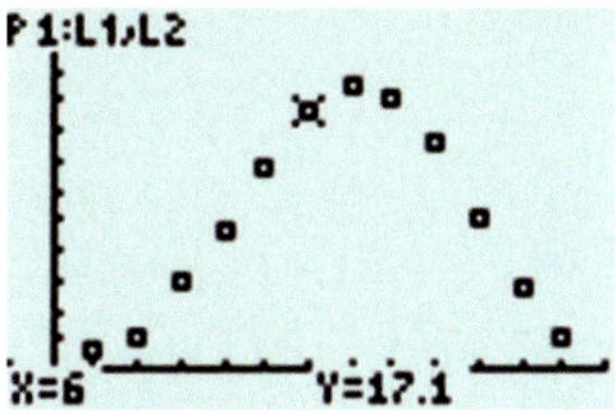

Xscl=1; Yscl=2
Fig. 4

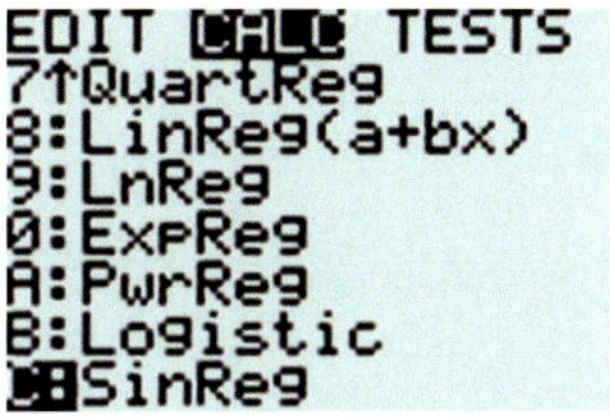

Fig. 5

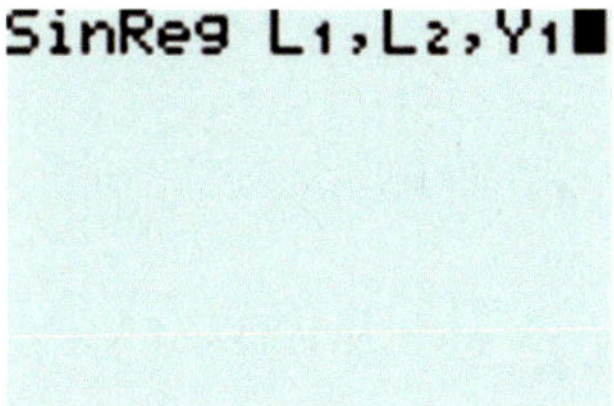

Fig. 6

Fig. 7

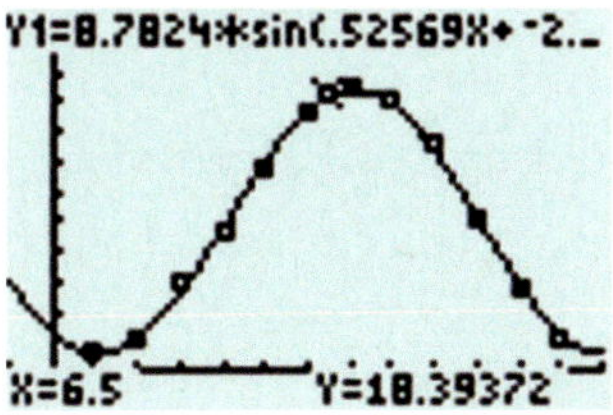

Fig. 8

Die zugehörige Funktion ist $f(x) = 8{,}782 \cdot \sin(0{,}5257 \cdot x - 2{,}145) + 10{,}000$.

Fragestellungen, die jetzt bearbeitet werden können:
- Wann steigt die Temperatur am stärksten?
- Wie lange dauert die Heizperiode, wenn ab 12 °C geheizt werden muss?

In der Tabelle steht in der 2. Zeile die mittlere relative Luftfeuchtigkeit über ein Jahr in Berlin, in der 3. Zeile die mittlere Wassertemperatur in °C der Havel.

Probieren sie es selbst!

Jan	Feb	Mär	Apr	Mai	Jun	Jul	Aug	Sep	Okt	Nov	Dez
85	82	75	69	67	69	70	73	80	83	85	86
2,9	3,2	5,6	10,5	16,5	20,0	21,7	21,7	17,9	13,2	7,6	4,1

Sofern es sich um einigermaßen sinusförmige Verläufe handelt, nehmen Sie eine Funktionsanpassung vor.

Rückblick

Sinus- und Kosinusfunktion

(1) Die Sinus- und Kosinusfunktion sind **periodisch** mit der Periode $p = 2\pi$, d.h. $\sin(x + 2\pi) = \sin(x)$ und $\cos(x + 2\pi) = \cos(x)$.

(2) Beide Funktionen haben die **Definitionsmenge** $\mathbb{R}$. Die **Wertemenge** ist jeweils **[−1; 1]**.

(3) Der Graph der **Sinusfunktion** ist **punktsymmetrisch** zum Ursprung: $\sin(-x) = -\sin(x)$.

Der Graph der **Kosinusfunktion** ist **achsensymmetrisch** zur y-Achse: $\cos(-x) = \cos(x)$.

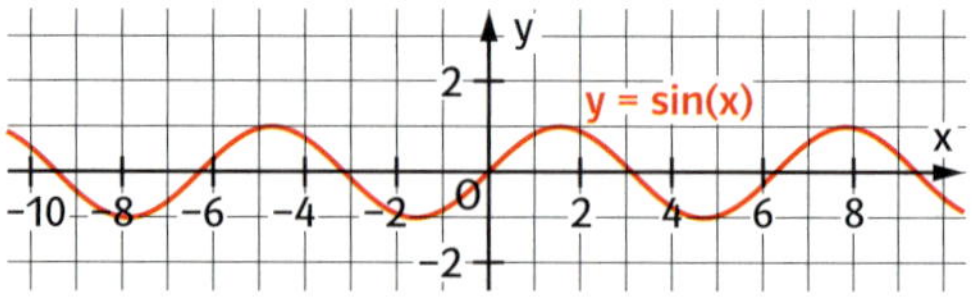

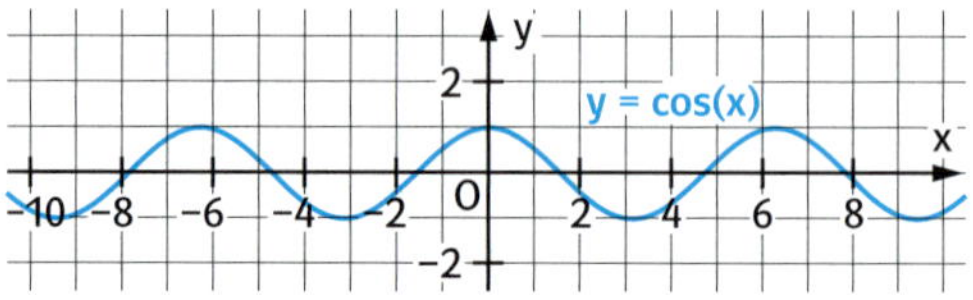

Amplituden und Perioden bei Sinusfunktionen

Die Sinusfunktion f mit $f(x) = a \cdot \sin(b \cdot x)$ mit $a \neq 0$ und $b > 0$ hat die **Amplitude** $|a|$ und die **Periode** $p = \frac{2\pi}{b}$.

Ihr Graph entsteht aus dem Graphen von $s(x) = \sin(x)$

(1) durch Streckung in y-Richtung um den Faktor $|a|$ und anschließender Spiegelung an der x-Achse, wenn $a < 0$ ist, und

(2) Streckung in x-Richtung um den Faktor $\frac{1}{b}$.

$f(x) = 0{,}5 \cdot \sin\left(\frac{\pi}{2}x\right)$ hat die Amplitude 0,5 und die Periode $p = \frac{2\pi}{0{,}5\pi} = 4$

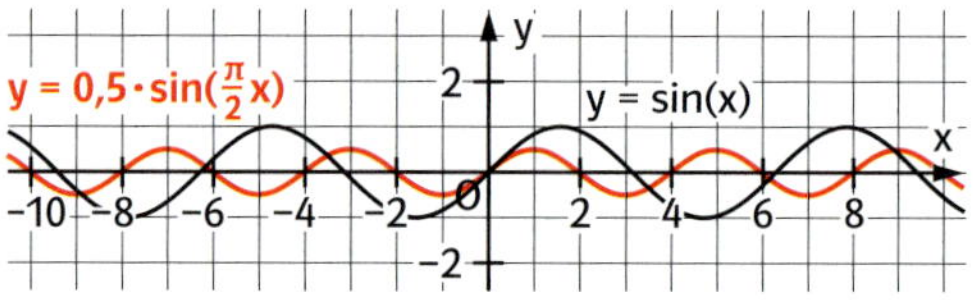

Verschieben von Graphen

Wird der Graph der Funktion f verschoben um c in x- und um d in y-Richtung, so lautet die zugehörige Funktion

$$g(x) = f(x - c) + d.$$

Wird $f(x) = \sin(x)$ um 2 nach rechts und um 1 nach unten verschoben, so entsteht der Graph von $g(x) = \sin(x - 2) - 1$

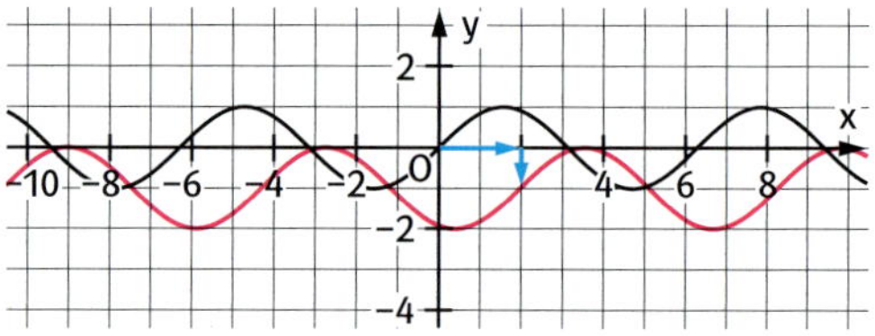

Lösen von trigonometrischen Gleichungen

Die Lösungen einer trigonometrischen Gleichung kann **rechnerisch** oft dadurch erfolgen, dass die Gleichung auf eine Form wie z.B. auf $\sin(3x) = 1$ zurückgeführt wird. Durch Substitution $z = 3x$ ergibt sich dann die Gleichung $\sin(z) = 1$. Ihre Lösung in $[0; 2\pi]$ ist $z = \frac{\pi}{2}$.

Die Rücksubstitution liefert dann $3x = \frac{\pi}{2}$, also $x = \frac{\pi}{6}$.

Das Bestimmen von Näherungslösungen gelingt am einfachsten mit dem GTR.

Hat man den Verlauf der Sinus- und der Kosinusfunktion vor Augen, so kann man weitere Werte bestimmen.

Diese Werte sollte man wissen:

Gradmaß α	Bogenmaß x	sin(x)	cos(x)
0	0	0	1
30°	$\frac{\pi}{6} \approx 0{,}52$	$\frac{1}{2} = 0{,}5$	$\frac{1}{2}\sqrt{3} \approx 0{,}87$
45°	$\frac{\pi}{4} \approx 0{,}79$	$\frac{1}{2}\sqrt{2} \approx 0{,}71$	$\frac{1}{2}\sqrt{2} \approx 0{,}71$
60°	$\frac{\pi}{3} \approx 1{,}05$	$\frac{1}{2}\sqrt{3} \approx 0{,}87$	$\frac{1}{2} = 0{,}5$
90°	$\frac{\pi}{2} \approx 1{,}57$	1	0
180°	$\pi \approx 3{,}14$	0	−1
270°	$\frac{3\pi}{2} \approx 4{,}71$	−1	0
360°	$2\pi \approx 6{,}28$	0	1

Ableitung und Stammfunktion von Sinusfunktionen

$f(x) = \sin(x)$: $f'(x) = \cos(x)$, Stammfunktion: $F(x) = -\cos(x)$

$g(x) = \cos(x)$: $g'(x) = -\sin(x)$, Stammfunktion: $G(x) = \sin(x)$

$f(x) = \sin(bx + c)$: $f'(x) = b \cdot \cos(bx + c)$, $F(x) = -\frac{1}{b} \cdot \cos(bx + c)$

$g(x) = \cos(bx + c)$: $g'(x) = -b \cdot \sin(bx + c)$, $G(x) = \frac{1}{b} \cdot \sin(bx + c)$

$f(x) = 2 \cdot \sin(5x) + 6$

$f'(x) = 2 \cdot 5 \cdot \cos(5x) = 10 \cdot \cos(5x)$

$F(x) = -\frac{2}{5}\cos(5x) + 6x$

$g(x) = \pi \cdot \cos(\pi x) - \pi$

$g'(x) = \pi \cdot \pi \cdot (-\sin(\pi x)) = -\pi^2 \cdot \sin(\pi x)$

$G(x) = \frac{\pi}{\pi} \cdot \sin(\pi x) - \pi x = \sin(\pi x) - \pi x$

Aufgaben zum Üben und Wiederholen

1 Leiten Sie zweimal ab und geben Sie eine Stammfunktion an.

a) $f(x) = 2{,}5 \cdot \sin(x) + x$ b) $f(x) = 2 \cdot \cos\left(\frac{1}{2}x\right) - 1$ c) $f(x) = \frac{1}{2} \cdot \sin(\pi x)$

2 Gegeben ist die Funktion f mit $f(x) = 3 \cdot \sin\left(\frac{\pi}{2} \cdot x\right)$ im Intervall $0 \leqq x \leqq 4$.

a) Erstellen Sie mit dem GTR den Graphen von f und skizzieren Sie ihn anschließend.

b) Geben Sie den Hochpunkt H und die Gleichung der Ursprungsgeraden g durch H an.

c) Der Graph von f und die Gerade g umschließen eine Fläche. Berechnen Sie deren Inhalt.

3 Gegeben ist die Funktion f mit $f(x) = 2 + 2 \cdot \cos(x)$ für $0 \leqq x \leqq 2\pi$.

a) Erstellen Sie mit dem GTR den Graphen von f und skizzieren Sie ihn.

b) Geben Sie die Wendepunkte und die Gleichungen der Normalen in den Wendepunkten an.

c) In welchem Punkt S schneiden sich die in b) berechneten Tangenten?

4 a) Welche Parabel 2. Ordnung berührt den Graphen der Sinusfunktion f mit $f(x) = \sin(x)$ in $O(0|0)$ und $A(\pi|0)$?

b) Berechnen Sie den Inhalt der Fläche zwischen der Sinuskurve und der Parabel aus a).

5 Bestimmen Sie zur Funktion f mit $f(x) = a \cdot \sin(bx) + c$ oder zur Funktion $g(x) = a \cdot \cos(bx) + c$ „passende" Werte für a, b, c.

a)

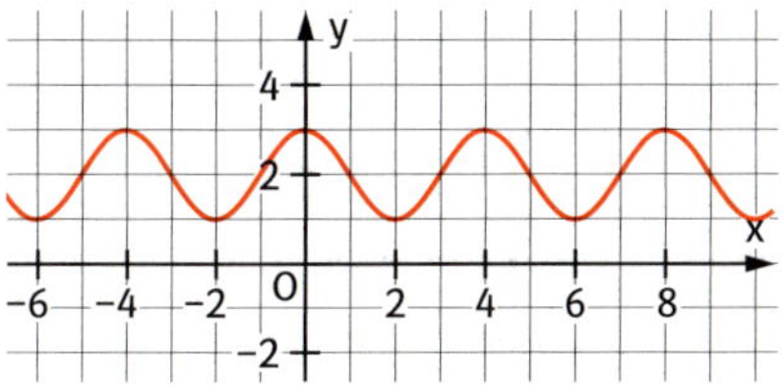

b)

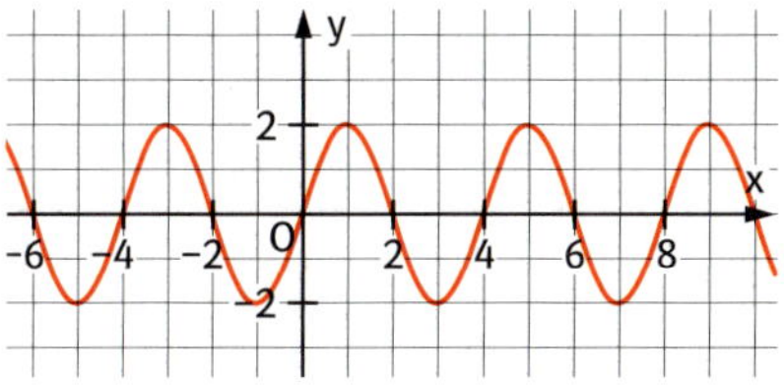

c)

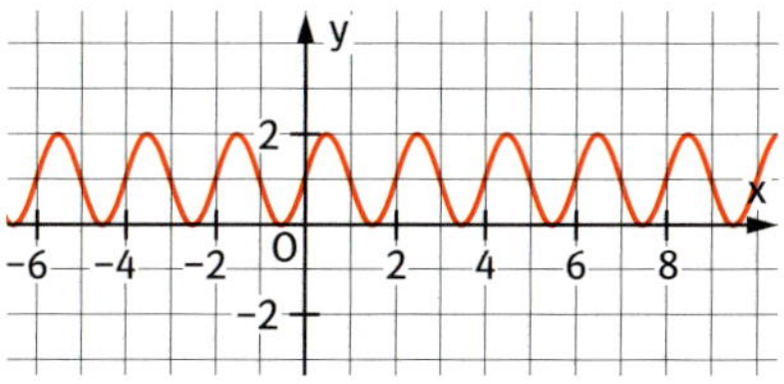

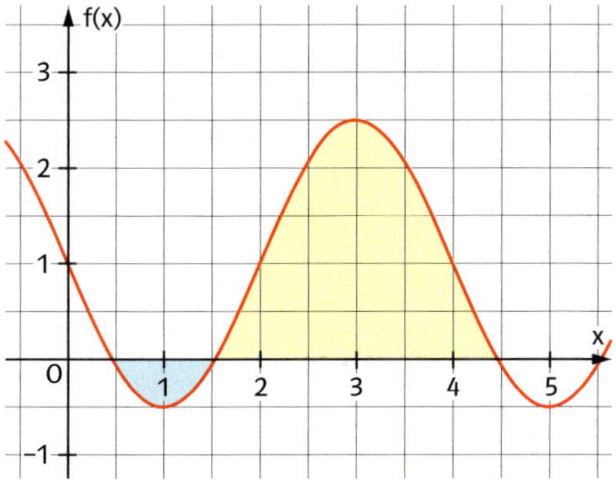

Fig. 1

6 a) Welche der Funktionen gehört zu dem Graphen von Fig. 1?

(1) $f(x) = 1{,}5 \cdot \sin(x) + 1$

(2) $f(x) = 1{,}5 \cdot \cos\left(\frac{\pi}{2} \cdot x\right)$

(3) $f(x) = 1{,}5 \cdot \sin\left(\frac{\pi}{2} \cdot x\right) + 1$

(4) $f(x) = -1{,}5 \cdot \sin\left(\frac{\pi}{2} \cdot x\right) + 1$

b) Geben Sie die Gleichung der Tangente im Wendepunkt $W(0|?)$ an.

c) In welchem Verhältnis stehen die Inhalte der Flächen, die der Graph oberhalb und unterhalb der x-Achse mit ihr einschließt?

7 Der Wasserstand h (in m) bei Spiekeroog an der Nordseeküste schwankt zwischen 1 m bei Niedrigwasser und etwa 3 m bei Hochwasser. Er lässt sich in Abhängigkeit von der Zeit t (in Std. nach Niedrigwasser) modellhaft beschreiben durch $h(t) = a + b \cdot \cos\left(\frac{1}{6}\pi \cdot t\right)$.

a) Bestimmen Sie die Parameter a und b. Skizzieren Sie den Graphen von h.

b) Wie lange liegt der Wasserpegel unter 1,5 m?

c) Wie viel Zentimeter je Minute steigt das Wasser maximal?

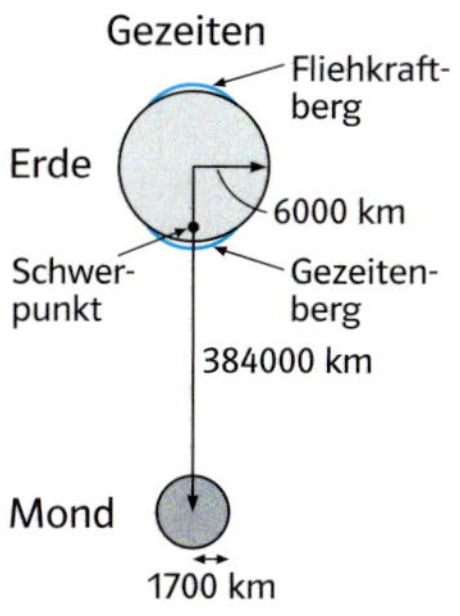

VII Gebrochenrationale Funktionen

1 Potenzfunktionen mit negativen Exponenten

1 Ein Lineal wird so auf ein Buch gelegt, dass ein Ende des Lineals etwas übersteht. Darauf wird eine Münze platziert. Dann wird das Lineal mit der Münze solange über das Buch hinausgeschoben, bis das Lineal zu kippen beginnt. Der letzte Linealüberstand, bei dem das Lineal noch nicht gekippt ist, wird notiert. Nun wird der Ablauf mit 2, 3, 4, ... Münzen wiederholt.

a) Führen Sie diesen Versuch durch und erstellen Sie eine Tabelle, in welcher Anzahl der Münzen der abgelesene Überstand zugeordnet wird.

b) Zeichnen Sie ein Liniendiagramm und beschreiben Sie den Verlauf.

Im Folgenden sollen die Potenzfunktionen f mit $f(x) = a \cdot x^n$ mit negativen Exponenten $n = -1; -2; -3; \ldots$ näher untersucht werden. Man kann für $f(x) = 2 \cdot x^{-3}$ auch schreiben $f(x) = \frac{2}{x^3}$, entsprechend für $g(x) = \frac{1}{2}x^{-2}$ auch $g(x) = \frac{1}{2x^2}$. Da im Nenner keine 0 stehen darf, ist die Funktion an der Stelle $x_0 = 0$ nicht definiert. Weitere Eigenschaften entnimmt man den Graphen.

Gerade negative Hochzahlen n und a = 1:

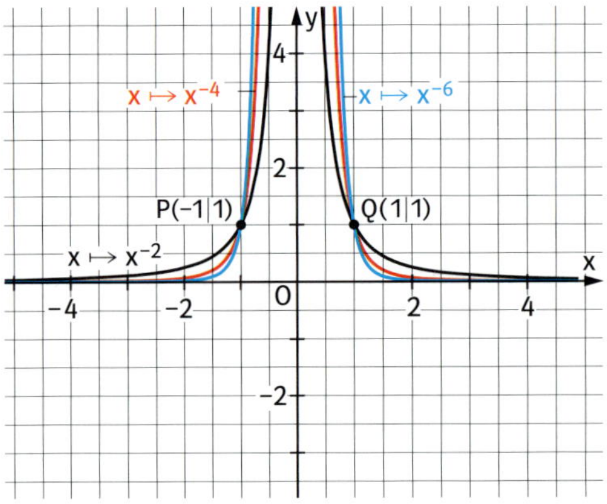

Fig. 1

Ungerade negative Hochzahlen n und a = 1:

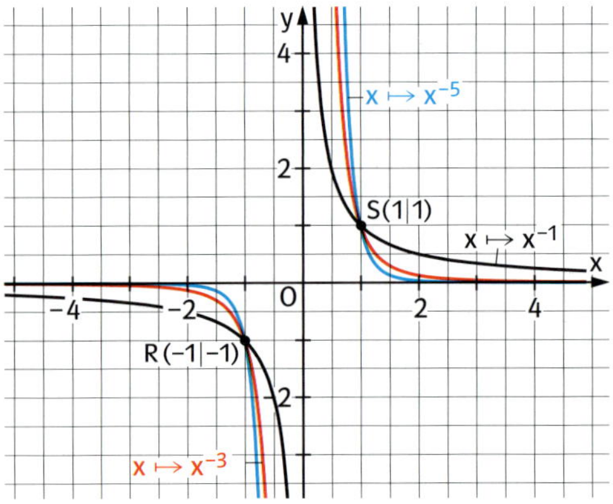

Fig. 2

Ist für einen x-Wert der Nenner 0, so liegt an dieser Stelle eine Definitionslücke vor.

Das Annähern an die x-Achse wird an der Wertetafel deutlich.

X	Y1	Y2
-3000	1E-14	-4E-11
-2000	6E-14	-1E-10
-1000	1E-12	-1E-9
0	ERROR	ERROR
1000	1E-12	1E-9
2000	6E-14	1E-10
3000	1E-14	4E-11

X=3000

Die Wertetafel verdeutlicht Punkt 6. ERROR zeigt die Definitionslücke an.

X	Y1	Y2
-.3	123.46	-37.04
-.2	625	-125
-.1	10000	-1000
0	ERROR	ERROR
.1	10000	1000
.2	625	125
.3	123.46	37.037

X=-.3

Gerade negative Hochzahlen (Fig. 1):

1. 0 ist aus dem Definitionsbereich ausgeschlossen: $D = \mathbb{R}\setminus\{0\}$. 0 heißt auch **Definitionslücke**.
2. Alle Graphen gehen durch die Punkte P(−1 | 1) und Q(1 | 1).
3. Die Graphen verlaufen ausschließlich im I. und II. Quadranten.
4. Für sehr große und sehr kleine x nähern sich die Graphen der x-Achse an. Die x-Achse mit der Gleichung y = 0 heißt daher waagerechte **Asymptote**.
5. Alle Graphen sind achsensymmetrisch zur y-Achse.
6. Läuft man mit x von links gegen 0, so strebt f(x) gegen „plus unendlich", läuft man mit x von rechts gegen 0, so strebt f(x) ebenfalls gegen „plus unendlich".
   Kurz: Für $x \to 0$ gilt $f(x) \to +\infty$.

Ungerade negative Hochzahlen (Fig. 2):

1. 0 ist aus dem Definitionsbereich ausgeschlossen: $D = \mathbb{R}\setminus\{0\}$. 0 ist auch hier eine **Definitionslücke**.
2. Alle Graphen gehen durch die Punkte R(−1 | −1) und Q(1 | 1).
3. Die Graphen verlaufen ausschließlich im I. und III. Quadranten.
4. Für sehr große und sehr kleine x nähern sich die Graphen der x-Achse an. Die x-Achse mit der Gleichung y = 0 ist auch hier waagerechte **Asymptote**.
5. Alle Graphen sind punktsymmetrisch zum Ursprung.
6. Läuft man mit x von links gegen 0, so strebt f(x) gegen „minus unendlich", läuft man mit x von rechts gegen 0, so strebt f(x) gegen „plus unendlich".
   Kurz: Für $x \to 0$ gilt $f(x) \to \pm\infty$.

Wird der Graph der Funktion f mit $f(x) = \frac{1}{x}$ (Fig. 1) in x-Richtung um 2 verschoben, so entsteht die Funktion $f_1(x) = \frac{1}{x-2}$ mit der Definitionslücke 2 (Fig. 2), wird ihr Graph nochmals um 1 in positive y-Richtung verschoben, so erhält man die Funktion $f_2(x) = \frac{1}{x-2} + 1$. Dabei bleibt die Definitionslücke bei 2, als Asymptote erhält man dann aber statt y = 0 (x-Achse) die Gerade mit der Gleichung y = 1 (Fig. 3). Die dabei jeweils entstehenden Graphen sind formgleich.

Siehe Kapitel VI, Lerneinheit 3.

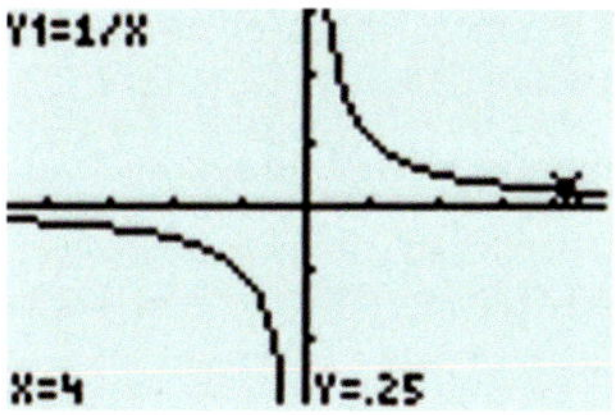

Fig. 1

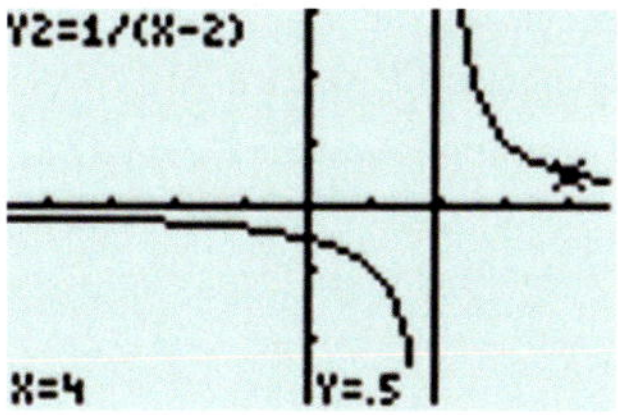

Fig. 2

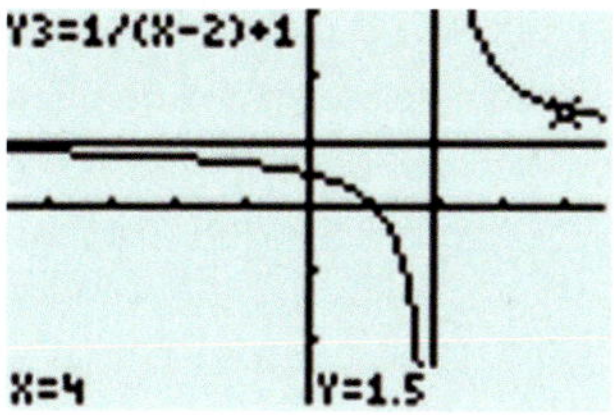

Fig. 3

Hat eine Funktion f die Eigenschaft, dass die Funktionswerte für $x \to x_0$ gegen $+\infty$ oder gegen $-\infty$ streben, so nennt man die Gerade mit der Gleichung $x = x_0$ **senkrechte Asymptote** des Graphen von f. In Fig. 3 ist demnach x = 2 eine senkrechte Asymptote.

Die Funktion f mit $f(x) = \frac{a}{x^k}$ mit $k \in \{1; 2; 3; \ldots\}$ hat an der Stelle 0 eine Definitionslücke, die auch als **Pol** bezeichnet wird.
Die Gerade mit der Gleichung x = 0 ist eine **senkrechte Asymptote**, die Gerade y = 0 ist **waagerechte Asymptote** des Graphen von f.

Wird der Graph der Funktion so verschoben, dass $O(0|0)$ auf $P(x_0|y_0)$ zu liegen kommt, so erhält man die Funktion $g(x) = \frac{a}{(x-x_0)^k} + y_0$.
Ihr Pol liegt bei $x = x_0$. Damit ist die Gerade mit $x = x_0$ senkrechte Asymptote und die Gerade mit $y = y_0$ waagerechte Asymptote.

asympiptein (griech.): nicht zusammenfallen

Beispiel Graph beschreiben
Beschreiben Sie das Verhalten von f mit $f(x) = \frac{0{,}25}{x+2} + 2$.
a) Geben Sie die Definitionsmenge und die Asymptoten an und erstellen Sie einen Graphen.
b) Geben Sie alle Nullstellen der Funktion f an.
Lösung:
a) Definitionslücke (Pol) ist $x = -2$. Damit ist $D = \mathbb{R} \setminus \{-2\}$.
Die Gerade mit der Gleichung $x = -2$ ist senkrechte Asymptote. Die Gleichung der waagerechten Asymptote ist y = 2, da $f(x) \to 2$ für $x \to \pm\infty$. Graph in Fig. 4
b) $\frac{0{,}25}{x+2} + 2 = 0 \quad | \cdot (x+2)$ ergibt $0{,}25 + 2(x+2) = 0$, also $2x = -4{,}25$. Nullstelle $x = -2{,}125$.

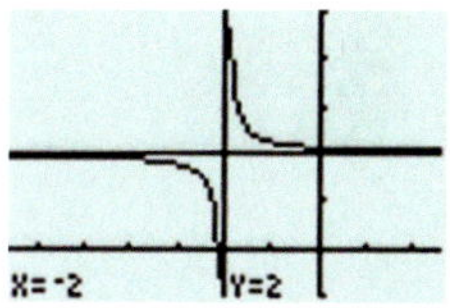

Fig. 4

Aufgaben

2 Beschreiben Sie den Verlauf des Graphen und skizzieren Sie den Graphen.
a) $f(x) = \frac{2}{x^3}$ b) $f(x) = 0{,}01 \cdot \frac{1}{x^6}$ c) $f(x) = 0{,}001 \cdot x^{-5}$ d) $f(x) = 10^{-4} \cdot x^{-4}$

3 Untersuchen Sie das Verhalten von f bei Annäherung an die Definitionslücke und für $x \to \pm\infty$. Geben Sie die senkrechten und waagerechten Asymptoten an. Erstellen Sie mit dem GTR den Graphen und überprüfen Sie damit Ihr Ergebnis.
a) $f(x) = \frac{1}{2x}$ b) $f(x) = \frac{1}{50x} + 2$ c) $f(x) = 0{,}001 \cdot \frac{1}{(x-3)^2}$ d) $f(x) = \frac{1}{2(x-2)^3}$
e) $f(x) = 0{,}1(x+1)^{-1}$ f) $f(x) = \frac{2}{(x+1{,}5)} - 3$ g) $f(x) = 3(x+3)^{-3} - 3$ h) $f(x) = \frac{4}{(x-4)^4} + \frac{1}{4}$

2 Eigenschaften gebrochenrationaler Funktionen

1 Für eine Weihnachtsaktion stellt die Arbeitsgemeinschaft „Siebdruck" einer Schule Kalender her. Die einmaligen Kosten für die Erstellung der Vorlagen usw. belaufen sich auf 400 €. Dazu kommen Kosten von 3,50 € pro Kalender.

a) Geben Sie die Funktion f an, welche die Gesamtkosten beschreibt, wenn x Kalender gedruckt werden. Zeichnen Sie den Graphen dieser Funktion f.

b) Welche Funktion g beschreibt die durchschnittlichen Kosten pro Kalender in Abhängigkeit von x? Skizzieren Sie den Graphen von g.

c) Zu welcher bekannten Klasse von Funktionen gehört die Funktion f? Nennen Sie Unterschiede zwischen den Funktionen f und g.

Bekanntlich gehören konstante Funktionen wie f mit $f(x) = 3 = 3x^0$ auch zu den ganzrationalen Funktionen.

In der vorhergehenden Lerneinheit wurden Potenzfunktionen f und g wie $f(x) = x^{-4} = \frac{1}{x^4}$ oder $g(x) = \frac{4}{x-2} + 3$ vorgestellt. Dabei handelt es sich um Funktionen, die im Zähler und im Nenner ein Polynom enthalten, wie man bei g(x) durch Umformen erkennt: $\frac{4}{x-2} + 3 = \frac{4 + 3(x-2)}{x-2} = \frac{3x-2}{x-2}$.
Diese Funktionen sind häufig nicht mehr in ganz $\mathbb{R}$ definiert und zeigen für $x \to \pm\infty$ ein anderes Verhalten als ganzrationale Funktionen. Beispiele solcher Funktionen sind f mit $f(x) = \frac{x}{x+1}$, g mit $g(x) = \frac{1}{x^2+1}$ oder h mit $h(x) = \frac{x(x-1)}{(x+1)(x-1)}$. Man nennt Funktionen dieser Art **gebrochenrationale Funktionen**. Im Folgenden werden nur Quotienten betrachtet, die **vollständig gekürzt** sind.
Funktionen wie h sind bis auf die Stelle x = 1 mit der Funktion f mit $f(x) = \frac{x}{x+1}$ identisch.

Im Nenner eines Bruches darf niemals eine 0 auftreten!

Stellen, an denen das Nennerpolynom 0 ist, heißen **Definitionslücken** oder **Polstellen**. An Polstellen liegt eine **senkrechte Asymptote** vor.
Beim Verhalten für $x \to \pm\infty$ sind drei Fälle zu unterscheiden:

1. Fall: Zählergrad < Nennergrad
Für f mit $f(x) = \frac{3}{2x+4}$ ist die Definitionslücke $x = -2$.
Man erkennt, dass f(x) für $x \to +\infty$ gegen 0 strebt.
Dies gilt ebenso für $x \to -\infty$.
Damit ist die x-Achse mit der Gleichung y = 0 **waagerechte Asymptote**.

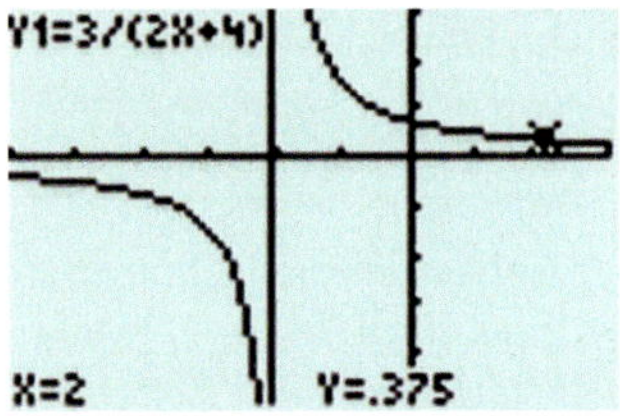

Polynomdivision:
$(x + 2) : (x + 1) = 1 + \frac{1}{x+1}$
$-(x + 2)$
1

2. Fall: Zählergrad = Nennergrad
Für f mit $f(x) = \frac{x+2}{x+1} = \frac{x+1+1}{x+1} = 1 + \frac{1}{x+1}$ ist die Definitionslücke $x = -1$.
Man erkennt, dass f(x) für $x \to +\infty$ gegen 1 strebt
$\left(\frac{1}{x+1}\text{ strebt gegen } 0\right)$.
Dies gilt ebenso für $x \to -\infty$.
Damit ist die x-Achse mit der Gleichung y = 1 **waagerechte Asymptote**.

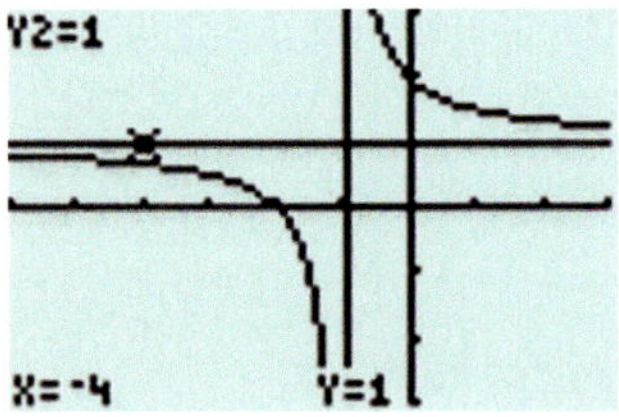

3. Fall: Zählergrad > Nennergrad
Für f mit $f(x) = \frac{x^3+1}{x} = x^2 + \frac{1}{x}$ ist 0 Definitionslücke.
Man erkennt, dass sich die Funktionswerte von f(x) von denen von $g(x) = x^2$ für $x \to \pm\infty$ immer weniger unterscheiden.
Man nennt den Graphen von g **Näherungskurve des Graphen von f** für $x \to \pm\infty$.

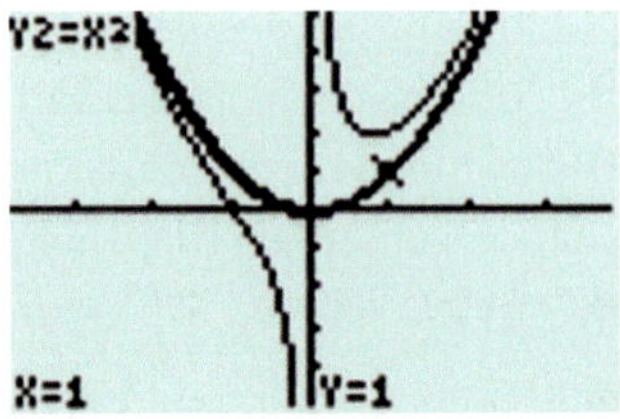

Man kann einfach durch Polynomdivision die Funktion g erhalten. Es ist der Teil des Ergebnisses, der eine ganzrationale Funktion darstellt.

Besitzt eine gebrochenrationale Funktion f mit $f(x) = \frac{p(x)}{q(x)}$ eine Stelle x_0 mit $q(x_0) = 0$, so ist die Gerade mit der Gleichung $x = x_0$ eine **senkrechte Asymptote**.
Ist der Grad von p(x) **kleiner** als der Grad von q(x), so ist für $x \to \pm\infty$ die x-Achse mit der Gleichung $y = 0$ **waagerechte Asymptote**.
Ist der Grad von p(x) **gleich** dem Grad von q(x), so ist für $x \to \pm\infty$ eine Parallele zur x-Achse mit der Gleichung $y = c$ **waagerechte Asymptote**.
Ist der Grad von p(x) **größer** als der Grad von q(x), so ist für $x \to \pm\infty$ der Graph einer Funktion g **Näherungskurve**. Man erhält g durch Polynomdivision.

Beispiel Polstellen, Asymptoten

Gegeben ist die Funktion f mit $f(x) = \frac{x-1}{x-2}$. Ermitteln Sie die Definitionsmenge und das Verhalten an der Polstelle von f. Geben Sie die Asymptoten an und zeichnen Sie den Graphen.

Lösung:

Es ist $x - 2 = 0$ für $x_0 = 2$; $D_f = \mathbb{R}\setminus\{2\}$; 2 ist also Polstelle. Für $x \to 2$ ergeben sich für $x < 2$ negative, für $x > 2$ positive Funktionswerte: Man sagt $x_0 = 2$ ist ein Pol mit Vorzeichenwechsel (VZW). Senkrechte Asymptote: $x = 2$.

Polynomdivision ergibt:

$$\begin{array}{l} (x-1):(x-2) = 1 + \frac{1}{x-2} \\ \underline{-(x-2)} \\ \quad 1 \end{array}$$

Damit ist die Gerade $y = 1$ waagerechte Asymptote für $x \to \pm\infty$. Graph rechts.

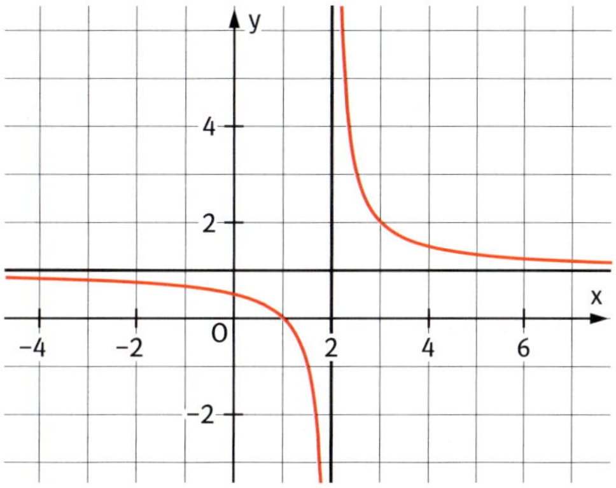

Um das Vorzeichen von f(x) für x < 2 zu bestimmen, ersetzt man im Zähler x durch 2. Er wird damit positiv. Der Nenner ist für x < 2 negativ, für x > 2 positiv. Damit ist die Funktion für x < 2 negativ, für x > 2 positiv.

Aufgaben

2 Welcher Term gehört zu welcher Funktion? Begründen Sie Ihre Entscheidung.

(1) $f(x) = \frac{1}{x+3}$ (2) $g(x) = \frac{x}{(x+3)^2}$ (3) $h(x) = -\frac{1}{(x+3)^3} - 1$

a)

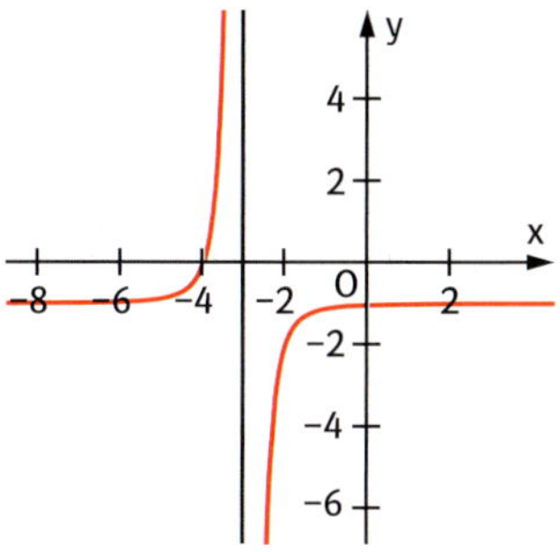

b)

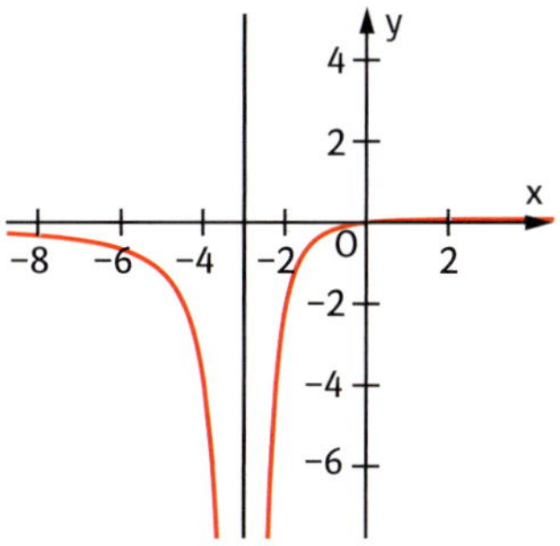

c)

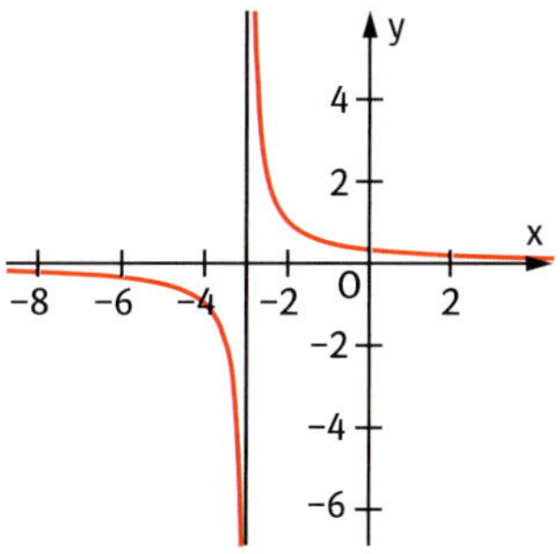

3 Gegeben ist die Funktion f. Ermitteln Sie die Definitionsmenge und die Polstellen. Geben Sie die gemeinsamen Punkte des Graphen mit den Achsen sowie die Asymptoten an.

a) $f(x) = \frac{-2}{x-4}$ b) $f(x) = -\frac{4}{x-2}$ c) $f(x) = \frac{1}{(x-2)^2}$ d) $f(x) = \frac{x}{x-3}$ e) $f(x) = \frac{x+2}{x}$
f) $f(x) = \frac{x+2}{x+4}$ g) $f(x) = \frac{x+1}{x}$ h) $f(x) = \frac{x+2}{x-4}$ i) $f(x) = \frac{x-1}{(x-4)^2}$ j) $f(x) = \frac{x^2}{2(x-3)}$

4 Geben Sie die Gleichungen aller Asymptoten bzw. Näherungskurven für $x \to \pm\infty$ an.

a) $f(x) = x + \frac{1}{x}$ b) $f(x) = \frac{x^3+4}{x^2}$ c) $f(x) = \frac{x^2-x}{x+1}$ d) $f(x) = \frac{2x^4-32}{x^2}$ e) $f(x) = \frac{x^3+2x^2}{x+4}$

3 Ableitungen und Anwendungen

1 Geben Sie Möglichkeiten an, wie man den Graphen der Ableitungsfunktion der gegebenen Funktion f mit $f(x) = \frac{0{,}5}{x^2}$ mit $D_f = \mathbb{R}\backslash\{0\}$ und die Ableitung an der Stelle $x_0 = 2$ bestimmen kann.

Potenzregel:
$f(x) = x^k;\ f'(x) = k \cdot x^{k-1}$

Will man die Ableitung einer gebrochenrationalen Funktion mit konstantem Zähler berechnen, so wendet man die Potenzregel an:

f mit $f(x) = \frac{1}{x^3}$, $D_f = \mathbb{R}\backslash\{0\}$. Man schreibt $f(x) = x^{-3}$ und wendet die **Potenzregel** (Seite 92) an:

$f'(x) = -3x^{-4} = -\frac{3}{x^4}$.

Auch Funktionen, deren Zählergrad größer oder gleich dem Nennergrad ist, kann man **nach Polynomdivision einfach ableiten**:

$$\begin{aligned}(x^2 + 2) : (x - 1) &= x + 1 + \tfrac{3}{x-1}\\ \underline{-(x^2 - x)}&\\ x + 2&\\ \underline{-(x - 1)}&\\ 3&\end{aligned}$$

g mit $g(x) = \frac{x^2 + 2}{x - 1}$, $D_f = \mathbb{R}\backslash\{1\}$. Man schreibt $g(x) = x + 1 + \frac{3}{x-1} = x + 1 + 3 \cdot (x - 1)^{-1}$ und erhält:

$g'(x) = 1 + 3 \cdot (-1) \cdot (x - 1)^{-2} \cdot 1 = 1 - \frac{3}{(x-1)^2}$.

Dabei ist zu beachten, dass entsprechend den Ableitungen der Funktionen f mit $f(x) = e^{ax+b}$ oder g mit $g(x) = \sin(ax + b)$ mit $f'(x) = a \cdot e^{ax+b}$ und $g'(x) = \cos(ax + b) \cdot a$ gilt:

$h(x) = (ax + b)^n$ hat die Ableitung $h'(x) = n \cdot (ax + b)^{n-1} \cdot a$ (vgl. Exkursion Kettenregel, S. 208).

Produktregel (Seite 179)
$f(x) = u(x) \cdot v(x);$
$f'(x) = u'(x) \cdot v(x) + u(x) \cdot v'(x)$

Eine Funktion, deren Zählergrad kleiner dem Nennergrad ist, kann **nach der Produktregel abgeleitet werden**, wie die folgenden Beispiele zeigen:

(1) $f(x) = \frac{x^3 + 4}{x} = (x^3 + 4) \cdot x^{-1}$, $D_f = R \backslash \{0\}$

$f'(x) = 3x^2 \cdot x^{-1} + (x^3 + 4) \cdot (-1) \cdot x^{-2} = 3x - \frac{x^3 + 4}{x^2} = \frac{3x^3 - x^3 - 4}{x^2} = \frac{2x^3 - 4}{x^2}$

(2) $f(x) = \frac{x}{(2x - 3)^2} = x \cdot (2x - 3)^{-2}$, $D_f = \mathbb{R} \backslash \{1{,}5\}$.

$f'(x) = 1 \cdot (2x - 3)^{-2} + x \cdot (-2) \cdot (2x - 3)^{-3} \cdot 2 = \frac{1}{(2x-3)^2} - \frac{4x}{(2x-3)^3} = \frac{2x - 3 - 4x}{(2x-3)^3} = -\frac{2x + 3}{(2x-3)^3}$.

Allgemein gilt:

Vgl. auch Exkursion: Kettenregel und Quotientenregel!

> Gebrochenrationale Funktionen kann man immer als Produkt schreiben und nach der Produktregel ableiten.
> In der Regel genügt für konkrete Berechnungen der GTR, um Ableitungen zu bestimmen.

Beispiel 1 Extrempunkte und Graph

Bestimmen Sie die Näherungskurve für $x \to \pm\infty$ und die Extrem- und Wendepunkte des Graphen der Funktion f mit $f(x) = \frac{x^2}{x - 1}$ exakt. Erstellen Sie mit dem GTR den Graphen.

Lösung:

$D = \mathbb{R} \backslash \{1\}$. Die Gerade mit der Gleichung $x = 1$ ist senkrechte Asymptote.

$$\begin{aligned}x^2 : (x - 1) &= x + 1 + \tfrac{1}{x-1}\\ \underline{-(x^2 - x)}&\\ x&\\ \underline{-(x - 1)}&\\ 1&\end{aligned}$$

Polynomdivision ergibt $f(x) = x + 1 + \frac{1}{x-1}$; g mit $g(x) = x + 1$ ist damit Näherungsfunktion für $x \to \pm\infty$.

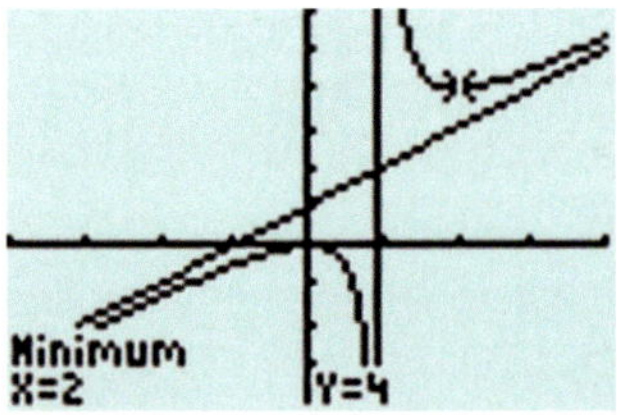

Da $f(x) = x + 1 + (x - 1)^{-1}$ gilt:

$f'(x) = 1 - \frac{1}{(x-1)^2}$; $f''(x) = \frac{2}{(x-1)^3}$.

Extrempunkte: $f'(x) = 1 - \frac{1}{(x-1)^2} = 0$ ergibt $\frac{1}{(x-1)^2} = 1$

oder $(x - 1)^2 = 1$, also $x_1 = 0$; $x_2 = 2$.

Da $f''(0) = \frac{2}{(0-1)^3} = -2 < 0$ und $f(0) = 0$ ist, liegt in $H(0|0)$ ein Hochpunkt vor.

Da $f''(2) = \frac{2}{(2-1)^3} = 2 > 0$ und $f(2) = 4$ ist, liegt in $T(2|4)$ ein Tiefpunkt vor.

$f''(x) = \frac{2}{(x-1)^3} = 0$ ist nicht möglich. Damit besitzt der Graph keinen Wendepunkt.

Beispiel 2 Anwendung

Durch Messung des Sauerstoffverbrauchs eines australischen Sittichs im Windkanal konnte man auf den Energieverbrauch zurückschließen. Ist v die Geschwindigkeit des Vogels gegenüber der Luft beim Horizontalflug, so kann der Energieverbrauch E(v) für eine Strecke von 1km und pro Gramm Körpergewicht näherungsweise beschrieben werden durch:

$E(v) = \frac{0{,}31(v-35)^2+92}{v}$, $20 \leqq v \leqq 60$ $\left(E \text{ in } \frac{J}{g\cdot km};\ v \text{ in } \frac{km}{h}\right)$.

Wie hoch ist der Energieverbrauch pro Kilometer und Gramm bei einer Geschwindigkeit von $25\frac{km}{h}$? Bei welcher Geschwindigkeit ist der Energieverbrauch des Vogels am geringsten?

Lösung (nur mit GTR):

Es ist $E(25) \approx 4{,}92$; bei ca. $39\frac{km}{h}$ ist der Energieverbrauch mit ca. $2{,}5\frac{J}{g\cdot km}$ am geringsten.

```
WINDOW
 Xmin=20
 Xmax=60
 Xscl=5
 Ymin=-1
 Ymax=6
 Yscl=1
 Xres=1
```

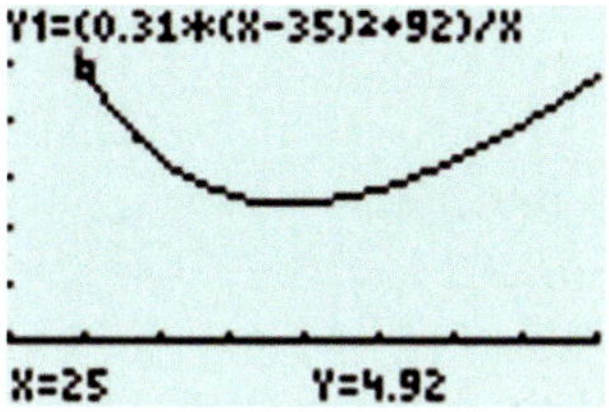

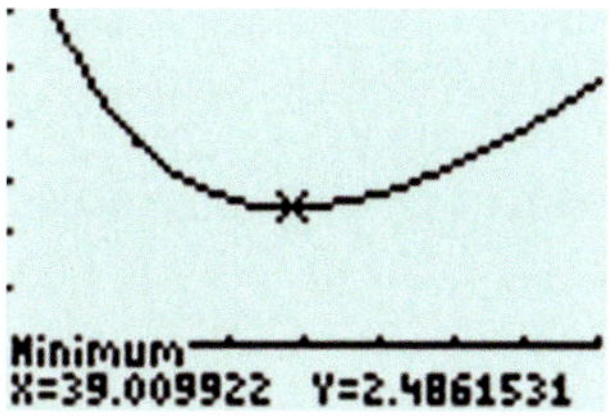

Um 1kg um 1m anzuheben, benötigt man etwa 10 Joule.

Aufgaben

2 Verschaffen Sie sich einen Überblick über den Graphen der Funktion f. Untersuchen Sie die Funktion nur unter Heranziehung des Funktionsterms auf Polstellen, Nullstellen, Asymptoten und gegebenenfalls Näherungskurven.

a) $f(x) = \frac{x}{x-1}$. Zeigen Sie rechnerisch, dass f keine Extremwerte besitzt.

b) $f(x) = \frac{2x+1}{x-2}$. Zeigen Sie durch Rechnung, dass f in D_f streng monoton fallend ist.

c) $f(x) = \frac{x^2+2x+5}{2(x+1)}$. Berechnen Sie alle Extremwerte von f exakt.

d) $f(x) = \frac{2-x^3}{2x}$. Berechnen Sie den Wendepunkt des Graphen exakt.

3 Gegeben ist die Funktion f mit $f(x) = \frac{x}{x-2}$; $x \in \mathbb{R}\setminus\{2\}$.

Der Punkt P(u | v) mit u > 2 sei ein Punkt auf dem Graphen von f. Die Parallelen zu den Koordinatenachsen durch P bilden zusammen mit den Koordinatenachsen ein Rechteck. Für welchen Wert von u wird der Inhalt des Rechtecks extremal? Bestimmen Sie die Art des Extremums.

4 Einer der wichtigsten Nährstoffe für Pflanzen ist Stickstoff (N). Er wird den Pflanzen (neben dem schon im Boden vorhandenen Stickstoff) in der Form von Dünger zugegeben.

Man fand heraus, dass der zusätzliche Getreideertrag f(x) (in $100\frac{kg}{ha}$) aufgrund der Zugabe von Stickstoffdünger x (in $\frac{kg}{ha}$) näherungsweise beschrieben werden kann durch eine Funktion f der Form $f(x) = \frac{a\cdot x}{x^2+b}$, $x \geqq 0$. Für f gilt dabei $f(100) = 25$ und $f(600) = 20$.

a) Bestimmen Sie a und b; runden Sie die Ergebnisse auf natürliche Zahlen.

b) Skizzieren Sie den Graphen von f und berechnen Sie die optimale Düngerzugabe.

Bei den Aufgaben 4 und 5 ist der Einsatz des GTR zu empfehlen!

Der entscheidende Durchbruch für eine umfangreiche Produktion von Stickstoff-Dünger gelang 1913 mit der Ammoniaksynthese nach Haber-Bosch.

5 Bei einem Buch ist für den bedruckten Teil einer Seite eine rechteckige Fläche mit dem Inhalt $360\,cm^2$ festgelegt. Die Ränder sollen oben und unten je 2cm, links und rechts je 1cm breit werden. Bei welchen Maßen ist der Papierverbrauch am kleinsten?

Weitere Ableitungsregeln

Im Folgenden werden zwei weitere Ableitungsregeln hergeleitet. Man kann damit jede Funktion ableiten.

Kettenregel

Man nennt u(x) **„innere Funktion"** und f(u) **„äußere Funktion"**.

Die Funktion f mit $f(x) = \sin(2x + 2)$ hat die Ableitung $f'(x) = \cos(2x + 3) \cdot 2$.
Betrachtet man die Funktionen f(x) und f'(x) näher, so erkennt man, dass es sich bei f(x) um eine Sinusfunktion $f(u) = \sin(u)$ handelt, bei der u wiederum eine Funktion von x ist, nämlich $u(x) = 2x + 3$.
Die Ableitung kann man zusammensetzen aus den Ableitungen $f'(u) = \cos(u)$ und $u'(x) = 2$.
Dazu bildet man das **Produkt** der Ableitungen:

$$f'(x) = f'(u) \cdot u'(x) = \cos(u) \cdot 2 = \cos(2x + 3) \cdot 2.$$

Dieser Sachverhalt soll für eine weitere Funktion untersucht werden:
Die Funktion f mit $f(x) = (x^3 + 3)^2$ ist eine Potenzfunktion vom Grad 2, also $f(u) = u^2$ mit der „inneren Funktion" $u(x) = x^3 + 3$.
Sofern die obige Aussage richtig ist, muss für die Ableitung von f'(x) gelten:
$f'(x) = f'(u) \cdot u'(x)$ mit $f'(u) = 2u$ und $u'(x) = 3x^2$.
Damit ergibt sich: $f'(x) = 2u \cdot 3x^2 = 2(x^3 + 3) \cdot 3x^2 = 6x^2 \cdot (x^3 + 3)$.
Die Richtigkeit kann man bestätigen, indem man den Term $(x^3 + 3)^2$ ausmultipliziert und dann ableitet:
Aus $f(x) = (x^3 + 3)^2 = x^6 + 6x^3 + 9$ folgt dann $f'(x) = 6x^5 + 18x^2 = 6x^2 \cdot (x^3 + 3)$.
Man kann allgemein zeigen, dass gilt:

Merkregel: „äußere Ableitung" mal „innere Ableitung"

Ist f(x) Funktion, die sich in der Form f(u(x)) schreiben lässt, so gilt für ihre Ableitung:

$$\mathbf{f'(x) = f'(u) \cdot u'(x)}$$

$f(x) = (3x^2 - x)^3$ setzt sich zusammen aus $f(u) = u^3$ und $u(x) = 3x^2 - x$.
Mit den Ableitungen $f'(u) = 3u^2$ und $u'(x) = 6x - 1$ erhält man:
$f'(x) = 3u^2 \cdot (6x - 1) = 3(3x^2 - x)^2 \cdot (6x - 1)$

Aufgaben

1 Leiten Sie ab und vereinfachen Sie das Ergebnis.

a) $f(x) = \left(\frac{1}{3}x + 2\right)^2$ b) $f(x) = \frac{1}{18}(3x + 2)^6$ c) $f(x) = \frac{1}{8}\left(\frac{1}{2} - x^2\right)^7$ d) $f(x) = (3 - x)^2$
e) $f(x) = (x + x^2)^2$ f) $h(x) = (2 - 3x + x^2)^3$ g) $h(x) = (1 - x + x^3)^2$ h) $f(x) = (x\sqrt{2} - x^2)^2$

2 a) $f(x) = (8x - 7)^{-1}$ b) $f(x) = 2(5 - x)^{-1}$ c) $f(x) = (15x - 3)^{-2}$ d) $f(x) = \left(\frac{1}{2}x - 5x^3\right)^{-3}$
e) $f(x) = \frac{1}{(x-2)^2}$ f) $g(t) = \frac{3}{(5-t)^2}$ g) $f(x) = \frac{1}{2(x-7)^3}$ h) $g(t) = \frac{5}{(t^2-1)^2}$

3 a) $f(x) = \sin(2x)$ b) $f(x) = \sin(2x - \pi)$ c) $f(x) = 2\cos(1 - x)$ d) $f(x) = \frac{1}{3}\sin(x^2)$
e) $f(x) = e^{(x^2)}$ f) $f(x) = \sin(e^x + 1)$ g) $f(x) = (e^x - x)^2$ h) $f(x) = (\sin(x) + x)^{-1}$

4 Leiten Sie zweimal ab
a) $f(x) = (4x - 7)^3$ b) $f(x) = \frac{3}{5-x}$ c) $f(x) = \frac{1}{(x-5)^3}$ d) $f(x) = \frac{1}{4}\sin(2x + 1)$

Quotientenregel

Um den Quotienten $f(x) = \frac{u(x)}{v(x)}$ abzuleiten, also z. B. $f(x) = \frac{3x}{2x+1}$, fasst man f(x) als Produkt zweier Funktionen auf: $f(x) = u(x) \cdot \frac{1}{v(x)} = u(x) \cdot (v(x))^{-1}$, also $f(x) = 3x \cdot (2x+1)^{-1}$.

Dies wurde bereits im Paragraphen 3 dieses Kapitels durchgeführt.

Für die Funktion h mit $h(x) = (v(x))^{-1}$ gilt nach der Kettenregel:

$h'(x) = -1 \cdot (v(x))^{-2} \cdot v'(x) = -\frac{v'(x)}{(v(x))^2}$

Beispiel: $h(x) = (2x+1)^{-1}$: $h'(x) = -1 \cdot (2x+1)^{-2} \cdot 2 = -\frac{2}{(2x+1)^2}$.

Damit ergibt sich nach der Produktregel:

$f'(x) = u'(x) \cdot (v(x))^{-1} + u(x) \cdot \left(-\frac{v'(x)}{(v(x))^2}\right) = \frac{v'(x)}{v(x)} - \frac{u(x) \cdot v'(x)}{(v(x))^2} = \frac{u'(x) \cdot v'(x) - u(x) \cdot v'(x)}{(v(x))^2}$.

Produktregel:
$(u \cdot v)' = u' \cdot v + u \cdot v'$

Das bedeutet für das Beispiel:

$f'(x) = 3 \cdot (2x+1)^{-1} + 3x \cdot \left(-\frac{2}{(2x+1)^2}\right) = \frac{3 \cdot (2x+1) - 3x \cdot 2}{(2x+1)^2} = \frac{3}{(2x+1)^2}$.

> Ist die Funktion f darstellbar in der Form $f(x) = \frac{u(x)}{v(x)}$ mit $v(x) \neq 0$, so gilt die
>
> Quotientenregel: $\mathbf{f'(x) = \frac{u'(x) \cdot v(x) - u(x) \cdot v'(x)}{(v(x))^2}}$

Merkregel:
$\left(\frac{u}{v}\right)' = \frac{u'v - u'v}{v^2}$

Beispiel Quotientenregel

a) Berechnen Sie f′(x) und f″(x) von f mit $f(x) = \frac{2x}{1-x}$; $x \in \mathbb{R} \setminus \{1\}$.

b) Berechnen Sie die Ableitung von $f(x) = \frac{\sin(x)}{x}$ an der Stelle $\frac{\pi}{2}$.

Beachten Sie das **Minuszeichen** im Zähler.

Lösung:

a) Mit $u(x) = 2x$ und $v(x) = 1 - x$ erhält man $u'(x) = 2$ und $v'(x) = -1$ und damit

$f'(x) = \frac{2 \cdot (1-x) - 2x \cdot (-1)}{(1-x)^2} = \frac{2 - 2x + 2x}{(1-x)^2} = \frac{2}{(1-x)^2}$

Da der Zähler keine Variable enthält, schreibt man $2 \cdot (1-x)^{-2}$ und erhält:

$f''(x) = 2 \cdot (-2) \cdot (1-x)^{-3} \cdot (-1) = 4 \cdot (1-x)^{-3} = \frac{4}{(1-x)^3}$.

b) Mit $u(x) = \sin(x)$ und $v(x) = x$ erhält man $u'(x) = \cos(x)$ und $v'(x) = 1$ und damit

$f'(x) = \frac{\cos(x) \cdot x - \sin(x) \cdot 1}{x^2} = \frac{x \cdot \cos(x) - \sin(x)}{x^2}$.

Daraus erhält man $f'\left(\frac{\pi}{2}\right) = \frac{\frac{\pi}{2} \cdot \cos\left(\frac{\pi}{2}\right) - \sin\left(\frac{\pi}{2}\right)}{\left(\frac{\pi}{2}\right)^2} = \frac{0-1}{\left(\frac{\pi}{2}\right)^2} = -\frac{4}{\pi^2} \approx -0{,}40528$

Kontrolle am GTR:

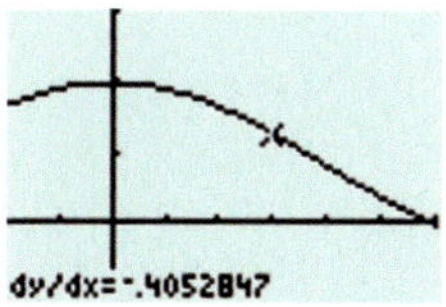

Aufgaben

5 Leiten Sie ab und vereinfachen Sie.

a) $f(x) = \frac{x}{x+1}$ b) $f(x) = \frac{x}{2x+3}$ c) $f(x) = \frac{2x}{1+3x}$ d) $f(x) = \frac{3-x}{3+x}$

e) $f(x) = -\frac{e^x}{x+4}$ f) $f(x) = \frac{e^x - 1}{e^x + 1}$ g) $f(x) = \frac{1}{\sin(x)}$ h) $f(t) = \frac{t}{\cos(t)}$

6 Suchen Sie den Fehler, der beim Ableiten gemacht wurde und korrigieren Sie.

a) $f(x) = \frac{e^x}{x^2}$; $f'(x) = \frac{x \cdot e^x - 1 \cdot e^x}{x^3} = \frac{x-1}{x^3} \cdot e^x$

b) $f(x) = \frac{x-1}{(x+1)^2}$; $f'(x) = \frac{(x+1)^2 \cdot 1 - (x-1) \cdot 2(x+1)}{(x+1)^4} = \frac{(x+1) \cdot 1 - 2(x+1)}{(x+1)^3} = -\frac{x+1}{(x+1)^3} = -\frac{1}{(x+1)^2}$

c) $f(x) = \frac{x}{(2x+1)^2}$; $f'(x) = \frac{(2x+1)^2 \cdot 1 - x \cdot 2(2x+1)}{(2x+1)^4} = \frac{(2x+1) - 2x}{(2x+1)^3} = \frac{1}{(2x+1)^3}$

VIII Stochastik

1 Zufallsexperimente

1 a) Bei welchen Gesellschaftsspielen, z. B. Mensch-ärgere-dich-nicht, Schach, Skat, spielt der Zufall eine Rolle? An welcher Stelle des Spiels ist dies der Fall?
b) Welche Augenzahl muss man werfen, um beim Mensch-ärgere-dich-nicht ins Spiel zu kommen?

2 Es wird eine Münze zweimal geworfen und nach dem Ergebnis (Zahl oder Wappen) gefragt. Wie viele Ergebnisse sind möglich, wenn die Reihenfolge der Würfe berücksichtigt (nicht berücksichtigt) wird?

Stochastik (griech.): Lehre vom Zufall

Beim Werfen eines Würfels kann man die Augenzahl nicht vorhersagen. Man weiß zwar, dass eine der Zahlen 1; 2; 3; 4; 5; 6 fallen wird. Welche Zahl jedoch fällt, bleibt dem Zufall überlassen. Das Gleiche gilt, wenn man zweimal oder dreimal hintereinander würfelt. Das Ergebnis wird dabei komplizierter, bleibt aber zufällig.
Im Folgenden werden typische Zufallsexperimente und ihre Darstellung in mathematischer Form vorgestellt.

Ein Experiment, bei dem man das Ergebnis nicht sicher vorhersagen kann, heißt **Zufallsexperiment**. Zu einem Zufallsexperiment gehört eine Menge S von möglichen Ergebnissen. S heißt **Ergebnismenge**. Beim Würfel z. B. ist S = {1; 2; 3; 4; 5; 6}. Bei der Durchführung des Zufallsexperiments tritt eines dieser Ergebnisse ein.

Es gibt auch Zufallsexperimente (Spiele), bei denen ein Zufallsexperiment (z. B. Würfeln) zwei oder dreimal hintereinander durchgeführt wird.

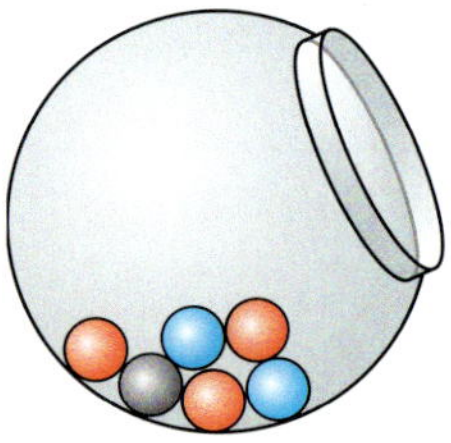

Aus der Urne wird zweimal nacheinander eine Kugel gezogen und jedesmal die Farbe notiert; dabei wird die zuerst gezogene Kugel vor der zweiten Ziehung wieder zurückgelegt (**Ziehen mit Zurücklegen** im Unterschied zum **Ziehen ohne Zurücklegen**).
Jedes Ergebnis dieses zweistufigen Zufallsexperimentes kann als Paar geschrieben werden: So bedeutet (r; b) – oder kürzer r b – dasjenige Ergebnis, bei dem im 1. Zug „rot“, im 2. Zug „blau“ gezogen wurde. Eine Übersicht über die ganze Ergebnismenge erhält man mit dem Baumdiagramm. Jedem Ergebnis entspricht dabei ein Pfad (von links nach rechts) durch den Baum.
Die Ergebnismenge ist S = {(b; b); (b; r); (b; s); (r; b); (r; r); (r; s); (s; b); (s; r); (s; s)}.

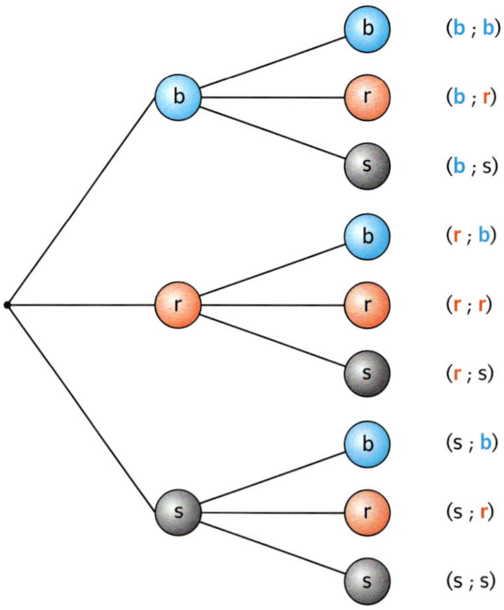

Werden zwei Zufallsexperimente nacheinander durchgeführt, so kann man dies auch als ein einziges Zufallsexperiment auffassen. Man spricht dann von einem **zweistufigen Zufallsexperiment**. Seine Ergebnisse kann man als Paare (z. B. (6; 1) beim zweimaligen Würfeln) angeben.

Beispiel 1 Urnenmodell
In der Urne von Fig. 1 befinden sich Kugeln mit den Zahlen 1 bis 7. Geben Sie die Ergebnismenge an für das
a) Ziehen einer Kugel und Feststellen der zugehörigen Zahl
b) Ziehen von zwei Kugeln mit einem Griff und Feststellen der Summe ihrer Ziffern.
Lösung:
a) $S_1 = \{1; 2; 3; 4; 5; 6; 7\}$
b) Es können folgende Summen auftreten:
$1 + 2 = 3$; $1 + 3 = 4$; $1 + 4 = 5$; $1 + 5 = 6$; $1 + 6 = 7$; $1 + 7 = 8$; $2 + 7 = 9$; $3 + 7 = 10$; $4 + 7 = 11$; $5 + 7 = 12$; $6 + 7 = 13$. Damit ist $S_2 = \{3; 4; 5; 6; 7; 8; 9; 10; 11; 12; 13\}$.

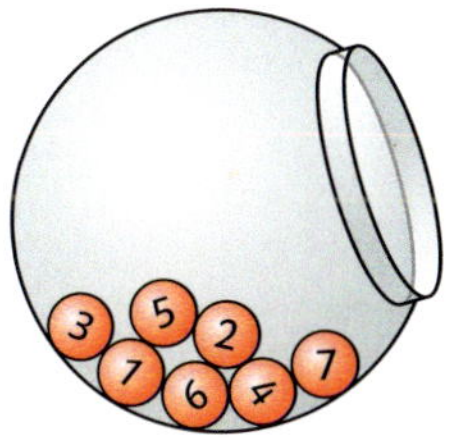

Fig. 1
Mit der Urne lassen sich viele Zufallsexperimente simulieren!

Beispiel 2 Glücksrad
Ein drehbar gelagertes Rad hat zwei oder mehr Kreissauschnitte, im Folgenden Felder genannt. Nach Stillstand des Rades zeigt ein Zeiger das Ergebnis an, in Fig. 2 z. B. b für das blaue Feld.
a) Kann man das Angeln mit dem Glücksrad von Fig. 2 darstellen (simulieren)?
b) Geben Sie die Ausgangsmenge für das Tippen des Ergebnisses eines Fußballspiels an und simulieren Sie es anschließend mit einem Glücksrad.

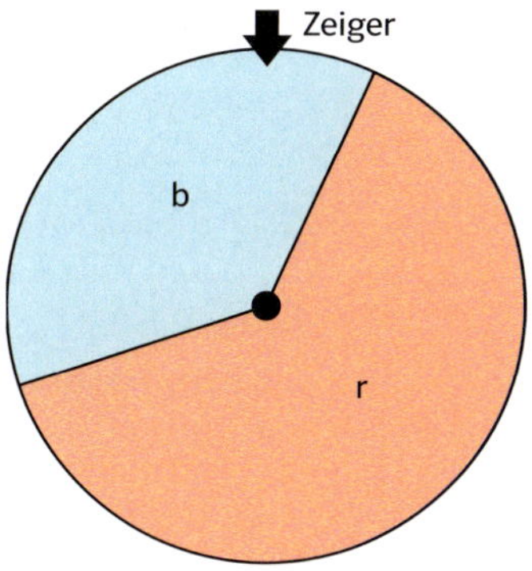

Fig. 2

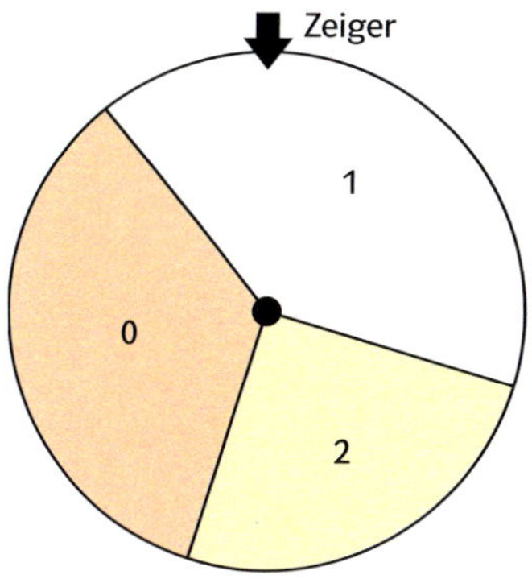

Fig. 3

Lösung:
a) Man kann das Angeln mit Fig. 2 simulieren: b bedeutet „beißt an", r „beißt nicht an".
b) Die Heimmannschaft gewinnt: 1, verliert: 2, unentschieden: 0. Ergebnismenge ist somit $S = \{1; 0; 2\}$. Die Simulation mit einem Glücksrad mit drei Feldern zeigt Fig. 3.

Beispiel 3 dreistufiges Zufallsexperiment
Felix, Stefan und Erich möchten gern mit Heike (H), Diane (D) oder Lisa (L) in die Diskothek gehen. Da sie sich nicht einigen können, wer mit wem gehen darf, ziehen sie aus einer Lostrommel, in der drei Zettel mit den Aufschriften H, D, L enthalten sind. Felix zieht als erster, dann Stefan und schließlich Erich. Wie viele mögliche Ausgänge gibt es?

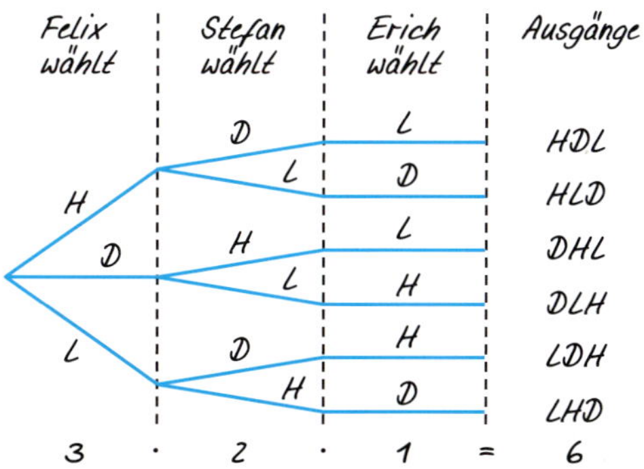

Lösung:
Alle möglichen Ausgänge zeigt das Baumdiagramm. Der Ausgang HLD bedeutet dabei: Felix geht mit Heike in die Diskothek, Stefan mit Lisa und Erich mit Diane. Die Ausgangsmenge ist also $S = \{HDL; HLD; DHL; DLH; LDH; LHD\}$.

Aufgaben

3 An einer Wurfbude sollen mit einem Wurf möglichst viele Dosen vom Brett heruntergeworfen werden. Geben Sie die Ergebnismenge an, wenn ein Wurf als Zufallsexperiment aufgefasst wird.

4 Man wirft einen Pfeil auf die abgebildete Scheibe. Der Pfeil kann nur in den nummerierten Feldern und im äußeren Ring stecken bleiben (die Ränder sind aus Metall; dort prallt der Pfeil ab). Geben Sie zwei mögliche Ergebnismengen an und berücksichtigen Sie dabei, dass der Pfeil die Scheibe nicht trifft.

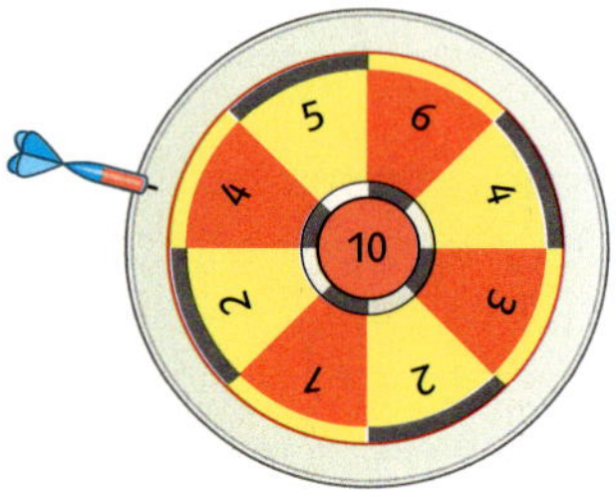

5 In einer Porzellanfabrik werden Vasen nach der Fertigstellung kontrolliert. Geben Sie zwei mögliche Ergebnismengen an.

6 Eine Lichtorgel besteht aus drei Lampen, die zufällig ein- oder ausgeschaltet sein können. Ermitteln Sie alle möglichen Schaltzustände für die Lampen.
Beispiel: 101 bedeutet, dass die erste und die dritte Lampe leuchten, die mittlere leuchtet dagegen nicht.

7 In einem Restaurant gibt es die Vorspeisen V1, V2, V3 und die Hauptspeisen H1, H2, H3, H4.
a) Schreiben Sie die Ergebnismenge auf für das Zufallsexperiment „Auswahl eines Menüs, bestehend aus einer Vorspeise und einer Hauptspeise".
b) Wie viele Menüs kann man zusammenstellen, wenn außerdem noch zwei verschiedene Desserts zur Auswahl stehen?

8 Bei einer Verkehrskontrolle werden Reifen und Beleuchtung geprüft. Bei jeder Teilprüfung wird eine Zustandsnote verteilt: 1 für „in Ordnung", 2 für „mangelhaft" und 3 für „verkehrsunsicher". Ein mögliches Prüfungsergebnis ist 12, d.h. Reifen in Ordnung, Beleuchtung mangelhaft. Stellen Sie die Ergebnismenge für die Prüfungsergebnisse auf.

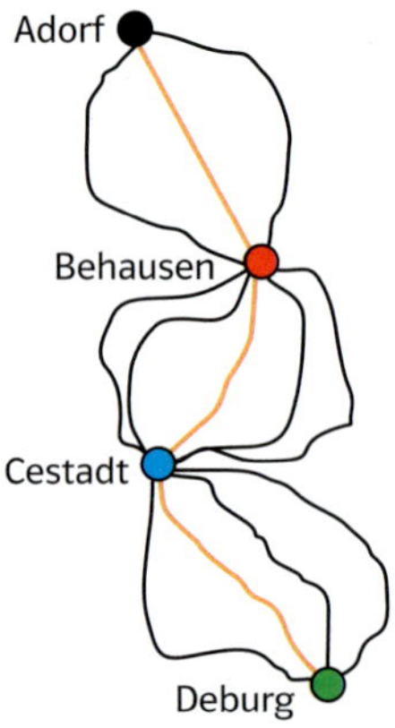

9 Von Adorf nach Behausen gibt es drei, von Behausen nach Cestadt fünf und von Gestadt nach Deburg vier Verbindungsstraßen. Jemand fährt zufällig und ohne Plan
a) von Adorf nach Cestadt
b) von Adorf nach Deburg
c) von Deburg nach Adorf
d) von Adorf nach Deburg und zurück.
Geben Sie die Anzahl der jeweils möglichen Ergebnisse an.
e) Beantworten Sie d) für den Fall, dass keine Straße zweimal befahren werden darf.

10 Ein Medikament wird vier Patienten verabreicht. Die Krankenschwester notiert später +00+, d.h., das Medikament wirkte bei Patient 1, wirkte nicht bei Patient 2 usw.
a) Schreiben Sie alle möglichen Ausgänge in dieser Form auf.
b) Beschreiben Sie, wie dieses Experiment mit Hilfe eines Glücksrades (einer Urne) simuliert werden kann.
c) Wie viele Ausgänge kann es geben, wenn außer + und 0 noch – notiert wird, wenn das Medikament negative Wirkung zeigt ?

2 Ereignisse – Zufallsvariable

1 Beim Würfeln mit einem Würfel ist die Ergebnismenge S = {1; 2; 3; 4; 5; 6}.
Welche Ergebnisse führen zu dem „Ereignis“:
a) eine gerade Augenzahl zu erhalten
b) die Augenzahl ist größer als 4
c) eine Primzahl zu würfeln
d) die Zahl 0 zu erhalten?

In der Realität interessieren häufig mehrere Ergebnisse gleichzeitig, z. B. beim Würfeln eine 5 oder 6 zu erhalten. Man fasst also mehrere Ergebnisse zusammen.

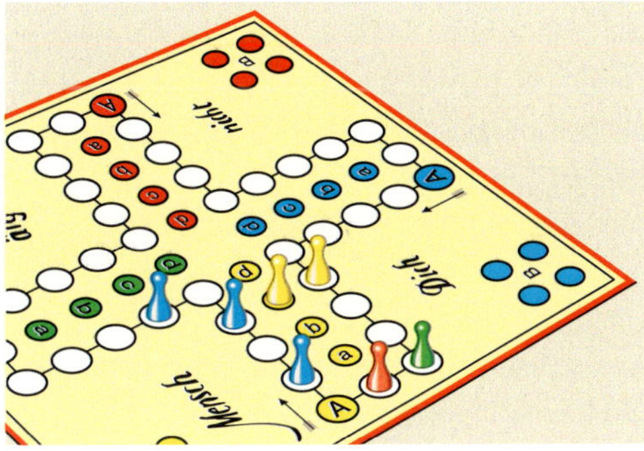

Das Ereignis „ungerade Augenzahl“ ist eingetreten.

Beim Mensch-ärgere-dich-nicht ist S = {1; 2; 3; 4; 5; 6} die Ergebnismenge beim Würfeln.
In der dargestellten Spielsituation schlägt Rot beim nächsten Wurf Blau, wenn das Ereignis „gerade Augenzahl“ eintritt. Dies ist der Fall, wenn eine 2, eine 4 oder eine 6 fällt. Deshalb schreibt man für dieses Ereignis auch A = {2; 4; 6}. Ist das Ergebnis des nächsten Wurfes eine 2, eine 4 oder eine 6, so sagen wir: das Ereignis A ist eingetreten; ist das Ergebnis eine 3, ist A nicht eingetreten.

> Ein Zufallsexperiment habe die Ergebnismenge S. Dann nennt man jede Teilmenge A von S ein **Ereignis**.
> Endet die Durchführung des Zufallsexperimentes mit einem Ergebnis aus A, so ist das Ereignis A eingetreten. Andernfalls ist das Ereignis A nicht eingetreten

Auch die Ergebnismenge S selbst und die leere Menge { } sind Teilmengen von S.
Das Ereignis S tritt bei jeder Durchführung ein und heißt daher das **sichere Ereignis**.
Das Ereignis { } tritt niemals ein und heißt daher das **unmögliche Ereignis**.
Ist ein Ergebnis kein Element eines Ereignisses A, so ist das **Gegenereignis** $\overline{A} = S \setminus A$ (lies: A quer) eingetreten.

Manchmal werden Ergebnissen eines Zufallsexperiments Zahlen zugeordnet, wie der folgende Fall zeigt: Bei einem Spiel mit zweimaligem Würfeln
- gewinnt man 2 EURO, wenn die Augensumme größer als 10 ist,
- gewinnt man 1 EURO, wenn die Augensumme mindestens 5 und höchstens 10 ist,
- zahlt man ansonsten 5 EURO.

Fig. 1 zeigt die möglichen Ergebnisse beim zweimaligen Würfeln, dargestellt im Achsenkreuz:
2 € Gewinn entspricht {(5; 6); (6; 5); (6; 6)};
1 € Gewinn entspricht {(1; 4); (1; 5); (1; 6); …; (6; 4)};
–5 € Gewinn = 5 € Verlust entspricht {(1; 1); (1; 2); (1; 3); (2; 1); (2; 2); (3; 1)}.
Bei diesem Spiel wird also jedem Ergebnis eine Zahl, nämlich der zugehörige Gewinn (in EURO) zugeordnet.

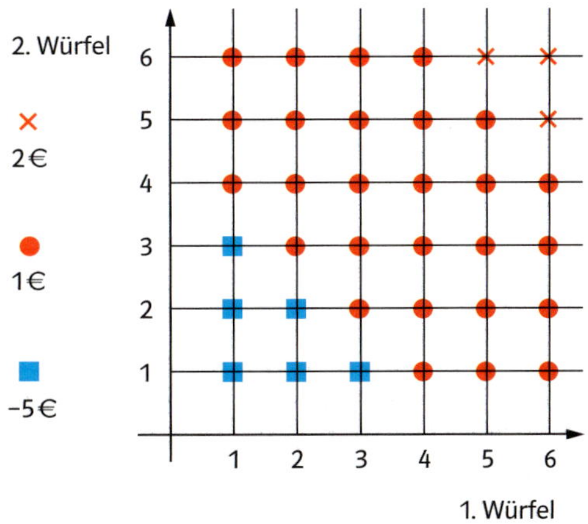

Fig. 1

Eine Variable für die drei (Zufalls-)Zahlen 1, 2 und −5 nennt man **Zufallsvariable**. Aus historischen Gründen wird sie mit großen Buchstaben wie X oder Y bezeichnet. Das Ereignis „2 EURO Gewinn" lässt sich nun kurz als X = 2 schreiben. Entsprechend wird mit X ≧ 1 das Ereignis beschrieben, dass man bei dem Spiel gewinnt.

Sind die Ergebnisse eines Zufallsexperimentes Zahlen oder kann man ihnen Zahlen zuordnen, so nennt man eine Variable für diese Zahlen eine **Zufallsvariable**.
Mit Hilfe einer Zufallsvariablen lassen sich Ereignisse häufig einfach beschreiben.

Ein Baumdiagramm ist eine große Hilfe, um Sachverhalte sinnvoll zu ordnen.

Beispiel 1 Ereignisse bestimmen

Bei einem Schachturnier kommen für die Platzierung drei Personen in Frage, nämlich Robert, Linda und Benno. R ist das Ergebnis „R gewinnt", L „L gewinnt" und B „B gewinnt".

a) Bestimmen Sie die Ergebnismenge S und geben Sie das Ereignis „Linda ist unter den ersten beiden" an.

b) Geben Sie die Ereignisse E = „Einer wird gewinnen" und F = „Benno wird erster und zweiter" an.

Auch das ist eine Hilfe: So stünden die „Wörter" im Lexikon:

BLR – BRL – LBR – LRB – RBL – RLB

Man spricht von lexikografischer Anordnung.

Lösung:

a) Fig. 1 zeigt die Darstellung der Ergebnisse am Baumdiagramm.

S = {BLR; BRL; LBR; LRB; RBL; RLB}

„Linda ist unter den ersten beiden" = {LBR; LRB; BLR; RLB}.

b) E = S = {BLR; BRL; LBR; LRB; RBL; RLB} sicheres Ereignis;

F = { } unmögliches Ereignis.

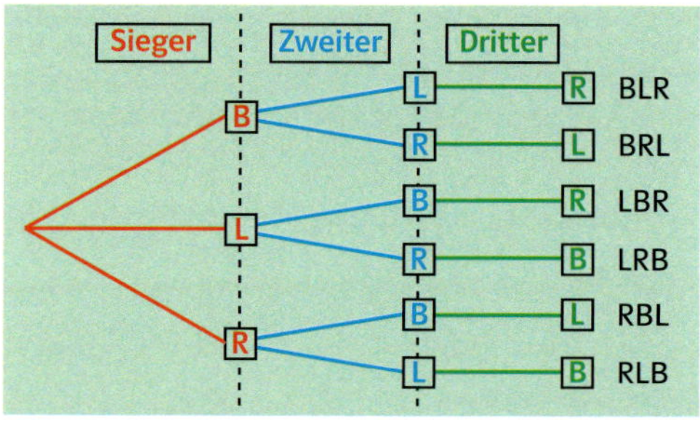

Fig. 1

Beispiel 2: Beschreibung von Ereignissen durch eine Zufallsvariable

Bei einem Spiel wird eine Münze dreimal geworfen. Fällt Wappen, so erhält der Spieler 1 EURO, fällt Zahl, muss er 1 EURO zahlen.
Beschreiben Sie das Ereignis aufzählend und mit einer geeigneten Zufallsvariablen X.

a) G: „Der Spieler hat 1€ gewonnen".

b) V: „Der Spieler hat Verlust gemacht"

Lösung:

Man kann auch ohne Baum auskommen, indem man die Ergebnisse in lexikografischer Anordnung darstellt und dann die Zuordnung zum Gewinn vornimmt.

a) Man kann zunächst ein Baumdiagramm zeichnen für die möglichen Ergebnisse des dreimaligen Werfens der Münze (Fig. 2).
Der Gewinn wird dahinter notiert. Für die zugehörigen Maßzahlen wird die Zufallsvariable X eingeführt. X nimmt damit die Werte −3; −1; 1 und 3 an.

Damit erhält man in aufzählender Schreibweise: G = {WWZ; WZW; ZWW}. Mit der Zufallsvariablen X lautet das Ereignis X = 1.

b) V = {WZZ; ZWZ; ZZW; ZZZ}.

Beschreibung mithilfe der Zufallsvariablen: X ≦ −1. Aber auch X < 1 wäre eine mögliche Beschreibung.

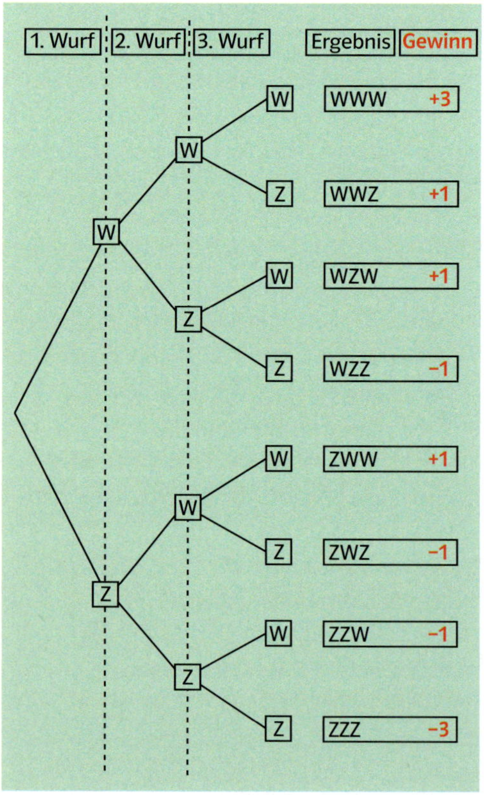

Fig. 2

Aufgaben

2 Eine Urne enthält 10 Kugeln mit den Zahlen 0 bis 9. Eine Kugel wird gezogen.
a) Geben Sie die folgenden Ereignisse in aufzählender Schreibweise an:
A: Primzahl B: Zahl teilbar durch 5 C: Ungerade Zahl
D: Zahl größer als 8 E: Zahl kleiner als 4 F: Quadratzahl.
b) Beschreiben Sie die Gegenereignisse aus a) in Worten und geben Sie sie in aufzählender Schreibweise an.

3 Ein Würfel wird zweimal geworfen; jedesmal wird die Augenzahl (AZ) notiert.
a) Welches Ereignis wird beschrieben durch:
A: Zwei gleiche AZ B: Beide AZ größer als 4 C: Beide AZ gerade
D: Augensumme 8 E: Augensumme kleiner als 5 F: Augenprodukt kleiner als 10?
b) Welche der Ereignisse aus a) sind eingetreten, wenn beide Würfe eine Sechs zeigen?

4 Die drei Triebwerke I, II und III eines Flugzeugs werden getestet, ob sie fehlerfrei arbeiten (1) oder nicht (0).
a) Geben Sie die Ergebnismenge mit Tripeln an.
b) Geben Sie die Ereignisse in aufzählender Schreibweise an:
A: Genau ein Triebwerk ist schadhaft.
B: Höchstens ein Triebwerk ist schadhaft.
C: Mindestens ein Triebwerk ist schadhaft.
c) Führen Sie eine geeignete Zufallsvariable X ein und beschreiben Sie die Ereignisse A, B und C aus Aufgabenteil b) damit.

Ein **Tripel** ist eine Zusammenstellung von drei Werten, wobei es auf die Reihenfolge ankommt.So sind (0; 0; 1) und (1; 0; 0) zwei verschiedene Tripel.

5 a) Das abgebildete Glücksrad (Fig. 1) wird einmal gedreht. X ist Zufallsvariable für die ermittelte Zahl. Notieren Sie das Ereignis X = 4 in Worten und in aufzählender Schreibweise.
b) Das Glücksrad wird zweimal gedreht. Y ist Zufallsvariable für die Summe der beiden ermittelten Zahlen. Stellen Sie für Y eine Tabelle auf.
c) Welches Ereignis (in aufzählender Schreibweise) wird durch Y = 8 bzw. durch Y = 10 beschrieben?

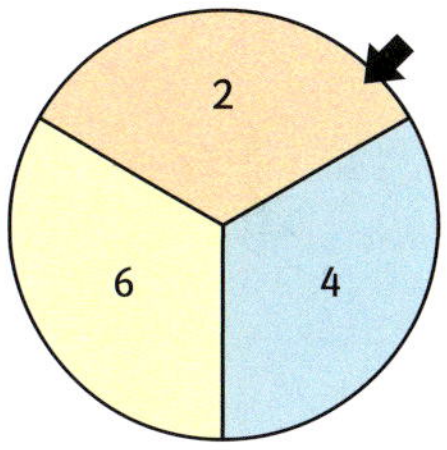

Fig. 1

6 Auf drei verdeckten Kärtchen ist jeweils einer der Buchstaben A, U, S notiert. Die Kärtchen werden nacheinander aufgedeckt. Der Gewinn beträgt 2 €, falls A als erster, und 1 €, falls A als zweiter Buchstabe erscheint. Erscheint A als letzter Buchstabe, müssen 3 € bezahlt werden. Die Zufallsvariable X gibt den Gewinn in € an.
Stellen Sie für X eine Tabelle auf.
Welches Ereignis wird durch X = 2 (X = 1; X = −3) beschrieben?

7 Beim Biathlon müssen die Sportler wiederholt auf fünf Scheiben schießen. Für ein Schießen notiert man 1 für Treffer, 0 für Fehlschuss, also z. B. 11101 (4. Schuss war Fehlschuss).
a) Wie viele Elemente hat die Ergebnismenge?
b) Die Zufallsvariable X sei die Anzahl der Treffer. Geben Sie die Ereignisse A, B, C und D in aufzählender Form an:
A: X = 0 B: X = 1 C: X = 4 D: X = 3.
c) Schreiben Sie mit X die Ereignisse:
F: „mindestens 4 Treffer“; G: „höchstens ein Fehlschuss“

3 Relative Häufigkeiten und ihre Darstellung

1 Im Jahre 2005 kamen bei Verkehrsunfällen ums Leben:

Radfahrer	Motorradfahrer	Pkw-Fahrer	Güterfahrzeuglenker	Businsassen	Fußgänger
575	982	2833	213	9	686

a) Werten Sie diese Angaben des statistischen Bundesamtes aus.
b) Stellen Sie die Angaben grafisch dar, um einen besseren Überblick zu erhalten.
c) Welche Schlüsse können Sie aus der Auswertung ziehen?

Die Aufzählung oder Angabe von Ergebnissen oder Ereignissen sagt noch wenig über ein Zufallsexperiment aus. Es fehlt eine Bewertung des Ereignisses, nämlich ob es häufig auftritt oder nur eine seltene Erscheinung ist. Dabei kann man an das Wetter denken: Das Ereignis „Hagel" tritt nicht häufig auf, das Ereignis „Sonnenschein" erheblich öfter. Um „Häufigkeiten" von Ereignissen geht es im Folgenden.

In einer Tempo-30-Zone wurden während einer Polizeikontrolle alle Pkw auf ihre Geschwindigkeit hin überprüft. Die Anzahl 83 in der Tabelle nennt man **absolute Häufigkeit** des Ergebnisses „bis 25 km/h". Dann ist die absolute Häufigkeit für „über 25 bis 30 km/h" 290, usw.

km/h	Anzahl
bis 25	83
über 25 bis 30	290
über 30 bis 35	25
über 35 bis 40	17
über 40 bis 45	12
über 45	5

Aus der Tabelle kann man auch die Gesamtzahl der kontrollierten PkW ermitteln: Sie ist gleich der Summe:
$83 + 290 + 25 + 17 + 12 + 5 = 432$.

Fasst man die Kontrolle als Zufallsexperiment auf, so sind die Ergebnisse:
e_1: „bis 25"
e_2: „über 25 bis 30"
e_3: „über 30 bis 35"
e_4: „über 35 bis 40"
e_5: „über 40 bis 45"
e_6: „über 45"

Einen besseren Überblick erhält man durch Bildung des Verhältnisses $\frac{\text{Häufigkeit von „bis 25 km/h"}}{\text{Anzahl aller kontrollierten Pkw}}$.
Man bildet die **relative Häufigkeit** des Ergebnisses e_1: „bis 25": $h(e_1) = \frac{83}{432} \approx 0{,}1921 = 19{,}21\,\%$. Entsprechend erfolgt die Berechnung von e_2 bis e_6. Es ergibt sich folgende Tabelle:

Ergebnis	bis 25	25 bis 30	30 bis 35	35 bis 40	40 bis 45	über 45
rel. H.	$\frac{83}{432} \approx 19{,}21\,\%$	$\frac{290}{432} \approx 67{,}13\,\%$	$\frac{25}{432} \approx 5{,}79\,\%$	$\frac{17}{432} \approx 3{,}94\,\%$	$\frac{12}{432} \approx 2{,}78\,\%$	$\frac{5}{432} \approx 1{,}16\,\%$

Man spricht von einer **Häufigkeitsverteilung**. Die Summe der relativen Häufigkeiten aller Ergebnisse ist 1: $\frac{83}{432} + \frac{290}{432} + \frac{25}{432} + \frac{17}{432} + \frac{12}{432} + \frac{5}{432} = \frac{83 + 290 + 25 + 17 + 12 + 5}{432} = \frac{432}{432} = 1$.

Um Häufgkeiten besser einschätzen und überblicken zu können, werden sie vielfach in Grafiken umgesetzt. Die am häufigsten auftretenden Grafiken sind das Säulendiagramm (Fig. 1) und das Kreisdiagramm (Fig. 2):

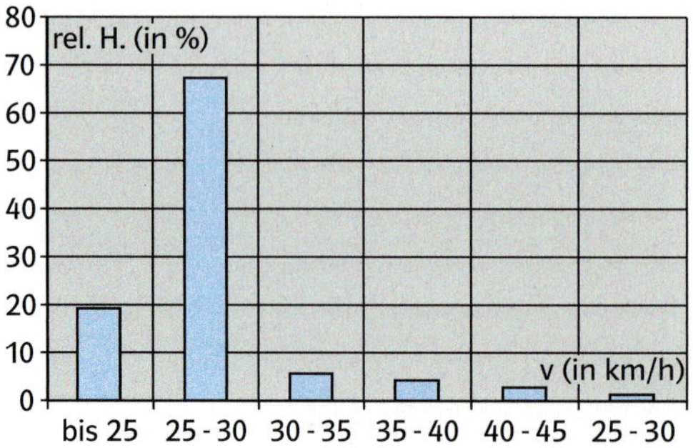

Fig. 1

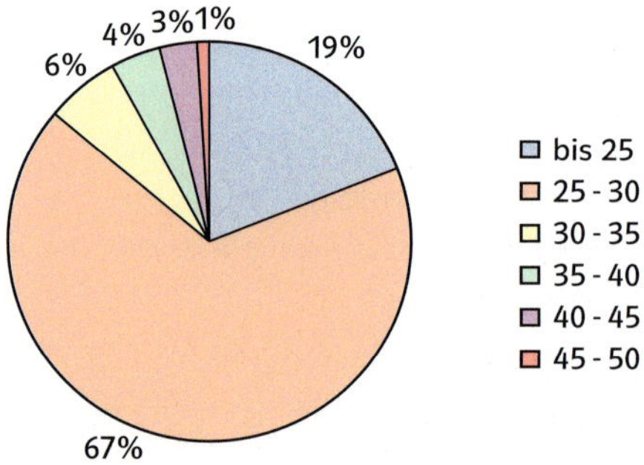

Fig. 2

Bei einem Kreisdiagramm entsprechen die Flächeninhalte der Kreissektoren den jeweiligen Häufgkeiten. Ein Kreisdiagramm wird zur Darstellung von relativen Häufigkeiten bevorzugt verwendet.

Betrachtet man ein Ereignis: A = „über 35", so ist A = $\{e_4; e_5; e_6\}$ und es gilt für die relative Häufigkeit von A: $h(A) = h(e_1) + h(e_2) + h(e_3) = \frac{17}{432} + \frac{12}{432} + \frac{5}{432} = \frac{34}{432} \approx 7{,}87\,\%$.

Ein Zufallsexperiment mit der Ergebnismenge $S = \{e_1; e_2; \dots; e_m\}$ werde n-mal durchgeführt. Ist dabei das Ergebnis e_1 H_1-mal eingetreten, so nennt man H_1 die **absolute Häufigkeit**, $\frac{H_1}{n}$ die **relative Häufigkeit** von e_1. Man schreibt $h(e_1) = \frac{H_1}{n}$.

Es gilt:
(1) $0 \leqq h(e_i) \leqq 1$ für i = 1; 2; …; m
(2) $h(S) = h(e_1) + h(e_2) + \dots + h(e_m) = 1$
(3) $h(A) = \sum_{e \in A} h(e)$
d.h., die relative Häufigkeit eines Ereignisses A erhält man durch Addition der relativen Häufigkeiten der Ergebnisse, aus denen sich A zusammensetzt.

Kennt man die relativen Häufigkeiten aller Ergebnisse, so spricht man von einer **Häufgkeitsverteilung** des Zufallsexperiments.

Die Anzahl n der Wiederholungen des Zufallsexperiments wird **Stichprobenumfang** genannt.

Ist also beim Werfen mit einem Würfel $h(1) = 0{,}2$ und $h(2) = 0{,}25$, so ist die Häufigkeit des Ereignisses A: „1 oder 2":
$h(A) = \sum_{e \in A} h(e)$
$= h(1) + h(2)$
$= 0{,}2 + 0{,}25 = 0{,}45$

Beispiel 1 relative Häufigkeiten berechnen

Eine Umfrage im Dezember 2006 zu der Frage „Was bewegt Ihrer Meinung nach die meisten Raucher zum Aufhören?" ergab folgendes Ergebnis:

Höhere Tabakpreise (T)	Gesetzliches Rauchverbot (R)	Förderung von Nichtraucherkursen (N)	Totales Werbeverbot (W)
647	374	174	50

Um nicht so viel schreiben zu müssen, sind Abkürzungen sehr sinnvoll, insbesondere bei der Beschriftung der Grafiken.

a) Berechnen Sie die relativen Häufigkeiten zu den einzelnen Antworten.
b) Erstellen Sie ein Kreisdiagramm der Häufigkeitsverteilung.
c) Wie groß ist die relative Häufigkeit für A: „Ein Verbot führt zum Aufhören?"

Lösung:

a) Es wurden 647 + 374 + 174 + 50 = 1245 Personen befragt.

Tabelle der relativen Häufigkeiten:

T	R	N	W
$\frac{647}{1245} = 0{,}5197 \approx 52\,\%$	$\frac{374}{1245} = 0{,}3004 \approx 30\,\%$	$\frac{174}{1245} = 0{,}1398 \approx 14\,\%$	$\frac{50}{1245} = 0{,}0402 \approx 4\,\%$

b) Zur Erstellung eines Kreisdiagramms benötigt man die Gradzahlen der Sektoren:
Da der relativen Häufigkeit 1 die Gradzahl 360° zugeordnet ist und die Zuordnung proportional ist, gilt: $\frac{\text{Gradzahl } \alpha \text{ des Sektors}}{360°}$ = relative Häufigkeit in %.

Damit erhält man die Gradzahl für T: $\frac{\alpha_1}{360°} = \frac{52}{100}$; also $\alpha_1 = \frac{52}{100} \cdot 360° = 187{,}2°$;

Gradzahl für R: $\frac{\alpha_2}{360°} = \frac{30}{100}$; $\alpha_2 = 108°$;

Gradzahl für N: $\frac{\alpha_3}{360°} = \frac{14}{100}$; $\alpha_3 = 50{,}4°$;

Gradzahl für W: $\frac{\alpha_4}{360°} = \frac{4}{100}$; $\alpha_4 = 14{,}4°$.

Fig. 1 zeigt das zugehörige Kreisdiagramm.

c) h(A) = h(„Rauchverbot") + h(„Werbeverbot")
$= \frac{374}{1245} + \frac{50}{1245} \approx 30\,\% + 4\,\% = 34\,\%$.

34 % meinen somit, dass man durch ein „Verbot" zum Nichtraucher wird.

Für die Gradzahl gilt:
$\frac{\text{Gradzahl}}{360°}$ = Prozentangabe

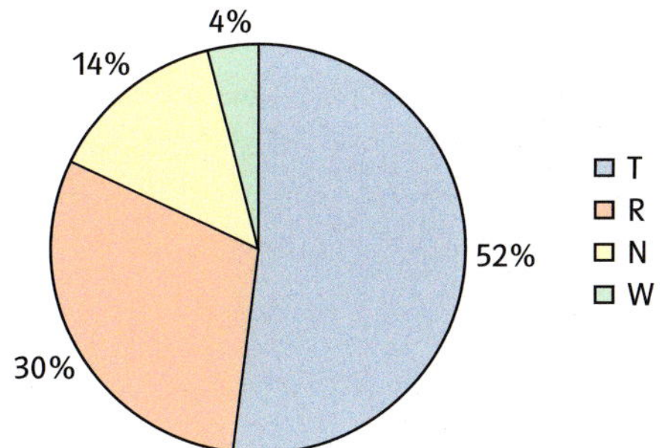

Fig. 1

Alternative Stromerzeugung:

Sonne

Wind

Biomasse

Wasser

Beispiel 2 Diagramme mit dem GTR

Die Tabelle zeigt den Stromverbrauch eines Drei-Personen-Musterhaushalts im Monat in €.

Jahr	2000	2001	2002	2003	2004	2005
Stromrechnung	40,66	41,76	46,99	50,14	52,38	54,43
Stromerzeugung, Vertrieb	25,15	25,05	28,29	29,9	31,52	32,9

a) Erstellen Sie mit dem GTR ein Säulendiagramm (Histogramm) für die Stromrechnung.

b) Stellen Sie in einem Liniendiagramm die Preise für Stromrechnung und Stromerzeugung gegenüber.

c) Hat sich die Stromerzeugung im gleichen Umfang wie die Stromrechnung von 2000 bis 2005 verteuert?

Lösung:

a) Im [STAT]-Menü werden mit EDIT die Daten als Listen eingegeben (Fig. 1). Hierzu bringt man den Cursor auf ein Listenelement und gibt den gewünschten Wert ein (Fig. 2).

Im [WINDOW]-Fenster werden die Bereiche für x und y sowie die Eigenschaften der Darstellung (Anzahl der angezeigten Teilstriche) eingestellt (Fig. 3).

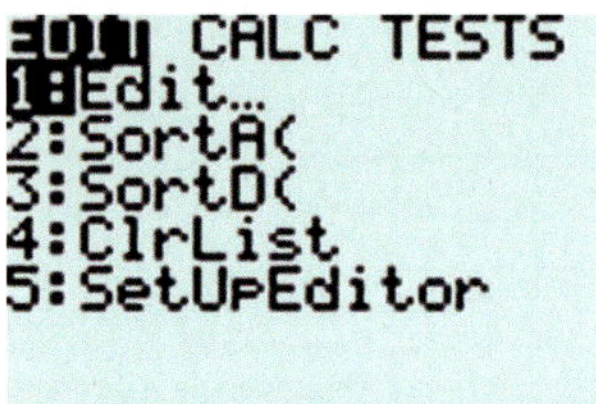

Fig. 1

Fig. 2

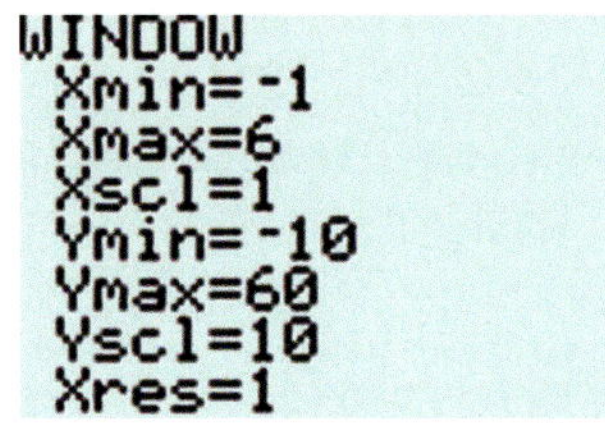

Fig. 3

Zur Herstellung der Diagramme sollten zunächst eingetragene Funktionen im [Y=]-Menü gelöscht werden. Dann wählt man das [STAT PLOT]-Menü und wechselt mit [ENTER] zum Einstellen der gewünschten Darstellungsart (Fig. 4).

Unter TYPE wählt man für ein Säulendiagramm das entsprechende Symbol, lässt XLIST:L1 stehen und gibt bei FREQ:L2 ein. Nach geeigneter Wahl des Fensters erhält man das Säulendiagramm (Fig. 5).

b) Man aktiviert das 2. Symbol (Liniendiagramm) (Fig. 6). Unter MARK wird die Markierung der Einzelpunkte festgelegt. Sodann wählt man das [STAT PLOT]-Menü nochmals, geht auf PLOT2 (Fig. 7), wählt dann für YLIST:L3 und eine andere Markierung. Nach Drücken der [ENTER]-Taste erhält man die Darstellung beider Liniendiagramme (Fig. 9).

Fig. 4

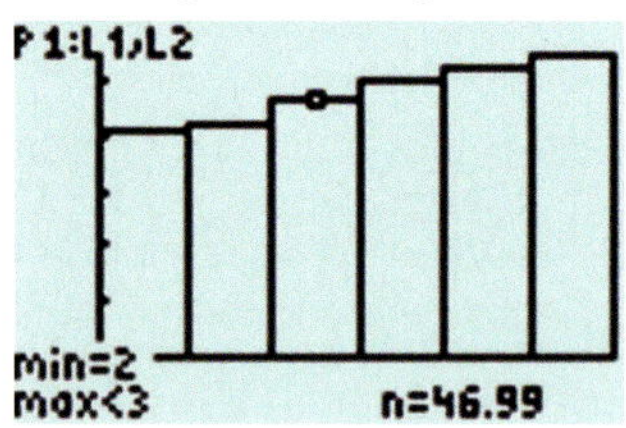

Fig. 5

Fig. 6

Fig. 7

Fig. 8

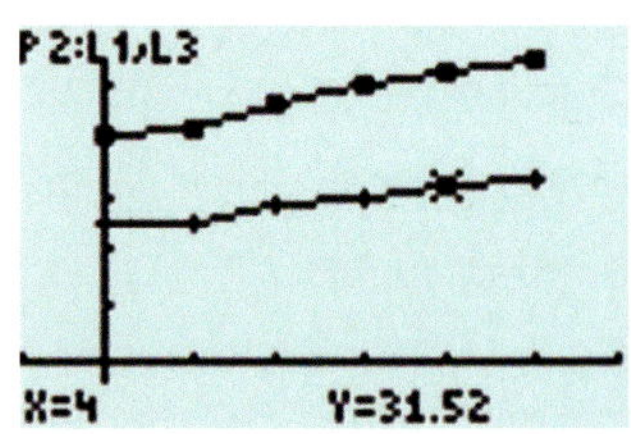

Fig. 9

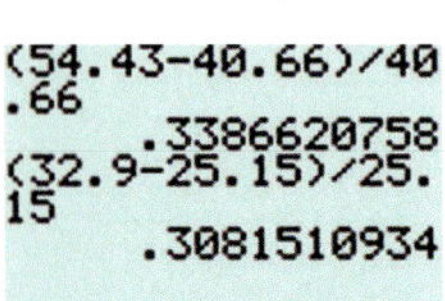

c) Erhöhung der Stromrechnung: $\frac{54{,}43 - 40{,}66}{40{,}66} \approx 34\,\%$ und der Stromerzeugung: $\frac{32{,}9 - 25{,}15}{25{,}15} \approx 31\,\%$.

Damit haben sich die Strompreise stärker nach oben entwickelt als die Stromerzeugung.

Aufgaben

2 Geben Sie die relative Häufigkeit als Bruch, als Dezimalzahl und in Prozent an.
a) 24 von 100 b) 12 von 48 c) 60 von 200 d) 456 von 10 000 e) 3 von 1000

3 Die wiederholte Durchführung des Zufallsexperimentes Würfeln mit einem Tetraeder erbrachte die Zahlen: 1, 4, 3, 2, 1, 4, 3, 2, 1, 2, 1, 4, 4, 1, 1, 3, 4, 1, 3, 3, 4, 3, 4, 4, 2.
a) Bestimmen Sie die Häufigkeitsverteilung der Ergebnisse.
b) Berechnen Sie die relative Häufigkeit für die Ereignisse A: „Die Zahl ist gerade" und B: „Die Zahl ist größer als 2".

Es gibt also 4 Merkmale, nämlich 1, 2, 3 und 4.

4 Eine Klausur mit vierzig Teilnehmern brachte folgendes Ergebnis:
Zwei Teilnehmer hatten Note 1, acht Teilnehmer Note 2, fünfzehn Teilnehmer Note 3, zehn Teilnehmer Note 4, zwei Teilnehmer Note 5, drei Teilnehmer Note 6. Bestimmen Sie die Häufigkeitsverteilung und zeichnen Sie dazu ein Kreisdiagramm.

5 Unter den nach Arbeitern, Angestellten, Beamten und Selbstständigen gegliederten Berufstätigen einer Stadtbevölkerung verhalten sich die Anteile bei der angegebenen Reihenfolge wie 7:4:2:4.
a) Geben Sie die relative Häufigkeit jeder Berufsgruppe an.
b) Wie groß ist die relative Häufigkeit für das Ereignis „nicht selbstständig sein".

6 Jeder 15. Angestellte einer Firma kommt zu Fuß; 7 von 10 mit dem PKW; 8 von 100 mit dem Fahrrad; die übrigen benutzen öffentliche Verkehrsmittel. Geben Sie die relative Häufigsverteilung für die Verkehrsmittel auf dem Wege zum Arbeitsplatz in Prozent an.

7 a) Wie viel Bundesbürger unter den 1800 Befragten hatten im Februar 2007 wenig Vertrauen in den EURO?
b) Wie viele waren es noch im Juli 2005?

Umfrage: Mehrheit der Deutschen hat wenig Vertrauen in den Euro

Mo., 5. März 2007
Im Februar waren es 57 Prozent, wie es am Montag in einer Umfrage des Institutes für Demoskopie Allensbach unter mehr als 1800 Bundesbürgern hieß. Im Juli 2005 seien es allerdings noch 65 Prozent gewesen. „Gewiss wird der Euro über kurz oder lang bei den Deutschen ankommen", schrieben die Forscher.

8 Eine Fernmeldestelle untersucht die Gesprächsdauer bei Ferngesprächen. Sie ermittelt dazu bei 270 Gesprächen die Gesprächsdauer (in Gebühreneinheiten).

Dauer des Gesprächs	1	2	3	4	5	6	7	8	9	10	über 10
Anzahl der Gespräche	4	9	16	28	40	36	42	30	26	18	21

Wie groß ist die relative Häufigkeit für eine Gesprächsdauer X mit:
a) $X < 3$ b) $X < 5$ c) $X \leqq 9$ d) $4 < X < 10$ e) $X > 5$?

9 Ein Zufallsexperiment hat die Ergebnismenge $S = \{e_1; e_2; e_3\}$. Bei 100 Durchführungen trat 18-mal das Ergebnis e_1 und 48-mal das Ergebnis e_2 ein. Geben Sie alle Ereignisse an und bestimmen Sie für jedes Ereignis die relative Häufigkeit.

k_i	H_i
über 55 bis 60	52
über 60 bis 62	35
über 62 bis 64	42
über 64 bis 66	65
über 66 bis 68	57
über 68 bis 70	18
über 70 bis 80	26

10 Bei einem Saatversuch mit Weizen wurde die Höhe (in cm) der einzelnen Pflanzen gemessen. Die Tabelle zeigt das Ergebnis.
a) Stellen Sie die Häufigkeitsverteilung durch ein Histogramm dar.
b) Erstellen Sie ein Liniendiagramm mit dem GTR.

4 Das Gesetz der großen Zahlen

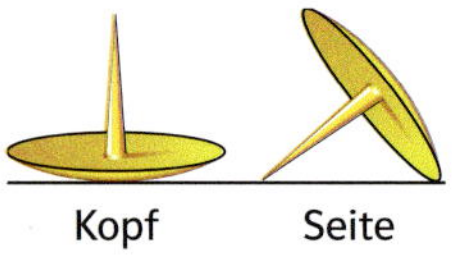

Vorschlag:
Dieses Zufallsexperiment könnten Sie auch in der Klasse machen und Ihre Ergebnisse aufaddieren!

Anz. der Würfe	Abs. Häufigkeit von „Kopf“ in		
	Serie 1	Serie 2	Serie 3
50	22	18	21
100	46	43	35
150	63	57	62
200	76	79	81
250	94	103	99
300	118	122	119
350	142	140	139
400	165	161	158
450	178	181	175
500	198	201	199

Fig. 1

1 Um bei einem Reißnagel etwas über die Chancen für das Auftreten der Lagen „Kopf“ oder „Seite“ zu erfahren, wird ein Reißnagel (oder mehrere Reißnägel) wiederholt geworfen. Man zählt, wie oft die einzelnen Lagen auftreten. Die Tabelle enthält für drei Serien die absoluten Häufigkeiten der Lage „Kopf“ nach 50, 100, 150, … , 500 Würfen.

a) Berechnen Sie die relativen Häufigkeiten für „Kopf“ für jede Serie.

b) Wie groß halten Sie die Chance für „Kopf“?

Beim Werfen eines normalen Spielwürfels liegt die Chance, eine bestimmte Augenzahl zu würfeln, z.B. eine 6, offensichtlich bei $\frac{1}{6}$ aufgrund der Symmetrie des Würfels. Bei anderen Zufallsexperimenten kann man dies nicht von vorneherein beurteilen. Deshalb wird untersucht, wie man Aussagen über Chancen erhalten kann.

Man würfelt mit einem normalen Würfel 10-, 50-, 100-, … 1000-mal und bestimmt jeweils die absolute Häufigkeit der Zahl 6. Man berechnet daraus die relative Häufigkeiten in Prozent für die Zahl 6. Die Tabelle zeigt für Serie 1 die zugehörigen absoluten und relativen Häufigkeiten in Prozent. In den unabhängigen Serien 2 und 3 sind nur noch die relativen Häufigkeiten notiert. Die relativen Häufigkeiten sind dann in einem Punktdiagramm abgetragen. Dieses Zufallsexperiment wurde auf einem Computer mit EXCEL simuliert.

Anzahl der Würfe	10	50	100	200	300	400	500	600	700	800	900	1000
Augenzahl 6	2	8	14	33	50	66	80	95	111	132	148	167
Serie 1	20,00	16,00	14,00	16,50	16,67	16,50	16,00	15,83	15,86	16,50	16,44	16,70
Serie 2	20,00	24,00	27,00	23,50	19,67	18,50	17,20	17,50	17,71	18,00	17,78	17,20
Serie 3	10,00	18,00	15,00	15,50	17,33	18,25	16,60	16,50	16,43	16,38	16,67	16,20

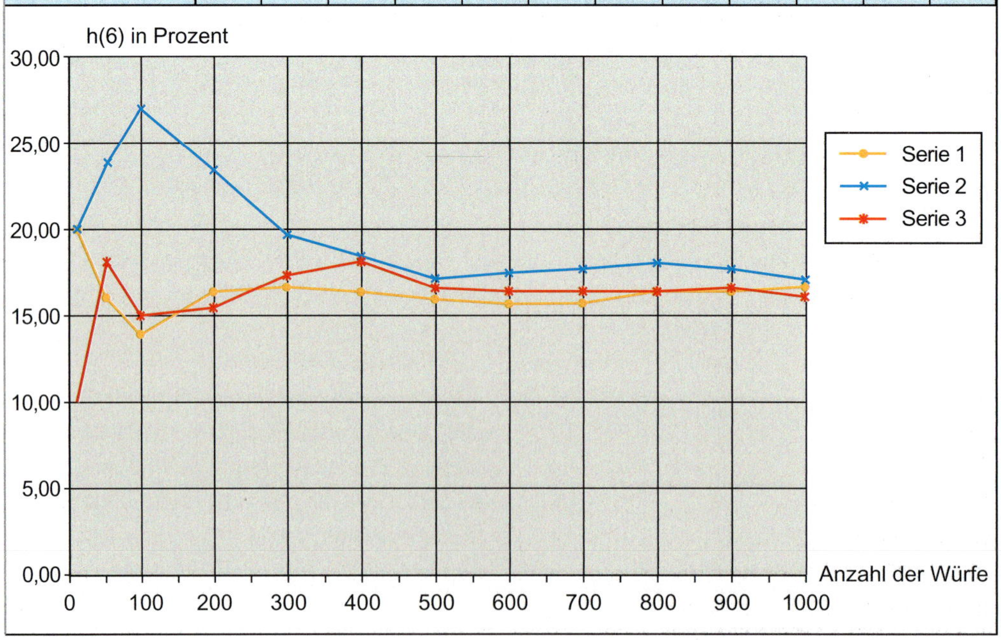

An der Veranschaulichung im Diagramm erkennt man: Die relativen Häufigkeiten scheinen mit zunehmender Zahl der Durchführungen immer weniger zu schwanken; sie scheinen sich auf einen – unbekannten – Wert einzupendeln.

Das Gesetz der großen Zahlen:
Wird ein Zufallsexperiment sehr oft durchgeführt, so ändern sich die relativen Häufigkeiten der einzelnen Ergebnisse nur noch wenig.

Aufgrund dieser empirischen Tatsache wird für das Würfeln einer „6“ die Chance 16,6% festgelegt, also $\frac{1}{6}$, was aus dem geometrischen Aufbau des Würfels schon geschlossen wurde. Dieser Richtwert hängt nicht mehr von den einzelnen Durchführungen ab.

Empirie (griech.): Erfahrung

Die empirische Tatsache, dass sich die relativen Häufigkeiten stabilisieren, ist die Grundlage jeder realistischen Voraussage. Dabei ist allerdings zu beachten, dass das Experiment unter gleichen Bedingungen wiederholt durchgeführt werden muss. Beim Werfen eines Würfels aus Knetmasse stabilisieren sich die relativen Häufigkeiten der Augenzahlen nicht.

Beispiel Zum Gesetz der großen Zahlen
Was bedeutet die Aufschrift an einer Losbude?

Jedes dritte Los gewinnt!

a) Wenn man drei Lose kauft, ist ein Gewinn dabei.
b) Die Chance für einen Gewinn beträgt $\frac{1}{3}$.
c) Bei 30 Losen ist bestimmt ein Gewinn dabei.
d) Ein Drittel aller Lose sind Gewinne.
e) Beim Kauf dreier Lose sind keine drei Gewinne möglich.

Lösung:
a) Falsch b) Richtig c) Falsch d) Richtig e) Falsch

Aufgaben

2 Bernd wirft fünfmal eine Münze und erhält viermal Wappen. Er behauptet daraufhin:
a) „Beim Münzwurf ist die Wahrscheinlichkeit für Wappen 0,8.“ Stimmt das?
b) Die Chance, dass „Wappen“ fällt, ist größer, als die für „Zahl“.
c) Bei tausend Würfen erwarte ich ca. 500-mal „Wappen“.

3 Ermitteln Sie beim Text dieser Seite – Ziffern überlesen – die relativen Häufigkeiten für die Buchstaben e und t und geben Sie damit eine Schätzung für die Wahrscheinlichkeit ihres Auftretens in einem deutschen Text an.
Zum Vergleich: Das Institut für Deutsche Sprache in Mannheim ermittelte aus 26 Texten mit 12 260 232 Buchstaben h(e) = 16,60%, h(t) = 6,02%.

Die häufigsten Anfangsbuchstaben in deutschen Texten:

Anfangsbuchstaben		
Platz	Buchs.	rel. H.
1	D	14,2%
2	S	10,8%
3	E	7,8%
4	I	7,1%
5	W	6,8%

4 Die Anfangsbuchstaben der Wörter in deutschen Texten weisen die in den beiden Tabellen am Rand angegebenen relativen Häufigkeiten auf (nach der Internet-Enzyklopädie WIKIPEDIA). Zählen Sie die entsprechenden Buchstaben dieser Seite und vergleichen Sie.

5 Die Partei CSF behauptet, dass sich mindestens 35% der Wählerschaft für sie entscheiden wird. Es werden bei einer Umfrage 2120 Wahlberechtigte zufällig befragt. 850 davon entscheiden sich für CSF. Muss man die Behauptung als unrealistisch ablehnen, wenn die Abweichung höchstens 2% betragen soll?

5 Bestimmung von Wahrscheinlichkeiten

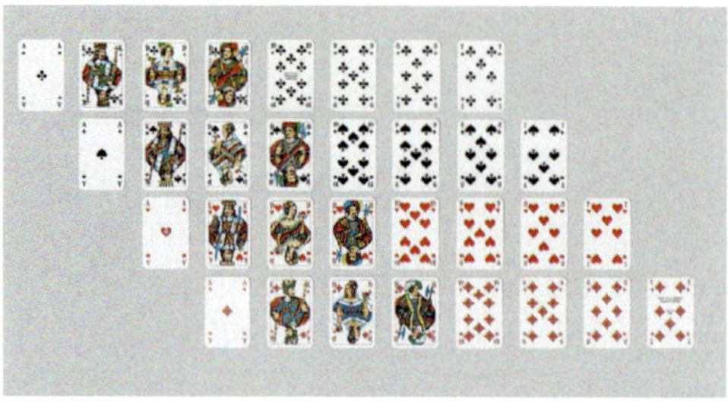

1 Aus einem Kartenspiel wird zufällig eine Karte gezogen.
Worauf würden Sie eher wetten:
- Die gezogene Karte ist eine Herz-Karte.
- Die gezogene Karte ist ein Bube oder eine Dame oder ein König.

Begründen Sie Ihre Antwort.
Welche Annahmen haben Sie gemacht?

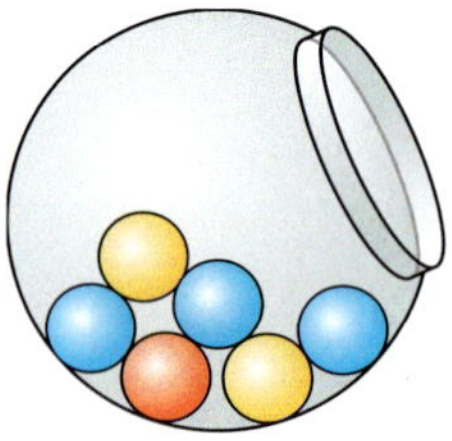

Aufgrund des Gesetzes der großen Zahlen kann jedem Ergebnis eines Zufallsexperimentes eine Zahl, Wahrscheinlichkeit des Ergebnisses genannt, zugeordnet werden, die sich an der relativen Häufigkeit für eine große Anzahl von Wiederholungen orientiert oder sich aus der Art des Zufallsexperimentes ergibt.
So wird man sich zum Beispiel bei Wahlvorhersagen an der relativen Häufigkeit einer großen Anzahl befragter Wähler orientieren, hingegen bei einer Urne wie in Fig. 1 an der Anzahl der verschieden gefärbten Kugeln, ohne das Gesetz der großen Zahlen heranzuziehen.

Bei relativen Häufigkeiten von Ergebnissen gelten ebenfalls (1), (2) und (3).

Ist jedem Ergebnis eines Zufallsexperimentes mit $S = \{e_1; e_2; \dots; e_n\}$ eine Zahl $P(e_i)$ so zugeordnet, dass

(1) $0 \leqq P(e_i) \leqq 1$, für alle i,

(2) $P(e_1) + P(e_2) + \dots + P(e_n) = 1$,

(3) $h(A) = \sum_{e \in A} P(e)$

d.h., die Wahrscheinlichkeit von A erhält man durch Addition der Wahrscheinlichkeiten aller Ergebnisse, aus denen sich A zusammensetzt,

dann nennt man diese Zahlen **Wahrscheinlichkeiten** der Ergebnisse $e_1, e_2, \dots, e_n$.

Die Zuordnung $e_i \mapsto P(e_i)$ heißt **Wahrscheinlichkeitsverteilung** oder **Wahrscheinlichkeitsfunktion**.
So gilt beim Würfeln mit einem Spielwürfel: $1 \mapsto \frac{1}{6}$; $2 \mapsto \frac{1}{6}$; $3 \mapsto \frac{1}{6}$; $4 \mapsto \frac{1}{6}$; $5 \mapsto \frac{1}{6}$; $6 \mapsto \frac{1}{6}$. Die Zuordnung P wird meist in Tabellenform geschrieben:

Ergebnis (Augenzahl) e_i	1	2	3	4	5	6
Wahrscheinlichkeit $P(e_i)$	$\frac{1}{6}$	$\frac{1}{6}$	$\frac{1}{6}$	$\frac{1}{6}$	$\frac{1}{6}$	$\frac{1}{6}$

Für das Ereignis A = „Augenzahl mindestens 5“ ist damit die zugehörige Wahrscheinlichkeit
$P(A) = P(\{5; 6\}) = P(5) + P(6) = \frac{1}{6} + \frac{1}{6} = \frac{1}{3} \approx 33{,}3\,\%$.

Für das unmögliche Ereignis gilt: $P(\{\,\}) = 0$, für das sichere Ereignis $P(S) = 1$.
Für die Wahrscheinlichkeit des Gegenereignisses $\overline{A}$ eines Ereignis A gilt: $\mathbf{P(\overline{A}) = 1 - P(A)}$. Das Gegenereignis zu A: „Augenzahl mindestens 5“, $A = \{5; 6\}$, ist das Ereignis $\overline{A}$ = „Augenzahl höchstens 4“. Es gilt $\overline{A} = \{1; 2; 3; 4\}$ und $P(\overline{A}) = \frac{4}{6} = \frac{2}{3} \approx 66{,}6\,\%$, also $P(\overline{A}) = 1 - P(A)$.

Besonders einfach wird die Berechnung von Wahrscheinlichkeiten, wenn alle Ergebnisse des Zufallsexperiments die gleiche Wahrscheinlichkeit haben (Münzwurf oder Würfeln). Sind wie beim Würfel 6 Ergebnisse möglich und alle gleichwahrscheinlich, so ist die Wahrscheinlichkeit für ein Ergebnis $\frac{1}{6}$. Beim Werfen mit einer Münze ist die Wahrscheinlichkeit je Ergebnis entsprechend $\frac{1}{2}$.
Bei n möglichen Ergebnissen ergibt sich dann die Wahrscheinlichkeit $\frac{1}{n}$ je Ergebnis. Man nennt solche Spielwürfel oder Münzen **ideal**.

Man spricht in solchen Fällen von einer **Gleichverteilung**. Das zugehörige Experiment heißt **LAPLACE-Experiment**.

P. S. LAPLACE (1749–1827), franz. Mathematiker und. Astronom. Er war 1799 für sechs Wochen Innenminister unter Napoleon.

Haben alle Ergebnisse eines Zufallsexperimentes die gleiche Wahrscheinlichkeit, so gilt für die Wahrscheinlichkeit P(A) eines Ereignisses A:

$$P(A) = \frac{\text{Anzahl der Ergebnisse, bei denen A eintritt}}{\text{Anzahl aller möglichen Ergebnisse}}.$$

Beispiel 1 Schätzen von Wahrscheinlichkeiten

Bei einer Umfrage zur Bürgermeisterwahl einer Großstadt werden Wahlberechtigte befragt. 28 entscheiden sich für Kandidat A, 157 für Kandidat B, 206 für Kandidat C und 96 für Kandidat D. Sie fragen auf der Straße einen zufälligen Passanten nach seinem Wahlverhalten. Wie groß ist die Wahrscheinlichkeit, dass er für B oder C als Bürgermeister ist.

Lösung:

Gesamtzahl der Befragten: 28 + 157 + 206 + 96 = 487

Kandidat	A	B	C	D
relative Häufigkeit	$\frac{28}{487} \approx 5{,}7\,\%$	$\frac{157}{487} \approx 32{,}2\,\%$	$\frac{206}{487} \approx 42{,}3\,\%$	$\frac{96}{487} \approx 19{,}7\,\%$
Wahrscheinlichkeit	0,06	0,32	0,42	0,20

Bei der Wahrscheinlichkeit ist eine Kontrolle nötig, ob auch die Summe aller Wahrscheinlichkeiten 1 ergibt:
0,06 + 0,32 + 0,42 + 0,6 = 1

Damit gilt P(B oder C wird Bürgermeister) = 0,32 + 0,42 = 0,74.

Beispiel 2 Augensumme bei zwei Würfeln

Beim Werfen zweier idealer Würfel ist S eine mögliche Ergebnismenge (Fig. 1).

a) Berechnen Sie P(Augensumme = 7)

b) Berechnen Sie P(Augensumme $\neq$ 7)

Lösung:

a) Da keines der Ergebnisse eine größere Chance hat als ein anderes, liegt eine Gleichverteilung vor. Für das Ereignis „Augensumme = 7" treffen sechs Ergebnisse von 36 möglichen zu, also gilt: P(Augensumme = 7) = $\frac{6}{36} = \frac{1}{6}$.

b) P(Augensumme $\neq$ 7) = 1 − P(Augensumme = 7) = $1 - \frac{1}{6} = \frac{5}{6}$.

S = {						
	11	12	13	14	15	16
	21	22	23	24	25	26
	31	32	33	34	35	36
	41	42	43	44	45	46
	51	52	53	54	55	56
	61	62	63	64	65	66 }

Fig. 1

Aufgaben

2 Ein Zeuge soll unter drei Männern und fünf Frauen einen Dieb herausfinden. Er erinnert sich nur noch daran, dass es keine Frau war. Mit welcher Wahrscheinlichkeit rät er richtig?

3 Mit welcher Wahrscheinlichkeit ist beim Samstags-Lotto „6 aus 49" die erste gezogene Zahl gerade?

4 Eine Lostrommel enthält 400 Lose. Die Hälfte davon sind Nieten, 80 % des Restes ergeben Trostpreise, die übrigen Lose sind Gewinne. Mit welcher Wahrscheinlichkeit ist das erste gezogene Los

a) ein Gewinnlos b) ein Trostpreis c) eine Niete d) keine Niete?

5 Eine Urne enthält drei rote, zwei weiße und sieben schwarze Kugeln. Geben Sie die zugehörige Wahrscheinlichkeitsverteilung für die Ziehung einer Kugel in Tabellenform an.

6 Eine Urne enthält 11 Kugeln, welche die Zahlen 10 bis 20 tragen. Das Zufallsexperiment besteht im Ziehen einer Kugel und Feststellen ihrer Nummer. Geben Sie die Wahrscheinlichkeiten folgender Ereignisse an:

Quersumme von 247 ist $2 + 4 + 7 = 13$.

A: „Die Quersumme der Kugelnummer ist größer als 30".
B: „Die Quersumme der Kugelnummer ist größer als 6".
C: „Die Anzahl der Teiler der Kugelnummer beträgt mindestens 4".
D: „Die Kugelnummer ist eine Primzahl".
E: „Die Kugelnummer ist nicht gerade, aber durch 3 teilbar".

7 Von 775 Schülern eines Schule spielen 158 ein Blasinstrument. Wie groß ist die Wahrscheinlichkeit, dass ein durch blindes Ziehen aus einer Schülerkartei ermittelter Schüler dieser Schule kein Blasinstrument spielt?

8 Aus einem Skatspiel mit 32 Karten wird eine Karte gezogen. Mit welcher Wahrscheinlichkeit ist die gezogene Karte
a) ein As
b) eine Pik-Karte
c) das Pik-As
d) eine Pik-Karte, aber kein As
e) weder eine Pik-Karte noch ein As
f) eine Pik-Karte oder ein As
g) ein As, aber keine Pik-Karte?

9 In Ihrer Klasse wird eine Schülerin bzw. ein Schüler ausgelost. Bestimmen Sie die Wahrscheinlichkeit, dass der Geburtstag dieser Schülerin bzw. dieses Schülers
a) im März liegt
b) nicht im Winter liegt
c) auf den 30. März fällt
d) in diesem Jahr auf den Montag fällt.

10 Die drei Teilnehmer R, F, B an den Weltmeisterschaften im 100-m-Lauf gelten gleichermaßen als Favoriten. Mit welcher Wahrscheinlichkeit
a) siegt R
b) wird B dritter
c) wird F nicht Sieger
d) siegen weder R noch F
e) siegt B vor F
f) F wird Zweiter, B wird Dritter?

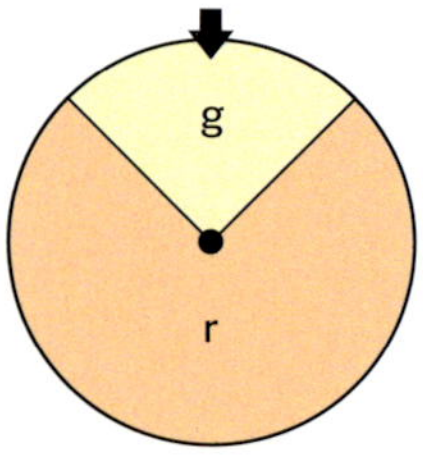

Fig. 1

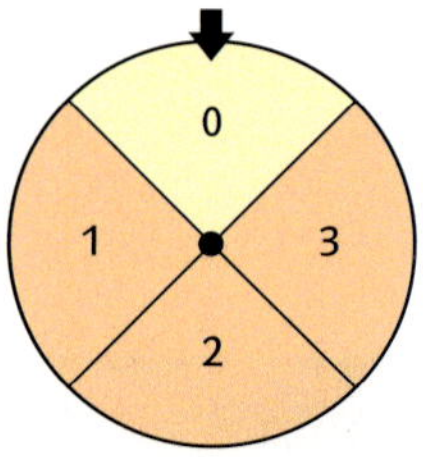

Fig. 2

11 Beim zweimaligen Drehen des Glücksrades von Fig. 1 ist die Ergebnismenge $S = \{gg; gr; rg; rr\}$.
Begründen Sie, dass die Ergebnisse nicht gleichwahrscheinlich sind. In diesem Falle lässt sich aber durch Teilung des roten Feldes (Fig. 2) erreichen, dass man gleichwahrscheinliche Ergebnisse erhält. Als Ergebnismenge legt man dabei die Menge $S = \{00; 01; 02; \ldots; 33\}$ mit 16 Ergebnissen zugrunde; 0 entspricht dabei g. Dann ist z. B. E: „zweimal rot",
$E = \{11; 12; 13; 21; 22; 23; 31; 32; 33\}$, also $P(E) = \frac{9}{16}$.
Bestimmen Sie ebenso die Wahrscheinlichkeit der Ereignisse
a) zweimal gelb
b) einmal rot, einmal gelb
c) weder rot noch gelb
d) mindestens einmal rot
e) höchstens einmal gelb
f) gelb oder rot

e	w	x	y	z
P(e)	$\frac{1}{3}$	$\frac{1}{4}$	$\frac{1}{5}$	

Fig. 3

12 a) Vervollständigen Sie die Tabelle der Wahrscheinlichkeitsverteilung von Fig. 3.
b) Bestimmen Sie die Wahrscheinlichkeit der Ereignisse A = „nicht z", B = „nicht y" und die Wahrscheinlichkeiten von $\overline{A}$ und $\overline{B}$.

6 Die Pfadregel

1 Sebastian und Sabine sind im Tanzsport erfolgreich. Ihre Trainingsgruppe besteht aus sechs Paaren. An einem Abend werden für zwei Tanzrunden die Partner ausgelost.
Wie groß ist die Wahrscheinlichkeit, dass Sebastian und Sabine aufgrund der Auslosung nur miteinander tanzen?

2 Bei einem Vereinsfest wird ein Glücksspiel angeboten. In einem Eimer befinden sich drei Kugeln mit den Buchstaben C, F, K. Wer die Kugeln ohne Zurücklegen in der Reihenfolge F C K zieht, erhält einen Preis.
Wie groß ist die Gewinnwahrscheinlichkeit?

Die Wahrscheinlichkeiten bei mehrstufigen Zufallsexperimenten kann man mit Hilfe von Baumdiagrammen einfach bestimmen. Dies wird an der folgenden Situation verdeutlicht.

Aus der Urne von Fig. 1 wird zweimal eine Kugel ohne Zurücklegen gezogen und nur die Farbe notiert. Dieses Experiment hat vier Ergebnisse.
Es ist S = {rr, rb, br, bb}.

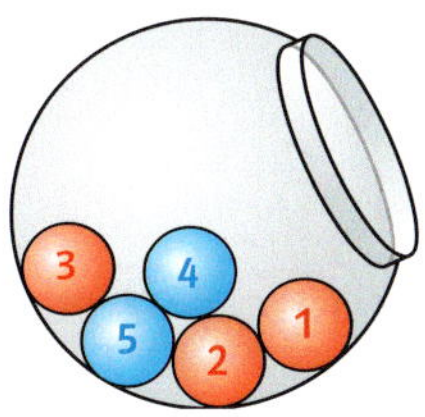

Fig. 1

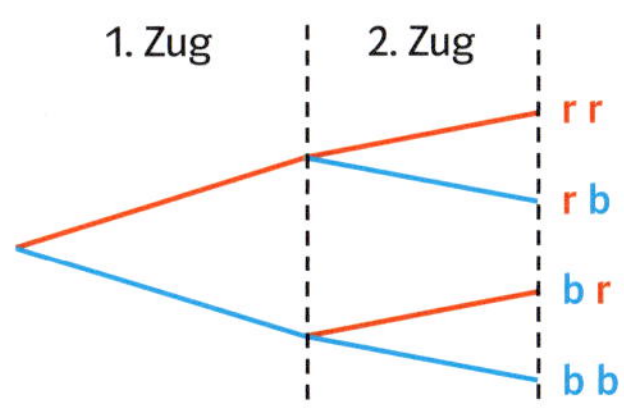

Fig. 2

Die Ergebnisse sind nicht gleichwahrscheinlich, da sich mehr rote als blaue Kugeln in der Urne befinden. Um ihre Wahrscheinlichkeiten zu bestimmen, werden die Kugeln zusätzlich nummeriert.
Auf diese Weise gelingt es, das Zufallsexperiment zu einem LAPLACE-Experiment zu machen, in dem alle Ergebnisse gleichwahrscheinlich sind.
Man sieht also vorläufig von der Farbe ab und berücksichtigt nur die Nummerierung der Kugeln. Man erhält jetzt $5 \cdot 4 = 20$ gleichwahrscheinliche Ergebnisse (Fig. 3). Davon führen $3 \cdot 2 = 6$ auf zwei rote Kugeln, also ist
$P(rr) = \frac{3 \cdot 2}{5 \cdot 4} = \frac{3}{5} \cdot \frac{2}{4}$.
In diesem Produkt ist $\frac{3}{5}$ die Wahrscheinlichkeit, beim ersten Zug eine rote Kugel zu ziehen, $\frac{2}{4}$ die Wahrscheinlichkeit, beim zweiten Zug nochmals eine rote Kugel zu ziehen.
Entsprechend erhält man die Wahrscheinlichkeiten für die anderen Ergebnisse:
$P(rb) = \frac{3 \cdot 2}{5 \cdot 4} = \frac{3}{5} \cdot \frac{2}{4}$,
$P(br) = \frac{3 \cdot 2}{5 \cdot 4} = \frac{2}{5} \cdot \frac{3}{4}$ und
$P(bb) = \frac{2 \cdot 1}{5 \cdot 4} = \frac{2}{5} \cdot \frac{1}{4}$.

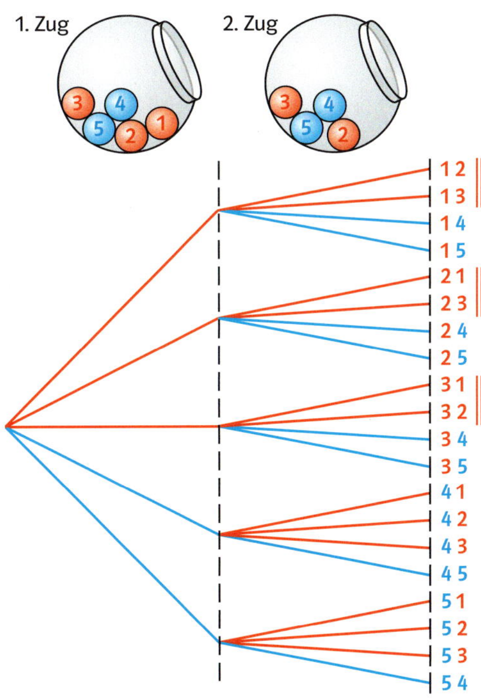

Fig. 3

Veranschaulichung zur Wahrscheinlichkeit P(br):

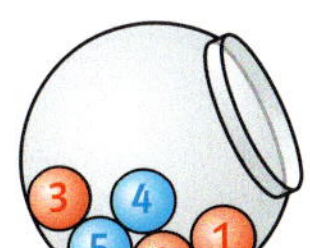

1. Zug blau; $P(b) = \frac{2}{5}$

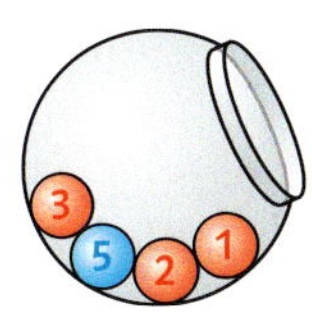

2. Zug rot: $P(r) = \frac{3}{4}$

Versieht man die Pfade des Baumdiagramms von Fig. 2 der Seite 225 mit den zugehörigen Wahrscheinlichkeiten, so können die Wahrscheinlichkeiten sämtlicher Ergebnisse am Pfadende durch Multiplikation aller Wahrscheinlichkeiten längs des Pfades berechnet werden. Dies lässt sich verallgemeinern.

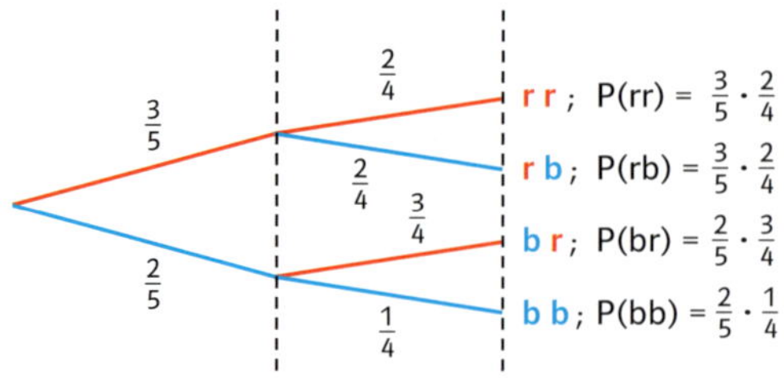

Pfadregel: In einem Baumdiagramm erhält man die Wahrscheinlichkeit eines Ergebnisses am Ende eines Pfades, indem man die Wahrscheinlichkeiten längs des Pfades **multipliziert**.

Beispiel 1 Würfeln

Wie groß ist die Wahrscheinlichkeit, beim zweimaligen Würfeln einen Pasch (zwei gleiche Zahlen) zu würfeln?

Lösung:

Man zeichnet einen vereinfachten Baum, indem beim 1. Zug jede Zahl mit der Wahrscheinlichkeit $\frac{1}{6}$, beim 2. Zug die gewünschte Zahl ebenfalls mit der Wahrscheinlichkeit $\frac{1}{6}$ auftritt. Dann gilt nach der Pfadregel:

$P(\text{Pasch}) = \frac{1}{6} \cdot \frac{1}{6} \cdot 6 = \frac{1}{6}$

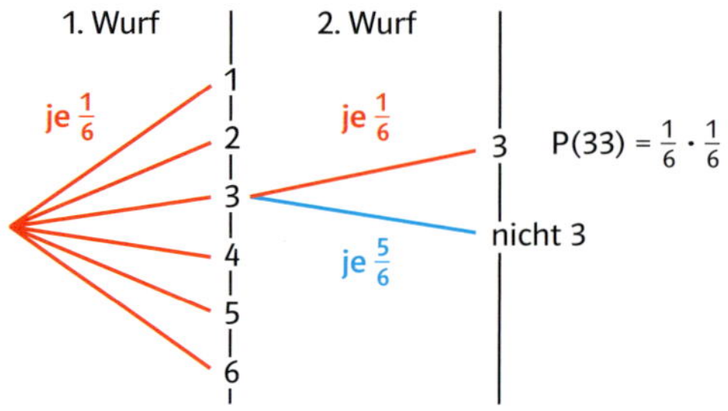

Beispiel 2 Anwendung beim Zoll

In einer Gruppe von 10 Autos sitzen in vier Autos Schmuggler. Am Grenzübergang winkt ein Zöllner drei Autos willkürlich heraus.

Wie groß ist die Wahrscheinlichkeit der Ereignisse A, B und C, wenn gilt:

a) A: „Drei Schmuggler werden erwischt".

b) B: „Kein Schmuggler wird herausgewinkt".

c) C: „Genau einen Schmuggler wird herausgeholt".

Lösung:

Dieses Zufallsexperiment kann simuliert werden durch das 3-malige Ziehen je einer Kugel aus einer Urne ohne Zurücklegen und ohne Berücksichtigung der Anordnung. In der Urne liegen 10 Kugeln, von denen vier rot (Schmuggler) und sechs weiß (keine Schmuggler) sind.

Man erstellt zuerst einen Baum mit den zugehörigen Ast-Wahrscheinlichkeiten (Fig.1).

Zusammen mit der Pfadregel erhält man die Wahrscheinlichkeiten.

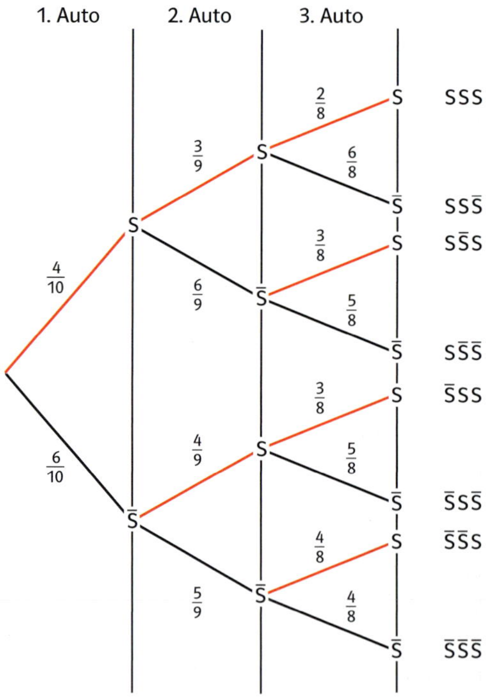

a) $P(A) = P(SSS) = \frac{4}{10} \cdot \frac{3}{9} \cdot \frac{2}{8} = \frac{1}{30} \approx 3{,}3\,\%$

b) $P(B) = P(\overline{SSS}) = \frac{6}{10} \cdot \frac{5}{9} \cdot \frac{4}{8} = \frac{1}{6} \approx 16{,}7\%$

c) Die für das Ereignis C ausschlaggebenden Pfade sind rot gezeichnet:

$P(C) = P(S\bar{S}\bar{S};\ \bar{S}S\bar{S};\ \bar{S}\bar{S}S) =$

$P(S\bar{S}\bar{S}) + P(\bar{S}S\bar{S}) + P(\bar{S}\bar{S}S) =$

$= \frac{4}{10} \cdot \frac{6}{9} \cdot \frac{5}{8} + \frac{6}{10} \cdot \frac{4}{9} \cdot \frac{5}{8} + \frac{6}{10} \cdot \frac{5}{9} \cdot \frac{4}{8} = \frac{1}{2} = 50\,\%.$

Statt P({SSS)} bzw. $P(\{S\bar{S}\bar{S};\ \bar{S}S\bar{S};\ \bar{S}\bar{S}S\})$ schreibt man kurz: P(SSS) bzw. $P(S\bar{S}\bar{S};\ \bar{S}S\bar{S};\ \bar{S}\bar{S}S)$

Beispiel 3 Aus der Medizin

Drei Patienten erhalten ein Medikament, das aufgrund von Ergebnissen aus mehreren Versuchsreihen mit 80 % Wahrscheinlichkeit eine bestimmte Krankheit heilt.

Bestimmen Sie die Wahrscheinlichkeiten der Ereignisse

E: „Alle Patienten werden geheilt",

F: „Genau zwei Patienten werden geheilt",

G: „Mindestens ein Patient wird geheilt".

Lösung:

Man zeichnet zunächst einen Baum (Fig. 1). Dazu ist die Wahrscheinlichkeit 0,2 für das Ergebnis „ohne Wirkung" rot gezeichnet, die Wahrscheinlichkeit 0,8 für das Ergebnis „wirkt" schwarz. Dadurch erspart man sich die Beschriftungen.

$P(E) = P(WWW) = 0{,}8^3 = 0{,}512 \approx 51{,}2\,\%$

Die zu B gehörigen Ergebnisse sind grün gekennzeichnet.

$P(F) = P(\overline{W}WW;\ W\overline{W}W;\ WW\overline{W}) =$

$= 0{,}2 \cdot 0{,}8^2 + 0{,}8 \cdot 0{,}2 \cdot 0{,}8 + 0{,}8^2 \cdot 0{,}2 =$

$= 3 \cdot 0{,}2 \cdot 0{,}8^2 = 0{,}384 = 38{,}4\,\%$

G ist das Gegenereignis zu „kein Patient wird geheilt".

Damit ist

$P(G) = 1 - P(\overline{G}) = 1 - 0{,}2^3 = 0{,}992 = 99{,}2\,\%.$

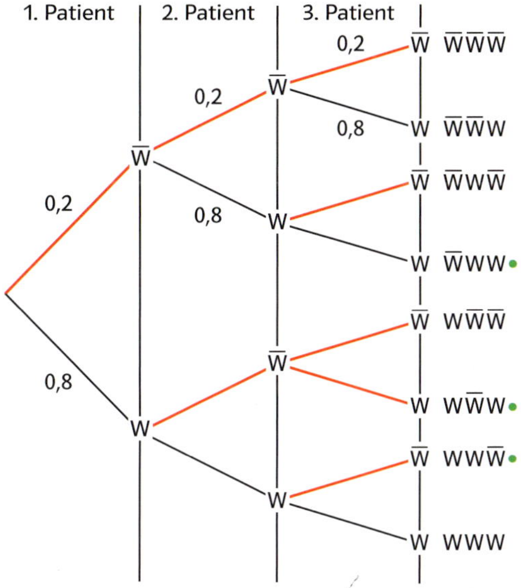

Fig. 1

PARACELSUS, eigentlich Theophrast Bombast von Hohenheim; Arzt, (1493 – 24. 9. 1541) gilt als Begründer der Lehre von den Arzneimitteln. Von ihm stammt der Satz: „Alle Dinge sind Gift und nichts ist ohne Gift; allein die Dosis machts, dass ein Ding kein Gift ist."

Aufgaben

3 Das Glücksrad in Fig. 2 wird dreimal gedreht. Wie groß ist die Wahrscheinlichkeit, dass

a) dreimal gelb

b) genau einmal blau

c) mindestens einmal gelb

d) mindestens zweimal blau erscheint?

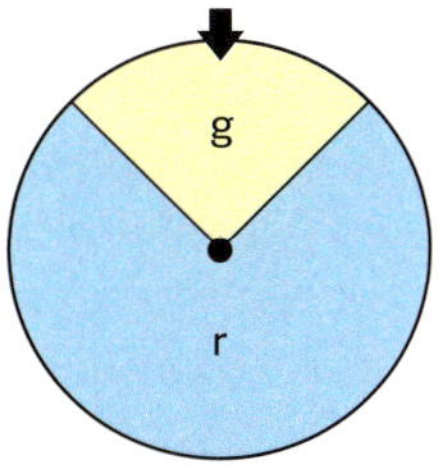

Fig. 2

Merke:
Entlang eines Pfades eines Baumdiagramms wird **multipliziert**, entlang der Ergebnisse wird **addiert**.

4 Eine Urne enthält vier rote und drei blaue Kugeln. Es werden zwei Kugeln mit (ohne) Zurücklegen entnommen. Mit welcher Wahrscheinlichkeit

a) sind es zwei rote
b) ist eine blau und eine rot
c) ist mindestens eine rote dabei
d) ist höchstens eine blaue dabei?

5 Eine Urne enthält vier rote, drei grüne und zwei braune Kugeln. Es werden zwei Kugeln ohne (mit) Zurücklegen entnommen. Bestimmen Sie die Wahrscheinlichkeit, dass es

a) zwei rote sind
b) eine rote und eine braune sind
c) zwei gleichfarbige sind
d) zwei verschiedenfarbige sind.

6 Beim Brennen von Vasen erhält man erfahrungsgemäß 40 % Vasen der 1. Wahl, 50 % der 2. Wahl und 10 % Ausschuß. Zwei Vasen werden gebrannt.

a) Wie groß ist die Wahrscheinlichkeit, mindestens eine Vase 1. Wahl zu erhalten?

b) Mit welcher Wahrscheinlichkeit erhält man höchstens eine Vase Ausschuss?

7 Bei einer Flaschenproduktion sind höchstens 4 % Ausschuss. Mit welcher Wahrscheinlichkeit ist in einer Packung mit vier Flaschen höchstens eine davon Ausschuss?

8 Von 12 Dosen einer Kiste haben drei eine größere Einwaage als angegeben. Zwei Dosen werden der Kiste blind entnommen und ihr Inhalt gewogen. Mit welcher Wahrscheinlichkeit enthalten beide Dosen eine zu große Einwaage?

9 Mit welcher Wahrscheinlichkeit hat ein Ehepaar drei Söhne und eine Tochter, wenn die Wahrscheinlichkeit für eine Jungengeburt 0,514 ist?

10 Fünf Patienten werden unabhängig voneinander mit einem Medikament behandelt, das mit 90 %iger Wahrscheinlichkeit eine Krankheit heilt. Mit welcher Wahrscheinlichkeit
a) werden alle fünf geheilt
b) wird keiner geheilt
c) werden die ersten vier geheilt, der fünfte nicht
d) werden genau vier Patienten geheilt
e) werden mindestens vier Patienten geheilt?

11 Beim Biathlon zielt der Athlet 5-mal hintereinander auf je eine Scheibe.
Ein Biathlet weiß, dass er mit der Wahrscheinlichkeit 95 % eine Scheibe trifft. Berechnen Sie die Wahrscheinlichkeit des Ereignisses
A: er trifft 5-mal,
B: er trifft 4-mal hintereinander und verfehlt den letzten Schuss,
C: er trifft mindestens 4-mal.

12 Bei einem Langzeittest eines Betäubungsmittels an 500 Zahnarzt-Patienten wurde festgestellt, dass bei fünf keine Wirkung des Mittels festzustellen war, bei 70 die Wirkung nicht länger als eine halbe Stunde und bei weiteren 130 die Wirkung nicht länger als eine Stunde anhielt.
a) Von welcher Wahrscheinlichkeitsverteilung kann man ausgehen, wenn die zeitliche Wirkung des Medikaments berücksichtigt wird?
b) Es werden zwei Patienten behandelt. Wie groß ist die Wahrscheinlichkeit, dass wenigstens bei einem von beiden das Mittel nicht wirkt?
c) Es werden zwei Patienten behandelt. Wie groß ist die Wahrscheinlichkeit, dass bei beiden das Mittel länger als eine halbe Stunde anhält?

13 Bei den Verkehrsbetrieben einer Großstadt ist aus einer großen Zahl von Fahrscheinkontrollen bekannt, dass 2 % der Benutzer ohne gültigen Fahrausweis sind (Schwarzfahrer). Eine Kontrolleurin überprüft in einer Straßenbahn vier Fahrgäste. Mit welcher Wahrscheinlichkeit, gerundet auf drei geltende Ziffern,
a) ist kein Schwarzfahrer dabei
b) sind alle Schwarzfahrer
c) ist höchstens ein Schwarzfahrer dabei
d) ist mindestens ein Schwarzfahrer dabei?

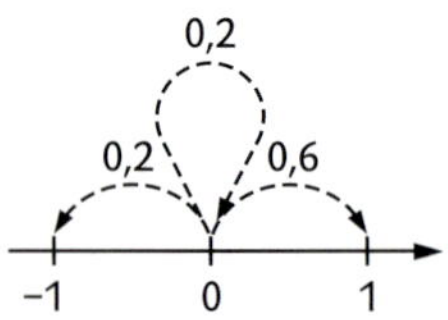

14 Ein „Floh springt auf der Zahlengeraden“. Er hüpft in einer Sekunde mit der Wahrscheinlichkeit 0,6 eine Einheit nach rechts, mit der Wahrscheinlichkeit 0,2 eine Einheit nach links, und mit der Wahrscheinlichkeit 0,2 bleibt er stehen. Er startet in 0. Mit welcher Wahrscheinlichkeit befindet sich der Floh nach drei Sekunden auf der Zahl 0?

15 Ein Schütze trifft nur mit einer Wahrscheinlichkeit von 40 % sein Ziel. Die Zufallsvariable X gibt die Anzahl seiner Treffer bei drei Versuchen an.
Stellen Sie die Wahrscheinlichkeitsverteilung auf.

7 Mittelwert – Erwartungswert

kleine Kugeln:
34 g, 36 g, 35 g, 32 g, 34 g, 33 g, 37 g,
40 g, 40 g, 38 g, 33 g, 36 g, 34 g, 35 g,
33 g, 33 g, 36 g, 37 g, 34 g, 35 g

große Kugeln:
50 g, 56 g, 54 g, 58 g, 50 g, 54 g, 49 g,
58 g, 54 g, 60 g, 62 g, 64 g, 57 g, 57 g,
55 g, 62 g, 59 g, 59 g, 54 g, 58 g

1 Im Eiscafe Rigoletto gibt es kleine Eiskugeln zu 0,60 Euro und große zu 1,00 Euro. Der Besitzer erklärt, die kleinen Kugeln seien halb so schwer wie die großen. Er müsse jedoch wegen der Waffel 10 ct mehr verlangen.
a) Sind die kleinen Kugeln wirklich halb so schwer wie die großen?
b) Carola kauft für 3 Euro drei große, Dorothea fünf kleine Kugeln. Wer bekommt vermutlich mehr Eis?

Im Folgenden soll ein so genanntes Lagemaß für eine Häufigkeitsverteilung gefunden werden, das dann auf die Wahrscheinlichkeitsrechnung übertragen wird. Ein solches Lagemaß ist der aus Notenberechnungen bekannte Mittelwert. Es gibt neben dem Mittelwert noch andere Maße, auf die hier nicht eingegangen wird.

In einem „Allgemeinbildungstest" sollen drei Gemälde den Stilrichtungen Impressionismus bzw. Expressionismus zugeordnet werden. Als Merkmal X wird die Anzahl der Treffer erhoben.

Z. B.:
Munch – Kopf (f)
van Gogh – Zahl (r)
Sisley – Zahl (f)
ein Treffer

Urliste mit den Ergebnissen e_i:

Andy:	e_1 = 3 Treffer	Memo:	e_6 = 3 Treffer
Oliver:	e_2 = 2 Treffer	Dietmar:	e_7 = 1 Treffer
Pjotr:	e_3 = 2 Treffer	Jens:	e_8 = 0 Treffer
Mirjam:	e_4 = 3 Treffer	Robert:	e_9 = 1 Treffer
Michael:	e_5 = 2 Treffer	Melanie:	e_{10} = 2 Treffer

Häufigkeitstabelle

Trefferzahl	H	h
0	1	0,1
1	2	0,2
2	4	0,4
3	3	0,3

Die in der Urliste enthaltene Information über die Sachkenntnis der gesamten Testgruppe lässt durch den Mittelwert $\bar{x}$ der Anzahl der Treffer charakterisieren:

$$\bar{x} = \frac{1}{10}(3 + 2 + 2 + 3 + 2 + 3 + 1 + 0 + 1 + 2) = \frac{1}{10}(0 + 1 + 1 + 2 + 2 + 2 + 2 + 3 + 3 + 3) =$$
$$= 0 \cdot \frac{1}{10} + 1 \cdot \frac{2}{10} + 2 \cdot \frac{4}{10} + 3 \cdot \frac{3}{10} = \mathbf{0} \cdot 0{,}1 + \mathbf{1} \cdot 0{,}2 + \mathbf{2} \cdot 0{,}4 + \mathbf{3} \cdot 0{,}3 = 1{,}9.$$

Der Mittelwert muss also nicht aus der Urliste heraus berechnet werden. Man kann ihn einfacher mithilfe der Häufigkeitsverteilung berechnen.

Mitunter kann man schon vor einer realen statistischen Untersuchung durch eine Wahrscheinlichkeitsverteilung beschreiben, welche relativen Häufigkeiten man für die einzelnen Ereignisse (auch Merkmalsausprägungen genannt) erwartet.

Eine Münze wird dreimal geworfen und dabei „Zahl" als Treffer 1, „Wappen" als 0 gezählt. Führt man die Zufallsvariable X als Zähler für die Anzahl der Treffer ein, so erhält man die Wahrscheinlichkeitsverteilung:

x_i	0	1	2	3
$P(X = x_i)$	$\frac{1}{8}$	$\frac{3}{8}$	$\frac{3}{8}$	$\frac{1}{8}$

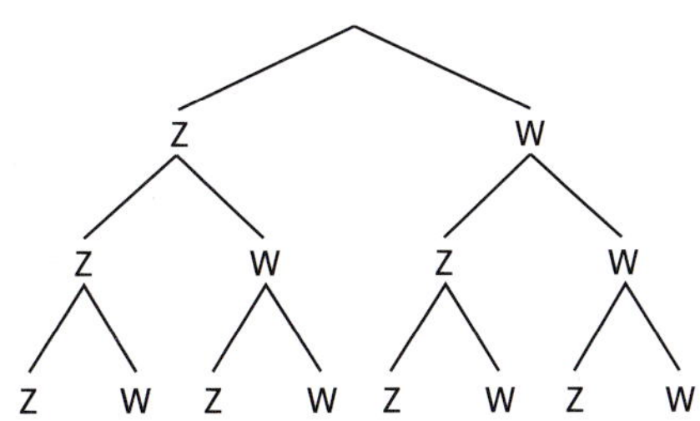

Treffer 3 2 2 1 2 1 1 0

Wahrscheinlichkeit jedes Ergebnisses: $\frac{1}{2} \cdot \frac{1}{2} \cdot \frac{1}{2} = \frac{1}{8}$

Man bezeichnet den analog zum Mittelwert einer Häufigkeitsverteilung gebildeten Ausdruck
$E(X) = 0 \cdot \frac{1}{8} + 1 \cdot \frac{3}{8} + 2 \cdot \frac{3}{8} + 3 \cdot \frac{1}{8} = \frac{12}{8} = 1{,}5$ als Erwartungswert der Wahrscheinlichkeitsverteilung.

Da bei großem Stichprobenumfang die relativen Häufigkeiten h_i in der Nähe der Wahrscheinlichkeiten $P(X = x_i)$ liegen, muss auch der Mittelwert in der Nähe des Erwartungswertes liegen, es gilt also $\bar{x} \approx E(X)$.

In der beschreibenden Statistik nennt man ein Zufallsexperiment **Stichprobe**, die Zufallsvariable **Merkmal**, und ein Ergebnis **Merkmalsausprägung**.

Kommen die Ergebnisse $x_1, x_2, \ldots, x_n$ eines Zufallsexperimentes mit der Zufallsvariablen X mit den relativen Häufigkeiten $h_1, h_2, \ldots, h_n$ vor, so heißt

$$\bar{x} = x_1 \cdot h_1 + x_2 \cdot h_2 + \ldots + x_n \cdot h_n$$

Mittelwert der Häufigkeitsverteilung oder **arithmetisches Mittel**.

Kommen die Ergebnisse $x_1, x_2, \ldots, x_n$ eines Zufallsexperimentes mit der Zufallsvariablen X mit den Wahrscheinlichkeiten $p_1, p_2, \ldots, p_n$ vor, so heißt

$$E(X) = x_1 \cdot p_1 + x_2 \cdot p_2 + \ldots + x_n \cdot p_n$$

Erwartungswert der Wahrscheinlichkeitsverteilung, auch mit μ (sprich mü) bezeichnet.

Bemerkung: Handelt es sich bei dem Zufallsexperiment um ein Spiel, so nennt man das **Spiel fair**, wenn der **Erwartungswert** der Zufallsvariablen X (= Gewinn/Verlust) den **Wert 0** hat.

3; 2; −1; 3; −6;
−1; 3; 2; −6; 2;
2; −1; −6; 3; 2;
−1; 2; 2; 2; −1

Beispiel 1 Faires Spiel

Benno und Sarah spielen folgendes Spiel:
Es werden drei Münzen gleichzeitig geworfen.

- Fällt dreimal „Wappen“ (= W), so erhält Benno 3 ct von Sarah.
- Fällt zweimal W, so erhält Benno 2 ct von Sarah.
- Fällt einmal W, so erhält Sarah 1 ct von Benno.
- Fällt dreimal „Zahl“ (= Z), so erhält Sarah 6 ct von Benno.

X sei der Gewinn für Benno bei diesem Spiel.

a) Das Ergebnis von 20 Spielen ist am Rand notiert. Bestimmen Sie den Mittelwert und interpretieren Sie das Ergebnis.

b) Bestimmen Sie die Wahrscheinlichkeitsverteilung der Zufallsvariablen X.

c) Berechnen Sie den Erwartungswert und geben Sie seine Bedeutung an.

d) Benno möchte auf Dauer pro Spiel 0,5 ct gewinnen. Wie sähe in diesem Fall eine Spielvorschrift aus, wenn er die Auszahlung −6 ct verändern möchte?

Lösung:

a) Häufigkeitsverteilung:

x_1	−6	−1	2	3
H_1	3	5	8	4
h_i	0,15	0,25	0,4	0,2

$\bar{x} = -6 \cdot 0{,}15 + (-1) \cdot 0{,}25 + 2 \cdot 0{,}4 + 3 \cdot 0{,}2 = 0{,}25$.

Pro Spiel hat Benno im Mittel 0,25 ct gewonnen. Bei den 20 Spielen waren dies also 5 ct.

b) Die möglichen Ergebnisse sind: ZZZ ZZW ZWZ ZWW WZZ WWZ WZW WWW

Wahrscheinlichkeitverteilung mit X als Gewinn für Benno:

x_i	−6 (ZZZ)	−1 (ZZW; ZWZ; WZZ)	2 (ZWW; WZW; WWZ)	3 (WWW)
$P(X = x_i)$	$\frac{1}{8}$	$\frac{3}{8}$	$\frac{3}{8}$	$\frac{1}{8}$

c) Erwartungswert: $E(X) = -6 \cdot \frac{1}{8} + (-1) \cdot \frac{3}{8} + 2 \cdot \frac{3}{8} + 3 \cdot \frac{1}{8} = -\frac{6}{8} - \frac{3}{8} + \frac{6}{8} + \frac{3}{8} = 0$.

Benno wird pro Spiel keinen Cent verlieren, wenn er hinreichend lange mit Sarah spielt.

d) Da der Erwartungswert $E(X) = -6 \cdot \frac{1}{8} + (-1) \cdot \frac{3}{8} + 2 \cdot \frac{3}{8} + 3 \cdot \frac{1}{8}$ ist und die Auszahlung −6 ct so geändert werden soll, dass $E(X) = 0{,}5$ ist, muss gelten:

$x \cdot \frac{1}{8} + (-1) \cdot \frac{3}{8} + 2 \cdot \frac{3}{8} + 3 \cdot \frac{1}{8} = 0{,}5;\ \frac{1}{8}x + \frac{6}{8} = \frac{4}{8} \quad | \cdot 8;\ x + 6 = 4$, also $x = -2$.

Benno würde pro Spiel 0,5 ct Gewinn erwarten können, wenn er Sarah dazu überreden kann, er zahle ihr bei dreimal Zahl nur noch 2 ct statt 6 ct.

Beispiel 2 Gewinnerwartung

Bei einem Dorffest bietet der Kindergarten folgendes Spiel an: In einer Urne liegen vier rote (r) und fünf schwarze (s) Kugeln von gleicher äußerer Form. Jeder Teilnehmer darf blind aus der Urne nacheinander zwei Kugeln ohne Zurücklegen ziehen. Für jede gezogene rote Kugel bekommt er 1€, für jede gezogene schwarze Kugel muss er 1€ bezahlen. Welchen Gewinn kann der Kindergarten erwarten, wenn er von 500 Mitspielern ausgeht?

Lösung:

Anhand eines Baumes ermittelt man zunächst die Ergebnisse und ordnet diese der Zufallsvariablen X (= Gewinn in €) zu.

$P(X = -2) = \frac{4}{9} \cdot \frac{3}{8} = \frac{12}{72} = \frac{1}{6}$

$P(X = 0) = \frac{4}{9} \cdot \frac{5}{8} + \frac{5}{9} \cdot \frac{4}{8} = \frac{40}{72} = \frac{5}{9}$

$P(X = 2) = \frac{5}{9} \cdot \frac{4}{8} = \frac{20}{72} = \frac{5}{18}$

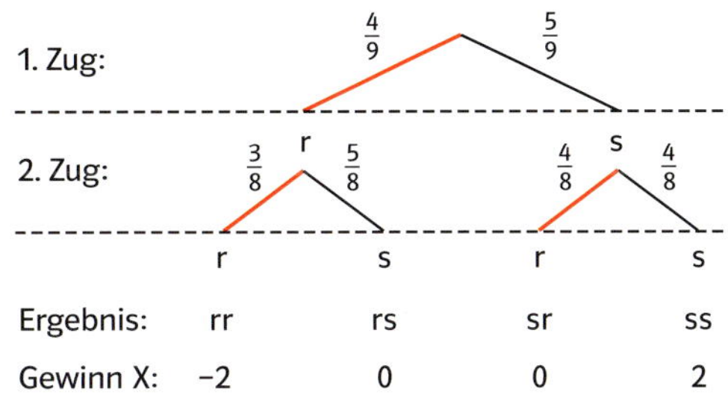

Wahrscheinlichkeitsverteilung:

x_1	−2	0	2
$P(X = x_i)$	$\frac{1}{6}$	$\frac{5}{9}$	$\frac{5}{18}$

Erwartungswert: $E(X) = -2 \cdot \frac{1}{6} + 0 \cdot \frac{5}{9} + 2 \cdot \frac{5}{18} = -\frac{1}{3} + \frac{5}{9} = \frac{2}{9}$.

Damit sind je Spiel $\frac{2}{9}$€ Gewinn zu erwarten. Dies ergibt bei 500 Spielen $500 \cdot \frac{2}{9}$€ ≈ 111€.

Beispiel 3 Mittelwert mit dem GTR

Über einen langen Zeitraum wurde in einem großen landwirtschaftlichen Betrieb die tägliche Milchleistung von Kühen untersucht. Dabei ergab sich folgende Tabelle:

Milch (in Liter)	19	20	21	22	23	24	25	26	27	28	29
Anzahl der Kühe	12	15	23	34	65	72	60	45	34	26	18

a) Berechnen Sie die relative Häufigkeit für die verschiedenen Milchleistungen.

b) Berechnen Sie den Mittelwert mit dem GTR.

Lösung:

Man gibt im [STAT]-Menü mit EDIT in Liste L1 die Milchleistung und in L2 die Anzahl der Kühe ein. Man geht sodann in die 3. Spalte L3 und gibt L2/404*100 ein, wobei 404 die Anzahl der Kühe ist (Fig. 1). Man erhält dann die relativen Häufigkeiten in Prozent (Fig. 2).

Danach wird im [STAT]-[CALC]-Menü 1-Var Stats gewählt. Man gibt L1, L2 ein und erhält nach Bestätigung mit [ENTER] den Mittelwert $\bar{x} \approx 24{,}3$ (Fig. 3). Eine Kuh des untersuchten Betriebes gibt durchschnittlich also 24,3 Liter Milch pro Tag.

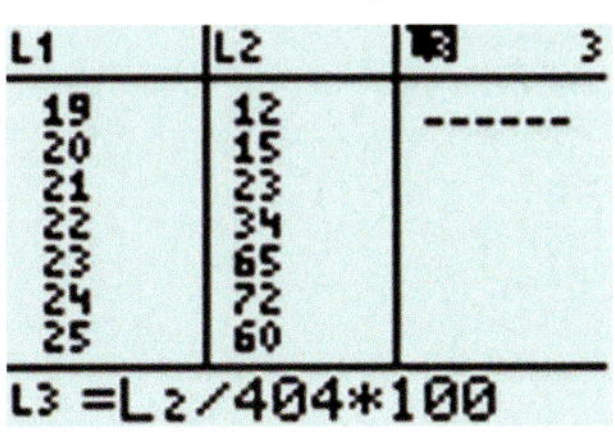

Fig. 1

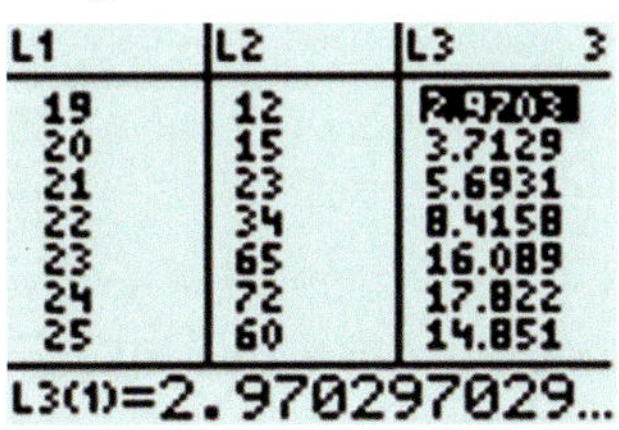

Fig. 2

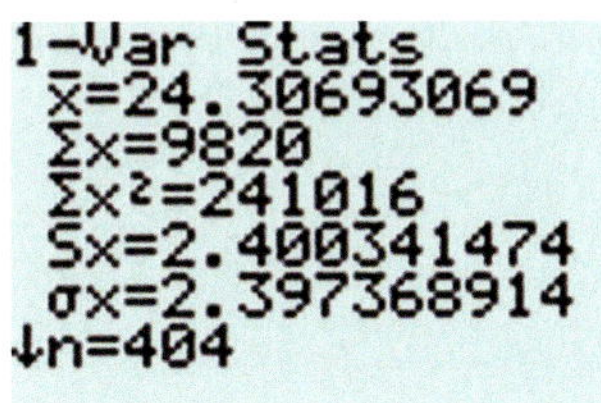

Fig. 3

Aufgaben

2 In einem Großbetrieb verdient ein Viertel der Beschäftigen monatlich 1600€, ein Fünftel 2100€, zwei Fünftel 2400€, der Rest 3000€.

a) Berechnen Sie den mittleren Monatsverdienst.

b) Sie treffen zufällig einen Betriebsangehörigen. Wie groß ist die Wahrscheinlichkeit, dass er mehr als 2200€ verdient?

3 Paul und Selma spielen folgendes Spiel: Es werden zwei Münzen gleichzeitig geworfen.

- Fällt zweimal „Wappen" (= W), so erhält Paul 10 ct von Selma.
- Fällt einmal W, so erhält Paul 5 ct von Selma.
- Fällt zweimal „Zahl" (= Z), so erhält Selma 50 ct von Paul.

X sei der Gewinn für Paul bei einem Münzwurf.

10; 5; 5; 5; −50;
5; 10; 5; 10; 5;
5; 5; 10; −50; 5;
10; 5; −50; 10; 5;
5; 5; −50; 10; −50

a) Das Ergebnis von 25 Spielen ist am Rand notiert. Bestimmen Sie den Mittelwert und interpretieren Sie das Ergebnis.

b) Bestimmen Sie die Wahrscheinlichkeitsverteilung der Zufallsvariablen X.

c) Berechnen Sie den Erwartungswert und interpertieren Sie ihn.

d) Paul möchte das Spiel „fair" gestalten, so dass er und Selma dieselbe Gewinnerwartung haben. Wie sähe in diesem Fall eine Spielvorschrift aus, wenn er die Zahlung an Selma verändern möchte?

4 Bei einem Schulfest möchte die SMV Geld einnehmen. Sie hat sich dazu folgendes Spiel ausgedacht: In einer Urne liegen drei weiße (w) und sieben schwarze (s) Kugeln von gleicher äußerer Beschaffenheit. Jeder Teilnehmer darf blind aus der Urne nacheinander zwei Kugeln ohne Zurücklegen ziehen. Für jede gezogene weiße Kugel bekommt er 2 €, für jede gezogene schwarze Kugel muss er 1 € bezahlen.

a) Welchen Gewinn kann die SMV pro Spiel und welche Einnahme bei 300 Mitspielern erwarten?

b) Der Gewinn soll pro Spiel 0,5 € betragen. Welchen Betrag muss dann der Spieler beim Ziehen einer schwarzen Kugel zahlen, wenn die Auszahlung von 2 € beim Ziehen einer weißen Kugel erhalten bleiben soll.

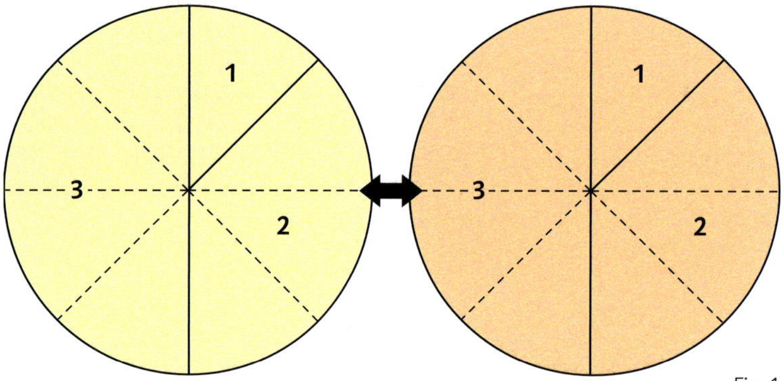

Fig. 1

5 Ein Spielebetreiber lässt wie in Fig. 1 abgebildet mit zwei Glücksrädern spielen. Die Glücksräder werden gleichzeitig gedreht. Der Einsatz je Spiel beträgt 2 €. Man gewinnt 10 €, sofern sich 11 ergibt. Bei 22 erhält man 5 € und bei 33 den Betrag von 1 €. In allen anderen Fällen erfolgt keine Auszahlung.
Mit welcher Tageseinnahme kann der Betreiber bei rund 500 Spielen täglich rechnen?
Hinweis: Zuerst muss die Wahrscheinlichkeitsverteilung bestimmt werden.

Bei Aufgabe 6 ist der GTR empfehlenswert!

6 In der gynäkologischen Abteilung eines Krankenhauses wurde über ein Jahr die Größe (in cm) von Neugeborenen festgestellt. Es wurde folgende Tabelle veröffentlicht:

Körpergröße	47	48	49	50	51	52	53	54	55	56	57
Anzahl	3	33	68	120	200	205	168	89	47	12	6

a) Bestimmen Sie die relativen Häufigkeiten der einzelnen Körpergrößen.

b) Bestimmen Sie das arithmetische Mittel der Körpergröße.

c) Erstellen Sie dazu ein Säulendiagramm.

d) Die relativen Häufigkeiten werden als statistische Wahrscheinlichkeiten übernommen. Wie groß ist dann die Wahrscheinlichkeit, dass ein Baby mit einer Körpergröße von weniger als 50 cm zur Welt kommt.

Personenzahl	rel. H.
1	44,8 %
2	33,5 %
3	16,0 %
4	2,1 %
5	1,5 %

7 Eine Stadtverwaltung beschäftigt zwei Schüler, um im Berufsverkehr die Personen in PkWs zu zählen. Die Tabelle am Rand zeigt das Ergebnis.

a) Wie viele Personen saßen durchschnittlich in einem PkW?

b) Um wie viel Prozent würde der PkW-Verkehr abnehmen, wenn jedes Auto 4 Insassen hätte?

8 Varianz und Standardabweichung

1 In zwei Kursen K1 und K2 wurde eine Klausurarbeit in Mathematik geschrieben. Es gab folgende Notenverteilung.

Kurs 1:

Note	1	2	3	4	5	6
rel. H.	0	4	6	6	4	0

Kurs 2:

Note	1	2	3	4	5	6
rel. H.	6	4	0	0	4	6

Bestimmen Sie den Mittelwert. Was bringt der Mittelwert nicht zum Ausdruck?

Auch wenn sich beim Mittelwert, (genannt arithmetisches Mittel), bei zwei Untersuchungen dieselben Werte ergeben, kann der Unterschied zwischen beiden doch deutlich voneinander abweichen. Manchmal „streuen“ bei Bewertungen die Untersuchungen stark, manchmal weniger. Nicht zuletzt wird z. B. beim Skispringen oder beim Wasserspringen die höchste und die niedrigste Wertung gestrichen. Wie man diese Streuung erfassen kann, wird im Folgenden aufgezeigt.

Die Tabelle zeigt die Ergebnisse beim Werfen mit einem idealen Würfel.

Augenzahl	1	2	3	4	5	6
1. Serie	59	32	37	56	49	67
2. Serie	43	49	61	48	48	51
3. Serie	46	48	53	57	47	49

Während in Serie 1 die Augenzahl 6 sehr häufig auftrat und die 2 sehr selten fiel, wurde in Serie 2 die Augenzahl 3 auffallend oft gewürfelt. Die folgende Tabelle zeigt die zugehörigen relativen Häufigkeiten $\left(= \frac{\text{absolute Häufigkeiten}}{300}\right)$.

Augenzahl	1	2	3	4	5	6
1. Serie	19,67 %	10,67 %	12,33 %	18,67 %	16,33 %	22,33 %
2. Serie	14,33 %	16,33 %	20,33 %	16,00 %	16,00 %	17,00 %
3. Serie	15,33 %	16,00 %	17,67 %	19,00 %	15,67 %	16,33 %

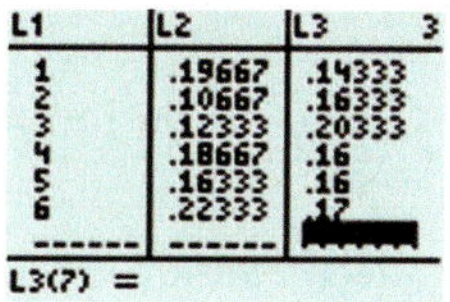

Man erkennt, dass in Serie 1 die **Spannweite** sehr groß ist, 67 − 32 = 35 bei den absoluten, 22,33 % − 10,67 % = 11,66 % bei den relativen Häufgkeiten.
In Serie 2 lauten die entsprechenden Werte 61 − 43 = 18 bzw. 20,33 % − 14,33 % = 6 %,
in Serie 3 schließlich 57 − 46 = 11 bzw. 19,00 % − 15,33 % = 3,67 %.

In der Praxis verwendet man meist die **Abweichung vom Mittelwert**. Dies wird an der Serie 1 aufgezeigt. Man bildet den Mittelwert $\bar{x}_1 = \frac{1}{300}(1 \cdot 59 + 2 \cdot 32 + 3 \cdot 37 + 4 \cdot 56 + 5 \cdot 49 + 6 \cdot 67) =$
$= 1 \cdot \frac{59}{300} + 2 \cdot \frac{32}{300} + 3 \cdot \frac{37}{300} + 4 \cdot \frac{56}{300} + 5 \cdot \frac{49}{300} + 6 \cdot \frac{67}{300} \approx 3{,}683.$

Anschließend subtrahiert man den Mittelwert von der jeweiligen Augenzahl, quadriert das Ergebnis, multipliziert es mit der zugehörigen relativen Häufigkeit und addiert die Produkte auf:
$V_1 = (1 - 3{,}683)^2 \cdot \frac{59}{300} + (2 - 3{,}683)^2 \cdot \frac{32}{300} + (3 - 3{,}683)^2 \cdot \frac{37}{300} + (4 - 3{,}683)^2 \cdot \frac{56}{300} + (5 - 3{,}683)^2 \cdot \frac{49}{300} +$
$+ (6 - 3{,}683)^2 \cdot \frac{67}{300} \approx 3{,}276394333.$

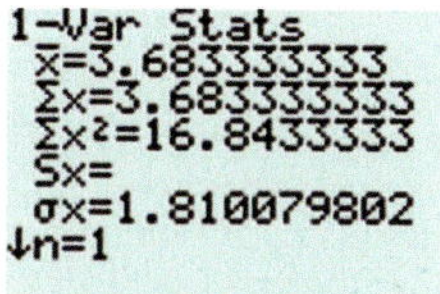

Die Eingabe erfolgt wie in Beispiel 3 auf Seite 231 angegeben. σ_x ist die Standardabweichung.

Diesen Wert nennt man **Varianz der Stichprobe**. Die Wurzel aus der Varianz, also
$s_1 = \sqrt{3{,}276394333} \approx 1{,}81$ heißt **Standardabweichung** s der Stichprobe.
Die Berechnung erfolgt am einfachsten mit dem GTR.
Ergebnisse: Serie 2: $\bar{x}_2 \approx 3{,}54$; $s_2 \approx 1{,}67$; Serie 3: $\bar{x}_3 \approx 3{,}53$; $s_3 \approx 1{,}67$.

Wahrscheinlichkeitsverteilung beim Würfeln:

1	2	3	4	5	6
$\frac{1}{6}$	$\frac{1}{6}$	$\frac{1}{6}$	$\frac{1}{6}$	$\frac{1}{6}$	$\frac{1}{6}$

Überträgt man diese Art der Berechnung auf die Wahrscheinlichkeiten beim Würfeln, so sind die Wahrscheinlichkeiten für alle Augenzahlen $\frac{1}{6}$.

Damit gilt für den dem Mittelwert entsprechenden Erwartungswert:

$E(X) = 1\cdot\frac{1}{6} + 2\cdot\frac{1}{6} + 3\cdot\frac{1}{6} + 4\cdot\frac{1}{6} + 5\cdot\frac{1}{6} + 6\cdot\frac{1}{6} = \frac{21}{6} = 3{,}5.$

Es ergibt sich damit die theoretische Abweichung:

$V_X = (1 - 3{,}5)^2\cdot\frac{1}{6} + (2 - 3{,}5)^2\cdot\frac{1}{6} + (3 - 3{,}5)^2\cdot\frac{1}{6} + (4 - 3{,}5)^2\cdot\frac{1}{6} + (5 - 3{,}5)^2\cdot\frac{1}{6} + (6 - 3{,}5)^2\cdot\frac{1}{6} \approx 2{,}917$ und $s_X = 1{,}71$.

Hat ein Zufallsexperiment die Ergebnisse $x_1, x_2, \ldots, x_n$ und kennt man ihre relativen Häufigkeiten $h_1, h_2, \ldots, h_n$ und ist $\bar{x}$ ihr Mittelwert, so heißt der Wert

$$V_X = (x_1 - \bar{x})^2\cdot h_1 + (x_2 - \bar{x})^2\cdot h_2 + \ldots + (x_n - \bar{x})^2\cdot h_n$$

Varianz von X. Man schreibt auch s_X^2.

Die Quadratwurzel aus V_X wird **Standardabweichung** s_X genannt:

$$s_X = \sqrt{(x_1 - \bar{x})^2\cdot h_1 + (x_2 - \bar{x})^2\cdot h_2 + \ldots + (x_n - \bar{x})^2\cdot h_n}.$$

Nimmt die Zufallsvariable X eines Zufallsexperiments die Werte $x_1, x_2, \ldots, x_n$ an mit den Wahrscheinlichkeiten $p_1, p_2, \ldots, p_n$ und ist $\mu = E(X)$ der zugehörige Erwartungswert von X, so heißt der Wert

$$V_X = (x_1 - \mu)^2\cdot p_1 + (x_2 - \mu)^2\cdot p_2 + \ldots + (x_n - \mu)^2\cdot p_n$$

Varianz von X. Man schreibt auch σ_X^2.

Die Quadratwurzel aus V_X wird **Standardabweichung** σ_X genannt:

$$\sigma_X = \sqrt{(x_1 - \mu)^2\cdot p_1 + (x_2 - \mu)^2\cdot p_2 + \ldots + (x_n - \mu)^2\cdot p_n}.$$

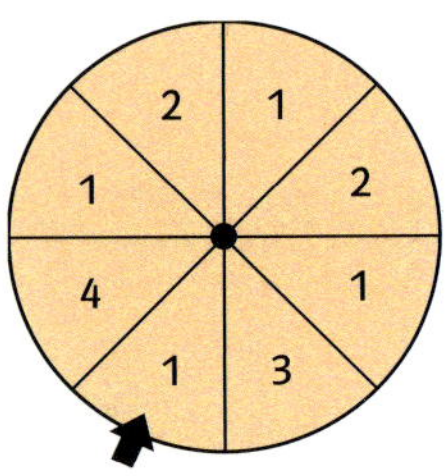

Beispiel Standardabweichung beim Glücksrad mit dem GTR

Das nebenstehende Glücksrad wurde 20-mal gedreht. Dabei ergaben sich folgende Werte: 1 ergab sich 11-mal; 2 ergab sich 6-mal und 3 nur 3-mal; die 4 kam nicht.

a) Bestimmen Sie die Häufigkeitsverteilung des Experiments sowie den Mittelwert und die Standardabweichung.

b) Man wähle die sich ergebende Zahl als Zufallsvariable X, bestimme den Erwartungswert und die Standardabweichung.

c) Nicole bietet ein Spiel an: Einsatz ist 1€. Wird 1 oder 2 angezeigt, erhält man nichts. Wird hingegen 3 angezeigt, erhält man 3€, bei 4 sogar 4€. Macht Nicole bei diesem Spielplan auf Dauer einen Gewinn? Ist die Standardabweichung hoch?

Lösung:

a) In Liste 1 werden die Ergebnisse eingegeben, in Liste 2 die relativen Häufigkeiten bestimmt (Fig. 1). Im [STAT]-[CALC]-Menü wird 1-Var Stats gewählt. Man gibt L1, L2 ein (Fig. 2) und erhält nach Bestätigung mit [ENTER] den Mittelwert $\bar{x} = 1{,}6$ und $s_X \approx 0{,}73$ (Fig. 3).

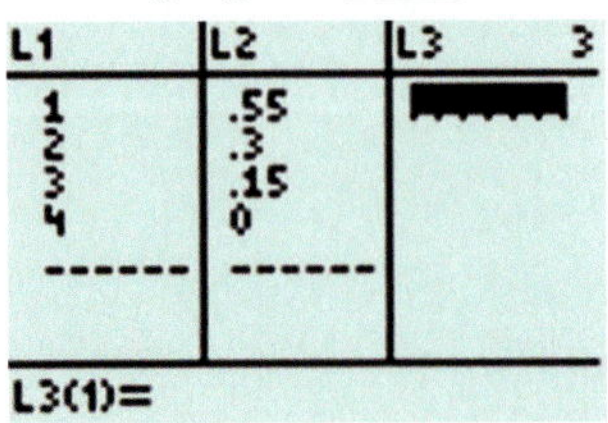

Fig. 1

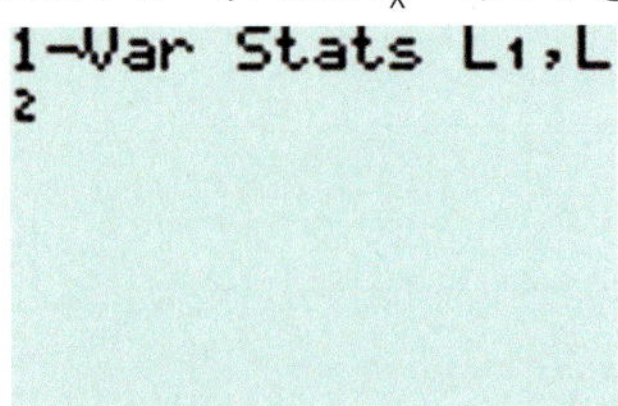

Fig. 2

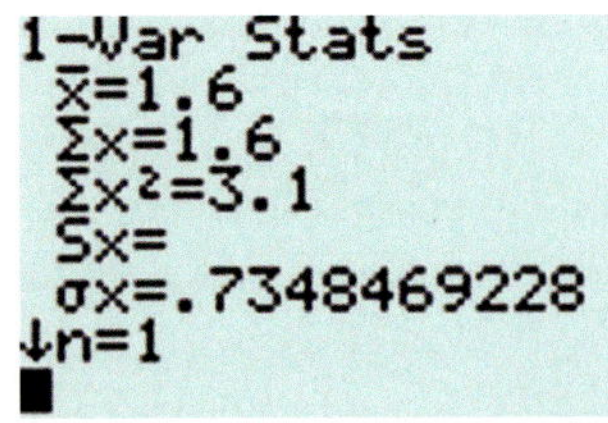

Fig. 3

b) Die zum Zufallsexperiment gehörige Wahrscheinlichkeitsverteilung zeigt die Tabelle.

x_i	1	2	3	4
$p_i = P(X = x_i)$	$\frac{4}{8}$	$\frac{2}{8}$	$\frac{1}{8}$	$\frac{1}{8}$

Man gibt in die Liste L3 die Wahrscheinlichkeiten ein (Fig. 1) und erhält dann wie unter a) den Erwartungswert E(X) = 1,875 und die Standardabweichung $\sigma_X \approx 1{,}05$ (Fig. 2).

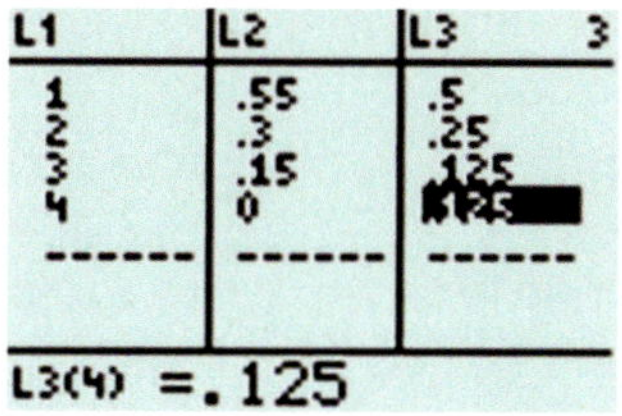

Fig. 1

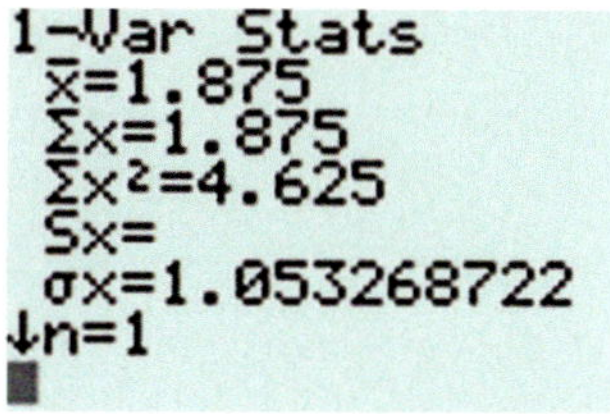

Fig. 2

c) Ist Y die Zufallsvariable für den Gewinn bzw. Verlust von Nicole, so gilt, wenn man den Einsatz von 1€ mitrechnet:

Y = 1 für das Ereignis {1; 2}, Y = −2 für {3}, Y = −3 für {4}.

Die Wahrscheinlichkeitsverteilung zeigt Fig. 3.

Daraus ergibt sich der Erwartungswert von Y:

$E(Y) = 1 \cdot \frac{3}{4} + (-2) \cdot \frac{1}{8} + (-3) \cdot \frac{1}{8} = \frac{1}{8}$.

Nicole macht pro Spiel auf Dauer $\frac{1}{8}$€ Gewinn.

Die Standardabweichung ist mit 1,54€ sehr hoch.

y_k	1	−2	−3
$q_{ki} = P(X = y_k)$	$\frac{3}{4}$	$\frac{1}{8}$	$\frac{1}{8}$

Fig. 3

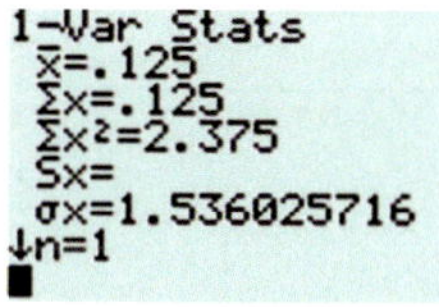

Aufgaben

2 Eine ideale Münze wurde 20-mal geworfen mit dem Ergebnis W Z Z Z W W Z W W Z Z Z W Z W Z Z W Z Z. Setzen Sie die Zufallsvariable X = 1 für Z und X = 0 für W.

a) Bestimmen Sie Mittelwert und Standardabweichung.

b) Bestimmen Sie die zu dem Experiment gehörende Wahrscheinlichkeitsverteilung und berechnen Sie den Erwartungswert und die Standardabweichung.

3 Mit einer sehr guten Waage wurde das Gewicht eines Schülers (in kg) mehrmals kurz hintereinander gemessen. Dabei ergaben sich folgende Werte:

56,56 56,45 56,54 56,60 56,75 56,66 56,55 56,49 56,38 56,44 56,69 56,59.

a) Berechnen Sie Mittelwert und Standarabweichung.

b) Die Angabe der Messgenauigkeit „0,1%" bedeutet, dass die Standardabweichung der Messwerte höchstens 0,1% des „wahren Wertes" betragen darf. Trifft dies zu?

Zu einer Auflistung von Daten sagt man auch oft **Urliste**.

4 Das Glücksrad am Rand wurde 30-mal gedreht. Die Ergebnisse waren der Reihe nach

1 3 4 2 1 2 1 1 1 3 1 2 3 1 2 1 2 1 3 4 1 1 2 3 2 1 1 3 1 2.

a) Wie sieht eine Häufigkeitsverteilung für die Nummern 1 bis 4 aus? Berechnen Sie die Standardabweichung.

b) Bestimmen Sie die Wahrscheinlichkeitsverteilung des Experiments mit der Zufallsvariablen X = Nummer. Vergleichen Sie die beiden Standardabweichungen.

c) Sören schlägt ein Spiel vor: Einsatz ist je Spiel 1€. Gewinne: Bei „1": 1€, bei „2": 2€, bei „3": 0€, bei „4" −1€ (also 1€ Verlust für den Spieler). Wer kann mit welchem Gewinn bei 100 Spielen rechnen?

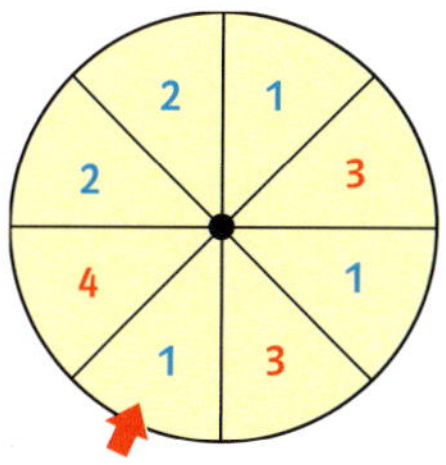

5 Das Gewicht von Hühnereiern wurde von einem Landwirt geprüft. Er erhielt folgende Werte in Gramm:

67 67 56 70 77 78 65 65 66 71 73 72 59 62 73 64 65 64 67 74

58 72 75 73 70 68 55 72 70 69 68 70 56 67 69 68 74 75 76 71.

a) Berechnen Sie mit dem GTR Mittelwert und Standardabweichung.

b) Gruppieren Sie in drei Gewichtsklassen „bis 64", „64 bis 70", „über 70" und geben Sie hierzu die relative Häufigkeitsverteilung, den Mittelwert und die Standarabweichung an.

9 Hilfsmittel zum Bestimmen von Anzahlen – Kombinatorik

1 Die drei Angeklagten sollen einen Überfall begangen haben. Zwei waren die Täter, einer davon der Kopf und einer der Mitläufer. Der dritte ist unschuldig.
a) Wie viele Möglichkeiten gibt es für den Richter, die drei entsprechend ihrer Taten zu verurteilen bzw. freizusprechen?
b) Wie viele Möglichkeiten gibt es, die Täter zu „erwischen", egal ob Kopf oder Mitläufer?

Um bei Laplace-Experimenten die Wahrscheinlichkeit eines Ereignisses zu bestimmen, benötigt man die Anzahl aller möglichen Ergebnisse und die Anzahl aller derjenigen Ergebnisse, bei denen dieses Ereignis eintritt. Diese Anzahlen können sehr groß sein. Man kann sie dann nicht mehr durch Zählen ermitteln, sondern muss sie berechnen. Dazu benutzt man Hilfsmittel aus der **Kombinatorik**, der Lehre vom Bestimmen der Anzahlen. Es ist am einfachsten, das Urnenmodell zu verwenden und das Zählen am Baumdiagramm vorzunehmen.

Ziehen mit Zurücklegen und mit Berücksichtigung der Reihenfolge der Kugeln

Eine Urne enthält fünf Kugeln mit den Nummern 1 bis 5. Es wird dreimal hintereinander eine Kugel wie folgt gezogen:
Es wird eine Kugel blind gezogen, die Nummer notiert und wieder zurückgelegt.

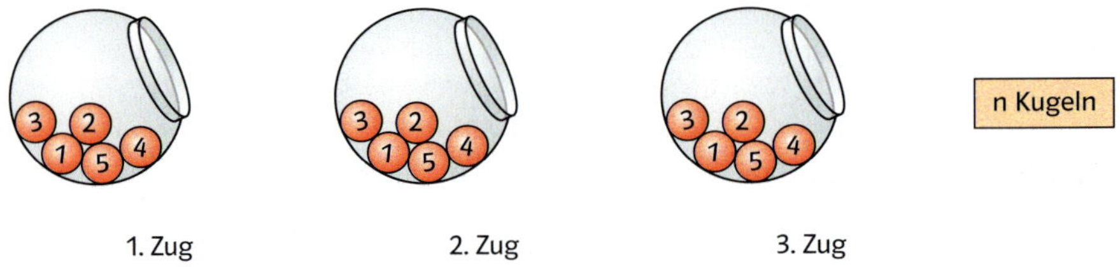

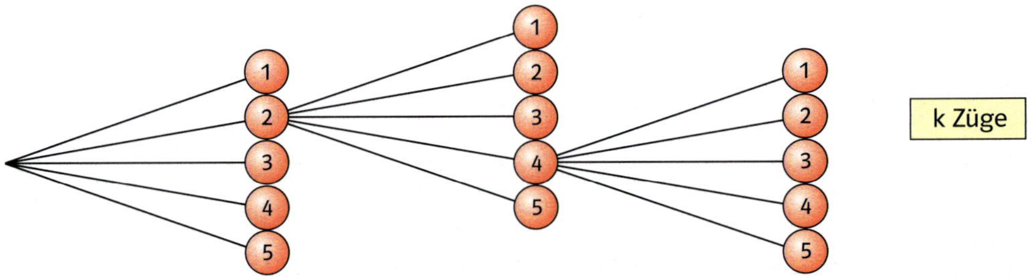

Es ist einsichtig, dass beim 2. Zug auch an jede andere Nummer als 2 fünf Äste gezeichnet werden müssten. Dasselbe gilt beim 3. Zug für die Nummern 1, 2, 3 und 5.

5 mal 5 mal 5 = 5^3 Möglichkeiten

Aus einer Urne mit n Kugeln wird k-mal eine Kugel **mit Zurücklegen** gezogen.
Die gezogenen Kugeln werden in der Reihenfolge des Ziehens notiert.
Dann sind **n^k** verschiedene **Reihenfolgen** (k-Tupel) möglich.

Aar Adler
Aba arabischer Mantel
Abb. = Abbildung
Ara Papagei
Are schweiz. für Ar
Bar
BAB = Bundesautobahn
Rab dalmatinische Insel
rar selten
RBB = Rundfunk Berlin-Brandenburg
ree Segelkommando

Beispiel 1 Wörteranzahl
Wie viele Wörter mit drei Buchstaben kann man aus A, B, E und R bilden, wenn ein Buchstabe mehrmals auftreten darf. Wie viele davon haben eine Bedeutung?
Lösung:
Es gibt $4 \cdot 4 \cdot 4 = 4^3 = 64$ mögliche Wörter; 11 davon findet man im Duden (Rand).

Ziehen ohne Zurücklegen und mit Berücksichtigung der Reihenfolge der Kugeln

Eine Urne enthält fünf Kugeln mit den Nummern 1 bis 5. Es wird dreimal hintereinander eine Kugel wie folgt gezogen:
Es wird eine Kugel blind gezogen, die Nummer notiert und nicht zurückgelegt.

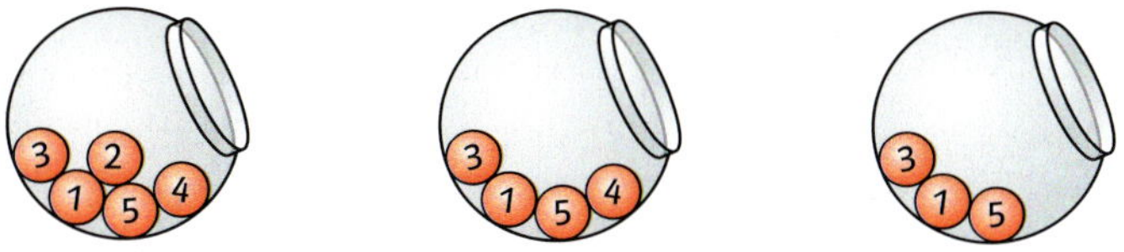

n Kugeln

1. Zug   2. Zug   3. Zug

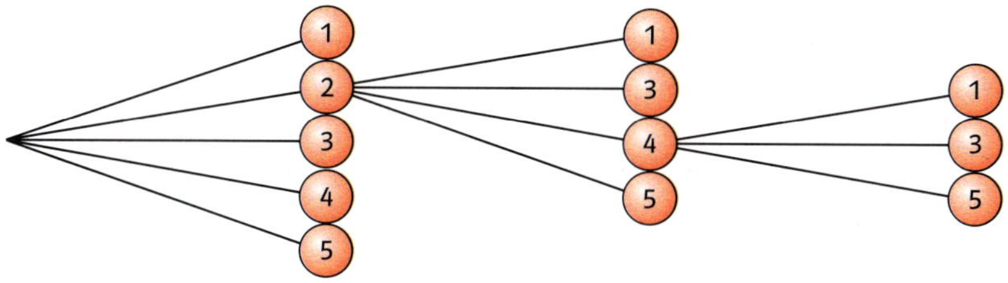

k Züge

Es ist einsichtig, dass beim 2. Zug auch an jede andere Nummer als 2 vier Äste gezeichnet werden müssten. Beim 3. Zug müssten an den Nummern 1, 3 und 5 ebenfalls je drei Äste gezeichnet werden.

5 mal 4 mal 3 Möglichkeiten

$5 \cdot 4 \cdot (5 - 3 + 1)$

> Aus einer Urne mit n Kugeln wird k-mal eine Kugel **ohne Zurücklegen** gezogen.
> Die gezogenen Kugeln werden in der Reihenfolge des Ziehens notiert.
> Dann sind $\mathbf{n \cdot (n-1) \cdot \ldots \cdot (n-k+1)}$ verschiedene **Reihenfolgen** (k-Tupel) möglich.

Wird solange gezogen, bis die Urne leer ist, so ist $k = n$.
In diesem Fall gibt es $n \cdot (n-1) \cdot \ldots 2 \cdot 1$ mögliche Reihenfolgen. Dieses Produkt kürzt man mit **n!** (lies: **n Fakultät**) ab. Die Zahl n! gibt also an, auf wie viele Arten man n verschiedene Dinge in eine Reihenfolge bringen kann.

Beispiel 2 Platzierungen im Sport
In einem 800-m-Lauf kämpfen in den Endläufen 12 Athleten um die Medaillen.
a) Wie viele Möglichkeiten gibt es für die ersten drei Plätze?
b) Wie viele Platzierungen sind möglich?
Lösung:
a) Für die ersten 3 Plätze gibt es $12 \cdot 11 \cdot 10 = 1320$ Möglichkeiten.
b) Es gibt $12! = 479\,001\,600$ mögliche Platzierungen.
Berechnung mit dem GTR:
Man gibt 12 ein, öffnet mit der [MATH]-Taste das Menü von Fig. 1, geht auf PRB (probability = Wahrscheinlichkeit) und dort bei a) auf 2: nPr (Fig. 1) und gibt 3 ein. Das Ergebnis zeigt Fig. 3. Bei b) geht man auf 4! (Fig. 2) erhält nach Bestätigung das Ergebnis (Fig. 3).

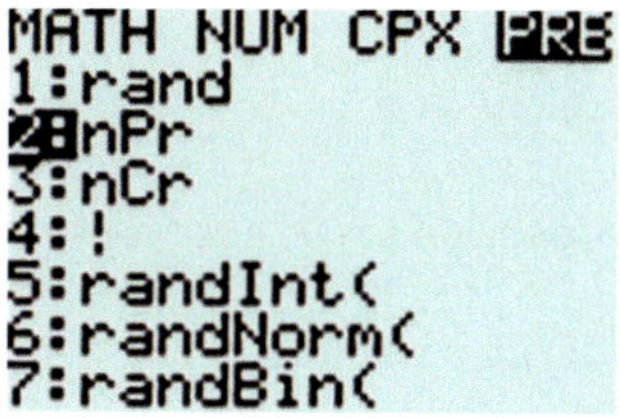

Fig. 1

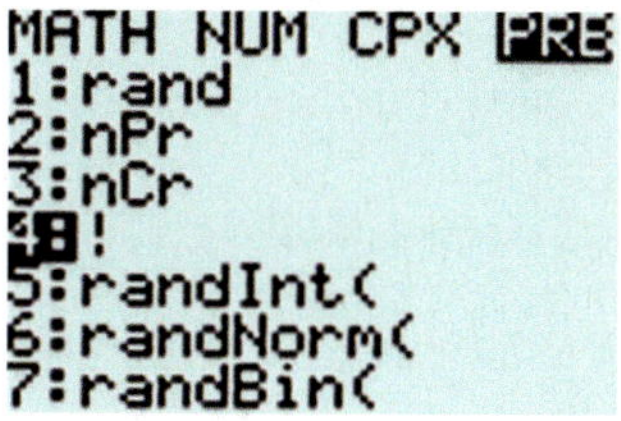

Fig. 2

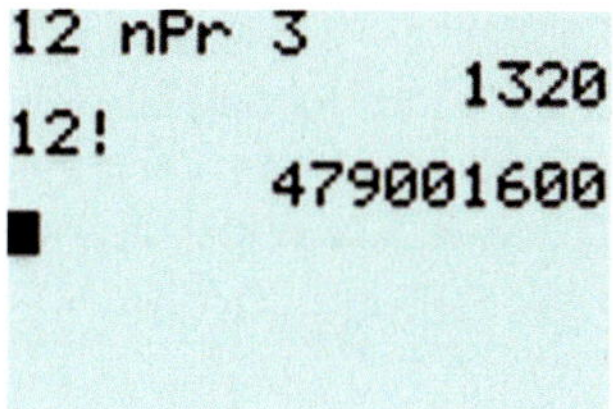

Fig. 3

Ziehen ohne Zurücklegen und ohne Berücksichtigung der Reihenfolge der Kugeln

Eine Urne enthält fünf Kugeln mit den Nummern 1 bis 5. Es wird dreimal hintereinander eine Kugel wie folgt gezogen:
Es wird eine Kugel blind gezogen, die Nummer notiert und nicht zurückgelegt.

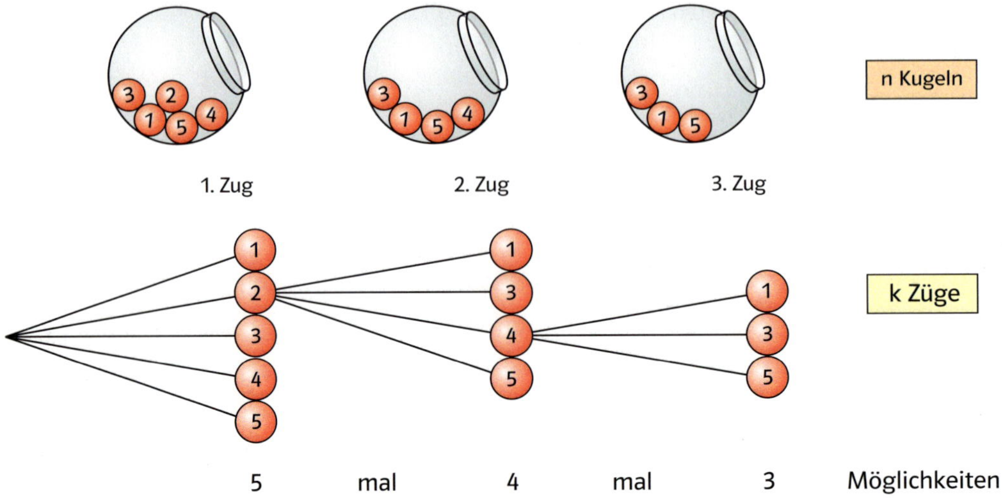

Es ist einsichtig, dass beim 2. Zug, auch an jede andere Nummmer als 2 vier Äste gezeichnet werden müssten. Beim 3. Zug müssten an den Nummern 1, 3 und 5 ebenfalls je drei Äste gezeichnet werden.

Es fallen alle Ergebnisse mit gleichen Nummern zusammen, da die Reihenfolge keine Rolle spielt. So fallen z. B. mit 1 2 3 zusammen: 1 3 2, 2 1 3, 2 3 1, 3 1 2, 3 2 1.
Damit ergeben sich 10 Möglichkeiten:

(1)(2)(3) (1)(2)(4) (1)(2)(5) (1)(3)(4) (1)(3)(5) (1)(4)(5)
(2)(3)(4) (2)(3)(5) (2)(4)(5) (2)(4)(5)

Man kann aber auch so schließen: Es fallen alle Anordnungen zusammen, in die man drei verschiedene Ziffern bringen kann, also $3! = 6$. Damit gibt es $\frac{5\cdot4\cdot3}{3!} = \frac{60}{6} = 10$ Möglichkeiten.
Werden 2 Kugeln gezogen, so gibt es $\frac{5\cdot4}{2!} = 10$ Möglichkeiten,
bei 4 Kugeln sind es $\frac{5\cdot4\cdot3\cdot2}{4!} = \frac{5\cdot4\cdot3\cdot2}{4\cdot3\cdot2\cdot1} = 5$ Möglichkeiten.

Man kann das auch so deuten, dass k Kugeln **mit einem Griff** gezogen werden!

> Aus einer Urne mit n Kugeln wird k-mal eine Kugel **ohne Zurücklegen** gezogen. Dabei kommt es nicht auf die Reihenfolge an.
> Dann gibt es $\frac{\mathbf{n\cdot(n-1)\cdot(n-2)\cdot\ldots\cdot(n-k+1)}}{\mathbf{k!}}$ verschiedene **Möglichkeiten**.

Es ist $\frac{n\cdot(n-1)\cdot(n-2)\cdot\ldots\cdot(n-k+1)}{k!} = \frac{n\cdot(n-1)\cdot\ldots\cdot3\cdot2\cdot1}{k!\cdot(n-k)\cdot(n-k-1)\cdot\ldots\cdot3\cdot2\cdot1} = \frac{n!}{k!\cdot(n-k)!}$. Dafür schreibt man auch $\binom{n}{k}$ und liest „**n über k**". Die Zahlen $\binom{n}{k}$ heißen **Binomialkoeffizienten**.
Aus Gründen der Zweckmäßigkeit setzt man $\binom{n}{0} = 1$ und ebenso $\binom{n}{n} = 1$.

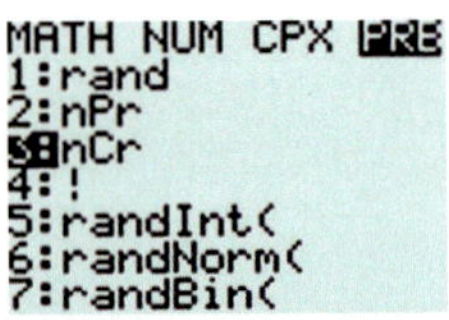

Fig. 1

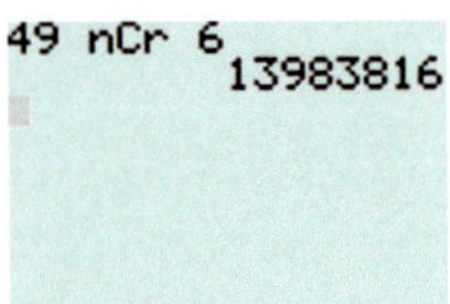

Fig. 2

Beispiel 3 Haupttreffer beim Lotto
Wie groß ist die Wahrscheinlichkeit, beim Lotto sechs Richtige zu erzielen?
Lösung:
Aus einer Urne mit 49 nummerierten Kugeln werden 6 gezogen. Es gibt also
$\binom{49}{6} = \frac{49\cdot48\cdot47\cdot46\cdot45\cdot44}{6\cdot5\cdot4\cdot3\cdot2\cdot1} = 13\,983\,816$ Möglichkeiten. $P(6 \text{ Richtige}) = \frac{1}{13\,983\,816}$.
Die Berechnung mit dem GTR erfolgt wie bei Beispiel 2 mit 3:nCr (Fig. 1 und Fig. 2).

Beispiel 4 Würfeln

Ein idealer Würfel wird dreimal geworfen. Mit welcher Wahrscheinlichkeit sind

a) alle Augenzahlen gerade b) alle Augenzahlen größer als 4?

Lösung:

Beim dreimaligen Würfeln gibt es $6 \cdot 6 \cdot 6 = 6^3 = 216$ Möglichkeiten.

a) Mit gerader Augenzahl sind es $3 \cdot 3 \cdot 3 = 3^3 = 27$ Möglichkeiten.

P(alle Augenzahlen gerade) $= \frac{27}{216} = \frac{1}{8} = 12{,}5\,\%$.

b) Mit „Augenzahl größer als 4" gibt es $2 \cdot 2 \cdot 2 = 8$ Möglichkeiten.

P(alle Augenzahlen größer als 4) $= \frac{8}{216} = \frac{1}{27} \approx 3{,}7\,\%$.

Alle Augenzahlen größer als 4:
555, 556, 565, 566, 655, 656, 665, 666

Aufgaben

2 Mini-Toto Viererwette

Jede Schülerin und jeder Schüler erhält einen oder mehrere Tippzettel wie in Fig. 1 und macht für jedes Spiel ein Kreuz bei 0 oder 1 oder 2. Danach wird der Ausgang der Spiele durch viermaliges Ziehen aus einer Urne mit drei Kugeln (mit Zurücklegen und mit Berücksichtigung der Reihenfolge) simuliert.

Spiel	Tipp		
1	1	0	2
2	1	0	2
3	1	0	2
4	1	0	2

Fig. 1

Diese Aufgabe ist zur Durchführung im Unterricht gedacht!

a) Erstellen Sie eine Statistik, wie viele Tipps mit wie vielen Richtigen abgegeben wurden.

b) Wie viele Tipps sind insgesamt möglich?

Schreiben Sie alle möglichen Tipps systematisch auf: Zuerst alle Tipps, die mit 0 beginnen, dann alle Tipps, die mit 1 beginnen, dann alle Tipps, die mit 2 beginnen. Wurde jeder mögliche Tipp mindestens einmal abgegeben?

c) Teilen Sie die in b) ermittelten möglichen Tipps auf in Tipps, die bei Ihrer Ziehung vier Richtige (Klasse I), drei Richtige (Klasse II), zwei Richtige (Klasse III), einen Richtigen (Klasse IV) bzw. keinen Richtigen (Klasse V) ergeben haben. Wie viele Tipps gibt es in jeder dieser Klassen?

d) Bestimmen Sie die Wahrscheinlichkeiten für die in c) ermittelten Klassen, wenn man die gleiche Wahrscheinlichkeit für alle Ausgänge annimmt.

e) Wie viele Tipps müsste jeder von Ihnen schätzungsweise abgeben, damit im Durchschnitt bei jeder Durchführung ein Haupttreffer in Klasse I zu verzeichnen ist?

3 Das Glücksrad I (Glücksrad II) wird 3-mal gedreht; man erhält nacheinander die Hunderter-, Zehner- und Einerziffer einer 3-stelligen Zahl. Mit welcher Wahrscheinlichkeit erhält man

a) die Zahl 234

b) eine Zahl mit drei gleichen Ziffern

c) eine Zahl nur aus geraden Ziffern

d) nicht die Zahlen 234 und 243?

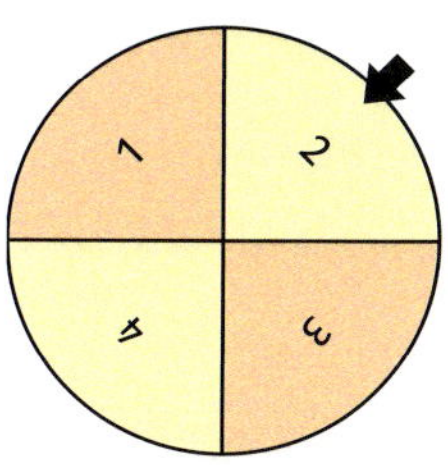

Glücksrad I

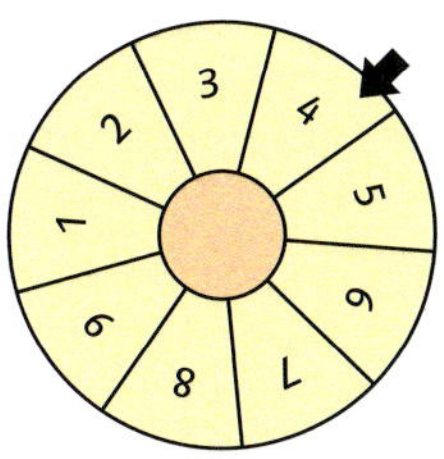

Glücksrad II

Wenn Sie mit einem **Baumdiagramm** beginnen, liegen Sie immer richtig, auch wenn Sie das Baumdiagramm nicht vollständig zeichnen können!

4 Eine ideale Münze wird 10-mal geworfen und jedes Mal notiert, ob Kopf oder Zahl gefallen ist. Mit welcher Wahrscheinlichkeit

a) erhält man nur Münzbilder einer Sorte

b) wechseln sich die Münzbilder ab

c) erhält man zuerst 5-mal Kopf und anschließend 5-mal Zahl ?

Zu Aufgabe 6:
Mögliche Fahnen:

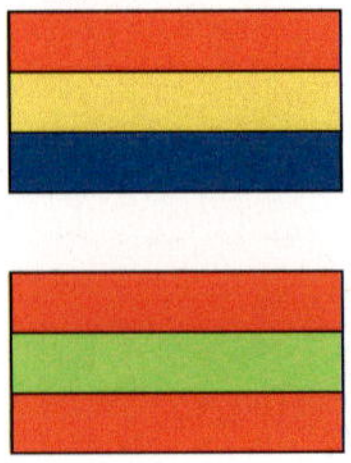

5 Beschreiben Sie bei den folgenden Aufgaben zunächst das zugehörige Urnenmodell.

a) Wie viele dreistellige Zahlen kann man mit den Ziffern 4, 5, 6, 7, 8 schreiben, wenn keine Ziffer wiederholt auftreten darf?

b) Wie viele Möglichkeiten gibt es, die Farben rot, grün, schwarz, gelb und braun auf vier verschiedene Felder zu verteilen, ohne eine Farbe zu wiederholen?

c) An einem Pferderennen nehmen sechs Pferde teil, die nacheinander durchs Ziel gehen. Wie viele mögliche Reihenfolgen gibt es für die ersten drei Plätze?

6 Für eine Trikolore (3-farbige Fahne) stehen sechs Farben zur Verfügung. Wie viele Möglichkeiten gibt es, wenn

a) jeder Streifen eine andere Farbe hat

b) benachbarte Streifen verschiedenfarbig sind?

7 Wie viele Wörter kann man aus den Buchstaben U, S, A, M bilden, wenn

a) das Wort vier verschiedene Buchstaben

b) das Wort drei verschiedene Buchstaben hat?

8 Ein idealer Würfel wird 5-mal geworfen. Mit welcher Wahrscheinlichkeit erhält man

a) fünf verschiedene Augenzahlen

b) 5-mal die Augenzahl 5

c) eine „Große Straße", d.h. fünf aufeinanderfolgende Augenzahlen

d) gleiche Augenzahlen?

9 Aus dem 12-köpfigen Vorstand eines Tennisclubs sollen ein Präsident, ein Schriftführer und ein Kassenwart gewählt werden.
Wie viele Wahlmöglichkeiten haben die Mitglieder des Clubs?

10 Bei der Pferdewette Renn-Quintett wettet man auf den Einlauf der ersten drei von insgesamt 15 Pferden. Man erreicht Gewinnklasse I, wenn man die ersten drei Pferde in der richtigen Reihenfolge ihres Einlaufs richtig vorhersagt und Gewinnklasse II, wenn man die ersten drei Pferde in beliebiger Reihenfolge richtig vorhersagt.
Bestimmen Sie die Wahrscheinlichkeiten für die beiden Gewinnklassen – gleiche Gewinnchancen für alle Pferde angenommen.

11 Bei Annas Geburtstag sind Sarah, Christian, Dennis, Elisa und Felix eingeladen.

a) In wie vielen Reihenfolgen können die Gäste eintreffen, wenn jeder alleine kommt?

b) Mit welcher Wahrscheinlichkeit kommt Felix als letzter?

c) Mit welcher Wahrscheinlichkeit kommen Sarah und Elisa (in dieser Reihenfolge) als erste und zweite?

12 In einem Hotel sind noch vier Zimmer frei, aber am Empfang stehen sechs Gäste, die alle ein eigenes Zimmer haben wollen.
Auf wie viele Arten kann der Empfangschef die Zimmer verteilen?

13 a) In Österreich wird Lotto „6 aus 45" gespielt. Wie groß ist die Wahrscheinlichkeit, bei einem Tipp sechs Richtige zu erzielen?

b) In einer feierlichen Runde stößt jeder der fünf Gäste mit jedem anderen einmal mit seinem Sektglas an. Wie oft klingen die Gläser?

c) In einer Kleinstadt gibt es 1000 Telefonanschlüsse. Wie viele Verbindungen zwischen jeweils zwei Anschlüssen sind möglich?

10 Bernoulli-Experimente, Bernoulli-Kette

1 In einer Urne befinden sich 10 Kugeln, davon sind drei rot. Es wird 5-mal mit bzw. ohne Zurücklegen eine Kugel gezogen. Das Ziehen einer roten Kugel wird als Treffer bezeichnet.
Bei welcher Ziehungsart ändert sich die Trefferwahrscheinlichkeit von Zug zu Zug, bei welcher nicht?

Jakob Bernoulli (1655–1705), Schweizer Mathematiker. Er gehörte zu der in Basel ansässigen Familie Bernoulli, deren Mitglieder bedeutende Leistungen in den Naturwissenschaften und der Mathematik vollbrachten.

Die einfachsten Zufallsexperimente haben nur zwei Ergebnisse, die oft „Treffer" und „Niete" genannt werden. Auch bei Zufallsexperimenten mit mehr als zwei Ausgängen wird häufig nur auf zwei Ausgänge geachtet: So interessiert beim Würfeln oft nur, ob eine „6" (= Treffer) mit der Wahrscheinlichkeit $\frac{1}{6}$ oder „keine 6" (= Niete) mit der Wahrscheinlichkeit $\frac{5}{6}$ fällt.

Im Folgenden wird davon ausgegangen, dass ein Zufallsexperiment mehrmals durchgeführt wird und sich die Ergebnisse nicht gegenseitig beeinflussen, also unabhängig sind.

Ein Zufallsexperiment mit nur zwei Ergebnissen heißt **Bernoulli-Experiment**.
Die Wahrscheinlichkeit für Treffer wird mit p, die für Niete mit q = 1 − p bezeichnet.

Ein Zufallsexperiment, das aus n unabhängigen Durchführungen desselben Bernoulli-Experimentes besteht, heißt **Bernoulli-Kette** der Länge n.

Fig. 1 zeigt das Baumdiagramm einer Bernoulli-Kette der Länge 3 mit „1" für Treffer, „0" für Niete sowie der Trefferwahrscheinlichkeit p. Für das Ergebnis „001", also „nur im dritten Versuch Treffer" ergibt sich mithilfe der Pfadregel:
$P(001) = (1-p)\cdot(1-p)\cdot p = (1-p)^2\cdot p$.
Das Ergebnis „genau drei Nieten" hat die Wahrscheinlichkeit $P(000) = (1-p)^3$.
So ist zum Beispiel beim Würfeln die Wahrscheinlichkeit $p = \frac{1}{6}$ für „6" (=Treffer) und $q = \frac{5}{6}$ (= Niete) für „keine 6". Daraus ergibt sich für die Wahrscheinlichkeit, bei dreimaligem Würfeln „keine 6" zu erhalten:
$P(000) = \left(1-\frac{1}{6}\right)^3 = \left(\frac{5}{6}\right)^3 \approx 0{,}579 \approx 58\,\%$.

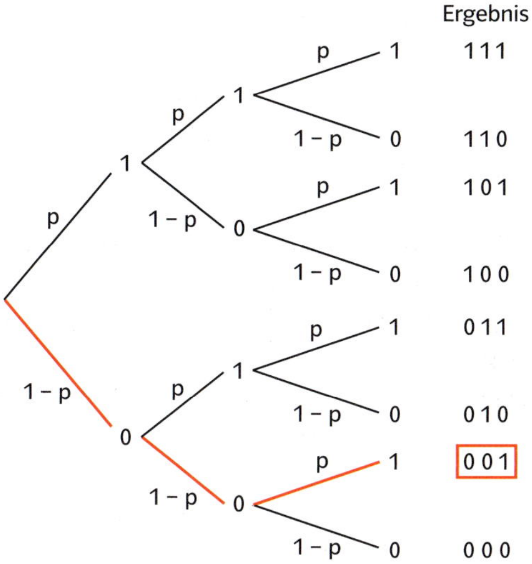

Fig. 1

Beispiel Erkennen einer Bernoulli-Kette; Berechnung einer Wahrscheinlichkeit
In der deutschen Bevölkerung haben rund 7 % die Blutgruppe AB. Das Blut von fünf Personen wird nacheinander auf diese Blutgruppe untersucht.
a) Mit welcher Wahrscheinlichkeit zeigt nur die Blutuntersuchung für die zweite Person die Blutgruppe AB an?
b) Mit welcher Wahrscheinlichkeit ist genau eine Person mit der Blutgruppe AB unter den fünf ausgewählten Personen?
c) Mit welcher Wahrscheinlichkeit ist mindestens eine Person mit der Blutgruppe AB unter den fünf Personen?
d) Mit welcher Wahrscheinlichkeit sind genau zwei Personen mit der Blutgruppe AB unter den fünf Personen?
Warum wird die Antwort hier schwierig?

Anteile (in %) der Blutgruppen 0, A, B, AB in verschiedenen Bevölkerungen:

	A.U.	D.	E.	I.
0	43	36	55	56
A	57	43	44	32
B	0	14	0	9
AB	0	7	1	3

A.U.: Australische Ureinwohner
D.: Deutsche
E.: Eskimos
I.: Isländer

Lösung:
Besteht keine Verwandtschaftsbeziehung zwischen den Personen und sind alle Personen Deutsche, so kann man die einzelnen Blutgruppenuntersuchungen als unabhängige Durchführungen desselben BERNOULLI-Experimentes betrachten. Mit Treffer („1“) für Blutgruppe AB, Niete („0“) für nicht Blutgruppe AB, $n = 5$ und $p = 0{,}07$ erhält man die Lösungen.

a) $P(01000) = 0{,}93 \cdot 0{,}07 \cdot 0{,}93 \cdot 0{,}93 \cdot 0{,}93 = 0{,}93^4 \cdot 0{,}07 \approx 0{,}0524$, d.h., bei rund 5% aller solchen Untersuchungen besitzt nur die zweite Person die Blutgruppe AB.

b) $P(\text{eine Person mit AB}) = P(10000) + P(01000) + P(00100) + P(00010) + P(00001) =$
$= 0{,}07 \cdot 0{,}93^4 + 0{,}93 \cdot 0{,}07 \cdot 0{,}93^3 + 0{,}93^2 \cdot 0{,}07 \cdot 0{,}93^2 + 0{,}93^3 \cdot 0{,}07 \cdot 0{,}93 + 0{,}93^4 \cdot 0{,}07 =$
$= 5 \cdot 0{,}07 \cdot 0{,}93^4 \approx 0{,}262$, d.h., bei rund 26% derartiger Untersuchungen hat man eine Person mit Blutgruppe AB dabei.

11000
10100
10010
10001
01100
01010
01001
00110
00101
00011

Im nächsten Abschnitt wird dazu ein einfaches Verfahren angegeben.

c) Hier kann die Möglichkeit des Gegenereignisses genutzt werden, wenn man sich viel Arbeit ersparen will: $P(00000) = 0{,}93^5 \approx 0{,}696$. Damit gilt:
$P(\text{mindestens einmal AB}) = 1 - P(00000) = 1 - 0{,}93^5 \approx 1 - 0{,}696 \approx 0{,}304$.
Damit ist man in gut 30% bei derartigen Untersuchungen erfolgreich.

d) Die Antwort ist hier deshalb so schwierig, da man am Baumdiagramm nicht mehr alle passenden Ergebnisse auflisten kann. Man kann die zugeordneten Ergebnisse aber in lexikografischer Reihenfolge notieren wie am Rand dargestellt. Es gibt also genau 10 solcher Ergebnisse. Damit gilt $P(\text{genau zweimal AB}) = 10 \cdot 0{,}07^2 \cdot 0{,}93^3 \approx 0{,}0394$, d.h., in nur knapp 4% aller Fälle sind zwei Personen mit Blutgruppe AB unter den 5 ausgewählten Personen.

Aufgaben

Ca. 75% der deutschen Bevölkerung haben die vererbte Fähigkeit, die Zunge in Richtung der Längsachse rollen zu können.

2 a) Es wird eine ideale Münze 10-mal hintereinander geworfen und festgestellt, ob Wappen fällt.
b) Aus einer Urne mit 36 weißen und 64 roten Kugeln werden 5 Kugeln nacheinander ohne Zurücklegen gezogen und jeweils festgestellt, ob die Kugel rot ist oder nicht.
c) Bei der Produktion eines Massenartikels beträgt der Ausschussanteil 3%. Der Produktion werden 20 Artikel entnommen und jeweils festgestellt, ob sie in Ordnung sind oder nicht.
d) Fünf Kinder einer Familie werden untersucht, ob sie die Zunge rollen können oder nicht.
e) Zehn ideale Würfel werden gleichzeitig geworfen und festgestellt, ob die Augenzahl 5 ist.

3 Rund 8% der Männer, aber nur rund 0,4% der Frauen haben in Deutschland eine angeborene Farbenfehlsichtigkeit, d.h. bei diesen Personen ist die Farbwahrnehmung gestört.

Der englische Physiker und Chemiker JOHN DALTON (1766–1844) untersuchte 1798 als Erster die Farbenfehlsichtigkeit. Er und zwei seiner Brüder waren rot-grün-blind. Für Personen mit Rot-Grün-Störung ist auf der nebenstehenden Farbtafel die 69 nicht erkennbar.

a) Die vier Kinder einer Familie werden auf Farbenfehlsichtigkeit untersucht. Kann man dieses 4-stufige Zufallsexperiment als BERNOULLI-Kette auffassen?
b) Bei einem Sehtest wird von acht zufällig ausgewählten Frauen die Farbwahrnehmung untersucht. Mit welcher Wahrscheinlichkeit ist nur bei der letzten Frau diese Wahrnehmung gestört?
c) Eine Augenärztin untersucht nacheinander die Farbwahrnehmung von zehn zufällig ausgewählten Männern. Wie groß ist die Wahrscheinlichkeit, dass erst bei der sechsten Untersuchung zum ersten Mal eine Farbenfehlsichtigkeit festgestellt wird?

11 Formel von BERNOULLI – Binomialverteilung

1 In einer Urne liegen 2 rote und 3 schwarze Kugeln. Es wird fünfmal hintereinander eine Kugel gezogen, ihre Farbe (r oder s) festgestellt und wieder zurückgelegt.
a) Bestimmen Sie die Wahrscheinlichkeit für eine Ziehung, bei der man rrrss bzw. rsrsr notiert.
b) Zeigen Sie dass es $10 = \binom{5}{3}$ Möglichkeiten gibt, 3 rote und 2 schwarze Kugeln zu ziehen. Wie groß ist die Wahrscheinlichkeit für 3-mal r und 2-mal s bei 5 Zügen zu erhalten?

Bei BERNOULLI-Ketten mit großen Längen ist es sehr aufwändig, mithilfe von Bäumen die Wahrscheinlichkeiten für eine bestimmte Trefferzahl zu bestimmen. Am folgenden Beispiel wird gezeigt, wie man rascher zum Ergebnis kommt.

Ein Schütze ziele beim Bogen-Biathlon fünfmal auf eine Scheibe. Seine Trefferwahrscheinlichkeit pro Schuss betrage $p = 0{,}95$. Die Zufallsvariable X gebe die Anzahl der Treffer an. Gesucht wird die Wahrscheinlichkeit, bei fünf Schüssen hintereinander genau drei Treffer zu erzielen. Dies wird geschrieben als $P(X = 3)$.

Schütze beim Bogen-Biathlon

Jeder Pfad des zu dieser BERNOULLI-Kette gehörenden Baumes hat fünf Abschnitte. Jeder Pfad, der zu $X = 3$ gehört, hat drei Abschnitte mit der Wahrscheinlichkeit $p = 0{,}95$ und $5 - 3 = 2$ Abschnitte mit der Wahrscheinlichkeit $q = 1 - p = 0{,}05$. Fig. 1 zeigt einen solchen Pfad.

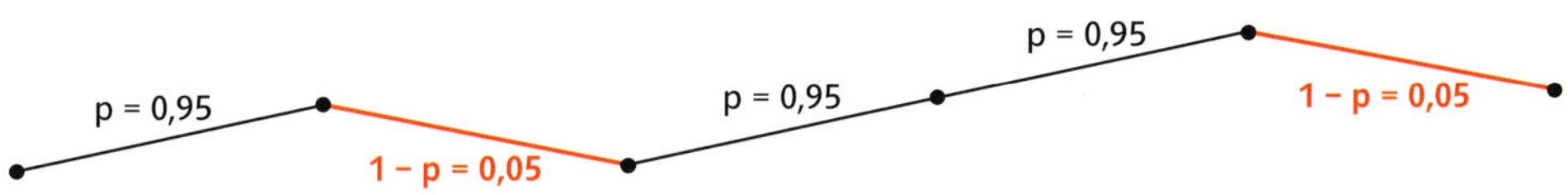

Fig. 1

Immer, wenn man von fünf Abschnitten genau drei Abschnitte auswählt, deren Wahrscheinlichkeit $p = 0{,}95$ beträgt, erhält man einen solchen Pfad. Da dabei die Reihenfolge der ausgewählten Abschnitte keine Rolle spielt, gibt es $\binom{5}{3}$ solche Pfade, die zu $X = 3$ gehören. Da jeder dieser Pfade die Wahrscheinlichkeit $p^3 \cdot (1 - p)^{5-3}$ besitzt, gilt

$P(X = 3) = \binom{5}{3} \cdot p^3 \cdot (1 - p)^{5-3} = \binom{5}{3} \cdot 0{,}95^3 \cdot 0{,}05^2$.

Rechnet man dies aus (Fig. 2), so erhält man $P(X = 3) \approx 0{,}021434$.

Entsprechend gilt für zwei Treffer:

$P(X = 2) = \binom{5}{2} \cdot p^2 \cdot (1 - p)^{5-2} = \binom{5}{2} \cdot 0{,}95^2 \cdot 0{,}05^3 \approx 0{,}001128$.

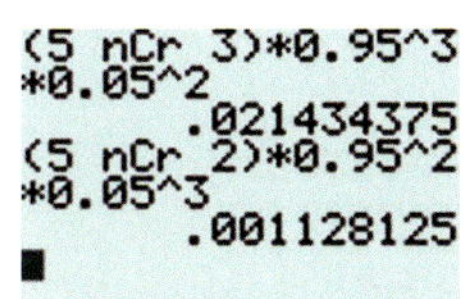

Fig. 2

Formel von BERNOULLI:
Gegeben ist eine BERNOULLI-Kette der Länge n mit der Trefferwahrscheinlichkeit p.
Die Zufallsvariable X gibt die Anzahl der Treffer an.
Dann beträgt die Wahrscheinlichkeit für genau k Treffer mit $k = 0, 1, 2, \dots, n$

$$P(X = k) = \binom{n}{k} \cdot p^k \cdot (1 - p)^{n-k}.$$

Die Funktion, die jedem der möglichen Werte der Zufallsvariablen X die Wahrscheinlichkeit $\binom{n}{k} \cdot p^k \cdot (1 - p)^{n-k}$ zuordnet, heißt **Binomialverteilung** mit den Parametern n und p.

Für $P(X = k)$ schreibt man auch $B_{n;p}(k)$ und nennt X eine **$B_{n;p}$-verteilte Zufallsvariable**.

Beispiel 1 Formel von Bernoulli

Fig. 1

Wie groß ist die Wahrscheinlichkeit, beim 20-maligen Werfen eines Würfels genau 3-mal eine 6 zu würfeln?

Lösung:

Es handelt sich um eine Bernoulli-Kette der Länge 20 mit $p = \frac{1}{6}$ für Treffer.

Gesucht wird: $P(X = 3) = \binom{20}{3} \cdot \left(\frac{1}{6}\right)^3 \cdot \left(1 - \frac{1}{6}\right)^{20-3} = \binom{20}{3} \cdot \left(\frac{1}{6}\right)^3 \cdot \left(\frac{5}{6}\right)^{17} \approx 0{,}238.$

Die Bestimmung mit dem GTR zeigt Fig. 1.

Beispiel 2 Anwendung der Formel von Bernoulli

Ein Tierarzt behandelt 10 kranke Tiere mit einem Medikament, das in 80 % aller Anwendungen zur Heilung führt. Mit welcher Wahrscheinlichkeit werden

a) genau sechs Tiere b) mindestens neun Tiere geheilt?

Lösung:

Beeinflussen sich die Heilungsprozesse gegenseitig nicht, kann man die Behandlung als Bernoulli-Kette der Länge 10 mit p = 0,8 auffassen. Die Zufallsvariable X gibt an, wie viele Tiere bei 10 Behandlungen geheilt werden. X ist also $B_{10;0,8}$-verteilt.

a) Gesucht ist P(X = 6). Mit der Formel von Bernoulli ergibt sich:

$P(X = 6) = \binom{10}{6} \cdot 0{,}8^6 \cdot 0{,}2^4 \approx 0{,}0881.$ Die Berechnung erfolgt direkt mit dem GTR:

Im DISTR-Menü ruft man die Funktion binompdf auf. Man gibt in die Klammer der Reihe nach die Länge n = 10 der Kette, die Trefferwahrscheinlichkeit p = 0,8 und die Trefferzahl k = 6 ein.

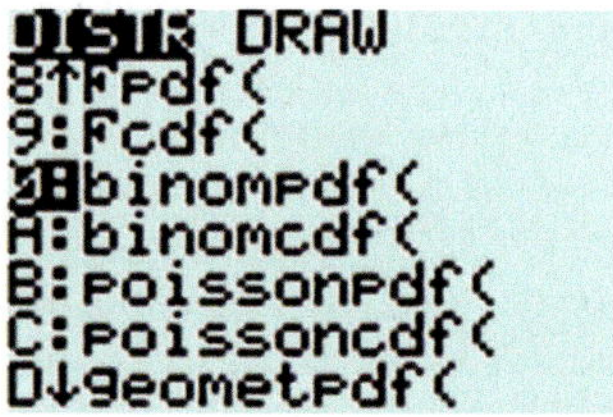

Fig. 2

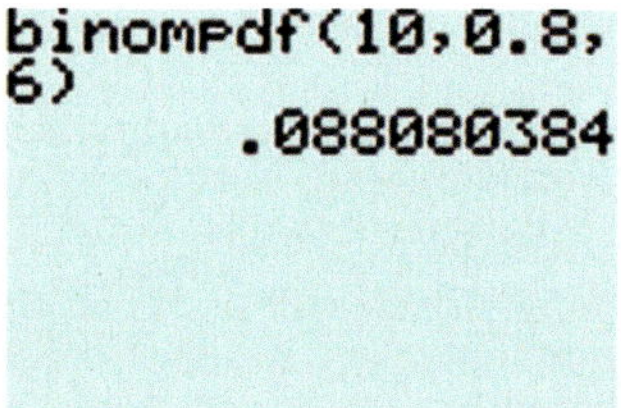

Fig. 3

In knapp 9 % aller Fälle werden genau sechs von 12 Tieren geheilt.

b) Gesucht wird die Wahrscheinlichkeit

Fig. 4

$P(X \geqq 9) = P(X = 9) + P(X = 10) = \binom{10}{9} \cdot 0{,}8^9 \cdot 0{,}2^1 + \binom{10}{10} \cdot 0{,}8^{10} \cdot 0{,}2^0 \approx 0{,}3758$

(Berechnung mit dem GTR in Fig. 4). In rund 38 % aller Fälle werden neun oder 10 Tiere geheilt.

Aufgaben

2 Geben Sie zu der binomialverteilten Zufallsvariable X die Parameter n und p der entsprechenden Binomialverteilung an.

a) Ein idealer Würfel wird viermal geworfen. X beschreibt die Anzahl der Vierer.

b) Ein ideale Münze wird achtmal geworfen. X beschreibt die Anzahl der Wappen.

c) Eine Maschine zum Abfüllen von Konservendosen hält nach Herstellerangaben die Mindesteinwaage zu 95 % ein. Der laufenden Produktion werden zehn Konservendosen entnommen. X beschreibt die Anzahl der Dosen, die weniger als die Mindesteinwaage enthalten.

d) Bei serienmäßig gefertigten Schaltern einer bestimmten Produktion ist jeder 40. Schalter defekt. Dieser Produktion werden zehn Schalter zur Kontrolle entnommen. X beschreibt die Anzahl der defekten Schalter.

Primzahlen sind 2, 3, 5, 7, 11, 13, usw. Sie sind nur durch 1 und sich selbst teilbar. 1 zählt nicht dazu!

3 Ein idealer Würfel wird zehnmal geworfen. Wie groß ist die Wahrscheinlichkeit

a) genau fünfmal eine Primzahl b) mindestens einmal eine Primzahl

c) höchstens einmal eine Primzahl zu werfen?

4 Zur Behandlung einer Krankheit erhalten sechs Patienten ein Medikament, das erfahrungsgemäß mit einer Wahrscheinlichkeit von 70 % zur Heilung dieser Krankheit führt.
a) Mit welcher Wahrscheinlichkeit werden alle sechs Patienten geheilt?
b) Mit welcher Wahrscheinlichkeit wird genau ein Patient nicht geheilt?
c) Wie groß ist die Wahrscheinlichkeit, dass mindestens ein Patient geheilt wird?
d) Wie groß ist die Wahrscheinlichkeit, dass fünf oder mehr Patienten genesen?

5 Eine Firma, die einen Massenartikel in Paketen zu je 15 Stück vertreibt, vereinbart, dass Pakete mit mehr als zwei schadhaften Stücken nicht berechnet werden. Man weiß, dass durchschnittlich 2 % der Artikel schadhaft sind. Wie groß ist die Wahrscheinlichkeit in Prozent, dass die Firma ein Paket nicht berechnet?

6 Etwa 12,5 % einer Bevölkerung sind Linkshänder. Wie groß ist die Wahrscheinlichkeit, dass von acht zufällig ausgewählten Personen dieser Bevölkerung
a) genau einer Linkshänder ist
b) alle Rechtshänder sind
c) höchstens einer Linkshänder ist
d) mehr als sechs Linkshänder sind
e) sich mehr als sechs Linkshänder oder weniger als zwei Linkshänder befinden?

7 Ein Multiple-Choice- Test besteht aus zehn Fragen. Für jede Frage werden drei Antworten angeboten, von denen jeweils genau eine richtig ist. Jemand kreuzt bei den Fragen je eine Antwort zufällig an.
a) Wie groß ist die Wahrscheinlichkeit für genau vier richtige Antworten?
b) Jemand erhält die Note „ausreichend", wenn er vier oder mehr richtige Antworten gibt. Wie groß ist die Wahrscheinlichkeit, dass jemand den Test besteht, wenn er ausschließlich rät? Beurteilen Sie das Ergebnis.
c) Beantworten Sie Aufgabenteil b), wenn mindestens sieben richtige Antworten für das Bestehen des Tests verlangt werden.
d) Wie groß ist die Wahrscheinlichkeit, alle Antworten falsch zu haben?

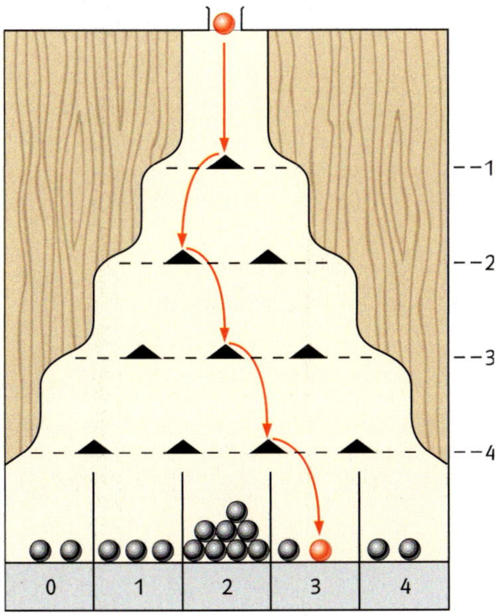

Fig. 1

8 In Fig. 1 ist ein vierreihiges Galton-Brett abgebildet. Die Kugeln treffen in jeder Reihe auf einen Nagel und werden jeweils mit gleicher Wahrscheinlichkeit nach links oder nach rechts abgelenkt. In Fig. 1 ist ein möglicher Weg eingezeichnet.
a) Berechnen Sie die Wahrscheinlichkeit, dass eine Kugel in das Fach mit der Nummer 1 fällt und die Wahrscheinlichkeit, dass sie in das Fach 3 fällt.
b) Zeigen Sie, dass die Wahrscheinlichkeit, dass eine Kugel in das Fach 0 fällt, gleich ist der Wahrscheinlichkeit, ins Fach 4 zu fallen.
c) Berechnen Sie die Wahrscheinlichkeit, dass eine Kugel in das mittlere Fach fällt.
d) Notieren Sie die Wahrscheinlichkeiten, dass die Kugel in das Fach X = 0, 1, 2, 3, 4 fällt in Form einer Wahrscheinlichkeitstabelle. Zeichnen Sie dazu ein Stabdiagramm.

Sir Francis Galton (1822–1911), englischer Naturforscher

12 Hilfsmittel bei Binomialverteilungen

1 Ein idealer Würfel wird 100-mal geworfen. Treffer ist die Zahl „6“ mit $p = \frac{1}{6}$ pro Wurf.

a) Berechnen Sie $P(X = k)$ für $k = 15; 16; 17; 18; 19; 20$.

b) Berechnen Sie die Wahrscheinlichkeit für das Ereignis „mindestens 15 und höchstens 20 Treffer“.

Bei größeren Werten von n nehmen die Wahrscheinlichkeiten für einzelne Trefferzahlen k ab. Man ist dann in der Regel mehr daran interessiert, mit welcher Wahrscheinlichkeit ein Ergebnis einer Bernoulli-Kette in einem bestimmten Intervall liegt. Dazu kann man mit Tabellen arbeiten, den GTR oder eine Tabellenkalkulation heranziehen. Das Vorgehen dabei wird an einem Beispiel erläutert.

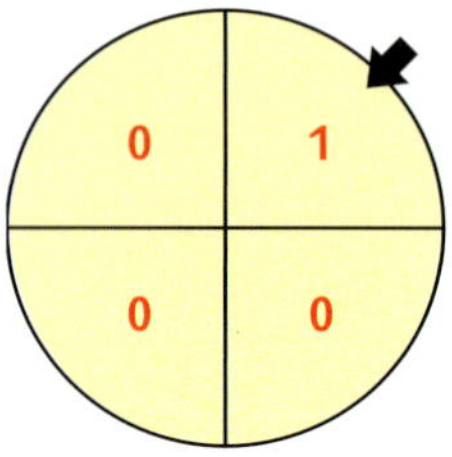

Beispiel

Das Glücksrad von Fig. 1 wird 10-mal gedreht. Das Erscheinen von 1 gilt als Treffer. Bestimmen Sie die Wahrscheinlichkeit für

a) $P(X = 2)$ b) $P(X \leqq 4)$ c) $P(X \geqq 7) = 1 - P(X \leqq 6)$

Lösung:

Es handelt sich um eine Bernoulli-Kette der Länge 10 mit $p = 0{,}25$.

Arbeiten mit Tabellen:

a) Trefferzahl $k = 2$

Man schlägt in der Tabelle auf Seite 364 bei $n = 10$, $k = 2$ in Spalte mit $p = 0{,}25$ nach und liest die gesuchte Wahrscheinlichkeit ab.

Binomialverteilung $B_{n;\,p}(k) = \binom{n}{k} \cdot p^k \cdot (1-p)^{n-k}$

Wachscheinlichkeitsverteilung

n	k	0,02	0,03	0,05	0,10	1/6	0,20	0,25	0,30	1/3	0,40	0,50		n
	0	0,8171	7374	5987	3487	1615	1074	0563	0282	0173	0060	0010	10	
	1	1667	2281	3151	3874	3230	2684	1877	1211	0867	0403	0098	9	
	2	0153	0317	0746	1937	2907	3020	2816	2335	1951	1209	0439	8	
	3	0008	0026	0105	0574	1550	2013	2503	2668	2601	2150	1172	7	
	4		0001	0010	0112	0543	0881	1460	2001	2276	2508	2051	6	
10	5			0001	0015	0130	0264	0584	1029	1366	2007	2461	5	10

Es ist $P(X = 2) \approx 0{,}2816$

b) Trefferzahl kleiner oder gleich 4

Man schlägt in der Tabelle mit der Summenverteilung auf Seite 365 bei $n = 10$, $k = 4$ in Spalte mit $p = 0{,}25$ nach und liest die gesuchte Wahrscheinlichkeit ab.

Binomialverteilung $F_{n;\,p}(k) = \sum_{i=0}^{k} \binom{n}{i} \cdot p^i \cdot (1-p)^{n-i}$

Summenverteilung

n	k	0,02	0,03	0,05	0,10	1/6	0,20	0,25	0,30	1/3	0,40	0,50		n
	0	0,8171	7374	5987	3487	1615	1074	0563	0282	0173	0060	0010	9	
	1	9838	9655	9139	7361	4845	3758	2440	1493	1040	0464	0107	8	
	2	9991	9972	9885	9298	7752	6778	5256	3828	2991	1673	0547	7	
	3		9999	9990	9872	9303	8791	7759	6496	5593	3823	1719	6	
10	4			9999	9984	9845	9672	9219	8497	7869	6331	3770	5	10
	5				9999	9976	9936	9803	9527	9234	8338	6230	4	
	6					9997	9991	9965	9894	9803	9452	8281	3	

Es ist $P(X \leqq 4) = P(X = 0) + P(X = 1) + P(X = 2) + P(X = 3) + P(X = 4) \approx 0{,}9219$

c) Trefferzahl größer oder gleich 7

Bei Tabellen ist es nicht möglich, jedes mögliche p für Treffer anzugeben!

Da $P(X \geqq 7) = 1 - P(X \leqq 6)$ ist kann man ebenfalls mit der Tabelle arbeiten.

Man erhält $P(X \geqq 7) \approx 1 - 0{,}9965 \approx 0{,}0035$.

Die Wahrscheinlichkeit, mehr als 6-mal die 1 zu erhalten, liegt bei 0,35 %.

Arbeiten mit dem GTR:

a) Trefferzahl k = 2:
Im [DISTR]-Menü wählt man A:binompdf(und gibt der Reihe nach n, p und k ein. Damit erhält man P(X = 2) ≈ 0,2816.

b) Trefferzahl k ≦ 4:
Im [DISTR]-Menü wählt man A:binomcdf(und gibt der Reihe nach n, p und k ein. Damit erhält man P(X ≦ 4) ≈ 0,9219.

c) Trefferzahl k ≧ 7:
1 – binomcdf(10,0.25,6) liefert das Ergebnis: P(X ≧ 7) ≈ 0,0035

Fig. 1

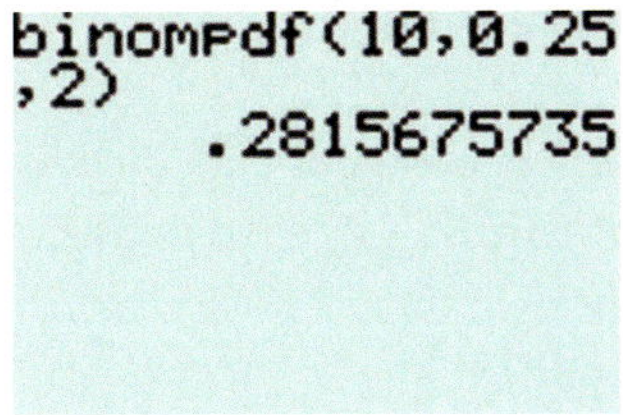

Fig. 2

Fig. 3

Fig. 4

pdf: probability density function

cdf: cumulative density function

Mit dem GTR erhält man zu jedem p für Treffer die zugehörigen Wahrscheinlichkeiten.

Arbeiten mit einem Tabellenkalkulationsprogramm

Mit Tabellenkalkulationsprogrammen können die Wahrscheinlichkeiten P(X = k) und P(X ≦ k) bestimmt werden. Das Programm EXCEL ermöglicht dies mit dem Befehl BINOMVERT.
Zur Bestimmung von P (X = k) gibt man den Befehl BINOMVERT(k;n;p;0) ein.
Zur Bestimmung von P (X ≦ k) gibt man den Befehl BINOMVERT(k;n;p;1) ein.

a) Trefferzahl k = 2:

D6 ▼ = =RUNDEN(BINOMKONVERT(D5; 10; 0,25; 0); 4)

	A	B	C	D	E	F	G	H	I	J	K	L
1												
2	Länge der Bernoullikette:				10							
3	Trefferwahrscheinlichkeit:				0,25							
4												
5	k =	0	1	2	3	4	5	6	7	8	9	10
6	P(X = k) =	0,0563	0,1877	0,2816	0,2503	0,146	0,0584	0,0162	0,0031	0,0004	0	0
7												
8												
9												
10												

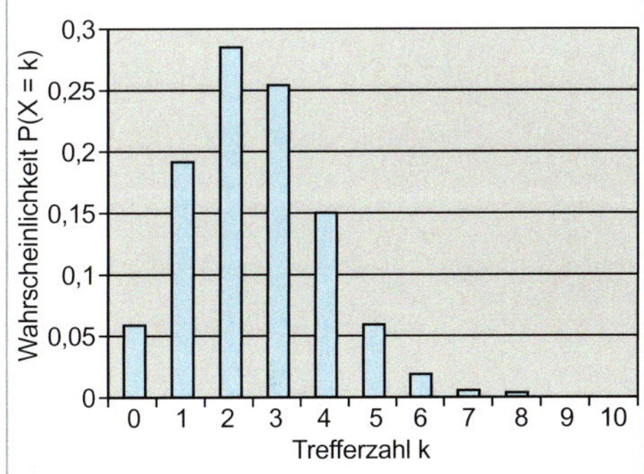

b) Trefferzahl k ≦ 4:

D6 ▼ = =RUNDEN(BINOMKONVERT(D5; 10; 0,25; 1); 4)

	A	B	C	D	E	F	G	H	I	J	K	L
1												
2	Länge der Bernoullikette:				10							
3	Trefferwahrscheinlichkeit:				0,25							
4												
5	k =	0	1	2	3	4	5	6	7	8	9	10
6	P(X = k) =	0,0563	0,244	0,5256	0,7759	0,9219	0,9803	0,9965	0,9996	1	1	1
7												
8												
9												
10												

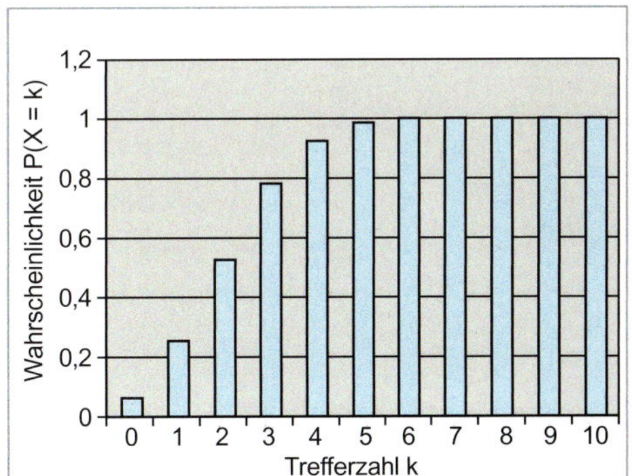

c) Trefferzahl k ≧ 7:
P(X ≧ 7) = 1 – P(X ≦ 6) ≈ 1 – 0,9965 ≈ 0,0035

Bemerkung: Man wird natürlich nur mit dem zur Verfügung stehenden Hilfsmittel arbeiten.

Aufgaben

2 Gegeben ist eine BERNOULLI-Kette der Länge 20 mit der Trefferwahrscheinlichkeit 0,4. Die Zufallsgröße X gibt die Anzahl der Treffer an. Bestimmen Sie die Wahrscheinlichkeit.

a) $P(X = 6)$ b) $P(X < 6)$ c) $P(X \leqq 6)$ d) $P(X > 6)$
e) $P(X = 8)$ f) $P(X > 11)$ g) $P(4 < X < 10)$ h) $P(4 \leqq X \leqq 10)$

3 Ein idealer Würfel wird 100-mal geworfen. Mit welcher Wahrscheinlichkeit fällt die „6"

a) genau 10-mal
b) mehr als 25-mal
c) mindestens 15-mal und höchstens 25-mal
d) höchstens 15-mal oder mindestens 25-mal?

4 Ein Knopf wird zehnmal geworfen. Die Wahrscheinlichkeit für „Vorderseite" beträgt 0,4. Mit welcher Wahrscheinlichkeit fällt

a) in den ersten drei Würfen „Vorderseite" und sonst nur „Rückseite"
b) nur im fünften und zehnten Wurf „Vorderseite"
c) höchstens dreimal „Vorderseite"?

links schreiben:

rechts schreiben:

5 In einer Bevölkerung sind ca. 20 % Linkshänder. Wie groß ist die Wahrscheinlichkeit, dass von 15 Personen dieser Bevölkerung

a) genau eine Person Linkshänder ist
b) mindestens eine Person Linkshänder ist
c) höchstens zwei Personen Linkshänder sind
d) mehr als drei Personen Linkshänder sind?

6 Ein Händler erhält Lieferungen, bei denen ein Ausschussanteil von höchstens 5 % zugelassen ist. Zur Überprüfung der Lieferungen wird folgender Prüfplan vorgeschlagen:
Die Lieferung wird abgelehnt, wenn in einer Stichprobe von 20 Stück mindestens zwei Stück Ausschuss sind.
In wie viel Prozent der Fälle ist zu erwarten, dass die Lieferung zurückgesandt wird?

7 In einer Werkskantine werden freitags ein Fischgericht und zwei weitere Menüs angeboten. Erfahrungsgemäß wählt ein Drittel der 100 Kantinenbesucher das Fischgericht.
Die Küche bereitet 33 Fischgerichte vor. Wie groß ist die Wahrscheinlichkeit, dass diese 33 Fischgerichte nicht ausreichen?

8 Eine Firma stellt Haartrockner her und garantiert, dass mindestens 975 von 1000 der ausgelieferten Geräte einwandfrei arbeiten. Die Haartrockner werden in Kartons zu je zehn Stück geliefert. Ein Großabnehmer der Geräte kontrolliert die Lieferungen so:
Sind in einem zufällig ausgewählten Karton zwei oder mehr Geräte defekt, so nimmt er die gesamte Lieferung nicht an. In allen anderen Fällen nimmt er die Lieferung an.
Mit welcher Wahrscheinlichkeit lehnt er eine Lieferung ab, wenn die Herstellergarantie zutrifft?

9 In einer Klinik werden pro Jahr durchschnittlich 200 Patienten mit einem bestimmten Medikament behandelt.
Erfahrungsgemäß treten bei einer solchen Behandlung in 37 von 1000 Fällen unerwünschte Nebenwirkungen auf.
Wie groß ist die Wahrscheinlichkeit, dass in dieser Klinik im Laufe eines Jahres bei mehr als acht mit dem Medikament behandelten Patienten solche Nebenwirkungen auftreten?

13 Erwartungswert, Standardabweichung, Sigmaregeln

1 In einer Fabrik werden die hergestellten Teile von einem Kontrolleur überprüft, der jedes Teil mit der Wahrscheinlichkeit 99 % richtig beurteilt.
Wie viele falsche Entscheidungen sind bei 1000 Kontrollen zu erwarten?

Der Erwartungswert bei einer BERNOULLI-Kette ist sehr einfach zu bestimmen: Ist z.B. die Wahrscheinlichkeit pro Treffer bei einem Schützen $p = 0{,}80$, so ist zu erwarten, dass er bei $n = 100$ unabhängig erfolgten Schüssen $n \cdot p = 100 \cdot 0{,}80 = 80$ Treffer hat.
Bei binomialverteilten Zufallsvariablen kann man zeigen, dass die Varianz $\sigma^2 = n \cdot p \cdot (1 - p)$ ist.
Damit gilt für die Standardabweichung $\sigma = \sqrt{n \cdot p \cdot (1 - p)}$. Im Falle des Schützen ist somit
$\sigma = \sqrt{100 \cdot 0{,}80 \cdot 0{,}20} = \sqrt{16} = 4$.

Ist X eine binomial verteilte Zufallsvariable mit n Wiederholungen und der Wahrscheinlichkeit p für Treffer, so gilt für den
Erwartungswert $\mathbf{E(X) = n \cdot p}$
und die Standardabweichung $\boldsymbol{\sigma_X = \sqrt{n \cdot p \cdot (1 - p)}}$.

Der Erwartungswert E(X) wird häufig auch mit μ (sprich mü) bezeichnet.

Zeichnet man die Wahrscheinlichkeitsverteilung für das obige Beispiel und trägt den Mittelwert und die Standardabweichung ein, so erhält man Fig. 1.
Die Anzahl der Treffer bei einer BERNOULLI-Kette konzentriert sich mehr oder weniger stark um den Erwartungswert $\mu = E(X)$.
Die Bedeutung der Standardabweichung σ besteht nun darin, dass bei einer BERNOULLI-Kette der Länge n ca. 68 % aller Treffer in dem Intervall $[\mu - \sigma; \mu + \sigma]$ liegen. Das zugehörige Intervall ist in Fig. 1 schwarz gezeichnet. Im Bereich zwischen $\mu - 2\sigma$ und $\mu + 2\sigma$ liegen schon 95,5 % aller Treffer (rot in Fig. 1) und im blauen Intervall $[\mu - 3\sigma; \mu + 3\sigma]$ liegen die Treffer mit der sehr hohen Wahrscheinlichkeit von 99,7 %, d.h. fast alle Ergebnisse liegen in diesem Intervall. Die Länge n der BERNOULLI-Kette spielt dabei keine Rolle, solange für die Standardabweichung $\sigma > 3$ gilt. Es ist wichtig zu wissen, dass dieser Sachverhalt für jede Binomialverteilung gilt!

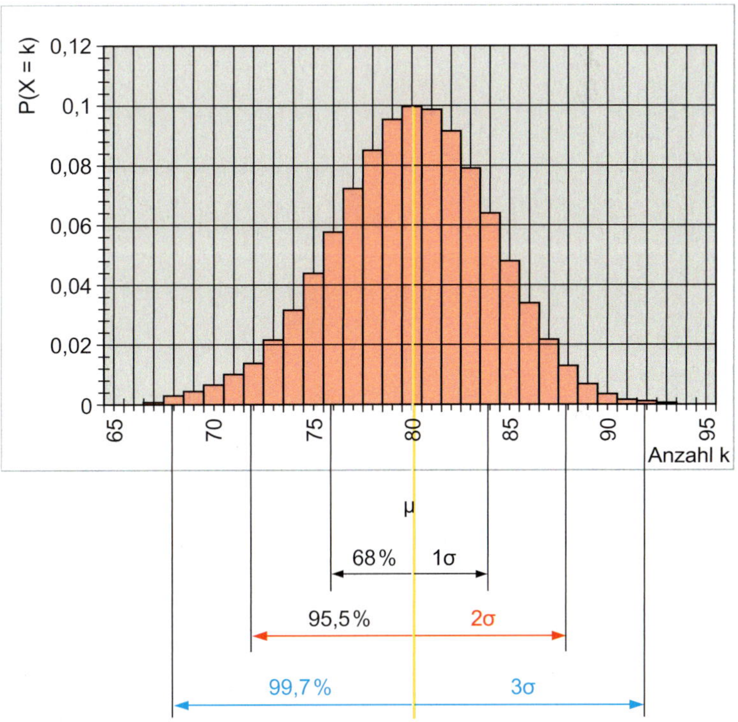

Fig. 1

Für jede BERNOULLI-Kette der Länge n und der Wahrscheinlichkeit p für „Treffer" gelten für die Zufallsvariable X die **Sigmaregeln**:

$P(\mu - \sigma \leqq X \leqq \mu + \sigma) \approx 0{,}680$ (1σ-Regel),
$P(\mu - 2\sigma \leqq X \leqq \mu + 2\sigma) \approx 0{,}955$ (2σ-Regel),
$P(\mu - 3\sigma \leqq X \leqq \mu + 3\sigma) \approx 0{,}997$ (3σ-Regel).

Dabei sollte $\sigma \geqq 3$ sein.

Weitere Regeln:

$P(\mu - 1{,}64\sigma \leqq X \leqq \mu + 1{,}64\sigma) \approx 0{,}90$ (90 %-Regel),
$P(\mu - 1{,}96\sigma \leqq X \leqq \mu + 1{,}96\sigma) \approx 0{,}95$ (95 %-Regel),
$P(\mu - 2{,}58\sigma \leqq X \leqq \mu + 2{,}58\sigma) \approx 0{,}99$ (99 %-Regel).

Mit den σ-Regeln lassen sich Aussagen darüber gewinnen, welche Trefferzahl zu erwarten ist, wenn man eine Wahrscheinlichkeit dafür vorgibt (Beispiele 2 und 3).

Beispiel 1 Erwartungswert, Standardabweichung

Auf einem Jahrmarkt wird folgendes Spiel mit einem Einsatz von 1 € angeboten:
In einer Urne liegen 14 weiße und eine rote Kugel. Beim Zug der roten Kugel erhält man 10 €. Jede Kugel wird nach dem Ziehen wieder in die Urne gelegt.

a) X ist die Zufallsvariable für Treffer (= rote Kugel). Man spielt 30 Spiele. Bestimmen Sie die Wahrscheinlichkeit p für Treffer und den Erwartungswert.

b) Mit welchem Gewinn kann der Standbetreiber bei 30 Spielen rechnen?

Lösung:

a) Die Wahrscheinlichkeit für Treffer ist $p = \frac{1}{15}$. 30 Spiele einer BERNOULLI-Kette mit n = 30.
Damit gilt $\mu = E(X) = 30 \cdot \frac{1}{15} = 2$, d.h., bei 30 Spielen kann man erwarten 2-mal zu gewinnen.

b) Bei 30 Spielen hat der Betreiber 30 € eingenommen; er muss damit rechnen, 20 € auszuzahlen (da zwei Spiele gewonnen werden). Damit beträgt sein Gewinn 10 €.

Diese Frage ist sehr realistisch, da man in diesem Falle Vorsorge treffen kann, um ein Chaos zu vermeiden.

Beispiel 2 Anwendung der 99 %-Regel

Ein defekter Parkscheinautomat codiert ca. 4 % aller Parkkarten falsch, so dass eine Ausfahrt nicht möglich ist. An einem Wochenende wird der Parkplatz von 500 Autofahrern angefahren. Schätzen Sie ab, wie viele dieser PkW-Fahrer mit einer Wahrscheinlichkeit von 99 % Probleme bei der Ausfahrt haben werden.

Lösung:

X gibt die Anzahl der falsch codierten Parkscheine an. Mit n = 500 und p = 0,04 erhält man
$\mu = E(X) = 500 \cdot 0{,}04 = 20$; $\sigma^2 = 500 \cdot 0{,}04 \cdot 0{,}96 = 19{,}2$; also $\sigma \approx 4{,}38$.
Nach der 99 %-Regel $P(\mu - 2{,}58\sigma \leqq X \leqq \mu + 2{,}58\sigma) \approx 0{,}99$ gilt damit
$P(20 - 2{,}58 \cdot 4{,}38 \leqq X \leqq 20 + 2{,}58 \cdot 4{,}38) \approx 0{,}99$, also $P(8{,}70 \leqq X \leqq 31{,}30) \approx 0{,}99$.
Damit werden etwa mit 99 %-iger Wahrscheinlichkeit zwischen 9 und 31 PkW-Fahrer Probleme bei der Ausfahrt bekommen.

Alter	Anteil der Raucher
15 – 20	25,5
20 – 25	46,6
25 – 30	43,8
30 – 35	41,3
35 – 40	40,8
40 – 45	41,4
45 – 50	40,4
50 – 55	35,1
55 – 60	30,5
60 – 65	23,1
65 – 70	16,8
70 – 75	13,4
> 75	9,3

nach www.rauchfrei.de/raucherstatistik.htm

Beispiel 3 Anwendung der 95 %-Regel

Im Alter zwischen 15 und 20 Jahren rauchen 25,5 % der deutschen Bevölkerung. In einer Schule mit 640 Schülern in diesem Alter rauchen 118 Schüler.
Untersuchen Sie, wie viele Raucher unter den 640 Schülern laut Statistik mit 95 % Wahrscheinlichkeit zu erwarten sind. Welchen Schluss muss man daraus für die Schule ziehen?

Lösung:

Nimmt man die 640 Schüler der Schule und befragt sie, ob sie rauchen oder nicht, und bezeichnet man einen Raucher als Treffer, so liegt eine BERNOULLI-Kette mit n = 640 und p = 0,255 für Treffer vor. Es ist:
$\mu = E(X) = 640 \cdot 0{,}255 = 163{,}2$; $\sigma^2 = 640 \cdot 0{,}255 \cdot 0{,}745 = 121{,}584$; also $\sigma \approx 11{,}03$.
Nach der 95 %-Regel $P(\mu - 1{,}96\sigma \leqq X \leqq \mu + 1{,}96\sigma) \approx 0{,}95$ gilt damit
$P(163{,}2 - 1{,}96 \cdot 11{,}03 \leqq X \leqq 163{,}2 - 1{,}96 \cdot 11{,}03) \approx 0{,}95$, also $P(141{,}6 \leqq X \leqq 184{,}8) \approx 0{,}95$.
Es wären mit 95 %-iger Wahrscheinlichkeit zwischen 142 und 184 Raucherinnen oder Raucher zu erwarten, wenn man von p = 25,5 % ausgeht.
Man kann also davon ausgehen, dass das Ergebnis an der Schule **signifikant** vom Erwartungswert abweicht, mit anderen Worten ausgedrückt: An dieser Schule trifft es mit 95 %-iger Wahrscheinlichkeit nicht zu, dass 25,5 % rauchen. Es müssen weniger sein.

Aufgaben

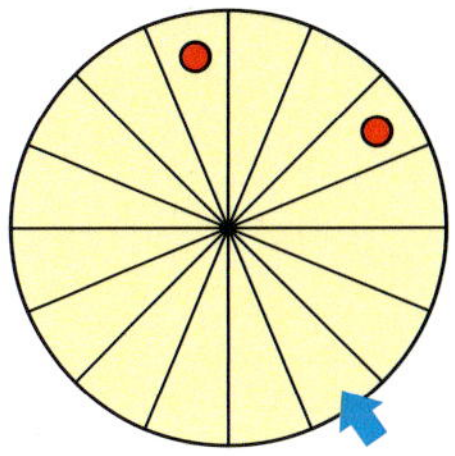

2 Auf einem Schulfest wird ein Glücksrad aufgestellt. Der Einsatz ist 20 ct. Wird ein Feld mit einem Punkt getroffen, so erhält man 1 €.
a) X ist die Zufallsvariable für die Anzahl der Treffer (roter Punkt). Es wird damit gerechnet, dass 800 Gäste dieses Spiel mitmachen. Berechnen Sie den Erwartungswert von X und berechnen Sie damit die voraussichtlichen Ausgaben.
b) Welcher Gewinn wird voraussichtlich mit dem Glücksrad gemacht, wenn man von 800 Personen ausgeht?
c) Die Schülerinnen, die das Glückrad betreiben, wollen „sicher" sein, dass sie auch wirklich einen Gewinn machen. Bestimmen Sie deshalb mithilfe der 3σ-Regel, wie viele Treffer mit 99,7%-iger Wahrscheinlichkeit bei 800 Spielen zu erwarten sind. Bestimmen Sie damit, wie groß voraussichtlich der Gewinn mindestens bzw. höchstens ausfallen wird.

3 Der Erwartungswert für die Wirkung eines Schmerzmittels ist bei 120 Versuchspersonen 108.
a) Bestimmen Sie die Wahrscheinlichkeit p für die Wirksamkeit des Mittels.
b) Bestimmen Sie die Standardabweichung.
c) Bei einem Test mit 450 Personen wirkte das Mittel bei 420 von ihnen. Ist dieser Wert mit 95%-iger Wahrscheinlichkeit zu erwarten?

4 Einen Auszug aus der Kriminalstatistik zeigt Fig. 1. Im Folgenden wird davon ausgegangen, dass für jeden Fall die Wahrscheinlichkeit zur Aufklärung die gleiche ist.
Man nimmt an, dass die Aufklärungsquoten bis zum Jahr 2014 etwa mit denen von 2005 übereinstimmen.

Straftaten(gruppen)	2005	2006
Mord und Totschlag Vergewaltigung und Nötigung	95,8	96,1
§§ 177 Abs. 2, 3 und 4, 178 StGB	83,7	83,0
Raubdelike	50,9	50,8
Gefährliche und schwere Körperverletzung	83,5	84,2
(Vorsätzliche leichte) Körperverletzung	90,3	90,9
Straftaten gegen die persönliche Freiheit	89,9	90,4

Fig. 1

Im Internet: www.bka.de/pks

a) Wie groß ist der Erwartungswert der Aufklärung für „Vergewaltigung und sexuelle Nötigung" im Jahre 2010, wenn mit 8300 Fällen zu rechnen ist?
b) Wie viele von 2500 zu erwartenden Fällen von „Mord und Totschlag" werden mit 99%-iger Wahrscheinlichkeit 2009 aufgeklärt?

So kann man nicht schlank werden:

5 Eine Vertriebsfirma von Schlankmachern behauptet, ihre Erfolgsquote (= Trefferquote) liege bei 85%, indem die Teilnehmer innerhalb von vier Wochen mindestens 5 kg ihres Gewichts verlören. Eine Testzeitung schickt 80 übergewichtige Personen zur Kur.
a) Wie viele der Personen können mit einem Erfolg rechnen?
b) Bei 62 Personen war die Kur erfolgreich. Prüfen Sie, ob diese Zahl im 2σ-Intervall liegt. Kann die Firma also ihre Behauptung mit sehr hoher Wahrscheinlichkeit aufrecht erhalten?

6 In Mecklenburg-Vorpommern leiden 1,39% der Zweitklässler unter Legasthenie (LRS). Diesen Wert soll auch für Grundschulen in Deutschland gelten.
a) Wie groß ist der Erwartungswert an LRS-Kindern in einer Grundschule mit 350 Schülern?
b) Mit wie vielen LRS-Kindern ist an dieser Grundschule mit 99%-iger Wahrscheinlichkeit mindestens bzw. höchstens zu rechnen?

Legasthenie ist eine Lese-Rechtschreib-Schwäche

7 Eine Partei behauptet, sie werde 12% der Stimmen bei der Landtagswahl erhalten.
Es werden 500 Personen befragt, von denen sich 45 für die Partei aussprechen. Liegt diese Zahl im erwarteten Bereich oder muss davon ausgegangen werden, dass die Partei ihre Ziele zurückschrauben muss?

14 Vermischte Aufgaben

Ereignisse – Pfadregel

1 Es wird mit einem idealen Würfel zweimal hintereinander gewürfelt.

a) Fertigen Sie ein Baumdiagramm an und notieren Sie alle möglichen Ergebnisse.

b) Geben Sie folgende Ereignisse an:

A: „Die Augensumme ist 8“.

B: „Die Augensumme ist größer als 9“.

C: „Das Produkt der Augenzahlen ist 12“.

D: „Die Augenzahl des ersten Würfels ist doppelt so groß wie die Augenzahl des zweiten“.

E: „Der erste Würfel zeigt eine beliebige Augenzahl, der zweite eine 6“.

Mit einem Baum geht alles besser!

2 In Kästchen 1 liegen drei Karten mit den Buchstaben S, U und A, in Kästchen 2 befinden sich vier Karten mit den Buchstaben H, L, A und W. Gezogen wird jeweils eine Karte.

a) Wie groß ist die Wahrscheinlichkeit, dass beim 3-maligen Ziehen der drei Karten aus dem Kästchen 1 (ohne Zurücklegen) das Wort „AUS“ gezogen wird?

b) Wie groß ist die Wahrscheinlichkeit, dass beim 4-maligen Ziehen der drei Karten aus dem Kästchen 2 (ohne Zurücklegen) das Wort „WAHL“ gezogen wird?

c) Es wird blind eines der Kästchen 1 oder 2 gewählt und daraus dann eine Karte gezogen. Wie groß ist die Wahrscheinlichkeit, dass ein „A“ gezogen wird.

d) Die Karten werden nun in ein Kästchen geworfen. Man zieht eine Karte, notiert den Buchstaben und legt sie wieder zurück. Dies geschieht 4-mal hintereinander. Wie groß ist die Wahrscheinlichkeit, dass das Wort „LAUS“ erscheint?

3 Die Beiträge von vier Redakteuren A, B, C und D einer großen Zeitung wurden im Hinblick auf Rechtschreibfehler untersucht. Dabei ergab sich die Tabelle von Fig. 1.

Redakteur	A	B	C	D
Zahl der Beiträge	120	80	190	120
fehlerhafte Beiträge	16	24	19	6

Fig. 1

a) Berechnen Sie für jeden Redakteur die relative Fehlerhäufigkeit pro Beitrag.

b) Bei einer Besprechung werden von den 80 Artikeln des Redakteurs B zufällig drei ausgewählt und begutachtet. Erstellen Sie ein Baumdiagramm und berechnen Sie die Wahrscheinlichkeiten der Ereignisse

E: „Alle drei Beiträge sind fehlerfrei“.

F: „Genau zwei Beiträge sind fehlerfrei“.

G: „Mindestens ein Beitrag ist fehlerfrei“.

H: „Höchstens ein Beitrag ist fehlerfrei“.

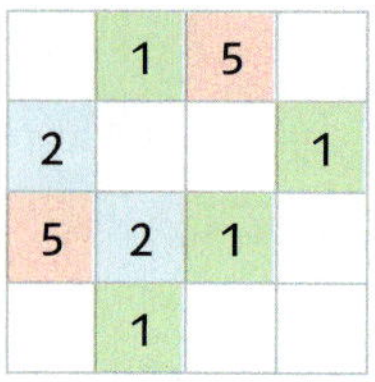

Fig. 2

4 Eine Glücksspielunternehmen bietet folgendes Spiel bei einem Einsatz von 2 € an. Auf einem Bildschirm mit 16 gleich großen leeren Feldern (Fig. 2) wird auf ein Feld getippt. Es erscheint ein rotes, blaues, grünes oder weißes Feld. Die auf dem Feld befindliche Zahl gibt den Betrag in EURO an, der ausgezahlt wird. Bei jedem Spiel wechseln die Felder zufällig ihren Ort.

a) Erstellen Sie ein Baumdiagramm und geben Sie für die Zufallsvariable X = Gewinn die Wahrscheinlichkeitsverteilung an.

b) Berechnen Sie den Erwartungswert pro Spiel. Geben Sie unter Einbeziehung des Einsatzes an, wie hoch der zu erwartende Verlust pro Spiel ist. Mit welchem Gewinn kann der Spielebetreiber bei 1000 Spielen rechnen?

c) Wie muss der Auszahlungsbetrag für 5 € erhöht werden, wenn bei unverändertem Einsatz von 2 € das Spiel fair sein soll?

d) Hans spielt das Spiel 2mal hintereinander. Geben Sie für die folgenden Ereignisse die Wahrscheinlichkeiten an:

A: „Hans gewinnt nichts“.

B: „Hans gewinnt 10 €“.

C: „Hans macht 3 € Verlust“.

D: „Hans macht keinen Verlust“.

Kombinatorik

5 Bei einer Hochzeit werden noch sechs Gäste erwartet. Die Reihenfolge ihres Erscheinens ist unbekannt. Auf wie viele Arten ist dies möglich?

6 In einem ICE sind im Großraumabteil noch fünf Plätze frei. Es steigen drei Fahrgäste zu und suchen einen freien Platz. Auf wie viele Arten ist dies möglich?

7 Wie viele Zahlen mit ungleichen Ziffern gibt es, wenn diese
a) dreistellig b) vierstellig c) fünfstellig d) zwölfstellig
sind?

8 Bilden Sie aus den Buchstaben E, I, S, H und L (beliebige) Wörter mit drei Buchstaben.
a) Wie viele Wörter gibt es, wenn keine Wiederholungen auftreten sollen?
b) Wie viele Wörter mit Wiederholungen gibt es?

9 Wie viele Autokennzeichen einer Stadt kann man aus zwei Buchstaben und drei Ziffern bilden? Reichen diese für Berlin (ca. 3,45 Millionen Einwohner) aus, wenn jeder dritte Einwohner Autobesitzer ist. Was tut man, um die Zahl der Kennzeichen um den Faktor 10 zu erhöhen?

Bernoulli-Ketten – Binomialverteilung

10 Eine ideale Münze wird geworfen. Die Zufallsvariable X soll zählen, wie oft Zahl fällt.
a) Es wird 10-mal geworfen. Wie groß ist die Wahrscheinlichkeit für die Ereignisse A, B, C und D?
A: „Es fällt beim 1. Wurf Zahl, sonst nur Wappen".
B: „Es fällt genau fünfmal Zahl".
C: „Es fällt mindestens dreimal Zahl".
b) Es wird 1000-mal geworfen. Berechnen Sie den Erwartungswert und die Standardabweichung und geben Sie die Bedeutung der 1σ-Regel für dieses Experiment an.
c) Geben Sie den Bereich an, in dem sich mit 99%-iger Wahrscheinlichkeit die Wurfzahlen bei 1000 Würfen bewegen.

11 In einer Stadt sind ca. 10% der volljährigen Einwohner Mitglied im Sportverein. Bei der Umfrage eines Instituts für Konsumforschung werden 100 zufällig ausgewählte Personen hinsichtlich ihrer Freizeitkleidung befragt.
a) Wie groß ist die Wahrscheinlichkeit, dass mindestens 1 Vereinsmitglied darunter ist?
b) Wie groß ist die Wahrscheinlichkeit, dass höchstens 1 Vereinsmitglied darunter ist.
c) Wie viele Vereinsmitglieder sind unter den 100 Personen mindestens bzw. höchstens zu erwarten, wenn man diese Aussage mit 99%-iger Sicherheit machen will.

12 Eine Maschine, die Mehl in 1-kg-Tüten abfüllt, arbeitet mit hoher Genauigkeit. Trotzdem weisen 1,15% der Packungen Abweichungen nach unten auf, die 2 g oder mehr betragen. Eine große Kaufhauskette prüft eine Sendung mit 1000 Stück.
a) Mit welcher Wahrscheinlichkeit weichen höchstens 10 Packungen vom Normgewicht ab?
b) Zeigen Sie, dass die Wahrscheinlichkeit, mehr als 15 nicht korrekt abgefüllte Tüten zu erwischen, bei ca. 12% liegt.
c) Bei der Kontrolle zeigt sich, dass 24 Tüten ein zu kleines Gewicht aufweisen. Untersuchen Sie, welches die maximale Abweichung mit 99,7%-iger Wahrscheinlichkeit ist. Welchen Schluss ziehen Sie daraus? Welche Mitteilung lassen Sie der abfüllenden Firma zukommen?

Mogeln mit Statistik

Die Lust am Manipulieren hat bereits FRANCIS BACON (1509–1579) erkannt: „The human understanding, once it has adopted opinions, ... draws everything else to support and agree with them."

Ein Bild sagt oft mehr als tausend Worte. Nach diesem Sprichwort werden uns täglich in Zeitungen und Zeitschriften wie auch im Internet statistische Informationen in Form von Diagrammen und Piktogrammen präsentiert. Diese sollen uns Botschaften übermitteln. Viele Grafiken sind einwandfrei, mitunter wird aber auch gemogelt, um beim Leser einen gewünschten Eindruck hervorzurufen.

Unangemessene Skalierungen

Durch die Wahl von Skalierungen, insbesondere durch das Ein- und Ausblenden des Koordinatenursprungs, kann man mit Diagrammen sehr verschiedene Eindrücke erzeugen.
Während Fig. 1 eine gewaltige Zunahme der Mitglieder in einem Verein signalisiert – die Mitgliederzahlen scheinen um mehr als das Vierfache gestiegen zu sein – macht Fig. 2 deutlich, dass die Zunahme unbedeutend ist. Berechnet man sie, so kommt man nur auf den Wert $\frac{18}{6575} \approx 0{,}0027 = 0{,}27\%$ innerhalb von sieben Jahren.

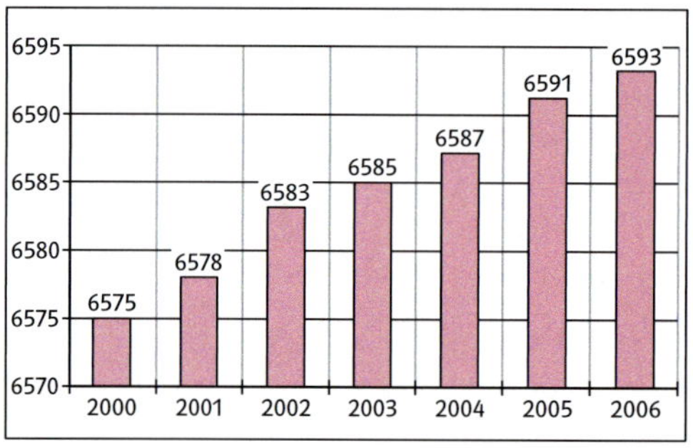

Fig. 1

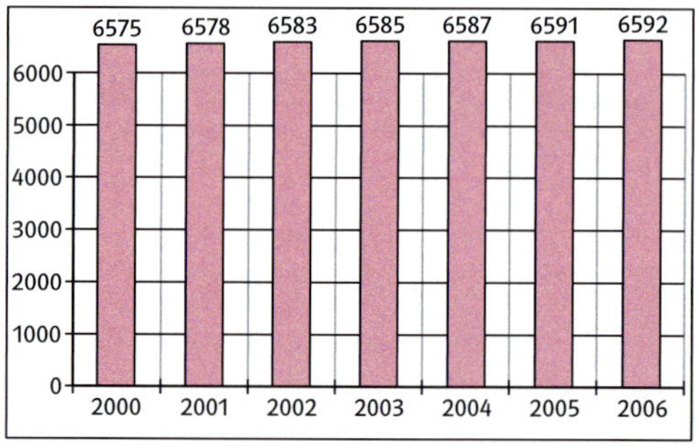

Fig. 2

Ein weiteres Beispiel ist die Entwicklung der Weltbevölkerung (in Millionen Einwohner) mit den Darstellungen von Fig. 3 und Fig. 4.

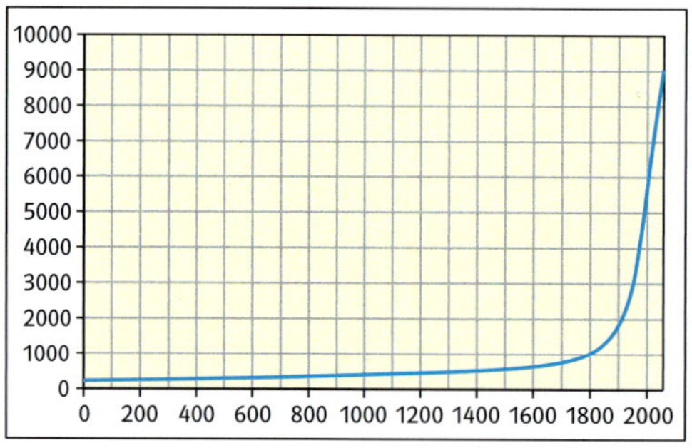

Fig. 3

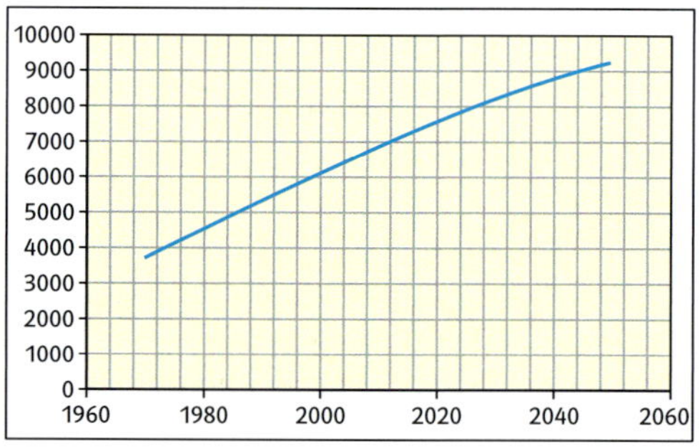

Fig. 4

Schlechte räumliche Darstellungen können einen falschen Eindruck vermitteln:

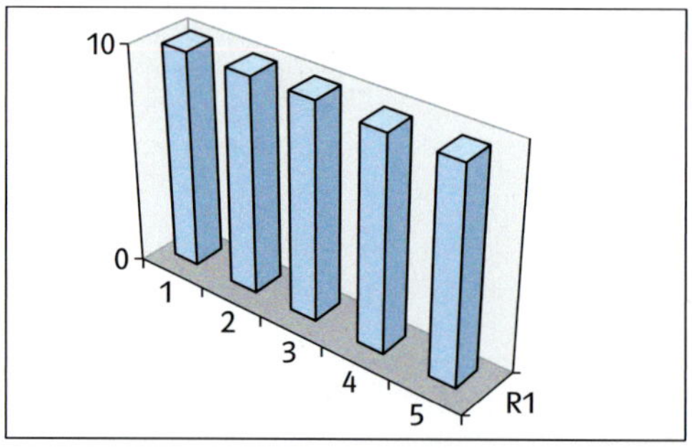

Fig. 5

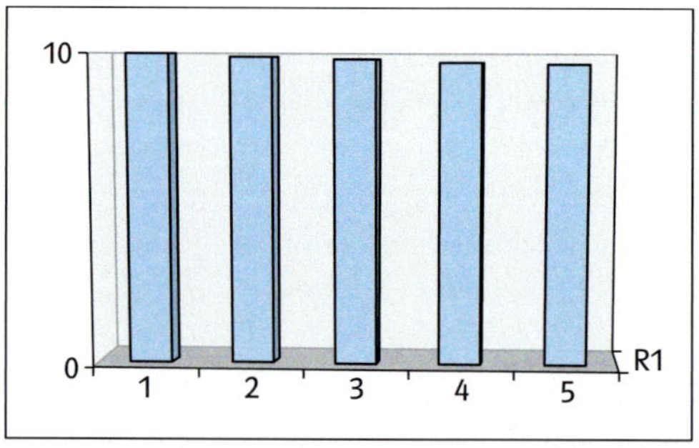

Fig. 6

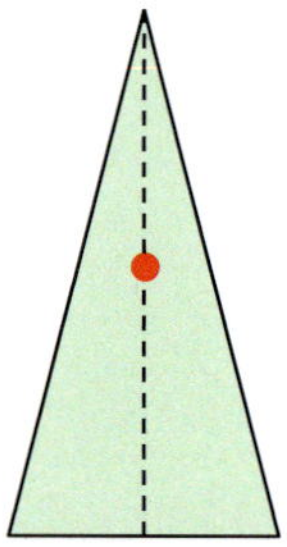

Ist der Punkt die Mitte der Strecke oder nicht?

Ein eklatantes Beispiel ist das Folgende zur Müllvermeidung. Die Darstellung in Fig. 1 stammt aus einer Zeitschrift und erweckt den Eindruck, dass die Müllvermeidung in der Bevölkerung stark voranschreitet. Durch Fig. 2 kommt das wahre Ausmaß jedoch exakter zum Vorschein:

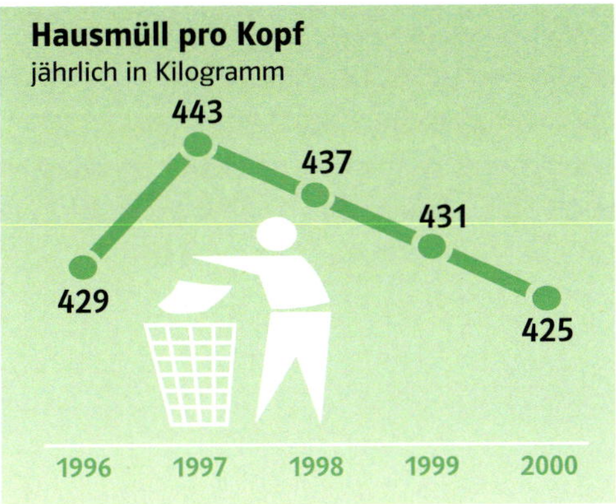

Fig. 1

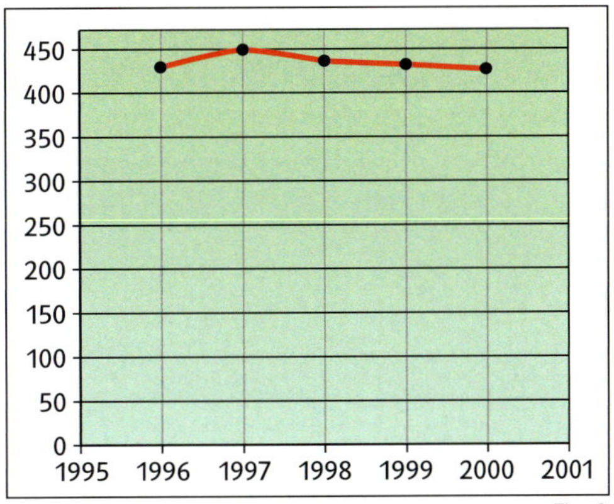

Fig. 2

Fig. 3 zeigt, wodurch der optische Eindruck, dass ernorm viel Müll eingespart wird, zustande kommt:
Die x-Achse wird nach oben verlegt. Dadurch erscheinen die wahren Müllmengen nicht mehr. Es liegt also keine Proportionalität mehr vor, wenn die Einsparung von 14 kg Müll pro Einwohner 58 % des Abstands von der x-Achse ausmachen, die in der Realität tatsächlich nur 3 % betragen. Dadurch entsteht ein falscher Eindruck, den man auch als „Lügenfaktor" bezeichnen kann.

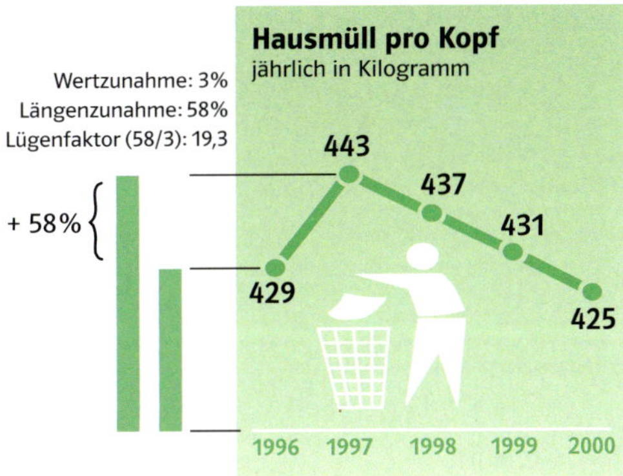

Fig. 3

Untersuchen Sie die folgenden Grafiken im Hinblick auf Täuschungen oder Irreführung.

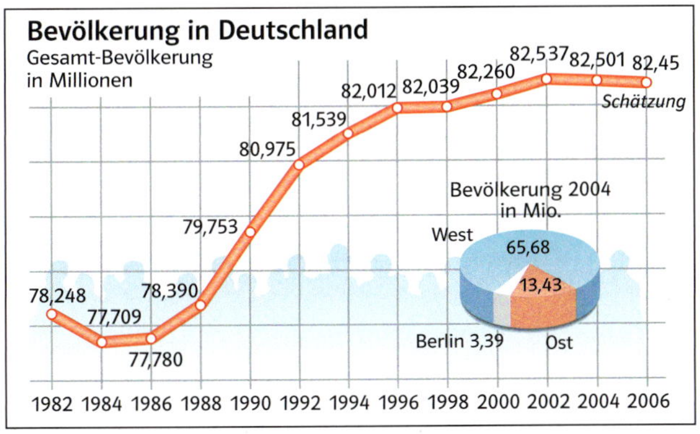

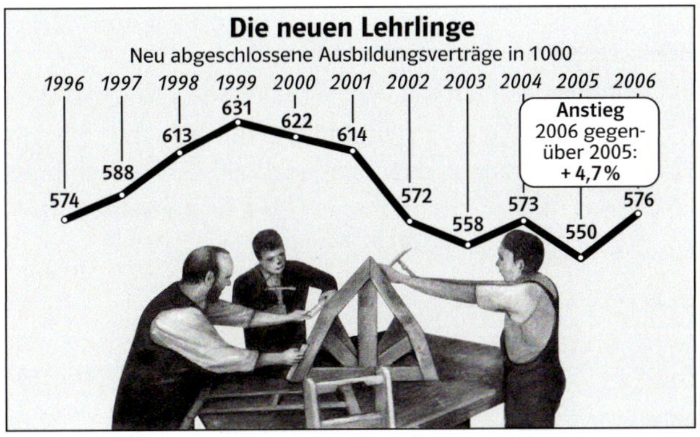

Aus der Zeitung „Neckarquelle" vom 18.04.2007

Lesen Sie Grafiken in Tageszeitungen und Zeitschriften mit großer Sorgfalt. Wahrscheinlich gelingt es Ihnen rasch, selbst solche Mogeldarstellungen zu entdecken.

Mehr zum Thema findet man im Internet und in der Literatur:
http://www.bissantz.de/pub/Luegen_mit_Statistiken.pdf
W. Krämer: So lügt man mit Statistik, Campus-Verlag, Frankfurt am Main.

Rückblick

Zufallsexperiment – Ereignis

Ein Experiment, bei dem man das Ergebnis nicht vorhersagen kann, nennt man **Zufallsexperiment**. Alle möglichen Ergebnisse bilden die Ergebnismenge S.
Eine Teilmenge A von S nennt man **Ereignis**. Ein Ereignis kann durch eine Zufallsvariable beschrieben werden.
Wird ein Zufallsexperiment sehr oft durchgeführt, so ändern sich die relativen Häufigkeiten der einzelnen Ergebnisse nur noch wenig (**Gesetz** der **großen Zahlen**).

Zufallsexperiment: Würfeln mit einem Spielwürfel
Ergebnismenge $S = \{1; 2; 3; 4; 5; 6\}$
Ereignis $A = \{5; 6\}$, geschrieben
mit X = Augenzahl: $X > 4$
Würfelt man sehr oft, so pendeln sich die relativen Häufigkeiten für jede Augenzahl bei $\frac{1}{6}$ ein.

Wahrscheinlichkeitsverteilung

Jedem Ereignis wird eine Zahl zwischen 0 und 1 zugeordnet.

X	1	2	3	4	5	6
$P(X = x_i)$	$\frac{1}{6}$	$\frac{1}{6}$	$\frac{1}{6}$	$\frac{1}{6}$	$\frac{1}{6}$	$\frac{1}{6}$

Laplace-Experiment

Sind alle Ergebnisse gleich wahrscheinlich, so gilt für das Ereignis A:

$$P(A) = \frac{\text{Anzahl der Ergebnisse, bei denen A eintritt}}{\text{Anzahl aller möglichen Ergebnisse}}$$

Für $A = \{5; 6\}$ gilt, da jede Augenzahl gleich wahrscheinlich ist: $P(A) = \frac{2}{6} = \frac{1}{3}$

Pfadregel

In einem Baumdiagramm erhält man die Wahrscheinlichkeit eines Ergebnisses am Ende eines Pfades, indem man die Wahrscheinlichkeiten längs des Pfades multipliziert.

2-maliges Würfeln:

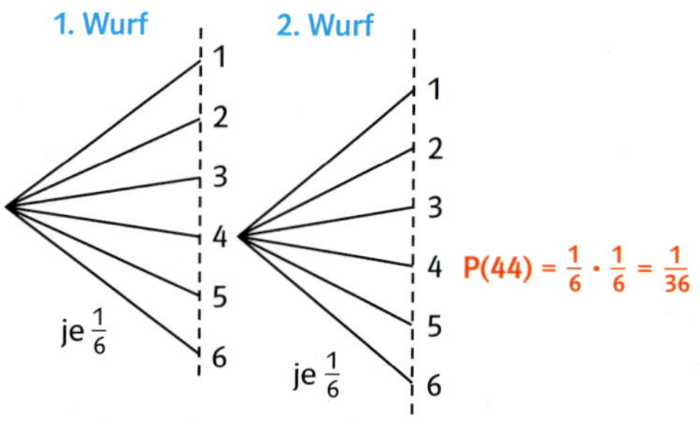

Erwartungswert – Varianz –Standardabweichung

Kommen die Ergebnisse $x_1, \ldots, x_n$ der Zufallsvariablen X mit den Wahrscheinlichkeiten $p_1, \ldots, p_n$ vor, so heißt
$E(x) = \mu = x_1 \cdot p_1 + x_2 \cdot p_2 + \ldots + x_n \cdot p_n$ der **Erwartungswert**,
$V_X = (x_1 - \mu)^2 \cdot p_1 + (x_2 - \mu)^2 \cdot p_2 + \ldots + (x_n - \mu)^2 \cdot p_n$ die **Varianz**,
und $\sigma_X = \sqrt{V(X)}$ die **Standardabweichung** von X.

$\mu = 1 \cdot \frac{1}{6} + 2 \cdot \frac{1}{6} + \ldots + 5 \cdot \frac{1}{6} + 6 \cdot \frac{1}{6} = \frac{21}{6} = 3{,}5$
$\sigma^2 = (1 - 3{,}5)^2 \cdot \frac{1}{6} + \ldots + (6 - 3{,}5)^2 \cdot \frac{1}{6} = \frac{35}{12} \approx 2{,}92;$
$\sigma \approx 1{,}71.$

Bernoulli-Kette – Binomialverteilung

Ein Zufallsexperiment mit zwei Ergebnissen und der Wahrscheinlichkeit p für Treffer und $q = 1 - p$ für Niete heißt Bernoulli-Experiment.
Ein Zufallsexperiment, das aus n unabhängigen Durchführungen desselben Bernoulli-Experimentes besteht, heißt **Bernoulli-Kette** der Länge n. Für die Anzahl X der Treffer gilt dann

$$P(X = k) = \binom{n}{k} \cdot p^k \cdot (1 - p)^{n-k} \quad \text{für } k = 0; 1; 2; \ldots; n$$

$P(X = k)$ heißt **Binomialverteilung** mit den Parametern n und p.

Es wird 20-mal mit einem Spielwürfel geworfen. X ist die Anzahl der Treffer (es fällt eine 6): $n = 20$; $p = \frac{1}{6}$.
Wahrscheinlichkeit für genau 3 Sechser bei 20 Würfen: $P(X = 3) = \binom{20}{3} \cdot \left(\frac{1}{6}\right)^3 \cdot \left(\frac{5}{6}\right)^{17} \approx 0{,}238;$

höchstens 3 Sechser: $P(X \leqq 3) \approx 0{,}567$

Sigmaregeln

Für eine Bernoulli-Kette der Länge n und der Wahrscheinlichkeit p für Treffer gilt: $\mu = n \cdot p$ und $\sigma = \sqrt{n \cdot p \cdot (1 - p)}$.
Ferner gilt:
$P(\mu - \sigma \leqq X \leqq \mu + \sigma) \approx 0{,}680$ (1σ-Regel),
$P(\mu - 2\sigma \leqq X \leqq \mu + 2\sigma) \approx 0{,}955$ (2σ-Regel),
$P(\mu - 3\sigma \leqq X \leqq \mu + 3\sigma) \approx 0{,}997$ (3σ-Regel) für $\sigma \geqq 3$.

Bei 360-maligem Würfeln ist:
$\mu = 360 \cdot \frac{1}{6} = 60;\quad \sigma = \sqrt{360 \cdot \frac{1}{6} \cdot \frac{1}{5}} \approx 7{,}07.$
Damit sind unter 360 Würfen mit der Wahrscheinlichkeit 95,5 % mindestens $60 - 2 \cdot 7 = 46$ und höchstens $60 + 2 \cdot 7 = 74$ Sechser.

Aufgaben zum Üben und Wiederholen

1 Eine Gruppe, die ein Projekt initieren soll, besteht aus 4 Herren und 2 Damen. Die beiden Sprecher des Projekts werden durch Losentscheid ermittelt: Dazu werden die Namen auf 6 Zettel notiert und 2 Zettel nacheinander gezogen. Wie groß ist die Wahrscheinlichkeit, dass
a) beide Damen b) zwei Herren c) eine Dame und ein Herr Projektsprecher werden?

2 Aus der Urne von Fig. 1 werden blind drei Kugeln ohne Zurücklegen gezogen. Gesucht ist die Wahrscheinlichkeit, dass
a) keine rote Kugel dabei ist.
b) keine blaue Kugel dabei ist.
c) eine Kugel rot und zwei blau sind.
d) mindestens zwei rote Kugeln dabei sind.

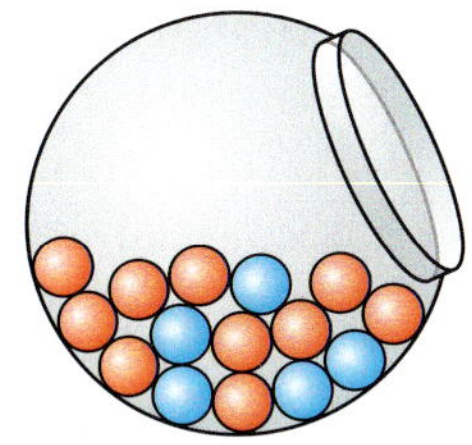

Fig. 1

3 Bei einem Schachturnier treten vier gleich starke Spieler Boris, Oleg, Irina und Katharina an.
a) Wie viele Platzierungen auf den ersten vier Plätzen sind möglich?
b) Wie groß ist die Wahrscheinlichkeit, dass Oleg Letzter wird?
c) Wie groß ist die Wahrscheinlichkeit, dass Katharina den 2. Platz belegt?
d) Wie groß ist die Wahrscheinlichkeit, dass Boris und Oleg vor den beiden Mädchen liegen?

4 Bei einem Gewinnspiel werden zwei Glücksräder gleichzeitig gedreht (Fig. 2). Dabei ist das Feld von „2“ doppelt so groß wie das von „1“. Aus dem Ergebnis wird eine Zahl gebildet: Das Ergebnis des roten Rades ergibt die Zehnerziffer, das des blauen die Einerziffer.
a) Erstellen Sie für das Spiel ein Baumdiagramm und die Wahrscheinlichkeitverteilung.
b) Berechnen Sie die Wahrscheinlichkeiten der Ereignisse A: „Die Zahl ist größer als 20“ und B: „Die Zahl ist eine Primzahl“.
c) Der Einsatz pro Spiel beträgt 1€. Erhält man die Zahl „11“, so werden 5€ ausbezahlt. Ist das Ergebnis „12“ oder „13“, so wird 1€ ausbezahlt, ansonsten erhält man nichts.
Wie groß ist die Wahrscheinlichkeit, 5€, 1€ bzw. 0€ zu gewinnen?
d) Mit welchem Gewinn kann der Betreiber bei 1000 Spielen rechnen?
e) Wie müsste der Betreiber den Betrag für den Gewinn von 5€ abändern, wenn er ein faires Spiel betreiben möchte?
f) Wie groß ist die Wahrscheinlichkeit
(1) bei vier Spielen hintereinander mindestens einmal „11“ zu erhalten?
(2) bei sechs Spielen hintereinander mehr als einmal „11“ zu erhalten?

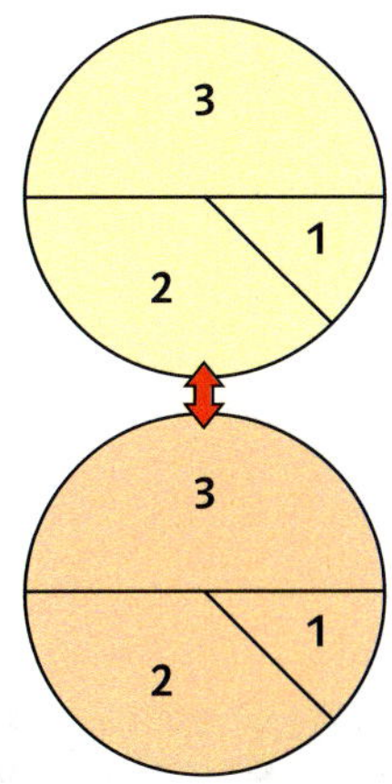

Fig. 2

5 Eine Maschine stellt Schrauben mit einem Ausschussanteil von 3% her. Wie groß ist
a) die Wahrscheinlichkeit, dass unter 15 Schrauben genau drei unbrauchbare Schrauben sind
b) die Wahrscheinlichkeit, dass unter 10 Schrauben weniger als drei Ausschussstücke sind?

6 Eine Untersuchung über die relative Häufigkeit von Brillenträgern hatte das nebenstehende Ergebnis.
a) Mit welcher Wahrscheinlichkeit trugen im Jahre 1996 von 85 zufällig ausgewählten Personen, die mindestens 16 Jahre alt waren, mehr als 50 eine Brille? Wie groß war diese Wahrscheinlichkeit im Jahre 1952?
b) Mit welcher Wahrscheinlichkeit trugen im Jahre 1996 von 100 Frauen höchstens 60 eine Brille?

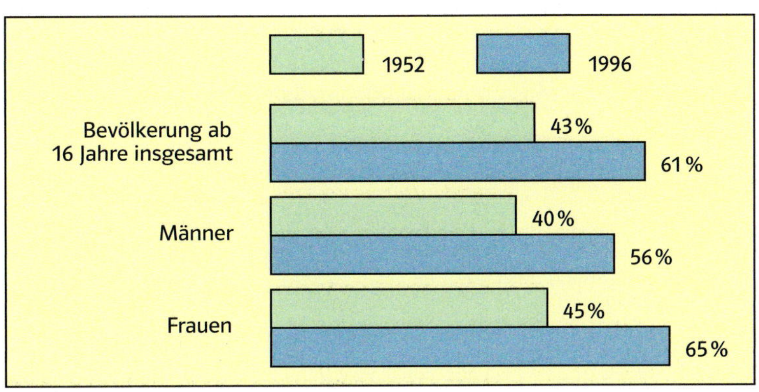

IX Vektorgeometrie

1 Räumliche Darstellungen

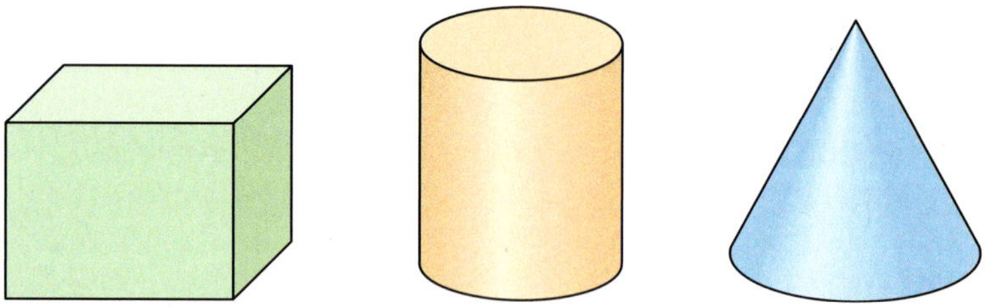

Fig. 1

1 a) Wie heißen die Körper, die in Fig. 1 dargestellt sind?
b) Zeichnen Sie die Körper, wenn man sich genau senkrecht über ihnen befindet.
c) Wie sehen die Körper aus, wenn man sie parallel zur ihrer Standfläche betrachtet?
d) Überlegen Sie, wie man die Körper im Raum eindeutig festlegen könnte.

In der Ebene lassen sich Punkte und damit Figuren eindeutig beschreiben, indem sie in einem Koordinatensystem mit zwei zueinander senkrechten Achsen dargestellt werden (Fig. 2). Es ist üblich, nicht wie bisher die Achsen mit x und y zu bezeichnen, sondern mit x_1 und x_2.
Punkte werden durch die Koordinaten p_1 (x_1-Wert) und p_2 (x_2-Wert) dargestellt: $P(p_1 | p_2)$. In Fig. 2 werden die Eckpunkte des dargestellten Rechtecks somit durch $A(0|0)$, $B(2|0)$, $C(2|1)$ und $D(0|1)$ beschrieben. Es kommt dabei auf die Reihenfolge der Koordinaten an: So darf $R(3|1)$ nicht mit $S(1|3)$ verwechselt werden.

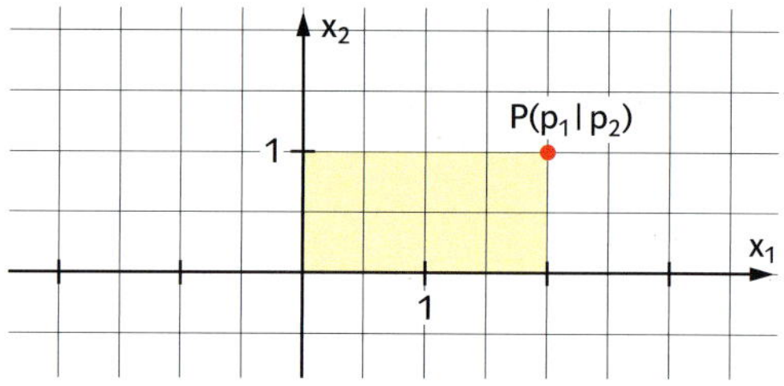

Fig. 2

Um Punkte im Raum darzustellen, benötigt man drei Achsen, die paarweise aufeinander senkrecht stehen und die sich alle in einem Punkt (dem Ursprung) schneiden. Ein solches Koordinatensystem wird nach dem Mathematiker René Descartes auch **kartesisches Koordinatensystem** genannt.
Da man drei zueinander senkrechte Achsen in der Ebene nicht zeichnen kann, wird die x_1-Achse „nach vorn", die x_2-Achse „nach rechts" und die x_3-Achse „nach oben" gezeichnet (Fig. 3). Um einen räumlichen Eindruck zu erreichen, wird die x_1-Achse in einem 135°-Winkel zur x_2-Achse gezeichnet. Die Einheiten auf der x_1-Achse werden verkürzt gegenüber denen auf den anderen Achsen gezeichnet. Verkürzungsfaktor ist $\frac{1}{2}\sqrt{2} \approx 0{,}71$. Das bedeutet bei zwei Kästchen auf der x_2- und x_3-Achse als Einheit, dass auf der x_1-Achse eine Kästchendiagonale die Längeneinheit 1 darstellt.

René Descartes
(1596–1650)
Descartes nannte sich in lateinischer Sprache Cartesius.

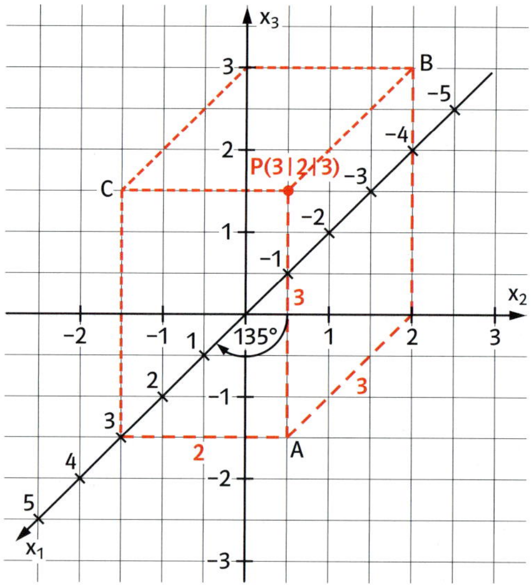

Fig. 3

Man kann somit Punkte im Raum mithilfe eines Zahlentripels $(p_1 | p_2 | p_3)$ angeben: In Fig. 3 ist der Punkt $P(3|2|3)$ gezeichnet. Man geht dazu drei Einheiten in x_1-Richtung, zwei Einheiten in x_2-Richtung und drei Einheiten in x_3-Richtung.

Der Punkt $A(3|2|0)$ in Fig. 3 liegt in der x_1x_2-Ebene, da die dritte Koordinate 0 ist. Entsprechend liegt der Punkt $B(0|2|3)$ in der x_2x_3-Ebene und $C(3|0|3)$ in der x_1x_3-Ebene.

Um Punkte und räumliche Gebilde im Raum darzustellen, verwendet man ein **kartesisches Koordinatensystem**. Dabei wird die x_1-Achse „nach vorn", die x_2-Achse „nach rechts" und die x_3-Achse „nach oben" gezeichnet. Auf der x_1-Achse sind die Einheiten gegenüber den Einheiten auf den anderen Achsen um den Faktor 0,7 verkürzt.
Punkte im Raum werden damit in der Form $P(p_1 | p_2 | p_3)$ durch drei Zahlenangaben festgelegt.

Es gibt auch andere Koordinatensysteme im Raum. So wird z. B. die Erdkugel durch Kreise in Koordinaten aufgeteilt:

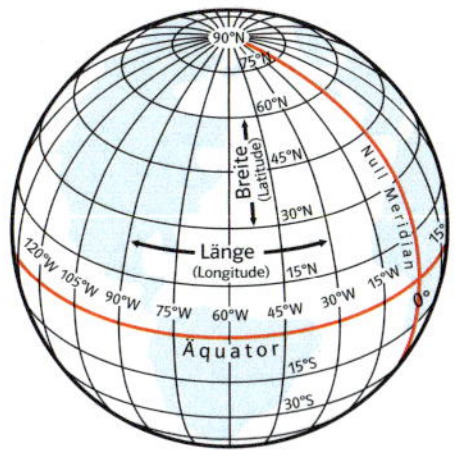

Häufig werden Bilder von Körpern auf Ebenen erzeugt, z. B. bei der Schattenbildung. Kennt man die Koordinaten von Punkten P, so kann man bei senkrechter Projektion auf die Koordinatenebenen die Koordinaten der projizierten Punkte angeben. So wird bei senkrechter Projektion des Punktes $P(1|3|2)$ auf die x_1x_2-Ebene (Fig. 1) der Wert $x_3 = 0$, während die anderen gleich bleiben. Damit hat der projizierte Punkt P_{12} die Koordinaten $P_{12}(1|3|0)$. Entsprechend erhält man die Punkte $P_{23}(0|3|2)$ auf der x_2x_3-Ebene und $P_{13}(1|0|2)$ auf der x_1x_3-Ebene.

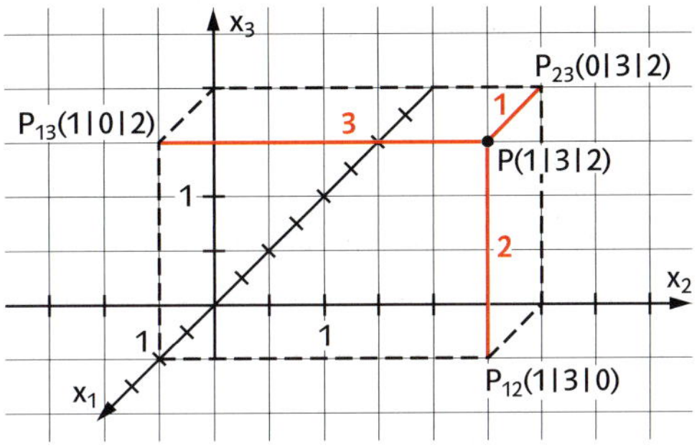

Fig. 1

Beispiel 1 Zeichnen und Ablesen
Ein Würfel ABCDEFGH hat die Eckpunkte $A(0|0|0)$, $B(1|0|0)$, $C(1|1|0)$, $D(0|1|0)$ und $H(0|1|1)$.
a) Zeichnen Sie diesen Würfel.
b) Geben Sie die Koordinaten der restlichen Eckpunkte E, F und G an.
c) Geben Sie die Koordinaten des Diagonalenschnittpunktes M im Viereck CDHG an.
Lösung:
a) Siehe Fig. 2.
b) $E(0|0|1)$; $F(1|0|1)$; $G(1|1|1)$
c) Der Diagonalenschnittpunkt M liegt von der x_2x_3-Ebene halb so weit entfernt wie B, also ist $m_1 = 0{,}5$. M liegt von der x_1x_3-Ebene so weit entfernt wie C, also ist $m_2 = 1$ und von der x_1x_2-Ebene halb so weit entfernt wie H: $m_3 = 0{,}5$. Damit ist $M(0{,}5|1|0{,}5)$.

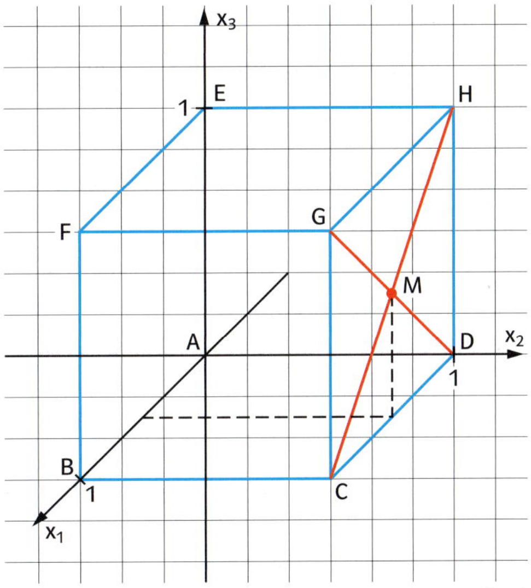

Fig. 2

Beispiel 2 senkrechte Projektion
Zeichnen Sie den Punkt $P(-4|1|-2{,}5)$ in ein Koordinatensystem.
a) Projizieren Sie P in der Zeichnung auf die x_1x_2-Ebene und die x_1x_3-Ebene.
b) Geben Sie die Koordinaten an.
Lösung:
a) Siehe Fig. 3.
b) $P_{12}(-4|1|0)$; $P_{13}(-4|0|-2{,}5)$

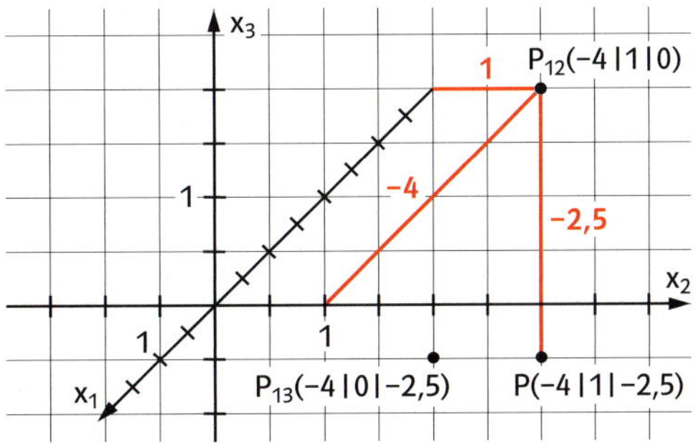

Fig. 3

Aus der folgenden Zeichnung können Sie ohne zusätzliche Angabe die Koordinaten des Punktes P nicht bestimmen!

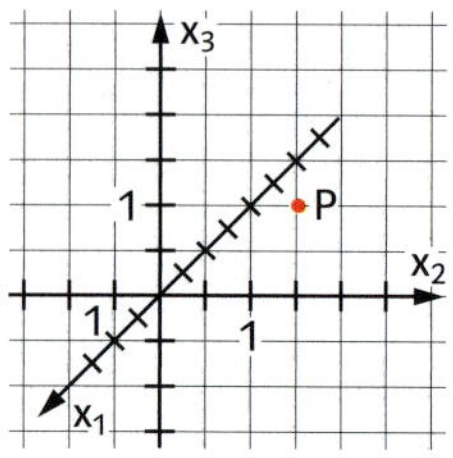

Beispiel 3 Bestimmen von Koordinaten

In Fig. 1 befinden sich die Punkte P und Q in der x_1x_2-Ebene, die Punkte R und S in der x_2x_3-Ebene, die Punkte T und U in der x_1x_3-Ebene. Bestimmen Sie die Koordinaten der Punkte.

Lösung:

Bei den Punkten P und Q, die in der x_1x_2-Ebene liegen, ist die 3. Koordinate 0 (Fig. 1): P(2 | 3 | 0), Q(4 | 4 | 0). Entsprechend gilt für R und S, dass $x_1 = 0$ ist: R(0 | 3 | 1), S(0 | −2 | −1). Für T und U in der x_1x_3-Ebene ist $x_2 = 0$: T(2 | 0 | 2), U(3 | 0 | −1).

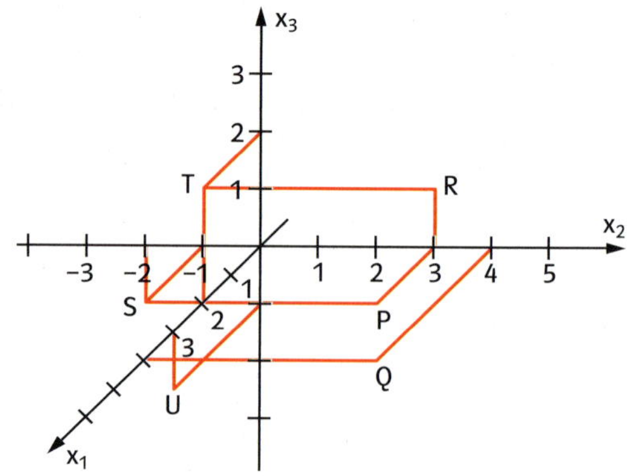

Fig. 1

Beispiel 4 Projektion eines Vierecks

Das Viereck ABCD mit den Eckpunkten A(0 | 1 | 0), B(1 | 2 | 3), C(5 | 1 | 6), D(4 | 0 | 3) wird senkrecht auf die x_1x_2-Ebene projiziert. Zeichnen Sie das Viereck und das projizierte Viereck A'B'C'D' und geben Sie die Koordinaten der Eckpunkte an.

Lösung:

Man zeichnet zunächst die Punkte A, B, C und D und verbindet sie (Fig. 2).

Bei Projektion auf die x_1x_2-Ebene wird der x_3-Wert jedes der Punkte A bis D null gesetzt, während die anderen Werte erhalten bleiben. Man erhält damit A'(0 | 1 | 0) = A, B'(1 | 2 | 0), C'(5 | 1 | 0) und D'(4 | 0 | 0). Man zeichnet diese Punkte und verbindet sie. A'B'C'D' ist dann das projizierte Viereck.

Es gilt allgemein, dass bei einer senkrechten Projektion parallele Geraden wieder auf parallele Geraden abgebildet werden.

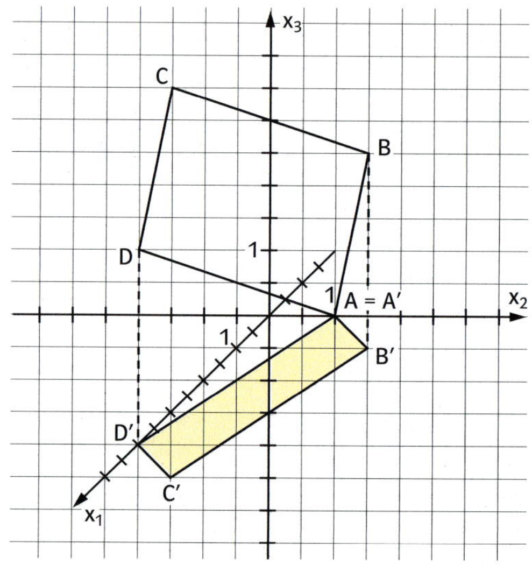

Fig. 2

Aufgaben

2 Ein Viereck ABCD hat die Seitenlängen $\overline{AB} = \overline{CD} = 3\,cm$, $\overline{AD} = \overline{BC} = 4\,cm$ und die Diagonale $\overline{AC}$ hat die Länge 5 cm. Der Punkt A soll im Ursprung liegen und der Schnittpunkt der beiden Diagonalen sei M.

a) Zeichnen Sie das Viereck in ein ebenes Koordinatensystem ein.

b) Geben Sie die Koordinaten der Punkte A, B, C und D sowie des Diagonalenschnittpunktes M an.

3 a) Zeichnen Sie die Punkte P(1 | 2 | 3), Q(2 | 1 | 3), R(1 | 3 | 2) und S(2 | 3 | 1) in ein kartesisches Koordintensystem ein.

b) Zeichnen Sie die Punkte A(2 | 3 | 4), B(−2 | 0 | 1), C(3 | −1 | 0) und D(0 | 0 | −3) in ein kartesisches Koordinatensytem ein.

4 Welche der folgenden Punkte liegen auf einer Koordinatenebene, welche auf einer Koordinatenachse?

Geben Sie gegebenenfalls die Koordinatenebene bzw. die Achse an.

a) A(1 | 2 | 0), B(2 | 1 | 0), C(0 | −1 | 2), D(−2 | 0 | 1), E(0 | 0 | 4), F(−2,5 | 0 | 0), G(0 | 13 | 0)

b) P(−3 | −1 | 4), Q(−3 | 0 | 4), R(−3 | 0 | 0), S(−3 | −1 | 0), T(0 | −1 | 0), U(0 | 0 | 4), V(0 | −1 | 4)

5 a) Wo liegen im räumlichen Koordinatensystem alle Punkte, deren x_1-Koordinate null ist (x_2-Koordinate und x_3-Koordinate null sind)?
b) Welche Koordinaten muss ein Punkt P haben, der auf der x_1-Achse (x_2-Achse, x_3-Achse) liegt?
c) Welche Koordinaten hat ein Punkt, der gleichzeitig auf allen drei Koordinatenachsen liegt?

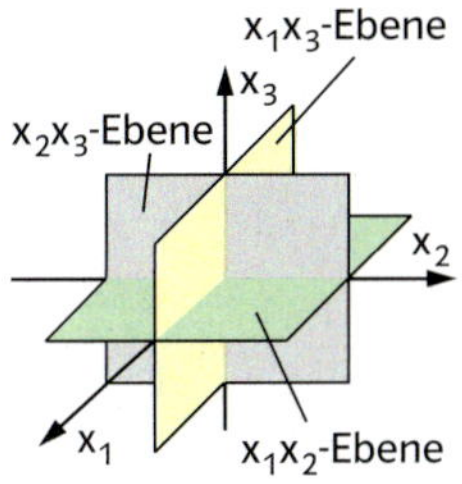

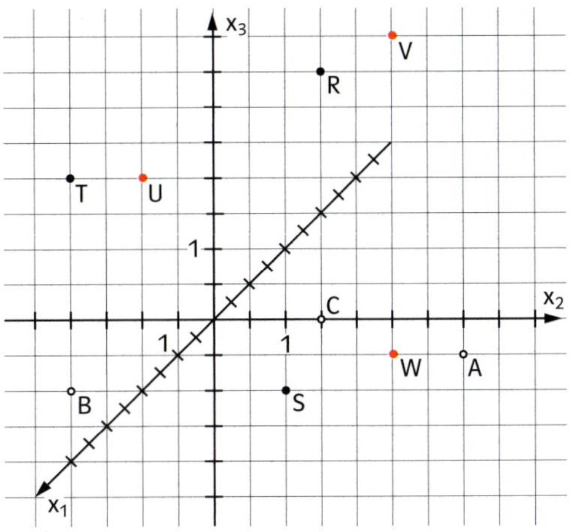

Fig. 1

6 In Fig. 1 befinden sich die Punkte A, B und C in der x_1x_2-Ebene, die Punkte R, S und T in der x_2x_3-Ebene, die Punkte U, V und W in der x_1x_3-Ebene.
Bestimmen Sie die Koordinaten dieser Punkte.

7 Zeichnen Sie die Punkte A(1|2), B(5|−1) und D(6|3) in ein ebenes Koordinatensystem ein und verbinden Sie diese zu einem Dreieck.
a) Spiegeln Sie die Punkte A, B und C an der x_1-Achse und verbinden Sie dann die Bildpunkte miteinander.
b) Geben Sie die Koordinaten der Bildpunkte an.

8 Welche Koordinaten haben die Bildpunkte von A(2|0|0), B(−1|2|−1), C(−2|3|4) und D(3|4|−2) bei der Spiegelung an der
a) x_1x_2-Ebene b) x_2x_3-Ebene c) x_1x_3-Ebene?

Eine gute Darstellung gibt einen guten Eindruck z.B. von einer Immobilie.

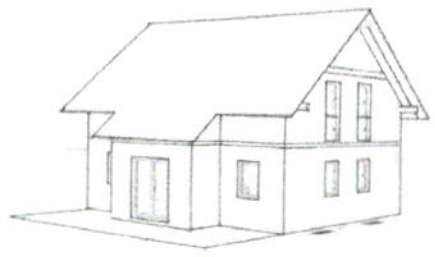

9 Gegeben sind die Punkte A(6|1|−4), B(6|5|−4), C(2|5|−4), D(2|1|−4), E(6|1|−1), F(6|5|−1), G(2|5|−1) und H(2|1|−1).
a) Zeichnen Sie die Punkte in ein räumliches Koordinatensystem ein und verbinden Sie die Punkte so, dass ein Quader entsteht.
b) Geben Sie die Maße des Quaders an.
c) Projizieren Sie den Quader auf die x_1x_3-Ebene und geben Sie Koordinaten der Bildpunkte an. Welche Punkte fallen bei der Projektion zusammen?

10 Die Punkte A(0|0|0), B(3|0|0), C(3|2|0), D(0|2|0) und E(0|0|2) sind die Eckpunkte eines Quaders.
a) Zeichnen Sie den Quader und geben Sie die Koordinaten der nicht aufgeführten Punkte an.
b) Bestimmen Sie die Mittelpunkte der Seitenflächen (Schnittpunkte der Diagonalen).

11 Welche Koordinaten haben die Punkte von A(2|0|0), B(−1|2|−1), C(−2|3|4) und D(3|4|−2) bei einer Verschiebung um
a) 4 Einheiten in die x_1-, 3 Einheiten in die x_2- und 2 Einheiten in die x_3-Richtung?
b) 2 Einheiten in die x_1-, 3 Einheiten in die x_2- und 4 Einheiten in die x_3-Richtung?

12 Die Cheops-Pyramide in Ägypten hat heute (früher war sie größer) eine quadratische Grundfläche von $50\,625\,m^2$ und ist rund 139 m hoch.
a) Wie lang ist die Grundkante?
b) Welche Koordinaten hat die Pyramidenspitze, wenn der Koordinatenursprung in einem Schnittpunkt der Grundkanten liegt.

Die Grundfläche beträgt mehr als 5 Hektar.

2 Punkte und Vektoren

1 Der Hund ist auf der Straße von rechts nach links gelaufen. Suchen Sie nach einer geometrischen Darstellung, durch die die Länge der Strecke und gleichzeitig die Richtung der Bewegung angegeben werden kann.

Im täglichen Leben begegnet man häufig Verschiebungen. Wenn z.B. ein Buch zur Seite geschoben, eine Tasse zum Mund bewegt oder der Weg zur Arbeit betrachtet wird, liegt eine Verschiebung vor. Mit Verschiebungen lassen sich insbesondere im Raum viele geometrische Probleme recht einfach lösen. Dazu wird zunächst der Begriff Vektor eingeführt.

In Fig. 1 ist ein Tisch mit einem darauf befindlichen Teller verschoben worden. Zeichnet man Pfeile von einem Punkt des Tisches zu dem entsprechenden Punkt des verschobenen Tisches, so sind alle diese Pfeile gleich lang und gleich gerichtet. Man kann die Verschiebung somit durch einen einzigen Pfeil, etwa $\overrightarrow{PP'}$ festlegen. Verschiebungen nennt man im Folgenden **Vektoren** und bezeichnet sie mit $\vec{a}$, $\vec{b}$, $\vec{c}$, $\vec{x}$, $\vec{y}$, usw.

vector (lat.): Träger, Fahrer

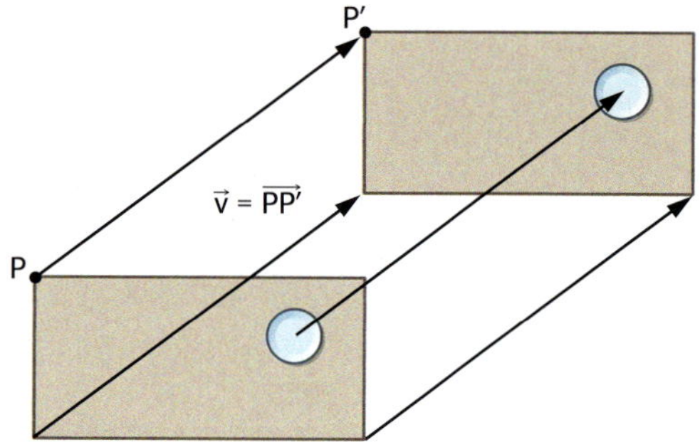

Fig. 1

Ein Vektor, festgelegt durch eine Verschiebung, ist also durch einen Pfeil geometrisch bestimmt. Es ist auf diese Weise jedoch nicht möglich, seine Richtung und seine Länge exakt durch Worte oder Zahlen zu beschreiben. Wird ein Vektor jedoch in einem kartesischen Koordinatensystem dargestellt, so lässt er sich durch Zahlen erfassen. Damit wird es möglich, geometrische Sachverhalte mit Zahlen, also algebraisch, zu beschreiben:
Wird ein Punkt P in der Ebene um 2 Einheiten nach rechts und um 1 Einheit nach oben verschoben, so wird der zugehörige Vektor mit $\vec{v} = \begin{pmatrix} 2 \\ 1 \end{pmatrix}$ bezeichnet (Fig. 2). Wird ein Punkt P im Raum um −2 Einheiten in x_1-Richtung, um 1 Einheit in x_2-Richtung und um 2 Einheiten in x_3-Richtung verschoben, so hat der zugehörige Vektor die Darstellung $\vec{v} = \begin{pmatrix} -2 \\ 1 \\ 2 \end{pmatrix}$ (Fig. 3).

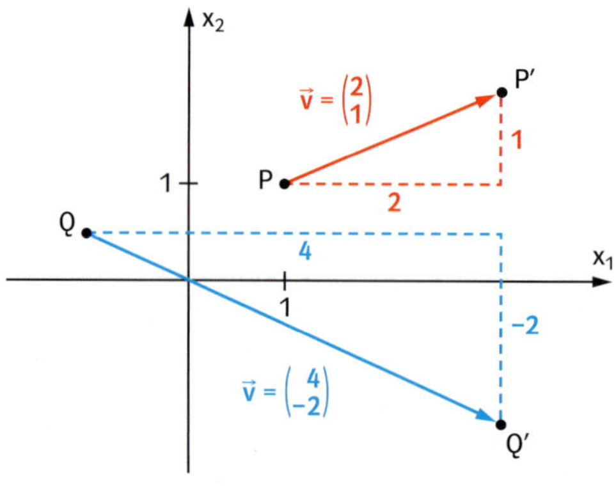

Fig. 2

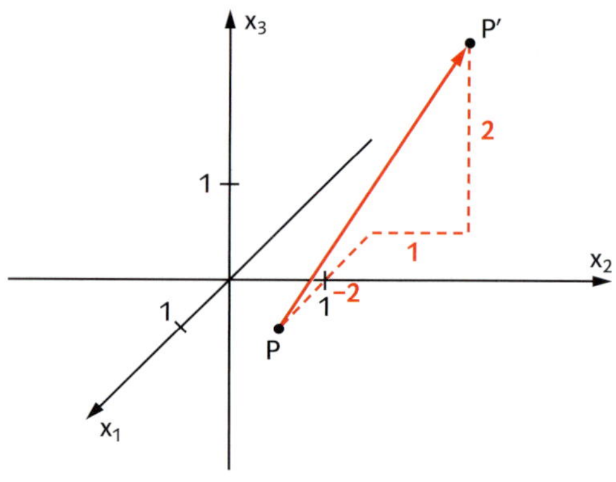

Fig. 3

Man erkennt, dass in der Darstellung $\vec{v} = \begin{pmatrix} 2 \\ 1 \end{pmatrix}$ die Lage des Anfangspunktes keine Rolle spielt.

Zu jedem Vektor $\vec{v} = \begin{pmatrix} 5 \\ -1{,}5 \end{pmatrix}$ gibt es einen Vektor $\vec{w} = \begin{pmatrix} -5 \\ 1{,}5 \end{pmatrix}$, der den Punkt P′ wieder in den Punkt P zurücküberführt (Fig. 1). $\vec{w}$ heißt **Gegenvektor** zu $\vec{v}$. Man schreibt statt $\vec{w}$ meist $-\vec{v}$, da $\vec{w}$ aus $\vec{v}$ durch Änderung der Vorzeichen der Koordinaten von $\vec{v}$ entsteht.

Entsprechend ist im Raum ein Gegenvektor zu $\vec{v} = \begin{pmatrix} -1 \\ 3 \\ -2 \end{pmatrix}$ der Vektor $-\vec{v} = \begin{pmatrix} 1 \\ -3 \\ 2 \end{pmatrix}$.

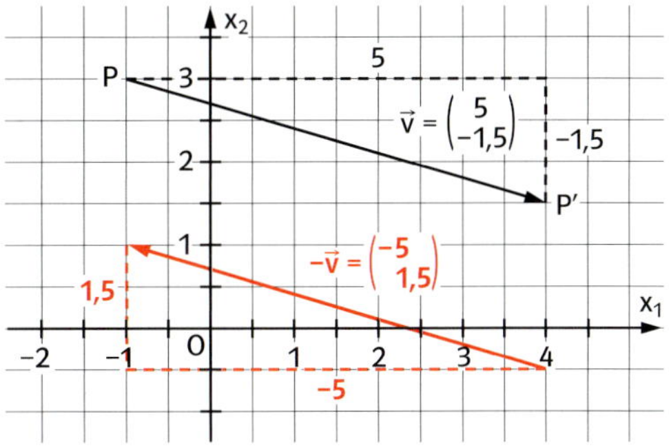

Fig. 1

Kennt man in einem Koordinatensystem die Koordinaten der Punkte A und B, so kann man die Koordinaten des Vektors $\overrightarrow{AB}$ bestimmen. Wie dies geschieht, kann man für die Ebene an Fig. 2 erkennen: Sind A(1|1) und B(5|3) zwei Punkte der Ebene, so ist A um 5 − 1 = 4 Einheiten nach rechts und 3 − 1 = 2 Einheiten nach oben zu verschieben. Damit ist $\vec{v} = \begin{pmatrix} 4 \\ 2 \end{pmatrix}$ der Vektor, der die Verschiebung von A nach B bewirkt. Entsprechend erhält man im Raum (Fig. 3) aus dem Punkt A(3|2|1) den Punkt B(5|5|3) durch Verschiebung um den Vektor $\vec{v} = \overrightarrow{AB} = \begin{pmatrix} 5-3 \\ 5-2 \\ 3-1 \end{pmatrix} = \begin{pmatrix} 2 \\ 3 \\ 2 \end{pmatrix}$.

Um den Vektor zu erhalten, der einen Punkt A durch Verschiebung auf einen Punkt B abbildet, sind die Differenzen der Koordinaten von B und A zu bilden. Die Reihenfolge ist dabei von entscheidender Bedeutung.

Bildet man nämlich $\overrightarrow{BA} = \begin{pmatrix} 3-5 \\ 2-5 \\ 1-3 \end{pmatrix} = \begin{pmatrix} -2 \\ -3 \\ -2 \end{pmatrix}$, so erhält man den Gegenvektor von $\overrightarrow{AB} = \begin{pmatrix} 2 \\ 3 \\ 2 \end{pmatrix}$.

Damit ist $\overrightarrow{BA} = -\overrightarrow{AB}$.

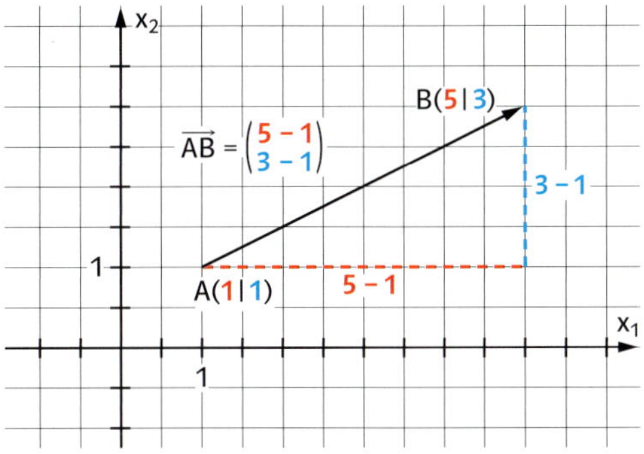

Fig. 2

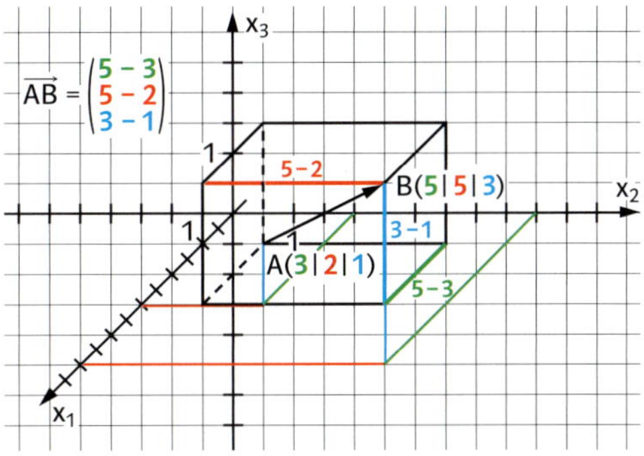

Fig. 3

Vektor $\overrightarrow{AB}$:
Koordinaten des **Spitze**npunktes
minus
Koordinaten des **Fuß**punktes

Zu jedem Punkt P gibt es einen Vektor, der den Ursprung O(0|0|0) auf diesen Punkt $P(p_1|p_2|p_3)$ verschiebt (Fig. 4).

Es gilt nämlich $\overrightarrow{OP} = \begin{pmatrix} p_1 - 0 \\ p_2 - 0 \\ p_3 - 0 \end{pmatrix} = \begin{pmatrix} p_1 \\ p_2 \\ p_3 \end{pmatrix}$.

Dieser Vektor heißt **Ortsvektor** des Punktes P. Ein Punkt und sein Ortsvektor haben also dieselben Koordinaten, jedoch eine unterschiedliche Darstellung.

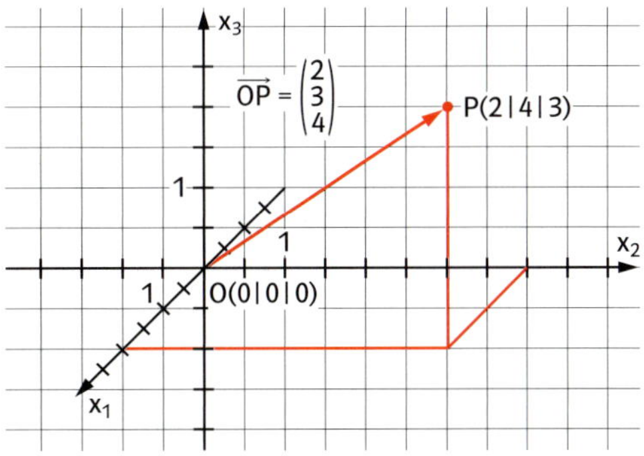

Fig. 4

Eine Verschiebung kann eindeutig durch einen einzigen Pfeil dargestellt und durch einen **Vektor $\vec{v}$** beschrieben werden.
In einem Koordinatensystem kann ein Vektor durch Koordinaten dargestellt werden. Sind $A(a_1|a_2|a_3)$ und $B(b_1|b_2|b_3)$ zwei Punkte, so gilt für den Vektor, der A nach B verschiebt:

$$\overrightarrow{AB} = \begin{pmatrix} b_1 - a_1 \\ b_2 - a_2 \\ b_3 - a_3 \end{pmatrix}.$$

Wird ein Vektor $\vec{p}$ im Ursprung eines Koordinatensystems angebracht, so wird der Ursprung auf den Punkt P mit denselben Koordinaten abgebildet. $\vec{p}$ heißt dann **Ortsvektor** des Punktes P.

Merkregel:
Spitze – Fuß

Beispiel 1 Vektoren zu gegebenen Punkten

a) Bestimmen Sie die Koordinaten des Vektors $\overrightarrow{AB}$ für $A(3|-2|4)$ und $B(3|3|2)$.
b) Bestimmen Sie auf zwei Arten den Gegenvektor zu $\overrightarrow{AB}$.

Lösung:

a) Es ist $\overrightarrow{AB} = \begin{pmatrix} 3-3 \\ 3-(-2) \\ 2-4 \end{pmatrix} = \begin{pmatrix} 0 \\ 5 \\ -2 \end{pmatrix}$.

b) Gegenvektor: $-\overrightarrow{AB} = \begin{pmatrix} 0 \\ -5 \\ 2 \end{pmatrix}$ oder $\overrightarrow{BA} = \begin{pmatrix} 3-3 \\ -2-3 \\ 4-2 \end{pmatrix} = \begin{pmatrix} 0 \\ -5 \\ 2 \end{pmatrix}$

Beispiel 2 Bestimmung von Punkten

a) Zeichnen Sie drei Pfeile des Vektors $\vec{a} = \begin{pmatrix} -3 \\ 1 \end{pmatrix}$ in ein Koordinatensystem ein.
b) $\vec{a}$ bildet $P(2|-1)$ auf einen Punkt P' ab. Bestimmen Sie die Koordinaten von P'.

Lösung:

a) Siehe Fig. 1
b) Es ist $\vec{a} = \overrightarrow{PP'}$, also $\begin{pmatrix} -3 \\ 1 \end{pmatrix} = \begin{pmatrix} p_1' - 2 \\ p_2' - (-1) \end{pmatrix}$

oder $\begin{matrix} -3 = p_1' - 2 \\ 1 = p_2' + 1 \end{matrix}$, und damit $\begin{matrix} p_1' = -3 + 2 = -1 \\ p_2' = 1 - 1 = 0 \end{matrix}$; somit ist $P'(-1|0)$.

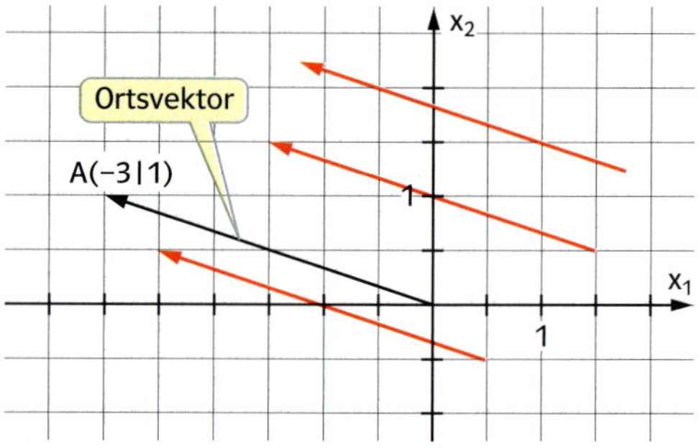

Fig. 1

Beispiel 3 Untersuchung eines Vierecks

Gegeben sind die Punkte $A(0|0|0)$, $B(1|2|3)$, $C(4|0|4)$ und $D(3|-2|1)$. Zeichnen Sie die Punkte in ein kartesisches Koordinatensystem und untersuchen Sie rechnerisch, ob ABCD ein Parallelogramm ist.

Lösung:

Es liegt ein Parallelogramm vor, wenn $\overrightarrow{AB} = \overrightarrow{DC}$ und $\overrightarrow{AD} = \overrightarrow{BC}$ ist:

$$\overrightarrow{AB} = \begin{pmatrix} 1-0 \\ 2-0 \\ 3-0 \end{pmatrix} = \begin{pmatrix} 1 \\ 2 \\ 3 \end{pmatrix};\quad \overrightarrow{DC} = \begin{pmatrix} 4-3 \\ 0-(-2) \\ 4-1 \end{pmatrix} = \begin{pmatrix} 1 \\ 2 \\ 3 \end{pmatrix}$$

$$\overrightarrow{AD} = \begin{pmatrix} 3-0 \\ -2-0 \\ 1-0 \end{pmatrix} = \begin{pmatrix} 3 \\ -2 \\ 1 \end{pmatrix};\quad \overrightarrow{BC} = \begin{pmatrix} 4-1 \\ 0-2 \\ 4-3 \end{pmatrix} = \begin{pmatrix} 3 \\ -2 \\ 1 \end{pmatrix}$$

Damit ist ABCD ein Parallelogramm.

Parallele Geraden bleiben bei der Darstellung im Koordinatensystem parallel. Dies gilt allgemein.

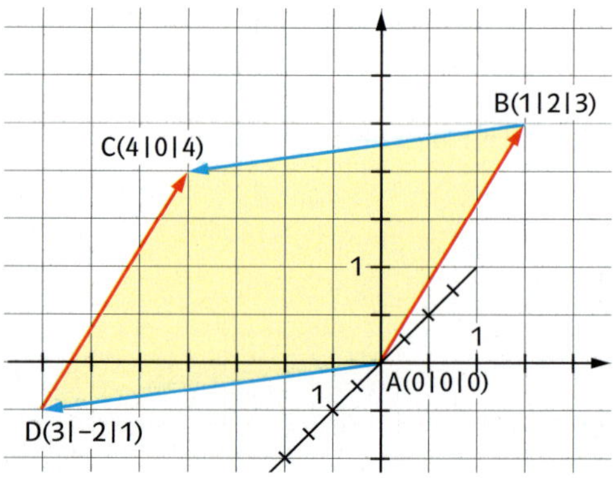

Fig. 2

Aufgaben

2 Zeichnen Sie drei Pfeile des Vektors in ein ebenes Koordinatensystem ein.

a) $\begin{pmatrix}1\\1\end{pmatrix}$ b) $\begin{pmatrix}3\\1\end{pmatrix}$ c) $\begin{pmatrix}1\\-1\end{pmatrix}$ d) $\begin{pmatrix}-4\\3\end{pmatrix}$ e) $\begin{pmatrix}-3\\-5\end{pmatrix}$ f) $\begin{pmatrix}1,5\\-2,5\end{pmatrix}$ g) $\begin{pmatrix}0,5\\-2,25\end{pmatrix}$

3 Zeichnen Sie drei Pfeile des Vektors in ein räumliches Koordinatensystem ein.

a) $\begin{pmatrix}1\\1\\2\end{pmatrix}$ b) $\begin{pmatrix}1\\0\\-1\end{pmatrix}$ c) $\begin{pmatrix}2\\-1\\3\end{pmatrix}$ d) $\begin{pmatrix}-4\\-3\\-2\end{pmatrix}$ e) $\begin{pmatrix}3\\-5\\-2\end{pmatrix}$ f) $\begin{pmatrix}1,5\\-2\\-3\end{pmatrix}$ g) $\begin{pmatrix}0\\-2\\0\end{pmatrix}$

4 Bestimmen Sie die Koordinaten des Vektors $\overrightarrow{AB}$ und seines Gegenvektors.

a) A(1 | 0 | 1), B(3 | 4 | 5) b) A(4 | 0 | 0), B(3 | 1 | 0) c) A(−1 | 2 | 3), B(0 | 2 | 4)
d) A(−1 | 3 | 0,5), B(−1 | 1 | 2,5) e) A(2,1 | 1,1 | 0,1), B(0 | 1 | −1) f) A(−1 | −2 | −3), B(3 | 2 | 1)

5 Der Vektor $\vec{v} = \begin{pmatrix}3\\-2\end{pmatrix}$ bildet den Punkt P auf den Punkt Q ab.

Bestimmen Sie anhand einer Zeichnung den Punkt Q und berechnen Sie anschließend seine Koordinaten.

a) P(2 | 5) b) P(0 | 0) c) P(−3 | 0) d) P(−4 | 6)

Pfeile als Verkehrszeichen: Spielt hier die Länge eine Rolle?

6 Der Vektor $\vec{v} = \begin{pmatrix}3\\1\\4\end{pmatrix}$ bildet den Punkt P auf den Punkt Q ab.

Bestimmen Sie anhand einer Zeichnung den Punkt Q und berechnen Sie anschließend seine Koordinaten.

a) P(1 | 2 | 0) b) P(0 | 0 | 0) c) P(−3 | 0 | −4) d) P(−4 | 6 | 2)

7 Zu welchem Punkt P ist der Vektor $\overrightarrow{AB}$ Ortsvektor, wenn

a) A(3 | 4 | 5), B(4 | 5 | 3) b) A(0 | 4 | 1), B(4 | 1 | 2) c) A(−1 | 2 | 5), B(0 | 0 | 0)?

8 Zeichnen Sie das Viereck ABCD in ein Koordinatensystem und überprüfen Sie, ob es sich um ein Parallelogramm handelt.

a) A(−2 | 2 | 3), B(5 | 5 | 5), C(9 | 6 | 5), D(2 | 3 | 3)
b) A(2 | 0 | 3), B(4 | 4 | 4), C(11 | 7 | 9), D(9 | 3 | 8)

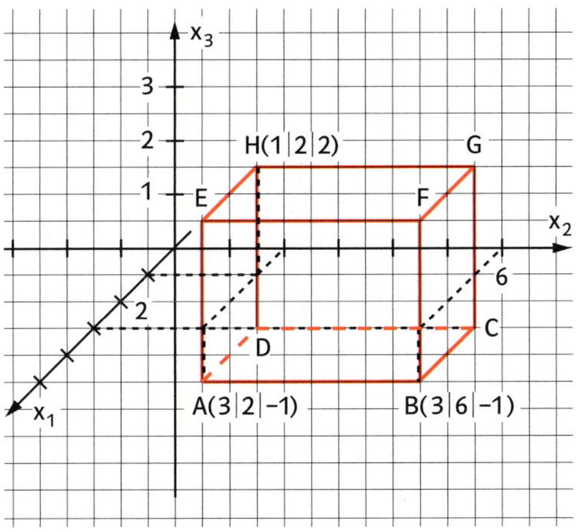

Fig. 2

9 Bestimmen Sie zu Fig. 1 die Koordinaten der Vektoren $\overrightarrow{FG}$, $\overrightarrow{DB}$, $\overrightarrow{CA}$, $\overrightarrow{EB}$, $\overrightarrow{AD}$, $\overrightarrow{CF}$, $\overrightarrow{OG}$.

10 Fig. 2 zeigt einen Quader ABCDEFGH.
M_1 ist der Diagonalenschnittpunkt des Vierecks ABCD,
M_2 ist der Diagonalenschnittpunkt des Vierecks BCGF,
M_3 ist der Diagonalenschnittpunkt des Vierecks CDHG und
M_4 ist der Diagonalenschnittpunkt des Vierecks ADHE.
Bestimmen Sie die Koordinaten von $\overrightarrow{M_1M_2}$, $\overrightarrow{M_2M_3}$, $\overrightarrow{M_3M_4}$, $\overrightarrow{M_4M_1}$.

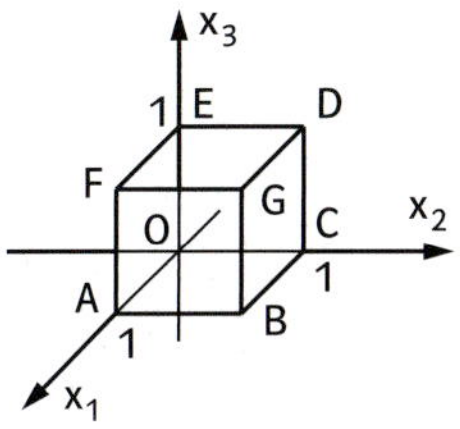

Fig. 1

3 Addieren und Subtrahieren von Vektoren

1 Ein Propellerflugzeug fliegt mit $400\,\frac{km}{h}$ in Richtung Osten. Auch nach Aufkommen einer Nordwindströmung von $100\,\frac{km}{h}$ ändert es seinen Kurs nicht (Fig. 1). In welche Richtung wird es abgetrieben? Zeichnen Sie.
In welche Richtung wird das Flugzeug abgetrieben, wenn eine Strömung von $50\,\frac{km}{h}$ aus Nord-Osten herrscht?

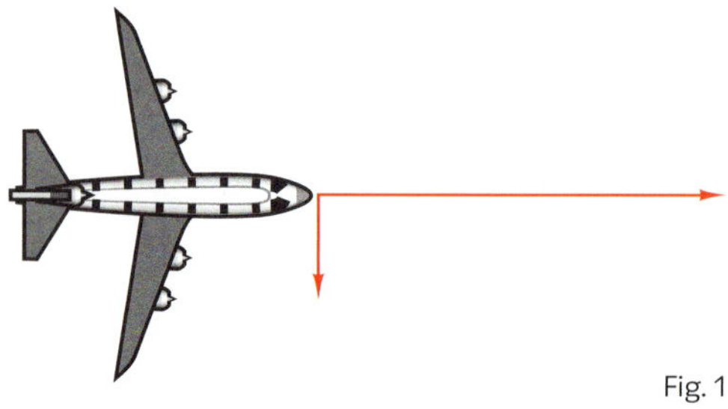
Fig. 1

Die Hintereinanderausführung zweier Vektoren $\vec{a}$ und $\vec{b}$ (d.h. zweier Verschiebungen) ergibt wieder einen Vektor $\vec{c}$ (d.h. wieder eine Verschiebung). Fig. 2 verdeutlicht, wie man mithilfe eines Pfeiles von $\vec{a}$ und eines Pfeiles von $\vec{b}$ einen Pfeil von $\vec{c}$ erhält: Der Anfangspunkt des zweiten Pfeiles wird an das Ende des ersten Pfeiles gezeichnet.

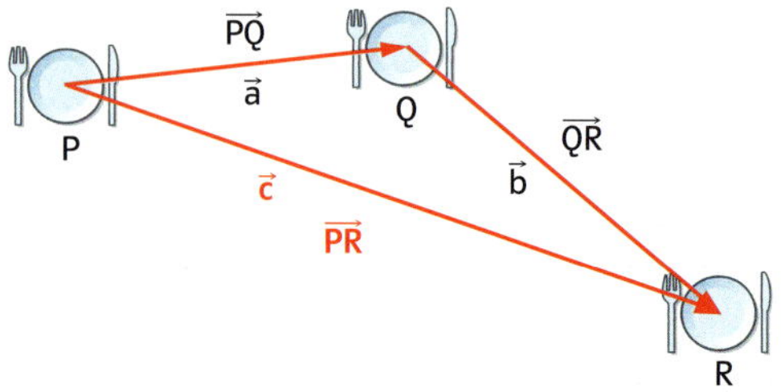

Fig. 2

Eine andere Möglichkeit zum zeichnerischen Addieren zweier Vektoren:

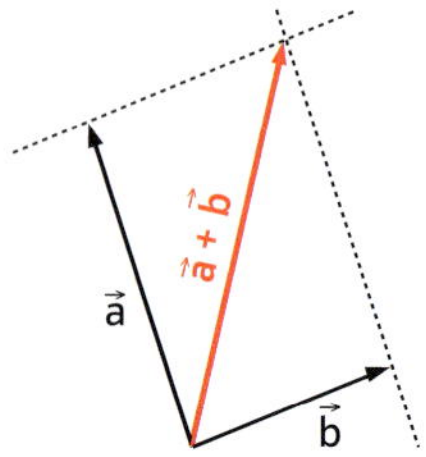

Führt man die Verschiebung zweier Vektoren $\vec{a} = \begin{pmatrix} 3 \\ 2 \end{pmatrix}$ und $\vec{b} = \begin{pmatrix} 1 \\ -1 \end{pmatrix}$ in einem Koordinatensystem durch (Fig. 3), so erkennt man, dass sich der Vektor $\vec{c} = \begin{pmatrix} 4 \\ 1 \end{pmatrix}$ ergibt.
Die Koordinaten des Vektors $\vec{c}$ kann man aus den Koordinaten der Vektoren $\vec{a}$ und $\vec{b}$ wie folgt berechnen:

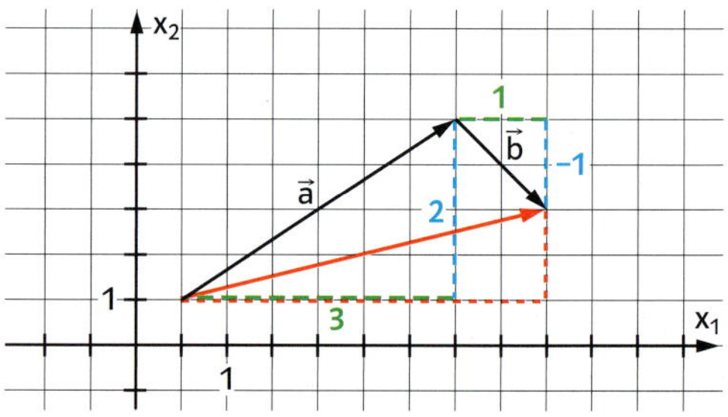

Fig. 3

Die Verschiebung in x_1-Richtung ist 4. Man erhält sie, indem man die x_1-Koordinaten der Vektoren $\vec{a}$ und $\vec{b}$, nämlich 3 und 1, addiert. Die Verschiebung in x_2-Richtung ist 1. Sie ist die Summe der x_2-Koordinaten der Vektoren $\vec{a}$ und $\vec{b}$, nämlich $2 + (-1)$.
Es liegt daher nahe, von der Addition der Vektoren zu sprechen.

Man erkennt, dass man in der Addition $\vec{a}$ und $\vec{b}$ vertauschen kann, ohne das Ergebnis zu ändern: $\vec{a} + \vec{b} = \vec{b} + \vec{a}$

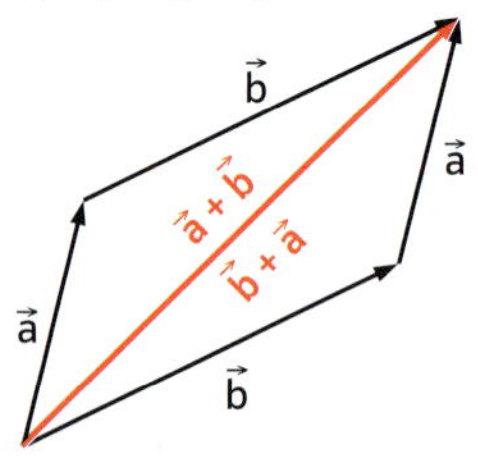

Statt Hintereinanderausführung zweier Vektoren $\vec{a}$ und $\vec{b}$ sagt man auch:
Die **Vektoren** $\vec{a}$ und $\vec{b}$ werden **addiert** und man schreibt für die **Summe** $\vec{a} + \vec{b}$.
In Fig. 2 ist $\overrightarrow{PQ} + \overrightarrow{QR} = \overrightarrow{PR}$.

Sind die Koordinaten zweier Vektoren $\vec{a}$ und $\vec{b}$ gegeben, so gilt:

$$\vec{a} + \vec{b} = \begin{pmatrix} a_1 \\ a_2 \end{pmatrix} + \begin{pmatrix} b_1 \\ b_2 \end{pmatrix} = \begin{pmatrix} a_1 + b_1 \\ a_2 + b_2 \end{pmatrix} \text{ bzw. } \vec{a} + \vec{b} = \begin{pmatrix} a_1 \\ a_2 \\ a_3 \end{pmatrix} + \begin{pmatrix} b_1 \\ b_2 \\ b_3 \end{pmatrix} = \begin{pmatrix} a_1 + b_1 \\ a_2 + b_2 \\ a_3 + b_3 \end{pmatrix}.$$

Der Gegenvektor eines Vektors $\vec{b}$ wird mit einem „–"-Zeichen gekennzeichnet.
Statt $\vec{a} + (-\vec{b})$ schreibt man kurz $\vec{a} - \vec{b}$ und sagt: $\vec{b}$ wird von $\vec{a}$ subtrahiert.
Fig. 4 zeigt, wie man einen Pfeil von $\vec{a} - \vec{b}$ erhält: An die Spitze von $\vec{a}$ wird der Pfeil $-\vec{b}$ angehängt.

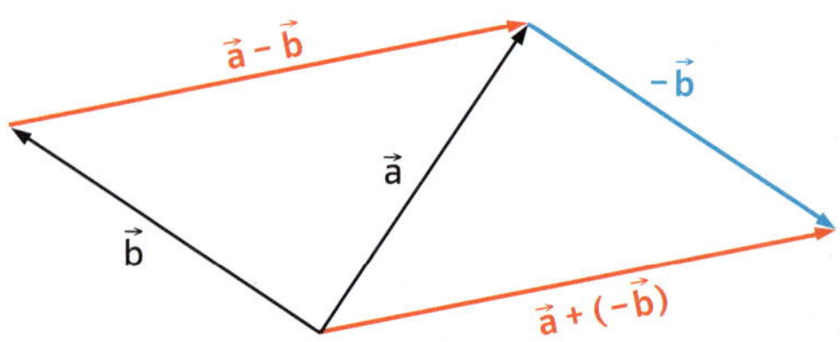

Fig. 4

Addiert man zu einem Vektor $\vec{a}$ seinen Gegenvektor $-\vec{a}$, so gilt nach Fig. 1

$$\vec{a} + (-\vec{a}) = \vec{a} - \vec{a} = \begin{pmatrix} 0 \\ 0 \end{pmatrix}$$

oder im Raum

$$\vec{a} + (-\vec{a}) = \vec{a} - \vec{a} = \begin{pmatrix} 0 \\ 0 \\ 0 \end{pmatrix}.$$

Ein Vektor, dessen sämtliche Koordinaten 0 sind, nennt man **Nullvektor** und schreibt $\vec{o}$.

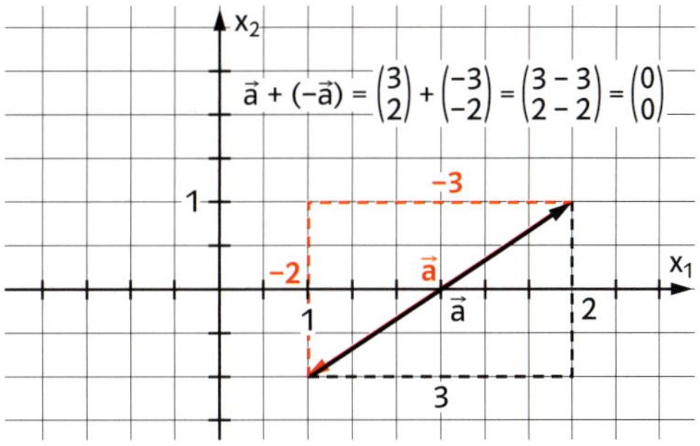

Fig. 1

Man kann mithilfe der Addition bzw. Subtraktion von Vektoren auch Gleichungen lösen:

$$\vec{a} + \vec{x} = \vec{b} \quad \text{mit} \quad \vec{a} = \begin{pmatrix} 2 \\ 1 \end{pmatrix} \quad \text{und} \quad \vec{b} = \begin{pmatrix} 3 \\ -1 \end{pmatrix}.$$

Die zeichnerische Lösung zeigt Fig. 2. Hierbei ist an den Vektor $\vec{a}$ ein Pfeil zu zeichnen, der an der Spitze von $\vec{b}$ endet.

Rechnerische Lösung (vgl. Fig. 2):

Aus $\vec{a} + \vec{x} = \vec{b}$ folgt $\vec{x} = \vec{b} - \vec{a}$, also

$$\vec{x} = \begin{pmatrix} 3 \\ -1 \end{pmatrix} - \begin{pmatrix} 2 \\ 1 \end{pmatrix} = \begin{pmatrix} 3-2 \\ -1-1 \end{pmatrix} = \begin{pmatrix} 1 \\ -2 \end{pmatrix}.$$

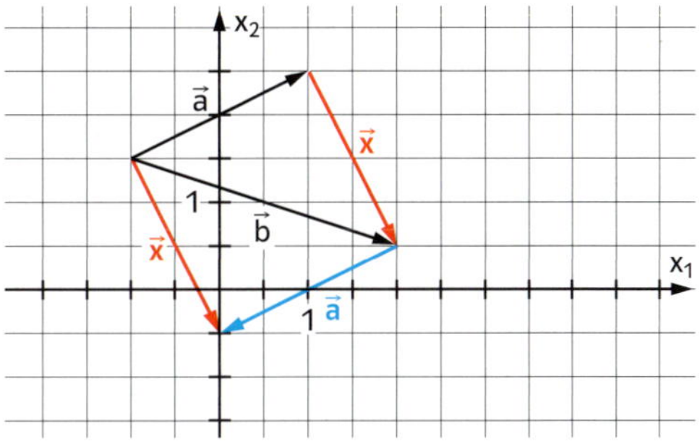

Fig. 2

Die Addition und Subtraktion von Vektoren erfolgt nach den gleichen **Regeln** wie das Addieren und Subtrahieren von Zahlen.

Beispiel 1 Bedeutung des Ortsvektors

Gegeben sind der Punkt P(3|3|1) und der Vektor $\vec{u} = \begin{pmatrix} -1 \\ 3 \\ 2 \end{pmatrix}$.

Bestimmen Sie den Punkt Q, auf den P durch $\vec{u}$ verschoben wird.

Lösung:

Ortsvektor $\overrightarrow{OP} = \begin{pmatrix} 3 \\ 3 \\ 1 \end{pmatrix}$

$$\overrightarrow{OQ} = \overrightarrow{OP} + \vec{u} = \begin{pmatrix} 3 \\ 3 \\ 1 \end{pmatrix} + \begin{pmatrix} -1 \\ 3 \\ 2 \end{pmatrix} = \begin{pmatrix} 2 \\ 6 \\ 3 \end{pmatrix};$$

also ist Q(2|6|3).

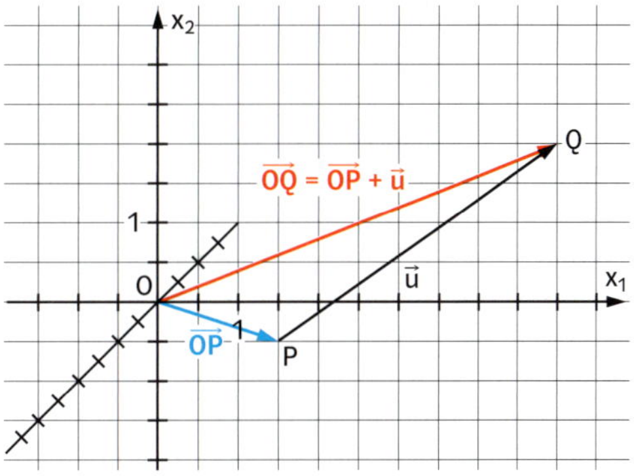

Fig. 3

Beispiel 2 Vektoren darstellen

Stellen Sie die Vektoren $\overrightarrow{AB}$, $\overrightarrow{CD}$ und $\overrightarrow{DB}$ durch die Vektoren $\vec{a}$, $\vec{b}$ und $\vec{c}$ dar (Fig. 3), ohne ein Koordinatensystem zu verwenden.

Lösung:

Es ist

(1) $\vec{a} + \overrightarrow{AB} = \vec{b}$, also ist $\overrightarrow{AB} = \vec{b} - \vec{a}$,

(2) $\vec{a} + \vec{c} = \overrightarrow{CD}$, also ist $\overrightarrow{CD} = \vec{a} + \vec{c}$,

(3) $\vec{a} + \vec{c} + \overrightarrow{DB} = \vec{b}$, also ist $\overrightarrow{DB} = \vec{b} - \vec{a} - \vec{c}$.

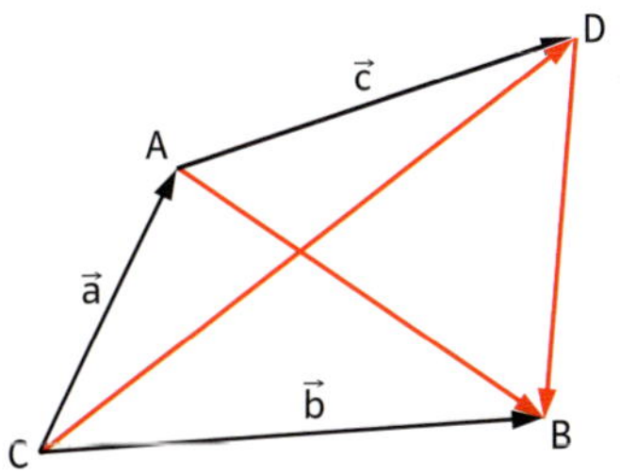

Fig. 4

Will man einen Vektor durch andere Vektoren darstellen, so sucht man einen Weg längs Vektoren und/oder Gegenvektoren, die den gesuchten Vektor enthalten.

Aufgaben

2 In Fig. 1 sind die Vektoren $\vec{a}$, $\vec{b}$, $\vec{c}$ und $\vec{d}$ gezeichnet.
Zeichnen Sie den Vektor und geben Sie seine Koordinaten an.
a) $\vec{a} + \vec{b}$; $-\vec{a} + \vec{b}$; $-\vec{b} + \vec{a}$
b) $\vec{a} + \vec{b} + \vec{c}$; $\vec{d} - \vec{a} + \vec{b}$; $\vec{c} - \vec{d} - \vec{a}$
c) $(\vec{a} + \vec{b}) - (\vec{c} + \vec{d})$; $(\vec{a} - \vec{b}) + (\vec{c} - \vec{d})$

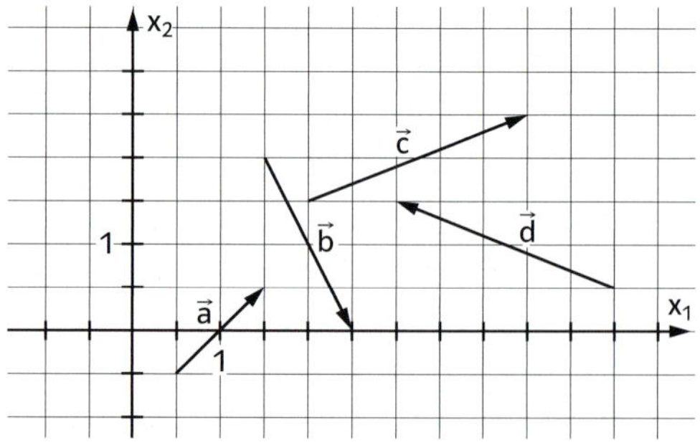

Fig. 1

3 Bestimmen Sie zeichnerisch und rechnerisch den Vektor $\vec{x}$ mit $\vec{a} + \vec{c} + \vec{x} = \vec{d}$ für die Vektoren aus Fig. 1.

4 a) Drücken Sie mit den Vektoren $\vec{a}$, $\vec{b}$ und $\vec{c}$ die Vektoren $\vec{x}$, $\vec{y}$ und $\vec{z}$ in Fig. 2 aus. Geben Sie auch die Koordinaten der gesuchten Vektoren an.
b) Drücken Sie umgekehrt mit $\vec{x}$, $\vec{y}$ und $\vec{z}$ die Vektoren $\vec{a}$, $\vec{b}$ und $\vec{c}$ aus.

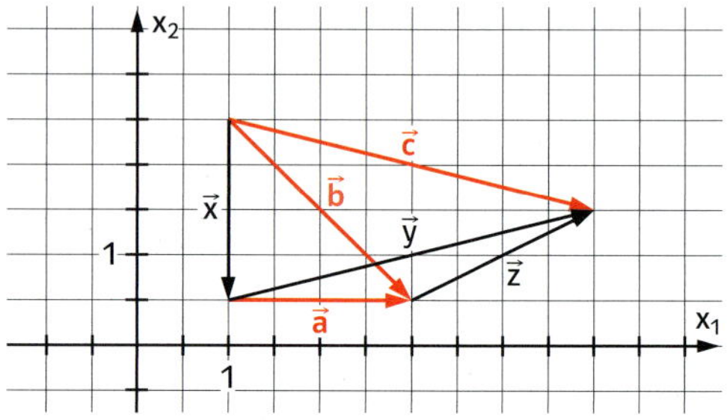

Fig. 2

5 Gegeben sind die Vektoren $\vec{a} = \begin{pmatrix} 3 \\ 2 \\ -1 \end{pmatrix}$, $\vec{b} = \begin{pmatrix} -1 \\ 2 \\ 3 \end{pmatrix}$, $\vec{c} = \begin{pmatrix} 5 \\ 5 \\ 4 \end{pmatrix}$.

a) Zeichnen Sie die Vektoren als Ortsvektoren in ein Koordinatensystem ein.
b) Bestimmen Sie zeichnerisch und rechnerisch den Vektor $\vec{x}$ mit $\vec{a} + \vec{x} = \vec{c}$ und den Vektor $\vec{y}$ mit $\vec{y} - \vec{b} = \vec{a}$.
c) Geben Sie die Koordinatendarstellung von $\vec{a} + \vec{b} - \vec{c}$ und $\vec{a} - \vec{b} + \vec{c}$ an.

6 Fig. 3 zeigt einen Quader mit den Eckpunkten A bis H.
a) Geben Sie die Koordinaten der fehlenden Ecken sowie die Koordinaten der Vektoren $\vec{a}$, $\vec{b}$ und $\vec{c}$ an.
b) Drücken Sie die Vektoren $\overrightarrow{GA}$, $\overrightarrow{FB}$, $\overrightarrow{DF}$, $\overrightarrow{GE}$ und $\overrightarrow{AF}$ durch $\vec{a}$, $\vec{b}$ und $\vec{c}$ aus.
c) Welchen Vektor $\vec{x}$ erhält man aus der Gleichung $\vec{a} + \vec{b} + \vec{x} = \vec{c}$, welchen Vektor $\vec{y}$ aus $\vec{b} + \vec{c} + \vec{y} = \vec{b}$?

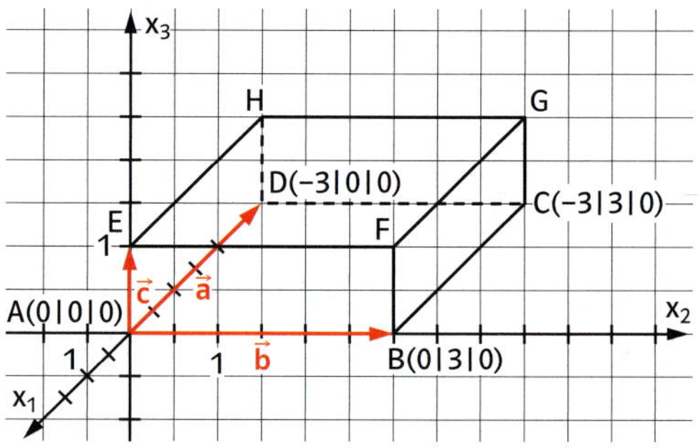

Fig. 3

7 Gegeben ist eine Pyramide mit den Eckpunkten A, B, C, D und der Spitze S (Fig. 4). Dabei ist A(3|2|1), B(3|5|1), C(1|5|1) und S(2|3,5|3,5).
a) Bestimmen Sie die Koordinaten von D und von M.
b) Geben Sie die Koordinaten der in Fig. 4 rot gezeichneten Vektoren an.
c) Geben Sie die Koordinaten des Vektors $\overrightarrow{AC}$ an, indem Sie zwei geeignete Vektoren addieren.

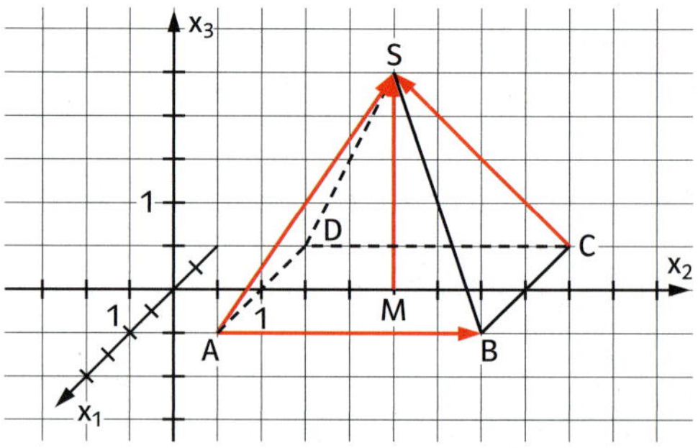

Fig. 4

4 Multiplikation eines Vektors mit einer Zahl

1 Der stilisierte schwarze Skiläufer hat sich 5-mal um $\vec{a}$ nach rechts bewegt.
a) Wie kann man die Gesamtbewegung $\vec{b}$ notieren?
b) Welcher Zusammenhang besteht zwischen einem roten und dem blauen Vektor?

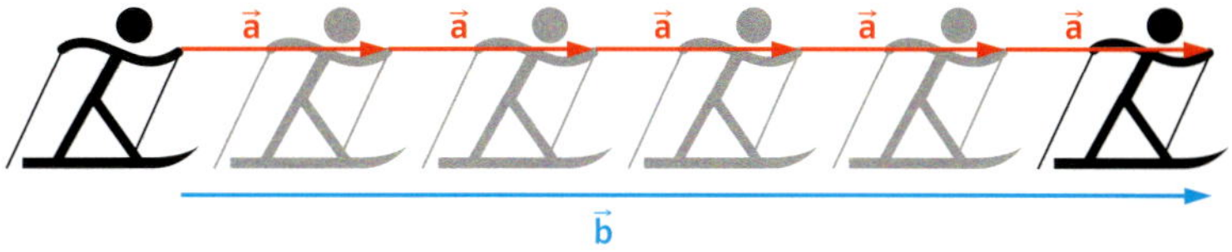

Fig. 1

Die Addition $\vec{a} + \vec{a} + \ldots + \vec{a}$ mit n Summanden $\vec{a}\,(\vec{a} \neq \vec{o})$ ergibt einen Vektor, dessen zugehöriger Pfeil parallel und gleich gerichtet zu den Pfeilen von $\vec{a}$ ist. Zudem ist er n-mal so lang wie die Pfeile von $\vec{a}$ (Fig. 2). Diesen Vektor bezeichnet man deshalb mit $n \cdot \vec{a}$.

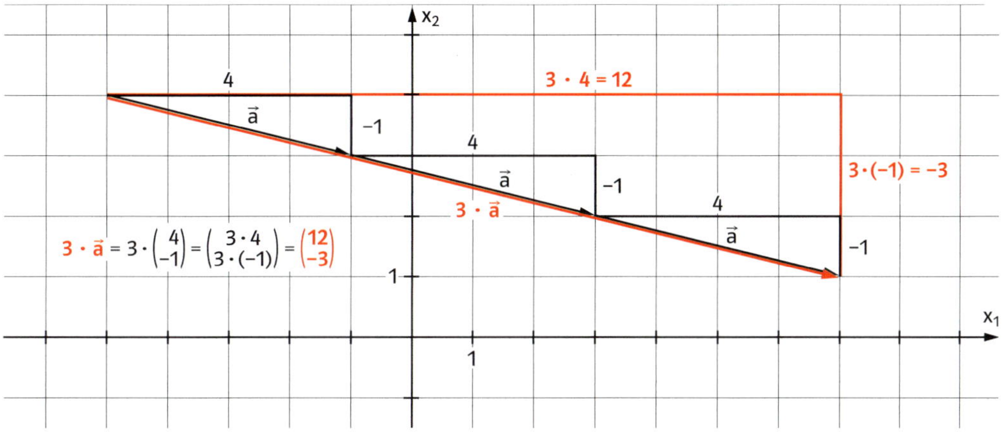

Fig. 2

Diese koordinatenweise Multiplikation gilt auch für Vektoren im Raum.

Für einen Vektor $\vec{a} = \begin{pmatrix} a_1 \\ a_2 \end{pmatrix}$ bzw. $\vec{a} = \begin{pmatrix} a_1 \\ a_2 \\ a_3 \end{pmatrix}$ und jede reelle Zahl gilt:

$$r \cdot \vec{a} = r \cdot \begin{pmatrix} a_1 \\ a_2 \end{pmatrix} = \begin{pmatrix} r \cdot a_1 \\ r \cdot a_2 \end{pmatrix} \quad \text{bzw.} \quad r \cdot \vec{a} = r \cdot \begin{pmatrix} a_1 \\ a_2 \\ a_3 \end{pmatrix} = \begin{pmatrix} r \cdot a_1 \\ r \cdot a_2 \\ r \cdot a_3 \end{pmatrix}.$$

Diese Verknüpfung „reelle Zahl mal Vektor" heißt **S-Multiplikation**.
Ist r = 0, so ist $0 \cdot \vec{a} = \vec{o}$ für alle Vektoren $\vec{a}$. Ist $\vec{a} = \vec{o}$, so ist $r \cdot \vec{o} = \vec{o}$ für alle Zahlen r.

Es gelten auch hier einfache Rechenregeln wie: $r \cdot (\vec{a} + \vec{b}) = r \cdot \vec{a} + r \cdot \vec{b}$, zum Beispiel ist:

$$3 \cdot \left(\begin{pmatrix} 1 \\ 2 \\ 1 \end{pmatrix} + \begin{pmatrix} 2 \\ 0 \\ 1 \end{pmatrix} \right) = 3 \cdot \begin{pmatrix} 3 \\ 2 \\ 2 \end{pmatrix} = \begin{pmatrix} 9 \\ 6 \\ 6 \end{pmatrix}$$

$$3 \cdot \begin{pmatrix} 1 \\ 2 \\ 1 \end{pmatrix} + 3 \cdot \begin{pmatrix} 2 \\ 0 \\ 1 \end{pmatrix} = \begin{pmatrix} 3 \\ 6 \\ 3 \end{pmatrix} + \begin{pmatrix} 6 \\ 0 \\ 3 \end{pmatrix} = \begin{pmatrix} 9 \\ 6 \\ 6 \end{pmatrix}$$

Man kann nun Ausdrücke der Form $2 \cdot \vec{a} + 3 \cdot \vec{b} = 2 \cdot \begin{pmatrix} 1 \\ 2 \\ 1 \end{pmatrix} + 3 \cdot \begin{pmatrix} 0 \\ 1 \\ 2 \end{pmatrix}$ berechnen.

Solche Terme, bestehend aus einer Summe oder Differenz von mit reellen Zahlen vervielfachten Vektoren, nennt man **Linearkombination** der Vektoren $\vec{a}$ und $\vec{b}$.

Man kann Linearkombinationen wie beim Rechnen mit Zahlen vereinfachen. So gilt zum Beispiel mit $\vec{a} = \begin{pmatrix} 1 \\ 2 \\ 1 \end{pmatrix}$ und $\vec{b} = \begin{pmatrix} 3 \\ 0 \\ 4 \end{pmatrix}$:

$2 \cdot \vec{a} + 3 \cdot \vec{b} - \vec{a} - 3 \cdot \vec{b} = 2 \cdot \vec{a} - \vec{a} + 3 \cdot \vec{b} - 3 \cdot \vec{b} = \vec{a} + \vec{o} = \vec{a}$ oder in Koordinaten:

$$2 \cdot \begin{pmatrix} 1 \\ 2 \\ 1 \end{pmatrix} + 3 \cdot \begin{pmatrix} 3 \\ 0 \\ 4 \end{pmatrix} - \begin{pmatrix} 1 \\ 2 \\ 1 \end{pmatrix} - 3 \cdot \begin{pmatrix} 3 \\ 0 \\ 4 \end{pmatrix} = \begin{pmatrix} 2 \\ 4 \\ 2 \end{pmatrix} + \begin{pmatrix} 9 \\ 0 \\ 12 \end{pmatrix} - \begin{pmatrix} 1 \\ 2 \\ 1 \end{pmatrix} - \begin{pmatrix} 9 \\ 0 \\ 12 \end{pmatrix} = \begin{pmatrix} 2 + 9 - 1 - 9 \\ 4 + 0 - 2 - 0 \\ 2 + 12 - 1 - 12 \end{pmatrix} = \begin{pmatrix} 1 \\ 2 \\ 1 \end{pmatrix}$$

Beispiel 1 Vereinfachen

Berechnen Sie $3\cdot\begin{pmatrix}2{,}7\\-8{,}2\\0{,}4\end{pmatrix}+3\cdot\begin{pmatrix}1{,}3\\-1{,}8\\0{,}6\end{pmatrix}$.

Lösung:

$$3\cdot\begin{pmatrix}2{,}7\\-8{,}2\\0{,}4\end{pmatrix}+3\cdot\begin{pmatrix}1{,}3\\-1{,}8\\0{,}6\end{pmatrix}=3\cdot\begin{pmatrix}2{,}7+1{,}3\\-8{,}2-1{,}8\\0{,}4+0{,}6\end{pmatrix}=3\cdot\begin{pmatrix}4\\-10\\1\end{pmatrix}=\begin{pmatrix}3\cdot 4\\3\cdot(-10)\\3\cdot 1\end{pmatrix}=\begin{pmatrix}12\\-30\\3\end{pmatrix}$$

Beispiel 2 Linearkombination

Berechnen und zeichnen Sie den Vektor

$2\cdot\begin{pmatrix}1{,}5\\1\end{pmatrix}+3\cdot\begin{pmatrix}0\\-1\end{pmatrix}$.

Lösung:

$$2\cdot\begin{pmatrix}1{,}5\\1\end{pmatrix}+3\cdot\begin{pmatrix}0\\-1\end{pmatrix}=\begin{pmatrix}3\\2\end{pmatrix}+\begin{pmatrix}0\\-3\end{pmatrix}=\begin{pmatrix}3\\-1\end{pmatrix}$$

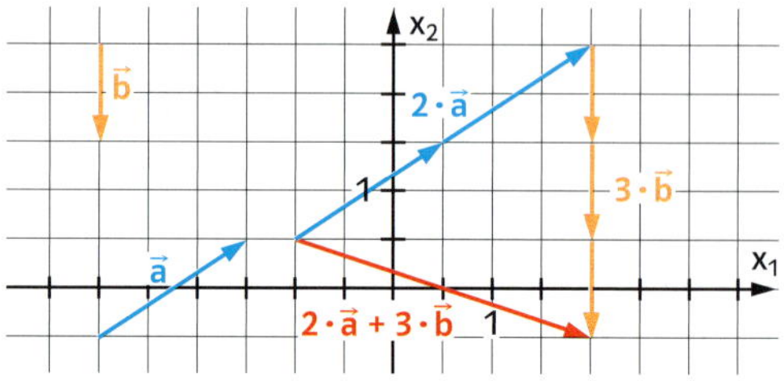

Fig. 1

Aufgaben

2 Berechnen Sie die Koordinaten des Vektors.

a) $5\cdot\begin{pmatrix}2\\-1\\5\end{pmatrix}$ b) $2{,}5\cdot\begin{pmatrix}1\\2\\0\end{pmatrix}$ c) $10\cdot\begin{pmatrix}0{,}5\\0{,}1\\-0{,}2\end{pmatrix}$ d) $0{,}5\cdot\begin{pmatrix}2\\10\\6\end{pmatrix}$ e) $\frac{1}{4}\cdot\begin{pmatrix}4\\8\\-1\end{pmatrix}$ f) $0\cdot\begin{pmatrix}9\\8\\6\end{pmatrix}$

3 Schreiben Sie als Produkt aus einer Zahl und einem Vektor mit ganzzahligen Koordinaten.

Beispiel:
$\begin{pmatrix}\frac{1}{2}\\\frac{1}{4}\\1\end{pmatrix}=\frac{1}{4}\cdot\begin{pmatrix}2\\1\\4\end{pmatrix}$.
$\begin{pmatrix}5\\10\\30\end{pmatrix}=5\cdot\begin{pmatrix}1\\2\\6\end{pmatrix}$

a) $\begin{pmatrix}2\\\frac{1}{2}\\1\end{pmatrix}$ b) $\begin{pmatrix}5\\\frac{1}{2}\\\frac{3}{2}\end{pmatrix}$ c) $\begin{pmatrix}2\\6\\8\end{pmatrix}$ d) $\begin{pmatrix}14\\28\\7\end{pmatrix}$ e) $\begin{pmatrix}-20\\-10\\50\end{pmatrix}$ f) $\begin{pmatrix}\frac{1}{5}\\0{,}2\\0{,}4\end{pmatrix}$

4 Berechnen Sie die Linearkombination und stellen Sie sie zeichnerisch dar.

a) $2\cdot\begin{pmatrix}2\\1\end{pmatrix}+3\cdot\begin{pmatrix}-1\\1\end{pmatrix}$ b) $4\cdot\begin{pmatrix}1\\1\end{pmatrix}-2\cdot\begin{pmatrix}1\\3\end{pmatrix}$ c) $3\cdot\begin{pmatrix}-1\\-2\end{pmatrix}+3\cdot\begin{pmatrix}-1\\1\end{pmatrix}$ d) $\frac{1}{2}\cdot\begin{pmatrix}2\\4\end{pmatrix}-\frac{1}{4}\cdot\begin{pmatrix}-4\\8\end{pmatrix}$

5 Berechnen Sie.

a) $2\cdot\begin{pmatrix}1\\2\\4\end{pmatrix}+4\cdot\begin{pmatrix}-1\\0\\-1\end{pmatrix}$ b) $2\cdot\begin{pmatrix}4\\1\\\frac{1}{2}\end{pmatrix}+3\cdot\begin{pmatrix}-\frac{1}{3}\\1\\\frac{2}{3}\end{pmatrix}$ c) $2\cdot\begin{pmatrix}0\\0\\1\end{pmatrix}+0\cdot\begin{pmatrix}1\\4\\9\end{pmatrix}$ d) $\frac{1}{6}\cdot\begin{pmatrix}6\\24\\12\end{pmatrix}+4\cdot\begin{pmatrix}1\\\frac{3}{4}\\-1\end{pmatrix}$

6 Bestimmen Sie, falls möglich, eine reelle Zahl x, so dass gilt:

a) $\begin{pmatrix}8\\4\end{pmatrix}=x\cdot\begin{pmatrix}2\\1\end{pmatrix}$ b) $\begin{pmatrix}3\\0\end{pmatrix}=x\cdot\begin{pmatrix}2\\0\end{pmatrix}$ c) $\begin{pmatrix}1\\4\end{pmatrix}=x\cdot\begin{pmatrix}2\\1\end{pmatrix}$ d) $\begin{pmatrix}0\\0\end{pmatrix}=x\cdot\begin{pmatrix}2\\1\end{pmatrix}$

e) $\begin{pmatrix}2\\8\\6\end{pmatrix}=x\cdot\begin{pmatrix}1\\4\\3\end{pmatrix}$ f) $\begin{pmatrix}1\\1\\1\end{pmatrix}=x\cdot\begin{pmatrix}3\\0\\3\end{pmatrix}$ g) $\begin{pmatrix}2\\3\\4\end{pmatrix}=2\cdot\begin{pmatrix}1\\x\\2\end{pmatrix}$ h) $\begin{pmatrix}9\\12\\18\end{pmatrix}=3\cdot\begin{pmatrix}x\\2x\\3x\end{pmatrix}$

7 Bestimmen Sie, falls möglich, Zahlen r und s, so dass gilt:

a) $r\cdot\begin{pmatrix}1\\1\end{pmatrix}+s\cdot\begin{pmatrix}1\\2\end{pmatrix}=\begin{pmatrix}2\\5\end{pmatrix}$ b) $\begin{pmatrix}4\\5\end{pmatrix}+r\cdot\begin{pmatrix}-3\\2\end{pmatrix}=s\cdot\begin{pmatrix}1\\0\end{pmatrix}$ c) $\begin{pmatrix}1\\2\\3\end{pmatrix}+r\cdot\begin{pmatrix}3\\0\\-1\end{pmatrix}=s\cdot\begin{pmatrix}5\\1\\0\end{pmatrix}$

5 Betrag eines Vektors

1 a) Geben Sie die Länge des Weges an, längs dem die grüne Hexe „fliegen“ musste, bis sie an die Stelle der blauen kam (Fig. 1).
b) Welche Länge hat die Strecke von der blauen zur roten Hexe?
c) Um wie viel Prozent ist die Strecke aus b) länger als die aus a)?

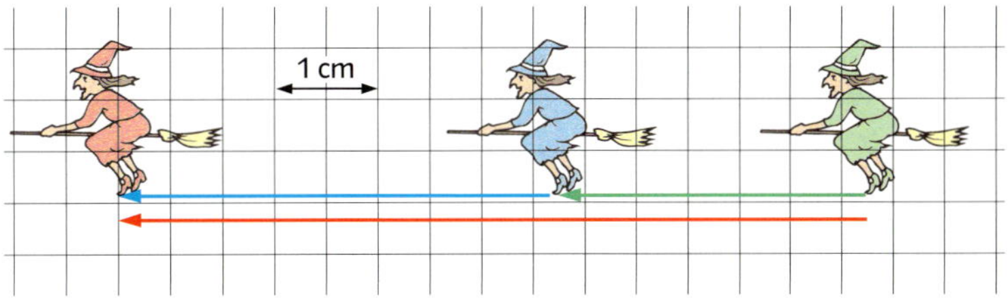

Fig. 1

Entfernungen bzw. Abstände lassen sich mithilfe von Vektoren einfach bestimmen. Es ist nämlich die Länge zwischen zwei Punkten gleich der Länge des Pfeils, der diese beiden Punkte verbindet.
Unter dem **Betrag eines Vektors** $\vec{a}$ versteht man die Länge eines zugehörigen Pfeils. Der Betrag von $\vec{a}$ wird mit $|\vec{a}|$ bezeichnet. Für den Nullvektor gilt $|\vec{o}| = 0$.

Gegeben sind in der Ebene in einem Koordinatensystem die beiden Punkte $A(-1|-1)$ und $B(3|2)$ (Fig. 2). Der Vektor $\overrightarrow{AB}$ hat die Koordinaten $\overrightarrow{AB} = \begin{pmatrix} 3-(-1) \\ 2-(-1) \end{pmatrix} = \begin{pmatrix} 4 \\ 3 \end{pmatrix}$.
Nach dem Satz des Pythagoras gilt dann:
$|\vec{a}| = \sqrt{4^2 + 3^2} = \sqrt{16 + 9} = \sqrt{25} = 5$. Für $\vec{a} = \begin{pmatrix} a_1 \\ a_2 \end{pmatrix}$ gilt dann $|\vec{a}| = \sqrt{a_1^2 + a_2^2}$.

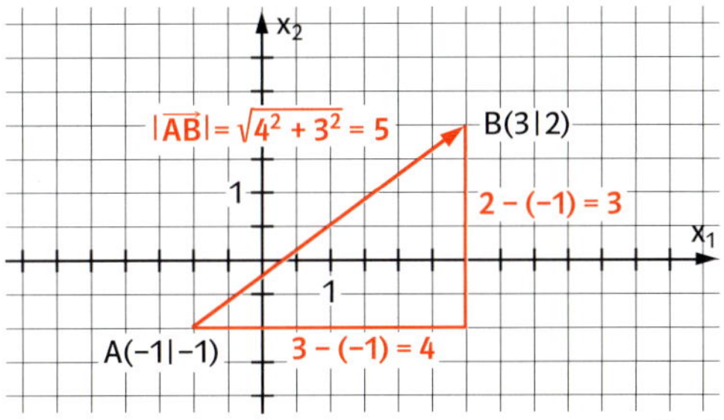

Fig. 2

Ist im Raum ein Ortsvektor $\vec{a} = \begin{pmatrix} 2 \\ 4 \\ 3 \end{pmatrix}$ gegeben (Fig. 3), so hat die Flächendiagonale in der x_1x_2-Ebene die Länge $\sqrt{2^2 + 4^2}$. Diese ist die Seite eines Rechtecks OBAC mit der Höhe 3. Daraus ergibt sich nach dem Satz des Pythagoras für die Diagonale dieses Rechtecks
$|\vec{a}|^2 = \left(\sqrt{2^2 + 4^2}\right)^2 + 3^2 = 4^2 + 2^2 + 3^2$, also
$|\vec{a}| = \sqrt{2^2 + 4^2 + 3^2} = \sqrt{29} \approx 5{,}3852$.

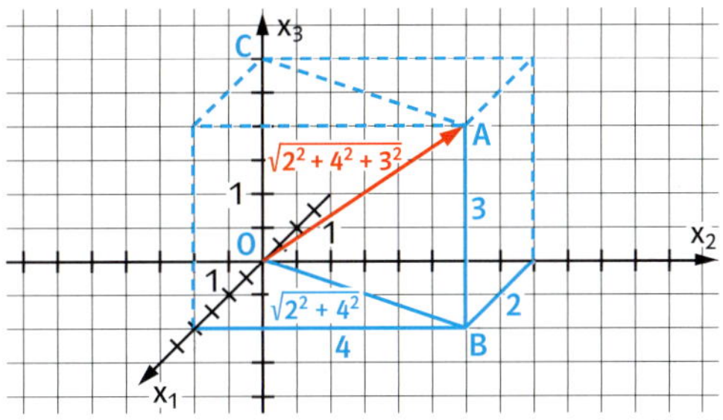

Fig. 3

Hängt man einen beliebigen Vektor $\vec{a} = \begin{pmatrix} 2 \\ 4 \\ 3 \end{pmatrix}$ an den Ursprung, so ist die zugehörige Strecke Raumdiagonale eines Quaders mit den Seitenlängen 2, 4 und 3.

Ist $\vec{a} = \begin{pmatrix} a_1 \\ a_2 \end{pmatrix}$ ein beliebiger Vektor in der Ebene, so hat ein zu $\vec{a}$ gehöriger Pfeil die Länge:

$|\vec{a}| = \sqrt{a_1^2 + a_2^2}$.

$|\vec{a}|$ heißt **Betrag des Vektors** $\vec{a}$.

Entsprechend gilt für den Betrag eines Vektors $\vec{a} = \begin{pmatrix} a_1 \\ a_2 \\ a_3 \end{pmatrix}$ im Raum: $|\vec{a}| = \sqrt{a_1^2 + a_2^2 + a_3^2}$.

Für den Nullvektor $\vec{o} = \begin{pmatrix} 0 \\ 0 \\ 0 \end{pmatrix}$ gilt: $|\vec{o}| = 0$.

Ein Vektor der Länge 1 heißt **Einheitsvektor**.

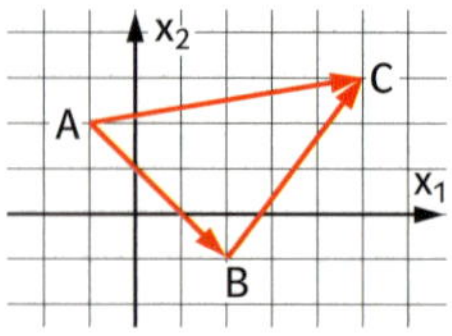

Beispiel 1 Längen im Dreieck

Gegeben ist das Dreieck ABC mit A(−1|2), B(2|−1), C(5|3).
Berechnen Sie die Seitenlängen des Dreiecks.

Lösung:

$$\overrightarrow{AB} = \begin{pmatrix} 2-(-1) \\ -1-2 \end{pmatrix} = \begin{pmatrix} 3 \\ -3 \end{pmatrix}; \text{ also } |\overrightarrow{AB}| = \sqrt{3^2+(-3)^2} = \sqrt{18} \approx 4{,}243.$$

$$\overrightarrow{BC} = \begin{pmatrix} 5-2 \\ 3-(-1) \end{pmatrix} = \begin{pmatrix} 3 \\ 4 \end{pmatrix}; \text{ also } |\overrightarrow{BC}| = \sqrt{3^2+4^2} = \sqrt{25} = 5.$$

$$\overrightarrow{AC} = \begin{pmatrix} 5-(-1) \\ 3-2 \end{pmatrix} = \begin{pmatrix} 6 \\ 1 \end{pmatrix}; \text{ also } |\overrightarrow{AC}| = \sqrt{6^2+1^2} = \sqrt{37} \approx 6{,}083.$$

Beispiel 2 Trapez

Gegeben ist ein Viereck A(3|−2|0), B(1|6|4), C(−2|2|5) und D(−1|−2|3).

a) Zeichnen Sie das Viereck.

b) Zeigen Sie rechnerisch, dass ABCD ein Trapez ist.

Ein Viereck ist ein Trapez, wenn zwei Seiten parallel sind.

c) Berechnen Sie das Verhältnis der Längen der Grundseiten des Trapezes.

Lösung:

a) Siehe Fig. 1.

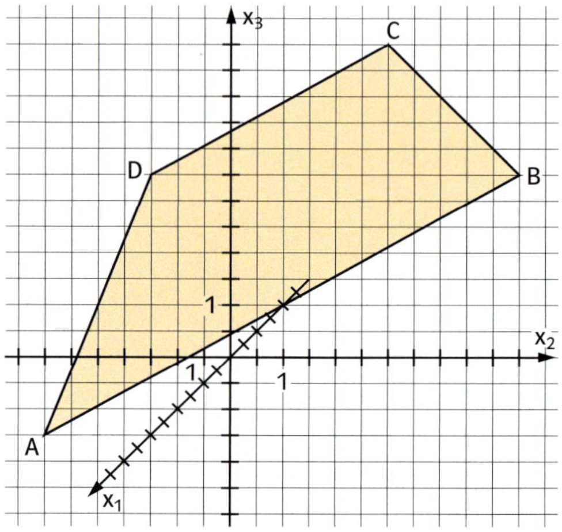

Fig. 1

b) Es ist $\overrightarrow{AB} = \begin{pmatrix} 1-3 \\ 6+2 \\ 4-0 \end{pmatrix} = \begin{pmatrix} -2 \\ 8 \\ 4 \end{pmatrix} = 2 \cdot \begin{pmatrix} -1 \\ 4 \\ 2 \end{pmatrix}$

und $\overrightarrow{DC} = \begin{pmatrix} -2+1 \\ 2+2 \\ 5-3 \end{pmatrix} = \begin{pmatrix} -1 \\ 4 \\ 2 \end{pmatrix}$. Damit ist $\overrightarrow{AB}$ ein Vielfaches von $\overrightarrow{DC}$, d.h., die beiden Vektoren sind parallel. Da $\overrightarrow{AD} = \begin{pmatrix} -4 \\ 0 \\ 3 \end{pmatrix}$ und $\overrightarrow{BC} = \begin{pmatrix} -3 \\ -4 \\ 1 \end{pmatrix}$ ist und $\overrightarrow{BC}$ somit kein Vielfaches von $\overrightarrow{AD}$ ist, liegt ein Trapez vor.

c) Es ist $|\overrightarrow{AB}| = \sqrt{(-2)^2+8^2+4^2} = \sqrt{4+64+16} = \sqrt{84} = \sqrt{4\cdot 21} = 2\sqrt{21}$ und $|\overrightarrow{DC}| = \sqrt{(-1)^2+4^2+2^2} = \sqrt{1+16+4} = \sqrt{21}$. Das Verhältnis der Längen beträgt somit $|\overrightarrow{AB}| : |\overrightarrow{DC}| = (2\cdot\sqrt{21}) : \sqrt{21} = \frac{2\sqrt{21}}{\sqrt{21}} = \frac{2}{1} = 2:1$, d.h. $|\overrightarrow{AB}|$ ist doppelt so lang wie $|\overrightarrow{CD}|$.

So geht es noch einfacher:
Es ist $\overrightarrow{AB} = 2\cdot\overrightarrow{DC}$.
Damit ist $|\overrightarrow{AB}|$ doppelt so groß wie $|\overrightarrow{DC}|$.

Beispiel 3: (Höhe einer Pyramide)

Gegeben sind die vier Punkte A(3|2|−1), B(3|6|−1), C(1|6|−1) und D(1|2|−1). ABCD ist die Grundfläche einer quadratischen Pyramide. Die Spitze ist S(2|4|3).

a) Zeichnen Sie die Pyramide.

b) Ermitteln Sie den Mittelpunkt M der Grundfläche ABCD, indem Sie zum Ortsvektor $\overrightarrow{OA}$ den Vektor $\frac{1}{2}\cdot\overrightarrow{AC}$ addieren.

c) Berechnen Sie die Höhe $\overline{SM}$ der Pyramide.

Lösung:

a) Siehe Fig. 2.

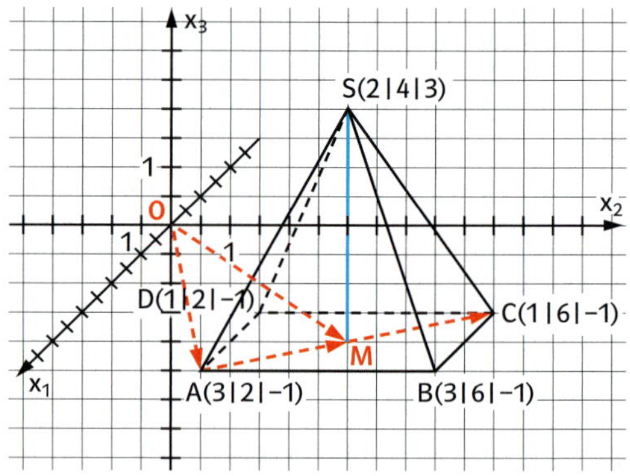

Fig. 2

b) Es ist $\overrightarrow{AC} = \begin{pmatrix} 1-3 \\ 6-2 \\ -1+1 \end{pmatrix} = \begin{pmatrix} -2 \\ 4 \\ 0 \end{pmatrix}$. Damit ist $\overrightarrow{AM} = \frac{1}{2}\cdot\overrightarrow{AC} = \frac{1}{2}\cdot\begin{pmatrix} -2 \\ 4 \\ 0 \end{pmatrix} = \begin{pmatrix} -1 \\ 2 \\ 0 \end{pmatrix}$.

$\overrightarrow{OM} = \overrightarrow{OA} + \overrightarrow{AM} = \begin{pmatrix} 3 \\ 2 \\ -1 \end{pmatrix} + \begin{pmatrix} -1 \\ 2 \\ 0 \end{pmatrix} = \begin{pmatrix} 2 \\ 4 \\ -1 \end{pmatrix}$ ist also der Ortsvektor des Mittelpunktes M(2|4|−1).

c) Es ist $\overrightarrow{MS} = \begin{pmatrix} 2-2 \\ 4-4 \\ 3-(-1) \end{pmatrix} = \begin{pmatrix} 0 \\ 0 \\ 4 \end{pmatrix}$. Höhe der Pyramide: $h = |\overrightarrow{MS}| = \sqrt{0^2 + 0^2 + 4^2} = 4$.

Man kann den Mittelpunkt M einer Strecke $\overline{AB}$ mit $A(a_1|a_2|a_3)$, $B(b_1|b_2|b_3)$ wie folgt berechnen:
$\mathbf{M}\left(\frac{a_1+b_1}{2}\middle|\frac{a_2+b_2}{2}\middle|\frac{a_3+b_3}{2}\right)$

Aufgaben

2 Berechnen Sie die Beträge der Vektoren.

$\vec{a} = \begin{pmatrix} 2 \\ 5 \end{pmatrix}$, $\vec{b} = \begin{pmatrix} 0 \\ 2 \end{pmatrix}$, $\vec{c} = \begin{pmatrix} 1 \\ 0 \\ 2 \end{pmatrix}$, $\vec{d} = \begin{pmatrix} 1 \\ -1 \\ 2 \end{pmatrix}$, $\vec{e} = \begin{pmatrix} 1 \\ 0 \\ 0 \end{pmatrix}$, $\vec{f} = \begin{pmatrix} 0{,}4 \\ 0{,}3 \\ 1 \end{pmatrix}$, $\vec{g} = \begin{pmatrix} 1 \\ -2 \\ 2 \end{pmatrix}$

3 Untersuchen Sie, ob das Dreieck gleichschenklig ist.

a) A(−1|5), B(0|3), C(−8|2)
b) A(−1|7), B(8|−3), C(−5|−6)
c) A(1|−2|2), B(3|2|1), C(2|0|3)
d) A(7|0|−1), B(5|−3|−1), C(4|0|1)

4 Gegeben ist ein Viereck ABCD. Untersuchen Sie, ob in dem Viereck alle Seiten gleich lang sind. Um welche Art von Viereck handelt es sich dann möglicherweise?

a) A(1|2|3), B(4|6|3), C(4|2|7), D(7|6|7)
b) A(1|1|0), B(1|1|2), C(1|3|0), D(1|3|2)

5 Gegeben ist ein Viereck A(3|−2|0), B(1|6|4), C(−2|2|5) und D(0|−6|1).

a) Zeichnen Sie das Viereck.
b) Zeigen Sie rechnerisch, dass ABCD ein Parallelogramm ist.
c) Berechnen Sie das Verhältnis der Längen der Seiten des Parallelogramms.

6 Bestimmen Sie die fehlende Koordinate z so, dass der Punkt P(5|0|z) vom Punkt Q(4|−2|5) den Abstand 3 hat.

7 Gegeben ist der Würfel von Fig. 1.

a) Geben Sie die Koordinaten aller Eckpunkte an und ermitteln Sie die Kantenlänge des Würfels.
b) Bestimmen Sie die Koordinaten der Mittelpunkte M von $\overline{AB}$ und N von $\overline{FG}$.
c) Berechnen Sie die Länge der Strecke $\overline{MN}$.
d) Der Mittelpunkt der Grundfläche OABC wird mit dem Mittelpunkt der Seitenfläche BCGF durch eine Strecke verbunden. Wie lang ist diese Strecke?
e) Im Punkt S(2|2|0) soll eine geradlinige Bohrung durch D erfolgen. Welche Länge muss der Bohrer mindestens haben? Um wie viel ist die Bohrung länger als die von S nach F?

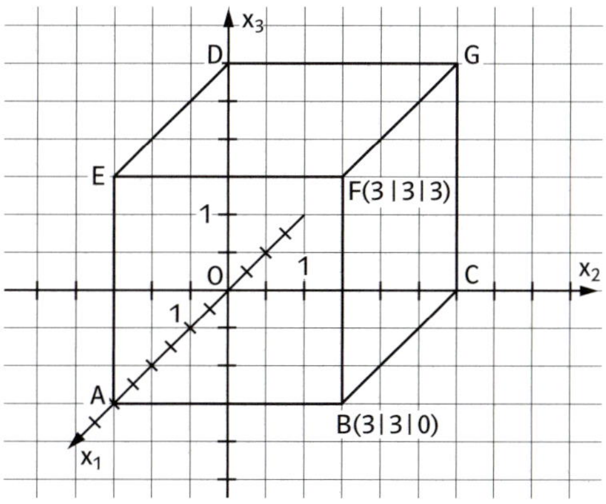

Fig. 1

8 Zu jedem Vektor $\vec{a}$ kann man den zugehörigen Einheitsvektor $\vec{a}_0$ berechnen, indem man ihn mit $\frac{1}{|\vec{a}|}$ multipliziert: $\vec{a}_0 = \frac{1}{|\vec{a}|} \cdot \vec{a}$. Bestimmen Sie den zu $\vec{a}$ gehörigen Einheitsvektor.

a) $\vec{a} = \begin{pmatrix} 1 \\ 2 \end{pmatrix}$ b) $\vec{a} = \begin{pmatrix} -8 \\ 6 \end{pmatrix}$ c) $\vec{a} = \begin{pmatrix} 1 \\ 2 \\ 2 \end{pmatrix}$ d) $\vec{a} = \begin{pmatrix} -1 \\ 2 \\ -2 \end{pmatrix}$ e) $\vec{a} = \begin{pmatrix} 4 \\ -3 \\ 5 \end{pmatrix}$ f) $\vec{a} = \begin{pmatrix} 11 \\ -12 \\ 13 \end{pmatrix}$

Beispiel:
$\vec{a} = \begin{pmatrix} -3 \\ 4 \end{pmatrix}$
$|\vec{a}| = \sqrt{(-3)^2 + 4^2} = 5$
$\vec{a}_0 = \frac{1}{5}\begin{pmatrix} -3 \\ 4 \end{pmatrix} = \begin{pmatrix} -0{,}6 \\ 0{,}8 \end{pmatrix}$

6 Gleichung der Geraden

Bei der Reißeck-Bergbahn in Kolbnitz im Mölltal in Kärnten liegt der tiefste Punkt der Bahn auf 719 m.

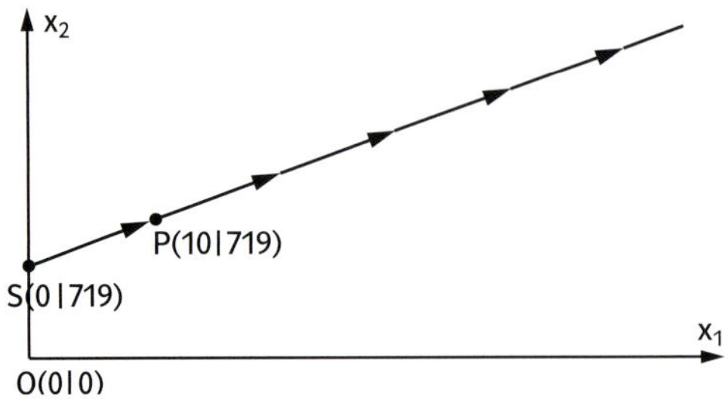

1 Geht man bei der Reißeck-Bahn längs der Waagerechten 10 m nach rechts, so liegt dieser Teil der Bahn im Mittel 4 m höher.
a) Geben Sie die Koordinaten der Bahn bei 20 m, 50 m, 100 m, 200 m, 500 m, 1 km, 5 km in x_1-Richtung an.
b) Bestimmen Sie die Koordinaten bei t Meter möglichst in vektorieller Darstellung.

Mithilfe der bisherigen Überlegungen kann man die Gleichung einer Geraden im Raum aufstellen. Dabei ist es nötig zu wissen, dass eine Gerade sowohl in der Ebene wie auch im Raum durch zwei Punkte P und Q festgelegt ist.

Es ist
$\overrightarrow{PQ} = \begin{pmatrix} 2-4 \\ 4-3 \\ 2-4 \end{pmatrix} = \begin{pmatrix} -2 \\ 1 \\ -2 \end{pmatrix}$

Gegeben sind der Punkt P(4 | 3 | 4) und der Punkt Q(2 | 4 | 2). Der Vektor $\overrightarrow{PQ}$ (Fig. 1) gibt die **Richtung der Geraden** an. Der Ortsvektor $\overrightarrow{OP}$ führt von O zum Punkt P.
Damit gilt $\overrightarrow{OQ} = \overrightarrow{OP} + \overrightarrow{PQ}$.
Multipliziert man den Vektor $\overrightarrow{PQ}$ z.B. mit der Zahl −2, so behält er die Richtung bei, endet aber auf einen anderen Punkt R mit
$\overrightarrow{OR} = \overrightarrow{OP} - 2 \cdot \overrightarrow{PQ}$.

$$\overrightarrow{OR} = \begin{pmatrix} 4 \\ 3 \\ 4 \end{pmatrix} - 2 \cdot \begin{pmatrix} -2 \\ 1 \\ -2 \end{pmatrix} = \begin{pmatrix} 4+4 \\ 3-2 \\ 4+4 \end{pmatrix} = \begin{pmatrix} 8 \\ 1 \\ 8 \end{pmatrix}.$$

R(8 | 1 | 8) ist damit ein Punkt der Geraden.
Multipliziert man den Vektor $\vec{u}$ mit einer beliebigen reellen Zahl t, so erhält man offensichtlich alle Punkte der Geraden PQ.

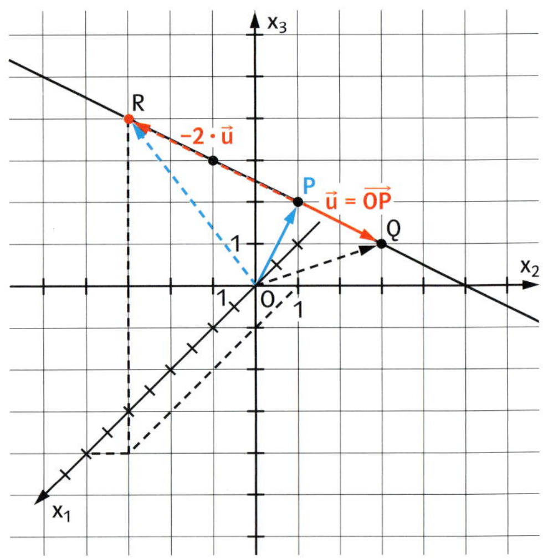

Fig. 1

Sind zwei Punkte P und Q in der Ebene oder im Raum gegeben, so ist durch sie eine Gerade g festgelegt.
Man erhält den Ortsvektor $\overrightarrow{OX}$ eines jeden Punktes X der Geraden, indem man zu dem Ortvektor $\overrightarrow{OP}$ des Punktes P ein beliebiges Vielfaches des Vektors $\vec{u} = \overrightarrow{PQ}$ addiert.
Es gilt also sowohl im Raum als auch in der Ebene für die **Gleichung der Geraden** durch P und Q:

$$\vec{x} = \vec{p} + t \cdot \vec{u} \quad \text{mit } \vec{x} = \overrightarrow{OX},\ \vec{p} = \overrightarrow{OP} \text{ und } \vec{u} = \overrightarrow{PQ} \text{ und beliebigem Wert } t \in \mathbb{R}.$$

Wählt man t so, dass $0 \leq t \leq 1$ ist, so erhält man Punkte der Strecke $\overline{PQ}$.

Man kann auch den Ortsvektor $\overrightarrow{OQ}$ als Stützvektor wählen.
Auch $\overrightarrow{QP}$ ist als Richtungsvektor wählbar.

Der Vektor $\vec{p}$ heißt **Stützvektor**, der Vektor $\vec{u}$ **Richtungsvektor** und t **Parameter**.

Den Parameter t bezeichnet häufig man auch mit den Buchstaben r oder s.

Ebene:
P(2 | 3), Q(−1 | 5)

$\vec{x} = \begin{pmatrix} 2 \\ 3 \end{pmatrix} + t \cdot \begin{pmatrix} -1-2 \\ 5-3 \end{pmatrix}$ oder

$\vec{x} = \begin{pmatrix} 2 \\ 3 \end{pmatrix} + t \cdot \begin{pmatrix} -3 \\ 2 \end{pmatrix}$ mit beliebigem $t \in \mathbb{R}$.

Raum:
P(1 | 2 | 4), Q(2 | −1 | 6)

$\vec{x} = \begin{pmatrix} 1 \\ 2 \\ 4 \end{pmatrix} + t \cdot \begin{pmatrix} 2-1 \\ -1-2 \\ 6-4 \end{pmatrix}$ oder

$\vec{x} = \begin{pmatrix} 1 \\ 2 \\ 4 \end{pmatrix} + t \cdot \begin{pmatrix} 1 \\ -3 \\ 2 \end{pmatrix}$ mit beliebigem $t \in \mathbb{R}$.

Auch für den **Richtungsvektor** gilt **„Spitze minus Fuß“**, wobei der Stützvektor der Fuß ist.

Besondere Gerade: Die Gleichung der Geraden längs der x_1-Achse hat den Stützvektor $\vec{o}$ und den Richtungsvektor $\begin{pmatrix}1\\0\\0\end{pmatrix}$; Gleichung ist also $\vec{x} = t\cdot\begin{pmatrix}1\\0\\0\end{pmatrix}$.

Beispiel 1 Geradenpunkte bestimmen

a) Zeichnen Sie die Gerade g durch P(1 | 3) und Q(5 | 2).

b) Bestimmen Sie drei Punkte auf der Geraden g.

Lösung:

a) Siehe Fig. 1

b) Es ist $\vec{p} = \overrightarrow{OP} = \begin{pmatrix}1\\3\end{pmatrix}$, $\vec{u} = \begin{pmatrix}5-1\\2-3\end{pmatrix} = \begin{pmatrix}4\\-1\end{pmatrix}$.

Gleichung von g: $\vec{x} = \begin{pmatrix}1\\3\end{pmatrix} + t\cdot\begin{pmatrix}4\\-1\end{pmatrix}$.

$t = 2$: $\vec{x} = \begin{pmatrix}1\\3\end{pmatrix} + 2\cdot\begin{pmatrix}4\\-1\end{pmatrix} = \begin{pmatrix}9\\1\end{pmatrix}$; also A(9 | 1)

$t = \frac{1}{2}$: $\vec{x} = \begin{pmatrix}1\\3\end{pmatrix} + 0{,}5\cdot\begin{pmatrix}4\\-1\end{pmatrix} = \begin{pmatrix}3\\2{,}5\end{pmatrix}$; B(3 | 2,5)

$t = -\frac{1}{4}$: $\vec{x} = \begin{pmatrix}1\\3\end{pmatrix} - \frac{1}{4}\cdot\begin{pmatrix}4\\-1\end{pmatrix} = \begin{pmatrix}0\\3\frac{1}{4}\end{pmatrix}$; C(0 | 3,25)

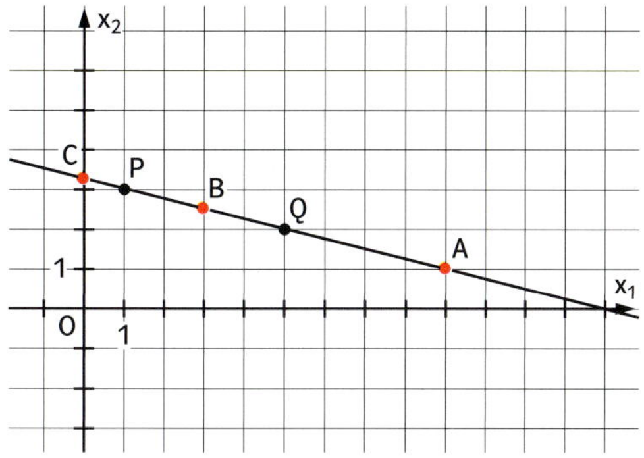

Fig. 1

Beispiel 2 Gerade im Raum

Zeichnen Sie die Gerade g: $\vec{x} = \begin{pmatrix}2\\4\\3\end{pmatrix} + t\cdot\begin{pmatrix}1\\2\\-1\end{pmatrix}$.

Lösung:

Der Ortsvektor $\overrightarrow{OP}$ liefert einen Punkt P(2 | 4 | 3). Einen zweiten Punkt erhält man für

$t = 1$: $\overrightarrow{OQ} = \begin{pmatrix}2\\4\\3\end{pmatrix} + 1\cdot\begin{pmatrix}1\\2\\-1\end{pmatrix} = \begin{pmatrix}3\\6\\2\end{pmatrix}$, also Q(3 | 6 | 2).

Man zeichnet die beiden Punkte und verbindet sie geradlinig (Fig. 2).

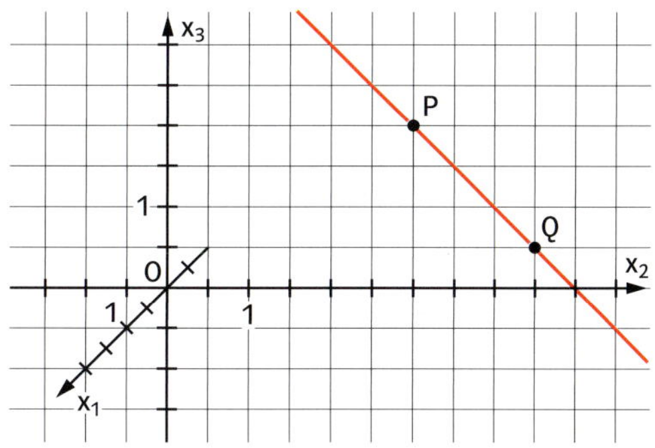

Fig. 2

Hier werden zwei Punkte benötigt, um die Gerade zu zeichnen.

Beispiel 3 Punktprobe

Gegeben ist die Gerade g durch die Gleichung: $\vec{x} = \begin{pmatrix}2\\4\\3\end{pmatrix} + t\cdot\begin{pmatrix}1\\2\\-1\end{pmatrix}$. Prüfen Sie, ob die Punkte R(2,5 | 5 | 2,5) und S(0 | 4 | 1) auf g liegen.

Lösung:

Wenn R auf g liegt, muss es eine Zahl t geben mit $\begin{pmatrix}2{,}5\\5\\2{,}5\end{pmatrix} = \begin{pmatrix}2\\4\\3\end{pmatrix} + t\cdot\begin{pmatrix}1\\2\\-1\end{pmatrix}$, d.h., für ein bestimmtes t

muss gelten: $\begin{aligned}2{,}5 &= 2 + t\\ 5 &= 4 + 2t\\ 2{,}5 &= 3 - t\end{aligned}$. Aus der ersten Gleichung $2{,}5 = 2 + t$ folgt $t = 0{,}5$.

Man setzt dies in die 2. Gleichung ein: $5 = 4 + 2\cdot 0{,}5$ und in die 3. Gleichung: $2{,}5 = 3 - 0{,}5$. Da alle Gleichungen für $t = 0{,}5$ erfüllt sind, liegt R auf g und zwar zwischen P und Q (wegen $0 < t < 1$).

Für S(0 | 4 | 1) gilt analog: $\begin{pmatrix}0\\4\\1\end{pmatrix} = \begin{pmatrix}2\\4\\3\end{pmatrix} + t\cdot\begin{pmatrix}1\\2\\-1\end{pmatrix}$, d.h. $\begin{aligned}0 &= 2 + t\\ 4 &= 4 + 2t.\\ 1 &= 3 - t\end{aligned}$

Aus der 1. Gleichung folgt $t = -2$; eingesetzt in die 2. Gleichung: $4 = 4 + 2\cdot(-2)$ und in die 3. Gleichung: $1 = 3 - (-2)$. Da sich dabei $4 = 0$ und $1 = 5$ ergibt, also falsche Gleichungen, liegt der Punkt S nicht auf der Geraden g.

Hier hilft eine Zeichnung nicht weiter! Der Punkt S scheint auf der Geraden g zu liegen, wenn man ihn in Fig. 2 einzeichnet.

Ist **nur eine** Gleichung für das ermittelte t nicht erfüllt, so liegt der betrachtete Punkt nicht auf g.

Beispiel 4 Geraden durch drei Punkte

Gegeben sind die drei Punkte $P(-1|-4|-3)$, $Q(-2|4|-3)$ und $R(2|2|-3)$.

a) Zeichnen Sie das Dreieck PQR.

b) Stellen Sie die Gleichungen der Geraden $g = PQ$ und $h = QR$ auf.

c) Welche besondere Lage haben die beiden Geraden g und h?

Lösung:

Der Ortsvektor zu $P(-1|-4|-3)$ ist $\overrightarrow{OP} = \begin{pmatrix} -1 \\ -4 \\ -3 \end{pmatrix}$.

Der Richtungsvektor $\overrightarrow{PQ}$ ist $\overrightarrow{OQ} - \overrightarrow{OP}$, also $\overrightarrow{PQ} = \begin{pmatrix} -2 \\ 4 \\ -3 \end{pmatrix} - \begin{pmatrix} -1 \\ -4 \\ -3 \end{pmatrix}$.

a) Siehe Fig. 1.

b) Man wählt den Punkt P als Stützvektor und $\overrightarrow{PQ}$ als Richtungsvektor von g:

$$g: \vec{x} = \begin{pmatrix} -1 \\ -4 \\ -3 \end{pmatrix} + t \cdot \begin{pmatrix} -2-(-1) \\ 4-(-4) \\ -3-(-3) \end{pmatrix} = \begin{pmatrix} -1 \\ -4 \\ -3 \end{pmatrix} + t \cdot \begin{pmatrix} -1 \\ 8 \\ 0 \end{pmatrix}$$

Man wählt den Punkt Q als Stützvektor und $\overrightarrow{QR}$ als Richtungsvektor von h:

$$h: \vec{x} = \begin{pmatrix} -2 \\ 4 \\ -3 \end{pmatrix} + t \cdot \begin{pmatrix} 2-(-2) \\ 2-4 \\ -3-(-3) \end{pmatrix} = \begin{pmatrix} -2 \\ 4 \\ -3 \end{pmatrix} + t \cdot \begin{pmatrix} 4 \\ -2 \\ 0 \end{pmatrix}.$$

c) Da bei den Richtungsvektoren die x_3-Koordinate 0 ist, liegen die beiden Geraden parallel zur x_1x_2-Ebene.

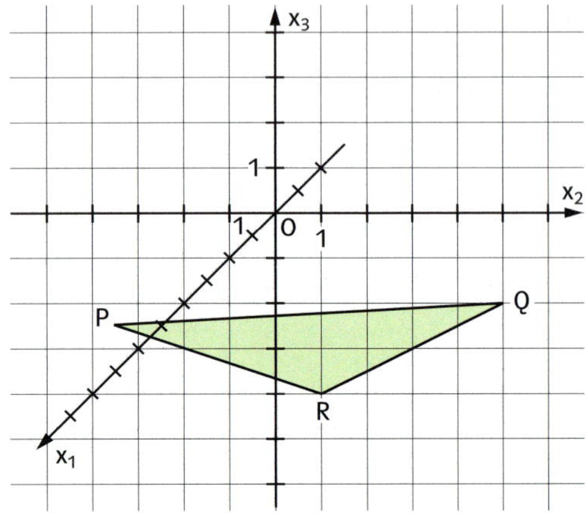

Fig. 1

Aufgaben

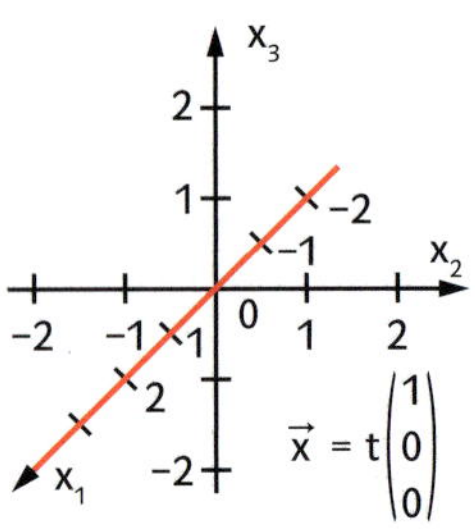

2 Zeichnen Sie die Gerade g durch P und Q und bestimmen Sie drei Punkte auf g.

a) $P(-1|0)$, $Q(2|1)$ b) $P(1|0)$, $Q(2|0)$ c) $P(0|0)$, $Q(2|4)$ d) $P(0{,}9|1)$, $Q(1{,}7|1{,}35)$

3 Zeichnen Sie die Gerade g durch P und Q und bestimmen Sie drei Punkte auf g.

a) $P(-1|0|2)$, $Q(2|1|0)$ b) $P(1|0|0)$, $Q(2|0|0)$ c) $P(0|0|0)$, $Q(2|4|0)$

d) $P(1|1|1)$, $Q(1|1|5)$ e) $P(1|2|3)$, $Q(3|2|1)$ f) $P(-1|2|-3)$, $Q(2|-4|6)$

4 Gegeben ist das Dreieck ABC mit $A(1|2|4)$, $B(2|-5|0)$, $C(3|1|1)$.

a) Zeichnen Sie das Dreieck in ein Koordinatensystem ein.

b) Bestimmen Sie die Gleichungen der Geraden AB, BC und AC.

c) Bestimmen Sie die Seitenlängen des Dreiecks.

d) Geben Sie den Umfang des Dreiecks an.

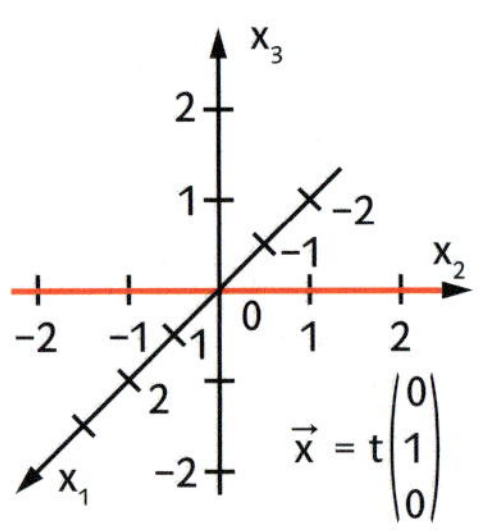

5 Bearbeiten Sie Aufgabe 4 für ein Dreieck ABC mit

a) $A(8|-1|1)$, $B(4|5|-2)$, $C(1|1|1)$ b) $A(-3|3|4)$, $B(3|2|2)$, $C(6|4|-4)$

6 Prüfen Sie, ob der Punkt X auf der Geraden g liegt.

a) $X(1|1)$, $g: \vec{x} = \begin{pmatrix} 7 \\ 3 \end{pmatrix} + t\begin{pmatrix} -2 \\ 3 \end{pmatrix}$ b) $X(-1|0)$, $g: \vec{x} = \begin{pmatrix} -1 \\ 5 \end{pmatrix} + t\begin{pmatrix} 0 \\ 5 \end{pmatrix}$

c) $X(2|3|-1)$, $g: \vec{x} = \begin{pmatrix} 7 \\ 0 \\ 4 \end{pmatrix} + t\begin{pmatrix} 5 \\ -3 \\ 5 \end{pmatrix}$ d) $X(2|-1|-1)$, $g: \vec{x} = \begin{pmatrix} 1 \\ 0 \\ 1 \end{pmatrix} + t\begin{pmatrix} 1 \\ 3 \\ 3 \end{pmatrix}$

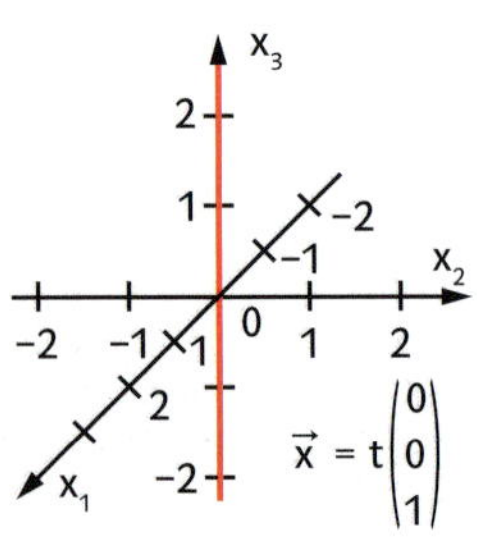

7 Welche besonderen Geraden werden durch die Gleichung beschrieben?

a) $\vec{x} = \begin{pmatrix} 2 \\ -1 \\ 3 \end{pmatrix} + t \cdot \begin{pmatrix} 1 \\ 1 \\ 0 \end{pmatrix}$ b) $\vec{x} = t \cdot \begin{pmatrix} 1 \\ 1 \\ 0 \end{pmatrix}$ c) $\vec{x} = \begin{pmatrix} 0 \\ 1 \\ 3 \end{pmatrix} + t \cdot \begin{pmatrix} 1 \\ 0 \\ 2 \end{pmatrix}$ d) $\vec{x} = r \cdot \begin{pmatrix} 0 \\ 2 \\ -3 \end{pmatrix}$ e) $\vec{x} = \begin{pmatrix} 2 \\ 1 \\ 3 \end{pmatrix} + t \cdot \begin{pmatrix} 0 \\ 1 \\ 0 \end{pmatrix}$

7 Spurpunkte von Geraden – Projektionen

1 a) Zeichnen Sie die Punkte $S_1(0|6|5)$, $S_2(6|0|2)$, $S_3(10|-4|0)$ in ein Koordinatensystem ein.
b) Welche besondere Lage hat jeder der angegebenen Punkte?
c) Stellen Sie die Gleichung der Geraden g durch die Punkte S_1 und S_2 auf und zeigen Sie, dass S_3 auf g liegt.
d) Liegen die drei Punkte auch beim Einzeichnen in ein Koordinatensystem auf einer Geraden?

Häufig kann man sich kein gutes Bild vom Verlauf einer Geraden im Raum machen. Deshalb werden die **Spurpunkte** zur Veranschaulichung der Geraden herangezogen. Dies sind die Schnittpunkte der Geraden mit den Koordinatenebenen. Wie diese berechnet werden, soll an einem Beispiel verdeutlicht werden.

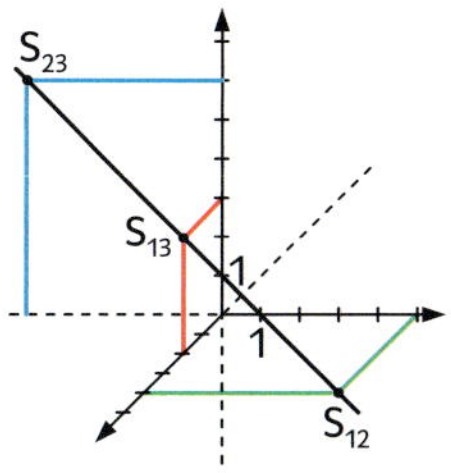

Die Gerade g mit $x = \begin{pmatrix} 8 \\ -4 \\ -3 \end{pmatrix} + s \cdot \begin{pmatrix} -2 \\ 2 \\ 1 \end{pmatrix}$, also

$\begin{pmatrix} x_1 \\ x_2 \\ x_3 \end{pmatrix} = \begin{pmatrix} 8 - 2\cdot s \\ -4 + 2\cdot s \\ -3 + s \end{pmatrix}$ oder $\begin{matrix} x_1 = 8 - 2s \\ x_2 = -4 + 2s, \\ x_3 = -3 + s \end{matrix}$ ist mit

den Koordinatenebenen zu schneiden.
Um den Schnittpunkt mit der x_1x_2-Ebene zu erhalten, für deren Punkte $x_3 = 0$ ist, muss also gelten:
$x_3 = -3 + s = 0$, also $s = 3$.
Diesen Wert setzt man in x_1 und x_2 ein:
$x_1 = 8 - 2\cdot 3 = 2$; $x_2 = -4 + 2\cdot 3 = 2$.
Schnittpunkt mit der x_1x_2-Ebene ist somit $S_3(2|2|0)$. S_3 heißt **Spurpunkt von g in der x_1x_2-Ebene**.

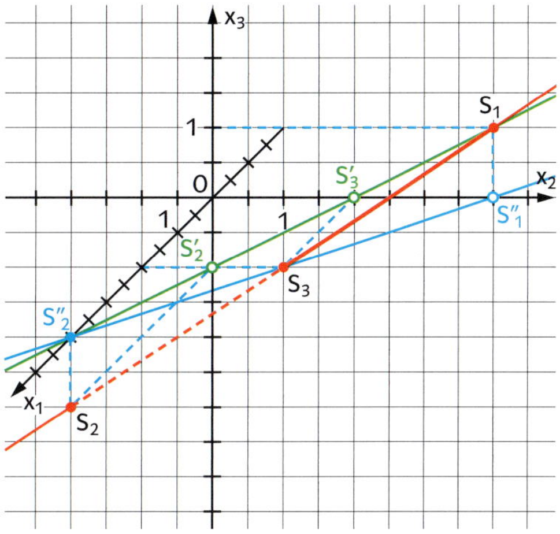

Fig. 1

Den Spurpunkt S_1 in der x_2x_3-Ebene erhält man durch $x_1 = 0$, also $8 - 2s = 0$, $s = 4$.
Dies ergibt $x_2 = -4 + 2\cdot 4 = 4$; $x_3 = -3 + 4 = 1$ und $S_1(0|4|1)$ ist Spurpunkt in der x_2x_3-Ebene.

Den Spurpunkt S_2 in der x_1x_3-Ebene erhält man durch $x_2 = 0$, also $-4 + 2s = 0$, $s = 2$.
Dies ergibt $x_1 = 8 - 2\cdot 2 = 4$; $x_3 = -3 + 2 = -1$ und $S_2(4|0|-1)$ ist Spurpunkt in der x_1x_3-Ebene.

Der Punkt S_3 liegt in der x_1x_2-Ebene.
S_1 liegt in der x_2x_3-Ebene, aber (wegen $x_3 = 1 > 0$) oberhalb der x_1x_2-Ebene.
S_2 liegt in der x_1x_3-Ebene, aber (wegen $x_3 = -1 < 0$) unterhalb der x_1x_2-Ebene.

Man bestimmt den Spurpunkt S_1 einer Geraden $\vec{x} = \begin{pmatrix} p_1 \\ p_2 \\ p_3 \end{pmatrix} + t \cdot \begin{pmatrix} u_1 \\ u_2 \\ u_3 \end{pmatrix}$ in der x_2x_3-Ebene, indem man $x_1 = 0$ setzt: $p_1 + t\cdot u_1 = 0$ und den Wert des Parameters t berechnet. Diesen setzt man in x_2 und x_3 ein und erhält so die Koordinaten von S_1.
Analog berechnet man die Spurpunkte S_1 in der x_2x_3-Ebene und S_2 in der x_1x_3-Ebene.

Beachten Sie:
Eine Gerade muss nicht unbedingt drei Spurpunkte haben.
Eine zur x_1x_2-Ebene parallele Gerade besitzt keinen Spurpunkt S_3 in der x_1x_2-Ebene.

Um die Projektion g‴ der Geraden g in die x_1x_2-Ebene zu erhalten, projiziert man einen der Punkte $S_1(0|4|1)$ oder $S_2(4|0|-1)$ in die x_1x_2-Ebene. $S_3(2|2|0)$ liegt bereits dort. Man erhält für S_1 den projizierten Punkt $S_1'''(0|4|0)$. S_3S_1''' ist dann die Gerade g‴ (in Fig. 1 blau).
Die Gleichung von g‴ erhält man, indem man in der Geradengleichung von g die 3. Koordinate auf 0 setzt: $\vec{x} = \begin{pmatrix} 8 \\ -4 \\ 0 \end{pmatrix} + s \cdot \begin{pmatrix} -2 \\ 2 \\ 0 \end{pmatrix}$.
Bei der Projektion g′ von g in die x_2x_3-Ebene geht man analog vor (g′ in Fig. 1 grün).

Die Projektionsgerade von g auf die x_1x_3-Ebene ist in Fig. 1 nicht eingezeichnet.

Beispiel Länge zwischen Spurpunkten

Gegeben ist die Gleichung einer Geraden g mit $x = \begin{pmatrix} 5 \\ 4 \\ -1 \end{pmatrix} + t \cdot \begin{pmatrix} 2 \\ 2 \\ 0 \end{pmatrix}$.

a) Bestimmen Sie die Spurpunkte S_1, S_2 und S_3 von g in den Koordinatenebenen und zeichnen Sie g und die Spurpunkte.

b) Berechnen Sie die Länge der Strecke S_1S_2.

Lösung:

a) Aus $\begin{matrix} x_1 = 5 + 2t \\ x_2 = 4 + 2t \\ x_3 = -1 \end{matrix}$ ergibt sich

S_1: $5 + 2t = 0$; $2t = -5$; $t = -2{,}5$;
$x_2 = 4 - 5 = -1$; $x_3 = -1$, also $S_1(0\,|\,-1\,|\,-1)$.

S_2: $4 + 2t = 0$; $2t = -4$; $t = -2$;
$x_1 = 5 - 4 = 1$; $x_3 = -1$, $S_2(1\,|\,0\,|\,-1)$.

S_3: $-1 - t \cdot 0 = 0$ ist nicht lösbar, da $t \cdot 0 = -1$ nicht lösbar ist.

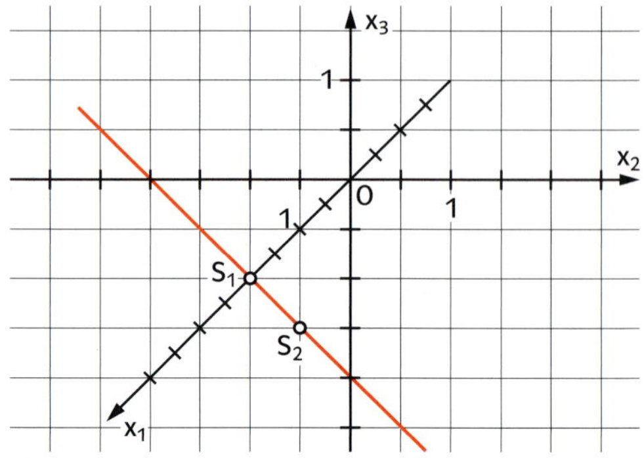

Fig. 1

Damit gibt es keinen Spurpunkt S_3 in der x_1x_2-Ebene: g ist parallel zur x_1x_2-Ebene.
Fig. 1 zeigt die Gerade und ihre Spurpunkte.

b) Es ist $\overrightarrow{S_1S_2} = \begin{pmatrix} 1 - 0 \\ 0 - (-1) \\ -1 - (-1) \end{pmatrix} = \begin{pmatrix} 1 \\ 1 \\ 0 \end{pmatrix}$, also $\left|\overrightarrow{S_1S_2}\right| = \sqrt{1^2 + 1^2 + 0^2} = \sqrt{2} \approx 1{,}414$.

Aufgaben

Um welche Spurpunkte handelt es sich bei S_1 und S_2?

2 Gegeben ist die Gerade durch $P(2\,|\,7\,|\,-2)$ und $Q(3\,|\,6\,|\,-1)$.
a) Zeigen Sie, dass $S_1(0\,|\,9\,|\,-4)$ und $S_2(9\,|\,0\,|\,5)$ Spurpunkte der Geraden g sind.
b) Berechnen Sie den Spurpunkt mit der x_1x_2-Ebene.
c) Erstellen Sie eine Zeichnung.

3 Eine Gerade hat die Spurpunkte $S_3(4\,|\,4\,|\,0)$ und $S_2(1\,|\,0\,|\,2)$. Geben Sie die Gleichung dieser Geraden an und ermitteln Sie den Spurpunkt in der x_2x_3-Ebene.

4 Gegeben ist die Gerade g: $\vec{x} = \begin{pmatrix} 4 \\ 2 \\ -4 \end{pmatrix} + r \cdot \begin{pmatrix} -2 \\ 1 \\ 0 \end{pmatrix}$.
a) Berechnen Sie die Spurpunkte der Geraden in den Koordinatenebenen. Welche besondere Lage hat die Gerade g im Koordinatensystem?
b) Zeichnen Sie die senkrechte Projektion der Geraden g in die x_1x_2-Ebene.
c) Zeichnen Sie die senkrechte Projektion der Geraden g in die x_2x_3-Ebene.

5 Geben Sie die Gleichung einer Geraden an, die
a) nur einen einzigen Spurpunkt in der x_1x_3-Ebene hat,
b) nur einen einzigen Spurpunkt in der x_2x_3-Ebene hat,
c) nur einen einzigen Spurpunkt in der x_1x_2-Ebene hat,
d) genau zwei Spurpunkte in den Koordinatenebenen x_1x_3 und x_2x_3 hat,
e) genau zwei Spurpunkte in den Koordinatenebenen x_1x_2 und x_2x_3 hat.

6 Geben Sie die Spurpunkte der Geraden an, die auf der x_2-Achse verläuft.

8 Gegenseitige Lage von Geraden

1 Der Luftraum wird aufgrund der steigenden Zahl an Flugzeugen „enger".
a) Wie müssen die Flugbahnen verlaufen, damit die Flugzeuge nicht zusammenstoßen?
b) Wäre in der Ebene eine Kollision auszuschließen?
c) Beschreiben Sie die Lage zweier Geraden im Raum anhand der Kanten Ihres Klassenzimmers.

Zwei Geraden im Raum können sich schneiden (Fig. 1), parallel sein (Fig. 2), zusammenfallen (Fig. 3) oder aber windschief sein (Fig. 4), d.h., sie sind nicht parallel und haben auch keinen Schnittpunkt. Wie man an der Geradengleichung zweier Geraden erkennen kann, welcher Fall vorliegt, wird im Folgenden untersucht.

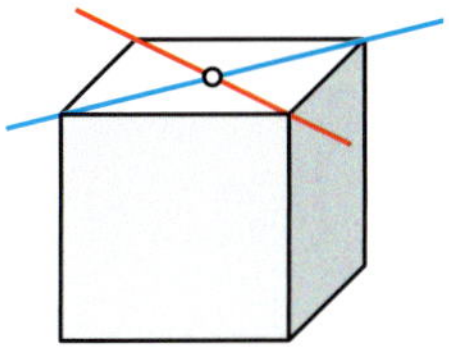
Fig. 1

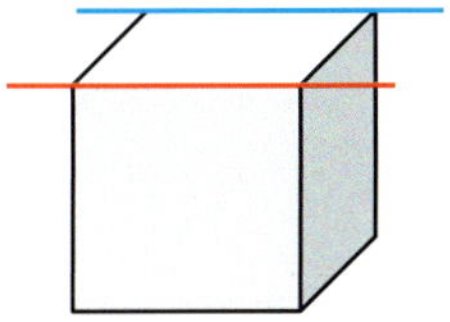
Fig. 2

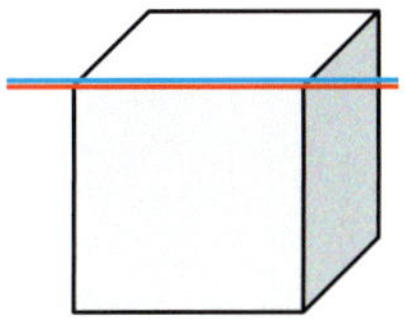
Fig. 3

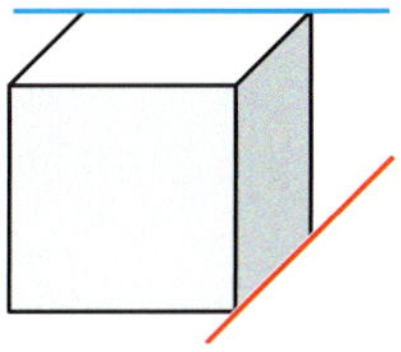
Fig. 4

(1) Gegeben sind die Gleichungen $g: \vec{x} = \begin{pmatrix} 7 \\ -2 \\ 2 \end{pmatrix} + t \cdot \begin{pmatrix} 2 \\ 3 \\ 1 \end{pmatrix}$ und $h: \vec{x} = \begin{pmatrix} 4 \\ -6 \\ -1 \end{pmatrix} + s \cdot \begin{pmatrix} 1 \\ 1 \\ 2 \end{pmatrix}$ zweier Geraden.

Ein möglicher Schnittpunkt S mit dem Ortsvektor $\vec{s}$ muss auf g und h liegen: Für zwei Zahlen s_0 und t_0 würde dann gelten:

$$\vec{s} = \begin{pmatrix} 7 \\ -2 \\ 2 \end{pmatrix} + t_0 \cdot \begin{pmatrix} 2 \\ 3 \\ 1 \end{pmatrix} \text{ und } \vec{s} = \begin{pmatrix} 4 \\ -6 \\ -1 \end{pmatrix} + s_0 \cdot \begin{pmatrix} 1 \\ 1 \\ 2 \end{pmatrix} \quad \text{oder} \quad \begin{pmatrix} 7 \\ -2 \\ 2 \end{pmatrix} + t_0 \cdot \begin{pmatrix} 2 \\ 3 \\ 1 \end{pmatrix} = \begin{pmatrix} 4 \\ -6 \\ -1 \end{pmatrix} + s_0 \cdot \begin{pmatrix} 1 \\ 1 \\ 2 \end{pmatrix}.$$

Man darf deshalb nicht den gleichen Parameter t in den Gleichungen verwenden, da in der Regel t_0 nicht mit s_0 übereinstimmt.

Es sind also (wenn möglich) Zahlen s_0 und t_0 zu bestimmen, so dass gilt:

$\begin{pmatrix} 7 \\ -2 \\ 2 \end{pmatrix} + t \cdot \begin{pmatrix} 2 \\ 3 \\ 1 \end{pmatrix} = \begin{pmatrix} 4 \\ -6 \\ -1 \end{pmatrix} + s \cdot \begin{pmatrix} 1 \\ 1 \\ 2 \end{pmatrix}$. Hier ist zur Vereinfachung s statt s_0 und t statt t_0 geschrieben.

Dies ergibt
$$\begin{array}{ll} (1) & 7 + 2t = 4 + s \\ (2) & -2 + 3t = -6 + s \\ (3) & 2 + t = -1 + 2s \end{array} \quad \text{oder} \quad \begin{array}{ll} (1) & 2t - s = -3 \\ (2) & 3t - s = -4 \\ (3) & t - 2s = -3 \end{array}.$$

Zur Lösung von Gleichungssystemen siehe Kapitel IX; S. 304 ff.

Dies ist ein Gleichungssystem mit 3 Gleichungen und 2 Unbekannten.

Es wird so gelöst, dass man zuerst die ersten beiden Gleichungen $\begin{array}{ll} (1) & 2t - s = -3 \\ (2) & 3t - s = -4 \end{array}$ löst.

Aus (1) folgt $s = 2t + 3$; eingesetzt in (2): $3t - (2t + 3) = -4$; $t - 3 = -4$; $t = -1$.
Setzt man dies in $s = 2t + 3$ ein, so erhält man $s = 2 \cdot (-1) + 3$, also $s = 1$.
Mit $t = -1$ und $s = 1$ ist auch die Gleichung (3) erfüllt: $-1 - 2 \cdot 1 = -3$: g und h schneiden sich.

Man muss immer kontrollieren, ob die Gleichung (3) auch erfüllt ist.

Setzt man in $\begin{pmatrix} 7 \\ -2 \\ 2 \end{pmatrix} + t \cdot \begin{pmatrix} 2 \\ 3 \\ 1 \end{pmatrix}$ für $t = -1$ ein oder in $\begin{pmatrix} 4 \\ -6 \\ -1 \end{pmatrix} + s \cdot \begin{pmatrix} 1 \\ 1 \\ 2 \end{pmatrix}$ für s die Zahl 1, so erhält man den Vektor $\vec{s} = \begin{pmatrix} 5 \\ -5 \\ 1 \end{pmatrix}$, den Ortsvektor des **Schnittpunktes** $S(5 \mid -5 \mid 1)$ beider Geraden.

(2) Sind g: $\vec{x} = \begin{pmatrix}4\\6\\3\end{pmatrix} + t\cdot\begin{pmatrix}2\\8\\4\end{pmatrix}$ und h: $\vec{x} = \begin{pmatrix}3\\0\\1\end{pmatrix} + s\cdot\begin{pmatrix}1\\4\\2\end{pmatrix}$ gegeben und setzt man beide Gleichungen gleich, so erhält man

(1) $4 + 2t = 3 + s$		(1) $2t - s = -1$
(2) $6 + 8t = 0 + 4s$	oder	(2) $8t - 4s = -6.$
(3) $3 + 4t = 1 + 2s$		(3) $4t - 2s = -2$

Aus (1): $s = 2t + 1$ in (2): $8t - 4\cdot(2t + 1) = -6$; $8t - 8t - 4 = -6$, also $0\cdot t - 4 = -6$ oder $0\cdot t = -2$.
Da es keine Zahl t gibt, so dass $0\cdot t = -2$ ist, ist das Gleichungssystem unlösbar. Es gibt also keine Zahlen s und t, die zu einem gemeinsamen Punkt führen. Damit sind g und h parallel oder windschief. Da die Richtungsvektoren von g und h Vielfache voneinander sind, d.h. $\begin{pmatrix}2\\8\\4\end{pmatrix} = 2\cdot\begin{pmatrix}1\\4\\2\end{pmatrix}$ ist, sind die **Geraden parallel** (S. 279, Fig. 2). Andernfalls wären sie **windschief** (S. 279, Fig. 4).

(3) Sind g: $\vec{x} = \begin{pmatrix}3\\1\\2\end{pmatrix} + t\cdot\begin{pmatrix}1\\2\\4\end{pmatrix}$ und h: $\vec{x} = \begin{pmatrix}4\\3\\6\end{pmatrix} + s\cdot\begin{pmatrix}2\\4\\8\end{pmatrix}$ gegeben und setzt man beide Gleichungen gleich, so erhält man

(1) $3 + t = 4 + 2s$		(1) $t - 2s = 1$
(2) $1 + 2t = 3 + 4s$	oder	(2) $2t - 4s = 6.$
(3) $2 + 4t = 6 + 8s$		(3) $4t - 8s = 4$

Dividiert man die 2. Gleichung (2) durch 2 und die 3. Gleichung (3) durch 4, so erhält man die Gleichung (1): $t - 2s = 1$. Diese hat unendlich viele Lösungen, d.h. die **Geraden fallen zusammen**.

Für g: $\vec{x} = \begin{pmatrix}p_1\\p_2\\p_3\end{pmatrix} + t\cdot\begin{pmatrix}u_1\\u_2\\u_3\end{pmatrix}$ und h: $\vec{x} = \begin{pmatrix}q_1\\q_2\\q_3\end{pmatrix} + s\cdot\begin{pmatrix}v_1\\v_2\\v_3\end{pmatrix}$ ergibt sich das Gleichungssystem:
$t\cdot u_1 - s\cdot v_1 = q_1 - p_1$
$t\cdot u_2 - s\cdot v_2 = q_2 - p_2$
$t\cdot u_3 - s\cdot v_3 = q_3 - p_3$
mit den Unbekannten t und s.

Gegeben sind zwei Geraden g: $\vec{x} = \vec{p} + t\cdot\vec{u}$ und h: $\vec{x} = \vec{q} + s\cdot\vec{v}$.

Um die Lage von g und h zu ermitteln, setzt man $\vec{p} + t\cdot\vec{u} = \vec{q} + s\cdot\vec{v}$ und erhält ein Gleichungssystem von drei Gleichungen mit zwei Unbekannten s und t.

(1) g und h **schneiden** sich in einem Punkt, wenn das zu gehörige Gleichungssystem genau eine Lösung $(t_0; s_0)$ hat.

(2) g und h haben **keinen gemeinsamen Punkt**, wenn das Gleichungssytem keine Lösung hat. Die Geraden sind dann windschief oder parallel (für $\vec{v} = r\cdot\vec{u}$).

(3) g und h sind **identisch**, wenn das Gleichungssystem unendlich viele Lösungen besitzt.

Um den Schnittpunkt im Falle (1) zu ermitteln, setzt man t_0 für t in $\vec{x} = \vec{p} + t\cdot\vec{u}$ ein.
Man erhält dann den Ortsvektor des Schnittpunktes S. Statt t_0 kann man auch s_0 in $\vec{x} = \vec{q} + s\cdot\vec{v}$ einsetzen. Am Ergebnis ändert sich dabei nichts.

Anmerkung:
Man kann die Aussagen auch direkt auf Geraden in der Ebene übertragen. Man erhält dann beim Gleichsetzen der Geradengleichungen allerdings nur zwei Gleichungen mit zwei Unbekannten.
Die Geraden schneiden sich in einem Punkt, wenn das Gleichungssystem genau eine Lösung hat.
Liegen unendlich viele Lösungen vor, so sind die Geraden identisch.
Hat das Gleichungssystem keine Lösung, so sind die Geraden immer parallel.
Windschiefe Geraden in der Ebene gibt es nicht.

Beispiel 1 Schnittpunkt zweier Geraden

Zeigen Sie, dass sich die Gerade g und h in einem Punkt schneiden.

$g\colon \vec{x} = \begin{pmatrix}4\\4\\5\end{pmatrix} + s\cdot\begin{pmatrix}1\\2\\-1\end{pmatrix}$ und $h\colon \vec{x} = \begin{pmatrix}1\\2\\3\end{pmatrix} + t\cdot\begin{pmatrix}2\\0\\3\end{pmatrix}$.

Lösung:

$\begin{pmatrix}4\\4\\5\end{pmatrix} + s\cdot\begin{pmatrix}1\\2\\-1\end{pmatrix} = \begin{pmatrix}1\\2\\3\end{pmatrix} + t\cdot\begin{pmatrix}2\\0\\3\end{pmatrix}$ oder $\begin{array}{ll}(1) & 4 + s = 1 + 2t\\(2) & 4 + 2s = 2 + 0\cdot t\\(3) & 5 - s = 3 + 3t\end{array}$, also $\begin{array}{ll}(1) & s - 2t = -3\\(2) & 2s = -2\\(3) & s + 3t = 2\end{array}$.

Aus (2) folgt $s = -1$; in (1) eingesetzt $-1 - 2t = -3$, also $2t = 2$, damit $t = 1$. $s = -1$ und $t = 1$ in (3) eingesetzt: $-1 + 3\cdot 1 = 2$. Setzt man $s = -1$ in die Gleichung von g ein, so erhält man

$\vec{x} = \begin{pmatrix}4\\4\\5\end{pmatrix} - 1\cdot\begin{pmatrix}1\\2\\-1\end{pmatrix} = \begin{pmatrix}3\\2\\6\end{pmatrix}$. Damit ist $S(3\,|\,2\,|\,6)$.

Beispiel 2 Windschiefe Geraden

Parallele und windschiefe Geraden gibt es überall.

Zeigen Sie, dass die Geraden g und h windschief sind.

$g\colon \vec{x} = \begin{pmatrix}1\\2\\3\end{pmatrix} + s\cdot\begin{pmatrix}2\\2\\-1\end{pmatrix}$ und $h\colon \vec{x} = \begin{pmatrix}3\\2\\1\end{pmatrix} + t\cdot\begin{pmatrix}1\\1\\2\end{pmatrix}$.

Lösung:

$\begin{pmatrix}1\\2\\3\end{pmatrix} + s\cdot\begin{pmatrix}2\\2\\-1\end{pmatrix} = \begin{pmatrix}3\\2\\1\end{pmatrix} + t\cdot\begin{pmatrix}1\\1\\2\end{pmatrix}$ oder $\begin{array}{ll}(1) & 1 + 2s = 3 + t\\(2) & 2 + 2s = 2 + t\\(3) & 3 - s = 1 + 2t\end{array}$, also $\begin{array}{ll}(1) & 2s - t = 2\\(2) & 2s - t = 0\\(3) & -s - 2t = -2\end{array}$.

Aus (1) folgt $t = 2s - 2$; in (2) eingesetzt: $2s - (2s - 2) = 0$ ergibt $0\cdot s + 2 = 0$. Damit ist das Gleichungssystem unlösbar; die Geraden schneiden sich nicht! Sie sind auch nicht parallel, da die Richtungsvektoren keine Vielfache voneinander sind.

Beispiel 3 Untersuchung von Geraden

Prüfen Sie, ob sich die Geraden g und h in Fig. 1 schneiden.

Lösung:

$g\colon \vec{x} = \begin{pmatrix}2\\2\\0\end{pmatrix} + s\cdot\begin{pmatrix}-2\\2\\2\end{pmatrix}$; $h\colon \vec{x} = \begin{pmatrix}1\\4\\0\end{pmatrix} + t\cdot\begin{pmatrix}-1\\-3\\2\end{pmatrix}$.

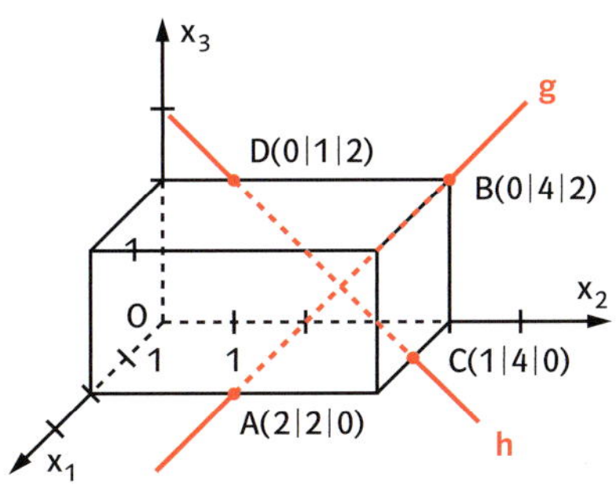

Fig. 1

Richtungsvektor von g ist $\overrightarrow{AB} = \begin{pmatrix}0-2\\4-2\\2-0\end{pmatrix} = \begin{pmatrix}-2\\2\\2\end{pmatrix}$

Richtungsvektor von h ist $\overrightarrow{CD} = \begin{pmatrix}0-1\\1-4\\2-0\end{pmatrix} = \begin{pmatrix}-1\\-3\\2\end{pmatrix}$

Daraus erhält man

$\begin{array}{ll}(1) & 2 - 2s = 1 - t\\(2) & 2 + 2s = 4 - 3t\\(3) & 2s = 2t\end{array}$ oder $\begin{array}{ll}(1) & -2s + t = -1\\(2) & 2s + 3t = 2\\(3) & 2s - 2t = 0\end{array}$

Aus (1) folgt $t = 2s - 1$; in (2): $2s + 3\cdot(2s - 1) = 2$; $2s + 6s - 3 = 2$; $8s = 5$, also $s = \frac{5}{8}$.

Dies in $t = 2s - 1$ eingesetzt, ergibt $t = 2\cdot\frac{5}{8} - 1 = \frac{5}{4} - 1 = \frac{1}{4}$.

$s = \frac{5}{8}$ und $t = \frac{1}{4}$ in (3): $\frac{5}{4} - \frac{1}{2} = 0$ ist nicht erfüllt, also schneiden sich beide Geraden nicht.

Die Geraden sind windschief, da die Richtungsvektoren nicht Vielfache voneinander sind.

Beispiel 4 Geraden in der Ebene

Schneiden sich die Geraden $g\colon \vec{x} = \begin{pmatrix}1\\2\end{pmatrix} + s\cdot\begin{pmatrix}-3\\1\end{pmatrix}$ und $h\colon \vec{x} = \begin{pmatrix}-2\\0\end{pmatrix} + t\cdot\begin{pmatrix}0\\3\end{pmatrix}$?

Lösung:

Nach dem Gleichsetzen erhält man $\begin{array}{ll}(1) & 1 - 3s = -2\\(2) & 2 + s = 3t\end{array}$ oder $\begin{array}{ll}(1) & 3s = 3\\(2) & -s + 3t = 2\end{array}$.

(1) ergibt $s = 1$; in (2): $-1 + 3t = 2$, also $3t = 3$; $t = 1$.

Die Geraden schneiden sich in $S(1 - 3\,|\,2 + 1) = S(-2\,|\,3)$.

Aufgaben

Achten Sie darauf, dass beim Gleichsetzen ein Parameter t durch einen anderen Parameter, z. B. s ersetzt werden muss!

2 Untersuchen Sie die gegenseitige Lage der Geraden g und h. Berechnen Sie gegebenenfalls die Koordinaten des Schnittpunktes S.

a) $g: \vec{x} = \begin{pmatrix} 5 \\ 0 \\ 1 \end{pmatrix} + t \begin{pmatrix} 2 \\ 1 \\ -1 \end{pmatrix}$, $h: \vec{x} = \begin{pmatrix} 7 \\ 1 \\ 2 \end{pmatrix} + s \begin{pmatrix} -6 \\ -3 \\ 3 \end{pmatrix}$ b) $g: \vec{x} = \begin{pmatrix} 1 \\ 2 \\ 1 \end{pmatrix} + t \begin{pmatrix} 2 \\ 0 \\ 1 \end{pmatrix}$, $h: \vec{x} = \begin{pmatrix} 2 \\ 3 \\ 4 \end{pmatrix} + s \begin{pmatrix} 0 \\ 1 \\ -1 \end{pmatrix}$

c) $g: \vec{x} = \begin{pmatrix} 0 \\ 1 \\ 1 \end{pmatrix} + t \begin{pmatrix} 1 \\ 0 \\ 1 \end{pmatrix}$, $h: \vec{x} = \begin{pmatrix} 4 \\ 2 \\ 4 \end{pmatrix} + s \begin{pmatrix} 2 \\ 1 \\ 1 \end{pmatrix}$ d) $g: \vec{x} = \begin{pmatrix} 5 \\ 5 \\ 1 \end{pmatrix} + t \begin{pmatrix} 1 \\ 2 \\ 0 \end{pmatrix}$, $h: \vec{x} = \begin{pmatrix} -5 \\ -15 \\ 1 \end{pmatrix} + s \begin{pmatrix} -0{,}5 \\ 1 \\ 0 \end{pmatrix}$

Oftmals kann man sich durch Nachdenken viel Rechenarbeit ersparen!

3 Schneiden sich die Geraden $g: \vec{x} = \begin{pmatrix} 1 \\ 0 \\ 1 \end{pmatrix} + s \cdot \begin{pmatrix} 0 \\ 1 \\ 0 \end{pmatrix}$ und $h: \vec{x} = \begin{pmatrix} 1 \\ 0 \\ 1 \end{pmatrix} + s \cdot \begin{pmatrix} 1 \\ 1 \\ 3 \end{pmatrix}$?

4 Die Schnittpunkte der Geraden g, h, i sind die Eckpunkte eines Dreiecks ABC. Berechnen Sie die Koordinaten von A, B und C.

a) $g: \vec{x} = \begin{pmatrix} -7 \\ 7 \end{pmatrix} + r \begin{pmatrix} 3 \\ -2 \end{pmatrix}$, $h: \vec{x} = \begin{pmatrix} 4 \\ 7 \end{pmatrix} + s \begin{pmatrix} 1 \\ 3 \end{pmatrix}$, $i: \vec{x} = \begin{pmatrix} 5 \\ -1 \end{pmatrix} + t \begin{pmatrix} -2 \\ 5 \end{pmatrix}$

b) $g: \vec{x} = \begin{pmatrix} 0 \\ -1 \\ 2 \end{pmatrix} + r \begin{pmatrix} -2 \\ 2 \\ 1 \end{pmatrix}$, $h: \vec{x} = \begin{pmatrix} 3 \\ -1 \\ -2 \end{pmatrix} + s \begin{pmatrix} -2 \\ -4 \\ 6 \end{pmatrix}$, $i: \vec{x} = \begin{pmatrix} 5 \\ 3 \\ -8 \end{pmatrix} + t \begin{pmatrix} 11 \\ -2 \\ -13 \end{pmatrix}$

5 Geben Sie eine Gleichung an für eine Gerade h, die die Gerade g schneidet, eine Gerade i, die zur Geraden g parallel ist, und eine Gerade j, die zur Geraden g windschief ist.

a) $g: \vec{x} = \begin{pmatrix} 1 \\ 0 \\ 0 \end{pmatrix} + t \begin{pmatrix} 7 \\ 3 \\ 1 \end{pmatrix}$ b) $g: \vec{x} = \begin{pmatrix} 2 \\ 2 \\ 1 \end{pmatrix} + t \begin{pmatrix} 1 \\ 2 \\ 0 \end{pmatrix}$ c) $g: \vec{x} = \begin{pmatrix} 2 \\ 3 \\ 6 \end{pmatrix} + t \begin{pmatrix} 1 \\ 0 \\ 5 \end{pmatrix}$

6 Untersuchen Sie, ob eine Seite des Dreiecks ABC mit $A(3|3|6)$, $B(2|7|6)$, $C(4|2|5)$ auf der Geraden $g: \vec{x} = \begin{pmatrix} 2 \\ 0 \\ 2 \end{pmatrix} + t \begin{pmatrix} -1 \\ 1 \\ 1 \end{pmatrix}$ liegt oder zu g parallel ist.

7 Geben Sie die Gleichung mindestens einer Geraden g im Raum mit der angegebenen Eigenschaft an:

a) g ist zur x_1-Achse parallel. b) g ist zur x_3-Achse senkrecht.

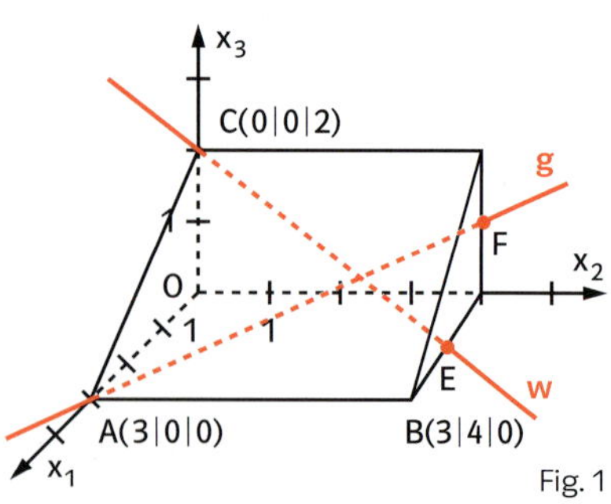

Fig. 1

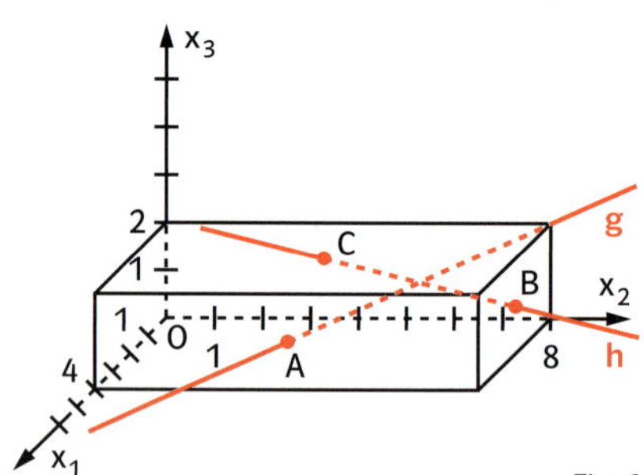

Fig. 2

8 Prüfen Sie, ob sich die Geraden g und h in Fig. 1 schneiden.
E und F sind die Mittelpunkte der Kanten.

9 Schneiden sich die Geraden g und h von Fig. 2?
A, B und C sind dabei die Mittelpunkte der Seitenflächen.

10 Wie muss $a \in \mathbb{R}$ gewählt werden, damit sich g und h schneiden?

a) $g: \vec{x} = \begin{pmatrix} -a \\ 1 \\ -2 \end{pmatrix} + s \cdot \begin{pmatrix} -1 \\ 4 \\ 2 \end{pmatrix}$; $h: \vec{x} = \begin{pmatrix} 2 \\ 6 \\ 4a \end{pmatrix} + t \cdot \begin{pmatrix} 1 \\ -1 \\ -2 \end{pmatrix}$ b) $g: \vec{x} = \begin{pmatrix} 3 \\ 4 \\ 2 \end{pmatrix} + s \cdot \begin{pmatrix} 3 \\ -6 \\ -3a \end{pmatrix}$; $h: \vec{x} = \begin{pmatrix} 1 \\ 5 \\ 4 \end{pmatrix} + t \cdot \begin{pmatrix} 2 \\ 2a \\ 4 \end{pmatrix}$

9 Skalarprodukt von Vektoren, Größe von Winkeln

1 Soll ein Tunnel durch einen Berg gebohrt werden, so ist der Betrag des Vektors $\overrightarrow{AB} = \vec{c}$, also die Länge der Strecke $\overline{AB}$ zu bestimmen (Fig. 1).
a) Berechnen Sie $|\vec{c}|$ für $|\vec{a}| = 3{,}5\,\text{km}$, $|\vec{b}| = 4{,}8\,\text{km}$ und $\alpha = 37{,}35°$.
b) Wie hängt $|\vec{c}|$ allgemein von $|\vec{a}|$, $|\vec{b}|$ und α ab?

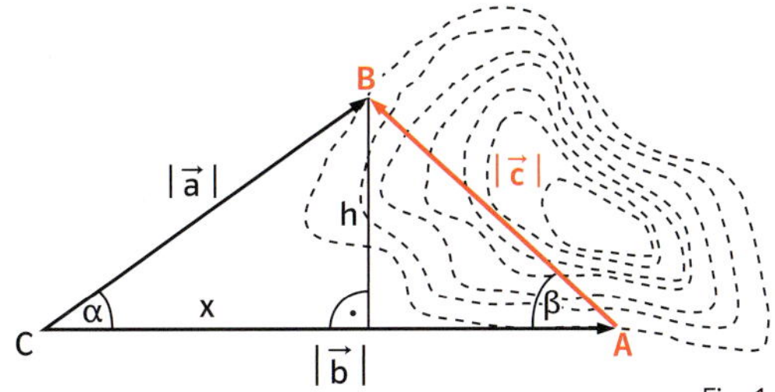

Fig. 1

Hinweis: Bestimmen Sie zunächst die Längen x und h aus α und b.

Bisher wurden Vektoren addiert sowie mit reellen Zahlen multipliziert. Damit kann man z. B. Geraden im Raum darstellen und untersuchen. Durch den Betrag eines Vektors ist es möglich, z. B. die Längen der Seiten eines Dreiecks im Raum zu berechnen. Man kann jedoch damit nicht die Winkel im Dreieck bestimmen. Wie man die Winkel zwischen Vektoren erhält, wird im Folgenden gezeigt.

Unter dem **Winkel φ zwischen den Vektoren $\vec{a}$ und $\vec{b}$** versteht man den kleineren der Winkel zwischen einem Pfeil von $\vec{a}$ und einem Pfeil von $\vec{b}$ mit gleichem Anfangspunkt. φ ist kleiner oder gleich 180°.

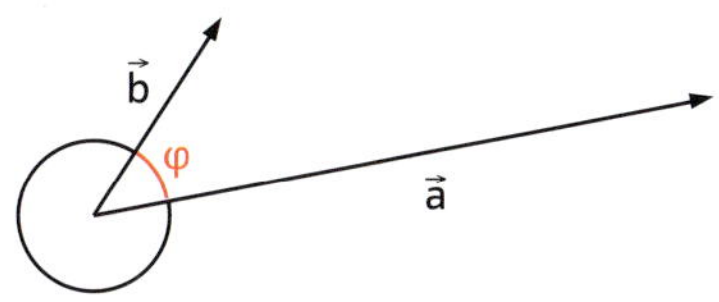

Fig. 2

Die Seitenlängen des Dreiecks OAB in Fig. 3 betragen $|\vec{a}|$, $|\vec{b}|$ und $|\vec{c}| = |\vec{a} - \vec{b}|$.
Damit kann man den **Kosinussatz** (Fundus, S. 363) in der Form schreiben:
$|\vec{a} - \vec{b}|^2 = |\vec{a}|^2 + \overrightarrow{|b|}^2 - 2|\vec{a}|\cdot|\vec{b}|\cdot\cos(\varphi)$,
wobei φ der Winkel zwischen den Vektoren $\vec{a}$ und $\vec{b}$ ist.
Den Term $|\vec{a}|\cdot|\vec{b}|\cdot\cos(\varphi)$, der den Winkel φ enthält, nennt man das **Skalarprodukt** von $\vec{a}$ und $\vec{b}$.

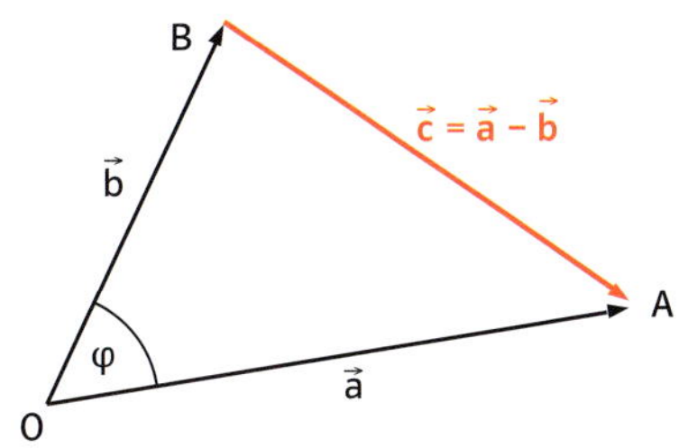

Fig. 3

Die Bezeichnung **Skalarprodukt** erinnert daran, dass dieses Produkt der Vektoren kein Vektor; sondern ein „Skalar" (d. h. eine „Maßzahl"), also hier eine reelle Zahl, ist.

Sind die Vektoren $\vec{a} = \begin{pmatrix} a_1 \\ a_2 \\ a_3 \end{pmatrix}$ und $\vec{b} = \begin{pmatrix} b_1 \\ b_2 \\ b_3 \end{pmatrix}$ durch ihre Koordinaten gegeben, so kann man das Skalarprodukt auch durch die Koordinaten von $\vec{a}$ und $\vec{b}$ ausdrücken. Dazu geht man von der Gleichung $|\vec{a} - \vec{b}|^2 = |\vec{a}|^2 + |\vec{b}|^2 - 2|\vec{a}|\cdot|\vec{b}|\cdot\cos(\varphi)$ aus, löst sie nach $|\vec{a}|\cdot|\vec{b}|\cdot\cos(\varphi)$ auf und ersetzt die auftretenden Beträge durch die Koordinaten der Vektoren $\vec{a}$ und $\vec{b}$:
Aus $|\vec{a} - \vec{b}|^2 = |\vec{a}|^2 + |\vec{b}|^2 - 2|\vec{a}|\cdot|\vec{b}|\cdot\cos(\varphi)$ folgt durch Auflösen nach $|\vec{a}|\cdot|\vec{b}|\cdot\cos(\varphi)$:

$$\begin{aligned}
|\vec{a}|\cdot|\vec{b}|\cdot\cos(\varphi) &= \tfrac{1}{2}\cdot\left(|\vec{a}|^2 + |\vec{b}|^2 - |\vec{a} - \vec{b}|^2\right) \\
&= \tfrac{1}{2}\cdot\left([a_1^2 + a_2^2 + a_3^2] + [b_1^2 + b_2^2 + b_3^2] - [(a_1 - b_1)^2 + (a_2 - b_2)^2 + (a_3 - b_3)^2]\right) \\
&= \tfrac{1}{2}\cdot(2a_1b_1 + 2a_2b_2 + 2a_3b_3) \\
&= a_1b_1 + a_2b_2 + a_3b_3.
\end{aligned}$$

Zur Erinnerung:
$|\vec{a}|^2 = a_1^2 + a_2^2 + a_3^2$;
$(a_1 - b_1)^2 = a_1^2 - 2a_1b_1 + b_1^2$

Sind die Vektoren $\vec{a}$ und $\vec{b}$ Vektoren der Ebene, also $\vec{a} = \begin{pmatrix} a_1 \\ a_2 \end{pmatrix}$ und $\vec{b} = \begin{pmatrix} b_1 \\ b_2 \end{pmatrix}$, so gilt entsprechend:
$|\vec{a}|\cdot|\vec{b}|\cdot\cos(\varphi) = a_1b_1 + a_2b_2$.

Für das Skalarprodukt führt man die **Bezeichnung** $\vec{a} \cdot \vec{b}$ ein und sagt: Vektor $\vec{a}$ mal Vektor $\vec{b}$. Sind

Beim Skalarprodukt werden die gleichbedeutenden Koordinaten multipliziert und diese Produkte dann addiert.

also z.B. zwei Vektoren $\vec{a} = \begin{pmatrix} 2 \\ -4 \\ 6 \end{pmatrix}$ und $\vec{b} = \begin{pmatrix} 0 \\ 3 \\ 4 \end{pmatrix}$ gegeben, so berechnet man ihr Skalarprodukt wie

folgt: $\vec{a} \cdot \vec{b} = \begin{pmatrix} 2 \\ -4 \\ 6 \end{pmatrix} \cdot \begin{pmatrix} 0 \\ 3 \\ 4 \end{pmatrix} = 2 \cdot 0 + (-4) \cdot 3 + 6 \cdot 4 = 0 - 12 + 24 = 12.$

Mithilfe des Skalarproduktes ist es nun möglich, die Größe des Winkels φ zwischen zwei Vektoren aus ihren Koordinaten zu berechnen.

Die Berechnungen erfolgen mit dem GTR, dabei ist mit der MODE-Taste auf Grad (Degree) umzustellen.

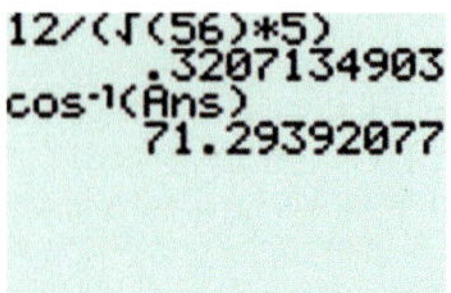

Fig. 1

Dazu ist $|\vec{a}| \cdot |\vec{b}| \cdot \cos(\varphi) = \vec{a} \cdot \vec{b}$ nach $\cos(\varphi)$ aufzulösen und $|\vec{a}|$ durch $\sqrt{a_1^2 + a_2^2 + a_3^2}$ und $|\vec{b}|$ durch $\sqrt{b_1^2 + b_2^2 + b_3^2}$ zu ersetzen.

Für die Vektoren $\vec{a} = \begin{pmatrix} 2 \\ -4 \\ 6 \end{pmatrix}$ und $\vec{b} = \begin{pmatrix} 0 \\ 3 \\ 4 \end{pmatrix}$ ist

$|\vec{a}| = \sqrt{2^2 + (-4)^2 + 6^2} = \sqrt{4 + 16 + 36} = \sqrt{56}$ und $|\vec{b}| = \sqrt{0^2 + 3^2 + 4^2} = \sqrt{0 + 9 + 16} = \sqrt{25} = 5.$

Damit gilt wegen $|\vec{a}| \cdot |\vec{b}| \cdot \cos(\varphi) = \vec{a} \cdot \vec{b}$:

$\sqrt{56} \cdot 5 \cdot \cos(\varphi) = 12$, also $\cos(\varphi) = \frac{12}{\sqrt{56} \cdot 5} \approx 0{,}3207.$

Den zugehörigen Winkel bestimmt man mithilfe des GTR (Fig. 1). Damit schließen die Vektoren $\vec{a}$ und $\vec{b}$ den Winkel $\varphi \approx 71{,}29°$ ein.

Es gilt allgemein:

Den Winkel φ zwischen zwei Vektoren $\vec{a}$ und $\vec{b}$ mit

$\vec{a} = \begin{pmatrix} a_1 \\ a_2 \end{pmatrix}$ und $\vec{b} = \begin{pmatrix} b_1 \\ b_2 \end{pmatrix}$ bzw. $\vec{a} = \begin{pmatrix} a_1 \\ a_2 \\ a_3 \end{pmatrix}$ und $\vec{b} = \begin{pmatrix} b_1 \\ b_2 \\ b_3 \end{pmatrix}$

berechnet man wie folgt:

$$\cos(\varphi) = \frac{\vec{a} \cdot \vec{b}}{|\vec{a}| \cdot |\vec{b}|};$$

$$\cos(\varphi) = \frac{a_1 b_1 + a_2 b_2}{\sqrt{a_1^2 + a_2^2} \cdot \sqrt{b_1^2 + b_2^2}} \quad \text{bzw.} \quad \cos(\varphi) = \frac{a_1 b_1 + a_2 b_2 + a_3 b_3}{\sqrt{a_1^2 + a_2^2 + a_3^2} \cdot \sqrt{b_1^2 + b_2^2 + b_3^2}}$$

Da $\cos(\varphi) = 0$ ist für $\varphi = 90°$, sind also zwei Vektoren orthogonal, wenn ihr Skalarprodukt $\vec{a} \cdot \vec{b} = 0$ ist.

Fig. 2 zeigt vier Vektoren $\vec{a}$, $\vec{b}$, $\vec{c}$ und $\vec{d}$.
Es gilt für orthogonale Vektoren:

$\vec{a} \cdot \vec{b} = \begin{pmatrix} 4 \\ 4 \end{pmatrix} \cdot \begin{pmatrix} -2 \\ 2 \end{pmatrix} = 4 \cdot (-2) + 4 \cdot 2 = 0$ oder

$\vec{d} \cdot \vec{a} = \begin{pmatrix} -3 \\ 3 \end{pmatrix} \cdot \begin{pmatrix} 4 \\ 4 \end{pmatrix} = (-3) \cdot 4 + 3 \cdot 4 = 0.$

Es gilt für den Vektor $\vec{a}$:

$\vec{a} \cdot \vec{a} = \begin{pmatrix} 4 \\ 4 \end{pmatrix} \cdot \begin{pmatrix} 4 \\ 4 \end{pmatrix} = 4^2 + 4^2 = |\vec{a}|^2.$

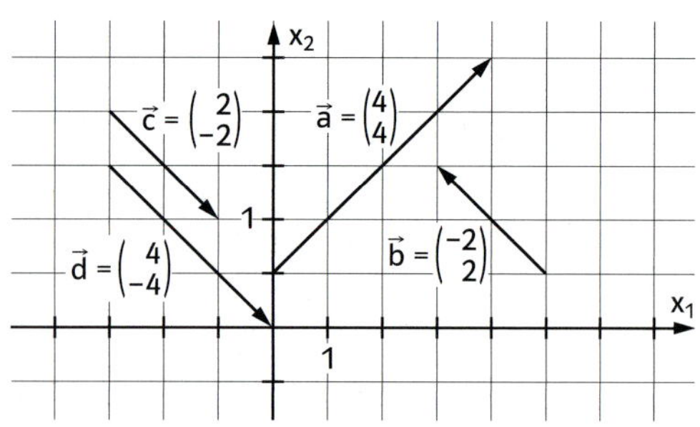

Fig. 2

Zwei Vektoren $\vec{a}$ und $\vec{b}$ sind genau dann **senkrecht zueinander**, wenn für ihr Skalarprodukt null ist: $\vec{a} \cdot \vec{b} = 0.$

Es gilt ferner $\vec{a} \cdot \vec{a} = |\vec{a}|^2$. Also ist $|\vec{a}| = \sqrt{\vec{a} \cdot \vec{a}}$.

Beispiel 1 Winkel zwischen zwischen zwei Vektoren in der Ebene

Gegeben sind die Vektoren $\vec{a} = \begin{pmatrix} 1 \\ -2 \end{pmatrix}$, $\vec{b} = \begin{pmatrix} 6 \\ 1 \end{pmatrix}$ und $\vec{c} = \begin{pmatrix} 4 \\ 2 \end{pmatrix}$.

Zeichnen Sie die Vektoren als Ortsvektoren und berechnen Sie die Winkel, den die Vektoren $\vec{a}$ und $\vec{b}$ bzw. $\vec{a}$ und $\vec{c}$ miteinander einschließen.

Lösung:

Zeichnung in Fig. 1.

Winkel α zwischen $\vec{a}$ und $\vec{b}$:

$\vec{a} \cdot \vec{b} = \begin{pmatrix} 1 \\ -2 \end{pmatrix} \cdot \begin{pmatrix} 6 \\ 1 \end{pmatrix} = 1 \cdot 6 - 2 \cdot 1 = 4;$

$|\vec{a}| = \sqrt{1^2 + (-2)^2} = \sqrt{5}$; $|\vec{b}| = \sqrt{1^2 + 6^2} = \sqrt{37}$;

damit ist $\cos(\alpha) = \frac{4}{\sqrt{5 \cdot 37}} \approx 0{,}2941$; $\alpha \approx 72{,}90°$.

Winkel γ zwischen $\vec{a}$ und $\vec{c}$:

Da $\vec{a} \cdot \vec{c} = \begin{pmatrix} 1 \\ -2 \end{pmatrix} \cdot \begin{pmatrix} 4 \\ 2 \end{pmatrix} = 1 \cdot 4 - 2 \cdot 2 = 0$ ist, gilt

$\vec{a} \perp \vec{c}$ und folglich $\gamma = 90°$.

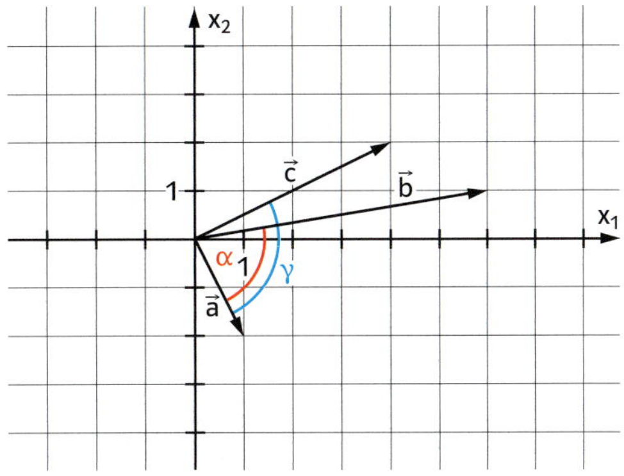

Fig. 1

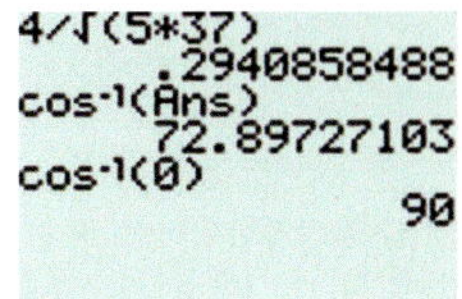

Es gilt:
$\sqrt{a} \cdot \sqrt{b} = \sqrt{a \cdot b}$!

Beispiel 2 Winkel im Dreieck

Berechnen Sie die Innenwinkel des Dreiecks A(3 | −2 | −1), B(0 | 3 | −1), C(4 | 5 | 2).

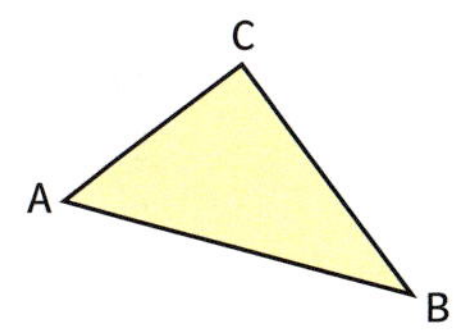

Lösung:

Berechnung des Winkels α bei A: $\overrightarrow{AB} = \begin{pmatrix} 0-3 \\ 3-(-2) \\ -1-(-1) \end{pmatrix} = \begin{pmatrix} -3 \\ 5 \\ 0 \end{pmatrix}$; $\overrightarrow{AC} = \begin{pmatrix} 4-3 \\ 5-(-2) \\ 2-(-1) \end{pmatrix} = \begin{pmatrix} 1 \\ 7 \\ 3 \end{pmatrix}$.

$\overrightarrow{AB} \cdot \overrightarrow{AC} = -3 \cdot 1 + 5 \cdot 7 + 0 \cdot 3 = 32$; $\overrightarrow{AB} = \sqrt{(-3)^2 + 5^2 + 0^2} = \sqrt{34}$; $\overrightarrow{AC} = \sqrt{1^2 + 7^2 + 3^2} = \sqrt{59}$.

Daraus erhält man: $\cos(\alpha) = \frac{\overrightarrow{AB} \cdot \overrightarrow{AC}}{|\overrightarrow{AB}| \cdot |\overrightarrow{AC}|} = \frac{32}{\sqrt{34 \cdot 59}} \approx 0{,}7145$; also $\alpha = 44{,}4°$.

Berechnung des Winkels β bei B: $\overrightarrow{BA} = -\overrightarrow{AB} = -\begin{pmatrix} -3 \\ 5 \\ 0 \end{pmatrix}$; $\overrightarrow{BC} = \begin{pmatrix} 4-0 \\ 5-3 \\ 2-(-1) \end{pmatrix} = \begin{pmatrix} 4 \\ 2 \\ 3 \end{pmatrix}$

$\overrightarrow{BA} \cdot \overrightarrow{BC} = 3 \cdot 4 - 5 \cdot 2 + 0 \cdot 3 = 2$; $|\overrightarrow{BA}| = |\overrightarrow{AB}| = \sqrt{34}$; $|\overrightarrow{BC}| = \sqrt{4^2 + 2^2 + 3^2} = \sqrt{29}$.

Daraus erhält man: $\cos(\beta) = \frac{\overrightarrow{BA} \cdot \overrightarrow{BC}}{|\overrightarrow{BA}| \cdot |\overrightarrow{BC}|} = \frac{2}{\sqrt{34 \cdot 29}} \approx 0{,}0638$; also $\beta \approx 86{,}3°$.

Damit erhält man den Winkel bei C: $\gamma \approx 180° - 44{,}4° - 86{,}3° = 49{,}3°$.

Die Winkelsumme im Dreieck ist 180°.

Beispiel 3 Rechtwinkliges Dreieck

Gegeben sind die Punkte A(1 | 2 | −3), B(2 | 3 | 4) und C(−4 | 0 | −2),

a) Weisen Sie nach, dass das Dreieck rechtwinklig ist.

b) Wählen Sie einen Punkt D so, dass ein Rechteck entsteht.

Lösung:

a) Es ist $\overrightarrow{AB} = \begin{pmatrix} 2-1 \\ 3-2 \\ 4+3 \end{pmatrix} = \begin{pmatrix} 1 \\ 1 \\ 7 \end{pmatrix}$; $\overrightarrow{AC} = \begin{pmatrix} -4-1 \\ 0-2 \\ -2+3 \end{pmatrix} = \begin{pmatrix} -5 \\ -2 \\ 1 \end{pmatrix}$.

Da $\overrightarrow{AB} \cdot \overrightarrow{AC} = 1 \cdot (-5) + 1 \cdot (-2) + 7 \cdot 1 = 0$ ist, gilt $\cos(\varphi) = 0$ und damit ist $\varphi = 90°$.

b) Man fertigt eine Skizze (Fig. 2). Daran wird erkennbar, dass man den Ortsvektor $\overrightarrow{OD}$ von D folgendermaßen erhält:

Man addiert zum Ortsvektor von B, also $\overrightarrow{OB}$, den Vektor $\overrightarrow{AC}$:

$\overrightarrow{OD} = \overrightarrow{OB} + \overrightarrow{AC} = \begin{pmatrix} 2 \\ 3 \\ 4 \end{pmatrix} + \begin{pmatrix} -5 \\ -2 \\ 1 \end{pmatrix} = \begin{pmatrix} -3 \\ 1 \\ 5 \end{pmatrix}$. Es ist also D(−3 | 1 | 5).

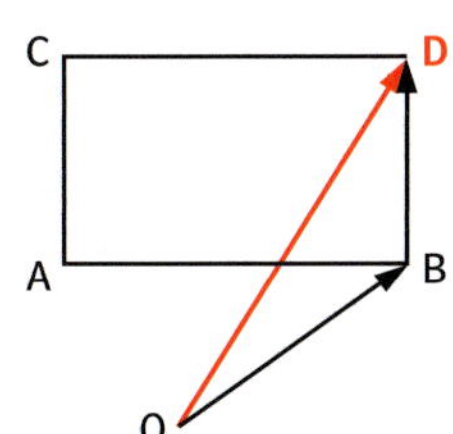

Fig. 2

Aufgaben

2 a) Berechnen Sie für die gezeichneten Vektoren die Skalarprodukte $\vec{a}\cdot\vec{b}$, $\vec{a}\cdot\vec{c}$, $\vec{a}\cdot\vec{d}$, $\vec{b}\cdot\vec{c}$, $\vec{b}\cdot\vec{d}$ und $\vec{c}\cdot\vec{d}$.
b) Welche Koordinaten hat der Vektor $\vec{a}+\vec{b}$? Zeigen Sie rechnerisch, dass $(\vec{a}+\vec{b})\cdot\vec{c}=0$ ist.
c) Welche Koordinaten hat der Vektor $\vec{c}+\vec{d}$? Zeigen Sie rechnerisch, dass $(\vec{c}+\vec{d})\cdot(\vec{c}+\vec{d})=16$ ist.

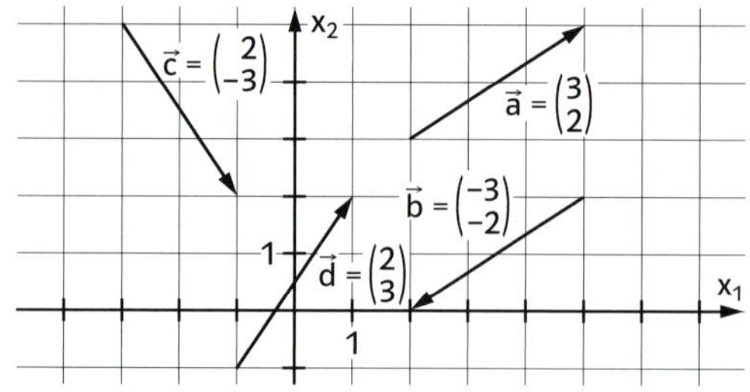

Fig. 1

3 Berechnen Sie für die Vektoren $\vec{a}=\begin{pmatrix}1\\2\\-1\end{pmatrix}$, $\vec{b}=\begin{pmatrix}-2\\1\\3\end{pmatrix}$ und $\vec{c}=\begin{pmatrix}2\\1\\1\end{pmatrix}$:

a) $\vec{a}\cdot\vec{b}$ b) $\vec{b}\cdot\vec{a}$ c) $\vec{a}\cdot\vec{c}$ d) $\vec{b}\cdot\vec{c}$ e) $\vec{a}\cdot(\vec{b}+\vec{c})$ f) $\vec{a}\cdot\vec{b}+\vec{a}\cdot\vec{c}$ g) $\vec{a}\cdot\vec{a}$

4 Berechnen Sie den Winkel zwischen den Vektoren $\vec{a}$ und $\vec{b}$.

a) $\vec{a}=\begin{pmatrix}1\\4\end{pmatrix}$; $\vec{b}=\begin{pmatrix}3\\4\end{pmatrix}$ b) $\vec{a}=\begin{pmatrix}13\\12\end{pmatrix}$; $\vec{b}=\begin{pmatrix}12\\-13\end{pmatrix}$ c) $\vec{a}=\begin{pmatrix}1\\0\\2\end{pmatrix}$; $\vec{b}=\begin{pmatrix}5\\4\\2\end{pmatrix}$ d) $\vec{a}=\begin{pmatrix}1\\2\\3\end{pmatrix}$; $\vec{b}=\begin{pmatrix}3\\2\\1\end{pmatrix}$

5 Berechnen Sie die Längen der Seiten und die Größen der Winkel im Dreieck ABC.
a) A(2|1); B(5|−1); C(4|3)
b) A(8|1); B(17|−5); C(10|9)

6 Berechnen Sie zu Fig. 2 die Längen der Seiten und die Größen der Winkel
a) des Dreiecks ABC,
b) des Dreiecks EDF.

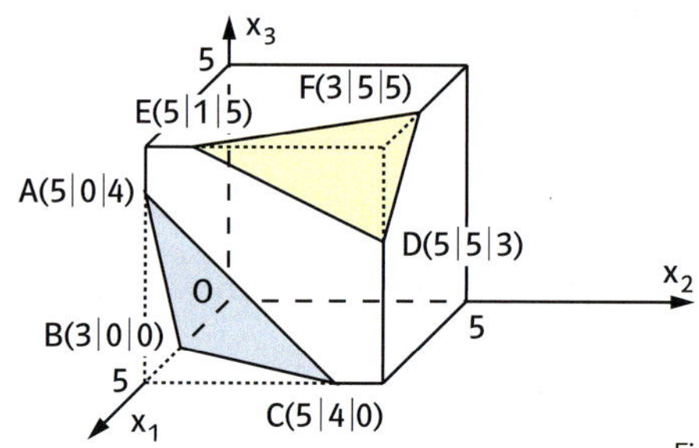

Fig. 2

7 Bestimmen Sie die fehlende Koordinate so, dass $\vec{a}\perp\vec{b}$.

a) $\vec{a}=\begin{pmatrix}2\\3\end{pmatrix}$, $\vec{b}=\begin{pmatrix}b_1\\-4\end{pmatrix}$ b) $\vec{a}=\begin{pmatrix}1\\a_2\\3\end{pmatrix}$, $\vec{b}=\begin{pmatrix}2\\-1\\1\end{pmatrix}$ c) $\vec{a}=\begin{pmatrix}-1\\4\\2\end{pmatrix}$, $\vec{b}=\begin{pmatrix}3\\0\\b_3\end{pmatrix}$

8 Gegeben sind die Punkte A(4|3|2), B(−3|2|1) und C(−2|0|−4).
a) Weisen Sie nach, dass das Dreieck rechtwinklig ist.
b) Wählen Sie einen Punkt D so, dass ein Rechteck entsteht.
c) Berechnen Sie die Seitenlängen des Rechtecks.
d) Geben Sie die Koordinaten des Schnittpunktes der Diagonalen an.
e) Welchen Winkel schließen die Diagonalen miteinander ein?

9 a) Wie muss die x_2-Koordinate des Punktes C(4|c_2|3) gewählt werden, damit das Dreieck ABC mit A(1|1|3) und B(2|0|5) bei A einen rechten Winkel hat?
b) Wie ist c_2 zu wählen, damit der rechte Winkel bei B liegt?

10 Geben Sie zum Vektor $\vec{a}$ mindestens zwei senkrechte Vektoren an.

a) $\vec{a}=\begin{pmatrix}3\\-5\end{pmatrix}$ b) $\vec{a}=\begin{pmatrix}2\\0\end{pmatrix}$ c) $\vec{a}=\begin{pmatrix}-1\\-4\end{pmatrix}$ d) $\vec{a}=\begin{pmatrix}2\\0\\5\end{pmatrix}$ e) $\vec{a}=\begin{pmatrix}2\\3\\-5\end{pmatrix}$ f) $\vec{a}=\begin{pmatrix}1\\1\\1\end{pmatrix}$

10 Schnittwinkel von Geraden

1 Die Raumdiagonalen BH und CE des Würfels von Fig. 1 schneiden sich in einem Punkt.
a) Berechnen Sie die Länge der Raumdiagonale BH und die Länge der Flächendiagonale AC. Um wie viel Prozent ist die Raumdiagonale länger als die Flächendiagonale?
b) Schneiden sich die Raumdiagonalen BH und EC unter einem rechten Winkel? Es gibt verschiedene Möglichkeiten, diese Frage zu klären.
c) Welchen Winkel schließt die Raumdiagonale CE mit der Flächendiagonale CA ein?

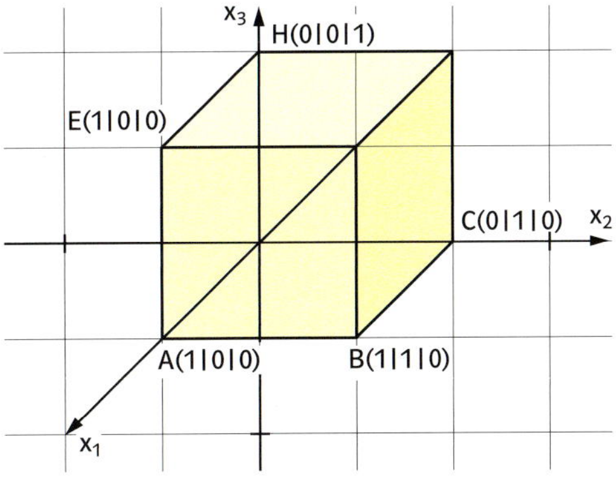

Fig. 1

Im Folgenden sollen Winkel zwischen Geraden bestimmt und weitere Fragestellungen beantwortet werden.

Schneiden sich zwei Geraden g und h, so entstehen vier Winkel, je zwei der Größe α und je zwei der Größe 180° − α (Fig. 2). Im Folgenden wird unter dem Schnittwinkel zweier Geraden der Winkel verstanden, der kleiner oder gleich 90° ist.

Der Winkel, den zwei sich schneidende Geraden einschließen, ist der Winkel α, den die Richtungsvektoren der Geraden miteinander einschließen oder aber der Winkel 180° − α, sofern α größer als 90° ist.

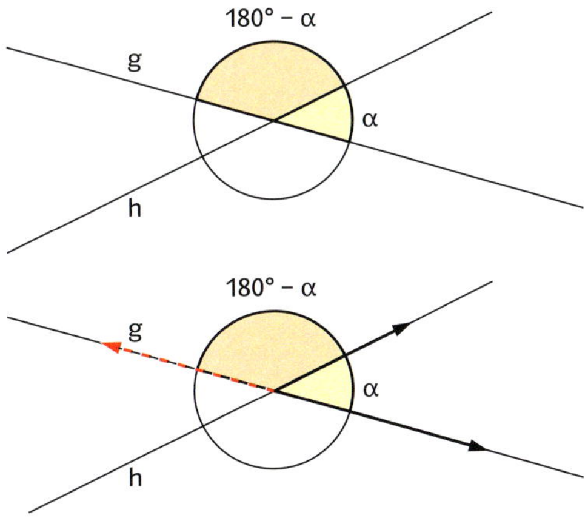

Fig. 2

Schneiden sich die Geraden g: $\vec{x} = \vec{p} + s \cdot \vec{u}$ und h: $\vec{x} = \vec{q} + t \cdot \vec{v}$, dann schließen die beiden Richtungsvektoren der Geraden einen Winkel φ ein: $\cos(\varphi) = \frac{\vec{u} \cdot \vec{v}}{|\vec{u}| \cdot |\vec{v}|}$.
Der **Schnittwinkel der Geraden** g und h ist dann $\alpha = \varphi$, wenn $\varphi \leqq 90°$ ist.
Der Schnittwinkel ist $\alpha = 180° - \varphi$, wenn $\varphi > 90°$ ist.

Da für $\varphi > 90°$ gilt $\cos(\varphi) < 0$, erhält man den Schnittwinkel α auch direkt, wenn man verlangt:
$\cos(\varphi) = \frac{|\vec{u} \cdot \vec{v}|}{|\vec{u}| \cdot |\vec{v}|}$

Beispiel 1 Schnittwinkel

Gegeben sind die Geraden g und h mit g: $\vec{x} = \begin{pmatrix} 1 \\ 3 \\ 1 \end{pmatrix} + s \cdot \begin{pmatrix} 0 \\ 1 \\ 4 \end{pmatrix}$; h: $\vec{x} = \begin{pmatrix} -7 \\ 6 \\ -5 \end{pmatrix} + t \cdot \begin{pmatrix} 4 \\ -2 \\ 1 \end{pmatrix}$.

a) Zeigen Sie, dass sich die Geraden schneiden.
b) Berechnen Sie den Schnittwinkel.

Lösung:
a) Durch Gleichsetzen erhält man das Gleichungssystem:

$$\begin{aligned} &(1)\quad 1 &&= -7 + 4t \\ &(2)\quad 3 + s &&= 6 - 2t \\ &(3)\quad 1 + 4s &&= -5 + t \end{aligned}$$

Aus (1) $4t = 8$, also $t = 2$ in (2): $3 + s = 6 - 2 \cdot 2$; $3 + s = 2$; $s = -1$.
$t = 2$ und $s = -1$ in (3): $1 + 4 \cdot (-1) = -5 + 2$ ist richtig.
$s = -1$ in g eingesetzt ergibt den Schnittpunkt:
$S(1 - 1 \cdot 0 | 3 - 1 | 1 - 4) = S(1|2|-3)$.

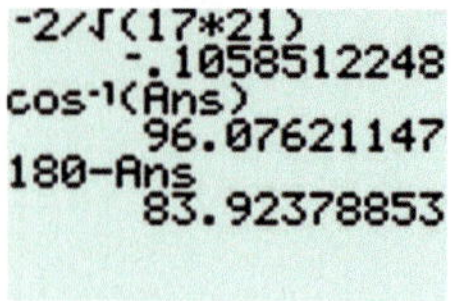

b) Es ist mit $\vec{u} = \begin{pmatrix} 0 \\ 1 \\ 4 \end{pmatrix}$ und $\vec{v} = \begin{pmatrix} 4 \\ 2 \\ -1 \end{pmatrix}$: $\vec{u} \cdot \vec{v} = 0 \cdot 4 + 1 \cdot 2 + 4 \cdot (-1) = 2 - 4 = -2;$

$|\vec{u}| = \sqrt{0^2 + 1^2 + 4^2} = \sqrt{17}$; $|\vec{v}| = \sqrt{4^2 + 2^2 + (-1)^2} = \sqrt{21}$

Daraus erhält man den Winkel φ der Richtungsvektoren: $\cos(\varphi) = \frac{-2}{\sqrt{17} \cdot \sqrt{21}} \approx -0{,}1059$, also $\varphi \approx 96{,}1°$.

Damit ist der Schnittwinkel der beiden Geraden $180° - 96{,}1° = 83{,}9°$.

Beispiel 2 Projektion zweier Geraden

Die Geraden $g\colon \vec{x} = \begin{pmatrix} 2 \\ 0 \\ -7 \end{pmatrix} + s \cdot \begin{pmatrix} 1 \\ 2 \\ -3 \end{pmatrix}$ und $h\colon \vec{x} = \begin{pmatrix} 1 \\ 3 \\ 2 \end{pmatrix} + t \cdot \begin{pmatrix} -4 \\ 2 \\ 7 \end{pmatrix}$ werden in die x_1x_2-Ebene senkrecht projiziert. Berechnen Sie Schnittpunkt und Schnittwinkel der beiden projizierten Geraden g′ und h′.

Lösung:

$g'\colon \vec{x} = \begin{pmatrix} 2 \\ 0 \\ 0 \end{pmatrix} + s \cdot \begin{pmatrix} 1 \\ 2 \\ 0 \end{pmatrix}$; $h'\colon \vec{x} = \begin{pmatrix} 1 \\ 3 \\ 0 \end{pmatrix} + t \cdot \begin{pmatrix} -4 \\ 2 \\ 0 \end{pmatrix}$. Gleichsetzen ergibt das Gleichungssystem:

(1) $2 + s = 1 - 4t$	Aus (1): $s = -4t - 1$
(2) $2s = 3 + 2t$	in (2): $2 \cdot (-4t - 1) = 3 + 2t$; $-8t - 2 = 3 + 2t$; $10t = -5$; $t = -0{,}5$
(3) $0 = 0$	damit $s = -4 \cdot (-0{,}5) - 1 = 2 - 1 = 1$

Da (3) erfüllt ist, ist der Schnittpunkt von g′ und h′: $S'(2 + 1 \mid 0 + 2 \mid 0) = S(3 \mid 2 \mid 0)$.

Da $\vec{u} \cdot \vec{v} = \begin{pmatrix} 1 \\ 2 \\ 0 \end{pmatrix} \cdot \begin{pmatrix} -4 \\ 2 \\ 0 \end{pmatrix} = 1 \cdot (-4) + 2 \cdot 2 - 0 \cdot 0 = 0$ ist, schneiden sich g′ und h′ senkrecht.

Aufgaben

2 Zeigen Sie, dass sich die Geraden mit den gegebenen Gleichungen im Raum schneiden, berechnen Sie dazu ihren Schnittpunkt. Berechnen Sie dann ihren Schnittwinkel.

a) $\vec{x} = \begin{pmatrix} 1 \\ 1 \\ 0 \end{pmatrix} + r \begin{pmatrix} 1 \\ 0 \\ 3 \end{pmatrix}$, $\vec{x} = \begin{pmatrix} 2 \\ 2 \\ 3 \end{pmatrix} + s \begin{pmatrix} 1 \\ -1 \\ 3 \end{pmatrix}$ b) $\vec{x} = \begin{pmatrix} 2 \\ 0 \\ 7 \end{pmatrix} + r \begin{pmatrix} 1 \\ 1 \\ 1 \end{pmatrix}$, $\vec{x} = \begin{pmatrix} 0 \\ 4 \\ -5 \end{pmatrix} + s \begin{pmatrix} 5 \\ 2 \\ 10 \end{pmatrix}$

3 Projizieren Sie die Geraden g und h senkrecht in die x_1x_2-Ebene und ermitteln Sie den Schnittpunkt und den Schnittwinkel der projizierten Geraden.

a) $\vec{x} = \begin{pmatrix} 2 \\ 7 \\ 11 \end{pmatrix} + r \begin{pmatrix} 3 \\ 9 \\ -1 \end{pmatrix}$, $\vec{x} = \begin{pmatrix} 0 \\ 6 \\ -5 \end{pmatrix} + s \begin{pmatrix} 1 \\ 2 \\ 3 \end{pmatrix}$ b) $\vec{x} = r \begin{pmatrix} 4 \\ 5 \\ 6 \end{pmatrix}$, $\vec{x} = \begin{pmatrix} 6 \\ 4 \\ 7 \end{pmatrix} + s \begin{pmatrix} -2 \\ 1 \\ -1 \end{pmatrix}$

Man muss nicht unbedingt Geradengleichungen aufstellen, wenn man Winkel zwischen Geraden berechnen will.

4 In Fig. 1 sind A, B, C, D, E, F die Mittelpunkte der Flächen des Quaders.
Berechnen Sie die Winkel zwischen den Kanten:

a) AB und BC b) BC und CD
c) AE und EB d) EB und BF

5 Vom Ursprung O aus werden in Fig. 1 die Flächendiagonale der Grundfläche und die Raumdiagonale gezeichnet. Welchen Winkel schließen diese ein?

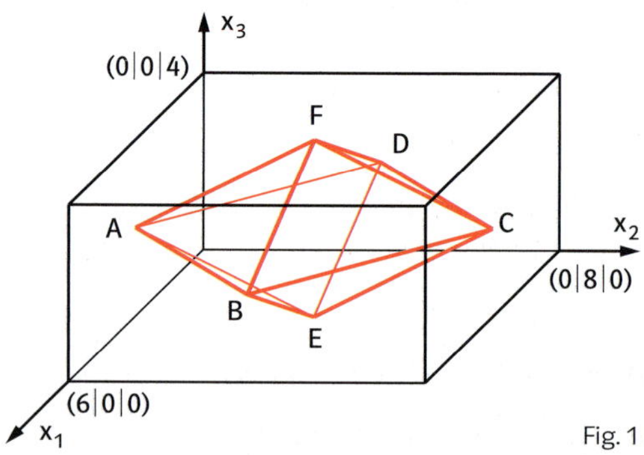

Fig. 1

11 Flächenberechnungen an Dreiecken und Vierecken

1 In Fig. 1 sind eine Reihe von ebenen Figuren gezeichnet. Wie heißen sie?
a) Berechnen Sie ihre Flächeninhalte.
b) Geben Sie die Längen der einzelnen Seiten an und berechnen Sie damit ihren Umfang.

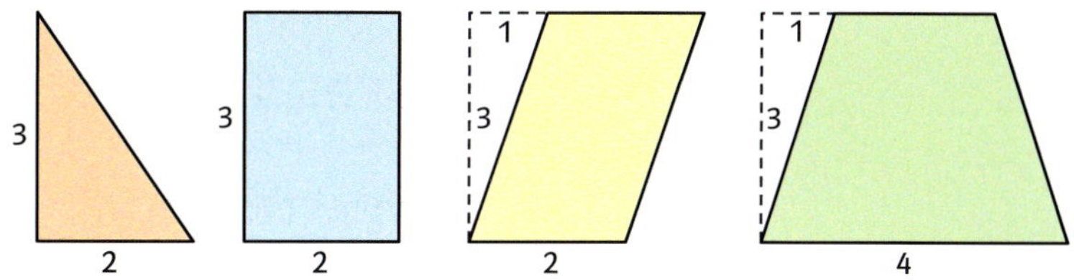

Fig. 1

Im Raum finden sich häufig ebene Figuren wie Dreiecke und Vierecke. Man braucht dabei nur an Häuser mit ihren Mauern und Fenstern, Kirchtürme mit ihren Dachflächen oder Wohnungen mit Tischen und Schränken denken. Kennt man die Koordinaten der Eckpunkte, so kann man z. B. ihre Flächeninhalte berechnen.

Der Flächeninhalt des **Dreiecks** berechnet sich zu **A =** $\frac{1}{2}$**· Grundlinie · Höhe auf Grundlinie.**
Ist ein Dreieck ABC durch drei Punkte gegeben, so berechnet man zunächst zwei Seitenlängen, z. B. $|\overrightarrow{AB}|$ und $|\overrightarrow{AC}|$ und den eingeschlossenen Winkel α.
Aus $\sin(\alpha) = \frac{h}{|\overrightarrow{AC}|}$, also $h = |\overrightarrow{AC}| \cdot \sin(\alpha)$, folgt dann $A = \frac{1}{2} \cdot |\overrightarrow{AB}| \cdot |\overrightarrow{AC}| \cdot \sin(\alpha)$.

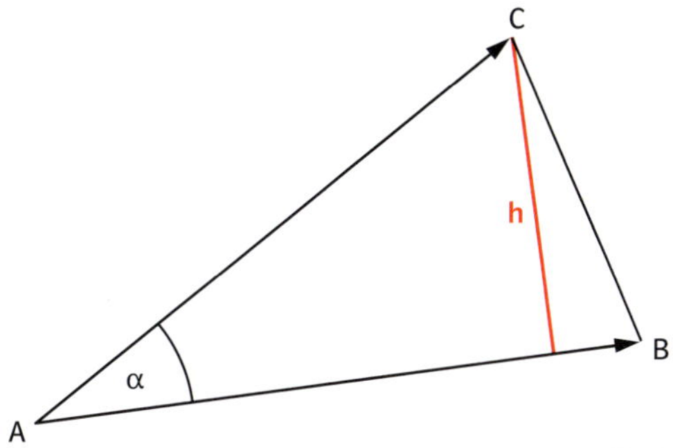

Fig. 2

Stehen $\overrightarrow{AB}$ und $\overrightarrow{AC}$ senkrecht aufeinander, so ist der Inhalt $A = \frac{1}{2} \cdot |\overrightarrow{AB}| \cdot |\overrightarrow{AC}|$.

Während beim Flächeninhalt des **Rechtecks** keine Probleme auftreten, da hier nur die beiden aufeinander senkrecht stehenden Seitenlängen miteinander zu multiplizieren sind (Fig. 3), führt beim **Parallelogramm** eine ähnliche Überlegung wie beim Dreieck zum Inhalt (Fig. 4):
Man berechnet zunächst zwei Seitenlängen, z. B. $|\overrightarrow{AB}|$ und $|\overrightarrow{AD}|$ und den eingeschlossenen Winkel α.
Aus $\sin(\alpha) = \frac{h}{|\overrightarrow{AD}|}$, also $h = |\overrightarrow{AD}| \cdot \sin(\alpha)$, folgt dann $A = |\overrightarrow{AB}| \cdot |\overrightarrow{AD}| \cdot \sin(\alpha)$.

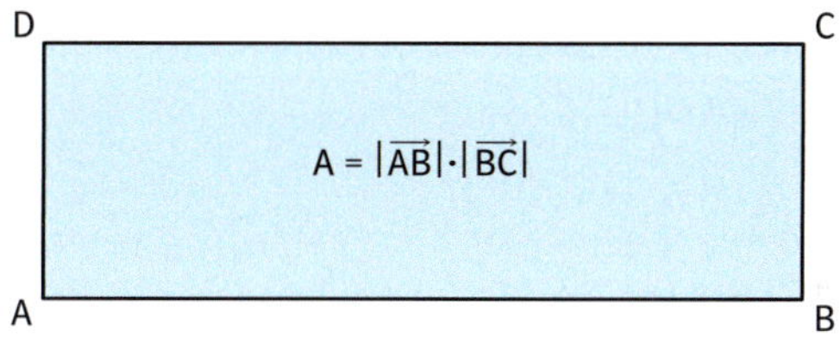

Fig. 3

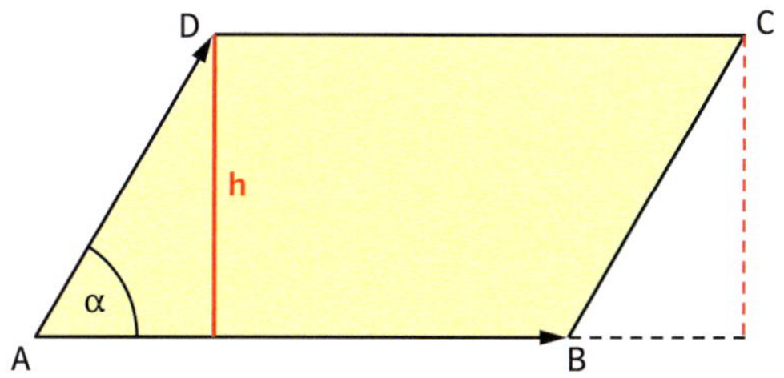

Fig. 4

Der Inhalt des Parallelogramms wird auf den des Rechtecks zurückgeführt.

Beim **Trapez** (Fig. 5) berechnet man in ähnlicher Weise wie beim Parallelogramm zwei Seitenlängen, z. B. $|\overrightarrow{AB}|$ und $|\overrightarrow{AD}|$ und den eingeschlossenen Winkel α.
Aus $\sin(\alpha) = \frac{h}{|\overrightarrow{AD}|}$ folgt $h = |\overrightarrow{AD}| \cdot \sin(\alpha)$.
Die Länge der Mittelparallele ist das arithmetische Mittel aus $|\overrightarrow{AB}|$ und $|\overrightarrow{CD}|$:
$m = \frac{1}{2}(|\overrightarrow{AB}| + |\overrightarrow{CD}|)$.
Damit gilt für den Flächeninhalt:
$A = \frac{1}{2}(|\overrightarrow{AB}| + |\overrightarrow{CD}|) \cdot |\overrightarrow{AD}| \cdot \sin(\alpha)$.

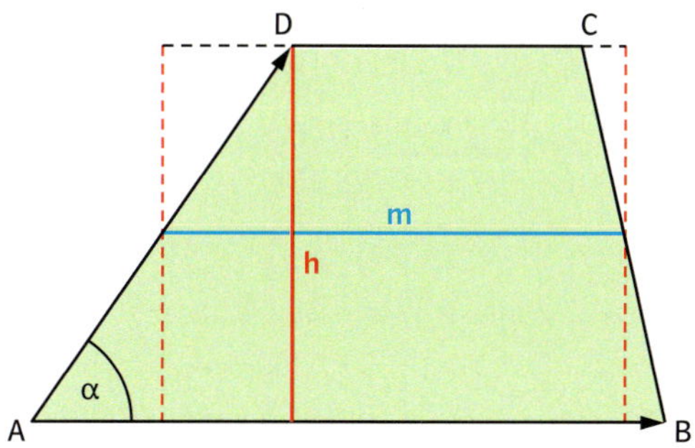

Fig. 4

Auch beim Trapez wird die Berechnung des Inhalts auf den des Rechtecks zurückgeführt.

Der **Flächeninhalt eines Dreiecks** ABC beträgt

$A = \frac{1}{2} \cdot |\overrightarrow{AB}| \cdot |\overrightarrow{AC}| \cdot \sin(\alpha)$, wobei α der von $\overrightarrow{AB}$ und $\overrightarrow{AC}$ eingeschlossene Winkel ist.

Der **Flächeninhalt eines Parallelogramms** ABCD beträgt

$A = |\overrightarrow{AB}| \cdot |\overrightarrow{AD}| \cdot \sin(\alpha)$, wobei α der von $\overrightarrow{AB}$ und $\overrightarrow{AD}$ eingeschlossene Winkel ist.

Der **Flächeninhalt eines Trapezes** ABCD beträgt

$A = \frac{1}{2}(|\overrightarrow{AB}| + |\overrightarrow{CD}|) \cdot |\overrightarrow{AD}| \cdot \sin(\alpha)$, wobei α der von $\overrightarrow{AB}$ und $\overrightarrow{AD}$ eingeschlossene Winkel ist.

Beispiel 1 Berechnungen am Dreieck

Die Punkte A(1|2|0), B(4|−1|2) und C(−2|−1|3) bilden das Dreieck ABC. Berechnen Sie seinen Flächeninhalt.

Lösung:

Es ist $\overrightarrow{AB} = \begin{pmatrix} 4-1 \\ -1-2 \\ 2-0 \end{pmatrix} = \begin{pmatrix} 3 \\ -3 \\ 2 \end{pmatrix}$; $\overrightarrow{AC} = \begin{pmatrix} -2-1 \\ -1-2 \\ 3-0 \end{pmatrix} = \begin{pmatrix} -3 \\ -3 \\ 3 \end{pmatrix}$.

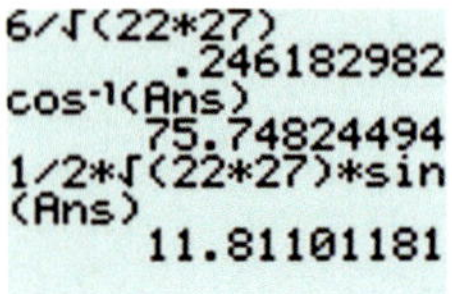

Daraus ergibt sich: $\overrightarrow{AB} \cdot \overrightarrow{AC} = 3 \cdot (-3) - 3 \cdot (-3) + 2 \cdot 3 = 6$; $|\overrightarrow{AB}| = \sqrt{3^2 + (-3)^2 + 2^2} = \sqrt{22}$;

$|\overrightarrow{AC}| = \sqrt{(-3)^2 + (-3)^2 + 3^2} = \sqrt{27}$.

Winkel α bei Punkt A: $\cos(\alpha) = \frac{6}{\sqrt{22 \cdot 27}} \approx 0{,}2462$; also $\alpha \approx 75{,}7°$.

Damit ergibt sich der Flächeninhalt des Dreiecks:

$A = \frac{1}{2} \cdot |\overrightarrow{AB}| \cdot |\overrightarrow{AC}| \cdot \sin(\alpha) = \frac{1}{2} \cdot \sqrt{22} \cdot \sqrt{27} \cdot \sin(75{,}7°) \approx 11{,}81$.

Beispiel 2 Berechnungen am Trapez)

Die Punkte A(1|−1|4); B(5|7|2), C(6|3|−1), D(4|−1|0) legen ein Viereck ABCD fest.

a) Zeichnen Sie das Viereck in ein räumliches Koordinatensystem ein.

b) Zeigen Sie durch Rechnung, dass ABCD ein Trapez ist.

c) Geben Sie den Flächeninhalt des Trapezes an.

An der Zeichnung erkennt man, dass die parallelen Seiten AB und DC sein müssen.

Lösung:

a) Siehe Fig. 1.

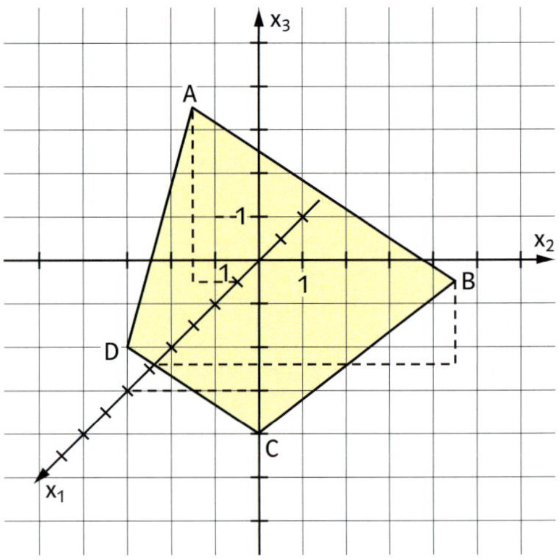

Fig. 1

b) Berechnung der Vektoren

$\overrightarrow{AB} = \begin{pmatrix} 5-1 \\ 7-(-1) \\ 2-4 \end{pmatrix} = \begin{pmatrix} 4 \\ 8 \\ -2 \end{pmatrix}$, $\overrightarrow{DC} = \begin{pmatrix} 6-4 \\ 3-(-1) \\ -1-0 \end{pmatrix} = \begin{pmatrix} 2 \\ 4 \\ -1 \end{pmatrix}$.

Da $\overrightarrow{AB} = 2 \cdot \overrightarrow{DC}$ ist, liegt ein Trapez vor. Die Seite AB ist dabei doppelt so lang wie die Seite CD.

c) Es wird der Winkel α bei A berechnet:

$\overrightarrow{AB} = \begin{pmatrix} 4 \\ 8 \\ -2 \end{pmatrix}$; $\overrightarrow{AD} = \begin{pmatrix} 4-1 \\ -1-(-1) \\ 0-4 \end{pmatrix} = \begin{pmatrix} 3 \\ 0 \\ -4 \end{pmatrix}$.

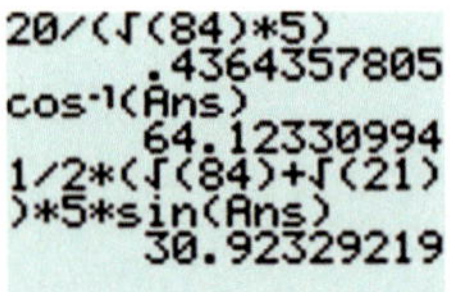

Damit ist $\overrightarrow{AB} \cdot \overrightarrow{AD} = 4 \cdot 3 + 0 \cdot 8 + 2 \cdot 4 = 20$;

$|\overrightarrow{AB}| = \sqrt{4^2 + 8^2 + (-2)^2} = \sqrt{84}$

$|\overrightarrow{AD}| = \sqrt{3^2 + 0^2 + (-4)^2} = 5$;

$\cos(\alpha) = \frac{20}{\sqrt{84} \cdot 5} \approx 0{,}4364$; also $\alpha \approx 64{,}1°$.

Wegen $|\overrightarrow{DC}| = \sqrt{2^2 + 4^2 + (-1)^2} = \sqrt{21}$ erhält man für den Flächeninhalt:

$A = \frac{1}{2}(|\overrightarrow{AB}| + |\overrightarrow{CD}|) \cdot |\overrightarrow{AD}| \cdot \sin(\alpha) = \frac{1}{2} \cdot (\sqrt{84} + \sqrt{21}) \cdot 5 \cdot \sin(64{,}1°) \approx 30{,}92$.

Aufgaben

2 Berechnen Sie den Flächeninhalt des Dreiecks ABC.

a) A(0|2|1), B(2|−1|4), C(3|−1|−2) b) A(3|0|0), B(0|1|6), C(0|6|1)

3 Zeigen Sie, dass das Dreieck rechtwinklig ist und berechnen Sie seinen Flächeninhalt.

a) A(1|2|0), B(4|−1|2), C(−2|1|3) b) A(3|4|0), B(−4|3|0), C(0|0|0)

4 Gegeben sind drei Punkte A(1|1|1), B(2|3|4) und C(4|2|3).

a) Zeichnen Sie das Dreieck ABC in ein räumliches Koordinatensystem.

b) Zeigen Sie, dass das Dreieck ABC gleichschenklig ist. Kann man dies an der Zeichnung aus a) erkennen?

c) Berechnen Sie die Winkel dieses Dreiecks.

d) Wie groß ist der Flächeninhalt des Dreiecks?

In einem gleichschenkligen Dreieck sind zwei Seiten gleich lang.

5 Gegeben sind drei Punkte R(0|1|−1), S(4|4|0) und T(−3|5|2).

a) Zeichnen Sie das Dreieck RST in ein räumliches Koordinatensystem.

b) Projizieren Sie die Punkte senkrecht auf die x_1x_2-Ebene und zeichnen Sie das projizierte Dreieck R'S'T' in das Koordinatensystem von Aufgabenteil a) ein.

c) Zeigen Sie, dass das Dreieck R'S'T' bei R' einen rechten Winkel hat, das Dreick RST hingegen nicht.

d) Berechnen Sie den Flächeninhalt des Dreiecks R'S'T'.

e) Berechnen Sie den Flächeninhalt des Dreiecks RST und geben Sie an, um wie viel Prozent dieser größer ist als der Inhalt von R'S'T'.

Flächeninhalte werden bei senkrechter Projektion auf die Koordinatenebenen in der Regel verkleinert! Geben Sie ein Dreieck an, bei der bei Projektion auf die x_1x_2-Ebene der Inhalt 0 wird.

6 Gegeben ist ein Viereck ABCD mit A(3|−1|2), B(0|3|4), C(5|5|6) und D(8|1|4).

a) Zeigen Sie, dass ABCD ein Parallelogramm ist.

b) Berechnen Sie den Flächeninhalt des Vierecks ABCD.

7 Gegeben ist ein Viereck ABCD mit A(−2|4|6), B(6|4|4), C(4|0|8) und D(8|0|7).

a) Zeichnen Sie das Viereck; geben Sie anhand der Zeichnung eine Eigenschaft des Vierecks an.

b) Zeigen Sie, dass das Viereck ein Trapez ist.

c) In welchem Verhältnis stehen die Längen der beiden parallelen Seiten?

d) Geben Sie den Flächeninhalt des Vierecks an.

8 Gegeben sind drei Punkte O(0|0|0), A(−2|−3|2) und C(3|−4|−3).

a) Zeigen Sie, dass das Dreieck OAC rechtwinklig ist.

b) Berechnen Sie einen Punkt B so, dass das Viereck OABC ein Rechteck ist (Fig. 1).

c) Berechnen Sie den Flächeninhalt des Rechtecks OABC und des Dreiecks OAC.

d) Das Rechteck OABC wird senkrecht auf die x_2x_3-Ebene projiziert. Geben Sie die Koordinaten des projizierten Vierecks O'A'B'C' an und zeichnen Sie es in ein räumliches Koordinatensystem ein.

e) Berechnen Sie den Flächeninhalt des Rechtecks O'A'B'C'. Um wie viel Prozent hat sich nach der Projektion der Flächeninhalt verkleinert?

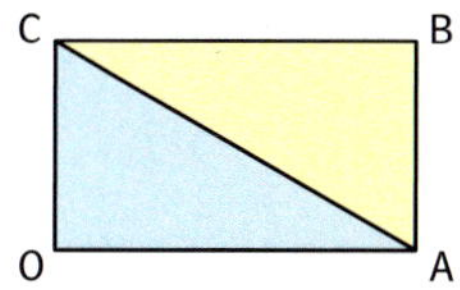

Fig. 1

9 Die drei Punkte P(2|4|5), Q(0|0|5) und R(4|0|5) bilden ein Dreieck.

a) Welche besondere Lage hat dieses Dreieck PQR?

b) Die drei Punkte werden orthogonal in die x_1x_2-Ebene projiziert. P'Q'R' ist die Grundfläche eines dreiseitigen Prismas. Zeichnen Sie das Prisma PQRP'Q'R' in ein räumliches Koordinatensystem ein.

c) Berechnen Sie die Oberfläche dieses Prismas.

orthogonal = senkrecht

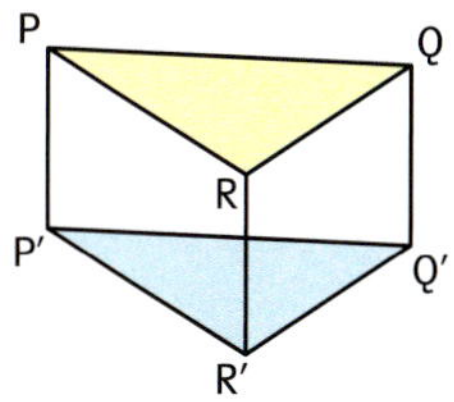

12 Volumenberechnungen

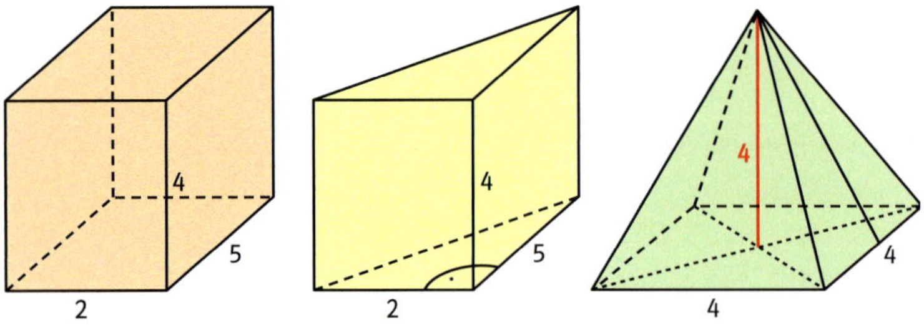

Fig. 1

1 a) Wie heißen die einzelnen Körper von Fig. 1?
b) Geben Sie die Anzahl der Kanten und Flächen für jeden Körper von Fig. 1 an. Welche Arten von Flächen treten dabei auf?
c) Geben Sie die Oberfläche der beiden linken Körper an.
d) Berechnen Sie das Volumen jedes der einzelnen Körper.

Sind Körper im Raum, z.B. durch Punkte festgelegt, wie dies z.B. im Baugewerbe üblich ist, so lassen sich daraus nicht nur die Flächeninhalte wie im vorhergehenden Paragraphen, sondern auch die zugehörigen Rauminhalte (Volumina) berechnen.

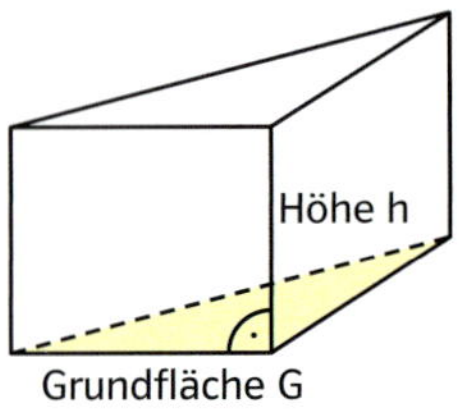

Fig. 2

Bei einem Quader und einem senkrechten Prisma (Fig. 2 zeigt ein dreiseitiges Prisma) ist das Volumen nach der Formel V = Grundfläche · Höhe zu berechnen. Nachdem die Berechnung von Flächen bereits besprochen und die Höhe der Abstand zweier Punkte ist, sind keine neuen Überlegungen notwendig. Die Oberfläche setzt sich zusammen aus Grund- und Deckfläche und einer bestimmten Anzahl von Rechtecken.
Bei einer senkrechten Pyramide errechnet sich das Volumen nach der Formel
$V = \frac{1}{3}\cdot$ Grundfläche · Höhe. Auch hier sind keine neuen Überlegungen notwendig.

Ein senkrechtes Prisma wird auch **gerades Prisma** genannt.

Volumen eines senkrechten **Prismas**:	V = Grundfläche · Höhe des Körpers
Volumen einer senkrechten **Pyramide**:	$V = \frac{1}{3}\cdot$ Grundfläche · Höhe des Körpers

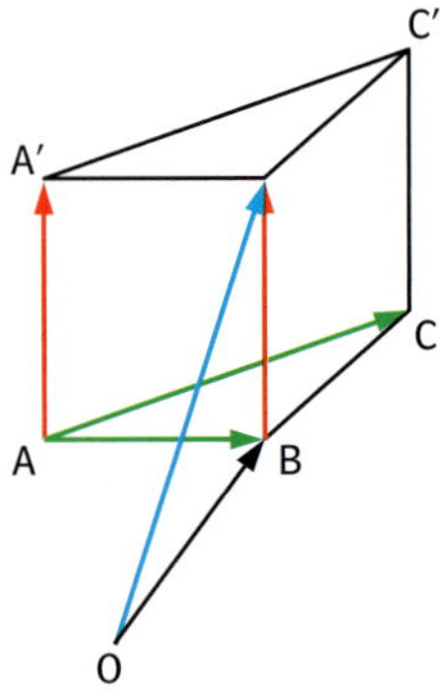

Beispiel 1 Prisma
Gegeben sind die Punkte A(2 | 6 | 1), B(3 | 2 | 2) und C(1 | 2 | 4). Diese bilden die Grundfläche eines dreiseitigen Prismas. AA′ ist eine Seitenkante des Prismas mit A′(0 | 5 | −1).
a) Berechnen Sie fehlenden Punkte B′ und C′ der Deckfläche.
b) Zeigen Sie, dass es sich um ein senkrechtes Prisma handelt.
c) Berechnen Sie den Inhalt des Prismas.
Lösung:
a) An einer (unbedingt erforderlichen) Skizze erkennt man, wie man die Ortsvektoren von B′ und C′ erhält: $\overrightarrow{OB'} = \overrightarrow{OB} + \overrightarrow{AA'}$ und $\overrightarrow{OC'} = \overrightarrow{OC} + \overrightarrow{AA'}$.
Aus $\overrightarrow{AA'} = \begin{pmatrix} 0-2 \\ 5-6 \\ -1-1 \end{pmatrix} = \begin{pmatrix} -2 \\ -1 \\ -2 \end{pmatrix}$ folgt $\overrightarrow{OB'} = \begin{pmatrix} 3 \\ 2 \\ 2 \end{pmatrix} + \begin{pmatrix} -2 \\ -1 \\ -2 \end{pmatrix} = \begin{pmatrix} 1 \\ 1 \\ 0 \end{pmatrix}$ und $\overrightarrow{OC} = \begin{pmatrix} 1 \\ 2 \\ 4 \end{pmatrix} + \begin{pmatrix} -2 \\ -1 \\ -2 \end{pmatrix} = \begin{pmatrix} -1 \\ 1 \\ 2 \end{pmatrix}$. Damit erhält man B′(1 | 1 | 0) und C′(−1 | 1 | 2).
b) Wenn $\overrightarrow{AA'}$ sowohl auf $\overrightarrow{AB}$ als auch auf $\overrightarrow{AC}$ orthogonal ist, liegt ein senkrechtes Prisma vor. Dies trifft zu, da die zugehörigen Skalarprodukte 0 sind:
$$\overrightarrow{AA'}\cdot\overrightarrow{AB} = \begin{pmatrix} -2 \\ -1 \\ -2 \end{pmatrix}\cdot\begin{pmatrix} 1 \\ -4 \\ 1 \end{pmatrix} = -2 + 4 - 2 = 0;\quad \overrightarrow{AA'}\cdot\overrightarrow{AC} = \begin{pmatrix} -2 \\ -1 \\ -2 \end{pmatrix}\cdot\begin{pmatrix} -1 \\ -4 \\ 3 \end{pmatrix} = 2 + 4 - 6 = 0.$$

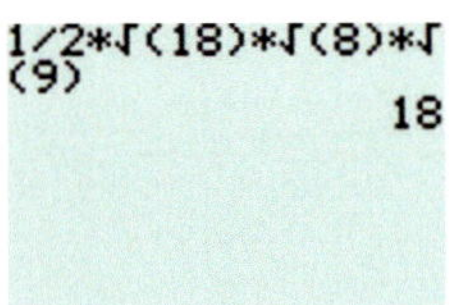

c) Wegen $\overrightarrow{BA}\cdot\overrightarrow{BC} = \begin{pmatrix} -1 \\ 4 \\ -1 \end{pmatrix}\cdot\begin{pmatrix} -2 \\ 0 \\ 2 \end{pmatrix} = 2 + 0 - 2 = 0$ ist das Dreieck rechtwinklig. Damit ergibt sich das Volumen $V = \frac{1}{2}\cdot|\overrightarrow{AB}|\cdot|\overrightarrow{BC}|\cdot|\overrightarrow{AA'}| = \frac{1}{2}\cdot\sqrt{1^2 + (-4)^2 + 1^2}\cdot\sqrt{(-2)^2 + 0^2 + 2^2}\cdot\sqrt{(-2)^2 + (-1)^2 + (-2)^2} = 18.$

Beispiel 2 senkrechte Pyramide

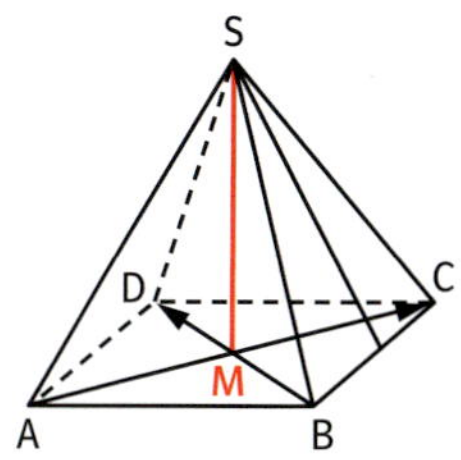

Die Punkte A(0|1|0), B(4|3|2), C(2|5|4), D(−2|3|2) und S(1|1|4) bilden eine Pyramide mit der Grundfläche ABCD und der Spitze S. Die Grundfläche ist ein Rechteck.

a) Geben Sie die Gleichungen der Diagonalen AC und BD des Rechtecks an und berechnen Sie ihren Schnittpunkt.

b) Zeigen Sie, dass der Vektor $\overrightarrow{MS}$ senkrecht zu den Diagonalen ist. Berechnen Sie das Volumen der Pyramide.

Lösung:

a) Die Gerade AC hat den Richtungsvektor $\overrightarrow{AC} = \begin{pmatrix} 2 \\ 4 \\ 4 \end{pmatrix}$; BD den Richtungsvektor $\overrightarrow{BD} = \begin{pmatrix} -6 \\ 0 \\ 0 \end{pmatrix}$.

Damit ist AC: $\vec{x} = \begin{pmatrix} 0 \\ 1 \\ 0 \end{pmatrix} + s \cdot \begin{pmatrix} 2 \\ 4 \\ 4 \end{pmatrix}$; BD: $\vec{x} = \begin{pmatrix} 4 \\ 3 \\ 2 \end{pmatrix} + t \cdot \begin{pmatrix} -6 \\ 0 \\ 0 \end{pmatrix}$. Gleichsetzen ergibt:

(1) $2s = 4 - 6t$
(2) $1 + 4s = 3$
(3) $4s = 2$

Aus (2) folgt $s = \frac{1}{2}$; in (1): $1 = 4 - 6t$; $6t = 3$; $t = \frac{1}{2}$. Da (3) erfüllt ist, erhält man durch Einsetzen von $t = \frac{1}{2}$ in die Gleichung von BD den Ortsvektor $\overrightarrow{OM}$ des Schnittpunktes M.

$\overrightarrow{OM} = \begin{pmatrix} 4 \\ 3 \\ 2 \end{pmatrix} + \frac{1}{2} \cdot \begin{pmatrix} -6 \\ 0 \\ 0 \end{pmatrix} = \begin{pmatrix} 4 \\ 3 \\ 2 \end{pmatrix} + \begin{pmatrix} -3 \\ 0 \\ 0 \end{pmatrix} = \begin{pmatrix} 1 \\ 3 \\ 2 \end{pmatrix}$. Schnittpunkt ist M(1|3|2).

Hätte man den Mittelpunkt M auch ohne die Geraden angeben können?

b) $\overrightarrow{MS} = \begin{pmatrix} 1 \\ 1 \\ 4 \end{pmatrix} - \begin{pmatrix} 1 \\ 3 \\ 2 \end{pmatrix} = \begin{pmatrix} 0 \\ -2 \\ 2 \end{pmatrix}$. Da $\overrightarrow{MS} \cdot \overrightarrow{AC} = \begin{pmatrix} 0 \\ -2 \\ 2 \end{pmatrix} \cdot \begin{pmatrix} 2 \\ 4 \\ 4 \end{pmatrix} = 0$ und $\overrightarrow{MS} \cdot \overrightarrow{BD} = \begin{pmatrix} 0 \\ -2 \\ 2 \end{pmatrix} \cdot \begin{pmatrix} -6 \\ 0 \\ 0 \end{pmatrix} = 0$ ist, steht $\overrightarrow{MS}$ senkrecht auf den Diagonalen.

Volumen der Pyramide: $V = \frac{1}{3} \cdot |\overrightarrow{AB}| \cdot |\overrightarrow{AD}| \cdot |\overrightarrow{MS}|$. Mit $\overrightarrow{AB} = \begin{pmatrix} 4 \\ 2 \\ 2 \end{pmatrix}$, $\overrightarrow{AD} = \begin{pmatrix} -2 \\ 2 \\ 2 \end{pmatrix}$ erhält man

$V = \frac{1}{3}\sqrt{4^2 + 2^2 + 2^2} \cdot \sqrt{(-2)^2 + 2^2 + 2^2} \cdot \sqrt{0^2 + (-2)^2 + 2^2} = \frac{1}{3}\sqrt{24} \cdot \sqrt{12} \cdot \sqrt{8} = 16.$

Aufgaben

2 Zeichnen Sie die Pyramide mit der Grundfläche OAB mit O(0|0|0), A(2|0|0), B(0|5|0) und der Spitze S(0|0|3) und berechnen Sie ihr Volumen.

3 Berechnen Sie das Volumen der dreiseitigen Pyramide von Fig. 2.

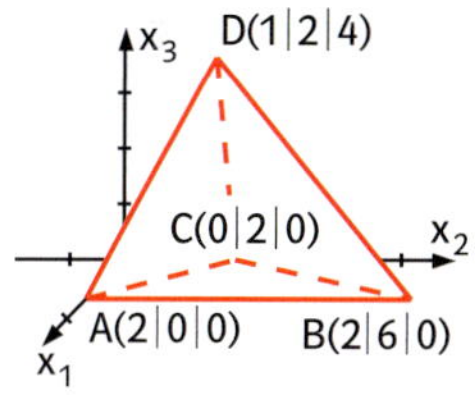

Fig. 2

4 Gegeben sind die Punkte A(0|0|4), B(3|−1|4), C(5|2|4) und D(2|3|4). Sie bilden ein Viereck.

a) Zeigen Sie, dass das Viereck ABCD ein Parallelogramm ist.

b) Die Punkte werden in die x_1x_2-Ebene senkrecht projiziert. Geben Sie die Koordinaten der entstehenden Punkte A′, B′, C′ und D′ an.

c) Wie groß ist die Höhe des Prismas ABCDA′B′C′D′, wie groß seine Grundfläche? Berechnen Sie das Volumen des Prismas.

5 Von der Pyramide mit der Grundfläche ABCD mit A(0|0|−2), B(6|2|−2), C(4|5|−2), D(1|4|−2) und der Spitze S(0|0|4) wird durch die x_1x_2-Ebene ein Teil abgetrennt.

a) Zeichnen Sie die Pyramide in ein räumliches Koordinatensystem ein und zeigen Sie rechnerisch, dass die Grundfläche ein Trapez ist.

b) Berechnen Sie den Punkt B*, in dem die Kante BS die x_1x_2-Ebene schneidet.

c) Berechnen Sie das Volumen der Pyramide.

13 Anwendungen in der Physik

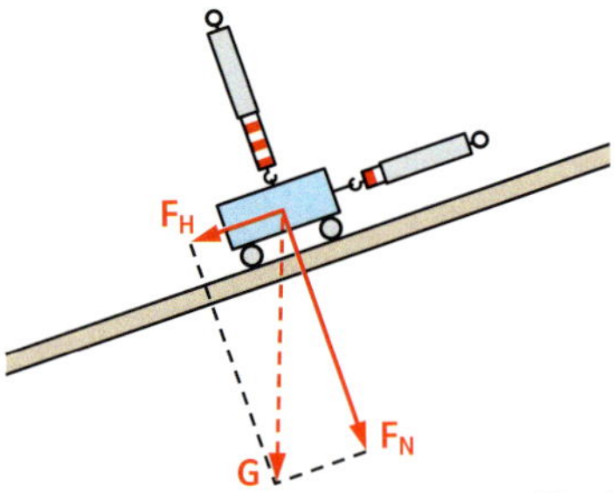

Fig. 1

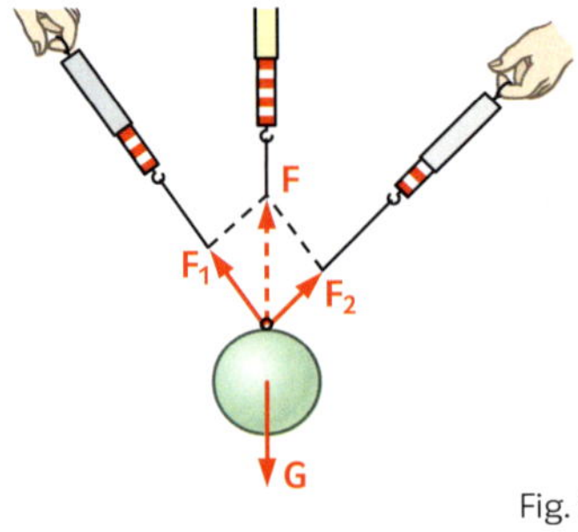

Fig. 2

1 Fig. 1 und Fig. 2 zeigen zwei Versuche aus dem Physikunterricht.

a) Beschreiben Sie diese Versuche.

b) Geben Sie die Kräfte F_H und F_N an, wenn G = 100 N ist und der Neigungswinkel der Ebene 30° beträgt.

Im Physikunterricht gibt es eine Reihe von Anwendungen der Vektorrechnung. Einige wenige Beispiele sollen zeigen, wie man dabei vorgeht.

Es wird zunächst ein Beispiel beschrieben:
Mit einem Gabelstapler soll eine Kiste in das obere, leere Regalfach gehoben werden (Fig. 3). Der Fahrer fährt mit der Geschwindigkeit $\vec{v}_F$ auf das Regal zu. Zugleich hebt sich die Gabel mit der Kiste mit der Geschwindigkeit $\vec{v}_G$ senkrecht nach oben. Der Fahrer wählt die Geschwindigkeiten so, dass die Kiste gerade dann die Höhe des leeren Faches erreicht hat, wenn der Gabelstapler vor dem Regal angekommen ist. Während dieser Fahrt bewegt sich die Kiste längs der rot eingezeichneten Strecke AB mit der „resultierenden Geschwindigkeit $\vec{v}_R$".

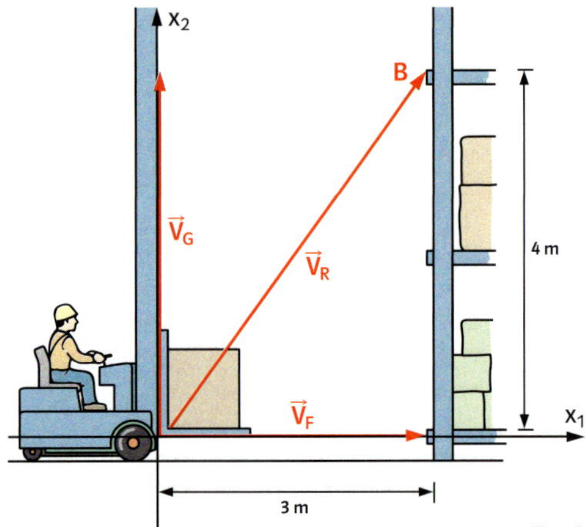

Fig. 3

Die Geschwindigkeiten addieren sich vektoriell: $\vec{v}_R = \vec{v}_F + \vec{v}_G$.
Legt man ein Koordintensystem wie in Fig. 1 angedeutet an und sind die absoluten Werte für die Geschwindigkeiten $|\vec{v}_F| = 0{,}3\frac{m}{s}$ und $|\vec{v}_G| = 0{,}4\frac{m}{s}$, so gilt:

$$\vec{v}_F = \begin{pmatrix} 0{,}3\frac{m}{s} \\ 0\frac{m}{s} \end{pmatrix} \text{ und } \vec{v}_G = \begin{pmatrix} 0\frac{m}{s} \\ 0{,}4\frac{m}{s} \end{pmatrix}. \text{ Man erhält dann } \vec{v}_R = \begin{pmatrix} 0{,}3\frac{m}{s} \\ 0\frac{m}{s} \end{pmatrix} + \begin{pmatrix} 0\frac{m}{s} \\ 0{,}4\frac{m}{s} \end{pmatrix} = \begin{pmatrix} 0{,}3\frac{m}{s} \\ 0{,}4\frac{m}{s} \end{pmatrix}.$$

Die Geschwindigkeit der Kiste beträgt somit $|\vec{v}_R| = \sqrt{0{,}3^2 + 0{,}4^2}\,\frac{m}{s} = \sqrt{0{,}25}\,\frac{m}{s} = 0{,}5\frac{m}{s}$.

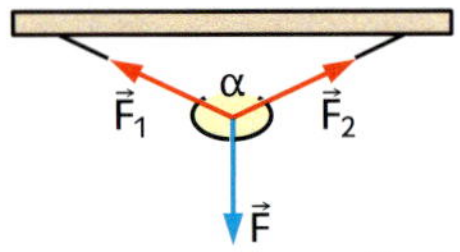

Fig. 4

Beispiel 1 Kräfteparallelogramm
Eine Straßenlampe mit der Masse 50 kg wird von der Erde mit einer Kraft von 50 N angezogen (Fig. 4). Bestimmen Sie zeichnerisch die Kräfte $\vec{F}_1$ und $\vec{F}_2$ an den Aufhängeschnüren, wenn der Winkel α zwischen diesen 90° beträgt.
Lösung:
Man fertigt eine maßstabsgetreue Zeichnung an (Fig. 5), wobei 100 N der Länge 5 cm entsprechen. Sodann zeichnet man ein Parallelogramm mit Seiten parallel zu den Richtungen der Kräfte $\vec{F}_1$ und $\vec{F}_2$ so, dass $\vec{F}$ die Diagonale ist. Die Vektoren verlaufen dann entlang den Seiten des Parallelogramms.
Beide Pfeile haben die gleiche Länge, also ist $|\vec{F}_1| = |\vec{F}_2| \approx 35{,}5\,\text{N}$.

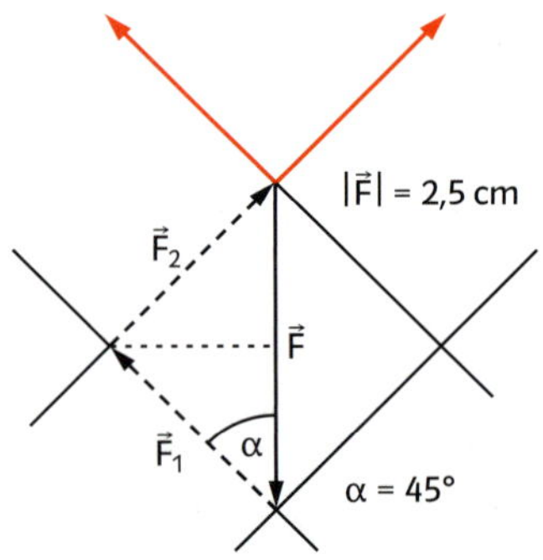

Fig. 5

Beispiel 2 Skalarprodukt

Jemand zieht einen Leiterwagen mit der Kraft $|\vec{F}| = 100\,\text{N}$. Die Deichsel hat eine Neigung gegen die Horizontale von $\alpha = 28°$.

a) Berechnen Sie die Kraft $\vec{F}_1$, die ausschließlich zur Fortbewegung verwendet wird, und die Kraft $\vec{F}_2$, mit der der Wagen angehoben wird.

b) Welche Arbeit wird verrichtet, wenn der Wagen 500 m gezogen wird?

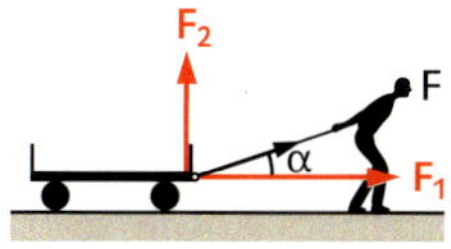

Lösung:

Horizontale Kraft: $\cos(\alpha) = \frac{|\vec{F}_1|}{|\vec{F}|}$, also $|\vec{F}_1| = |\vec{F}| \cdot \cos(\alpha) = 100\,\text{N} \cdot \cos(28°) \approx 88\,\text{N}$.

Vertikale Kraft: $\sin(\alpha) = \frac{|\vec{F}_2|}{|\vec{F}|}$, also $|\vec{F}_2| = |\vec{F}| \cdot \sin(\alpha) = 100\,\text{N} \cdot \sin(28°) \approx 47\,\text{N}$.

$\sin(\alpha) = \frac{\text{Gegenkathete}}{\text{Hypotenuse}}$

$\cos(\alpha) = \frac{\text{Ankathete}}{\text{Hypotenuse}}$

```
100*sin(28)
        46.94715628
100*cos(28)
        88.29475929
√(88^2+47^2)
        99.76472322
```

Damit ist in N: $\vec{F}_1 = \begin{pmatrix} 88 \\ 0 \end{pmatrix}$ und $\vec{F}_2 = \begin{pmatrix} 0 \\ 47 \end{pmatrix}$.

Zur Kontrolle: $\vec{F} = \vec{F}_1 + \vec{F}_2 = \begin{pmatrix} 88 \\ 0 \end{pmatrix} + \begin{pmatrix} 0 \\ 47 \end{pmatrix} = \begin{pmatrix} 88 \\ 47 \end{pmatrix}$; $|\vec{F}| = \sqrt{88^2 + 47^2} \approx 100$.

b) Es ist Arbeit W = Kraft in Wegrichtung · zurückgelegter Weg.

Es gilt also $W = 88\,\text{N} \cdot 500\,\text{m} = 44\,000\,\text{Nm}$.

Dies entspricht dem Skalarprodukt $W = \vec{F} \cdot \vec{s}$ mit $\vec{F} = \begin{pmatrix} 88 \\ 47 \end{pmatrix}$ und $\vec{s} = \begin{pmatrix} 500 \\ 0 \end{pmatrix}$.

Es ist nämlich $\begin{pmatrix} 88 \\ 47 \end{pmatrix} \cdot \begin{pmatrix} 500 \\ 0 \end{pmatrix} = 88 \cdot 500 + 47 \cdot 0 = 44\,000$.

Aufgaben

2 Konstruieren Sie die Resultierende der Kräfte $F_1 = 3\,\text{N}$ und $F_2 = 4\,\text{N}$, die an einem Punkt angreifen und den Winkel 30° (60°, 90°, 180°) einschließen.

3 Bestimmen Sie für einen Körper der Gewichtskraft $G = 5\,\text{N}$ die Beträge von Normalkraft F_N und Hangabtriebskraft F_H, wenn das Brett den Neigungswinkel 30° (45°, 60°) gegen die Horizontale hat.

Eine Zeichnung dazu finden Sie in Fig. 1 der vorhergehenden Seite.

4 Ein Schlitten wird mit der Kraft $|\vec{F}| = 800\,\text{N}$ von Pferden gezogen. Die Deichsel hat eine Neigung gegen die Horizontale zwischen $\alpha = 18°$ und 24° je nach Pferdegröße.

a) Berechnen Sie die Kraft $\vec{F}_1$, die ausschließlich zur Fortbewegung verwendet wird, und die Kraft $\vec{F}_2$, mit der der Wagen angehoben wird, für 18° und für 24°.

b) Welche Arbeit wird jeweils von den Pferden verrichtet, wenn der Wagen 5000 m weit gezogen wird?

Um wie viel Prozent ist die Arbeit (in Wegrichtung) bei 24° geringer als bei 18°?

5 Ein Steuermann möchte eine Fähre über einen 24 m breiten Fluss setzen. Die Fähre hat die Eigengeschwindigkeit $3\,\frac{\text{m}}{\text{s}}$, das Wasser hat die Geschwindigkeit $1\,\frac{\text{m}}{\text{s}}$.

a) Zeichnen Sie maßstabsgetreu den Weg der Fähre für $\alpha = 60°$. Lesen Sie aus der Zeichnung ab, wie lange die Überfahrt dauert und wie groß die Driftung x ist.

b) Bestimmen Sie den Winkel α, den der Steuermann wählen muss, wenn er auf dem kürzesten Weg über den Fluss fahren will.

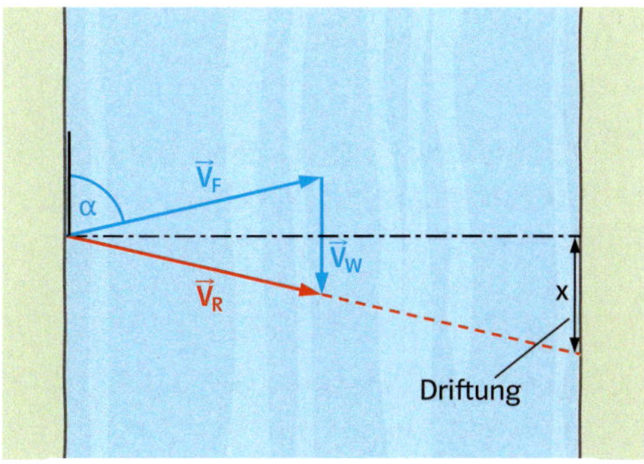

Fig. 1

14 Vermischte Aufgaben

Punkte und Vektoren

1 Welche der folgenden Punkte liegen auf einer Koordinatenebene, welche auf einer Koordinatenachse? Geben Sie gegebenenfalls die Achse bzw. die Koordinatenebene an.
A(−1|−2|1), B(0|1|0), C(0|3|4), D(2|0|−1), E(4|0|4), F(−5|0|0), G(0|2,5|0)

2 In Fig. 1 befinden sich die Punkte A, B und C in der x_1x_2-Ebene, die Punkte R, S und T in der x_2x_3-Ebene, die Punkte U, V und W in der x_1x_3-Ebene.
Bestimmen Sie die Koordinaten dieser Punkte.

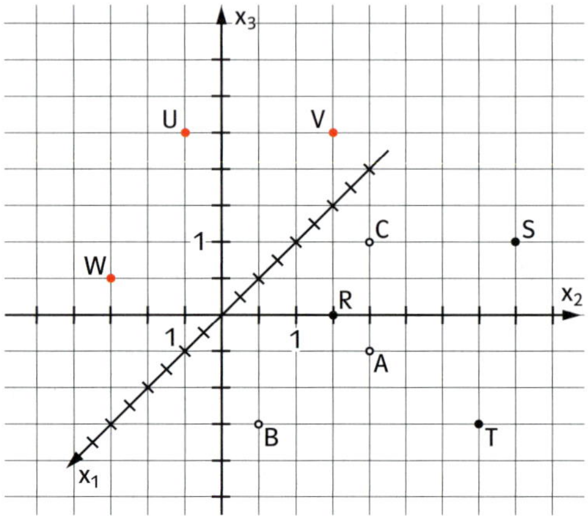

Fig. 1

3 Zeichnen Sie die Punkte A(1|2|3), B(5|−1|4) und C(6|3|1) in ein räumliches Koordinatensystem und verbinden Sie diese zu einem Dreieck.
a) Die Punkte A, B und C werden an der x_3-Achse gespiegelt. Geben Sie die Koordinaten der Bildpunkte A*, B* und C* an.
b) Zeichnen Sie das Dreieck A*B*C*.

4 Fig. 2 zeigt einen Quader mit den Eckpunkten A bis H.
a) Geben Sie die Koordinaten der Eckpunkte an.
b) Geben Sie die Koordinaten der Vektoren $\overrightarrow{GA}$, $\overrightarrow{FB}$, $\overrightarrow{DF}$, $\overrightarrow{GE}$ und $\overrightarrow{FA}$ an.
c) Zeigen Sie, dass der Vektor $\overrightarrow{AF}$ senkrecht zum Vektor $\overrightarrow{GF}$ ist.
d) Ist der Vektor $\overrightarrow{EG}$ senkrecht zu $\overrightarrow{FH}$?
e) Zeigen Sie durch Rechnung, dass die Vektoren $\overrightarrow{GE}$ und $\overrightarrow{AC}$ Gegenvektoren sind.

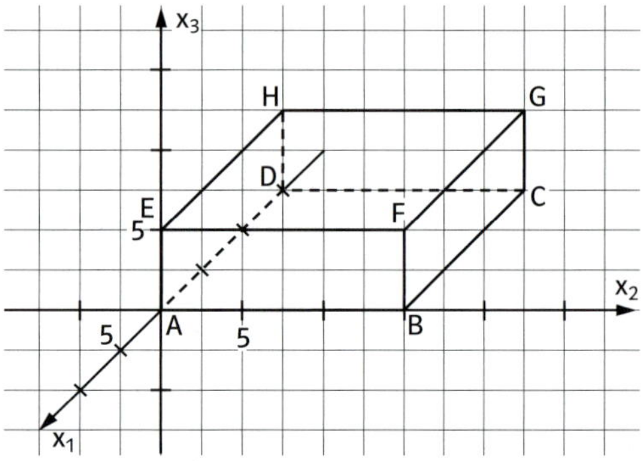

Fig. 2

Bild vom Kirchturm am Reschenpass im See:

5 Gegeben ist eine quadratische Pyramide mit den Ecken A, B, C, D und der Spitze S (Fig. 3).
Dabei ist A(3|1,5|0,5), B(3|4,5|0,5), C(1|4,5|0,5) und S(2|3|3).
a) Bestimmen Sie die Koordinaten von D und von M.
b) Geben Sie die Koordinaten der in Fig. 4 rot gezeichneten Vektoren an.

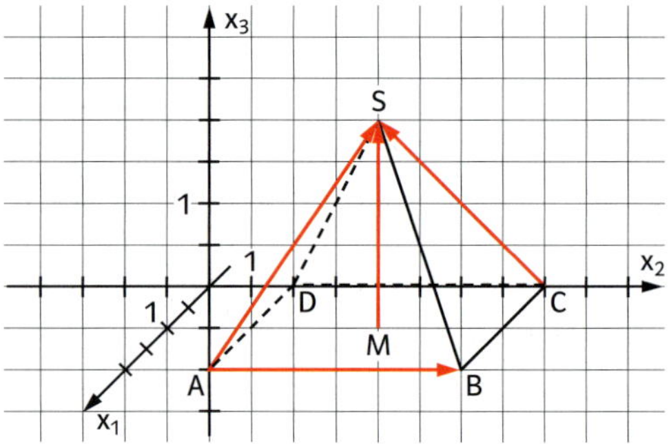

Fig. 3

6 Gegeben sind in der Ebene die Vektoren $\vec{a} = \begin{pmatrix} 5 \\ -2 \end{pmatrix}$ und $\vec{b} = \begin{pmatrix} -2 \\ 3 \end{pmatrix}$.
a) Zeichnen Sie diese Vektoren als Ortsvektoren in ein ebenes Koordinatensystem.
b) Zeichnen und berechnen Sie $\vec{a} + \vec{b}$ und $\vec{a} - \vec{b}$.
c) Zeichnen Sie den Vektor $\frac{1}{2} \cdot \vec{a} + \overrightarrow{2 \cdot b}$.
d) Berechnen Sie das Skalarprodukt $(\vec{a} + \vec{b}) \cdot (\vec{a} - \vec{b})$.

Geraden – Winkel – Flächeninhalte – Rauminhalte

7 Eine Gerade hat die Spurpunkte $S_3(2|2|0)$ und $S_2(3|0|3)$. Geben Sie die Gleichung dieser Geraden an und ermitteln Sie den Spurpunkt in der x_2x_3-Ebene.

8 Gegeben sind die Punkte $P(1|-2|4)$ und $Q(1|2|1)$.
a) Stellen Sie die Gleichung der Geraden g durch P und Q auf. Welche besondere Lage hat diese Gerade?
b) Berechnen Sie die Spurpunkte von g mit den Koordinatenebenen.
c) Liegt der Punkt $A(1|10|-5)$ auf g?
d) Wie ist in der Geradengleichung g der Parameter zu wählen, damit man Punkte zwischen P und Q erhält?

9 Gegeben ist das Dreieck ABC mit $A(4|2|1)$, $B(0|-5|2)$, $C(1|1|3)$.
a) Zeichnen Sie das Dreieck in ein Koordinatensystem.
b) Bestimmen Sie die Seitenlängen des Dreiecks und geben Sie den Umfang des Dreiecks an.
c) Berechnen Sie die Innenwinkel des Dreiecks.
d) Wie groß ist der Inhalt des Dreiecks?

10 Zeigen Sie, dass sich die Geraden $g\colon \vec{x} = \begin{pmatrix} 0 \\ -4 \\ 8 \end{pmatrix} + s \cdot \begin{pmatrix} 0 \\ 3 \\ -2 \end{pmatrix}$ und $h\colon \vec{x} = \begin{pmatrix} 4 \\ -4 \\ 0 \end{pmatrix} + t \cdot \begin{pmatrix} -1 \\ 3 \\ 0 \end{pmatrix}$ schneiden.
a) Berechnen Sie die Koordinaten des Schnittpunktes der Geraden g und h.
b) Berechnen Sie den Winkel α, unter dem sich die Geraden schneiden.

11 Gegeben sind die Punkte $A(1|4|5)$, $B(-2|7|2)$ und $P(-8|1+3a|-4)$.
a) Stellen Sie die Gleichung der Geraden g durch A und B auf und bestimmen Sie a so, dass der Punkt P auf g liegt. Zeichnen Sie g und P in ein räumliches Koordinatensystem ein.
b) Berechnen Sie die Spurpunkte von g in den Koordinatenebenen.
c) Bestimmen Sie den Mittelpunkt der Strecke $\overline{AB}$.
d) Bestimmen Sie auf der Strecke $\overline{AB}$ drei Punkte P_1, P_2 und P_3 so, dass die Strecke in vier gleiche Teile geteilt wird.

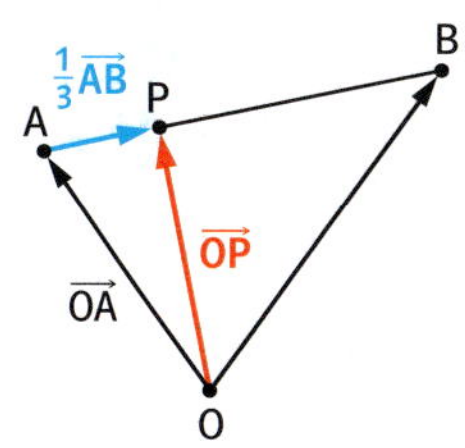

12 Wie muss $a \in \mathbb{R}$ gewählt werden, damit sich g und h schneiden?

a) $g\colon \vec{x} = \begin{pmatrix} a \\ -1 \\ 2 \end{pmatrix} + s \cdot \begin{pmatrix} 1 \\ -4 \\ -2 \end{pmatrix}$; $h\colon \vec{x} = \begin{pmatrix} -2 \\ -6 \\ -4a \end{pmatrix} + t \cdot \begin{pmatrix} -1 \\ 1 \\ 2 \end{pmatrix}$ b) $g\colon \vec{x} = \begin{pmatrix} 2 \\ 4 \\ 3 \end{pmatrix} + s \cdot \begin{pmatrix} -3a \\ -6 \\ 3 \end{pmatrix}$; $h\colon \vec{x} = \begin{pmatrix} 4 \\ 5 \\ 1 \end{pmatrix} + t \cdot \begin{pmatrix} 4 \\ 2a \\ 2 \end{pmatrix}$

13 Gegeben sind die Punkte $A(6|3|3)$, $B(10|9|3)$, $C(7|10|3)$, $D(3|4|3)$.
a) Zeichnen Sie die vier Punkte in ein räumliches Koordinatensystem und verbinden Sie diese zu einem Viereck.
b) Zeigen Sie, dass die vier Punkte ein Parallelogramm ABCD bilden. Berechnen Sie die Innenwinkel des Parallelogramms.
c) Projizieren Sie die vier Punkte senkrecht in die x_1x_2-Ebene und geben Sie die Koordinaten der projizierten Punkte an. Zeichnen Sie das dabei entstehende Viereck A'B'C'D'.
d) Stellen Sie die Gleichung der Geraden A'C und die Gleichung der Geraden B'D auf und berechnen Sie den Schnittpunkt S beider Geraden.
e) Unter welchem Winkel schneiden sich die Geraden A'C und B'D?
f) Zeigen Sie, dass S auch auf der Geraden BD' liegt.
g) AA', BB', CC' und DD' sind die Kanten eines senkrechten Prismas mit der Grundfläche A'B'C'D' und der Deckfläche ABCD. Bestimmen Sie den Rauminhalt dieses Prismas.

14 Gegeben sind in einem räumlichen Koordinatensystem die vier Punkte A(10 | 0 | 0), B(10 | 10 | 0), C(7 | 7 | 4) und D(7 | 3 | 4).

a) Zeichnen Sie das zugehörige Viereck ABCD in ein Koordinatensystem.

b) Weisen Sie durch Rechnung nach, dass ein Trapez vorliegt.

c) Weisen Sie nach, dass es sich um ein gleichschenkliges Trapez handelt, d.h. zwei Schenkel des Trapezes sind gleich lang.

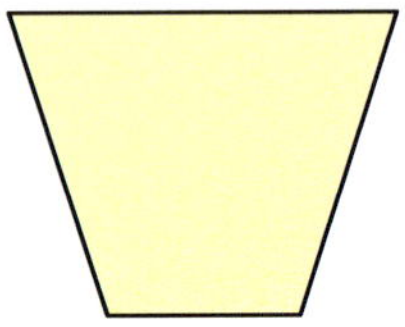

gleichschenkliges Trapez

d) Berechnen Sie den Innenwinkel α des Trapezes im Punkt A.

e) Berechnen Sie den Flächeninhalt des Trapezes.

f) Stellen Sie die Gleichungen der Geraden durch A und D, sowie durch B und C auf und berechnen Sie den Schnittpunkt der beiden Geraden.

g) Das Trapez wird in die x_2x_3-Ebene senkrecht projiziert. Geben Sie die Koordinaten der projizierten Punkte A*, B*, C* und D* an und zeichnen Sie das projizierte Trapez in das Koordinatensystem ein.

h) Berechnen Sie den Innenwinkel α^* des Trapezes A*B*C*D* im Punkt A* und berechnen Sie den Flächeninhalt des Trapezes.

15 Gegeben ist die Pyramide von Fig. 1.

a) Berechnen Sie die Größe des Winkels α der Grundfläche im Punkt A.

b) Geben Sie den Flächeninhalt der Grundfläche an.

c) Berechnen Sie den Winkel φ der Seitenfläche ABS.

d) Geben Sie an, welche der beiden größer ist: die Grundfläche OAB oder die Seitenfläche ABS.

e) Geben Sie die Höhe der Pyramide an und berechnen Sie ihr Volumen.

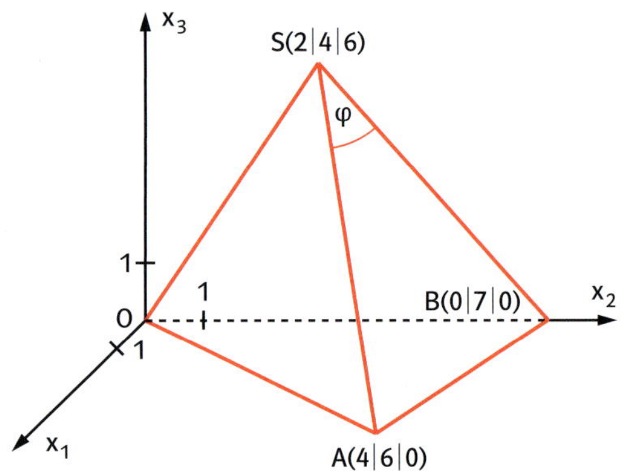

Fig. 1

f) Die Spitze S wird auf S*(2 | 4 | 3) abgesenkt. Um wie viel Prozent verkleinert sich dabei der Rauminhalt?

Hinweis: Ein beliebiger Punkt auf der Geraden g ist P(6 + 4·t | 3 | 3 + 3t).

16 Gegeben ist die Gerade g: $\vec{x} = \begin{pmatrix} 6 \\ 3 \\ 3 \end{pmatrix} + t \begin{pmatrix} 4 \\ 0 \\ 3 \end{pmatrix}$. Berechnen Sie die beiden Punkte R und S auf der Geraden g, die vom Punkt A(6 | 3 | 3) den Abstand 5 haben.

17 Gegeben ist die Gerade g durch A(4 | −2 | 2) und B(2 | 2 | 1) und ein Punkt C(4 | 1 | 6).

a) Geben Sie die Gleichung der Geraden durch A und B an.

b) Welchen Winkel bildet die Gerade AC mit der Geraden AB?

c) Zeichnen Sie die Punkte A, B und C sowie die Geraden AB und AC in ein räumliches Koordinatensystem ein.

d) Geben Sie sie Spurpunkte der Geraden AB und der Geraden AC in der x_2x_3-Ebene an.

e) Das Dreieck ABC wird orthogonal in die x_1x_2-Ebene projiziert. Geben Sie die Koordinaten der projizierten Punkte an und zeichnen Sie das Dreieck A′B′C′.

f) Bestimmen Sie den Flächeninhalt des projizierten Dreiecks.

g) Der Punkt S(3 | 0 | 6) ist die Spitze einer dreiseitigen Pyramide mit der Grundfläche A′B′C′. Berechnen Sie den Rauminhalt dieser Pyramide.

18 Geben Sie die Gleichung einer Geraden g an, die folgende Eigenschaft besitzt.

a) g ist parallel zur x_2-Achse

b) g ist senkrecht zur x_2-Achse

c) g verläuft durch den Ursprung

d) g ist parallel zur x_3-Achse.

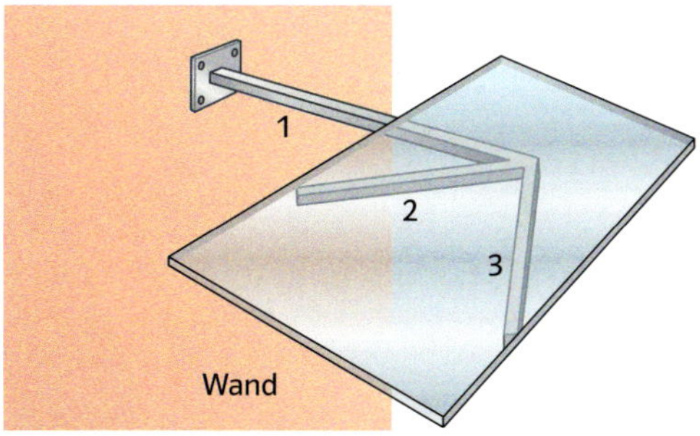

Aufgabe:
Eine Glasplatte dient im Kundenraum einer Bank als Schreibunterlage.
a) Welche Aufgabe hat die Stange 1, die direkt an der Wand befestigt ist?
b) Wie ändert sich die Lage der Scheibe, wenn man die Positionen der Stangen 2 und 3 verändert?
c) Kann man eine der Stangen weglassen?

Ebenso wie Geraden kann man auch Ebenen mithilfe von Vektoren beschreiben. Hierbei betrachtet man ebenfalls die Ortsvektoren der Punkte der jeweiligen Ebene.

Fig. 1 verdeutlicht: Sind P, Q und R drei Punkte einer Ebene und liegen P, Q und R nicht auf einer gemeinsamen Geraden, so gilt für den Ortsvektor $\vec{x}$ eines beliebig gewählten Punktes X dieser Ebene:
$\vec{x} = \overrightarrow{OP} + r \cdot \overrightarrow{PQ} + s \cdot \overrightarrow{PR}$; $r, s \in \mathbb{R}$.
Es ist nämlich: $\vec{x} = \overrightarrow{OP} + \overrightarrow{PX}$. Da P, Q, R nicht auf einer gemeinsamen Geraden liegen, ist: $\overrightarrow{PX} = r \cdot \overrightarrow{PQ} + s \cdot \overrightarrow{PR}$.
Bezeichnet man $\overrightarrow{PQ}$ mit $\vec{u}$ und $\overrightarrow{PR}$ mit $\vec{v}$, so erhält man $\vec{x} = \vec{p} + r \cdot \vec{u} + s \cdot \vec{v}$.

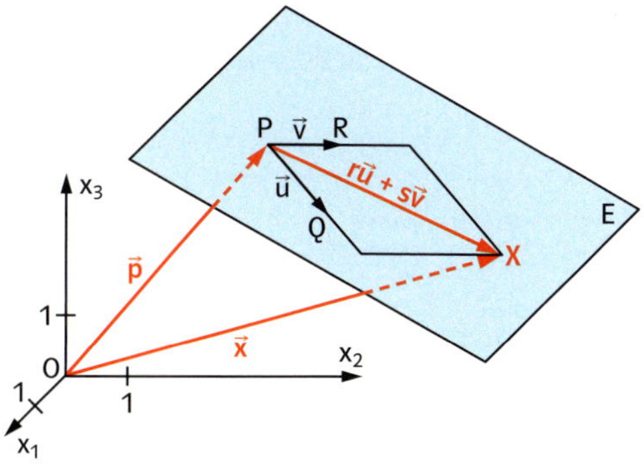

Fig. 1

Beachten Sie:
In Fig. 1 und Fig. 2 wird jeweils ein Ausschnitt einer Ebene angedeutet und nicht die gesamte Ebene gezeichnet.

Beispiel Ebene zeichnen und Parametergleichung bestimmen
Die Punkte A(1 | −1 | 1), B(1,5 | 1 | 0) und C(0 | 1 | 1) legen eine Ebene E fest.
a) Tragen Sie A, B und C in ein Koordinatensystem ein und kennzeichnen Sie einen Ausschnitt der Ebene E.
b) Geben Sie eine Parametergleichung der Ebene E an.
Lösung:
a) Siehe Fig. 2.
b) Wählt man als Stützvektor den Ortsvektor von A und als Spannvektoren $\overrightarrow{AB}$ und $\overrightarrow{AC}$, so erhält man der Reihe nach

$$\overrightarrow{AB} = \begin{pmatrix} 1{,}5 - 1 \\ 1 - (-1) \\ 0 - 1 \end{pmatrix} = \begin{pmatrix} 0{,}5 \\ 2 \\ -1 \end{pmatrix}; \quad \overrightarrow{AC} = \begin{pmatrix} 0 - 1 \\ 1 - (-1) \\ 1 - 1 \end{pmatrix} = \begin{pmatrix} -1 \\ 2 \\ 0 \end{pmatrix}.$$

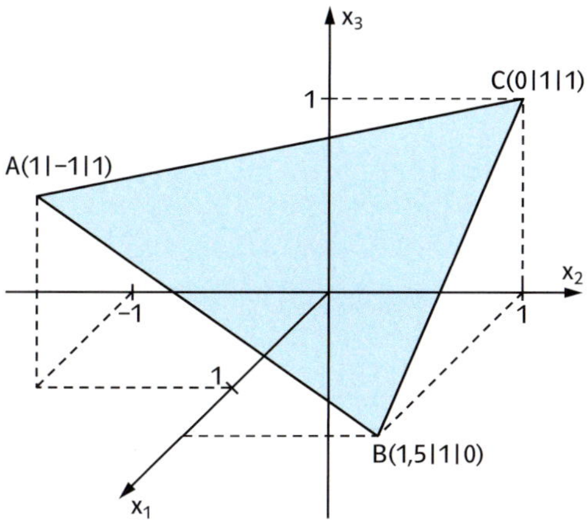

Fig. 2

Drei Punkte, die nicht auf einer gemeinsamen Geraden liegen, legen eine Ebene fest.

Deshalb:
Ein dreibeiniger Tisch wackelt nie!

Man erhält damit die Vektorgleichung der Ebene E: $\vec{x} = \begin{pmatrix} 1 \\ -1 \\ 1 \end{pmatrix} + r \cdot \begin{pmatrix} 0{,}5 \\ 2 \\ -1 \end{pmatrix} + s \cdot \begin{pmatrix} -1 \\ 2 \\ 0 \end{pmatrix}$.

Die Richtungsvektoren einer Ebene werden auch Spannvektoren genannt, weil sie die Ebene aufspannen.

Man kann auch an Punkt B die Vektoren $\overrightarrow{BA}$ und $\overrightarrow{BC}$ „anhängen“ und erhält dann:

$\vec{x} = \overrightarrow{OB} + r \cdot \overrightarrow{BA} + s \cdot \overrightarrow{BC}$. Dies ergibt E: $\vec{x} = \begin{pmatrix} 1{,}5 \\ 1 \\ 0 \end{pmatrix} + r \cdot \begin{pmatrix} -0{,}5 \\ -2 \\ 1 \end{pmatrix} + s \cdot \begin{pmatrix} -1{,}5 \\ 0 \\ 1 \end{pmatrix}$.

Obwohl die Gleichungen verschieden aussehen, stellen sie doch dieselbe Ebene dar.

Vektorielle Darstellung einer Ebene

Setzt man in E: $\vec{x} = \begin{pmatrix}1\\-1\\1\end{pmatrix} + r\cdot\begin{pmatrix}0{,}5\\2\\-1\end{pmatrix} + s\cdot\begin{pmatrix}-1\\2\\0\end{pmatrix}$ für r und s konkrete Zahlen ein, so erhält man einen Ortsvektor, der zu einem Punkt der Ebene E gehört. So erhält man für r = 1 und s = −1 den Vektor

$$\vec{x} = \begin{pmatrix}1\\-1\\1\end{pmatrix} + 1\cdot\begin{pmatrix}0{,}5\\2\\-1\end{pmatrix} + (-1)\cdot\begin{pmatrix}-1\\2\\0\end{pmatrix} = \begin{pmatrix}1\\-1\\1\end{pmatrix} + \begin{pmatrix}0{,}5\\2\\-1\end{pmatrix} + \begin{pmatrix}-1\\2\\0\end{pmatrix} = \begin{pmatrix}1+0{,}5+1\\-1+2\quad-2\\1-1\quad+0\end{pmatrix} = \begin{pmatrix}2{,}5\\-1\\0\end{pmatrix}.$$

Damit liegt der Punkt P(2,5|−1|0) in der Ebene E.

Die Gleichung der Ebene ist nicht eindeutig festgelegt, denn
1. kann jeder Punkt der Ebene Stützvektor der Ebene sein.
2. gibt es viele Paare von Vektoren, die man als Spannvektoren verwenden kann.

Jede Ebene E lässt sich durch eine Gleichung der Form

$$\vec{x} = \vec{p} + r\cdot\vec{u} + s\cdot\vec{v} \quad (r, s \in \mathbb{R})$$

darstellen, wobei der Vektor $\vec{v}$ nicht Vielfaches des Vektors $\vec{u}$ sein darf.
Der Vektor $\vec{x} = \overrightarrow{OX}$ ist dabei der Ortsvektor eines beliebigen Punktes X der Ebene E.
$\vec{p}$ heißt **Stützvektor** der Ebene E, die Vektoren $\vec{u}$ und $\vec{v}$ heißen **Spannvektoren**.

Um festzustellen, ob ein gegebener Punkt auf einer vorgegebenen Ebene liegt, macht man auch hier wie bei einer Geraden eine so genannte Punktprobe: Man setzt für $\vec{x}$ den Ortsvektor $\vec{a}$ des zu prüfenden Punktes A ein und untersucht, ob das dabei entstehende Gleichungssystem eine eindeutige Lösung hat. Man sucht also nach Zahlen s und t, so dass $\vec{a} = \vec{p} + r\cdot\vec{u} + s\cdot\vec{v}$ ist. Dies wird an einem Beispiel verdeutlicht.

Kann man an einer Zeichnung in einem räumlichen Koordinatensystem erkennen, ob ein Punkt auf einer Ebene liegt oder nicht?

Beispiel Punktprobe

Untersuchen Sie, ob der Punkt A(−2|−1|3) auf der Ebene E liegt. Liegt B(1|2|3) auf E?

E: $\vec{x} = \begin{pmatrix}1{,}5\\1\\0\end{pmatrix} + r\cdot\begin{pmatrix}-0{,}5\\-2\\1\end{pmatrix} + s\cdot\begin{pmatrix}-1{,}5\\0\\1\end{pmatrix}$

Lösung:

Untersuchung für den Punkt A(−2|−1|3):

$\begin{pmatrix}-2\\-1\\3\end{pmatrix} = \begin{pmatrix}1{,}5\\1\\0\end{pmatrix} + r\cdot\begin{pmatrix}-0{,}5\\-2\\1\end{pmatrix} + s\cdot\begin{pmatrix}-1{,}5\\0\\1\end{pmatrix}$ ergibt $\begin{pmatrix}-2\\-1\\3\end{pmatrix} = \begin{pmatrix}1{,}5-0{,}5r-1{,}5s\\1-2r\\r+s\end{pmatrix}$. Damit erhält man das

Gleichungssystem: (1) $-2 = 1{,}5 - 0{,}5r - 1{,}5s$; (2) $-1 = 1 - 2r$; (3) $3 = r + s$ oder (1) $0{,}5r + 1{,}5s = 3{,}5$; (2) $2r = 2$; (3) $r + s = 3$.

Aus (2) folgt r = 1. r = 1 in (3) eingesetzt: 1 + s = 3, also s = 2.
r = 1 und s = 2 in (1) eingesetzt, ergibt: $0{,}5\cdot1 + 1{,}5\cdot2 = 3{,}5$, d.h., auch die Gleichung (1) ist erfüllt.
Damit ist der Punkt A(−2|−1|3) auf E gelegen.
Untersuchung für den Punkt B(1|2|3):

$\begin{pmatrix}1\\2\\3\end{pmatrix} = \begin{pmatrix}1{,}5\\1\\0\end{pmatrix} + r\cdot\begin{pmatrix}-0{,}5\\-2\\1\end{pmatrix} + s\cdot\begin{pmatrix}-1{,}5\\0\\1\end{pmatrix}$ hat keine Lösung: Punkt B liegt damit nicht auf E.

Weiterführende Aufgabenstellungen sind z.B. eine Ebene mit einer Geraden oder mit einer weiteren Ebene schneiden, Abstände eines Punktes von einer Ebene berechnen und Schnittwinkel von Ebenen bestimmen.

Darstellung von Kräften durch Pfeile

Eine erste Urform der Idee des Vektors findet man schon in der Antike bei ARISTOTELES (384 – 322 v. Chr.): Er untersuchte den Zusammenhang zwischen Bewegungen und Kräften und benutzte dabei bereits ein Kräfteparallelogramm.
Die Entwicklung der Mechanik zu Beginn der Neuzeit wäre ohne die Idee des Kräfteparallelogramms undenkbar gewesen. So wird es unter anderem auch von GALILEO GALILEI (1564 – 1642) und ISAAC NEWTON (1643 – 1727) verwendet.

Algebraisierung der Geometrie durch ein Koordinatensystem

Die Beschreibung von Punkten der Ebene durch Zahlen bzw. Zahlenpaare findet sich in gewissen Vorformen schon in der Antike, aber RENÉ DECARTES (1596 – 1650) kommt das eigentliche Verdienst zu, geometrische Objekte als Gesamtheit von Punkten aufzufassen, ihnen Zahlen zuzuordnen und diese dann durch Gleichungen zu beschreiben.
RENÉ DECARTES veröffentlichte 1637 ein Buch mit dem Titel „Discours de la methode“. Ein Anhang dieses Buches, „La geometrie“, enthält die Anfänge unseres kartesischen Koordinatensystems. Insgesamt ging es DECARTES – wie in der Philosophie – auch in der Mathematik um klare Begriffe und eindeutige Definitionen. Er nutzte hierzu die vorhandenen Erkenntnisse der Algebra aus. Zur Zeit DECARTES befasste sich die Mathematik im Wesentlichen direkt mit den geometrischen Objekten wie Geraden, Strecken, Dreiecken usw. Algebraisches Wissen wurde kaum bei geometrischen Problemstellungen verwendet. Diese Situation ist vergleichbar mit Teilen der Mathematik, die Sie bis zum Ende der 10. Klasse kennen gelernt haben: Sie haben geometrische Probleme überwiegend mithilfe geometrischer Verfahren gelöst.

HERMANN GRASSMANN, der Begründer der modernen Vektorrechnung

Als eigentlicher Vater der Vektorrechnung gilt HERMANN GÜNTHER GRASSMANN, Lehrer an einem Gymnasium in Stettin. Die Grundideen der heutigen Vektorrechnung findet sich in seiner 1840 verfassten Prüfungsarbeit (!) für das Lehrerexamen mit dem Titel: „Theorie der Ebbe und Flut“. Eine Überarbeitung und ausführlichere Darstellung des mathematischen Teils der Arbeit erschien 1844 als „Die lineare Ausdehnungslehre, ein neuer Zweig der Mathematik“, ein Buch, das unter Mathematikern der damaligen Zeit fast keinerlei Beachtung fand. FELIX KLEIN (1849 – 1925) stellte später fest, das Buch sei „äußerst schwer zugänglich, ja fast unlesbar“. Erst ab 1870 folgte langsam die Anerkennung.

HERMANN GÜNTHER GRASSMANN (1809 – 1877)

Der Vektorbegriff bei GRASSMANN

Ausgangspunkt der Arbeit „Theorie der Ebbe und Flut“ ist die Addition von Kräften. Dies überträgt GRASSMANN auf gerichtete Strecken, d.h., er unterscheidet zwischen $\overrightarrow{AB}$ und $\overrightarrow{BA}$. Mit Pfeilen beschreibt er die „geometrische Addition“.
In der „Ausdehnungslehre“ geht GRASSMANN stärker algebraisch vor. Er betrachtet dabei erstmals Verallgemeinerungen über die Ebene und den Raum hinaus. Ausgangspunkt sind „Ausdehnungsgrößen erster Stufe“. Er meint damit gerichtete Strecken. Eine „einfache Bewegung“ (gemeint ist eine Verschiebung) ergibt aus dem Gebilde erster Stufe eines zweiter Stufe. Entsprechend macht eine „einfache Bewegung“ ein Gebilde zweiter Stufe zu einem dritter Stufe usw. Aus heutiger Sicht konstruiert er so den „Raum der n-Tupel“, also die Vektoren

$$\begin{pmatrix} a_1 \\ a_2 \end{pmatrix}, \begin{pmatrix} a_1 \\ a_2 \\ a_3 \end{pmatrix}, \begin{pmatrix} a_1 \\ a_2 \\ a_3 \\ a_4 \end{pmatrix} \text{ usw.}$$

Rückblick

Räumliche Darstellung

Um Punkte und räumliche Gebilde im Raum darzustellen, verwendet man ein **kartesisches Koordinatensystem**.

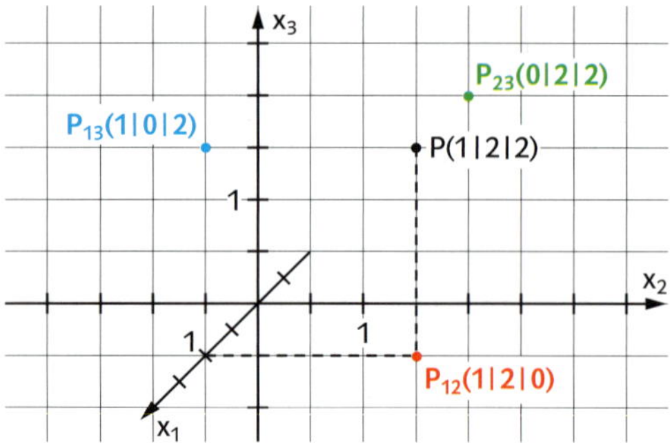

Orthogonale Projektion auf die Koordinatenebenen

Bei **senkrechter Projektion** eines Punktes $P(p_1|p_2|p_3)$ auf die x_1x_2-Ebene wird der Wert $p_3 = 0$ gesetzt, während die anderen gleich bleiben. Damit hat der projizierte Punkt P_{12} die Koordinaten $P_{12}(p_1|p_2|0)$. Entsprechend erhält man die Punkte $P_{23}(0|p_2|p_3)$ auf der x_2x_3-Ebene und $P_{13}(p_1|0|p_3)$) auf der x_1x_3-Ebene.

Vektoren

Vektoren kann man als Verschiebungen deuten und geometrisch durch Pfeile darstellen. Alle gleich langen und gleich gerichteten Pfeile bilden einen Vektor. Im Koordinatensystem kann man einen Vektor durch Koordinaten darstellen: $\vec{a} = \begin{pmatrix} a_1 \\ a_2 \\ a_3 \end{pmatrix}$. Ein **Ortsvektor** ist ein im Ursprung O abgetragener Vektor. Zu zwei Punkten $A(a_1|a_2|a_3)$ und $B(b_1|b_2|b_3)$ kann man den Vektor $\overrightarrow{AB} = \begin{pmatrix} b_1 - a_1 \\ b_2 - a_2 \\ b_3 - a_3 \end{pmatrix}$ bilden.

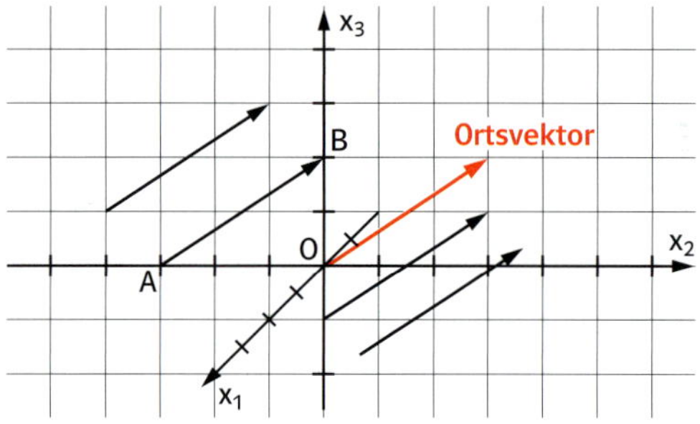

Betrag eines Vektors: $\vec{a} = \sqrt{a_1^2 + a_2^2 + a_3^2}$.

Zwei Vektoren addiert man, indem man die einzelnen Koordinaten der beiden Vektoren addiert. Geometrisch erfolgt das Addieren durch Aneinanderhängen der Vektoren.

$s \cdot \vec{a} = s \cdot \begin{pmatrix} a_1 \\ a_2 \\ a_3 \end{pmatrix} = \begin{pmatrix} s \cdot a_1 \\ s \cdot a_2 \\ s \cdot a_3 \end{pmatrix}$. Der Vektor $s \cdot \vec{a}$ hat die $|s|$-fache Länge von $\vec{a}$ und hat die gleiche Richtung wie $\vec{a}$, falls $s > 0$ ist, ansonsten hat er die entgegengesetzte Richtung. $0 \cdot \vec{a} = \vec{o}$.

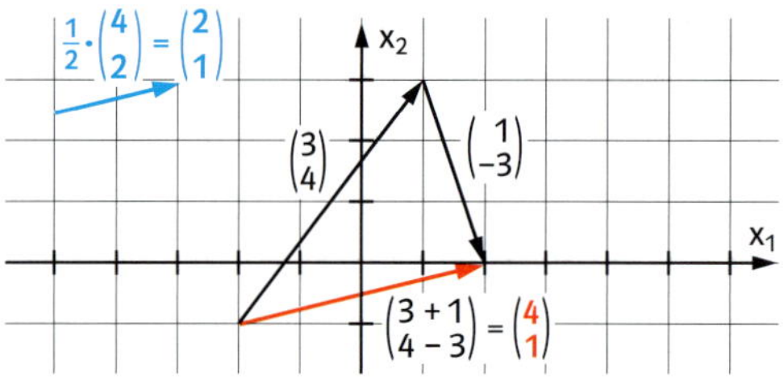

Geraden

$\vec{x} = \vec{p} + t \cdot \vec{u}, t \in \mathbb{R}$.

$\vec{p}$ heißt **Stützvektor**, $\vec{u}$ **Richtungsvektor** der Geraden

Man bestimmt den **Spurpunkt** S_1 einer Geraden $\vec{x} = \begin{pmatrix} p_1 \\ p_2 \\ p_3 \end{pmatrix} + t \cdot \begin{pmatrix} u_1 \\ u_2 \\ u_3 \end{pmatrix}$ in der x_2x_3-Ebene, indem $x_1 = 0$ setzt: $p_1 + t \cdot u_1 = 0$ und t berechnet. Man setzt in x_2 und x_3 ein und erhält so die Koordinaten von S_1.

$g: \vec{x} = \begin{pmatrix} 3 \\ 2 \\ -4 \end{pmatrix} + t \cdot \begin{pmatrix} 3 \\ -1 \\ 2 \end{pmatrix}$.

Spurpunkt mit der x_1x_3-Ebene:
$2 - t = 0$, also $t = 2$;
eingesetzt in g: $S_2(9|0|0)$.

Skalarprodukt

$\vec{a} \cdot \vec{b} = a_1b_1 + a_2b_2 + a_3b_3$ heißt **Skalarprodukt** der Vektoren $\vec{a}$ und $\vec{b}$.

Es gilt: $\cos(\varphi) = \frac{\vec{a} \cdot \vec{b}}{|\vec{a}| \cdot |\vec{b}|}$: $\cos(\varphi) = \frac{a_1b_1 + a_2b_2 + a_3b_3}{\sqrt{a_1^2 + a_2^2 + a_3^2} \cdot \sqrt{b_1^2 + b_2^2 + b_3^2}}$

φ ist der Winkel zwischen den Vektoren $\vec{a}$ und $\vec{b}$.

$\varphi = 90°$, also $\vec{a} \perp \vec{b}$, wenn $\vec{a} \cdot \vec{b} = 0$ ist.

$\vec{a} = \begin{pmatrix} 3 \\ 0 \\ 4 \end{pmatrix}$; $\vec{b} = \begin{pmatrix} 4 \\ 3 \\ 1 \end{pmatrix}$; $\vec{c} = \begin{pmatrix} 4 \\ 3 \\ -3 \end{pmatrix}$

$\vec{a} \cdot \vec{b} = 3 \cdot 4 + 0 \cdot 3 + 4 \cdot 1 = 16$;
$|\vec{a}| = \sqrt{3^2 + 0^2 + 4^2} = 5$; $|\vec{b}| = \sqrt{26}$
$\cos(\varphi) = \frac{16}{5 \cdot \sqrt{26}}$; $\varphi \approx 56{,}72°$.
$\vec{a} \cdot \vec{c} = 3 \cdot 4 + 0 \cdot 3 + 4 \cdot (-3) = 0$; also $\vec{a} \perp \vec{c}$.

Aufgaben zum Üben und Wiederholen

1 Gegeben sind die Vektoren $\vec{a} = \begin{pmatrix} 3 \\ 1 \end{pmatrix}$, $\vec{b} = \begin{pmatrix} -1 \\ 3 \end{pmatrix}$ und $\vec{c} = \begin{pmatrix} 4 \\ 1 \end{pmatrix}$.

a) Zeichnen und berechnen Sie $\vec{a} + \vec{b}$, $\vec{a} - \vec{b}$ und $\vec{a} + \vec{b} + \vec{c}$.

b) Berechnen Sie die Winkel α bzw. β, die die Vektoren $\vec{a}$ und $\vec{b}$ bzw. $\vec{a}$ und $\vec{c}$ miteinander einschließen.

2 Gegeben sind die Punkte A(2|2|2), B(−2|0|3) und C(4|6|5).

a) Zeichnen Sie die Punkte in ein räumliches Koordinatensystem.

b) Welchen Winkel schließen die Vektoren $\overrightarrow{BA}$ und $\overrightarrow{BC}$ miteinander ein?

c) Projizieren Sie die Punkte senkrecht in die x_1x_2-Ebene. Geben Sie die Koordinaten der projizierten Punkte A′, B′, C′ an und zeichnen Sie diese in das Koordinatensystem ein.

d) Welchen Winkel schließen die Vektoren $\overrightarrow{B'A'}$ und $\overrightarrow{B'C'}$ miteinander ein?

3 a) Berechnen Sie alle Spurpunkte der Geraden g: $\vec{x} = \begin{pmatrix} -2 \\ 4 \\ -2 \end{pmatrix} + s \cdot \begin{pmatrix} 1 \\ 2 \\ 5 \end{pmatrix}$.

b) Zeigen Sie, dass sich die Geraden g und h: $\vec{x} = \begin{pmatrix} 1 \\ 10 \\ 13 \end{pmatrix} + t \cdot \begin{pmatrix} 1 \\ 2 \\ -1 \end{pmatrix}$ in S(1|10|13) schneiden.

c) Berechnen Sie den Schnittwinkel der beiden Geraden.

4 Gegeben sind zwei Punkte A(2|2|4) und B(4|8|6).

a) Berechnen Sie die Länge der Strecke $\overline{AB}$.

b) Zeigen Sie, dass der Punkt M(3|5|5) Mittelpunkt der Strecke $\overline{AB}$ ist.

c) Berechnen Sie Punkte T_1 und T_2 auf der Strecke $\overline{AB}$, so dass $\overline{AB}$ durch T_1 und T_2 in 3 gleiche Teile geteilt wird.

5 Gegeben sind die drei Punkte A(−1|1|3), B(1|−2|3), C(5|0|3).

a) Welche besondere Lage haben diese drei Punkte?

b) Zeichnen Sie das Dreieck ABC in ein räumliches Koordinatensystem.

c) Berechnen Sie den Umfang des Dreiecks auf zwei Stellen nach dem Komma gerundet.

d) Berechnen Sie die Innenwinkel des Dreiecks.

e) Zusammen mit dem Punkt O(0|0|−1) als Spitze entsteht eine dreiseitige Pyramide. Wie groß ist ihr Rauminhalt?

f) Geben Sie einen weiteren Punkt S* auf der x_3-Achse an, so dass die Pyramide mit der Spitze S* und ABC als Grundfläche den gleichen Rauminhalt hat wie die mit der Spitze S.

6 Ein Vogel startet im Punkt O(0|0), um den Baum an der Stelle P(400|300) auf kürzestem Wege zu erreichen (Angaben in m). Seine Fluggeschwindigkeit von $10\,\frac{m}{s}$ ist größer als seine Eigengeschwindigkeit, da ein Wind von $5\,\frac{m}{s}$ in x_2-Richtung weht.

a) Konstruieren Sie die Richtung, in die der Vogel fliegen muss.

b) Berechnen Sie den Vektor der Eigengeschwindigkeit des Vogels. Wie hoch ist diese Geschwindigkeit?

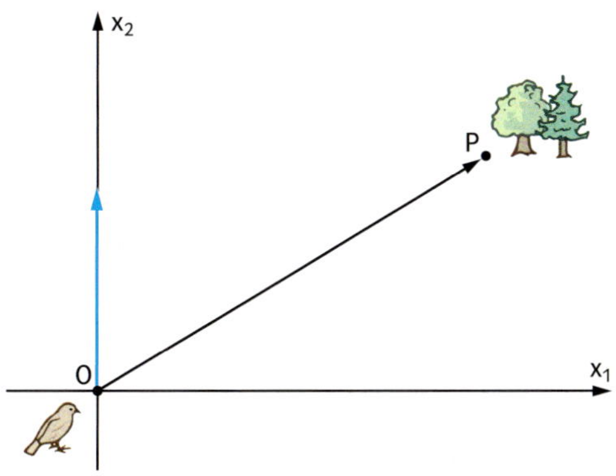

Wie lange braucht der Vogel von O nach P, wenn kein Wind weht?

X Gleichungen – Matrizen – Verflechtungen

1 Lineare Gleichungssysteme und Lösungsverfahren

1 Ein Käufer hat den Preis der neuen Jeans und des T-Shirts vergessen. Er erinnert sich, dass er zusammen 124 € ausgegeben hat und das T-Shirt 48 € billiger war als die Jeans.

a) Wie kann man die Preise für T-Shirt und Jeans erhalten?

b) Welche Gleichungen für die Preise x_T (T-Shirt) und x_J (Jeans) kann man aus den Angaben aufstellen?

Gleichungen wie beispielsweise $2x - 3y = 1$ oder $3x_1 + 4x_2 - 14x_3 = 0$ nennt man **lineare Gleichungen**, da die Variablen x, y oder x_1, x_2, x_3 nur in der ersten Potenz auftreten. Die Zahlen vor den Variablen (in $3x_1 + 4x_2 - 14x_3 = 0$ sind dies die Zahlen 3; 4; −14) heißen **Koeffizienten** der Gleichung. Ein **lineares Gleichungssystem** (abgekürzt LGS) besteht aus mehreren solchen Gleichungen. Setzt man in $3x_1 + 4x_2 - 14x_3 = 0$ für $x_1 = 2$, $x_2 = 2$ und $x_3 = 1$ ein, also $3 \cdot 2 + 4 \cdot 2 - 14 \cdot 1 = 0$, so ist die Gleichung erfüllt. Daher nennt man das Zahlentripel $\begin{pmatrix} 2 \\ 2 \\ 1 \end{pmatrix}$ eine Lösung der Gleichung oder auch **Lösungsvektor**.

Im Beispiel rechts sind alle Gleichungen erfüllt, wenn man 1 für x_1, 0 für x_2 und −1 für x_3 einsetzt.

Damit ist $\begin{pmatrix} 1 \\ 0 \\ -1 \end{pmatrix}$ ein Lösungsvektor.

Beispiel für ein LGS:

$$\begin{aligned} 2x_1 + 4x_2 - 0{,}5x_3 &= 2{,}5 \\ x_1 - x_2 + 2x_3 &= -1 \\ x_1 + x_2 - 4x_3 &= 5 \end{aligned}$$

Probe:

$$\begin{aligned} 2 + 0 + 0{,}5 &= 2{,}5 \\ 1 - 0 - 2 &= -1 \\ 1 + 0 + 4 &= 5 \end{aligned}$$

Eine Lösung eines linearen Gleichungssystems mit n Variablen $x_1, x_2, \ldots, x_n$ besteht aus n Zahlen, die man als **n-Tupel** angibt.
Eine solche Lösung muss **alle** Gleichungen des LGS erfüllen.

Ein LGS ist durch die Koeffizienten und die Zahlen auf der rechten Seite vollständig bestimmt. Das zugeordnete Zahlenschema nennt man **Matrix**.

LGS

$$\begin{aligned} x_1 + 2x_2 - x_3 + x_4 &= 9 \\ -x_1 + x_3 + 2x_4 &= 4 \\ x_2 + 2x_3 + x_4 &= 3 \\ -2x_1 - x_2 + 2x_4 &= 2 \end{aligned}$$

LGS als Matrix

$$\left(\begin{array}{cccc|c} 1 & 2 & -1 & 1 & 9 \\ -1 & 0 & 1 & 2 & 4 \\ 0 & 1 & 2 & 1 & 3 \\ -2 & -1 & 0 & 2 & 2 \end{array}\right)$$

Durch folgende Umformungen ändert sich die Lösungsmenge eines LGS nicht:
(1) Zwei Gleichungen (Zeilen der Matrix) vertauschen,
(2) eine Gleichung (Zeile der Matrix) mit einer Zahl $c \neq 0$ multiplizieren,
(3) eine Gleichung (Zeile der Matrix) durch die Summe oder Differenz eines Vielfachen von ihr und eines Vielfachen einer anderen Gleichung des Systems (Zeile der Matrix) ersetzen.
Aus diesen Umformungen lässt sich ein Verfahren herleiten, mit dem man von einem gegebenen Gleichungssystem zu einem äquivalenten gelangt, aus dem man schließlich den Lösungsvektor direkt angeben kann.

Zusammenstellung der Verfahren:

Fig. 1

Bei diesem Verfahren, das von Carl-Friedrich Gauss stammt, wird zunächst in allen Gleichungen außer der ersten die erste Variable eliminiert, dann entsprechend die zweite Variable in allen Gleichungen außer der zweiten usw.

Das Verfahren wird im Folgenden beim Lösen des LGS $\begin{array}{l} 3x_1 + 6x_2 - 2x_3 = -4 \\ 3x_1 + 2x_2 - x_3 = 0 \\ 3x_1 + 10x_2 - 10x_3 = -18 \end{array}$ vorgestellt.

Das Lösen erfolgt ausführlich und in Matrixschreibweise.

Vorgehen:	Ausführliche Schreibweise:	Matrixschreibweise:	Umformung:
Elimination von x_1 aus (2) und (3):	(1) $3x_1 + 6x_2 - 2x_3 = -4$ **(2)** $3x_1 + 2x_2 + x_3 = 0$ **(3)** $3x_1 + 10x_2 - 10x_3 = -18$	(1) 3 6 −2 | −4 **(2)** 3 2 1 | 0 **(3)** 3 10 −10 | −18	**(2)** − (1) → **(2a)** **(3)** − (1) → **(3a)**
Elimination von x_2 aus (3a):	(1) $3x_1 + 6x_2 - 2x_3 = -4$ **(2a)** $-4x_2 + 3x_3 = 4$ **(3a)** $4x_2 - 8x_3 = -14$	(1) 3 6 −2 | −4 **(2a)** 0 −4 3 | 4 **(3a)** 0 4 −8 | −14	**(3a)** + **(2a)** → **(3b)**
Division von (3b) durch (−5):	(1) $3x_1 + 6x_2 - 2x_3 = -4$ (2a) $-4x_2 + 3x_3 = 4$ **(3b)** $-5x_3 = -10$	(1) 3 6 −2 | −4 (2a) 0 −4 3 | 4 **(3b)** 0 0 −5 | −10	**(3b)** : (−5) → **(3c)**
Elimination von x_3 aus (1) und (2a): **Stufenform**	(1) $3x_1 + 6x_2 - 2x_3 = -4$ (2a) $-4x_2 + 3x_3 = 4$ **(3c)** $x_3 = 2$	(1) 3 6 −2 | −4 (2a) 0 −4 3 | 4 **(3c)** 0 0 1 | 2	(1) + 2·**(3c)** → **(1a)** (2a) − 3·**(3c)** → **(2b)**
Division von (1a) durch 3 und von (2b) durch (−2):	**(1a)** $3x_1 + 6x_2 = 0$ **(2b)** $-4x_2 = -2$ (3c) $x_3 = 2$	**(1a)** 3 6 0 | 0 **(2b)** 0 −4 0 | −2 (3c) 0 0 1 | 2	**(1a)** : 3 → **(1b)** **(2b)** : (−2) → **(2b)**
Elimination von x_2 aus (1b) und Division von (2b) durch (2):	**(1b)** $x_1 + 2x_2 = 0$ **(2b)** $2x_2 = 1$ (3c) $x_3 = 2$	**(1b)** 1 2 0 | 0 **(2b)** 0 2 0 | 1 (3c) 0 0 1 | 2	**(1b)** − **(2b)** → (1c) **(2b)** : 2 → (2c)
Diagonalenform	(1c) $x_1 = -1$ (2c) $x_2 = 0,5$ (3c) $x_3 = 2$	(1b) 1 0 0 | −1 (2c) 0 1 0 | 0,5 (3c) 0 0 1 | 2	

Das Gleichungssystem hat somit die Lösung $\begin{pmatrix} -1 \\ 0,5 \\ 2 \end{pmatrix}$. Zur Kontrolle macht man die Probe:

(1) $3 \cdot (-1) + 6 \cdot 0,5 - 2 \cdot 2 = -3 + 3 - 4 = -4$

(2) $3 \cdot (-1) + 2 \cdot 0,5 + 2 = -3 + 1 + 2 = 0$

(3) $3 \cdot (-1) + 10 \cdot 0,5 - 10 \cdot 2 = -3 + 5 - 20 = -18$. Damit ist das LGS richtig gelöst.

Die Diagonalform heißt auch **reduzierte Stufenform**.

GAUSS-Verfahren:
Beim GAUSS-Verfahren löst man ein lineares Gleichungssystem mit 2, 3, 4 und mehr Variablen, indem man es mithilfe der Äquivalenzumformungen (1), (2) und (3) (Fig. 1, S. 305) auf **Stufenform** oder auf **Diagonalenform** bringt.

Beispiel 1 Zwei Gleichungen mit zwei Unbekannten

Lösen Sie das Gleichungssystem $\begin{aligned} 4x_1 - 3x_2 &= 0 \\ x_1 - 2x_2 &= 5 \end{aligned}$.

Lösung:
Zuerst werden die beiden Gleichungen vertauscht.

Ausführliche Schreibweise			Matrixschreibweise:	
(1)	$x_1 - 2x_2 = 5$		$\left(\begin{array}{cc|c} 1 & -2 & 5 \\ 4 & -3 & 0 \end{array}\right)$	Z2 − 4·Z1
(2)	$4x_1 - 3x_2 = 0$	(2) − 4·(1)		
(1)	$x_1 - 2x_2 = 5$		$\left(\begin{array}{cc|c} 1 & -2 & 5 \\ 0 & 5 & -20 \end{array}\right)$	Z2:5
(2)	$5x_2 = -20$	(2a):5		
(1)	$x_1 - 2x_2 = 5$	(1) + 2·(2b)	$\left(\begin{array}{cc|c} 1 & -2 & 5 \\ 0 & 1 & -4 \end{array}\right)$	Z1 + 2·Z2
(2b)	$x_2 = -4$			
(1a)	$x_1 = -3$		$\left(\begin{array}{cc|c} 1 & 0 & -3 \\ 0 & 1 & -4 \end{array}\right)$	
(2b)	$x_2 = -4$			

Machen Sie die Probe!

Lösung des Gleichungssystems ist $x_1 = -3$ und $x_2 = -4$, also $\begin{pmatrix} -3 \\ -4 \end{pmatrix}$.

Beispiel 2 Lösung nur in Matrixschreibweise; Lösung mit dem GTR

Lösen Sie das Gleichungssystem in Matrixschreibweise und mit dem GTR.

$$\begin{aligned} x_1 + x_2 + x_3 &= 18 \\ 10x_1 + x_2 - 8x_3 &= 0 \\ x_1 - 2x_2 + x_3 &= 0 \end{aligned}$$

Lösung:
Matrixschreibweise:

$$\left(\begin{array}{ccc|c} 1 & 1 & 1 & 18 \\ 10 & 1 & -8 & 0 \\ 1 & -2 & 1 & 0 \end{array}\right) \begin{array}{l} \\ Z2 - 10 \cdot Z1 \\ Z3 - Z1 \end{array} \Rightarrow \left(\begin{array}{ccc|c} 1 & 1 & 1 & 18 \\ 0 & -9 & -18 & -180 \\ 0 & -3 & 0 & -18 \end{array}\right) \begin{array}{l} \\ Z2:(-9) \\ Z3:(-3) \end{array}$$

$$\Rightarrow \left(\begin{array}{ccc|c} 1 & 1 & 1 & 18 \\ 0 & 1 & 2 & 20 \\ 0 & 1 & 0 & 6 \end{array}\right) \begin{array}{l} Z1 - Z3 \\ Z2 - Z3 \\ \end{array} \Rightarrow \left(\begin{array}{ccc|c} 1 & 0 & 1 & 12 \\ 0 & 0 & 2 & 14 \\ 0 & 1 & 0 & 6 \end{array}\right) \text{ Z2:2 und vertauschen mit Z3}$$

$$\Rightarrow \left(\begin{array}{ccc|c} 1 & 0 & 1 & 12 \\ 0 & 1 & 0 & 6 \\ 0 & 0 & 1 & 7 \end{array}\right) \begin{array}{l} Z1 - Z3 \\ \\ \end{array} \Rightarrow \left(\begin{array}{ccc|c} 1 & 0 & 0 & 5 \\ 0 & 1 & 0 & 6 \\ 0 & 0 & 1 & 7 \end{array}\right); \quad \text{Lösungsvektor: } \begin{pmatrix} 5 \\ 6 \\ 7 \end{pmatrix}.$$

GTR:

reduced row echelon form (⇒ rref) engl. Ausdruck für reduzierte Stufenform.

Mit [MATRX] und EDIT erhält man Fig. 1. Nach Eingabe der Zeilenzahl 3 und der Spaltenzahl 4 werden die Koeffizienten eingegeben (Fig. 2) und mit Tasten [MATRX], [MATH] der Befehl B:rref aufgerufen (Fig. 3).

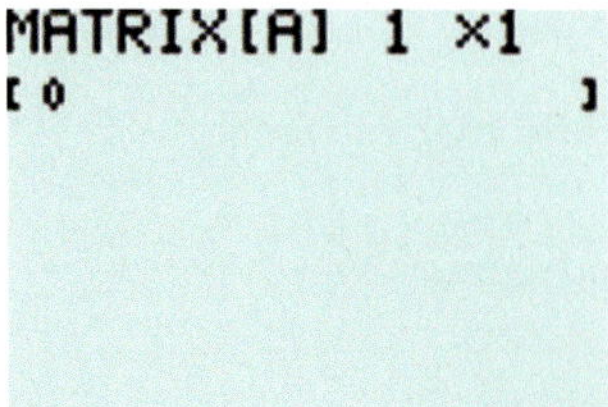

Fig. 1

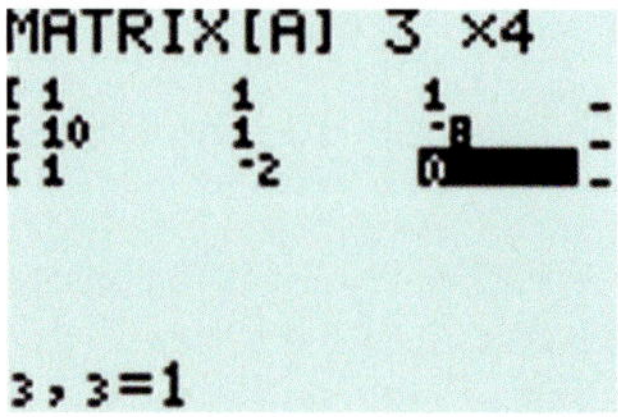

Fig. 2

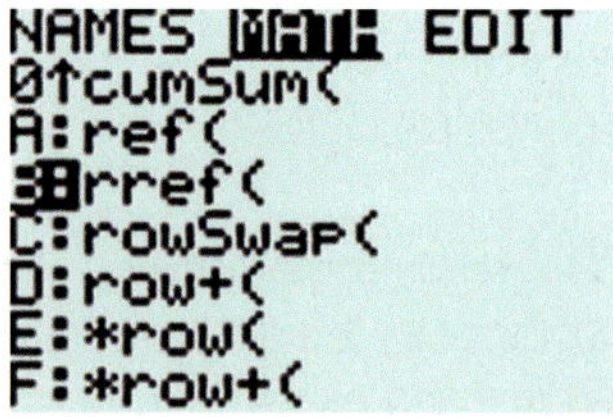

Fig. 3

Nach Bestätigung mit [ENTER] gibt man den Namen der Matrix ein, die auf Diagonalform gebracht werden soll (Fig. 1) und schließt die Klammer (Fig. 2). Nach Bestätigung mit [ENTER] erhält man das Ergebnis sofort (Fig. 3).

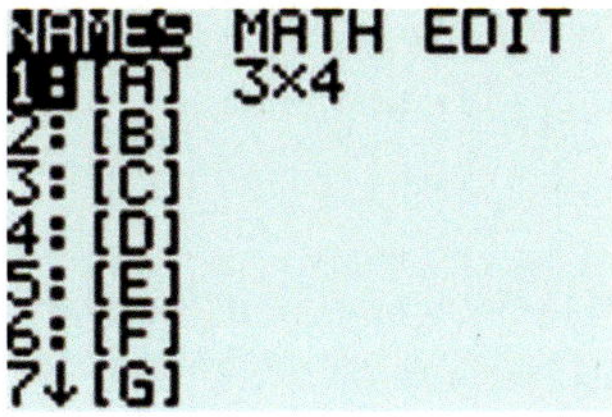

Fig. 1

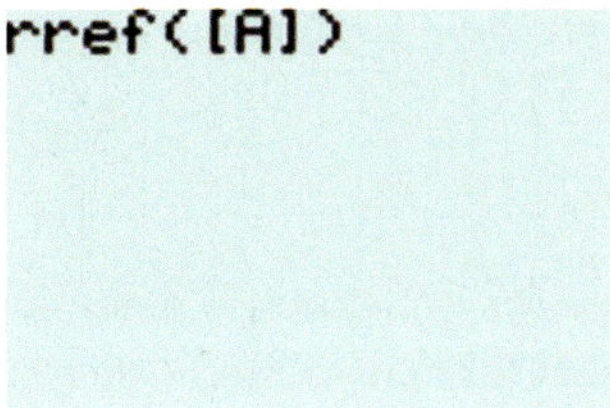

Fig. 2

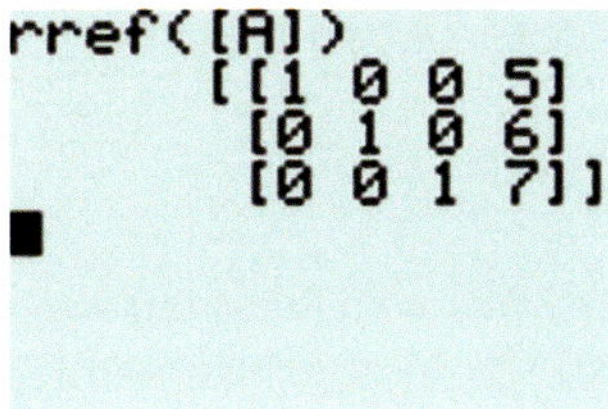

Fig. 3

Aufgaben

2 Lösen Sie das lineare Gleichungssystem und machen Sie die Probe.

a) $\begin{aligned} x_1 + 2x_2 &= 3 \\ x_1 + x_2 &= 0 \end{aligned}$

b) $\begin{aligned} 7x_1 + x_2 &= 2 \\ x_1 - 2x_2 &= 5 \end{aligned}$

c) $\begin{aligned} 0{,}25x_1 + 0{,}5x_2 &= 2 \\ x_1 + 0{,}75x_2 &= 5 \end{aligned}$

3 Lösen Sie das lineare Gleichungssystem.

a) $\begin{aligned} 2x_1 - 3x_2 - 5x_3 &= -1 \\ 2x_2 + x_3 &= 0 \\ 3x_3 &= 6 \end{aligned}$

b) $\begin{aligned} 3x_1 + 8x_2 - 3x_3 &= 5 \\ 4x_2 + x_3 &= 1 \\ -5x_3 &= 10 \end{aligned}$

c) $\begin{aligned} 2x_3 &= 7 \\ 3x_1 + 4x_2 + 6x_3 &= 5 \\ 17x_2 + 24x_3 &= 16 \end{aligned}$

4 Lösen Sie das lineare Gleichungssystem und machen Sie die Probe.

a) $\begin{aligned} x_1 + x_2 &= 3 \\ x_1 + x_2 + x_3 &= 0 \\ x_2 + x_3 &= 0 \end{aligned}$

b) $\begin{aligned} x_1 + x_2 - x_3 &= 0 \\ x_1 + x_3 &= 2 \\ x_1 - 2x_2 + x_3 &= 2 \end{aligned}$

c) $\begin{aligned} 5x_1 - x_2 - x_3 &= -3 \\ x_1 + 3x_2 + x_3 &= 5 \\ x_1 - 3x_2 - x_3 &= -1 \end{aligned}$

5 Lösen Sie das lineare Gleichungssystem mit dem GAUSS-Verfahren.

a) $\begin{aligned} 2x_1 - 4x_2 + 5x_3 &= 3 \\ 3x_1 + 3x_2 + 7x_3 &= 13 \\ 4x_1 - 2x_2 - 3x_3 &= -1 \end{aligned}$

b) $\begin{aligned} -x_1 + 7x_2 - x_3 &= 5 \\ 4x_1 - x_2 + x_3 &= 1 \\ 5x_1 - 3x_2 + x_3 &= -1 \end{aligned}$

c) $\begin{aligned} 0{,}6x_2 + 1{,}8x_3 &= 3 \\ 0{,}3x_1 + 1{,}2x_2 &= 0 \\ 0{,}5x_1 + x_3 &= 1 \end{aligned}$

6 Lösen Sie das lineare Gleichungssystem.

Diese Aufgaben sollte man mit dem GTR lösen.

a) $\begin{aligned} 2x_1 + 5x_2 + 2x_3 &= -4 \\ -2x_1 + 4x_2 - 5x_3 &= -20 \\ 2x_1 - 6x_2 + 5x_3 &= 23 \end{aligned}$

b) $\begin{aligned} x_1 - 0{,}5x_2 + 2x_3 &= -3 \\ 2x_1 + 1{,}2x_2 - x_3 &= 4 \\ 3x_1 - 2x_2 + 2{,}5x_3 &= -2 \end{aligned}$

c) $\begin{aligned} 0{,}4x_1 + 0{,}8x_2 + 1{,}2x_3 &= 18 \\ 2{,}2x_1 - 1{,}4x_2 - 3{,}5x_3 &= -31 \\ -2x_1 - 2{,}4x_2 + x_3 &= -12 \end{aligned}$

7 Lösen Sie das lineare Gleichungssystem mit dem GTR.

a) $\begin{aligned} -x_1 + 2x_2 - 2x_3 + x_4 &= -3 \\ 2x_2 + x_3 + x_4 &= 2 \\ 2x_1 - 2x_2 + 5x_3 - 5x_4 &= 7 \\ x_1 + 2x_3 + 2x_4 &= 4 \end{aligned}$

b) $\begin{aligned} 2x_1 - 2x_2 - 2x_3 + 2x_4 &= 3 \\ x_1 + x_2 + x_3 &= 0 \\ 2x_1 - 2x_2 + x_3 - 3x_4 &= 1 \\ x_1 + 2x_2 + 2x_4 &= 0 \end{aligned}$

8 Die Parabel mit der Gleichung $f(x) = ax^2 + bx + c$ verläuft durch die Punkte P, Q und R. Berechnen Sie a, b und c.

a) $P(-1|0)$, $Q(1|4)$, $R(0|1)$

b) $P(1|2)$, $Q(-1|-3)$, $R(0|5)$

P(a|b) ist **Extrempunkt** des Graphen der Funktion f höchstens dann, wenn $f(a) = b$ und $f'(a) = 0$ ist, **Wendepunkt**, wenn $f(a) = b$ und $f''(a) = 0$ ist. Was ist noch zu überprüfen?

9 Bestimmen Sie eine Polynomfunktion vom Grad 3 mit den angegebenen Eigenschaften.

a) $E(3|-81)$ ist ein Extrempunkt und $W(0|0)$ ist ein Wendepunkt.

b) $A(2|23)$ und $B(4|19)$ sind Extrempunkte.

2 Lösungsmengen linearer Gleichungssysteme

1 a) Gegeben sind die drei Gleichungen $4 \cdot x = 5$; $0 \cdot x = 0$; $0 \cdot x = 4$.
Geben Sie zu jeder einzelnen Gleichung die Lösung an.
b) Wann hat die Gleichung $a \cdot x = b$ genau eine Lösung, wann unendlich viele und wann besitzt sie keine Lösung?

Es wird nun untersucht, von welcher Art die Lösungen eines linearen Gleichungssytems sein können. Dazu betrachtet man zuerst ein Gleichungssystem von zwei Gleichungen mit zwei Unbekannten, ehe verallgemeinert wird.

Man bringt die drei Gleichungssysteme mit zwei Unbekannten auf die reduzierte Stufenform.

$$\begin{aligned} x_1 - 2x_2 &= 3 \\ 2x_1 + 3x_2 &= -8 \end{aligned}$$

zugehörige Matrix:

$$\left(\begin{array}{cc|c} 1 & -2 & 3 \\ 2 & 3 & -8 \end{array}\right) \quad 2.\,Z - 2 \cdot 1.\,Z$$

$$\left(\begin{array}{cc|c} 1 & -2 & 3 \\ 0 & 7 & -14 \end{array}\right) \quad :7$$

$$\left(\begin{array}{cc|c} 1 & -2 & 3 \\ 0 & 1 & -2 \end{array}\right) \quad 1.\,Z + 2 \cdot 2.\,Z$$

$$\left(\begin{array}{cc|c} 1 & 0 & -1 \\ 0 & 1 & -2 \end{array}\right),$$

also $x_1 = -1$; $x_2 = -2$

Die Gleichung hat **genau eine Lösung**.

Lösungsvektor: $\begin{pmatrix} -1 \\ -2 \end{pmatrix}$

$$\begin{aligned} x_1 - 2x_2 &= 3 \\ 2x_1 - 4x_2 &= 6 \end{aligned}$$

$$\left(\begin{array}{cc|c} 1 & -2 & 3 \\ 2 & -4 & 6 \end{array}\right) \quad 2.\,Z - 2 \cdot 1.\,Z$$

$$\left(\begin{array}{cc|c} 1 & -2 & 3 \\ 0 & 0 & 0 \end{array}\right),$$

also $x_1 - 2x_2 = 3$
$0x_1 + 0x_2 = 0$

Die 2. Gleichung ist immer erfüllt. Damit ist in der 1. Gleichung x_2 beliebig wählbar. Die Gleichung hat **unendlich viele Lösungen**.

Setzt man $x_2 = t$, so folgt $x_1 - 2t = 3$ oder $x_1 = 2t + 3$.

Lösungsvektor: $\begin{pmatrix} 2t + 3 \\ t \end{pmatrix}$.

Setzt man für t irgendeine Zahl ein, z. B. $t = 1{,}5$, so ist $\begin{pmatrix} 2 \cdot (-1{,}5) + 3 \\ 1{,}5 \end{pmatrix} = \begin{pmatrix} 0 \\ 1{,}5 \end{pmatrix}$ eine spezielle Lösung. Man nennt t einen **Parameter**.

$$\begin{aligned} x_1 - 2x_2 &= 3 \\ 2x_1 - 4x_2 &= 4 \end{aligned}$$

$$\begin{pmatrix} 1 & -2 & 3 \\ 2 & -4 & 4 \end{pmatrix} \quad 2.\,Z - 2 \cdot 1.\,Z$$

$$\begin{pmatrix} 1 & -2 & 3 \\ 0 & 0 & -2 \end{pmatrix}$$

also $x_1 - 2x_2 = 3$
$0x_1 + 0x_2 = -2$,
d.h. $0 = 2$.

Die zweite Gleichung ist für keine Werte x_1 und x_2 erfüllbar. Damit gibt es keinen Lösungsvektor.

Das Gleichungssystem hat demnach **keine Lösung**.

Geometrische Interpretation:
Setzt man x statt x_1 und y statt x_2, so erhält man das Gleichungssystem:

$$\begin{aligned} x - 2y &= 3 \\ 2x + 3y &= -8 \end{aligned} \quad \text{oder}$$

$y = \frac{1}{2}x - \frac{3}{2}$
$y = -\frac{2}{3}x - \frac{8}{3}$

Dies sind zwei sich in $S(-1|-2)$ **schneidende Geraden**:

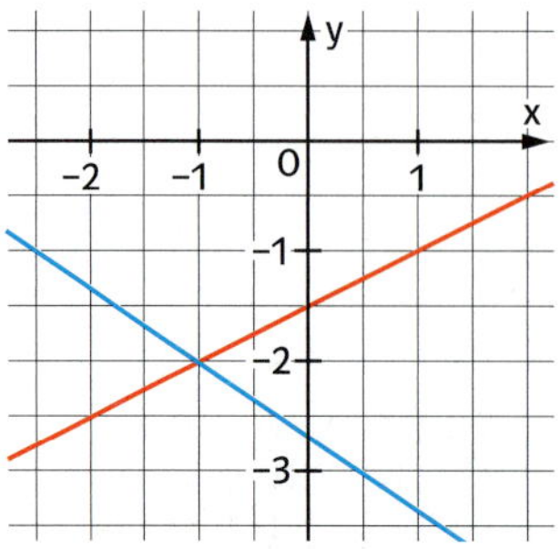

Genau ein Schnittpunkt

$$\begin{aligned} x - 2y &= 3 \\ 2x - 4y &= 6 \end{aligned} \quad \text{oder}$$

$y = \frac{1}{2}x - \frac{3}{2}$
$y = \frac{1}{2}x - \frac{3}{2}$

Dies sind zwei **identische Geraden**, also unendlich viele gemeinsame Punkte.

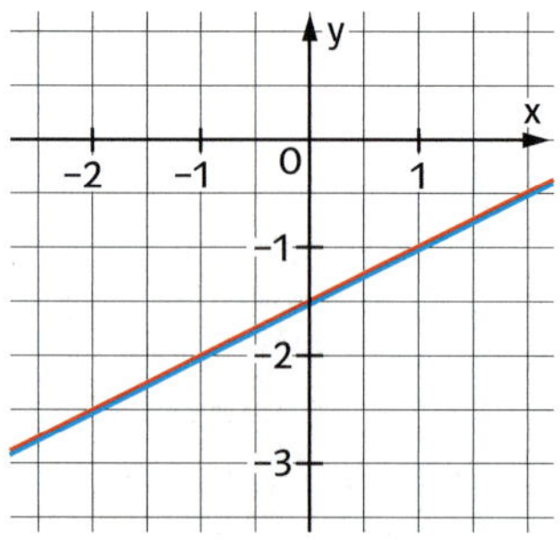

Unendlich viele Schnittpunkte

$$\begin{aligned} x - 2y &= 3 \\ 2x - 4y &= 4 \end{aligned} \quad \text{oder}$$

$y = \frac{1}{2}x - \frac{3}{2}$
$y = \frac{1}{2}x - 1$

Dies sind zwei parallele Geraden; diese haben keine gemeinsamen Punkte.

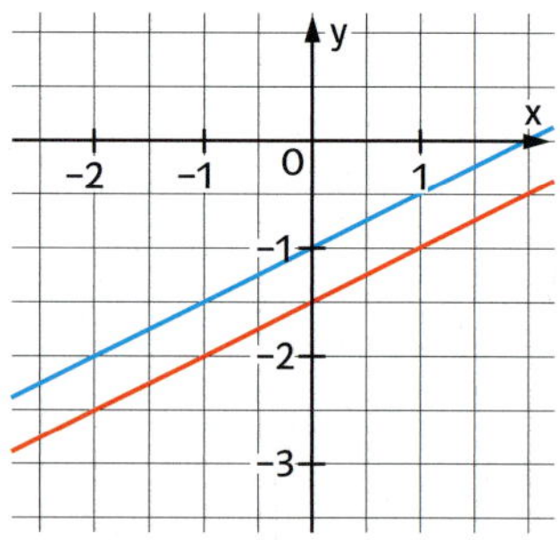

Kein Schnittpunkt

Dies gilt allgemein für lineare Gleichungssysteme.

> Ein lineares Gleichungssystem hat entweder genau eine Lösung, unendlich viele Lösungen oder keine Lösung.

Beispiel 1 unendliche Lösungsmenge
Bestimmen Sie die Lösungsmenge des Gleichungssystems ohne und mit GTR.

$$\begin{aligned} x_1 - 3x_2 + x_3 &= 1 \\ x_1 - 4x_2 + 2x_3 &= 6 \\ -x_1 + 2x_2 &= 4 \end{aligned}$$

Lösung: (ohne GTR)

$$\left(\begin{array}{ccc|c} -1 & 2 & 0 & 4 \\ 1 & -3 & 1 & 1 \\ 1 & -4 & 2 & 6 \end{array}\right) \begin{array}{l} \\ Z2 + Z1 \\ Z3 + Z1 \end{array} \Rightarrow \left(\begin{array}{ccc|c} -1 & 2 & 0 & 4 \\ 0 & -1 & 1 & 5 \\ 0 & -2 & 2 & 10 \end{array}\right) \begin{array}{l} (-1)\cdot Z1 \\ \\ Z3 - 2\cdot Z2 \end{array}$$

Die einfachste Gleichung ist die dritte; sie wird daher in die 1. Zeile gesetzt.

$$\Rightarrow \left(\begin{array}{ccc|c} 1 & -2 & 0 & -4 \\ 0 & -1 & 1 & 5 \\ 0 & 0 & 0 & 0 \end{array}\right) \begin{array}{l} Z1 - 2\cdot Z2 \\ (-1)\cdot Z2 \\ \\ \end{array} \Rightarrow \left(\begin{array}{ccc|c} 1 & 0 & -2 & -14 \\ 0 & 1 & -1 & -5 \\ 0 & 0 & 0 & 0 \end{array}\right)$$

Damit gilt $\begin{aligned} x_1 - 2x_3 &= -14 \\ x_2 - x_3 &= -5 \end{aligned}$ oder $\begin{aligned} x_1 &= 2x_3 - 14 \\ x_2 &= x_3 - 5 \end{aligned}$

Zusammen mit $x_3 = t$ ergibt sich mit $x_1 = 2t - 14$ und $x_2 = t - 5$ der Lösungsvektor $\begin{pmatrix} -14 + 2t \\ -5 + t \\ t \end{pmatrix}$.

Für t kann man irgendeine reelle Zahl einsetzen. Man erhält dann einen **speziellen Lösungsvektor**.

Setzt man $-5 + t = 0$, also $t = 5$, so erhält man den speziellen Lösungsvektor

$\begin{pmatrix} -14 + 2\cdot 5 \\ -5 + 5 \\ 5 \end{pmatrix} = \begin{pmatrix} -4 \\ 0 \\ 5 \end{pmatrix}$. Entsprechend erhält man für $t = 0$ den Lösungsvektor $\begin{pmatrix} -14 \\ -5 \\ 0 \end{pmatrix}$.

Lösung: (mit GTR)
Mit MATRX und EDIT gibt man nach Eingabe der Zeilenzahl 3 und der Spaltenzahl 4 die Koeffizienten ein (Fig. 1). Nach Eingaben in der Reihenfolge MATRX, MATH, B:rref wird nach Eingabe des Namens A der Matrix Fig. 2 ausgegeben. Dies entspricht genau der obigen Matrix.

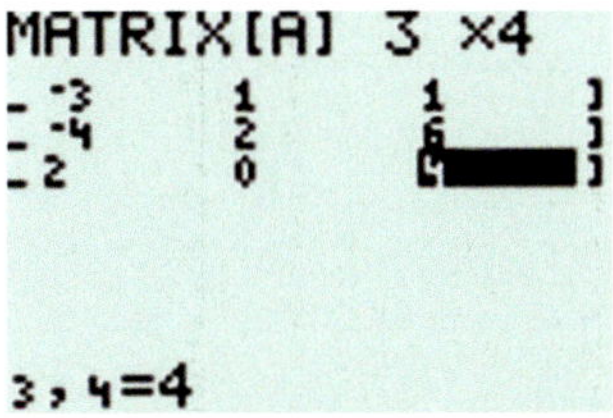

Fig. 1

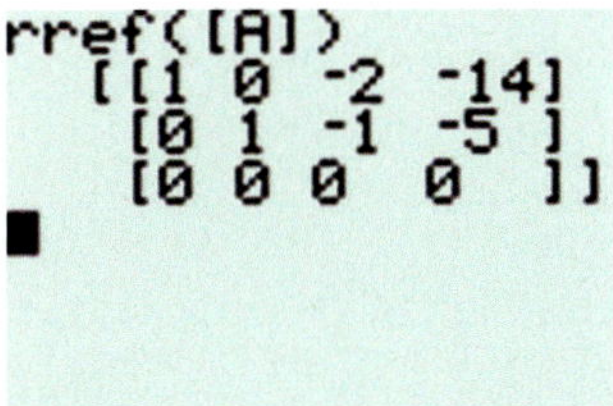

Fig. 2

$x_1 - 2x_3 = -14$
$x_2 - x_3 = -5$ oder mit $x_3 = t$:
$x_1 = 2t - 14$
$x_2 = t - 5$
$x_3 = t$

Lösung: $\begin{pmatrix} -14 + 2t \\ -5 + t \\ t \end{pmatrix}$

Beispiel 2 unlösbares Gleichungssystem
Bestimmen Sie die Lösungsmenge des Gleichungssystems ohne und mit GTR.

$$\begin{aligned} x_1 - x_2 + 5x_3 &= 0 \\ 4x_1 + x_2 + 10x_3 &= 15. \\ x_1 + 4x_2 - 5x_3 &= 5 \end{aligned}$$

Lösung ohne GTR in Matrixschreibweise:

$$\left(\begin{array}{ccc|c} 1 & -1 & 5 & 0 \\ 4 & 1 & 10 & 15 \\ 1 & 4 & -5 & 5 \end{array}\right) \begin{array}{l} \\ Z2 - 4\cdot Z1 \\ Z3 - Z1 \end{array} \Rightarrow \left(\begin{array}{ccc|c} 1 & -1 & 5 & 0 \\ 0 & 5 & -10 & 15 \\ 0 & 5 & -10 & 5 \end{array}\right) \begin{array}{l} \\ Z2:5 \\ Z3:5 \end{array}$$

$$\Rightarrow \left(\begin{array}{ccc|c} 1 & -1 & 5 & 0 \\ 0 & 1 & -2 & 3 \\ 0 & 1 & -2 & 1 \end{array}\right) \begin{array}{l} \\ \\ Z3 - Z2 \end{array} \Rightarrow \left(\begin{array}{ccc|c} 1 & -1 & 5 & 0 \\ 0 & 1 & -2 & 3 \\ 0 & 0 & 0 & -2 \end{array}\right) \begin{array}{l} Z1 + Z2 \\ \\ \\ \end{array} \Rightarrow \left(\begin{array}{ccc|c} 1 & 0 & 3 & 3 \\ 0 & 1 & -2 & 3 \\ 0 & 0 & 0 & -2 \end{array}\right)$$

Damit gilt:

$$\begin{aligned} x_1 + 3x_3 &= 3 \\ x_2 - 2x_3 &= 3 \\ 0\cdot x_1 + 0\cdot x_2 + 0\cdot x_3 &= -2 \end{aligned}$$

oder $0 = 2$. Das System ist unlösbar.

Lösung mit GTR:

Man geht vor wie in Beispiel 1 beschrieben und erhält Fig. 1. Dies entspricht bis auf die letzte Spalte der umgeformten Matrix. Der GTR teilt lediglich noch die letzte Zeile durch −2 und macht die Elemente in der 2. und 3. Zeile noch zu null, indem jeweils ein Vielfaches der letzten Zeile hinzuaddiert wird.

Das Gleichungssystem ist also unlösbar.

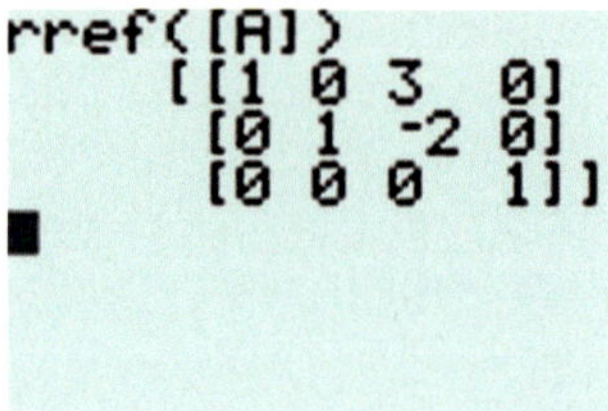

Fig. 1

Aufgaben

2 Lösen Sie das Gleichungssystem.

a) $\begin{aligned} x_1 + x_2 &= 4 \\ x_1 - x_2 &= 1 \end{aligned}$ b) $\begin{aligned} 2x_1 + 5x_2 &= -4 \\ 4x_1 + x_2 &= 1 \end{aligned}$ c) $\begin{aligned} x_1 + 2x_2 &= -2 \\ 4x_1 + 4x_2 &= 1 \end{aligned}$ d) $\begin{aligned} 9x + 10y &= 11 \\ 12x + 13y &= 14 \end{aligned}$

3 Bestimmen Sie die Lösungsmenge.

a) $\begin{aligned} x_1 + x_2 &= 4 \\ x_1 + x_2 &= 0 \end{aligned}$ b) $\begin{aligned} 2x_1 + 5x_2 &= -24 \\ 4x_1 + 10x_2 &= -28 \end{aligned}$ c) $\begin{aligned} x_1 + 2x_2 &= 3 \\ 3x_1 + 2x_2 &= 1 \end{aligned}$ d) $\begin{aligned} 9a + 18b &= 63 \\ 2a + 4b &= 14 \end{aligned}$

4 Lösen Sie.

a) $\begin{aligned} x_1 - x_2 - x_3 &= 3 \\ x_1 + x_2 - x_3 &= 4 \\ 3x_1 - x_2 + x_3 &= 10 \end{aligned}$ b) $\begin{aligned} x_1 - x_2 - x_3 &= 3 \\ x_1 + 2x_2 - x_3 &= 4 \\ 3x_1 + x_3 &= 10 \end{aligned}$ c) $\begin{aligned} 3x_1 - 3x_2 - x_3 &= -3 \\ x_1 - 7x_2 - x_3 &= 8 \\ 17x_1 + x_2 - x_3 &= 0 \end{aligned}$

5 Von den drei Gleichungssystemen ist eines unlösbar, eines hat unendlich viele Lösungen und eines genau eine Lösung. Für welche Gleichung trifft was zu?

a) $\begin{aligned} x_1 - 2x_2 + 3x_3 &= 6 \\ 2x_1 + 6x_2 - 5x_3 &= -1 \\ -7x_1 - 6x_2 + x_3 &= -16 \end{aligned}$ b) $\begin{aligned} x_1 - 2x_2 + 3x_3 &= 6 \\ 2x_1 + 6x_2 - 5x_3 &= -1 \\ 3x_1 - x_2 + 2x_3 &= 7 \end{aligned}$ c) $\begin{aligned} -x_1 + 2x_2 - 3x_3 &= -6 \\ 2x_1 + 6x_2 - 5x_3 &= -1 \\ 7x_1 + 6x_2 - x_3 &= 10 \end{aligned}$

6 Lösen Sie mit dem GTR.

a) $\begin{aligned} a + b + c &= -6 \\ 12a - 13b - 10c &= -107 \\ 5a - 3b + 8c &= 9 \end{aligned}$ b) $\begin{aligned} a + b + c &= -6 \\ 12a - 13b - 10c &= -107 \\ -31a + 44b + 35c &= 0 \end{aligned}$ c) $\begin{aligned} a + 2b + 3c &= 2 \\ 1{,}5a - 3b + 8{,}5c &= 12 \\ -a + 4b + 7c &= -11 \end{aligned}$

7 Lösen Sie das folgende Gleichungssystem mit dem GTR.

Anmerkung: Sind 4 Gleichungen mit 3 Unbekannten gegeben, so löst man zunächst das durch die ersten 3 Gleichungen gegebene Gleichungssystem und setzt eventuell vorhandene Lösungen in die letzte Gleichung ein. Ist diese erfüllt, so ist das Gleichungssystem lösbar, sonst nicht.

a) $\begin{aligned} x + 2y + 3z &= 14 \\ 5x + 6y + 7z &= 38 \\ 9x + 8y - 7z &= 4 \\ 5x - 4y + 3z &= 6 \end{aligned}$ b) $\begin{aligned} x + y - 2z &= 0 \\ 2x - 2y + 3z &= 1{,}4 \\ x - y - z &= 0{,}2 \\ 2x - 3z &= 0{,}2 \end{aligned}$ c) $\begin{aligned} -4a + 5b - 6c &= 0{,}65 \\ -0{,}5a + 2{,}5b - 0{,}75c &= 1{,}4875 \\ a - b + c &= -0{,}15 \\ -3a + 4b - 5c &= 1{,}5 \end{aligned}$

Anwendungen gibt es genügend! Und nicht nur Rätsel! Die nächsten Seiten zeigen dies.

8 Ein Vater und seine beiden Söhne sind zusammen 100 Jahre alt. Der Vater ist doppelt so alt wie sein ältester Sohn und 30 Jahre älter als sein jüngster Sohn. Wie alt sind Vater und Söhne?

3 Beschreibung von Vorgängen durch Matrizen

1 Eine Getränkefirma stellt aus den drei Grundstoffen Wasser (W), Orangensaft (O) und Mangosaft (M) zwei Mischgetränke Oraman (G_1) und Mangor (G_2) her. Fig. 1 zeigt den Bedarf je Liter Mischgetränk. Wie viel Liter der Grundstoffe werden für 100 Liter des Mischgetränks G_1 und 200 Liter des Getränks G_2 benötigt?

Bedarf in Liter an	Getränkesorte (1 Liter)	
	Oraman (G_1)	Mangor (G_2)
Wasser	0,4	0,3
Orangensaft	0,5	0,3
Mangosaft	0,1	0,4

Fig. 1

Vorgänge, die man durch lineare Gleichungen darstellen kann, lassen sich übersichtlicher durch „Matrizen" beschreiben. Im Folgenden soll dies deutlich gemacht werden, bevor in den nächsten Lerneinheiten Rechenoperationen mit Matrizen eingeführt werden.

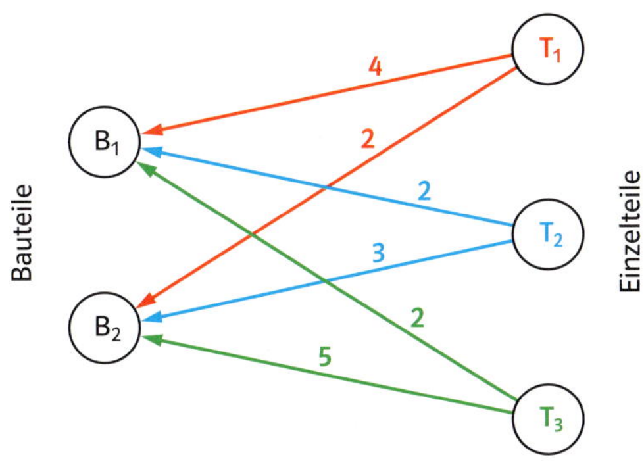

Fig. 2

Das Diagramm in Fig. 2 zeigt den Einzelteilbedarf für zwei Bauteile B_1 und B_2, die aus Einzelteilen T_1, T_2 und T_3 hergestellt werden.
So werden für das Bauteil B_1 4 Stück von T_1, kurz **4** T_1, **2** T_2 und **2** T_3 benötigt, für das Bauteil B_2 entsprechend **2** T_1, **3** T_2 und **5** T_3. Sollen 10 Stück von B_1 und 20 Stück von B_2 produziert werden, braucht man von
T_1: $y_1 = 4 \cdot 10 + 2 \cdot 20$ Stück, von
T_2: $y_2 = 2 \cdot 10 + 3 \cdot 20$ Stück und von
T_3: $y_3 = 2 \cdot 10 + 5 \cdot 20$ Stück.

Die Pfeile sind zu lesen als: je Stück B_1 benötigt man 4 Stück T_1, 2 Stück T_2 und 2 Stück T_3.
Die Pfeile beschreiben somit die Zuordnung: Bauteile ↦ benötigte Einzelteile.

Stellt man x_1 Stück von B_1 und x_2 Stück von B_2 her, so benötigt man entsprechend folgende Stückzahlen:

T_1: $y_1 = 4 \cdot x_1 + 2 \cdot x_2$
T_2: $y_2 = 2 \cdot x_1 + 3 \cdot x_2$ oder anders geschrieben $\begin{pmatrix} y_1 \\ y_2 \\ y_3 \end{pmatrix} = \begin{pmatrix} 4x_1 + 2x_2 \\ 2x_1 + 3x_2 \\ 2x_1 + 5x_2 \end{pmatrix}$
T_3: $y_3 = 2 \cdot x_1 + 5 \cdot x_2$

Die Schreibweise $\begin{pmatrix} y_1 \\ y_2 \\ y_3 \end{pmatrix} = \begin{pmatrix} 4x_1 + 2x_2 \\ 2x_1 + 3x_2 \\ 2x_1 + 5x_2 \end{pmatrix}$ wird noch weiter vereinfacht zu $\begin{pmatrix} y_1 \\ y_2 \\ y_3 \end{pmatrix} = \begin{pmatrix} 4 & 2 \\ 2 & 3 \\ 2 & 5 \end{pmatrix} \cdot \begin{pmatrix} x_1 \\ x_2 \end{pmatrix}$.

Dabei ist also die 1. Zeile (4 2) der Matrix mit $\begin{pmatrix} x_1 \\ x_2 \end{pmatrix}$ zu „multiplizieren" gemäß $4x_1 + 2x_2$,

die 2. Zeile (2 3) mit $\begin{pmatrix} x_1 \\ x_2 \end{pmatrix}$ entsprechend $2x_1 + 3x_2$. Entsprechendes gilt für die 3. Zeile.

Ein Zahlenschema $A = \begin{pmatrix} a_{11} & a_{12} & \dots & a_{1n} \\ a_{21} & a_{22} & \dots & a_{2n} \\ \vdots & & & \\ a_{m1} & a_{m2} & \dots & a_{mn} \end{pmatrix}$ mit m Zeilen und n Spalten wird als

(m × n)-Matrix A bezeichnet. Die Zahlen dieses Schemas heißen **Elemente der Matrix**.

Eine (m × 1)-Matrix, also z. B. $\vec{b} = \begin{pmatrix} 1 \\ 2 \\ 4 \end{pmatrix}$ heißt **Spaltenvektor**.

Er wird mit einem kleinen Buchstaben mit darüber gezeichnetem Pfeil geschrieben.
Entsprechend heißt eine (1 × n)-Matrix, z. B. $\vec{a}^T = (3 \quad 4 \quad 5 \quad -1)$, **Zeilenvektor**.

Das Zeichen T bedeutet, dass der Vektor $\vec{a} = \begin{pmatrix} 3 \\ 4 \\ 5 \\ -1 \end{pmatrix}$ „transponiert", d. h. umgestellt wurde.

Es erweist sich als zweckmäßig, folgende Matrizenoperation festzulegen:

Man merkt sich das kurz in der Form: **„Jede Zeile mal der Spalte"**

Ein Vektor $\begin{pmatrix} x_1 \\ x_2 \\ \vdots \\ x_n \end{pmatrix}$ wird mit einer (m × n)-Matrix $A = \begin{pmatrix} a_{11} & a_{12} & \dots & a_{1n} \\ a_{21} & a_{22} & \dots & a_{2n} \\ \vdots & & & \\ a_{m1} & a_{m2} & \dots & a_{mn} \end{pmatrix}$ von links multipliziert nach der Regel:

$$\begin{pmatrix} a_{11} & a_{12} & \dots & a_{1n} \\ a_{21} & a_{22} & \dots & a_{2n} \\ \vdots & & & \\ a_{m1} & a_{m2} & \dots & a_{mn} \end{pmatrix} \cdot \begin{pmatrix} x_1 \\ x_2 \\ \vdots \\ x_n \end{pmatrix} = \begin{pmatrix} a_{11} \cdot x_1 + a_{12} \cdot x_2 + \dots + a_{1n} \cdot x_n \\ a_{21} \cdot x_1 + a_{22} \cdot x_2 + \dots + a_{2n} \cdot x_n \\ \vdots \\ a_{m1} \cdot x_1 + a_{m2} \cdot x_2 + \dots + a_{mn} \cdot x_n \end{pmatrix}$$

Bedarf in kg an	Milchsorte (1 kg) M_1	M_2
G_1	0,85	0,80
G_2	0,08	0,12
G_3	0,05	0,05
G_4	0,02	0,03

Fig. 1

Beispiel Bedarfsmatrix bestimmen

Ein Nahrungsmittelkonzern stellt aus vier Grundstoffen G_1, G_2, G_3, G_4 zwei Sorten M_1, M_2 Babymilchpulver her (Fig. 1).

a) Bestimmen Sie die Matrix des Produktionsprozesses und beschreiben Sie ihn damit.

b) Es sollen 200 kg Milchpulver der Sorte M_1 und 400 kg der Sorte M_2 hergestellt werden. Wie viel kg der Grundstoffe werden benötigt?

Lösung:

a) Ist y_1, y_2, y_3, y_4 der Grundstoffbedarf in kg für x_1 kg der Milchsorte M_1 und x_2 kg der Milchsorte M_2, so gilt:

Gleichungsdarstellung:

$y_1 = 0{,}85\,x_1 + 0{,}80\,x_2$

$y_2 = 0{,}08\,x_1 + 0{,}12\,x_2$

$y_3 = 0{,}05\,x_1 + 0{,}05\,x_2$

$y_4 = 0{,}02\,x_1 + 0{,}03\,x_2$

Matrixdarstellung:

$$\begin{pmatrix} y_1 \\ y_2 \\ y_3 \\ y_4 \end{pmatrix} = \begin{pmatrix} 0{,}85 & 0{,}80 \\ 0{,}08 & 0{,}12 \\ 0{,}05 & 0{,}05 \\ 0{,}02 & 0{,}03 \end{pmatrix} \cdot \begin{pmatrix} x_1 \\ x_2 \end{pmatrix}$$

Zur Kontrolle: $y_1 + y_2 + y_3 + y_4 = 490 + 64 + 30 + 16 = 600 = x_1 + x_2$

b) Rechnung: $\begin{pmatrix} y_1 \\ y_2 \\ y_3 \\ y_4 \end{pmatrix} = \begin{pmatrix} 0{,}85 & 0{,}80 \\ 0{,}08 & 0{,}12 \\ 0{,}05 & 0{,}05 \\ 0{,}02 & 0{,}03 \end{pmatrix} \cdot \begin{pmatrix} 200 \\ 400 \end{pmatrix} = \begin{pmatrix} 0{,}85 \cdot 200 + 0{,}80 \cdot 400 \\ 0{,}08 \cdot 200 + 0{,}12 \cdot 400 \\ 0{,}05 \cdot 200 + 0{,}05 \cdot 400 \\ 0{,}02 \cdot 200 + 0{,}03 \cdot 400 \end{pmatrix} = \begin{pmatrix} 490 \\ 64 \\ 30 \\ 16 \end{pmatrix}.$

Es sind also 490 kg von G_1, 64 kg von G_2, 30 kg von G_3 und 16 kg von G_4 nötig.

Aufgaben

2 Berechnen Sie.

a) $\begin{pmatrix} 1 & 0 & 3 \\ 5 & 1 & 4 \\ 3 & 2 & 0 \end{pmatrix} \cdot \begin{pmatrix} 5 \\ 2 \\ 4 \end{pmatrix}$ b) $\begin{pmatrix} 17 & 3 \\ 5 & 8 \\ 13 & 2 \end{pmatrix} \cdot \begin{pmatrix} 1 \\ 2 \end{pmatrix}$ c) $\begin{pmatrix} 1 & 5 \\ 5 & 1 \\ 3 & 2 \\ 0 & 5 \end{pmatrix} \cdot \begin{pmatrix} 4 \\ 3 \end{pmatrix}$ d) $\begin{pmatrix} 1 & 0 & 3 & 4 \\ 5 & 1 & 4 & 1 \\ 3 & 2 & 0 & 5 \end{pmatrix} \cdot \begin{pmatrix} 1 \\ 3 \\ 2 \\ 2 \end{pmatrix}$

3 Eine Behindertenwerkstatt stellt aus den drei Fertigteilen F_1, F_2 und F_3 die Produkte P_1, P_2 und P_3 her. Fig. 2 zeigt den Bedarf je Produkt.

Bedarf je Produkt	Produkt P_1	P_2	P_3
F_1	2	3	2
F_2	4	3	4
F_3	1	2	4

Fig. 2

a) Bestimmen Sie die Matrix des Produktionsprozesses für die einzelnen Produkte und beschreiben Sie ihn damit.

b) Wie viele Fertigteile jeder Sorte werden für die Herstellung von 100 Stück von P_1, 200 Stück von P_2 und 500 Stück von P_3 benötigt?

c) Wie viele Teile jeder Sorte sind bei der Produktion von 80 Stück des Produkts P_2 nötig?

4 Addition und S-Multiplikation von Matrizen

1 Fig. 1 zeigt die Verkaufszahlen der Artikel A, B und C in den Geschäften I, II, III.
a) Bestimmen Sie die verkauften Stückzahlen von A, B und C in den einzelnen Verkaufsstellen in den beiden Monaten.
b) Geben Sie die Umsatzzu- bzw. Umsatzabnahmen von März bis April an.

Stückzahl im März:

Artikel	Verkaufsstelle		
	I	II	III
A	540	290	360
B	150	120	0
C	650	320	340

Stückzahl im April:

Artikel	Verkaufsstelle		
	I	II	III
A	510	275	290
B	165	150	0
C	750	410	455

Fig. 1

Zahlreiche Anwendungen aus der Betriebswirtschaft zeigen, dass es sinnvoll ist, Matrizen miteinander zu verknüpfen. Zuerst wird mit den einfachsten Verknüpfungen, der Addition und der Subtraktion begonnen.

Geben die Matrizen $A = \begin{pmatrix} 12 & 11 & 12 \\ 9 & 10 & 15 \end{pmatrix}$ und $B = \begin{pmatrix} 10 & 9 & 13 \\ 8 & 11 & 14 \end{pmatrix}$ die Produktionszahlen der Erzeugnisse 1 und 2 in den Werken W_1, W_2 und W_3 in den Jahren 2005 und 2006 an, so wird durch die „Addition"

$$A + B = \begin{pmatrix} 12 & 11 & 12 \\ 9 & 10 & 15 \end{pmatrix} + \begin{pmatrix} 10 & 9 & 13 \\ 8 & 11 & 14 \end{pmatrix} = \begin{pmatrix} 12+10 & 11+9 & 12+13 \\ 9+8 & 10+11 & 15+14 \end{pmatrix} = \begin{pmatrix} 22 & 20 & 25 \\ 17 & 21 & 29 \end{pmatrix}$$

die Gesamtproduktion in den Jahren 2005 und 2006 bestimmt.
Durch „Subtraktion" der Matrizen

$$A - B = \begin{pmatrix} 12 & 11 & 12 \\ 9 & 10 & 15 \end{pmatrix} - \begin{pmatrix} 10 & 9 & 13 \\ 8 & 11 & 14 \end{pmatrix} = \begin{pmatrix} 12-10 & 11-9 & 12-13 \\ 9-8 & 10-11 & 15-14 \end{pmatrix} = \begin{pmatrix} 2 & 2 & -1 \\ 1 & -1 & 1 \end{pmatrix}$$

erhält man als Ergebnis, wie viel der Erzeugnisse 1 und 2 in den einzelnen Werken 2005 mehr (+) oder weniger (−) produziert wurden als 2006.

Zwei Matrizen A und B mit gleicher Zeilen- und Spaltenzahl werden addiert, indem man die einander entsprechenden Elemente addiert.

Für die Matrizenaddition gilt: A + B = B + A.

Entsprechende Elemente sind die Elemente an der jeweils gleichen Position innerhalb der Matrix.

Man muss Matrizen manchmal auch mit einer Zahl multiplizieren:
Drei Molkereien 1 bis 3 werden täglich von 4 Milchfahrzeugen I bis IV angefahren, die dort ihre Milch in hl (1 hl = 100 Liter) abliefern. Die zugehörige Matrix

$A = \begin{pmatrix} 120 & 80 & 110 & 80 \\ 130 & 100 & 70 & 50 \\ 90 & 120 & 90 & 100 \end{pmatrix}$ gibt die abgelieferten Milchmengen an. Um die in einer Woche von sieben Tagen bezogene Milchmenge zu berechnen, ist jedes Element der Matrix A mit 7 zu multiplizieren, d.h.

$$7 \cdot A = 7 \cdot \begin{pmatrix} 120 & 80 & 110 & 80 \\ 130 & 100 & 70 & 50 \\ 90 & 120 & 90 & 100 \end{pmatrix} = \begin{pmatrix} 7\cdot 120 & 7\cdot 80 & 7\cdot 110 & 7\cdot 80 \\ 7\cdot 130 & 7\cdot 100 & 7\cdot 70 & 7\cdot 50 \\ 7\cdot 90 & 7\cdot 120 & 7\cdot 90 & 7\cdot 100 \end{pmatrix} = \begin{pmatrix} 840 & 560 & 770 & 560 \\ 910 & 700 & 490 & 350 \\ 630 & 840 & 630 & 700 \end{pmatrix}.$$

Man vereinbart deshalb:

Multipliziert man eine Matrix A mit einer reellen Zahl, so ist jedes Element der Matrix A mit dieser Zahl zu multiplizieren. Man spricht von **S-Multiplikation**.

Dabei wird $(-1)\cdot A$ auch als $-A$ bezeichnet. Die Elemente von $-A$ haben damit das entgegengesetzte Vorzeichen der Elemente von A.

S-Multiplikation oder Skalarmultiplikation bedeutet: mit einem Skalar = Zahl multiplizieren.

Beispiel Matrizenaddition

Gegeben sind die beiden Matrizen A und B. Bilden Sie A − 4·B ohne und mit GTR.

$$A = \begin{pmatrix} -2 & 6 & 9 \\ 1 & 7 & 8 \\ 5 & 0 & 7 \\ -1 & 8 & 1 \end{pmatrix};\quad B = \begin{pmatrix} 4 & 7 & 1 \\ 8 & 1 & -9 \\ 6 & 0 & 2 \\ 2 & 3 & 4 \end{pmatrix}$$

Lösung:

Ohne GTR:

$$A - 4\cdot B = \begin{pmatrix} -2 & 6 & 9 \\ 1 & 7 & 8 \\ 5 & 0 & 7 \\ -1 & 8 & 1 \end{pmatrix} - \begin{pmatrix} 16 & 28 & 4 \\ 32 & 4 & -36 \\ 24 & 0 & 8 \\ 8 & 12 & 16 \end{pmatrix} = \begin{pmatrix} -2-16 & 6-28 & 9-4 \\ 1-32 & 7-4 & 8-(-36) \\ 5-24 & 0-0 & 7-8 \\ -1-8 & 8-12 & 1-16 \end{pmatrix} = \begin{pmatrix} -18 & -22 & 5 \\ -31 & 3 & 44 \\ -19 & 0 & -1 \\ -9 & -4 & -15 \end{pmatrix}$$

Mit GTR:

Mit [MATRX] und EDIT gibt man nach Eingabe der Zeilenzahl 4 und der Spaltenzahl 3 die Koeffizienten von A ein. In gleicher Weise gibt man die Matrix B ein. Man geht in den Hauptbildschirm mit [QUIT], geht auf [MATRX], NAMES und bestätigt 1:[A] 4×3 (Fig. 1). Man tippt dann normal die Rechenoperation ein und dahinter schreibt man die Matrix B (Fig. 2).

Nach Bestätigung mit [ENTER] erscheint das Ergebnis (Fig. 3)

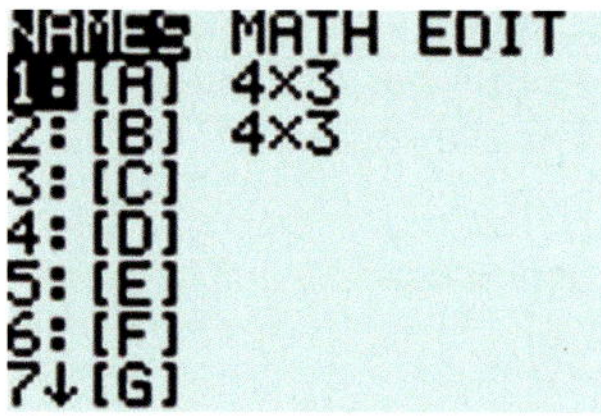

Fig. 1

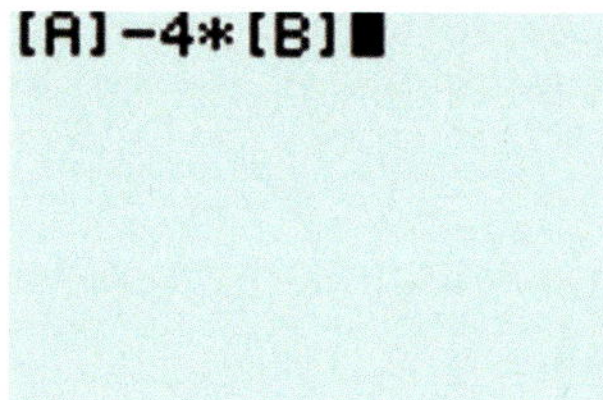

Fig. 2

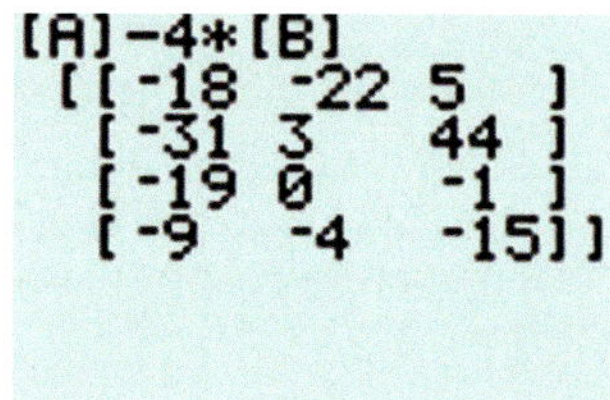

Fig. 3

Aufgaben

Auch hier gilt: Punktrechnung vor Strichrechnung!

2 Gegeben sind die Matrizen

$$A = \begin{pmatrix} 7 & 6 & 5 & 4 \\ -4 & 5 & 3 & 1 \\ 10 & 3 & 8 & 9 \end{pmatrix},\quad B = \begin{pmatrix} -7 & 0 & 0 & 4 \\ 3 & 6 & -6 & 0 \\ 5 & 1 & 7 & -5 \end{pmatrix} \text{ und } C = \begin{pmatrix} 2 & 9 & 7 & 1 \\ 0 & 6 & 0 & 5 \end{pmatrix}$$

Berechnen Sie (wenn möglich) und kontrollieren Sie das Ergebnis mit dem GTR.

a) A + B b) A + B + C c) B + 3·A d) A − 2·A e) (−2)·C

3 Gegeben sind Spaltenvektoren $\vec{a} = \begin{pmatrix} 1 \\ 2 \\ -3 \end{pmatrix}$, $\vec{b} = \begin{pmatrix} -2 \\ 3 \\ 1 \end{pmatrix}$ und $\vec{c} = \begin{pmatrix} 0 \\ 1 \\ 4 \end{pmatrix}$. Berechnen Sie:

a) $2\cdot\vec{a} + 2\cdot\vec{b}$ und $2\cdot(\vec{a} + \vec{b})$

b) $\frac{1}{2}\cdot\vec{b} + \frac{3}{2}\cdot\vec{b}$ und $2\cdot\vec{b}$

c) $\vec{a} + \vec{b} + \vec{c}$ und $\vec{c} + \vec{a} + \vec{b}$

d) $2\cdot\vec{a} - \vec{b} - 3\cdot\vec{a} + 4\cdot\vec{b}$ und $-\vec{a} + 3\cdot\vec{b}$.

Was erkennen Sie daraus?

4 Gegeben sind die Produktionszahlen zweier Firmen in drei aufeinander folgenden Monaten:

März:

Firma	Produkt			
	P1	P2	P3	P4
1	304	207	408	505
2	630	412	508	660

April:

Firma	Produkt			
	P1	P2	P3	P4
1	444	287	438	495
2	655	408	508	695

Mai:

Firma	Produkt			
	P1	P2	P3	P4
1	454	329	469	595
2	730	480	508	660

a) Schreiben Sie als Matrix. Bestimmen Sie die Produktionszahlen von März bis Mai.

b) Die Produktionszahlen sollen im Juni gegenüber Mai um 5 % je Produkt steigen. Wie hoch sind dann die neuen Zahlen?

5 Multiplikation von Matrizen

1 In einem Laden stehen nebeneinander die Geräte von Fig. 1. Darunter ist der Einzelpreis zu jedem Gerät notiert.
Berechnen Sie den auf dem Regal befindlichen Gesamtwert der Waren.

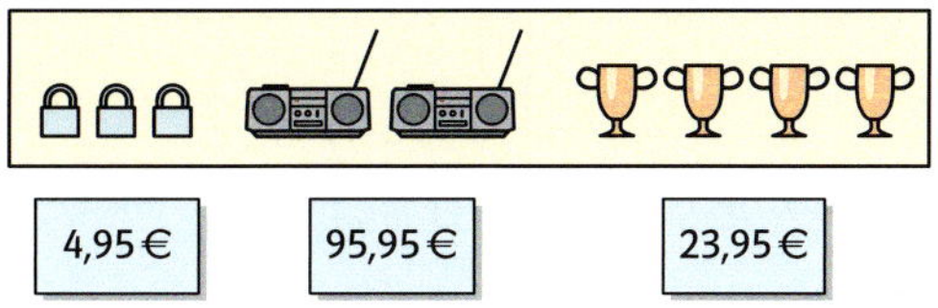

Fig. 1

Besondere Bedeutung hat die Multiplikation von Matrizen. Eine $m \times n$-Matrix wurde in Lerneinheit 3 bereits mit einer $m \times 1$-Matrix „multipliziert". Es wird das Multiplizieren an einem einfachen Beispiel plausibel gemacht.

Es ist:
$$\begin{pmatrix} 2 & 3 \\ 1 & 4 \\ 5 & 6 \end{pmatrix} \cdot \begin{pmatrix} x_1 \\ x_2 \end{pmatrix} = \begin{pmatrix} 2 \cdot x_1 + 3 \cdot x_2 \\ 1 \cdot x_1 + 4 \cdot x_2 \\ 6 \cdot x_1 + 6 \cdot x_2 \end{pmatrix}$$

Um ein Gerät vom Typ E_1 herzustellen, sind zwei Teile von Z_1 und drei Teile von Z_2 nötig. Für ein alternatives Gerät vom Typ E_2 sind vier Teile von Z_1 und fünf von Z_2 erforderlich.
Will man also 10 Geräte des Typs E_1 herstellen und 20 Geräte des Typs E_2, so benötigt man
$z_1 = 2 \cdot 10 + 4 \cdot 20$ Teile von Z_1 und
$z_2 = 3 \cdot 10 + 5 \cdot 20$ Teile von Z_2.
In Matrixschreibweise: $\begin{pmatrix} z_1 \\ z_2 \end{pmatrix} = \begin{pmatrix} 2 & 4 \\ 3 & 5 \end{pmatrix} \cdot \begin{pmatrix} 10 \\ 20 \end{pmatrix}$.

Nun sind wiederum für die Herstellung von Z_1 fünf Bauteile R_1, drei Bauteile von R_2 und vier Bauteile R_3 nötig. Für Z_2 lauten die entsprechenden Zahlen 3 R_1, 4 R_2 und 7 R_3.
Braucht man also z_1 Stück von Z_1 und z_2 Stück von Z_2, so werden an den Ausgangsbauteilen R_1 bis R_3 gebraucht:

$r_1 = 5 z_1 + 3 z_2$ Teile von R_1,
$r_2 = 3 z_1 + 4 z_2$ Teile von R_2 und
$r_3 = 4 z_1 + 7 z_2$ Teile von R_3.
In Matrixschreibweise: $\begin{pmatrix} r_1 \\ r_2 \\ r_3 \end{pmatrix} = \begin{pmatrix} 5 & 3 \\ 3 & 4 \\ 4 & 7 \end{pmatrix} \cdot \begin{pmatrix} z_1 \\ z_2 \end{pmatrix}$.

Rechenschema nach Falk:

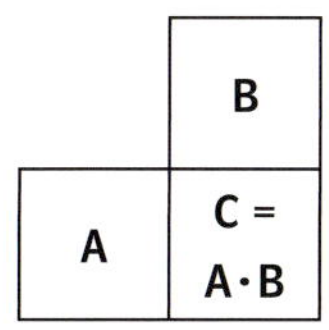

Damit kann man nun ausrechnen, wie viele Bauteile des Typs R für die Erstellung von 10 Geräten des Typs E_1 und 20 Geräten des Typs E_2 nötig sind. Man ersetzt dazu die blau geschriebenen Werte durch die obigen berechneten Zahlen:

$r_1 = 5 \cdot (2 \cdot 10 + 4 \cdot 20) + 3 \cdot (3 \cdot 10 + 5 \cdot 20) = (5 \cdot 2 + 3 \cdot 3) \cdot 10 + (5 \cdot 4 + 3 \cdot 5) \cdot 20$ Teile von R_1,
$r_2 = 3 \cdot (2 \cdot 10 + 4 \cdot 20) + 4 \cdot (3 \cdot 10 + 5 \cdot 20) = (3 \cdot 2 + 4 \cdot 3) \cdot 10 + (3 \cdot 4 + 4 \cdot 5) \cdot 20$ Teile von R_2 und
$r_3 = 4 \cdot (2 \cdot 10 + 4 \cdot 20) + 7 \cdot (3 \cdot 10 + 5 \cdot 20) = (4 \cdot 2 + 7 \cdot 3) \cdot 10 + (4 \cdot 4 + 7 \cdot 5) \cdot 20$ Teile von R_3.

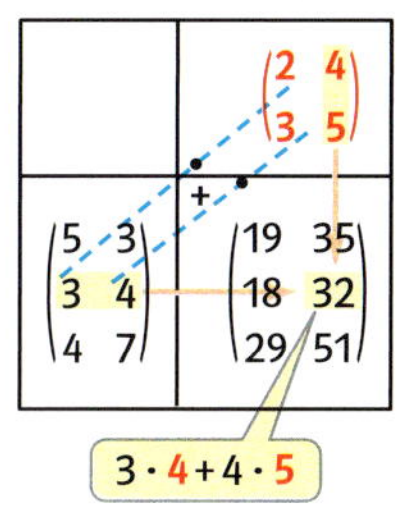

In Matrixschreibweise: $\begin{pmatrix} r_1 \\ r_2 \\ r_3 \end{pmatrix} = \begin{pmatrix} 5 & 3 \\ 3 & 4 \\ 4 & 7 \end{pmatrix} \cdot \begin{pmatrix} 2 & 4 \\ 3 & 5 \end{pmatrix} \cdot \begin{pmatrix} 10 \\ 20 \end{pmatrix} = \begin{pmatrix} 5 \cdot 2 + 3 \cdot 3 & 5 \cdot 4 + 3 \cdot 5 \\ 3 \cdot 2 + 4 \cdot 3 & 3 \cdot 4 + 4 \cdot 5 \\ 4 \cdot 2 + 7 \cdot 3 & 4 \cdot 4 + 7 \cdot 5 \end{pmatrix} \cdot \begin{pmatrix} 10 \\ 20 \end{pmatrix} = \begin{pmatrix} 19 & 35 \\ 18 & 32 \\ 29 & 51 \end{pmatrix} \cdot \begin{pmatrix} 10 \\ 20 \end{pmatrix}$

Man erkennt, wie die „Multiplikation" zweier Matrizen A und B erfolgt:

> Man kann eine **$m \times n$-Matrix A** mit einer **$n \times k$-Matrix B multiplizieren**, indem man jede Zeile von A, z. B. $(a_1 \;\; a_2 \;\; a_3)$ mit jeder Spalte von B, z. B. $\begin{pmatrix} b_1 \\ b_2 \\ b_3 \end{pmatrix}$ wie folgt „multipliziert":
> $a_1 \cdot b_1 + a_2 \cdot b_2 + a_3 \cdot b_3$. Ist z. B. $(a_1 \;\; a_2 \;\; a_3)$ der 2. Zeilenvektor von A und $\begin{pmatrix} b_1 \\ b_2 \\ b_3 \end{pmatrix}$ der 3. Spaltenvektor von B, so ist $a_1 \cdot b_1 + a_2 \cdot b_2 + a_3 \cdot b_3$ das Element c_{23} der Produktmatrix $A \cdot B$.

Man kann kurz sagen:
Hat die Matrix A genau so viele Spalten wie B Zeilen hat, so kann man das Produkt $A \cdot B$ bilden.

Für die Multiplikation von Matrizen gilt nicht $A \cdot B = B \cdot A$, nicht einmal bei $n \times n$-Matrizen, wie folgendes Beispiel zeigt:

Beispiel 1 Vertauschen der Matrizen bei der Multiplikation

Es ist $A = \begin{pmatrix} 2 & 3 \\ 0 & 4 \end{pmatrix}$ und $B = \begin{pmatrix} -1 & 1 \\ 2 & 3 \end{pmatrix}$. Zeigen Sie $A \cdot B \neq B \cdot A$.

Lösung:

$$A \cdot B = \begin{pmatrix} 2 & 3 \\ 0 & 4 \end{pmatrix} \cdot \begin{pmatrix} -1 & 1 \\ 2 & 3 \end{pmatrix} = \begin{pmatrix} 2\cdot(-1)+3\cdot 2 & 2\cdot 1+3\cdot 3 \\ 0\cdot(-1)+4\cdot 2 & 0\cdot 1+4\cdot 3 \end{pmatrix} = \begin{pmatrix} 4 & 11 \\ 8 & 12 \end{pmatrix} \text{ und}$$

$$B \cdot A = \begin{pmatrix} -1 & 1 \\ 2 & 3 \end{pmatrix} \cdot \begin{pmatrix} 2 & 3 \\ 0 & 4 \end{pmatrix} = \begin{pmatrix} -1\cdot 2+1\cdot 0 & -1\cdot 3+1\cdot 4 \\ 2\cdot 2+3\cdot 0 & 2\cdot 3+3\cdot 4 \end{pmatrix} = \begin{pmatrix} -2 & 1 \\ 4 & 18 \end{pmatrix}; \text{ also gilt } A \cdot B \neq B \cdot A.$$

Beispiel 2 Addition und Multiplikation von Matrizen ohne und mit GTR

Es ist $A = \begin{pmatrix} 1 & 0 \\ 3 & 2 \end{pmatrix}$, $B = \begin{pmatrix} 3 & 0 & 2 \\ 0 & 1 & 4 \end{pmatrix}$ und $C = \begin{pmatrix} 1 & 3 & 4 \\ 1 & 0 & 3 \end{pmatrix}$.

Berechnen Sie $A \cdot (B + C)$ ohne GTR und $A \cdot B + A \cdot C$ mit dem GTR.

Lösung:

Es gilt allgemein: $A \cdot (B + C) = A \cdot B + A \cdot C$

$$A \cdot (B + C) = \begin{pmatrix} 1 & 0 \\ 3 & 2 \end{pmatrix} \cdot \left[\begin{pmatrix} 3 & 0 & 2 \\ 0 & 1 & 4 \end{pmatrix} + \begin{pmatrix} 1 & 3 & 4 \\ 1 & 0 & 3 \end{pmatrix}\right] = \begin{pmatrix} 1 & 0 \\ 3 & 2 \end{pmatrix} \cdot \begin{pmatrix} 4 & 3 & 6 \\ 1 & 1 & 7 \end{pmatrix} = \begin{pmatrix} 4 & 3 & 6 \\ 14 & 11 & 32 \end{pmatrix}.$$

$A \cdot B + A \cdot C$ mit GTR: Man gibt zunächst die Matrizen A, B und C ein, tippt dann über Matrix NAMES die Matrizen und die Rechenoperationen ein und erhält das gleiche Ergebnis wie oben.

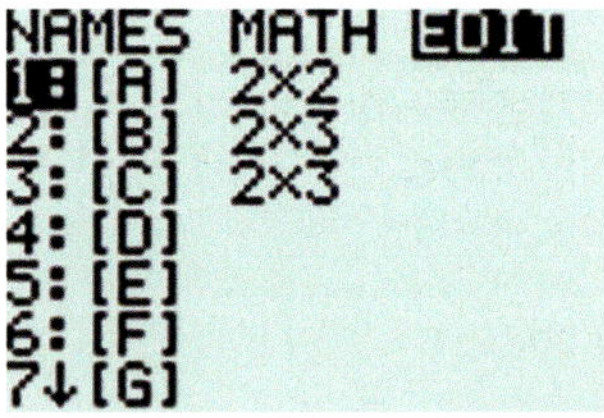

Fig. 1

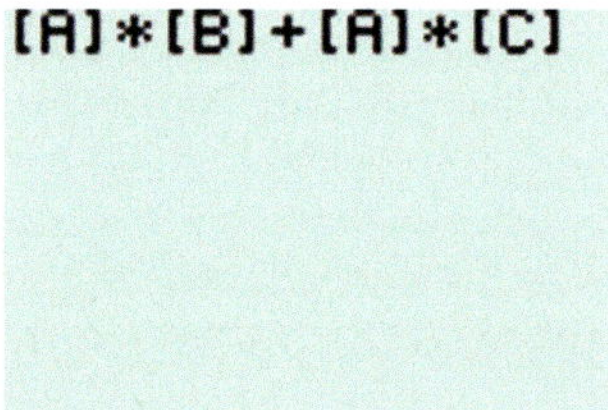

Fig. 2

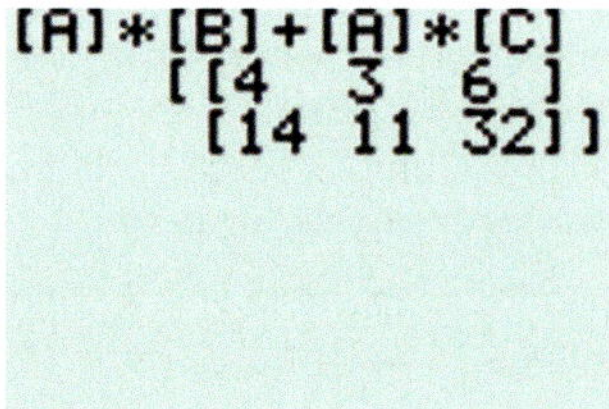

Fig. 3

Aufgaben

2 Berechnen Sie $A \cdot B$ und $B \cdot A$, sofern dies möglich ist.

Man sollte erst ohne GTR arbeiten und das Ergebnis anschließend mit dem GTR überprüfen.

a) $A = \begin{pmatrix} 3 & 1 & 3 \\ 4 & 4 & 0 \end{pmatrix}$, $B = \begin{pmatrix} 0 & 2 \\ 3 & 1 \end{pmatrix}$

b) $A = \begin{pmatrix} 2 & 1 \\ -1 & 3 \\ 3 & 2 \\ 1 & 4 \end{pmatrix}$, $B = \begin{pmatrix} 1 & 3 & 4 & 1 \\ -3 & 2 & 1 & 5 \end{pmatrix}$

c) $A = \begin{pmatrix} 2 & 1 & -1 \\ -1 & 3 & 1 \\ -2 & 1 & 1 \end{pmatrix}$, $B = \begin{pmatrix} 1 & 4 & 0 \\ 0 & 0 & 5 \end{pmatrix}$

d) $A = (1 \;\; 2 \;\; 4 \;\; -3)$, $B = \begin{pmatrix} 1 & 2 & 3 & 4 \\ 2 & 1 & 4 & 3 \\ 3 & 2 & 4 & 1 \\ 4 & 3 & 2 & 1 \end{pmatrix}$

3 Gegeben sind die Matrizen A, B und C mit $A = \begin{pmatrix} 10 & 5 & 0 \\ 6 & 17 & 19 \end{pmatrix}$, $B = \begin{pmatrix} -10 & 0 \\ 5 & 15 \\ 0 & 10 \end{pmatrix}$, $C = \begin{pmatrix} 2 & 4 \\ 5 & 1 \end{pmatrix}$

a) Berechnen Sie die Matrix $A \cdot B$ und multiplizieren Sie das Ergebnis von rechts mit C, also $(A \; B) \cdot C$.

b) Berechnen Sie die Matrix $B \cdot C$ und multiplizieren Sie das Ergebnis von links mit A. Vergleichen Sie mit dem Ergebnis von Aufgabenteil a).

A^T heißt **transponierte Matrix**.

c) Es sei A^T die Matrix, die aus A durch Vertauschung der Zeilen und Spalten entsteht. Berechnen Sie $A^T + B$ und $(A^T + B) \cdot C$.

d) Berechnen Sie $(2 \cdot A) \cdot (3 \cdot B)$ und $6 \cdot (A \cdot B)$.

6 Quadratische und inverse Matrizen

1 Gegeben sind die Matrizen A und D.

a) Berechnen Sie $A \cdot D$ und $D \cdot A$ und vergleichen Sie.

b) Geben Sie eine Matrix an mit $A \cdot E = A$.

$$A = \begin{pmatrix} 1 & 10 & 5 \\ -5 & 2 & 4 \\ 5 & 1 & 1 \end{pmatrix};\quad D = \begin{pmatrix} d & 0 & 0 \\ 0 & d & 0 \\ 0 & 0 & d \end{pmatrix}$$

Quadratische Matrizen sind Matrizen mit gleicher Zeilen- und Spaltenzahl. Mit diesen kann man teilweise rechnen wie mit Zahlen. Bei den folgenden Ausführungen werden nur 2×2-Matrizen und 3×3-Matrizen herangezogen. Die Ergebnisse gelten aber auch für $n \times n$-Matrizen.

Eine wichtige Rolle spielt die Einheitsmatrix $E = \begin{pmatrix} 1 & 0 & 0 \\ 0 & 1 & 0 \\ 0 & 0 & 1 \end{pmatrix}$. Nimmt man irgend eine 3×3-Matrix A, so gilt stets $A \cdot E = E \cdot A = A$. Die Einheitsmatrix E übernimmt somit die Rolle, welche die 1 beim Rechnen mit Zahlen spielt: $a \cdot 1 = 1 \cdot a = a$.

$$\begin{pmatrix} 1 & 0 \\ 0 & 1 \end{pmatrix} \cdot \begin{pmatrix} a & b \\ c & d \end{pmatrix} = \begin{pmatrix} 1 \cdot a + 0 \cdot c & 1 \cdot b + 0 \cdot d \\ 0 \cdot a + 1 \cdot c & 0 \cdot b + 1 \cdot d \end{pmatrix} = \begin{pmatrix} a & b \\ c & d \end{pmatrix}$$

Für die Einheitsmatrix $E = \begin{pmatrix} 1 & 0 & \dots & 0 \\ 0 & 1 & \dots & 0 \\ \vdots & \vdots & \vdots & \vdots \\ 0 & 0 & \dots & 1 \end{pmatrix}$ gilt $A \cdot E = E \cdot A = A$ für alle $n \times n$-Matrizen.

Sehr große praktische Bedeutung hat die Frage, ob es zu einer quadratischen Matrix A eine Matrix X gibt, so dass $A \cdot X = E$ ist. Dies soll zunächst an einem Beispiel untersucht werden.

Ist $A = \begin{pmatrix} 2 & 1 \\ 4 & 3 \end{pmatrix}$ gegeben, so kann man die Matrix $X = \begin{pmatrix} x_1 & y_1 \\ x_2 & y_2 \end{pmatrix}$ berechnen:

$$\begin{pmatrix} 2 & 1 \\ 4 & 3 \end{pmatrix} \cdot \begin{pmatrix} x_1 & y_1 \\ x_2 & y_2 \end{pmatrix} = \begin{pmatrix} 1 & 0 \\ 0 & 1 \end{pmatrix} \quad \text{oder} \quad \begin{pmatrix} 2x_1 + x_2 & 2y_1 + y_2 \\ 4x_1 + 3x_2 & 4y_1 + 3y_2 \end{pmatrix} = \begin{pmatrix} 1 & 0 \\ 0 & 1 \end{pmatrix}.$$

Man erhält zwei Gleichungssysteme:

$$\begin{aligned} 2x_1 + x_2 &= 1 \\ 4x_1 + 3x_2 &= 0 \end{aligned} \qquad \begin{aligned} 2y_1 + y_2 &= 0 \\ 4y_1 + 3y_2 &= 1 \end{aligned}$$

mit den Lösungen $x_1 = 1{,}5$; $x_2 = -2$ und $y_1 = -0{,}5$; $y_2 = 1$. Damit ist $X = \begin{pmatrix} 1{,}5 & -0{,}5 \\ -2 & 1 \end{pmatrix}$.

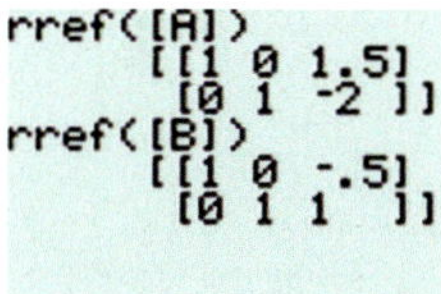

Kontrolle: $A \cdot X = \begin{pmatrix} 2 & 1 \\ 4 & 3 \end{pmatrix} \cdot \begin{pmatrix} 1{,}5 & -0{,}5 \\ -2 & 1 \end{pmatrix} = \begin{pmatrix} 3-2 & -1+1 \\ 6-6 & -2+3 \end{pmatrix} = \begin{pmatrix} 1 & 0 \\ 0 & 1 \end{pmatrix} = E$.

Nicht immer gibt es eine derartige Matrix X, da ein Gleichungssytem wie oben keine, eine oder unendlich viele Lösungen haben kann. Hat es jedoch genau eine Lösung, so gibt es eine solche Matrix X.

Obwohl die Multiplikation von Matrizen nicht vertauschbar ist, gilt hier auch $X \cdot A = E$:

$$\begin{pmatrix} 1{,}5 & -0{,}5 \\ -2 & 1 \end{pmatrix} \cdot \begin{pmatrix} 2 & 1 \\ 4 & 3 \end{pmatrix} = \begin{pmatrix} 3-2 & 1{,}5-1{,}5 \\ -4+4 & -2+3 \end{pmatrix} = \begin{pmatrix} 1 & 0 \\ 0 & 1 \end{pmatrix}.$$

Gibt es zu einer Matrix A eine Matrix X mit $A \cdot X = E$, so heißt X **inverse Matrix zu A**, geschrieben $\mathbf{A^{-1}}$.
Für die inverse Matrix A^{-1} einer Matrix A gilt: $A \cdot A^{-1} = A^{-1} \cdot A = E$.
Die Multiplikation von Matrizen ist nicht kommutativ, d.h. im allgemeinen gilt $A \cdot B \neq B \cdot A$.

Die inverse Matrix A^{-1} kann man im Bereich der Zahlen mit $\frac{1}{a}$ vergleichen, da $a \cdot x = 1$ durch $x = \frac{1}{a}$ gelöst wird.

Das „Invertieren“ von Matrizen, also die Berechnung von A^{-1} von einer Matrix A kann durch Zeilenumformungen der bekannten Art erfolgen. Das Vorgehen wird an einem Beispiel demonstriert:

Es soll die inverse Matrix zu $A = \begin{pmatrix} 1 & 1 & 3 \\ 2 & 1 & -3 \\ 2 & 2 & 1 \end{pmatrix}$ bestimmt werden.

Man bildet eine Matrix, die aus Matrix A und der Einheitsmatrix zusammengesetzt ist und formt diese so lange um, bis Matrix A zur Einheitsmatix geworden ist:

$$\left(\begin{array}{ccc|ccc} 1 & 1 & 3 & 1 & 0 & 0 \\ 2 & 1 & -3 & 0 & 1 & 0 \\ 2 & 2 & 1 & 0 & 0 & 1 \end{array}\right) \begin{array}{l} \\ Z2 - 2 \cdot Z1 \\ Z3 - 2 \cdot Z1 \end{array} \Rightarrow \left(\begin{array}{ccc|ccc} 1 & 1 & 3 & 1 & 0 & 0 \\ 0 & -1 & -9 & -2 & 1 & 0 \\ 0 & 0 & -5 & -2 & 0 & 1 \end{array}\right) \begin{array}{l} Z1 + Z2 \\ \\ Z3:(-5) \end{array} \Rightarrow$$

$$\left(\begin{array}{ccc|ccc} 1 & 0 & -6 & -1 & 1 & 0 \\ 0 & -1 & -9 & -2 & 1 & 0 \\ 0 & 0 & 1 & 0{,}4 & 0 & -0{,}2 \end{array}\right) \begin{array}{l} Z1 + 6 \cdot Z3 \\ (-1) \cdot Z2 \\ \\ \end{array} \Rightarrow \left(\begin{array}{ccc|ccc} 1 & 0 & 0 & 1{,}4 & 1 & -1{,}2 \\ 0 & 1 & 9 & 2 & -1 & 0 \\ 0 & 0 & 1 & 0{,}4 & 0 & -0{,}2 \end{array}\right) \begin{array}{l} \\ Z2 - 9 \cdot Z3 \\ \\ \end{array} \Rightarrow$$

$$\left(\begin{array}{ccc|ccc} 1 & 0 & 0 & 1{,}4 & 1 & -1{,}2 \\ 0 & 1 & 0 & -1{,}6 & -1 & 1{,}8 \\ 0 & 0 & 1 & 0{,}4 & 0 & -0{,}2 \end{array}\right)$$

Kontrolle:

$$\begin{pmatrix} 1{,}4 & 1 & -1{,}2 \\ -1{,}6 & -1 & 1{,}8 \\ 0{,}4 & 0 & -0{,}2 \end{pmatrix} \cdot \begin{pmatrix} 1 & 1 & 3 \\ 2 & 1 & -3 \\ 2 & 2 & 1 \end{pmatrix} = \begin{pmatrix} 1 & 0 & 0 \\ 0 & 1 & 0 \\ 0 & 0 & 1 \end{pmatrix}$$

Die Matrix $\begin{pmatrix} 1{,}4 & 1 & -1{,}2 \\ -1{,}6 & -1 & 1{,}8 \\ 0{,}4 & 0 & -0{,}2 \end{pmatrix}$ ist dann die inverse Matrix zu A, also $A^{-1} = \begin{pmatrix} 1{,}4 & 1 & -1{,}2 \\ -1{,}6 & -1 & 1{,}8 \\ 0{,}4 & 0 & -0{,}2 \end{pmatrix}$.

Beispiel Inverse Matrix mit dem GTR

Bestimmen Sie die inverse Matrix zu A mit $A = \begin{pmatrix} 1 & 2 & 4 \\ 2 & 1 & -4 \\ 5 & 5 & 1 \end{pmatrix}$.

Lösung:

Man gibt die Matrix ein, geht in den Hauptbildschirm und gibt hinter A mit der Taste $\boxed{x^{-1}}$ ein (Fig. 1). Das Ergebnis ist die inverse Matrix. Holt man im MATH-Fenster FRAC, so erhält man die Bruchdarstellung (Fig. 2).

Es besteht auch die Möglichkeit, wie oben auf die Matrix $\begin{pmatrix} 1 & 1 & 3 & 1 & 0 & 0 \\ 2 & 1 & -3 & 0 & 1 & 0 \\ 2 & 2 & 1 & 0 & 0 & 1 \end{pmatrix}$ den Befehl rref anzuwenden.

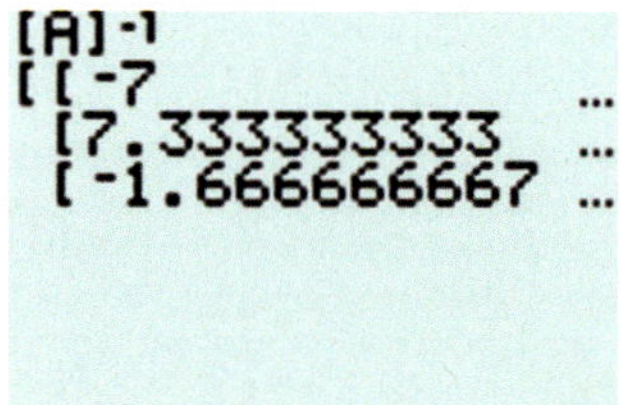

Fig. 1

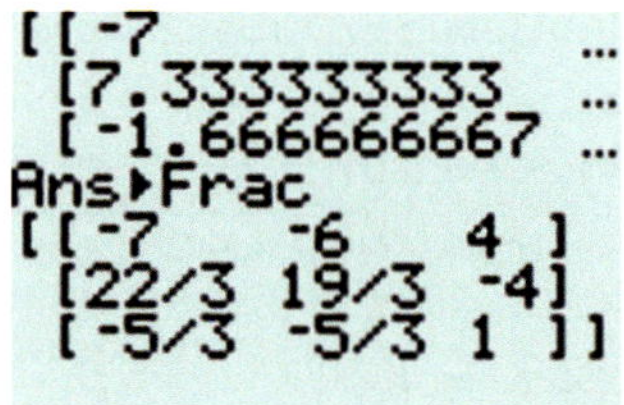

Fig. 2

Aufgaben

2 Berechnen Sie von Hand die inverse Matrix zu A und kontrollieren Sie mit dem GTR.

a) $A = \begin{pmatrix} 1 & 3 \\ 2 & 2 \end{pmatrix}$ b) $A = \begin{pmatrix} 3 & -4 \\ 5 & 10 \end{pmatrix}$ c) $A = \begin{pmatrix} -1 & 2 & 5 \\ 1 & 1 & 3 \\ 0 & 1 & 4 \end{pmatrix}$ d) $A = \begin{pmatrix} 1 & 2 & 3 \\ 2 & 1 & -3 \\ 5 & 4 & 3 \end{pmatrix}$

Diese Anwort erscheint am GTR, wenn es keine inverse Matrix gibt:

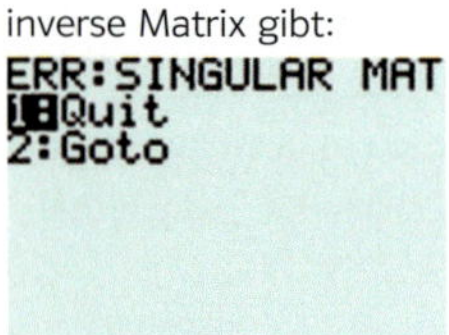

3 Bestimmen Sie mit dem GTR die inverse Matrix A^{-1} zu A in Bruchschreibweise.

a) $A = \begin{pmatrix} 9 & 6 \\ 3 & 11 \end{pmatrix}$ b) $A = \begin{pmatrix} -1 & 2 & -3 \\ 2 & 3 & 1 \\ -3 & 1 & -2 \end{pmatrix}$ c) $A = \begin{pmatrix} 5 & 6 & 7 \\ 3 & 4 & 5 \\ 1 & 2 & 3 \end{pmatrix}$ d) $A = \begin{pmatrix} 1 & 3 & 5 & 7 \\ -2 & -1 & 0 & 1 \\ 5 & 6 & 7 & 0 \\ 0 & 6 & 4 & 2 \end{pmatrix}$

7 Rechnen mit quadratischen Matrizen

1 Gegeben sind die quadratischen Matrizen $A = \begin{pmatrix} -2 & 1 \\ 1 & 2 \end{pmatrix}$, $B = \begin{pmatrix} 3 & 2 \\ 1 & 0 \end{pmatrix}$ und $E = \begin{pmatrix} 1 & 0 \\ 0 & 1 \end{pmatrix}$.
a) Berechnen Sie $A + A \cdot B$
b) Zeigen Sie, dass $A \cdot (E + B)$ mit dem Ergebnis von a) identisch ist.

Mit quadratischen Matrizen kann man fast wie mit Zahlen rechnen. Dabei entspricht die 0 der Nullmatrix O, die als Elemente nur Nullen hat, die 1 der Einheitsmatrix E. Ferner muss man beachten, dass die Multiplikation von Matrizen nicht vertauschbar ist, d.h. $A \cdot B \neq B \cdot A$. Man schreibt $A^2 = A \cdot A$, $A^3 = A \cdot A \cdot A$, usw.

$$O = \begin{pmatrix} 0 & 0 & 0 \\ 0 & 0 & 0 \\ 0 & 0 & 0 \end{pmatrix}$$

Damit gilt z.B.
- $A + O = A$, $A \cdot O = O$ und $A \cdot E = A$, $A + A = 2 \cdot A$
- $(A + E) \cdot B = A \cdot B + E \cdot B = A \cdot B + B$
- $(A + B)^2 = (A+B) \cdot (A+B) = A \cdot A + B \cdot A + A \cdot B + B \cdot B = A^2 + B \cdot A + A \cdot B + B^2$

Beachten Sie, dass $B \cdot A \neq A \cdot B$ ist und deshalb $B \cdot A + A \cdot B$ nicht $2 \cdot A \cdot B$ ist!

Im Folgenden werden einige wichtige Umformungen zusammengestellt, um insbesondere Gleichungen zu lösen.

Allgemein

(1) Auflösen der Matrizengleichung nach X:
$A \cdot X = B$
Vorgehen:
Man multipliziert die Gleichung **von links** mit A^{-1}:
$A^{-1} \cdot A \cdot X = A^{-1} \cdot B$
Da $A^{-1} \cdot A = E$ ist, gilt: $E \cdot X = A^{-1} \cdot B$
und wegen $E \cdot X = X$
$X = A^{-1} \cdot B$

(2) Auflösen der Matrizengleichung nach X:
$A \cdot X = B + X$
Man subtrahiert beidseitig die Matrix X:
$A \cdot X - X = B + X - X$
$A \cdot X - X = B + O$
Da $X = E \cdot X$ und $B + O = B$ ist, gilt:
$A \cdot X - E \cdot X = B$
$(A - E) \cdot X = B$.
Daraus ergibt sich wegen (1) nach Multiplikation **von links** mit $(A - E)^{-1}$:
$X = (A - E)^{-1} \cdot B$

(3) Auflösen der Matrizengleichung nach X:
$X^2 - A \cdot X - X = O$
Ausklammern von X **von rechts**:
$(X - A - E) \cdot X = O \quad | \cdot X^{-1}$
$(X - A - E) \cdot X \cdot X^{-1} = O \cdot X^{-1}$
$(X - A - E) \cdot E = O$
$X - A - E = O \quad | + A + E$
$X = A + E$

Beispiel

$A = \begin{pmatrix} 3 & -1 \\ 2 & 1 \end{pmatrix}$, $B = \begin{pmatrix} -2 & 3 \\ 0 & 4 \end{pmatrix}$, $X = \begin{pmatrix} x_{11} & x_{12} \\ x_{21} & x_{22} \end{pmatrix}$

(1) $\begin{pmatrix} 3 & -1 \\ 2 & 1 \end{pmatrix} \cdot \begin{pmatrix} x_{11} & x_{12} \\ x_{21} & x_{22} \end{pmatrix} = \begin{pmatrix} -2 & 3 \\ 0 & 4 \end{pmatrix}$

Wegen $A^{-1} = \begin{pmatrix} 0{,}2 & 0{,}2 \\ -0{,}4 & 0{,}6 \end{pmatrix}$ ist

$X = \begin{pmatrix} 0{,}2 & 0{,}2 \\ -0{,}4 & 0{,}6 \end{pmatrix} \cdot \begin{pmatrix} -2 & 3 \\ 0 & 4 \end{pmatrix} = \begin{pmatrix} -0{,}4 & 1{,}4 \\ 0{,}8 & 1{,}2 \end{pmatrix}$

Rechnung mit dem GTR:
```
[A]-1
        [[.2   .2]
         [-.4  .6]]
[A]-1*[B]
        [[-.4  1.4]
         [.8   1.2]]
■
```

(2) $\begin{pmatrix} 3 & -1 \\ 2 & 1 \end{pmatrix} \cdot \begin{pmatrix} x_{11} & x_{12} \\ x_{21} & x_{22} \end{pmatrix} = \begin{pmatrix} -2 & 3 \\ 0 & 4 \end{pmatrix} + \begin{pmatrix} x_{11} & x_{12} \\ x_{21} & x_{22} \end{pmatrix}$

$\begin{pmatrix} 3 & -1 \\ 2 & 1 \end{pmatrix} \cdot \begin{pmatrix} x_{11} & x_{12} \\ x_{21} & x_{22} \end{pmatrix} - \begin{pmatrix} x_{11} & x_{12} \\ x_{21} & x_{22} \end{pmatrix} = \begin{pmatrix} -2 & 3 \\ 0 & 4 \end{pmatrix}$

$\begin{pmatrix} 2 & -1 \\ 2 & 0 \end{pmatrix} \cdot \begin{pmatrix} x_{11} & x_{12} \\ x_{21} & x_{22} \end{pmatrix} = \begin{pmatrix} -2 & 3 \\ 0 & 4 \end{pmatrix}$

Mit $(A - E)^{-1} = \begin{pmatrix} 0 & 0{,}5 \\ -1 & 1 \end{pmatrix}$ ist

$X = \begin{pmatrix} 0 & 0{,}5 \\ -1 & 1 \end{pmatrix} \cdot \begin{pmatrix} -2 & 3 \\ 0 & 4 \end{pmatrix} = \begin{pmatrix} 0 & 2 \\ 2 & 1 \end{pmatrix}$

Rechnung mit dem GTR:
```
([A]-[E])-1
        [[0   .5]
         [-1  1 ]]
([A]-[E])-1*[B]
        [[0  2]
         [2  1]]
```

(3)
$\begin{pmatrix} x_{11} & x_{12} \\ x_{21} & x_{22} \end{pmatrix}^2 - \begin{pmatrix} 3 & -1 \\ 2 & 1 \end{pmatrix} \cdot \begin{pmatrix} x_{11} & x_{12} \\ x_{21} & x_{22} \end{pmatrix} - \begin{pmatrix} x_{11} & x_{12} \\ x_{21} & x_{22} \end{pmatrix} = \begin{pmatrix} 0 & 0 \\ 0 & 0 \end{pmatrix}$

$X = \begin{pmatrix} 3 & -1 \\ 2 & 1 \end{pmatrix} + \begin{pmatrix} 1 & 0 \\ 0 & 1 \end{pmatrix} = \begin{pmatrix} 4 & -1 \\ 2 & 2 \end{pmatrix}$

Kontrolle mit dem GTR:
```
[A]+[E]
        [[4  -1]
         [2  2 ]]
Ans²-[A]*Ans-Ans
        [[0  0]
         [0  0]]
```

Beispiel 1 Matrizengleichung lösen ohne und mit GTR

Gegeben sind die Matrizen $A = \begin{pmatrix} 1 & 2 & 3 \\ 0 & 4 & 3 \\ 3 & 3 & 4 \end{pmatrix}$ und $B = \begin{pmatrix} -3 & 0 & -3 \\ 2 & 1 & 1 \\ 1 & 2 & -1 \end{pmatrix}$.

Berechnen Sie die Matrix X aus der Gleichung $X \cdot A - B = 2 \cdot X$.

Lösung:

$X \cdot A - B = 2 \cdot X \qquad | + B$

$X \cdot A - B + B = 2 \cdot X + B$

$X \cdot A + O = 2 \cdot X + B$

$X \cdot A = 2 \cdot X + B \qquad | -2 \cdot X$

$X \cdot A - 2 \cdot X = B$

$X \cdot A - 2 \cdot X \cdot E = B$

$X \cdot (A - 2 \cdot E) = B \qquad | \cdot (A - 2 \cdot E)^{-1}$ von rechts

$X = B \cdot (A - 2 \cdot E)^{-1}$

Dieser erste Teil muss von Hand gerechnet werden. Man kann dies nicht dem GTR überlassen!

(1) Berechnungen ohne GTR

Berechnung von $A - 2 \cdot E$:

$$\begin{pmatrix} 1 & 2 & 3 \\ 0 & 4 & 3 \\ 3 & 3 & 4 \end{pmatrix} - 2 \cdot \begin{pmatrix} 1 & 0 & 0 \\ 0 & 1 & 0 \\ 0 & 0 & 1 \end{pmatrix} = \begin{pmatrix} 1 & 2 & 3 \\ 0 & 4 & 3 \\ 3 & 3 & 4 \end{pmatrix} - \begin{pmatrix} 2 & 0 & 0 \\ 0 & 2 & 0 \\ 0 & 0 & 2 \end{pmatrix} = \begin{pmatrix} 1-2 & 2-0 & 3-0 \\ 0-0 & 4-2 & 3-0 \\ 3-0 & 3-0 & 4-2 \end{pmatrix} = \begin{pmatrix} -1 & 2 & 3 \\ 0 & 2 & 3 \\ 3 & 3 & 2 \end{pmatrix}$$

Berechnung von $(A - 2 \cdot E)^{-1}$:

$$\begin{pmatrix} -1 & 2 & 3 & 1 & 0 & 0 \\ 0 & 2 & 3 & 0 & 1 & 0 \\ 3 & 3 & 2 & 0 & 0 & 1 \end{pmatrix} \begin{matrix} \\ Z2:2 \\ Z3 + 3 \cdot Z1 \end{matrix} \Rightarrow \begin{pmatrix} -1 & 2 & 3 & 1 & 0 & 0 \\ 0 & 1 & 1{,}5 & 0 & 0{,}5 & 0 \\ 0 & 9 & 11 & 3 & 0 & 1 \end{pmatrix} \begin{matrix} Z1 - 2 \cdot Z2 \\ \\ Z3 - 9 \cdot Z2 \end{matrix} \Rightarrow$$

$$\begin{pmatrix} -1 & 0 & 0 & 1 & -1 & 0 \\ 0 & 1 & 1{,}5 & 0 & 0{,}5 & 0 \\ 0 & 0 & -2{,}5 & 3 & -4{,}5 & 1 \end{pmatrix} \begin{matrix} (-1) \cdot Z1 \\ \\ Z3:(-2{,}5) \end{matrix} \Rightarrow \begin{pmatrix} 1 & 0 & 0 & -1 & 1 & 0 \\ 0 & 1 & 1{,}5 & 0 & 0{,}5 & 0 \\ 0 & 0 & 1 & -1{,}2 & 1{,}8 & -0{,}4 \end{pmatrix} \begin{matrix} \\ Z2 - 1{,}5 \cdot Z3 \\ \\ \end{matrix} \Rightarrow$$

$$\begin{pmatrix} 1 & 0 & 0 & -1 & 1 & 0 \\ 0 & 1 & 0 & 1{,}8 & -2{,}2 & 0{,}6 \\ 0 & 0 & 1 & -1{,}2 & 1{,}8 & -0{,}4 \end{pmatrix}.$$ Damit ist $(A - 2 \cdot E)^{-1} = \begin{pmatrix} -1 & 1 & 0 \\ 1{,}8 & -2{,}2 & 0{,}6 \\ -1{,}2 & 1{,}8 & -0{,}4 \end{pmatrix}$. Daraus erhält man:

$$X = \begin{pmatrix} -3 & 0 & -3 \\ 2 & 1 & 1 \\ 1 & 2 & -1 \end{pmatrix} \cdot \begin{pmatrix} -1 & 1 & 0 \\ 1{,}8 & -2{,}2 & 0{,}6 \\ -1{,}2 & 1{,}8 & -0{,}4 \end{pmatrix} = \begin{pmatrix} 3 + 0 + 3{,}6 & -3 + 0 - 5{,}4 & 0 + 0 + 1{,}2 \\ -2 + 1{,}8 - 1{,}2 & 2 - 2{,}2 + 1{,}8 & 0 + 0{,}6 - 0{,}4 \\ -1 + 3{,}6 + 1{,}2 & 1 - 4{,}4 - 1{,}8 & 0 + 1{,}2 + 0{,}4 \end{pmatrix} = \begin{pmatrix} 6{,}6 & -8{,}4 & 1{,}2 \\ -1{,}4 & 1{,}6 & 0{,}2 \\ 3{,}8 & -5{,}2 & 1{,}6 \end{pmatrix}$$

(2) Berechnungen mit GTR

Man kann mit dem GTR nach Eingabe der Matrizen A, E und B das Ergebnis sukzessive berechnen (Fig. 1 bis Fig. 3) oder auch direkt (Fig. 3).

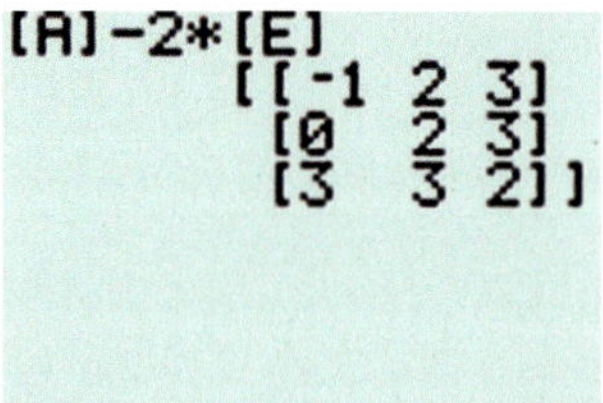

Fig. 1

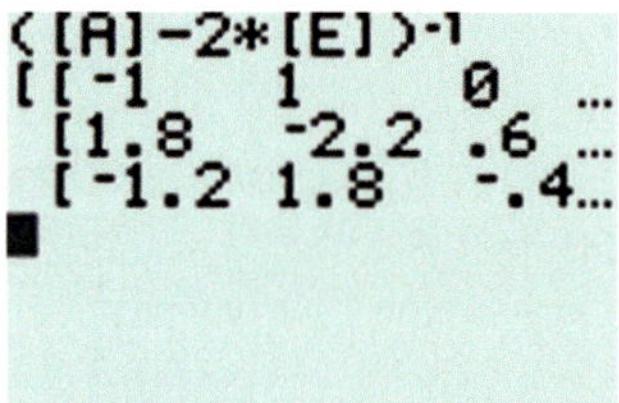

Fig. 2

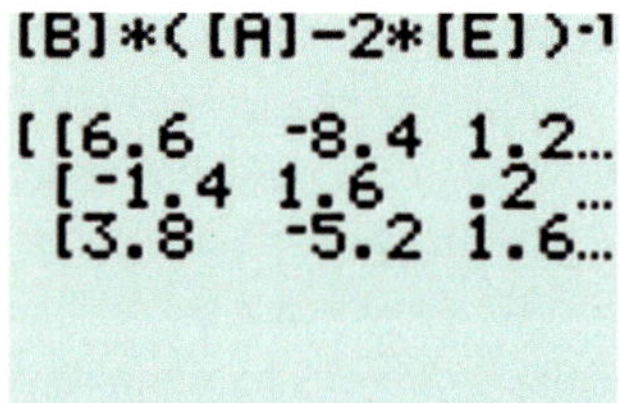

Fig. 3

Beispiel 2 Nicht lösbare Gleichung

Ist die Gleichung $A \cdot X = X \cdot B + E$ durch Umformungen lösbar?

Antwort:

$A \cdot X = X \cdot B + E$ ist gleichwertig mit $A \cdot X - X \cdot B = E$. Da X nicht ausgeklammert werden kann (da $X \cdot B \neq B \cdot X$ ist), ist die Gleichung nicht nach X auflösbar. Sie kann trotzdem eine Lösung haben.

Dies bedeutet nicht, dass es keine Matrix X gibt, die die angebenene Matrizengleichung erfüllt!

Beispiel 3 Lösen eines Gleichungssystems mithilfe der inversen Matrix

Lösen Sie das Gleichungssystem $\begin{aligned} 8x_1 \quad\quad\; - 2x_3 &= 0 \\ -4x_1 + 6x_2 \quad\quad\; &= 1 \\ -3x_2 + 8x_3 &= 2 \end{aligned}$ mithilfe der inversen Matrix der Koeffizientenmatrix.

Lösung:

Das System lautet in Matrixschreibweise: $\begin{pmatrix} 8 & 0 & -2 \\ -4 & 6 & 0 \\ 0 & -3 & 8 \end{pmatrix} \cdot \begin{pmatrix} x_1 \\ x_2 \\ x_3 \end{pmatrix} = \begin{pmatrix} 0 \\ 1 \\ 2 \end{pmatrix}$; in Kurzform $A \cdot \vec{x} = \vec{b}$.

Dann ist $\vec{x} = A^{-1} \cdot \vec{b}$, sofern A^{-1} existiert. Die Lösung mit dem GTR zeigt Fig. 2. Man erhält mithilfe des Befehls FRAC im MATH-Fenster die Bruchdarstellung der Lösung (Fig. 3).

Das Verfahren funktioniert nicht, wenn es zu A keine inverse Matrix gibt. Deshalb ist das früher behandelte Verfahren der Diagonalisierung vorzuziehen!

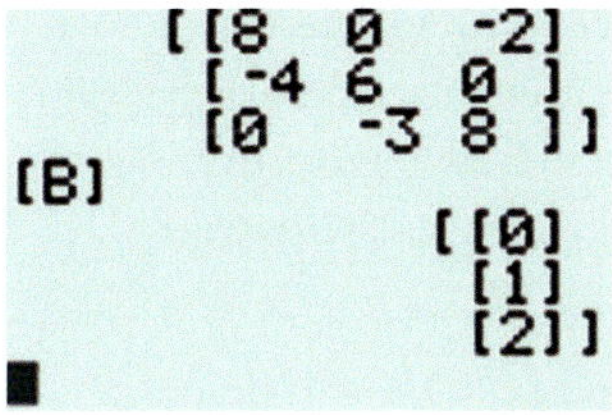

Fig. 1

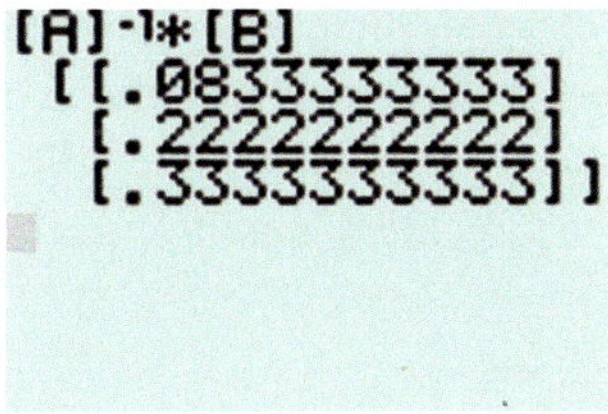

Fig. 2

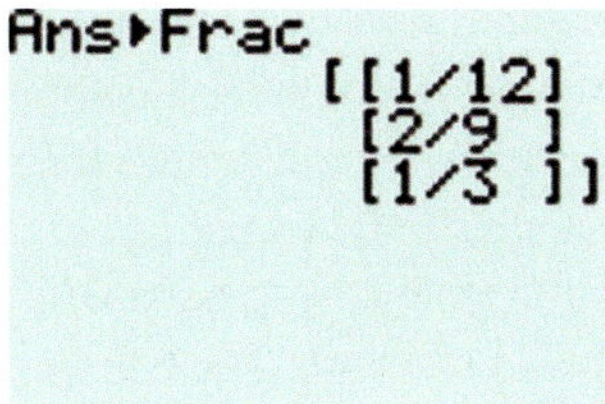

Fig. 3

Aufgaben

2 Gegeben sind die Matrizen $A = \begin{pmatrix} 3 & 4 \\ 5 & 7 \end{pmatrix}$ und $B = \begin{pmatrix} 1 & 3 \\ 2 & 7 \end{pmatrix}$. Berechnen Sie.

a) $2 \cdot A$ b) $A + B$ c) $A \cdot B$ d) A^2 e) $(A + B)^2$
f) $A^{-1} + B^{-1}$ g) $A^{-1} \cdot B^{-1}$ h) $B \cdot A^{-1}$ i) $(B \cdot A)^{-1}$ j) $(A^2)^{-1}$

3 Lösen Sie mit den Matrizen A und B von Aufgabe 2 die Gleichung.

a) $A \cdot X = A$ b) $A + X = B$ c) $X \cdot A = B$ d) $A \cdot X = B$ e) $(A - B) \cdot X = B$

4 Gegeben sind die Matrizen $M = \begin{pmatrix} 0 & 1 & 1 \\ 1 & 0 & 2 \\ 1 & 2 & 3 \end{pmatrix}$ und $N = \begin{pmatrix} 1 & 0 & 2 \\ 2 & 1 & 0 \\ 4 & 0 & 2 \end{pmatrix}$. E sei die Einheitsmatrix.

a) Bestimmen Sie die Matrix X mit $M + X = N + 2 \cdot X$.
b) Berechnen Sie X mit $M \cdot X = N$.
c) Berechnen Sie Y mit $Y \cdot M = N$.
d) Bestimmen Sie eine Matrix X mit $M \cdot X = E$.

5 Lösen Sie mit den Matrizen M und N von Aufgabe 4 die Gleichung.

a) $X \cdot M = 2 \cdot E$ b) $M \cdot X = M^2$
c) $M \cdot X - N = X$ d) $M^2 \cdot X = (E - X^{-1}) \cdot X$

6 Lösen Sie das Gleichungssystem $M \cdot \vec{x} = b$ wenn möglich mit der inversen Matrix.

a) $M = \begin{pmatrix} 0 & 1 & 1 \\ 1 & 0 & 2 \\ 1 & 2 & 3 \end{pmatrix}$, $\vec{b} = \begin{pmatrix} 2 \\ 10 \\ 5 \end{pmatrix}$ b) $M = \begin{pmatrix} 1 & 0 & 2 \\ 2 & 1 & 0 \\ 4 & 0 & 2 \end{pmatrix}$, $\vec{b} = \begin{pmatrix} 3 \\ 5 \\ -6 \end{pmatrix}$ c) $M = \begin{pmatrix} 1 & -2 & 1 \\ 3 & 1 & 2 \\ 2 & 3 & 1 \end{pmatrix}$, $\vec{b} = \begin{pmatrix} -2 \\ 21 \\ 23 \end{pmatrix}$

7 Gegeben sind die Matrix M und zwei Vektoren $\vec{b}$ und $\vec{c}$ mit

$M = \begin{pmatrix} 1 & 2 & 3 \\ 0 & 2 & 1 \\ 3 & 2 & 3 \end{pmatrix}$; $\vec{b} = \begin{pmatrix} 0 \\ 1 \\ 2 \end{pmatrix}$; $\vec{c} = \begin{pmatrix} 1 \\ 1 \\ -1 \end{pmatrix}$.

a) Zeigen Sie, dass $\vec{c}$ ein Lösungsvektor des Gleichungssystems $M \cdot \vec{x} = \vec{b}$ ist.
b) Bestimmen Sie die Lösung des Gleichungssystems $M \cdot \vec{x} = \vec{c}$.

8 Einfache Produktionsprozesse

1 Eine Firma stellt drei Sorten Schokolade her. Je 100 Gramm sind die Nährstoffe gemäß Tabelle aufgelistet. Im Laufe eines Jahres isst ein Junge 10 Tafeln Bitter-, 12 Tafeln Milch- und fünf Tafeln Trüffelschokolade dieser Firma zu je 100 g. Wie viel Eiweiß, Kohlehydrate und Fett nimmt er dabei zu sich?

Zusammen-setzung	Inhalt in je 100 g von Bitter	Milch	Trüffel
Eiweiß	9,5	6,9	11,5
Kohlehydrate	35,5	51,5	35,5
Fett	42,5	36,5	40,2
Sonstige	12,5	5,1	12,8

Mithilfe von Matrizen kann man Betriebsabläufe und Planungen sowie Kostenabrechnungen in hervorragender Weise darstellen, beschreiben und berechnen. So werden unterschiedliche Rohstoffe zur Produktion verschiedener Endprodukte benötigt. Die jeweils davon benötigten Mengen hängen linear von der zu produzierenden Menge ab. Man spricht von **linearer Verflechtung**.

Eine Firma stellt vier Endprodukte E_1 bis E_4 her. Pro Endprodukt werden drei Rohstoffe R_1, R_2 und R_3 verwendet, und zwar in Mengen, die in der Tabelle von Fig. 1 angegeben sind. Die Angaben beziehen sich dabei auf 1 ME je Endprodukt, die Rohstoffe sind in Mengeneinheiten (ME) angegeben.
Es liegt der Auftrag von Fig. 2 vor.

Rohstoff	Rohstoffe in ME je Endprodukt			
	E_1	E_2	E_3	E_4
R_1	3	5	2	4
R_2	2	1	4	1
R_3	4	3	3	4

Fig. 1

Auftrag	E_1	E_2	E_3	E_4
Anzahl	40	30	45	35

Fig. 2

Fragestellung 1:
Welche Mengen an Rohstoffen R_1 bis R_4 werden für den Auftrag benötigt?

Die in Fig. 1 aufgelistete Tabelle aus 3 Zeilen und 4 Spalten schreibt man als Matrix

$$A_{RE} = \begin{pmatrix} 3 & 5 & 2 & 4 \\ 2 & 1 & 4 & 1 \\ 4 & 3 & 3 & 4 \end{pmatrix}.$$

Die Zahl $a_{23} = 4$ in der 2. Zeile und 3. Spalte gibt an, wie viel ME des Rohstoffs R_2 zur Herstellung einer ME des Endproduktes E_3 benötigt werden.
Die 3 × 4-Matrix A_{RE} heißt **Rohstoff-Endprodukt-(Verflechtungs-)Matrix**.

Die Produktionsmengen werden als Vektor (4 × 1-Matrix) $\vec{p}_E = \begin{pmatrix} 40 \\ 30 \\ 45 \\ 35 \end{pmatrix}$ geschrieben.
Der Vektor heißt **Produktionsvektor**.

Man erhält den Produktionsvektor der Rohstoffe $\vec{p}_R$, wenn man die Rohstoff-Endprodukt-Matrix A_{RE} mit dem Produktionsvektor $\vec{p}_E$ der Endprodukte von rechts multipliziert:

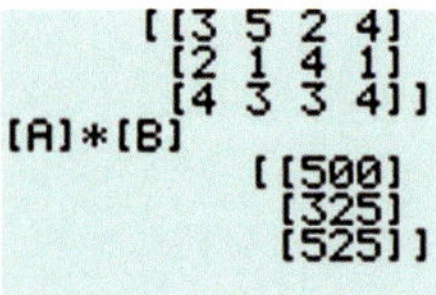

$$p_R = A_{RE} \cdot p_E = \begin{pmatrix} 3 & 5 & 2 & 4 \\ 2 & 1 & 4 & 1 \\ 4 & 3 & 3 & 4 \end{pmatrix} \cdot \begin{pmatrix} 40 \\ 30 \\ 45 \\ 35 \end{pmatrix} = \begin{pmatrix} 500 \\ 325 \\ 525 \end{pmatrix}.$$

Damit werden 500 ME des Rohstoffs R_1, 325 ME von R_2 und 525 ME von R_3 benötigt.

Fragestellung 2:
Wie hoch sind die Rohstoffkosten je ME der Endprodukte, wenn die Kosten von Fig. 3 pro ME Rohstoff zugrunde gelegt werden?

Rohstoffkosten für	R_1	R_2	R_3
je ME in GE	5	7	6

Fig. 3

Ist $\vec{k}_R = \begin{pmatrix} 5 \\ 7 \\ 6 \end{pmatrix}$ der Kostenvektor der Rohstoffe und $\vec{k}_R^T = (5 \quad 7 \quad 6)$ der zugehörige Zeilenvektor, so erhält man den Kostenvektor $\vec{k}_E^T$ für jedes Endprodukt je ME, indem man $\vec{k}_R^T$ mit der Rohstoff-Endprodukt-Matrix A_{RE} von links multipliziert:

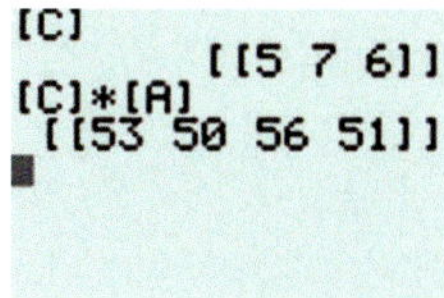

$$\vec{k}_E^T = \vec{k}_R^T \cdot A_{RE} = (5 \quad 7 \quad 6) \cdot \begin{pmatrix} 3 & 5 & 2 & 4 \\ 2 & 1 & 4 & 1 \\ 4 & 3 & 3 & 4 \end{pmatrix} = (53 \quad 50 \quad 56 \quad 51)$$

Die Rohstoffkosten in GE je Erzeugnis betragen für E_1 53, für E_2 50, für E_3 56, für E_4 51.

Fragestellung 3:
Wie hoch sind die Rohstoffkosten für den ganzen Auftrag?

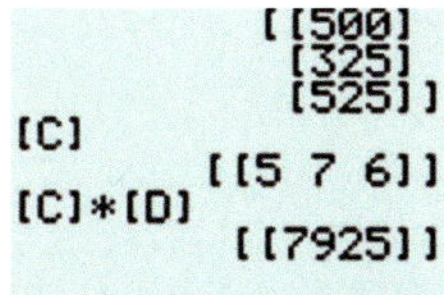

Man erhält die Gesamtkosten R der für den Auftrag benötigten Rohstoffe, indem man den Kostenvektor $\vec{k}_R$ mit dem Produktionsvektor der Rohstoffe $\vec{p}_R$ multipliziert: $R = \vec{k}_R^T \cdot \vec{p}_R$ bildet. Man kann aber auch $R = \vec{k}_E^T \cdot \vec{p}_E$ bilden, also Kostenvektor der Endprodukte mal Produktionsvektor:

$$R = \vec{k}_R^T \cdot \vec{p}_R = (5 \quad 7 \quad 6) \cdot \begin{pmatrix} 500 \\ 325 \\ 525 \end{pmatrix} = 7925 \quad \text{oder} \quad R = \vec{k}_E^T \cdot \vec{p}_E = (53 \quad 50 \quad 56 \quad 51) \cdot \begin{pmatrix} 40 \\ 30 \\ 45 \\ 35 \end{pmatrix} = 7925$$

Die Rohstoffkosten betragen also 7925 GE.

Fragestellung 4:
Je Produkt entstehen Fertigungs-, Verwaltungs- und Vertriebskosten. Diese Kosten sind aufgeschlüsselt nach den Produkten in Fig. 2 angegeben, ebenso der Verkaufspreis der Produkte. Welchen Gewinn macht die Firma bei dem Auftrag?

	E_1	E_2	E_3	E_4
Sonstige Kosten in GE	200	240	210	220
Erlös in GE	310	370	350	360

Fig. 1

Mit den Vektoren $\vec{k}_S^T = (200 \quad 240 \quad 210 \quad 220)$ und $\vec{e}_E^T = (310 \quad 370 \quad 350 \quad 360)$ berechnet man die sonstigen Kosten und den Erlös mithilfe der Produkte $S = \vec{k}_S^T \cdot \vec{p}_E$ und $E = \vec{e}_E^T \cdot \vec{p}_E$.

$$S = (200 \quad 240 \quad 210 \quad 220) \cdot \begin{pmatrix} 40 \\ 30 \\ 45 \\ 35 \end{pmatrix} = 32\,350; \quad E = (310 \quad 370 \quad 350 \quad 360) \cdot \begin{pmatrix} 40 \\ 30 \\ 45 \\ 35 \end{pmatrix} = 51\,850.$$

Damit betragen die sonstigen Kosten bei diesem Auftrag 32 350 GE, der Erlös beläuft sich auf 51 850 GE.
Zur Berechnung des Gewinns G sind vom Erlös E die Rohstoffkosten R und die Fertigungskosten S zu subtrahieren:
Gewinn in GE: $G = E - S - R = 51\,850 - 32\,350 - 7925 = 11\,575$.

Diese Fragestellungen treten wiederholt auf. Die wichtigsten Aussagen werden deshalb in etwas abstrakterer Form festgehalten.

Einstufige Produktion von n Endprodukten aus k Rohstoffen:
In der Rohstoff-Endprodukt-Matrix A_{RE} gibt das Element a_{ik} an, wie viel des Rohstoffes R_i für das Endprodukt E_k benötigt werden.
Der Produktionsvektor $\vec{p}_E$ gibt an, wie viele ME von jedem Endprodukt erzeugt werden sollen. Der Produktionsvektor $\vec{p}_R$ gibt an, wie viele ME von jedem Rohstoff benötigt werden.
Es gilt: $\vec{\mathbf{p}}_R = \mathbf{A}_{RE} \cdot \vec{\mathbf{p}}_E$.
Ist $\vec{k}_R$ der Kostenvektor für die Rohstoffe und $\vec{k}_E$ der Kostenvektor für die Endprodukte, so gilt: $\vec{\mathbf{k}}_E^T = \vec{\mathbf{k}}_R^T \cdot \mathbf{A}_{RE}$.

Beispiel Einstufige Verflechtung

Ein Telefonanlagenbauer bietet drei Anlagen T_1, T_2 und T_3 an. Die dazu jeweils benötigten Kabel in m und Endgeräte sind in Fig. 1 aufgelistet. So werden für die Installation der Standardanlage T_1 30 m Kabel und fünf Endgeräte benötigt, usw.

a) Erstellen Sie die Matrix A_{RE} und berechnen Sie den Bedarf an Kabel und Endgeräten bei dem nebenstehenden Auftrag.

b) Was kostet jede Anlage, wenn 1 m Kabel 0,50 € und jedes Endgerät 40 € kostet?

c) Was sind die Kosten für den gesamten Auftrag?

Bedarf an Kabeln (K) in Metern und an Endgeräten (E) in Stück:

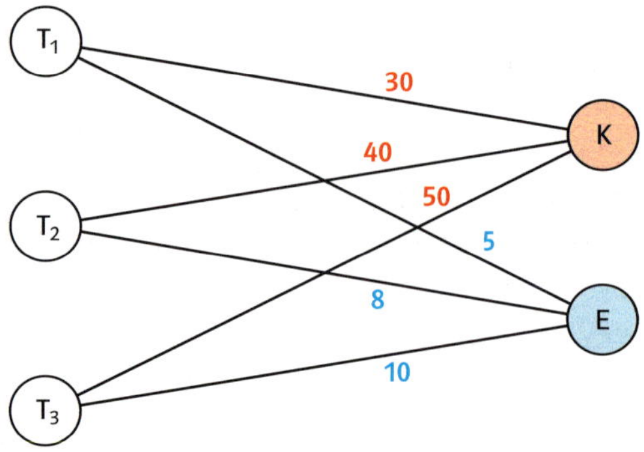

Auftrag: $10 \times T_1$; $6 \times T_2$; $5 \times T_3$.

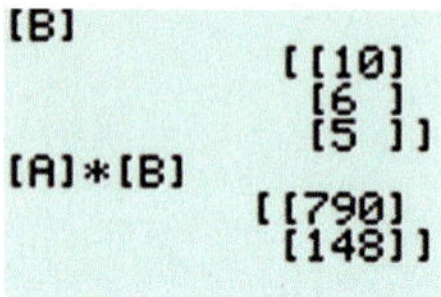

Fig. 1

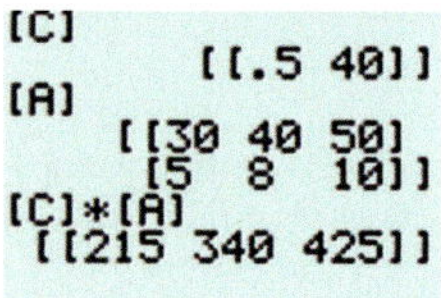

Fig. 2

Lösung:

a) Da zwei „Rohstoffe“ und drei Endprodukte vorliegen, handelt es sich um eine 2 × 3-Matrix, in der in der 1. Zeile die benötigten Kabel, in der 2. Zeile die Endgeräte je Anlage stehen:

$A_{RE} = \begin{pmatrix} 30 & 40 & 50 \\ 5 & 8 & 10 \end{pmatrix}$; Produktionsvektor $\vec{p}_E = \begin{pmatrix} 10 \\ 6 \\ 5 \end{pmatrix}$.

Damit gilt $\vec{p}_R = A_{RE} \cdot \vec{p}_E$. Aus Fig. 1 entnimmt man, dass 790 m Kabel und 148 Endgeräte für den Auftrag erforderlich sind.

b) Es ist $\vec{k}_R^{\,T} = (0{,}5 \quad 40)$ von links zu multiplizieren mit A_{RE}, also $\vec{k}_E^{\,T} = \vec{k}_R^{\,T} \cdot A_{RE}$ (Fig. 2).

Die Anlage T_1 kostet somit 215 €, T_2 340 € und T_3 425 €.

c) Die Gesamtkosten in EURO betragen $K = \vec{k}_E^{\,T} \cdot \vec{p}_E = 215 \cdot 10 + 340 \cdot 6 + 425 \cdot 5 = 6315$.

Aufgaben

2 Eine Fabrik stellt aus drei Grundstoffen R_1, R_2, R_3 zwei Düngersorten D_1 und D_2 her.
Fig. 1 zeigt den Bedarf je Tonne Dünger.

a) Stellen Sie die Rohstoff-Endprodukt-Matrix A_{RE} auf.

b) Wie viel Tonnen der Rohstoffe werden für 100 t D_1 und 200 t D_2 gebraucht?

c) Was kosten die Rohstoffe für je eine Tonne D_1 und D_2?

d) Die Rohstoffpreise für R_1 erhöhen sich um 5 %, die von R_2 um 10 %, während die von R_3 5 % fallen. Berechnen Sie die Änderung der Rohstoffkosten je Tonne D_1 und D_2 in Prozent.

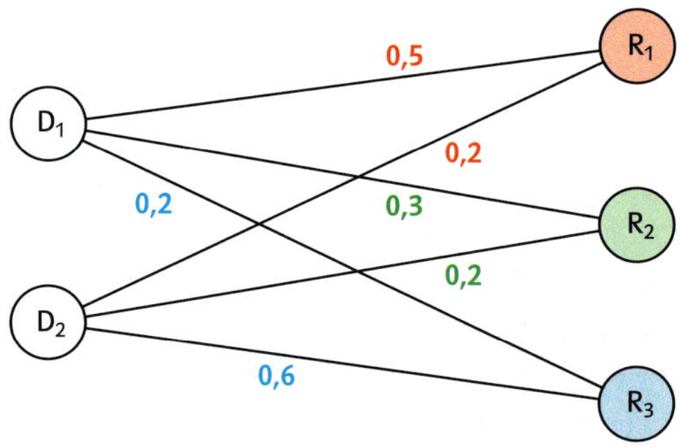

Kosten für	R_1	R_2	R_3
in Euro	4	5	6

3 Ein Hersteller verpackt ein Getränk G in drei Größen G_1 (1 Liter), G_2 (2 Liter) und G_3 (5 Liter). Für die Herstellung von G werden vier flüssige Rohstoffe R_1, R_2, R_3 und R_4 benötigt. Für G_1 sind dies von R_1 0,1 Liter, von R_2 0,2 Liter, von R_3 0,55 Liter und von R_4 0,15 Liter.

a) Geben Sie die zugehörige Rohstoff-Endproduktion-Matrix A_{RE} an.

b) Die Firma stellt täglich 8000 Flaschen von G_1, 5000 von G_2 und 800 Flaschen von G_3 her. Geben Sie die dazu täglich benötigten Rohstoffe in Liter an.

c) Welchen Gewinn macht der Getränkehersteller wöchentlich?

Gewinn an G_1: 5 ct
G_2: 12 ct
G_3: 40 ct

4 Ein Montagebetrieb stellt aus vier Bauteilen R_1 bis R_4 drei Erzeugnisse E_1, E_2 und E_3 her. Die jeweils pro Erzeugnis benötigten Bauteile sind in Fig. 1 angegeben, ebenso die durchschnittliche Tagesproduktion.
a) Wie viele ME der jeweiligen Bauteile werden pro Tag benötigt?
b) Bestimmen Sie die Kosten der Bauteile für je ein Erzeugnis.
c) Die Fertigungskosten, die Verwaltungs- und Betriebskosten liegen bei ca. 20 GE pro Erzeugnis. Bestimmen Sie die täglich anfallenden durchschnittlichen Kosten in diesem Bereich.
d) Die Verkaufspreise je ME liegen vor. Berechnen Sie den täglichen Gewinn, wenn die Produktion auch tatsächlich verkauft wird.

Bauteil	Bauteile in ME			Kosten je Bauteil in GE
	E_1	E_2	E_3	
B_1	8	8	5	1
B_2	5	7	2	1
B_3	9	6	7	2
B_4	6	6	8	2

Tagesproduktion in ME:

Erzeugnis	E_1	E_2	E_3
Menge	15	18	24

Erlös in GE je ME:

Erzeugnis	E_1	E_2	E_3
Erlös in GE	89	85	84

Fig. 1

5 Bei der Herstellung dreier Brotsorten B_1, B_2 und B_3 werden drei verschiedene Mehlsorten M_1, M_2 und M_3 verwendet. Ihre Anteile je kg sind rechts angeführt.
a) Täglich werden 100 B_1, 240 B_2 und 180 B_3 gebacken. Wie viel kg Mehl von jeder Sorte sind dann täglich erforderlich?

Mehlsorte	Mehl in kg je Brot		
	B_1	B_2	B_3
M_1	0,1	0,2	0,6
M_2	0,5	0,2	0,1
M_3	0,1	0,3	0,0

b) Die Mehlkosten je kg liegen für M_1 bei 0,40 €, bei M_2 bei 0,50 € und bei M_3 bei 0,60 €. Geben Sie die Höhe der Mehlkosten für 1 kg jeder Brotsorte an. Wie hoch sind die täglichen Gesamtausgaben für das Mehl?
c) Es sind noch 712 kg von M_1, 842 kg von M_2 und 532 kg von M_3 in der Bäckerei auf Lager. Wie viele Brote jeder Sorte kann man damit noch backen?

Bei Aufgabenteil c) ist ein Gleichungssystem zu lösen.

6 Ein kleiner Betrieb stellt aus vier Rohstoffen zwei Salben S_1 und S_2 her. Die Zusammensetzung ist in der Tablelle angegeben.
a) Geben Sie die Rohstoffkosten für jede Salbensorte an.
b) Die Fertigungskosten pro Salbe sind doppelt so hoch wie die entsprechenden Rohstoffkosten. Die Verwaltungs- und Betriebskosten sind insgesamt 3-mal so hoch wie die Rohstoffkosten. Der Gewinn pro Salbe liegt in der Höhe der Rohstoffkosten. Berechnen Sie den Verkaufspreis für S_1 und S_2.

Rohstoff	Rohstoff in g je Salbe		Preis in ct je g Rohstoff
	S_1	S_2	
R_1	80	80	5
R_2	8	10	50
R_3	6	10	80
R_4	6	0	100

c) Monatlich werden im Mittel 10 000 Stück von S_1 und 20 000 Stück von S_2 verkauft. Berechnen Sie die pro Monat benötigten Rohstoffmengen R_1 bis R_4.
d) Was ist pro Monat durchschnittlich für die Rohstoffe zu bezahlen? Wie hoch ist der monatliche Gewinn?
e) Die Rohstoffkosten steigen um 10 %. Um wie viel wird die Salbe teurer, wenn die in Aufgabenteil b) genannten Voraussetzungen erhalten bleiben sollen?
f) Durch einen günstigen Einkauf kann der Hersteller die Kosten von R_1 um 20 % senken, die von R_3 um 10 %, während die von R_3 um 12,5 % steigen, die von R_4 sogar um 50 %.
Geben Sie die prozentuale Veränderung der Rohstoffkosten für jede Salbe an.

9 Zweistufige Produktionsprozesse

1 Ein Betrieb stellt aus drei Bauteilen B_1, B_2, B_3 zwei Zwischenteile Z_1, Z_2 her und aus diesen zwei Endprodukte E_1 und E_2 (Fig. 1).
a) Zeigen Sie, dass für die Fertigung jedes Endprodukts E_1 18 Teile B_3 benötigt werden.
b) Geben Sie an, wie viele Bauteile jeder Sorte je Endprodukt nötig sind.

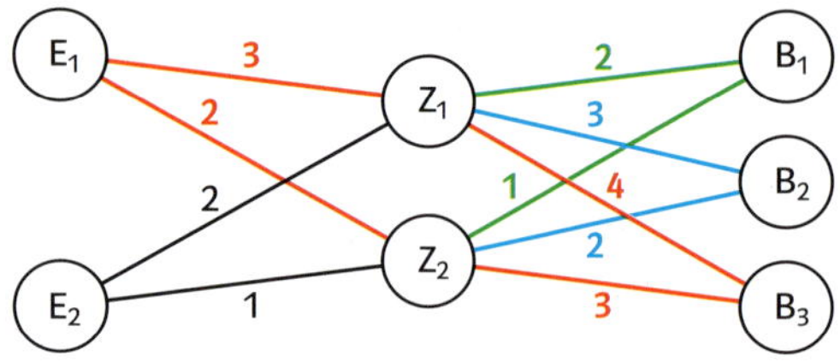

Fig. 1

Im Gegensatz zur vorherigen Lerneinheit wird aus den Rohstoffen erst ein Zwischenprodukt hergestellt, ehe aus diesen Zwischenprodukten das Endprodukt entsteht. Wie dies geschieht, wird an einem Beispiel erläutert.

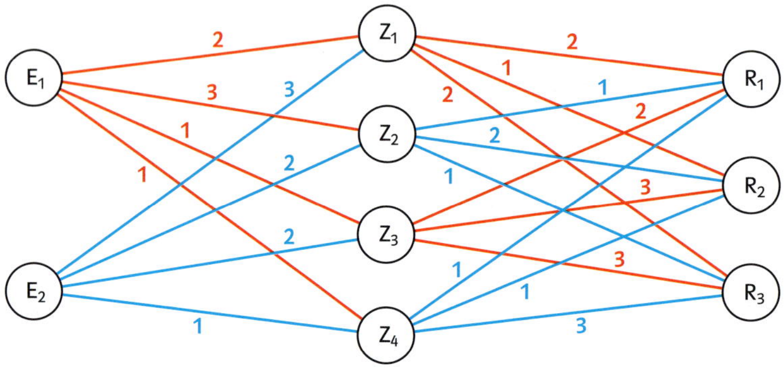

Fig. 2

Eine Firma stellt aus drei Rohstoffen R_1, R_2, R_3 vier Zwischenprodukte Z_1 bis Z_4 her und aus diesen zwei Endprodukte E_1 und E_2. Fig. 2 zeigt die jeweils benötigten Rohstoffe in ME je Zwischenprodukt und die je ME der Endprodukte benötigten Zwischenprodukte.

Fragestellung 1:
Wie lautet die Rohstoff-Zwischenprodukt-Matrix A_{RZ} und die Zwischenprodukt-Endprodukt-Matrix A_{ZE}?

Das Element a_{ik} von A_{RZ} gibt die ME des Rohstoffs R_i an, der für Z_k benötigt wird. Da drei Rohstoffe und vier Zwischenprodukte vorhanden sind, ist A_{RZ} eine 3 × 4-Matrix.
Das Element a_{ik} von A_{ZE} gibt die ME des Zwischenprodukts Z_i an, das für das Endprodukt E_k benötigt wird. Da vier Zwischenprodukte und zwei Endprodukte vorliegen, ist A_{ZE} eine 4 × 2-Matrix.

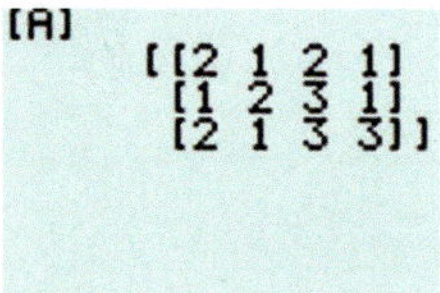

$$A_{RZ} = \begin{pmatrix} 2 & 1 & 2 & 1 \\ 1 & 2 & 3 & 1 \\ 2 & 1 & 3 & 3 \end{pmatrix};\quad A_{ZE} = \begin{pmatrix} 2 & 3 \\ 3 & 2 \\ 1 & 2 \\ 1 & 1 \end{pmatrix}$$

Fragestellung 2:
Wie lautet die Rohstoff-Endprodukt-Matrix und was gibt sie an?

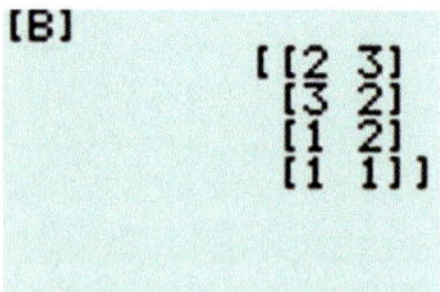

Da für das Endprodukt 1 ME des Endprodukts E_1 $2 \cdot 2 + 3 \cdot 1 + 1 \cdot 2 + 1 \cdot 1 = 10$ ME von R_1 nötig sind, erkennt man, dass die Matrizenmultiplikation $A_{RZ} \cdot A_{ZE}$ die Rohstoff-Endprodukt-Matrix A_{RE} liefert. Das Element a_{ik} von A_{RE} gibt die ME des Rohstoffes R_i an, die für E_k benötigt werden. Da drei Rohstoffe und zwei Endprodukte vorliegen, ist A_{RE} eine 3 × 2-Matrix.

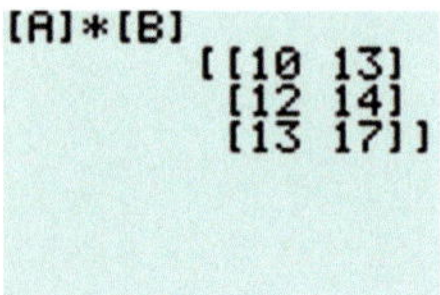

$$A_{RE} = A_{RZ} \cdot A_{ZE} = \begin{pmatrix} 2 & 1 & 2 & 1 \\ 1 & 2 & 3 & 1 \\ 2 & 1 & 3 & 3 \end{pmatrix} \cdot \begin{pmatrix} 2 & 3 \\ 3 & 2 \\ 1 & 2 \\ 1 & 1 \end{pmatrix} = \begin{pmatrix} 10 & 13 \\ 12 & 14 \\ 13 & 17 \end{pmatrix}.$$

Damit sind für die Produktion von E_1 folgende Rohstoffe nötig: 10 R_1, 12 R_2 und 13 R_3, die entsprechenden Mengen für E_2 sind 13 R_1, 14 R_2 und 17 R_3.

Alle weiteren Fragestellungen sind dieselben wie in Lerneinheit 8. An den folgenden Beispielen wird dies entsprechend vorgestellt.

Zweistufige Produktion von n Endprodukten aus m Zwischenprodukten, die wiederum aus k Rohstoffen hergestellt werden:
In der **Rohstoff-Zwischenprodukt-Matrix A_{RZ}** gibt das Element a_{ik} an, wie viel des Rohstoffes R_i für das Zwischenprodukt Z_k benötigt werden.
In der Zwischenprodukt-Endprodukt-Matrix A_{ZE} gibt das Element a_{ik} an, wie viel des Zwischenproduktes Z_i für das Endprodukt E_k benötigt werden.
Die **Rohstoff-Endprodukt-Matrix A_{RE}** wird berechnet als Produkt

$$A_{RE} = A_{RZ} \cdot A_{ZE}.$$

Sie gibt an, wie viel Rohstoffeinheiten für das jeweilige Endprodukt benötigt werden.
Damit gilt für die erste Produktionsstufe: $\vec{p}_R = A_{RZ} \cdot \vec{p}_Z$,
und für die zweite Produktionsstufe: $\vec{p}_Z = A_{ZE} \cdot \vec{p}_E$.

Beispiel 1 zweistufiger Produktionsprozess
Eine Zulieferfirma stellt aus drei Rohstoffen vier Zwischenerzeugnisse her. Diese werden in der Montagefirma zu drei Fertigerzeugnissen zusammengesetzt.

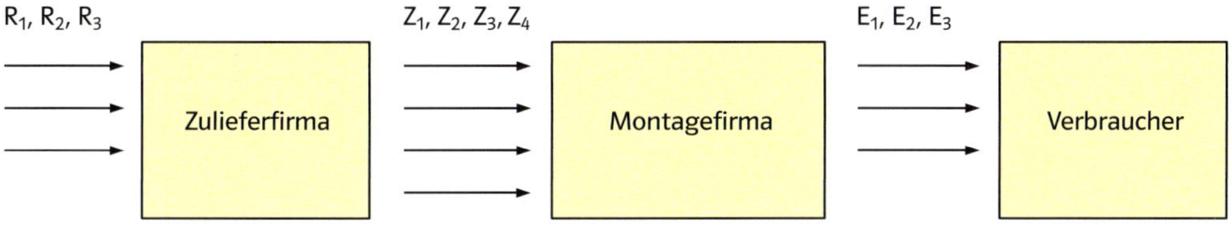

Die Tabelle von Fig. 1 gibt die von der Zulieferfirma je Zwischenerzeugnis benötigten Rohstoffe an, in Fig. 2 sind die für jedes Endprodukt benötigten Zwischenerzeugnisse angegeben.
Ein Auftrag lautet: 50 E_1, 80 E_2, 60 E_3. Rohstoffkosten in Geldeinheiten: R_1: 1; R_2: 2; R_3: 3.

Rohstoff	Rohstoff je Zwischenerzeugnis			
	Z_1	Z_2	Z_3	Z_4
R_1	3	0	1	4
R_2	4	1	1	3
R_3	2	1	2	2

Fig. 1

Zwischen-erzeugnis	Zwischenerzeugnisse je Endprodukt		
	E_1	E_2	E_3
Z_1	2	1	4
Z_2	3	1	2
Z_3	4	1	3
Z_4	2	2	3

Fig. 2

a) Wie viel an Rohstoffen R_1 bis R_3 wird für je ein Endprodukt benötigt?
b) Wie viel an Rohstoffen ist für den Auftrag erforderlich?
c) Wie hoch sind die Rohstoffkosten für je ein Zwischenprodukt, wie hoch für ein Endprodukt?
d) Wie hoch sind die Rohstoffkosten für den gesamten Auftrag?
Lösung:
a) $A_{RE} = A_{RZ} \cdot A_{ZE}$:

$$A_{RZ} = \begin{pmatrix} 3 & 0 & 1 & 4 \\ 4 & 1 & 1 & 3 \\ 2 & 1 & 2 & 2 \end{pmatrix}; \; A_{ZE} = \begin{pmatrix} 2 & 1 & 4 \\ 3 & 1 & 2 \\ 4 & 1 & 3 \\ 2 & 2 & 3 \end{pmatrix}; \; A_{RE} = A_{RZ} \cdot A_{ZE} = \begin{pmatrix} 3 & 0 & 1 & 4 \\ 4 & 1 & 1 & 3 \\ 2 & 1 & 2 & 2 \end{pmatrix} \cdot \begin{pmatrix} 2 & 1 & 4 \\ 3 & 1 & 2 \\ 4 & 1 & 3 \\ 2 & 2 & 3 \end{pmatrix} = \begin{pmatrix} 18 & 12 & 27 \\ 21 & 12 & 30 \\ 19 & 9 & 22 \end{pmatrix}.$$

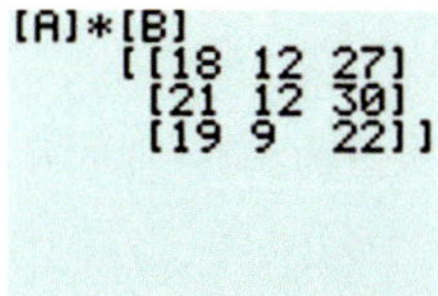

Aus der Matrix A_{RE} liest man die Rohstoffmengen ab: Für ein E_1 sind nötig 18 R_1, 21 R_2, 19 R_3; für ein E_2 sind nötig 12 R_1, 12 R_2, 9 R_3 und für ein E_3 27 R_1, 30 R_2, 22 R_3.
b) Es gilt $\vec{p}_R = A_{RE} \cdot \vec{p}_E$:

$$\vec{p}_R = A_{RE} \cdot \vec{p}_E = \begin{pmatrix} 18 & 12 & 27 \\ 21 & 12 & 30 \\ 19 & 9 & 22 \end{pmatrix} \cdot \begin{pmatrix} 50 \\ 80 \\ 60 \end{pmatrix} = \begin{pmatrix} 3480 \\ 3810 \\ 2990 \end{pmatrix}$$

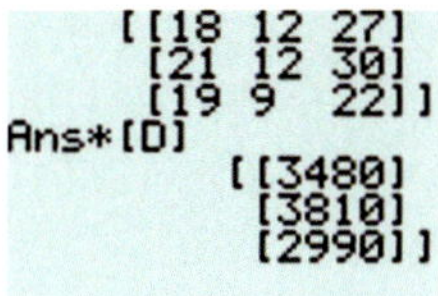

Für den Auftrag sind 3480 R_1, 3810 R_2 und 2990 R_3 erforderlich.

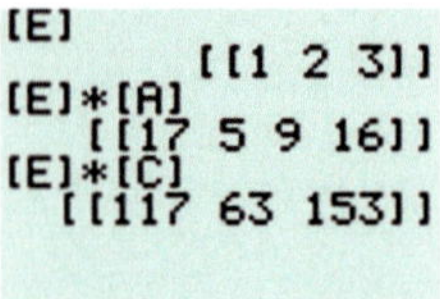

c) Kosten eines Zwischenprodukts: $\vec{k}_Z^T = \vec{k}_R^T \cdot A_{RZ}$;
Kosten für ein Endprodukt: $\vec{k}_E^T = \vec{k}_R^T \cdot A_{RE}$.

$$\vec{k}_Z^T = \vec{k}_R^T \cdot A_{RZ} = (1\ \ 2\ \ 3) \cdot \begin{pmatrix} 3 & 0 & 1 & 4 \\ 4 & 1 & 1 & 3 \\ 2 & 1 & 2 & 2 \end{pmatrix};\quad \vec{k}_E^T = \vec{k}_R^T \cdot A_{RE} = (1\ \ 2\ \ 3) \cdot \begin{pmatrix} 18 & 12 & 27 \\ 21 & 12 & 30 \\ 19 & 9 & 22 \end{pmatrix}$$

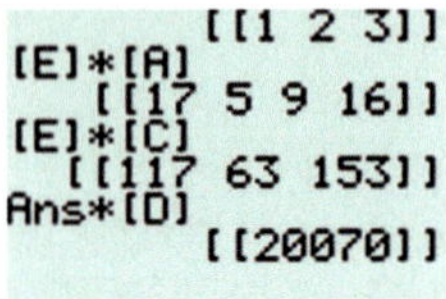

mit $\vec{k}_Z^T = (17\ \ 5\ \ 9\ \ 16)$ und $\vec{k}_E^T = (117\ \ 63\ \ 153)$.

Rohstoffkosten in GE je Zwischenerzeugnis: Z_1: 17; Z_2: 5; Z_3: 9; Z_4: 16.
Rohstoffkosten in GE je Enderzeugnis: E_1: 117; E_2: 63; E_3: 153.
d) Rohstoffkosten in GE des gesamten Auftrags: $R = \vec{k}_E^T \cdot \vec{p}_E = 117 \cdot 50 + 63 \cdot 80 + 153 \cdot 60 = 20\,070$.

Beispiel 2 zweistufiger Prozess mit Gleichungssystem

In einem Lebensmittelwerk werden aus fünf Rohstoffen R_1 bis R_5 drei Zwischenprodukte Z_1, Z_2 und Z_3 hergestellt. Diese werden zu drei Fertigprodukten F_1, F_2 und F_3 verarbeitet.

	Z_1	Z_2	Z_3
R_1	0	2	0
R_2	0	1	0
R_3	1	1	1
R_4	0	0	2
R_5	4	0	0

	F_1	F_2	F_3
Z_1	1	2	2
Z_2	2	3	2
Z_3	0	1	0

a) Wie hoch ist der Rohstoffbedarf bei den drei Fertigprodukten?
b) Es sind in der Firma noch vorhanden: 136 ME von R_1, 68 ME von R_2, 124 ME von R_3, 16 ME von R_4 und 192 ME von R_5. Wie viele Fertigprodukte lassen sich damit herstellen?

Lösung:

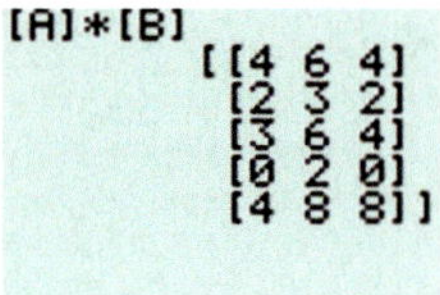

a) Berechnung der Rohstoff-Endprodukt-Matrix:

$$A_{RZ} = \begin{pmatrix} 0 & 2 & 0 \\ 0 & 1 & 0 \\ 1 & 1 & 1 \\ 0 & 0 & 2 \\ 4 & 0 & 0 \end{pmatrix};\quad A_{ZE} = \begin{pmatrix} 1 & 2 & 2 \\ 2 & 3 & 2 \\ 0 & 1 & 0 \end{pmatrix};\quad \text{also } A_{RE} = A_{RZ} \cdot A_{ZE} = \begin{pmatrix} 0 & 2 & 0 \\ 0 & 1 & 0 \\ 1 & 1 & 1 \\ 0 & 0 & 2 \\ 4 & 0 & 0 \end{pmatrix} \cdot \begin{pmatrix} 1 & 2 & 2 \\ 2 & 3 & 2 \\ 0 & 1 & 0 \end{pmatrix} = \begin{pmatrix} 4 & 6 & 4 \\ 2 & 3 & 2 \\ 3 & 6 & 4 \\ 0 & 2 & 0 \\ 4 & 8 & 8 \end{pmatrix}.$$

b) Es gilt $\vec{p}_R = A_{RE} \cdot \vec{p}_E$. Dabei sind A_{RE} und $\vec{p}_R$ gegeben, $\vec{p}_E$ gesucht.

$$\text{Mit } \vec{p}_R = \begin{pmatrix} 136 \\ 68 \\ 124 \\ 16 \\ 192 \end{pmatrix} \text{ und } \vec{p}_E = \begin{pmatrix} x_1 \\ x_2 \\ x_3 \end{pmatrix} \text{ erhält man: } \begin{pmatrix} 4 & 6 & 4 \\ 2 & 3 & 2 \\ 3 & 6 & 4 \\ 0 & 2 & 0 \\ 4 & 8 & 8 \end{pmatrix} \cdot \begin{pmatrix} x_1 \\ x_2 \\ x_3 \end{pmatrix} = \begin{pmatrix} 136 \\ 68 \\ 124 \\ 16 \\ 192 \end{pmatrix} \text{ oder } \begin{aligned} 4x_1 + 6x_2 + 4x_3 &= 136 \\ 2x_1 + 3x_2 + 2x_3 &= 68 \\ 3x_1 + 6x_2 + 4x_3 &= 124 \\ 2x_2 &= 16 \\ 4x_1 + 8x_2 + 8x_3 &= 192 \end{aligned}$$

Lösung in Matrixform durch Umformungen:

$$\begin{pmatrix} 4 & 6 & 4 & 136 \\ 2 & 3 & 2 & 68 \\ 3 & 6 & 4 & 124 \\ 0 & 2 & 0 & 16 \\ 4 & 8 & 8 & 192 \end{pmatrix} \begin{matrix} Z1 - 2 \cdot Z2 \\ \\ \\ Z4:2 \\ Z5:4 \end{matrix} \Rightarrow \begin{pmatrix} 0 & 0 & 0 & 0 \\ 2 & 3 & 2 & 68 \\ 3 & 6 & 4 & 124 \\ 0 & 1 & 0 & 8 \\ 1 & 2 & 2 & 48 \end{pmatrix} \begin{matrix} \\ Z2 - 2 \cdot Z5 \\ Z3 - 3 \cdot Z5 \\ \\ \\ \end{matrix} \Rightarrow \begin{pmatrix} 0 & 0 & 0 & 0 \\ 0 & -1 & -2 & -28 \\ 0 & 0 & -2 & -20 \\ 0 & 1 & 0 & 8 \\ 1 & 2 & 2 & 48 \end{pmatrix} \begin{matrix} \\ Z2 + Z4 \\ Z3:(-2) \\ \\ Z5 + Z2 \end{matrix}$$

$$\Rightarrow \begin{pmatrix} 0 & 0 & 0 & 0 \\ 0 & 0 & -2 & -20 \\ 0 & 0 & 1 & 10 \\ 0 & 1 & 0 & 8 \\ 1 & 1 & 0 & 20 \end{pmatrix} \begin{matrix} Z2 + 2 \cdot Z3 \\ \\ Z3:(-2) \\ \\ Z5 - Z4 \end{matrix} \Rightarrow \begin{pmatrix} 0 & 0 & 0 & 0 \\ 0 & 0 & 0 & 0 \\ 0 & 0 & 1 & 10 \\ 0 & 1 & 0 & 8 \\ 1 & 0 & 0 & 12 \end{pmatrix} \quad \text{Lösung: } x_3 = 10;\ x_2 = 8;\ x_1 = 12$$

Damit kann man aus den Rohstoffen noch 12 ME von F_1, 8 von F_2 und 10 von F_3 herstellen.

Lösung mit dem GTR:

Man gibt die ersten vier Gleichungen ein als 4×4-Matrix (Fig. 1), bringt sie auf Diagonalform (Fig. 2) und liest $x_1 = 12$, $x_2 = 8$ und $x_3 = 10$ ab. Es bleibt noch die letzte Gleichung durch Einsetzen zu überprüfen (Fig. 3). Da diese richtig ist, sind die obengenannten Werte die Lösung.

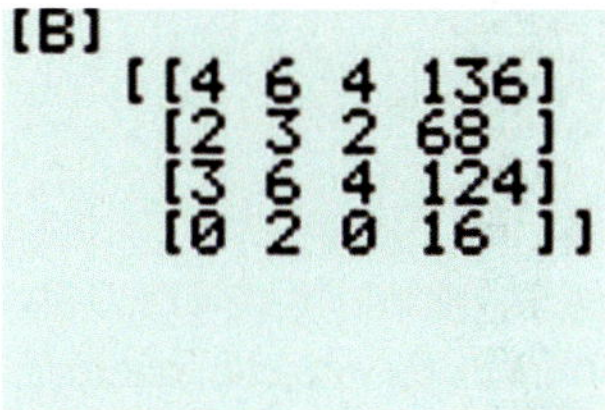

Fig. 1

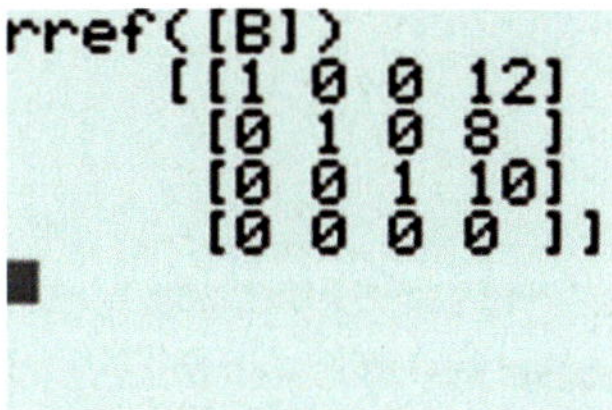

Fig. 2

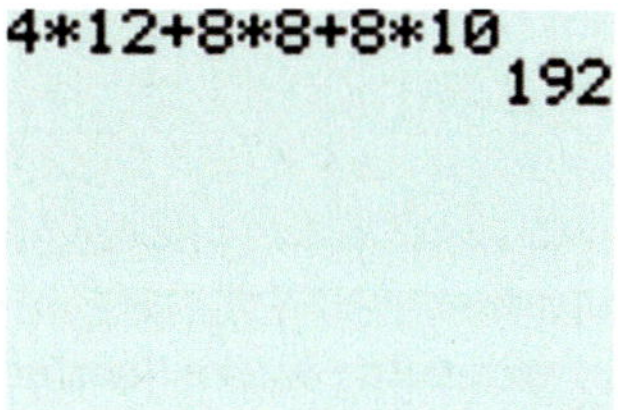

Fig. 3

Beachten Sie, dass der Befehl rref nur auf Matrizen anwendbar ist, wenn die Zeilenzahl der Matrix kleiner oder gleich der Spaltenzahl ist.

Beispiel 3 Berechnung der Matrix A_{ZR}

Gegeben sind für einen zweistufigen Produktionsprozess die Rohstoff-Endprodukt-Matrix A_{RE} und die Zwischenprodukt-Endprodukt-Matrix A_{ZE}. Gesucht ist die Matrix A_{RZ}, die den Bedarf an Rohstoffen für die jeweiligen Zwischenprodukte angibt.

$$A_{RE} = \begin{pmatrix} 1 & 4 & 6 \\ 3 & 4 & 5 \\ 4 & 6 & 7 \end{pmatrix}; \quad A_{ZE} = \begin{pmatrix} 1 & 2 & 2 \\ 2 & 1 & 1 \\ 0 & 1 & 2 \end{pmatrix}.$$

Mit dem GTR gibt man die Matrizen A_{RE} und A_{ZE} ein

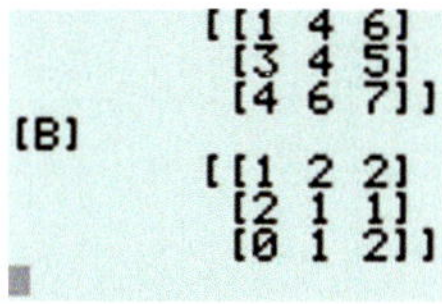

und berechnet direkt die Matrix A_{RZ}:

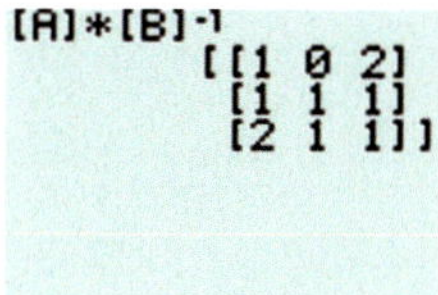

Lösung:

Da $A_{RZ} \cdot A_{ZE} = A_{RE}$ ist, gilt nach Multiplikation von rechts mit A_{ZE}^{-1}: $\quad A_{RZ} = A_{RE} \cdot A_{ZE}^{-1}$.

Berechnung von A_{ZE}^{-1}:

$$\left(\begin{array}{ccc|ccc} 1 & 2 & 2 & 1 & 0 & 0 \\ 2 & 1 & 1 & 0 & 1 & 0 \\ 0 & 1 & 2 & 0 & 0 & 1 \end{array}\right) \; Z2 - 2 \cdot Z1 \Rightarrow \left(\begin{array}{ccc|ccc} 1 & 2 & 2 & 1 & 0 & 0 \\ 0 & -3 & -3 & -2 & 1 & 0 \\ 0 & 1 & 2 & 0 & 0 & 1 \end{array}\right) \; \begin{array}{l} Z1 - 2 \cdot Z3 \\ Z2 + 3 \cdot Z3 \end{array} \Rightarrow$$

$$\Rightarrow \left(\begin{array}{ccc|ccc} 1 & 0 & -2 & 1 & 0 & -2 \\ 0 & 0 & 3 & -2 & 1 & 3 \\ 0 & 1 & 2 & 0 & 0 & 1 \end{array}\right) \; \begin{array}{l} Z3:3 \\ Z3 \Leftrightarrow Z2 \end{array} \Rightarrow \left(\begin{array}{ccc|ccc} 1 & 0 & -2 & 1 & 0 & -2 \\ 0 & 1 & 2 & 0 & 0 & 1 \\ 0 & 0 & 1 & -\frac{2}{3} & \frac{1}{3} & 1 \end{array}\right) \; \begin{array}{l} Z1 + 2 \cdot Z3 \\ Z2 - 2 \cdot Z3 \end{array} \Rightarrow \left(\begin{array}{ccc|ccc} 1 & 0 & 0 & -\frac{1}{3} & \frac{2}{3} & 0 \\ 0 & 1 & 0 & \frac{4}{3} & -\frac{2}{3} & -1 \\ 0 & 0 & 1 & -\frac{2}{3} & \frac{1}{3} & 1 \end{array}\right)$$

Damit ist

$$A_{ZE}^{-1} = \begin{pmatrix} -\frac{1}{3} & \frac{2}{3} & 0 \\ \frac{4}{3} & -\frac{2}{3} & -1 \\ -\frac{2}{3} & \frac{1}{3} & 1 \end{pmatrix} = \frac{1}{3} \cdot \begin{pmatrix} -1 & 2 & 0 \\ 4 & -2 & -3 \\ -2 & 1 & 3 \end{pmatrix}. \quad A_{RZ} = A_{RE} \cdot A_{ZE}^{-1} = \begin{pmatrix} 1 & 4 & 6 \\ 3 & 4 & 5 \\ 4 & 6 & 7 \end{pmatrix} \cdot \frac{1}{3} \begin{pmatrix} -1 & 2 & 0 \\ 4 & -2 & -3 \\ -2 & 1 & 3 \end{pmatrix} = \begin{pmatrix} 1 & 0 & 2 \\ 1 & 1 & 1 \\ 2 & 1 & 1 \end{pmatrix}$$

Aufgaben

2 In Werk I einer Firma werden drei Bauteile zu drei Zwischenteilen zusammengeschweißt. Aus diesen werden zwei Endprodukte hergestellt. Die Tabellen geben die für je ein Zwischenteil benötigten Bauteile bzw. die je Endprodukt benötigten Zwischenteile an.

	Z_1	Z_2	Z_3
B_1	1	3	8
B_2	2	2	10
B_3	3	3	6

	E_1	E_2
Z_1	4	4
Z_2	5	3
Z_3	6	2

Auftrag: 20 E_1; 40 E_2

Kosten je Bauteil in GE: R_1: 1; R_2: 2; R_3: 4

a) Geben Sie die für jedes Endprodukt jeweils benötigten Bauteile B_1 bis B_3 an.

b) Wie viele Bauteile werden für den gesamten Auftrag jeweils benötigt?

c) Was kosten die Bauteile je Zwischenprodukt?

d) Wie hoch sind die Bauteilkosten je Endprodukt?

e) Wie hoch sind die Bauteilkosten des gesamten Auftrags?

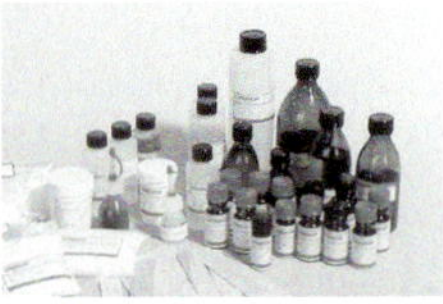

3 Ein Klebstoffhersteller mischt aus drei Rohstoffen vier Zwischenprodukte und stellt aus diesen zwei Kleber K_1 und K_2 her. Fig. 1 zeigt den jeweiligen Materialverbrauch in kg an Vorprodukten für 1 kg des jeweiligen Folgeproduktes.

a) Bestimmen Sie die Rohstoff-Zwischenprodukt- und die Zwischenprodukt-Endprodukt-Matrizen.

b) Berechnen Sie die Rohstoff-Endprodukt-Matrix.

c) Es werden 10 000 Tuben zu je 100 g von K_1 und 8 000 Tuben von K_2 zu je 200 g hergestellt. Bestimmen Sie den Rohstoffbedarf.

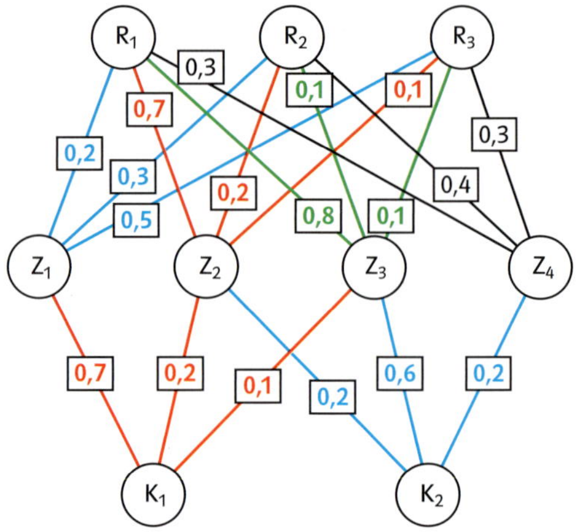

Fig. 1

4 Ein Betrieb stellt aus drei Rohstoffen drei Zwischenprodukte (ZP) her und aus diesen wiederum vier Endprodukte. Die beiden Tabellen geben die Rohstoffe in GE je ME des Zwischenproduktes an bzw. die je Endprodukt benötigten Zwischenprodukte.

Rohstoff	Rohstoff je ZP		
	Z_1	Z_2	Z_3
R_1	1	0	2
R_2	2	1	0
R_3	1	2	1

Zwischenprodukt	ZP je Endprodukt			
	E_1	E_2	E_3	E_4
Z_1	1	3	2	0
Z_2	4	1	0	2
Z_3	3	3	1	1

a) Täglich werden durchschnittlich 100 Stück von E_1, 120 Stück von E_2, 80 Stück von E_3, 50 Stück von E_4 hergestellt. Wie viel ME der einzelnen Rohstoffe werden täglich verarbeitet?

b) Die Rohstoffpreise, die Stückkosten der Zwischen- und der Endprodukte geben die folgenden Tabellen an.

	R_1	R_2	R_3	Z_1	Z_2	Z_3	E_1	E_2	E_3	E_4
GE/ME	1	2	1	10	8	7	120	100	60	50

Bestimmen Sie die Rohstoffkosten je Zwischenprodukt und je Endprodukt.
Wie hoch sind die täglichen Rohstoffkosten im Betrieb?

c) Um wie viel höher liegen die Preise für die einzelnen Zwischenprodukte (Endprodukte) gegenüber den Rohstoffpreisen?

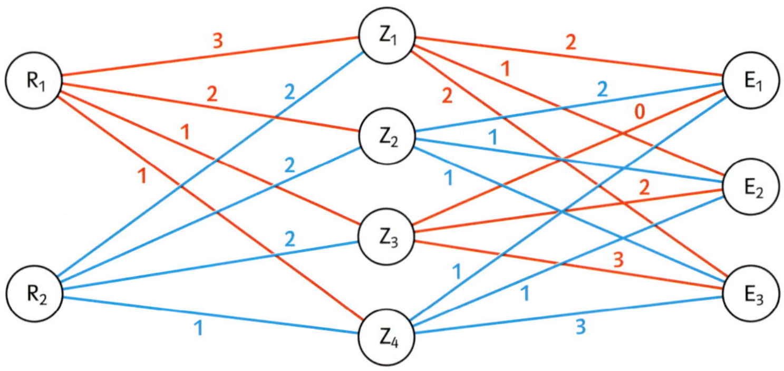

5 Eine Firma stellt aus zwei Rohstoffen R_1 und R_2 vier Zwischenprodukte Z_1 bis Z_4 her und aus diesen drei Endprodukte E_1, E_2 und E_3. Fig. 1 zeigt die jeweils benötigten Rohstoffe in ME je Zwischenprodukt und die je ME der Endprodukte benötigten Zwischenprodukte.

a) Stellen Sie die Rohstoff-Zwischenprodukt-Matrix A_{RZ} und die Zwischenprodukt-Endprodukt-Matrix A_{ZE} auf.

b) Geben Sie in einer Tabelle an, wie viel an Rohstoffen jeder Sorte für das jeweilige Endprodukt benötigt werden.

c) Geben Sie die für einen Auftrag von 150 E_1 und 200 E_2 benötigten Rohstoffmengen an.

d) Die Rohstoffkosten liegen bei 2 GE für R_1 und bei 3 GE für R_2. Geben Sie die Rohstoffkosten für den Auftrag in c) an.

6 Ein Betrieb montiert aus drei Sorten von angelieferten Bauteilen B_1, B_2, B_3 vier vormontierte Zwischenteile (ZT) Z_1 bis Z_4, die schließlich zu drei verschiedenen Geräten G_1, G_2, G_3 zusammengebaut werden. Die Tabellen geben den jeweiligen Bedarf in Einheiten an Vorprodukten für eine Einheit des jeweiligen Folgeproduktes an.

Bauteil	Rohstoff je ZT			
	Z_1	Z_2	Z_3	Z_4
B_1	3	1	2	2
B_2	0	3	2	0
B_3	2	2	0	3

Zwischenteil	ZT je Gerät		
	G_1	G_2	G_3
Z_1	1	2	2
Z_2	2	2	1
Z_3	2	0	3
Z_4	1	2	1

Lehrlinge 1915

Produktionshalle 1916

Die Kosten der einzelnen Bauteile, die Stückkosten je Zwischenteil und die Stückkosten der Geräte sind aufgelistet.

	B_1	B_2	B_3	Z_1	Z_2	Z_3	Z_4	G_1	G_2	G_3
Euro/Stück	3,00	1,50	2,00	16,00	15,00	12,00	15,00	130,00	140,00	150,00

a) Es geht ein Auftrag ein über 400 Geräte des Typs G_1, 300 des Typs G_2 und 400 des Typs G_3 ein, der möglichst rasch ausgeführt werden soll. Welchen Vorrat an Bauteilen muss der Betrieb dazu möglichst auf Lager haben?

b) Berechnen Sie die Bauteilekosten je Endprodukt. Wie hoch sind diese Kosten für den gesamten Auftrag?

c) Berechnen Sie die Kosten für die Bauteile pro Zwischenteil.

d) Jedes Gerät hat einen Verkaufspreis, der 45 % über dem Stückkostenpreis liegt. Was kosten die einzelnen Geräte und wie hoch sind die Gesamteinnahmen für den Auftrag?

e) Wie viele Geräte lassen sich aus 3420 Bauteilen B_1, 2160 Bauteilen B_2 und 2740 Bauteilen B_3 herstellen?
Welche Einnahmen ergäbe diese Produktion?

7 Gegeben ist eine Rohstoff-Endprodukt-Matrix A_{RE} und eine Zwischenprodukt-Endprodukt-Matrix A_{ZE} und der Produktionsvektor $\vec{p}_E$.

$$A_{RE} = \begin{pmatrix} 19 & 46 \\ 17 & 40 \end{pmatrix}; \quad A_{ZE} = \begin{pmatrix} 1 & 2 \\ 2 & 5 \end{pmatrix}; \quad \vec{p}_E = \begin{pmatrix} 15 \\ 20 \end{pmatrix}.$$

a) Bestimmen Sie die Anzahl der für den Auftrag benötigten Zwischenprodukte.

b) Es sind noch 210 ME von Z_1 und 500 ME von Z_2 vorhanden. Wie viel Endprodukte kann man daraus fertigen?

c) Die Rohstoffkosten betragen für R_1 15 €, für R_2 20 €. Wie hoch liegen die Rohstoffkosten für jedes Endprodukt? Die Rohstoffkosten erhöhen sich um 20 %. Wie hoch sind dann die Rohstoffkosten je Endprodukt?

d) Geben Sie an, wie viel ME an Rohstoffen für ein Zwischenprodukt nötig sind.

e) Wie hoch liegen die Rohstoffkosten je Zwischenprodukt?

8 Gegeben ist eine Rohstoff-Endprodukt-Matrix A_{RE} und eine Rohstoff-Zwischenprodukt-Matrix A_{RZ} und der Produktionsvektor $\vec{p}_E$.

$$A_{RE} = \begin{pmatrix} 84 & 94 & 152 \\ 60 & 56 & 104 \\ 84 & 112 & 160 \end{pmatrix}; \quad A_{RZ} = \begin{pmatrix} 3 & 2 & 4 \\ 2 & 0 & 4 \\ 4 & 4 & 2 \end{pmatrix}; \quad \vec{p}_E = \begin{pmatrix} 40 \\ 30 \\ 50 \end{pmatrix}.$$

a) Bestimmen Sie die Anzahl der für den Auftrag benötigten Rohstoffmengen.

b) Was gibt die Zwischenprodukt-Endprodukt-Matrix an? Berechnen Sie die Matrix A_{ZE}.

c) Wie viele Mengeneinheiten der einzelnen Zwischenprodukte werden für den Auftrag benötigt?

d) Es sind auf Lager 550 ME von R_1, 300 ME von R_2, 700 ME von R_3. Wie viele Zwischenprdukte lassen sich daraus herstellen?

10 Einführung in das LEONTIEF-Modell

1 Es gibt einen Austausch von verschiedenen Gütern zwischen Betrieben, z.B. zwischen einem Kohlebergwerk und einem Strom erzeugenden Kraftwerk.
Von wem wird die produzierte Kohle bzw. der produzierte Strom abgenommen?

Der Petersburger WASSILY LEONTIEF (1906–1999) bekam 1973 den Nobelpreis für Wirtschaftswissenschaften für eine mathematische Beschreibung des Austausches von Gütern zwischen Produzenten und Verbrauchern in einem bestimmten Zeitraum. Es verbindet „Wirtschaftstatsachen und Wirtschaftstheorie" miteinander, indem es die gesamte Ökonomie in einer einzigen Matrix (Input-Output-Tabelle) darstellt. Das Deutsche Institut für Wirtschaftsforschung konnte in den Siebziger Jahren mithilfe des LEONTIEF-Modells die Wirkung des Ölschocks auf die Preisentwicklung voraussagen. Nach dem Fall der Mauer schätzten Statistiker mit LEONTIEFs Methode das Sozialprodukt der DDR, um die richtige Menge an DM für die Währungsunion bereitzustellen.

WASSILY LEONTIEF (1906–1999)

Im Folgenden wird an einem ganz einfachen Modell das Prinzip des Güteraustausches zwischen Produzenten und Verbrauchern erklärt. Dazu werden zuerst nur zwei Produzenten herangezogen. Zwischen diesen, dem Markt und der Gesamtproduktion gibt es einen Zusammenhang. Dieser wird zuerst an einem Beispiel erläutert und in eine Matrixdarstellung umgesetzt. In der nächsten Lerneinheit wird das Modell auf drei Produzenten ausgeweitet.

Beschreibung eines Güteraustausches:
Eine kleinere Mühle mit Bäckerei (MB) kooperiert mit einem Landwirt (LW). Dies sieht im einzelnen so aus:
Ein landwirtschaftlicher Betrieb erntet im Jahr 200 t Weizen. Davon werden 50 t selbst gebraucht zum Füttern der Tiere, 125 t werden an die Mühle geliefert und 25 t gehen in den Konsum, d.h., sie werden von ihm an Kunden verkauft. Die Mühle verarbeitet im Jahr 1000 t Weizen zu Mehl. 100 t davon verbraucht sie selbst, 10 t bekommt der Landwirt und 890 t werden verkauft.
Da die Formulierung sehr aufwendig und unübersichtlich ist, wird der Austausch der Güter in einem Verflechtungsdiagramm, auch Gozintograph genannt, dargestellt.

Verflechtungsdiagramm:

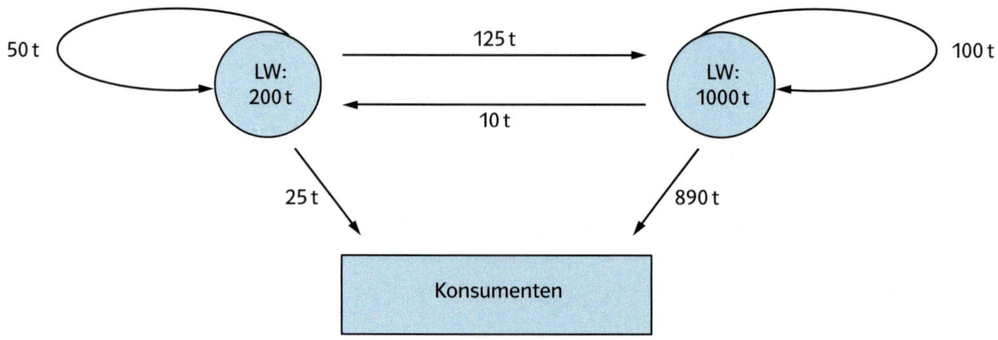

Dieses Verflechtungsdiagramm lässt sich schreiben als

Tabelle:

INPUT / OUTPUT	Landwirt LW (erhält von)	Mühle MB (erhält von)	Konsum	Gesamtproduktion
LW (liefert an)	50 t	125 t	25 t	200 t
MB (liefert an)	10 t	100 t	890 t	1000 t

Diese Tabelle kann man schreiben als

Gleichung:

$$\begin{array}{ccccccc} 50\,t & + & 125\,t & + & 25\,t & = & 200\,t \\ 10\,t & + & 100\,t & + & 890\,t & = & 1000\,t \end{array}$$

geschrieben mit **Vektoren**:

$$\begin{pmatrix} 50\,t & + & 125\,t \\ 10\,t & + & 100\,t \end{pmatrix} + \begin{pmatrix} 25\,t \\ 890\,t \end{pmatrix} = \begin{pmatrix} 200\,t \\ 1000\,t \end{pmatrix}$$

Es ist $\begin{pmatrix} 50\,t + 125\,t \\ 10\,t + 100\,t \end{pmatrix} = \begin{pmatrix} 50\,t & 125\,t \\ 10\,t & 100\,t \end{pmatrix} \cdot \begin{pmatrix} 1 \\ 1 \end{pmatrix} = \begin{pmatrix} \frac{50\,t}{200\,t} & \frac{125\,t}{1000\,t} \\ \frac{10\,t}{200\,t} & \frac{100\,t}{1000\,t} \end{pmatrix} \cdot \begin{pmatrix} 200\,t \\ 1000\,t \end{pmatrix} = \begin{pmatrix} \frac{1}{4} & \frac{1}{8} \\ \frac{1}{20} & \frac{1}{10} \end{pmatrix} \cdot \begin{pmatrix} 200\,t \\ 1000\,t \end{pmatrix}$.

Die Matrix $A = \begin{pmatrix} \frac{1}{4} & \frac{1}{8} \\ \frac{1}{20} & \frac{1}{10} \end{pmatrix}$ entsteht also aus der Matrix $\begin{pmatrix} 50\,t & 125\,t \\ 10\,t & 100\,t \end{pmatrix}$, indem die Elemente der ersten Spalte durch die Gesamtproduktion von LW (200 t) und die der 2. Spalte durch die Gesamtproduktion von MB (1000 t) dividiert werden. Es sind also die Produktionsanteile, die an die kooperierenden Firmen geliefert bzw. von diesen erhalten werden. Es gilt also mit der so genannten **Technologiematrix** A:

$$\begin{pmatrix} \frac{1}{4} & \frac{1}{8} \\ \frac{1}{20} & \frac{1}{10} \end{pmatrix} \cdot \begin{pmatrix} 200\,t \\ 1000\,t \end{pmatrix} + \begin{pmatrix} 25\,t \\ 890\,t \end{pmatrix} = \begin{pmatrix} 200\,t \\ 1000\,t \end{pmatrix}$$

oder

$$\begin{pmatrix} \frac{1}{4} & \frac{1}{8} \\ \frac{1}{20} & \frac{1}{10} \end{pmatrix} \cdot \begin{pmatrix} 200\,t \\ 1000\,t \end{pmatrix} + \begin{pmatrix} 25\,t \\ 890\,t \end{pmatrix} = \begin{pmatrix} 1 & 0 \\ 0 & 1 \end{pmatrix} \cdot \begin{pmatrix} 200\,t \\ 1000\,t \end{pmatrix}$$

Damit erhält man:

$$\left[\begin{pmatrix} 1 & 0 \\ 0 & 1 \end{pmatrix} - \begin{pmatrix} \frac{50}{200} & \frac{125}{1000} \\ \frac{10}{200} & \frac{100}{1000} \end{pmatrix}\right] \cdot \begin{pmatrix} 200\,t \\ 1000\,t \end{pmatrix} = \begin{pmatrix} 25\,t \\ 890\,t \end{pmatrix}$$

(Einheitsmatrix − Technologiematrix) · Produktionsvektor = Konsumvektor

Es wird ein Zusammenhang hergestellt zwischen der Matrix A der Produktionsanteile, die zwischen LW und MB ausgetauscht werden, dem Produktionsvektor und dem Konsumvektor.

Produzieren zwei Firmen F_1 und F_2 Güter mit den Mengen x_1 und x_2, so heißt der Vektor $\vec{x} = \begin{pmatrix} x_1 \\ x_2 \end{pmatrix}$ **Produktionsvektor**. Geben Sie davon die Mengen y_1 bzw. y_2 an den Markt ab, so heißt $\vec{y} = \begin{pmatrix} y_1 \\ y_2 \end{pmatrix}$ **Marktvektor** oder **Konsumvektor**. Die Matrix $A = \begin{pmatrix} \frac{x_{11}}{x_1} & \frac{x_{12}}{x_2} \\ \frac{x_{21}}{x_1} & \frac{x_{22}}{x_2} \end{pmatrix}$, in der x_{ik} die Güter angibt, welche die Firma F_i an F_k liefert, heißt **Input-Output-Matrix** oder auch **Technologiematrix**.

Es besteht nach LEONTIEF folgender Zusammenhang zwischen $\vec{x}$, $\vec{y}$ und A:

$$\vec{y} = (E - A) \cdot \vec{x}$$

Damit lassen sich nun dank des Zusammenhangs sehr unterschiedliche Fragestellungen beantworten.

Beispiel 1 Aufstellen einer Technologiematrix; Berechnung des Konsumvektors

Gegeben ist die Tabelle von Fig. 1, wobei die Angaben in Mengeneinheiten ME erfolgen. Die zwei Abteilungen sind nach dem LEONTIEF-Modell verflochten. Die Tabelle bezieht sich auf die Produktion des vergangenen Jahres.

		Lieferung an		Produktion
		U	V	
Lieferung von	U	5	10	50
	V	20	50	100

Fig. 1

Die Kontinente sind z.B. durch den Warenaustausch vernetzt.

a) Stellen Sie die Technologiematrix auf.

b) Berechnen Sie damit die an den Markt abgegebenen Mengen. Kontrollieren Sie diese anhand der Tabelle.

Lösung:

a) Die Verflechtungsmatrix $\begin{pmatrix} 5 & 10 \\ 20 & 50 \end{pmatrix}$ wird zur Technologiematrix, wenn die Elemente in der 1. Spalte durch die Produktion von U, also durch 50, und die Elemente der 2. Spalte durch die Produktion von V, also durch 100, dividiert werden. Damit ist

$$A = \begin{pmatrix} \frac{5}{50} & \frac{10}{100} \\ \frac{20}{50} & \frac{50}{100} \end{pmatrix} = \begin{pmatrix} 0{,}1 & 0{,}1 \\ 0{,}4 & 0{,}5 \end{pmatrix}.$$

b) Für den Marktvektor gilt nach LEONTIEF: $\vec{y} = (E - A) \cdot \vec{x}$.

Es ist zu bilden:

$$E - A = \begin{pmatrix} 1 & 0 \\ 0 & 1 \end{pmatrix} - \begin{pmatrix} 0{,}1 & 0{,}1 \\ 0{,}4 & 0{,}5 \end{pmatrix} = \begin{pmatrix} 1 - 0{,}1 & 0 - 0{,}1 \\ 0 - 0{,}4 & 1 - 0{,}5 \end{pmatrix} = \begin{pmatrix} 0{,}9 & -0{,}1 \\ -0{,}4 & 0{,}5 \end{pmatrix}.$$

Zusammen mit $\vec{x} = \begin{pmatrix} 50 \\ 100 \end{pmatrix}$ erhält man den Marktvektor

$$y = \begin{pmatrix} 0{,}9 & -0{,}1 \\ -0{,}4 & 0{,}5 \end{pmatrix} \cdot \begin{pmatrix} 50 \\ 100 \end{pmatrix} = \begin{pmatrix} 0{,}9 \cdot 50 - 0{,}1 \cdot 100 \\ -0{,}4 \cdot 50 + 0{,}5 \cdot 100 \end{pmatrix} = \begin{pmatrix} 45 - 10 \\ -20 + 50 \end{pmatrix} = \begin{pmatrix} 35 \\ 30 \end{pmatrix}.$$

Damit gibt U 35 ME seines Produktes an den Markt, bei V sind es 30 ME.

Addiert man alle abgegebenen Produkte für U und V auf, so muss sich die jeweilige Gesamtproduktion ergeben:

Kontrolle für U: $5 + 10 + 35 = 50$; Kontrolle für V: $20 + 50 + 30 = 100$.

Beispiel 2 Berechnung des Konsumvektors mit dem GTR; Verflechtungsdiagramm

Vom Warenaustausch zweier Firmen F_1 und F_2 ist die Technologiematrix bekannt. Sie ist $A = \begin{pmatrix} 0{,}2 & 0{,}1 \\ 0{,}2 & 0{,}3 \end{pmatrix}$. Es wird eine Gesamtproduktion in ME erwartet, die durch $\vec{x} = \begin{pmatrix} 375 \\ 300 \end{pmatrix}$ gegeben ist.

a) Geben Sie den Marktvektor an.

b) Erstellen Sie ein Verflechtungsdiagramm.

Lösung:

a) Für den Konsum- oder Marktvektor gilt: $\vec{y} = (E - A) \cdot \vec{x}$, also $\vec{y} = \begin{pmatrix} 270 \\ 135 \end{pmatrix}$.

Ausführliche Rechnung:

$$\begin{pmatrix} 0{,}8 & -0{,}1 \\ -0{,}2 & 0{,}7 \end{pmatrix} \cdot \begin{pmatrix} 375 \\ 300 \end{pmatrix} = \begin{pmatrix} 0{,}8 \cdot 375 - 0{,}1 \cdot 300 \\ -0{,}2 \cdot 375 + 0{,}7 \cdot 300 \end{pmatrix} = \begin{pmatrix} 300 - 30 \\ -75 + 210 \end{pmatrix} = \begin{pmatrix} 270 \\ 135 \end{pmatrix}$$

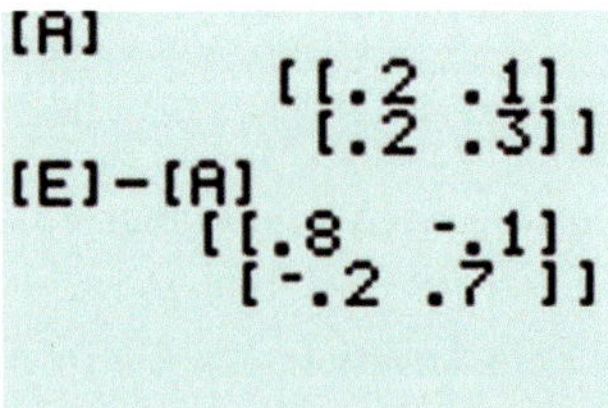

Fig. 2

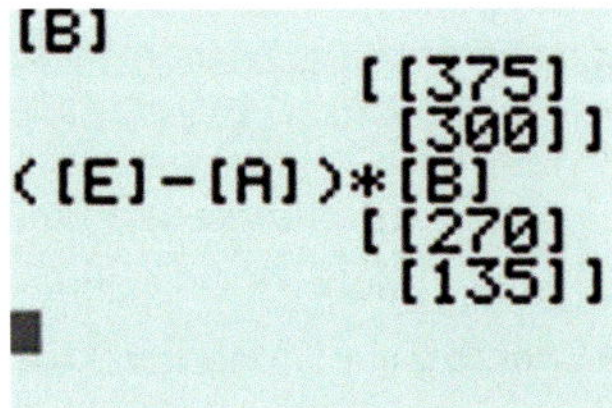

Fig. 3

b) Um ein Verflechtungsdiagramm zu erstellen, werden die Werte x_{ik} benötigt, also die Warenmengen, welche die Firma F_i an die Firma F_k liefert.

Es ist $a_{11} = \frac{x_{11}}{x_1}$, also ist $x_{11} = x_1 \cdot a_{11}$, d.h. $x_{11} = 0{,}2 \cdot 375 = 75$. Dies ist die Menge, die F_1 selbst verbraucht.

Entsprechend erhält man: $a_{12} = \frac{x_{12}}{x_2}$, also ist $x_{12} = x_2 \cdot a_{12}$, d.h. $x_{12} = 0{,}1 \cdot 300 = 30$. Dies ist die Menge, die F_1 nach F_2 liefert.

$a_{21} = \frac{x_{21}}{x_1}$, also ist $x_{21} = x_1 \cdot a_{21}$, d.h. $x_{21} = 0{,}2 \cdot 375 = 75$ (Lieferung von F_2 nach F_1).

$a_{22} = \frac{x_{22}}{x_2}$, also ist $x_{22} = x_2 \cdot a_{22}$, d.h. $x_{22} = 0{,}3 \cdot 300 = 90$ (Lieferung von F_2 nach F_2).

Verflechtungsdiagramm:

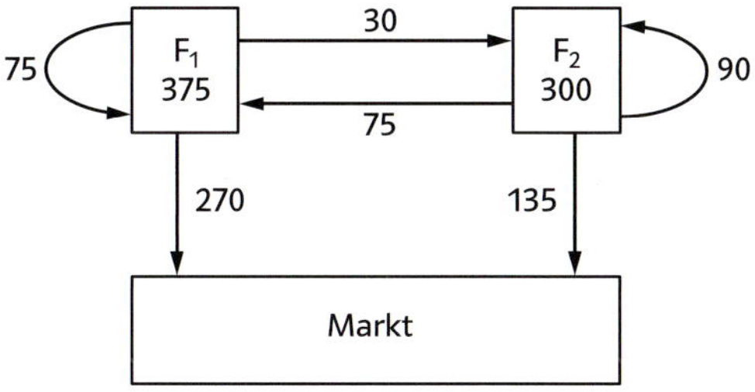

Aufgaben

2 Zwei Abteilungen A und B sind nach dem LEONTIEF-Modell verflochten. Die Tabelle zeigt den Güteraustausch des letzten Monats.

		Lieferung an A	Lieferung an B	Produktion
Lieferung von	A	10	20	50
	B	2	5	100

a) Zeichnen Sie einen zur Tabelle passenden Gozintographen.

b) Berechnen Sie die Technologiematrix und den Konsumvektor (= Marktabgabe).

c) Wie sieht der Warenaustausch zwischen A und B aus, wenn die Produktion von A auf 60 ME und die von B auf 120 ME im nächsten Monat gesteigert wird?

d) Berechnen Sie den Marktvektor nach der Produktionssteigerung.

3 Zwei Betriebe U und V tauschen Güter gemäß dem Verflechtungsdiagramm rechts aus.

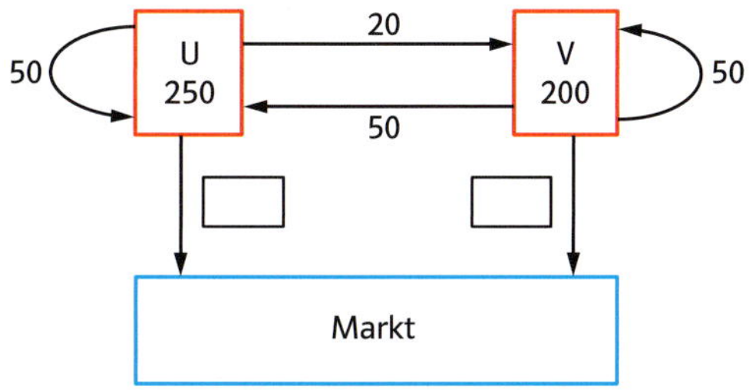

a) Füllen Sie die beiden leeren Felder aus.

b) Geben Sie die Technologiematrix an und bestätigen Sie dann mithilfe der LEONTIEF-Gleichung das Ergebnis von a).

c) Die Produktion wird um 50 % gesteigert. Wie hoch ist jetzt jeweils der Eigenbedarf der Betriebe U und V und wie hoch sind die Lieferungen von U nach V?

d) Während Betrieb U seine Produktion um 20 % in der nächsten Periode steigern will, muss sie V wegen Umbaumaßnahmen um 10 % senken. Wie sehen die Materiallieferungen dann aus?

4 Zwei Betriebe R und S sind gemäß der Tabelle rechts untereinander und mit dem Markt verflochten.

	R	S	Markt
R	4	4	24
S	8	4	40

a) Berechnen Sie die Gesamtproduktion und die Technologiematrix.

b) In der nächsten Produktionsperiode wird die Produktion voraussichtlich auf $\vec{x} = \begin{pmatrix} 48 \\ 63 \end{pmatrix}$ anwachsen.

Berechnen Sie mit dem GTR den Konsumvektor.

c) Der Konsum wird laut Prognosen in der nächsten Periode auf $\vec{y} = \begin{pmatrix} 40 \\ 50 \end{pmatrix}$ zunehmen.

Berechnen Sie dazu den Produktionsvektor und stellen Sie dazu die Verflechtungstabelle auf. Rechnen Sie mit dem GTR auf eine Stelle nach dem Komma.

11 Das Leontief-Modell – Fortsetzung

	Werk 1	Werk 2	Werk 3	Konsum	Produktion
Werk 1	1	6	5	8	20
Werk 2	2	3	2	17	24
Werk 3	1	3	4	12	20

Fig. 1

1 Fig. 1 zeigt die Verflechtung dreier Werke einer Firma.

a) Geben Sie die Bedeutung der einzelnen Zahlen der Tabelle an.

b) Geben Sie die Technologiematrix A an.

c) Gilt $(E - A) \cdot \vec{x} = \vec{y}$ mit dem Produktionsvektor $\vec{x}$ und dem Konsumvektor $\vec{y}$?

Man kann das in der vorangegangenen Lerneinheit erarbeitete Modell hinsichtlich der Verflechtung von zwei Betrieben auch auf drei und mehr Betriebe ausweiten. Hier wird die Vernetzung von drei Betrieben näher behandelt.

Eine Verflechtung von drei Betrieben kann durch ein **Verflechtungsdiagramm** oder eine **Input-Output-Tabelle** gegeben sein.

Der Pfeil bedeutet: „… liefert an …“

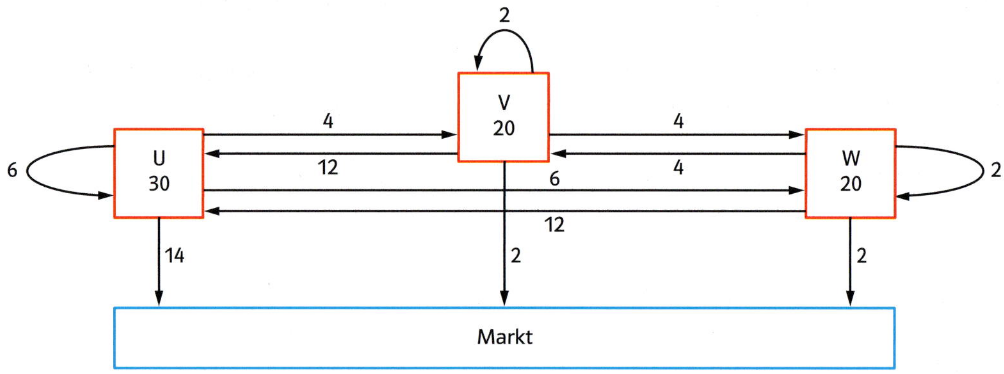

Die zugehörige Input-Output-Tabelle hat dann folgendes Aussehen, wobei das Element x_{ik} die Lieferung des Betriebs i an den Betrieb k in ME angibt. Die Elemente in der Diagonalen geben somit den Eigenverbrauch der Betriebe an.

	Betrieb 1	Betrieb 2	Betrieb 3	Markt Y	Produktion X
Betrieb 1	6	4	6	14	30
Betrieb 2	12	2	4	2	20
Betrieb 3	12	4	2	2	20

Es gilt:

$x_{11} + x_{12} + x_{13} + y_1 = x_1 \quad (6 + 4 + 6 + 14 = 30)$

$x_{21} + x_{22} + x_{23} + y_2 = x_2 \quad (12 + 2 + 4 + 2 = 20)$

$x_{31} + x_{32} + x_{33} + y_3 = x_3 \quad (12 + 4 + 2 + 2 = 20)$

Dividiert man die Elemente der 1. Spalte durch die Gesamtproduktion von Betrieb 1, also durch x_1, die Elemente der 2. Spalte durch x_2, die Elemente der 3. Spalte durch x_3, so erhält man die Technologiematrix A.

Das Element $a_{32} = 0{,}2$ gibt an, dass der Betrieb 3 das 0,2-fache der Produktion von Betrieb 2 an Betrieb 2 liefert.

$$A = \begin{pmatrix} \frac{6}{30} & \frac{4}{20} & \frac{6}{20} \\ \frac{12}{30} & \frac{2}{20} & \frac{4}{20} \\ \frac{12}{30} & \frac{4}{20} & \frac{2}{20} \end{pmatrix} = \begin{pmatrix} 0{,}2 & 0{,}2 & 0{,}3 \\ 0{,}4 & 0{,}1 & 0{,}2 \\ 0{,}4 & 0{,}2 & 0{,}1 \end{pmatrix} \qquad \text{Allgemein: } A = \begin{pmatrix} \frac{x_{11}}{x_1} & \frac{x_{12}}{x_2} & \frac{x_{13}}{x_3} \\ \frac{x_{21}}{x_1} & \frac{x_{22}}{x_2} & \frac{x_{23}}{x_3} \\ \frac{x_{31}}{x_1} & \frac{x_{32}}{x_2} & \frac{x_{33}}{x_3} \end{pmatrix}$$

Bezeichnet man $\vec{x} = \begin{pmatrix} x_1 \\ x_2 \\ x_3 \end{pmatrix}$ als **Produktionsvektor** und $\vec{y} = \begin{pmatrix} y_1 \\ y_2 \\ y_3 \end{pmatrix}$ als **Marktvektor**, so gilt nach Leontief folgender Zusammenhang:

$$\mathbf{A \cdot \vec{x} + \vec{y} = \vec{x}} \quad \text{oder} \quad \mathbf{\vec{y} = (E - A) \cdot \vec{x}}.$$

Man kann dies nachrechnen:

$$A \cdot \vec{x} + \vec{y} = \begin{pmatrix} 0{,}2 & 0{,}2 & 0{,}3 \\ 0{,}4 & 0{,}1 & 0{,}2 \\ 0{,}4 & 0{,}2 & 0{,}1 \end{pmatrix} \cdot \begin{pmatrix} 30 \\ 20 \\ 20 \end{pmatrix} + \begin{pmatrix} 14 \\ 2 \\ 2 \end{pmatrix} = \begin{pmatrix} 6+4+6 \\ 12+2+4 \\ 12+4+2 \end{pmatrix} + \begin{pmatrix} 14 \\ 2 \\ 2 \end{pmatrix} = \begin{pmatrix} 16 \\ 18 \\ 18 \end{pmatrix} + \begin{pmatrix} 14 \\ 2 \\ 2 \end{pmatrix} = \begin{pmatrix} 30 \\ 20 \\ 20 \end{pmatrix} = \vec{x}$$

oder

$$(E - A) \cdot \vec{x} = \left[\begin{pmatrix} 1 & 0 & 0 \\ 0 & 1 & 0 \\ 0 & 0 & 1 \end{pmatrix} - \begin{pmatrix} 0{,}2 & 0{,}2 & 0{,}3 \\ 0{,}4 & 0{,}1 & 0{,}2 \\ 0{,}4 & 0{,}2 & 0{,}1 \end{pmatrix} \right] \cdot \begin{pmatrix} 30 \\ 20 \\ 20 \end{pmatrix} = \begin{pmatrix} 0{,}8 & -0{,}2 & -0{,}3 \\ -0{,}4 & 0{,}9 & -0{,}2 \\ -0{,}4 & -0{,}2 & 0{,}9 \end{pmatrix} \cdot \begin{pmatrix} 30 \\ 20 \\ 20 \end{pmatrix} = \begin{pmatrix} 14 \\ 2 \\ 2 \end{pmatrix} = \vec{y}$$

Aus dieser LEONTIEF-Gleichung ergeben sich drei Fragestellungen, die in den Beispielen 1 und 2 erläutert werden. Dabei ist zu beachten, dass wirtschaftlich sinnvoll nur Produktions- und Konsumvektoren mit positiven Elementen sind.

(1) Zu vorgegebener Technologiematrix und zu vorgegebenem Produktionsvektor ist der **Marktvektor** gesucht:
$\vec{y} = (E - A) \cdot \vec{x}$. Berechnung von $\vec{y}$ durch Matrizenmultiplikation.

(2) Zu vorgegebener Technologiematrix und zu vorgegebenem Konsumvektor ist der **Produktionsvektor** gesucht:
$y = (E - A) \cdot \vec{x}$. Zu lösen ist dann das zugehörige Gleichungssystem mit oder ohne GTR (S. 306/307). Man kann auch mit der inversen Matrix $(E - A)^{-1}$ (**LEONTIEF-Inverse**) die Lösung erhalten, sofern diese existiert: $\vec{x} = (E - A)^{-1} \cdot \vec{y}$

(3) Es können **einzelne Komponenten** von $\vec{x}$ und von $\vec{y}$ zu berechnen sein:
$\vec{y} = (E - A) \cdot \vec{x}$. Dann ist das zugehörige Gleichungssystem zu lösen.

Bei der Verflechtung von n Betrieben gilt das LEONTIEF-Modell:
(Einheitsmatrix E − Technologiematrix A) · Produktionsvektor $\vec{x}$ = **Konsumvektor $\vec{y}$**,
also

$$(E - A) \cdot \vec{x} = \vec{y}.$$

Beispiel 1 Markt- und Produktionsvektor gesucht

Gegeben ist die nebenstehende Input-Tabelle.

a) Stellen Sie dazu die zugehörige Technologiematrix auf. Berechnen Sie den Marktvektor auf zwei Arten.

b) Der Markt verlangt den Konsumvektor $\vec{y}^T = (25 \;\; 2 \;\; 13)$. Wie sieht in diesem Fall der Produktionsvektor aus?

	Betrieb 1	Betrieb 2	Betrieb 3	Markt Y	Produktion X
Betrieb 1	12	8	12		60
Betrieb 2	24	4	8		40
Betrieb 3	24	8	4		40

Fig. 1

Lösung:

a) Technologiematrix:

$$A = \begin{pmatrix} \frac{12}{60} & \frac{8}{40} & \frac{12}{40} \\ \frac{24}{60} & \frac{4}{40} & \frac{8}{40} \\ \frac{24}{60} & \frac{8}{40} & \frac{4}{40} \end{pmatrix} = \begin{pmatrix} 0{,}2 & 0{,}2 & 0{,}3 \\ 0{,}4 & 0{,}1 & 0{,}2 \\ 0{,}4 & 0{,}2 & 0{,}1 \end{pmatrix}.$$

Damit ist $E - A = \begin{pmatrix} 0{,}8 & -0{,}2 & -0{,}3 \\ -0{,}4 & 0{,}9 & -0{,}2 \\ -0{,}4 & -0{,}2 & 0{,}9 \end{pmatrix}$ und der

Marktvektor $\begin{pmatrix} 0{,}8 & -0{,}2 & -0{,}3 \\ -0{,}4 & 0{,}9 & -0{,}2 \\ -0{,}4 & -0{,}2 & 0{,}9 \end{pmatrix} \cdot \begin{pmatrix} 60 \\ 40 \\ 40 \end{pmatrix} = \begin{pmatrix} 28 \\ 4 \\ 4 \end{pmatrix}$.

Marktvektor, berechnet direkt aus der Tabelle:

$12 + 8 + 12 + y_1 = 60$, also $y_1 = 28$
$24 + 4 + 8 + y_2 = 40$, also $y_2 = 4$
$24 + 8 + 4 + y_3 = 40$, also $y_3 = 4$

Berechnung mit dem GTR:

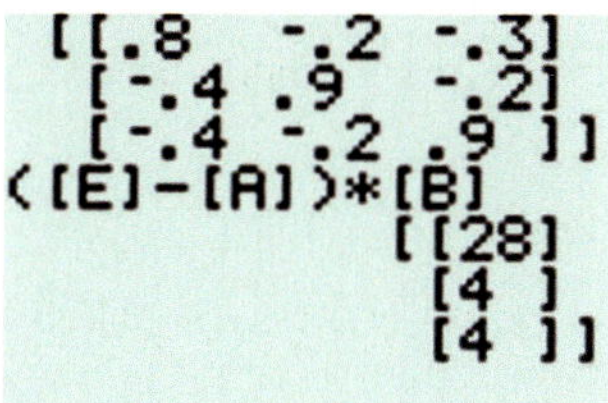

b) Es muss gelten: $(E - A) \cdot \vec{x} = \vec{y}$, also $\begin{pmatrix} 0{,}8 & -0{,}2 & -0{,}3 \\ -0{,}4 & 0{,}9 & -0{,}2 \\ -0{,}4 & -0{,}2 & 0{,}9 \end{pmatrix} \cdot \begin{pmatrix} x_1 \\ x_2 \\ x_3 \end{pmatrix} = \begin{pmatrix} 25 \\ 2 \\ 13 \end{pmatrix}$, d.h.

$$\begin{aligned} 0{,}8x_1 - 0{,}2x_2 - 0{,}3x_3 &= 25 \\ -0{,}4x_1 + 0{,}9x_2 - 0{,}2x_3 &= 2 \\ -0{,}4x_1 - 0{,}2x_2 + 0{,}9x_3 &= 13 \end{aligned}$$

Lösung mit dem GTR:

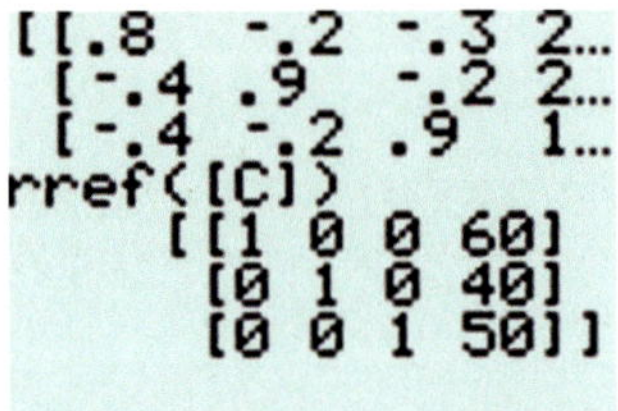

Damit ist $\vec{x} = \begin{pmatrix} 60 \\ 40 \\ 50 \end{pmatrix}$ der gesuchte Produktionsvektor.

Man kann auch die Leontief-Inverse bilden und diese mit $\vec{y}$ multiplizieren:

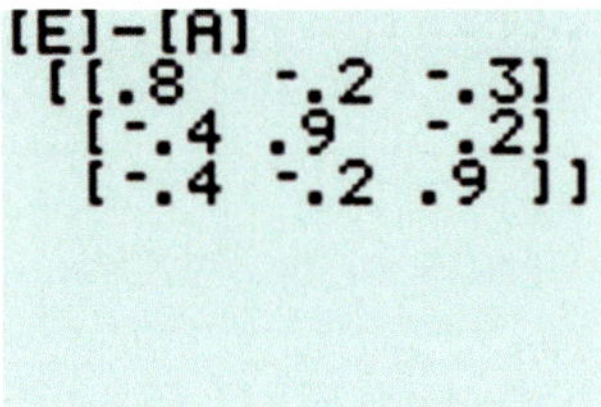

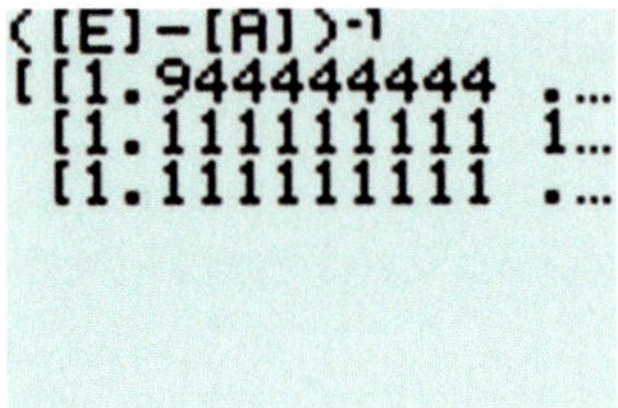

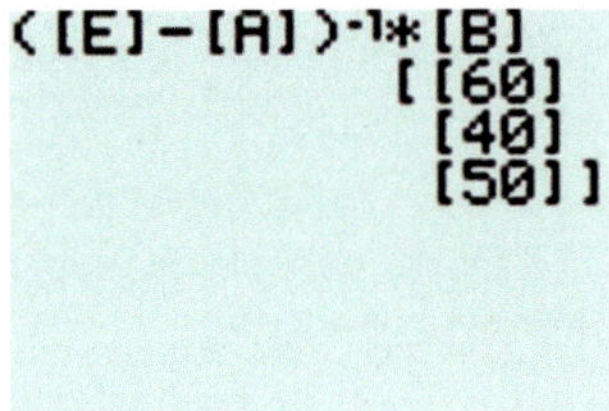

Beispiel 2 Änderungen in Nachfrage und Produktion

Das Verflechtungsdiagramm zeigt den Güteraustausch zwischen drei Werken W_1, W_2 und W_3 und dem Markt im laufenden Produktionszeitraum.

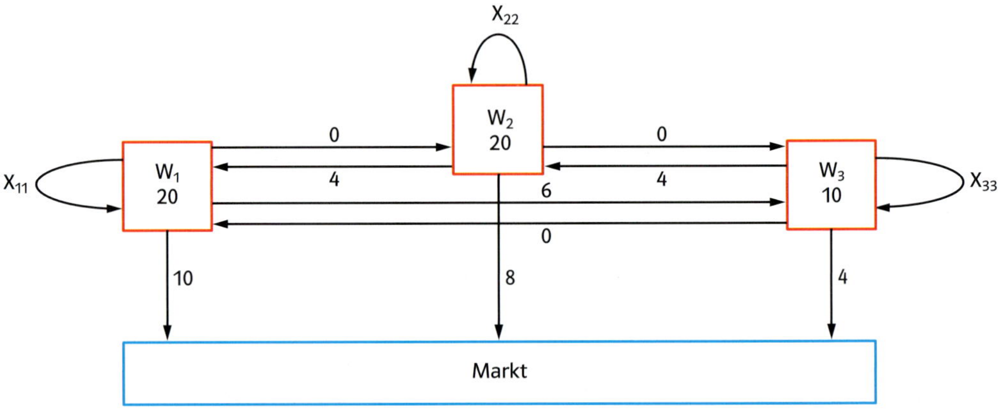

a) Geben Sie die vollständige Input-Output-Tabelle sowie die Technologiematrix an.

b) Im letzten Zeitraum betrug die Marktabgabe bei W_1 und W_2 je 6 ME, bei W_3 5 Einheiten. Wie hoch lag die Produktion? Geben Sie auch die zugehörige Input-Output-Tabelle an.

c) W_3 will im nächsten Produktionszeitraum um 4 ME mehr als zur Zeit produzieren, weil der Markt es verlangt. Um wie viel ME müssen die Werke W_1 und W_2 ihre Produktion erhöhen? Um wie viel liegt jetzt die Marktabgabe von W_3 höher als im vergangenen Produktionszeitraum?

Lösung:

	W_1	W_2	W_3	Konsum	Produktion
W_1	x_{11}	0	6	10	20
W_2	4	x_{22}	0	8	20
W_3	0	4	x_{33}	4	10

a) Input-Output-Tabelle:

Es ist

$x_{11} + 0 + 6 + 10 = 20$; also $x_{11} = 4$,

$4 + x_{22} + 0 + 8 = 20$; also $x_{22} = 8$,

$0 + 4 + x_{33} + 4 = 10$; also $x_{33} = 2$

Technologiematrix: $A = \begin{pmatrix} \frac{4}{20} & 0 & \frac{6}{10} \\ \frac{4}{20} & \frac{8}{20} & 0 \\ 0 & \frac{4}{20} & \frac{2}{10} \end{pmatrix} = \begin{pmatrix} 0{,}2 & 0 & 0{,}6 \\ 0{,}2 & 0{,}4 & 0 \\ 0 & 0{,}2 & 0{,}2 \end{pmatrix}$

b) Es ist $E - A = \begin{pmatrix} 1 & 0 & 0 \\ 0 & 1 & 0 \\ 0 & 0 & 1 \end{pmatrix} - \begin{pmatrix} 0{,}2 & 0 & 0{,}6 \\ 0{,}2 & 0{,}4 & 0 \\ 0 & 0{,}2 & 0{,}2 \end{pmatrix} = \begin{pmatrix} 0{,}8 & 0 & -0{,}6 \\ -0{,}2 & 0{,}6 & 0 \\ 0 & -0{,}2 & 0{,}8 \end{pmatrix}$.

$(E - A)\cdot\vec{x} = \vec{y}$ ergibt: $\begin{pmatrix} 0{,}8 & 0 & -0{,}6 \\ -0{,}2 & 0{,}6 & 0 \\ 0 & -0{,}2 & 0{,}8 \end{pmatrix}\cdot\begin{pmatrix} x_1 \\ x_2 \\ x_3 \end{pmatrix} = \begin{pmatrix} 6 \\ 6 \\ 5 \end{pmatrix}$ oder $\begin{aligned} 0{,}8x_1 - 0{,}6x_3 &= 6 \\ -0{,}2x_1 + 0{,}6x_2 &= 6 \\ -0{,}2x_2 + 0{,}8x_3 &= 5 \end{aligned}$

Lösung des Gleichungssystems mit dem GTR über rref (Fig. 1 und Fig. 2) oder mithilfe der Leontief-Inversen: $\vec{x} = (E - A)^{-1}\cdot\vec{y}$ (Fig. 3). Damit haben im letzten Zeitraum W_1 und W_2 je 15 ME, W_3 10 ME produziert.

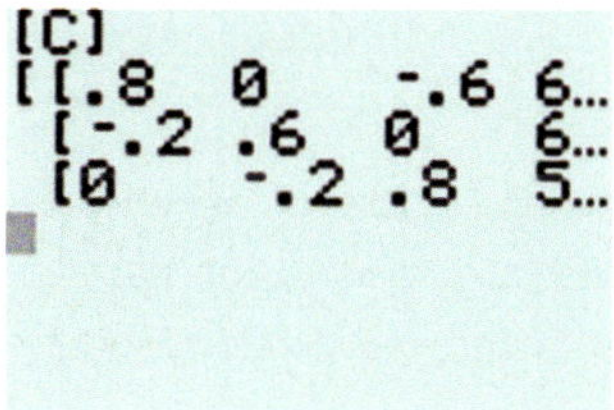

Fig. 1

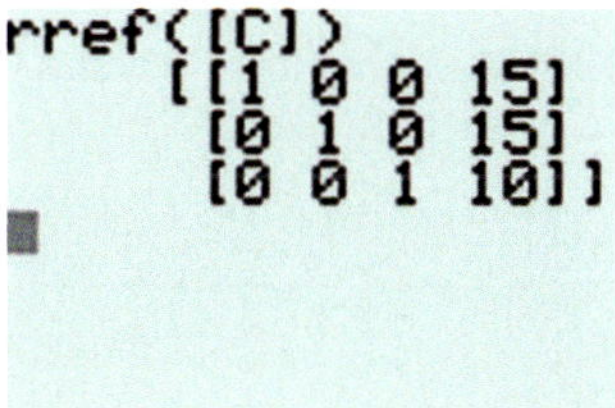

Fig. 2

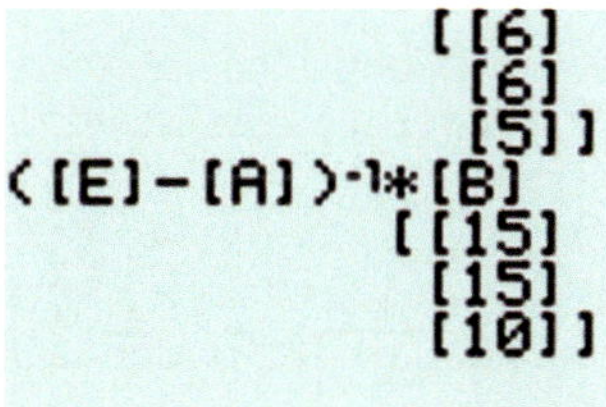

Fig. 3

Damit ergibt sich die Input-Output-Matrix:

$$X = \begin{pmatrix} 0{,}2\cdot 15 & 0\cdot 15 & 0{,}6\cdot 16 \\ 0{,}2\cdot 15 & 0{,}4\cdot 15 & 0\cdot 10 \\ 0\cdot 15 & 0{,}2\cdot 15 & 0{,}2\cdot 10 \end{pmatrix} = \begin{pmatrix} 3 & 0 & 6 \\ 3 & 6 & 0 \\ 0 & 3 & 2 \end{pmatrix}$$

Input-Output-Tabelle:

	W_1	W_2	W_3	Konsum	Produktion
W_1	3	0	6	6	15
W_2	3	6	0	6	15
W_3	0	3	2	5	10

c) Produktionsvektor ist jetzt $\vec{x} = \begin{pmatrix} x_1 \\ x_2 \\ 14 \end{pmatrix}$. Konsumvektor ist $\vec{y} = \begin{pmatrix} 10 \\ 8 \\ y_3 \end{pmatrix}$, da die Marktabgaben von W_1 und W_2 gleich bleiben. Aus $(E - A)\cdot\vec{x} = \vec{y}$, also $\begin{pmatrix} 0{,}8 & 0 & -0{,}6 \\ -0{,}2 & 0{,}6 & 0 \\ 0 & -0{,}2 & 0{,}8 \end{pmatrix}\cdot\begin{pmatrix} x_1 \\ x_2 \\ 14 \end{pmatrix} = \begin{pmatrix} 10 \\ 8 \\ y_3 \end{pmatrix}$

folgt das Gleichungssystem $\begin{aligned} 0{,}8x_1 - 0{,}6\cdot 14 &= 10 \\ -0{,}2x_1 + 0{,}6x_2 &= 8 \\ -0{,}2x_2 + 0{,}8\cdot 14 &= y_3 \end{aligned}$ oder $\begin{aligned} 0{,}8x_1 \phantom{+ 0{,}6x_2} &= 10 + 0{,}6\cdot 14 \\ -0{,}2x_1 + 0{,}6x_2 &= 8 \\ -0{,}2x_2 - y_3 &= -0{,}8\cdot 14 \end{aligned}$.

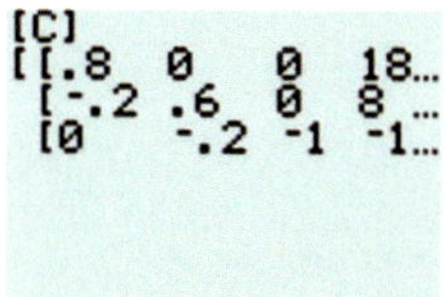

Fig. 4

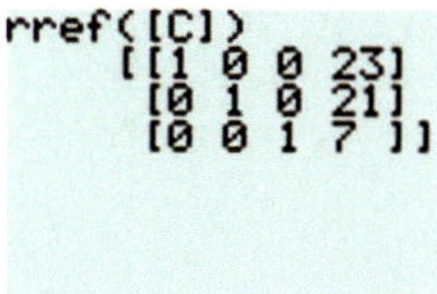

Fig. 5

Man löst es mit dem GTR (Fig. 4, Fig. 5) und erhält $x_1 = 23$, $x_2 = 21$ und $y_3 = 7$.
Damit muss die Produktion von W_1 um 3 ME von 20 auf 23 ME erhöht werden, die von W_2 um 1 ME von 20 auf 21 ME. W_3 kann dadurch $14 - 0\cdot 23 - 0{,}2\cdot 21 - 0{,}2\cdot 14 = 7$ ME seiner Produkte an den Markt abgeben, also 3 ME mehr als vorher.

Aufgaben

2 Gegeben ist die Input-Output-Tabelle von Fig. 6 mit Lücken.
a) Ergänzen Sie und geben Sie die Bedeutung der ergänzten Zahlen an.
b) Berechnen Sie die Technologiematrix und bestimmen Sie $E - A$.
c) Kontrollieren Sie die Leontief-Gleichung durch Berechnung des Konsumvektors $\vec{y}$ aus dem Produktionsvektor $\vec{x}$.
d) Wiederholen Sie a) bis c) für Fig. 7.

	W_1	W_2	W_3	Konsum	Produktion
W_1	50	50	50		400
W_2		450	50	50	800
W_3	100	0	100	100	

Fig. 6

	W_1	W_2	W_3	Konsum	Produktion
W_1	10	x_{12}	50	40	200
W_2	0	x_{22}	50	80	200
W_3	50	40	x_{33}	100	400

Fig. 7

	Betrieb 1	Betrieb 2	Betrieb 3	Markt Y	Produktion X
Betrieb 1	8	12	12	18	50
Betrieb 2	4	12	24	20	60
Betrieb 3	4	15	6	95	120

3 Gegeben ist die nebenstehende Input-Output-Tabelle.

a) Stellen Sie dazu die zugehörige Technologiematrix auf und überprüfen Sie, ob der zugehörige Marktvektor die Leontief-Gleichung erfüllt.

b) Die derzeitige Produktion soll in der kommenden Periode in allen drei Werken aufgrund der guten Konjunktur auf 55 ME in Betrieb 1, auf 66 ME in Betrieb 2 und auf 132 ME in Betrieb 3 erhöht werden. Welche Mengen können jetzt am Markt angeboten werden?

c) Die Produktion in den Betrieben 1 und 2 wird um jeweils 50 % erhöht, in Betrieb 3 um 25 %. Welche Mengen können jetzt an den Markt abgeführt werden?

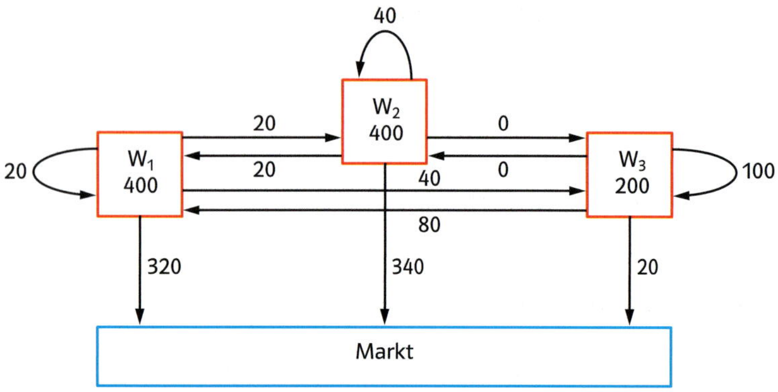

4 a) Zeigen Sie, dass A die zum nebenstehenden Verflechtungsdiagramm gehörige Technologiematrix in dem derzeitigen Produktionsprozess ist.

$$A = \begin{pmatrix} 0{,}05 & 0{,}05 & 0{,}2 \\ 0{,}05 & 0{,}1 & 0 \\ 0{,}2 & 0 & 0{,}5 \end{pmatrix}.$$

b) Der Markt benötigt in der nächsten Zeiteinheit von W_1 400, von W_2 425 und von W_3 25 Einheiten. Welche Mengen müssen die drei Werke dann produzieren?

c) Geben Sie zu den in Aufgabenteil b) berechneten Produktionsmengen die Input-Output-Tabelle an.

d) Werk 3 kann in der nächsten Periode keine Güter dem Markt abgeben. Werk W_1 gibt 410, W_2 425 Einheiten an den Markt ab. Welche Produktionsmengen fallen dann in den drei Werken an?

Hier hilft nur der GTR weiter!

e) Die Nachfrage nach dem Produkt P_2 von W_2 steigt. Es werden daher von P_2 100 Einheiten mehr als derzeit hergestellt. Welche Produktionsmengen müssen dann W_1 und W_3 erzeugen, um dies zu bewerkstelligen, und wie viel mehr des Produkts P_2 gelangt auf den Markt? Geben Sie die Ergebnisse auf eine Stelle nach dem Komma gerundet an.

5 Der Verbund von drei Volkswirtschaften ist nach dem Leontief-Modell in einer bestimmten Phase gemäß der Input-Output-Tabelle dargestellt.

Ergebnis von a)

$$\begin{pmatrix} 0{,}8 & 0 & -0{,}2 \\ -0{,}8 & 0{,}7 & 0 \\ 0 & -0{,}1 & 0{,}8 \end{pmatrix}$$

	B_1	B_2	B_3	Konsum	Produktion
B_1	2	0	4		10
B_2	8	6	0	6	
B_3		2	4	14	20

a) Ergänzen Sie die fehlenden Werte und Berechnen Sie die Leontief-Matrix E – A.

b) Man hofft auf eine Verdoppelung der Produktion in naher Zukunft. Wie hoch sind dann die Marktabgaben?

c) Die Nachfrage soll sich nach einer Umfrage im übernächsten Zeitraum stark verändern: Während sich die Nachfrage nach Gütern von B_1 um 50 % erhöht, bei B_2 sogar auf 20 Einheiten ansteigt, fällt sie bei B_3 um 10 Einheiten. Wie sehen jetzt die Produktionszahlen aus?

d) Die Nachfrage nach dem Produkt von B_2 steigt auf 41 Einheiten laut Prognose. Wie viel bleibt noch an Gütern von B_1 und B_3 für den Markt, wenn nur B_2 die Produktion erhöht, B_1 aber bei 10, B_2 bei 20 Produktionseinheiten bleiben?

e) Die Firma B_1 erhöht ihre Produktion auf 17 Einheiten. Wie viel Einheiten müssen B_2 und B_3 dann produzieren, um diese Produktion zu ermöglichen und wie viele Einheiten bleiben von B_1 dann für den Markt?

f) Zeigen Sie, dass eine Produktion von B_1 mit 6, von B_2 mit 20 und von B_3 mit 25 Einheiten nicht realistisch ist. Interpretieren Sie das Ergebnis!

12 Vermischte Aufgaben

Gleichungssysteme

1 Lösen Sie das lineare Gleichungssystem rechnerisch und machen Sie die Probe.

a) $\begin{aligned} -x_1 + 2x_2 &= 5 \\ 2x_1 - 3x_2 &= -6 \end{aligned}$
b) $\begin{aligned} 3x_1 + x_2 &= 0 \\ 2x_1 + 2x_2 &= 4 \end{aligned}$
c) $\begin{aligned} -x_1 + 2x_2 &= 5 \\ 2x_1 - 4x_2 &= -10 \end{aligned}$

d) $\begin{aligned} 0{,}5x_1 - 0{,}2x_2 - 3 &= 0 \\ 0{,}25x_1 + 0{,}5x_2 &= 1{,}5 \end{aligned}$
e) $\begin{aligned} 100x_1 &= 250x_2 + 400 \\ 2x_1 &= -3x_2 \end{aligned}$
f) $\begin{aligned} x_2 &= x_1 - 2 \\ x_1 &= x_2 - 1 \end{aligned}$

2 Lösen Sie das lineare Gleichungssystem rechnerisch und machen Sie die Probe.

a) $\begin{aligned} x_1 + x_2 + x_3 &= 6 \\ 2x_1 - x_2 + 3x_3 &= 9 \\ -x_1 + x_2 - x_3 &= -2 \end{aligned}$
b) $\begin{aligned} 2x_1 + 4x_2 + x_3 &= 16 \\ x_1 - 2x_3 &= 0 \\ x_1 + x_2 - 3x_3 &= 4 \end{aligned}$
c) $\begin{aligned} x_1 + 2x_2 - 3x_3 &= 4 \\ -2x_1 - 4x_2 + 6x_3 &= -8 \\ x_1 - x_3 &= 2 \end{aligned}$

3 Lösen Sie das Gleichungssystem mit dem GTR.

a) $\begin{aligned} 2x_1 + 3x_2 - 4x_3 &= 46 \\ 7x_1 - 6x_2 + 2x_3 &= -52 \\ 11x_1 - 5x_2 + 4x_3 &= -40 \end{aligned}$
b) $\begin{aligned} x_1 + 2x_2 - 3x_3 &= 1 \\ 2x_1 - x_2 + x_3 &= 3 \\ -x_1 - 7x_2 + 10x_3 &= 2 \end{aligned}$
c) $\begin{aligned} 5x_1 + 3x_2 - x_3 &= 14 \\ 4x_1 + 5x_2 - 6x_3 &= 19 \\ x_1 - 2x_2 + 5x_3 &= -5 \end{aligned}$

4 Lösen Sie das Gleichungssystem, wenn möglich, mithilfe der inversen Matrix, ansonsten durch Matrixumformungen.

a) $\begin{pmatrix} 0 & 1 & 1 \\ 1 & 0 & 1 \\ 1 & 1 & 1 \end{pmatrix} \cdot \begin{pmatrix} x_1 \\ x_2 \\ x_3 \end{pmatrix} = \begin{pmatrix} 2 \\ 1 \\ 3 \end{pmatrix}$
b) $\begin{pmatrix} 2 & 3 & 1 \\ 3 & 2 & 1 \\ 1 & 2 & 3 \end{pmatrix} \cdot \begin{pmatrix} x_1 \\ x_2 \\ x_3 \end{pmatrix} = \begin{pmatrix} 12 \\ 24 \\ 36 \end{pmatrix}$
c) $\begin{pmatrix} 1 & 0 & 1 \\ 0 & 2 & -1 \\ 1 & 2 & 0 \end{pmatrix} \cdot \begin{pmatrix} x_1 \\ x_2 \\ x_3 \end{pmatrix} = \begin{pmatrix} 3 \\ -2 \\ 1 \end{pmatrix}$

5 Gegeben ist die Matrix A und der Vektor $\vec{c}$ mit $A = \begin{pmatrix} 0 & 1 & 2 \\ 1 & -2 & 3 \\ 2 & 2 & 0 \end{pmatrix}$; $\vec{c} = \begin{pmatrix} 1 \\ 0 \\ -1 \end{pmatrix}$

a) Berechnen Sie den Vektor $\vec{b} = A \cdot \vec{c}$.

b) Lösen Sie das Gleichungssystem $A \cdot \vec{x} = \vec{c}$.

Zur Erinnerung:
Rechenschema nach Falk:

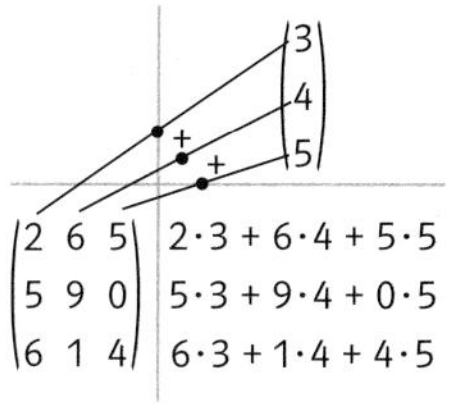

6 Gegeben ist die Matrix A und der Vektor $\vec{c}$ mit $A = \begin{pmatrix} 0 & 1 & 2 \\ 1 & -2 & 3 \\ 1 & -1 & 5 \end{pmatrix}$; $\vec{c} = \begin{pmatrix} 1 \\ 1 \\ 2 \end{pmatrix}$.

Das Gleichungssystem $A \cdot \vec{x} = \vec{c}$ hat unendlich viele Lösungen. Bestimmen Sie unter diesen die spezielle Lösung mit der angegebenen Eigenschaft.

a) Das 3. Element des Lösungsvektors ist 0.

b) Die Summe aus dem 2. und 3. Element des Lösungsvektors ist 0.

c) Die Summe der drei Elemente des Lösungsvektors ist 12.

Rechnen mit Matrizen

7 Gegeben sind die zwei Matrizen $A = \begin{pmatrix} 2 & 3 & 1 \\ -4 & 1 & 0 \end{pmatrix}$ und $B = \begin{pmatrix} -2 & 0 & 5 \\ 4 & -3 & 2 \end{pmatrix}$.
Berechnen Sie, wenn dies möglich ist,

a) $A + B$ b) $A - B$ c) $2 \cdot A$ d) $2 \cdot A - B$ e) $10 \cdot A + 20 \cdot B$

8 Berechnen Sie für die Matrizen $A = \begin{pmatrix} 1 & -1 & 1 \\ -1 & 1 & 0 \\ 0 & 1 & -1 \end{pmatrix}$; $B = \begin{pmatrix} 1 & 0 & -2 \\ 2 & 3 & 1 \\ 1 & 1 & 0 \end{pmatrix}$; $E = \begin{pmatrix} 1 & 0 & 0 \\ 0 & 1 & 0 \\ 0 & 0 & 1 \end{pmatrix}$

a) $A \cdot B$ b) $B \cdot A$ c) $E \cdot B$ d) $B - A \cdot B$ e) $(E - A) \cdot B$

f) A^2 g) A^{-1} h) $A^{-1} \cdot B^{-1}$ i) $(E - B) \cdot B$ j) $(E - B) \cdot (B - E)$

9 Gegeben sind die Matrizen $M = \begin{pmatrix} 1 & 2 & 4 \\ 0 & 1 & 0 \\ 2 & 0 & 2 \end{pmatrix}$ und $N = \begin{pmatrix} 0 & 1 & 1 \\ 1 & 0 & 2 \\ 1 & 2 & 3 \end{pmatrix}$.

a) Bestimmen Sie die Matrix X mit $M + X = N$.

b) Berechnen Sie die Matrix X mit $2 \cdot N + X = M - N$.

c) Berechnen Sie X mit $M \cdot X = N$.

d) Berechnen Sie X mit $X \cdot M = M^2$.

e) Bestimmen Sie X mit $M + N = 2 \cdot M - N \cdot X$

Beachten Sie:
$X = E \cdot X = X \cdot E$

10 Lösen Sie mit den Matrizen von Aufgabe 9 die Matrizengleichung. Dabei ist E die Einheitsmatrix und O die Nullmatrix.

a) $M + O \cdot N = M + X$ b) $M - E = X \cdot M - X$ c) $X \cdot (N - E) = M$ d) $(E - N) \cdot X = E$

Produktionsprozesse

11 Eine Anlagenbau-Firma bietet drei Anlagen A_1, A_2 und A_3 an. Die dazu jeweils benötigten Rohre in Meter und Kopplungen sind in Fig. 1 aufgelistet. So werden z. B. für die Installation der Standardanlage A_1 200 m Rohre und 8 Kopplungen benötigt, usw.

a) Erstellen Sie die Matrix A_{RE} und berechnen Sie den Bedarf an Rohren und Kopplungen bei dem nebenstehenden Auftrag.

b) Was kostet jede Anlage, wenn 1 m Rohr 4,50 € und jede Kopplung 9,60 € kostet?

c) Wie hoch sind die Kosten für den gesamten Auftrag?

Bedarf an Kopplungen (K) in Metern und an Rohren (R) in Stück:

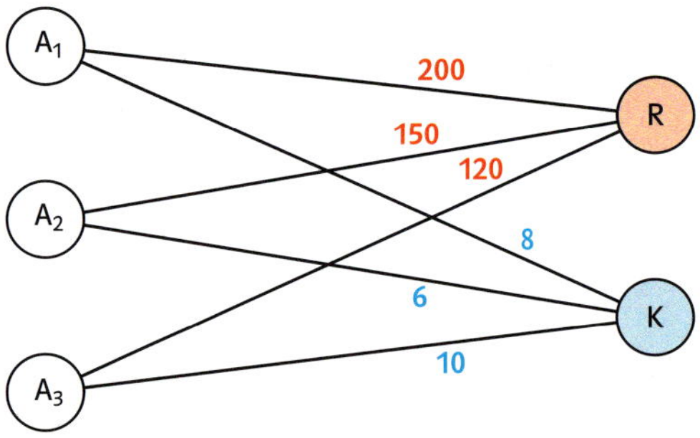

Auftrag: $2 \times A_1$; $5 \times A_2$; $4 \times A_3$.

12 In einem Werk werden drei Produkte E_1 bis E_3 hergestellt. Nach Herstellung durch eine Maschine erfolgt die Qualitätskontrolle, am Ende wird verpackt.

a) Bestimmen Sie die für den Auftrag von Fig. 1 benötigten Maschinen-, Kontroll- und Verpackungszeiten.

b) Die Kosten pro Minute für M, K und V sind gegeben. Bestimmen Sie die Kosten für je 1 ME der drei Erzeugnisse und anschließend die Gesamtkosten des Auftrags.

	Produktionszeit in min von 1 ME		
	E_1	E_2	E_3
Maschine M	10	12	24
Kontrolle K	1	2	5
Verpackung V	1	1	2
Maschinenkosten pro Minute: 4 GE Qualitätskontrolle pro Minute: 6 GE Verpackungskosten pro Minute: 3 GE			
Auftrag	E_1	E_2	E_3
Anzahl	150	300	250

Fig. 1

	Z_1	Z_2	Z_3	Z_4
R_1	0	1	1	1
R_2	1	0	2	1
R_3	0	1	0	2
R_4	1	2	0	1

Fig. 2

	F_1	F_2	F_3
Z_1	1	2	2
Z_2	2	3	3
Z_3	0	2	1
Z_4	1	0	2

Fig. 3

13 In einem Walzwerk werden aus 4 Rohstoffen R_1 bis R_4 4 Legierungen (Zwischenprodukte) Z_1, Z_2, Z_3 und Z_4 hergestellt. Diese werden schließlich zu drei Blechen (Fertigprodukten) F_1, F_2 und F_3 verarbeitet. Die Zusammensetzung (jeweils in ME) der Legierungen zeigt Fig. 2, die Zusammensetzung der Bleche zeigt Fig. 3.

a) Wie hoch ist der Rohstoffbedarf bei den drei Fertigprodukten?

b) Es sollen 30 ME von F_1, 40 ME von F_2 und 20 ME von F_3 hergestellt werden. Geben Sie die Anzahl der dazu notwendigen Zwischenprodukte und auch der Endprodukte an.

c) Es sind noch 120 ME von R_1, je 180 ME von R_2 und R_3 und 240 ME von R_4 vorhanden. Wie viele Zwischenprodukte kann man daraus noch herstellen?

14 Eine Pharmafirma stellt aus drei Rohstoffen drei Zwischenprodukte (ZP) her und aus diesen wiederum vier Endprodukte. Die beiden Tabellen geben die Rohstoffe in ME je ME des Zwischenproduktes an bzw. die je Endprodukt benötigten Zwischenprodukte.

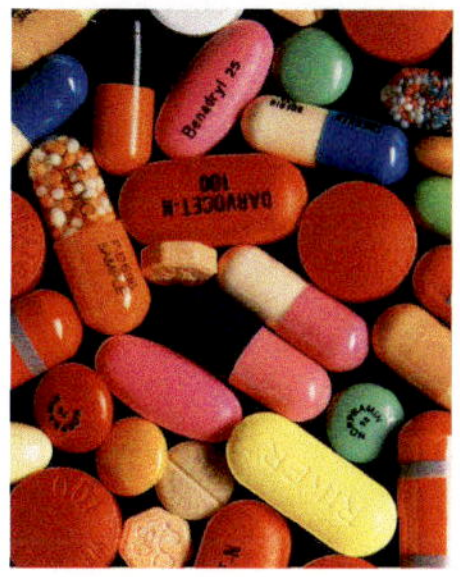

Rohstoff	Rohstoff je ZP		
	Z_1	Z_2	Z_3
R_1	1	2	1
R_2	1	1	2
R_3	2	0	1

Zwischenprodukt	ZP je Endprodukt			
	E_1	E_2	E_3	E_4
Z_1	3	3	1	1
Z_2	1	4	0	2
Z_3	2	3	1	3

a) Pro Woche werden durchschnittlich 2000 Stück von E_1, 800 von E_2, 1000 von E_3 und 400 Stück von E_4 hergestellt. Wie viel ME der einzelnen Rohstoffe werden pro Woche verarbeitet?

b) Die Rohstoffpreise, die Stückkosten der Zwischen- und der Endprodukte in CENT geben die folgenden Tabellen an.

	R_1	R_2	R_3	Z_1	Z_2	Z_3
CENT/ME	1	2	1	10	8	12

	E_1	E_2	E_3	E_4
EURO/ME	10,85	17,15	3,85	10,85

Bestimmen Sie die Rohstoffkosten je Zwischenprodukt und je Endprodukt.
Wie hoch sind die wöchentlichen Rohstoffkosten der Firma?

c) Um wie viel Prozent höher liegen die Preise für die einzelnen Zwischenprodukte gegenüber den Rohstoffpreisen?

d) Um wie viel Prozent höher liegen die Preise für die einzelnen Endprodukte gegenüber den Rohstoffpreisen?

Überlegen Sie, warum das so ist!

Leontief-Modell

15 Von der Kooperation zweier Firmen F_1 und F_2 ist die Technologiematrix A bekannt:
$A = \begin{pmatrix} 0{,}2 & 0{,}2 \\ 0{,}1 & 0{,}3 \end{pmatrix}$. Es wird eine Gesamtproduktion in ME erwartet, die durch $\vec{x} = \begin{pmatrix} 400 \\ 600 \end{pmatrix}$ gegeben ist.

a) Geben Sie den Marktvektor an.

b) Erstellen Sie ein Verflechtungsdiagramm.

c) Die Nachfrage steigt voraussichtlich in der nächsten Periode bei dem Produkt von F_1 um 20 %, bei dem von F_2 um 10 %. Welche Mengen müssen beide Firmen jetzt produzieren?

16 a) Zeigen Sie, dass A die zum nebenstehenden Verflechtungsdiagramm gehörige Technologiematrix in dem derzeitigen Produktionsprozess ist.

$$A = \begin{pmatrix} 0{,}05 & 0{,}05 & 0{,}2 \\ 0{,}05 & 0{,}1 & 0 \\ 0{,}2 & 0 & 0{,}5 \end{pmatrix}.$$

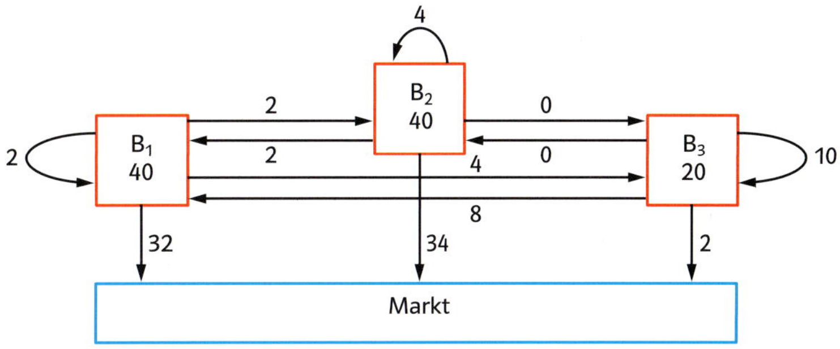

b) Der Markt benötigt in der nächsten Zeiteinheit von B_1 48, von B_2 51 und von B_3 3 Einheiten. Welche Mengen müssen die drei Werke dann produzieren?

c) Betrieb 3 kann in der nächsten Periode wegen Reparaturarbeiten keine Güter dem Markt abgeben. Werk W_1 gibt 41, W_2 42,5 Einheiten an den Markt ab. Welche Produktionsmengen fallen dann in den drei Werken an?

d) Geben Sie zu den in Aufgabenteil c) berechneten Produktionsmengen die Input-Output-Tabelle an.

Diese Aufgabe sollte mit dem GTR gelöst werden!

e) Die Produktion von B_1 wird wegen großer Nachfrage um 10 ME erhöht, während die Nachfrage nach den Gütern von B_2 und B_3 gleich bleibt. Um wie viel muss die Produktion von B_2 und B_3 dann erhöht werden?

Maikäfer und Matrizen

Man kann mithilfe von Matrizen das Langzeitverhalten von Entwicklungsprozessen und von Austauschprozessen untersuchen. Dies soll am Beispiel des Maikäfers dargestellt werden.

„Onkel Fritz" aus Wilhelm Busch:

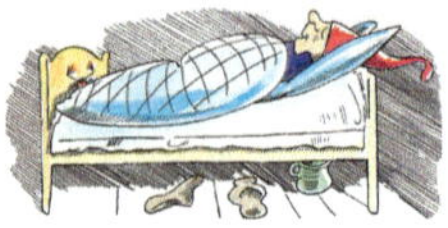

Ein Maikäferleben kennt vier Stadien: Ei, Engerling, Puppe und schließlich Käfer. Die ausgewachsenen Feld-Maikäfer treten ab Ende April auf. Das Weibchen legt etwa 70 Eier in einer Bodentiefe von rund 20 Zentimetern und stirbt bald danach. Von den sich daraus entwickelnden Larven (Engerlinge) überleben nur ca. 30 % das darauffolgende Jahr, im zweiten Jahr überleben nur ca. 30 % der Larven und im dritten Jahr verpuppen sich die Larven. Aus ca. einem Viertel von ihnen entwickeln sich im folgenden Jahr Maikäferweibchen, die wiederum ca. 70 Eier legen.

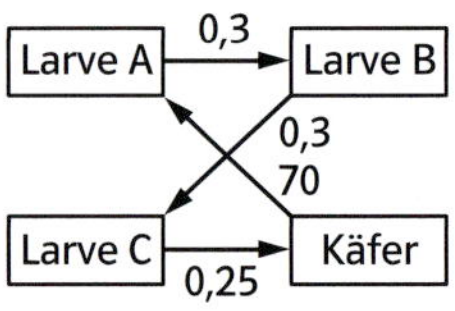

Die Entwicklung kann man in einem Übergangsdiagramm darstellen:

Geht man davon aus, dass in einem Waldgebiet im Jahre 0 200 000 Larven A, 120 000 Larven B, 40 000 Larven C und 20 000 Käfer vorhanden sind, so gilt für das Jahr 1:
Von 200 000 Larven A bleiben 200 000 · 0,3 = 60 000 Larven B,
von 120 000 Larven B bleiben 120 000 · 0,3 = 36 000 Larven C,
aus 40 000 Larven C werden 40 000 · 0,25 = 10 000 Käferweibchen,
20 000 Käferweibchen legen 20 000 · 70 = 1 400 000 Eier.

Es gilt damit im Jahr 1, wenn man die Rechnung als Vektor schreibt:

$$\begin{matrix}\text{Larven A:}\\ \text{Larven B:}\\ \text{Larven C:}\\ \text{Käfer:}\end{matrix} \begin{pmatrix} l_a \\ l_b \\ l_c \\ k \end{pmatrix} = \begin{pmatrix} 70 \cdot 20\,000 \\ 0{,}3 \cdot 200\,000 \\ 0{,}3 \cdot 120\,000 \\ 0{,}25 \cdot 40\,000 \end{pmatrix} = \begin{pmatrix} 1\,400\,000 \\ 60\,000 \\ 36\,000 \\ 10\,000 \end{pmatrix}$$

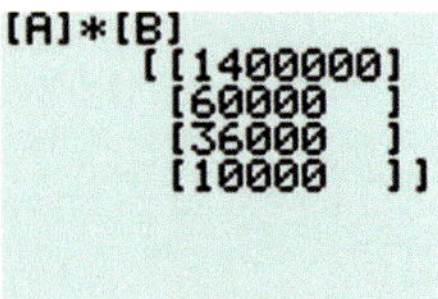

Schreibt man dies als Matrix, so erhält man:

$$\begin{pmatrix} l_a \\ l_b \\ l_c \\ k \end{pmatrix} = \begin{pmatrix} 0 & 0 & 0 & 70 \\ 0{,}3 & 0 & 0 & 0 \\ 0 & 0{,}3 & 0 & 0 \\ 0 & 0 & 0{,}25 & 0 \end{pmatrix} \cdot \begin{pmatrix} 200\,000 \\ 120\,000 \\ 40\,000 \\ 20\,000 \end{pmatrix} = \begin{pmatrix} 1\,400\,000 \\ 60\,000 \\ 36\,000 \\ 10\,000 \end{pmatrix}$$

Bleiben jedes Jahr die Voraussetzungen gleich, so erhält man im 2. Jahr:

$$\begin{pmatrix} l_a \\ l_b \\ l_c \\ k \end{pmatrix} = \begin{pmatrix} 0 & 0 & 0 & 70 \\ 0{,}3 & 0 & 0 & 0 \\ 0 & 0{,}3 & 0 & 0 \\ 0 & 0 & 0{,}25 & 0 \end{pmatrix} \cdot \begin{pmatrix} 1\,400\,000 \\ 60\,000 \\ 36\,000 \\ 10\,000 \end{pmatrix} = \begin{pmatrix} 0 & 0 & 0 & 70 \\ 0{,}3 & 0 & 0 & 0 \\ 0 & 0{,}3 & 0 & 0 \\ 0 & 0 & 0{,}25 & 0 \end{pmatrix} \cdot \begin{pmatrix} 0 & 0 & 0 & 70 \\ 0{,}3 & 0 & 0 & 0 \\ 0 & 0{,}3 & 0 & 0 \\ 0 & 0 & 0{,}25 & 0 \end{pmatrix} \cdot \begin{pmatrix} 200\,000 \\ 120\,000 \\ 40\,000 \\ 20\,000 \end{pmatrix} = \begin{pmatrix} 700\,000 \\ 420\,000 \\ 18\,000 \\ 9\,000 \end{pmatrix}$$

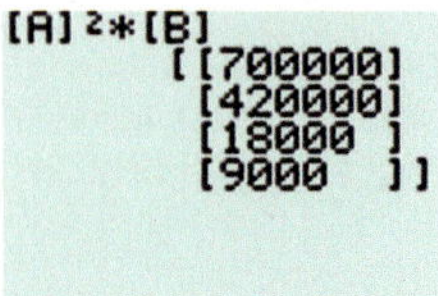

Man kann also dafür schreiben:

$$\begin{pmatrix} l_a \\ l_b \\ l_c \\ k \end{pmatrix} = \begin{pmatrix} 0 & 0 & 0 & 70 \\ 0{,}3 & 0 & 0 & 0 \\ 0 & 0{,}3 & 0 & 0 \\ 0 & 0 & 0{,}25 & 0 \end{pmatrix}^2 \cdot \begin{pmatrix} 200\,000 \\ 120\,000 \\ 40\,000 \\ 20\,000 \end{pmatrix}$$

Entsprechend erhält man im 3. Jahr:

$$\begin{pmatrix} l_a \\ l_b \\ l_c \\ k \end{pmatrix} = \begin{pmatrix} 0 & 0 & 0 & 70 \\ 0{,}3 & 0 & 0 & 0 \\ 0 & 0{,}3 & 0 & 0 \\ 0 & 0 & 0{,}25 & 0 \end{pmatrix} \cdot \begin{pmatrix} 700\,000 \\ 420\,000 \\ 18\,000 \\ 9\,000 \end{pmatrix} = \begin{pmatrix} 0 & 0 & 0 & 70 \\ 0{,}3 & 0 & 0 & 0 \\ 0 & 0{,}3 & 0 & 0 \\ 0 & 0 & 0{,}25 & 0 \end{pmatrix}^3 \cdot \begin{pmatrix} 200\,000 \\ 120\,000 \\ 40\,000 \\ 20\,000 \end{pmatrix} = \begin{pmatrix} 630\,000 \\ 210\,000 \\ 126\,000 \\ 4\,500 \end{pmatrix}$$

```
[A]^3*[B]
      [[630000]
       [210000]
       [126000]
       [4500  ]]
```

Fig. 1

Nach einer Periode von 4 Jahren sind schon 31 500 Käferweibchen vorhanden (siehe Fig. 2).
Man kann entsprechend die Zahl nach 20 Perioden bestimmen (siehe Fig. 3).

```
[A]^4*[B]
      [[315000]
       [189000]
       [63000 ]
       [31500 ]]
```

Fig. 2

```
[A]^20*[B]
     [[1938353]
      [1163012]
      [387671 ]
      [193835 ]]
```

Fig. 3

Man muss also feststellen, dass die Käferplage zunimmt, da sich die Käfer stark vermehren.

Es tritt die Frage auf, wann es zu keiner Vermehrung kommt bzw. wann es zu einer Abnahme der Maikäfer kommt. Diese Frage soll noch behandelt werden.
Man stellt fest, dass gilt:

$$A^4 = \begin{pmatrix} 1{,}575 & 0 & 0 & 0 \\ 0 & 1{,}575 & 0 & 0 \\ 0 & 0 & 1{,}575 & 0 \\ 0 & 0 & 0 & 1{,}575 \end{pmatrix}.$$

Dabei ist in der Diagonalmatrix der Wert 1,575 das Produkt der „Übergangswerte“ 0,3; 0,3; 0,25 und 70, also $0{,}3 \cdot 0{,}3 \cdot 0{,}25 \cdot 70 = 1{,}575$.
Würde man ein biologisches Mittel finden, dass ein Käferweibchen im Durchschnitt nur noch $44\frac{4}{9}$ Eier legt, dann wäre das Produkt $0{,}3 \cdot 0{,}3 \cdot 0{,}25 \cdot 44\frac{4}{9} = 1$ und die Käfer würden sich nicht mehr vermehren.

Beispiel Mit einem Startwert von Larven A: l_a, Larven B: l_b, Larven C: l_c, Käfer: k

$$\begin{pmatrix} l_a \\ l_b \\ l_c \\ k \end{pmatrix} = \begin{pmatrix} 100\,000 \\ 60\,000 \\ 45\,000 \\ 10\,000 \end{pmatrix}$$

erhält man nach 4 Jahren wieder den Ausgangswert.

Nach 1 Jahr:

```
[A]*[B]
 [[444444.4444]
  [30000      ]
  [18000      ]
  [11250      ]]
```

Nach 2 Jahren:

```
[A]^2*[B]
 [[500000     ]
  [133333.3333]
  [9000       ]
  [4500       ]]
```

Nach 3 Jahren:

```
[A]^3*[B]
      [[200000]
       [150000]
       [40000 ]
       [2250  ]]
```

Nach 4 Jahren:

```
[A]^4*[B]
      [[100000]
       [60000 ]
       [45000 ]
       [10000 ]]
```

Es leuchtet ein, dass der Startwert keine Rolle spielt im Hinblick auf die Periode von 4 Jahren.

Bearbeiten Sie folgende Fragestellungen:

1 Angenommen, es gelingt, die Eier eines Käferweibchens auf durchschnittlich 35 zu reduzieren, so kommt es zu einer Abnahme der Population, wenn die anderen Werte gleich bleiben. Wie groß sind die Populationen an Käfern und Larven der unterschiedlichen Stadien in den nächsten 12 Jahren.

2 Ein Forstwirt behauptet: „Wenn es gelingt, das Umwandeln von Larven C in Käferweibchen auf 16 % zu drücken, während die anderen Werte in etwa gleich bleiben, besteht eine Chance, die Maikäferplage einzudämmen.“ Stimmt das?

3 Machen Sie sich bewusst, indem Sie einige Fälle durchrechnen: Eine geringe Veränderung der Werte, z. B. die Reduzierung der Übergänge um wenige Prozent, hat im Laufe der Jahre relativ große Auswirkungen.

Rückblick

Lineare Gleichungssysteme

Beim GAUSS-Verfahren löst man ein lineares Gleichungssystem mit 2, 3, 4 und mehr Variablen, indem man es mithilfe von Äquivalenzumformungen auf die Stufenform oder Diagonalenform bringt.

$$\begin{array}{rl} x_1 + 3x_2 = 5 & \\ 2x_1 + 3x_2 = 7 & \text{Zeile 2} - 2\cdot\text{Zeile 1} \\ \hline x_1 + 3x_2 = 5 & \\ -3x_2 = -3 & \text{Zeile 2}:(-3) \\ \hline x_1 + 3x_2 = 5 & \text{Zeile 1} - 3\cdot\text{Zeile 2} \\ x_2 = 1 & \\ \hline x_1 \quad = 2 & \text{Zeile 1} + 3\cdot\text{Zeile 2} \\ x_2 = 1 & \text{Lösung: } \vec{x} = \begin{pmatrix} 2 \\ 1 \end{pmatrix}. \end{array}$$

Lösungsmengen linearer Gleichungssysteme

Ein lineares Gleichungssystem hat entweder genau eine Lösung, unendlich viele Lösungen oder keine Lösung.

Matrizen

Ein Zahlenschema $A = \begin{pmatrix} a_{11} & a_{12} & \dots & a_{1n} \\ \vdots & & & \\ a_{m1} & a_{m2} & \dots & a_{mn} \end{pmatrix}$ mit m Zeilen und n Spalten wird als **(m × n)-Matrix A** bezeichnet.

Matrixdarstellung der Gleichung:

$$\begin{pmatrix} 1 & 3 \\ 2 & 3 \end{pmatrix} \cdot \begin{pmatrix} x_1 \\ x_2 \end{pmatrix} = \begin{pmatrix} 5 \\ 7 \end{pmatrix}$$

Rechnen mit Matrizen

Mit Matrizen kann man fast genau so rechnen wie mit Zahlen mit der Ausnahme, dass man Matrizen **nicht vertauschen** kann. Der 1 entspricht dabei die Einheitsmatrix E, der 0 die Nullmatrix O.
Man kann damit auch Gleichungen lösen.

$N = \begin{pmatrix} 1 & 2 \\ 2 & 2 \end{pmatrix}$; $E = \begin{pmatrix} 1 & 0 \\ 0 & 1 \end{pmatrix}$

$X \cdot N = E + N \quad | \cdot N^{-1}$, also $X = N^{-1} + E$, da $N \cdot N^{-1} = E$ und $X \cdot E = X$ ist.

$N^{-1} = \begin{pmatrix} -1 & 1 \\ 1 & -\frac{1}{2} \end{pmatrix}$, also $X = \begin{pmatrix} 0 & 1 \\ 1 & \frac{1}{2} \end{pmatrix}$.

Zweistufiger Produktionsprozess

Rohstoff-Zwischenprodukt-Matrix: A_{RZ} (k × m)

	Z_1	Z_2	…	Z_m
R_1	a_{11}	a_{12}	…	a_{1m}
R_2	a_{21}	a_{22}	…	a_{2m}
…	…			
R_k	a_{k1}	a_{k2}	…	a_{km}

Zwischenprodukt-Endprodukt-Matrix: A_{ZE} (m × n)

	E_1	E_2	…	E_n
Z_1	b_{11}	b_{12}	…	b_{1n}
Z_2	b_{21}	b_{22}	…	b_{2n}
…	…			
Z_m	b_{m1}	b_{m2}	…	b_{mn}

Rohstoff-Endprodukt-Matrix: A_{RE} (k × m)

	E_1	E_2	…	E_n
R_1	c_{11}	c_{12}	…	c_{1n}
R_2	c_{21}	c_{22}	…	c_{2n}
…	…			
R_k	c_{k1}	c_{k2}	…	a_{kn}

$\mathbf{A_{RE} = A_{RZ} \cdot A_{ZE}}$ mit z.B. $c_{21} = a_{21}b_{11} + a_{22}b_{21} + \dots + a_{2m}b_{m1}$.
c_{21} gibt von Endprodukt E_1 den Bedarf an Rohstoff R_2 an (in ME).

$A_{RZ} = \begin{pmatrix} 1 & 3 \\ 5 & 2 \end{pmatrix}$; $A_{ZE} = \begin{pmatrix} 1 & 3 & 1 \\ 2 & 1 & 1 \end{pmatrix}$.

Daraus ergibt sich

$$A_{RE} = \begin{pmatrix} 1\cdot1 + 3\cdot2 & 1\cdot3 + 3\cdot1 & 1\cdot1 + 3\cdot1 \\ 5\cdot1 + 2\cdot2 & 5\cdot3 + 2\cdot1 & 5\cdot1 + 2\cdot1 \end{pmatrix},$$

also $A_{RE} = \begin{pmatrix} 7 & 6 & 4 \\ 9 & 17 & 7 \end{pmatrix}$.

Für ein E_1 sind 7 R_1 und 9 R_2 nötig, …

Produktions- und Kostenvektoren

Der Produktionsvektor $\vec{p}_E$ gibt die ME der Endprodukte an, $\vec{p}_R$ die dafür benötigten Rohstoffe: $\vec{p}_R = A_{RE} \cdot \vec{p}_E$.
Ist $\vec{k}_R$ der Kostenvektor für die Rohstoffe, und $\vec{k}_E$ der Kostenvektor für die Endprodukte, so gilt: $\vec{k}_E^{\,T} = \vec{k}_R^{\,T} \cdot A_{RE}$.

Produktion: 6 E_1, 5 E_2, 7 E_3 (in ME):

$$\vec{p}_R = \begin{pmatrix} 7 & 6 & 4 \\ 9 & 17 & 7 \end{pmatrix} \cdot \begin{pmatrix} 6 \\ 5 \\ 7 \end{pmatrix} = \begin{pmatrix} 100 \\ 188 \end{pmatrix}$$

Kosten für R_1: 1; R_2: 5 (in GE)

$$\vec{k}_E^{\,T} = (1 \;\; 5) \cdot \begin{pmatrix} 7 & 6 & 4 \\ 9 & 17 & 7 \end{pmatrix} = (52 \;\; 91 \;\; 39),$$

d.h. für E_1 52, E_2 91, E_3 39 GE.

LEONTIEF-Modell

Produzieren zwei Firmen F_1 und F_2 Güter mit den Mengen x_1 und x_2 und geben sie davon die Mengen y_1 bzw. y_2 an den Markt ab, so heißt $\vec{x} = \begin{pmatrix} x_1 \\ x_2 \end{pmatrix}$ **Produktionsvektor**, $\vec{y} = \begin{pmatrix} y_1 \\ y_2 \end{pmatrix}$ **Marktvektor** oder **Konsumvektor**.

Die Matrix $A = \begin{pmatrix} \frac{x_{11}}{x_1} & \frac{x_{12}}{x_2} \\ \frac{x_{21}}{x_2} & \frac{x_{22}}{x_2} \end{pmatrix}$, in der x_{ik} die Güter angibt, welche die Firma F_i an F_k liefert, heißt **Technologiematrix**.
Es besteht nach LEONTIEF folgender Zusammenhang: $\vec{y} = (E - A) \cdot \vec{x}$

Input-Output-Tabelle:

	F_1	F_2	Konsum Y	Produktion X
F_1	4	4	2	10
F_2	8	6	6	20

$A = \begin{pmatrix} \frac{4}{10} & \frac{4}{20} \\ \frac{8}{10} & \frac{6}{20} \end{pmatrix} = \begin{pmatrix} 0{,}4 & 0{,}2 \\ 0{,}8 & 0{,}3 \end{pmatrix}$; $E - A = \begin{pmatrix} 0{,}6 & -0{,}2 \\ -0{,}8 & 0{,}7 \end{pmatrix}$.

Es ist: $\begin{pmatrix} 2 \\ 6 \end{pmatrix} = \begin{pmatrix} 0{,}6 & -0{,}2 \\ -0{,}8 & 0{,}7 \end{pmatrix} \cdot \begin{pmatrix} 10 \\ 20 \end{pmatrix}$.

Aufgaben zum Üben und Wiederholen

1 Lösen Sie das Gleichungssystem und kontrollieren Sie das Ergebnis mit dem GTR.

a) $\begin{aligned} 3x_1 - 4x_2 &= -7 \\ x_1 + x_2 &= 7 \end{aligned}$

b) $\begin{aligned} 2x_1 + 4x_2 + x_3 &= 17 \\ x_1 - 2x_2 + 4x_3 &= 0 \\ 3x_1 + 2x_2 - 4x_3 &= 8 \end{aligned}$

c) $\begin{aligned} x_1 + 2x_2 + 3x_3 &= 6 \\ 2x_1 - x_2 &= 1 \\ 3x_1 + x_2 + 3x_3 &= 4 \end{aligned}$

2 Lösen Sie das Gleichungssystem. Bestimmen Sie in Aufgabenteil b) einen Lösungsvektor so, dass dessen 2. Element 1 ist.

a) $\begin{pmatrix} 6 & 7 & -4 \\ 3 & -8 & 2 \\ 1 & 2 & 2 \end{pmatrix} \cdot \begin{pmatrix} x_1 \\ x_2 \\ x_3 \end{pmatrix} = \begin{pmatrix} -20 \\ 25 \\ -3 \end{pmatrix}$ b) $\begin{pmatrix} 2 & 3 & -6 \\ 1 & 2 & -5 \\ 1 & 1 & -1 \end{pmatrix} \cdot \begin{pmatrix} x_1 \\ x_2 \\ x_3 \end{pmatrix} = \begin{pmatrix} -1 \\ -2 \\ 1 \end{pmatrix}$ c) $\begin{pmatrix} 6 & 3 \\ 1 & -2 \\ -1 & 1 \end{pmatrix} \cdot \begin{pmatrix} x_1 \\ x_2 \end{pmatrix} = \begin{pmatrix} 9 \\ 14 \\ -9 \end{pmatrix}$

3 Gegeben sind die Matrizen A, B und C und die Vektoren $\vec{x}$ und $\vec{y}$.

$A = \begin{pmatrix} 1 & 1 & 2 \\ 1 & 2 & 3 \\ 2 & 3 & 1 \end{pmatrix}$; $B = \begin{pmatrix} 4 & 1 \\ 0 & 3 \\ 2 & 1 \end{pmatrix}$; $C = \begin{pmatrix} 0 & 2 & 4 \\ 1 & 3 & 5 \end{pmatrix}$; $\vec{d} = \begin{pmatrix} 3 \\ 0 \\ 4 \end{pmatrix}$; $\vec{e}^{\,T} = (3 \;\; 2)$.

Berechnen Sie, sofern dies möglich ist, die zugehörige Matrix.

a) $A \cdot \vec{d}$ b) $A \cdot B$ c) $B \cdot A$ d) $B \cdot C$ e) $C \cdot B$ f) $\vec{e}^{\,T} \cdot C$
g) $B \cdot \vec{d}$ h) $B \cdot \vec{e}^{\,T}$ i) A^2 j) B^2 k) A^{-1} l) C^{-1}

4 Lösen Sie mit den nebenstehenden Matrizen A und B die Gleichung. Dabei ist E die Einheitsmatrix und O die Nullmatrix.

$A = \begin{pmatrix} 1 & 0 & 1 \\ 2 & 1 & 0 \\ 0 & 4 & 2 \end{pmatrix}$; $B = \begin{pmatrix} 1 & 1 & 1 \\ 1 & 1 & 0 \\ 2 & 4 & 2 \end{pmatrix}$.

a) $A + O \cdot B = B - X$ b) $E - A = X - X \cdot A$ c) $X \cdot (A - E) = B$ d) $(E - A) \cdot X = E$

5 In einer Farbenfabrik werden aus vier Grundstoffen G_1 bis G_4 drei Mischfarben (Zwischenprodukte) M_1, M_2 und M_3 hergestellt. Diese werden zu drei Farbgemischen (Endprodukte) F_1, F_2 und F_3 verarbeitet. Die Zusammensetzung (jeweils in ME) der Mischfarben zeigt Fig. 1, die Zusammensetzung der Endfarben aus den Mischfarben zeigt Fig. 2.

a) Wie hoch ist der Grundstoffbedarf bei den drei Fertigprodukten?

b) Es sollen 30 ME von F_1, 40 ME von F_2 und 20 ME von F_3 hergestellt werden. Geben Sie die Anzahl der dazu notwendigen Zwischenprodukte und auch der Grundstoffe an.

c) Die Rohstoffkosten liegen für G_1 bei 200 ct je ME, bei G_2 bei 50 ct, bei G_3 bei 1 € und bei G_4 bei 10 ct. Berechnen Sie die Rohstoffkosten je Endprodukt.

d) Wie hoch sind die gesamten Rohstoffkosten bei der Herstellung der in b) genannten Mengen?

	M_1	M_2	M_3
G_1	0	1	0
G_2	1	0	1
G_3	1	2	0
G_4	1	1	2

Fig. 1

	F_1	F_2	F_3
M_1	1	2	2
M_2	2	3	3
M_3	0	2	1

Fig. 2

6 Gegeben ist die nebenstehende Input-Output-Tabelle.

a) Füllen Sie die Lücken auf und erstellen Sie anschließend die Technologiematrix.

b) Die derzeitige Produktion soll in der kommenden Periode in allen drei Werken aufgrund der guten Konjunktur um 10 % erhöht werden. Welche Mengen können jetzt an den Markt abgetreten werden?

c) Die Nachfrage nach den von Betrieb 2 produzierten Gütern steigt voraussichtlich in der nächsten Periode auf 76 Einheiten, die von Betrieb 3 auf 232 Einheiten. Wie stark müssen diese beiden Betriebe ihre Produktion erhöhen, wenn Betrieb 1 seine Produktion beibehält. Welche Menge liefert Betrieb 1 dann noch auf den Markt?
Geben Sie dazu die Input-Output-Tabelle an.

	Betrieb 1	Betrieb 2	Betrieb 3	Markt Y	Produktion X
Betrieb 1	16	24	24	y_1	100
Betrieb 2	8	x_{22}	48	40	120
Betrieb 3	x_{31}	30	12	190	240

1 Mengen – Zahlen – Intervalle

Mengen

Man bezeichnet in der Mathematik zusammengehörende Dinge häufig als **Menge**. Die einzelnen Dinge werden **Elemente** genannt.

Bezeichnungen

Man kann die kleinen Buchstaben des Alphabets zu einer Menge zusammenfassen. Man bezeichnet diese Menge dann beispielsweise mit B und schreibt in geschweiften Klammern die zugehörigen Elemente (Buchstaben): $B = \{a; b; c; \dots; z\}$

Hinweis:
Bei der aufzählenden Darstellung von Mengen wird jedes Element nur einmal aufgeführt.
Die Elemente werden jeweils durch ein Semikolon getrennt.

Das Element (der Buchstabe) a gehört zu B, ü gehört nicht dazu.
Man schreibt: $\mathbf{a \in B}$ und sagt: a ist ein Element von B oder a liegt in B.
Man schreibt: $\mathbf{ü \notin B}$ und sagt: ü ist kein Element von B oder ü liegt nicht in B.

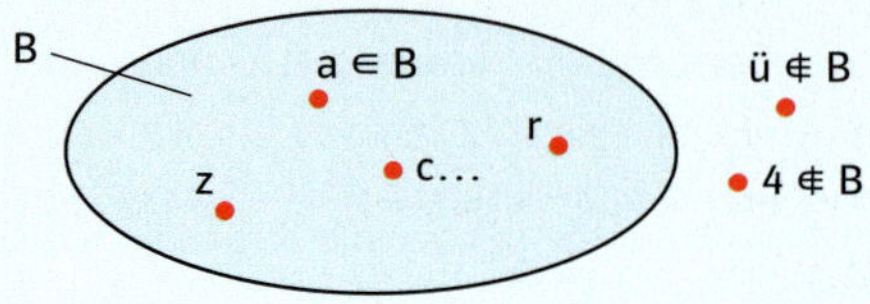

Die Vokale a, e, i, o, u kann man auch als Menge $V = \{a; e; i; o; u\}$ schreiben.
Sie bilden eine **Teilmenge** von B; man schreibt $V \subset B$. Hingegen bildet die Menge $U = \{ä; ö; ü\}$ keine Teilmenge von B; man schreibt $U \not\subset B$.

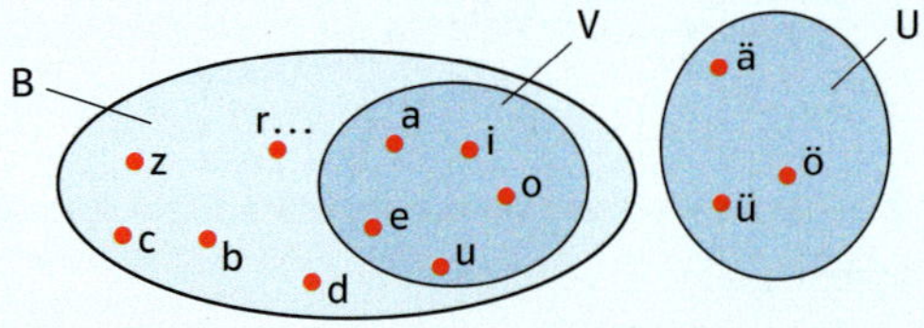

Natürliche Zahlen

Zahlen wie z. B. 0, 23, 21 053 heißen **natürliche Zahlen**. Man bezeichnet alle natürlichen Zahlen als Menge $\mathbb{N}$ der natürlichen Zahlen und schreibt sie als Menge $\mathbb{N} = \{0; 1; 2; 3; \dots\}$.

Ganze Zahlen

Zahlen wie z. B. −258; −23; −1, aber auch 0; 2; 45 heißen **ganze Zahlen**. Man fasst alle ganzen Zahlen zur Menge $\mathbb{Z}$ zusammen und schreibt $\mathbb{Z} = \{\dots; -3; -2; -1; 0; 1; 2; 3; \dots\}$.
Die ganzen Zahlen beinhalten die natürlichen Zahlen: $\mathbb{N} \subset \mathbb{Z}$.

Rationale Zahlen

Zahlen wie z. B. −56,9; $-4\frac{1}{2}$; −1; 0; 2; $\frac{56}{29}$; 1000,78 heißen **rationale Zahlen**.
Alle obigen Zahlen lassen sich als **Brüche** schreiben: $-59{,}9 = -\frac{569}{10}$; $-4\frac{1}{2} = -\frac{9}{2}$; $-1 = -\frac{2}{2}$; $0 = \frac{0}{23}$; $2 = \frac{8}{4}$; $1000{,}78 = \frac{100078}{100}$.
Man fasst alle Zahlen, die sich als Brüche schreiben lassen, zur Menge $\mathbb{Q}$ der rationalen Zahlen zusammen. Die rationalen Zahlen beinhalten die ganzen Zahlen: $\mathbb{N} \subset \mathbb{Z} \subset \mathbb{Q}$.

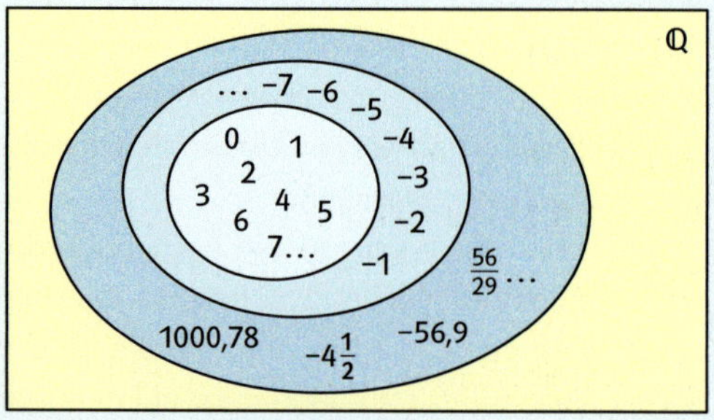

Reelle Zahlen

Zahlen wie z.B. $\sqrt{2}$; $-4\frac{1}{2}$, $-\frac{\sqrt{3}}{2}$; 0; 3; $6^{\frac{1}{3}}$;

π = 3,1415… heißen **reelle Zahlen**.

Man fasst alle diese Zahlen zur Menge ℝ der **reellen Zahlen** zusammen.

Die reellen Zahlen beinhalten auch die rationalen Zahlen: $\mathbb{N} \subset \mathbb{Z} \subset \mathbb{Q} \subset \mathbb{R}$.

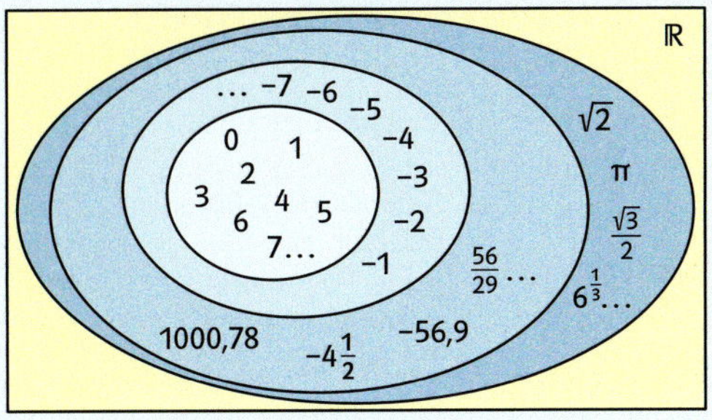

Exponentialdarstellung von Zahlen

$2{,}123 \cdot 10^{4} = 21\,230$ bedeutet:

Das Komma ist um **4 Stellen nach rechts** zu verschieben, eventuell durch Anhängen von Nullen.

$2{,}123 \cdot 10^{-4} = 0{,}0002123$ bedeutet:

Das Komma ist um **4 Stellen nach links** zu verschieben, eventuell unter Einfügen von Nullen.

Statt 0,0002123 gibt der Rechner 2.123E−4 an, was $2{,}123 \cdot 10^{-4}$ bedeutet:

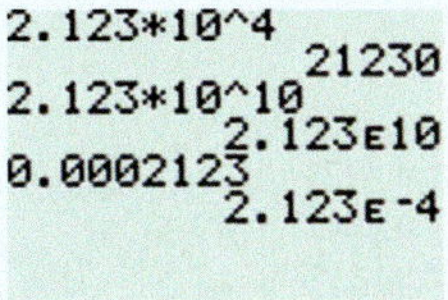

Beispiel Einordnen in Zahlenmengen

Zu welcher Zahlenmenge gehören die folgenden Zahlen: 1; $\frac{3}{4}$; −3,2; $\sqrt[5]{4}$; $\frac{8}{2}$; $\frac{\pi}{2}$?

Lösung:

	ℕ	ℤ	ℚ	ℝ
1	∈	∈	∈	∈
$\frac{3}{4}$	∉	∉	∈	∈

	ℕ	ℤ	ℚ	ℝ
−3,2	∉	∉	∈	∈
$\sqrt[5]{4}$	∉	∉	∉	∈

	ℕ	ℤ	ℚ	ℝ
$\frac{8}{2}$	∈	∈	∈	∈
$\frac{\pi}{2}$	∉	∉	∉	∈

Intervalle

Sind zwei Zahlen −1 und 3 gegeben, so wird mit [−1; 3] die Menge aller reellen Zahlen bezeichnet, die zwischen −1 und 3 liegen, −1 und 3 je eingeschlossen. [−1; 3] nennt man **abgeschlossenes Intervall**.

Ist a < b, so enthält [a; b] alle reellen Zahlen x mit a ≦ x ≦ b.

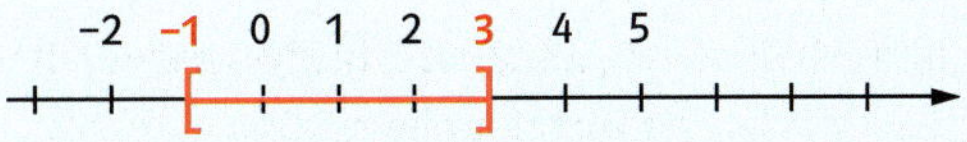

Sind zwei Zahlen −1 und 3 gegeben, so wird mit]−1; 3[die Menge aller reellen Zahlen bezeichnet, die zwischen −1 und 3 liegen, −1 und 3 je ausgeschlossen.]−1; 3[nennt man **offenes Intervall**.

Ist a < b, so enthält]a; b[alle reellen Zahlen x mit a < x < b.

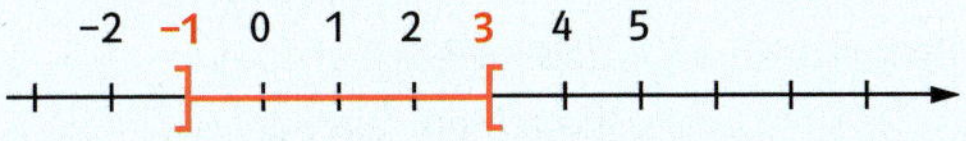

Entsprechend sind mit]−1; 3] alle Zahlen gemeint mit −1 < x ≦ 3. [−1; 3[bedeutet alle Zahlen mit −1 ≦ x < 3. Man nennt die Intervalle **links halboffen** bzw. **rechts halboffen**.

Ist a < b, so enthält]a; b] alle reellen Zahlen x mit a < x ≦ b, entsprechend enthält [a; b[alle reellen Zahlen x mit a ≦ x < b.

Aufgaben

1 Fertigen Sie für die Zahlen eine Tabelle wie im Beispiel an und tragen Sie dort ein, in welcher Zahlenmenge sie liegen:

−12; 0,3; $\frac{15}{5}$; $\sqrt{3}$; $-\frac{27}{3}$; $23\frac{1}{5}$; $\frac{2}{3}\pi$; 0,001.

2 Schreiben Sie als Intervall:

a) $-3{,}6 \leqq x \leqq -0{,}2$ b) $\frac{1}{2} \leqq x \leqq \frac{3}{4}$ c) $-100 \leqq x < 1000$ d) $4 < x < 4\frac{1}{10}$

2 Elementares Rechnen

Rechenarten – Bezeichnungen

Rechenart	zugehöriger Term und Beispiel	Name des Terms	Name der einzelnen Terme und Bedingungen
Addition	$a + b$ $2 + (-3) = -1$	Summe	a, b: Summanden
Subtraktion	$a - b$ $2 - (-3) = 5$	Differenz	a: Minuend, b: Subtrahend
Multiplikation	$a \cdot b$ $2 \cdot (-3) = -6$	Produkt	a, b: Faktoren
Division	$a : b = \frac{a}{b}$ $2 : (-3) = -\frac{2}{3}$	Quotient	a: Dividend, b: Divisor a: Zähler, b: Nenner, $b \neq 0$
Potenzieren	a^n $2^3 = 2 \cdot 2 \cdot 2 = 8$	Potenz	a: Basis (Grundzahl); $a > 0$ n: Exponent (Hochzahl)
Radizieren	$\sqrt{a}$ $\sqrt{9} = 3$	Wurzel	a: Radikant $a > 0$

Bemerkung:
Bei Potenzen mit Hochzahlen aus $\mathbb{N}$ oder $\mathbb{Z}$ muss $a \neq 0$ sein.
Bei Potenzen mit reellen Hochzahlen hingegen muss $a > 0$ sein.

Grundregeln für die Reihenfolge beim Berechnen von Termen

1. **Klammern** werden **zuerst** berechnet.

$\left(\frac{9}{7} - \frac{4}{7}\right) \cdot \frac{7}{10} = \frac{5}{7} \cdot \frac{7}{10} = \frac{5}{10} = \frac{1}{2}$

$\frac{2{,}1}{0{,}25 \cdot 0{,}2} = 2{,}1 : (0{,}25 \cdot 0{,}2) = 2{,}1 : 0{,}05 = 42$

Die **innere Klammer** wird **zuerst** berechnet.

$[(2{,}8 - 1{,}3) : 0{,}6] \cdot (-6) = [1{,}5 : 0{,}6] \cdot (-6) = 2{,}5 \cdot (-6) = -15$

Berechnung von $\frac{78 \cdot 63}{49 \cdot 57}$ am Taschenrechner.
Die 1. Eingabe ist korrekt, die 2. Eingabe ist falsch, da $78 \cdot 63 : 49 \cdot 57$ gerechnet wird.

```
(78*63)/(49*57)
     1.759398496
78*63/49*57
     5716.285714
```

2. **Punktrechnungen** werden **vor Strichrechnungen** ausgeführt. Klammern haben immer Vorrang.

$\frac{7}{3} - \frac{5}{3} \cdot 2 = \frac{7}{3} - \frac{10}{3} = -\frac{3}{3} = -1$

$\left(\frac{7}{3} - \frac{5}{3}\right) \cdot 2 = \frac{2}{3} \cdot 2 = \frac{4}{3}$

3. Falls nur Punkt- oder nur Strichrechnungen und keine Klammern auftreten, so wird von links nach rechts gerechnet.

$\frac{3}{2} - \frac{5}{2} + 4{,}5 = -\frac{2}{2} + 4{,}5 = -1 + 4{,}5 = 3{,}5$

$\frac{3}{2} : \left(-\frac{5}{2}\right) \cdot 2{,}5 = -\frac{3 \cdot 2}{2 \cdot 5} \cdot 2{,}5 = -\frac{3}{5} \cdot \frac{5}{2} = -\frac{3}{2}$

4. Das **Potenzieren** wird vor den **Punkt-** und **Strichrechnungen** ausgeführt.

$1 - 4 \cdot 2^3 = 1 - 4 \cdot 8 = 1 - 32 = -31$

$1 - (4 \cdot 2)^3 = 1 - 8^3 = 1 - 512 = -511$

5. Man kann in einer Strichrechnung die Zahlen bzw. Terme beliebig umstellen, wenn man die Minus- und Pluszeichen mitnimmt.

$-5 + 11 - 6 = -5 - 6 + 11 = -11 + 11 = 0$

$3a + b - 2a + 3b - 6b =$

$3a - 2a + b + 3b - 6b = 1a - 2b = a - 2b$

Brüche und Dezimaldarstellung

Es gilt:
$0{,}\overline{1} = \frac{1}{9};\ 0{,}\overline{2} = \frac{2}{9};\ \dots$
$0{,}\overline{01} = \frac{1}{99};\ 0{,}\overline{02} = \frac{2}{99};\ \dots$
$0{,}\overline{001} = \frac{1}{999};\ 0{,}\overline{002} = \frac{2}{999};$
…

Umwandlung eines **Bruches** in eine **Dezimalzahl**: $\frac{a}{b} = a : b$

$\frac{3}{4} = 3 : 4 = 0{,}75$ $\qquad$ $\frac{7}{8} = 7 : 8 = 0{,}875$

$\frac{14}{10} = 14 : 10 = 1{,}4$ $\qquad$ $\frac{124}{1000} = 124 : 1000 = 0{,}124$

Wenn die Division nicht abbricht, so entsteht eine **periodische Dezimalzahl**:

$\frac{1}{3} = 1 : 3 = 0{,}333\ldots = 0{,}\overline{3}$ $\qquad$ $\frac{14}{15} = 0{,}93333\ldots = 0{,}9\overline{3}$

$\frac{17}{12} = 1{,}4166\ldots = 1{,}41\overline{6}$ $\qquad$ $\frac{13}{11} = 1{,}1818\ldots = 1{,}\overline{18}$

Umwandlung einer **Dezimalzahl** in einen **Bruch**:

$2{,}2 = \frac{22}{10} = \frac{11}{5} = 2\frac{1}{5}$ $\qquad$ $12{,}658 = \frac{12\,658}{1000}$

$0{,}0123 = \frac{123}{10\,000}$ $\qquad$ $505{,}06 = \frac{50\,506}{100}$

Rechnen mit Brüchen und Bruchtermen

Erweitern von Brüchen

$\frac{3}{4}$ erweitert mit 5: $\frac{3}{4} = \frac{3 \cdot 5}{4 \cdot 5} = \frac{15}{20}$

$\frac{a}{b}$ erweitert mit $k \neq 0$: $\frac{a}{b} = \frac{a \cdot k}{b \cdot k}$

Erweitern mit 0 ist nicht möglich!

Kürzen von Brüchen:

$\frac{24}{56}$ gekürzt durch 8: $\frac{24}{56} = \frac{24:8}{56:8} = \frac{3}{7}$

$\frac{a}{b}$ gekürzt durch $k \neq 0$: $\frac{a}{b} = \frac{a:k}{b:k}$

Addieren (Subtrahieren)

bei gleichen Nennern: $\frac{4}{9} + \frac{11}{9} = \frac{4+11}{9} = \frac{15}{9} = \frac{5}{3} = 1\frac{2}{3}$ $\qquad \frac{a}{n} \pm \frac{b}{n} = \frac{a \pm b}{n}$

bei verschiedenen Nennern: $\frac{4}{9} - \frac{11}{4} = \frac{4 \cdot 4}{9 \cdot 4} - \frac{9 \cdot 11}{9 \cdot 4} = \frac{16-99}{4 \cdot 9} = -\frac{83}{36}$ $\qquad \frac{a}{m} \pm \frac{b}{n} = \frac{a \cdot n}{m \cdot n} \pm \frac{b \cdot m}{m \cdot n} = \frac{a \cdot n \pm b \cdot m}{m \cdot n}$

Merke: **Bei Brüchen darf im Nenner niemals eine Null stehen!**

Multiplizieren

$\frac{4}{3} \cdot \frac{9}{5} = \frac{4 \cdot 9}{3 \cdot 5} = \frac{12}{5}$ $\qquad \frac{a}{m} \cdot \frac{b}{n} = \frac{a \cdot b}{m \cdot n}$

$\frac{\text{Zähler mal Zähler}}{\text{Nenner mal Nenner}}$

mit Sonderfall: $\frac{5}{9} \cdot 12 = \frac{5}{9} \cdot \frac{12}{1} = \frac{5 \cdot 12}{9} = \frac{5 \cdot 4}{3} = \frac{20}{3}$ $\qquad \frac{a}{m} \cdot k = \frac{a}{m} \cdot \frac{k}{1} = \frac{a \cdot k}{m}$

Dividieren

$\frac{-4}{3} : \frac{8}{5} = \frac{-4}{3} \cdot \frac{5}{8} = \frac{-4 \cdot 5}{3 \cdot 8} = \frac{-5}{6} = -\frac{5}{6}$ $\qquad \frac{a}{m} : \frac{b}{n} = \frac{a}{m} \cdot \frac{n}{b} = \frac{a \cdot n}{m \cdot b}$

Multiplizieren mit dem Kehrbruch

mit Sonderfällen: $\frac{5}{9} : 15 = \frac{5}{9} : \frac{15}{1} = \frac{5}{9} \cdot \frac{1}{15} = \frac{5}{9 \cdot 15} = \frac{1}{27}$ $\qquad \frac{a}{m} : k = \frac{a}{m} : \frac{k}{1} = \frac{a}{m} \cdot \frac{1}{k} = \frac{a}{m \cdot k}$

$6 : \frac{3}{-4} = -\frac{6}{1} : \frac{3}{4} = -\frac{6}{1} \cdot \frac{4}{3} = -8$ $\qquad k : \frac{a}{m} = \frac{k}{1} : \frac{a}{m} = \frac{k}{1} \cdot \frac{m}{a} = \frac{k \cdot m}{a}$

Ein Doppelbruch ist nichts Neues: $\frac{\frac{a}{b}}{\frac{x}{y}} = \frac{a}{b} : \frac{x}{y}$

Wichtige Schreibweisen

$2\frac{1}{2}$ heißt gemischter Bruch und bedeutet $2 + \frac{1}{2}$. $\qquad 4\frac{2}{3} = 4 + \frac{2}{3} = \frac{12}{3} + \frac{2}{3} = \frac{14}{3}$

$1\frac{2}{5} + 3\frac{3}{10} = 1 + \frac{2}{5} + 3 + \frac{3}{10} = 4\frac{7}{10}$

$2x\,(ax)$ bedeutet $2 \cdot x \cdot (a \cdot x)$. $\qquad 2x \cdot 4x = 2 \cdot x \cdot 4 \cdot x = 8x^2$

Auflösen von Minusklammern

Eine **Minusklammer** löst man auf, indem man bei den Termen in der Klammer die Pluszeichen zu Minuszeichen und die Minuszeichen zu Pluszeichen ändert und das Minuszeichen vor der Klammer sowie die Klammer weglässt.

$23 - (13 - 7) = 23 - (+13 - 7) = 23 - 13 + 7$
$= 10 + 7 = 17$
$23 - 13 + 7 = 23 - (+13 - 7) = 23 - 6 = 17$
$-(y - x) = -(+y - x) = -y + x = x - y;$
$y - x = -(-y + x) = -(x - y)$

Steht vor der ersten Zahl in der Klammer kein Vorzeichen, so bedeutet dies stets ein + (plus).

Eine **Plusklammer** löst man auf, indem man das Pluszeichen vor der Klammer und die Klammer weglässt.

$23 + (13 - 7) = 23 + (+13 - 7)$
$= 23 + 13 - 7 = 36 - 7 = 29$
$z + x - y = z + (x - y)$

Merke: **wenn links = rechts dann auch rechts = links**

Ausmultiplizieren und Ausklammern

$a \cdot (b + c) = a \cdot b + a \cdot c$
$x \cdot (c - y) = x \cdot c - x \cdot y$
und umgekehrt „ausklammern“:
$x \cdot y + x \cdot z = x \cdot (y + z)$
$x \cdot z - a \cdot z = (x - a) \cdot z$
$(a + b) \cdot (x - y) =$
$a \cdot x + b \cdot x - a \cdot y - b \cdot y$

$6 \cdot 17 = 6 \cdot (10 + 7) = 6 \cdot 10 + 6 \cdot 7 = 102$
$9 \cdot 23 = (10 - 1) \cdot 23 = 10 \cdot 23 - 1 \cdot 23 =$
$= 230 - 23 = 207$
$9 \cdot 0{,}3 + 9 \cdot 0{,}7 = 9 \cdot (0{,}3 + 0{,}7) = 9 \cdot 1 = 9$
$1{,}7 \cdot 7 - 0{,}7 \cdot 7 = (1{,}7 - 0{,}7) \cdot 7 = 1 \cdot 7 = 7$
$17 \cdot 26 = (10 + 7) \cdot (30 - 4) =$
$300 + 210 - 40 - 28 = 510 - 68 = 442$

Die binomischen Formeln

$(a + b)^2 = a^2 + 2 \cdot a \cdot b + b^2$
$(a - b)^2 = a^2 - 2 \cdot a \cdot b + b^2$
$(a + b) \cdot (a - b) = a^2 - b^2$

$(x + 2y)^2 = x^2 + 2 \cdot x \cdot 2y + (2y)^2 = x^2 + 4xy + 4y^2$
$59^2 = (60 - 1)^2 = 3600 - 120 + 1 = 3481$
$81 \cdot 79 = (80 + 1) \cdot (80 - 1) = 6400 - 1 = 6399$

Aufgaben

Sie könnten sich in der Gruppe auch gegenseitig solche Aufgaben stellen!

1 Stellen Sie einen Term auf und geben Sie seinen Wert an.

a) Addieren Sie zum Produkt aus 14 und 5 den Quotienten aus 99 und 3.

b) Multiplizieren Sie den Quotienten aus 512 und 4 mit 2 und subtrahieren Sie dann 56.

c) Bilden Sie die Summe aus 67 und 43 und addieren Sie dazu die Differenz beider Zahlen.

2 Berechnen Sie die Terme ohne Taschenrechner.

a) $2{,}1 + 4{,}3 - 2{,}1$ b) $(2{,}7 + 4{,}3 \cdot 2):0{,}1$ c) $2{,}1 \cdot 6 - 0{,}5 \cdot 3$ d) $(2{,}7 + 4{,}3) \cdot 2 - 5$

e) $-6{,}45 + 1{,}3 + 5{,}45$ f) $345 \cdot 2 - 45$ g) $560:8 - 8:1$ h) $560 - 560:10$

3 Berechnen Sie ohne Taschenrechner.

a) $4 - 4 \cdot 2^3$ b) $4 - (4 \cdot 2)^3$ c) $(4 - 4) \cdot 2^3$ d) $4 - 4 \cdot (-2)^3$

e) $4 - 4 \cdot 2 \cdot 3$ f) $4 - 4 \cdot 2 : 3$ g) $4 - 4 : 2 : 3$ h) $4 - 4 : 2 \cdot 3$

4 Berechnen Sie mit dem Taschenrechner.

a) $15{,}6 - 13 \cdot 4{,}2$ b) $15{,}6 : 4 - 1{,}5 \cdot 6$ c) $\frac{-313 + 729}{96}$ d) $\frac{96}{456 - 432}$

e) $-1{,}34^4 + 1{,}34 \cdot 4$ f) $(-1{,}34)^5 - 1{,}34^4$ g) $\frac{34{,}07 \cdot 12{,}1 - 12{,}01}{400{,}147} + 9$ h) $5 + \frac{679}{10} : 16{,}975 - \frac{5}{100}$

Kontrolle ist besser!
Deshalb sollte man seine Ergebnisse mit dem Taschenrechner kontrollieren, sofern dies möglich ist!

5 Schreiben Sie als Bruch und kürzen Sie nach Möglichkeit.

a) 0,1; 0,001; 0,01 b) 9,054; 905,4 c) 40,2; 4,02; 0,402 d) 0,124; 124,0; 1,240

6 Schreiben Sie als Dezimalzahl.

a) $\frac{3}{4}; \frac{30}{4}; \frac{3}{40}; \frac{300}{4}$ b) $\frac{1}{8}; \frac{2}{8}; \frac{3}{8}; \frac{4}{8}; \frac{5}{8}$ c) $\frac{1}{10}; \frac{10}{100}; \frac{10}{1000}; \frac{10}{10}$ d) $\frac{1}{2}; \frac{1}{3}; \frac{1}{4}; \frac{1}{5}; \frac{1}{6}$

7 Kürzen Sie soweit wie möglich.

a) $\frac{3}{9}; \frac{12}{36}; \frac{16}{48}; \frac{40}{120}$ b) $\frac{2x}{4}; \frac{5y}{15x}; \frac{3xy}{6x}; \frac{6ab}{ab}$ c) $\frac{abc}{c}; \frac{abc}{bc}; \frac{abc}{ac}$ d) $\frac{6axy}{30xy}; \frac{30rst}{56st}; \frac{2xc}{20y}$

8 Berechnen Sie:

a) $\frac{3}{4} + \frac{11}{4}; \frac{7}{2} - \frac{13}{4}$ b) $\frac{5}{8} + \frac{1}{4}; \frac{7}{3} - \frac{5}{6}; 1\frac{3}{4} - \frac{3}{2}$ c) $\frac{5}{8} + \frac{4}{5}; \frac{7}{3} - 1\frac{5}{7}$ d) $\frac{5}{10} + 0{,}8; 1\frac{3}{4} - 1{,}1$

e) $\frac{8}{3} \cdot \frac{3}{8}; \frac{8}{3} \cdot \frac{3}{4}; \frac{8}{3} \cdot \frac{6}{2}$ f) $\frac{8}{3} : \frac{3}{8}; \frac{8}{3} : \frac{4}{3}; \frac{8}{3} : \frac{2}{6}$ g) $\frac{a}{b} \cdot \frac{bc}{ac}; \frac{a}{b} : \frac{ac}{b}$ h) $\frac{x}{y} \cdot \frac{2y}{4x}; \frac{3a}{5} \cdot \frac{15c}{9}$

9 Rechnen Sie möglichst vorteilhaft.

a) $37 - (13 - 7)$ b) $\frac{4}{9} - \left(1\frac{7}{9} + \frac{4}{9}\right)$ c) $\frac{3}{10} + \left(1 - \frac{7}{10}\right)$ d) $\frac{3}{10} - \left(1 - \frac{7}{10}\right)$

e) $x - (y - 2x) + y$ f) $2a + (b - 2a - b)$ g) $3ab - a \cdot (2b - 1)$ h) $\frac{ab}{a} - a \cdot \left(\frac{b}{a} + 1\right)$

10 Klammern Sie aus und kürzen Sie.

a) $\frac{2abc - bc}{2a - 1}$ b) $\frac{x(x + y - z) - x^2}{y - z}$ c) $\frac{x - 1}{1 - x}$ d) $\frac{4x(-a - b + c - d)}{2(a + b - c + d)}$

11 Berechnen Sie mithilfe der binomischen Formeln.

a) $(x + t)^2$ b) $(2x - t)^2$ c) $(2x - 3t)^2$ d) $(3x - 2t)^2$

e) $(u + vw)^2$ f) $\left(\frac{1}{2}u + vw\right)^2$ g) $(a - 4b)(a + 4b) - a^2 - 16b^2$

12 Vereinfachen Sie.

a) $\frac{-a - b}{a + b}; \frac{-(b - a)}{a - b}$ b) $\frac{x - y}{y - x}; \frac{x - y}{-x + y}$ c) $\frac{2x - 3y}{4x - 6y}; \frac{2x - 3y}{6y - 4x}$ d) $\frac{(2x - 3y)(2x + 3y)}{(4x + 6y)(4x - 6y)}$

3 Potenzen und Wurzeln

Potenzen

$a^n = \underbrace{a \cdot a \cdot a \cdot \ldots \cdot a}_{n \text{ Faktoren}}$;

$a \in \mathbb{R}$ heißt **Basis** oder **Grundzahl**,

$n \in \{1; 2; 3; \ldots\}$ **Exponent** oder **Hochzahl**.

$a^1 = a$; $a^0 = 1$; 0^0 ist nicht definiert.

Potenzen mit **negativen Hochzahlen**:

$a^{-n} = \frac{1}{a^n}$ für $a \neq 0$

Man kann auch Potenzen mit reellen Hochzahlen und positiver Basis bilden, z.B. $3^{0,2}$.

$2^4 = 2 \cdot 2 \cdot 2 \cdot 2 = 16$;

$-2^4 = -2 \cdot 2 \cdot 2 \cdot 2 = -16$;

$(-2)^4 = (-2) \cdot (-2) \cdot (-2) \cdot (-2) = 16$;

$4^3 = 4 \cdot 4 \cdot 4 = 64$; $-4^3 = -4 \cdot 4 \cdot 4 = -64$;

$(-4)^3 = (-4) \cdot (-4) \cdot (-4) = -64$

$10^0 = 1$; $10^1 = 10$; $10^{-1} = \frac{1}{10}$; $10^{-2} = \frac{1}{10^2} = \frac{1}{100}$

$2^{-3} = \frac{1}{2^3} = \frac{1}{8}$; $\left(\frac{1}{2}\right)^{-3} = \frac{1}{\left(\frac{1}{2}\right)^3} = \frac{1}{\frac{1}{2^3}} = 2^3 = 8$

Mit dem Taschenrechner: $3^{0,2} \approx 1{,}24573\ldots$

Quadratwurzel

$\sqrt{a}$ ist die positive Zahl c, für die gilt:

$c^2 = a$. Dabei muss $a > 0$ sein.

Für $a = 0$ legt man fest: $\sqrt{0} = 0$.

Schreibweisen: $\sqrt{a} = \sqrt[2]{a} = a^{\frac{1}{2}}$.

$\sqrt{36} = 6$, da $6^2 = 36$; $\sqrt{\frac{1}{4}} = \frac{1}{2}$, da $\left(\frac{1}{2}\right)^2 = \frac{1}{4}$

$144^{\frac{1}{2}} = \sqrt[2]{144} = 12$, da $12^2 = 144$

$\sqrt{6{,}25} = 2{,}5$, da $2{,}5^2 = 6{,}25$

Beachten Sie:
Obwohl $(-3)^2 = 9$ ist, ist $\sqrt{9} \neq -3$

Rechnen mit Potenzen

bei gleicher Basis / bei gleichen Exponenten

$a^m \cdot a^n = a^{m+n}$ $\quad$ $a^m \cdot b^m = (a \cdot b)^m$

$\frac{a^m}{a^n} = a^{m-n}$ $\quad$ $\frac{a^m}{b^m} = \left(\frac{a}{b}\right)^m$

$(a^m)^n = a^{m \cdot n}$

$2^3 \cdot 2^5 = 2^{3+5} = 2^8 = 256$; $3^3 \cdot 3^{-4} = 3^{-1} = \frac{1}{3}$

$\frac{2x^3 \cdot y^4}{x^2 \cdot 4y} = \frac{x^{3-2} \cdot y^{4-1}}{2} = \frac{x^1 \cdot y^3}{2} = \frac{1}{2}xy^3$

$(0{,}5^4)^{-1} = 0{,}5^{4 \cdot (-1)} = 0{,}5^{-4} = 2^4 = 16$

Rechnen mit Wurzeln

$\sqrt{a} \cdot \sqrt{b} = \sqrt{a \cdot b}$; $\frac{\sqrt{a}}{\sqrt{b}} = \sqrt{\frac{a}{b}}$

oder als Potenz: $a^{\frac{1}{2}} \cdot b^{\frac{1}{2}} = (a \cdot b)^{\frac{1}{2}}$; $\frac{a^{\frac{1}{2}}}{b^{\frac{1}{2}}} = \left(\frac{a}{b}\right)^{\frac{1}{2}}$

$\sqrt{8} = \sqrt{4 \cdot 2} = \sqrt{4} \cdot \sqrt{2} = 2 \cdot \sqrt{2} = 2\sqrt{2}$

$\sqrt{\frac{1}{2}} = \frac{\sqrt{1}}{\sqrt{2}} = \frac{1}{\sqrt{2}}$; $\sqrt{\frac{x^4}{4}} = \frac{\sqrt{x^4}}{\sqrt{4}} = \frac{x^2}{2}$

Im Gegensatz zu
$\sqrt{a \cdot b} = \sqrt{a} \cdot \sqrt{b}$
kann $\sqrt{a + b}$ nicht vereinfacht werden:
$\sqrt{2} = \sqrt{1 + 1} \neq \sqrt{1} + \sqrt{1} = 2$

Aufgaben

1 Berechnen Sie ohne GTR.

a) $(-1)^3$; $(-1)^4$; $(-1)^{-1}$ $\quad$ b) $(-3)^2$; -3^2; $(-3)^{-2}$; $-3 \cdot 2$ $\quad$ c) $\left(-\frac{2}{3}\right)^3$; $-\frac{2^2}{3}$; $-\left(\frac{2}{3}\right)^3$; $\frac{(-2)^3}{3}$

d) $(-x)^4 \cdot (-x)^{-3}$ $\quad$ e) $(xy)^2$; xy^2; $(x \cdot y)^2$; $(x + y)^2$ $\quad$ f) $(2x)^4 y^2$; $(2x^4)y^2$; $(2x^2y)^2$

Denken Sie daran:
Potenz vor Punkt vor Strich

2 Richtig oder falsch? Begründen oder berichtigen Sie.

a) $\sqrt{5a} + \sqrt{8a} = \sqrt{13a}$ $\quad$ b) $\sqrt{2} + \sqrt{8} = 3\sqrt{2}$ $\quad$ c) $6\sqrt{a} + 6\sqrt{a} - \sqrt{4a} = 10\sqrt{a}$

d) $\frac{\sqrt{z}}{z} = z^{-\frac{1}{2}}$; $\frac{2z}{\sqrt{2z}} = 2z^{\frac{1}{2}}$ $\quad$ e) $(\sqrt{z})^4 = z^2$; $(-\sqrt{2x})^{-2} = \frac{1}{2x}$ $\quad$ f) $\frac{12\sqrt{b}}{\sqrt{12b}} - \frac{12\sqrt{a}}{\sqrt{12a}} + \frac{12\sqrt{c}}{\sqrt{12c}} = 0$

3 Setzen Sie eine passende Potenz ein.

a) $x^3 \cdot \square = x^7$; $x^{-2} \cdot \square = x$ $\quad$ b) $y^5 \cdot \square = y^{-2}$; $y^5 \cdot \square = \frac{1}{y}$ $\quad$ c) $8^6 \cdot \square = 2^6$; $3^6 \cdot \square = \frac{1}{9}$

4 Berechnen Sie.

a) $(2^3)^4$; $(-2^3)^4$; $[(-2)^3]^4$ $\quad$ b) $(x^4)^5$; $(-x^4)^5$; $(-x^5)^4$ $\quad$ c) $((-y)^2)^7$; $(-y^2)^7$; $(-y^7)^2$

d) $(2x)^4 : x^4$; $2x^4 : x^4$ $\quad$ e) $(4a)^3 : (-4a^3)$; $((-2a)^3) : 8$ $\quad$ f) $\frac{6x^2y^2z^3}{2(xyz)^2} - \frac{6x^2y^2z^3}{(2xyz)^2}$

4 Lineare Gleichungen

Terme im Alltag:

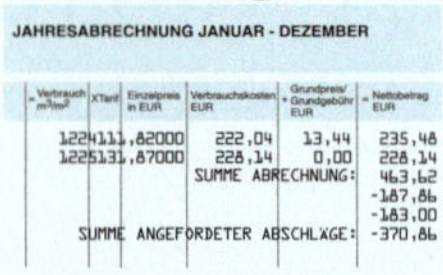

In der Regel ist die Definitionsmenge $\mathbb{R}$.

Terme

Ein Term ist ein Rechenausdruck. Er kann aus Zahlen, Variablen oder Verbindungen von Zahlen und Variablen durch Rechenoperationen bestehen. Die Menge der Werte, die für die Variable eingesetzt werden dürfen, heißt **Definitionsmenge**.

$x;\quad 2x;\quad -0{,}5x + 1;\quad 0{,}25;\quad xy;\quad x(x-2)$

Beachten Sie: Statt $2 \cdot x;\ -0{,}5 \cdot x;\ x \cdot y$ schreibt man meist $2x;\ -0{,}5x;\ xy$.

Ausnahme: $2\frac{1}{2} = 2 + \frac{1}{2}$.

Gleichungen

Werden zwei Terme gleichgesetzt, so entsteht eine Gleichung. Tritt in einer Gleichung nur eine Variable in der 1. Potenz auf, so heißt die Gleichung **linear**. Eine Gleichung **lösen** heißt, die Variable durch eine Zahl ersetzen, so dass beide Seiten gleich sind. Dies ist bei Gleichungen der Form (1) direkt erkennbar. Gleichungen der Form (2) müssen also auf die Form (1) gebracht werden. Alle Zahlen, die eine Gleichung lösen, bilden die Lösungsmenge L.

$0{,}25 = x(x-2);\quad x = xy$

Lineare Gleichungen sind

(1) $x = 0{,}25$

(2) $x = -0{,}5x + 1$

Gleichung (1) hat die Lösung $x = 0{,}25$, da $0{,}25 = 0{,}25$ ist.

Bei Gleichung (2) ist die Lösung nicht direkt erkennbar.

Die Lösung von (2) ist $x = \frac{2}{3}$, da sich bei Einsetzung auch rechts $-\frac{1}{2} \cdot \frac{2}{3} + 1 = \frac{2}{3}$ ergibt.

$2x + 3 = 7$:

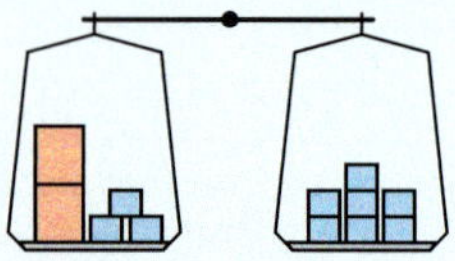

$2x = 4$:

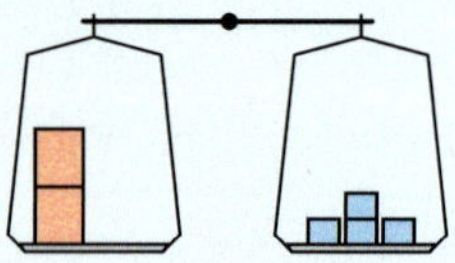

$x = 2$:

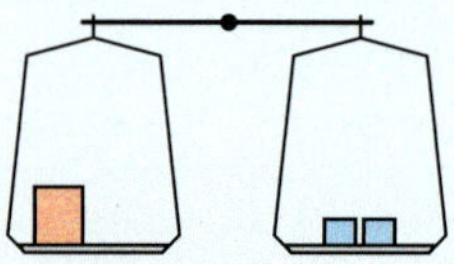

Lösen von linearen Gleichungen

(1) Zuerst den linken und rechten Term der Gleichung vereinfachen.

(2) Alle Terme mit der Lösungsvariablen auf eine Seite bringen, alle anderen auf die andere Seite stellen.

(3) Durch den Vorfaktor der Lösungsvariablen dividieren oder mit dem Kehrwert des Vorfaktors multiplizieren.

Um sicher zu sein, dass man richtig gerechnet hat, macht man die Probe. Diese kann mit dem Taschenrechner erfolgen.

$6x + 3 - x = 3(x-2) + 13$

$5x + 3 = 3x - 6 + 13$

$5x + 3 = 3x + 7 \qquad -3x$

$5x - 3x + 3 = 3x + 7 - 3x;$ also

$2x + 3 = 7 \qquad -3$

$2x = 4 \qquad |:2$

$x = 2$

Man schreibt: $L = \{2\}$

Probe: Linke Seite: $6 \cdot 2 + 3 - 2 = 13$

Rechte Seite: $3 \cdot (2-2) + 13 = 13$

$0 \cdot x = 0$
für jede Zahl x.
$0 : x = 0$
für jede Zahl $x \neq 0$
$x : 0$
ist nicht möglich!

Mögliche Lösungen

Eine Gleichung heißt **allgemeingültig**, wenn jede Zahl der Definitionsmenge Lösung ist.
Sie heißt **teilgültig**, wenn mindestens eine Zahl der Definitionsmenge Lösung ist.
Sie heißt **unlösbar**, wenn keine Zahl der Definitionsmenge Lösung der Gleichung ist.

$3x + 6 = 3(x+2)$

$3x + 6 = 3x + 6$ ist wahr; damit ist $L = \mathbb{R}$

$3x + 6 = 2(x+2)$

$x = -2$; damit ist $L = \{-2\}$

$3x + 6 = 3(x+3)$

$0 \cdot x = 3$ ist nicht möglich; damit ist $L = \{\,\}$.

Auflösen nach Variablen

Eine Gleichung wie z.B. $v = \frac{s}{t}$ enthält 3 Variablen; sie kann nach t oder s aufgelöst werden:

$v = \frac{s}{t} \quad |\cdot t \quad$ ergibt $\quad s = v \cdot t$

$s = v \cdot t \quad |\cdot \frac{1}{v} \quad$ ergibt $\quad t = \frac{s}{v}$

$ax - 3 = 2a - 4x$, $x \in \mathbb{R}$, $a \in \mathbb{R}$ soll nach x aufgelöst werden:

$ax - 3 = 2a - 4x \qquad | + 4x + 3$

$ax + 4x = 2a + 3$

$x(a+4) = 2a + 3$

$x = \frac{2a+3}{a+4}$ ist Lösung, wenn $a + 4 \neq 0$ ist.

Bruchgleichungen

Gleichungen, bei denen eine Variable im Nenner auftritt, heißen **Bruchgleichungen**. Sie sind nur für die Zahlen definiert, für die der Nenner nicht null wird. Man beseitigt die Variable im Nenner durch Multiplikation mit einem gemeinsamen Nenner.

$\frac{1}{x} + 2 = \frac{3}{x} \quad | \cdot x \quad$ nur für $x \neq 0$ definiert.

$1 + 2x = 3$ ergibt $x = 1$; also $L = \{1\}$.

$\frac{1}{x} + \frac{1}{x+1} = \frac{3}{x} \quad | \cdot x(x+1) \quad$ für $x \neq 0$; $x \neq -1$

$x + 1 + x = 3(x + 1)$ oder $2x + 1 = 3x + 3$;

also $x = -2$; $L = \{-2\}$

Gleichungen der Form $T_1 \cdot T_2 = 0$

Ein Produkt ist null, wenn mindestens einer der beiden Faktoren null ist (**Satz vom Nullprodukt**). Demnach besteht die Lösung einer Gleichung der Form $T_1 \cdot T_2 = 0$ aus den Lösungen von $T_1 = 0$ und $T_2 = 0$.

$(x - 2)(x + 3) = 0$ ergibt

$x - 2 = 0$; $x + 3 = 0$; also $x = 2$; $x = -3$.

Damit ist $L = \{2; -3\}$.

$x^2 - 5x = 0$ kann man durch Ausklammern lösen: $x(x - 5) = 0$, also $x = 0$; $x = 5$.

Aufgaben

1 Vereinfachen Sie die folgenden Terme.

a) $x + x + x$ b) $x \cdot x \cdot x$ c) $4 + a - 3 + 2a$ d) $-1{,}4c - 1{,}8c + 4{,}2c$

e) $\frac{3}{4}u + \frac{2}{3}u$ f) $\frac{3}{2}x + 1{,}4 - \frac{1}{4}x$ g) $u + \frac{1}{2}u - \frac{1}{-3}u + \frac{-1}{4}u$ h) $5z - z + y - 5y$

2 Lösen Sie die Gleichung und machen Sie die Probe.

a) $x - 2 + 3{,}5 = 9$ b) $3{,}4x - 1{,}2(2x - 0{,}5) = -2{,}3$

c) $5(5u + 9) - 3(15 + 7u) = 16$ d) $2{,}4(5u - 2) - 3(3{,}9u - 1{,}6) = 2{,}7$

e) $4 - 13v = 51 - 3v + 33$ f) $3(1 - s) + 5s = 1 - (2 - s)$

3 Lösen Sie nach x auf.

a) $ax = 1$ b) $ax = a$ c) $ax = 0$ d) $ax = x$

e) $ax = a + x$ f) $a + x = x$ g) $a + x = a$ h) $ax = ax + a + x$

Beispiel zu Aufgabe 3:

$b + x = bx \quad | - x$

$b = bx - x$

$b = x \cdot (b - 1) \quad | : (b - 1)$

$\frac{b}{b-1} = x$ für $b \neq 1$.

4 Für welche x ist die Gleichung nicht definiert? Geben Sie die Lösungsmenge an.

a) $\frac{1}{x} + 5 = 7$ b) $\frac{5}{2x} - \frac{5}{6} = \frac{2}{x}$ c) $\frac{1}{x} - \frac{1}{3x} + \frac{1}{6x} = \frac{1}{6}$ d) $\frac{1}{x} - \frac{1}{3} = \frac{1}{12x} + \frac{8}{9}$

e) $\frac{12}{x+1} = 1$ f) $\frac{5}{x+8} = \frac{1}{x}$ g) $\frac{5}{x+2} = \frac{4}{x+1}$ h) $\frac{2}{x} - \frac{1}{x-1} - \frac{1}{x+2} = 0$

5 Lösen Sie jeweils nach jeder Variablen auf.

a) $A = a \cdot b$ b) $u = 2(a + b)$ c) $V = abc$ d) $V = 2(ab + bc + ac)$

e) $u = 2r \cdot \pi$ f) $W = F \cdot s$ g) $p = \frac{F}{A}$ h) $d = \frac{m}{V}$

6 Lösen Sie und machen Sie die Probe.

a) $x(x + 1) = 0$ b) $(x - 2)(x + 2{,}5) = 0$ c) $x(x - 3{,}2) = 0$ d) $(2x - 1)(x + 4) = 0$

e) $x^2 - 3x = 0$ f) $(x - 1)^2 \cdot (x + 4) = 0$ g) $x^2 = 5x$ h) $(x + a)^2 = 2 \cdot (x + a)$

7 a) Eine Familie hat drei Kinder, die an drei aufeinanderfolgenden Jahren geboren sind. Heute sind sie zusammen 72 Jahre alt. Wie alt sind die Kinder?

b) Bei einer Lotterie wird eine Gewinnsumme von insgesamt 312 000 € ausgeschüttet. Es gibt drei Gewinnklassen: In Klasse 1 werden 42 000 € mehr ausgeschüttet als in Klasse II, in Klasse II 24 000 € mehr als in Klasse III. Wie viel wird in jeder Gewinnklasse ausgeschüttet?

Beispiel zu Aufgabe 7:

Die Summe dreier aufeinanderfolgender natürlicher Zahlen beträgt 117.

1. Zahl: x
2. Zahl: x + 1
3. Zahl: x + 2

Summe:

$x + (x + 1) + (x + 2) = 117$

$3x = 114$

$x = 38$

Die drei Zahlen sind 38, 39 und 40.

5 Der Umgang mit Einheiten

Größe – Maßzahl – Einheit

Unter einer Größe versteht man die Angabe einer Länge, einer Uhrzeit, einer Masse, eines Geldbetrags, usw.

Eine Größe besteht aus einer Maßzahl und einer Maßeinheit. So ist z. B. in der Größe

9 kg

9 die Maßzahl **kg die Maßeinheit**.

Sie wissen noch:
$10^3 = 1000$
$10^6 = 1\,000\,000$
$10^9 = 1\,000\,000\,000$

Größen derselben Art können ineinander umgewandelt werden.

Die wichtigsten Umwandungen sind rechts angegeben.

d ist die Abkürzung für Tag (day)

Größen und ihre Umwandlungszahlen:

Währungsmaße: Euro = 100 Cent

Längenmaße: $1\,\text{m} = 10\,\text{dm} = 100\,\text{cm} = 1000\,\text{mm} = \frac{1}{1000}\,\text{km}$

Flächenmaße: $1\,\text{m}^2 = 100\,\text{dm}^2 = 10\,000\,\text{cm}^2 = 1\,000\,000\,\text{mm}^2$;
$1\,\text{km}^2 = 100\,\text{ha} = 10\,000\,\text{a} = 1\,000\,000\,\text{m}^2$

Volumenmaße: $1\,\text{m}^3 = 10^3\,\text{dm}^3 = 10^6\,\text{cm}^3 = 10^9\,\text{mm}^3$;
$1\,\text{km}^3 = 10^9\,\text{m}^3$

1 Liter = $1\,\text{dm}^3$; 1 Milliliter = $1\,\text{cm}^3$

Zeitmaße: $1\,\text{h} = 60\,\text{min} = 3600\,\text{s} = \frac{1}{24}\,\text{d}$

Gewichtsmaße: $1\,\text{kg} = 1000\,\text{g} = 10^6\,\text{mg}$
$1\,\text{t} = 1000\,\text{kg}$

Bedeutung der Vorsilben

Vorsilbe	bedeutet	
Giga (G)	$10^9 = 1\,000\,000\,000$	1 Gigabyte = 1 GB = 10^9 Byte
Mega (M)	$10^6 = 1\,000\,000$	1 Megawatt = 1 MW = 10^6 Watt
Kilo (k)	$10^3 = 1000$	1 Kilogramm = 1 kg = 10^3 g = 1000 g
Hekto (h)	$10^2 = 100$	1 Hektoliter = 100 Liter
Dezi (d)	$10^{-1} = \frac{1}{10} = 0{,}1$	1 Dezimeter = 1 dm = 10^{-1} m = 0,1 m
Zenti (c)	$10^{-2} = \frac{1}{100} = 0{,}01$	1 Zentimeter = 1 cm = 10^{-2} m = 0,01 m
Milli (m)	$10^{-3} = \frac{1}{1000} = 0{,}001$	1 Milliliter = 1 ml = 10^{-3} l = 0,001 l
Mikro (µ)	$10^{-6} = \frac{1}{1\,000\,000} = 0{,}000\,001$	1 Mikrogramm = 1 µg = 0,000 001 g
Nano (n)	$10^{-9} = \frac{1}{1\,000\,000\,000}$	1 Nanometer = 1 nm = 0,000 000 001 m
Pico (p)	$10^{-12} = \frac{1}{1\,000\,000\,000\,000}$	1 Picogramm = 1 pg = 0,000 000 000 001 g

Umrechnungen in verschiedene Einheiten

Kennt man die Umwandlungszahlen, so kann man Größen beliebig umrechnen:

Dazu ersetzt man die Maßeinheit lediglich durch die entsprechende Maßeinheit mit der zugehörigen Umwandlungszahl.

Umwandlung von a in m²:

$4\,\text{a} = 4\cdot 1\,\text{a} = 4\cdot 100\,\text{m}^2 = 400\,\text{m}^2$

Umwandlung von s in d:

$$30\,\text{s} = 30\cdot 1\,\text{s} = 30\cdot\frac{1}{60}\,\text{min} = \frac{30}{60}\cdot 1\,\text{min} = \frac{1}{2}\cdot\frac{1}{60}\,\text{h} = \frac{1}{120}\cdot 1\,\text{h} = \frac{1}{120}\cdot\frac{1}{24}\,\text{d} = 0{,}000347\overline{2}\,\text{d}$$

Weitere Umwandlungen:

(1) Ein ICE fährt zeitweise mit $220\,\frac{\text{km}}{\text{h}}$. Wie viele km legt er pro Minute zurück?

$$220\,\frac{\text{km}}{\text{h}} = 220\,\frac{\text{km}}{60\,\text{min}} = \frac{220}{60}\,\frac{\text{km}}{\text{min}} \approx 3{,}67\,\frac{\text{km}}{\text{min}}$$

(2) Welche Geschwindigkeit hat ein Sprinter, der 100 m in 9,9 s läuft?

$$9{,}9\,\frac{\text{m}}{\text{s}} = 0{,}9\cdot\frac{1\,\text{m}}{1\,\text{s}} = 9{,}9\cdot\frac{\frac{1}{1000}\,\text{km}}{\frac{1}{3600}\,\text{h}} = 9{,}9\cdot\frac{3600}{1000}\,\frac{\text{km}}{\text{h}} = 35{,}64\,\frac{\text{km}}{\text{h}}$$

(3) Kupfer hat die Dichte $8{,}9\,\frac{\text{g}}{\text{cm}^3}$. Wie viele Kilogramm je Kubikmeter hat demnach Kupfer?

$$8{,}9\,\frac{\text{g}}{\text{cm}^3} = 8{,}9\,\frac{1\,\text{g}}{1\,\text{cm}^3} = 8{,}9\cdot\frac{10^{-3}\,\text{kg}}{10^{-3}\,\text{dm}^3} = 8{,}9\,\frac{\text{kg}}{\text{dm}^3} = 8{,}9\,\frac{\text{kg}}{10^{-3}\,\text{m}^3} = 8{,}9\cdot 10^3\,\frac{\text{kg}}{\text{m}^3} = 8900\,\frac{\text{kg}}{\text{m}^3}$$

(4) Wie viele Joule ergeben eine Kilowattstunde? Geben Sie 1 kWh in J an.
Dabei ist 1 Joule (J) = 1 Wattsekunde (Ws) = 1 Newtonmeter (Nm)

$1\,\text{kWh} = \mathbf{1000}\,\text{Wh} = 1000\,\text{W} \cdot \mathbf{1\,h} =$
$1000\,\text{W} \cdot \mathbf{3600\,s} = 3\,600\,000\,\text{Ws} = 3{,}600 \cdot 10^6\,\text{J}.$
Damit ist $1\,\text{J} = \frac{1}{3{,}6 \cdot 10^6}\,\text{kWh} = 2{,}\overline{7} \cdot 10^{-7}\,\text{kWh}$

(5) Die Einheit des Druckes ist $1\,\text{Pa} = 1\frac{\text{N}}{\text{m}^2}$.
Der Luftdruck auf Meereshöhe beträgt 101 325 Pa.
Rechnen Sie ihn in die verschiedenen Einheiten um.

$101\,325\,\text{Pa} = 101\,325 \cdot 1\,\text{Pa} =$
$101\,325 \cdot \mathbf{10^{-5}\,bar} = 1{,}01325\,\text{bar}.$
$101\,325 \cdot \mathbf{1{,}0197 \cdot 10^{-5}\,at} \approx 1{,}033211\,\text{at}$
$101\,325 \cdot \mathbf{9{,}8692 \cdot 10^{-6}\,atm} \approx 1{,}0000\,\text{atm}$
$101\,325 \cdot \mathbf{7{,}5006 \cdot 10^{-3}\,torr} \approx 760{,}00\,\text{torr}$

$1\,\text{Pa} = 1{,}0000 \cdot 10^{-5}\,\text{bar}$
$= 1{,}0197 \cdot 10^{-5}\,\text{at}$
$= 9{,}8692 \cdot 10^{-6}\,\text{atm}$
$= 7{,}5006 \cdot 10^{-3}\,\text{torr}$

Dabei bedeutet
Pa Pascal
at technische Atmosphäre
atm physikalische Atm.
torr mm Quecksilbersäule

Aufgaben

1 Wandeln Sie in die in der Klammer stehende Einheit um. Verwenden Sie auch die Potenzschreibweise!

a) 30 m (km; dm; cm; mm)
b) 0,056 km (m; cm; mm)
c) $34\,\text{dm}^2$ (cm^2; mm^2; m^2; a; ha)
d) $0{,}0025\,\text{m}^2$ (dm^2; cm^2; a; ha; km^2)
e) $45\,\text{dm}^3$ (mm^3; m^3; km^3; Liter)
f) $1{,}2 \cdot 10^{-8}\,\text{km}^3$ (m^3; dm^3; l; ml)
g) 45 min (s; h; d)
h) 11,23 kg (g; mg; t)
i) 6,25 µg (mg, pg, g, kg)
j) 2 Hektoliter (in dm^3, cl, ml, km^3)

2 a) Ein Radfahrer fährt mit einer Geschwindigkeit von durchschnittlich $20\frac{\text{km}}{\text{h}}$. Wie viel Meter legt er pro Minute durchschnittlich zurück?

b) $330\frac{\text{m}}{\text{s}}$ ist die Schallgeschwindigkeit. Kann ein Flugzeug mit $800\frac{\text{km}}{\text{h}}$ mithalten?

c) Die Zunahme der Verschuldung der Bundesrepublik Deutschland beträgt derzeit ca. $1700\frac{\text{EURO}}{\text{s}}$. Rechnen Sie um in $\frac{\text{CENT}}{\text{min}}$ und in $\frac{\text{EURO}}{\text{h}}$.

d) Ein ICE erreicht beim Anfahren eine Beschleunigung von ca. $1{,}5\frac{\text{m}}{\text{s}^2}$. Rechnen Sie diese Beschleunigung um in $\frac{\text{km}}{\text{min}^2}$.

Schuldenuhr des Bundes am 5. Oktober 2005

3 a) Der durchschnittliche Luftdruck beträgt auf der Zugspitze 526 torr. Wie viel hPa sind dies? Dabei steht hPa für Hektopascal.

b) In der unteren Atmosphäre nimmt der Luftdruck je 10,5 m Höhenzunahme um 1 torr ab. Wie viel Pascal sind dies?

c) Bei Radrennen wird meist mit einem Reifendruck von 8 bar gefahren. Wie viel hPa und wie viel at sind das?

4 a) Das Ziffernblatt einer Kirchturmuhr hat einen Durchmesser von 6 m. Mit welcher Geschwindigkeit in $\frac{\text{mm}}{\text{s}}$ bewegt sich die Spitze des großen Zeigers mit 3 m Länge? Mit welcher Geschwindigkeit bewegt sich die kleine Zeigerspitze bei 2,25 m Zeigerlänge?

b) Welche Geschwindigkeit in $\frac{\mu\text{m}}{\text{s}}$ hat der 1,2 cm lange große Zeiger einer Armbanduhr an der Spitze, welche der 0,6 cm lange kleine Zeiger?

5 Auf einem Joghurtglas von 200 g Inhalt findet sich die Angabe: 100 g enthalten durchschnittlich einen Brennwert von 420 kJ. Rechnen Sie den Brennwert des Glases in kWh um.

6 Ein Stück Marmor hat eine Masse von m = 413 g und verdrängt $V = 153\,\text{cm}^3$ Wasser. Geben Sie die Dichte $\rho = \frac{m}{V}$ in $\frac{\text{t}}{\text{m}^3}$ und in $\frac{\text{kg}}{\text{Liter}}$ an.

6 Berechnungen im Koordinatensystem

Zahlengerade – Koordinatensystem

Zahlen kann man auf einer Geraden veranschaulichen. Man legt auf ihr einen Nullpunkt O und eine Einheit durch Antragen der Zahl 1 fest. Durch Abtragen dieser Einheit nach links und rechts entsteht eine Zahlengerade. Die positive Richtung wird durch einen Pfeil gekennzeichnet.

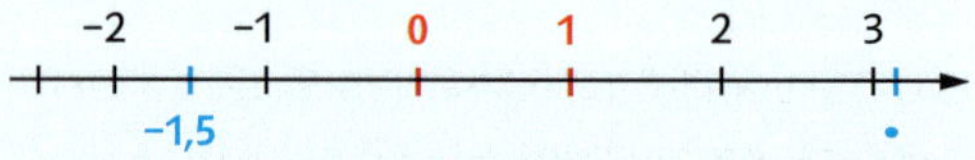

Man kann alle Zahlen auf der Zahlengeraden durch Punkte veranschaulichen.

Der französische Philosoph und Mathematiker René Descartes (1596–1650) hat das nach ihm benannte kartesische Koordinatensystem eingeführt.

Ein **kartesisches Koordinatensystem** besteht aus zwei senkrechten (orthogonalen) Zahlengeraden, die sich in ihren Nullpunkten – dem Ursprung O – schneiden. Die Abstandsteilung ist in waagerechter und in senkrechter Richtung gleichmäßig (äquidistant); häufig wird als Längeneinheit 1 cm gewählt. Die horizontale Achse heißt **x-Achse** oder **Abszissenachse**, die vertikale Achse **y-Achse** oder **Ordinatenachse**. Diese Bezeichnungen werden häufig in Anwendungen verwendet, bei denen die aufgetragenen Größen nicht x und y sind. Ansonsten spricht man von der x- bzw. y-Achse. Durch die beiden Koordinatenachsen wird die Zeichenebene in die vier Quadranten geteilt, die im Gegenuhrzeigersinn durchnummeriert werden.

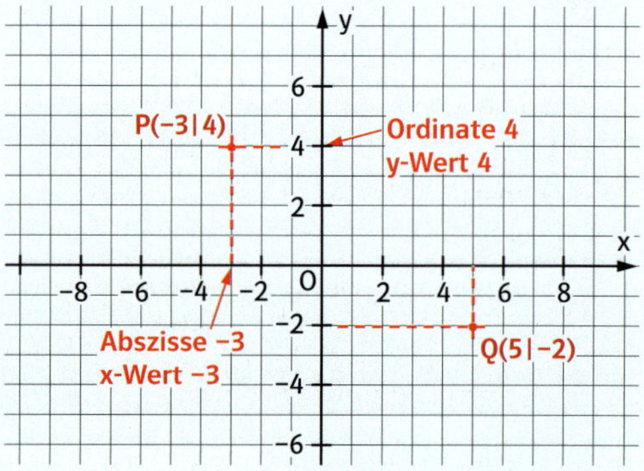

Ein **Punkt (a | b)** ist durch seine x-Koordinate oder **Abszisse a** und durch seine y-Koordinate oder **Ordinate b** festgelegt.

Markiert man also in einem Koordinatensystem der Ebene einen Punkt, so kann dieser durch zwei Zahlen, also einem **Zahlenpaar**, beschrieben werden. Umgekehrt kann jedem Zahlenpaar ein Punkt der Ebene im Koordinatensystem eindeutig zugeordnet werden.

Durch ein Koordinatensystem werden Geometrie und Algebra zusammengeführt.

Punkte im 1. Quadranten besitzen positive x- und y-Koordinaten, Punkte mit positiver x-Koordinate und negativer y-Koordinate liegen im 4. Quadranten.

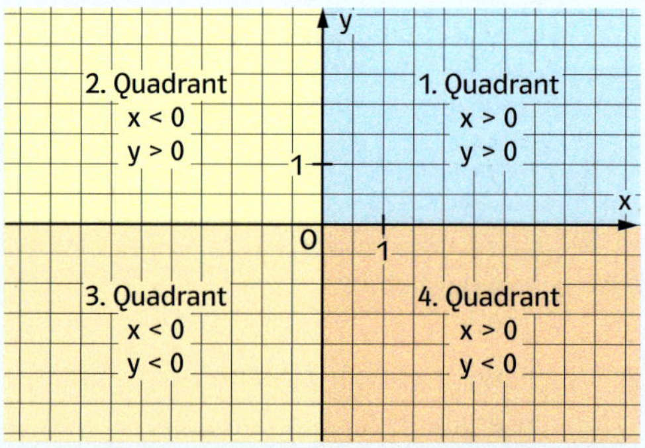

Man kann nun zum Beispiel alle Punkte mit der x-Koordinate x = 2 zeichnen; dies sind alle Punkte P(2 | y), wobei y jede beliebige reelle Zahl sein kann. Man erkennt, dass man dadurch alle Punkte erhält, die auf einer Senkrechten zur x-Achse durch den Punkt P(2 | 0) liegen.

Entsprechend erhält man durch die Bedingung y = 0,5 alle Punkte mit beliebiger x-Koordinate Q(x | 0,5). Sie liegen auf einer Geraden parallel zur x-Achse durch P(0 | 0,5).

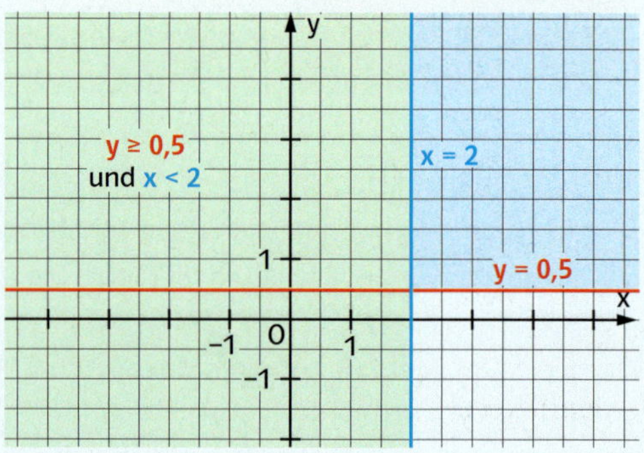

Alle Punkte mit P(x | y) mit x < 2 und y ≧ 0,5 liegen also links von x = 2 und oberhalb oder auf der roten Geraden y = 0,5.

Abstand zweier Punkte

Sind in einem Koordinatensystem zwei Punkte $P(x_P|y_P)$ und $Q(x_Q|y_Q)$ gegeben, so kann man ihren Abstand mithilfe des Satzes von PYTHAGORAS berechnen:

Das Dreieck PRQ ist ein rechtwinkliges Dreieck mit dem rechten Winkel bei R mit $R(x_P|y_Q)$.

Dann gilt für die Längen von

Kathete PR (grüne Strecke): $\overline{PR} = x_Q - x_P$ und

Kathete RQ (blaue Strecke): $\overline{RQ} = y_Q - y_P$.

Nach dem Satz des PYTHAGORAS gilt damit:

$\overline{PQ}^2 = \overline{PR}^2 + \overline{RQ}^2$, also

$\overline{PQ}^2 = (x_Q - x_P)^2 + (y_Q - y_P)^2$.

Damit gilt für den Abstand $d = \overline{PQ}$ zweier Punkte $P(x_P|y_P)$ und $Q(x_Q|y_Q)$:

$$\mathbf{d = \sqrt{(x_Q - x_P)^2 + (y_Q - y_P)^2}}$$

Diese Formel gilt auch für negative Koordinaten!

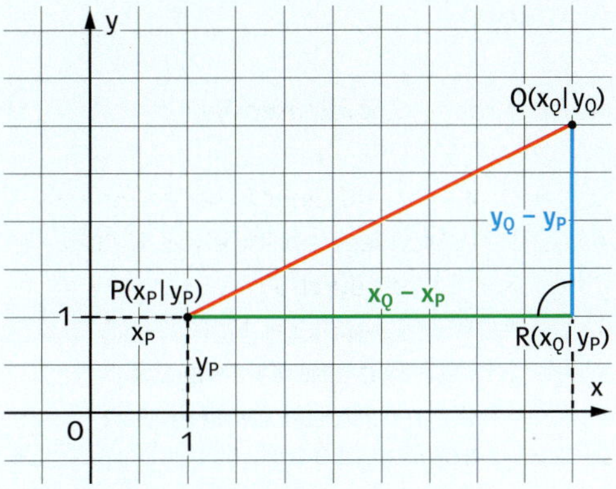

Der Abstand von P zu Q ist gleich der Länge der Strecke PQ.

In der obigen Zeichnung sind die Punkte P(1|1) und Q(5|3) gezeichnet.

Damit $x_Q - x_P = 5 - 1 = 4$ und

$y_Q - y_P = 3 - 1 = 2$.

Also ist die Länge d der Strecke $\overline{PQ}$:

$d = \sqrt{4^2 + 2^2} = \sqrt{20} \approx 4{,}47$ Längeneinheiten.

Man bildet die Differenz der x- und y-Werte der Punkte, quadriert und addiert sie und zieht daraus die Wurzel!

Mittelpunkt einer Strecke

Man kann auch den Mittelpunkt einer Strecke $\overline{PQ}$ mit $P(x_P|y_P)$ und $Q(x_Q|y_Q)$ berechnen.

Der nebenstehenden Figur kann man entnehmen, dass gilt:

$$x_M = x_P + \frac{x_Q - x_P}{2} = \frac{2x_P + x_Q - x_P}{2} = \frac{x_P + x_Q}{2} \quad \text{und}$$

$$y_M = y_P + \frac{y_Q - y_P}{2} = \frac{2y_P + y_Q - y_P}{2} = \frac{y_P + y_Q}{2}.$$

Damit gilt für die Koordinaten des Mittelpunktes $M(x_M|y_M)$ einer Strecke $\overline{PQ}$ mit $P(x_P|y_P)$ und $Q(x_Q|y_Q)$:

$$\mathbf{x_M = \frac{x_Q + x_P}{2};\ y_M = \frac{y_Q + y_P}{2}}$$

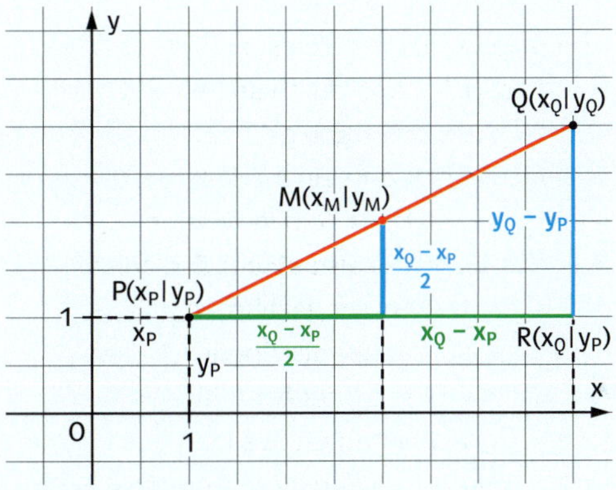

Für die Punkte P(1|1) und Q(5|3) gilt:

$M\left(\frac{5+1}{2}\middle|\frac{3+1}{2}\right) = M(3|2)$.

Winkel mit der x-Achse

Sind in einem Koordinatensystem zwei Punkte $P(x_P|y_P)$ und $Q(x_Q|y_Q)$ gegeben, so ist durch PQ eine Gerade festgelegt. Sie schneidet die x-Achse unter Winkel α. Dabei ist α der Winkel, den das Dreieck PRQ bei P besitzt.

Da das Dreieck rechtwinklig ist, gilt

$\tan(\alpha) = \frac{\text{Gegenkathete}}{\text{Ankathete}}$.

Damit gilt für den Schnittwinkel α einer Geraden durch $P(x_P|y_P)$ und $Q(x_Q|y_Q)$ mit der x-Achse:

$$\mathbf{\tan(\alpha) = \frac{y_Q - y_P}{x_Q - x_P}}$$

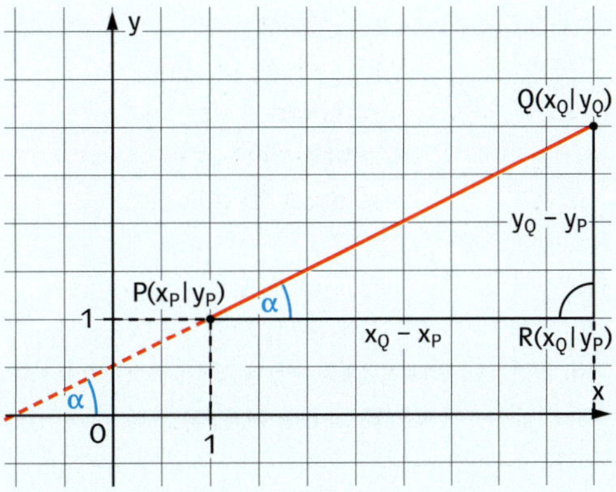

Für P(1|1) und Q(5|3) ist $\tan(\alpha) = \frac{2}{4}$ und damit $\alpha \approx 26{,}57°$.

Aufgaben

1 Zeichnen Sie in ein kartesisches Koordinatensystem die Punkte
A(2|3), B(−2|3), C(−2|−3), D(2|−3), E(−5|−3), F(3|−5), G(3|7), H(7|3), I(−2|4).

2 Welche der Punkte A bis H in Fig. 1 erfüllen die folgende Bedingung?

a) Der x-Wert ist 3.
b) Der y-Wert ist kleiner als 2.
c) x-Wert und y-Wert sind gleich.
d) Das Koordinatenpaar erfüllt die Ungleichung $y > 1$ und $x < 1$.
e) Die x- und y-Koordinate unterscheiden sich genau um 1.
f) Die Punkte liegen im 2. oder im 3. Quadranten.

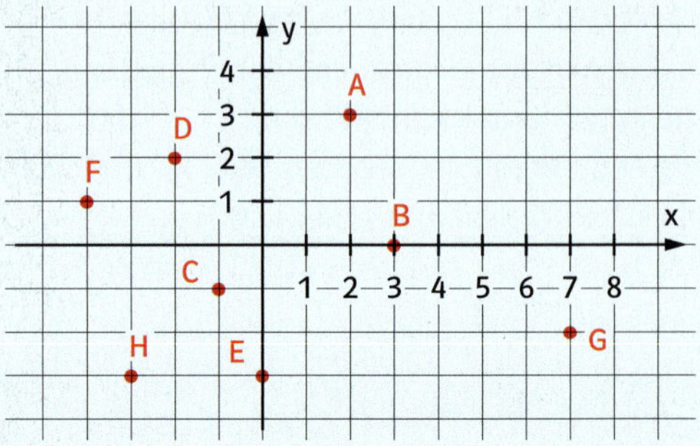

Fig. 1

3 Gegeben sind die Punkte A(3|−1), B(2|0) und C(u|v). Geben Sie die Koordinaten der Bildpunkte A′, B′, C′ bei der folgenden Abbildung an.

a) Spiegelung an der x-Achse
b) Spiegelung an der y-Achse
c) Spiegelung am Ursprung
d) Spiegelung an Z(0|4)

4 Berechnen Sie die Länge der Strecke $\overline{AB}$.

a) A(2|1), B(6|4)
b) A(−13|5), B(−5|11)
c) A(0|0), B(−10|0)
d) A(2|0,5), B(−2|−0,5)

5 Berechnen Sie die Längen der Seiten und Diagonalen im Viereck ABCD.

a) A(0|−2,5), B(6|0), C(3|4), D(−3|−1,5)
b) A(−3,6|0), B(2,8|−4,8), C(6,4|0), D(0|4,8)

6 Berechnen Sie die Koordinaten des Mittelpunktes M der Strecke $\overline{AB}$.

a) A(2|1), B(6|7)
b) A(4|−2), B(−4|−5)
c) $A\left(\frac{1}{2}\middle|-\frac{3}{4}\right)$, $B\left(-2\frac{1}{2}\middle|\frac{1}{3}\right)$
d) $A(-\sqrt{2}\,|\,1)$, $B(2\,|\,-\sqrt{2})$
e) A(3|2), B(7|8)
f) A(−2|3), B(−5|−4)
g) $A\left(-\frac{1}{3}\middle|\frac{2}{7}\right)$, $B\left(-\frac{3}{8}\middle|3\frac{3}{5}\right)$
h) $A(\sqrt{3}\,|\,-\sqrt{2})$, $B\left(-\frac{1}{2}\sqrt{2}\,\middle|\,1\right)$
i) A(0|0), $B(\sqrt{400}\,|\,\sqrt{16})$

7 Berechnen Sie für das Dreieck ABC die Seitenlängen und die Koordinaten der Seitenmitten.

a) A(0|0), B(3|4), C(0|7)
b) A(0|1), B(4|5), C(2|2)
c) A(−1|−1), B(3,5|−1), C(0,5|3)
d) $A\left(-2\middle|-\frac{7}{4}\right)$, B(4|0), C(0|2)
e) A(0|0), $B(3\sqrt{2}\,|\,-3)$, $C(\sqrt{3}\,|\,\sqrt{6})$
f) $A\left(1+\sqrt{2}\,\middle|\,\frac{1}{2}\sqrt{3}\right)$, $B\left(1-\sqrt{2}\,\middle|\,\frac{1}{2}\sqrt{2}\right)$, $C(5\,|\,\sqrt{6})$

8 Berechnen Sie den Winkel, den die Gerade PQ mit der x-Achse einschließt.

a) P(0|0); Q(1|1)
b) P(0|0); Q(1|3)
c) P(2|0); Q(5|8)
d) P(−1|2); Q(3|4)

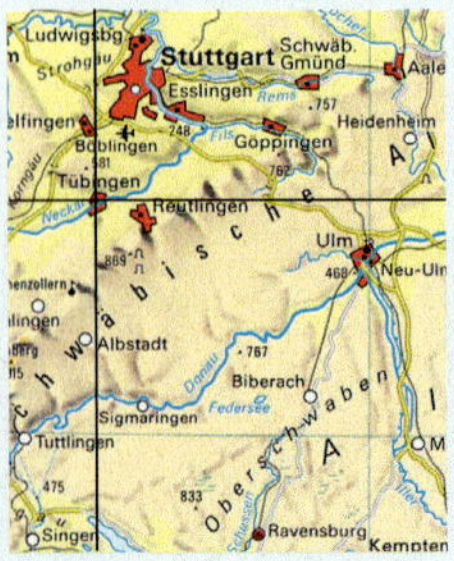

9 Den folgenden Koordinaten liegt ein kartesisches Koordinatensystem zugrunde, dessen Ursprung in der ehemaligen Sternwarte Tübingen ist. Die x-Achse zeigt nach Osten, die y-Achse nach Norden (1 LE = 1 km)

Ravensburg (Blasenturm) R(42,191|−81,870)
Stuttgart (Stiftskirchenturm) S(9,324|28,561)
Tübingen (Stiftskirchenturm) T(0,365|0,028)
Ulm (Münsterturm) U(69,682|−13,052)

Berechnen Sie $\overline{RS}$, $\overline{ST}$, $\overline{TU}$ und $\overline{RU}$.

7 Inhalt und Umfang ebener Figuren

Quadrat
Alle Winkel sind 90°, alle Seiten sind gleich lang.

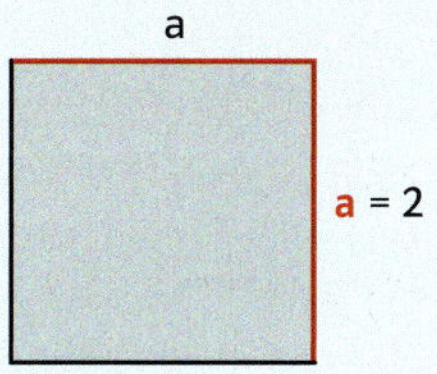

Inhalt: $\mathbf{A = a^2}$
$A = 2^2 = 4$
Umfang: $\mathbf{U = 4a}$
$U = 4 \cdot 2 = 8$

Rechteck
Alle Winkel sind 90°, 2 Paar Seiten sind gleich lang.

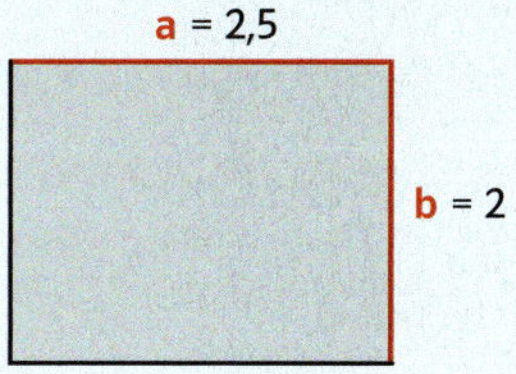

Inhalt: $\mathbf{A = a \cdot b}$
$A = 2{,}5 \cdot 2 = 5$
Umfang: $\mathbf{U = 2a + 2b}$
$U = 2 \cdot 2{,}5 + 2 \cdot 2 = 9$

Dreieck
Festgelegt durch 3 Punkte, die nicht auf einer Geraden liegen.

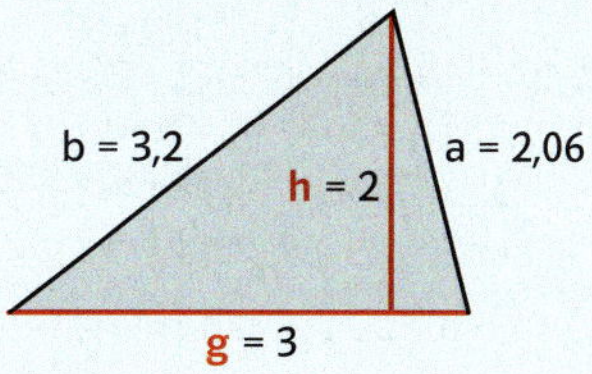

Inhalt: $\mathbf{A = \frac{1}{2} g \cdot h}$
$A = \frac{1}{2} \cdot 3 \cdot 2 = 3$
Umfang: $\mathbf{U = a + b + g}$
$U = 3 + 3{,}2 + 2{,}06 = 8{,}26$

Parallelogramm
Gegenüberliegende Seiten sind parallel.

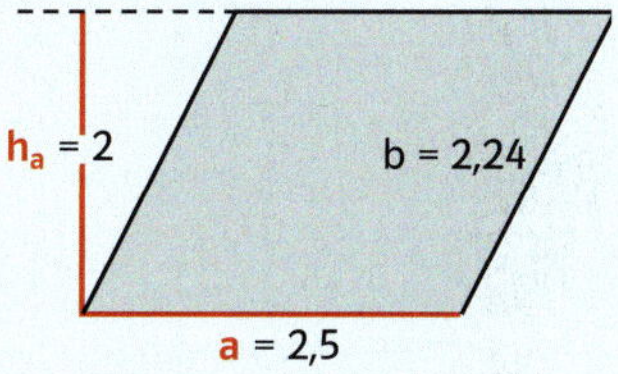

Inhalt: $\mathbf{A = a \cdot h_a}$
$A = 2{,}5 \cdot 2 = 5$
Umfang: $\mathbf{U = 2a + 2b}$
$U = 2 \cdot 2{,}5 + 2 \cdot 2{,}24 = 9{,}48$

Kreis
Alle Punkte haben von einem festen Punkt gleichen Abstand.

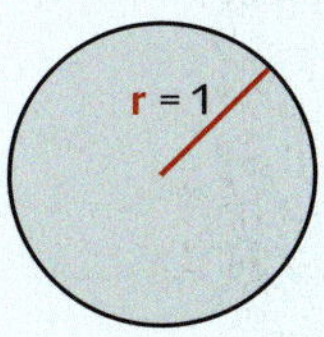

Inhalt: $\mathbf{A = \pi \cdot r^2}$
$A = \pi \cdot 1^2 = \pi \approx 3{,}1415\ldots$
Umfang: $\mathbf{U = 2\pi \cdot r}$
$U = 2\pi \cdot 1 = 2\pi \approx 6{,}2831\ldots$

Kreisausschnitt
Teil einer Kreisfläche, auch Sektor genannt.

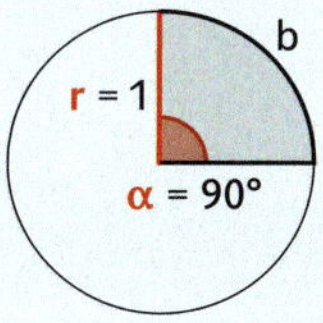

Inhalt: $\mathbf{A = \pi \cdot r^2 \cdot \frac{\alpha}{360°}}$
$A = \pi \cdot 1^2 \cdot \frac{90°}{360°} = \frac{\pi}{4} \approx 0{,}7853\ldots$
Bogen: $\mathbf{b = 2\pi \cdot r \cdot \frac{\alpha}{360°}}$
$b = 2\pi \cdot 1 \cdot \frac{\alpha}{360°} = \frac{\pi}{2} \approx 1{,}5707\ldots$

Trapez
2 gegenüberliegende Seiten sind parallel.

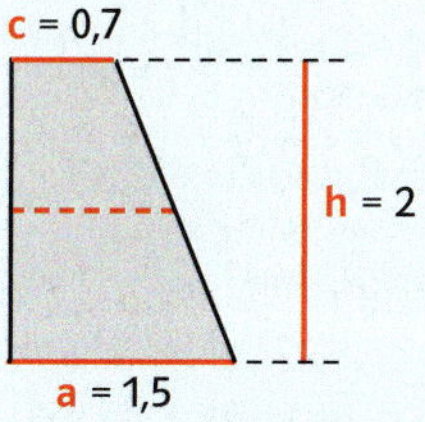

Inhalt: $\mathbf{A = \frac{a + c}{2} \cdot h}$
$A = \frac{0{,}7 + 1{,}5}{2} \cdot 2 = 2{,}2$

Die Kreiszahl π ist eine nicht abbrechende, nicht periodische Dezimalzahl:
$\mathbf{\pi = 3{,}141592653\ldots}$

Aufgaben

1 a) Ein rechteckiges Plakat mit einer Seite a = 5 m hat den Inhalt A = 12 m². Wie lang ist die andere Seite?
b) Ein Dreieck hat in einem Koordinatensystem die Punkte A(1|1), B(8|1), C(2|6). Zeichnen Sie das Dreieck und berechnen Sie seinen Inhalt und seinen Umfang.
c) Ein Parallelogramm hat den Umfang 48 cm. Die eine Seite ist um 2 cm länger als die andere. Wie lang sind die Seiten des Parallelogramms?

2 a) Ein Kreis hat den Umfang U = 1 m. Berechnen Sie Radius und Inhalt dieses Kreises.
b) Ein Kreis besitzt den Inhalt 1 m². Wie groß sind Radius und Umfang dieses Kreises?
c) Berechnen Sie den Inhalt des Kreisringes auf dem Rand (Fig. 1).
d) Wie groß ist der Flächeninhalt eines Kreisausschnittes von 1°, wenn sein Radius 1 km beträgt. Wie lang ist dann der Bogen?

Kreisring mit R = 2 cm, r = 1 cm:

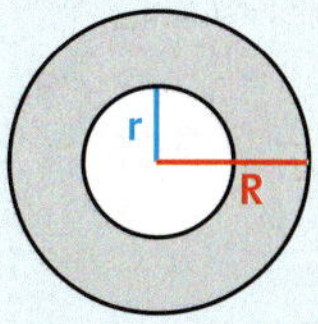

Fig. 1

3 Gegeben sind ein Quadrat und ein Kreis mit je 1 m² Flächeninhalt. Welche der beiden Figuren hat den kleineren Umfang?

8 Volumen und Oberfläche von Körpern

Bei diesen Körpern gilt:

$V = G \cdot h$
G Grundfläche
h Höhe

Würfel

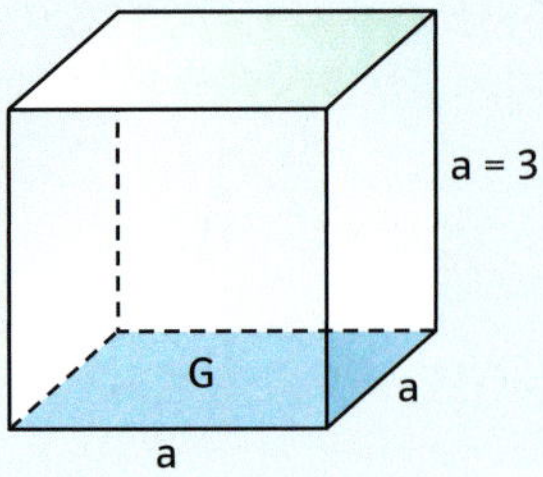

Volumen: $\mathbf{V = a^3}$
$V = 3^3 = 27$
Oberfläche: $\mathbf{O = 6a^2}$
$O = 6 \cdot 3^2 = 54$

Rechteck

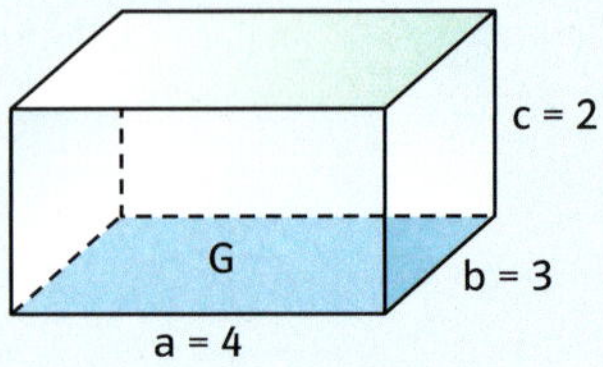

Volumen: $\mathbf{V = a \cdot b \cdot c}$
$V = 4 \cdot 3 \cdot 2 = 24$
Oberfläche:
$\mathbf{O = 2 \cdot (ab + ac + bc)}$
$O = 2 \cdot (12 + 8 + 6) = 52$

Zylinder

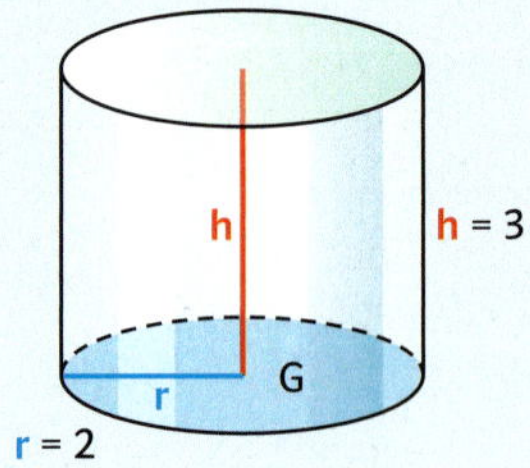

Volumen: $\mathbf{V = \pi r^2 \cdot h}$
$V = \pi \cdot 2^2 \cdot 3 \approx 37{,}699$
Oberfläche: $\mathbf{O = 2\pi r(r + h)}$
$O = 4\pi(2 + 3) \approx 62{,}832$

Bei Pyramide und Kegel gilt:

$V = \frac{1}{3} G \cdot h$
G Grundfläche
h Höhe

Beim Kegel heißt die gelbe Seite s auch **Mantellinie**.

Pyramide

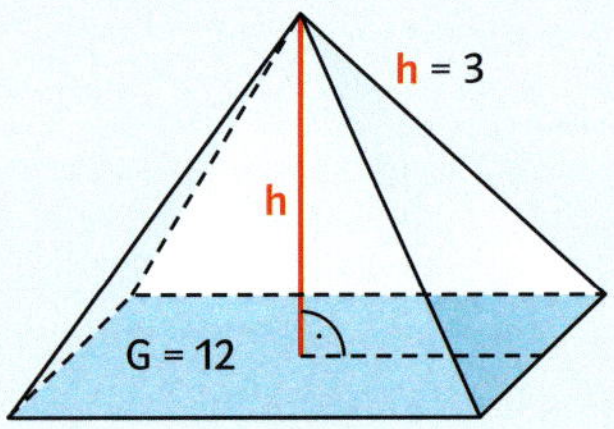

Volumen: $\mathbf{V = \frac{1}{3} G \cdot h}$
$V = \frac{1}{3} \cdot 12 \cdot 3 = 12$
Oberfläche: Summe der Inhalte der Grundfläche und der Seitenflächen.

Kegel

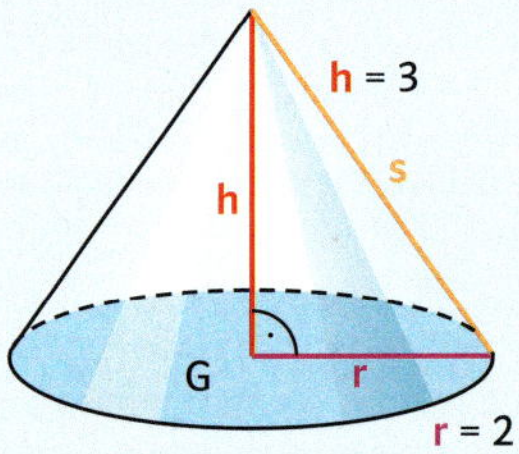

Volumen: $\mathbf{V = \frac{1}{3}\pi r^2 h}$
$V = \frac{1}{3} \cdot \pi \cdot 2^2 \cdot 3 \approx 12{,}566$
Oberfläche: $\mathbf{O = \pi r(r + s)}$
mit $s = \sqrt{r^2 + h^2}$
$O = 2\pi(2 + \sqrt{13}) \approx 35{,}221$

Kugel

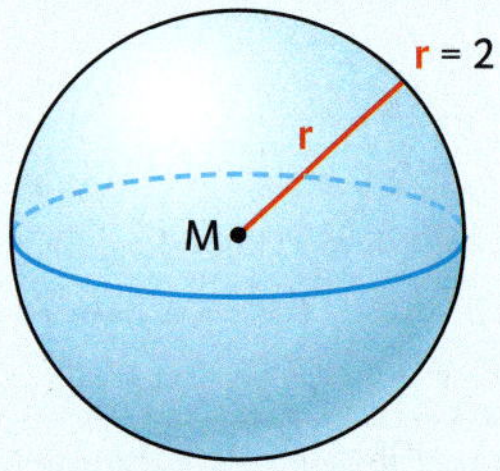

Volumen: $\mathbf{V = \frac{4}{3}\pi \cdot r^3}$
$V = \frac{4}{3} \cdot \pi \cdot 2^3 \approx 33{,}51$
Oberfläche: $\mathbf{O = 4\pi \cdot r^2}$
$O = 4\pi \cdot 2^2 = 16\pi \approx 50{,}265$

Aufgaben

1 Ein Würfel hat ein Volumen von $8\,cm^3$.
a) Wie lang ist eine Kante und welche Oberfläche hat der Würfel?
b) Ein Quader mit zwei gleich langen Kanten der Länge 4 cm hat das gleiche Volumen wie der Würfel. Wie lang ist die 3. Kante?

2 a) Wie viel Wasser fasst eine zylindrische Röhre vom Radius 0,2 m und der Länge 4 km?
b) Ein Fußball hat einen Durchmesser von 22 cm. Wie viel Liter Luft fasst er?
c) Eine Waffeltüte hat die Form eines Kegels mit dem Durchmesser 4 cm und der Länge 15 cm. Wie viel Eis kann sie maximal fassen, wenn kein Eis aus der Tüte herausragt.

3 Bei einem Quader mit den Kantenlängen a = 2 m, b = 3 m, c = 5 m wird jede Kante verdoppelt. Um wie viel mal größer ist der neue Quader.
Gilt dies auch, wenn der Radius r = 2 m einer Kugel verdoppelt wird?

9 Berechnungen an Dreiecken

Satz des Pythagoras:
Im rechtwinkligen Dreieck ist das Quadrat über der Hypotenuse gleich der Summe der Quadrate über den beiden Katheten:
$c^2 = a^2 + b^2$.
Gilt bei einem Dreieck $c^2 = a^2 + b^2$, dann ist das Dreieck rechtwinklig.

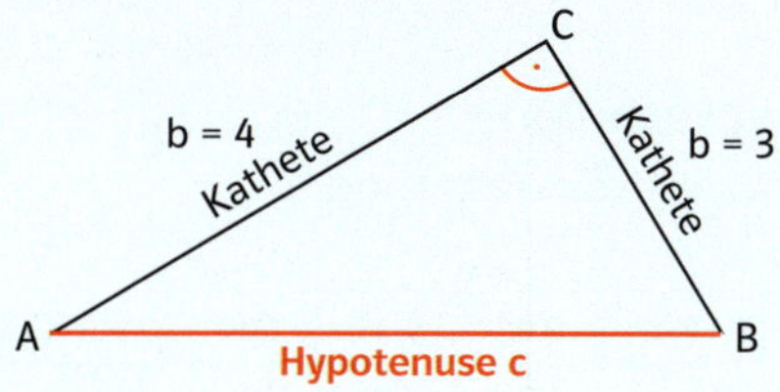

$c^2 = 3^2 + 4^2 = 25;\ c = 5$

Im **rechtwinkligen Dreieck** gelten folgende Beziehungen mit $0° < \alpha < 90°$:

Sinus: $\sin(\alpha) = \frac{\text{Gegenkathete}}{\text{Hypotenuse}} = \frac{a}{c}$

Kosinus: $\cos(\alpha) = \frac{\text{Ankathete}}{\text{Hypotenuse}} = \frac{b}{c}$

Tangens: $\tan(\alpha) = \frac{\text{Gegenkathete}}{\text{Ankathete}} = \frac{a}{b}$

Damit kann der Winkel α mit dem Taschenrechner ausgerechnet werden.

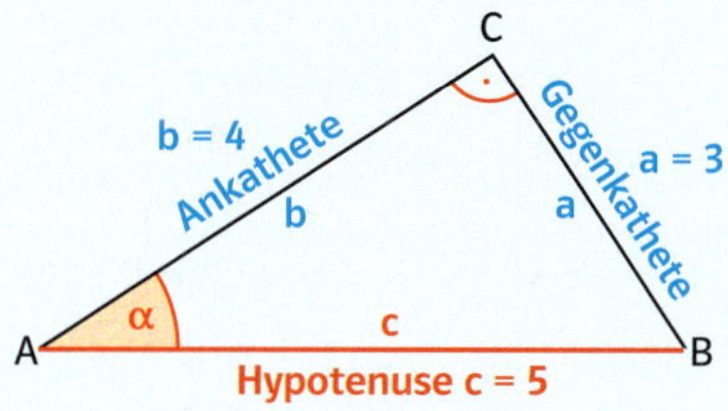

$\sin(\alpha) = \frac{3}{5} = 0{,}6;\ \cos(\alpha) = \frac{4}{5} = 0{,}8;$

$\tan(\alpha) = \frac{3}{4} = 0{,}75;\ \alpha \approx 36{,}87°$

Berechnung des Winkels mit dem GTR:
- Auf Gradmaß einstellen

- Winkel bestimmen:

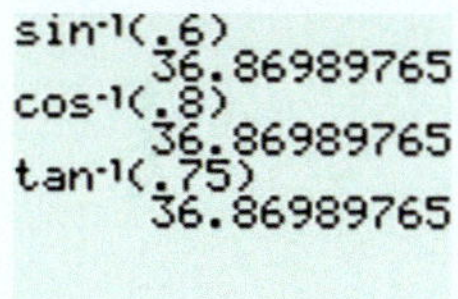

In einem beliebigen Dreieck seien 2 Seiten a = 3,2 und b = 2,7 und der eingeschlossene Winkel γ = 80° gegeben. Dann kann man die 3. Seite nach dem **Kosinussatz** berechnen:

$$c^2 = a^2 + b^2 - 2 \cdot a \cdot b \cdot \cos(\gamma)$$

Begründung: Im Dreieck BHA gilt nach Pythagoras: $c^2 = h^2 + (a - x)^2 = h^2 + a^2 - 2ax + x^2$, im Dreieck AHC gilt: $h^2 = b^2 - x^2$.
Setzt man h^2 ein, so erhält man
$c^2 = b^2 + a^2 - 2ax$.
Da aus $\cos(\gamma) = \frac{x}{b}$ folgt $x = b \cdot \cos(\gamma)$, erhält man: $c^2 = a^2 + b^2 - 2a \cdot b \cdot \cos(\gamma)$.

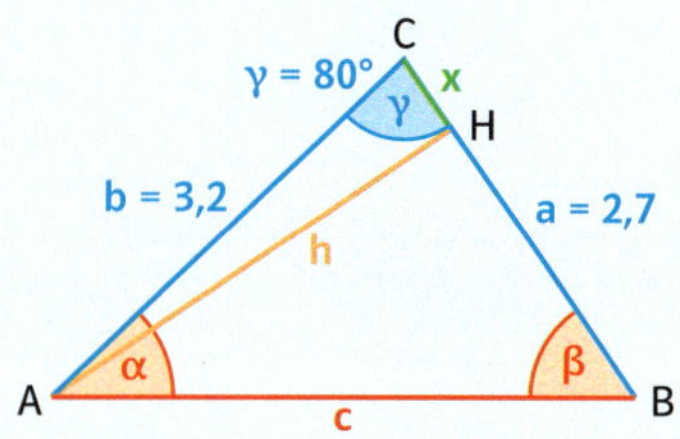

$c^2 = 2{,}7^2 + 3{,}2^2 - 2 \cdot 2{,}7 \cdot 3{,}2 \cdot \cos(80°) = 14{,}53$,
also $c = \sqrt{14{,}53} \approx 3{,}8$.

Beispiel Rechtwinkliges Dreieck
Im Dreieck ABC ist a = 6 und α ≈ 36,87° gegeben. Berechnen Sie b und c.
Lösung:
$\tan(\alpha) = \frac{a}{b}$, also $b = \frac{a}{\tan(\alpha)} = \frac{6}{\tan(36{,}87°)} \approx \frac{6}{0{,}75} = 8$. $\sin(\alpha) = \frac{a}{c}$, also $c = \frac{a}{\sin(\alpha)} = \frac{6}{\sin(36{,}87°)} \approx \frac{6}{0{,}6} = 10$.

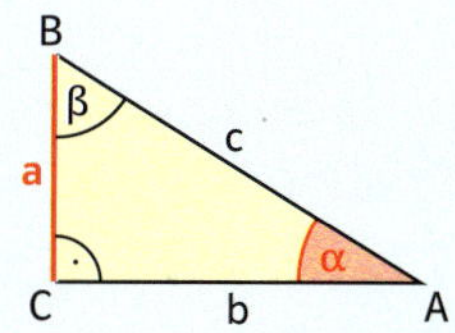

Aufgaben

1 Berechnen Sie mithilfe des Quadrats und des gleichseitigen Dreiecks die Werte der nebenstehenden Tabelle.

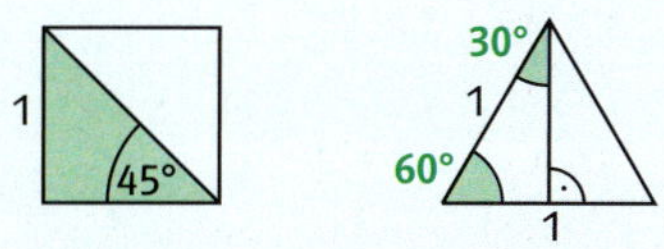

α	30°	45°	60°	90°
sin(α)	$\frac{1}{2}$	$\frac{\sqrt{2}}{2}$	$\frac{\sqrt{3}}{2}$	1
cos(α)	$\frac{\sqrt{3}}{2}$	$\frac{\sqrt{2}}{2}$	$\frac{1}{2}$	0
tan(α)	$\frac{1}{\sqrt{3}}$	1	$\sqrt{3}$	–

Wie könnten Sie die Werte für 90° bestimmen?

2 Aus a = 7 m Höhe sieht man vom Fenster eines Hauses die Spitze eines Schornsteins unter dem Erhebungswinkel α = 17° und den Fußpunkt unter dem Senkungswinkel β = 1°. Wie weit ist der Schornstein vom Beobachter entfernt und wie hoch ist er?

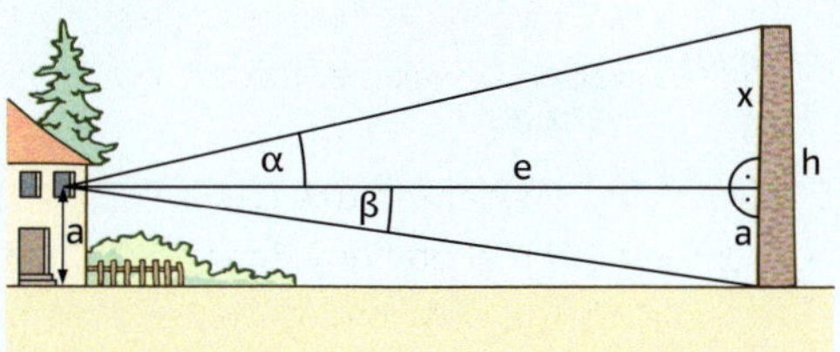

Binomialverteilung $B_{n;\,p}(k) = \binom{n}{k} \cdot p^k \cdot (1-p)^{n-k}$

Wahrscheinlichkeitsverteilung

n	k	p = 0,02	0,03	0,05	0,10	1/6	0,20	0,25	0,30	1/3	0,40	0,50		n
	0	0,8171	7374	5987	3487	1615	1074	0563	0282	0173	0060	0010	10	
	1	1667	2281	3151	3874	3230	2684	1877	1211	0867	0403	0098	9	
	2	0153	0317	0746	1937	2907	3020	2816	2335	1951	1209	0439	8	
	3	0008	0026	0105	0574	1550	2013	2503	2668	2601	2150	1172	7	
	4		0001	0010	0112	0543	0881	1460	2001	2276	2508	2051	6	
10	5			0001	0015	0130	0264	0584	1029	1366	2007	2461	5	10
	6				0001	0022	0055	0162	0368	0569	1115	2051	4	
	7					0002	0008	0031	0090	0163	0425	1172	3	
	8						0001	0004	0014	0030	0106	0439	2	
	9								0001	0003	0016	0098	1	
	10										0001	0010	0	
	0	0,7386	6333	4633	2059	0649	0352	0134	0047	0023	0005	0000	15	
	1	2261	2938	3658	3432	1947	1319	0668	0305	0171	0047	0005	14	
	2	0323	0636	1348	2669	2726	2309	1559	0916	0599	0219	0032	13	
	3	0029	0085	0307	1285	2363	2501	2252	1700	1299	0634	0139	12	
	4	0002	0008	0049	0428	1418	1876	2252	2186	1948	1268	0417	11	
	5		0001	0006	0105	0624	1032	1651	2061	2143	1859	0916	10	
	6				0019	0208	0430	0917	1472	1768	2066	1527	9	
15	7				0003	0053	0138	0393	0811	1148	1771	1964	8	15
	8					0011	0035	0131	0348	0574	1181	1964	7	
	9					0002	0007	0034	0116	0223	0612	1527	6	
	10						0001	0007	0030	0067	0245	0916	5	
	11							0001	0006	0015	0074	0417	4	
	12								0001	0003	0016	0139	3	
	13										0003	0032	2	
	14											0005	1	
	15												0	
	0	0,6676	5438	3585	1216	0261	0115	0032	0008	0003	0000	0000	20	
	1	2725	3364	3774	2702	1043	0576	0211	0068	0030	0005	0000	19	
	2	0528	0988	1887	2852	1982	1369	0669	0278	0143	0031	0002	18	
	3	0065	0183	0596	1901	2379	2054	1339	0716	0429	0123	0011	17	
	4	0006	0024	0133	0898	2022	2182	1897	1304	0911	0350	0046	16	
	5		0002	0022	0319	1294	1746	2023	1789	1457	0746	0148	15	
	6			0003	0089	0647	1091	1686	1916	1821	1244	0370	14	
	7				0020	0259	0545	1124	1643	1821	1659	0739	13	
	8				0004	0084	0220	0609	1144	1480	1797	1201	12	
20	9				0001	0022	0074	0271	0654	0987	1597	1602	11	20
	10					0005	0020	0099	0308	0543	1171	1762	10	
	11					0001	0005	0030	0120	0247	0710	1602	9	
	12						0001	0008	0039	0092	0355	1201	8	
	13							0002	0010	0028	0146	0739	7	
	14								0002	0007	0049	0370	6	
	15									0001	0013	0148	5	
	16										0003	0046	4	
	17											0011	3	
	18											0002	2	
	19	Nicht aufgeführte Werte sind (auf 4 Dez.) 0,0000.											1	
n		0,98	0,97	0,95	0,90	5/6	0,80	0,75	0,70	2/3	0,60	0,50 = p	k	n

Beispiele:

X sei $B_{10;0,05}$-verteilt,
dann ist P(X = 2) = 0,0746.

Bei grün unterlegtem Eingang:
X sei $B_{20;0,70}$-verteilt,
dann ist P(x = 15) = 0,1789.

Binomialverteilung $F_{n;\,p}(k) = \sum_{i=0}^{k} \binom{n}{i} \cdot p^i \cdot (1-p)^{n-i}$

Summenverteilung

n	k	0,02	0,03	0,05	0,10	1/6	0,20	0,25	0,30	1/3	0,40	0,50	k	n
							p							
10	0	0,8171	7374	5987	3487	1615	1074	0563	0282	0173	0060	0010	9	10
	1	9838	9655	9139	7361	4845	3758	2440	1493	1040	0464	0107	8	
	2	9991	9972	9885	9298	7752	6778	5256	3828	2991	1673	0547	7	
	3		9999	9990	9872	9303	8791	7759	6496	5593	3823	1719	6	
	4			9999	9984	9845	9672	9219	8497	7869	6331	3770	5	
	5				9999	9976	9936	9803	9527	9234	8338	6230	4	
	6					9997	9991	9965	9894	9803	9452	8281	3	
	7						9999	9996	9984	9966	9877	9453	2	
	8								9999	9996	9983	9893	1	
	9										9999	9990	0	
15	0	0,7386	6333	4633	2059	0649	0352	0134	0047	0023	0005	0000	14	15
	1	9647	9270	8290	5490	2596	1671	0802	0353	0194	0052	0005	13	
	2	9970	9906	9638	8159	5322	3980	2361	1268	0794	0271	0037	12	
	3	9998	9992	9945	9444	7685	6482	4613	2969	2092	0905	0176	11	
	4		9999	9994	9873	9102	8358	6865	5155	4041	2173	0592	10	
	5			9999	9978	9726	9389	8516	7216	6184	4032	1509	9	
	6				9997	9934	9819	9434	8689	7970	6098	3036	8	
	7					9987	9958	9827	9500	9118	7869	5000	7	
	8					9998	9992	9958	9848	9692	9050	6964	6	
	9						9999	9992	9963	9915	9662	8491	5	
	10							9999	9993	9982	9907	9408	4	
	11								9999	9997	9981	9824	3	
	12										9997	9963	2	
	13											9995	1	
	14												0	
16	0	0,7238	6143	4401	1853	0541	0281	0100	0033	0015	0003	0000	15	16
	1	9601	9182	8108	5147	2272	1407	0635	0261	0137	0033	0003	14	
	2	9963	9887	9571	7892	4868	3518	1971	0994	0594	0183	0021	13	
	3	9998	9989	9930	9316	7291	5981	4050	2459	1659	0651	0106	12	
	4		9999	9991	9830	8866	7982	6302	4499	3391	1666	0384	11	
	5			9999	9967	9622	9183	8103	6598	5469	3288	1051	10	
	6				9995	9899	9733	9204	8247	7374	5272	2272	9	
	7				9999	9979	9930	9729	9256	8735	7161	4018	8	
	8					9996	9985	9925	9743	9500	8577	5982	7	
	9						9998	9984	9929	9841	9417	7728	6	
	10							9997	9984	9960	9806	8949	5	
	11								9997	9992	9951	9616	4	
	12									9999	9991	9894	3	
	13										9999	9979	2	
	14											9997	1	
	15	Nicht aufgeführte Werte sind (auf 4 Dez.) 1,0000.											0	
n		0,98	0,97	0,95	0,90	5/6	0,80	0,75	0,70	2/3	0,60	0,50	k	n
							p							

Bei grün unterlegtem Eingang, d.h. $p \geqq 0{,}5$ gilt: $P(X \leqq k) = 1 -$ abgelesener Wert.

Beispiele:

X sei $B_{10;0,20}$-verteilt,
dann ist $P(X \leqq 4) = 0{,}9672$.

X sei $B_{15;0,60}$-verteilt,
dann ist $P(x \leqq 9) = 1 - 0{,}4032 = 0{,}5968$.

Binomialverteilung $F_{n;\,p}(k) = \sum_{i=0}^{k} \binom{n}{i} \cdot p^i \cdot (1-p)^{n-i}$

Summenverteilung

n	k	0,02	0,03	0,05	0,10	1/6	0,20	0,25	0,30	1/3	0,40	0,50	k	n
20	0	0,6676	5438	3585	1216	0261	0115	0032	0008	0003	0000	0000	19	20
	1	9401	8802	7358	3917	1304	0692	0243	0076	0033	0005	0000	18	
	2	9929	9790	9245	6769	3287	2061	0913	0355	0716	0036	0002	17	
	3	9994	9973	9841	8670	5665	4114	2252	1071	0604	0160	0013	16	
	4		9997	9974	9568	7687	6296	4148	2375	1515	0510	0059	15	
	5			9997	9887	8982	8042	6172	4164	2972	1256	0207	14	
	6				9976	9629	9133	7858	6080	4793	2500	0577	13	
	7				9996	9887	9679	8982	7723	6615	4159	1316	12	
	8				9999	9972	9900	9591	8867	8095	5956	2517	11	
	9					9994	9974	9861	9520	9081	7553	4119	10	
	10					9999	9994	9961	9829	9624	8725	5881	9	
	11						9999	9991	9949	9870	9435	7483	8	
	12							9998	9987	9963	9790	8684	7	
	13								9997	9991	9935	9423	6	
	14									9998	9984	9793	5	
	15										9997	9941	4	
	16											9987	3	
	17	Nicht aufgeführte Werte sind (auf 4 Dez.) 1,0000.										9998	2	
25	0	0,6035	4670	2774	0718	0105	0038	0008	0001	0000	0000	0000	24	25
	1	9114	8280	6424	2712	0629	0274	0070	0016	0005	0001	0000	23	
	2	9868	9620	8729	5371	1887	0982	0321	0090	0035	0004	0000	22	
	3	9986	9938	9659	7636	3816	2340	0962	0332	0149	0024	0001	21	
	4	9999	9992	9928	9020	5937	4207	2137	0905	0462	0095	0005	20	
	5		9999	9988	9666	7720	6167	3783	1935	1120	0294	0020	19	
	6			9998	9905	8908	7800	5611	3407	2215	0736	0073	18	
	7				9977	9553	8909	7265	5118	3703	1536	0216	17	
	8				9995	9843	9532	8506	6769	5376	2735	0539	16	
	9				9999	9953	9827	9287	8106	6956	4246	1148	15	
	10					9988	9944	9703	9022	8220	5858	2122	14	
	11					9997	9985	9893	9558	9082	7323	3450	13	
	12					9999	9996	9966	9825	9585	8462	5000	12	
	13						9999	9991	9940	9836	9222	6550	11	
	14							9998	9982	9944	9656	7878	10	
	15								9995	9984	9868	8852	9	
	16								9999	9996	9957	9461	8	
	17									9999	9988	9784	7	
	18										9997	9927	6	
	19										9999	9980	5	
	20											9995	4	
	21											9999	3	
50	0	0,3642	2181	0769	0052	0001	0000	0000	0000	0000	0000	0000	49	50
	1	7358	5553	2794	0338	0012	0002	0000	0000	0000	0000	0000	48	
	2	9216	8108	5405	1117	0066	0013	0001	0000	0000	0000	0000	47	
	3	9822	9372	7604	2503	0238	0057	0005	0000	0000	0000	0000	46	
	4	9968	9832	8964	4312	0643	0185	0021	0002	0000	0000	0000	45	
	5	9995	9963	9622	6161	1388	0480	0070	0007	0001	0000	0000	44	
	6	9999	9993	9882	7702	2506	1034	0194	0025	0005	0000	0000	43	
	7		9999	9968	8779	3911	1904	0453	0073	0017	0000	0000	42	
	8			9992	9421	5421	3073	0913	0183	0050	0002	0000	41	
n		0,98	0,97	0,95	0,90	5/6	0,80	0,75	0,70	2/3	0,60	0,50	k	n

p

Bei grün unterlegtem Eingang, d.h. $p \geqq 0{,}5$ gilt: $P(X \leqq k) = 1 -$ abgelesener Wert.

Binomialverteilung $F_{n;\,p}(k) = \sum_{i=0}^{k} \binom{n}{i} \cdot p^i \cdot (1-p)^{n-i}$

Summenverteilung

							p							
n	**k**	0,02	0,03	0,05	0,10	1/6	0,20	0,25	0,30	1/3	0,40	0,50		**n**
50	9			9998	9755	6830	4437	1637	0402	0127	0008	0000	**40**	50
	10				9906	7986	5836	2622	0789	0284	0022	0000	**39**	
	11				9968	8827	7107	3816	1390	0570	0057	0000	**38**	
	12				9990	9373	8139	5110	2229	1035	0133	0002	**37**	
	13				9997	9693	8894	6370	3279	1715	0280	0005	**36**	
	14				9999	9862	9393	7481	4468	2612	0540	0013	**35**	
	15					9943	9692	8369	5692	3690	0955	0033	**34**	
	16					9978	9856	9017	6839	4968	1561	0077	**33**	
	17					9992	9937	9449	7822	6046	2369	0164	**32**	
	18					9998	9975	9713	8594	7126	3356	0325	**31**	
	19					9999	9991	9861	9152	8036	4465	0595	**30**	
	20						9997	9937	9522	8741	5610	1013	**29**	
	21						9999	9974	9749	9244	6701	1611	**28**	
	22							9990	9877	9576	7660	2399	**27**	
	23							9996	9944	9778	8438	3359	**26**	
	24							9999	9976	9892	9022	4439	**25**	
	25								9991	9951	9427	5561	**24**	
	26								9997	9979	9686	6641	**23**	
	27								9999	9992	9840	7601	**22**	
	28									9997	9924	8389	**21**	
	29									9999	9966	8987	**20**	
	30										9986	9404	**19**	
	31										9995	9675	**18**	
	32										9998	9836	**17**	
	33										9999	9923	**16**	
	34											9967	**15**	
	35											9987	**14**	
	36											9995	**13**	
	37	Nicht aufgeführte Werte sind (auf 4 Dez.) 1,0000.										9998	**12**	
100	0	0,1326	0476	0059	0000	0000	0000	0000	0000	0000	0000	0000	**99**	100
	1	4033	1946	0371	0003	0000	0000	0000	0000	0000	0000	0000	**98**	
	2	6767	4198	1183	0019	0000	0000	0000	0000	0000	0000	0000	**97**	
	3	8590	6472	2578	0078	0000	0000	0000	0000	0000	0000	0000	**96**	
	4	9492	8179	4360	0237	0001	0000	0000	0000	0000	0000	0000	**95**	
	5	9845	9192	6160	0576	0004	0000	0000	0000	0000	0000	0000	**94**	
	6	9959	9688	7660	1172	0013	0001	0000	0000	0000	0000	0000	**93**	
	7	9991	9894	8720	2061	0038	0003	0000	0000	0000	0000	0000	**92**	
	8	9998	9968	9369	3209	0095	0009	0000	0000	0000	0000	0000	**91**	
	9		9991	9718	4513	0213	0023	0000	0000	0000	0000	0000	**90**	
	10		9998	9885	5832	0427	0057	0001	0000	0000	0000	0000	**89**	
	11			9957	7030	0777	0126	0004	0000	0000	0000	0000	**88**	
	12			9985	8018	1297	0253	0010	0000	0000	0000	0000	**87**	
	13			9995	8761	2000	0469	0025	0001	0000	0000	0000	**86**	
	14			9999	9274	2874	0804	0054	0002	0000	0000	0000	**85**	
	15				9601	3877	1285	0111	0004	0000	0000	0000	**84**	
	16				9794	4942	1923	0211	0010	0001	0000	0000	**83**	
	17				9900	5994	2712	0376	0022	0002	0000	0000	**82**	
	18				9954	6965	3621	0630	0045	0005	0000	0000	**81**	
	19				9980	7803	4602	0995	0089	0011	0000	0000	**80**	
	20				9992	8481	5595	1488	0165	0024	0000	0000	**79**	
n		0,98	0,97	0,95	0,90	5/6	0,80	0,75	0,70	2/3	0,60	0,50	**k**	**n**
							p							

Bei grün unterlegtem Eingang, d.h. $p \geqq 0{,}5$ gilt: $P(X \leqq k) = 1 -$ abgelesener Wert.

Binomialverteilung $F_{n;\,p}(k) = \sum_{i=0}^{k} \binom{n}{i} \cdot p^i \cdot (1-p)^{n-i}$

Summenverteilung

n	k	0,02	0,03	0,05	0,10	1/6	0,20	0,25	0,30	1/3	0,40	0,50		n
100	21				9997	8998	6540	2114	0288	0048	0000	0000	78	100
	22				9999	9370	7389	2864	0479	0091	0001	0000	77	
	23					9621	8109	3711	0755	0164	0003	0000	76	
	24					9783	8686	4617	1136	0281	0006	0000	75	
	25					9881	9125	5535	1631	0458	0012	0000	74	
	26					9938	9442	6417	2244	0715	0024	0000	73	
	27					9969	9658	7444	2964	1066	0046	0000	72	
	28					9985	9800	7025	3768	1524	0084	0000	71	
	29					9993	9888	8505	4623	2093	0148	0000	70	
	30					9997	9939	8962	5491	2766	0248	0000	69	
	31					9999	9969	9307	6331	3525	0398	0001	68	
	32						9985	9554	7107	4344	0615	0002	67	
	33						9993	9724	7793	5188	0913	0004	66	
	34						9997	9836	8371	6019	1303	0009	65	
	35						9999	9906	8839	6803	1795	0018	64	
	36						9999	9948	9201	7511	2386	0033	63	
	37							9973	9470	8123	3086	0060	62	
	38							9986	9660	8630	3822	0105	61	
	39							9993	9790	9034	4621	0176	60	
	40							9997	9875	9341	5433	0284	59	
	41							9999	9928	9566	6225	0443	58	
	42							9999	9960	9724	6967	0666	57	
	43								9979	9831	7635	0967	56	
	44								9989	9900	8211	1356	55	
	45								9995	9943	8689	1841	54	
	46								9997	9969	9070	2421	53	
	47								9999	9983	9362	3087	52	
	48								9999	9991	9577	3822	51	
	49									9996	9729	4602	50	
	50									9998	9832	5398	49	
	51									9999	9900	6178	48	
	52										9942	6914	47	
	53										9968	7579	46	
	54										9983	8159	45	
	55										9991	8644	44	
	56										9996	9033	43	
	57										9998	9334	42	
	58										9999	9557	41	
	59											9716	40	
	60											9824	39	
	61											9895	38	
	62											9940	37	
	63											9967	36	
	64											9982	35	
	65											9991	34	
	66											9996	33	
	67											9998	32	
	68	Nicht aufgeführte Werte sind (auf 4 Dez.) 1,0000.										9999	31	
n		0,98	0,97	0,95	0,90	5/6	0,80	0,75	0,70	2/3	0,60	0,50	k	n

p (oben: p für die Kopfzeile; unten: p für die grün unterlegte Fußzeile)

Bei grün unterlegtem Eingang, d.h. $p \geqq 0{,}5$ gilt: $P(X \leqq k) = 1 -$ abgelesener Wert.

Beispiele:

X sei $B_{100;0,30}$-verteilt,
dann ist $P(X \leqq 35) = 0{,}8839$.

X sei $B_{100;0,75}$-verteilt,
dann ist $P(x \leqq 70) = 1 - 0{,}8505 = 0{,}1495$.

Lösungen der Aufgaben zum Üben und Wiederholen

Aufgaben zum Üben und Wiederholen, Seite 29

1

$p\% = \frac{27}{360} = \frac{3}{40} = 0{,}075 = 7{,}5\,\%$

2

a) Preis nach der 1. Preissenkung:
$1245\,€ \cdot (1 - 0{,}15) = 1245\,€ \cdot 0{,}85 = 1058{,}25\,€$;
Preis nach der 2. Preissenkung:
$1058{,}25\,€ \cdot (1 - 0{,}10) = 1058{,}25\,€ \cdot 0{,}90 = 952{,}425\,€ \approx 952{,}43\,€$
Letzter Verkaufspreis: 952,43 €
b) Preissenkung insgesamt:
$1245\,€ - 952{,}43\,€ = 292{,}57\,€$;
in Prozent: $\frac{292{,}57}{1245} \approx 0{,}235 = 23{,}5\,\%$.

3

Zinsen: $Z = 650\,€ \cdot 0{,}125 \cdot \frac{24}{360} \approx 5{,}42\,€$

4

a) $5400\,€ \cdot 0{,}0325 = 175{,}5\,€$.
b) Das Kapital wächst auf 6542,34 €

Jahr	Kapital am Jahresanfang in €	Zins in €	Kapital am Jahresende in €
0	5400,00	175,50	5575,50
1	5575,50	181,20	5756,70
2	5756,70	187,09	5943,79
3	5943,79	193,17	6136,96
4	6136,96	199,45	6336,41
5	6336,41	205,93	6542,34

5

Gesamtgewicht der Schokolade:
$50\,g \cdot 45\,600 = 2\,280\,000\,g = 2280\,kg$.
$2\,280\,000\,g : 900\,000 = 2\frac{8}{15}\,g \approx 2{,}5\,g$.

6

Trommel 1 enthält 25 m mehr Kabel als Trommel 2. Diese wiegen 2,35 kg.
Also gilt für 1 m Kabel: $\frac{2{,}35\,kg}{25\,m} = 0{,}094\,\frac{kg}{m}$.
Dann gilt für die Masse M der 1. Trommel:
$60\,m \cdot 0{,}094\,\frac{kg}{m} + M = 7{,}5\,kg$;
$5{,}64\,kg + M = 7{,}5\,kg \quad | -5{,}64\,kg$ ergibt
$M = 1{,}86\,kg$.

7

a) Antiproportionale Zuordnung:
Breite in m → Länge in m

$\frac{11}{4}$	→	$3\frac{1}{2} = \frac{7}{2}$
1	→	$\frac{7}{2} \cdot \frac{11}{4} = \frac{77}{8}$
$\frac{11}{6}$	→	$\frac{77}{8} : \frac{11}{6} = \frac{77 \cdot 6}{8 \cdot 11} = \frac{21}{4} = 5\frac{1}{4}$

b) Zeit von 12 Tagen bleibt erhalten, also proportionale Zuordnung:
Anzahl der Weber → Zeug in m

24	→	5400
1	→	5400 : 24 = 225
50	→	225 · 50 = **11 250**

Anzahl der Weber bleibt erhalten, also proportionale Zuordnung:
Zeit in Tagen → Zeug in m

12	→	5400
1	→	5400 : 12 = 450
45	→	450 · 45 = **20 250**

c) Proportionale Zuordnung:
Einwohnerzahl → Küchenabfälle in dz

60 000	→	60
10 000	→	10
4 250 000	→	10 · 425 = **4250**

Proportionale Zuordnung:
Einwohnerzahl → Brot in dz

60 000	→	5
10 000	→	$\frac{5}{6}$
4 250 000	→	$\frac{5}{6} \cdot 425 = \mathbf{354\frac{1}{6}} \approx \mathbf{354}$

d) Antiproportionale Zuordnung:
Anzahl der Fuhren → Lademenge in m^3:
Anzahl der Fuhren mit dem Schlepper:
$\frac{38 \cdot 0{,}9\,m^3}{1{,}75\,m^3} = \frac{684}{35} \approx 19{,}54$, also 20 Fuhren.
e) Antiproportionale Zuordnung:
Geschwindigkeit in $\frac{km}{h}$ → Zeit in Minuten:
Zeit als Fußgänger in Minuten:
$\frac{15\,\frac{km}{h} \cdot \frac{1}{3}\,h}{5\,\frac{km}{h}} = \frac{5\,km}{5\,\frac{km}{h}} = 1\,h$, also 1 Stunde.
f) Proportionale Zuordnung:
Anzahl der kostenpflichtigen SMS → Kosten in €:
Kosten im Februar:
$\frac{6{,}46\,€}{34} \cdot 24 = \frac{114\,€}{25} = \mathbf{4{,}56\,€}$.

8

Proportionale Zuordnung:
Preis je Tonne: $\frac{82{,}80\,€}{18\,t} = 4{,}60\,\frac{€}{t}$.
Erhöhung um 5 %: $4{,}60\,\frac{€}{t} \cdot 1{,}05 = 4{,}83\,\frac{€}{t}$.
Kosten für 56 t: $4{,}83\,\frac{€}{t} \cdot 56\,t = 270{,}48\,€$

Aufgaben zum Üben und Wiederholen, Seite 86 – 87

1

a) $m = \frac{-1-2}{3-1} = -\frac{3}{2}$;
$y = -\frac{3}{2}x + \frac{7}{2}$ oder $y = -1{,}5x + 3{,}5$
b) $m = \frac{7-1}{2-0} = 3$;
$y - 1 = 3 \cdot (x - 0)$ oder $y = 3x + 1$
c) $y = 0{,}4x + 2{,}5$

2

a) $\frac{1}{2} \cdot \left(-\frac{1}{2}\right) - \frac{7}{4} = -2$; also $P \in g$
b) $\frac{1}{2} \cdot 50 - \frac{7}{4} = 23{,}25$; also $P \notin g$
c) $\frac{1}{2} \cdot 64 - \frac{7}{4} = 30{,}25$; also $P \notin g$
d) $\frac{1}{2} \cdot \frac{7}{4} - \frac{7}{4} = -\frac{7}{8}$; also $P \in g$

3

a) $P \notin g$, da $f(0) = 4 \neq 1{,}5$ ist.
b) $P \in g$, da $f(2) = 0$ ist.
c) $P \in g$, da $f(10) = 24$ ist.
d) $P \notin g$, da $f(-8) = 60 \neq 61$ ist.

4

a) $P(0\,|\,3)$; Steigung der Normalen ist $m = 0{,}5$ (da $0{,}5 \cdot (-2) = -1$ ist).
$y = 0{,}5x + 3$;
b) $P(-2\,|\,2)$; $y = 2x + 6$
c) $P\left(\frac{8}{3}\,\middle|\,0\right)$; $y = -\frac{20}{9} \cdot \left(x - \frac{8}{3}\right)$ oder
$y = -\frac{20}{9}x + \frac{160}{27}$

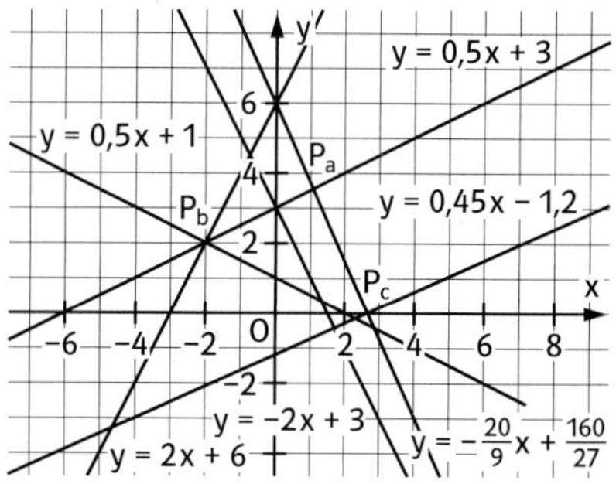

5

a) $f(4) = 7$ b) $g(3) = 10$
c) $f(-3) = g(-3)$

6

a) $x_1 = -3$; $x_2 = -1$; $x_3 = 2$; $x_4 = 3$
b) $x_1 \approx -2{,}7$; $x_2 \approx -2{,}2$; $x_3 \approx 0{,}25$; $x_4 \approx 1{,}35$; $x_5 \approx 3{,}15$
c) z. B. $c = 1{,}5$
d) größter Funktionswert 1,3 an der Stelle 0,8;
kleinster Funktionswert −0,7 an der Stelle 2,6.
e) 2 Rechtskurven und 2 Linkskurven

7

a) $f(x) = (x + 3)^2 - 9$; $S(-3\,|\,-9)$, nach oben offen
b) $f(x) = (x + 3)^2$; $S(-3\,|\,0)$, nach oben offen
c) $f(x) = -(x - 4)^2 - 15$; $S(4\,|\,-15)$, nach unten offen

8

a) Ansatz: $y = a \cdot x^2 + c$;
Punkt $P(1\,|\,4)$: $4 = a + c$
Punkt $Q(-2\,|\,1)$: $1 = 4a + c$
$-3 = 3a$; $a = -1$; $c = 5$; $y = -x^2 + 5$

8

b) $y = -x^2 + 7$

c) $y = 0{,}01x^2$

9

a) $3x \cdot (x - 4) = 0$; $x_1 = 0$ und $x_2 = 4$

b) $(x - 4) \cdot (x + 4) = 0$; $x_1 = 4$ und $x_2 = -4$

c) $0{,}5x^2 = -5$ hat keine Lösung

d) $x_1 = 0$

10

a) Diskriminante ist $D = 9 - t$: für $9 - t < 0$, also $t > 9$ keine Lösung;
für $9 - t = 0$, also $t = 9$ eine Lösung;
für $9 - t > 0$, also $t < 9$ zwei Lösungen

b) Diskriminante ist $D = 1 + t$: für $1 + t < 0$, also $t < -1$ keine Lösung;
für $1 + t = 0$, also $t = -1$ eine Lösung;
für $1 + t > 0$, also $t > -1$ zwei Lösungen

c) Diskriminante ist $D = 1 - t$:
für $1 - t < 0$, also $t > 1$ keine Lösung;
für $1 - t = 0$, also $t = 1$ eine Lösung;
für $1 - t > 0$, also $t < 1$ zwei Lösungen.
Im Falle $t = 0$ liegt keine quadratische Gleichung vor. Es gibt in diesem Fall genau eine Lösung.

11

a) $f(x) = -x^3$; $f(x) = -0{,}4 \cdot x^5$

b) $f(x) = -x^2 + 3$; $f(x) = -2x^4 - 1$

12

a) Gerade Funktion; f(x) geht gegen $+\infty$ für x gegen $-\infty$; f(x) geht gegen ∞ für x gegen ∞. Nullstellen:
$x^2(x^2 - 4) = x^2 \cdot (x - 2) \cdot (x + 2) = 0$, also $x_1 = 0$; $x_2 = 2$; $x_3 = -2$.

b) Weder gerade noch ungerade Funktion; f(x) geht gegen $-\infty$ für x gegen $-\infty$; f(x) geht gegen ∞ für x gegen ∞. Nullstellen:
$x^2(x - 1{,}5) = 0$, also $x_1 = 0$; $x_2 = 1{,}5$.

c) weder gerade noch ungerade Funktion; f(x) geht gegen ∞ für x gegen $-\infty$; f(x) geht gegen $-\infty$ für x gegen ∞. Nullstellen:
$-0{,}5x^5 - 1 = 0$, $x^5 = -2$ also $x_1 = -2^{\frac{1}{5}} = -\sqrt[5]{2}$
$\approx -1{,}1487$.

d) weder gerade noch ungerade Funktion, da $f(x) = 2x^2 - 8x + 8$ ist; f(x) geht gegen ∞ für x gegen $-\infty$; f(x) geht gegen $+\infty$ für x gegen ∞. Nullstellen: $x_1 = 2$ (doppelte Nullstelle).

13

a) $x_1 = -1$; $x_2 = -2$. (Fig. 1)

b) $x^2 \cdot (2x^2 - x - 6) = 0$; $x_1 = 0$ (doppelte Nullstelle); $x_2 = -1{,}5$; $x_3 = 2$. (Fig. 2)

c) Mit $x^3 = z$ gilt: $z^2 - 7z - 8 = 0$ ergibt $z = x^3 = 8$, also $x_1 = 2$ und $z = x^3 = -1$, also $x_2 = -1$. (Fig. 3)

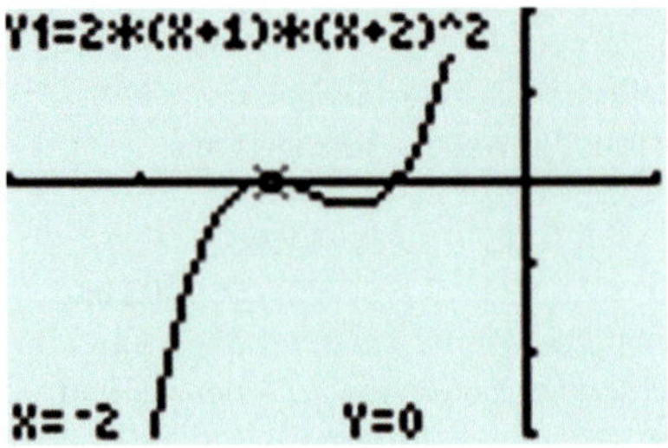

Fig. 1

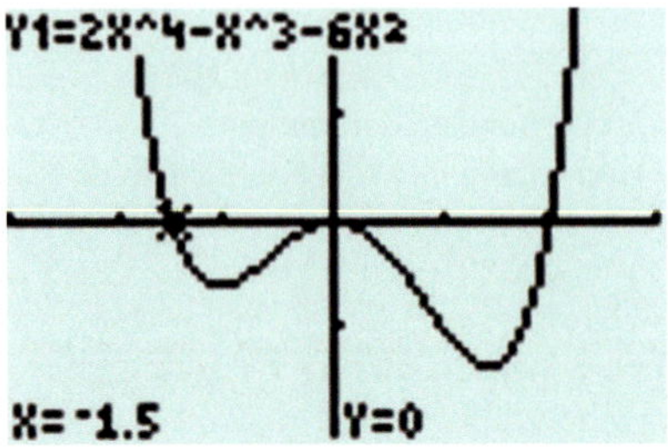

Fig. 2

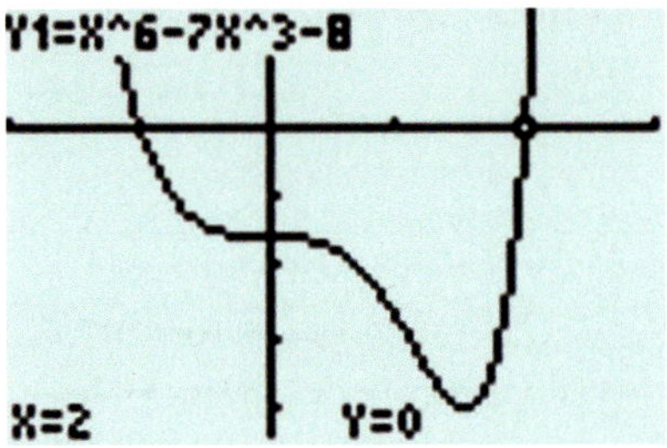

Fig. 3

14

a) Schnittpunkt S(2|−4); weitere Schnittpunkte: $x^3 - 8x + 4 = x^2 - 8$, also
$x^3 - x^2 - 8x + 12 = 0$

$(x^3 - x^2 - 8x + 12) : (x - 2) = x^2 + x - 6$
$\underline{-(x^3 - 2x^2)}$
$x^2 - 8x$
$\underline{-(x^2 - 2x)}$
$-6x + 12$
$\underline{-(-6x + 12)}$
0

$x^2 + x - 6 = 0$ ergibt $x_1 = 2$; $x_2 = -3$. Damit ist $S_1(2|-4)$ doppelter Schnittpunkt (Berührpunkt); $S(-3|1)$.

b) Schnittpunkt S(1|−4,5); weitere Schnittpunkte:
$0{,}5x^3 - 3x^2 - 22x + 20 = -0{,}5x^3 - 4$,
also $x^3 - 3x^2 - 22x + 24 = 0$

$(x^3 - 3x^2 - 22x + 24) : (x - 1) = x^2 - 2x - 24$
$\underline{-(x^3 - x^2)}$
$-2x^2 - 22x$
$\underline{-(-2x^2 + 2x)}$
$-24x + 24$
$\underline{-(-24x + 24)}$
0

$x^2 - 2x - 24 = 0$ ergibt $x_1 = -4$; $x_2 = 6$. Damit ist $S_1(-4|28)$ und $S_2(6|-112)$.

15

a) $f(x) = \frac{3}{4}x - \frac{9}{4}$

b) $f(x) = x^2 - x + 1$

c) $f(x) = 2x^2 - 4x$

d) $f(x) = x^3 - x^2 + x + 2$

16

a) Maximal 3 Nullstellen, da der Grad 3 ist: $x_1 \approx -1{,}7963$ einzige Nullstelle (mit GTR).

b) Maximal 4 Nullstellen, da der Grad 4 ist: $x_1 \approx 0{,}2530$; $x_2 \approx -1{,}4011$

c) Maximal 6 Nullstellen, da der Grad 6 ist: $x_1 = -4$; $x_2 = -3$; $x_3 = -2$; $x_4 = -1$; $x_5 = 0$; $x_6 = 1$

17

a) Körpergröße bei Geburt: w(0) = 50,8, also 50,8 cm.

b) Körpergröße nach 12 Monaten: w(12) = 74,78 also rund 75 cm.

$\frac{75 - 50{,}8}{50{,}8} \approx 0{,}476 \approx 48\,\%$

c) Die Gleichung $w(x) = 50{,}8 + 10$ ist zu lösen (mit dem GTR): $x \approx 4{,}2469$. Damit ist das Baby nach gut 4 Monaten 10 cm gewachsen.

18

a) T(15) ≈ 5,2 °C (Fig. 4)

b) T(x) = 6 ist nicht lösbar, da die Gerade y = 6 oberhalb der Kurve von f verläuft (Fig. 5).

c) T(x) < 0 in [0,768; 9,288] (Fig. 1, S. 371). Die Länge des Intervalls ist
9,288 − 0,768 = 8,52.
Damit herrschte ca. 8,5 Stunden Frost.

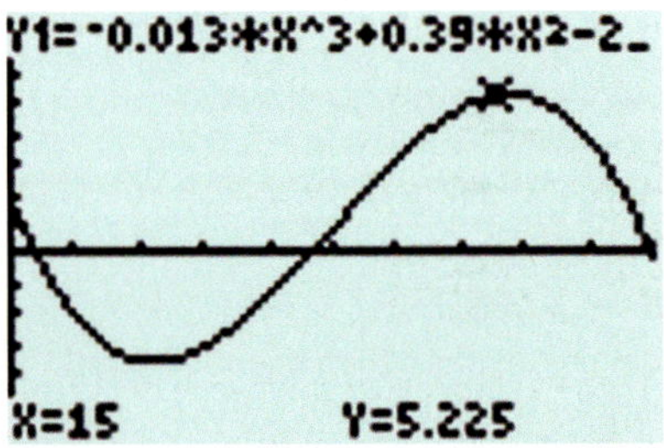

Fig. 4

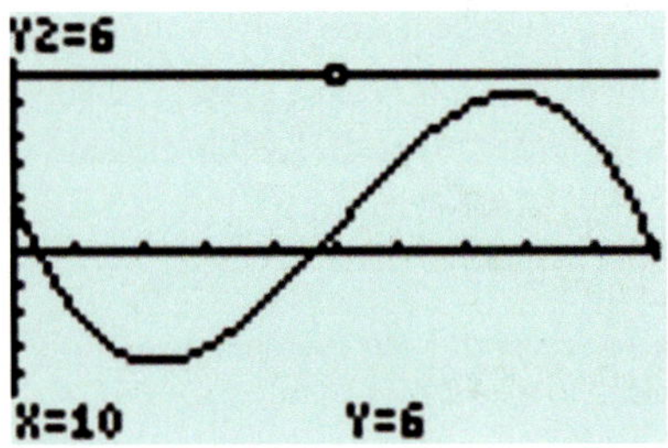

Fig. 5

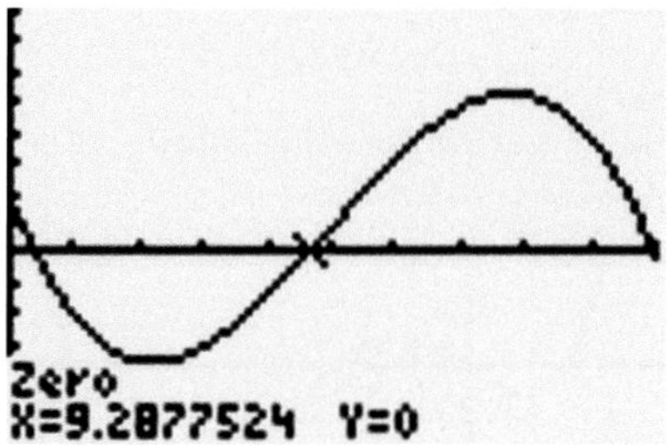

Fig. 1

19

a)

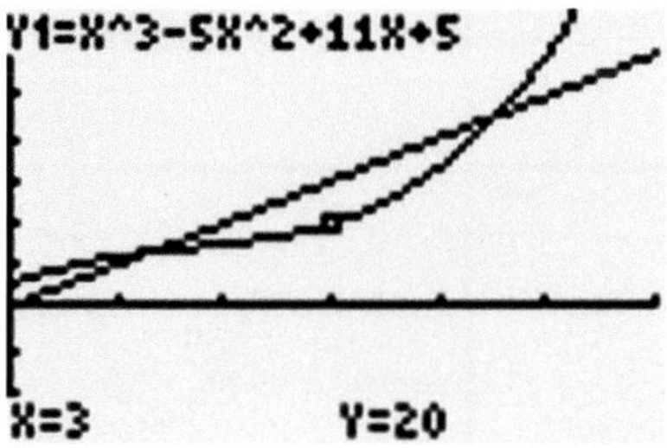

Fig. 2

b) Nutzenschwelle bei 1,307 (Fig. 3); Nutzengrenze bei 4,537 (Fig. 4)

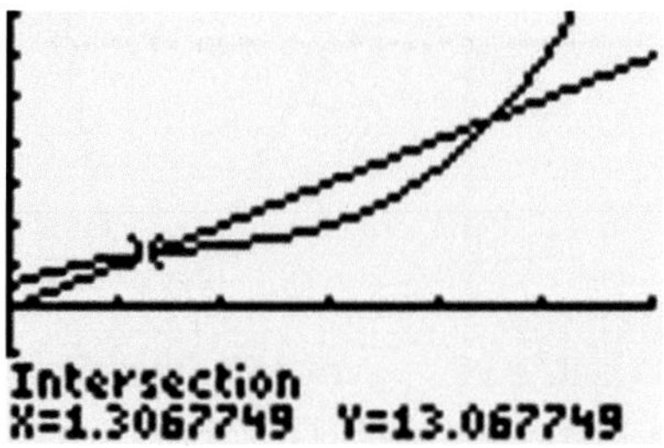

Fig. 3

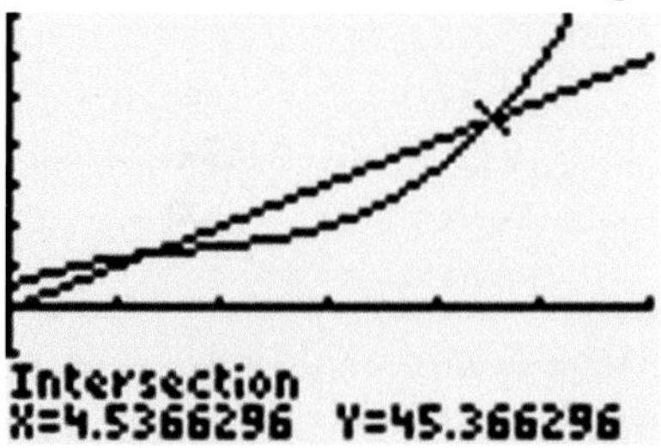

Fig. 4

c) Ab der Produktionsmenge 3,25 erfolgt keine Gewinnzunahme mehr.

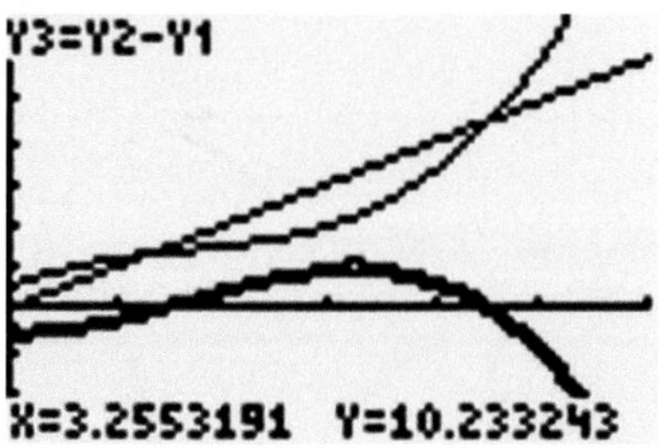

Fig. 5

20

a) Da K(0) = 10, K(10) = 16 und K(20) = 30 ist, erfüllt K(x) die Bedingungen.

b) K(x) = E(x), also

$0{,}04x^2 + 0{,}2x + 10 = 2 \cdot x$, also

$0{,}04x^2 - 1{,}8x + 10 = 0$ mit $x_1 \approx 6{,}492$ und $x_2 \approx 38{,}508$.

Die Gewinnzone liegt zwischen 6,5 und 38,5 ME.

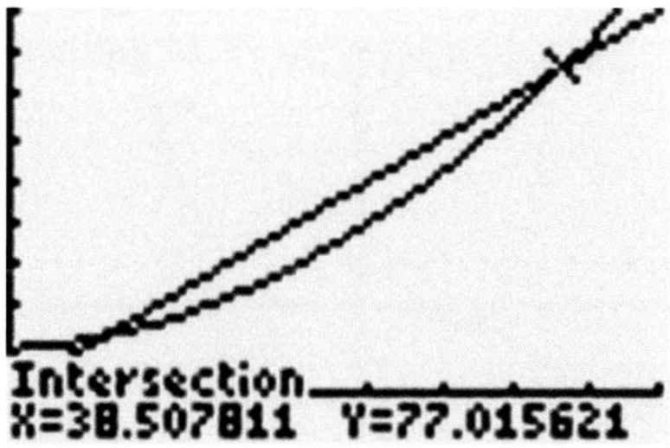

c) Stückkostenfunktion

$S(x) = 0{,}04x + 0{,}2 + \frac{10}{x}$ und ihr Graph.

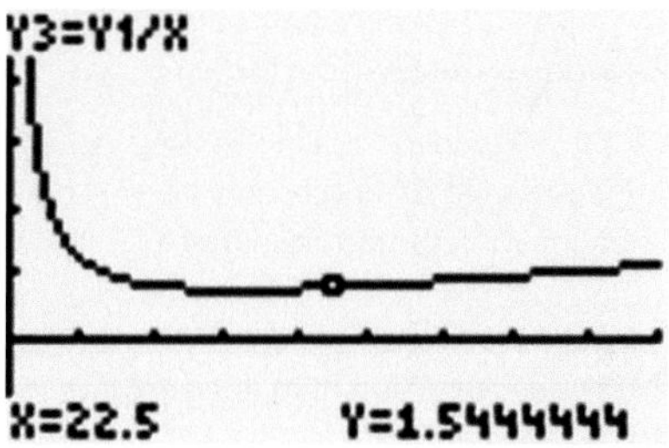

Aufgaben zum Üben und Wiederholen, Seite 134–135

1

a) $f(x) = \frac{1}{4}x^2(x^2 - 9) = 0$ ergibt $x_1 = 0$ (doppelte Nullstelle), $x_2 = -3$ und $x_3 = 3$.

b) $f'(x) = x^3 - 4{,}5x$; $f'(0) = 0$;
$f'(-3) = -13{,}5$; $f'(3) = 13{,}5$

c)

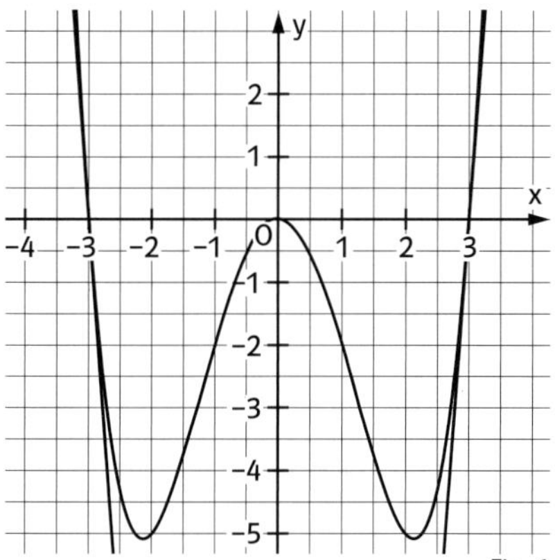

Fig. 6

2

Die Ableitungsfunktion ist jeweils $f'(x) = 1{,}5x^2$, da die Konstante abgeleitet jeweils 0 ist.

Dies folgt anschaulich daraus, da die Graphen in y-Richtung verschoben sind und daher an jeder Stelle x die gleiche Steigung besitzen (Fig. 7).

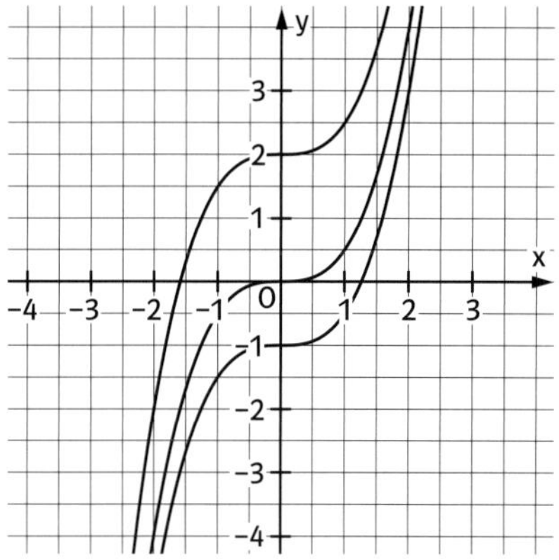

Fig. 7

3

$f'(x) = 3x^2 - 9$.

Aus $3x^2 - 9 = -6$ folgt $3x^2 = 3$, also $x_1 = 1$ und $x_2 = -1$.

Aus $3x^2 - 9 = 39$ folgt $3x^2 = 48$, $x^2 = 16$; also $x_1 = 4$ und $x_2 = -4$.

4

$f'(x) = -\frac{1}{4}x^3 + \frac{3}{4}x$; $f'(-1) = -\frac{1}{2}$. $f(-1) = 2$.

Tangente in P(−1|2) mit Steigung $m = -0{,}5$: $y - 2 = -0{,}5(x + 1)$, $y = -0{,}5x + 1{,}5$.

Normalensteigung $m_N = 2$; Normale in P(−1|2): $y - 2 = 2(x + 1)$; $y = 2x + 4$.

5

$f'(x) = -\frac{1}{4}x^3 + \frac{15}{16}x^2 + 1 = 1$, also

$-\frac{1}{4}x^3 + \frac{15}{16}x^2 = 0$

ergibt $\frac{1}{4}x^2\left(-x + \frac{15}{4}\right) = 0$, $x_1 = 0$ (doppelte Nullstelle), $x_2 = \frac{15}{4}$. Da f(0) = 0 ist, scheidet der Berührpunkt O(0|0) aus.

Damit ist $B\left(\frac{15}{4} \middle| \frac{32\,235}{4096}\right)$ oder B(3,75|7,8699)

6

$f(x) = -\frac{1}{2}x^3 + \frac{3}{2}x + 2$; $f'(x) = -\frac{3}{2}x^2 + \frac{3}{2}$.

Berührpunkt $B\left(u \,\middle|\, -\frac{1}{2}u^3 + \frac{3}{2}u + 2\right)$.

Steigung in B: $m = -\frac{3}{2}u^2 + \frac{3}{2}$.

Tangente durch B geht durch P(2|5). Damit ist die Steigung von PB gleich m:

(*) $\frac{-\frac{1}{2}u^3 + \frac{3}{2}u + 2 - 5}{u - 2} = -\frac{3}{2}u^2 + \frac{3}{2} \quad | \cdot 2(u - 2)$

ergibt $-u^3 + 3u - 6 = 3 \cdot (-u^2 + 1) \cdot (u - 2)$ oder

$-u^3 + 3u - 6 = -3u^3 + 6u^2 + 3u - 6$;
also $2u^3 - 6u^2 = 0$; also $u_1 = 0$; $u_2 = 3$

Damit gibt es 2 Berührpunkte $B_1(0|2)$ und $B_2(3|-7)$.

$f'(0) = \frac{3}{2}$; Tangentengleichung in B_1:

$y = 1{,}5x + 2$.

$f'(3) = -12$; Tangentengleichung in B_2:

$y = -12x + 29$

Berechnung mit dem GTR:
Man gibt die Funktionen f(x) in Y1 und f′(x) in Y2 ein, sowie in Y3 die Gleichung (*) in der Form einer Funktion
$\frac{-\frac{1}{2}u^3 + \frac{3}{2}u + 2 - 5}{u - 2} - \left(-\frac{3}{2}u^2 + \frac{3}{2}\right)$ also $\frac{f(x) - 5}{x - 2}$
(Fig. 1) und bestimmt deren Nullstellen (Fig. 2). Dann berechnet man die Berührpunkte (Fig. 3) und zeichnet die Tangenten (Fig. 4).

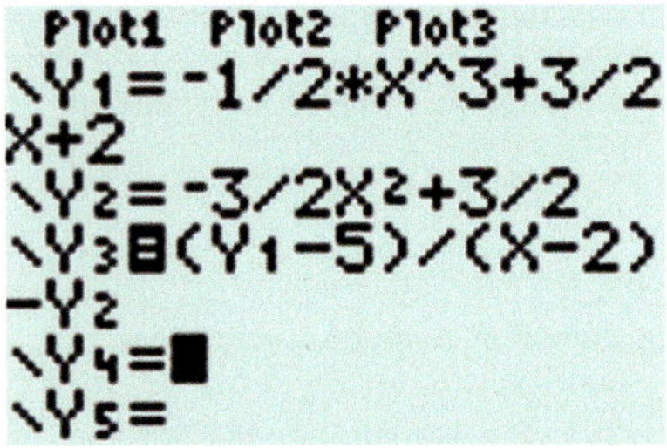

Fig. 1

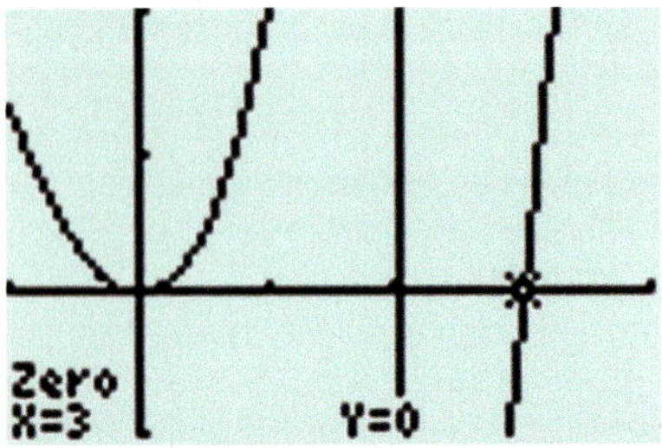

Fig. 2

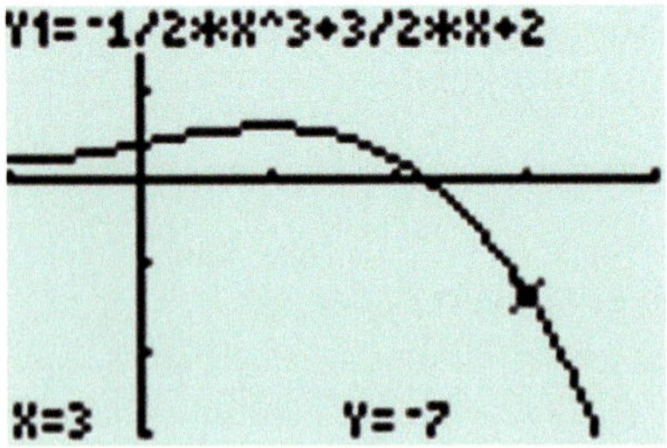

Fig. 3

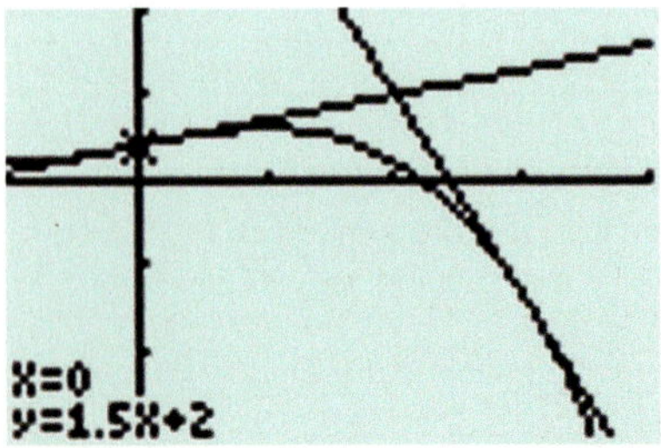

Fig. 4

7

$f(x) = \frac{1}{8}x^4 - \frac{1}{2}x^3$; $f'(x) = \frac{1}{2}x^3 + \frac{3}{2}x^2$

(vgl. ausführliche Lösung in Aufgabe 6).

$B_1(-2|-2)$ und $B_2(2|6)$ sind die Berührpunkte.

Gleichungen der Tangenten:
t_1: $y = 2x + 2$ und t_2: $y = 10x - 14$:
Graph von f und Tangente in $B_2(2|6)$ dargestellt mit dem GTR:

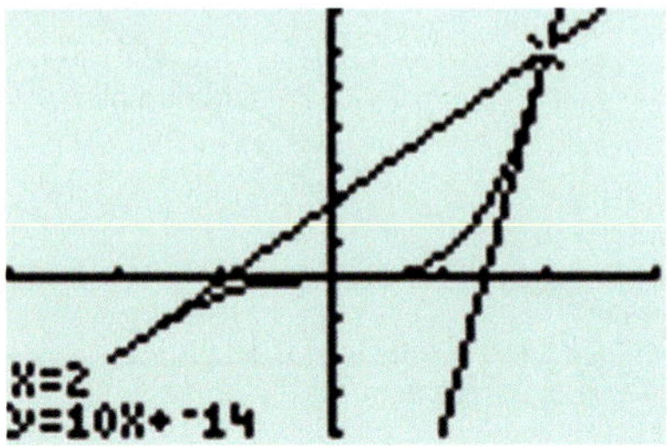

8

a) f steigt monoton in [−3; −2,5], [−1; 0], [1; 1,4]
b) $f'(x) < 0$ in [−3,3; 3[,]2,5; −1[,]0; 1[
c) $f'(x) = 0$ an den Stellen −3; −2,5; −1; 0; 1
d) Die Aussage ist falsch, da in $x_1 = -1$ ein Minimum vorliegt und deshalb $f''(-1) > 0$ ist.
e) 4 Wendepunkte
f) Das absolute Minimum liegt bei $x_0 = -1$ und beträgt ca. −2,2
g) Die Aussage ist falsch, da in O(0|0) ein Maximum vorliegt, d.h. $f'(x) = 0$, aber $f''(0) < 0$ ist.
h) Dies trifft zu, da in P ein Wendepunkt mit negativer Steigung vorliegt.

9

a) Berechnung ohne GTR möglich:
$f(x) = -0{,}1x^3 + 0{,}3x^2 + 1$;
$f'(x) = -0{,}3x^2 + 0{,}6x$; $f''(x) = -0{,}6x + 0{,}6$.
$f'(x) = 0$ ergibt $x_1 = 0$ und $x_2 = 2$.
$x_1 = 0$: $f(0) = 1$; $f''(0) = 0{,}6 > 0$, also Tiefpunkt T(0|1).
$x_1 = 2$: $f(2) = 1{,}4$; $f''(2) = -0{,}6 < 0$, also Hochpunkt H(2|1,4).
Graph Fig. 5.

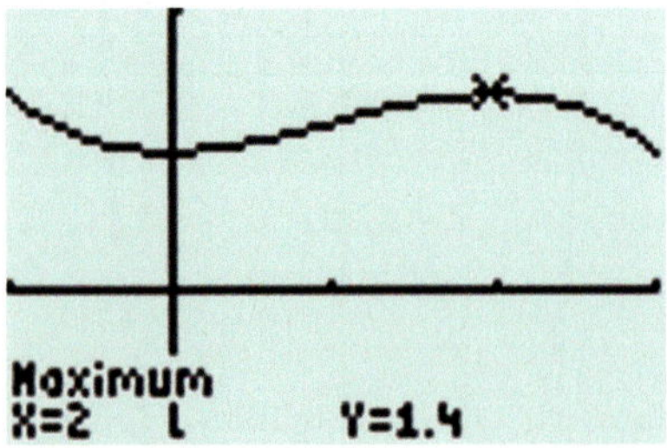

Fig. 5

b) $f(x) = x^4 - 4x^3 + 4x$; $f'(x) = 4x^3 - 8x^2 + 4$;
$f''(x) = 12x^2 - 16x$
$f'(x) = 0$ ist nicht von Hand lösbar:
$T_1(-0{,}53209|-1{,}44562)$,
$T_2(2{,}87939|-15{,}23442)$, H(0,65270|1,68004)

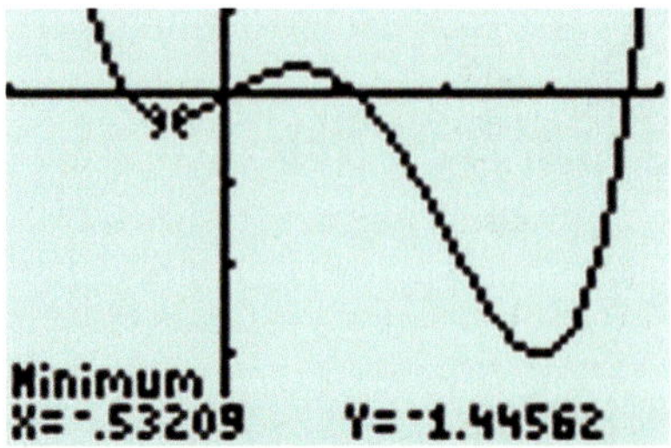

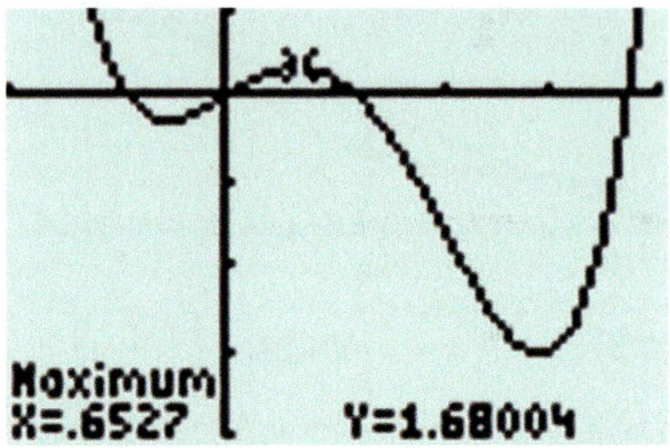

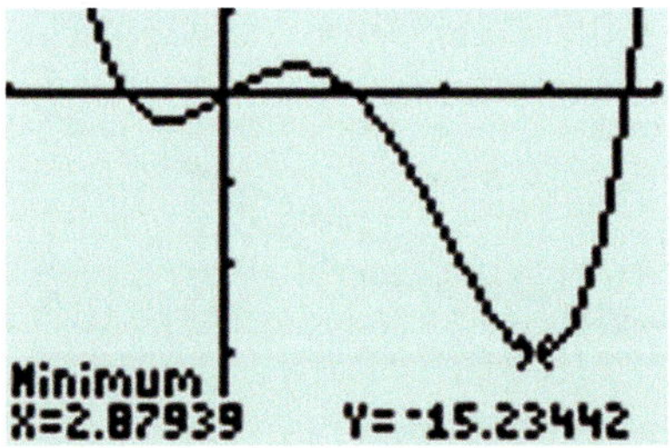

c) Berechnung ohne GTR möglich:
$f(x) = \frac{1}{4}x^2(x^2 - 8) = \frac{1}{4}x^4 - 2x^2$;
$f'(x) = x^3 - 4x$;
$f''(x) = 3x^2 - 4$
Extrempunkte: $T_1(-2|-4)$, $T_2(2|-4)$; H(0|0)
d) keine Extrempunkte

10

a) $f(x) = \frac{1}{8}x^3 \cdot (x - 4) = \frac{1}{8}x^4 - \frac{1}{2}x^3$;
$f'(x) = \frac{1}{2}x^3 - \frac{3}{2}x^2$; $f''(x) = \frac{3}{2}x^2 - 3x$;
$f'''(x) = 3x - 3$
$f''(x) = \frac{3}{2}x^2 - 3x = 0$; $x_1 = 0$; $x_2 = 2$.
$x_1 = 0$: $f'''(0) = -3 \neq 0$, $f(0) = 0$, also $W_1(0|0)$
$x_2 = 2$: $f'''(2) = 3 \neq 0$, $f(2) = -2$, also $W_2(2|-2)$.
Fig. 6 zeigt den Verlauf des Graphen.

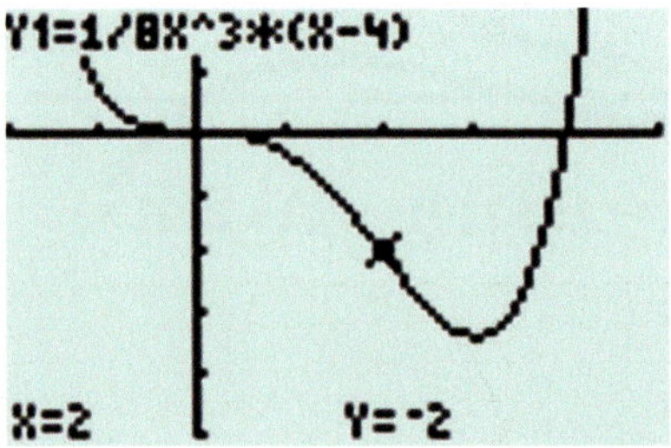

Fig. 6

b) kein Wendepunkt (Parabel)

c) $f(x) = 0{,}6x^6 - x^4 - x^3 + x$;
$f'(x) = 3{,}6x^5 - 4x^3 - 3x^2 + 1$;
$f''(x) = 18x^4 - 12x^2 - 6x$;
$f'''(x) = 72x^3 - 24x - 6$.
$18x^4 - 12x^2 - 6x = 6x(3x^3 - 2x - 1) = 0$ ergibt $x_1 = 0$ und $3x^3 - 2x - 1 = 0$. Letztere Gleichung hat die Lösung 1. Man erhält dann $(3x^3 - 2x - 1):(x - 1) = 3x^2 + 3x + 1$. Die quadratische Gleichung hat keine Lösung!
$x_1 = 0$: $f'''(0) = -6 \neq 0$, $f(0) = 0$, also $W_1(0|0)$
$x_2 = 1$: $f'''(1) = 42 \neq 0$, $f(1) = -0{,}4$, also $W_2(1|-0{,}4)$ (Fig. 1)

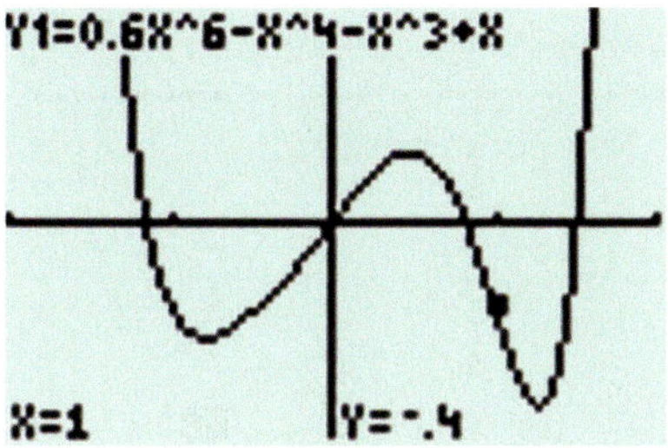

Fig. 1

11

a) $y = 0{,}25 \cdot x^2$ (Fig. 2)

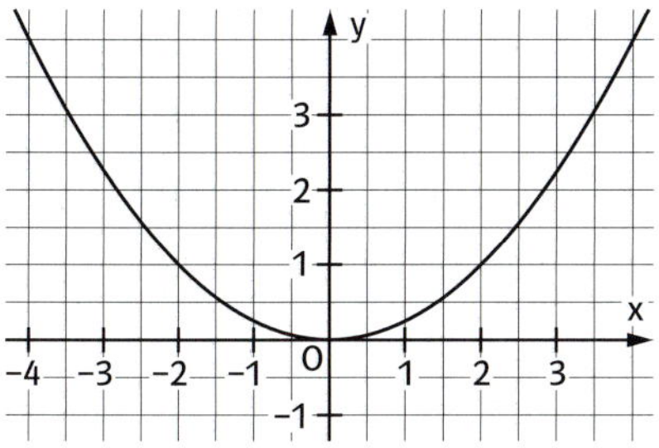
Fig. 2

b) $y = x^3 - 3x$ (Fig. 3)

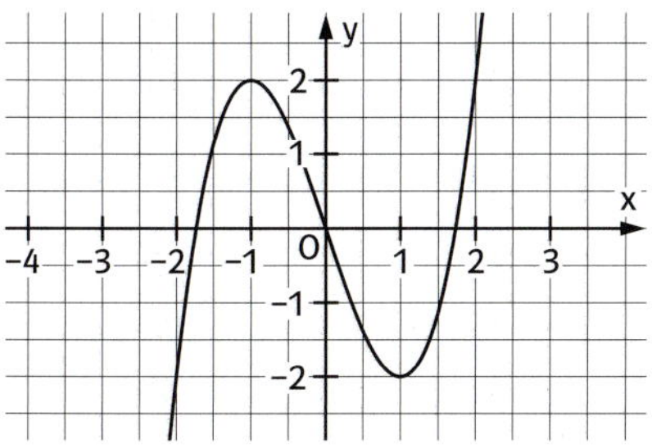
Fig. 3

c) $y = x^3$ (Fig. 4)

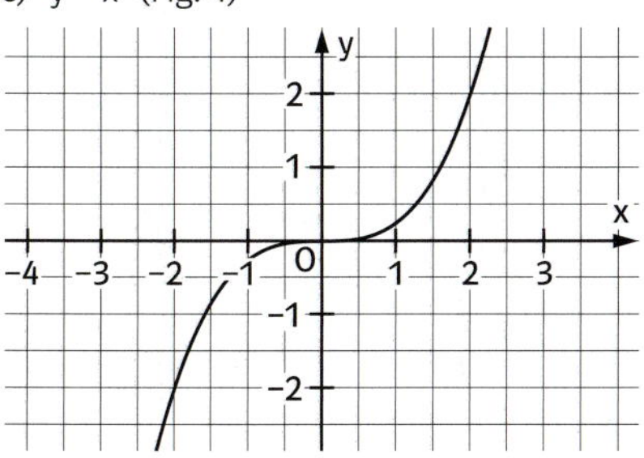
Fig. 4

12

a) $Q(u|-u^2 + 3)$; $R(-u|-u^2 + 3)$; $S(-u|0)$.
$u > 0$ kann alle Werte annehmen, für die $f(u) > 0$ ist.
Da $f(x) = 0$ für $x_0 = \sqrt{3}$ gilt also $0 < u < \sqrt{3}$.

b) Seitenlängen $2u$ und $f(u) = -u^2 + 3$.
Inhalt $A(u) = 2u \cdot (-u^2 + 3)$. $A(1{,}5) = 2{,}25$; $A(0{,}5) = 2{,}75$.

c) $A'(u) = -6u^2 + 6$, $A''(u) = -12u$.
Aus $A'(u) = 0$ folgt $u = 1$ ($u = -1$ kommt nicht in Frage). Da $A''(1) = -12 < 0$ ist, ist der Inhalt maximal für $u = 1$. Maximaler Inhalt $A(1) = 4$.

d) $U(u) = 2 \cdot 2u + 2 \cdot (-u^2 + 3) = 4u - 2u^2 + 6$;
$U'(u) = 4 - 4u$; $U''(u) = -4$.
Maximaler Umfang für $u = 1$.

13

a) $f(x) = x^3 - 3x + 1$; $g(x) = -x^2 + 4$.
Graph Fig. 5
Da $f(-\sqrt{3}) = 1$ und $g(-\sqrt{3}) = 1$ ist, ist $S_1(-\sqrt{3}\,|\,1)$ Schnittpunkt.
Da $f(-1) = 3$ und $g(-1) = 3$ ist, ist $S_2(-1|3)$ Schnittpunkt.
Da $f(\sqrt{3}) = 1$ und $g(\sqrt{3}) = 1$ ist, ist $S_3(\sqrt{3}\,|\,1)$ Schnittpunkt.

b) $d(x) = (-x^2 + 4) - (x^3 - 3x + 1) = -x^3 - x^2 + 3x + 3$. $d(0) = 3$; $d(1{,}5) = 1{,}875$.
$d'(x) = -3x^2 - 2x + 3$; $d''(x) = -6x - 2$.
$d'(x) = 0$ hat die Lösungen
$x_1 = -\frac{1}{3} + \frac{\sqrt{10}}{3} \approx 0{,}7208$
($x_2 = -\frac{1}{3} - \frac{\sqrt{10}}{3} \approx -1{,}3874$ liegt nicht in $[-1;\ \sqrt{3}]$).

Maximum bei $x_1 = -\frac{1}{3} + \frac{\sqrt{10}}{3} \approx 0{,}7208$, da $d''(0{,}7208) < 0$ ist.
$d(x_1) \approx 4{,}2684$.

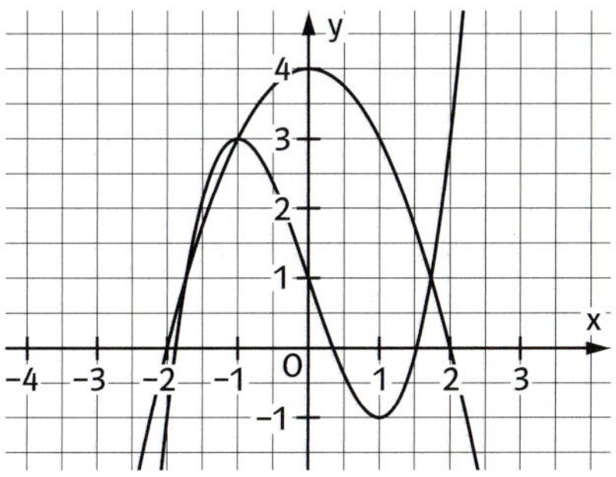
Fig. 5

14

a) $f(x) = ax^3 + bx^2 + cx + d$;
$f'(x) = 3ax^2 + 2bx + c$; $f''(x) = 6ax + 2b$.
$f(0) = 1$; $d = 1$
$f''(0) = 0$; $2b = 0$, also $b = 0$
$f(-1) = 3$: $-a - c + 1 = 3$; $-a - c = 2$
$f(3) = 3$: $27a + 3c + 1 = 3$ oder $27a + 3c = 2$
$a = \frac{1}{3}$; $b = 0$; $c = -\frac{7}{3}$; $d = 1$.
$f(x) = \frac{1}{3}x^3 - \frac{7}{3}x + 1$

b) $f'(x) = x^2 - \frac{7}{3}$; $f''(x) = 2x$.
Mögliche Extrempunkte bei
$x_1 = \sqrt{\frac{7}{3}} \approx 1{,}5275$ und $x_2 = -\sqrt{\frac{7}{3}} \approx -1{,}5275$
$x_1 = \sqrt{\frac{7}{3}}$; $f''\left(\sqrt{\frac{7}{3}}\right) > 0$, also $T(1{,}5275|-1{,}3762)$;
$x_2 = -\sqrt{\frac{7}{3}}$; $f''\left(-\sqrt{\frac{7}{3}}\right) < 0$, also $H(-1{,}5275|3{,}3762)$.

c) Linkskrümmung für $x > 0$. Für diese x ist $2x > 0$, also $f''(x) > 0$.
Zur Kontrolle Graph mit dem GTR in Fig. 6.

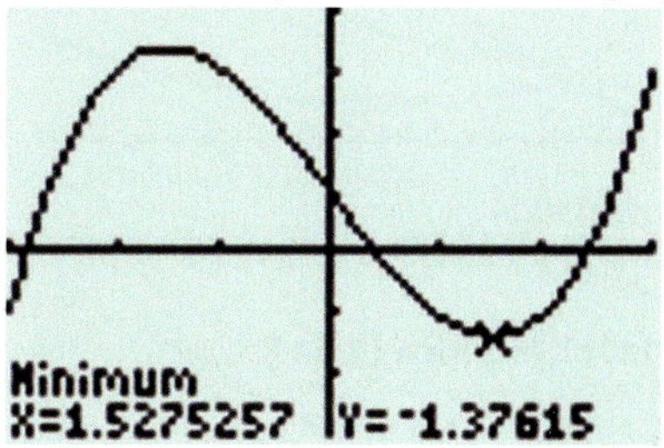

Fig. 6

15

$p(x) = x \cdot (x - 1) \cdot (x - 2) = x^3 - 3x^2 + 2x$;
$p'(x) = 3x^2 - 6x + 2$; $p''(x) = 6x - 6$
Es ergibt sich ein Maximum für die Zahl $x_0 \approx 1 - \frac{\sqrt{3}}{3}$ mit $p(x_0) = 0{,}3849$,
das Minimum liegt bei $x_1 = 1 + \frac{\sqrt{3}}{3}$ und ist $p(x_1) \approx -0{,}3849$.

16

a) Fig. 7

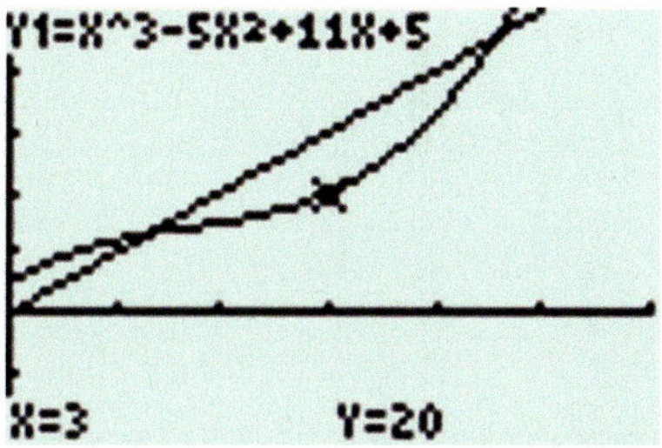

Fig. 7

b) $G(x) = E(x) - K(x) = -x^3 + 5x^2 - x - 5$
$G'(x) = -3x^2 + 10x - 1$; $G''(x) = -6x + 10$.
Gewinnmaximum bei $x_0 \approx 3{,}2301$ mit $G(x_0) \approx 10{,}2362$.

c) Zeichnung zum Betriebsoptimum in P: Fig. 8

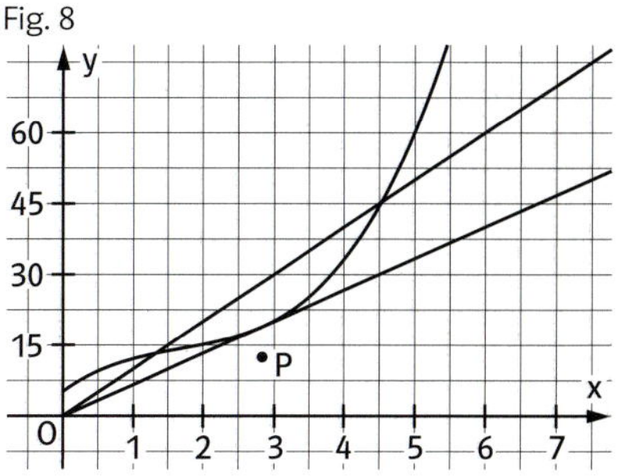

Fig. 8

Berechnung von P: Stückkostenfunktion:

$k(x) = \frac{K(x)}{x} = x^2 - 5x + 11 + \frac{5}{x}$.

Minimum bei $x_1 \approx 2{,}8154$ (Fig. 1) (Betriebsoptimum)

$K(2{,}8154) = 18{,}6532$ (Fig. 2).

d) $k_V(x) = x^2 - 5x + 11$;

$K'(x) = 3x^2 - 10x + 11$

e) $k_V'(x) = 2x - 5$; $k_V''(x) = 2 > 0$.

Minimum (= Betriebsminimum) bei 2,5.

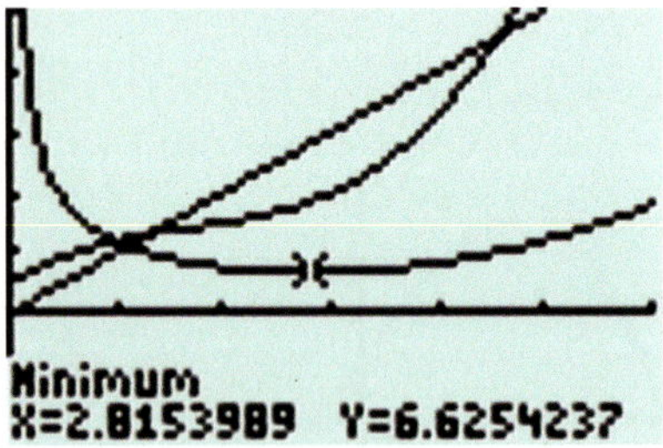

Fig. 1

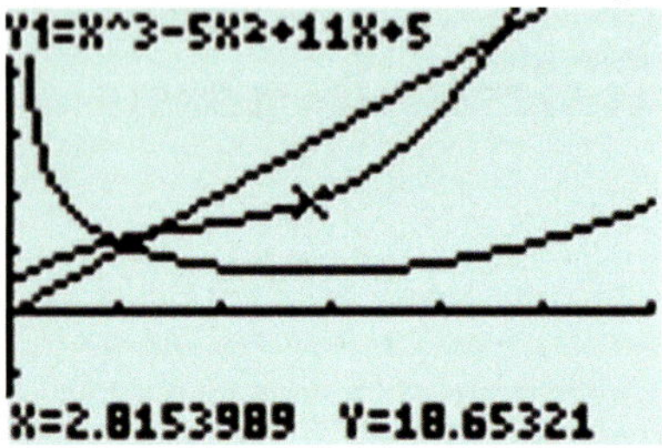

Fig. 2

Aufgaben zum Üben und Wiederholen, Seite 159

1

a) $\int_{-2}^{2} (-x^2 + 4)\,dx = \left[-\frac{x^3}{3} + 4x\right]_{-2}^{2} =$

$= \left(-\frac{8}{3} + 8\right) - \left(\frac{8}{3} - 8\right) = \frac{32}{2}$

b) $-\frac{27}{4}$ c) 0 d) $-\frac{128}{15}$

zu a)

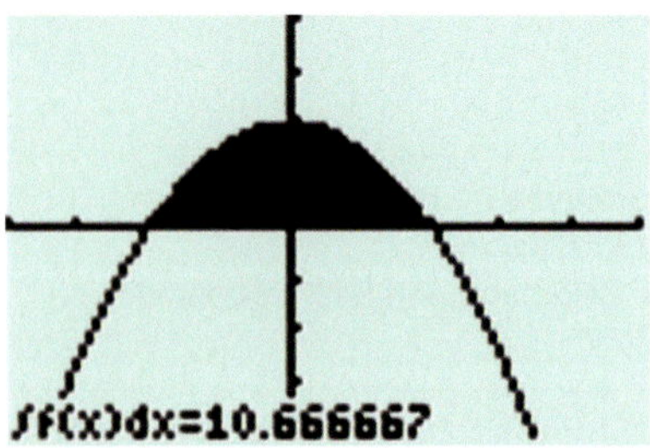

zu b)

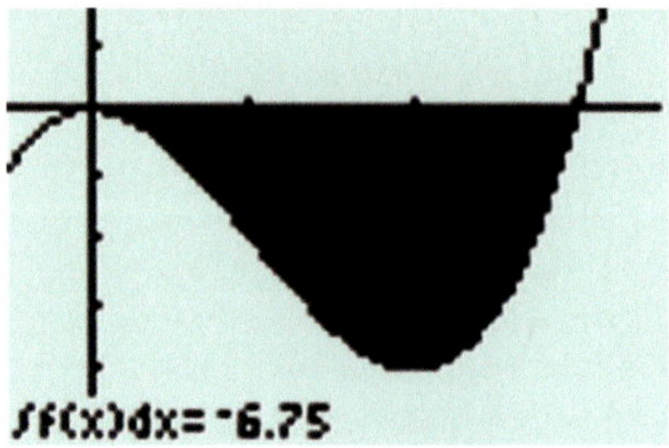

zu c)

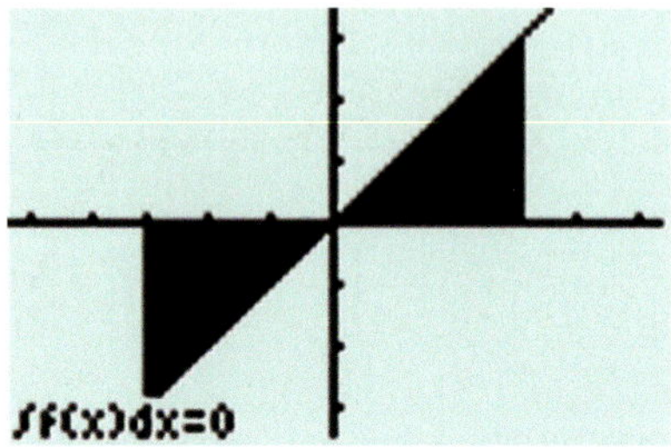

zu d)

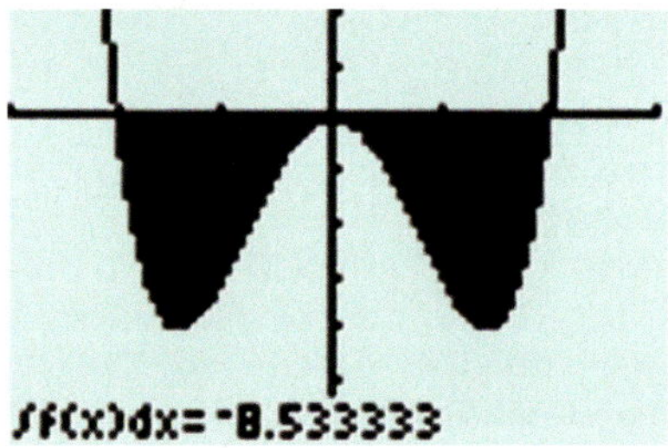

2

a) Skizze in Fig. 3

$f(x) = x \cdot (x^2 - x - 2) = 0$ ergibt Nullstellen

$x_1 = -1$; $x_2 = 0$; $x_3 = 2$.

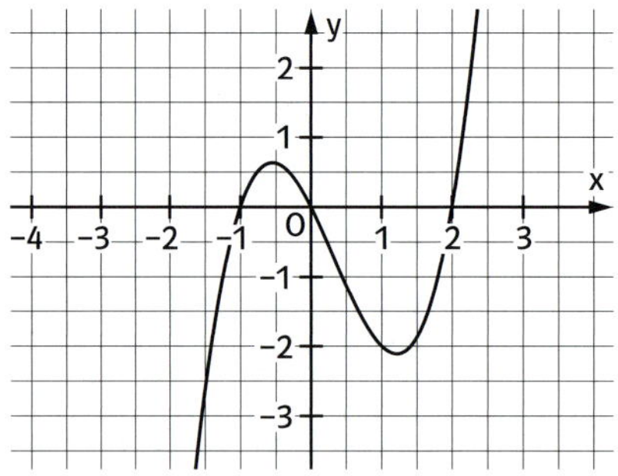

Fig. 3

b) $T(-0{,}5486 \mid 0{,}6311)$, $H(1{,}2153 \mid -2{,}1126)$

c) $f'(x) = 3x^2 - 2x - 2$; $f''(x) = 6x - 2$;

$f'''(x) = 6$.

Da $f''(x) = 6x - 2 = 0$ nur für $x_0 = \frac{1}{3}$

$\left(f'''\left(\frac{1}{3}\right) = 2 \neq 0\right)$, gibt es nur einen einzigen Wendepunkt.

$f\left(\frac{1}{3}\right) = -\frac{20}{27}$ und $f'\left(\frac{1}{3}\right) = -\frac{7}{3}$.

d) $A_o = \int_{-1}^{0} (x^3 - x^2 - 2x)\,dx = \left[\frac{x^4}{4} - \frac{x^3}{3} - x^2\right]_{-1}^{0} =$

$= 0 - \left(-\frac{5}{12}\right) = \frac{5}{12}$.

$A_u = -\int_{0}^{2} (x^3 - x^2 - 2x)\,dx = \left[-\frac{x^4}{4} + \frac{x^3}{3} + x^2\right]_{0}^{2} =$

$\frac{8}{3} - 0 = \frac{8}{3}$.

$\frac{A_o}{A_u} = \frac{5}{32}$.

3

a) Skizze Fig. 4. Nullstellen $x_1 = -3$; $x_2 = 0$ (doppelt)

b) $f(x) = x^3 + 3x^2$; $f'(x) = 3x^2 + 6x$;

$f''(x) = 6x + 6$; $f'''(x) = 6$

Wendepunkt $W(-1 \mid 2)$; Steigung in W:

$f'(-1) = -3$.

c) Normalensteigung ist $\frac{1}{3}$.

Gleichung: $y = \frac{1}{3}x + \frac{7}{3}$.

$x^3 + 3x^2 = \frac{1}{3}x + \frac{7}{3}$ oder $x^3 + 3x^2 - \frac{1}{3}x - \frac{7}{3} = 0$ ergibt:

$x_3 = -1$; $x_4 = -1 - \frac{\sqrt{30}}{3} \approx -2{,}8257$;

$x_5 = -1 + \frac{\sqrt{30}}{3} \approx 0{,}8257$.

$S(-2{,}8257 \mid 1{,}3914)$; $T(0{,}8257 \mid 2{,}6086)$.

d) $\int_{-2{,}8257}^{0{,}8257} \left(x^3 + 3x^2 - \left(\frac{1}{3}x + \frac{7}{3}\right)\right)dx = 0$.

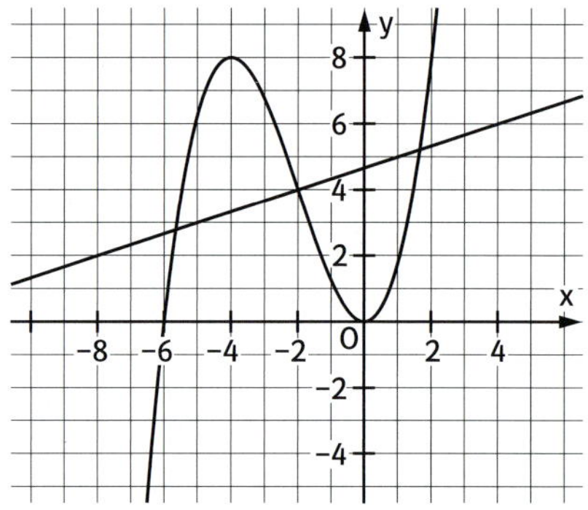

Fig. 4

4

a) Ohne GTR: Schnittpunkte bei $x_1 = -1$ und $x_2 = 1$.

$A = \int_{-1}^{1} (-x^2 + 2 - x^2)\,dx = \frac{8}{3} \approx 2{,}6667$.

b) Mit GTR: Man zeichnet den Graphen von $h(x) = g(x) - f(x)$ und ermittelt dessen Nullstellen (= Schnittstellen) und integriert über $h(x)$. $A \approx 5{,}4028$ (Fig. 1 bis 3 Seite 371)

c) Mit GTR: $A = 6{,}4646$

Fig. 1

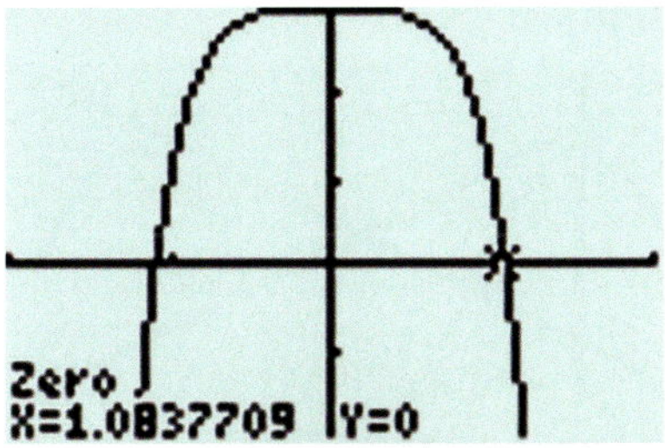

Fig. 2

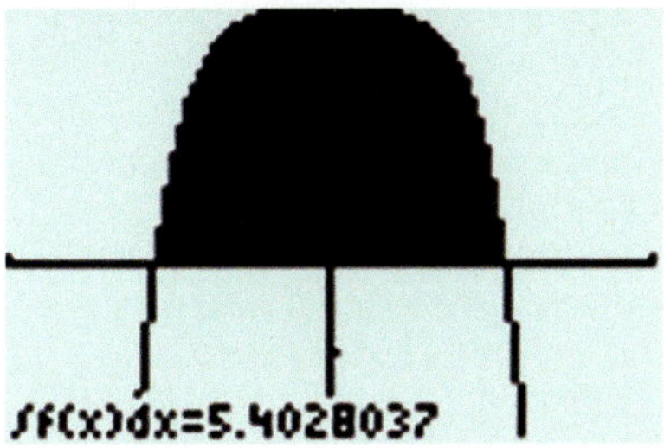

Fig. 3

5

$F(x) = \frac{1}{4}x^4 + x^2 + x + c$ mit $F(1) = 0{,}25$, also
$2{,}25 + c = 0{,}25,\ \ c = -2$

6

a) $f(x) = x^4 - 2x^3 - x$; $f'(x) = 4x^3 - 6x^2 - 1$;
$f''(x) = 12x^2 - 12x$; $f'''(x) = 24x - 12$.
$f''(x) = 12x^2 - 12x = 0$ ergibt $x_1 = 0$; $x_2 = 1$.
Wegen $f'''(1) = 12 \neq 0$ und $f(1) = -2$ ist $W(1|-2)$ Wendepunkt; $f'(1) = -3$. Wendetangente: $y = -3x + 1$ (Fig. 4)
2. Schnittpunkt mit dem Graphen von f: $S(-1|4)$.

$$\int_{-1}^{1} (-3x + 1 - (x^4 - 2x^3 - x))\,dx = 1{,}6$$

(Fig. 5 und Fig. 6).

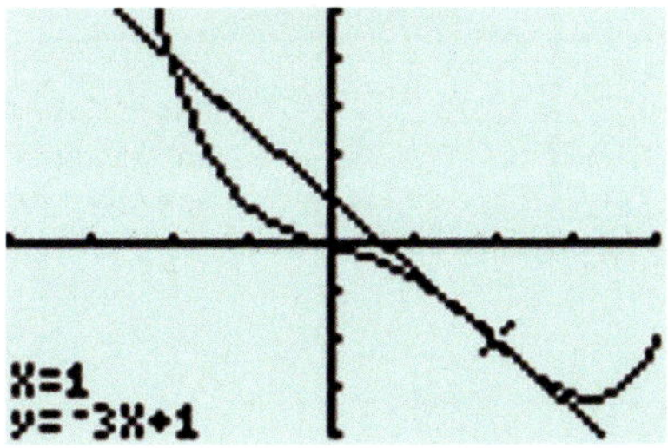

Fig. 4

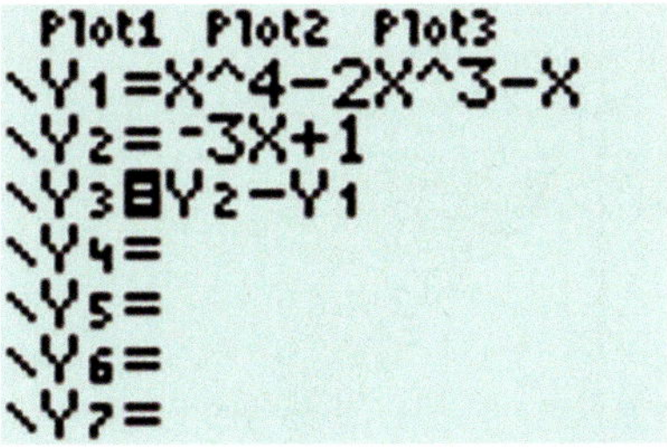

Fig. 5

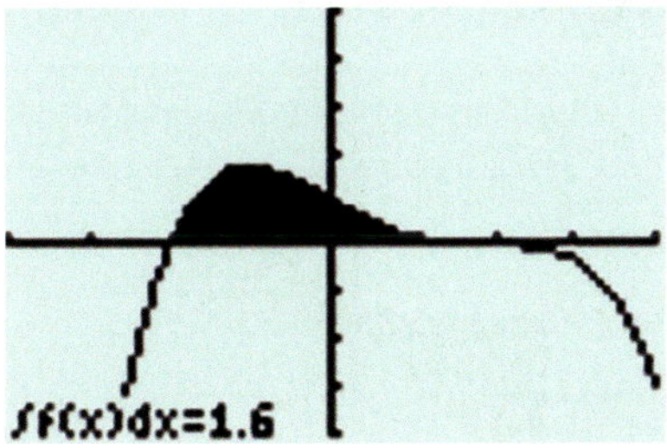

Fig. 6

7

a) $K(x) = 0{,}4x^3 - 4{,}2x^2 + 20x + c$ mit $K(2) = 48$ ergibt $c = 21{,}6$.
$K(x) = 0{,}4x^3 - 4{,}2x^2 + 20x + 21{,}6$.
Fixkosten: 21,6 GE.
b) $k_v(x) = 0{,}4x^2 - 4{,}2x + 20$ hat das Minimum bei $x_0 = 5{,}25$.
$K(5{,}25) = 68{,}7188$

Aufgaben zum Üben und Wiederholen, Seite 181

1

$f(x) = c \cdot e^{k \cdot x}$; $f(0) = 1$, d.h. $c \cdot e^0 = c = 1$;
$f(2) = 4$, d.h. $c \cdot e^{2k} = 4$ oder mit $c = 1$:
$e^{2k} = 4$, also $2k = \ln(4)$,
$2k = \ln(2^2)$; $2k = 2 \cdot \ln(2)$, also
$k = \ln(2) \approx 0{,}6931$
$f(x) = e^{\ln(2) \cdot x} = 2^x$
Graph in Fig. 7

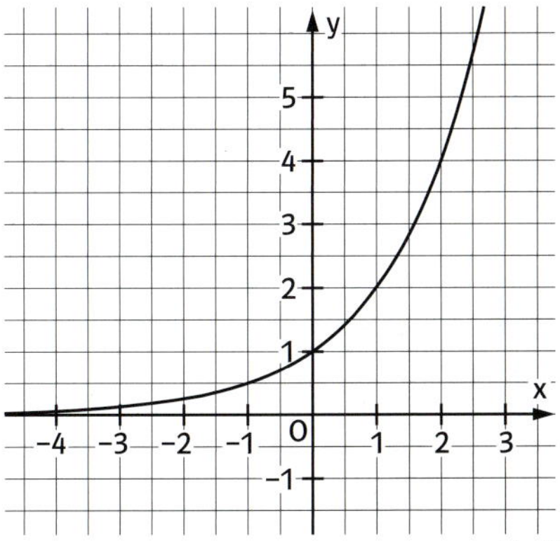

Fig. 7

2

a) $G(x) = 5000 \cdot 0{,}98^x$; $G(10) \approx 4085{,}36$
b) $5000 \cdot 0{,}98^x = 2500$, also $0{,}98^x = 0{,}5$.
$x = \frac{\ln(0{,}5)}{\ln(0{,}98)} \approx 34{,}31$.
c) $5000 \cdot 1{,}01^{10} \approx 5523{,}11$.

3

a) $x = \frac{1}{2}\ln(2{,}5) \approx 0{,}4581$.
b) $3x + 1 = \ln(2)$;
$x = \frac{1}{3} \cdot (\ln(2) - 1) \approx -0{,}1023$
c) $2e \cdot e^{0{,}2x-1} = 4e^2\ |:(2e)$; $e^{0{,}2x-1} = 2e$;
$0{,}2x - 1 = 1 + \ln(2)$;
$x = 5 \cdot \ln(2) + 10 \approx 13{,}4657$
d) $x = \frac{e}{2} \approx 1{,}3591$

4

a) $f(x) = e^{10x}$; $f'(x) = 10 \cdot e^{10x}$;
$f''(x) = 100 \cdot e^{10x}$; $F(x) = \frac{1}{10} \cdot e^{10x}$
b) $g(x) = 2e^{10x} + e^x$; $g'(x) = 20e^{10x} + e^x$;
$g''(x) = 200e^{10x} + e^x$; $G(x) = \frac{2}{10}e^{10x} + e^x$
c) $h(x) = e^{-0{,}5x} - x$; $h'(x) = -0{,}5e^{-0{,}5x} - 1$;
$h''(x) = 0{,}25e^{-0{,}5x}$; $H(x) = -2e^{-0{,}5x} - \frac{1}{2}x^2$
d) $f(t) = \frac{1}{4}e^{0{,}8t} + 3t^2$; $f'(t) = 0{,}2e^{0{,}8t} + 6t$;
$f''(t) = 0{,}16e^{0{,}8t} + 6$; $F(t) = 0{,}3125e^{0{,}8t} + t^3$

5

a) $\int_0^1 ke^x\,dx = 10$ ergibt $k \cdot (e - 1) = 10$,
also $k = \frac{10}{e - 1} \approx 5{,}8198$
b) $e^k - 1 = 3$, also $e^k = 4$;
$k = \ln(4) \approx 1{,}3863$
c) $\int_0^1 e^{x-k}\,dx = e - 1$ oder $\int_0^1 e^x \cdot e^{-k}\,dx = e - 1$
oder $e^{-k} \cdot \int_0^1 e^x\,dx = e - 1$, also
$e^{-k}(e - 1) = e - 1$; $e^{-k} = 1, k = 0$.
d) $\frac{e^k}{k} - \frac{1}{k} = \frac{4}{k}$, also $e^k - 1 = 4$ oder $e^k - 1 = 4$;
$k = \ln(5) \approx 1{,}6094$.

6

a)

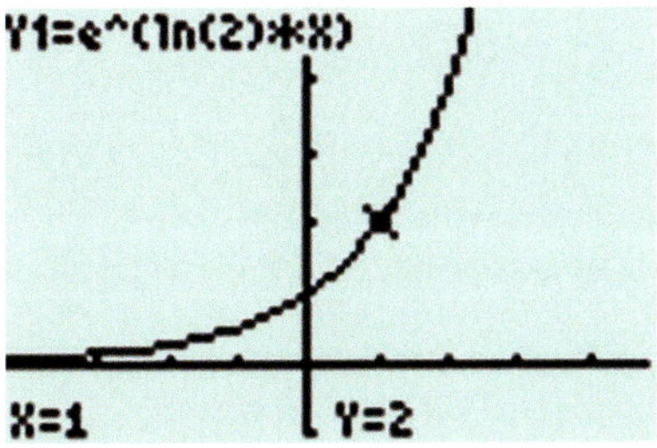

b) $f'(x) = \ln(2) \cdot e^{\ln(2) \cdot x}$; also
$f'(2) = \ln(2) \cdot e^{\ln(2) \cdot 2} = \ln(2) \cdot (e^{\ln(2)})^2 =$
$\ln(2) \cdot 2^2 = 4 \cdot \ln(2)$.

c) $f(2) = 4$; t: $y = 4 \cdot \ln(2) \cdot x - 8 \cdot \ln(2) + 4$ ($y = 2{,}7726 \cdot x - 1{,}5452$) (Fig. 1)
Schnittpunkt mit der x-Achse ($y = 0$):
$x = 2 - \frac{1}{\ln(2)} \approx 0{,}5573$.
d) Man bildet die Differenzfunktion $f(x) - t(x)$ und integriert von 0 bis 2:
Ergebnis: $A = 1{,}8733$.

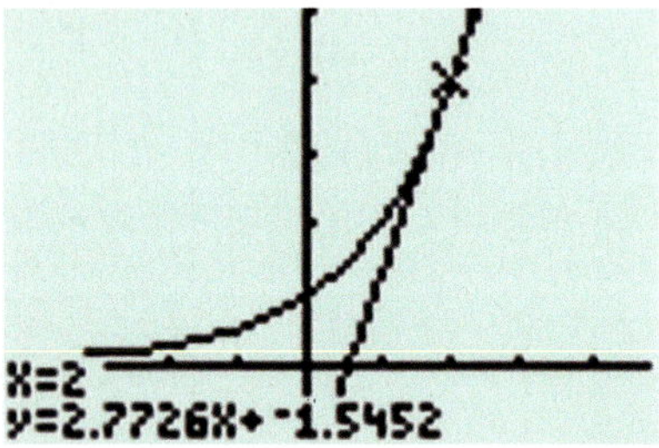

Fig. 1

7
$f(x) = e^x - 2x + 1$; Graph von Fig. 3 im Buch scheidet aus, da $f(0) = 2$ sein muss.
Da $f(1) = e - 1 \approx 1{,}718$ ist, scheidet Fig. 1 im Buch aus.
Kontrolle mit dem GTR in Fig. 2.

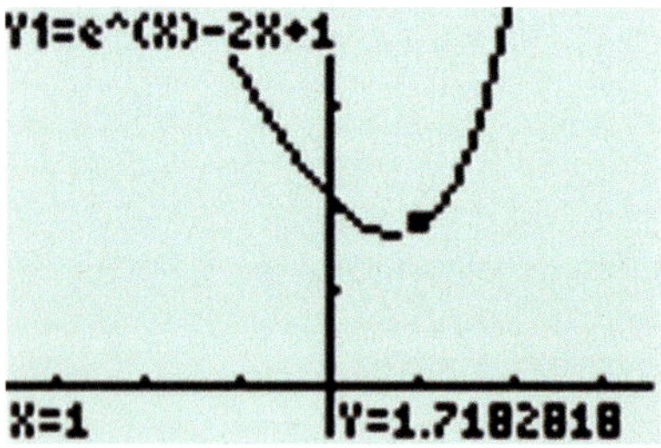

Fig. 2

8
a) $f(x) = 5000 \cdot 1{,}15^x = 5000 \cdot e^{\ln(1{,}15) \cdot x} = 5000 \cdot e^{0{,}13976x}$
b) $f(0{,}25) = 5000 \cdot 1{,}15^{0{,}25} \approx 5177{,}79 \approx 5180$;
$f(1{,}5) = 5000 \cdot 1{,}15^{1{,}5} \approx 6166{,}19 \approx 6170$

9
a) $f(24) = 4498 \cdot e^{0{,}2391 \cdot 24} \approx 1396931 \approx 1400000$; die Aussage ist richtig.
b) $4498 \cdot e^{0{,}2391 \cdot t} = 5$ ergibt $t \approx -28{,}45$, also waren es vor 28 Stunden 27 Minuten 5 infizierte Computer.
c) $\frac{f(t+1) - f(t)}{f(t)} = \frac{e^{0{,}2391 \cdot (t+1)} - e^{0{,}2391 \cdot t}}{e^{0{,}2391 \cdot t}} =$
$= \frac{e^{0{,}2391 \cdot t} \cdot e^{0{,}2391} - e^{0{,}2391 \cdot t}}{e^{0{,}2391 \cdot t}} = \frac{e^{0{,}2391} - 1}{1} \approx 0{,}27 = 27\%$;
stündliche Vermehrung 27%.

10
a) $f(0) = 84{,}4$. Dabei wird $f(x)$ in Millionen und das Jahr 1990 mit 0 angesetzt.
$f(x) = 84{,}4 \cdot e^{k \cdot x}$ mit
$f(10) = 84{,}4 \cdot e^{k \cdot 10} = 100{,}4$.
Daraus folgt
$k = \frac{1}{10} \cdot \ln\left(\frac{100{,}4}{84{,}4}\right) \approx 0{,}01736$.
$f(x) = 84{,}4 \cdot e^{0{,}01736x}$

b) $f(22) \approx 123{,}65$.
124 Millionen im Jahr 2012.
c) $84{,}4\,e^{0{,}01736x} = 150$ ergibt $x \approx 33{,}1$, d.h. etwa Mitte des Jahres 2023 wird die 150 Millionen-Grenze erreicht.

Aufgaben zum Üben und Wiederholen, Seite 201

1
a) $f(x) = 2{,}5\sin(x) + x$; $f'(x) = 2{,}5\cos(x) + 1$;
$f''(x) = -2{,}5\sin(x)$; $F(x) = -2{,}5\cos(x) + \frac{1}{2}x^2$
b) $f(x) = 2\cos\left(\frac{1}{2}x\right) - 1$; $f'(x) = -\sin\left(\frac{1}{2}x\right)$;
$f''(x) = -\frac{1}{2}\cos\left(\frac{1}{2}x\right)$; $F(x) = 4\sin\left(\frac{1}{2}x\right) - x$
c) $f(x) = \frac{1}{2}\sin(\pi x)$; $f'(x) = \frac{\pi}{2}\cos(\pi x)$;
$f''(x) = -\frac{\pi^2}{2}\sin(\pi x)$; $F(x) = -\frac{1}{2\pi}\cos(\pi x)$

2
a) Graph:

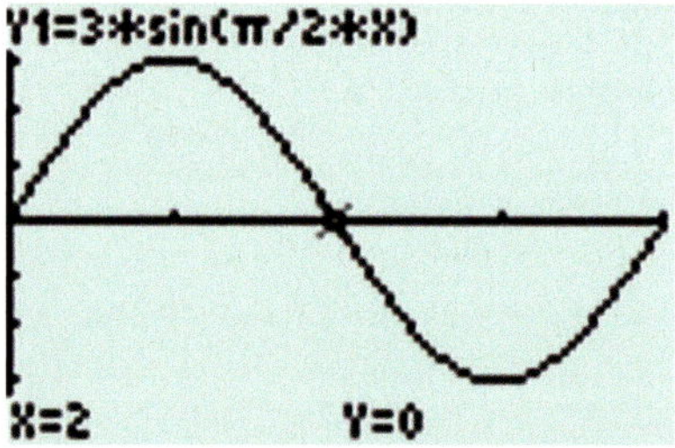

b) $f'(x) = \frac{3\pi}{2} \cdot \cos\left(\frac{\pi}{2}x\right)$; $f''(x) = -\frac{3\pi^2}{4} \cdot \sin\left(\frac{\pi}{2}x\right)$.
$f'(x) = 0$ ergibt $\cos\left(\frac{\pi}{2}x\right) = 0$, also $\frac{\pi}{2}x = \frac{\pi}{2}$, d.h. $x_0 = 1$.
Hochpunkt wegen $f''(1) < 0$. $f(1) = 3$, also $H(1|3)$. Gerade g: $y = 3x$.

c) $A = \int_0^1 \left(3\sin\left(\frac{\pi}{2}x\right) - 3x\right)dx =$
$= \left[-\frac{6}{\pi}\cos\left(\frac{\pi}{2}x\right) - \frac{3}{2}x^2\right]_0^1 = -\frac{3}{2} - \left(-\frac{6}{\pi}\right)$
$= \frac{6}{\pi} - \frac{3}{2} \approx 0{,}4099$.

3
a) Graph:

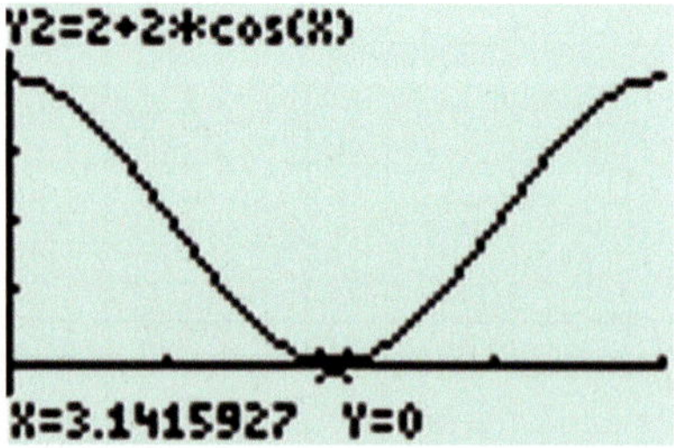

b) $f(x) = 2 + 2\cos(x)$; $f'(x) = -2\sin(x)$;
$f''(x) = -2\cos(x)$; $f'''(x) = 2\sin(x) = 0$
$f''(x) = 0$

für $x_1 = \frac{\pi}{2}$ und $x_2 = \frac{3\pi}{2}$.
$x_1 = \frac{\pi}{2}$: $f'''\left(\frac{\pi}{2}\right) = 2 \neq 0$, also $W_1\left(\frac{\pi}{2}\middle|2\right)$;
$f'\left(\frac{\pi}{2}\right) = -2$. Normale $y = \frac{1}{2}x - \frac{\pi}{4} + 2$
$x_2 = \frac{3\pi}{2}$: $f'''\left(\frac{3\pi}{2}\right) = 2 \neq 0$, also $W_2\left(\frac{3\pi}{2}\middle|2\right)$.
$f'\left(\frac{3\pi}{2}\right) = 2$.
Normale: $y = -\frac{1}{2}x + \frac{3\pi}{4} + 2$.
c) Schnittpunkt der Normalen:
$S\left(\pi\middle|\frac{\pi}{4} + 2\right)$ (Fig. 3)

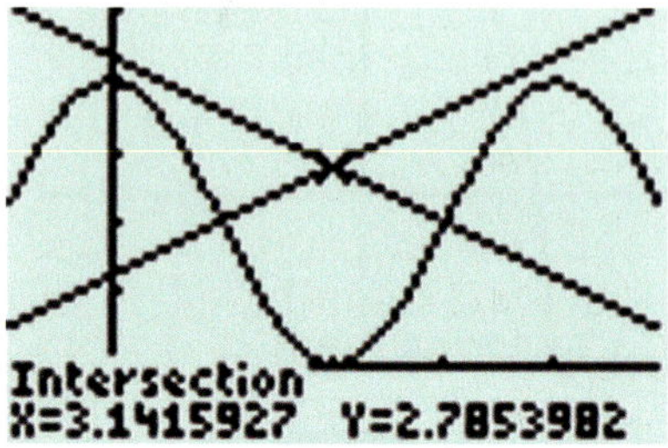

Fig. 3

4
a) $p(x) = ax^2 + bx + c$; $p'(x) = 2ax + b$.
$p(0) = f(0)$: $c = 0$
$p'(0) = f'(0)$: $b = 1$
$p(\pi) = f(\pi)$: $a\pi^2 + \pi = 0$; also $a = -\frac{1}{\pi}$
$p'(\pi) = f'(\pi)$: $2a\pi + 1 = -1$ ist erfüllt für $a = -\frac{1}{\pi}$
$p(x) = -\frac{1}{\pi} \cdot x^2 + x$ (Fig. 4)

b) $A = \int_0^{\pi} \left(\sin(x) - \left(-\frac{1}{\pi}x^2 + x\right)\right)dx$
$= \left[-\cos(x) + \frac{1}{3\pi}x^3 - \frac{1}{2}x^2\right]_0^{\pi} = 2 - \frac{\pi^2}{6} \approx 0{,}3551$.

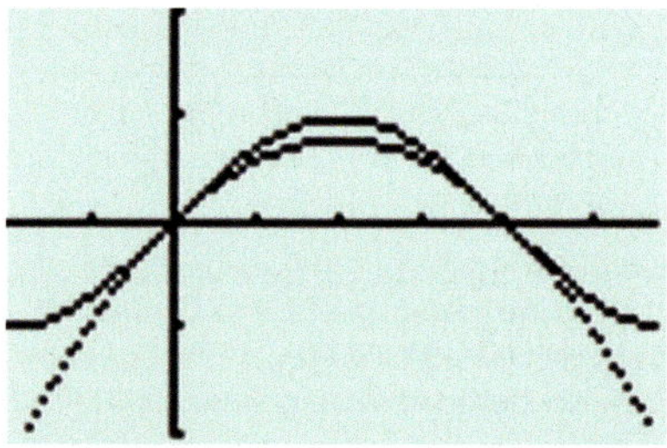
Fig. 4

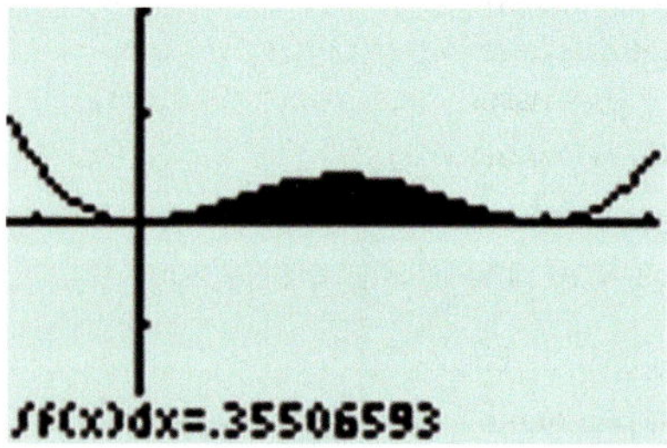

Fig. 5

5
a) $f(x) = \cos\left(\frac{\pi}{2}x\right) + 2$
b) $f(x) = 2\sin\left(\frac{\pi}{2}x\right)$
c) $f(x) = \sin(\pi x) + 1$

6

a) (1) nicht, da $f(3) = 1{,}5 \cdot \sin(3) + 1 \approx 1{,}2117 \neq 2{,}5$ ist;
(2) nicht, da $f(0) = 1{,}5 \neq 1$ ist;
(3) nicht, da $f(1) = 1{,}5 \cdot \sin\left(\frac{\pi}{2}\right) + 1 = 2{,}5 \neq -0{,}5$ ist;
(4) gehört zum Graphen.

b) $f(x) = -1{,}5 \cdot \sin\left(\frac{\pi}{2}x\right) + 1$;
$f'(x) = -\frac{3\pi}{4}\cos\left(\frac{\pi}{2}x\right)$; $f''(x) = \frac{3\pi^2}{8}\sin\left(\frac{\pi}{2}x\right)$;
$f'''(x) = \frac{3\pi^3}{16}\cos\left(\frac{\pi}{2}x\right)$; $W(0\,|\,1)$; $f'(0) = -\frac{3}{4}\pi$;
Tangente: $y = -\frac{3}{4}\pi \cdot x + 1$.

c) Lösung mit dem GTR: Nullstellen sind $x_1 \approx 0{,}46455905$; $x_2 \approx 1{,}5354409$; $x_3 \approx 4.464559$

$A_u = -\int_{x_1}^{x_2} f(x)\,dx \approx 0{,}35264$;

$A_o = \int_{x_2}^{x_3} f(x)\,dx \approx 4{,}35264$.

$\frac{A_o}{A_u} = \frac{4{,}35264}{0{,}35264} \approx 12{,}3430$.

7

a) Es ist $a = \frac{1+3}{2} = 2$ und $b = \frac{3-1}{2} = 1$.
Damit gilt $h(t) = 2 + \cos\left(\frac{\pi}{6} \cdot t\right)$.
Die Periode $p = \frac{2\pi}{\frac{\pi}{6}} = 12$

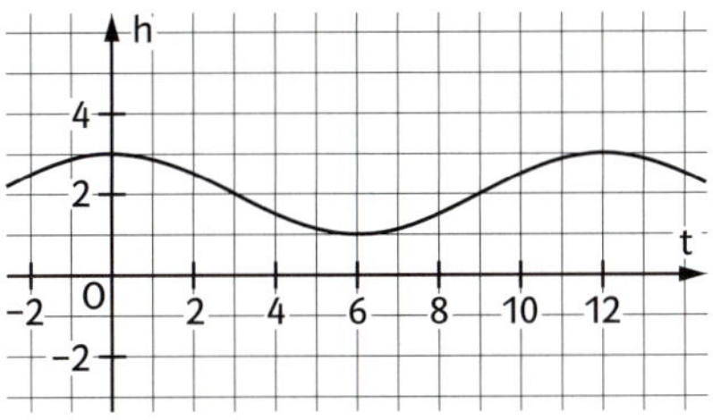

b) Gesucht $h(t) \leq 1{,}5$, also
$2 + \cos\left(\frac{\pi}{6} \cdot t\right) \leq 1{,}5$.
Dazu zeichnet man die Graphen der Funktionen $h(t)$ und $g(t) = 1{,}5$ und erhält die Schnittstellen $t_0 = 4$ und $t_1 = 8$. Damit liegt der Pegel 4 Stunden unter 1,5 m.

c) Das Wasser steigt maximal dort, wo die Steigung $h'(t) = -\sin\left(\frac{\pi}{6} \cdot t\right) \cdot \frac{\pi}{6}$ maximal ist, also an der Wendestelle bei $t_2 = 9$. Es ist dort $h'(9) = -\sin\left(\frac{\pi}{6} \cdot 9\right) \cdot \frac{\pi}{6} = \frac{\pi}{6} \approx 0{,}524$. Die zugehörige Einheit ist $\frac{m}{h}$.
Wir rechnen also um:
$0{,}524\,\frac{m}{h} = 0{,}524\,\frac{100\,cm}{60\,min} = \frac{5{,}24}{6}\,\frac{cm}{min} \approx 0{,}87\,\frac{cm}{min}$.
Der Pegel steigt maximal knapp 1 cm pro Minute.

Aufgaben zum Üben und Wiederholen, Seite 257

1

Baumdiagramm (Fig. 1)

a) $P(2\text{ Damen}) = \frac{2}{6} \cdot \frac{1}{5} = \frac{1}{15} \approx 0{,}0667 = 6{,}67\,\%$

b) $P(2\text{ Herren}) = \frac{4}{6} \cdot \frac{3}{5} = \frac{2}{5} = 0{,}4 = 40{,}00\,\%$

c) $P(\text{Dame und Herr}) = 2 \cdot \frac{2}{6} \cdot \frac{4}{5} = \frac{8}{15} \approx 0{,}5333 = 53{,}33\,\%$.

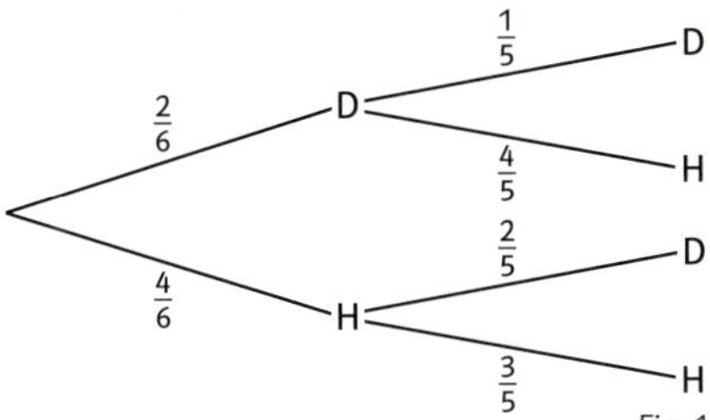

Fig. 1

2

a) $P(bbb) = \frac{5}{15} \cdot \frac{4}{14} \cdot \frac{3}{13} = \frac{2}{91} \approx 0{,}0220 = 2{,}20\,\%$

b) $P(rrr) = \frac{10}{15} \cdot \frac{9}{14} \cdot \frac{8}{13} = \frac{24}{91} \approx 0{,}2637 = 26{,}37\,\%$

c) Ein Weg ist rbb in Fig. 2 Zwei weitere Wege sind brb und bbr.
$P(1r;\,2b) = 3 \cdot \frac{10}{15} \cdot \frac{5}{14} \cdot \frac{4}{13} = \frac{20}{91} \approx 0{,}2198 \approx 21{,}98\,\%$

d) $P(\text{mindestens 2 rot}) = P(rrr) + P(2r;\,1b)$
$= \frac{24}{91} + 3 \cdot \frac{10}{15} \cdot \frac{9}{14} \cdot \frac{5}{13} = \frac{24}{91} + \frac{45}{91} = \frac{69}{91} \approx 0{,}7582 = 75{,}82\,\%$.

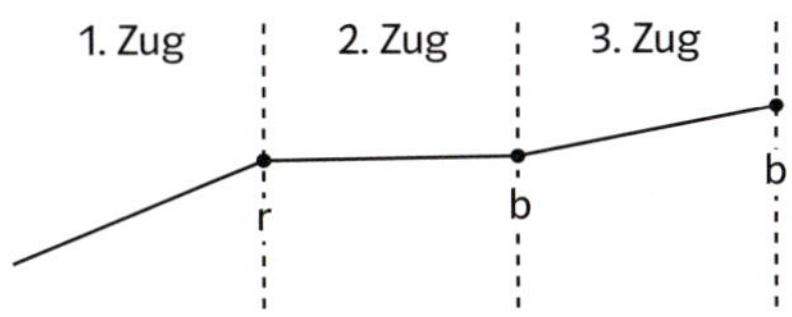

Fig. 2

3

a) $4! = 4 \cdot 3 \cdot 2 \cdot 1 = 24$ Möglichkeiten

b) $P(\text{Oleg wird Letzter}) = \frac{1}{4} = 0{,}25 = 25\,\%$

c) $P(\text{Katharina wird Zweite}) = \frac{1}{4} = 0{,}25 = 25\,\%$

d) $P(\text{Boris und Oleg vor Mädchen}) = \frac{1}{2} \cdot \frac{1}{3} = \frac{1}{6} \approx 0{,}1667 = 16{,}67\,\%$ (Fig. 3)

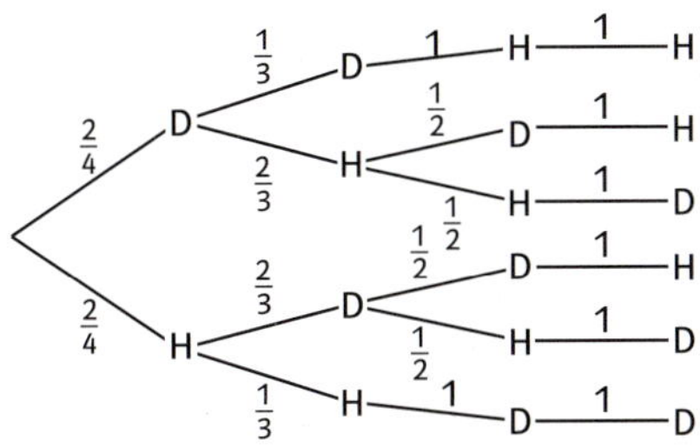

Fig. 3

4

a)

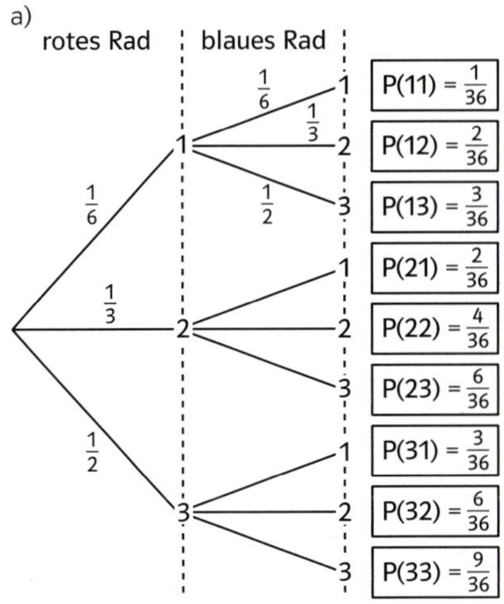

b) $P(A) = \frac{30}{26} = \frac{5}{6} \approx 0{,}8333 = 83{,}3\,\%$

$P(B) = \frac{1+3+6+3}{36} = \frac{13}{36} \approx 0{,}3611 = 36{,}11\,\%$

c)

x	5	1	0
P(X = x)	$\frac{1}{36}$	$\frac{5}{36}$	$\frac{30}{36}$

x Gewinn in € für Spieler.

d) Gewinn Y für Betreiber:

y	1	0	−4
P(Y = y)	$\frac{30}{36}$	$\frac{5}{36}$	$\frac{1}{36}$

y Gewinn in € für Betreiber
Erwartungswert (pro Spiel in €):
$1 \cdot \frac{30}{36} + 0 \cdot \frac{5}{36} - 4 \cdot \frac{1}{36} = \frac{26}{36} = \frac{13}{18} \approx 0{,}72222$.
Dies ergibt bei 1000 Spielen 722,22 €, also rund 720 €.

e) Statt $Y = -4$ wird $Y = k$, k unbekannt, gesetzt. Dann muss gelten:
$1 \cdot \frac{30}{36} + 0 \cdot \frac{5}{36} - k \cdot \frac{1}{36} = 0$ oder $k \cdot \frac{1}{36} = -\frac{30}{36}$,
d.h. $k = -30$.
Der Betreiber müsste 31 € bei 11 auszahlen.

f) (1) Es handelt sich um eine Binomialverteilung mit n = 4; mehr als 0 Treffern und der Trefferwahrscheinlichkeit $\frac{1}{36}$.
P(mindestens einmal 11) =
$1 - P(\text{keinmal } 11) = 1 - \left(\frac{35}{36}\right)^4 = 0{,}1066 = 10{,}66\,\%$.
Berechnung mit dem GTR in Fig. 4

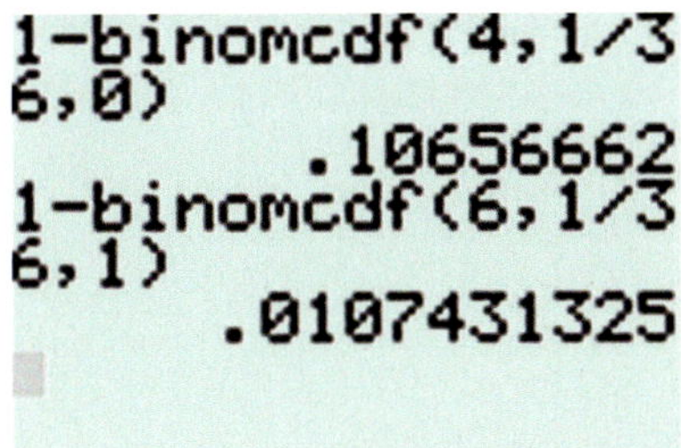

Fig. 4

(2) Es handelt sich um eine Binomialverteilung mit n = 6; mehr als 1 Treffer und der Trefferwahrscheinlichkeit $\frac{1}{36}$.

P(mehr als einmal 11) =

$= 1 - P(\text{keinmal } 11) - P(\text{einmal } 11)$

$= 1 - \binom{6}{0}\left(\frac{1}{36}\right)^0\left(\frac{35}{36}\right)^4 - \binom{6}{1}\cdot\left(\frac{1}{36}\right)\cdot\left(\frac{35}{36}\right)^5 \approx$

$0{,}0107 = 1{,}07\,\%$.

5

a) Treffer X = 1: Schraube unbrauchbar. Bernoulliverteilung mit n = 15; p = 0,03;

$k = 3$: $P(X = 3) = \binom{15}{3}\cdot 0{,}03^3\cdot 0{,}97^{12} \approx$

$0{,}0085238534 \approx 0{,}85\,\%$

Rechnung mit GTR in Fig. 1.

b) Treffer $X \leq 2$:

Bernoulliverteilung mit n = 10; p = 0,03;

k = 0, 1 und 2:

$P(X \leq 2) = \binom{10}{0}\cdot 0{,}03^0\cdot 0{,}97^{10}$

$+ \binom{10}{1}\cdot 0{,}03^1\cdot 0{,}97^9 + \binom{10}{2}\cdot 0{,}03^2\cdot 0{,}97^8$

$\approx 0{,}9972 \approx 99{,}72\,\%$

Fig. 1

6

a) X: Anzahl der Brillenträger. Gesucht: $P(X > 50)$.

1952: n = 85, p = 0,43. $P(X > 50) = 1 - P(X \leq 50) \approx 0{,}001187 \approx 0{,}12\,\%$.

1996: n = 85, p = 0,61. $P(X > 50) \approx 0{,}6207 \approx 62{,}1\,\%$ (Fig. 2).

b) Frauen 1996: n = 100; p = 0,65.

$P(X \leq 60) \approx 0{,}1724 = 17{,}24\,\%$

Fig. 2

Aufgaben zum Üben und Wiederholen, Seite 303

1

a) $\vec{a} + \vec{b} = \begin{pmatrix} 3-1 \\ 1+3 \end{pmatrix} = \begin{pmatrix} 2 \\ 4 \end{pmatrix}$;

$\vec{a} - \vec{b} = \begin{pmatrix} 3+1 \\ 1-3 \end{pmatrix} = \begin{pmatrix} 4 \\ -2 \end{pmatrix}$;

$\vec{a} + \vec{b} + \vec{c} = \begin{pmatrix} 3-1+4 \\ 1+3+1 \end{pmatrix} = \begin{pmatrix} 6 \\ 5 \end{pmatrix}$.

b) $\cos(\alpha) = \frac{\vec{a}\cdot\vec{b}}{|\vec{a}|\cdot|\vec{b}|} = \frac{3\cdot(-1)+1\cdot 3}{|\vec{a}|\cdot|\vec{b}|} = 0$,

also $\alpha = 90°$.

$\cos(\beta) = \frac{3\cdot 4 + 1\cdot 1}{\sqrt{10}\cdot\sqrt{17}} = \frac{13}{\sqrt{170}}$,

also $\beta \approx 4{,}3987° \approx 4{,}4°$.

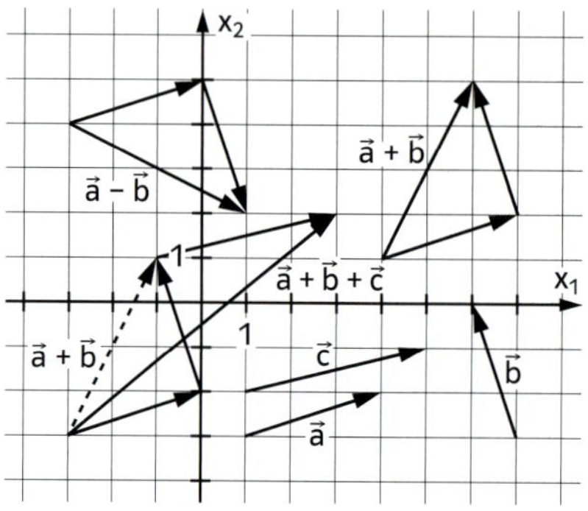

2

a) Fig. 3

b) $\overrightarrow{BA} = \begin{pmatrix} 2-(-2) \\ 2-0 \\ 2-3 \end{pmatrix} = \begin{pmatrix} 4 \\ 2 \\ -1 \end{pmatrix}$,

$\overrightarrow{BC} = \begin{pmatrix} 4-(-2) \\ 6-0 \\ 5-3 \end{pmatrix} = \begin{pmatrix} 6 \\ 6 \\ 2 \end{pmatrix}$,

$\cos(\varphi) = \frac{4\cdot 6 + 2\cdot 6 - 1\cdot 2}{\sqrt{16+4+1}\cdot\sqrt{36+36+4}} = \frac{34}{\sqrt{21\cdot 76}}$,

also $\varphi \approx 31{,}67°$.

c) A′(2|2|0), B′(−2|0|0), C′(4|6|0).

d) $\overrightarrow{B'A'} = \begin{pmatrix} 4 \\ 2 \\ 0 \end{pmatrix}$, $\overrightarrow{B'C'} = \begin{pmatrix} 6 \\ 6 \\ 0 \end{pmatrix}$.

$\cos(\varphi') = \frac{4\cdot 6 + 2\cdot 6 + 0\cdot 0}{\sqrt{16+4+0}\cdot\sqrt{36+36+0}} = \frac{36}{\sqrt{20\cdot 72}}$,

also $\varphi' \approx 18{,}43°$.

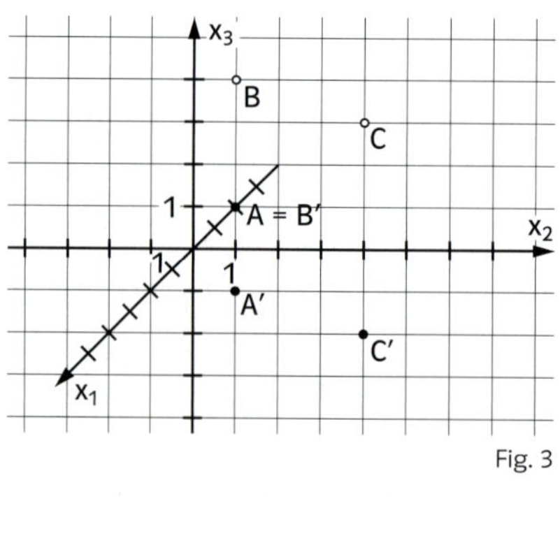

Fig. 3

3

a) Spurpunkt in x_2x_3-Ebene: $-2 + s = 0$, also s = 2 ergibt $S_{23}(0|8|8)$;

Spurpunkt in x_1x_3-Ebene: $4 + 2s = 0$, also s = −2 ergibt $S_{13}(-4|0|-12)$;

Spurpunkt in x_1x_2-Ebene: $-2 + 5s = 0$, also s = 0,4 ergibt $S_{12}(-1{,}6|4{,}8|0)$.

b) S liegt auf h, da $\overrightarrow{OS}$ sogar Stützvektor von h ist.

S liegt auf g, da $\begin{pmatrix} 1 \\ 10 \\ 13 \end{pmatrix} = \begin{pmatrix} -2 \\ 4 \\ -2 \end{pmatrix} + s\cdot\begin{pmatrix} 1 \\ 2 \\ 5 \end{pmatrix}$ die Gleichungen ergibt: $\begin{matrix} 1 = -2 + s \\ 10 = 4 + 2s. \\ 13 = -2 + 5s \end{matrix}$

Für s = 3 sind alle 3 Gleichungen erfüllt. Damit liegt S auch auf g. S ist damit Schnittpunkt von g und h.

c) $\cos(\varphi) = \frac{1\cdot 1 + 2\cdot 2 + 5\cdot(-1)}{\sqrt{1+4+25}\cdot\sqrt{1+4+1}} = \frac{0}{\sqrt{30\cdot 6}} = 0$,

also $\varphi = 90°$.

4

a) $|\overrightarrow{AB}| = \sqrt{(4-2)^2 + (8-2)^2 + (6-4)^2} = \sqrt{4+36+4} = \sqrt{44} = 2\sqrt{11} \approx 6{,}633$.

b) $\overrightarrow{OM} = \overrightarrow{OA} + \frac{1}{2}\overrightarrow{AB}$

$= \begin{pmatrix} 2 \\ 2 \\ 4 \end{pmatrix} + \frac{1}{2}\cdot\begin{pmatrix} 2 \\ 6 \\ 2 \end{pmatrix} = \begin{pmatrix} 2 \\ 2 \\ 4 \end{pmatrix} + \begin{pmatrix} 1 \\ 3 \\ 1 \end{pmatrix} = \begin{pmatrix} 3 \\ 5 \\ 5 \end{pmatrix}$;

also M(3|5|5).

c) $\overrightarrow{OT_1} = \overrightarrow{OA} + \frac{1}{3}\overrightarrow{AB} =$

$= \begin{pmatrix} 2 \\ 2 \\ 4 \end{pmatrix} + \frac{1}{3}\cdot\begin{pmatrix} 2 \\ 6 \\ 2 \end{pmatrix} = \begin{pmatrix} 2 \\ 2 \\ 4 \end{pmatrix} + \begin{pmatrix} \frac{2}{3} \\ 2 \\ \frac{2}{3} \end{pmatrix} = \begin{pmatrix} \frac{8}{3} \\ 4 \\ \frac{14}{3} \end{pmatrix}$; $T_1\left(\frac{8}{3}\middle|4\middle|\frac{14}{3}\right)$

$\overrightarrow{OT_2} = \overrightarrow{OA} + \frac{2}{3}\overrightarrow{AB} =$

$= \begin{pmatrix} 2 \\ 2 \\ 2 \end{pmatrix} + \frac{2}{3}\cdot\begin{pmatrix} 2 \\ 6 \\ 2 \end{pmatrix} = \begin{pmatrix} 2 \\ 2 \\ 4 \end{pmatrix} + \begin{pmatrix} \frac{4}{3} \\ 4 \\ \frac{4}{3} \end{pmatrix} = \begin{pmatrix} \frac{10}{3} \\ 6 \\ \frac{16}{3} \end{pmatrix}$; $T_2\left(\frac{10}{3}\middle|6\middle|\frac{16}{3}\right)$

5

a) Die Punkte liegen auf einer zur x_1x_2-Ebene parallelen Ebene 3 Einheiten über dieser.

b) Fig. 1

c) $\overrightarrow{AB} = \begin{pmatrix} 2 \\ -3 \\ 0 \end{pmatrix}$, $\overrightarrow{BC} = \begin{pmatrix} 4 \\ 2 \\ 0 \end{pmatrix}$; $\overrightarrow{AC} = \begin{pmatrix} 6 \\ -1 \\ 0 \end{pmatrix}$.

$|\overrightarrow{AB}| = \sqrt{4+9+0} = \sqrt{13}$;

$|\overrightarrow{BC}| = \sqrt{16+4+0} = \sqrt{20}$;

$|\overrightarrow{AC}| = \sqrt{36+1+0} = \sqrt{37}$.

Umfang $U = \sqrt{13} + \sqrt{20} + \sqrt{37} \approx 14{,}16$.

d) $\cos(\alpha) = \frac{\overrightarrow{AB}\cdot\overrightarrow{AC}}{|\overrightarrow{AB}|\cdot|\overrightarrow{AC}|} = \frac{2\cdot 6 + (-3)\cdot(-1) + 0}{\sqrt{13}\cdot\sqrt{37}}$

$= \frac{15}{\sqrt{13\cdot 37}}$, also $\alpha \approx 46{,}85°$.

$\cos(\beta) = \frac{\overrightarrow{BA}\cdot\overrightarrow{BC}}{|\overrightarrow{BA}|\cdot|\overrightarrow{BC}|} = \frac{-2\cdot 4 + 3\cdot 2 + 0}{\sqrt{13}\cdot\sqrt{20}}$

$= \frac{-2}{\sqrt{13\cdot 20}}$, also $\beta \approx 97{,}13°$.

$\cos(\gamma) = \frac{\overrightarrow{CA}\cdot\overrightarrow{CB}}{|\overrightarrow{CA}|\cdot|\overrightarrow{CB}|} = \frac{-6\cdot(-4) + 1\cdot(-2) + 0}{\sqrt{37}\cdot\sqrt{20}}$

$= \frac{22}{\sqrt{37\cdot 20}}$, also $\gamma \approx 36{,}03°$.

Einfacher: Wegen $\alpha + \beta + \gamma = 180°$ ist $\gamma = 180° - 46{,}85° - 97{,}13° = 36{,}02°$.

e) Das Dreieck ABC ist Grundfläche der Pyramide.
Flächeninhalt des Dreiecks:

$A = \frac{1}{2}\cdot|\overrightarrow{AB}|\cdot|\overrightarrow{AC}|\cdot\sin(\alpha)$

$= \frac{1}{2}\cdot\sqrt{13}\cdot\sqrt{37}\cdot\sin(46{,}85°) \approx 8{,}00$.

Da die Höhe der Pyramide 4 ist, gilt für den Rauminhalt der Pyramide:

$V = \frac{1}{3}\cdot 8\cdot 4 = \frac{32}{3} \approx 10{,}67$

f) Man wählt den Punkt auf der x_3-Achse, der 4 Einheiten oberhalb der Ebene liegt, in der sich das Dreieck befindet, also den Punkt $S^*(0|0|7)$.

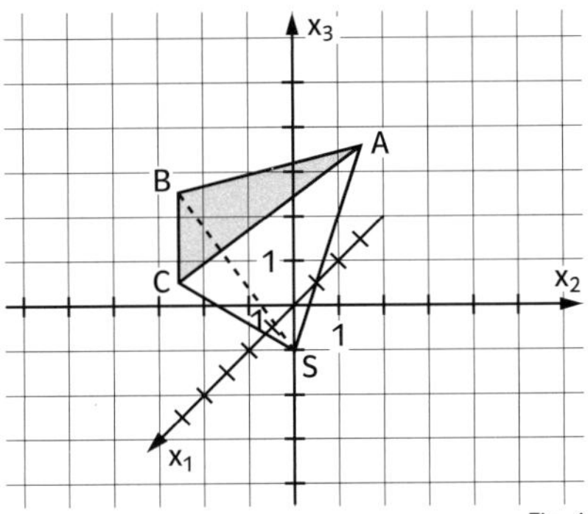

Fig. 1

6

a) Man zeichnet einen Vektor in x_2-Richtung, der die halbe Länge des Vektors $\overline{OP}$ hat (Fig. 2). Der gestrichelte Vektor gibt die Richtung an, in die der Vogel mit seiner Eigengeschwindigkeit fliegen muss.

b) Darstellung in Koordinaten:
Geschwindigkeiten in $\frac{m}{s}$:

$\vec{v}_{Wind} = \begin{pmatrix} 0 \\ 5 \end{pmatrix}$; $\vec{v}_{Flug} = \begin{pmatrix} k\cdot 4 \\ k\cdot 3 \end{pmatrix}$ mit $k > 0$.

Da $|\vec{v}_{Flug}| = 10$ ist, gilt:

$\sqrt{(k\cdot 4)^2 + (k\cdot 3)^2} = 10$;

daraus folgt $5\cdot k = 10$, also $k = 2$.

Damit ist $\vec{v}_{Flug} = \begin{pmatrix} 2\cdot 4 \\ 2\cdot 3 \end{pmatrix} = \begin{pmatrix} 8 \\ 6 \end{pmatrix}$.

Aus $\vec{v}_{Eigen} + \vec{v}_{Wind} = \vec{v}_{Flug}$ folgt $\vec{v}_{Eigen} = \vec{v}_{Flug} - \vec{v}_{Wind}$, also

$\vec{v}_{Eigen} = \begin{pmatrix} 8 \\ 6 \end{pmatrix} - \begin{pmatrix} 0 \\ 5 \end{pmatrix} = \begin{pmatrix} 8 \\ 1 \end{pmatrix}$ (Fig. 2).

Eigengeschwindigkeit (in $\frac{m}{s}$) ist

$|\vec{v}_{Eigen}| = \sqrt{8^2 + 1^2} = \sqrt{65} \approx 8{,}06226 \approx 8{,}1$.

Frage auf dem Rand:
Entfernung $\overline{OP}$ in Metern:

$|\overline{OP}| = \sqrt{400^2 + 300^2} = 500$.

Benötigte Zeit mit Wind:

$t_W = \frac{\overline{OP}}{|\vec{v}_{Flug}|} = \frac{500\,m}{10\,\frac{m}{s}} = 50\,s$

Benötigte Zeit ohne Wind:

$t_o = \frac{\overline{OP}}{|\vec{v}_{Eigen}|} = \frac{500\,m}{8{,}1\,\frac{m}{s}} \approx 61{,}728 \approx 62\,s$.

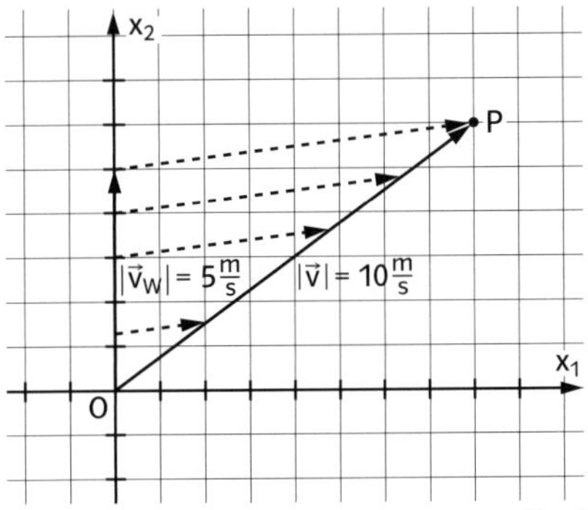

Fig. 2

Aufgaben zum Üben und Wiederholen, Seite 347

1

a) $L = \{(3; 4)\}$ b) $L = \{(2; 3; 1)\}$

c) $L = \{\ \}$ (unlösbar)

2

a) $L = \{(1; -2; 3)\}$

```
[[6  7  -4  -20]
 [3  -8  2   25 ]
 [1  2   2   3  ]]
rref([A])
 [[1  0  0  1 ]
  [0  1  0  -2]
  [0  0  1  3 ]]
```

b) $L = \{(4 - 3t; -3 + 4t; t)\}$
Es soll sein: $-3 + 4t = 1$, also $t = 1$.
Der Lösungsvektor ist dann
$(4 - 3\cdot 1; 1; 1) = (1; 1; 1)$

```
[[2  3  -6  -1]
 [1  2  -5  -2]
 [1  1  -1  1 ]]
rref([A])
 [[1  0  3   4 ]
  [0  1  -4  -3]
  [0  0  0   0 ]]
```

c) $L = \{(4; -5)\}$
(die 3. Gleichung ist erfüllt)

```
[[6   3   9 ]
 [1   -2  14]
 [-1  1   -9]]
rref([A])
 [[1  0  4 ]
  [0  1  -5]
  [0  0  0 ]]
```

3

a) $A\cdot\vec{d} = \begin{pmatrix} 11 \\ 15 \\ 10 \end{pmatrix}$ b) $A\cdot B = \begin{pmatrix} 8 & 6 \\ 10 & 10 \\ 10 & 12 \end{pmatrix}$

c) $B\cdot A$ nicht möglich

d) $B\cdot C = \begin{pmatrix} 1 & 11 & 21 \\ 3 & 9 & 15 \\ 1 & 7 & 13 \end{pmatrix}$ e) $C\cdot B = \begin{pmatrix} 8 & 10 \\ 14 & 15 \end{pmatrix}$

f) $\vec{e}^{\,T}\cdot C = (2\ \ 12\ \ 22)$

g) $B\cdot\vec{d}$ nicht möglich

h) $B\cdot\vec{e}^{\,T}$ nicht möglich

i) $A^2 = \begin{pmatrix} 6 & 9 & 7 \\ 9 & 14 & 11 \\ 17 & 11 & 14 \end{pmatrix}$ j) B^2 nicht möglich

k) $A^{-1} = \begin{pmatrix} \frac{7}{4} & -\frac{5}{4} & \frac{1}{4} \\ -\frac{5}{4} & \frac{3}{4} & \frac{1}{4} \\ \frac{1}{4} & \frac{1}{4} & -\frac{1}{4} \end{pmatrix}$ l) C^{-1} nicht möglich

4

a) $A + O\cdot B = B - X$; $A = B - X \quad | + X$;
$A + X = B$; $X = B - A$.
Für die Matrizen am Rand:

```
[B]-[A]
 [[0   1  0]
  [-1  0  0]
  [2   0  0]]
```

b) $E - A = X - X\cdot A$; $E - A = X\cdot E - X\cdot A$;
$E - A = X\cdot(E - A)$, also $X = E$.

c) $X \cdot (A - E) = B$; $X = B \cdot (A - E)^{-1}$, sofern die inverse Matrix zu $A - E$ existiert.
Für die Matrizen am Rand:

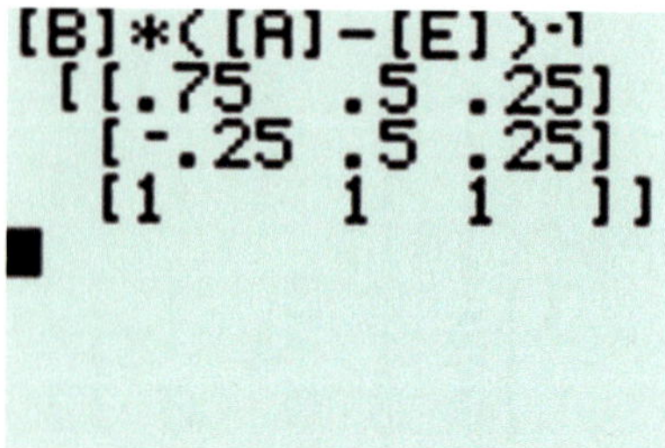

d) $(E - A) \cdot X = E$; $X = (E - A)^{-1} \cdot E$;
$X = (E - A)^{-1}$, sofern die inverse Matrix zu $E - A$ existiert.
Für die Matrizen am Rand:

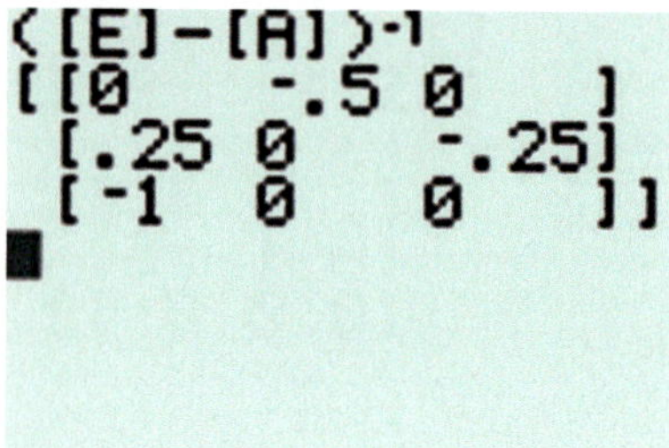

5

a) $A_{RE} = \begin{pmatrix} 0 & 1 & 0 \\ 1 & 0 & 1 \\ 1 & 2 & 0 \\ 1 & 1 & 2 \end{pmatrix} \cdot \begin{pmatrix} 1 & 2 & 2 \\ 2 & 3 & 3 \\ 0 & 2 & 1 \end{pmatrix} = \begin{pmatrix} 2 & 3 & 3 \\ 1 & 4 & 3 \\ 5 & 8 & 8 \\ 3 & 9 & 7 \end{pmatrix}$

	F_1	F_2	F_3
G_1	2	3	3
G_2	1	4	3
G_3	5	8	8
G_4	3	8	7

b) Anzahl der benötigten Zwischenprodukte:

$A_{ZE} \cdot \vec{p}_E = \begin{pmatrix} 1 & 2 & 2 \\ 2 & 3 & 3 \\ 0 & 2 & 1 \end{pmatrix} \cdot \begin{pmatrix} 30 \\ 40 \\ 20 \end{pmatrix} = \begin{pmatrix} 150 \\ 240 \\ 100 \end{pmatrix}$

	Auftrag
M_1	150
M_2	240
M_3	100

$A_{RE} \cdot \vec{p}_E = \begin{pmatrix} 2 & 3 & 3 \\ 1 & 4 & 3 \\ 5 & 8 & 8 \\ 3 & 9 & 7 \end{pmatrix} \cdot \begin{pmatrix} 30 \\ 40 \\ 20 \end{pmatrix} = \begin{pmatrix} 240 \\ 250 \\ 630 \\ 590 \end{pmatrix}$

	Auftrag
G_1	240
G_2	250
G_3	630
G_4	590

c) Rohstoffkosten je Endprodukt in €:

$\vec{k}_R^{\,T} \cdot A_{RE} = (2 \;\; 0{,}5 \;\; 1 \;\; 0{,}1) \cdot \begin{pmatrix} 2 & 3 & 3 \\ 1 & 4 & 3 \\ 5 & 8 & 8 \\ 3 & 9 & 7 \end{pmatrix}$
$= (9{,}8 \;\; 16{,}9 \;\; 16{,}2)$

	F_1	F_2	F_3
Kosten in €	9,8	16,9	16,2

d) Gesamte Rohstoffkosten in €:

$K = \vec{k}_R^{\,T} \cdot \vec{p}_E = (9{,}6 \;\; 16{,}9 \;\; 16{,}2) \cdot \begin{pmatrix} 30 \\ 40 \\ 30 \end{pmatrix} = 1294.$

6

a) $y_1 = 100 - 16 - 24 - 24 = 36$;
$x_{22} = 120 - 8 - 48 - 40 = 24$;
$x_{31} = 240 - 190 - 12 - 30 = 8$

Technologiematrix $A = \begin{pmatrix} \frac{16}{100} & \frac{24}{120} & \frac{24}{240} \\ \frac{8}{100} & \frac{24}{120} & \frac{48}{240} \\ \frac{8}{100} & \frac{30}{120} & \frac{12}{240} \end{pmatrix} = \begin{pmatrix} 0{,}16 & 0{,}2 & 0{,}1 \\ 0{,}08 & 0{,}2 & 0{,}2 \\ 0{,}08 & 0{,}25 & 0{,}05 \end{pmatrix}.$

b) Neuer Produktionsvektor: $\vec{x}_N = \begin{pmatrix} 110 \\ 132 \\ 264 \end{pmatrix}.$

Neuer Marktvektor:
$(E - A) \cdot \vec{x}_N =$

$\left(\begin{pmatrix} 1 & 0 & 0 \\ 0 & 1 & 0 \\ 0 & 0 & 1 \end{pmatrix} - \begin{pmatrix} 0{,}16 & 0{,}2 & 0{,}1 \\ 0{,}08 & 0{,}2 & 0{,}2 \\ 0{,}08 & 0{,}25 & 0{,}05 \end{pmatrix} \right) \cdot \begin{pmatrix} 110 \\ 132 \\ 264 \end{pmatrix} = \begin{pmatrix} 39{,}9 \\ 44 \\ 209 \end{pmatrix}$

Damit erhöht sich der Konsumvektor ebenfalls um 10 %.

c) Neuer Konsumvektor $\vec{y} = \begin{pmatrix} y_1 \\ 76 \\ 232 \end{pmatrix}$;

neuer Produktionsvektor $\vec{x} = \begin{pmatrix} 100 \\ x_2 \\ x_3 \end{pmatrix}$.
$(E - A) \cdot \vec{x} = \vec{y}$ ergibt:

$\begin{pmatrix} 0{,}84 & -0{,}2 & -0{,}1 \\ -0{,}08 & 0{,}8 & -0{,}2 \\ -0{,}08 & -0{,}25 & 0{,}95 \end{pmatrix} \cdot \begin{pmatrix} 100 \\ x_2 \\ x_3 \end{pmatrix} = \begin{pmatrix} y_1 \\ 76 \\ 232 \end{pmatrix}$, also

$84 - 0{,}2x_2 - 0{,}1x_3 = y_1$
$-8 + 0{,}8x_2 - 0{,}2x_3 = 76$ oder
$-8 - 0{,}25x_2 + 0{,}95x_3 = 232$

$0{,}2x_2 + 0{,}1x_3 + y_1 = 84$
$0{,}8x_2 - 0{,}2x_3 = 84$.
$-0{,}25x_2 + 0{,}95x_3 = 240$

Lösung mit dem GTR:

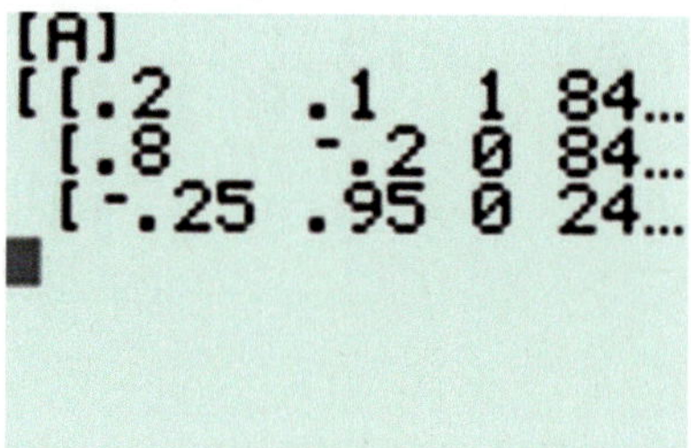

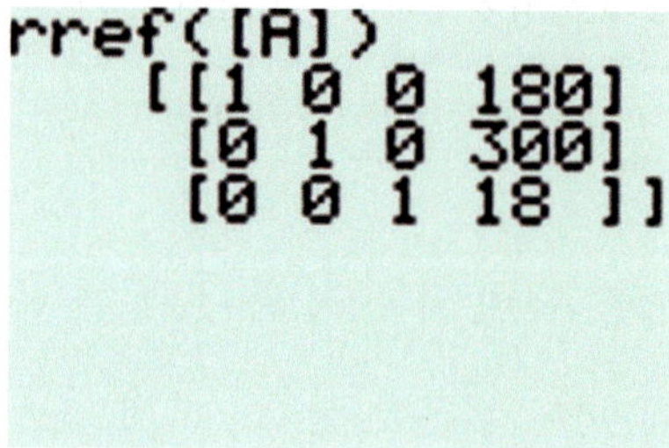

Es ist damit $x_2 = 180$, d.h. Betrieb 2 muss seine Produktion auf 180 ME erhöhen.
$x_3 = 300$ bedeutet, dass Betrieb 3 seine Produktion auf 300 ME erhöhen muss.
$y_1 = 18$ bedeutet, dass Betrieb 1 nur noch 18 ME an den Markt abgeben kann.
Zugehörige Input-Output-Tabelle:

	B1	B2	B3	Y	X
B1	100 · 0,16 = 16	180 · 0,2 = 36	300 · 0,1 = 30	18	100
B2	100 · 0,08 = 8	180 · 0,2 = 36	300 · 0,2 = 60	76	180
B3	100 · 0,08 = 8	180 · 0,25 = 45	300 · 0,05 = 15	232	300

Lösungen der Fundus-Aufgaben

1 Mengen – Zahlen – Intervalle (Seite 349)

1

	$\mathbb{N}$	$\mathbb{Z}$	$\mathbb{Q}$	$\mathbb{R}$
-12	$\notin$	$\in$	$\in$	$\in$
$0,3 = \frac{3}{10}$	$\notin$	$\notin$	$\in$	$\in$
$\frac{15}{5} = 3$	$\in$	$\in$	$\in$	$\in$
$\sqrt{3}$	$\notin$	$\notin$	$\notin$	$\in$
$-\frac{27}{3} = -9$	$\notin$	$\in$	$\in$	$\in$
$23\frac{1}{5} = \frac{116}{5}$	$\notin$	$\notin$	$\in$	$\in$
$\frac{2}{3}\pi$	$\notin$	$\notin$	$\notin$	$\in$
$0,001 = \frac{1}{1000}$	$\notin$	$\notin$	$\in$	$\in$

2

a) $[-3,6; -0,2]$ b) $\left[\frac{1}{2}; \frac{3}{4}\right]$

c) $[-100; 1000[$ d) $]4; 4\frac{1}{10}[$

2 Elementares Rechnen (Seite 352)

1

a) $14 \cdot 5 + 99 : 3 = 70 + 33 = 103$

b) $(512 : 4) \cdot 2 - 56 = 128 \cdot 2 - 56 = 256 - 56 = 200$

c) $(67 + 43) + (67 - 43) = 110 + 24 = 134$

2

a) $2,1 + 4,3 - 2,1 = 2,1 - 2,1 + 4,3 = 4,3$

b) $(2,7 + 4,3 \cdot 2) : 0,1 = (2,7 + 8,6) : 0,1 = 11,3 : 0,1 = 113$

c) $2,1 \cdot 6 - 0,5 \cdot 3 = 12,6 - 1,5 = 11,1$

d) $(2,7 + 4,3) \cdot 2 - 5 = 7 \cdot 2 - 5 = 14 - 5 = 9$

e) $-6,45 + 1,3 + 5,45 = -6,45 + 5,45 + 1,3 = -1 + 1,3 = 0,3$

f) $345 \cdot 2 - 45 = 690 - 45 = 645$

g) $560 : 8 - 8 : 1 = 70 - 8 = 62$

h) $560 - 560 : 10 = 560 - 56 = 504$

3

a) $4 - 4 \cdot 2^3 = 4 - 4 \cdot 8 = 4 - 32 = -28$

b) $4 - (4 \cdot 2)^3 = 4 - 8^3 = 4 - 512 = -508$

c) $(4 - 4) \cdot 2^3 = 0 \cdot 2^3 = 0$

d) $4 - 4 \cdot (-2)^3 = 4 - 4 \cdot (-8) = 4 + 32 = 36$

e) $4 - 4 \cdot 2 \cdot 3 = 4 - 24 = -20$

f) $4 - 4 \cdot 2 : 3 = 4 - 8 : 3 = 4 - \frac{8}{3} = \frac{12}{3} - \frac{8}{3} = \frac{4}{3}$

g) $4 - 4 : 2 : 3 = 4 - 2 : 3 = 4 - \frac{2}{3} = \frac{12}{3} - \frac{2}{3} = \frac{10}{3} = 3\frac{1}{3}$

f) $4 - 4 : 2 \cdot 3 = 4 - 2 \cdot 3 = 4 - 6 = -2$

4

a) $15,6 - 13 \cdot 4,2 = -39$

b) $15,6 : 4 - 1,5 \cdot 6 = -5,1$

c) $\frac{-213 + 729}{96} = 5,375$

d) $\frac{96}{456 - 432} = 4$

e) $-1,34^4 + 1,34 \cdot 4 = 2,13582064$

f) $(-1,34)^5 - 1,34^4 = -7,544579702$

g) $\frac{34,07 \cdot 12,1 - 12,01}{400,147} + 9 = 10,00022492$

h) $5 + \frac{679}{10} : 16,975 - \frac{5}{100} = 8,95$

5

a) $0,1 = \frac{1}{10}$; $0,001 = \frac{1}{1000}$; $0,01 = \frac{1}{100}$;

b) $9,054 = \frac{9054}{1000} = \frac{4527}{500}$; $905,4 = \frac{9054}{10} = \frac{4527}{5}$

c) $40,2 = \frac{402}{10} = \frac{201}{5}$; $4,02 = \frac{402}{100} = \frac{201}{50}$;

$0,402 = \frac{402}{1000} = \frac{201}{500}$

d) $0,124 = \frac{124}{1000} = \frac{31}{250}$; $124,0 = \frac{124}{1}$;

$1,240 = \frac{124}{100} = \frac{31}{25}$

6

a) $\frac{3}{4} = 0,75$; $\frac{30}{4} = 7,5$; $\frac{3}{40} = 0,075$; $\frac{300}{4} = 75$

b) $\frac{1}{8} = 0,125$; $\frac{2}{8} = 0,25$; $\frac{3}{8} = 0,375$; $\frac{4}{8} = 0,5$;

$\frac{5}{8} = 0,625$

c) $\frac{1}{10} = 0,1$; $\frac{10}{100} = 0,1$; $\frac{10}{1000} = 0,01$; $\frac{10}{10} = 1$

d) $\frac{1}{2} = 0,5$; $\frac{1}{3} = 0,3333\ldots = 0,\overline{3}$; $\frac{1}{4} = 0,25$;

$\frac{1}{5} = 0,2$; $\frac{1}{6} = 0,16666\ldots = 0,1\overline{6}$

7

a) $\frac{3}{9} = \frac{1}{3}$; $\frac{12}{36} = \frac{1}{3}$; $\frac{16}{48} = \frac{4}{12} = \frac{1}{3}$; $\frac{40}{120} = \frac{4}{12} = \frac{1}{3}$

b) $\frac{2x}{4} = \frac{x}{2}$; $\frac{5y}{15x} = \frac{y}{3x}$; $\frac{3xy}{6x} = \frac{y}{2}$; $\frac{6ab}{ab} = 6$

c) $\frac{abc}{c} = \frac{ab}{1} = ab$; $\frac{abc}{bc} = \frac{a}{1} = a$; $\frac{abc}{ac} = \frac{b}{1} = b$

d) $\frac{6axy}{30xy} = \frac{a}{5}$; $\frac{30rst}{56st} = \frac{15r}{28}$; $\frac{2xc}{20y} = \frac{xc}{10y}$

8

a) $\frac{3}{4} + \frac{11}{4} = \frac{14}{4} = \frac{7}{2}$; $\frac{7}{2} - \frac{13}{4} = \frac{14}{4} - \frac{13}{4} = \frac{1}{4}$

b) $\frac{5}{8} + \frac{1}{4} = \frac{5}{8} + \frac{2}{8} = \frac{7}{8}$; $\frac{7}{3} - \frac{5}{6} = \frac{14}{6} - \frac{5}{6} = \frac{9}{6} = \frac{3}{2} = 1\frac{1}{2}$; $1\frac{3}{4} - \frac{3}{2} = \frac{7}{4} - \frac{6}{4} = \frac{1}{4}$

c) $\frac{5}{8} + \frac{4}{5} = \frac{25}{40} + \frac{32}{40} = \frac{57}{40} = 1\frac{17}{40}$;

$\frac{7}{3} - 1\frac{5}{7} = \frac{7}{3} - \frac{12}{7} = \frac{49}{21} - \frac{36}{21} = \frac{13}{21}$

d) $\frac{5}{10} + 0,8 = 0,5 + 0,8 = 1,3 = \frac{13}{10}$;

$1\frac{3}{4} - 1,1 = 1,75 - 1,1 = 0,65 = \frac{65}{100} = \frac{13}{20}$

e) $\frac{8}{3} \cdot \frac{3}{8} = \frac{8 \cdot 3}{3 \cdot 8} = 1$; $\frac{8}{3} \cdot \frac{3}{4} = \frac{8 \cdot 3}{3 \cdot 4} = 2$;

$\frac{8}{3} : \frac{2}{6} = \frac{8}{3} \cdot \frac{6}{2} = \frac{8 \cdot 6}{3 \cdot 2} = 8$

f) $\frac{8}{3} : \frac{3}{8} = \frac{8}{3} \cdot \frac{8}{3} = \frac{64}{9}$; $\frac{8}{3} : \frac{4}{3} = \frac{8}{3} \cdot \frac{3}{4} = \frac{8 \cdot 3}{3 \cdot 4} = 2$;

$\frac{8}{3} : \frac{2}{6} = \frac{8}{3} \cdot \frac{6}{2} = \frac{8 \cdot 6}{3 \cdot 2} = 8$

g) $\frac{a}{b} \cdot \frac{bc}{ac} = \frac{a}{b} \cdot \frac{b}{a} = \frac{a \cdot b}{b \cdot a} = 1$;

$\frac{a}{b} : \frac{ac}{b} = \frac{a}{b} \cdot \frac{b}{ac} = \frac{a \cdot b}{abc} = \frac{1}{c}$

h) $\frac{x}{y} \cdot \frac{2y}{4x} = \frac{x \cdot 2y}{y \cdot 4x} = \frac{1}{2}$;

$\frac{3a}{5} \cdot \frac{15c}{9} = \frac{3 \cdot 15ac}{5 \cdot 9} = \frac{ac}{1} = ac$

9

a) $37 - (13 - 7) = 37 - 6 = 31$

b) $\frac{4}{9} - \left(1\frac{7}{9} + \frac{4}{9}\right) = \frac{4}{9} - \frac{4}{9} - 1\frac{7}{9} = -1\frac{7}{9}$

c) $\frac{3}{10} + \left(1 - \frac{7}{10}\right) = \frac{3}{10} + \frac{3}{10} = \frac{6}{10} = \frac{3}{5}$

d) $\frac{3}{10} - \left(1 - \frac{7}{10}\right) = \frac{3}{10} + \frac{7}{10} - 1 = 0$

e) $x - (y - 2x) + y = x - y + 2x + y = 3x$

f) $2a + (b - 2a - b) = 2a + (-2a) = 0$

g) $3ab - a \cdot (2b - 1) = 3ab - 2ab + a = ab + a$

h) $\frac{ab}{a} - a \cdot \left(\frac{b}{a} + 1\right) = b - b - a = -a$

10

a) $\frac{2abc - bc}{2a - 1} = \frac{bc(2a - 1)}{2a - 1} = bc$

b) $\frac{x(x + y - z) - x^2}{y - z} = \frac{x^2 + xy - xz - x^2}{y - z} = \frac{xy - xz}{y - z} = \frac{x(y - z)}{y - z} = x$

c) $\frac{x - 1}{1 - x} = \frac{-(-x + 1)}{1 - x} = -\frac{1 - x}{1 - x} = -1$

d) $\frac{4x(-a - b + c - d)}{2(a + b - c + d)} = \frac{-4x(a + b - c + d)}{2(a + b - c + d)} = -\frac{4x}{2} = -2x$

11

a) $(x + t)^2 = x^2 + 2xt + t^2$

b) $(2x - t)^2 = 4x^2 - 4xt + t^2$

c) $(2x - 3t)^2 = 4x^2 - 12xt + 9t^2$

d) $(3x - 2t)^2 = 9x^2 - 12xt + 4t^2$

e) $(u + vw)^2 = u^2 + 2uvw + (vw)^2 = u^2 + 2uvw + v^2w^2$

f) $\left(\frac{1}{2}u + vw\right)^2 = \frac{1}{4}u^2 + uvw + (vw)^2 = \frac{1}{4}u^2 + uvw + v^2w^2$

g) $(a - 4b)(a + 4b) - a^2 - 16b^2 = a^2 - 16b^2 - a^2 - 16b^2 = -32b^2$

12

Vereinfachen Sie.

a) $\frac{-a - b}{a + b} = \frac{-(a + b)}{a + b} = -1$;

$\frac{-(b - a)}{a - b} = \frac{-b + a}{a - b} = \frac{a - b}{a - b} = 1$

b) $\frac{x - y}{y - x} = \frac{-(-x + y)}{y - x} = -\frac{y - x}{y - x} = -1$;

$\frac{x - y}{-x + y} = \frac{-(-x + y)}{-x + y} = -1$

c) $\frac{2x - 3y}{4x - 6y} = \frac{2x - 3y}{2(2x - 3y)} = \frac{1}{2}$;

$\frac{2x - 3y}{6y - 4x} = \frac{-(-2x + 3y)}{2(3y - 2x)} = -\frac{3y - 2x}{2(3y - 2x)} = -\frac{1}{2}$

d) $\frac{(2x - 3y)(2x + 3y)}{(4x + 6y)(4x - 6y)} = \frac{(2x)^2 - (3y)^2}{(4x)^2 - (6y)^2} = \frac{4x^2 - 9y^2}{16x^2 - 36y^2} = \frac{4x^2 - 9y^2}{4(4x^2 - 9y^2)} = \frac{1}{4}$ oder

$\frac{(2x - 3y)(2x + 3y)}{(4x + 6y)(4x - 6y)} = \frac{(2x - 3y)(2x + 3y)}{2(2x - 3y) \cdot 2(2x + 3y)} = \frac{1}{2 \cdot 2} = \frac{1}{4}$

3 Potenzen und Wurzeln (Seite 353)

1

a) $(-1)^3 = -1;\ (-1)^4 = 1;\ (-1)^{-1} = \frac{1}{-1} = -1$

b) $(-3)^2 = 9;\ -3^2 = -9;\ (-3)^{-2} = \frac{1}{(-3)^2} = \frac{1}{9};$
$-3\cdot 2 = -6$

c) $\left(-\frac{2}{3}\right)^3 = -\frac{8}{27};\ -\frac{2^2}{3} = -\frac{4}{3};\ -\left(\frac{2}{3}\right)^3 = -\frac{8}{27};$
$\frac{(-2)^3}{3} = -\frac{8}{3}$

d) $(-x)^4\cdot(-x)^{-3} = (-x)^1 = -x$

e) $(xy)^2 = x^2y^2;\ xy^2 = x\cdot y^2;\ (x\cdot y)^2 = x^2y^2;$
$(x + y)^2 = x^2 + 2xy + y^2$

f) $(2x)^4y^2 = 2^4x^4y^2 = 16x^4y^2;$
$(2x^4)y^2 = 2x^4y^2;\ (2x^2y)^2 = 2^2x^4y^2 = 4x^4y^2$

2

a) falsch, da z.B. für a = 1 gilt:
$\sqrt{5} + \sqrt{8} \approx 5{,}06,\ \sqrt{13} \approx 3{,}61.$

b) richtig, da gilt: $\sqrt{2} + 2\sqrt{2} = 3\sqrt{2}$

c) richtig, da gilt: $6\sqrt{a} + 6\sqrt{a} - 2\sqrt{a} = 10\sqrt{a}$

d) richtig, da $\frac{\sqrt{z}}{z} = \frac{z^{\frac{1}{2}}}{z^1} = z^{\frac{1}{2} - 1} = z^{-\frac{1}{2}};$
falsch, da $\frac{2z}{\sqrt{2z}} = \frac{2z}{\sqrt{2}\cdot\sqrt{z}} = \frac{2^1\cdot z^1}{2^{\frac{1}{2}}\cdot z^{\frac{1}{2}}} = 2^{\frac{1}{2}}z^{\frac{1}{2}} \neq 2\cdot z^{\frac{1}{2}}$

e) richtig, da $(\sqrt{z})^4 = \left(z^{\frac{1}{2}}\right)^4 = z^{\frac{1}{2}\cdot 4} = z^2;$
richtig, da $\left(-\sqrt{2x}\right)^{-2} = \frac{1}{\left(-\sqrt{2x}\right)^2} = \frac{1}{2x}$

f) falsch, da $\frac{12\sqrt{b}}{\sqrt{12b}} - \frac{12\sqrt{a}}{\sqrt{12a}} + \frac{12\sqrt{c}}{\sqrt{12c}}$
$= \frac{12b^{\frac{1}{2}}}{12^{\frac{1}{2}}\cdot b^{\frac{1}{2}}} - \frac{12a^{\frac{1}{2}}}{12^{\frac{1}{2}}\cdot a^{\frac{1}{2}}} + \frac{12c^{\frac{1}{2}}}{12^{\frac{1}{2}}\cdot c^{\frac{1}{2}}} = 12^{\frac{1}{2}} - 12^{\frac{1}{2}} + 12^{\frac{1}{2}} = 12^{\frac{1}{2}}$

3

a) $x^3\cdot x^4 = x^7;\ x^{-2}\cdot x^3 = x$

b) $y^5\cdot y^{-7} = y^{-2};\ y^5\cdot y^{-6} = \frac{1}{y}$

c) $8^6\cdot\left(\frac{1}{4}\right)^6 = 2^6;\ 3^6\cdot 3^{-8} = \frac{1}{9}$

4

a) $(2^3)^4 = 2^{12} = 4096;$
$(-2^3)^4 = (-8)^4 = 8^4 = 4096;$
$[(-2)^3]^4 = (-8)^4 = 8^4 = 4096$

b) $(x^4)^5 = x^{20};\ (-x^4)^5 = -x^{4\cdot 5} = -x^{20};$
$(-x^5)^4 = x^{5\cdot 4} = x^{20}$

c) $((-y)^2)^7 = y^{2\cdot 7} = y^{14};\ (-y^2)^7 = -y^{2\cdot 7} = -y^{14};$
$(-y^7)^2 = y^{7\cdot 2} = y^{14}$

d) $(2x)^4 : x^4 = \frac{2^4x^4}{x^4} = 2^4 = 16;\ 2x^4 : x^4 = \frac{2x^4}{x^4} = 2$

e) $(4a)^3 : (-4a^3) = \frac{4^3a^3}{-4\cdot a^3} = -4^{3-1}\cdot a^{3-3} = -4^2$
$= -16;\ ((-2a)^3) : 8 = \frac{-2^3a^3}{8} = -\frac{8a^3}{8} = -a^3$

f) $\frac{6x^2y^2z^3}{2(xyz)^2} - \frac{6x^2y^2z^3}{(2xyz)^2} = \frac{6x^2y^2z^3}{2x^2y^2z^2} - \frac{6x^2y^2z^3}{4x^2y^2z^2}$
$= 3z - \frac{3}{2}z = \frac{3}{2}z = 1{,}5z$

4 Lineare Gleichungen (Seite 355)

1

a) $x + x + x = 3x$

b) $x\cdot x\cdot x = x^3$

c) $4 + a - 3 + 2a = 1 + 3a$

d) $-1{,}4c - 1{,}8c + 4{,}2c = c$

e) $\frac{3}{4}u + \frac{2}{3}u = \frac{9u + 8u}{12} = \frac{17u}{12} = \frac{17}{12}u$

f) $\frac{3}{2}x + 1{,}4 - \frac{1}{4}x = \frac{6}{4}x - \frac{1}{4}x + 1{,}4 = \frac{5}{4}x + 1{,}4$
$= 1{,}25x + 1{,}4$

g) $u + \frac{1}{2}u - \frac{1}{-3}u + \frac{-1}{4}u$
$= \frac{12}{12}u + \frac{6}{12}u + \frac{4}{12}u - \frac{3}{12}u = \frac{19}{12}u$

h) $5z - z + y - 5y = 4z - 4y$

2

a) $x - 2 + 3{,}5 = 9;$
$x + 1{,}5 = 9 \quad | -1{,}5$
$x = 7{,}5;\ L = \{7{,}5\}$

b) $3{,}4x - 1{,}2(2x - 0{,}5) = -2{,}3$
$3{,}4x - 2{,}4x + 0{,}6 = -2{,}3$
$x + 0{,}6 = -2{,}3 \quad | -0{,}6$
$x = -2{,}9;\ L = \{-2{,}9\}$

c) $5(5u + 9) - 3(15 + 7u) = 16$
$25u + 45 - 45 - 21u = 16$
$4u = 16 \quad | :4$
$u = 4;\ L = \{4\}$

d) $2{,}4(5u - 2) - 3(3{,}9u - 1{,}6) = 2{,}7$
$12u - 4{,}8 - 11{,}7u + 4{,}8 = 2{,}7$
$0{,}3u = 2{,}7 \quad | :0{,}3$
$u = 9;\ L = \{9\}$

e) $4 - 13v = 51 - 3v + 33$
$4 - 13v = 84 - 3v \quad | +3v - 4$
$-10v = 80 \quad | :(-10)$
$v = -8;\ L = \{-8\}$

f) $3(1 - s) + 5s = 1 - (2 - s)$
$3 - 3s + 5s = 1 - 2 + s$
$2s + 3 = -1 + s \quad | -s - 3$
$s = -4;\ L = \{-4\}$

3

a) $ax = 1$
(1) $a = 0$: $0\cdot x = 1;\ L = \{\ \}$
(2) $a \neq 0$: $x = \frac{1}{a};\ L = \left\{\frac{1}{a}\right\}$

b) $ax = a$
(1) $a = 0$: $0\cdot x = 0;\ L = \mathbb{R}$
(2) $a \neq 0$: $x = 1;\ L = \{1\}$

c) $ax = 0$
(1) $a = 0$: $0\cdot x = 0;\ L = \mathbb{R}$
(2) $a \neq 0$: $x = 0;\ L = \{0\}$

d) $ax = x$ ist gleichwertig mit $x(a - 1) = 0$,
(1) $a - 1 \neq 0$, also $a \neq 1$: $x = 0;\ L = \{0\}$
(2) $a - 1 = 0$, also $a = 1$: $L = \mathbb{R}$

e) $ax = a + x \quad | -x$
$ax - x = a$ oder $x(a - 1) = a$
(1) $a - 1 = 0$, also $a = 1$: $x\cdot 0 = 1;\ L = \{\ \}$
(2) $a - 1 \neq 0$, also $a \neq 1$: $x = \frac{a}{a - 1};\ L = \left\{\frac{a}{a - 1}\right\}$

f) $a + x = x \quad | -x$
(1) $a = 0$, also $x = x;\ L = \mathbb{R}$
(2) $a \neq 0$; unlösbar $L = \{\ \}$

g) $a + x = a \quad | -a$
$x = 0;\ L = \{0\}$

h) $ax = ax + a + x \quad | -ax$
$0 = a + x \quad | -a$
$-a = x;\ L = \{-a\}$

4

a) $\frac{1}{x} + 5 = 7 \quad |\cdot x$ nicht definiert für $x = 0$.
$1 + 5x = 7x \quad | -5x$
$1 = 2x \quad | :2$
$x = 0{,}5;\ L = \{0{,}5\}$

b) $\frac{5}{2x} - \frac{5}{6} = \frac{2}{x} \quad |\cdot 6x$ nicht definiert für $x = 0$
$15 - 5x = 12 \quad | -15$
$-5x = -3 \quad | :(-5)$
$x = 0{,}6;\ L = \{0{,}6\}$

c) $\frac{1}{x} - \frac{1}{3x} + \frac{1}{6x} = \frac{1}{6} \quad |\cdot 6x$ nicht definiert für $x = 0$
$6 - 2 + 1 = x$
$5 = x;\ L = \{5\}$

d) $\frac{1}{x} - \frac{1}{3} = \frac{1}{12x} + \frac{8}{9} \quad |\cdot 36x$ nicht definiert für $x = 0$
$36 - 12x = 3 + 32x \quad | +12x - 3$
$33 = 44x \quad | :44$
$\frac{3}{4} = x;\ L = \left\{\frac{3}{4}\right\}$

e) $\frac{12}{x + 1} = 1 \quad |\cdot(x + 1)$ nicht definiert für $x = -1$
$12 = x + 1 \quad | -1$
$11 = x;\ L = \{11\}$

f) $\frac{5}{x + 8} = \frac{1}{x} \quad |\cdot(x + 8)\cdot x$ nicht definiert für $x = 0$ und $x = -8$
$5x = x + 8 \quad | -x$
$4x = 8 \quad | :4$
$x = 2;\ L = \{2\}$

g) $\frac{5}{x + 2} = \frac{4}{x + 1} \quad |\cdot(x + 1)\cdot(x + 2)$ nicht definiert für $x = -1$ und $x = -2$
$5(x + 1) = 4(x + 2)$
$5x + 5 = 4x + 8 \quad | -4x - 5$
$x = 3;\ L = \{3\}$

h) $\frac{2}{x} - \frac{1}{x - 1} - \frac{1}{x + 2} = 0 \quad |\cdot x\cdot(x - 1)\cdot(x + 2)$ nicht definiert für $x = 0;\ 1;\ -2$
$2(x - 1)(x + 2) - x(x + 2) - x(x - 1) = 0$
$2x^2 + 2x - 4 - x^2 - 2x - x^2 + x = 0$
$-4 + x = 0 \quad | +4$
$x = 4;$
$L = \{4\}$

5

a) $A = a \cdot b$; $a = \frac{A}{b}$; $b = \frac{A}{a}$

b) $u = 2(a + b)$; $u = 2a + 2b$;

$a = \frac{u - 2b}{2}$ oder $a = \frac{u}{2} - b$;

$b = \frac{u - 2a}{2}$ oder $b = \frac{u}{2} - a$

c) $V = abc$; $a = \frac{V}{bc}$; $b = \frac{V}{ac}$; $c = \frac{V}{ab}$

d) $V = 2(ab + bc + ac)$; $\frac{V}{2} = b(a + c) + ac$,

also $\frac{V}{2} - ac = b(a + c)$ oder

$\frac{V - 2ac}{2} = b(a + c)$; also $b = \frac{V - 2ac}{2(a + c)}$;

$c = \frac{V - 2ab}{2(a + b)}$; $a = \frac{V - 2bc}{2(b + c)}$

e) $u = 2r \cdot \pi$; $r = \frac{u}{2\pi}$

f) $W = F \cdot s$; $F = \frac{W}{s}$; $s = \frac{W}{F}$

g) $p = \frac{F}{A}$; $F = p \cdot A$; $A = \frac{F}{p}$

h) $d = \frac{m}{V}$; $m = d \cdot V$; $V = \frac{m}{d}$

6

a) $x(x + 1) = 0$ ergibt $x = 0$ oder $x + 1 = 0$; also $x = 0$ oder $x = -1$; $L = \{0; -1\}$

b) $(x - 2)(x + 2{,}5) = 0$ ergibt $x - 2 = 0$ oder $x + 2{,}5 = 0$; also $x = 2$ oder $x = -2{,}5$; $L = \{2; -2{,}5\}$

c) $x(x - 3{,}2) = 0$ ergibt $x = 0$ oder $x - 3{,}2 = 0$; also $x = 0$ oder $x = 3{,}2$; $L = \{0; 3{,}2\}$

d) $(2x - 1)(x + 4) = 0$ ergibt $2x - 1 = 0$ oder $x + 4 = 0$; also $x = \frac{1}{2}$ oder $x = -4$; $L = \left\{-4; \frac{1}{2}\right\}$

e) $x^2 - 3x = 0$ ergibt $x \cdot (x - 3) = 0$, also $x = 0$ oder $x = 3$; $L = \{0; 3\}$

f) $(x - 1)^2 \cdot (x + 4) = 0$ ergibt $(x - 1)^2 = 0$ oder $x + 4 = 0$; also $x - 1 = 0$ oder $x = -4$; $L = \{1; -4\}$

g) $x^2 = 5x \quad | -5x$ ergibt $x^2 - 5x = 0$, also $x(x - 5) = 0$, also $x = 0$ oder $x = 5$; $L = \{0; 5\}$

h) $(x + a)^2 = 2 \cdot (x + a) \quad | -2(x + a)$ ergibt $(x + a)^2 - 2(x + a) = 0$ oder $(x + a) \cdot (x + a - 2) = 0$, also $x + a = 0$ oder $x + a - 2 = 0$, d.h. $x = -a$ oder $x = -a + 2$; $L = \{-a; -a + 2\}$

7

a) $x + (x + 1) + (x + 2) = 72$; also $3x + 3 = 72$; also $3x = 69$; $x = 23$.
Die Kinder sind 23, 24 und 25 Jahre alt.

b) Ausschüttung in Klasse III: x;
Ausschüttung in Klasse II: $x + 24\,000$
Ausschüttung in Klasse I: $x + 24\,000 + 42\,000 = x + 66\,000$
Ausschüttung insgesamt: $x + x + 24\,000 + x + 66\,000 = 312\,000$; $3x = 222\,000$, $x = 74\,000$
Ausschüttung in Klasse I: 140 000 €, in Klasse II: 98 000 €, in Klasse III: 74 000 €.

5 Der Umgang mit Einheiten (Seite 357)

1

a) $30\,m = 0{,}030\,km = 300\,dm = 3000\,cm = 30\,000\,mm$

b) $0{,}056\,km = 56\,m = 5600\,cm = 56\,000\,mm$

c) $34\,dm^2 = 3400\,cm^2 = 340\,000\,mm^2 = 0{,}34\,m^2 = 0{,}0034\,a = 0{,}000034\,ha$

d) $0{,}0025\,m^2 = 0{,}25\,dm^2 = 25\,cm^2 = 0{,}000\,025\,a = 2{,}5 \cdot 10^{-5}\,a = 2{,}5 \cdot 10^{-7}\,ha = 2{,}5 \cdot 10^{-9}\,km^2$

e) $45\,dm^3 = 45\,000\,000\,mm^3 = 0{,}045\,m^3 = 4{,}5 \cdot 10^{-2}\,m^3 = 4{,}5 \cdot 10^{-11}\,km^3 = 45$ Liter

f) $1{,}2 \cdot 10^{-8}\,km^3 = 1{,}2 \cdot 10^{-8} \cdot 10^9\,m^3 = 12\,m^3 = 12\,000\,dm^3 = 12\,000\,l = 12\,000\,000\,ml = 1{,}2 \cdot 10^{-7}\,ml$

g) $45\,min = 45 \cdot 60\,s = 2700\,s = 45 \cdot \frac{1}{60}\,h = \frac{3}{4}\,h = \frac{3}{4} \cdot \frac{1}{24}\,d = \frac{1}{32}\,d \approx 0{,}031\,d$

h) $11{,}23\,kg = 11\,230\,g = 11\,230\,000\,mg = 0{,}01123\,t$

i) $6{,}25\,\mu g = 0{,}00625\,mg = 6\,250\,000\,pg = 6{,}25 \cdot 10^{-6}\,g = 6{,}25 \cdot 10^{-9}\,kg$

j) 2 Hektoliter $= 200\,dm^3 = 20\,000\,cl = 200\,000\,ml = 2 \cdot 10^{-10}\,km^3$

2

a) $20\,\frac{km}{h} = 20 \cdot \frac{1000\,m}{60\,min} = \frac{1000}{3}\,\frac{m}{min} = 333\frac{1}{3}\,\frac{m}{min}$

b) $330\,\frac{m}{s} = 330\,\frac{\frac{1}{1000}\,km}{\frac{1}{3600}\,h} = 330\,\frac{3600\,km}{1000\,h} = 330 \cdot 3{,}6\,\frac{km}{h} = 1188\,\frac{km}{h}$.
Der Schall ist schneller.

c) $1700\,\frac{EURO}{s} = 1700\,\frac{Euro}{\frac{1}{3600}\,h} = 1700 \cdot 3600\,\frac{EURO}{h} = 6\,120\,000\,\frac{EURO}{h}$

d) $1{,}5\,\frac{m}{s^2} = 1{,}5\,\frac{\frac{1}{1000}\,km}{\left(\frac{1}{60}\,min\right)^2} = 1{,}5 \cdot \frac{3600}{1000}\,\frac{km}{min^2} = 5{,}4\,\frac{km}{min^2}$

3

a) $526\,torr = 526 \cdot 1\,torr = 526 \cdot \frac{1}{7{,}5006 \cdot 10^{-3}}\,Pa = 7{,}013 \cdot 10^4\,Pa \approx 701{,}3\,hPa$

b) $1\,torr = \frac{1}{7{,}5006 \cdot 10^{-3}}\,Pa \approx 133{,}3\,Pa = 1{,}333\,hPa$

c) $8\,bar = 8 \cdot 1\,bar = 8 \cdot 10^5\,Pa = 800\,000\,Pa = 8000\,hPa$
$800\,000\,Pa = 800\,000 \cdot 1{,}0197 \cdot 10^{-5}\,at = 8{,}1576\,at$.

4

a) Weg der großen Zeigerspitze in 24 Stunden: $s = 2\pi \cdot 3 \cdot 24\,m \approx 452{,}389\,m$.
Geschwindigkeit $v = \frac{452{,}389\,m}{24\,h} = \frac{452\,389\,mm}{24 \cdot 3600\,s} \approx 5{,}236\,\frac{mm}{s}$
Weg der kleinen Zeigerspitze in 24 Stunden: $s = 2\pi \cdot 2{,}25 \cdot 2\,m \approx 28{,}2743\,m$
Geschwindigkeit $v = \frac{28\,274{,}3\,mm}{24 \cdot 3600\,s} \approx 0{,}327\,\frac{mm}{s}$

b) Weg der großen Zeigerspitze in 24 Stunden:
$s = 2\pi \cdot 1{,}2 \cdot 24\,cm \approx 180{,}956\,cm$.
Geschwindigkeit $v = \frac{180{,}956\,cm}{24\,h} = \frac{1\,809\,560\,\mu m}{24 \cdot 3600\,s} = 20{,}94\,\frac{\mu m}{s}$
Weg der kleinen Zeigerspitze in 24 Stunden: $s = 2\pi \cdot 0{,}6 \cdot 2\,cm \approx 7{,}540\,cm$
Geschwindigkeit $v = \frac{7{,}540\,cm}{24 \cdot 3600\,s} = \frac{75\,400\,\mu m}{24 \cdot 3600\,s} \approx 0{,}873\,\frac{\mu m}{s}$

5

$840\,kJ = 840\,000\,J = 840\,000 \cdot \frac{1}{3{,}6 \cdot 10^6}\,kWh \approx 0{,}233\,kWh$

6

$\rho = \frac{413\,g}{153\,cm^3} \approx 2{,}70\,\frac{g}{cm^3} = 2{,}70\,\frac{10^{-6}\,t}{10^{-6}\,m^3} = 2{,}70\,\frac{t}{m^3}$

$\rho = \frac{413\,g}{153\,cm^3} \approx 2{,}70\,\frac{g}{cm^3} = 2{,}70\,\frac{10^{-3}\,kg}{10^{-3}\,Liter} = 2{,}70\,\frac{kg}{Liter}$

6 Berechnungen im Koordinatensystem (Seite 360)

1

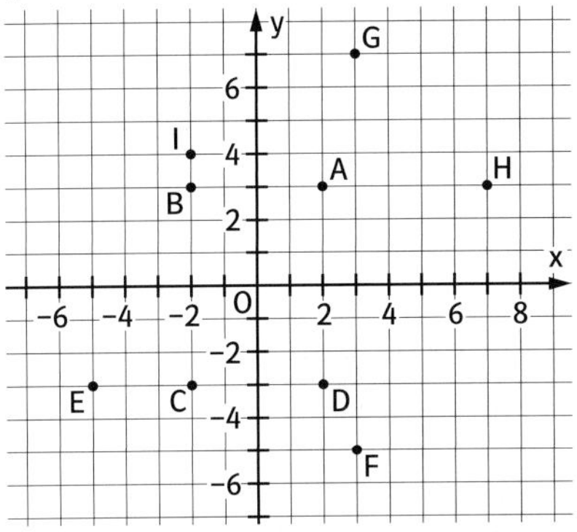

2

A(2|3), B(3|0), C(−1|−1), D(−2|2), E(0|−3), F(−4|1), G(7|−2), H(−3|−3)

a) B	b) B, C, E, F, G, H
c) C, H	d) D
e) A	f) C, D, F, H

3

a) A′(3|1), B′(2|0), C′(u|−v)

b) A′(−3|−1), B′(−2|0), C′(−u|v)

c) A′(−3|1), B′(−2|0), C′(−u|−v)

d) A′(−3|9), B′(−2|8), C′(−u|8 − v)

4

a) $\overline{AB} = \sqrt{(6-2)^2 + (4-1)^2} = \sqrt{4^2 + 3^2} = \sqrt{16+9} = \sqrt{25} = 5$

b) $\overline{AB} = \sqrt{(-13+5)^2 + (5-11)^2} = \sqrt{(-8)^2 + (-6)^2} = \sqrt{64+36} = \sqrt{100} = 10$

c) $\overline{AB} = \sqrt{(0+10)^2 + (0-0)^2} = \sqrt{100} = 10$

d) $\overline{AB} = \sqrt{(2+2)^2 + (0{,}5+0{,}5)^2} = \sqrt{4^2 + 1^2} = \sqrt{17} \approx 4{,}123$

5

a) $\overline{AB} = 6{,}5$; $\overline{BC} = 5$; $\overline{CD} = \frac{1}{2}\sqrt{265} \approx 8{,}139$; $\overline{DA} = \sqrt{10} \approx 3{,}162$; $\overline{AC} = \frac{1}{2}\sqrt{205} \approx 7{,}159$; $\overline{BD} = \frac{3}{2}\sqrt{37} \approx 9{,}124$

b) $\overline{AB} = 8$; $\overline{BC} = 6$; $\overline{CD} = 8$; $\overline{DA} = 6$; $\overline{AC} = 10$; $\overline{BD} = 10$

6

a) $M(4|4)$ b) $M(0|-3{,}5)$

c) $M\left(-1\middle|-\frac{5}{24}\right)$

d) $M\left(\frac{2-\sqrt{2}}{2}\middle|\frac{1-\sqrt{2}}{2}\right) \approx M(0{,}293|-0{,}207)$

e) $M(5|5)$ f) $M(-3{,}5|-0{,}5)$

g) $M\left(-\frac{17}{48}\middle|\frac{68}{35}\right)$

h) $M\left(\frac{2\sqrt{3}-\sqrt{2}}{4}\middle|\frac{1-\sqrt{2}}{2}\right) \approx M(0{,}512|-0{,}207)$

i) $M(10|2)$

7

a) $\overline{AB} = 7$; $\overline{BC} = 3\sqrt{2} \approx 4{,}243$; $\overline{AC} = 5$; $M_{AB}(0|3{,}5)$; $M_{BC}(1{,}5|5{,}5)$; $M_{AC}(1{,}5|2)$

b) $\overline{AB} = 4\sqrt{2} \approx 5{,}657$; $\overline{BC} = \sqrt{13} \approx 3{,}606$; $\overline{AC} = \sqrt{5} \approx 2{,}236$; $M_{AB}(2|3)$; $M_{BC}\left(3\middle|3\frac{1}{2}\right)$; $M_{AC} = (1|1{,}5)$

c) $\overline{AB} = 4{,}5$; $\overline{BC} = 5$; $\overline{AC} = \frac{1}{2}\sqrt{73} \approx 4{,}272$; $M_{AB}(1{,}25|-1)$; $M_{BC}(2|1)$; $M_{AC}\left(-\frac{1}{4}\middle|1\right)$

d) $\overline{AB} = \frac{25}{4} = 6{,}25$; $\overline{BC} = 2\sqrt{5} \approx 4{,}472$; $\overline{AC} = \frac{17}{4} = 4{,}25$; $M_{AB}\left(1\middle|-\frac{7}{8}\right)$; $M_{BC}(2|1)$; $M_{AC}\left(-1\middle|\frac{1}{8}\right)$

e) $\overline{AB} = 3\sqrt{3} \approx 5{,}196$; $\overline{BC} = 6$; $\overline{AC} = 3$; $M_{AB}\left(\frac{3\sqrt{2}}{2}\middle|-\frac{3}{2}\right) = M_{AB}(\approx 2{,}121|-1{,}5)$; $M_{BC}\left(\frac{\sqrt{3}+3\sqrt{2}}{2}\middle|\frac{\sqrt{6}-3}{2}\right) = M_{BC}(\approx 2{,}987|\approx -0{,}275)$; $M_{AC}\left(\frac{\sqrt{3}}{2}\middle|\frac{\sqrt{6}}{2}\right) = M_{AC}(\approx 0{,}866|\approx 1{,}225)$

f) $\overline{AB} \approx 2{,}833$; $\overline{BC} \approx 5{,}688$; $\overline{AC} \approx 3{,}032$; $M_{AB}\left(1\middle|\frac{\sqrt{3}+\sqrt{2}}{4}\right) = M_{AB}(1|\approx 0{,}787)$; $M_{BC}(\approx 2{,}293|\approx 1{,}578)$; $M_{AC}(\approx 3{,}707|\approx 1{,}658)$

8

a) $m = \tan(\alpha) = \frac{1-0}{1-0} = 1$; $\alpha = 45°$

b) $m = \tan(\alpha) = \frac{3-0}{1-0} = 3$; $\alpha \approx 71{,}57°$

c) $m = \tan(\alpha) = \frac{8-0}{5-2} = \frac{8}{3}$; $\alpha \approx 69{,}44°$

d) $m = \tan(\alpha) = \frac{4-2}{3-(-1)} = \frac{2}{4} = \frac{1}{2}$; $\alpha \approx 26{,}57°$

9

$\overline{RS} \approx 115{,}2\,km$; $\overline{ST} \approx 29{,}9\,km$; $\overline{TU} \approx 70{,}5\,km$; $\overline{RU} \approx 74{,}1\,km$

7 Inhalt und Umfang ebener Figuren (Seite 361)

1

a) $5\,m \cdot b = 12\,m^2$, also $b = \frac{12\,m^2}{5\,m} = 2{,}4\,m$

b) $\overline{AB} = 7$ LE; $h = 5$ LE (LE Längeneinheiten); also Inhalt $A = \frac{1}{2} \cdot 7\,LE \cdot 5\,LE = \frac{35\,LE^2}{2} = 17{,}5\,LE^2$

Umfang

$u = \overline{AB} + \overline{BC} + \overline{CA}$
$= 7 + \sqrt{(8-2)^2 + (1-6)^2} + \sqrt{(1-2)^2 + (1-6)^2}$
$= 7 + \sqrt{6^2 + (-5)^2} + \sqrt{(-1)^2 + (-5)^2}$
$= 7 + \sqrt{61} + \sqrt{26} \approx 19{,}909$ LE

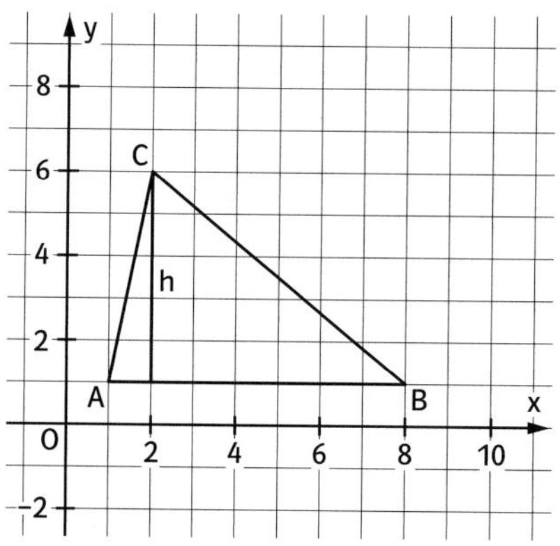

c) $2a + 2b = 48\,cm$, also $a + b = 24\,cm$.
Es ist $a = b + 2\,cm$.
Damit ist $b + 2\,cm + b = 24\,cm$, also $2b = 22\,cm$; damit $b = 11\,cm$; $a = 13\,cm$.

2

a) $2\pi r = 1\,m$, also $r = \frac{1\,m}{2\pi} \approx 0{,}159155\,m$.
Inhalt $A = \left(\frac{1}{2\pi}\right)^2 \cdot \pi\,m^2 = \frac{1}{4\pi}\,m^2 \approx 0{,}079577\,m^2$.

b) $1\,m^2 = r^2\pi$, also $r = \sqrt{\frac{1}{\pi}}\,m \approx 0{,}564190\,m$;
$u = 2\sqrt{\frac{1}{\pi}} \cdot \pi\,m = 2\sqrt{\pi}\,m \approx 3{,}544908\,m$.

c) $A = R^2\pi - r^2\pi = 2^2\pi\,cm^2 - 1^2\pi\,cm^2 = 3\pi\,cm^2 \approx 9{,}424778\,cm^2$

d) $A = \pi \cdot (1000\,m)^2 \cdot \frac{1}{360} \approx 8726{,}6\,m^2$;
$b = 2\pi \cdot 1000\,m \cdot \frac{1}{360} \approx 17{,}453\,m$

3

Seitenlänge des Quadrats 1 m;
also Umfang des Quadrats: $u = 4\,m$
Radius des Kreises: $r = \sqrt{\frac{1}{\pi}}\,m \approx 0{,}564190\,m$;
also Umfang des Kreises:
$u = 2\sqrt{\frac{1}{\pi}} \cdot \pi\,m = 2\sqrt{\pi}\,m \approx 3{,}544908\,m$.
Der Kreis hat den kleineren Umfang.

8 Volumen und Oberfläche von Körpern (Seite 362)

1

a) Da $a^3 = 8\,cm^3$ ist, ergibt sich $a = 2\,cm$ als Kantenlänge.
Oberfläche $O = 6 \cdot 4\,cm^2 = 24\,cm^2$

b) $8\,cm^3 = 4\,cm \cdot 4\,cm \cdot x$; also $x = \frac{1}{2}\,cm$ ist die dritte Kantenlänge des Quaders.

2

a) $V = (0{,}2\,m)^2 \cdot \pi \cdot 4000\,m = 160\pi \approx 502{,}7\,m^3$

b) $V = \frac{4}{3}r^3\pi = \frac{4}{3} \cdot (11\,cm)^3 \cdot \pi = \frac{5324}{3}\pi \approx 5575\,cm^3 \approx 5{,}6$ Liter

c) $V = \frac{1}{3} \cdot \pi \cdot (4\,cm)^2 \cdot 15\,cm = 80\pi\,cm^3 \approx 251\,cm^3 \approx \frac{1}{4}$ Liter

3

Quadervolumen vor Verdopplung:
$V = 2\,m \cdot 3\,m \cdot 5\,m = 30\,m^3$
Quadervolumen nach Verdopplung:
$V_V = 2 \cdot 2\,m \cdot 2 \cdot 3\,m \cdot 2 \cdot 5\,m = 2^3 \cdot 30\,m^3 = 8 \cdot 30\,m^3$
Das Quadervolumen hat sich verachtfacht!
Kugelvolumen vor Verdopplung:
$V = \frac{4}{3}\pi \cdot (2\,m)^3 = \frac{32}{3}\pi\,m^3$
Kugelvolumen nach Verdopplung:
$V_V = \frac{4}{3}\pi \cdot (2 \cdot 2\,m)^3 = \frac{256}{3}\pi\,m^3 = 8 \cdot \frac{32}{3}\pi\,m^3$
Das Kugelvolumen hat sich ebenfalls verachtfacht!

9 Berechnungen an Dreiecken (Seite 363)

1

Da in einem Quadrat mit der Seitenlänge 1 die Diagonale die Länge $c = \sqrt{1^2 + 1^2} = \sqrt{2}$ hat, gilt:

$\sin(45°) = \frac{1}{\sqrt{2}} = \frac{\sqrt{2}}{(\sqrt{2})^2} = \frac{\sqrt{2}}{2}$;

$\cos(45°) = \frac{1}{\sqrt{2}} = \frac{\sqrt{2}}{(\sqrt{2})^2} = \frac{\sqrt{2}}{2}$; $\tan(45°) = 1$.

Da in einem gleichseitigen Dreieck mit der Seitenlänge 1 die Höhe die Länge

$h = \sqrt{1^2 - \left(\frac{1}{2}\right)^2} = \sqrt{\frac{3}{4}} = \frac{\sqrt{3}}{2}$ hat, gilt:

$\sin(30°) = \frac{\frac{1}{2}}{1} = \frac{1}{2}$; $\cos(30°) = \frac{\frac{1}{2}\sqrt{3}}{1} = \frac{1}{2}\sqrt{3}$;

$\tan(30°) = \frac{\frac{1}{2}}{\frac{1}{2}\sqrt{3}} = \frac{1}{\sqrt{3}} = \frac{\sqrt{3}}{3}$;

$\sin(60°) = \frac{\frac{1}{2}\sqrt{3}}{1} = \frac{1}{2}\sqrt{3}$; $\cos(60°) = \frac{\frac{1}{2}}{1} = \frac{1}{2}$;

$\tan(30°) = \frac{\frac{1}{2}\sqrt{3}}{\frac{1}{2}} = \sqrt{3}$.

Da in einem „rechtwinkligen Dreieck" mit zwei rechten Winkeln eine Seite 0 und die beiden anderen die Länge 1 haben, gilt:

$\sin(90°) = \frac{1}{1} = 1$; $\cos(90°) = \frac{0}{1} = 0$;

$\tan(90°)$ wäre $\frac{1}{0}$, was nicht existiert.

2

$\tan(1°) = \frac{7\,\text{m}}{e}$, also $e = \frac{7\,\text{m}}{\tan(1°)} \approx 401\,\text{m}$;

$\tan(17°) = \frac{x}{401\,\text{m}}$, also

$x = 401\,\text{m} \cdot \tan(17°) \approx 122{,}6\,\text{m}$.

Damit beträgt die Entfernung zum Schornstein ca. 400 m, die Höhe des Schornsteins liegt bei knapp 123 m.

Wichtige GTR-Verfahren

Dieser Abschnitt stellt die wichtigsten Verfahren für den TI83 und den Casio CFX-9850GB zusammen, mit denen die Aufgaben dieses Buches bearbeitet werden können. Grundkenntnisse in der Bedienung der GTR werden vorausgesetzt. Weitergehende Informationen können in den Handbüchern nachgeschlagen werden, für die dieser Abschnitt kein Ersatz ist.
Die Befehle werden anhand der zu bearbeitenden Aufgabenstellungen vorgestellt. In der linken Spalte werden die Verfahren für den TI83 (und verwandte Rechner), in der rechten Spalte die für den CFX-9850GB dargestellt.

Listen definieren und bearbeiten

Listen

Mit [STAT][ENTER] können Listen angezeigt und bearbeitet werden. Man bringt den Cursor auf das einzugebende Listenelement und gibt den gewünschten Wert ein. Für globale Definitionen bringt man den Cursor auf den Listenkopf und gibt einen Term ein, der die Liste definiert. Dazu wird man in der Regel die Funktion seq aus dem Menü [LIST]-OPS verwenden oder Bezug auf eine vorhandene Liste nehmen. Schreibt man die Definition in Anführungszeichen und verwendet Variablen, so wird die Liste nach Änderungender Variablenwerte neu berechnet. Man kann auch in der Standardeingabe mit [STO] direkt Werte in eine Liste schreiben.

Das Menü [LIST] zeigt die Tabelle der Listen an. Im Listenkopf kann man Definitionen eingeben, innerhalb der Liste lassen sich die Werte verändern. Mit [OPTN]-[F1] kann man eine Funktionstastenbelegung für Listenoperationen anzeigen, die man zur Eingabe benutzen kann. Einen dynamischen Modus, der bei Variablenänderungen Neuberechnungen auslöst, gibt es nicht. Mit der Funktion Seq (Taste [F5]) kann man die Liste mithilfe eines Terms füllen. Weitere Belegungen der Funktionstasten erlauben viele Operationen auf Listen auch im RUN-Modus. Allerdings kann man in diesem Modus keine Listen definieren.

Statistische Daten auswerten und darstellen

Statistische Daten

Die Lage- und Streuungsmaße eines Merkmals bei einer statistischen Erhebung können im Menü [STAT] [CALC] mit dem Befehl 1-Var Stats berechnet werden, dem als Argument der Listenname folgt, in der die Daten gespeichert sind, also z.B. [L1].
Für die grafische Darstellung ruft man mit [STAT PLOT] das STAT PLOTS-Menü auf. Unter 1:PLOT1, 2:PLOT2 und 3:PLOT3 können bis zu drei statistische Darstellungen definiert und gespeichert werden, wobei die entsprechende Darstellung mit [ON] aktiviert wird. Für jeden einzelnen Plot stehen dabei sechs verschiedene Varianten zur Verfügung.

Das Menu [STAT] zeigt sechs Listen an, die verwendet werden können. Mit [F2] [CALC] erhält man eine neue Tastenbelegung. Mit [F6] [SET] kann man die Liste auswählen und mit [F1] [1VAR] erhält man dann Lage- und Streuungsmaße eines Merkmals. Mit [EXIT] gelangt man jeweils eine Menüebene höher.
Graphische Darstellungen erhält man mit [F1] [GRAPH]. Dabei kann mit [F6] [SET] die Darstellung gewählt werden und mit [F4] [SEL] festgelegt werden welche Listenpaare bei den drei möglichen Darstellungen verwendet werden sollen. Die Darstellung wird dann mit [F1], [F2] oder [F3] aufgerufen.

Funktionsanpassung mit Regressionsmodellen

Die x-Werte und y-Werte der gegebenen Punktewerden in 2 Listen eingegeben (über [STAT] [ENTER]). Danach wird im Menü [STAT] [CALC] die gewünschte Regressionsfunktion ausgewählt. Optional kann eine Funktionsvariable Y_i angegeben werden, in welcher die Regressionsfunktion abgespeichert werden soll. Um den Graphen anzuzeigen, muss diese Option wahrgenommen werden.

Die x-Werte und y-Werte der gegebenen Punkte werden in 2 Listen eingegeben (über [MENU] das STAT-Menü anwählen). Dann über [F1] [F1] den Punktplot anzeigen und über eine der Funktionstasten die gewünschte Regressionsfunktion anwählen. Die Parameter der Funktion werden ausgegeben und die Funktion kann mit [F5] in die Funktionstabelle kopiert und mit [F6] angezeigt werden.

Regression

Graphen und Wertetabellen von Funktionen anzeigen

Die Funktionen werden im [Y=]-Menü definiert. Mit [TABLE] erhält man eine Wertetabelle. Startwert der Tabelle und Differenz zwischen zwei x-Werten kann man mit [TBLSET] einstellen. Mit [GRAPH] erhält man die Graphen der ausgewählten Funktionen. Die Wertebereiche und Eigenschaften der Darstellung kann man über [WINDOW] einstellen.

Im Menü GRAPH stellt man zunächst (mit [F3]) den Grafiktyp ein. Dann definiert man die Funktionen, die angezeigt werden sollen. Mit [⇧]-[F3] gelangt man in ein Menü zur Einstellung des Koordinatensystems. Mit [F6] werden die Graphen angezeigt. Im TABLE-Menü kann man eine Wertetabelle der ausgewählten Funktionen anzeigen ([F6]). Einstellungen der Tabelle kann man vorher mit [F5] (Rang) vornehmen.

Graphen und Wertetabellen

Bestimmung von Nullstellen von Funktionen

Wenn der Graph mit [GRAPH] angezeigt ist, kann man im [CALC]-Menü mit dem Befehl [2:ZERO] Nullstellen näherungsweise berechnen. Man muss dazu Unter- und Obergrenze des zu untersuchenden Intervalls und einen Schätzwert eingeben. Dies kann man entweder mit den Pfeiltasten oder durch direkte Eingabe mit der Tastatur bewerkstelligen. Die Nullstelle wird angezeigt und in der Variablen X gespeichert.

Wenn der Graph angezeigt wird, kann man mit [⇧]-[F5] eine Funktionstastenbelegung einstellen, bei der man mit [F1] die in der Anzeige befindlichen Nullstellen von links nach rechts berechnen kann. Zur nächsten Nullstelle gelangt man mit der rechten Pfeiltaste. Im RUN-Menü kann man mit [OPTN] [F4] [F1] die SOLVE-Funktion aufrufen. Der Funktionsterm aus dem GRAPH-Menü oder dem TABLE-Menü kann dabei mit [VARS] [F4] [F1] und anschließender Eingabe der Funktionsnummer übernommen werden.

Nullstellen

Schnittpunkte von Graphen berechnen

Nachdem die Graphen angezeigt sind, gelangt man mit [CALC] 5:intersect zur Berechnung der Schnittpunkte. Man muss (auch wenn nur zwei Funktionen definiert sind) die zu schneidenden Graphen auswählen und einen Schätzwert für die x-Koordinate des Schnittpunktes angeben. DerSchnittpunkt wird berechnet und seine Koordinaten in den Variablen X und Y gespeichert.

Die Schnittpunkte zweier Graphen erhält man im GRAPH-Menü mit [⇧]-[F5] [F5]. Im Anzeigebereich befindliche Schnittpunkte werden von links nach rechts berechnet. Mit der rechten Pfeiltaste gelangt man von einem Schnittpunkt zum nächsten. Sind mehr als zwei Graphen in der Anzeige, muss man vor Berechnungsbeginn die beiden zu schneidenden mit den Pfeiltasten auswählen oder vorher im Menü die nicht gewünschte Funktion abschalten.

Schnittpunkte von Graphen

Kurvenscharen anzeigen

Kurvenscharen

Man definiert im [Y=]-Menü eine Funktion mit Parameter, indem man anstelle des Parameters einen Listennamen einsetzt (mit [L1] bis [L6]). In die Liste trägt man die gewünschten Parameter ein und zeigt dann die Funktionenschar mit [GRAPH] an. Auch mithilfe der so definierten Funktionenschar definierte weitere Funktionen (etwa Ableitungen) werden als Schar angezeigt. Beispiel: $Y1=L_1*\sin(L_1*X)$, wobei in L_1 die Werte 1,2 und 3 stehen, liefert die Graphen von sin(x), 2sin(2x) und 3sin(3x). Im Eingabemodus liefert diese Funktion mit dem Aufruf Y1(1) eine Liste mit den zugehörigen Funktionswerten der Schar. Im [TRACE]-Modus kann man mit den Pfeiltasten zwischen den Graphen umschalten.

Im Funktionsdefinitionsmodus des Menüs GRAPH gibt man die Funktion mit einem Parameter (eine beliebige Variable) ein und schreibt dahinter, von einem Komma abgetrennt, in einer eckigen Klammer den Parameter, ein Gleichheitszeichen und eine durch Kommata getrennte Liste von Werten. Die Anzeige erfolgt mit [F6]. Von so definierten Funktionenscharen können keine Ableitungen definiert werden. Beispiel: Y1=A*sin(A*X),[A=1,2,3] liefert die Graphen von sin(x), 2sin(2x) und 3sin(3x). Die Funktionswerte der Scharfunktionen können nicht gezielt berechnet werden, es wird jeweils nur die erste Scharkurve berechnet. Im [TRACE]-Modus kann man mit den Pfeiltasten zwischen den Graphen umschalten.

Extrema bestimmen

Die Bestimmung der Koordinaten von Tief- oder Hochpunkten, z.B. des Scheitelpunktes einer Parabel, erfolgt direkt aus dem angezeigten Graphen, wobei die Art des Extremums (Minimum oder Maximum) schon vor der Bestimmung bekannt sein muss.

Extrema

Im [CALC]-Menü findet man unter 3:minimum bzw. 4:maximum die Befehle zur Bestimmung der Extrema. Sind mehrere Graphen angezeigt, so kann man mit den Pfeiltasten den gewünschten Graphen auswählen. Ähnlich wie bei der Nullstellenbestimmung fragt der TI-83 nach einer linken und rechten Intervallgrenze und nach einem Schätzwert für den x-Wert des Extremums, das daraufhin (näherungsweise) berechnet wird. Seine Koordinaten werden in den Variablen X und Y gespeichert.

Bei angezeigtem Graphen erhält man mit [↑]-[F5] eine Funktionstastenbelegung, die mit [F2] die Berechnung von Maxima und mit [F3] die Berechnung von Minima ermöglicht. Mit den Pfeiltasten wählt man den gewünschten Graphen. Die in der Anzeige sichtbaren Extrema werden von links nach rechts ermittelt. Mit der rechten Pfeiltaste gelangt man zum nächsten Extremum.

Momentane Änderungsrate bestimmen

Änderungsrate

Im [CALC]-Menü befindet sich der Befehl 6:dy/dx zur Bestimmung einer momentanen Änderungsrate. Man kann die gewünschte Stelle entweder mit dem Cursor auswählen oder den x-Wert direkt eintippen.
Eine andere Möglichkeit bietet das Menü [MATH] und dort der Befehl 8:nDeriv, dem folgende drei Argumente (mit Komma getrennt) folgen: der Funktionsterm, X, die gewünschte Stelle. Beispielsweise erhält man mit nDeriv(X^2,X,3) den Wert 6 für die momentane Änderungsrate der Quadratfunktion bei $x_0 = 3$. Als erstes Argument ist die Nennung von z.B. Y1 ebenfalls möglich.

Im Funktionsdefinitionsmodus des Menüs [GRAPH] mit [OPTN] [F2] [F1] den Befehl dy/dx auswählen, dann über [VARS] [F4] [F1] und die Funktionsnummer die Funktion eingeben und durch ein Komma getrennt die Variable. Man kann einzelne Werte der momentanen Änderungsrate auch im [RUN]-Menü berechnen (über [OPTN] [F4] [F2]). Funktionen können dabei mit [VARS] [F4] [F1] und anschließender Eingabe der Funktionsnummer aus der Grafik übernommen werden. Man kann die Änderungsrate der Änderungsrate analog mit [OPTN] [F2] [F2] definieren und berechnen.

Tangente und Normale in einem Punkt eines Funktionsgraphen

Tangente, Normale

Nur die Bestimmung der Tangente in einem Punkt des Graphen ist möglich. Dazu verwendet man bei angezeigtem Graphen im Menü [DRAW] den Befehl 5:Tangent. Mit den Pfeiltasten wählt man den gewünschten Graphen aus und gibt dann über die Tastatur den x-Wert des Berührpunktes der gewünschten Tangente ein. Die Tangente wird eingezeichnet und ihre Gleichung im Fenster angezeigt. Da die Berechnung rein numerisch erfolgt, sind Steigung und y-Achsenabschnitt in der Regel auch nur näherungsweise gültig. Ohne Neueingabe der Gleichung kann sie nicht zur weiteren Rechnung verwendet werden.

Man kann die Tangente und Normale in einem Punkt des Graphen einzeichnen lassen. Dazu verwendet man bei angezeigter Grafik [↑]-[F4] und danach [F2] (für die Tangente) oder [F3] (für die Normale). Man kann die x-Koordinate des gewünschten Punktes nicht direkt eingeben, sondern muss den Punkt mithilfe des Cursors auswählen. Die zugehörigen Gleichungen werden nicht angegeben. Nullstellen der angezeigten Tangente und Normale lassen sich nicht berechnen.

Lineare Gleichungssysteme

LGS

Das lineare Gleichungssystem (LGS) muss nach den zu bestimmenden Variablen a, b, c, … geordnet sein und wird dann als Matrix in den TI-83 eingegeben. Im Menü [MATRX] erhält man unter EDIT zehn Matrizenvariablen, die nach Auswahl dimensioniert und belegt werden können. Hier gibt man die Koeffizienten des LGS und die Absolutglieder ein. [MATRX] NAMES erlaubt die Auswahl einer Matrix zur Anzeige oder für Berechnungen. Unter [MATRX] [MATH] befindet sichder Befehl B:rref, der die Matrix in die reduzierte Stufenform bringt, sodass die Lösung des LGS direkt abgelesen werden kann. Die Ausgabe der Ergebnisse als Brüche erfolgt mit [MATH] 1:Frac. Nicht lösbare oder nicht eindeutig lösbare LGS sind ebenfalls zulässig.

Im EQUA-Menü wird zunächst mit [F1] der Typ LGS ausgewählt. Danach kann man über Funktionstasten die Variablenanzahl eingeben (maximal 6). In der dann erscheinenden Matrix des LGS füllt man die Koeffizienten ein. Mit [F1] wird das LGS dann gelöst, falls eine eindeutige Lösung existiert. Nicht und nicht eindeutig lösbare LGS können so nicht behandelt werden. Für solche Systeme muss man das GAUSS-Verfahren schrittweise durch Anwendung von Zeilenoperationen durchführen.

Funktionsanpassungen mit linearen Gleichungssystemen

Funktionsanpassung

Will man für eine gegebene Punktmenge ein Polynom n-ten Grades bestimmen, dessen Graph durch diese Punkte geht, so setzt man die n + 1 Koeffizienten als Variablen an und erzeugt für sie mit n + 1 Punkten der Punktmenge ein lineares Gleichungssystem, das dann gelöst wird.

Gleiches Verfahren wie beim TI. Der maximale Grad des Polynoms ist hier 5.

Anpassung ganzrationaler Funktionen bis vierten Grades

ganzrationale Funktionen

Sind zwei,drei,vier oder fünf Punkte gegeben und soll eine ganzrationale Funktion bestimmt werden, deren Graph durch die Punkte geht, so kann auch ein passendes Regressionsmodell im Menü [STAT] [CALC] verwendet werden: 4:LinReg, 5:QuadReg, 6:CubicReg oder 7:QuartReg. Die Regression liefert hier den Funktionsterm, ohne dass ein LGS aufgestellt werden muss.

Sind zur Bestimmung einer ganzrationalen Funktion mindestens so viele Punkte gegeben, wie man zur exakten Bestimmung benötigt, so kann man die Funktion auch über eine passende Regression annähern.
Man wählt im [STAT]-Menü [F2] [CALC], dann [F3] [REG] und dann den gewünschten Funktionstyp.

Register

nis

1 Ingram Publishing, Tattenhall Chester – **9.2** Getty Images (Bongarts) Hamburg – **10.1** Geoatlas,
tolia LLC (Hans Auer), New York – **11.1** Corel Corporation, Unterschleissheim – **11.2** Mauritius (age),
Wirth, Prof. Jürgen, Dreieich – **16.1** Wikimedia Foundation Inc. (public domain), St. Petersburg FL –
)igital Vision), Waukesha, WI – **17.1** Visum (Lasse/Zeitenspiege), Hamburg – **17.2** Getty Images
1 – **17.3** MEV, Augsburg – **17.4** Reate Brückner – **19.1** DHM, Berlin – **20.1** AKG, Berlin – **21.1** MEV, Augsburg
Leverkusen – **22.2** Mauritius (Gilsdorf), Mittenwald – **25.1** Mauritius (Merten), Mittenwald –
e (dpa), Frankfurt – **26.2** Picture-Alliance (dpa Bodenseewasserve), Frankfurt – **30.1** Ingram Publishing,
– **33.1** Federseemuseum, Bad Buchau – **42.2** Fotosearch (PhotoDisc), Waukesha, WI – **43.1** Getty Images
München – **44.1** Kage Mikrofotografie, Lauterstein – **44.2** Siemens AG, München – **45.1** Mauritius (Rath-
– **49.1** Daimler AG, Stuttgart – **57.1** Das Fotoarchiv (Jochen Tack), Essen – **57.2** Ingram Publishing, Tatten-
Klett-Archiv (Cira Moro) – **70.1** Focus (Dr. Gary Gaugler/SPL), Hamburg – **71.1** PhotoDisc – **74.1** Fotosearch
sha, WI – **81.1** Deutsche Lufthansa AG (Rolf Bewersdorf), Köln – **82.1** IMAGO (ANE Edition), Berlin – **82.2**
– **83.1** MEV, Augsburg – **83.2** MEV, Augsburg – **87.1** Getty Images (stone/Richard Meets), München – **107.1**
iX) – **109.1** Picture-Alliance (Franz-Peter Tschaune), Frankfurt - **110.1** laif (Huber), Köln – **112.1** Corel Corpo-
sheim – **117.1** IMAGO (Sven Simon), Berlin – **122.1** Fotolia LLC (Vulkanisator) – **124.1** Osram, München –
lhelm Busch Stätten e, Ebergötzen bei Göttingen – **144.1** Creativ Collection Verlag GmbH, Freiburg – **145.1**
, München – **145.2** Deutsches Museum, München – **156.1** Fotolia LLC (Lucastor) – **161.1** ullstein bild (AP),
oletta (Bernhard Nimtsch), Hamburg – **162.1** AKG, Berlin – **171.1** Focus, Hamburg – **172.2** Okapia (CNRI),
kapia (A. Shay), Frankfurt – **176.1** Corbis (Michael Keller), Düsseldorf – **177.1** Pixtal, New York NY – **184.1**
larchiv Horst vo, München – **194.1** Corbis (Paul Barton), Düsseldorf – **196.1** Universität Münster/AFO –
Conger), Düsseldorf – **215.1** Picture-Alliance (epa/Kadobnow), Frankfurt – **218.1** Avenue Images GmbH
rg – **218.2** Mauritius (Marzell), Mittenwald – **218.3** www.eee-info.net, Güssing – **218.4** Getty Images (Pho-
– **219.1** Ingram Publishing, Tattenhall Chester – **221.1** Europäische Zentralbank (Klett-Perthes, Gotha),
eutsches Museum, München – **223.2** Imago Stock & People (Dährn), Berlin – **226.1** Argum (Falk Heller),
KG, Berlin – **227.2** Waldorfschule Engelberg (Michael Lutz) – **229.1** iStockphoto, Calgary, Alberta – **229.2**
rich Lessing, Berlin (c) The Munch Museum/The Munch – **229.3** Getty Images (Taxi), München – **231.1**
1 Lindenburger), Ottobrunn – **233.1** Creativ Collection Verlag GmbH, Freiburg – **242.1** Osvaldo Baratucci,
nago Stock & People (Baptista), Berlin – **245.1** Corbis (Bettmann), Düsseldorf – **248.1** Avenue Images
n), Hamburg – **248.2** JupiterImages (photos.com), Tucson, AZ – **250.1** Mauritius (Phototheque SDP), Mit-
apia (Manfred Uselmann), Frankfurt – **253.2** Förderkreis Wilhelm Busch Stätten e, Ebergötzen bei Göttin-
metrie, Leyden – **261.1** Corel Corporation, Unterschleissheim – **265.1** URW, Hamburg – **265.2** URW, Ham-
touristik, Österreich – **281.1** MEV, Augsburg – **286.1** Getty Images, München – **287.1** iStockphoto (Filip Van
lberta – **296.1** Uli Stampfer, Graun, Italien – **304.1** Haus der Geschichte der Bundesrepublik, Bonn – **304.2**
Scornavacco), Calgary, Alberta – **311.1** iStockphoto, Calgary, Alberta – **312.1** NWS, Stuttgart – **313.1** MEV,
gram Publishing, Tattenhall Chester – **322.1** MEV, Augsburg – **325.2** Fotex, Hamburg – **325.2** MEV, Augs-
edinger GmbH & Co. KG, Stuttgart – **331.1** Bayer AG, Leverkusen – **331.2** ullstein bild, Berlin – **335.1** Das
Tack), Essen – **335.2** MEV, Augsburg – **342.1** Okapia (P. Hammerschmidt), Frankfurt – **343.1** Corbis (W.Cody),
Peter Halfar, Media GmbH, erschienen Media Verlag, Remseck – **344.3** TOPICMedia (Pelka Volker),
MEV, Augsburg – **357.1** AP (Franka Bruns), Frankfurt am Main – **357.2** iStockphoto (Crossley), Calgary, Al-
s (Charles E. Rotkin), Düsseldorf

stammen aus dem Archiv des Ernst Klett Verlages, Stuttgart.

1 war es uns möglich, den uns bekannten Rechtsinhaber ausfindig zu machen. Berechtigte Forderun-
erständlich im Rahmen der üblichen Vereinbarungen abgegolten.

Bildqueller
8.1 PhotoD
Hendaye –
Mittenwald
16.2 Fotos
(Rudolph),
– **22.1** Ba
26.1 Picture
Tattenhall C
(Stone / Chr
mann), Mitt
hall Chester
(PhotoDisc),
Interfoto, Mü
Fotolia LLC (
ration, Unter
126.1 Förderk
Deutsches M
Berlin – **161.**
Frankfurt – **1**
International
197.1 Corbis (
(PhotoDisc), H
to Disc), Mün
Frankfurt – **22**
München – **22**
Foto: akg-ima
TOPICMedia (
Stuttgart – **24**
GmbH (Digital
tenwald – **251.**
gen – **258.1** La
burg – **274.1** Ta
den Ber), Calga
iStockphoto (C
Augsburg – **31**
burg – **330.1** Au
Fotoarchiv (Joch
Düsseldorf – **3**
Ottobrunn – **34**
berta – **362.1** Co

Alle übrigen Fot

Nicht in allen Fä
gen werden selb

Bildquellenverzeichnis

8.1 PhotoDisc – **9.1** Ingram Publishing, Tattenhall Chester – **9.2** Getty Images (Bongarts) Hamburg – **10.1** Geoatlas, Hendaye – **10.2** Fotolia LLC (Hans Auer), New York – **11.1** Corel Corporation, Unterschleissheim – **11.2** Mauritius (age), Mittenwald – **15.1** Wirth, Prof. Jürgen, Dreieich – **16.1** Wikimedia Foundation Inc. (public domain), St. Petersburg FL – **16.2** Fotosearch (Digital Vision), Waukesha, WI – **17.1** Visum (Lasse/Zeitenspiege), Hamburg – **17.2** Getty Images (Rudolph), München – **17.3** MEV, Augsburg – **17.4** Reate Brückner – **19.1** DHM, Berlin – **20.1** AKG, Berlin – **21.1** MEV, Augsburg – **22.1** Bayer AG, Leverkusen – **22.2** Mauritius (Gilsdorf), Mittenwald – **25.1** Mauritius (Merten), Mittenwald – **26.1** Picture-Alliance (dpa), Frankfurt – **26.2** Picture-Alliance (dpa Bodenseewasserve), Frankfurt – **30.1** Ingram Publishing, Tattenhall Chester – **33.1** Federseemuseum, Bad Buchau – **42.2** Fotosearch (PhotoDisc), Waukesha, WI – **43.1** Getty Images (Stone/Chris Cole), München – **44.1** Kage Mikrofotografie, Lauterstein – **44.2** Siemens AG, München – **45.1** Mauritius (Rathmann), Mittenwald – **49.1** Daimler AG, Stuttgart – **57.1** Das Fotoarchiv (Jochen Tack), Essen – **57.2** Ingram Publishing, Tattenhall Chester – **69.1** Klett-Archiv (Cira Moro) – **70.1** Focus (Dr. Gary Gaugler/SPL), Hamburg – **71.1** PhotoDisc – **74.1** Fotosearch (PhotoDisc), Waukesha, WI – **81.1** Deutsche Lufthansa AG (Rolf Bewersdorf), Köln – **82.1** IMAGO (ANE Edition), Berlin – **82.2** Interfoto, München – **83.1** MEV, Augsburg – **83.2** MEV, Augsburg – **87.1** Getty Images (stone/Richard Meets), München – **107.1** Fotolia LLC (FotoLyriX) – **109.1** Picture-Alliance (Franz-Peter Tschaune), Frankfurt - **110.1** laif (Huber), Köln – **112.1** Corel Corporation, Unterschleissheim – **117.1** IMAGO (Sven Simon), Berlin – **122.1** Fotolia LLC (Vulkanisator) – **124.1** Osram, München – **126.1** Förderkreis Wilhelm Busch Stätten e, Ebergötzen bei Göttingen – **144.1** Creativ Collection Verlag GmbH, Freiburg – **145.1** Deutsches Museum, München – **145.2** Deutsches Museum, München – **156.1** Fotolia LLC (Lucastor) – **161.1** ullstein bild (AP), Berlin – **161.2** Diavoletta (Bernhard Nimtsch), Hamburg – **162.1** AKG, Berlin – **171.1** Focus, Hamburg – **172.2** Okapia (CNRI), Frankfurt – **173.1** Okapia (A. Shay), Frankfurt – **176.1** Corbis (Michael Keller), Düsseldorf – **177.1** Pixtal, New York NY – **184.1** Internationales Bildarchiv Horst vo, München – **194.1** Corbis (Paul Barton), Düsseldorf – **196.1** Universität Münster/AFO – **197.1** Corbis (Dean Conger), Düsseldorf – **215.1** Picture-Alliance (epa/Kadobnow), Frankfurt – **218.1** Avenue Images GmbH (PhotoDisc), Hamburg – **218.2** Mauritius (Marzell), Mittenwald – **218.3** www.eee-info.net, Güssing – **218.4** Getty Images (Photo Disc), München – **219.1** Ingram Publishing, Tattenhall Chester – **221.1** Europäische Zentralbank (Klett-Perthes, Gotha), Frankfurt – **223.1** Deutsches Museum, München – **223.2** Imago Stock & People (Dährn), Berlin – **226.1** Argum (Falk Heller), München – **227.1** AKG, Berlin – **227.2** Waldorfschule Engelberg (Michael Lutz) – **229.1** iStockphoto, Calgary, Alberta – **229.2** Foto: akg-images/Erich Lessing, Berlin (c) The Munch Museum/The Munch – **229.3** Getty Images (Taxi), München – **231.1** TOPICMedia (Jürgen Lindenburger), Ottobrunn – **233.1** Creativ Collection Verlag GmbH, Freiburg – **242.1** Osvaldo Baratucci, Stuttgart – **243.1** Imago Stock & People (Baptista), Berlin – **245.1** Corbis (Bettmann), Düsseldorf – **248.1** Avenue Images GmbH (Digital Vision), Hamburg – **248.2** JupiterImages (photos.com), Tucson, AZ – **250.1** Mauritius (Phototheque SDP), Mittenwald – **251.1** Okapia (Manfred Uselmann), Frankfurt – **253.2** Förderkreis Wilhelm Busch Stätten e, Ebergötzen bei Göttingen – **258.1** La Geometrie, Leyden – **261.1** Corel Corporation, Unterschleissheim – **265.1** URW, Hamburg – **265.2** URW, Hamburg – **274.1** Tauerntouristik, Österreich – **281.1** MEV, Augsburg – **286.1** Getty Images, München – **287.1** iStockphoto (Filip Van den Ber), Calgary, Alberta – **296.1** Uli Stampfer, Graun, Italien – **304.1** Haus der Geschichte der Bundesrepublik, Bonn – **304.2** iStockphoto (Carla Scornavacco), Calgary, Alberta – **311.1** iStockphoto, Calgary, Alberta – **312.1** NWS, Stuttgart – **313.1** MEV, Augsburg – **314.1** Ingram Publishing, Tattenhall Chester – **322.1** MEV, Augsburg – **325.2** Fotex, Hamburg – **325.2** MEV, Augsburg – **330.1** Aug. Hedinger GmbH & Co. KG, Stuttgart – **331.1** Bayer AG, Leverkusen – **331.2** ullstein bild, Berlin – **335.1** Das Fotoarchiv (Jochen Tack), Essen – **335.2** MEV, Augsburg – **342.1** Okapia (P. Hammerschmidt), Frankfurt – **343.1** Corbis (W.Cody), Düsseldorf – **344.1** Peter Halfar, Media GmbH, erschienen Media Verlag, Remseck – **344.3** TOPICMedia (Pelka Volker), Ottobrunn – **344.4** MEV, Augsburg – **357.1** AP (Franka Bruns), Frankfurt am Main – **357.2** iStockphoto (Crossley), Calgary, Alberta – **362.1** Corbis (Charles E. Rotkin), Düsseldorf

Alle übrigen Fotos stammen aus dem Archiv des Ernst Klett Verlages, Stuttgart.

Nicht in allen Fällen war es uns möglich, den uns bekannten Rechtsinhaber ausfindig zu machen. Berechtigte Forderungen werden selbstverständlich im Rahmen der üblichen Vereinbarungen abgegolten.